绥宁县志

（1978—2005）

《绥宁县志》编纂委员会 编

方志出版社
Publishing House of Local Records

图书在版编目(CIP)数据

绥宁县志．1978—2005/《绥宁县志》编纂委员会编．— 北京：方志出版社，2022.11

ISBN 978-7-5144-5300-3

Ⅰ．①绥… Ⅱ．①绥… Ⅲ．①绥宁县—地方志—1978-2005 Ⅳ．①K296.44

中国版本图书馆 CIP 数据核字(2022)第 225065 号

责任编辑：丛珺
责任校对：刘玉霞
责任印制：梅中英
出 版 者：方志出版社
地　　址：北京市朝阳区潘家园东里 9 号(国家方志馆 4 层)
邮　　编：100021
网　　址：http://www.zgfzcb.cn
发　　行：方志出版社图书营销中心(010-67110500)
印　　刷：长沙市精宏印务有限公司
开　　本：889 毫米 ×1194 毫米　1/16
印　　张：58.5
字　　数：1411 千字
版　　次：2022 年 11 月第 1 版
印　　次：2022 年 11 月第 1 次印刷
定　　价：298.00 元

《绥宁县志（1978—2005）》编纂委员会

第一届　顾　问　杨正胜　苏进荣　刘郁金　肖国红

常务副主任　刘柏生

副主任　唐国瑚　徐家仁　李锡红　苏进武　刘宗平　刘建平

委　员　县委各部办委、县检察院、县法院、县总工会、县委党校、县志办分管副职，市属、县直各单位主要负责人，各乡镇乡镇长

第二届　顾　问　唐　渊　袁景甫　梁晓明　唐国瑚　谢岳武

主　任　伍备战

罗建南

罗玉梅

常务副主任　赵逢春

副主任　刘永成　苏跃中　李铁军　雷厚前　刘建平　杨志剑

委　员　市属、县直各单位主要负责人，各乡镇乡镇长

第三届　顾　问　唐　渊　袁景甫　唐国瑚　张圣勇

主　任　罗玉梅

常务副主任　龙明主

副主任　游庆康　苏跃中　戴蹇吾　李铁军　雷厚前　王日忠

刘建平　黄才正

委　员　市属、县直各单位主要负责人，各乡镇乡镇长

第四届　顾　问　唐　渊　唐宏华　杨文国　唐国瑚　赵　明

主　任　罗玉梅

副主任　游庆康　苏跃中　戴蹇吾　雷厚前　王日忠　肖世群

委　员　市属、县直各单位主要负责人，各乡镇乡镇长

第五届　顾　问　佘芝云　唐　枝　石亮明　梁乐高　熊　巍

主　任　夏贤钦

常务副主任　陵建华

副主任　袁　玲　卿笃林　雷厚前　王日忠　贺恩森　肖世群

委　员　市属、县直各单位主要负责人，各乡镇乡镇长

《绥宁县志（1978—2005）》编辑部

第一届　主　编　刘建平

副主编　杨　明　杨长余　唐小红

编　辑　王汉雄　刘永华　唐仁昌　刘永峰　隆振彪

第二届　主　编　刘建平

副主编　杨　明　杨长余　唐小红　肖世群

编　辑　刘永峰　刘先云　肖调建

第三届　主　编　肖世群　刘建平

副主编　**总纂**　杨长余

副主编　周子尧

编　辑　刘永峰　丁　莉　罗向阳

第四届　主　编　肖世群

副主编　**总纂**　杨长余

副主编　罗向阳

编　辑　刘永峰　丁　莉　苏文文

《绥宁县志（1978—2005）》审稿人员

县审稿人员　赵逢春　游庆康　袁　玲　阳生林　袁于柏　吴华贵　陈立申　袁耀中　袁公湘　肖调顺　冷钦谋

邵阳市地方志编纂室审稿人员　曾爱武　陈秋良　石卫东　梁　栋　刘湘华　郭勇华　刘伟顺

湖南省地方志编纂院终审验收人员　江　涌　邓建平　杨　帆　李章进　阳雍悦　谭文美

《绥宁县志（1978—2005）》资料采编人员

（按姓氏笔画排列）

于　莉　于　慧　于光源　于定增　王兴华　王晓春　尹志恒　尹志清
邓志宏　左传美　付立夫　付江稳　付秀英　付昭灼　龙　艳　龙伟林
龙运贵　龙怀亮　龙春玲　龙复城　龙章荣　龙康云　冯　火　成江涛
匡文治　毕　政　吕争鸣　伍世光　伍守仁　伍远考　伍善长　向中华
向新田　刘　宁　刘天龙　刘元林　刘长青　刘文华　刘乐权　刘永旭
刘伟炜　刘时明　刘忠永　刘建文　刘珍容　刘思钰　刘森林　刘登科
孙　烨　阮湘峰　阳　波　苏　黎　苏仁华　苏进武　苏进鑫　苏春芳
李　斌　李华润　李华禄　李连生　李宗让　李宗旺　李荣民　李荣枝
李桂平　李锦铭　李福贵　李德美　杨　建　杨　婷　杨　静　杨小平

杨小珍　杨文凯　杨再启　杨成华　杨光联　杨红生　杨进汉　杨陆云
杨欣健　杨英硕　杨昌西　杨通兆　杨章柏　杨焕礼　肖育胜　肖调玖
肖调松　何广丰　邹勤俭　沈召全　张　华　张先邵　张怡高　陈　用
陈友凤　陈水扬　陈代勇　陈历庆　陈政联　赵江洪　赵国珍　赵梅青
林睦喜　明传柏　罗元四　罗旺成　周西湖　周自湘　周志平　周淑芬
周新红　袁　瑛　袁于柏　袁小波　袁公湘　袁光华　袁光星　袁光槐
袁松平　袁金生　袁绍杰　袁绥生　袁敏洋　袁惠雄　胡长云　秦壬娥
秦昌敢　秦清普　凌志华　郭世华　唐子洪　唐卫雄　唐公柱　唐仲辉
唐贤雄　唐思信　陶永礼　陶永灿　陶永喜　陶忠豪　黄　克　黄大友
黄小俭　黄生尧　黄生坚　黄生金　黄民政　黄克先　黄均庭　黄海珠
黄通翔　黄德成　康　勇　章诗云　梁赵斌　彭华良　彭秀春　彭金礼
覃贤军　曾佰俊　曾忠民　曾茜雯　曾德礼　谢永良　赖必显　谭　龙
谭建新　熊铁权　薛荣芳　戴立山　糜贤勇

《绥宁县志（1978—2005）》图片拍摄（提供）人员

（按姓氏笔画排列）

王　洪　王　勇　毛　茅　龙宪智　匡　勇　朱雪玉　刘斌峰　伍茂兴
向　阳　苏新红　李　斌　李智辉　杨文平　杨进汉　杨春华　陈凯军
周宗霖　胡燕珠　袁　宁　袁红荣　陶光希　海书山　彭　超　蒋运琪
廖建荣

1983 年 5 月 26 日，省委书记万达（前排左二，时设第一书记）考察在市公社种植专业户

1996 年 6 月 18 日，省委书记、省人大常委会主任王茂林（前排右三）考察绥宁竹木加工企业

1998 年 4 月 18 日，省委副书记储波（前排左一）考察绥宁竹木加工企业

1998 年 11 月 4 日，省委常委、纪委书记孙载夫（前排左二）在绥宁联合造纸厂调研

2001 年 6 月 25 日，省委书记、省人大常委会主任杨正午（前排中）指导绥宁“6·19”灾后重建

2002 年 7 月 19 日，省委副书记、常务副省长周伯华（左一）考察绥宁绿洲大桥（电站）建设工地

黄腹角雉(2005 年摄)

白颈长尾雉(2005 年摄)

果子狸(2005 年摄)

红腹锦鸡(2005 年摄)

毛冠鹿(2005 年摄)

白鹇(2005 年摄)

南方红豆杉(2005 年摄)

银杏(2005 年摄)

小黑桫椤(2005 年摄)

篦子三尖杉(2005 年摄)

半枫荷(2005年摄)

红椿(2005年摄)

长苞铁杉(一)(2005年摄)

长苞铁杉(二)(2005年摄)

田心水乡(2005 年摄)

花园角湿地(2005 年摄)

六鹅洞瀑布(2005 年摄)

马王桥梯田(2005 年摄)

于家大院(2005 年摄)

堡子岭云海(2005 年摄)

神坡庵(2005 年摄)

正板古民居(2005 年摄)

在市老街(2005 年摄)

关峡定远桥(2005年摄)

高登山普照寺(2005年摄)

牛坡头花海(2005年摄)

体育广场(1983 年摄)

绿洲文化广场(2005 年摄)

绿洲大道环岛(2005 年摄)

扩建后的长铺大桥(2005 年摄)

中心北路(2005 年摄)

万家坪大桥(2005 年摄)

县城一隅(1995 年摄)

S221 省道关峡段(1996 年摄)

S221 省道关峡段(2004 年摄)

竹舟江公路桥(2005 年摄)

彭家村组道(2005 年摄)

乡道瓮溪段(2005 年摄)

公路养护(2005 年摄)

索道运输(1986 年摄)

水路运输(1978 年摄)

移动大楼(2005 年摄)

邮政大楼(2005 年摄)

电信大楼(2005 年摄)

江口塘电站建设场景(1978 年摄)

江口塘电站大坝(1986 年摄)

荣岩电站(1998 年摄)

界溪口电站(2004 年摄)

绿洲电站(2004 年摄)

农网改造(2002 年摄)

洛口山水库(2005 年摄)

楠竹低改(1999 年摄)

冬笋(2004 年摄)

玉兰片(2001 年摄)

竹胶板(2002 年摄)

竹笔筒(1998 年摄)

竹凉席(1993 年摄)

滑板(2005 年摄)

松原木(2004 年摄)

杉木林(2004 年摄)

牛皮纸(2004 年摄)

地板条(2004 年摄)

拼板(2004 年摄)

天麻种植(2005 年摄)

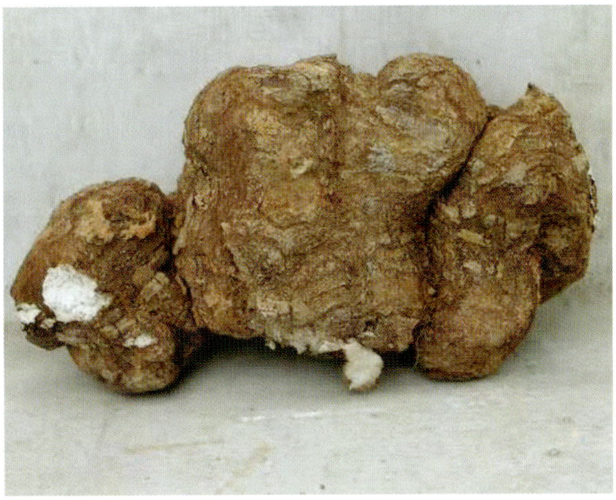

茯苓(2005 年摄)

野生茶籽油(2005 年摄)

香菇(2005 年摄)

野生猕猴桃(2005 年摄)

东山红提(2005 年摄)

野生青钱柳树（2005年摄）

绞股蓝采摘（2005年摄）

青钱柳茶

绞股蓝茶

东山花猪(2004 年摄)

黑山羊(2004 年摄)

杂交水稻制种(2005 年摄)

绥宁县第一中学(2005 年摄)

绥宁县第一职业中学(1994 年摄)

绥宁县第七中学(2004 年摄)

枫木团乡中心小学(1993 年摄)

拔河(1988 年摄)

跳绳(1988 年摄)

广播体操(1992年摄)

全县教育系统运动会(1988年摄)

1982年9月18日，邵阳地委和行署领导与代表邵阳地区参加湖南省全运会的绥宁教练员和运动员合影

第五届湖南省全运会部分绥宁运动员合影(1982年摄)

绥宁科教馆（1998 年摄）

新华书店（2005 年摄）

科教宣传（1991 年摄）

自制飞机模型展示（1996 年摄）

机器人模拟操作（2004 年摄）

东山民族民俗博物馆（2005 年摄）

东山钟鼓戏楼（2005 年摄）

县中医院门诊大楼（2005 年摄）

县人民医院院内一隅（1985 年摄）

县人民医院门诊大楼（2002 年摄）

万花茶(2005 年摄)

油茶(2005 年摄)

黑米饭(2005 年摄)

苗族插绣(2005 年摄)

舞龙灯（2005 年摄）

上刀山（2005 年摄）

抬嫁妆（2005 年摄）

逗春牛（2005 年摄）

下火海(2005 年摄)

唱土地(2005 年摄)

“四· 八”姑娘节庆典(2001 年摄)

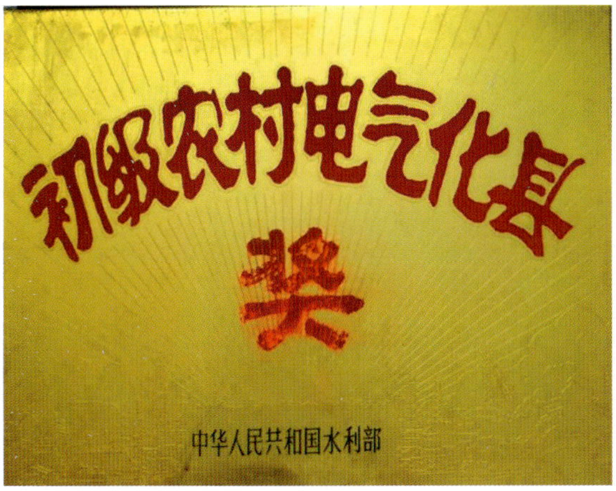

“初级农村电气化县”奖牌（1990 年 10 月）

“全国普法先进集体”奖杯（1990 年 3 月）

“全国民族团结进步模范单位”奖牌

“全国造林绿化百佳县（市）”证书

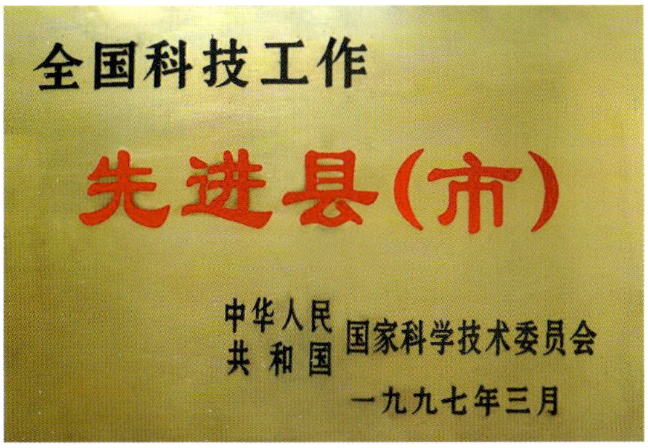

“全国科技工作先进县（市）”奖牌

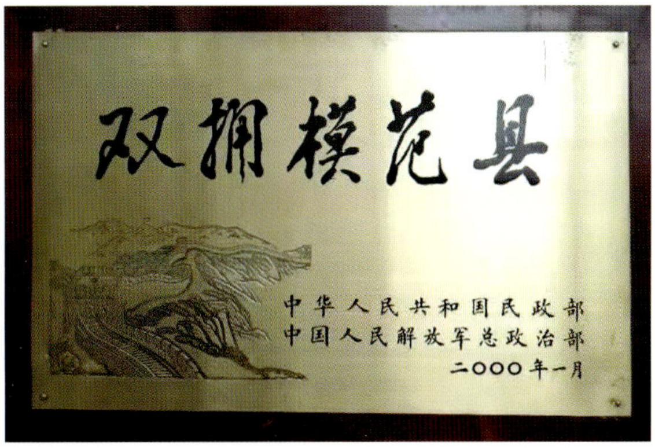

“双拥模范县”奖牌

《绥宁县志（1978—2005）》稿市级评审会与会人员合影（2013 年 10 月）

序一

在举国上下欢庆中国共产党成立一百周年、喜迎党的二十大胜利召开之际，《绥宁县志（1978—2005）》欣然问世，这是值得庆贺的一件大事，捧读之余，感慨良多。

位于湘西南的绥宁县，古属荆楚，春秋为黔中之地，秦隶象郡，汉置镡成，晋入舞阳，梁称龙檦，唐名徽州，宋改莳竹，崇宁始号今名。境内山川秀丽，风物宜人。峰峦崒嵂外环，翠岭群山叠嶂，奇山奇水，美景美乡，有天下画廊之秀，享神奇绿洲之誉，为苗瑶侗汉等多民族聚居之地，当湘桂黔三省要害之冲。唐宋以来，人民为反抗压迫，数度揭竿举义；长征途中，红军四过绥宁。县境资源富饶，物产丰裕，雨量充沛，气候适宜，自然条件得天独厚。珍禽异兽、名贵树木及各种名优特产，闻名遐迩。民族歌舞，地方工艺，传统文化异彩纷呈。民俗善良、乡风淳朴、好客笃礼、重情好义，人到绥宁，如沐春风。中共十一届三中全会以来，全县各族人民在中共绥宁县委、县人民政府的领导下，意气风发、豪情满怀地乘着改革开放的东风，在这块美丽的土地上，充分利用山区的天然优势和时代机遇，因地制宜，掀起四个现代化和五个文明建设的热潮，创造了一个又一个辉煌，先后摘取了全国双拥模范县、全国山区综合开发示范县、全国森林资源林政管理先进县、全国造林绿化百佳县、全国科技兴林示范县、全国绿色小康县、三湘林业第一县等诸多桂冠。随着改革开放的深入，全县工农业生产及各项经济社会建设呈现出一派生机，物质文明、政治文明、精神文明、社会文明、生态文明建设成果不断凸现，绥宁的山越来越美，绥宁的水越来越绿，绥宁的人越来越富。

地方志是时空性多学科、多领域、多专业的，由各种系统资料组合编著而成的科学文献，具备存史、资治、教化三大功能。能使未来研究县情者制论立言有其据，使未来执政者决策施政得其宜，能激发县人敬恭桑梓、热爱家乡的情怀，能成为县内星散全国和世界各地的游子联结家乡、关心家乡、熟悉家乡的感情纽带。历代以来，凡有作为的执政者都非常看重修志，鉴前事而师后行。朱熹知南康，首以郡志为询。毛泽东、周恩来等老一辈无产阶级革命家都十分重视地方志的功用。无论是在戎马倥偬的战争年代还是在日理万机的建设时期，毛泽东主席每到一地，都要找当地的志书一读为喜，从中了解地情民情。党的十八大以来，习近平总书记重视历史、学习历史、研究历史，善于从历史中汲取人生智慧和治国理政智慧，指出历史是最好的老师、最好的教科书、最好的清醒剂，更把修志编史和党史学习教育，提到了前所未有的高度。

编修地方志是一项十分严谨的文化工程，也是一项非常浩大的社会工程。县委、县政府为了编好《绥宁县志》，组织专门班子，几经筹谋，数次安排编修经费；编纂人员十数年旁征博引，精研细磨，简牍盈积，数易其稿，才将洋洋百余万言的续修《绥宁县志》荟萃成册，编印成书。《绥宁县志》以马克思列宁主义、毛泽东思想、邓小平理论、“三个代表”重要思想、科学发展观、习近平新时代中国特色社会主义思想为指导，坚持辩证唯物主义和历史唯物主义的立场、观点和方法，立足当代，放眼未来，全面系统、客观真实地记述了20世纪70年代末至21世纪初绥宁县经济社会发展的历史，见证了绥宁县改革开放的壮阔进程和翻天覆地的变化，以彰明得失，垂鉴后世。资料翔实可信，语言凝练流畅，体例完备，章法得体，编排合理，是反映绥宁县改革开放时期的百科全书，无愧当代，遗惠后世。虽然由于各方面的原因，这部志书仍存在些许遗憾和不足，但瑕不掩瑜，仍不失为绥宁县的一项重大历史文化成果，也必将辉耀千秋。

关心历史，珍视历史，是文化自信的具体体现。一个地方的荣败兴衰，不仅要看这个地方的经济强弱，同时还要看这个地方所蕴含的文化底蕴和文化积累。一个地方要发展，首先要拥有一批关心和热爱这个地方的志士精英。我们期望有更多的绥宁人来关心绥宁的历史，期望所有有志于振兴绥宁的热心人士，都来读一读这部《绥宁县志》，更好地熟识绥宁县的过去和现在，究兴替之因，察地舆之利，晓行业之事，知民情之风，审时度势，探索把握科学有效的兴县之路，这就是县委、县政府耗资费时，编纂这部《绥宁县志》的初衷。期望这部志书，为建设美丽绥宁、活力绥宁、幸福绥宁发挥应有的功用。

中共绥宁县委书记　佘芝云

绥宁县人民政府县长　夏贤钦

2022年3月

序二

十年磨一剑。伴随时代历史的潮流，追寻改革开放的脚步，《绥宁县志（1978—2005）》经过编纂人员潜心笔耕，数易其稿，反复修正，终于付梓问世。这是绥宁人民政治、文化生活中的一件大事，也是我县精神文明建设的一大成果。志书作为一方全史，是一地先进文化的集中体现，不仅可以经世致用，亦可鉴昔知今，使之成为推动经济、促进发展的动力源泉。因此，这部时代鸿篇的成功出版，具有重大的现实意义和深远的历史意义。

绥宁地处湘西南，山川灵秀，资源丰富，素有“神奇绿洲”“三湘林业第一县”等美誉。改革开放以后，绥宁县委、县政府和全县人民一道，团结拼搏，励精图治，各项事业蓬勃发展。已成为全国最大的杂交水稻制种县、全国退耕还林示范县、全国山区综合开发示范、全国小水电建设试点县、全国以电代燃料试点县、已获得全国双拥模范县五连冠、全国计划生育先进县、全国婚育新风进万家模范县、全国民族团结进步模范县、全省社会治安综合治理先进县，连续两届全省文明县城等荣誉称号。

盛世修志，志载盛世。伟大的时代，奋进的历程，需要高质量的志书来见证，《绥宁县志（1978—2005）》合时应势。志书篇前冠序言、凡例、概述、大事记，后设附录、后记，正文采用中篇结构，设25篇，总计100万余字，综述了绥宁1978—2005年间历史沿革要略，涵盖政治、经济、人文、地理、社会诸多方面。内容丰富，资料翔实，从多角度、多层次全面体现了这一阶段绥宁的变化历程，展示了改革开放的丰硕成果，既突出了时代特点和地方特色，记述了正反两方面的经验和教训，又创新了结构特点和志书特色。志书以马克思列宁主义、毛泽东思想、邓小平理论、“三个代表”重要思想、科学发展观、习近平新时代中国特色社会主义思想为指导，坚持辩证唯物主义和历史唯物主义的立场、观点和方法，广聚各方灼见，去粗取精、去伪存真、文直事赅，不失为一本真实反映绥宁的“百科全书”，为人们了解绥宁、宣传绥宁、建设绥宁提供了一部有效的资政辅治之书。

“志为信史”，一卷在手，县情在胸。主政者可以之为镜，观兴废盛衰，知是非得失，把握未来发展方向；为民者，可以之为师，览家乡面貌，晓发展艰辛，珍惜今天的幸福生活。

鉴古知今，继往开来。修志之意，旨在告慰前人，激励当代，启迪后世，造福桑梓。全县上下要充分发挥志书“存史、资政、育人”的作用，研读县志，掌握县情，探求规律，切实以志为鉴，明得失，辨是非，团结奋斗，锐意进取，再创绥宁富民强县的辉煌篇章。

是为序。

邵阳市人大常委会副主任
中共绥宁县委书记　唐　渊
绥宁县人民政府县长　罗玉梅

2020年2月

凡例

一、《绥宁县志（1978—2005）》以马克思列宁主义、毛泽东思想、邓小平理论、“三个代表”重要思想、科学发展观、习近平新时代中国特色社会主义思想为指导，坚持辩证唯物主义和历史唯物主义的观点和方法，客观真实、全面系统地记述绥宁县1978年至2005年的历史和现状，力求突出时代特色、地方特色和民族特色，融思想性、科学性、资料性于一体。

二、本志上限为1978年，下限为2005年，为首轮县志的续修。为保持对事物记述的完整性，上限适当上溯，对首轮县志漏记或记述欠详的内容，本志作适当补记（如《政区人口篇》《民族篇》《社会生活篇》《乡镇篇》《人物篇》等）。

三、本志述、记、志、传、图、表、录七体并用，以志体为主。设篇、章、节、目四个基本记述层次，目下根据需要设子目、细目；表格编号由代表篇序、章序、表序三个基数组成。

四、本志采用中篇结构，共设25篇。分别以自然、政治、经济、文化、社会、乡镇概况、人物等属性为序，志首设图照、序言、凡例、概述、大事记，志后设附录和后记。

五、本志《人物篇》分《人物传》《人物名录》《人物表》《前志补遗人物》四个部分。《人物传》坚持生不立传、以卒年为序的原则，主要收录1978年至2005年之间逝世、对绥宁县经济社会发展产生过重大影响的人物；《人物名录》收录有较大影响或突出成就的健在人士，以生年为序；《人物表》收录标准为省部级以上劳动模范和先进工作者、担任过副处级以上领导职务的党政军人士、获得副高级以上职称的专业人士，分类以姓氏笔画为序；《前志补遗人物》适当补记1978年以前逝世但首轮县志漏记的人物；以上均包括外籍在县工作人员和县籍在外工作人员。

六、本志使用地名和行政区划名称，以事物发生时为准，和今名不同的，括注今名；本志使用各种名称，第一次出现时用全称，第一次出现后需简称的，均在第一次出现时括注简称。

七、本志采用公元纪年，用阿拉伯数字书写。上溯涉及的朝代纪年，用汉字书写，括注公元纪年；民国纪年用阿拉伯数字书写，括注公元纪年。农历纪时用汉字书写，阳历纪时用阿拉伯字书写。

八、本志数字用法、标点符号用法分别采用国家标准《出版物上数字用法》（GB/ T 15835—2011）、《标点符号用法》（GB/ T 15834—2011），计量单位采用国家技术监督局1993年12月发布的《量和单位》系列国家标准。历史上使用的计量单位，如斗、石、里、尺、磅、华氏度等，在引文时可照录。。

九、本志图片资料由政府网站、单位和各界社会人士提供；文字资料由相关单位提供，部分由县志办收集；数据资料，以统计部门提供的为准，统计部门没有的数据，采用有关部门的统计数字。

十、本志文中省指湖南省，市指邵阳市。

目 录

概述

一

绥宁县位于湖南省西南部、邵阳市西部，地处北纬26° 16′ ～27° 8′ 、东经109° 49′ ～110° 32′ 。东邻武冈市和城步苗族自治县，西连靖州苗族侗族自治县和会同县，南抵通道侗族自治县，北接洪江市和洞口县，县城长铺镇距邵阳市区200千米（公路距离），南北长103.5千米，东西宽56千米，全县总面积2927平方千米。2005年，全县辖19个乡（其中民族乡14个）、6个镇，共348个行政村、14个居委会，总人口35.24万人。

县境为云贵高原东部边缘雪峰山脉南端与八十里大南山西北部交接地带。南、北、东三面高山环抱，中部纵向隆起，西部随巫水倾斜，东部随蓼水递降，依次形成中山、中低山、丘陵、岗地和溪谷平原等地貌特征。全县森林覆盖率达75.5%，活立木蓄积量1258.6万立方米，林业六大指标均居全省第一，荣膺全国林业重点县、全省林业大县、全省科技兴林示范县等称号。全县林业环境特色鲜明，空气新鲜，水流清澈。特别是黄桑自然保护区，仅国家级重点保护树种就有22种，国家级重点保护动物17种，被称为不可多得的树种基因库和森林生态系统基因库。全县地势最高点为县南的牛坡头，海拔1913米；最低点为县境西北部的麻塘溪口河床，海拔205米。巫水串绿流碧自南向北穿境而过，蓼水逶迤回环滔滔东去，另有5千米以上的河溪94条。县境属亚热带季风湿润气候区，夏无酷暑，冬无严寒，年平均气温16.8℃，年平均降水量1350毫米。全县有耕地19560公顷，其中水田17693公顷；林业用地23万公顷，占全县土地总面积的78.58%。已探明的矿藏有石煤、铁、锰、铅锌、硅石、花岗岩等20余种。黄桑国家级自然保护区、上堡古国、寨市历史文化名镇、大园古苗寨、洛口山风景区等旅游景区，驰名遐迩。新石器时代，这里就有人类居住，春秋为黔中故地，秦属象郡，汉属武陵镡成，晋归舞阳，南朝梁称龙槲，唐名徽州，宋置莳竹，后改绥宁。

绥宁自古以来就是少数民族聚居地，以苗族、侗族和瑶族为主的少数民族人口占全县总人口的59.29%。千百年来，这里的汉族和少数民族人民和睦相处，共同建设着自己的美好家园，创造了辉煌灿烂的绥宁文化。芦笙舞、多耶舞等民族舞蹈，酒歌、山歌等民族歌谣，“四・八”姑娘节、过苗年、十月兄弟节等民族节日，深奥的苗语侗话，玄妙的苗学苗文，独特的苗拳苗医，吊脚楼、鼓楼、侗锦苗饰等精湛的民族工艺，尤显山区人民生活的丰富多彩。从20世纪80年代初建立第一批民族人民公社开始，至2005年，全县先后建立过17个民族乡，占全县乡镇总数的56%，为湖南省散居民族乡最多的县。改革开放后，先后获得全国民族团结进步先进集体和全省民族团结进步先进集体称号。

这样一块天生宝地，却在中华人民共和国成立以前，历遭劫难。兵祸不断，匪害连年，天灾频繁，百姓流离。中华人民共和国成立后，历届中共绥宁县委、县人民政府带领全县人民，进行了社会主义革命和建设。中共十一届三中全会以后，绥宁县的经济和社会发展走上了健康快速的发展轨道。

二

1978年至20世纪80年代初期，全县人民在中共绥宁县委和县人民政府领导下，开始打破长期以来高度集中的单一经济格局，实行以国家计划调节为主、市场调节为辅、多种经济成分相互并存的经济政策。同时在全县开展了“实践是检验真理的唯一标准”的讨论，澄清了广大党员干部和人民群众的思想认识，把工作重心转移到发展经济建设上来。并大刀阔斧地进行政治制度的改革，认真开展落实各项政策和平反冤假错案，使全县在“文化大革命”和历次极“左”政治运动中受到迫害和错误处理的干部群众，在政治上得以恢复名誉，平反昭雪，在经济上得以补偿，其中大部分被重新安排走上工作岗位。1980年12月，绥宁县第八届人民代表大会第一次会议顺利召开，在全县恢复了人民代表大会制度，选举产生了县人民政府，设立了县人民代表大会常设机构——全县人民代表大会常务委员会。1984年，中国人民政治协商会议绥宁县委员会正式成立。长期以来党政不分、以党代政的政治体制得以改善。同时实行政社分设、政企分开，在全县恢复建立了乡（镇）人民政府，全县26个人民公社均改为乡（镇）建制，农村生产大队改为村，生产队改为村民小组。在企业、学校、医院全部实行了厂长（经理）、校长、院长负责制。

改革开放初期，农村作为经济体制改革的前沿阵地，全县经济改革的首战是在农村打响的。1979年始，县委、县人民政府陆续在全县农村实行油菜种植联产承包到户责任制和除包产到户以外的多种形式的大田联产责任制。全县粮食总产量连年增产，同时一举扭转了绥宁县食油短缺的局面，从缺油县变成余油县。1981年9月，县委、县政府下发《绥宁县农村人民公社包干到户生产责任制试行办法》，在全县全面实行家庭联产承包责任制，县内数千年来都未能解决的粮食问题，随着家庭联产承包责任制的实行而迎刃而解。1983年，全县粮食总产量达到12.83万吨，创绥宁有史以来的最高水平，比1978年增加1.1万吨，相当于1949年的3.56倍。粮食大增产带动了畜牧业的大发展，1985年，全县生猪饲养量达到26.4万头，比1978年增加7.7万头，增长41.18%。在粮食大增产和畜牧业大发展的同时，县委、县政府还及时提出“粮林并举，全面发展，因地制宜，适当集中”的发展思路，大力发展林业。对农民的自留山和责任山，严格要求采取封造管节相结合、以封为主的造林育林措施。实行依法造林和限额采伐，坚决禁止对林木无证采伐、无证运输、无证销售、无证加工，实行由农村大队和生产队统一采伐、统一更新、统一销售、统一分配、统一管理，有效地保护了森林资源，并发动全县人民掀起造林热潮。在县委、县政府的统一规划和统一组织下，全县形成了人人造林、户户造林的新局面，大面积承包荒山造林的重点户、专业户相继涌现，全县森林采伐量过大、活立木蓄积量逐年减少的局面得以有效遏制。20世纪80年代中期开始，全县森林活立木蓄积量开始逐年回升。粮食问题解决以后，中共绥宁县委、县人民政府开始引导农民开展多种经营，县内各种种养大户应运而生。劳动效率的提高，使大批农村劳动力从土地和山林中解放出来，或在农村开店办厂，或走进城市投入第二、第三产业。

1984年，县委、县政府开始推行城镇经济体制改革。大力整顿工业企业，实行工人合同制和干部聘任制，引进技术和资金，扩大企业自主权。在财贸方面实行多种经济成分、多种经营方式和多种流通渠道并存的方针，全县出现全民、集体、联营、个体、家庭一齐上，齐心合力办企业搞经营的新局面。放开木材和大部分农副产品价格后，原木税和农林特产税一跃成为全县财政收入的支柱。其间，县联合造纸厂、县胶合板厂、县香精香料厂先后建成，产品醋酸香波被评为湖南省优质产品，打入俄罗斯市场。在农业实现以林保水的前提下，电气化建设实行国家、集体、个体齐头并进，加快了速度，促进了工业的进一步发展。1988年，绥宁县在邵阳市率先建立中美合资的华美木珠加工企业，并制订出搞活边境贸易的8条新规定。全县出现积极利用山区资源优势发展保健食品工业和医药化学工业，利用林木优势发展竹木产品加工业的大好形势。同时带动了采矿、冶炼和机械工业的发展。1990年，全县工业总产值达到9254万元，比1980年增长2倍，工业产值在工农业总产值中的比重由1978年的20.9%上升为47.58%，社会商品零售总额达到1.18亿元(当年价)；所有乡镇都通了客车，91%的村通了货车；同时，经国家验收，绥宁县已达到全国农村电气化试点县初级标准，并进入全国农村节能先进县行列。当年全县社会总产值2.5亿元，国民收入1.37亿元，比1980年分别上升1.95倍和2.01倍。至1995年，县财政从未出现赤字，成为邵阳市财政状况最好的县。

20世纪80年代中期以来，全县教育、科技、文化、卫生和体育事业也取得长足发展；已基本普及初等教育，在国家支持下，群众集资办学热情高涨，乡村学校全部改建成钢混结构或砖木结构楼房，获湖南省农村教育工作先进县称号；教育事业的发展，使人才短缺的问题得以缓解。至1990年，全县各类科技和专业技术人员达4744名，累计取得338项科研成果，其中135项获奖，饶春葆与人研制的FR-4085银行利息计算器获电子工业部三等奖；县城有影剧院、录像厅、文化馆、新华书店、图书馆、广播电台和电视差转台，乡村努力发展多种文化设施；电视迅速普及，城乡电视人口覆盖率达73%。文艺创作享有“小戏之乡”之誉，群众文化获湖南省先进单位称号，优秀的美术、小说、摄影、书法作品如雨后春笋，层出不穷；苗族农民作者李荣民创作的山歌剧《相亲亭》获全国民族团结奖，并收入《中国戏剧年鉴》；医疗卫生机构发展很快，89%的村设有医疗点，县医院能进行脑颅外科、心包膜剥离、断指再植、输精(卵)管显微吻合等高难度手术，疟疾、天花、霍乱基本消灭，先后被评为湖南省农村卫生工作先进县和湖南省农村改水先进县；群众体育深入开展，体育比赛纪录不断刷新，在全国性体育赛场，先后夺得7个前5名。当年，职工人均年工资、农民人均纯收入、社会消费品零售总额分别上升为1978年的3.12倍、6.28倍和4.09倍。人们的穿戴开始追求时髦，饮食开始讲究花样，出门有车，住房宽敞舒适，高档消费品开始进入寻常百姓家。

三

20世纪90年代至21世纪初，随着改革开放的不断深入和县内经济发展环境的不断优化，县内与改革开放相适应的各项社会配套措施不断完善。全县工农业生产展现出一派蓬勃生机。全县粮食生产由过去的单纯追求高产进入高产与优质并重、增加产量和提高效益相结合的崭新发展阶段。其间，全县先后引进推广农业新科技项目45项，使全县每年增产粮食2.5万千克，成为湖南省中稻平均亩产唯一超过千斤的县。1991年，县委、县政府提出“用材林与经济林并举，松杉杂竹同步”的林业发展新思路，全县形成“稳杉、兴松、扩杂、促竹和同步发展中药材和果木林”的林业生产新格局，并建立和发展以林业资源为原料的造纸、家具、食品、工艺品和中药材等五大综合林产品加工体系。1996年，又制订出“扩竹、增松、控杉”的林业发展规划。位于县城郊区的袁家团工业园区建立后，年竹木加工产值达10亿元。2004年，全县种植高产优质水稻9334公顷，占当年全县杂交中稻种植总面积的57%。当年全县粮食总产量达到16.07万吨，并定为湖南省杂交水稻制种中心和全省杂交水稻繁育基地，杂交水稻制种成为绥宁县特色农业的一块亮丽品牌。2004年，世界杂交水稻技术培训班在绥宁县成功举办，来自世界各国的农业专家和农业部官员会集绥宁，研讨杂交水稻生产技术和畅谈杂交水稻发展前景。至2005年，绥宁县先后摘取了“全国山区综合开发示范县”“全国林业资源林政管理先进县”“全国林业绿化百佳县”“全国科技兴林示范县”“全国绿色小康县”“中国竹子之乡”“三湘林业第一县”等荣誉。

其间，全县工业在进一步扩大经营自主权、挖潜改造和组建集团公司等一系列管理体制改革的基础上，逐步实行以租赁、拍卖、破产重组、股份合作制等形式的产权制度改革。其间，县委、县政府不断出台优惠政策，大力招商引资，加快民营工业小区建设。2002年开始，通过对国有企业实施“两个置换”（企业置换产权，职工置换身份）和“两个退出”（企业从国有性质中退出，政府从直接管理企业中退出），全部实现股份制改造，县内国有企业逐步转制为民营企业。2005年，全县有各种工业企业201家，年工业总产值达30.98亿元；其中上规模的工业企业40家，规模工业企业年产值16.2418亿元，年上缴税金4626万元。在提高林业、农业和工业生产效益的同时，切实加强能源、交通、通信、水利和小城镇开发等基础设施建设，改善县内基础条件。先后实施了村村通公路工程和通乡公路砂改油工程，开通了程控电话和移动电话，完成110千伏变电站工程建设，实施了农村电网改造。其间，界溪口和河口水电站先后竣工运行，并先后兴建其他小水电站67处和农村大小饮水工程1530处。全县交通、通信和水利等基础设施大为改善。1980—2002年，全县先后完成4次县城总体规划修编，县城规划面积从1980年的10.27平方千米扩大到61.9平方千米；绿洲大道、长征路、东正路、中心路、工业路、大公坪路等主干道新建或扩建工程先后完成；县城主要街道从1978年的10条增加到20条，主街道总长度从1978年的10.12千米增加到37.31千米，并先后进入湖南省百强镇和全国重点镇行列。武阳、李熙桥、唐家坊、红岩、金屋塘等建制镇和关峡、东山、瓦屋塘等乡村集镇建设灿若群星，闪烁在全县的青山绿水之间。城乡贸易通过粮食购销体制、商业体制、供销体制和外贸体制等一系列重大改革，全县市场繁荣，物资充足，购销两旺。20世纪90年代后，以黄桑风景名胜区为龙头的生态旅游勃然兴起，成为绥宁生态经济一大新的亮点。21世纪初，成功举办了首届湘西南森林生态民族风情旅游节和绥宁“四·八”姑娘节等大型旅游活动。

在20世纪80年代全县基本普及小学教育之后，从20世纪90年代起，全县教育事业更加引起县委、县人民政府和各级党政部门的重视，至21世纪初，全县累计投资2.7亿元，新增校园面积53.87万平方米，新增校舍面积38.01万平方米，改造学校危房1.53万平方米。先后被评为湖南省普及九年义务教育先进县和全国民族教育先进县。1995年，全县基本普及九年义务教育和基本扫除青少年文盲工作达标合格，成为邵阳市“双基”合格第一县。自恢复高考以来，全县累计被全国各大中专院校录取的新生1.53万人，其中23人先后考入北大清华。文化工作先后获得湖南省群众文化先进单位和湖南省文化先进县称号。科技工作被评为全国科技工作先进县，先后取得各项新科技成果237项，县内研究实验成功的高强竹木复合型胶合板、耕田机拖箱、节能储能取暖器、动力打谷机、青钱柳茶及利用造纸副产品生产皮带和胶黏剂等新科技产品，享誉省内外。

改革开放后，全县深入开展以“五讲、四美、三热爱”和学习雷锋、焦裕禄、张海迪等英雄模范人物为主要内容的精神文明建设，先后举办了“五杯一条街”（企业振兴杯、优质服务杯、“四有”杯、党员表率杯、农业高产杯、文明一条街）“四学四推”（学习雷锋，推荐雷锋式的好青年；学习焦裕禄，推荐焦裕禄式的好干部；学习尹志秋，推荐尹志秋式的好支部书记；学习王进喜，推荐王进喜式的好工人），以及绿洲文明行动、创建文明县城、军民共建文明县、创建安全文明乡镇、安全文明单位、安全文明小区等一系列文明创建活动。

1978—2005年，绥宁县在改革开放的道路上，已经走过了27个年头。27年的经验证明，只有在中国共产党的领导下，全县各族人民同心同德，坚持改革开放，社会才会进步，经济才会发展，人民才会幸福。现在，改革开放正在向更深层次推进，让我们站在时代的潮头，更好地回顾总结过去，珍惜现在，展望和把握未来，把绥宁县的明天建设得更加美好。

大事记

1978年

2月26日至3月5日 哨溪口采育场第四连党支部书记、全国人大代表刘芳庭赴北京出席全国人大五届一次会议。

3月18—31日 绥宁县水泥厂电工江瑞丰赴北京出席全国科学大会，在大会上被授予全国先进科技工作者称号。

5月 绥宁县氮肥厂动工兴建，后因本地无煤而停建，经济损失达120万元。

6月20日至7月10日 和平区供销社主任唐德忠代表单位赴北京参加全国财贸学大庆、学大寨表彰大会，同与会代表集体受到华国锋等党和国家领导人接见并合影留念。

7月14日 以区为单位建立在市区西河中学、东山区东山中学、瓦屋塘区瓦屋中学、和平区和平中学、河口区河口中学、李熙区李熙中学和黄土坑中学等7所区属中学。

9月8—17日 瓦屋人民公社岩湾生产大队妇女主任杨富莲赴北京出席中国妇女第四次全国代表大会。

10月 黄桑人民公社赤板生产大队社员邓隆祥报告黄桑天然次生林区内有珍稀树种，经邵阳地区林科所鉴定为古孑遗植物长苞铁杉。

11月 绥宁县开始恢复粮油议价经营。

12月 绥宁县掀起农田基本建设高潮，共投入劳动力5.4万人，完成土石方104.5万立方米，炼山整地1120公顷，开垦茶园、园艺场基地115.33公顷，改良低产田89.67公顷，开垦荒田5.12公顷。

是年 绥宁县广播线路网络建成，名列邵阳地区第一。

1979年

1月5日 下午，荣岩电站在检修3号机组时，因违反操作流程，导致机房电机被淹，被迫停产3个月。

2月4—16日 中共绥宁县委召开四级干部会议，学习和贯彻中共十一届三中全会精神，提出把工作重心转移到社会主义现代化建设上来。

2月 绥宁县落实政策及平反纠正冤假错案工作开始（1984年10月结束，共为1万余人落实政策）。

3月6日 为迎接国家第一个植树节，绥宁县掀起植树造林热潮。

3月20日 绥宁县革委发布《关于开放国家领导下的粮食市场的布告》，决定从当月25日起，每逢星期日有限制地开放农村粮食市场。

4月10日 中共绥宁县委发出通知，号召全县人民向在对越自卫还击战中分别获得一等功和二等功的本县籍解放军某部副营长黄权国和某部连长苏进荣学习。

4月 中共湖南省委、省革命委员会授予绥宁县公路段“大庆式企业”称号。

8月下旬 中共绥宁县委召开区镇和人民公社党委书记及县直单位负责人会议，对真理标准大讨论进行“补课”。

秋 绥宁县实行油菜种植家庭联产承包，翌年全县油菜籽总产量达136万千克。1981年上升到301万千克，绥宁县由缺油县变为余油县。

10月 关峡人民公社农民（苗族）李荣民创作的山歌剧《相亲亭》获湖南省中华人民共和国成立30周年群众文艺会演演出二等奖和剧本创作一等奖。翌年6月获全国农民业余文艺会演优秀剧目奖。

是年 麻塘人民公社红旗生产大队小沈生产队在绥宁县率先安装自来水。

是年 绥宁县被列为湖南省重点林业药材县。

1980年

2月 由王恒松摄影、李焕宁撰文的摄影作品《大铁杉》在《中国林业》刊发。6月，被日文版《人民中国》转载，日中友好协会会长给绥宁县县长来信祝贺。

3月28日 绥宁县开始在干部职工中实行三定（定岗位责任、定任务要求、定奖励制度）岗位责任制。

春 绥宁县委、县革命委员会在白玉人民公社百家田生产大队龙家树生产队进行农业生产包干到组联产计酬责任制试点。

4月 中共绥宁县委教育干部严于律己、自觉维护党纪国法的经验，被中共湖南省委向全省推介，《湖南日报》和中央电视台先后进行报道。

6月 省、地、县林业部门46名专家学者组成考察队对黄桑坪天然次生林进行综合考察，历时6个月完成。

7月 绥宁县放宽粮油市场，允许粮食上市销售。

9月17日 邵阳地区第一个县级电视差转台在县内腊岩头建成。

9月26日 盐井人民公社红岩生产大队发生火灾，烧毁房屋128栋，直接损失90余万元。

9月30日 关峡人民公社党委书记周宗诱（苗族）作为绥宁县少数民族代表，出席国务院在北京人民大会堂举行的国庆宴会，受到华国锋、胡耀邦等党和国家领导人接见。

12月14—20日 绥宁县第八届人民代表大会第一次会议召开，设立县人民代表大会常务委员会，恢复县人民政府，选举龙道坤为县人大常委会主任、钟成瑶为县人民政府县长。

12月19日 瓦屋区供销社金屋分社收购门市部收购的炸野兽用的722个土炸弹发生爆炸，死1人，伤3人。

1981 年

1月 绥宁县开展地名普查，翌年12月结束，规范和更正区名2个、人民公社名9个、生产大队名78个。

是月 《长铺镇总体规划》编修成功。

3月15日 关峡人民公社团结生产大队长滩渡口一渡船因严重超载沉船，船上30人全部落水，死3人，重伤2人。该大队团支部书记李茂林抢救落水人员20余人，受到共青团中央表彰。

3月 年产万吨水泥袋纸的绥宁联合造纸厂动工（1986年3月竣工投产）；同时，投资120万元兴建关峡、双河、枫香3个原料基地，原料基地总面积14667公顷。

4月2日 绥宁县节约能源领导小组成立，开始在全县推广省柴灶和省煤灶。

5月8日 邵阳地区山林定权发证试点工作在关峡人民公社进行。

5月22日 绥宁县第二次土壤普查工作启动，1983年9月结束。

5月 长铺和江口塘35千伏变电站及江口塘至长铺35千伏输电线路同时竣工运行。

6月21日 绥宁县委、县政府颁发《关于农业生产统一经营、联产到劳责任制试行办法》。

9月4日 绥宁县委、县政府颁发《绥宁县农村人民公社专业承包联产计酬生产责任制试行办法》和《绥宁县农村人民公社包干到户生产责任制试行办法》。

11月14日 绥宁县委、县政府颁发《关于建立林业生产责任制的试行办法》。

12月7日 下午3时许，唐家坊人民公社罗连生产大队发生重大火灾，烧毁房屋130座，烧死生猪211头，直接损失100余万元。

1982 年

2月6—11日 绥宁县发生冰冻灾害，冰厚3～4厘米。

2月 湖南省人民政府省长孙国治赴黄桑坪人民公社、枫木团人民公社和堡子岭林场考察林业生产情况。

3月 长铺子、关峡、黄桑坪3个苗族人民公社成立。

春 全长21千米的江茅35千伏输电线路动工架设，年底竣工。

4月3日 黄桑坪被划为省级自然保护区。

5月13—14日 农牧渔业部部长林乎加到县考察杂交水稻生产。

5月15日 唐家坊罐头厂“林牌”商标经国家工商行政管理总局商标局核准注册，系绥宁县第一例注册商标。

5月 绥宁县胶合板厂动工兴建，翌年10月竣工投产。

6月15日 绥宁县委、县政府制定颁发《关于加强少数民族工作的意见》。

7月1日 绥宁县第三次全国人口普查开始，是日零时，全县总人口为27.2653万人。

7月10日 绥宁县开始进行农业区划调查，1984年底结束，1985年4月出版《绥宁县农业区划报告集》《绥宁县农业区划数据集》《绥宁县农业区划图集》。

8月 绥宁县人民政府副县长杨荷林（女，侗族）当选中国共产党第十二次全国代表大会代表，9月1日赴北京出席大会。

9月2日 绥宁县人民医院首次实施心包剥离和肺叶切除高难度手术并获得成功。

9月 绥宁县混合饲料厂建成投产。

12月20—30日 关峡人民公社团结生产大队团支部书记李茂林出席共青团第十一次全国代表大会。

12月 《湖南省绥宁县地名录》编成付梓。

是年 诗人未央参观考察黄桑自然保护区并赋诗。

1983年

3月5日 经湖南省人民政府批准，绥宁县内森工企业由省管下放为县管。

3月 绥宁县在市镇恢复建制。

是月 省道关（峡）蒋（家坊）公路动工兴建。1984年4月竣工。

4月15日 中共绥宁县委在枫香人民公社进行政社分设试点。

4月 绥宁县森林资源调查（简称“六五”林调）工作启动，历时一年完成。查得全县活立木蓄积量1004.18万立方米，森林覆盖率67.5%。

5月25日 绥宁县委、县政府颁发《关于普及小学教育的规划》。

5月 绥宁县运动员袁明仁在武汉举行的全国十省区体校田径运动会上，获少乙组第2名，破该项目全省少年纪录。

6月5日 梅坪公社和联民公社客运班车开通。绥宁县实现社社通客车。

6月30日 下午6时许，黄土矿人民公社小安生产大队发生火灾，147户家庭受灾。

6月 乐安铺人民公社联丰生产大队自筹资金，建成湖南省山区第一个电视村。

10月8日 绥宁县在市区中学改建为绥宁县第一农业中学。1985年11月11日更名为绥宁县在市中等职业技术学校。

10月 绥宁县开始对国营企业实行第一步利改税，由上缴利润改征所得税。翌年9月2日进行第二步利改税，全县开征调节税。

11月7—10日 绥宁县召开全县体制改革会议，按照“革命化、年轻化、知识化、专业化”的要求推荐县委、县人大、县政府、县政协班子人选。

12月 绥宁县被国务院确定为农村电气化试点县。

是月 绥宁县农业局匡能儒、谢定酉被农牧渔业部授予长期从事农牧渔业技术推广工作的技术人员称号，并颁发荣誉证书。

1984 年

1 月初 中共绥宁县委按照“精干”的原则和“革命化、年轻化、知识化、专业化”的要求，开始对县直部、办、委、局和区镇、社（乡）镇领导班子进行考察和调整。

1 月 中共绥宁县委纪律检查委员会改称中共绥宁县纪律检查委员会，升格为副县级单位。

是月 绥宁县使用近 30 年的布票被废止，布匹敞开供应。

4 月 21—25 日 政协绥宁县第一届委员会第一次会议在县城召开，中国人民政治协商会议绥宁县委员会正式成立，大会选举屈家海为政协绥宁县第一届委员会主席，李高林、张友松等 4 人为政协绥宁县第一届委员会副主席，张友松兼秘书长。

4 月 22—27 日 绥宁县第九届人民代表大会第一次会议在县城召开，选举龙道坤为县人大常委会主任，陈庆善为县人民政府县长，苏进德为县人民法院院长，莫仁安为县人民检察院检察长。

5 月初至 6 月中旬 绥宁县实行政社分设、人民公社改乡工作完成，全县所有人民公社改为乡，生产大队改为村，生产队改为村民小组。

6 月 12 日 绥宁县撤销武阳乡，建立武阳镇。

6—8 月 绥宁县大旱，27 个乡、307 个村、2340 个组、39600 家农户、20.13 万人受灾。

7 月 1 日 绥宁县委、县政府颁发《关于稳定和完善农业生产责任制的意见》，延长土地承包期，一定 15 年不变。

8 月 23 日 以江瑞丰为首的绥宁县水泥厂科技攻关小组成功地将微电脑应用于水泥生产，大幅度提高了生产效益。

9 月 绥宁县长铺镇中学改为绥宁县第三中学。

12 月 2 日 绥宁县黄土矿乡分设为黄土矿乡和桃坪乡，乐安铺乡分设为乐安铺乡和联丰乡。

12 月 29 日 湖南省民政厅批准，绥宁县撤销李熙桥乡，建立李熙桥镇；翌年 4 月，李熙桥正式撤乡改镇。

12 月 荣岩电站至长铺 5.3 千米 35 千伏输电线路建成运行。

1985 年

1 月 19 日 绥宁县取消木材统购，木材价格放开。

1 月 20—23 日 麻塘苗族乡、竹舟江苗族乡、东山侗族乡、朝仪侗族乡、鹅公岭侗族苗族乡、兰家侗族苗族乡、乐安铺苗族侗族乡、联丰苗族侗族乡、在市苗族侗族乡、双河苗族乡、枫香苗族乡先后成立。

1 月至 3 月上旬 绥宁县发生乱砍滥伐森林案件 1389 起，参与人数 2416 人，乱伐木材 3857 立方米。3 月 9 日，绥宁县委、县政府颁发《关于坚决制止乱砍滥伐森林的通知》，并从机关抽调 63 名干部组成 6 个工作组，分赴各乡镇，及时刹住乱砍滥伐森林乱收乱购木材的歪风。

2 月 17 日 由 1945 年入侵绥宁县境的 10 名日本军人组成的芷江友之会访华团抵绥宁县，

前往当年战败之地武阳反省罪行。

3月20日 李熙桥区属中学黄土矿中学改建为绥宁县第二农业中学；11月11日，再更名为绥宁县黄土矿中等职业技术学校。

3月 绥宁县普法领导小组成立，各级层层举办法制学习班。

春至夏 绥宁县发生罕见的春夏连旱，29个乡、337个村、2600个村民小组受灾，粮食作物受灾面积18067公顷，减产粮食1677万千克。

4月23—26日 中共绥宁县第五次代表大会在县城召开。

6月 林业部5名干部到绥宁县挂职。

8月 中央讲师团邵阳分团绥宁小组4名成员到绥宁县支边，帮助发展山区教育。

12月5日 绥宁县政府公布苏家州县城遗址、联民乡高登山普照寺等15处古遗址为全县重点文物保护单位。

12月14日 绥宁县全面推行使用法定计量单位，同时停止使用旧度量衡器。

12月23日 绥宁县委、县政府颁发《关于党政机关、事业单位干部制度试行部分改革的决定》，对全县部、办、委、局和各乡镇干部实行目标管理岗位责任制、干部考核制、领导干部任期制和一般工作人员选聘制。

12月28日 绥宁县委、县政府撤销东山、在市、长铺、河口、李熙桥、瓦屋塘6个区级建制。翌年12月8日湖南省民政厅行文批准。

是年 绥宁县进行第二次全国（县）工业普查，普查结果：全县有工业企业98个，其中全民所有制企业19个、集体所有制企业79个。

是年 绥宁县取消生猪派购，实行议购议销。

1986年

2月 长铺、东山、河口、瓦屋塘、李熙桥5所区属中学分别更名为绥宁县第四、第五、第六、第七、第八中学。

3月1日 在市镇人民政府、关峡苗族乡人民政府、江口塘电站分别获“全国计划生育先进单位”称号。

3月5—6日 中国人民解放军第二炮兵司令员李旭阁、政治委员刘立封、副司令员杨国梁、副政治委员阴法唐一行考察绥宁驻军，并走访地方党政领导。

3月15日 绥宁县万家坪大桥破土动工，翌年9月29日建成通车。

3月 湖南省电视台到绥宁县联民乡高登山拍摄风光片《纯石建筑普照寺》。

3—4月 绥宁县开展反盗窃斗争，共破获盗窃案件1230余起，打击盗窃团伙46个。

4月 绥宁县农业局干部刘建华、刘文锋和县供销社干部向志平赴日本研修，系绥宁县首批出国研修干部。

5月 绥宁县遭受严重干旱，县委、县政府抽调120名县直机关干部分赴各乡，组织群众抗旱。

是月 绥宁县人民武装部改归地方建制。

6月下旬 水利电力部首次为工作25年以上的水利水保人员颁发荣誉证书和纪念章，绥宁县水电局黄叔雄等6人获此殊荣。

7月 绥宁县被列为全国能源综合试点县。

8月5日 《绥宁县志》编纂委员会成立，中共绥宁县委副书记龚佳禾兼主任，中华人民共和国成立后首部《绥宁县志》编修工作启动。

8月11日 中共湖南省委副书记、省长熊清泉考察黄桑自然保护区，并赋诗。

9月 重建长铺镇中学。

10月1日 堡子岭300瓦电视差转台建成开播。

10月23日 绥宁县计划生育医院动工兴建，翌年3月竣工开业。

10月30日 经卫生部和湖南省政府检查验收，确认绥宁县基本消灭丝虫病。

11月 县电磁线厂建成投产。

是年 经湖南省人民政府检查验收，确认绥宁县已基本控制地方甲亢病。

1987年

2月4日 绥宁县委、县政府聘请湖南省杂交水稻研究中心国家高级育种专家袁隆平和安江农校副教授李必湖为绥宁县杂交水稻生产及制种技术顾问。

2月 江口塘至李熙桥35千伏输电线路架设成功，李熙桥35千伏变电站建成。

3月5—11日 绥宁县第十届人民代表大会第一次会议和政协绥宁县第二届委员会第一次会议同时在县城召开。

3月14日 原侵华日军芷江友之会有11人到绥宁县，到武阳、红岩参观反省。

是日 黄桑自然保护区赤板发现华南虎。

4月16日 绥宁县委、县政府颁发《关于在全县广泛开展文明村（镇）、文明单位建设的决定》。

夏 黄桑自然保护区坪溪发现5头野牛。

8月 绥宁县麻风病防治医疗站更名为绥宁县皮肤病防治站，地址由关峡苗族乡高坪村迁至县城长铺镇。

9月16—17日 中共湖南省委副书记刘夫生到绥宁县考察黄桑自然保护区及绥宁县胶合板厂、联纸厂和香精香料厂。

9月 乐安铺至长铺供电线路架设成功。

是月 绥宁县人武部干部刘应堂、贺建湘获国防部颁发的征兵工作荣誉证书和纪念章。

9—10月 李熙桥、武阳、黄土矿、盐井等乡镇钩端螺旋体病流行，发病1669人，死27人。

10月30日 长铺镇6名社会青年聚众到绥宁县第三中学闹事，将该校一名职工殴打致死，造成震惊湖南省的“10·30”事件，后犯罪嫌疑人均受到法律惩处。

10月 绥宁县城标志性建筑——商业大楼竣工开业。

12月 经湖南省人民政府检查验收，绥宁县获普及初等教育合格证书。

1988年

1月27日 绥宁县委、县政府颁发《关于加速发展乡镇企业的决定》。

1月 枫木团电站开工建设，1993年10月建成发电，装机1000千瓦，年发电量550万千瓦时。

3月 绥宁县发生连续20多天的冰冻灾害，11个乡镇交通中断。

4月1日 武阳中心卫生院成立。

4月23日 凌晨5时许，长铺镇老街发生重大火灾，77户居民房屋和财产受损，直接经济损失600万元。

4月26—30日 中共绥宁县第六次代表大会在县城召开。

5月15—17日 沈阳军区原副司令员曾雍雅到绥宁县，先后到长铺、在市和黄桑坪等地考察，并介绍1950年10月率部在绥宁剿匪的情况。

5月 绥宁县暴发松毛虫灾害，受灾松林面积达2.5万公顷，全县出动飞机防治作业34架次，有效控制灾情蔓延。

6月3日 绥宁县委、县政府制定《关于卫生工作改革暂行规定》，对医疗单位的经营、管理、人事、党务等工作实行改革。

6月 绥宁县启动畜禽疫病普查，翌年5月结束。

7月25日 湖南省人民政府、邵阳市人民政府在绥宁县城召开表彰大会，绥宁县被授予拥军优属先进县称号。

8月1日 绥宁县被评为全国拥军优属先进单位，县长陈庆善赴北京参加全国“双拥”先进单位和先进个人表彰大会，同与会代表集体受到杨尚昆、乔石等党和国家领导人接见，并合影留念。

8月10—11日 中共湖南省委常委、常务副省长陈邦柱和省顾委常委史杰带领省政府办公厅、省林业厅、省经委、省农经委、省计委、省财政厅、省扶贫办、省人民银行等部门负责人到绥宁县现场办公。

9月14—24日 绥宁县钩端螺旋体病再次流行，发病4000余人，死40余人。

9月10日 绥宁县发生特大洪灾，直接经济损失368万元。

10月 绥宁县竹艺厂生产的17种竹艺牌竹刻产品获1988年全国轻工业出口产品金龙腾飞奖铜牌。

是月 县城地面卫星接收站竣工开播。

是年 因中药市场厚朴、杜仲货源紧缺，价格暴涨，东山、长铺、在市等地药农趁机砍树剥皮，一些村集体药材林被群众哄抢，307公顷厚朴和杜仲林被毁。

1989 年

1 月 绥宁县开始实行机关和乡镇干部岗位交换制度。至翌年 9 月，全县共有 105 名县直机关干部调乡镇工作，65 名乡镇干部调县直机关工作。

2 月 19 日 绥宁县胶合板厂刨花板车间竣工投产。

2 月 26 日 绥宁县化工厂甲醛车间竣工投产。

3 月 绥宁县第三中学改办为绥宁县民族中学。

4 月下旬 绥宁县开展反贪污反受贿斗争，县种子公司 2 名主要负责人受到刑事处分，1 名副县长受到行政处分。

4 月 29 日 在市镇古县城遗址、大竹坪汉瑶分界处等 10 处古遗址被公布为第二批绥宁县重点文物保护单位。

4—5 月 绥宁县第二冶炼厂、第三冶炼厂和第一冶炼厂先后在长铺子苗族乡、枫香苗族乡小水村和乐安铺苗族侗族乡建成投产。

5 月 19 日 凌晨，武阳镇老鸦冲水库出现大坝外坡下滑险情，绥宁县委书记屈家海带领县委、县政府及有关单位的领导和工程技术人员赶赴现场，组织人员抢险，保住大坝。

7 月 2 日 洪江市一辆开往绥宁的客车，经过长铺子苗族乡杨家村地段时从 40 米高的陡坡滑入巫水河中，死 5 人，重伤 2 人。

7 月 16 日 县城集贸市场建成开业。

7 月 大旱，绥宁县 1.1 万公顷水田受灾，36 条河溪断流。县委、县政府抽调 300 名县直机关干部和 450 名乡镇干部深入抗旱第一线组织群众开展抗旱救灾，县财政拨款 10 万元用于抗旱。

是月 绥宁县委、县政府成立落实城镇私房政策领导小组，负责处理长铺、在市两镇原部分下放居民在“文化大革命”期间的私房遗留问题。

是月 绥宁县开展严惩破坏森林资源违法犯罪专项斗争，至 11 月，共查处破坏森林案件 645 起，收缴非法砍伐的木材 2960 立方米。

9 月 15 日 绥宁县开始实施居民身份证使用和查验制度。

9 月 20—23 日 中共绥宁县委书记屈家海获全国优秀党务工作者称号，赴北京出席全国先进基层党组织、优秀党务工作者表彰大会，受到江泽民等中央领导人接见。

11 月 23 日 绥宁县政府发出通告，在全县范围内开展扫除“六害”（卖淫嫖娼、传播淫秽物品、拐卖妇女儿童、吸毒贩毒、聚众赌博、搞封建迷信骗人钱财）斗争。

11 月 曾家湾至官路上 35 千伏输电线路架设成功；瓦屋塘 35 千伏变电站建成运行。

1990 年

1 月 15 日 经湖南省人民政府批准，联民乡改为联民苗族瑶族乡，枫木团乡改为枫木团苗族侗族乡，河口乡改为河口苗族乡。至此，全县建立民族乡 17 个，占全县乡镇总数的 56.6%。

2月19—23日 政协绥宁县第三届委员会第一次会议在县城举行。

2月25日至3月2日 绥宁县第十一届人民代表大会第一次会议在县城举行。

3月6日 是日起，绥宁县在农村分批开展社会主义思想教育活动，历时3年结束。

3月10日 县城开通自动电话。

3月 绥宁县被中共中央宣传部和司法部授予全国普法工作先进集体。

是月 党坪苗族乡台胞陆丘善以其母的名义在绥宁县第一中学设立“陆杨美贞女士人才奖学金”，以资助品学兼优的绥宁籍学生进高等学府深造。

5月1日 县城开通自动长途电话。

5月 绥宁县开展森林资源调查（简称“八五”林调），翌年6月完成。调查结果：全县森林蓄积量比1983年增加54.5万立方米，森林覆盖率比1983年增加0.8个百分点。绥宁的活立木蓄积量、人均蓄积量、单位面积产量、年均生长量、森林覆盖率、年产材量均居湖南省第一。

6月17日 绥宁县被湖南省人民政府列为重点林区县。

6月中下旬 因连续高温高湿天气影响，绥宁县发生罕见的稻纵卷叶虫灾害，全县18667公顷水稻普遍受害。

6月 绥宁县获湖南省农村电气化县称号。

7月1日 绥宁县开始进行第四次全国（县）人口普查。是日零时，全县常住总人口31.8244万人。

7月 绥宁县发生旱灾，13334公顷水稻受旱。县委、县政府组织全县人民积极抗旱，并在关峡和东山实施人工降雨，最大限度地减少灾害损失。

9月9日 中共湖南省委副书记杨正午到绥宁县考察，在听取县委、县政府负责人的工作汇报后指示：要下决心提高农业效益，增加农民收入；积极巩固工业骨干企业，全面研究整个工业合理布局。

11月 绥宁县被中共湖南省委、省人民政府和湖南省军区联合授予党管武装先进单位。

12月26—29日 湖南省森林资源管理工作会议在绥宁召开。县林业局局长作了题为“实行六个统一，强化资源管理”的汇报。

12月 绥宁县羽毛球厂生产的“中友牌”羽毛球获湖南省优质产品证书。

是年 绥宁有线电视台建成。

是年 绥宁县被评为湖南省农村教育工作先进县。

1991年

1月 湖南省电视台相继播放副省长卓康宁推介绥宁森林资源管理工作经验的讲话和电视系列片《绥宁林业启示录》。

是月 由台湾穗信实业有限公司董事长林义雄投资35万美元独资兴办的绥宁穗信竹木有限

公司开工建设，9月建成投产，主要生产竹筷。

3月25日至4月9日 在第七届全国人大四次会议上，绥宁县全国人大代表龙素梅（女，苗族）领衔提出《关于制定妇女权益保障法的议案》，全国人大常委会据此拟定了《中华人民共和国妇女权益保障法（草案）》，并在第七届全国人大五次会议上通过。

3月 绥宁县楠竹生产被列为湖南省“星火计划”项目，水口、金屋塘、瓦屋塘、唐家坊、黄土矿、桃坪、盐井、白玉、枫木团、麻塘、河口、联民、黄桑坪等乡被列为“星火计划”重点乡。

4月中旬 绥宁县公安局破获一起种毒贩毒案，48名涉案人员分别受到法律制裁或行政处罚。

6月7日 绥宁县开始实施“二五”普法规划。

6—8月 绥宁县发生旱灾，全县94条5千米以上的溪河有32条断流。

7月中旬和8月中旬 绥宁县两度暴发稻瘟病，稻田受害面积5067公顷，234公顷稻田失收。

7月下旬 乐安铺、联丰、李熙桥、盐井、黄土矿等乡镇暴发松毛虫灾害，松林受灾面积6334公顷。

8月8日 凌晨3—8时，绥宁县南部普降暴雨，16个乡镇受灾，死1人，重伤5人。

10月10日 世界卫生组织顾问、麻风病学会秘书长、日本笹川良一基金会医疗部部长汤浅洋博士和卫生部专家一行19人，专程到绥宁县考察麻风病防治工作。

10月上旬 绥宁县与广东省珠海市斗门县结为经济合作友好县。

11月28日 绿洲宾馆开工兴建，翌年12月竣工开业。

12月19日 绥宁县土地详查工作开始，历时3年完成，查得全县总面积2911.4平方千米。

12月 绥宁县糖果糕点厂生产的单晶冰糖获全省优质产品和科技成果奖。

是年 绥宁县作家隆振彪创作的中篇小说《青山无语》获第四届全国少数民族文学新人新作奖。

1992年

4月1日 绥宁县使用近40年的粮票被废止，粮食敞开供应。

4月中旬 绥宁县中药饮片厂研制的绞股蓝袋泡茶在国家科委举办的中国新产品新技术博览会上，获银质奖。

4月28日 武阳、在市、李熙桥3镇被列为绥宁县经济开发实验区。

7月 在市苗族侗族乡并入在市镇。

9月7日 中共湖南省委副书记杨正午考察绥宁山区经济深度开发工作。

9月13—16日 中共绥宁县第七次代表大会在县城举行。

11月21日 绥宁县文化馆佘刚林作曲、何放吟配器、黄民祥演奏的侗笛独奏曲《鼓楼月夜》

获“中国民族民间音乐舞蹈比赛”作曲二等奖、演奏二等奖。

11月26日 由潇湘电影制片厂拍摄的电影《秋收起义》在绥宁县黄桑坪开拍。此后，又有《古道西风》《痴虎》《炎帝传奇》《那山 那人 那狗》《农历八月八》《生死路上》等多部影视片先后在县内拍摄。

是年始 绥宁县连续三年被湖南省人民政府授予“中稻成建制亩产500公斤先进县”称号。

是年 绥宁县被民政部和解放军总政治部联合授予双拥模范县称号。

1993年

1月1日 绥宁县城标志性综合商场——银河商场建成开业。

1月3—9日 绥宁县第十二届人民代表大会第一次会议、政协绥宁县第四届委员会第一次会议在县城同期召开。

1月 绥宁县肉食水产公司实行国有民营，为全县首例国有商业转换经营机制的企业。

3月1日 李熙桥至唐家坊公路开工，翌年12月1日竣工通车。

3月31日至4月20日 绥宁县开展打击毁林违法犯罪专项斗争，共查处各类林政案件6700余件，收缴各种林业费用28.94万元。

3月 绥宁县被湖南省人民政府授予全省消灭宜林荒山第一县称号。

6月23—26日 湘桂黔三省（区）边界十八县政协联谊会和物资交流会在绥宁县城举行。

6月 绥宁县第四中学改建为绥宁县第三职业中学，第五、第六、第七和第八中学分别并入当地乡镇中学。

8月18日 绥宁县联合造纸厂被国家统计局列为全国100家最大造纸企业之一，名列第49位。

9月1—6日 绥宁县妇联主任龙妹赴北京出席中国妇女第七次全国代表大会。

10月24—26日 第四届湘黔七县民族联谊会及湖南省苗学会第二届研讨会在绥宁县城举行，湖南省政协副主席兼省民委主任石玉珍和省人大常委会原副主任石帮智出席会议。

10月 绥宁县首次进行全国（县）第三产业普查，全县共有从事第三产业的企业4861家，从业者1.9万人。

11月23日 黄土矿乡源头村发生重大火灾，烧毁房屋26座、粮食9.5万千克，直接经济损失523万元。

是年 绥宁县被林业部授予森林资源林政管理先进单位。

1994年

春 绥宁县人民政府组织车辆，为县内前往沿海打工的民工提供交通服务，并派遣干部前往广州和深圳等地联系劳力出路。

3月2日 绥宁县被评为湖南省农村卫生工作先进县。

3月17日 绥宁县人造板厂与香港金城首饰工场合资开办的绥港人造板有限公司建成投产。

3月31日 绥宁县启动少数民族居民《民族成份证》颁发工作。

5月24日 凌晨1—5时，绥宁县普降暴雨，造成山洪泛滥，莳竹水河道最高水位达102.2米。全县21个乡镇受灾，死2人，重伤4人。经济损失6192万元。

9月5日 绥宁县影剧院动工兴建，翌年底竣工开业。

9月27日 绥宁县被国务院授予全国民族团结进步模范单位称号，县委书记王长明赴北京参加全国第二届民族团结进步表彰大会。

10月15日 绥宁县委抽派113名干部，组成34个工作组，分赴全县37个贫困后进村整顿建设党支部。此后每年均开展此项工作。

10月 绥宁县被定为全国科技兴林示范县和湖南省高效林业试点县。

是月 在怀化举行的湖南省第三届少数民族体育运动会上，绥宁县运动员、县人造板厂女职工蒋丽娟获女子陀螺比赛乙组第一名。

11月10日 中共湖南省委书记王茂林到绥宁县，考察天堂界原始次生林、绥港人造板有限公司和枫香苗族乡濑濑水村断臂青年刘文忠的养猪场及速生丰产林。

12月 绥宁县文化馆刘桂梅创作的戏曲小品《戏新郎》获1994年“重钢杯”全国业余小品创作百优大赛一等奖。

是月 绥宁县木材公司被国务院发展研究中心和国家统计局认定为全国木材及竹材采运业最大企业之一，排名第77位；同时被认定为全国最佳经济效益企业之一，排名第44位。

1995年

1月13日 绥宁县委、县政府颁发《关于加快丘岗山地综合开发的决定》，规定谁开发谁受益、谁开发谁所有。

1月18日 绥宁县被中共湖南省委、湖南省人民政府评为社会治安综合治理先进单位。

2月9日 绥宁县直机关机构改革工作启动。

2月21日 《绥宁报》复刊。

3月 绥宁县被评为全国造林绿化百佳县。

是月 在绥宁县邮电局分设县移动公司，安装开通500门蜂窝式模拟移动电话。

6月20日 绥宁县29个乡镇合并调整为25个乡镇。

6月25—26日 绥宁县连下暴雨15小时，平均降雨量达174毫米，导致山洪暴发，死6人，农作物受灾面积9067公顷。

9月 绥宁县生产的水传奇矿泉水、家用保险柜、奇山牌HS-1换气去湿机、花岗岩板材与石材家具获1995年中国国际新技术新产品博览会暨1995年湖南新技术新产品交易会科技创新金奖。

10月15日 经湖南省人民政府验收，绥宁县成为邵阳市第一个“两基”（基本普及九年制义务教育、基本扫除青壮年文盲）评估合格县。

10月31日 绥宁县委、县政府印发《关于加快交通建设的若干规定》，决定在全县开展公路建设总体战，建成“一横”“十纵”“一回环”的交通大网络，并制定14项加快交通建设的措施。

11月2日 绥宁县绝缘纸厂建成投产，设计年产绝缘纸1.5万吨。

12月4日 绥宁县委、县政府制定下发《关于县直部门向乡镇放权的实施方案》。

12月21日 邵阳市首家外商独资企业——日商开办的三国花岗岩板材开发有限公司在绥宁县金屋塘成立。

12月25日 县城绿洲大道开工建设。该大道总长3000米，宽58米，总投资3500万元。1996年10月1日竣工通车。

是年 绥宁县进行全国（县）第三次工业普查，全县共有工业企业266家，其中国有企业21家、县办集体企业132家、乡办工业企业113家。

1996年

1月1日 香港大嘉投资有限公司租赁绥宁县中林保健凉席联营公司，改建为湖南绿洲竹木制品有限公司，开邵阳市外商租赁国有企业之先河，租赁期限为20年。

1月2日 乐安铺民营经济试验区建立。

1月11日 绥宁县政府颁发《绥宁县深化城镇住房制度改革实施方案》。

1月中旬 绥宁县香精香料厂被绥宁县人民法院依法裁定破产还债，系县内首家破产的国有企业。

2月1日 绥宁县人民医院新住院部大楼动工，1997年1月竣工。

3月 绥宁县被评为全国绿化先进县。

4月1日 绥宁县人民武装部收归军队建制。

4月29日 绥宁县撤销盐井乡，设立红岩镇；撤销金屋塘乡，设立金屋塘镇；撤销唐家坊乡，设立唐家坊镇。

5月22—25日 湘、桂、黔三省（区）毗邻十八县（市）总商会首届经济贸易联谊会与首届中国黄桑“四·八”姑娘节苗乡歌会暨民族经贸物资交流会在黄桑坪苗族乡举行。

6月2日 台湾焕宝企业有限公司在县内独资兴办的绥宁台湾焕宝石材有限公司成立。

6月17—18日 中共湖南省委书记王茂林到绥宁县考察。

6月中旬 绥宁县委、县政府在乐安铺苗族侗族乡实行党政企三位一体的乡镇体制综合改革试点。

6月24日 当晚，乐安铺苗族侗族乡数百名村民和公安干警冒着大雨，在天堂界一带密林中围捕抢劫团伙犯，至翌日清晨将4名案犯全部捉拿归案。8月8日，绥宁县委、县政府授予在该次行动中表现突出的龙开文等8名青年农民见义勇为先进个人荣誉称号。

6月 绥宁县神坡山发现中国特有的珍稀濒危植物穗花杉群落，经中国科学院植物研究所和中南林学院的权威专家和学者鉴定，系中国目前已发现的面积最大、树龄最高、株数最多、结构最完整的穗花杉群落。

是月 县城绿洲集贸市场开工建设，8月8日竣工开业。

是月 绥宁县标志性建筑飞凤大厦动工修建，翌年10月1日一楼开张营业，1998年工程全部竣工。

7月16—17日 绥宁县平均降雨量248.4毫米，造成百年不遇的特大洪灾，死亡7人，8个乡镇交通、通信、供电中断，企业停产。县委、县政府等领导深入灾区，指导抗洪救灾。

7月 洛口山水库洋滩河坝工程竣工。

8月20日 绥宁县体校学生兰序长、向海在湖南省第八届运动会永州赛区举重比赛中，分别夺得男子甲组59千克级银牌和50千克级铜牌。

9月7日 绥宁县女运动员曾小玲在湖南省第八届运动会常德赛区的田径比赛中，获女子甲组100米栏和女子4×100米接力赛金牌；莫宁峰获男子丁组100米栏金牌。

9月中旬 绥宁县被对外经济贸易部授予对外经济贸易进出口经营权。

9月 长铺镇第三小学建成开学。

10月6日 中共绥宁县委批转县委宣传部、县司法局《关于在全县公民中开展法制宣传教育的第三个五年规划》。

10月23日 红岩民营经济试验区建立。

10月 绥宁县开通数字移动电话。

11月8—9日 中共湖南省委副书记、省长杨正午率省计委、省经贸委、省乡镇企业局等部门负责人到绥宁县考察。

11月12日 绥宁县撤销在市镇，设立在市苗族侗族乡；撤销枫香苗族乡，从长铺镇析出15个村，与原枫香苗族乡合并设立长铺子苗族乡；从黄土矿乡析出13个村，划归红岩镇。

11月26日 湖南省军区政委乔新柱率省军区机关工作组到绥宁县人武部考察。

是年 绥宁县首次在省道1805线县内路段铺筑6千米高级水泥路面。

1997年

1月1日 绥宁县以1996年12月31日为标准时间，开始在县内进行第一次全国（县）农业普查，历时3年完成。查得全县有农村镇6个，从事生产经营活动的农村住户72100户，农业从业人员18.01万人，农村科技人员4325人，非农村住户类农业生产经营单位170个。

1月 绥宁县被全国双拥领导小组、民政部、中国人民解放军总政治部授予全国双拥模范县称号；同月15日，县委书记刘剑英、驻绥部队副政委赵绪奎赴北京参加全国双拥模范城（县）命名大会。

3月4日 绥宁县获湖南省经济建设“十快县”称号。

3月20日 绥宁县机关、事业单位养老保险制度改革大会召开。

3月 长铺镇中学与绥宁县林业子弟学校初中部合并，10月更名为绿洲中学。

是月 绥宁县对全县乡镇林业站和国有林场管理体制进行改革，取消干部与工人的界限，实行全员劳动合同制，公开择优聘用管理人员。

5月1日 绥宁县委、县政府颁发《关于企业改革若干问题暂行规定》，在全县推行以股份制和股份合作制为主要形式的企业改制。11月底，全县21家县办企业全部完成改制。中央电视台、湖南卫视、《湖南日报》等媒体先后报道绥宁县企业改制工作的经验。

7月9—11日 中共绥宁县第八次代表大会在县城召开。

7月 中华人民共和国成立后编纂的首部《绥宁县志》出版发行。

8月8日 绥宁县首家村级股份合作林场——黄桑坪苗族乡坪溪股份合作林场成立。

8月13日和9月30日 绥宁县14处寺庙被登记为宗教活动场所。

8月14日 湖南省第一家由国有林场改制的股份合作林场——绥宁县堡子岭股份合作林场成立。

9月20日 中共湖南省委常委、湖南省军区司令员庞为强到绥宁县考察武装工作。

10月1日 绥宁县水泥厂8.8万吨水泥生产线扩改工程建成投产。

10月5日 香港红树林贸易有限公司在绥宁县关峡苗族乡独资兴办的湖南绥宁侨福木业有限公司成立。

10月28日 绥宁县长铺镇、武阳镇和乐安铺苗族侗族乡被评为邵阳市第一批小康乡镇。

11月14日 中共湖南省委副书记胡彪到绥宁县考察乐安民营经济试验区。

12月3日 黄桑坪苗族乡兰家村发现大型天然溶洞，名龙宫洞，后更名神龙洞。

12月7—10日 政协绥宁县第五届委员会第一次会议在县城召开。

12月8日 “绿洲明珠”大型雕塑在县城绿洲大道广场落成。

12月8—12日 绥宁县第十三届人民代表大会第一次会议在县城召开。

1998年

1月4日 绥宁县新华书店新建的综合营业大楼竣工开业。

2月26日 绥宁县红岩至黄土矿公路砂改油工程开工，拉开全县乡乡通油路总体战序幕。此后，长铺至竹舟江、在市至黄桑坪、万福桥至唐家坊3条县乡公路砂改油工程相继开工，9月10日全部竣工。

3月29日 绥宁县中断30多年的农历“三月三”赛歌会在神坡山恢复举行。

4月1日至8月25日 绥宁县在全县开展林政清理整顿行动。

4月18日 中共湖南省委副书记胡彪到绥宁县考察武阳地板条城、湘宝公司、县人造板厂和湖南联合造纸有限公司。

5月3日 《黄桑揽胜》邮票首发式在绥宁县城举行。

8月1日 湖南联合造纸有限公司（绥宁县联合造纸厂）投资7600万元，新建6条竹胶板生产线，竹胶板生产能力占全国 10%。

10 月 8 日　中英合资企业湖南骏宁林业发展有限公司建成投产，为绥宁县首家马尾松改性加工企业，产品销往丹麦等欧洲国家。

10 月　绥宁县作家陶永灿创作的长篇儿童小说《黑喜鹊·白喜鹊》公开出版，获湖南全省“五个一工程”三等奖、第四届全国优秀少儿读物奖。

12 月中旬　绥宁县作家陶永喜获湖南省第十四届青年自学成才奖。

12 月 30 日　绥宁县精细化工有限公司产权被县林业开发公司购买，系县内首例县属工业企业产权转让。

是年　绥宁县计划生育工作跨入湖南省一类县行列，被评为全省“计划生育工作先进单位”。

是年　绥宁县邮政局在宝顶山建成集 450 兆集群电话、移动电话、微波通信、无线寻呼差转台于一体的高智能通信网。

1999 年

1 月 8 日　绥宁县被评为 1998 年度湖南省社会治安综合治理先进县。

2 月 2 日　'99 国际森林资源分权管理项目研讨会在绥宁县举行，来自国际林业研究中心、泰国亚洲理工学院、贵州省林业厅、云南省澜沧地区林业局、西南林学院、中南林业调查规划设计院等单位的 20 多名领导、专家、学者参加会议。

2 月 5—7 日　中共绥宁县委经济工作会议提出“敢闯、敢试、敢冒，创新、创优、创业”的绥宁精神和“先干后说、多干少说、干好再说”的绥宁作风。

2 月 9 日　绥宁县城被评为 1998 年度湖南省文明县城。

3 月　绥宁县委、县政府组织县农业局和李熙桥镇政府在李熙桥镇长寨村进行百亩两系超级杂交水稻高产示范栽培。

4 月 3 日　绥宁县委、县政府向各乡镇党委、政府发出《关于清理整顿农村合作基金会的内部指示》，对农村合作基金会进行全面清理整顿。8 月底，清理工作结束，全县农村合作基金会全部关闭。

4 月　《1997—2010 年绥宁县土地利用总体规划》编制完成。

6 月　李熙桥镇长寨新村规划建设启动，居住偏僻分散的 157 户村民将集中搬迁到在省道 1805 线两旁修建的长寨新村。

7 月 2 日　绥宁县政府制定下发《绥宁县城市居民最低生活保障制度实施细则（试行）》，决定从 1999 年 12 月 1 日起实施城市居民最低生活保障制度。

8 月 9 日　绥宁县委、县政府颁发《关于延长责任田承包的通知》，将农村责任田承包期限延长为 30 年。

8 月 27 日　经测产验收，绥宁县李熙桥镇长寨村两系杂交水稻高产示范片平均亩产达 722.8 千克，超过农业部颁布的亩产 700 千克标准，被国家杂交水稻工程技术研究中心定为杂交水稻示范基地。

8月28日 绥宁县中西结合医院成立。

9月3日 绥宁县政府制定印发《关于进一步深化城镇住房制度改革，加快住房建设的实施方案》。

9月29日 绥宁县被国务院授予全国民族团结进步模范单位称号，县委书记何铁成赴北京参加第三次全国民族团结进步表彰大会，同与会人员集体受到党和国家领导人接见，并于10月1日登上天安门观礼台参加中华人民共和国成立50周年庆祝活动。

9月 绥宁黄桑被定为省级风景名胜区。

11月 绥宁县14个乡镇发生牲畜口蹄疫疫情。

12月2日 绥宁县委、县政府颁发《关于大力培育楠竹资源，建设竹业大县的决定》，提出按照“扩竹、兴松、保杂、限杉”的原则大力调整林种结构，把建设林业强县的重点转移到发展楠竹产业上来。

2000年

1月12日 绥宁县第四次（连续4次）获全国双拥模范县称号，代县长杨正胜赴北京参加表彰大会。

3月1日 中共湖南省委“三讲”教育巡视组进驻绥宁，在县级领导班子和领导干部中开展以“讲学习、讲政治、讲正气”为主要内容的党性党风教育。

3月30日 绥宁县委、县政府从县直机关和各乡镇抽调1000名干部进村入户，开展以学法制、学科技、学政策、争创村民自治模范村为主要内容的“三学一争创”活动。

5月26日1—17时 绥宁县降雨183毫米（局部地区达210毫米），造成山洪暴发，25个乡镇普遍受灾，县城部分机关及居民住宅区被淹。

6月中旬 绥宁县被评为湖南省村民自治示范县。

6—8月 绥宁县开展打击涉毒犯罪专项斗争。

7月3日 绥宁县政府制定《绥宁县“房改房”上市交易管理实施细则》，规定即日起，城镇职工个人在住房制度改革中所购的公有住房、经济适用住房（安居房）和按房改政策由职工个人集资建设的住房可上市转让、买卖、换购、出租和抵押。

7月 穿石至河口23.5千米35千伏高压输电线路架通投入运行。

8月6日 中共湖南省委副书记郑培民到绥宁县考察基层党组织和干部队伍思想作风建设及经济发展情况。

9月4—6日 经湖南省、邵阳市专家现场测产，瓦屋塘乡白家坊、小田两村千亩超级杂交稻两优培育示范片的67.93公顷水稻，平均亩产708千克，最高亩产达844.3千克。

9月26日 中共湖南省委副书记胡彪到绥宁县考察农村和农业工作。

9月 绥宁县被评为全国县级计划生育工作“三为主”先进单位，进入全国“三为主”百强县行列。

11月1日 以是日零时为标准时间，进行第五次全国（县）人口普查，绥宁县总人口339235人。

是月 东山至文江公路砂改油工程竣工。

12月 乐安铺至东山、穿石至联纸厂两条35千伏高压输电线路相继架通运行。

2001年

1月1日 绥宁县县城第二自来水厂在虾子溪畔建成供水，日产水能力2万吨。

3月 绥宁县人武部民兵装备仓库实现连续30年无事故，被解放军总参谋部通报表彰。

是月 绥宁县农村税费改革领导小组成立，并在在市苗族侗族乡进行农村税费改革试点，翌年7月7日在全县铺开。

5月2—4日 由绥宁县主办，靖州、通道、武冈、城步4县（市）协办的首届湘西南森林生态、民族风情旅游节暨黄桑“四·八”姑娘节及省广播电视厅组织的大型明星演唱会《欢迎你到绿洲来》同在绥宁县举行。中共湖南省委副书记、湖南省人大常委会副主任吴向东，中共邵阳市委书记蒋建国，歌唱家李谷一、陈思思等应邀出席活动。

5月3日 广州军区副政委马国文在湖南省军区副政委李今伟等陪同下，到绥宁县检查指导人民武装工作。

6月18日至19日 绥宁县遭特大暴雨袭击，局部地区降雨量达281毫米，引发泥石流，形成百年不遇的特大山洪地质灾害。武阳、枫木团、瓦屋塘、水口等21个乡镇21万人受灾，死88人，失踪36人，受伤1300人；直接经济损失5.6亿元。

6月19日 5时30分，绥宁县委书记何铁成、县长杨正胜召集在职的全体县级领导干部举行紧急会议，部署抗洪抢险工作。

6月19日至7月9日 国家防汛抗旱总指挥部、民政部、水利部、中华慈善总会等国家单位负责人，以及中共湖南省委书记杨正午、副省长庞道沐和中共邵阳市委书记蒋建国、市长罗月林、市委副书记肖刚强先后到绥宁县，慰问灾民，指导抢险救灾工作。

6月28日 绥宁县委、县政府发出《关于抗灾救灾的紧急动员令》，号召全县人民紧急行动起来、全力以赴投入抗洪救灾工作。

6月29日 绥宁县委、县政府在影剧院召开“6·19”特大山洪地质灾害救灾动员大会，全面部署抗洪抢险救灾工作。

7月 在2001年度高考中，绥宁县共有1247名考生成绩超过专科以上录取线（其中第一批本科上线122人），恢复高考以来全县年度高考上线人数首次突破千人大关。

8月25日 绥宁县盲人运动员刘杨明在湖南省第三届残疾人少年运动会上，获铁饼、铅球、标枪3项第一名。

9月10日 绥宁县《全民普法教育第四个五年计划》启动。

10日21日 中国红十字会总会、香港特别行政区红十字会救灾物资发放仪式在绥宁县枫木团苗族侗族乡黄土江村举行。湖南省人民政府副秘书长兼省红十字会副会长姜儒振等受香港特别行政区红十字会委托，将300吨大米、650床棉被、3000件衣物和40件药品发放到灾民手中。

11月9日 绥宁县被水利部确定为“十五”期间全国首批水电农村中级电气化县。

11月28日 绥宁县“打黑除恶”公捕大会在绥宁县第一中学操场举行，29名团伙犯罪嫌疑人被依法公开逮捕。

12月24日 湖南省杂交水稻制种工作研讨会在绥宁举行。

12月 县道界溪口至鹅公岭公路路面工程竣工。

是年 绥宁县被列为国家退耕还林试点县。

2002年

1月25日至2月10日 绥宁县开展“察民情、送温暖”活动，全县4000多名行政事业单位干部职工捐款200万元，慰问困难群众8000余户，此后每年均开展类似活动。

1月 武阳中心卫生院更名为绥宁县第二人民医院。

3月18日 绥宁县委、县政府抽调500名机关干部组成工作组，分别进驻枫木团、瓦屋塘、水口、唐家坊、武阳、鹅公岭6个重灾乡镇中的34个重灾村，开展灾毁耕地恢复工作。至4月25日，共组织发动群众投劳74万个，恢复耕地467公顷，修复河堤28900米、水渠36700米。

4月16日 由绥宁县联合纸业公司投资修建的绿洲大桥（电站）剪彩奠基，大桥（电站）设计长度266米，电站设计装机容量2000千瓦。

4月24日 绥宁县第一期农村人畜饮水解困工程开工建设，10月基本完工，在全县8个乡镇的14个村建成人畜饮水解困工程8处。

4月27日 当晚，朝仪侗族乡朝仪村第三、四、五村民小组因用电不慎，发生重大房屋火灾，直接经济损失140万元。

4月 绥宁县被评为湖南省文物保护“五纳入”（纳入经济和社会发展规划、纳入城乡建设规划、纳入财政预算、纳入体制改革、纳入各级领导责任制）工作示范县。县委常委、常务副县长、县文物管理委员会主任李小坚在湖南省文物保护“五纳入”大会上介绍经验。

是月 绥宁县宝顶山区域被纳入全省山洪防御试点工程。

5月20日 绥宁县的神坡庵和定远桥被定为湖南省重点文物保护单位。

5月 绥宁县被农业部定为全国秸秆养牛示范县。

7月7日 绥宁县机构改革工作全面启动。

7月19日 中共湖南省委副书记、常务副省长周伯华率省建设厅、省经贸厅、省财政厅、省公安厅、省农业厅、省公路局、省交警总队等部门领导到绥宁县武阳镇、关峡苗族乡、绿洲大桥工地、联纸公司和宝联公司考察。

8月9—10日 湖南省隆平高科、农平杂交水稻种子公司2002年杂交水稻制种现场会在绥宁县召开，来自湖南、湖北、广东、广西、浙江、江西、安徽7个省区杂交水稻繁殖科研单位的育种专家及种子购销部门负责人160余人参加会议。

8月13日 湖南省首家由民间集资修建的乡级博物馆——东山民族民俗博物馆在绥宁县东山侗族乡东山村建成开馆。该馆建筑面积800平方米，共收藏文物1160件。

8月21—23日 中共绥宁县第九次代表大会在县城召开。

8月28日 由绥宁县联纸公司投资的界溪口电站在党坪苗族乡界溪口村动工兴建。

8月29日 绥宁县瓦屋塘、水口、金屋塘3个乡镇的10个村遭龙卷风和暴雨冰雹袭击，直接经济损失500余万元。

8月 省道1805线绥宁县红岩至长铺路段扩改工程全线竣工。

9月 绥宁县梅坪乡境内发现类似古脊椎动物足迹的化石群。

10月 绥宁县运动员在邵阳市举行的湖南省第五届少数民族传统体育运动会上，获3块金牌、1块银牌、1块铜牌。

11月24—27日 政协绥宁县第六届委员会第一次会议在县城召开。

11月25—29日 绥宁县第十四届人民代表大会第一次会议在县城召开。

12月12—13日 全国政协副主席毛致用到绥宁县考察黄桑自然保护区、寨坡苗木基地、绥宁县联纸公司和绿洲大桥建设工地。

12月21日 绥宁县政府召开全县小型水利工程体制改革暨病险水库治理动员大会，全面启动小型水利工程体制改革及病险水库治理工作。至翌年3月，全县34座小型水库改制工作全部完成，11座病险水库治理工程全部竣工。

是年 绥宁县杂交水稻制种面积达2333.33公顷，成为湖南省最大的杂交水稻制种基地。

是年 绥宁县被列为全国生态示范建设试点县。

2003年

1月1日 由绥宁县联纸公司投资的河口电站奠基开工，总投资1.37亿元，总装机容量201万千瓦，2005年10月1日投产发电。

2月 绥宁电信大厦动工兴建，总投资300万元，建筑面积2800平方米，翌年3月竣工。

3月20日 绥宁县政府与湖南金丰达置业发展有限公司签订川石小区投资开发合同，并下发《关于加快川石小区开发建设的若干规定》。合同计划开发土地24.67公顷，总投资1亿元。

4月10—13日 绥宁县鹅公岭侗族苗族乡在古戏楼举办大型“春季对歌会”，来自绥宁、靖州、通道、会同4个县的200名歌手登台献艺。

4月18日 绥宁县防治“非典”（非典型性肺炎）工作领导小组成立，全面部署“非典”防治工作。此后，县委、县政府向绥宁籍在外务工或学习人员发出“劝阻回乡”信，从各机关抽调1304名干部进村入户开展“非典”防治工作，并在红岩、乐安铺设立防治“非典”健康检查站。

4月28日 县城第二期防洪工程竣工。

5月12—13日 中共湖南省委副书记文选德来绥宁县检查工作时对绥宁防治“非典”的做法高度赞赏，并指示将绥宁县的“非典”防治工作经验在全省推广。5月13日，中共湖南省委办公厅发出《关于绥宁县防治“非典”工作的情况通报》的明传电报，将绥宁县防治“非典”的做法向全省推介。

5月15日 中共湖南省委常委、湖南省军区司令员郑治栋和省军区副政委谢光豪到绥宁县考察党管武装和经济建设工作。

是日 绥宁县洛口山水库管理所实行企事分开改革，为邵阳市“第一家体制改革到位的水管单位”。

6月14日 绥宁县最长的桥梁田心大桥建成通车。

7月25日 绥宁县委、县政府制定下发《关于事业单位人事制度改革的实施意见》。

7月 绥宁县中小学布局调整，撤销乡镇联校，将34所中心小学及中学合并为17所九年制学校。

8月 绥宁县移动通信大楼竣工，建筑面积1680平方米，总投资280万元。

夏 绥宁县发生40年未遇的大干旱。

8月31日 湖南金宁木业有限公司开业，该企业由浙江客商投资2000万元买断原绥宁县林化有限公司整体产权后创办。

9月8—9日 《中国人口报》记者王一兵专程从北京到绥宁县采访，重点推介绥宁县计划生育工作的经验。

9月 由国土资源部、建设部、长江水利委员会、长江科学院与湖南省防汛抗旱指挥部、省水电设计总院联合组成的国家山洪地质灾害课题研究专家组到绥宁县，考察调研绥宁县山洪地质灾害防御试点工作。

10月28—29日 国家山洪灾害防治规划编写组专家组到绥宁县，对绥宁山洪地质灾害防治规划编制工作进行指导。

11月10日 全国政协委员、原广州军区副司令员宋文汉到绥宁县考察。

12月12日 1时，关峡苗族乡关峡村第五、第六村民小组发生重大火灾，烧毁民房23座。

2004年

1月1日 绿洲电站竣工发电，工程总投资3377万元。

1月8日 湖南绿洲惠康公司扩建工程竣工。该公司位于长铺镇，扩建后一次性医用输液器注射器年产量由原来的2000万支扩大到4亿支，年产值4000万元，为全省同行业规模最大的企业。

1月9日 绥宁县第五次获全国双拥模范县称号。

1月10日 长铺至枫木团、界溪口至党坪两条公路砂改油工程开工，10月底竣工，工程总投资1800万元。

1月29日 红岩镇渣湾村发生疑似高致病性禽流感疫情。绥宁县委、县政府立即启动《绥宁县重大动物疫病控制应急方案》，迅速扑灭疫情。

2月6日 康达集团绥宁竹业有限公司开业。

2月20日 绥宁县委、县政府颁发《关于加快工业基地建设的意见》。

3月2日 绿洲化工有限责任公司建成投产。该公司位于长铺子苗族乡溶岩村地段，由湘潭氯酸钾有限公司兴办，总投资600万元，主要生产氯酸钠。

3月8日 江口塘冶炼厂竣工投产。该厂位于关峡苗族乡，由湖北大冶坤宝矿业公司兴办，总投资480万元，设计年生产能力9600吨。

4月27日 绿洲广场·商业中心开工庆典在广场工地举行，知名画家黄永玉为"绿洲广场"题名。

5月10—20日 绥宁县对县城"慢慢游"（机动三轮车）进行集中综合整顿。整顿后，县城"慢慢游"由2003年的206辆减少至112辆。

5月 瓦屋塘至金屋塘35千伏输电线路架通运行。

6月9日 国家林业局项目专检组到绥宁县对全县退耕还林和长江防护林工程进行验收。

7月2日 中共湖南省委书记杨正午、省委常委兼秘书长于来山到绥宁县考察。

7月20日 绥宁县普降暴雨，引发山洪灾害，12个乡镇、6万人受灾。

7月28日 绥宁县人民政府公开拍卖位于枫木团苗族侗族乡境内的界头炉铁矿采矿权，湖南湘潭合力焦化有限公司以730万元中标。12月30日，合力界头炉铁矿正式开工。

7月29日 绥宁县化工厂以300万元的价格成功拍卖，系县内第一个通过拍卖改制的国有企业。9月2日，由该厂改制重组的绥宁华硕化工有限公司挂牌开业。

7月 界溪口电站第一期工程建成运行，装机1.2万千瓦。

8月6日 由隆平高科技股份有限责任公司和县政府组织的2004年国际杂交水稻技术培训班在绥宁县举办，来自非洲、东南亚10个国家的65名农业部官员和杂交水稻制种专家应邀参加。

8月10日 邵阳市首家企业集团——宝庆集团在绥宁县注册成立。

9月25日 绥宁县客运出租车正式营运。

9月10日 绥宁县委、县政府召开庆祝第20个教师节暨优秀教师表彰大会。

9月18日 绥宁县水口学校声乐教师刘郁城获全国青年歌手大赛民美专业组二等奖。

9月25日 绥宁县造纸有限责任公司以990万元的价格拍卖给天成有限责任公司。

9月29日 湖南省林业厅向全省各市、州、县（市、区）林业局推介绥宁县兴林举措。

9月30日 绥宁县粮食系统16家企业全部完成改制。

9月 从绥宁县联合造纸厂经过界溪口电站至河口变电站的35千伏输电线路架通运行。

10月20日 绥宁县水泥有限责任公司以640万元的价格拍卖给龙林水泥有限公司。

10月22日 中共武阳镇老干党支部被中共中央组织部授予先进离退休干部党支部称号，支部书记肖传命赴北京参加全国老干部先进个人和先进离退休干部党支部表彰大会，受到曾庆红、贺国强等党和国家领导人的接见并合影留念。

10月23日 湖南经视“走进大湘西”采访团在绥宁县关峡苗族乡定远桥进行《神奇绿洲》的实地拍摄采访，并通过记者现场连线在《经视午间新闻》现场直播。

10月 全长6.3千米的金屋塘至万紫35千伏输电线路架通投入运行。

11月8日 东锐锰业有限公司金屋塘冶炼厂动工兴建，翌年7月建成投产。

11月15日 黄桑景区铁杉林景点被评为湖南省百姓喜爱的湖南百景之一。

11月24日 绥宁县煤炭公司以452万元的价格拍卖成功。

11月30日 袁家团工业基地建设首期工程正式开工，基地规划总面积152.33公顷，总投资4852万元。

12月下旬 绥宁县连降冻雨和普降大雪，造成19个乡镇20万人受灾。28日上午，县委、县政府召开紧急会议，部署抗灾救灾工作。

12月 《中国共产党绥宁县历史》第一卷编纂工作及《绥宁县志》第二轮编修工作同时启动。

2005年

1月 县城中心路、中心北路、东正路等街道部分路段硬化和美化工程竣工。

3月 长铺至堡子岭、长铺子佘家至黄桑坪、河口至麻塘3条高标准通乡公路改造工程同时启动。

4月11日 绥宁县发现首例输入性艾滋病病例。

5月27日 日本航空杂志《翼之王国》记者到绥宁县黄桑坪苗族乡采访。

7月4日 黄桑坪鸳鸯岛漂流旅游项目开通运营。

7月13日 湖南鑫茂林化有限责任公司奠基典礼在绥宁县袁家团工业区举行。

7月22—24日 李熙桥区供销社改制后的资产拍卖会在绥宁县委党校举行。自此，县基层供销社企业改制全面铺开。

7月26日 黄桑自然保护区被国务院正式批准为国家级自然保护区，为湖南省首个国家级自然保护区。

7月 绥宁县公路局连续7年蝉联全省优胜公路局称号。

夏 绥宁县暴发松毛虫灾害，6667公顷松林受灾。

8月 国家杂交水稻工程技术中心杂交水稻制种研讨会在绥宁县召开，来自11个国家的70名专家学者参加会议。

9月2日 21时50分，竹舟江苗族乡新田村一五保户用火不慎引发重大火灾，烧毁房屋16座、稻谷1.5万千克，直接经济损失23.6万元。

10月上旬 武阳镇大涧村第七村民小组发生家禽疫情，市县镇三级动物防疫部门组织防疫人员，对疫点家禽进行全面扑杀和无害化处理，迅速扑灭疫情。

10月17—20日 全国部分省市山洪灾害防御培训暨研讨会在邵阳市召开，会上推介了绥宁县山洪地质灾害防御的典型经验和做法。

12月21日 中共绥宁县委九届五次全体会议在县影剧院召开，审议《绥宁县国民经济和社会发展第十一个五年规划纲要（草案）》。

第一篇　政区　人口

第一章　政区

第一节　位置面积

一、位置

绥宁县隶属于湖南省邵阳市，位于邵阳市西南部、云贵高原东缘、雪峰山脉南端、南岭山脉支脉八十里大南山西北面，地势处于中国大陆第二级阶梯和第三级阶梯交界处，地形位于云贵高原和江南丘陵、雪峰山脉和南岭山脉支脉八十里大南山接合处。气候邻近中国大陆亚热带气候和热带气候的分界线（南岭山脉）；水文位于资江水系和沅江水系的分水岭（雪峰山脉）。县境南起北纬 26° 16′（黄桑坪苗族乡老团村黄竹山脊），北至北纬 27° 08′（金屋塘镇万紫村八山田腰盘路和垅中的分水坳），东起东经 110° 32′（红岩镇泡桐村天明山脊），西至东经 109° 49′（东山侗族乡深坳村判官头）。县境地处湘中通往广西、贵州的交通要道，《清实录》称之为“南疆要区”，东邻武冈市和城步苗族自治县，西连靖州苗族侗族自治县和会同县，南抵通道侗族自治县，北接洪江市和洞口县。县内以县城为中心，东北距邵阳市区 140 千米（直线距离，下同），距省会长沙市 320 千米；南距广西壮族自治区桂林市 140 千米，北距怀化市 100 千米，东距永州市 140 千米，西距贵州省凯里市 220 千米。

二、面积

绥宁建县于北宋元丰四年（1081），当时称莳竹县。崇宁二年（1103）改称绥宁县。时境域以县城在市为中心，东至武冈州界浪石铺 150 里，东南至城步巡检司 150 里，西南至通道县界福佑乡 100 里，南至桂林府义宁县界 180 里，西至靖州界杨柳桥 70 里，北至会同县界翁里 60 里，东北至武冈州界蓼溪山 200 里，西北至会同县界品溪 120 里，当时全县面积约 8700 平方千米。

明朝时，县域面积比宋朝缩小。万历二十五年（1597），境域以县治为中心，东至枫门岭与城步县分界处 110 里；南至广西义宁县界牌分界处 150 里，至六甲五里牌与城步县分界处 85 里；西至界牌塘与靖州分界处 55 里，至通道县地旺分界处 100 里；北至绥属雪峰山界极顶处与会同县鸡脚界分界处 260 里；东南至城步县五子坡分界处 70 里，至匡塘与城步县交界处 90 里；

西南至通道县瓜平塘分界处180里，至广西怀远县青林界分界处260里；西北至会同县品溪分界处120里，至绥属岩门与靖州长溪分界处95里；东北至武冈州蓼溪司分界处200里。

清朝时期，境域无变化。

民国24年(1935)，湖南省陆地测量局测量结果：绥宁县总面积为5002平方千米，合750.30万亩。

中华人民共和国成立后，1951年6月，析南部第八区及其所辖的33个农会益通道县，划去土地1000余平方千米。同时将会同县第七区所辖的竹舟江农会、河口农会划入绥宁县。1957年3月，析溪口乡及龙塘乡的龙塘、小水2个高级农业社和乐安铺乡的杉木桥、联团2个高级农业社再益通道侗族自治县，划去土地204平方千米。是年11月，析黄桑坪乡的六甲、六马2个高级农业社约计20平方千米土地益城步苗族自治县。至此，县境缩至2905平方千米，合435.75万亩。1960年，瓦屋塘人民公社万紫生产大队毛土败生产队划隶洞口县。1975年，通道侗族自治县木脚人民公社溪上生产大队冻江生产队划入绥宁县。1982—1984年农业区划土壤资源调查测算结果，全县面积为2926.67平方千米，约合439万亩，占全省土地总面积的1.38%，为民国时县境面积的58.08%，为北宋建县时面积的1/3左右。时县境南北长103.5千米，东西宽56千米。县境以东北—西南走向的雪峰山脉主脉（中支）为轴，形似一个倾斜的平行四边形。2001年12月，绥宁县与周边邻县（市）边界线勘定后，县域总面积增至2927平方千米。

第二节　隶属沿革

绥宁县春秋战国属楚，秦为象郡地，西汉为武陵郡镡成县地。东晋为武陵郡舞阳县地。南朝梁为南阳郡龙檦县地，隋为沅陵郡龙檦县地。

唐贞观十一年(637)，县境始名徽州，系经制州。地域除今绥宁县外，尚含今通道侗族自治县的大部分、城步苗族自治县的大部分以及新宁县小部分。大历十二年(777)，西原蛮潘长安占据县境，为溪峒州。大和年间(827—835)回归唐朝，改羁縻州。五代后梁乾化元年(911)，县境归属南楚，称十峒，隶叙州。南唐保大八年(950)，南楚在县境北部置武阳砦(遗址在今李熙桥镇苏洲村境)，亦隶叙州。后周显德年间(954—960)，县境复名徽州，为溪峒州。北宋庆历元年(1041)归宋，复为羁縻州。北宋熙宁五年(1072)，辟关峡砦(含今城步苗族自治县西北部)，与武阳砦一并隶邵州。熙宁九年废羁縻徽州。元丰四年(1081)，在原徽州地设置莳竹县，隶邵州。因土著反抗，元丰六年,改隶荆湖北路的诚州。元丰八年，土著恢复溪峒徽州，莳竹县名存实亡；朝廷在莳竹县南部(今通道侗族自治县东半部)设置临口砦。元祐二年（1087），废莳竹县。崇宁元年（1102），朝廷将溪峒徽州复改为羁縻徽州。崇宁二年迫徽州再次归服，恢复莳竹县，当年易名为绥宁县(寓“绥之以宁”之意)，隶邵州。崇宁五年改隶荆湖南路的武冈军。是年，于临口砦置临冈县，亦隶武冈军。南宋绍兴三十年(1160)，将临冈县并入绥宁县。元朝至元十四年(1277)，隶湖广行省武冈路。明洪武三年(1370)改隶靖州。清代隶属未变。民国3年(1914)隶辰沅道。民国25年(1936)隶湘西绥靖处第四行政督察区(民国27年和29年分别改称湖南省第七、第十行政督察区)。

1949年10月10日，中国人民解放军第三十八军第一一二师解放绥宁县城在市，11月1日成立绥宁临时县政府，隶湘西行政公署会同专署。人民解放军南进广西后，国民党残余武装于1950年5月成立匪县政府；临时县政府被迫先后迁至县境北部的唐家坊和黄土坑。1950年10月20日，中国人民解放军第四十六军第一三六师进剿绥宁，攻占县城，23日挂牌成立县人民政府，临时县政府即行撤销，隶属同前。1952年8月，隶属芷江专署（会同专署改名）；11月，隶属黔阳专署（芷江专署改名）。1958年7月，改隶邵阳专署；1986年1月，邵阳专署撤销，实行市领导县，绥宁县隶属邵阳市至今。

第三节　行政区划

一、改乡撤区

1978年，全县设1个镇（长铺镇）、6个区，26个人民公社、3个场。其中，和平区（区公所驻长铺镇）辖和平、太平、关峡、党坪4个人民公社，李西区（区公所驻李熙桥）辖李熙桥、武阳、白玉、盐井、黄土坑5个人民公社，瓦屋塘区（区公所驻瓦屋塘）辖瓦屋塘、金屋塘、水口、庙湾、唐家坊5个人民公社，河口区（区公所驻河口）辖河口、竹舟江、麻塘、联民、枫木团5个人民公社，东山区（区公所驻东山）辖东山、鹅公、朝仪3个人民公社，在市区（区公所驻在市）辖西河、联丰、兰家、黄双4个人民公社；3个场即绥宁县示范农场、堡子岭林场和在市林场。

1981年11月，李西区改名为李熙桥区，和平区改为长铺区，党坪人民公社改为双河人民公社，和平人民公社改为长铺子人民公社，太平人民公社改为枫香人民公社，西河人民公社改为在市人民公社，黄双人民公社改为黄桑坪人民公社，联丰人民公社改为乐安铺人民公社，庙湾人民公社改为梅坪人民公社，黄土坑人民公社改为黄土矿人民公社，鹅公人民公社改为鹅公岭人民公社。1982年，长铺子、关峡、黄桑坪3个人民公社改为民族人民公社。1983年3月，恢复在市镇。4月，枫香人民公社改建为枫香乡。

1984年4—6月，实施政社分设，按原行政区划基本不变的原则，人民公社改乡，生产大队改村，生产队改组。是年年底，全县设6个区、1个区级镇（长铺），27个乡、2个乡级镇。其中，东山区辖东山、鹅公岭、朝仪3个乡，在市区辖在市、乐安铺、联丰（12月由乐安铺乡析出）、兰家、黄桑坪5个乡和在市镇，长铺区辖关峡、长铺子、双河、枫香4个乡，河口区辖联民、麻塘、枫木团、河口、竹舟江5个乡，李熙桥区辖武阳1个镇和李熙桥、白玉、盐井、黄土矿、桃坪（12 月由黄土矿乡析出）5 个乡，瓦屋塘区辖唐家坊、瓦屋塘、金屋塘、水口、梅坪 5 个乡。全县共 351 个村、2662 个村民小组，另辖县农场、县园艺场、县渔场、县种牛场、堡子岭林场、在市林场、庙湾林场、县林科所 8 个农林场所。

1985 年 1 月，竹舟江、麻塘、东山、鹅公岭、朝仪、兰家、乐安铺、联丰、在市、双河、枫香 11 个乡改为民族乡。4 月，李熙桥乡改建为李熙桥镇。12 月，撤销区，全县设 26 个乡（其中民族乡 14 个）、4 个镇及 8 个县属农林场所。是年，全县共有 350 个村、2602 个村民小组。

1990 年 6 月，全县辖 26 个乡（其中民族乡 17 个，枫木团、联民、河口 3 个乡于是年改为民族乡）、4 个镇。共 357 个村、9 个居民委员会、2627 个村民小组、35 个居民小组。有县属农林场所 8 个。1992 年 8 月，在市苗族侗族乡并入在市镇，实行“两块牌子、一套人马”。1995 年 1 月，双河苗族乡更名为党坪苗族乡。

二、并乡建镇

1995 年 6 月，调整行政区划，武阳镇、李熙桥镇、白玉乡、盐井乡、唐家坊乡、金屋塘乡、瓦屋塘乡、水口乡、鹅公岭侗族苗族乡、东山侗族乡、朝仪侗族乡、黄桑坪苗族乡、竹舟江苗族乡、河口苗族乡、麻塘苗族乡、联民苗族瑶族乡、枫木团苗族侗族乡、枫香苗族乡、党坪苗族乡、关峡苗族乡、梅坪乡 21 个乡镇不变，其余 9 个乡镇合并为 4 个乡镇：长铺镇和长铺子苗族乡并为长铺镇，镇政府驻长铺子；在市镇、在市苗族侗族乡和兰家侗族苗族乡并为在市镇，镇政府驻在市；乐安铺苗族侗族乡和联丰苗族侗族乡并为乐安铺苗族侗族乡，乡政府驻乐安铺；黄土矿乡和桃坪乡并为黄土矿乡，乡政府驻黄土矿。

1996 年 5 月，撤销盐井乡，以原盐井乡的行政区域改设为红岩镇，辖 1 个居委会、20 个村，镇政府驻红岩；撤销金屋塘乡，设立金屋塘镇；撤销唐家坊乡，设立唐家坊镇。同年 11 月，撤销在市镇，设立在市苗族侗族乡；撤销枫香苗族乡，从长铺镇析出原长铺子苗族乡所辖的李家团、袁家团、新水冲、托丘田（拓丘田）、平溪、穿石、田心、大寨、象家、杨家、洞溪、游家、哨溪、溶岩、杆子 15 个村，与原枫香苗族乡合建为新的长铺子苗族乡；将黄土矿乡的张家田、肖家湾、大山、阳田、楼下、曾家、袁家、雪峰、桃坪、江坡、下坊、沈家、渣湾 13 个村（原桃坪乡）划归红岩镇。

2005 年，全县辖 19 个乡（其中民族乡 14 个）、6 个镇，共 348 个村、14 个居民委员会、2597 个村民小组、175 个居民小组。

第二章　人口

第一节　人口总量

1978 年，全县人口总户数 52164 户，年末总人口 26.1843 万人，比 1977 年净增 3118 人，净增率为 12.05‰。1979—1980 年，人口增长趋缓。1979 年净增 2800 人，人口净增率为 10.69‰；1980 年净增 2149 人，人口净增率为 8.12‰。1981—1982 年，人口增长呈上升趋势。1981 年净增 4108 人，人口净增率为 15.40‰；1982 年净增 5157 人，人口净增率为 19.04‰。1982 年第三次人口普查时，截至当年 7 月 1 日零时，全县有 56414 户，27.2653 万人。

1983—1990 年，全县人口继续缓慢增长。其中年人口增长较慢的 1987 年，净增 4272 人，净增率为 14.39‰；年人口增长较快的 1989 年，净增 8364 人，净增率为 27.17‰。1990 年第四次人口普查，全县户数增加到 76166 户，人口增加到 31.8224 万人，比第三次人口普查时增加 19752 户、45571 人，平均每年增加 2469 户、5696 人。

1990 年以后，全县人口出生数量减少，人口自然增长率显著下降。2000 年第五次人口普查，全县人口达到 90370 户、33.9235 万人，比第四次人口普查时增加 14204 户、21011 人，平均每年增加 1420 户、2101 人，全县人口年平均递增 6.41‰。2005 年年末，全县总户数为 96259 户，总人口为 35.0678 万人，比 1978 年增加 44095 户、88835 人，平均每年增加 1633 户、3290 人，全县人口年平均递增 10.88‰。

表 1-2-1　**1978—2005 年绥宁县人口净增长情况表**

年份	年末总户数（户）	年末总人口（人）	净增人口（人）	人口净增率（‰）	备注
1978 年	52164	261843	3118	12.05	—
1979 年	53086	264643	2800	10.69	—
1980 年	53755	266792	2149	8.12	—
1981 年	55150	270900	4108	15.40	—
1982 年	56159	276057	5157	19.04	—
1983 年	57557	280830	4773	17.29	—
1984 年	61103	285669	4839	17.23	—
1985 年	64069	290925	5256	18.40	—
1986 年	67560	296821	5896	20.27	—
1987 年	69722	301093	4272	14.39	—
1988 年	72981	307887	6794	22.56	—

续表 1-2-1

年份	年末总户数（户）	年末总人口（人）	净增人口（人）	人口净增率（‰）	备注
1989 年	74339	316251	8364	27.17	—
1990 年	76842	321224	4973	15.72	—
1991 年	78848	325258	4034	12.56	—
1992 年	83980	329179	3921	12.06	—
1993 年	87429	332445	3266	9.92	—
1994 年	89942	334997	2552	7.68	—
1995 年	91415	337166	2169	6.47	—
1996 年	92876	341044	3878	11.50	—
1997 年	93385	343735	2691	7.89	—
1998 年	93454	345750	2015	5.86	—
1999 年	93723	348708	2958	8.56	—
2000 年	90368	345100	-3608	-10.35	人口普查减少
2001 年	90490	346210	1110	3.22	—
2002 年	90700	346629	419	1.21	—
2003 年	93221	346833	204	0.59	—
2004 年	96408	348752	1919	5.53	—
2005 年	96259	350678	1926	5.52	—

说明：2000 年数据以当年人口普查数据为准

第二节　人口变动

一、自然变动

1978 年后，县内人口由“高出生、低死亡、高自然增长”逐步向“低出生、低死亡、低自然增长”过渡。1978—2005 年，全县共出生 13.4320 万人，死亡 48046 人，自然增长 86274 人（因公安部门报表年末时间为 12 月，计划生育部门报表年末时间为 10 月，故同一人口数据两个部门会出现差异）；平均每年出生 4975 人。

1978 年，全县出生 5226 人，死亡 1831 人，自然增长 3395 人；人口出生率为 20.08‰，人口死亡率为 7.04‰，人口自然增长率为 13.04‰。1980 年出生 3725 人，比 1978 年减少 1501 人，人口出生率为 14.02‰，下降幅度为 30.18%。1982 年，全县出生 6934 人，比 1980 年增加 3209 人，人口出生率上升至 25.35‰，上升幅度为 80.81%。

1983—1992 年，全县累计出生 57754 人，累计死亡 17851 人，自然增长 39903 人；平均每年出生 5775 人，死亡 1785 人，自然增长 3990 人；年平均出生率为 19.07‰，死亡率为 5.89‰，自然增长率为 13.18‰。

1993年，全县人口出生率为11.47‰，死亡率为5.45‰，自然增长率为6.02‰。1993—2005年，全县累计出生49945人，死亡21015人，自然增长28930人；平均每年出生3768人，死亡1573人，自然增长2195人；年平均出生率为11.00‰，死亡率为4.71‰，自然增长率为6.47‰。

表1-2-2　**1978—2005年绥宁县人口自然变动情况表**　单位：人、‰

年份	年平均总人口	出生		死亡		自然增长	
		人数	出生率	人数	死亡率	人数	增长率
1978年	260284	5226	20.08	1831	7.04	3395	13.04
1979年	263243	5334	20.26	1877	7.13	3457	13.13
1980年	265718	3725	14.02	1807	6.80	1918	7.22
1981年	268846	5402	20.09	1791	6.66	3611	13.43
1982年	273479	6934	25.35	1874	6.85	5060	18.50
1983年	278444	6398	22.98	1885	6.77	4513	16.21
1984年	283250	5967	21.07	1848	6.52	4119	14.55
1985年	288297	5861	20.33	1881	6.52	3980	13.81
1986年	293873	5804	19.75	1762	6.00	4042	13.75
1987年	298957	5060	16.93	1784	5.97	3276	10.96
1988年	304490	5031	16.52	1712	5.62	3319	10.90
1989年	312069	6444	20.65	1625	5.21	4819	15.44
1990年	318738	6171	19.36	1796	5.63	4375	13.73
1991年	323241	5587	17.28	1778	5.50	3809	11.78
1992年	327219	5431	16.60	1780	5.44	3651	11.16
1993年	330812	3795	11.47	1804	5.45	1991	6.02
1994年	333721	4550	13.63	1779	5.33	2771	8.30
1995年	336082	3659	10.89	1646	4.90	2013	5.99
1996年	339105	4099	12.09	1674	4.94	2425	7.15
1997年	342390	3884	11.34	1765	5.15	2119	6.19
1998年	344743	3488	10.12	1513	4.39	1975	5.73
1999年	347229	3577	10.30	1139	3.28	2438	7.02
2000年	346904	3988	11.49	1628	4.69	2360	6.80
2001年	345655	3658	10.58	1658	4.80	2000	5.78
2002年	346420	3607	10.41	1442	4.16	2165	6.25
2003年	346731	3684	10.62	1522	4.39	2162	6.23
2004年	347793	3512	10.10	1409	4.05	2103	6.05
2005年	349715	4444	12.71	2036	5.82	2408	6.89

二、机械变动

中共十一届三中全会后，绥宁县人口机械变动的因素主要有婚迁、工作调动、服兵役、升学、毕业分配、招工、经商办厂等，人口迁徙总体趋势是迁入人口大于迁出人口，但改革开放初期的1978年、1979年和21世纪初的2002年、2004年、2005年，则是迁出人口大于迁入人口。1978—2005年（不含1988年、1989年、1990年、2000年、2001年），全县累计迁入87203人，迁出80747人，机械增长6456人，机械增长率74.03‰。其中，1986年迁入5707人，迁出3970人，机械增长1737人，机械增长率304.36‰，为增长率最高的年份；2002年迁入2071人，迁出2835人，机械增长-764人，机械增长率-368.90‰，为增长率最低的年份。

表1-2-3　**1978—2005年绥宁县部分年份人口机械增长情况表**　单位：人、‰

年份	年平均总人口	迁入			迁出			机械增长	
		省内	省外	小计	省内	省外	小计	人数	增长率
1978年	260284	—	—	3502	—	—	3810	-308	-87.95
1979年	263243	—	—	6351	—	—	7004	-653	-102.82
1980年	265718	5178	135	5313	5067	105	5172	141	26.54
1981年	268846	6829	43	6872	6314	25	6339	533	77.56
1982年	273479	3626	174	3800	3645	147	3792	8	2.11
1983年	278444	3770	148	3918	3473	163	3636	282	71.98
1984年	283250	5299	183	5482	4842	154	4996	486	88.65
1985年	288297	4994	84	5078	3801	96	3897	1181	232.57
1986年	293873	5584	123	5707	3783	187	3970	1737	304.36
1987年	298957	3971	134	4105	2969	200	3169	936	228.01
1991年	323241	3719	71	3790	3273	272	3545	245	64.64
1992年	327219	3582	72	3654	3152	7	3159	495	135.47
1993年	330812	4672	125	4797	3776	165	3941	856	178.44
1994年	333721	2899	70	2969	2991	232	3223	-254	-85.55
1995年	336082	2298	79	2377	2329	162	2491	-114	-47.96
1996年	339105	2001	785	2786	1888	159	2047	739	265.25
1997年	342390	2779	157	2936	2134	230	2364	572	194.82
1998年	344743	2915	74	2989	2579	160	2739	250	83.64
1999年	347229	2411	147	2558	1867	171	2038	520	203.28
2002年	346420	1814	257	2071	2401	434	2835	-764	-368.90
2003年	346731	1799	246	2045	1287	467	1754	291	142.30
2004年	347793	1766	654	2420	1821	1098	2919	-499	-206.20
2005年	349715	884	799	1683	1117	790	1907	-224	-133.10

说明：缺1988年、1989年、1990年、2000年、2001年数据资料

第三节　人口分布

一、乡镇人口分布

乡镇人口分布概况　2005年年末，全县总人口35.0678万人，平均每个乡镇13950人。按乡镇人口总数等级划分，全县可分为7个等级。其中，30000人以上的乡镇1个，占4%；25000～30000人的乡镇2个，占8%；20000～25000人的乡镇2个，占8%；15000～20000人的乡镇6个，占24%；10000～15000人的乡镇3个，占12%；5000～10000人的乡镇10个，占40%；5000人以下的乡镇1个，占4%。

乡镇人口分布差异　1989年年末，全县总人口31.6251万人。其中，县城长铺镇（属县境南部区）18489人，占5.85%；县境南部区14个民族乡（以下简称民族乡）14.3858万人，占45.49%；县境北部区10个乡镇（以下简称北部区）15.3904万人，占48.66%。2005年，全县年末总人口35.0678万人。其中，南部区18.5865万人，占53.00%；北部区16.4813万人，占47.00%。按乡镇人口总数多少及占全县总人口的比重大小排位，依次是长铺镇、武阳镇、红岩镇、关峡苗族乡、唐家坊镇、瓦屋塘乡、李熙桥镇、黄土矿乡、长铺子苗族乡、东山侗族乡、在市苗族侗族乡、金屋塘镇、鹅公岭侗族苗族乡、党坪苗族乡、水口乡、麻塘苗族乡、乐安铺苗族侗族乡、白玉乡、竹舟江苗族乡、朝仪侗族乡、枫木团苗族侗族乡、河口苗族乡、联民苗族瑶族乡、黄桑坪苗族乡、梅坪乡。其中，长铺镇32602人，占全县总人口的9.30%；梅坪乡只有2586人，仅占全县总人口的0.74%，人口最多的乡镇与人口最少的乡镇相比，相差11.61倍。

二、农业人口与非农业人口

农业人口　1989年，全县农业人口28.8676万人，占全县总人口的91.28%。其中，长铺镇1748人，占镇总人口的9.45%；民族乡13.7945万人，占民族乡总人口的95.89%；北部区14.8983万人，占北部区总人口的96.80%。2005年，全县农业人口30.3801万人，占全县总人口的86.63%。其中，长铺镇722人，占镇总人口的2.21%；民族乡14.6538万人，占民族乡总人口的95.61%；北部区15.6541万人，占北部区总人口的94.98%。

非农业人口　1989年，全县非农业人口27575人，占全县总人口的8.72%。其中，长铺镇有非农业人口16741人，占镇总人口的90.55%；民族乡5913人，占民族乡总人口的4.11%；北部区4921人，占3.20%。2005年，全县非农业人口46877人，占全县总人口的13.37%。其中，长铺镇31880人，占镇总人口的97.79%；民族乡6725人，占民族乡总人口的4.39%；北部区8272人，占北部区总人口的5.02%。

表 1-2-4　　**1989 年与 2005 年绥宁县人口分布及增长情况表**

序号	项目 / 乡镇	年末总人口（人）		2005 年比 1989 年			占全县总人口比重	
		2005 年	1989 年	增加人口（人）	增长幅度（%）	年均递增（‰）	2005 年（%）	1989 年（%）
	总计	350678	316251	34427	10.89	6.48	100.00	100.00
1	长铺镇	32602	18489	14113	76.33	36.09	9.30	5.84
2	在市乡	15592	15004	588	3.92	2.41	4.45	4.74
3	东山乡	16559	15111	1448	9.58	5.74	4.72	4.78
4	鹅公岭乡	11953	11180	773	6.91	4.19	3.41	3.54
5	朝仪乡	7853	7277	576	7.92	4.78	2.24	2.30
6	乐安铺乡	9194	8401	793	9.44	5.56	2.62	2.66
7	黄桑坪乡	5637	5250	387	7.37	4.46	1.61	1.66
8	关峡乡	22691	20889	1802	8.63	5.19	6.47	6.61
9	党坪乡	10104	9790	314	3.21	1.98	2.88	3.10
10	长铺子乡	16858	15900	958	6.03	3.66	4.81	5.03
11	联民乡	5776	5607	169	3.01	1.86	1.65	1.77
12	麻塘乡	9533	8939	594	6.65	4.03	2.72	2.83
13	枫木团乡	6991	6505	486	7.47	4.51	1.99	2.06
14	河口乡	6042	5923	119	2.01	1.24	1.72	1.87
15	竹舟江乡	8480	8082	398	4.92	3.01	2.42	2.56
2-15 民族乡小计		153263	143858	9405	6.54	3.97	43.70	45.49
1-15 南部区合计		185865	162347	23518	14.49	8.49	53.00	51.33
16	武阳镇	27545	24467	3078	12.58	7.74	7.85	7.74
17	李熙桥镇	18227	17178	1049	6.11	3.71	5.20	5.43
18	白玉乡	8605	8106	499	6.16	3.74	2.45	2.56
19	红岩镇	27437	25783	1654	6.42	3.89	7.82	8.15
20	黄土矿乡	16968	15763	1205	7.64	4.61	4.84	4.98
21	唐家坊镇	20109	18925	1184	6.26	3.80	5.73	5.98
22	瓦屋塘乡	19269	17973	1296	7.21	4.36	5.49	5.68
23	金屋塘镇	14224	13568	656	4.83	2.92	4.06	4.29
24	水口乡	9843	9454	389	4.11	2.52	2.81	2.99
25	梅坪乡	2586	2687	-101	-3.76	-2.40	0.74	0.85
16-25 北部区合计		164813	153904	10909	7.09	4.29	47.00	48.67

资料来源：根据绥宁县统计局统计年鉴资料整理

表 1-2-5　　**1989 年与 2005 年绥宁县农业人口分布及增长情况对比表**　　单位：人、%

序号	项目 乡镇	2005 年			1989 年			2005 年比 1989 年	
		总人口	农业人口		总人口	农业人口		增加人口	增长幅度
			人数	比重		人数	比重		
	总计	350678	303801	86.63	316251	288676	91.28	15125	5.24
1	长铺镇	32602	722	2.21	18489	1748	9.45	-1026	-58.70
2	在市乡	15592	13958	89.52	15004	13370	89.11	588	4.40
3	东山乡	16559	15987	96.55	15111	14688	97.20	1299	8.84
4	鹅公岭乡	11953	11641	97.39	11180	10988	98.28	653	5.94
5	朝仪乡	7853	7655	97.48	7277	7148	98.23	507	7.09
6	乐安铺乡	9194	8697	94.59	8401	8083	96.21	614	7.60
7	黄桑坪乡	5637	5481	97.23	5250	5137	97.85	344	6.70
8	关峡乡	22691	22083	97.32	20889	20457	97.93	1626	7.95
9	党坪乡	10104	9940	98.38	9790	9663	98.70	277	2.87
10	长铺子乡	16858	15427	91.51	15900	14785	92.99	642	4.34
11	联民乡	5776	5726	99.13	5607	5410	96.49	316	5.84
12	麻塘乡	9533	9282	97.36	8939	8670	96.99	612	7.06
13	枫木团乡	6991	6795	97.20	6505	6273	96.43	522	8.32
14	河口乡	6042	5636	93.28	5923	5474	92.42	162	2.96
15	竹舟江乡	8480	8230	97.05	8082	7799	96.50	431	5.53
2-15 民族乡小计		153263	146538	95.61	143858	137945	95.89	8593	6.23
1-15 南部区合计		185865	147260	79.23	162347	139693	86.05	7567	5.42
16	武阳镇	27545	23725	86.13	24467	22692	92.75	1033	4.55
17	李熙桥镇	18227	17467	95.83	17178	16540	96.29	927	5.60
18	白玉乡	8605	8429	97.95	8106	7977	98.41	452	5.67
19	红岩镇	27437	26575	96.86	25783	25200	97.74	1375	5.46
20	黄土矿乡	16968	16312	96.13	15763	15356	97.42	956	6.23
21	唐家坊镇	20109	19378	96.36	18925	18561	98.08	817	4.40
22	瓦屋塘乡	19269	18771	97.42	17973	17431	96.87	1340	7.69
23	金屋塘镇	14224	13911	97.80	13568	13337	98.30	574	4.30
24	水口乡	9843	9418	95.68	9454	9276	98.12	142	1.53
25	梅坪乡	2586	2555	98.80	2687	2613	97.25	-58	-2.22
16-25 北部区合计		164813	156541	94.98	153904	148983	96.80	7558	5.07

资料来源：根据绥宁县统计局统计年鉴资料整理

表 1-2-6　　**1989 年与 2005 年绥宁县非农业人口分布及增长情况对比表**　　单位：人、%

序号	项目 / 乡镇	2005 年			1989 年			2005 年比 1989 年	
		总人口	非农业人口		总人口	非农业人口		增加人口	增长幅度
			人数	比重		人数	比重		
	总计	350678	46877	13.37	316251	27575	8.72	19302	70.00
1	长铺镇	32602	31880	97.79	18489	16741	90.55	15139	90.43
2	在市乡	15592	1634	10.48	15004	1634	10.89	0	0.00
3	东山乡	16559	572	3.45	15111	423	2.80	149	35.22
4	鹅公岭乡	11953	312	2.63	11180	192	1.72	120	62.50
5	朝仪乡	7853	198	2.52	7277	129	1.77	69	53.49
6	乐安铺乡	9194	497	5.41	8401	318	3.79	179	56.29
7	黄桑坪乡	5637	156	2.77	5250	113	2.15	43	38.05
8	关峡乡	22691	608	2.68	20889	432	2.07	176	40.74
9	党坪乡	10104	164	1.63	9790	127	1.30	39	29.13
10	长铺子乡	16858	1431	8.49	15900	1115	7.01	316	28.34
11	联民乡	5776	50	0.87	5607	197	3.51	-147	-74.62
12	麻塘乡	9533	251	2.63	8939	269	3.01	-18	-6.69
13	枫木团乡	6991	196	2.80	6505	232	3.57	-36	-15.52
14	河口乡	6042	406	6.72	5923	449	7.58	-43	-9.58
15	竹舟江乡	8480	250	2.95	8082	283	3.50	-33	-11.66
2-15 民族乡小计		153263	6725	4.39	143858	5913	4.11	812	13.73
1-15 南部区合计		185865	38605	20.77	162347	22654	13.95	15951	70.41
16	武阳镇	27545	3820	13.94	24467	1775	7.25	2045	115.21
17	李熙桥镇	18227	760	4.17	17178	638	3.71	122	19.12
18	白玉乡	8605	176	2.05	8106	129	1.59	47	36.43
19	红岩镇	27437	862	3.14	25783	583	2.26	279	47.86
20	黄土矿乡	16968	656	3.87	15763	407	2.58	249	61.18
21	唐家坊镇	20109	731	3.64	18925	364	1.92	367	100.82
22	瓦屋塘乡	19269	498	2.58	17973	542	3.02	-44	-8.12
23	金屋塘镇	14224	313	2.20	13568	231	1.70	82	35.50
24	水口乡	9843	425	4.31	9454	178	1.88	247	138.76
25	梅坪乡	2586	31	1.20	2687	74	2.75	-43	-58.11
16-25 北部区合计		164813	8272	5.02	153904	4921	3.20	3351	68.10

资料来源：根据绥宁县统计局统计年鉴资料整理

三、人口密度

乡镇人口密度比较　2000 年，全县总人口为 33.9235 万人，人口密度为每平方千米 116 人。全县人口密度可分为 7 个等级：每平方千米 300 人以上的乡镇 1 个，占 4%；每平方千米 251～300 人的乡镇 1 个，占 4%；每平方千米 201～250 人的乡镇 2 个，占 8%；每平方千米 151～200 人的乡镇 4 个，占 16%；每平方千米 101～150 人的乡镇 7 个，占 28%；每平方千米 51～100 人的乡镇 7 个，占 28%；每平方千米 50 人以下的 3 个，占 12%。当年人口密度最高的长铺镇为每平方千米 2663 人，最低的黄桑坪苗族乡人口密度为每平方千米 23 人。全县各乡镇按人口密度大小排位，依次是长铺镇、黄土矿乡、李熙桥镇、红岩镇、唐家坊镇、瓦屋塘乡、鹅公岭侗族苗族乡、朝仪侗族乡、武阳镇、东山侗族乡、在市苗族侗族乡、竹舟江苗族乡、水口乡、金屋塘镇、党坪苗族乡、关峡苗族乡、河口苗族乡、乐安苗族侗族乡、白玉乡、麻塘苗族乡、长铺子苗族乡、联民苗族瑶族乡、枫木团苗族侗族乡、梅坪乡、黄桑坪苗族乡。

南北区域人口密度比较　2000 年，南部区（含长铺镇）15 个乡镇，面积 1887.315 平方千米，人口 18.2602 万人，人口密度为每平方千米 97 人；北部区 10 个乡镇，面积 1039.357 平方千米，人口 15.6633 万人，人口密度为每平方千米 151 人。北部区比南部区每平方千米多 54 人。

建制镇和乡人口密度比较　2000 年，全县 6 个建制镇，面积 616.910 平方千米，人口 13.5756 万人，平均人口密度为每平方千米 220.06 人；19 个乡，面积 2309.76 平方千米，人口 20.3479 万人，平均人口密度为每平方千米 88.10 人。建制镇每平方千米人口密度比乡村每平方千米人口密度多 131.96 人。

表 1-2-7　**绥宁县三次人口普查人口密度及增长情况表**

序号	乡镇	总面积	1982 年		1990 年		2000 年		2000 年比 1982 年	
			总人口（人）	密度（人/平方千米）	总人口（人）	密度（人/平方千米）	总人口（人）	密度（人/平方千米）	增加人数（人）	增长幅度(%)
	总计	2926.672	272653	93	318224	109	339235	116	23	24.73
1	长铺镇	12.573	13458	1070	20863	1659	33477	2663	1593	148.88
2	在市乡	133.135	13735	103	15319	115	15589	117	14	13.59
3	东山乡	116.824	13128	112	15301	131	16076	138	26	23.21
4	鹅公岭乡	72.310	9987	138	11152	154	11713	162	24	17.39
5	朝仪乡	46.354	6552	141	7294	157	7505	162	21	14.89
6	乐安铺乡	106.112	7087	67	8491	80	8918	84	17	25.37
7	黄桑坪乡	240.825	4567	19	5317	22	5452	23	4	21.05
8	关峡乡	215.341	18014	84	20426	95	21304	99	15	17.86
9	党坪乡	100.322	8609	86	9959	99	10181	101	15	17.44
10	长铺子乡	274.566	14037	49	16149	57	16176	57	8	16.33
11	联民乡	114.964	4962	43	5797	50	5858	51	8	18.60
12	麻塘乡	134.076	7866	59	9167	68	9474	71	12	20.34

续表 1-2-7

序号	乡镇	总面积	1982年		1990年		2000年		2000年比1982年	
			总人口（人）	密度（人/平方千米）	总人口（人）	密度（人/平方千米）	总人口（人）	密度（人/平方千米）	增加人数（人）	增长幅度(%)
13	枫木团乡	168.386	5619	33	6556	39	6757	40	7	21.21
14	河口乡	70.005	5140	73	5974	85	5946	85	12	16.44
15	竹舟江乡	71.522	7114	99	8041	112	8176	114	15	15.15
2-15 民族乡小计		1874.742	126417	67	144943	77	149125	80	13	19.40
1-15 南部区合计		1887.315	139875	74	165806	88	182602	97	23	31.08
16	武阳镇	177.331	20807	117	24309	137	25509	144	27	23.08
17	李熙桥镇	69.419	14917	215	17003	245	17636	254	39	18.14
18	白玉乡	110.663	6948	63	8066	73	8067	73	10	15.87
19	红岩镇	123.721	22358	181	25624	207	25827	209	28	15.47
20	黄土矿乡	55.659	13982	251	15580	280	15504	279	28	11.16
21	唐家坊镇	100.135	16452	164	18617	186	19599	196	32	19.51
22	瓦屋塘乡	107.172	15296	143	17792	166	18550	173	30	20.98
23	金屋塘镇	133.731	11824	88	13352	100	13708	103	15	17.05
24	水口乡	91.990	7906	86	9433	103	9673	105	19	22.09
25	梅坪乡	69.536	2288	33	2642	38	2560	37	4	12.12
16-25 北部区合计		1039.357	132778	128	152418	147	156633	151	23	17.97

资料来源：根据绥宁县农业区划数据集和绥宁县第三次、第四次、第五次人口普查资料整理

第四节　人口构成

一、性别构成

1982年第三次全国人口普查时，全县总人口27.2653万人，其中男性人口14.0131万人，占总人口的51.40%；女性人口13.2522万人，占总人口的48.60%，性别比为105.74（以女性人口为100）。

1990年第四次全国人口普查时，全县总人口31.8224万人，其中男性人口16.3168万人，占总人口的51.27%；女性人口15.5056万人，占总人口的48.73%，性别比为105.23。

2000年第五次全国人口普查时，全县总人口33.9235万人，其中男性人口17.6030万人，占总人口的51.89%；女性人口16.3205万人，占总人口的48.11%，性别比为107.86。

二、年龄构成

1982年第三次全国人口普查时，全县0～14岁人口为96800人，比第二次人口普查增长34.05个百分点，占总人口的35.51%；15～49岁人口为13.67万人，比第二次人口普查增长60.97个百分点，占总人口的50.13%；50岁以上人口为39200人，比第二次人口普查增长45.37个百分

点，占总人口的 14.36%。

1990 年第四次全国人口普查时，全县 0～14 岁人口为 98200 人，占总人口的 30.85%，比第三次人口普查占比下降 4.66 个百分点；15～49 岁人口为 17.08 万人，占总人口的 53.68%，比第三次人口普查占比上升 3.55 个百分点；50 岁以上人口为 49200 人，占总人口的 15.47%，比第三次人口普查占比上升 1.11 个百分点。

2000 年第五次全国人口普查时，全县 0～14 岁人口为 80587 人，占总人口的 23.76%，比第四次人口普查占比下降 7.09 个百分点；15～59 岁人口为 22.2817 万人，占总人口的 65.68%，比第四次人口普查占比上升 4.02 个百分点；60 岁以上人口为 35831 人，占总人口的 10.56%，比第四次人口普查占比上升 3.07 个百分点。

三、文化构成

1982 年第三次全国人口普查时，全县有小学以上文化程度的人口 17.31 万人，占全县 6 岁以上人口的 71.53%。其中，大学文化程度的人口 484 人，为第二次人口普查时的 275%；高中文化程度 18100 人，为第二次人口普查时的 967.97%；初中文化程度 45100 人，为第二次人口普查时的 564.42%；小学文化程度 10.94 万人，为第二次人口普查时的 206.2%。

1990 年第四次全国人口普查时，在全县总人口中，具有大学文化程度的 1652 人，具有中专文化程度的 3406 人，具有高中文化程度的 2320 人，具有初中文化程度的 72400 人，具有小学文化程度的 12.01 万人。与 1982 年第三次人口普查数相比：每 1 万人中具有大学文化程度的由 18 人提高到 52 人，高中文化程度(含中专)的由 68 人提高到 808 人，初中文化程度的由 1655 人提高到 2276 人，小学文化程度的由 4011 人减少到 3774 人。其中，拥有大学文化程度增长最快，八年间增长 1.8 倍多，平均每年递增 14.18%。

2000 年第五次全国人口普查时，全县接受过初中及初中以上文化教育的人口为 17.7184 万人，占总人口的 52.33%，比第四次人口普查时上升 20.82 个百分点。其中，接受过大学教育的人口为 7016 人，占总人口的 2.20%，比第四次人口普查增加 5382 人；接受大学教育的人口中，男性占 71.84%，女性占 28.16%。接受过高中（含中专）教育的人口 38864 人，占总人口的 12.20%，比第四次人口普查增加 13100 人；接受高中教育人口中，男性占 66.02%，女性占 33.98%。接受过初中教育的人口为 13.1304 万人，占总人口的 41.21%，比第四次人口普查增加 81.08%；接受初中教育人口中，男性占 55.06%，女性占 44.94%。接受过小学教育的人口为 11.5559 万人，占总人口的 36.27%，比第四次人口普查减少 4609 人；接受小学教育人口中，男性占 48.17%，女性占 51.83%。全县平均每万人中拥有大学文化程度人数 207 人，比第四次人口普查增加 156 人；平均每万人中拥有高中文化程度人数 1146 人，比第四次人口普查增加 335 人。

四、民族构成

1982 年第三次全国人口普查时，全县有 13 个民族。其中，汉族 24.1494 万人，占 88.57%；苗族 29849 人，占 10.95%；其他民族 1310 人，占 0.48%。

1990 年第四次全国人口普查时，全县有 16 个民族。其中，15 个少数民族共有人口 19.4854 万人，占全县总人口的 61.23%；汉族人口 12.3370 万人，占 38.77%。少数民族中，人口超过 100 人的民族由 1982 年第三次人口普查时的 3 个增至 5 个，分别为苗族 17.6926 万人、侗族 15593 人、瑶族 1647 人、土家族 193 人、回族 188 人。

2000 年第五次全国人口普查时，全县共居有 20 个民族，比第四次人口普查时增加了蒙古族、藏族、维吾尔族、傈僳族 4 个少数民族。全县少数民族人口 20.1144 万人，占总人口的 59.29%。人数超过 100 人的民族有 6 个，依次是苗族 18.4784 万人，占总人口的 54.47%；汉族 13.8091 万人，占总人口的 40.71%；侗族 1.3973 万人，占总人口的 4.12%；瑶族 1082 人，占总人口的 0.32%；土家族 629 人，占总人口的 0.13%；回族 232 人，占总人口的 0.07%。少数民族中的苗族、侗族、瑶族主要居住在 17 个民族乡中，其他少数民族散居在全县各乡镇。

表 1-2-8　　**第三至第五次全国人口普查绥宁县民族构成统计表**　　单位：人

项目			第三次人口普查	第四次人口普查	第五次人口普查
全县总人口			272653	318224	339235
汉族			241494	123370	138091
少数民族	合计		31159	194854	201144
	占总人口（%）		11.43	61.23	59.29
	1	苗族	29849	176926	184784
	2	侗族	1019	15593	13973
	3	瑶族	152	1647	1082
	4	壮族	31	80	86
	5	回族	11	188	232
	6	土家族	11	193	629
	7	彝族	6	5	30
	8	布依族	6	4	27
	9	白族	5	43	31
	10	满族	1	78	36
	11	京族	1	1	1
	12	水族	—	8	12
	13	黎族	67	82	68
	14	仫佬族	—	5	12
	15	朝鲜族	—	1	12
	16	藏族	—	—	34
	17	蒙古族	—	—	70
	18	傈僳族	—	—	1
	19	维吾尔族	—	—	23

五、职业结构

1982 年第三次全国人口普查时，全县从业人口总数为 14.3454 万人。其中，各类专业技术人员 5141 人，占 3.58%；国家机关党群组织企事业单位负责人 1405 人、占 0.98%，办事人员和有关人员 1191 人、占 0.83%；商业人员 1398 人，占 0.97%；服务性工作人员 1265 人，占 0.88%；农林牧渔劳动者 12.7927 万人，占 89.18%；生产工人、运输工人和有关人员 5112 人，占 3.65%；不便分类的其他劳动者 15 人，占 0.01%。

1990 年第四次全国人口普查时，全县从业人口总数为 17.6233 万人。其中，各类专业技术人员 6486 人，占 3.68%；国家机关党群组织企事业单位负责人 1455 人、占 0.83%，办事人员和有关人员 2213 人、占 1.26%；商业人员 2774 人，占 1.57%；服务性工作人员 1537 人，占 0.87%；农林牧渔劳动者 15.5622 万人，占 88.30%；生产工人、运输工人和有关人员 6146 人，占 3.49%。

2000 年第五次全国人口普查时，全县长表登记人数（总人口的10%）中从业人口总数为19290人。其中，国家机关党群组织企事业单位负责人 89 人、占 0.46%，专业技术人员 715 人、占 3.71%，办事人员和有关人员 236 人、占 1.22%；商业、服务人员 800 人，占 4.15%；农林牧渔生产人员 16509 人，占 85.58%；生产、运输设备操作人员及有关人员 859 人，占 4.45%；不便分类的其他劳动者 82 人，占 0.43%。

第五节　计划生育

一、计生机构

绥宁县计划生育局　1978 年 3 月，县计划生育领导小组下设办公室，定编 2 人。1981 年 7 月，县计划生育领导小组办公室改名为县计划生育办公室，1984 年 1 月县计划生育办公室升格为县计划生育委员会，1994 年更名为县计划生育局，1996 年复名县计划生育委员会，2002 年再更名为绥宁县人口和计划生育局，内设办公室、政策法规股、计划统计股、科学技术股，定行政编制 10 名、全额拨款事业编制 2 名（含计生协会编制）、后勤服务事业编制 2 名。2005 年，县人口和计划生育局实有在岗人员 15 人。1978—2005 年，袁辉华、李剑鸣、黄修海、戴恩义、宋会鸣、吕争宇、刘祥云、陶小玲、陈历贤、黄保昆先后任县计划生育领导小组办公室主任、县计划生育委员会主任或县计划生育局局长、县人口和计划生育局局长。

县计划生育局二级机构　1983 年 9 月 13 日，建立县计划生育宣传技术指导站，1986 年 5 月改称县计划生育服务站，1990 年更名为县计划生育技术服务站。1986 年 10 月 23 日，建立县计划生育医院，与县计划生育服务站一套人马、两块牌子。1986 年，成立县计划生育药具站，1996 年更名为县计划生育药具管理站。2003 年 8 月 15 日，设置县流动人口计划生育管理站。2005 年 1 月 28 日，设置县计划生育执法监察大队。

乡镇计划生育机构　1979 年，始建人民公社（镇）计划生育办公室。1990 年，开始设立乡镇计划生育服务所。1994年，全县所有乡镇全部建立计划生育服务所。2005年，全县有25个乡镇计划生育办公室和25个乡镇计划生育服务所。

绥宁县计划生育协会 1989年3月2日，绥宁县计划生育协会成立。翌年，各乡（镇）、村（居）相继成立计划生育协会。1998年，全县有计划生育协会组织391个，其中县级1个、乡级计生协会25个、村级365个，共有会员36800人。1989—2003年，县计划生育协会共选举产生4届理事会，分别由县人大副主任刘思正、傅维军、吴良鹏、聂德荣兼任会长。

计划生育协会的主要任务是：贯彻落实国家相关法律法规、政策，协助政府推动计划生育工作，大力弘扬社会主义核心价值观，宣传相关法律法规、政策和优生优育、生殖健康、家庭保健等知识，教育引导群众负责任、有计划地生育，组织开展生殖健康咨询、优生优育指导、计划生育保险、计生家庭帮扶和流动人口服务，维护育龄群众和计划生育家庭合法权益，推动计划生育基层群众自治，动员、引导会员和群众实行自我管理、自我教育、自我服务、自我监督。1995年，县计生协会秘书长唐公柱被中国计生协会授予全国计划生育协会先进个人称号；2005年，县计生局副局长、县计生协会理事龙爱姨被中宣部、国家计生委授予全国婚育新风进万家活动先进个人称号，武阳镇计生协会常务副会长肖传命、会员刘企被中国计生协会授予全国计划生育协会先进志愿者称号。

二、计生政策

晚婚晚育，少生优生 1978年，县内计划生育政策仍沿袭1964年制定的“每对夫妇最好生育两个孩子，最多不超过三个”的规定。1979年，县内提倡每对夫妇只生1个孩子。20世纪80年代，县委、县政府在贯彻执行上级计划生育政策的基础上，先后下发6个有关计划生育的文件。其间，县内贯彻实施的计划生育政策主要内容是：全面推行一胎化，晚婚、晚育、少生优生。要求初婚年龄，必须男满25周岁、女满23周岁才准予登记结婚，每对夫妇只准生育一个孩子。特殊情况需生育第二个孩子的，须经县以上计划生育部门批准，颁发二胎准生证后方可生育第二胎。

生育二孩的政策规定 20世纪80年代，县委、县政府规定：国家干部职工和城镇居民符合下列4种条件之一者，即现有的一个孩子因非遗传性疾病和伤残不能成长为正常劳动力的、再婚夫妇只有一方有一个孩子的、夫妇一方患不孕症带养一个孩子后又治愈要求生育的、夫妇系归国华侨只有一个孩子的，经县计划生育部门批准发证后可生育第二个孩子；农村育龄夫妇符合上述城镇“四种情况”之一者，以及男到有女无儿家结婚落户只有一个女孩的、烈士子女结婚只有一个女孩的、夫妇都是独生子女只有一个女孩的、几弟兄共有一个女孩的、三代以上单传家庭只有一个女孩的、夫妇都是少数民族只有一个孩子的，经申请批准发证后可以生育第二个孩子；不论城乡，生育二孩的间隔期必须达5年以上；未经批准生育第二胎，一律按计划外生育论处；不论哪一种情况，都不能生育第三胎。1990年1月1日，《湖南省计划生育条例》颁布实施，1999年，对该条例进行修订，2002年11月，《湖南省人口与计划生育条例》颁布。这些条例对生育二孩的政策规定，除个别细节稍有变动外，基本沿袭20世纪80年代的规定执行。

计划生育奖励措施 20世纪80年代开始，对干部职工晚婚的，婚假增加到15天；晚育者产假增加到80天，晚育又领取独生子女证者，再增休产假1个月。领取独生子女证的干部、职工，由单位发给一次性奖金100元和适当的奖品；从领证当年起，每年发给独生子女保健费40元，发到年满14周岁为止；有劳保待遇的单位，独生子女14周岁内医疗费由所在单位报销；招工、招干、入托、升学、就医和分配住房等，在同等条件下，独生子女应予优先；过年过节的副食品，如食糖、肉类等按当时规定标准，独生子女供应双份；独生子女的父母年老退休时，国家干部职工，按退休规定加发退休金5%。领取独生子女证的农民，由生产队（组）、大队（村）从公益金或上缴提留中发给一次性奖金60～100元，或者稻谷150～250千克；独生子女在十四周岁内，可以划给双份责任田、土和自留地、自留山、住宅基地，并每年发给适当的独生子女保健费。

三、计划生育工作

1983年3月起，提倡一对夫妻只生育一个孩子，逐步实行准生证制度。

1990年，县内开始进行婚前健康检查，对育龄夫妇进行优生优育指导，稳定低生育水平，改善人口结构，提高出生人口素质。1991年，县内开始推行计划生育工作目标管理责任制。定期开展业务培训。实行县级领导包乡镇进行督导，县计划生育委员会干部包乡指导和督查，乡镇党委和政府领导班子成员分片负责、干部职工包村，村干部包组的计划生育工作格局。

1999年，县内开始推行计划生育综合治理，第一批纳入计划生育综合治理的部门为县卫生局、县民政局、县建设局、县劳动保障局、县工商局、县公安局、县财政局等12个部门，后来增至19个部门。是年开始，在全县开展婚育新风进万家活动，倡导新的婚育观念和健康的生活方式。

2005年，全县人口出生率由1982年的25.35‰降到2005年的12.71‰，人口自然增长率由1982年的18.5‰降到6.89‰，符合政策生育率由1982年的53.12%上升到92.46%，育龄妇女计划生育长效措施落实率达92.27%。1998—2004年，绥宁县连续7年被中共湖南省委、省人民政府授予全省计划生育工作先进单位、全省计划生育工作模范县称号。2000年，绥宁县被中共中央宣传部、国家计划生育委员会授予全国婚育新风进万家活动先进县、全国县级计划生育工作“三为主”先进单位等荣誉称号。

第二篇　自然环境

第一章　地质 地貌 土壤

第一节　地质

一、地层

境内地壳稳定，无地震；地层除缺失石炭系、二叠系、三叠系、侏罗系、白垩系外，其余均有出露。其中，震旦系和泥盆系最发育。

前震旦系　县内前震旦系地层仅有拉览组中段，出露于县境南端上堡之东，面积13平方千米，属浅海相沉积。主要为暗绿色条带状砂质板岩和变质砂岩。厚度大于1090米，底面可见舌状、肾状象形印模。

震旦系　县内震旦系地层大面积出露于黄桑坪、在市、乐安铺、东山、朝仪、鹅公岭、党坪、竹舟江、河口、麻塘、联民等乡，面积1106平方千米。由一套厚度巨大，经受区域变质作用的含粗碎屑的砂质、泥质及硅质沉积物组成。总厚度大于2714米。分上下统，与下伏板溪群呈假整合接触。下统出露很广，自下而上划分为江口组、南沱组。江口组：属滨海—浅海相沉积，主要由含砾砂质板岩、含砾砂岩、长石石英砂岩、石英砂岩、条带状板岩等组成；下部含凝灰质砂岩，中上部含变质锰矿；总厚度大于2488米。南沱组：属冰川相，县境北部逐渐过渡为滨海—浅海相沉积；主要为青灰、灰绿色冰碛砾泥岩；厚170～1190米，与下伏江口组呈假整合接触。上统主要由浅海相的硅质、沙泥质沉积物组成。与下统南沱组在南部呈假整合接触，在北部为连续沉积的过渡关系，自下而上划分为陡山沱组、灯影组。陡山沱组：由砂质板岩、黑色板岩、炭质板岩、硅质板岩等组成；南部地区的下部板岩中夹厚约1～2厘米棕色褐铁赤铁矿条带，北部地区的板岩含较多的黄铁矿结核；厚度13～37厘米。灯影组：由灰白色、灰色中至中厚层硅质岩组成；岩石致密坚硬，节理发育；具灰白色与灰色相间的条带；岩石普遍有含钒反应；南部地区硅质岩中含磷；厚43～86米；地形上常形成奇峰陡壁。

寒武系　县内寒武系地层出露于金屋塘镇东北端，并呈线状纵贯于联民苗族瑶族乡东部至黄桑坪苗族乡西南部以及长铺子苗族乡南部，面积291平方千米。为一套浅海相沉积，由经受轻微区域变质作用的砂质、泥质、灰质、硅质等岩石组成。厚度变化大，北部地区厚344～370米，南部地区厚大于2629米。与下伏地层上震旦系灯影组呈整合接触。县内寒武系下统主要由炭质板岩、炭质硅质板岩、硅质板岩、黑色板岩等组成。下部夹石煤一至数层，产化石。中上部，南北地区岩性差异较大。北部地区的板岩厚 320～324 米，南部地区的板岩厚 644～733 米。赋存石煤、铜、钒、磷等矿产。县内寒武系中统上云寨以南地区主要为灰黑色板岩，夹少量中至薄层变质砂岩，厚约 1000 米。上云寨以北地区，中、上统合并不分，主要由灰黑色灰岩夹薄层黄绿色板岩组成，厚仅 20～95 米。县内寒武系上统岩相及厚度变化大，南部地区主要为灰至深灰色中厚层灰岩、夹泥质白云质灰岩、黑色薄层岩板岩、砂泥质条带板岩。

奥陶系　县内奥陶系分布于金屋塘镇中部、联民苗族瑶族乡和水口乡接合部、枫木团苗族侗族乡和长铺苗族乡东部、关峡苗族乡西南部以及武阳镇的干坡和双龙一带，呈带状纵贯县境中部，面积 398 平方千米。属浅海相沉积，由砂、泥质岩组成，受轻微的区域变质作用。总厚 1721 米。与下伏地层寒武系呈整合接触。县内奥陶系下统北部地区以黑色、黄绿色板岩为主，产笔石。南部地区除以灰色板岩、灰黑色炭质板岩为主外，下部尚见较多的粉砂质板岩与变质砂岩。厚达 1378 米。县内奥陶系中上统由砂岩、粉砂岩、深灰色板岩、灰绿色条带状板岩、黑色板岩及硅质岩等组成。处于南部地区的厚仅 197 米，处于北部地区的厚 1036 米。

志留系　县内志留系地层出露于北部地区梅坪乡、中部地区龙烟山至白玉乡塘弦湾一带，堡子岭林场和关峡苗族乡东北部亦有小面积出露，总面积 81 平方千米。属浅海相沉积，由经受轻微区域变质作用的泥、砂质岩组成。厚度 723～2194 米，北厚南薄。仅有下统，与下伏奥陶系地层呈整合接触。县内志留系下组由变质粉砂岩、砂岩夹黑色板岩组成。砂岩之底面可见到舌状、瘤状等象形印模。板岩中产化石。厚 1564 米。县内志留系上组为变质砂岩夹黄绿色板岩，砂岩底面有象形印模。厚 133～630 米。

泥盆系　县内泥盆系地层出露于东部的关峡、白玉、武阳、李熙桥等乡镇大部，红岩、梅坪、枫木团等乡镇小部，面积 445 平方千米。除缺失下统外，中、上统均较发育。主要属滨海碎屑岩相及浅海碳酸盐岩相沉积。总厚度大于 1408 米。县内泥盆系中统普遍以砾岩或砂砾岩与下伏元古界下古生界变质岩及加里东期的花岗岩体呈角度不整合接触，自下至上分为跳马涧组和棋子桥组。跳马涧组：属滨海—浅海相沉积；主要由砂砾岩、砂岩、粉砂岩及页岩等组成；北部地区多夹页岩，南部地区页岩不发育；厚 210～490 米。棋子桥组：东部地区属浅海碳酸盐岩相沉积区，西部地区属滨海—浅海泥质碳酸盐相沉积区；厚 342～649 米；主要为灰色中厚层疙瘩状泥灰岩、钙质泥岩、夹薄层泥质灰岩及厚层灰岩；产化石。县内泥盆系上统为佘田桥组，仅在武阳东部有小面积分布，属浅海碳酸盐岩相沉积。主要由沉质灰岩、泥灰岩、页岩及粉砂岩等组成。厚 500 米左右，与棋子桥组整合接触。

下第三系　县内下第三系地层分布零星，主要出露在武阳盆地和红岩盆地中，各 24 平方千米，属陆相沉积。由粗碎屑砾岩、砂砾岩组成。厚 150～251 米。与下伏不同时代地层呈角度不整合接触。

第四系　县内第四系地层仅有全新统，零星分布在武阳至李熙桥的蓼水沿岸。下部为砾石层，由石英砂岩、脉石英等风化物组成，厚 1～4 米。上部为黄褐色或灰褐色亚砂土、砂土，厚度大于 15 米。

二、岩浆岩

县内岩浆岩主要为印支期酸性岩。有瓦屋塘岩体和崇阳坪岩体：

瓦屋塘黑云母石英二长岩体 瓦屋塘黑云母石英二长岩体出露于瓦屋塘、唐家坊、黄土矿、红岩、李熙桥等乡镇。面积450平方千米。呈岩基状产出。中央带较宽，岩石呈粗粒似斑状结构；过渡带宽，岩石为中粒似斑状结构；边缘带宽，岩石呈细粒结构。

崇阳坪黑云母石英二长岩体 崇阳坪黑云母石英二长岩体县内只有东半部分，出露于金屋塘镇西部，面积72平方千米。呈岩株状产出。中央带未出露。过渡带宽，占岩体总面积90%，岩石结构不均一，内部为中粒似斑状结构，外部为中粒状结构。边缘带空，岩石呈细粒状结构。

三、构造

绥宁北北东向地质构造带 县内绥宁北北东向地质构造带位于县境西南部的长铺、上堡一带，为一系列由板溪群上亚群至志留系下统岩层组成的北北东向褶皱、断裂共同构成。循北东15°至北东30°方向展布，由西北往东南有太阳坪向斜、大尖界背斜、黄桑坪—绥宁向斜、上堡—黑岩顶背斜。其中，黄桑坪—绥宁向斜是较具规模的向斜褶皱，总体走向北东20°，长度大于42千米；上堡—黑岩顶背斜循北东20°方向延伸，南部伸入城步苗族自治县境，县内长度大于15千米。在上述褶皱之间，发育有三个较集中的断裂带，主要断裂相距约7～8千米。

安江—洪江北北东向地质构造带 安江—洪江北北东向地质构造带的主体不在县内，县西北角的船田、八角山一带为其部分范围。岩层依次出露震旦系、寒武系、奥陶系，由西往东有田湾背斜、宝瑶向斜、田背斜、大菲溪—枫木团断层。其中田湾背斜位于湖北厂、田湾、马蹄界一带，轴向北北东5°～7°，长64千米，次级褶皱特别发育。宝瑶向斜位于田湾背斜东侧宝瑶、八角山、船田一带，轴向北北东15°～20°，长64千米，规模大，幅度大，次级褶皱特别发育。

东部弧形地质构造带 县内东部弧形地质构造带由南部的城步—武冈弧形构造和北部的武冈—石下江弧形构造组成。城步—武冈弧形构造的弧形弯曲度大，致使关峡至李熙桥一带奥陶系、志留系、泥盆系地层组成北东向紧闭型向北西凸的弧形褶皱和压扭性断裂带。关峡以南循北东25°方向延伸，至李熙桥转为北东50°方向。武冈—石下江弧形构造中，由震旦系、寒武系、奥陶系、志留系、泥盆系岩层组成的红岩—草寨北东向舒展形弧形褶皱和压扭性断裂，是该弧形构造前缘弧的北段。南段因受岩体干扰而残缺。其弧形结构面循北东30°～40°方向伸展。

铁山庙—武阳—五团地质复合断层 县内铁山庙—武阳—五团地质复合断层纵贯县境中部，沿五团、武阳、铁山庙一带，呈北东10°方向延伸，南北皆延伸出县，总长达200余千米。断层线较平直，瓦屋塘、五团印支期花冈岩体被它纵切，沿线挤压现象明显，挤压带宽达3～4千米。

构造盆地 县内构造盆地分布带在县境西部的北北东向构造和东部的弧形构造的间隙间，有红岩盆地和武阳盆地。红岩盆地系北北东向30°的狭长构造盆地，长13千米，宽0.5～1.7

千米。武阳盆地系短轴状构造盆地，长轴呈北北东向 20°，长 5 千米，短轴呈北西西 290°，长 4.5 千米。

第二节　地貌

县境地处云贵高原东部和江南丘陵西部（以雪峰山脉为界），雪峰山脉南端与南岭山脉支脉八十里大南山西北面（以巫水为界）的交接地带。八十里大南山和雪峰山脉仿如南北两条“巨龙”，县城（长铺镇）就是其间的“绿洲明珠”，形成“双龙抢珠”的地理形势，巫水即是明珠飘扬的“彩带”。南、北、东三面高山环抱，中部纵向隆起，将全县分成东、西两大部分：西面随巫水倾斜，依次形成中山、中低山、丘陵、岗地和溪谷地带；东面随蓼水递降，依次形成中山、中低山、丘陵、岗地和河谷平原。巫水从东南向西北横穿县境腹部汇注沅江。从东南最高点牛坡头（海拔 1913 米）至西面中部最低点麻塘溪口河床（海拔 205 米）相对高差 1708 米，地势比降为 3.45%，群山起伏，沟谷深切，地貌可分为山地、丘陵、岗地、平原、盆地 5 个大类、8 个亚类。

一、山地

县内山地面积 2135.08 平方千米，占全县总面积的 72.95%。依据形态和海拔高度分为 2 个亚类。

中低山　全县中低山面积 650.31 平方千米，占山地总面积的 30.46%；海拔 500～800 米，相对高度 200～450 米；坡度为 25°～35°，部分可达 40°以上。陡坡缓岭，山脊线明显，部分山体有尖峰。流水作用以线状侵蚀为主，常形成一些山间溪谷盆地。

中山　全县中山面积 1484.77 平方千米，占山地总面积的 69.54%；海拔 800 米以上，相对高度大于 400 米；坡度一般大于 30 度，部分可达 40 度以上。地势陡峻，山谷深狭，峰峦起伏。主要分布于县境东部、南部和北部：东部——分布于关峡苗族乡、武阳镇、白玉乡、红岩镇；有沙门冲—天门山和神仙堂—红岩寨等大山，溪流两岸常形成悬崖绝壁；面积 217.97 平方千米，占中山面积的 14.68%。南部——分布于长铺子苗族乡、黄桑坪苗族乡大部分地方，在市苗族侗族乡、乐安铺苗族侗族乡、东山侗族乡小部分地方；地势险峻，峰峦林立，峰顶尖峭，山坡为直线坡或复式坡，坡度多在 30 度以上，水系发育，流水侵蚀，风化强烈，重力崩塌作用明显；面积 332.03 平方千米，占中山面积的 22.36%。北部——分布于中部中低山界线以北的大部分地区；山坡陡直，山脊线为刃状或齿状；面积 934.77 平方千米，占中山面积的 62.96%。

二、山脉

县内山脉分雪峰山脉、八十里大南山两大支系。

（一）雪峰山脉

雪峰山脉中支（主脉）由北向南，从金屋塘镇北端进入县境，延伸约66千米，到达巫水河畔的梅口。其中，从金屋塘镇北端至堡子岭段长56千米，为县境沅江流域和资江流域的天然分水岭。东支坐落在绥宁县与洞口县、武冈市、城步苗族自治县的分界线上，呈西西南向。西支由洞口、洪江、会同、绥宁四县（市）交界处进入县境，沿麻塘和枫木团两乡交界处向南延伸至长铺子苗族乡境。区内峰峦林立，气势磅礴，有800米以上山峰513座，其中1200～1500米者90座、1500米以上者3座。

白岩顶 白岩顶位于金屋塘镇西北部。长4千米。山体由块状硅质岩构成。主峰海拔1693.9米，是雪峰山脉在县境的最高峰，系鱼鳞溪、雄鱼溪发源地。有三等一级山地草甸类草场。

总顶界 总顶界位于金屋塘镇西部。主峰海拔1447米。山体由印支期石英二长岩构成。系平溪二级支流斜水塘溪的发源地之一。有三等一级灌木草丛类草场。

白花山 白花山位于金屋塘镇西部。主峰海拔1360米。山体北部由印支期石英二长岩构成，南部由板岩和粉砂岩构成。为斜水塘溪的发源地之一。有三等一级山地草丛类草场1815公顷，载畜量可达1368个牛单位。

宝顶山 宝顶山位于瓦屋塘、水口、枫木团、武阳4个乡镇交界处。长4.1千米，由11座山峰组成，山脊较平缓。主峰海拔1434.2米，顶较平。由印支期石英二长岩构成。系曲溪、岩湾溪、干坡溪、白岩水发源地。有三等二级山地草甸类草场1999公顷。

堡子岭 堡子岭位于武阳、关峡、枫木团、长铺子4个乡镇交界处。由17座山峰组成，山域呈十字形。主峰七坡山，海拔1217.3米。由硅质灰质板岩砂岩构成。系武阳河（蓼水）和岚溪发源地。堡子岭林场营造了大面积松、杉林。

鸡公坡 位于黄土矿、梅坪和瓦屋塘3个乡之间。长6千米，主峰海拔1207.9米。由印支期石英二长岩构成。有三等三级林间草丛类草场。系岳溪发源地。

龙烟山 龙烟山位于武阳、李熙桥、白玉3个乡镇交界处。长4千米，主峰海拔1123.9米。由砂岩和花岗岩构成。有三等一级山地草丛类草场。

黄茅岭 黄茅岭位于白玉乡与武冈市交界处。由石英砂岩、页岩、粉砂质页岩、砾岩构成。系海拔超1000米的带状长岭，山脊平缓，西坡缓东坡陡。该岭鞍部旧名武阳隘，清康熙十九年（1680），清军越此隘击败吴世藩（吴三桂之孙）部将吴国麟。有三等一级山地草丛类草场。

铁坑岭 铁坑岭又名枫木岭、枫门岭。位于关峡苗族乡高坪村与城步苗族自治县交界处。主峰海拔1279.5米。由硅质灰质砂岩板岩构成。鞍部旧有驿道通湘中，清康熙十九年（1680）三月，清军在此隘击败吴世藩部将夏国柱。古时枫树满山，以“十里屏山万树枫”而赞为“枫岭秋容”，为县内十景之一。

高登山 高登山位于联民苗族瑶族乡北部。清光绪版《武冈州志》的山川图四和疆域志二的“菲溪团”和“安顺团”都载明在绥宁县青坡里。长2.5千米。南坡缓北坡陡，由砂岩板岩构成。主峰海拔 1581.5 米，极顶有清康熙三十九年（1700）青坡里黄皈依师募化建造的全石结构普照寺。

神坡山　神坡山位于党坪、竹舟江、河口、长铺子 4 个乡交界处。长 2.5 千米。由板岩砂岩构成。主峰海拔 1139.1 米。有三等三级林间草场。

（二）八十里大南山

主脉呈南北走向，坐落在绥宁县与城步苗族自治县分界线上。少数支脉呈北北西向，坐落在绥宁县与通道侗族自治县的分界线上。山势陡峭巍峨。有 800 米以上山峰 123 座，其中 1200～1500 米者 23 座，1500 米以上者 24 座。

黄竹山　黄竹山在县境南端。主峰海拔 1740 米。由冰质砾泥岩构成。有三等一级灌木草丛类草场。

源头山　源头山位于黄桑坪苗族乡东南。长 7 千米，大小山峰 8 座，最高峰海拔 1579 米。山体由冰质砾泥岩构成。山腰有闻名中外的长苞铁杉群落。

天堂界　天堂界位于乐安铺苗族侗族乡境内。主峰海拔 723 米。由石英砂石、含砾砂质板岩构成。鞍部为古时驿道通过处。

云雾山　云雾山位于在市苗族侗族乡东南。系断块山岭。主峰海拔 963.1 米。由冰碛砾泥岩构成。

乌鸡山　乌鸡山位于黄桑坪苗族乡东部。南北走向，系西河（莳竹水）发源地。主峰海拔 1693 米。由板岩砂岩构成。有三等一级山地草丛类草场。

牛坡头　牛坡头又名高坡。位于黄桑坪苗族乡东部。长 4.2 千米。由板岩砂岩构成。主峰海拔 1913 米，为县内最高点。有三等一级山地草丛类草场。

三、丘岗　平原　盆地

丘陵　县内丘陵海拔一般为 400～600 米，相对高度 60～200 米，坡度在 20 度～25 度左右。主要分布在县境东北部和西南部，丘峰孤立，脉络不明。面积 563.12 平方千米，占全县总面积的 19.24%。按形态特征可分为低丘陵和高丘陵 2 个亚类。前者面积 314.29 平方千米，占丘陵总面积的 55.81%；后者面积 248.83 平方千米，占丘陵总面积的 44.19%。

岗地　县内岗地海拔一般为 500 米以下，相对高度 10～60 米，坡度 5°～15°。岗顶浑圆，切割不强烈，岗间坳沟发育。面积 93.62 平方千米，占全县总面积的 3.20%。多分布于县境北部的大片田地四周，以武阳、李熙桥、红岩、黄土矿、唐家坊、瓦屋塘 6 个乡镇较多，县境南部的关峡、长铺子、在市等乡镇也有分布。按形态特征可分为高岗地和低岗地 2 个亚类。前者面积 77.43 平方千米，占岗地面积的 82.70%；后者面积 16.19 平方千米，占岗地面积的 17.30%。

平原　县内平原多为冲积平原，亦称溪谷平源，面积 100.27 平方千米，占全县总面积的 3.43%。主要分布在海拔 400 米左右的武阳、李熙桥、白玉、红岩、黄土矿、唐家坊、瓦屋塘、金屋塘、东山、长铺子、关峡、在市、乐安铺、枫木团等乡镇。由第四纪冲积物组成。一般沿溪呈条带状分布，宽度在 50～500 米不等。

盆地 县内盆地主要分布在县境西部的北北东向构造和东部的弧形构造间隙间，有红岩盆地和武阳盆地。红岩盆地系北北东向 30° 的狭长构造盆地，长 13 千米，宽 0.5～1.7 千米。武阳盆地系短轴状构造盆地，长轴呈北北东向 20°，长 5 千米，短轴呈北西西向 290°，长 4.5 千米。

第三节 土壤

一、土壤分类及分布

根据 1981—1982 年全县第二次土壤普查结果：县境自然分布的土壤共分 8 个土类、18 个亚类、67 个土属、174 个土种。

表 2-1-1 **绥宁县土壤分类分布一览表**

土类	亚类	土属（个）	土种（个）	占土田山面积比（%）	普查面积（公顷）	分布
水稻土	淹育性	9	12	6.52	1067.8	塝田、高塝田、坡顶、岗背；多为天水田或新开田
	潴育性	12	37		14687.4	低塝田、垅田及沿河两岸一带
	渗育性	2	5		75.6	水源较丰富的缓坡地带
水稻土	沼泽性	1	2		11.4	沟谷、冲底等地势低洼积水的地方
	潜育性	2	12		3154.7	地势低洼的河谷、山冲、垅田等聚水排泄不畅的地段
	矿毒性	1	1		1.0	长铺、新水冲等矿区内
菜园土	新菜园土	1	2	0.007	21.4	长铺镇、长铺子公社等地
潮土	河潮土	1	3	0.01	30.3	老鸦河、蓼水、巫水沿岸河漫滩
紫色土	酸性紫色土	2	4	0.236	613.5	盐井、武阳、李熙桥等公社部分地方
	石灰性紫色土	1	1		76.1	
红壤	红壤	9	34	56.52	102690.0	海拔 500～600 米低山、丘陵、岗地
	黄红壤	7	24		59920.8	海拔 600～800 米岗地
	红壤性土	3	3		2388.0	黄土矿、关峡、枫木团 3 社 6 个大队
黄壤	黄壤	7	19	18.92	53761.3	海拔 800～1200 米的山地
	黄壤性土	3	3		1365.1	上述山地的陡坡处
黄棕壤	黄棕壤	4	10	2.8	7710.7	海拔 1200～1500 米的山地
	黄棕壤性土	1	1		460.9	上述山地的陡坡处
山地草甸土	山地草甸土	1	1	0.51	1492.8	海拔 1500 米以上山顶开阔部位的台原地或低渍地

二、土壤性状

耕作层或腐殖层厚度 全县 1.9 万公顷水稻土中，耕作层厚度小于 10 厘米的占 0.08%，10～

15 厘米的占 55.8%，15～20 厘米的占 43.33%，大于 20 厘米的占 0.79%。全县 3866.7 公顷旱土（包括 21.4 公顷菜地和 1293.6 公顷园艺地）中，耕作层厚度 10～15 厘米的占 7.23%，15 厘米～20 厘米的占 48.88%，大于 20 厘米的占 43.89%。全县 22.6667 万公顷林业用地中，腐殖质层厚度小于 10 厘米的占 94.18%，10～20 厘米的占 4.36%，大于 20 厘米的占 1.46%。

土壤质地　全县水稻土中，沙壤土占 3.29%，轻、中、重壤土分别占 16.62%、39.49%、20.20%，轻、中黏土分别占 19.45%、0.95%。旱土中，轻、中、重壤土分别占 4.79%、19.52%、40.48%，轻、中黏土分别占 31.51%、3.70%。山地中，沙壤土占 4.42%，轻、中、重壤土分别占 11.81%、24.98%、24.48%，轻、中黏土分别占 28.71%、5.60%。统计表明，县境无松沙土、紧沙土、重黏土，水稻土以中壤土为主，旱土以重壤土为主，山地土以轻黏土为主。

土壤酸碱度　全县水田、旱土、山地中，酸性土壤占 83.68%，碱性土壤只占 0.11%；pH 值过大过小者占水稻土总面积的 30.14%，占旱土总面积的 39.53%，占山地土壤总面积的 74.23%。

地下水位　全县水稻土中，地下水位小于 30 厘米的占 11.00%，30～60 厘米的占 17.19%，大于 60 厘米的占 71.81%。

亚铁反应　水稻土中，亚铁反应强的占 19.7%，中度的占 5.42%，强度的占 5.78%，无反应的占 69.10%。

碱性反应　县境石灰岩母质只占所有成土母质的 1.13%。有碱性反应的土壤不多，旱土占 1.14%，山地土壤占 0.03%，水稻土占 0.52%。

三、土壤养分

全县土壤含量养分高低的总趋势是：水稻土有机质和含氮量丰富，含钾量较少，含磷量缺乏；旱土有机质和含氮量较丰富，含钾量较少，含磷量缺乏；山地土壤除含钾量比旱土略高外，其余比水稻土和旱土都低。

土壤含氮量　全县含氮量丰富的土壤面积宽、分布广。水田符合前一、二、三级标准的占水田总面积的 99.69%，平均含量为 0.242%，属省定第一级标准。旱土符合前一、二、三级标准的占旱土总面积的 92.33%，平均含量 0.162%，属省定第二级标准。山地符合前一、二、三级标准的占山地总面积的 97.84%。唐家坊、东山两地的含氮量一般在 0.075%～0.1%。其原因主要是由母质为花岗岩或砂砾岩形成的砂性土壤，加之植被破坏严重，氮元素随雨水渗漏，导致土壤缺氮。

土壤含磷量　全县 91.59%的土壤缺磷。其中一般缺磷的占 17.10%，中度缺磷的占 18.84%，极度缺磷的占 55.65%。按水田、旱土、山地分项计算：95.69%的山地普遍缺磷，48.13%的水田和 64.20%的旱土缺磷严重。

土壤含钾量　全县 85.2%的土壤缺钾。其中水田缺钾较普遍，山地和旱土以潮土、灰岩、砂砾岩、板页岩发育而成的土壤缺钾严重，含钾量丰富者仅有水口、李熙桥、白玉的部分土壤。

第二章　气候

1978年5月，湖南省绥宁县革命委员会气象站更名为湖南省绥宁县气象站。1981年1月，湖南省绥宁县气象站更名为绥宁县气象站。1984年4月20日，绥宁县气象站升格为绥宁县气象局。1988年，县气象局完成经武冈中转的甚高频电话组网建设。1994年，县气象局实现与市气象局微机系统远程联网。1998年，县气象局开展台站微机制作报表业务。1999年，建成气象卫星通讯系统单收站服务。2000年，县气象局开通地面气象观测数据微机处理传输系统，2003年建成自动气象站，2004年投入业务运行。2005年，在全县乡镇建成17个中小尺度完善天气自动监测系统。1978—1984年，伍德达、苏地、彭孝初先后任绥宁县气象站站长或副站长主持工作；1984—2005年，彭孝初、肖堂喜、杨丽姣、唐云斌、陈水扬先后任绥宁县气象局局长。

第一节　气温

绥宁是山区县，地处亚热带季风性湿润气候区，夏无酷热，冬无严寒，四季分明，气候比同纬度县份更加宜人。立体气候和地形小气候十分明显，气温垂直变化大，昼夜温差大，雨水充沛，年际变化小，空气湿度大，雾日较多，山区逆温效益明显。1978年至2005年，县境内气候逐渐变暖。

一、气温季节变化

县内气温季节变化明显。县城长铺镇，历年平均气温16.9℃，最热7月平均气温26.6℃，最冷1月平均气温5.8℃，气温差20.8℃。极端最高气温40.5℃（1971年7月21日），极端最低气温-6.8℃（1977年1月30日）。

1984年，县城长铺镇平均气温16.2℃，比常年低0.5℃，创历史最低值。年内气温波动大，其中1月平均气温3.1℃（排历史第二低值），6月平均气温25.9℃（为历史最高值），年极端最高气温39.6℃（7月出现，排历史第二高值），年极端最低气温-3.6℃（2月出现，为历史最低值）。1998年，长铺镇平均气温17.7℃，比常年高0.8℃，创历史最高值，其中4月平均气温20.4℃，为历史最高值。2003年，平均气温17.6℃，比常年高0.7℃，创历史第二高值，其中7月、8月平均气温和夏季平均气温均创历史最高值。

表 2-2-1 **1978—2005 年绥宁县城长铺镇各月平均气温情况表** 单位：℃

温度＼月份	1月	2月	3月	4月	5月	6月	7月	8月	9月	10月	11月	12月	全年
平均	5.8	7.4	11.3	17.0	21.3	24.7	26.6	26.2	23.0	18.0	12.9	8.1	16.9

县内春季平均气温 16.5℃。按气候标准（连续 5 天平均气温达到 10℃以上进入春季），县内春季历年平均时间为 72 天（3 月 22 日至 6 月 1 日）。入春最早为 1977 年的 2 月 24 日，最晚为 1987 年的 4 月 15 日。

夏季平均气温 25.8℃。按气候标准（连续 5 天平均气温达到 22℃以上进入夏季），县内夏季历年平均时间为 105 天（6 月 2 日至 9 月 13 日）。入夏最早为 1986 年的 5 月 9 日，最晚为 1989 年的 7 月 29 日。历年平均极端最高气温≥35℃的日数 18.5 天。

秋季平均气温 18.0℃。按气候标准（连续 5 天平均气温稳定在 22℃到 10℃之间进入秋季），县内秋季历年平均时间为 59 天（9 月 14 日至 11 月 11 日）。入秋最早为 2002 年的 8 月 17 日，最晚为 1963 年和 1975 年的 10 月 3 日。

冬季平均气温 7.1℃。按气候标准（连续 5 天平均气温稳定在 10℃以下进入冬季）。县内冬季历年平均时间为 130 天（11 月 12 日至 3 月 21 日）。入冬最早为 1981 年的 11 月 5 日，最晚为 1968 年的 12 月 12 日。县内冬季月平均气温≤0℃的天数历年平均为 11.5 天，平均每年冰冻日为 1.9 天。1975 年以来的 30 年中，县内平均有 17 年发生冰冻，冰冻发生率为 56.7%，海拔 500 米以上的山区冰冻率在 80%以上。暖冬出现 4 年：1980 年、1992 年、1993 年、1999 年。连续 5 日平均气温≤0℃的严寒期只有 1 年，即 1977 年的 1 月 28 日至 2 月 1 日。

县内气温平均年差 21.1℃、平均日差 9.0℃。全年≥0℃的正积温 6175.6℃，最多年达 6487.2℃（1998 年），最少年 5947.2℃（1984 年）。日平均≥10℃的有效积温 5633.5℃，最多年 6010.8℃（1998 年），最少年 5222.4℃（1976 年）。历年平均无霜期 296 天，最长 361 天（1966 年），最短 264 天（1991 年），日平均≥10℃的生长期 250 天，≥5℃的生长期 300 天。

二、气温变化特点

县内气温变化有 4 个特点：

温度垂直变化大，地形小气候明显 县境年平均温度，海拔 1200 米以下为 12.0～17.7℃，地势每升高 100 米，气温下降 0.53℃。山系坡向不同，气温随高度、季节变化，递减率也不同，南坡比北坡大，夏季比冬季大。

夏少酷热，冬少严寒 县境海拔 400 米以下地带，由于山体屏障及森林调节作用，气候温和，夏少酷热，冬少严寒，年平均气温比邻县高 0.1～0.8℃，最热的 7 月比邻县低 0.5～1.6℃。

昼夜温差大 县境海拔 700 米以下地区，昼夜温差大，年平均昼夜温差都在 8.6℃以上，350 米以下地区达 6.4～10.1℃，与邵阳市各县比较平均偏大 1.0～1.8℃。昼夜温差大是县境内显著的气候优势。主要表现在作物的关键生育期4—10月昼夜温差最大，有昼温高、夜温低的特点，其昼温和夜温都在主要作物要求的适合温度范围内，加上83%的平均相对湿度，同北方的大陆性气候昼温高、夜温低有性质上的区别。有利于喜温作物和林木生长。在适应范围内，昼温高，光合作用加强，制造营养物质多；夜温低，呼吸作用弱，消耗物质少，则积累就多，从而有效地提高作物产量和品质，有利于杂交制种、食用菌类、高品质蜜橘等生产。

山区逆温效应明显 县境内多为群山起伏所形成的谷地，一年四季山区效应明显，但以冬季最强，对喜温作物、果树越冬起了“天然温室”的作用，有利于防止低温冻害。

第二节 其他气候要素

一、降水

年平均降水量 县境多年平均降水量为1353.3毫米，最多年1994年为1876.5毫米，比历年平均偏多38.6%，最少年1984年为1064.6毫米，比历年平均偏少21.4%，绝大多数年份在平均值附近。

降水量地域分布 县内降水地域分布不均匀，北部多于南部，北部雪峰山麓的金屋塘、水口一带为迎风坡，常是冷暖气流激烈交锋地区，年平均雨量达1717.5毫米，最多达2053.9毫米，为县境多雨区。西南部东山一带处背风坡，年平均雨量1268.3毫米，为全县少雨区。

降水量年际变化 县内降水年际变化幅度小，年内分布差异大。绝大多数年份在平均值附近。80%保证率1170.6毫米，全年降水主要集中在春季到初夏，秋末和冬季为少雨期。降水5月最多（平均208.5毫米），12月最少（平均34.8毫米）。

雨季结束时间 县内雨季结束时间差异大，平均结束时间为6月底到7月上旬，按此正常时间结束雨季的年份占50%，偏早结束雨季的年份占23%，偏迟结束雨季的年份占27%。

表2-2-2 1978—2005年绥宁县各月平均降水量、降雨日、暴雨次数统计表 单位：毫米、天

项目＼月份	1月	2月	3月	4月	5月	6月	7月	8月	9月	10月	11月	12月	全年
平均雨量	63.6	68.0	100.0	159.3	208.5	194.8	135.7	146.0	77.6	64.8	64.8	34.8	1317.9
月降雨日	10.4	9.5	11.7	13.6	13.5	11.8	9.9	10.3	6.5	7.2	7.2	5.6	117.2
暴雨日数	0	0	0	0.2	0.6	0.9	0.4	0.4	0.2	0	0	0	2.7

二、日照

县内近50年来，年平均日照时数为1320.9小时，最多的年份为1812.1小时（1963年），最少的年份为1035.3小时（1994年）。年平均日照以7月最多，平均为171.6小时；2月最少，

平均为 48.8 小时。太阳辐射以夏季最强，冬季最弱，与温度的年际变化基本一致。日照地域分布以丘岗平原地带的武阳河流域最多，达 1500 小时；中山地带最少，全年不足 1000 小时。

三、气压和风

气压　县境平均气压为 978.9 百帕，最高气压 1004.1 百帕，最低气压为 956.5 百帕。以 12 月最高，月平均 988.0 百帕；7 月最低，月平均 969.0 百帕。气压随地势升高而降低。

风　县境地处东亚热带季风流圈内，夏天多吹暖湿的偏南风（东南风和西南风），冬季多吹偏北风（东北风和西北风），春初秋末处于偏北风和偏南风两种气流交锋、徘徊地带，常有“清明时节雨纷纷”和“秋雨连绵”天气。受地形影响，风速不大，年平均风速 1.2 米/秒。当受冷空气侵入影响时，产生短时雷雨大风，最大风速 20 米/秒。

第三节　自然灾害

一、暴雨山洪

县境每年雨季都有洪涝灾害发生。1978 年前，山洪灾害一般十年一遇。1978 年后，随着气候变化和生态环境改变，山洪地质灾害增多。1988—1996 年，县内连年发生暴雨山洪灾害，造成 25 人死亡、39 人受重伤，直接经济损失 7.17 亿元。2000—2005 年，县内发生重大山洪灾害 4 次，直接经济损失 7.79 亿元。其中，2001 年 6 月 18 日 23 时至 19 日 8 时发生的特大山洪地质灾害，造成 124 人死亡、1300 人受伤，直接经济损失 5.6 亿元。

1978—2005 年，全县共发生较大的洪灾有 28 次。

二、旱灾

县内旱灾多为局部地区插花性干旱，容易发生干旱的有东山、鹅公岭、朝仪、黄土矿、唐家坊、李熙桥等乡镇，以夏旱和秋旱较多。夏旱多发生在 6 月下旬至 8 月上旬，秋旱多发生在 8 月中旬至 10 月下旬。1978—2005 年，县内发生的较严重旱灾有 14 次。其中：1985 年，发生春夏连旱；1992 年 8 月中旬至 10 月底，发生连续 78 天秋旱；2003 年 6 月 28 日至 8 月 15 日，发生连续高温干旱。

三、冰冻

县内冰冻灾害主要发生在海拔 500 米以上的山地，武阳以北至黄桑坪、在市、东山、联丰一带，几乎每年都有冰冻发生，以 1 月、2 月和 12 月下旬较多。1978—2005 年，全县较大的冰冻灾害有 7 次。其中：1991 年 12 月下旬，暴雪冰冻，冻死耕牛 247 头；2004 年 12 月 28 日，全县普降大雪并出现罕见特大冰冻，冻死生猪200头，经济损失600万元。

四、风雹

县内风灾多发生在3—5月，每年会发生6～7次，局部会发生龙卷风，多发生在5—7月，约10年发生1次；冰雹灾害多发生在2—4月，以武阳、李熙桥、白玉、黄土矿一带居多。1978—2005年，县内发生的重大风雹灾害有10次。其中：1991年8月31日，李熙桥、黄土矿等乡镇发生雷雨大风，造成3名妇女死亡；1993年4月24日，县境北部梅坪、金屋塘、黄土矿、红岩等乡镇发生大风和冰雹，造成80人受伤，直接经济损失1288万元。

五、低温阴雨

县内低温阴雨冷寒天气分春季低温和秋季低温两个时段。

春季低温 县内春季低温多出现在3月中旬至4月，主要危害早稻育秧和农作物播种。1960—1988年，以上时段连续3天在10℃以下或连续7天在12℃以下的阴雨天气，长铺镇共发生22次，平均1.3年一次，瓦屋塘气象站记录为14次，平均2年1次。1991年4月29日至5月13日，全县出现历史上罕见的低温连阴雨天气。3334公顷中稻秧田烂秧，烂秧最严重的有1133.33公顷，损失谷种6.2万千克。经济损失26.7万元。

秋季低温 秋季低温即“寒露风”，县内寒露风入侵时间各地有差异。长铺镇寒露风入侵时间为9月28日前后，最早为9月11日，最迟为10月12日。瓦屋塘“寒露风”入侵时间为9月21日。地势越高，寒露入侵时间越早。

早秋低温 1980年8月，县内出现异常早秋低温，中稻“空青”，全县减产粮食850万千克。1988年8月22日至9月4日，出现严重早秋低温阴雨现象，全县有9467公顷中稻发芽霉烂，损失粮食4200万千克。

附：1978—2005年绥宁县自然灾害选录

1978年，夏旱，农田受灾4390公顷。

1979年：6月21日，长铺镇、和平人民公社、东山人民公社发生大暴雨，降水104.19毫米；27日，金屋塘人民公社发生大暴雨，2小时降雨150毫米。

1980年：3月4日8时40分，东山、在市、和平、李熙桥等地发生风雹灾害，冰雹最大者直径10厘米；8月12日，瓦屋塘人民公社发生大暴雨，7小时内降雨124.6毫米。

1981年2月15日8时，在市、兰家、联丰发生冰雹灾害。

1982年2月6—11日，全县各地冰冻，冰厚3～4厘米，吊水洞冰厚7厘米，冻死耕牛604头，交通中断4天，电讯中断5天，折断林木610万根、楠竹392万棵，损坏桔园549公顷。

1983年：4月9日20时至21时30分，西河、在市发生大风冰雹，最大冰雹直径6厘米；5月30—31日，全县大暴雨，21个乡镇受灾；6月2日，武阳、唐家坊、李熙桥、枫木团等地山洪暴发；6月14日，东山、朝仪发生大暴雨，12小时内降雨184.9毫米。

1984年6月28日至7月31日，夏旱，东山、盐井、白玉、桃坪、黄土矿、河口等乡镇受灾严重。

1985年：4月9日，全县发生雷雨大风和冰雹；4—5月，春旱；5月28日至7月2日，未下透雨。

1986年5月，县境遭受严重春旱。

1987年：3月19日晚，武阳、关峡等10个乡镇发生大风灾害；4月25日，全县发生大风暴，最大风力达11级，经济损失2345万元。

1988年：3月，连续冰冻20多天，冻死耕牛185头，2567公顷油菜受灾，600公顷柑橘枯心卷叶，损坏活立木3000多立方米，楠竹15万根，11个乡镇交通中断；6月22日，金屋塘镇发生大暴雨，死1人；9月10日，长铺、东山、黄桑坪、双河等15个乡镇发生大暴雨，死2人，毁坏公路313千米、桥梁60座。

1989年：1月13—21日，全县普降大雪，雪深5～6厘米，全县中断交通3天；5月9日，全县11个乡镇遭遇山洪灾害，经济损失239万元；7月4日至8月6日，大旱，36条河溪断流，1.1万公顷水田受灾，盐井乡46.67公顷禾苗枯萎。

1990年：4月26日至5月14日，仅降雨9.5毫米；5月29—31日，全县连降暴雨，死1人，重伤5人，冲毁房屋1400间；7月，干旱，13334公顷水稻受旱，其中水田开坼5333公顷，禾苗枯萎267公顷；8月21日至9月21日，严重秋旱，总雨量仅13.2毫米。

1991年：6月22日至7月19日，总雨量仅16.5毫米，农作物受灾面积6760公顷；8月8日，县境南部普降大暴雨，1小时最大降水量达99毫米，16个乡镇、179个村受灾，死1人，伤32人（其中重伤5人），损坏房屋3120间，倒断电杆345根，冲垮桥梁、涵洞740座，213公顷稻田被淹失收，直接经济损失804万元；8月31日17—19时，李熙桥、黄土矿等乡镇发生特大风灾，死3人，伤20余人，损坏房屋280多座，农作物受灾面积234公顷；12月23日，暴雪，县城雪深11厘米，并有雨松结成；12月27—31日，全县两次普降大雪，高寒山区冰冻维持一周左右，29日最低气温-4.3℃，柑橘受害面积2134公顷，油菜受灾1134公顷，折断树木1.6万立方米，冻死耕牛247头，中断交通60小时。

1992年：6月6日1—17时，金屋塘镇遭受山洪袭击，24小时内降雨207.6毫米；8月15日至10月31日，县境连续78天干旱，其间降水量13.6毫米，4000公顷油菜受灾，柑橘减产5万千克，3334公顷蔬菜生长不良，导致市场蔬菜供应紧张。

1993年：1月16日，武阳、瓦屋塘等乡镇出现雪后霜低温天气，武阳、瓦屋塘、东山最低温度分别达-10.4℃、-8.5℃、-7.6℃，冻坏柑橘1413公顷；4月24日17时30分，梅坪、金屋塘、黄土矿、红岩等乡镇发生大风和冰雹，历时40分钟，其中冰雹、大风持续5—8分钟，造成轻伤80人，损坏房屋11.8万间，农作物受灾面积532公顷，林木受灾面积16667公顷，冰雹砸死耕牛17头，砸死家禽3600只，直接经济损失1288万元；7月4日，县境普降暴雨，过程雨量193.8毫米，18个乡镇受灾；8月1日20时至2日8时，金屋塘镇降水220.7毫米，损坏房屋382间；8月7日3时至8日1时，联民苗族瑶族乡和水口乡降水250毫米，死2人，重伤2人，轻伤48人，损坏房屋616间，倒塌房屋124间；8月13日晚，李熙桥镇2小时内降水150毫米，重伤1人，轻伤10人，损坏房屋69间。

1994年：5月24日，县境遭受特大山洪，其中黄桑坪苗族乡日最大降雨量240毫米，过程雨量290毫米，死2人，重伤4人，轻伤209人，损坏房屋19700间，直接经济损失6192万元；7月18日，全县遭受暴雨山洪袭击，日最大雨量76.5毫米，过程雨量107.3毫米，29个乡镇受灾，死2人，重伤3人，损坏房屋8715间，直接经济损失3495万元；7月23日，全县发生持续大到暴雨，最大日雨量120毫米，过程雨量210毫米，24个乡镇受灾，重伤9人，轻伤134人，损坏房屋450间，直接经济损失4103万元；8月5日夜间，全县普降暴雨，29个乡镇普遍受灾，直接经济损失2500万元。

1995年：6月26日凌晨至15时，全县普降特大暴雨，县城降雨179.8毫米，瓦屋塘降雨232.9毫米，死6人，重伤15人，轻伤272人，损毁房屋18900间，冲毁水利设施2546处，农作物受灾面积9067公顷，直接经济损失1.16亿元；7月中旬至9月26日，全县持续高温少雨，大部地区出现大旱，河口等乡出现特大干旱，干旱天数达92天，全县25个乡镇全部受灾，干枯水库23座、山塘1800处，晚稻绝收800公顷。

1996年7月13日20时至18日22时，全县持续普降暴雨，平均降雨量376.1毫米（其中竹舟江、河口等16个乡镇达440毫米以上，16—17日全县平均降雨量248.4毫米），死8人，伤316人，毁坏民房6714座，2.1万人无家可归，毁坏公路304千米、桥涵421座，8个乡镇交通、通讯、供电中断，企业停产，直接经济损失达4.08亿元。

1998年4月11日17时34分，县境出现雷雨大风强对流天气，最大风速20米/秒，受灾4.7万户，损坏房屋69间，吹倒围墙61处，刮掉蔬菜大棚46个，经济损失2926万元。

2000年5月26日，全县普降大暴雨，县城降雨量169.2毫米，部分机关及居民住宅区被淹，25个乡镇普遍受灾，直接经济损失1.08亿元。

2001年：6月9日夜间，金屋塘、瓦屋塘等乡镇遭受暴雨袭击，金屋塘12小时雨量122.0毫米，瓦屋塘108.2毫米，损坏房屋1680间，直接经济损失1240万元；6月18日23时至19日8时，全县遭受百年不遇的特大暴雨，宝顶山附近瓦屋塘、水口、枫木团、联民、武阳等乡镇降雨量达281毫米，造成大范围山洪暴发，山体滑坡，死124人，伤1300人，冲走房屋1570座，冲走淹没粮食1700吨，农田绝收6400公顷，冲走压死生猪3.2万头，直接经济损失5.6亿元。

2002年8月29日，瓦屋塘、水口、金屋塘3个乡镇的10个村遭龙卷风和暴雨冰雹袭击，多株胸径20厘米以上的大树被拦腰折断，5根高压电杆被刮倒，3100米高压线路被毁，47个村供电中断，直接经济损失500余万元。

2003年：1月6—7日，县境出现罕见特大暴雪，平均雪深28厘米，损坏房屋1360间，主要农作物受灾251公顷，冻死耕牛120头，冻死生猪300头，中断交通48小时，经济损失1291万元；5月15日，县境普降大雨，13个乡镇受灾，直接经济损失1718.8万元；6月28日至8月15日，县境连续少雨，高温干旱，7月平均气温28.4度，为历史上同期平均气温最高年。

2004年：7月11日，金屋塘、梅坪出现大暴雨，损坏房屋6间，冲毁桥梁4座；7月20日，县境普降大暴雨，12个乡镇受灾，直接经济损失8200万元；9月24日至10月30日，37天无雨，全县秋季作物和水力发电受到较大影响；12月28日，全县普降大雪，县城积雪8厘米，北部乡镇积雪10厘米以上，并出现罕见特大冰冻，19个乡镇受灾，损坏房屋200间，农作物受灾面积6000公顷，折断楠竹1334公顷，冻死生猪200头，倒电杆523根，断线800处，停电24小时，经济损失600万元。

2005年8月16日至11月2日，县境持续高温干旱79天，8433公顷冬种作物受灾，82个村、7万余人饮水困难。

第三章　水文

第一节　地表水

县境内共有河流、溪涧2500余条，流域面积大于10平方千米或河长5千米以上的溪流94条，流域面积100平方千米以上的河流16条，中流域面积500平方千米以上的2条。溪涧与河流总长度1685.5千米，河网密度每平方千米0.57，溪河流域总面积2926.67平方千米。以白花山、枫门岭、宝顶、十里丫、车风坳、七坡山、肖风坳、大栗山一线形成的分水岭为界，西南部和东北部分属沅江、资江两大水系。沅江流域1979.30平方千米，占总流域面积的67.63%；资水流域947.37平方千米，占总流域面积的32.37%。

一、沅江水系

（一）巫水

巫水属沅江一级支流。从城步苗族自治县经匡塘口进入县境东南部，自县境西北部经小溪口出境进入会同县。境内段在明时称双溪，清时称黄石河，系境内最大河流。流经关峡、长铺子、党坪、竹舟江、河口、麻塘6个乡和县城长铺镇，流长63.4千米，占巫水总长度的26%，流域面积1807.977平方千米，占巫水流域总面积的43%。河床平均宽度115米，水面平均宽度98米，水深1.2～1.6米，枯水位286.20米，正常水位288.00米，洪水位294.20米，平均流量43.50米^3/秒，含沙量0.196升/米^3。其主要支流有：

岩背水　岩背水又名石脉河。源出城步小芙蓉山，在石脉汇入巫水。县内长3千米，流域面积425平方千米，河流平均坡降9.72‰，多年平均流量8.87米^3/秒。

关峡水　关峡水又名蓝溪、岚溪、兰溪。源出堡子岭野猪冲，在兰溪口汇入巫水。全长40千米，流域面积208平方千米，河流平均坡降6.6‰，多年平均流量5.85米^3/秒。

虾子溪　虾子溪发源于长铺子苗族乡枫界头西南面，在县城汇入巫水。全长34千米，流域面积123平方千米，河流平均坡降12.8‰，多年平均流量2.75米^3/秒。

白岩水　白岩水又名哨溪，源于枫木团苗族侗族乡尖山，在江口汇入巫水。全长59千米，流域面积155平方千米，河流平均坡降7.92‰，多年平均流量3.27米^3/秒。

莳竹水　莳竹水又名界溪、西河。源于黄桑坪苗族乡乌鸡山南麓，在界溪口汇入巫水。全长66千米，流域面积496平方千米，河流平均坡降6.36‰，多年平均流量9.90米^3/秒。

河口溪　河口溪源出枫木团苗族侗族乡宝寨北麓，在河口汇入巫水。流长44千米，流域面积 143 平方千米，河流平均坡降 9.94‰，多年平均流量 3.0 米^3/秒。

鹅公水　鹅公水发源于鹅公岭侗族苗族乡高品头，下游称大坪江，至会同县大坪江口汇入巫水。县境内长 9.5 千米，流域面积 39 平方千米，河流平均坡降 4.75‰，平均流量 0.88 米^3/秒。

麻塘溪　麻塘溪发源于麻塘苗族乡土地坳，在小溪口汇入巫水。县境内长 25 千米，流域面积 103 平方千米，河流平均坡降 18.6‰，多年平均流量 2.62 米^3/秒。

江抱溪　江抱溪发源于联民苗族瑶族乡牛角界，至会同县小市附近汇入巫水。县境内流长 28 千米，流域面积 92 平方千米，河流平均坡降 18.1‰，多年平均流量 1.9 立方米/秒。

（二）渠水

渠水系沅江一级支流，其干流不流经绥宁县。发源或流经县境的渠水一级支流中，流域面积大于 10 平方千米或河长 5 千米以上的有 9 条。其主要支流有：

临口河　临口河源出城步苗族自治县南山大茅坪，由东向西流经绥宁县黄桑坪苗族乡的坪溪村，在丝毛坪入通道侗族自治县。县境内长 5 千米，流域面积 10 平方千米，多年平均流量 1.4 米^3/秒。

洋须河　洋须河源出乐安铺苗族侗族乡多龙，向西南流 4 千米进入通道侗族自治县，在杉木桥接纳右来的乐安溪。乐安溪在县境内长 6.4 千米，流域面积 11.95 平方千米，河流平均坡降 2.1‰。

文江　文江源于朝仪侗族乡郭冲头，由东向西流经文江、竿子入靖州苗族侗族自治县汇入老鸦溪。县境内长 24 千米，流域面积 60 平方千米。

老鸦溪　老鸦溪县境段称东山溪。源于东山侗族乡呼飘冲，由北向南流，经东山到大坪折向西南，在岩头入靖州苗族侗族自治县境。县境内长 12 千米，流域面积 33 平方千米，多年平均流量 0.75 米^3/秒，河流平均坡降 3.44‰。

阳溪　阳溪发源于东山侗族乡登云山，由东向西流，从塘冲进入靖州苗族侗族自治县，在贯堡渡汇入渠水。县境内长 26 千米，流域面积 115 平方千米，河流平均坡降 5.33‰。

（三）曲溪

曲溪系沅江一级支流。发源于水口乡张家冲，由南向北流入洞口县菲溪乡后称公溪河。境内流长 14 千米，流域面积 77 平方千米，河流平均坡降 18‰，多年平均流量 1.60 米^3/秒。

二、资江水系

（一）蓼水

蓼水属系资江一级支流。在县境内称武阳河。源于堡子岭林场七坡山，向东北经武阳、唐家坊、李熙桥、红岩流入洞口县后称蓼水。境内流长 69.6 千米，流域面积 669.6 平方千米。从源头至李熙桥，平均河宽约 15 米。李熙桥至青龙滩段，河流平均坡降 12‰。多年平均流量 16.5 米^3/秒，水深 0.85 米，枯水位 395.00 米，正常水位 396.20 米，洪水位 399.06 米，水能蕴藏量 15958 千瓦。其主要支流有：

黄鳝水 黄鳝水源于毛店子，在茅坪汇入武阳河。长 9.2 千米，流域面积 9.7 平方千米。

双棉溪 双棉溪又名双鸣溪、大鸟水。源于双叉，在三房汇入武阳河。长 15 千米，流域面积 26 平方千米，河流平均坡降 3.9‰，多年平均流量 0.53 米^3/秒。

秀水溪 秀水溪又名八槎水。源出渔洞江，流经干坡、双龙、秀水，在六王汇入武阳河。长 25 千米，流域面积 45 平方千米，河流平均坡降 4.0‰，多年平均流量 1.02 米^3/秒。

广竹水 广竹水又名白玉水。源于白玉乡石溪大山南麓，在李熙桥汇入武阳河。全长 21 千米，流域面积 114 平方千米，河流平均坡降 10.5‰，多年平均流量 3.26 米^3/秒，水能蕴藏量 2298 千瓦。

扶水 扶水又名滚水。源于瓦屋塘乡金竹山，流经瓦屋塘、唐家坊、李熙桥，在苏洲汇入武阳河。全长 33 千米，流域面积 185 平方千米，河流平均坡降 5.3‰，多年平均流量 5.29 米^3/秒。

岳溪 岳溪古称盆溪。源于黄土矿乡大安源，在红岩镇大田汇入武阳河。全长 19 千米，流域面积 92.7 平方千米，河流平均坡降 10.0‰，多年平均流量 1.70 米^3/秒。

（二）平溪

平溪系资江一级支流，其干流不流经绥宁县，发源或流经县境内、流域面积大于 10 平方千米或河长在 5 千米以上的支流有 5 条：

金屋塘溪 金屋塘溪在明代和清代时称大水。源于洞口县尖坡，向东流到瀑布江处进入县境，经金屋塘镇的草寨、长坪，梅坪乡的双江口、飞蛾，复入洞口县后汇入平溪。县境内长 16 千米，流域面积 46.5 平方千米，河流平均坡降 38‰，多年平均流量 10.50 米^3/秒。

鱼鳞溪 鱼鳞溪又名大溪头江、三渡江。发源于金屋塘镇白岩顶东麓，向东南流经大吉、鱼鳞，在三渡江入洞口县境后注入金屋塘溪。县境内流长 14 千米，流域面积 40.5 平方千米，河流平均坡降 30‰。

岳溪江 岳溪江又名斜水塘溪。发源于金屋塘镇白花山东麓，向东流经岳溪江、李田、斜水塘。在双江口处从右岸汇入金屋塘溪。长 19 千米，流域面积 66.2 平方千米，河流平均坡降 17.9‰，多年平均流量 6.70 米^3/秒。

黄泥江 黄泥江源于梅坪乡的鸡公坡北麓，向东北流经梅坪、庙湾，在瓦子屋场入洞口县后汇入金屋塘溪。县境内长 22.2 千米，流域面积 96.56 平方千米。

驼背江 驼背江又名半江。源于梅坪乡凉水井山峰东麓，向东经庙湾林场、双河口流入洞口县后汇入平溪。县境内长 7.1 千米，流域面积 12.68 平方千米。

第二节　地下水

县境内森林植被好，截流多，地下水渗补量多年平均 3.38 亿立方米，75%和 95%保证率分别为 3.11 亿立方米和 2.55 亿立方米。

（一）松散堆集层孔隙潜水

县内松散堆集层孔隙潜水分布于武阳、李熙桥、东山等地，总面积 20.982 平方千米。含水岩组由第四系全新统和中、上更新统砂卵石组成。民井单位涌水量每日每米 4.15～11.41 立方米，泉水平均流量 0.31 升/秒。

（二）碳酸岩裂隙岩溶水

县内碳酸岩裂隙岩溶水分布于关峡、白玉及武阳的桐木等地。总面积为 238.32 平方千米。含水岩组为泥盆系中统棋子桥组。泉水流量 0.08～0.76 升/秒。

（三）基岩裂隙水

县内基岩裂隙水贮存于浅变质岩裂隙、碎屑岩孔隙裂隙、火成岩风化裂隙中。分 4 个亚类：

碎屑岩孔隙裂隙水　县内碎屑岩孔隙裂隙水主要分布于武阳镇和红岩镇。总面积 21.74 平方千米，赋存于第三系地层中。泉水流量 0.046～0.091 升/秒。

碎屑岩裂隙水　县内碎屑岩裂隙水主要分布于黄茅岭、白玉、红岩等地。总面积 185.11 平方千米。赋存于泥盆系中统跳马涧组中，流量 19.90 升/秒。

浅变质岩裂隙水　县内浅变质岩裂隙水主要分布于金屋塘、党坪、长铺子、在市、乐安铺、河口、联民、竹舟江、鹅公岭等乡镇。总面积 1799.48 平方千米。含水岩组由震旦系、寒武系、奥陶系、志留系组成。水量中等岩组的泉水流量为 0.102～5.88 升/秒，水量贫乏岩组的泉水流量为 0.01～0.09 升/秒。

火成岩风化裂隙水　县内火成岩风化裂隙水主要分布于金屋塘、瓦屋塘、唐家坊一线。总面积 66.11 平方千米。含水岩组由火成岩组成。

（四）地下温泉

县内有 2 处地下温泉，均在火成岩风化裂隙地下水分布地区。

冷水溪温泉　冷水溪温泉又名塘里温泉，位于金屋塘镇新华村。出露处海拔 560 米，常年水温 32.5℃，四季稳定，透明，无色，既是典型的深循环构造裂隙水，又是低矿化、弱碱性、重碳酸钠钙型的硅酸矿泉水。分 1 号泉和 2 号泉，总流量 4.29 升/秒，合 370 米^3/日。含偏硅酸 58.50～65.39 毫克/升、溴 0.5～0.75 毫克/升、锂 0.052～0.13 毫克/升、碘 0.04～0.08 毫克/升、锌 0.001～0.012 毫克/升、锶 0.017～0.057 毫克/升，痕量硒、铜、钡、镉、铬、硼、钴、锗、钒、钼、锰、镍、铝等27种对人体有益的微量元素和化学成分，含量均在国际标准规定的限量以内，口感优良，污染物指标和微生物指标全部符合国际标准。是一处非常珍贵的饮用与医疗兼用型的优质矿泉水，可进行瓶装矿泉水、矿泉水系列饮料和温泉疗养综合开发。

盐井温泉 盐井温泉位于唐家坊镇上盐井村。出露处海拔600米，涌水量1.30升/秒，水温34℃，四季稳定，透明，无色。

第三节 水能蕴藏量

县境雨水多，多年平均降水总量达42.74亿立方米，相当于全县地表积水深1460.2毫米。多年平均径流总量为24.35亿立方米，相应径流深832毫米，径流模数26.38秒升/平方千米。还原水量0.61亿立方米。天然地表径流24.963亿立方米，相应径流深852.9毫米。由于森林植被繁茂，径流季节变化不大，75%和95%保证率的径流量分别达20.47亿立方米和15.73亿立方米。

县境山地多，地表高低悬殊，丰富的水量带来丰富的能量。全县水能理论蕴藏量为19.7487万千瓦，可开发量为11.26万千瓦。

巫水干流梅口至县城段是雪峰山脉同八十里大南山的接合处，县城至河口段横切雪峰山脉。流域内峰峦林立，河流蜿蜒于松、杉、竹和原始次生林间。梅口至秦家湾、田心至荣岩、江口至游家湾，都是峡谷地段。其中江口至游家湾段最为险峻，故旧名恶口滩、神滩。其支流多在高山峡谷中奔流，水力资源丰富。巫水在境内的水能理论蕴藏量为13.79万千瓦。境内沿干流呈梯级开发，依次修建了江口塘、荣岩、绿洲、界溪口、河口5座水电站。

蓼水（武阳河）干流李熙桥至青龙滩段，水流湍急，干流水能蕴藏量1.60万千瓦。其支流广竹水（白玉水）流域，峡谷深、落差大、水流急，水能蕴藏量2298千瓦。已开发洛口山一、二、三级水电站等。

第四章　自然资源

第一节　土地资源

绥宁县土地资源丰富，昔有谚语云：“八分半山一分田，半分水路和庄园。”1982—1984年农业区划土地资源测算结果：全县土地总面积2926.67平方千米，约合439万亩。按土地利用现状分类，耕地23480公顷（水田21227公顷，旱土2253公顷），占土地总面积的8.02%；田埂土埂920公顷，占总面积的0.31%；园地面积1593公顷，占总面积的0.54%；林地22.5673万公顷，占总面积的77.11%；水域面积3460公顷，占总面积的1.18%；交通用地1193公顷，占总面积的0.41%；居民用地2580公顷，占总面积的0.88%；工矿用地74.4公顷，占总面积的0.03%；特殊用地41公顷，占总面积的0.01%；难用地239公顷，占总面积的0.08%；不宜农林用地25160公顷，占总面积的8.60%。（农业区划土地数据根据航空地图测算，前文土壤普查数据采用统计部门数据，同一项目数据中，航空地图测算数据大于统计数据。下同）

根据1980年草场资源普查统计，全县有各类草场51227公顷，占全县总面积的17.5%。其中，可利用的草场46133公顷，占草场总面积的90.1%。有成片草场223块，面积42667公顷，占可利用草场面积的92.5%。成片草场中，1万亩以上的有15处，面积18467公顷，占可利用草场面积的40.0%。至2005年，只有小部分草场用于饲养役牛和山羊，其余大部分草场尚未开发利用。

第二节　植物资源

县内野生植物可分为木本植物、竹类植物、草本植物、蕨类植物4大类。

一、木本植物

用材树种　县内用材树种有马尾松、杉、楠木、香槐、黄檀、闽楠、樟树、檫树、泡桐、柏木、木荷、臭椿、中华石楠等280种。

树脂树种　县内树脂树种有马尾松、湿地松等。

芳香油树种　县内芳香油树种有南方木莲、黄山夜合、云山白兰、毛桂、枫香、赤楠、花椒、红茴香、山桂皮、山苍子等80余种。

纤维树种　县内纤维树种有梵天花、杨桐、椴树、梧桐、雪花皮、桑树、构树、山油麻、石岩枫、大叶白纸扇等120余种。

果品树种 县内果品树种有杨梅、板栗、锥栗、甜槠、白果、华榛、拐枣、毛果枳椇、山核桃、野柿、京梨、石榴、山羊桃、毛葡萄等95种。

观赏树种 县内观赏树种有粤松、马褂木、南天竹、乐东拟单性木兰、含笑花、蔷薇、杜鹃花、青荚叶、双翅槭、垂柳、槐树、紫荆、石楠、杜英、木槿、山茶花、紫薇、石榴、合欢花、石笔木、猴欢喜等166种。

国家一级保护树种 县内国家一级保护树种有银杏、南方红豆杉、伯乐树。

国家二级保护树种 县内国家二级保护树种有香果树、华南五针松、桢楠、任木、半枫荷、凹叶厚朴、胡桃、篦子三尖杉、鹅掌楸、杜仲、伞花木等18种。

国家三级保护树种 县内国家三级保护树种有长苞铁杉、穗花杉、青檀、中华猕猴桃、天师栗、刺楸、金叶含笑等44种。

二、其他植物

竹 县内野生竹类植物有楠竹、凤尾竹、青皮竹、佛肚竹、方竹、阔叶箬竹、桂竹、实心竹、大箭竹、斑竹、紫竹、金竹、苦竹、慈竹、麻竹等。

草本植物 县内野生草木植物以禾本科为主，有芒（冬芭茅）、野古草、斑茅、狗尾草、画眉草、早熟禾、白茅、三芒草、假俭草、竹节草、碎米莎草、香附子、暗褐飘拂草、荆三棱、蒲公英、野百合、野油麻、灯心草、半边莲、地涌金莲、茜草、笔筒草等30余种。

蕨类植物 县内野生蕨类植物有铁线蕨、乌蕨、铁角蕨、贯众、石韦、铁芒萁等236种。

第三节 动物资源

县内野生动物属国家一级保护的有云豹、黄腹角雉、白颈长尾雉等5种，属国家二级保护的有大鲵、虎纹蛙、鸳鸯、凤头鹃隼、黑耳鸢、赤腹鹰、雀鹰、松雀鹰、日本松雀鹰、白尾蛇雕、游隼、燕隼、阿穆尔隼、红隼、灰背隼、红腹角雉、白鹇、红腹锦鸡和斑羚等30余种，属于湖南省地方重点保护的有180种；属于国家保护的有益或有重要经济、科学研究价值的陆生野生动物有198种，列入《濒危野生动植物种国际贸易公约》（CITES）的有41种，其中列入附录Ⅰ的7种（大鲵、白颈长尾雉、游隼、云豹、斑羚、斑林狸）、附录Ⅱ的28种、附录Ⅲ的6种。

鱼类 县内野生鱼类有鲤鱼、青鱼、鲢鱼、赤眼鳟、鲫鱼、横鱼、南方马口鱼、鲟华鲮、鳗鲡、大河鲶、泥鳅、黄鳝等20余种。

两栖类 县内野生两栖类动物有大鲵（一名娃娃鱼）、虎纹蛙（俗名石蛙蟒）、黑斑蛙（俗名青蛙）、肥螈、日本林蛙等20余种。另有奇特的红色蝾蟹。

爬行类 县内野生爬行类动物有银环蛇、五步蛇（俗名蕲蛇）、眼镜蛇、竹叶青、烙铁头、乌梢蛇、黄链蛇、中国水蛇、乌龟、中华鳖、大头平胸龟（俗名鹰嘴龟）等。

哺乳类 县内野生哺乳类动物有野猪、水鹿、野牛、猕猴、梅花鹿、鬣羚（俗名明宗羊、山羊）、毛冠鹿（黑鹿、青鹿、乌鹿）、麝、黑熊、豺、狐、貉、青鼬、黄鼬（俗名黄鼠狼、黄老鼠）、鼬獾、狗獾、水獭、大灵猫、小灵猫、花面狸、金猫、云豹、华南虎、华南兔、穿山甲、鼯鼠、中华竹鼠、松鼠、白腹鼠、黄毛鼠、针毛鼠、蝙蝠、豪猪等 58 种。

鸟类 县内野生鸟类有黄腹角雉、红腹锦鸡（金鸡）、白鹇、斑头鸺鹠（俗名猫头鹰）、草鸮（俗名猴面鹰）、老鹰、乌鸦、鹞子、黑枕绿啄木鸟（俗名啄木估）、雉鸡、竹鸡、山斑鸠、红嘴相思鸟、八哥、画眉、黄鹂、大杜鹃、啄木鸟、山麻雀、喜鹊、长尾灰喜鹊（蛇公鹊）、大嘴乌鸦、鸳鸯、大白鹭、家燕、白颈长尾雉、岩鸡等 30 多种。

第四节 矿藏资源

县境已探明的矿藏有石煤、铁、猛、铅、锌、砷、钡、锑、硅石、钨、锡、金、高岭土、花岗石、硫铁矿、独居石、锆石、石英、油页岩等 20 余种。可分为金属矿藏和非金属矿藏。

一、金属矿藏

铁矿 县内铁矿赋存于震旦系下统江口组里，属江口沉积变质铁矿。共有 4 层，平均厚度 2.10 米，平均品位 25.59%。矿石组分主要是赤铁矿，次为磁铁矿，偶见黄铁矿。分布于黄桑坪、在市、长铺子、枫木团等乡镇。

褐铁矿、菱铁矿 县内褐铁矿和菱铁矿储量较丰富，一般品位在 40%以上。见于长铺子苗族乡的杉木坳、葫芦形、枫木团苗族侗族乡的道口等 18 个点。托丘田、道口有一定层位控制，长度大于 1000 米，有较大开发前景。元朝开始开采，1963 年停采。

锰矿 县内锰矿有 8 处。

金矿 县内金矿分布面积 786 公顷。为河流冲积型砂金。

钛元素异常区 县内钛元素异常区有 3 处。瓦屋塘乡石桥头，异常区面积 12 平方千米，钛含量 1%。李熙桥镇苏家洲和武阳镇桐木钛元素异常区面积 0.9 平方千米，钛含量大于 1%。

钨锡矿 县内钨锡矿已探明有 2 处：一处是水口乡牛角界钨锡矿点，产于瓦屋塘岩体西侧的牛角界至银山南北向的内接触带。含钨石英脉 30 多条，呈北东—南西走向。脉幅长 6～18 米，最大脉宽 0.99 米。有用矿物主要有黑钨矿、白钨矿、锡石。钨大部分已达工业要求，金属量 4500 吨。另一处是金屋塘镇寨溪山钨矿点，产于崇阳坪黑云母二长花岗岩体的北东部内外接触带，钨石英脉较大的有 7 条，最大脉长 450 米，宽 1.6 米。大都已达工业要求。地质储量 12 万吨，金属量 171 吨。

独居石 县内独居石已探明有2处，皆为砂石矿。赋存于唐家坊镇杨梅树小溪和大土田小溪下游冲积物中。砂矿长2000米，宽60米，厚1米，平均含量60克/米^3，总储量13.45吨。

辰砂异常区 县内辰砂异常区位于长铺子苗族乡李家团。面积2.5平方千米。辰砂粒径0.1～0.3毫米。伴生矿物有雄黄、银、黄铁矿、磁铁矿。

二、非金属矿藏

石煤 县内石煤矿见于寒武系下统下部炭质页岩中。全县地质储量约为10亿吨。呈四条不同形状的地质带分布：一条从黄桑坪苗族乡兰家坪村起向北延伸，经长铺子苗族乡佘家村至槽子冲，为一带状分布；一条从长铺子苗族乡烂岔坪起向北延伸，经枫木团苗族侗族乡新屋场村、秋木田村、联民苗族瑶族乡陶家村至水口乡止，为一月形分布；一条从金屋塘镇鱼鳞村塘湾起，经栗树湾向北，为一环形分布；一条从金屋塘镇雄鱼村起，经砖屋村、万紫村，向北延伸至洞口县江口镇境内，为一带状分布。已开采利用的金屋塘镇鱼鳞溪石煤，最厚26.6米，平均厚度11米，煤层控制长度3800米，发热量在6.28千焦/克以上，储量368.4万吨。

硅石 县内硅石矿点已探明有10处，总储量2520万吨。分布于黄桑坪、在市、长铺子、党坪、关峡、唐家坊、白玉等乡镇。已开采利用的关峡硅石矿，产于泥盆系中统跳马涧组下部灰白色厚层状石英岩中，可采9层，总厚度14.4米，矿床储量为403万吨。

石英水晶矿 县内石英水晶矿已探明有3处：长铺子苗族乡岩鹰界、黄桑坪苗族乡野狗冲、梅坪乡王冲。属寒武系下统小烟溪组热液石英脉型。梅坪乡王冲石英脉宽1米，长30多米，呈西北—东西走向展布。

花岗石 县内花岗岩产于崇阳坪黑云母二长花岗岩体北端，东部过渡相和边缘相花岗岩中。金屋塘镇花岗岩床呈二层分布，平均厚50米，宽50米，出荒率70%，地质储量13.75万立方米。

硫铁矿 县内硫铁矿有3处。其中金屋塘镇鱼鳞溪矿点赋存于寒武系下统下部石煤层中，厚度10多米，黄铁矿含量60%～65%，经连续采拣块样化验，硫含量达34.67%，为构造富集型。

高岭土 县内高岭土分布于唐家坊乡湖塘村、红岩镇谢家村等地，具有一定规模。经采样化学分析，符合工业要求。

第三篇　中共地方组织

第一章　党员与党的代表大会

第一节　党员

1978 年，全县共有中共党员 9401 名，其中：女性党员 1166 名，占党员总数的 12.4%；少数民族党员 795 名，占党员总数的 8.4%；大专文化以上的党员 79 人，占党员总数的 0.89%。

1978—1986 年，全县共发展新党员 1899 名，其中专业技术人员 284 名，25 岁以下的青年党员 182 名。

1987—2005 年，全县共发展新党员 8085 名。

2005 年，全县共有党员 17085 名，其中：农村党员 2692 名，占党员总数的 15.76%；少数民族党员 8309 名，占党员总数的 46.33%，比 1978 年提高近 40 个百分点；女党员 2534 名，占党员总数的 14.83%；非公有制经济组织中有党员 52 人、专业技术人员中有党员 284 名、有青年党员 2905 名，分别占党员总数的 0.30%、1.66%、17.0%。

表 3-1-1　**1978—2005 年绥宁县党员基本情况表**　单位：人、%

年份	党员总数	其中					
		女性党员	占比	少数民族党员	占比	青年党员	占比
1978 年	9401	1166	12.4	795	8.4	175	1.8
1979 年	9909	1218	12.3	808	8.1	179	1.8
1980 年	10248	1301	12.7	852	8.3	181	1.7
1981 年	10318	1312	12.7	861	8.3	190	1.8
1982 年	10417	1314	12.6	868	8.3	197	1.9
1983 年	10472	1308	12.5	891	8.5	160	1.5
1984 年	10656	1317	12.4	2476	23.2	223	2.0
1985 年	10941	1356	12.4	2506	22.9	266	2.4
1986 年	11300	1387	12.3	2476	21.9	242	2.1
1987 年	11578	1414	12.2	2477	21.4	248	2.1
1988 年	11699	1425	12.2	2477	21.4	240	2.0
1989 年	11797	1398	11.9	3569	30.3	241	2.1

续表 3-1-1

年份	党员总数	其中					
		女性党员	占比	少数民族党员	占比	青年党员	占比
1990 年	12083	1464	12.1	4241	35.2	241	2.1
1991 年	12410	1496	12.1				
1992 年	12644	1566	12.4				
1993 年	13006	1613	12.4	4916	37.8	1822	14.0
1994 年	13443	1696	12.6	5165	38.4	2944	21.8
1995 年	13792	1786	12.9	6517	47.2	1408	10.2
1996 年	14133	1836	13.0	7302	51.6	1449	10.3
1997 年	14541	1927	13.3	7301	50.0	1509	10.4
1998 年	15152	2118	14.0	7318	48.2	1513	10.0
1999 年	15620	2234	14.3	7411	47.4	1555	10.0
2000 年	15549	2184	14.0	7415	46.6	1561	10.0
2001 年	15758	2329	14.8	7447	47.2	1588	10.0
2002 年	16152	2337	14.5	7448	46.1	1590	9.8
2003 年	16568	2416	14.9	7840	47.3	2990	18.0
2004 年	16828	2503	14.9	7840	46.6	2758	16.4
2005 年	17085	2534	14.8	8309	48.6	2905	17.0

说明：表中空白格为统计数据缺失

表 3-1-2　　**1980—2005 年绥宁县新党员发展情况表**　　单位：人

年份	合计	男	女	年份	合计	男	女
1980 年	90	73	17	1993 年	414	337	77
1981 年	135	119	16	1994 年	487	399	88
1982 年	76	62	14	1995 年	529	432	97
1983 年	77	58	19	1996 年	457	376	81
1984 年	198	169	29	1997 年	424	339	85
1985 年	349	308	41	1998 年	436	352	84
1986 年	347	310	37	1999 年	468	373	95
1987 年	319	272	47	2000 年	481	370	111
1988 年	219	184	35	2001 年	395	311	84
1989 年	241	196	45	2002 年	534	413	121
1990 年	397	306	91	2003 年	585	490	95
1991 年	406	354	52	2004 年	452	361	91
1992 年	363	310	53	2005 年	458	365	93

第二节　党的代表大会

一、党员代表选举

县内党员代表大会代表的选举采用无记名投票的方式。县党员代表大会代表产生的程序为：每届党员代表大会代表选举前，县委把代表条件、代表名额下发到各选举单位（基层党组织），各选举单位按照分配名额，采用自下而上的方式提名，经过酝酿协商，根据多数党组织或多数党员的意见提出代表候选人初步人选；选举单位对候选人初步人选逐个进行考察，并将考察结果向县委组织部汇报。然后由选举单位召开党委全体会议，按不少于应选代表 20%的差额确定代表候选人预备人选；各选举单位将代表候选人预备人选报送县委审查，经县委原则同意后，由选举单位召开党员代表大会、党员代表会议或全体党员大会，采用候选人数多于应选人数的差额选举办法进行正式选举，或采用差额选举办法进行预选产生候选人名单，再进行正式选举。

二、党的代表大会

1977—2002 年，中共绥宁县委共召开 6 次党员代表大会，即中共绥宁县第四次、第五次、第六次、第七次、第八次、第九次代表大会。

中共绥宁县第四次代表大会　中共绥宁县第四次代表大会于 1977 年 12 月 9—12 日在县城召开，到会代表 486 人。李祚良代表中共绥宁县第三届委员会作题为《高举毛主席的伟大旗帜，沿着党的十一大路线胜利前进》的工作报告。会议贯彻中共十一大会议精神，总结上届县委的工作，声讨江青反革命集团的反革命罪行。选举产生中共绥宁县第四届委员会委员 25 人、候补委员 8 人。选举产生由 7 名委员组成的中共绥宁县纪律检查委员会。

中共绥宁县第五次代表大会　中共绥宁县第五次代表大会于 1985 年 4 月 23—26 日在县城召开，到会代表 235 人。段德牒代表中共绥宁县第四届委员会作题为《坚持改革，唯实图强，为振兴绥宁而奋斗》的工作报告。会议围绕工农业总产值翻两番的目标和两个文明建设一起抓的根本任务展开讨论，提出实行改革开放、大力开发农业和乡镇企业、加快山区建设步伐的工作思路。大会选举产生中共绥宁县第五届委员会委员 21 人、候补委员 4 人，组成中共绥宁县第五届委员会。选举产生由 11 名委员组成的中共绥宁县纪律检查委员会。

中共绥宁县第六次代表大会　中共绥宁县第六次代表大会于 1988 年 4 月 26—30 日在县城召开，到会代表 223 人。屈家海代表中共绥宁县第五届委员会作题为《以改革总揽全局，团结奋进，振兴绥宁》的工作报告。大会总结县委三年来的工作成绩和问题，提出坚持党的“一个中心（以经济建设为中心）、两个基本点（坚持四项基本原则，坚持改革开放）”的基本路线，深化改革，扩大开放，加速山区经济开发等工作。选举产生中共绥宁县第六届委员会委员 25 人、候补委员 3 人。选举由 7 名委员组成的中共绥宁县纪律检查委员会。

中共绥宁县第七次代表大会　中共绥宁县第七次代表大会于1992年9月13—16日在县城召开，出席会议的代表225名。大会听取和审议王长明代表中共绥宁县第六届委员会所作的《坚持务实创新，大胆改革开放，为提前实现“八五”计划而奋斗》的工作报告；听取和审议中共绥宁县纪律检查委员会的工作报告；选举产生中共绥宁县第七届委员会和中共绥宁县纪律检查委员会。

中共绥宁县第八次代表大会　中共绥宁县第八次代表大会于1997年7月9—11日在县城召开，出席会议的代表245名。大会听取和审议刘剑英代表中共绥宁县第七届委员会所作的《尽快实现两个转变，迎接新世纪的挑战》的工作报告；听取和审议中共绥宁县纪律检查委员会工作报告；选举产生中共绥宁县第八届委员会委员29名、候补委员4名，中共绥宁县纪律检查委员会委员13名；选举产生出席中共邵阳市第七次代表大会代表20名。

中共绥宁县第九次代表大会　中共绥宁县第九次代表大会于2002年8月21—23日在县城召开，出席会议的代表259名。大会听取和审议杨正胜代表中共绥宁县第八届委员会所作的《与时俱进，实干为民，为加快建设文明富强的绥宁而奋斗》的工作报告；听取和审议中共绥宁县纪律检查委员会的工作报告；选举产生中共绥宁县第九届委员会委员31名、候补委员5名，县纪律检查委员会委员13名；选举产生出席中共邵阳市第八次代表大会代表21名。

附：中共全国代表大会及中共湖南省代表大会绥宁县代表名录

杨荷林，女，东山人民公社人，绥宁县人民政府副县长，中国共产党第十二次全国代表大会代表；

李祚艮，男，新宁县人，中共绥宁县委书记，中共湖南省第四次代表大会代表；

杨富莲，女，瓦屋塘人民公社人，岩湾大队妇女主任，中共湖南省第四次代表大会代表；

李茂春，男，兰家人民公社人，红星大队党支部书记，中共湖南省第四次代表大会代表；

段德牒，男，城步苗族自治县人，中共绥宁县委书记，中共湖南省第五次代表大会代表；

杨荷林，女，东山侗族乡人，绥宁县人民政府副县长，中共湖南省第五次代表大会代表；

朱建武，男，在市镇人，绥宁县交通局党组书记、局长，中共湖南省第五次代表大会代表。

（说明：中共湖南省第六次至第八次代表大会绥宁县代表资料缺失）

第二章　中共绥宁县委

第一节　县委常委会

县委常委会由 11～13 名成员组成，其中书记 1 名、副书记 3～6 名。1978—2005 年，先后由中共绥宁县委全体会议选举产生第四届至第九届县委常委会，选举产生县委书记 9 人、县委副书记 36 人、县委常务委员 62 人。

表 3-2-1　　第四届至第九届中共绥宁县委常委会领导成员任职情况表

届次	职务	姓名	籍贯	任职时间
第四届	书　记	李祚艮	新宁县	1977 年 12 月—1980 年 12 月
		周继明	嘉禾县	1981 年 9 月—1985 年 4 月
	副书记	周继明	嘉禾县	1977 年 12 月—1981 年 9 月
		龙道坤	绥宁县	1977 年 12 月—1983 年 12 月
		丁　耀	绥宁县	1977 年 12 月—1979 年 5 月
		迟德顺	辽宁省	1977 年 12 月—1979 年 10 月
		田志高	新化县	1979 年 5 月—1983 年 12 月
		曾　俭	邵阳县	1980 年 10 月—1984 年 1 月
		屈家海	浏阳市	1982 年 3 月—1985 年 4 月
		陈庆善	绥宁县	1982 年 3 月—1985 年 4 月
		龚佳禾	新化县	1983 年 12 月—1985 年 4 月
	常　委	杨光健	绥宁县	1977 年 12 月—1980 年 1 月
		向绍健	绥宁县	1977 年 12 月—1983 年 12 月
		曾　俭	邵阳县	1977 年 12 月—1980 年 10 月
		田志高	新化县	1977 年 12 月—1979 年 5 月
		李高林	芷江县	1977 年 12 月—1978 年 11 月
		华中强	武冈市	1977 年 12 月—1983 年 12 月
		屈家海	浏阳市	1980 年 2 月—1982 年 3 月
		钟成瑶	绥宁县	1981 年 5 月—1983 年 12 月
		彭祖招	湖南省	1981 年 5 月—1983 年 7 月
		刘仲初	新邵县	1981 年 5 月—1985 年 4 月
		黄建成	广东省茂名市	1983 年 12 月—1985 年 4 月
		庄承湘	绥宁县	1981 年 11 月—1985 年 4 月
		龚佳禾	新化县	1981 年 12 月—1983 年 12 月
		龙道坤	绥宁县	1983 年 12 月—1985 年 4 月

续表 3-2-1

届次	职务	姓名	籍贯	任职时间
第四届	常委	邓香云	邵阳县	1983 年 12 月—1985 年 4 月
		向绍健	绥宁县	1984 年 6 月—1985 年 4 月
第五届	书记	段德牒	城步苗族自治	1985 年 4 月—1986 年 2 月
		屈家海	浏阳市	1986 年 6 月—1988 年 4 月
	副书记	屈家海	浏阳市	1985 年 4 月—1986 年 6 月
		陈庆善	绥宁县	1985 年 4 月—1988 年 4 月
		罗光轩	新化县	1986 年 5 月—1988 年 4 月
		龚佳禾	新化县	1986 年 8 月—1986 年 12 月
		刘仲初	新邵县	1987 年 1 月—1988 年 4 月
	常委	周继明	嘉禾县	1985 年 4 月—1986 年 6 月
		龙道坤	绥宁县	1985 年 4 月—1988 年 4 月
		阳生林	绥宁县	1985 年 4 月—1988 年 4 月
		向绍健	绥宁县	1985 年 4 月—1988 年 4 月
		邓香云	邵阳县	1985 年 4 月—1988 年 4 月
		刘仲初	新邵县	1985 年 4 月—1987 年 1 月
		袁于柏	绥宁县	1985 年 4 月—1988 年 4 月
		彭正良	长沙市	1986 年 6 月—1986 年 12 月
		袁均美	绥宁县	1986 年 6 月—1988 年 4 月
		童锡光	宁乡市	1987 年 1 月—1988 年 4 月
		彭军初	邵阳县	1987 年 1 月—1988 年 3 月
		肖光毅	涟源市	1987 年 2 月—1988 年 4 月
		贺兼福	绥宁县	1988 年 3 月—1988 年 4 月
第六届	书记	屈家海	浏阳市	1988 年 4 月—1990 年 12 月
		王长明	武冈市	1990 年 12 月—1992 年 9 月
	副书记	陈庆善	绥宁县	1988 年 4 月—1991 年 6 月
		罗光轩	新化县	1988 年 4 月—1992 年 9 月
		刘仲初	新邵县	1988 年 4 月—1992 年 9 月
		谢长江	新邵县	1989 年 3 月—1991 年 3 月
		彭正良	长沙市	1989 年 12 月—1990 年 12 月
		向绍健	绥宁县	1990 年 1 月—1992 年 9 月
		赵　勇	石门县	1991 年 3 月—1992 年 1 月
		钟成瑶	绥宁县	1991 年 6 月—1992 年 9 月
	常委	阳生林	绥宁县	1988 年 4 月—1990 年 12 月
		龙道坤	绥宁县	1988 年 4 月—1991 年 6 月
		袁均美	绥宁县	1988 年 4 月—1992 年 9 月
		肖光毅	涟源市	1988 年 4 月—1992 年 9 月
		童锡光	宁乡市	1988 年 4 月—1992 年 9 月
		袁于柏	绥宁县	1988 年 4 月—1992 年 9 月
		贺兼福	绥宁县	1988 年 4 月—1992 年 9 月

续表 3-2-1

届次	职务	姓名	籍贯	任职时间
第六届	常　委	苏进德	绥宁县	1990 年 2 月—1992 年 9 月
		陈庆善	绥宁县	1991 年 6 月—1991 年 12 月
		张世政	安乡县	1992 年 8 月—1992 年 9 月
第七届	书　记	王长明	武冈市	1990 年 12 月—1995 年 8 月
		刘剑英	武冈市	1995 年 8 月—1997 年 7 月
	副书记	向绍健	绥宁县	1992 年 9 月—1996 年 3 月
		刘仲初	新邵县	1992 年 9 月—1995 年 3 月
		汤定中	安乡县	1992 年 9 月—1997 年 7 月
		孙朝东	邵东县	1995 年 4 月—1996 年 2 月
		黄民清	绥宁县	1996 年 1 月—1997 年 7 月
		刘祖礼	绥宁县	1996 年 3 月—1997 年 7 月
		陈奠乾（女）	隆回县	1996 年 4 月—1997 年 7 月
	常　委	贺兼福	绥宁县	1992 年 9 月—1995 年 8 月
		刘祖礼	绥宁县	1992 年 9 月—1996 年 3 月
		张世政	安乡县	1992 年 9 月—1995 年 7 月
		苏进德	绥宁县	1992 年 9 月—1997 年 1 月
		苏进荣	绥宁县	1992 年 9 月—1995 年 8 月
		黄民清	绥宁县	1992 年 9 月—1996 年 1 月
		苏进富	绥宁县	1992 年 9 月—1995 年 11 月
		倪吉爱	邵阳县	1995 年 7 月—1997 年 7 月
		邓江南	新宁县	1995 年 11 月—1997 年 7 月
		唐政友	靖州苗族侗族	1996 年 2 月—1996 年 3 月
		邓星庆	城步苗族自治	1996 年 2 月—1997 年 7 月
		舒常超	绥宁县	1996 年 4 月—1997 年 7 月
		刘郁金	绥宁县	1996 年 11 月—1997 年 7 月
		钟再群	湘阴县	1997 年 1 月—1997 年 7 月
		罗佳鸿	湖南省	1997 年 1 月—1997 年 7 月
		李小坚	邵阳县	1997 年 6 月—1997 年 7 月
第八届	书　记	刘剑英	武冈市	1997 年 7 月—1998 年 3 月
		何铁成	新邵县	1998 年 3 月—2002 年 2 月
		杨正胜	新晃县	2002 年 2 月—2002 年 8 月
	副书记	刘祖礼	绥宁县	1997 年 7 月—1997 年 11 月
		黄民清	绥宁县	1997 年 7 月—1997 年 11 月
		汤定中	安乡县	1997 年 7 月—1998 年 2 月
		邓星庆	城步苗族自治	1997 年 7 月—1998 年 3 月
		钟再群	湘阴县	1997 年 11 月—2000 年 1 月
		苏进荣	绥宁县	1998 年 1 月—2002 年 3 月
		倪吉爱	邵阳县	1998 年 2 月—2002 年 12 月
		杨正胜	新晃县	1999 年 12 月—2002 年 2 月

续表 3-2-1

届次	职务	姓名	籍贯	任职时间
第八届	副书记	刘　刚	新化县	2000 年 12 月—2002 年 2 月
		刘郁金	绥宁县	2001 年 8 月—2002 年 8 月
		陈小松	邵阳县	2002 年 2 月—2002 年 8 月
		张能峰	安乡县	2002 年 5 月—2002 年 8 月
	常　委	邓江南	新宁县	1997 年 7 月—1998 年 3 月
		倪吉爱	邵阳县	1997 年 7 月—1998 年 2 月
		刘郁金	绥宁县	1997 年 7 月—1998 年 3 月
		钟再群	湘阴县	1997 年 7 月—1997 年 11 月
		李小坚	邵阳县	1997 年 7 月—2002 年 8 月
		邓翠娥（女）	邵阳县	1997 年 7 月—1998 年 8 月
		刘永海	绥宁县	1998 年 2 月—2002 年 8 月
		申桂荣	邵东县	1998 年 4 月—2002 年 8 月
		唐　萍（女）	株洲市	1998 年 5 月—1999 年 11 月
		吕争宇	河南长葛	1998 年 8 月—2002 年 8 月
		刘　刚	新化县	1998 年 9 月—2000 年 12 月
		唐政友	靖州苗族侗族	1999 年 8 月—1999 年 12 月
		罗佳鸿	湖南省	2000 年 7 月—2002 年 3 月
		伍备战	新宁县	2001 年 8 月—2002 年 8 月
第九届	书　记	杨正胜	新晃县	2002 年 8 月—2005 年 3 月
		陈小松	邵阳县	2005 年 3 月—2006 年 7 月
	副书记	陈小松	邵阳县	2002 年 8 月—2005 年 3 月
		黄民清	绥宁县	2002 年 8 月—2006 年 7 月
		张能峰	安乡县	2002 年 8 月—2006 年 1 月
		李小坚	邵阳县	2002 年 8 月—2005 年 11 月
		伍备战	新宁县	2002 年 8 月—
		梁晓明	会同县	2002 年 8 月—2005 年 3 月
		刘圣陶	新宁县	2004 年 3 月—2005 年 8 月
	常　委	刘永海	绥宁县	2002 年 8 月—2003 年 10 月
		吕争宇	河南长葛	2002 年 8 月—2003 年 4 月
		曾令堂	绥宁县	2002 年 8 月—
		肖国红	武冈市	2002 年 8 月—2005 年 4 月
		孙晓桃（女）	隆回县	2002 年 8 月—2003 年 5 月
		陈扬桂	隆回县	2002 年 8 月—2004 年 5 月
		李　华	城步苗族自治	2002 年 8 月—
		刘柏生	洞口县	2003 年 5 月—
		林少林	武冈市	2003 年 5 月—
		周乐彬	隆回县	2004 年 5 月—
		唐国瑚	邵东县	2004 年 9 月—
		封尚友	安化县	2005 年 4 月—
		刘兴顺	邵东县	2005 年 12 月—
		刘明昌	绥宁县	2005 年 12 月—

第二节　县委工作机构

一、县委办公室

1978 年，中共绥宁县委办公室内设秘书组、信访组、调研组和行政组。20 世纪 80 年代后，县委办公室相继设立机要保密、史志编研、政策研究、督促检查等工作机构。2005 年，县委办公室设有秘书组、信息综合组、行政组、机要室（保留县国家保密局牌子）、政研室（保留县委政策研究室牌子）、督查室（保留县委、县政府督查室牌子）、保卫组 7 个职能组室，有行政编制人员 20 名、事业编制人员（后勤服务人员）18 名；归口管理县委党史研究室和县档案局。

1978—2005 年，屈家海、龚佳禾、仇克璜、彭正良、彭军初、贺兼福、黄民清、舒常超、刘永海、唐国瑚先后任县委办公室主任。

二、县委组织部

1978 年，中共绥宁县委组织部内设组织组和干部组。1980 年，成立县委组织部老干部工作办公室。1984 年，县委组织部内设干部组、组织组、秘书组，核定行政编制 17 人、事业编制 2 人、勤杂编制 1 人。1986 年 3 月，秘书组改为办公室。1989 年 4 月，县委组织部内设机构增至 6 个，即干部组、组织组、办公室、干审组、干部档案室和党员电化教育管理站。1990 年 3 月，党员电化教育管理站改为干教电教组。2005 年 10 月，县委组织部内设干部组（干监组、干教组）、组织组、机关党委、调研组、办公室、纪检电教室远程教育办公室、档案室 7 个组室，定编 20 人；归口管理县委党校和县老干局。

1978—2005 年，田志高、华中强、刘仲初、童锡光、贺兼福、张世政、倪吉爱、刘刚、伍备战、陈扬桂、周乐彬先后任县委组织部部长。

三、县委宣传部

1978 年，中共绥宁县委宣传部内设秘书组、组织组（后改政工组）和理教组。1980 年，增设宣传新闻组。1982 年 6 月，将县委宣传部工作范围内的教育、卫生、计划生育、体育等工作划归县人民政府文教办公室负责。1984 年 3 月撤销县政府文教办，上述工作仍归县委宣传部管理。2002 年，县委宣传部内设办公室、新闻组、宣教组和纪检组，有行政编制 8 名（含 1 名县级领导编制），全额拨款事业编制 3 名，有后勤服务人员事业编制 1 名。至 2005 年无变化。

1978—1979 年，唐智春、刘梦松先后任副部长主持工作；1980—2005 年，庄承湘、黄建成、袁于柏、苏进富、邓江南、吕争宇、孙晓桃、林少林先后任县委宣传部部长。

四、县委统战部

1981年2月，在县委宣传部设统战组，专管统战工作。是年7月，撤销统战组，成立中共绥宁县委统一战线工作部（简称中共绥宁县委统战部），由刘梦松任副部长，主持统一战线全面工作。各公社（镇）党委配备统战委员1人。1983年增设专职副部长1人。1990年，统战部归口管理县对台办公室、县归侨侨眷联合会、县工商业联合会。1995年，县委统战部设办公室、业务组和对台办3个职能组（室），配行政编制7名（1996年减为4名）。2005年，有行政编制6名，事业编制1名。

1986—2005年，刘梦松、曹润富、吴华贵、曾令堂先后任县委统战部部长。

五、县委政法委员会

1980年，中共绥宁县委政法领导小组成立。1982年5月，成立中共绥宁县委政法委员会，领导为主任制，1986年4月改为书记制，内设办公室、政工组和业务组，有人员编制9人。1990年2月开始，县政法委员会书记由县委常委担任。1982年至1990年2月，屈家海（兼）、傅秀勇先后任县委政法委员会主任或书记；1990年2月至2005年，苏进德、钟再群、申桂荣、李华先后任书记。

1991年8月，成立绥宁县社会治安综合治理领导小组，由县委主要领导任组长，下设社会治安综合治理办公室（简称综治办，1993年5月与县委政法委员会合署办公），为县委、县政府直属行政机构；各乡镇成立相应的综治工作机构，即综治办、派出所、司法所，简称“一办二所”；县二级机构以上单位均配备综治专干；每个村委会、村民组、社区都设立综治工作机构，配备综治工作专干。1999年3月，成立绥宁县维护稳定工作领导小组，下设办公室（简称稳定办），为县政法委员会的二级机构。

2005年12月，县委政法委员会共有编制13人，实有在职人员20名。

六、县委机构编制委员会

1981年，恢复成立县编制委员会，负责全县机构编制工作，由县委副书记和县委组织部部长分别兼任正副主任，下设办公室。1985年4月，明确县编制委员会为县委、县政府直属机构，除县委、县政府分管领导兼任正副主任外，配有专职副主任1人，办公室工作人员2人。1995年2月，县编制委员会更名为县机构编制委员会办公室（简称县编办）。1997年2月，设置县事业单位登记管理办公室，为具有行政管理职能的副科级单位，隶属县编制办公室管理。2002年7月县级机构改革时，县编制办公室被列为县委工作机构，并明确为县机构编制委员会的常设办事机构，为县委、县政府主管机构编制工作的职能部门。2005年，县机构编制办公室有行政编制人员4名，县事业单位登记管理局有事业编制1名。

1981—1994年，县编制委员会主任由县委分管党群工作的副书记兼任。1995—2005年，陈代华、陈奉燕、阳刚先后任县委机构编制委员会办公室主任。

第三节　县委会议

一、县委全体会议

县委全体会议简称县委全会，即全体县委委员参加的会议。县内每次党的代表大会选举产生新一届县委后，一般于当日召开本届县委第一次全体会议，每届县委第一次全体会议，限正式委员参加，主要会议议程是选举本届县委常委会。除每届县委第一次全体会议外，其余的县委全体会议多以县委全体（扩大）会议的形式，吸收下级党委、党组负责人参加。县委全体（扩大）会议召开的时间视全县工作而定，一般每年召开1～2次，会议主要任务是贯彻上级党委的重要方针政策，研究部署全县中心工作。

1977年12月12日，中共绥宁县第四届委员会第一次全体会议召开，选举产生中共绥宁县第四届委员会11名常委会组成人员、书记和4名副书记。

1985年4月26日，中共绥宁县第五届委员会第一次全体会议召开，选举产生中共绥宁县第五届委员会10名常委会组成人员、书记和2名副书记。

1988年4月30日，中共绥宁县第六届委员会第一次全体会议召开，选举产生中共绥宁县第六届委员会11名常委会组成人员、书记和3名副书记。

1992年9月16日，中共绥宁县第七届委员会第一次全体会议召开，选举产生中共绥宁县第七届委员会11名常委会组成人员、书记和3名副书记。

1997年7月11日，中共绥宁县第八届委员会第一次全体会议召开，选举产生中共绥宁县第八届委员会11名常委会组成人员、书记和4名副书记。

2002年8月23日，中共绥宁县第九届委员会第一次全体会议召开，选举产生中共绥宁县第九届委员会14名常委会组成人员、书记和6名副书记。

二、县委常委会会议

中共绥宁县委常委会会议不定期举行，由县委书记主持，实行民主集中制。县委常委会会议参加人员为全体县委常委，县人大常委会主任、县政协主席、不是常委的县委统战部长可以列席。会议内容主要是传达贯彻上级党组织的会议或文件精神，听取下级党组织的工作汇报，研究人事，对绥宁的重大事情和发展大计做出决策。县委常委会会议记录必须存档备查。县委常委会有时也以常委（扩大）会议的形式，吸收有关单位负责人列席会议。1978—2005年，共召开县委常委会会议1008次。

三、县委扩干会议

1978年至1995年，县委、县政府在每年的第一季度召开全县干部大会，总结上年工作，布置当年任务，称扩干会议。其中乡镇（人民公社）以上干部参加的会议称三级干部会议，村（大队）以上干部参加的会议称四级干部会议或三级扩大干部会议。1985年12月撤区后，“四级干部会议”名称消失。

1978年2月12—20日，召开县、区（镇）、社三级干部整风会议，开展“自觉革命，洗手洗澡”，着重解决由于江青反革命集团干扰破坏造成的干部队伍不纯、组织不纯及作风不纯的问题。

1979年2月4—16日，召开县、区（镇）、社国家干部及大队党支部书记和区属各部门干部参加的四级干部会议，学习中共十一届三中全会公报、《中共中央关于加快农业发展若干问题的决定（草案）》和《农村人民公社工作条例（试行草案）》。会议提出把工作着重点转移到社会主义现代化建设上来，总结交流了1978年农业学大寨经验，制定1979年全县农业总目标。

在1980年召开的扩大干部会议上，除提出经济工作目标外，首次提出人口控制目标。

1981年2月11—28日，县委连续召开区（镇）、社党委书记、县二级机构党支部书记以上干部会议和三级、四级干部会议，会议以中共中央〔1981〕72号文件为导向，开展批评与自我批评，自觉清理“左”倾思想影响，无条件地与党中央在政治上保持一致。

1982年2月3—19日，相继召开全县三级、四级干部会议，传达贯彻中央召开的省、市、自治区党委第一书记座谈会和省委四届五次全体（扩大）会议精神，即：搞好两个文明建设，争取三个决定性转变；提出1982年全县工农业总产值和人口控制奋斗目标。

1983—1985年，全县扩大干部会议的主题是：贯彻当年中共中央1号文件精神、推进经济体制改革、经济建设、推行干部岗位责任制等。1986年召开的扩大干部会议，研究如何加强各级领导班子的作风建设。1987—1995年召开的扩大干部会议，均以发展经济为主题。

四、县委经济工作会议

1996年开始，原每年一次由中共绥宁县委主持召开的全县三级或四级干部会议改为县委经济工作会议。是年1月召开的中共绥宁县委经济工作会议，提出在全县实施官逼民富战略和1996年全县粮食产量要稳定在14万吨以上，财政总收入要达到7500万元、力争8000万元的经济工作目标。

1997年，县委经济工作会议提出围绕建设全国林业强县和邵阳市首富县目标，继续实施“民营先导、林业强县、科技兴县、基础先行、开放带动、绿洲文明”六大兴县战略。

1999年召开的县委经济工作会议，提出“敢闯敢试敢冒，创新创优创业”的绥宁精神；“先干后说，多干少说，干好再说”的绥宁作风；“争创三强”（林业强县、工业强县、财政强县）的战略目标以及“农林立县，工业富县，城镇活县，科教兴县”的兴县战略。

2003 年，县委经济工作会议首次提出把城镇失业率控制在 5%以内的工作目标。

2004 年，县委经济工作会议提出实施“生态立县、工业富县、民营活县、科教兴县”战略，狠抓“项目立县、工业基地建设、企业改制、招商引资、优化环境”五项重点工程。

2005 年，县委经济工作会议指出：全县要抓好八个方面的工作，即实施“兴工强县”战略，加快推进县域工业化；围绕农民增收目标，加快推进农业产业化；强化城镇发展理念，加快推进县域城镇化；积极稳妥推进改革，增强县域经济发展活力；努力扩大对外开放，提高开放型经济效益；致力生财聚财理财，不断壮大县域财政实力；强化以民为本观念，关心群众的冷暖安危；全面发展社会事业，走可持续性发展之路。

第三章　重要决策与活动

中共十一届三中会会后，历届中共绥宁县委按照中共中央和中共湖南省委、中共邵阳市委（中共邵阳地委）的指示精神和统一部署，先后就平反和纠正冤假错案、推行农村家庭联产承包责任制、整党建党、体制改革、加快城建开发、发展民营经济、发展教育、加强全县精神文明建设、计划生育、招商引资、加强基础设施建设、扶贫开发、林业经营制度改革、依法治县、社会治安综合治理、党风廉政建设、扶持发展重点户和专业户、民族工作、减轻农民负担、实施农村税费改革、加强干部作风建设、卫生事业改革、加强农田基本建设、兴工强县、生态立县、丘岗山地综合开发、加强社会治安综合管理、维护社会稳定、完善社会保障机制、促进社会和谐发展等方面作出一系列重要决策；并先后开展“三讲”教育、“三个代表”重要思想学习教育、保持共产党员先进性教育等一系列重要活动。

第一节　重要决定和决策

一、平反和纠正冤假错案

1979 年 2 月，县委就解决历次政治运动中若干遗留问题作出决定，开展落实各项政策工作，纠正和平反冤假错案，至 1984 年 10 月，共为 1 万余人落实政策。即：对受到错误处理的国家工作人员 959 人，分别做出收回工作、退职、退休或优抚处理；对受到错误处理的农村基层干部和党员 478 人，分别恢复名誉、适当安排工作；对起义人员 135 人、投诚人员 229 人、与共产党有联系的地方武装人员 338 人、迎接解放人员 44 人，分别予以安排工作、退职、退休或政治上恢复名誉、经济上适当照顾；对历次运动中错划、错戴帽子的 181 名“地主”“富农”“反革命分子”全部纠正，对“四清”运动中补划的 9 户“地主”“富农”一律纠正；为抗战时建立“中共湖南省委直属绥宁支部”的李子华恢复党籍，并享受离休待遇；对“文化大革命”期间下放农村安家落户的原城镇居民 2814 人和上山下乡的知识青年 2960 人，均收回城镇，妥善安排；对“文化大革命”中受到冲击的“三胞”家属，在政治上和经济上都予以平反纠正；给全县 2072 名遵纪守法、老实勤劳的“地主”“富农”摘掉帽子并给其子女改变成分，享受社员待遇。此外还落实了一批知识分子政策和统战政策。

二、行政管理体制改革

1980 年冬，中共绥宁县委根据中共中央和中共湖南省委、中共邵阳地委的统一部署，筹备在全县恢复人民代表大会制度。同年12月，召开绥宁县第八届人民代表大会第一次会议，设立县人民代表大会的常设机构——绥宁县人民代表大会常务委员会；撤销县革命委员会，恢复绥宁县人民政府。1984年1月，中共绥宁县委成立政协绥宁县委员会筹备小组，筹备了政协绥宁县委员会的正式成立和政协绥宁县第一届委员会第一次会议的召开。1984年4—6月，在全县实行政社分设的重大行政体制改革，全县26个人民公社分别改建为24个乡和2个乡级镇，农村大队改为村，生产队改为村民小组。1985年，撤销全县6个区公所。为加强民族工作，将东山等11个乡改建为民族乡。同时，开始在全县企事业单位和学校实行党政分开和政企分开，推行厂长（经理）、校长负责制，使县内长期以来政企不分、以党代政的政治体制得以改善。并逐步将干部的任命制改为聘任制，按革命化、年轻化、知识化、专业化的要求，配备各级党政领导班子，改善了各级党政领导干部的知识结构和年龄结构。

三、行政事业机关机构改革

1979年开始，中共绥宁县委对县内行政事业单位机构进行改革，撤销部分设置不合理的行政事业单位，恢复和增设县人民政府办公室、县机构编制委员会、县建设委员会、县档案局等与改革开放和经济社会发展相适应的行政事业机构。1983年11月，县委首次对全县县级机构进行改革，按照“重叠机构撤销、相近机构合并”的原则，制定出台绥宁县县直机构改革方案。1995年2月，县委根据中共中央《关于党政机构改革方案》和《关于党政机构改革方案的实施意见》，以改变政府职能、实行政企分开、合理审定职能、理顺各种关系、精兵简政、提高行政效率为重点，对全县县直党政机构进行第二次改革。2002年，县委根据《中共中央、国务院关于地方政府机构改革的意见》《中共湖南省委、湖南省人民政府关于市县机构改革的意见》和中共邵阳市委、市人民政府《关于绥宁县机构改革方案的通知》等文件精神，对县委、县政府、县人大、县政协、县检察院、县人民法院和县内群团机关的所属工作部门，以及承担行政管理职能的事业单位和部分管理机构，进行第三次改革，以进一步达到转变职能、理顺关系、调整机构、精简编制，做好人员分流的目的。2005年，中共绥宁县委、县人民政府再次制定《绥宁县人民政府机构改革方案》。同年9月，中共邵阳市委、市人民政府批准这一方案，此改革正在执行之中。

四、整党建党

1978年4月，中共绥宁县委下发《关于搞好整党整风的几点意见》，在全县开展整党整风。1983年10月24日，县委发出《关于组织党员认真学习〈中共中央关于整党的决定〉的通知》，要求各级党委组织党员认真学习《决定》，明确整党的目的任务、要求和做法，自觉参加整党。1984年4月，县委向全县各级党组织发出《关于学习整党文件的安排意见》。1985年5月9日，县委成立整党工作指导小组，召开整党动员大会，全县整党分3批进行，于当年5月10日正式开始，至1987年7月结束。此次整党运动中，对全县753个党组织、11134名党员重新进行登记，其中予以登记的党员10609

名，占党员总数的95.28%。

五、开展社会主义思想教育

1990年2月，中共绥宁县委根据中共湖南省委《关于开展农村社会主义思想教育的决定》，成立社教领导小组，县委书记屈家海任组长，副书记罗光轩任副组长，下设社教办公室，分3批次开展农村社教，历时3年。第一年从全县机关抽调250名干部，进驻26个乡镇的185个村，与群众同吃、同住、同劳动；第二年开始集中力量进驻贫困村，帮助脱贫致富。结合社教活动，开展农村社会治安综合治理及农村财务清理、国土清理和林业清理，完善统分结合的双层经营体制。1991年12月27日，县委贯彻中共湖南省委《关于在城市开展社会主义思想教育的决定》，部署开展城市社教。全县城市社教分2批次进行，先县城科局级单位，后公司，每批次4个月。主要任务是“一统三促”，即以建立有中国特色的社会主义理论统一干部群众的思想，促经济建设、改革开放和各项事业的发展，促社会治安和社会风气的好转，促基层党组织建设和领导班子建设。1992年年底，全县城市社会主义思想教育工作完成。

六、推行家庭联产承包责任制

1979年春，中共绥宁县委决定，对全县林、牧、渔业和经济作物种植逐步实行联产承包责任制，大田生产实行联产到组、联产到劳、专业承包、包产包干到户（仅限在偏远分散地方实行）到户等多种形式的责任制。1981年8月31日和9月4日，县委、县政府制定和印发《绥宁县农村人民公社包干到户生产责任制试行办法》，在全县全面实行农村家庭联产承包责任制，规定土地承包期为3年。是年冬至翌年春，全县推行家庭联产承包责任制工作完成，并把家庭联产承包责任制以合同形式确定下来，把社员应完成的国家征购、派购、统购、超购任务和各项集体提留、上缴任务以合同形式确定下来，年底履行合同兑现。1982年，全县每户农民家庭均留有自留山，县政府给每家农户发放山林定权证。1984年全县粮食总产量达124701.5吨，为集体经济体制时粮食产量最高年份（1975年）的129.5%。

1984年承包期满，县委根据中共中央1号文件精神，把土地承包期延长至15年。年初开始，县委在长铺子苗族乡袁家团村进行延长土地承包试点。6月，成立“绥宁县稳定，完善农业生产责任制领导小组”。7月，县委下发《关于稳定和完善农业生产责任制的意见》。年底，全县全面完成土地延包工作。

1998年9月，县委、县政府根据中央文件，制定下发《大田责任制延包工作试点方案》，并在长铺子苗族乡袁家团村进行试点。第二轮土地承包试点针对户口异动、耕地人口变化等问题进行探索，在根据上级政策和尊重绝大多数群众意愿的基础上，明确这次责任制延包是在1984年承包责任制基础上进一步稳定和完善。第二次土地承包坚持“强化所有权、明确发包权、稳定承包权、放活使用权”和“大稳定小调整”的原则，历时45天，试点成功。1999年，县委和县政府先后联合下发《关于成立绥宁县责任田延包工作领导小组的通知》《关于延长责任田承包期的通知》《关于严肃责任田延包工作纪律的通知》3个文件。8月8日，在县城召开全县农村耕地延包工作会议，从县直机关抽调400多人，与乡镇工作人员一起组成1000多人的工作队，深入全县各村、组、农户，指导土地延包工作，至2000年，全县2611个村民小组、7.8万户农户、18133.33公顷水田的延期续包工作全面完成。这次土地延包工作完成后，全县农村土地承包期延长至30年不变。

七、工业体制改革

1980年3月，中共绥宁县委做出规划，在全县发展以化工、冶炼、机械修造、竹木加工、水泥、造纸、食品饮料为主体的地方工业体系。1984年，县委在全县启动工业经济体制改革，开始实行合同工人制和企业经济承包责任制。是年底，对18家国营工业企业和大部分集体工业企业实行工资总额与上缴利税挂钩，岗位工资全额浮动，企业管理层的工资依据企业的规模和对国家的贡献定为4档，工人工资按本人完成的数量和质量计算，上不封顶，下不保底。

1985年，县委决定，对县竹艺厂、县化工厂、县皮件厂、县胶合板厂等集体企业实行干部聘任制。1987年，对多年亏损的县竹艺厂实行集体风险抵押承包，实现扭亏转盈。

1990年，县委决定，采取按上缴利润递增包干超收分成、上缴利润递增包干超收全留、包死基数固定上缴3种形式，对企业实施第二轮经营承包责任制。1991年，实行企业劳动人事、工资分配、社会保险三项制度改革。1996年，依法对8家国有和集体企业实施破产。

1997年，县委、县政府制定下发《关于企业改革若干问题的暂行规定》，确定1997年为“企业改革年”，并确定经委所属6家预算内国有企业为第一批改革对象。初步建立以股份合作制为主要形式的现代企业制度，被省市誉为“绥宁模式”。1998年，先后对长铺采育场、李家团采育场、县建筑公司、县人造板厂实行股份合作制改造。1999年，完成28个企业扩改建工程和6项技改项目。同年，成立绥宁县企业改制领导小组，领导全县企业改制工作。

2002年，县委、县政府出台《绥宁县国有企业产权制度改革实施办法(试行)》，当年对县电磁线厂实行租赁经营，启动县林化公司改制。2003年，县委提出“生态立县、工业富县、科技兴县”的战略方针。

2004—2005年，县内先后完成中林公司、县化工厂、县造纸公司、县水泥公司、县煤炭公司、县客运公司和县宝顶食品罐头厂、县液化气公司、县绞股蓝厂及184家乡镇企业的改制工作。2005年，县委提出“兴工强县”发展战略，全县规模工业企业发展到42家，形成以竹木精深加工、水电、冶炼、医疗器械等为主的工业体系。

八、加快城建开发

经济开发区　1992年3月，中共绥宁县委作出决定，将武阳列为经济开发区。同月申请，5

月作出规划，一次征地10公顷，6月拍卖地基，年底实现水、电、路和300门程控电话开通，日产2000吨的自来水工程竣工供水，有648个摊位的农贸市场动工兴建，新增经营门面187个。同期，县内兴建的经济开发区还有在市经济开发区和李熙桥经济开发区。1995年12月，县财政为县城长铺镇和武阳、在市、李熙桥3个经济开发区投入开发资金790万元。

加快县城基础设施建设 1995年12月，中共绥宁县委决定扩建绿洲大道，将杉木坳至县机械厂段3000米长的省道1805线扩宽至58米，工程总投资3500万元，1996年10月1日竣工。2001年9月，县城防洪工程第一期工程开工，2003年4月竣工。2002年4月，绿洲大桥（电站）工程开工，大桥全长270米，桥面宽20米，工程投资3377万元，2004年1月竣工。2004年4月27日，绿洲广场建设工程开工，翌年1月14日竣工投入使用。绿洲广场由湖南大地房地产开发有限公司投资兴建，总投资2600万元。广场占地9800平方米，建筑总面积800平方米，广场绿化率为42%；地下商场面积8000平方米，有门面168个。

九、加强财源建设

1994年4月，中共绥宁县委采取4条措施发展个体私营经济：其一，将1994年定为个体私营经济发展年，加强宣传，深化认识；其二，把发展个体私营经济任务列入各乡镇目标管理，按季督促检查；其三，放宽林业政策，允许个体劳动者经营竹木加工；其四，强化管理，坚决按《反不正当竞争法》打击违法个体经营业主，坚决保护个体私营业主的合法权益，鼓励农民兴办股份合作企业。6月底，全县创办股份合作企业1036家，入股资金4779万元；入股山地45534公顷，4.2万名农民参股；全县个体私营企业发展到53家，实现个体私营经济税收968万元。

1997年1月，县委、县政府通报表彰完成1996年度财源建设增长目标的竹舟江苗族乡等乡镇和县财源公司、联合造纸厂等6家利税大户，各奖励现金6000元。此外，对县联合造纸厂奖励奥迪轿车1辆，县造纸厂获奖金2.5万元，县水泥厂获奖金1.2万元，县竹胶板厂获奖金1万元，县电力公司获奖金2万元。

2004年12月，全县财源建设项目发展到14895项，新增税收7570万元，比1994年分别增长279倍和8.8倍。2005年12月，完成税收9090万元，较上年增长12%；安排就业人员98人，较上年增加2%。

十、发展民营经济

1995年11月，中共绥宁县委先后下发《关于加快个体私营经济发展的决定》和《关于进一步发展小城镇的决定》，坚持资源先导、民营先导、科技先导的方针，把发展民营经济作为构筑县域经济新型框架的突破口，以实现“绿洲经济”与市场经济全方位接轨。1996年2月，绥宁县在全省率先成立民营经济委员会，设立长铺、红岩、乐安铺3个民营小区。是年底，全县民营经济完成产值12.17亿元，实现税收4282万元；各种民营商业户发展到13830户，从业者

35623 人。1997 年，县委、县政府相继制定下发《关于鼓励境内县外人员来绥投资兴业的若干决定》《关于加快民营经济小区建设的若干规定》；2003 年，又陆续出台《关于鼓励外商投资改善投资环境的有关决定》《关于加快工业经济发展的决定》。2005 年，全县民营工业产值占全县工业总产值的 70%。

十一、整顿清理农村合作基金会

1998 年 12 月 18 日，县委办公室、县政府办公室联合发出《关于切实加强农村合作基金会管理的通知》，要求抓紧收回欠款，对基金会建立以来的逾期放款进行全面清理，所有营业网点全部停业整顿。翌年 4 月 30 日，县委、县政府组织 3 个督查组，抽调 30 名副局长以上干部、30 名银信干部、30 名乡镇干部组成 30 个监管小组，进驻各基金会营业部，进行全天 24 小时监管；从县机关抽调 349 名干部，与各乡镇抽调的 699 名干部合编成 114 个清欠工作组；县法院抽调 50 名干警组成 25 个办案组。5 月 1 日，对未还清农村合作基金会借款和担保借款、违规审批借款的 251 名机关干部职工，实行停薪、停职。至 8 月 23 日，全县共清收农村合作基金会逾期贷款 4036.59 万元，占放贷总数的 83.9%。至 2000 年，所有股金、代管资金全部兑付完毕。

十二、实施农村税费改革

1978 年，县内农业税在县财政收入中的比重为 20.52%。1979—1982 年，国家实行起征点减免。县内免征的农业税生产队有 456 个，占全县生产队总数 22.3%；减征农业税的生产队 78 个，占生产队总数 3.8%。1982 年起，对关峡、长铺子、黄桑坪 3 个新成立的少数民族公社实行农业税减半征收。1985 年起，对东山、朝仪等 11 个新成立的少数民族乡亦实行减半征收。至 1987 年，全县累计减免农业税（稻谷）33501 吨，其中社会减免 11860 吨、灾歉减免 14838 吨、民族减免 6803 吨。1987 年，全县核定农业税计税面积 20066.67 公顷，常年产量 43022 吨（当年实际产量 127307 吨），实征稻谷 3972 吨，农业税占农业总产值的比重下降至 0.7%，农业税占粮食实际产量的比重下降至 2.7%，农业税占全县财政收入的比重下降至 14.69%。嗣后，上述三种比重继续逐年下降。1990 年起，对枫木团、联民、河口 3 个新成立的少数民族乡实行减半征收。

2001 年 3 月 15 日，成立绥宁县农村税费改革领导小组。4 月，在在市苗族侗族乡进行“费改税”试点。翌年 4 月 15 日，全县农村税费改革工作会议召开，按照“总体部署、统筹规划、周密安排、分步实施”的要求，全面启动农村税费改革。7 月 6 日，市政府批复绥宁县农村税费改革实施方案，县税费改革领导小组确定 7 月为全县农村税费改革工作月。7 月 7 日，全县召开税费改革动员大会，县委办公室、县政府办公室下发《关于集中精力搞好农村税费改革工作的紧急通知》，全县共抽调 1125 名干部进驻各乡镇开展税费改革工作。7 月 28 日，全县税费改革工作全面完成。改革前，全县 25 个乡镇的农村税费总额为 4084 万元，改革后农业税、特产税及附加总额为 1605.9 万元，减少农村税费 2478.1 万元；改革前人均负担 135.79 元，改革后为 54.69 元，人均减负 81.1

元；改革前每亩耕地平均负担144.82元，改革后每亩为64.16元，平均每亩耕地减负80.66元。2003年，停止征收农业特产税。2004年，国家实行粮食直补和良种补贴改革，全县发放直补资金265.5万元、良种补贴资金384万元；农业税税率降低3个百分点。2005年，县委、县政府贯彻落实中共湖南省委、省人民政府关于全面取消农业税的政策，全县农民彻底告别“皇粮国税”。

第二节 重要学习教育活动

“三讲”教育活动 1998年11月，中共中央总书记江泽民向各级领导干部提出“讲学习、讲政治、讲正气”的要求。随后，中共中央发出《关于在县级以上党政领导班子、领导干部中深入开展以“讲学习、讲政治、讲正气”为主要内容的党性党风教育的意见》。2000年3月1日，按照中共湖南省委的统一部署安排，县内开始在县委、县人大、县政府、县政协和县纪委、县委组织部、县委宣传部、县公安局、县检察院、县法院的领导班子中，开展“三讲”教育活动。中共湖南省委派出以曾畅元为组长的省委巡视组，驻县督导“三讲”教育活动。县委成立“三讲”教育领导小组，县委书记何铁成任组长，5名县委副书记任副组长，5名常委为成员。下设办公室，负责“三讲”教育的具体工作。3月4日，召开“三讲”教育活动动员大会，全县副局级以上县直单位领导成员、乡镇领导班子成员和部分离退休同志共315人参加会议。5—10日，全县49位县级领导干部在县人武部进行集中封闭式学习7天，重点学习《毛泽东选集》《邓小平文选》和江泽民的重要讲话。与会人员共做学习笔记40多万字，写出学习心得49篇。省委巡视组分别向在职的县级领导、部办委一把手、乡镇党委书记等征求意见和建议793条，针对群众反映强烈的“为领导报销电话费”“机关会风”“干部作风”“从严治党”“招商引资”“城市管理”“交通管理”“山林管理”“治理经济环境”等问题，逐条进行整改。经测评，群众对整改的满意率达80%。

“三个代表”重要思想学教活动 2000年，中共中央总书记江泽民关于“中国共产党要始终代表中国先进生产力的发展要求，代表中国先进文化的前进方向，代表中国最广大人民的根本利益”（简称“三个代表”重要思想）发表后，中共绥宁县委制订“三个代表”重要思想学教活动实施方案，成立“三个代表”重要思想学教活动领导，分批分阶段在全县开展“三个代表”重要思想学教活动。2001年，中共绥宁县委开设25个“三个代表”重要思想教育课堂，聘请县内125位获省、市科技示范户称号的经营能人和种植大王任教员，每月为驻村入户的县乡干部上一堂致富课。年内，全县共讲课415堂，听课者达2.8万人次。全县在“三个代表”重要思想学教活动中，共收集群众意见3400多条，为农户办实事3.6万件，提供致富项目4312个、技术3451项、资金130万元，救济失学学生725名，给特困户送良种8300千克。在“三个代表”重要学教活动驻村干部的指导帮助下，全县有16万名农民投入竹木加工、经济作物种植和畜牧业养殖，全县农民人均增收116元。

保持共产党员先进性教育活动　2005年1月至2006年6月，全县分3批开展“保持共产党员先进性教育活动”。第一批为2005年1—6月，主要学习对象是县直机关和党组织关系实行属地管理的省、市垂直管理单位的党员干部；第二批为2005年7—12月，主要学习对象是城市基层和乡镇机关的党员干部；第三批为2006年1—6月，主要学习对象是农村和部分党政机关的党员干部。全县共有886个单位参加学习活动，涉及48个党委、30个党组、15个党总支部、722个基层党支部，共有1.7万名党员参加学习，其中农民党员10739名、副县级以上党员领导干部66名。活动期间，全县机关党员干部下基层66500人次，走访慰问困难群众15943户，为群众解决矛盾纠纷13880件，办实事18170件，为困难群众捐款捐物折合金额达494万元；新修和维修公路253条计372千米，维修水利设施4450处，发展经济项目880个。

表3-3-1　**1978—2005年中共绥宁县委重要决策性文件目录摘抄一览表**

发文时间	文件标题
1978年2月	关于搞好教育工作的几点意见
1978年12月	关于计划生育工作中几个问题的意见
1981年6月	关于深入开展“五讲”“四美”活动的意见
1981年6月	关于农业生产统一经营、联产到劳责任制试行办法
1981年7月	关于普遍试行《中国共产党农村支部工作条例（试行草案）》的通知
1981年9月	绥宁县农村人民公社专业承包联产计酬生产责任制试行办法
1981年9月	绥宁县农村人民公社包干到户生产责任制试行办法
1981年11月	关于建立林业生产责任制的试行办法
1982年2月	关于在全县范围内开展学先进赶先进，搞好“两个文明”建设的决定
1982年2月	关于实行木竹统一经营管理的具体规定
1982年2月	关于进一步落实去台人员在祖国大陆亲属政策的通知
1982年3月	关于进一步建立和完善林业生产责任制的意见
1982年5月	关于计划生育工作若干问题的规定
1982年6月	关于加强少数民族工作的意见
1982年11月	关于扶植、发展多种经营重点户、专业户的意见
1983年10月	关于组织党员认真学习《中共中央关于整党的决定》的通知
1984年2月	关于建设文明村（镇）文明单位的意见
1984年4月	关于学习整党文件的安排意见
1984年7月	关于稳定和完善农业生产责任制的意见
1984年12月	关于进一步落实党对知识分子政策的规定
1985年11月	关于坚决贯彻落实中共中央 国务院《关于制止向农民乱派款、乱收费的通知》的通知
1986年1月	关于改进机关工作作风提高办事效率的规定
1987年4月	关于在全县广泛开展文明村（镇）、文明单位建设的决定
1987年4月	关于增产节约、增收节支的十条措施
1988年1月	关于加速发展乡镇企业的决定
1988年6月	关于卫生工作改革暂行规定
1989年4月	关于认真开展民主评议党员的意见

续表 3-3-1

发文时间	文件标题
1989 年 4 月	关于进一步加强廉政建设的决定
1989 年 10 月	关于大力开展农田水利基本建设的决定
1990 年 7 月	关于加强同人民群众联系的十五条规定
1990 年 10 月	关于全县消灭宜林荒山的决定
1991 年 4 月	关于加强廉政建设、清理纠正行业不正之风工作的通知
1991 年 5 月	关于加强社会治安综合治理的决定
1991 年 7 月	关于防止干部违纪营建私房的若干规定
1991 年 7 月	关于积极发展多种经营的决定
1991 年 7 月	关于进一步发展乡镇企业的决定
1991 年 10 月	关于积极引进资金兴办企业的规定
1992 年 3 月	关于科技兴绥的决定
1992 年 4 月	关于发动群众集资建设集镇开发的通知
1993 年 4 月	关于切实搞好我县稳定干部、稳定资金、稳定农业、稳定社会工作的意见
1993 年 4 月	关于大力发展高产优质高效农业的决定
1993 年 7 月	关于取消和修改涉及农民负担文件中有关收费、集资项目的通知
1994 年 2 月	关于科技兴林发展高效林业的决定
1994 年 4 月	关于大力发展乡镇企业和开发性农业的决定
1995 年 1 月	关于加快丘岗山地综合开发的决定
1995 年 10 月	关于行政事业单位创办经济实体的规定
1995 年 10 月	关于加快交通建设的若干规定
1995 年 11 月	关于加快个体私营经济发展的决定
1995 年 11 月	关于进一步发展小城镇的决定
1995 年 11 月	关于“个体私营经济发展年”的实施意见
1996 年 1 月	关于制定绥宁县国民经济和社会发展九五计划及 2010 年远景目标的建议
1996 年 2 月	关于建设林业强县的规定
1996 年 4 月	关于印发《绥宁县乡镇企业股份合作制改造实施意见》的通知
1996 年 4 月	关于实施科教兴绥战略、加速科技进步的决定
1996 年 5 月	关于领导干部廉政勤政的若干规定
1996 年 5 月	关于在全县实施党建“先锋工程”的意见
1996 年 8 月	关于印发《绥宁县绿洲文明行动实施方案》的通知
1996 年 11 月	关于认真学习贯彻党的十四届六中全会精神实施意见
1996 年 11 月	关于干部制度改革的若干意见
1997 年 1 月	关于落实《中共中央国务院关于尽快解决农村贫困人口温饱问题的决定》的意见
1997 年 1 月	关于鼓励境内县外人员来绥投资兴业的若干规定
1997 年 3 月	关于进一步加快小城镇建设的决定
1997 年 4 月	关于进一步加强廉政机制建设的规定
1997 年 4 月	关于认真贯彻《中共中央国务院关于切实做好减轻农民负担工作的决定》的意见
1997 年 5 月	关于企业改革若干问题暂行规定
1997 年 7 月	关于加快卫生改革与发展的决定

续表 3-3-1

发文时间	文件标题
1997 年 7 月	关于加快民营经济小区建设的若干规定
1998 年 6 月	关于对楠竹林实行承包管理经营的决定
1998 年 10 月	关于在全县党员干部中深入开展学习邓小平理论活动的意见
1998 年 11 月	关于实行依法治县的决定
1999 年 2 月	关于进一步加强干部思想作风建设的决定
1999 年 8 月	关于延长责任田承包的通知
1999 年 12 月	关于大力培育楠竹资源建设竹业大县的决定
2000 年 7 月	关于城镇建设若干问题的意见
2000 年 8 月	关于实施干部队伍思想作风建设管理九项制度的决定
2000 年 10 月	关于加强人口与计划生育工作、全面实施“东进战略”的决定
2001 年 3 月	关于以产业发展为中心组织经济工作有关问题的意见
2001 年 4 月	关于绥宁县国民经济和社会发展“十五”计划建议的决议
2001 年 10 月	关于加快产业结构调整大力发展生态产业的决定
2002 年 1 月	关于基础教育改革与发展的决定
2002 年 7 月	关于印发《绥宁县政府机构改革人员分流实施意见》和《绥宁县政府机构改革人员定岗实施意见》的通知
2002 年 9 月	关于加快水电资源开发的规定
2002 年 10 月	关于对荒山荒地疏林地低产林地实行承包经营的意见
2003 年 2 月	关于实施生态立县方针，发展生态经济的意见
2003 年 3 月	关于鼓励外商投资改善投资环境的有关规定
2003 年 4 月	关于加快工业经济发展的决定
2003 年 5 月	关于进一步加强机关干部队伍作风建设的意见
2003 年 7 月	关于事业单位人事制度改革的实施意见
2003 年 10 月	关于在深化企业改革中加强和改进企业党建工作的意见（试行）
2003 年 12 月	关于加强非公有制经济组织党建工作的意见
2004 年 2 月	关于促进竹资源培育和精深加工的若干规定
2004 年 2 月	关于加快工业基地建设的意见
2004 年 8 月	关于贯彻落实中共湖南省委湖南省人民政府《关于加快湘西地区开发的决定》的意见
2004 年 8 月	关于建立农村工作“村为主”机制的意见
2004 年 9 月	关于贯彻落实《中共中央国务院关于进一步加强和改进未成年人思想道德建设的若干意见》的实施意见
2004 年 9 月	关于加快林业发展的意见
2004 年 10 月	关于加快县域经济发展若干问题的意见
2005 年 3 月	关于进一步加强党政机关干部队伍作风建设的意见
2005 年 5 月	关于加强人民防空工作的决定
2005 年 5 月	关于实施兴工强县战略的意见

第四章　纪律检查

第一节　纪检监察机构

中共绥宁县纪律检查委员会　1977年12月，在中共绥宁县第四次代表大会上，恢复成立中共绥宁县委纪律检查委员会，选举产生中共绥宁县委纪律检查委员会委员7人，县委副书记丁耀兼任县纪委书记。1984中共绥宁县委纪律检查委员会改称中共绥宁县纪律检查委员会，从县委分出单列。1985年4月，在中共绥宁县第五次代表大会上，选举产生新一届中共绥宁县纪律检查委员会委员11人，在本届县纪委第一次全会上，阳生林当选为书记。1988年4月，在中共绥宁县第六次代表大会上，选举产生中共绥宁县新一届纪律检查委员会委员13人；在本届县纪委第一次全会上，阳生林当选为书记。1992年9月，在中共绥宁县第七次代表大会上，选举产生新一届中共绥宁县纪律检查委员会委员11人；在本届县纪委第一次全会上，贺兼福当选为书记。1997年7月，在中共绥宁县第八次代表大会上，选举产生中共绥宁县第八届纪律检查委员会委员13人，在县纪委八届一次全会上，邓翠娥（女）当选为书记。2002年8月，在中共绥宁县第九次代表大会上，选举产生中共绥宁县第九届纪律检查委员会委员13人；在县纪委九届一次全会上，梁晓明当选为书记。2005年，县纪律检查委员定编26人，实际在岗25人。内设办公室、党风廉政建设室、执法监察一室、执法监察二室、纪检监察室、案件审理室、信访室（加挂举报中心牌子）、行政效能监察室。1996年、1998年、2000年、2002年、2004年，县纪委连续5届保持湖南省双文明建设先进单位称号。

乡镇及部门纪检机构　1984年开始，各乡镇党委配纪检委员1名；1991年，成立乡镇纪律检查委员会。1998年，对县直25个单位的纪检组实行派驻管理，同时向县人民法院、县人民检察院及金融系统派驻纪检组。

绥宁县监察局　1987年12月，恢复成立绥宁县监察局。1993年4月，县纪委与县监察局合署办公，履行党的纪律检查和行政监察两种职能，实行“两块牌子、一套工作班子”的体制。监察局设局长1人、副局长2人。1987—2005年，刘都煌、黄桂华、曾令华、杨敏、龙妹、李玉贤、康清焰先后任县监察局局长。

第二节　党风廉政教育

1980年，县内贯彻落实中共十一届三中全会、中央工作会议、中纪委会议精神，在全县开展加强党的纪律和作风的宣传教育，重点学习《党内政治生活若干准则》（以下简称《准则》）。先后在县委党校举办学习《准则》和中央会议精神的学习班 41 期，9492 名党员及领导干部参加学习，并开展“实践是检验真理的唯一标准”的讨论。

1984 年，县委组织全县党员干部学习中纪委第 4 号、第 18 号、第 19 号通报，落实党中央、中纪委“端正党风、严肃党纪，争取党风明显好转”的一系列指示精神，对全县党员进行党风党性教育，向全县通报推介长铺镇党委加强党员教育、加强党风廉政建设的经验。

1985—1987 年，县委组织全县各级党组织和全体共产党员学习《中共中央关于整党的决定》和《党员必读》。县委成立整党工作领导小组及办公室，县纪委书记任县整党办公室主任。按照先机关、后乡村的顺序，在全县分 3 批开展整党。这次整党分学习文件、对照检查、整改和组织处理四个阶段进行，在此期间妥善处理了因某些问题没有通过登记的 229 名党员。

1989 年，县纪委针对国内部分地区出现的资产阶级自由化倾向，县委下发《关于进一步加强党员教育管理的决定》，教育全县各级党组织和全体党员严格遵守党的纪律，政治上与党中央保持高度一致。

1991 年，县纪委制定《绥宁县党风党纪教育规划》，县纪委增设党风党纪宣传教育室，并把党风党纪教育工作纳入全县双文明建设目标管理，全县 30 个乡镇和 110 个局级单位相继建立党风党纪教育工作领导小组。

1992 年，县纪委结合城乡社教，对党员进行党的基本路线、反腐倡廉、反和平演变等方面的教育。在县广播电台开办“党风党纪专栏”，当年播发稿件 125 篇，举办专题讲座 5 课、系列讲座 5 课；在全县巡回放映《权与钱》《忠诚卫士》等 6 部党风党纪教育录像片 450 余场次。

1994 年，在全县开展职业道德教育，通过学习教育、自我评估、整章建制达到理论与实际、道德建设与优质服务、教育与整改三结合。是年，绥宁县被湖南省廉政建设领导小组、中共湖南省纪律检查委员会授予全省职业道德教育先进单位称号。

1996 年，县纪委对全县党员和入党积极分子进行党性、信念、宗旨、纪律、党员义务和党员权利、艰苦奋斗等六个方面的专题教育，并将其纳入全县“双文明目标管理责任制”管理。全县 700 余名副科级以上党员干部及国有企业党员领导干部按照党风廉政建设的有关规定和要求开展自查自纠，并写出思想小结。是年，县纪委和县监察局首次举行反腐败情况新闻发布会，向社会公布绥宁县近三年来的反腐败成果。并在《绥宁报》开辟《党风廉政》栏目，连载党纪政纪条规 4 期和“以案说理”文章 4 篇。

1997 年，县委办公室、县政府办公室下发《关于深入开展纪检监察法规教育的通知》，全县兴起学习《中国共产党纪律处分条例（试行）》《中国共产党领导干部廉洁从政若干准则（试行）》《中华人民共和国行政监察法》《关于重申和建立党内监督五项制度的实施办法》《关于领导干部报告个人重大事项的规定》《关于党政机关厉行节约制止奢侈浪费行为的若干规定》6 部法规的热潮。全县 42 名在职县级领导干部、2460 名副科级以上党员领导干部参加考试，及格率 100%。

1998年，县纪委组织全县党政机关干部专题学习《中华人民共和国行政监察法》。

2000年，县委制定《关于进一步加强党风廉政建设宣传教育的实施意见》，把中共中央及中共湖南省委、中共邵阳市委关于党风廉政建设和反腐败的文件、政策、条例、法规等，纳入县委党校培训党员和公务员的授课内容。是年，县纪委书记邓江南撰写的《警惕腐败掮客》一文获全省纪检系统“好新闻奖”。

2001—2005年，县内主要开展改进作风、拒腐防变、艰苦奋斗、廉洁从政等方面的教育及向优秀领导干部郑培民学习活动。

第三节　纠正行业不正之风

1981年，县委对党员领导干部在安排家属子女就业、工作调动以及招工补员中的不正之风进行检查和纠正。1983年，县内清查纠正党员干部在分房占房中的不正之风，共清出174起党员干部多占住房，其中给予清退和加价处理的103户。同时，对全县1978年之后的“农业户口转非农业户口”开展清理，共清出“三假农转非”人员6户、18人，均作出清退处理。

1984年，县纪委着重清查纠正党政机关和党政干部经商办企业的不正之风以及党员干部挪用拖欠公款。对不符合规定兴办的6家经商企业，责令停办4家，与原单位脱钩的2家；对不符合规定参与经商办企业的6名在职党员干部，责令全部从所办企业中退出。清出1261名干部职工挪用、拖欠公款16.1万元，当年收回14万元，占应收挪用拖欠公款总数的87%。

1985—1988年，县纪委协助县委，结合纠正行业不正之风抓整党，整顿党组织和党员中存在的组织不纯、思想不纯和作风不纯问题，狠抓党风和廉政建设。以清理党员干部在城镇营建私房问题作为突破口，成立清房领导小组和办公室，组织150人的清房队伍，清查出干部职工在城镇营建私房者92户，其中副科级以上的26户，清理退赔在营建私房中侵占国家和集体利益价值11万余元，对严重侵占公物营建私房的2名党员干部给予党纪政纪处理。

1989和1992年，县内再次开展清理干部职工拖欠公款，清出共有5007名干部职工欠公款934.3万元，通过采取层层包干责任制和欠款加息等措施，所拖欠的公款全部收回。

1990年，县纪委协助县委起草下发《关于加强廉政建设的三十五条规定》。当年全县有96个单位清出不正之风方面的问题140起，涉及金额102.5万元，当年纠正135起，收缴违规违纪金额87.5万元。

1991年，县内开展狠刹用公款大吃大喝、铺张浪费、违规乱着装及少数领导干部违反政策用公款送子女亲属到大中专院校读书的不正之风。共清出违规着装565人，按政策规定收补乱着装的费用17.9万元；清出违规用公款送子女亲属到大中专院校读书者55人，收缴违规送子女读书所花的公款5万元。

1992年开始，历时两年对全县29个乡镇的财务进行清理整顿。清出违纪金额102.96万元，收缴县财政100.29万元，立案查处违法违规人员9人，其中：移交司法机关依法处理者1人，给予党纪政纪处分者6人，被单位解聘者2人。当年绥宁县被湖南省廉政建设领导小组评为1994年度清理乡镇财政先进单位。

1993年开始，县委、县政府把减轻农民和企业负担工作纳入党风廉政建设和县双文明建设目标管理责任制范围，全县29个乡镇和县直机关41个涉农部门与县人民政府签订《减轻农民负担责任书》。同时县委还组织专门力量，对涉及农民负担的文件进行全面清理，废止收费文件42个，取消收费项目5432项，修改收费项目28个，精简乡镇编外集体人员431人。并相继开展中小学乱收费清理和农村电价整顿，采取限定村级征订报刊费用（每村每年不超过500元）、发放农民负担卡等措施，对每年农民的负担情况进行登记监督。至1994年，全县农民负担基本控制在农民上年人均收入的3%～4%。取消对企业的收费项目41个，减轻企业负担400多万元。清理党政机关无偿占用企业钱物，对企业实行挂牌保护，制止“四乱”（乱收费、乱罚款、乱摊派、乱检查）行为。

1996年，全县开展治理公款吃喝玩乐歪风。1997年，县直机关招待费开支比1996年下降30%，乡镇招待费开支下降50%以上。当年清出用公费购置的“大哥大”227台，公费安装的住宅电话228部。经县委研究决定，变价处理“大哥大”35台，其余192台和228部住宅电话作价由持机人一次性买断，并收缴违纪款18万元。是年，县纪检部门清出拖欠居住公房租金40.22万元、不按规定超面积购买公房1030平方米、建有私房又购公房者20户、购了公房又参加集资建房者20户、多处购房者19户，收缴违纪款26.45万元，清退房屋69套；开展对预算外资金的清理，共清出违规资金1666万元，收缴财政441万元，缴财政专户储存780万元，整改调账445万元。

1997年，县内全面推行建设工程公开招投标，加强监督力度，确保工程招投标符合“公开、公正、公平、合理”的原则。

1998年，全县开展民政资金、价格调节基金、畜牧事业发展基金、公路建设基金、国土资金、救灾款物等专项资金、物资管理使用情况的执法监察，查出违纪金额210余万元，乡镇截留国土收入126万元。

1999年，县内清理整顿农村合作基金会和供销社股金服务部，收回财政周转金250余万元，共兑付农村合作基金会和供销社股金服务部股金85%以上。是年，县纪检部门开始为在职的正科级以上领导干部建立廉政档案，并就纠正医药购销中的不正之风及医药市场整治进行执法监察。

2000年，对全县党政机关所办的经济实体开展清理，11个重点部门所办的11个经济实体全部按要求予以撤销或解除挂靠关系，其他机关和部门所办的51个实体全部与原单位脱钩。在经济实体中的兼职人员全部回原单位上班。是年，全县行政事业单位开始实行政府采购制度。

2002年，县纪委制定下发《关于严禁各级领导干部接受和赠送红包礼金、有价证券、支付凭证和贵重物品的规定》。当年全县有8人上缴红包礼金13170元。

2003年预防“非典”期间，县纪委、县监察局制定严格的防“非典”工作纪律及共产党员和国家工作人员违反纪律的具体处理规定，得到到绥检查“防非”工作的中共湖南省委副书记文选德的肯定，并批示中共湖南省委办公厅、省人民政府办公厅向全省推介绥宁的做法。

2003—2004 年，全县开展林政执法监察，对 22 个乡镇林业站、7 个木材检查站、3 个护林哨卡的木材采伐、销售、运输、税费征收等环节进行检查。受案 26 件，查出违纪款 29.8 万元，收缴财政 5 万元，防止国家税费流失 187 万元。对 9 名林业站站长的违纪违规行为予以查处，给予党纪政纪处分 2 人，建议林业主管部门免职调动 3 人，异动 4 人。

2005 年，县纪委着重查办乱收费行为，共查处学校 3 所、市属局机关 1 家、市属企业 1 家，共查出乱收费总金额达 1.66 亿元。同时在全县整治和纠正医药购销不正之风，推行和规范药品集中招标采购，全年参加药品集中招标采购的单位 9 家，占应招标采购的 100%，招标采购药品金额 305 万元，占全县采购药品总额的 65.5%。经过整治，全县有 410 种药品降价，降价总金额 58 万元。

第四节　违纪案件举报和查处

一、违纪案件举报

1978 年，中共绥宁县委纪律检查委员会成立后，开始受理纪检信访案件。1988 年，全县 30 个乡镇全部建立纪检信访小组，354 个村聘请义务纪检信访员 383 名，县直机关单位建立纪检信访小组 15 个，聘请义务纪检信访员 79 名，在全县形成县、乡、村三级纪检信访网络。1990 年，调整纪检信访小组 45 个，聘请义务纪检信访员 426 名，县、乡、村纪检信访网络进一步完善。1991 年，县纪委制定“信访人员守则”“文明接待公约”“纪检信访工作原则”“纪检信访受理范围”“保护党员群众民主权利”等规定。1993 年，设立反腐败信访举报中心。1997 年，县纪检部门在电视台、《绥宁报》上公布 3 个举报电话。

1978—2005 年，县纪检部门共受理信访举报案件 7869 件，其中属纪检监察业务的 4385 件，信访立案 1226 件，结案 1142 件。其间，信访举报量最多的是 1979 年和 1980 年，两年共受理信访举报案件 1646 件，平均每年 823 件；最少的是 2003 年和 2004 年，两年中受理 154 件，平均每年 77 件。2005 年，县纪检部门共受理群众来信来访 103 件（次），初查 58 件，办结 58 件；信访立案 11 件，办结 11 件，优质结案 11 件。对非业务的信访件及时转有关单位处理，单位回复率为 100%。

二、违纪案件查处

县纪委和县监察局成立后，先后设有案件审理小组和审理室，依照案件审理程序和“事实清楚、证据确凿、定性准确、手续完备、处理恰当、程序合法”的“二十四字”方针，进行违纪案件查处。1978—2005 年，县纪检监察部门共立案查办各类违法违纪案件 1197 件，处分 1234

人，其中给予党纪处分 1027 人次（开除党籍 429 人、留党察看 200 人、撤销党内职务 65 人、党内严重警告 188 人、党内警告 145 人）、政纪处分 298 人次。

1982—1986 年，县内纪检部门集中力量开展打击经济犯罪的专项斗争。县委成立打击经济犯罪专项斗争领导小组，下设办公室负责日常工作。其间，全县共审查经济违纪人员 276 人，结案 218 人，其中给予党纪处分者 30 人，给予政纪处分者 40 人，移交司法机关处理者 48 人，收缴赃款 69.76 万元。

1985—1987 年，在全县整党工作中，共处理党员 316 名，其中被开除党籍者 42 名、留党察看者 35 名、被撤职者 5 名、受严重警告者 30 名、受警告者 53 名、不予登记者 67 名、缓予登记者 84 名。

1989—1990 年，县内重点查处贪污贿赂案件，县纪检部门在全县设立举报箱 212 个，其间先后收到举报信 536 件；两年内查出经济违纪人员 587 人（其中国家干部 138 人、职工 194 人、村干部 255 人），查出贪污贿赂金额 323.3 万元，收缴赃款 176.5 万元；处分 129 人，其中受刑事处分者 20 人、受党纪处分者 32 人、受政纪处分者 25 人、受其他处分者 52 人。

1998—1999 年，县纪检部门立案查处 15 名公安执法人员在执法中接受贿赂、工作失职、违反办案程序和违反规定管理使用枪支等违纪违规案件，其中给予党内严重警告处分者 1 人、党内警告处分者 1 人、行政记过处分者 4 人、行政警告处分者 8 人、免予处分者 1 人。

2001 年，县纪检部门配合邵阳市驻绥宁县“打黑除恶”专案组，在全县开展“打黑除恶”专项斗争，从县纪委机关和基层纪委抽调干部 36 人，对县公安等部门执法人员对“黑恶势力”查处不力、严重失职或充当保护伞的 9 名违法违纪人员予以立案查处，其中开除党籍者 1 人、给予党内严重警告处分者 2 人、给予党内警告处分者 5 人。同时配合市纪委、专案组对 3 名县级领导干部的违纪问题进行立案查处。

2003—2004 年，县纪检部门共立案查处 20 名副科级以上领导干部违反财政纪律、违反工作纪律、失职、违反社会道德乱搞“两性”关系等违纪案件（2003 年查处 14 人、2004 年查处 6 人），分别给予党内警告和行政警告处分。

2005 年，全县立案查处违纪违规案件 40 件，其中违犯党纪案件 22 件、违犯政纪案件 18 件，全部结案。共处分违纪违规者 40 人，其中科级以上干部的 13 人，受党纪处分 22 人（其中开除党籍 4 人、留党察看 1 人）、受政纪处分 18 人。查处违纪金额 800 万余元，收缴财政 97 万余元，为国家和集体挽回经济损失 800 余万元。

第五章　组织建设

第一节　党员队伍建设

1978年12月，县内各级党组织恢复“三会一课”（党员会、支部委员会、组织生活会、党课）学习制度和学习班制度，学习内容由县委组织部具体安排，县委宣传部、县委党校协助。

1981年8月9—18日，县委召开扩大会议，传达中共十一届六中全会和中共湖南省委三级干部会议精神，学习《关于建国以来党的若干历史问题的决议》。会后，逐级举办学习班，联系实际进行学习讨论。

1983年8月31日，县委发出《关于认真学习〈邓小平文选〉的通知》，规定党员领导干部通读全书；一般党员干部学习重点篇章28篇；基层组织的党员学习重点篇目12篇；离退休的党员干部也要组织学习。

1984年4月15日，县委印发《关于学习整党文件的安排意见》，要求所有党员都要学习《党员必读》一书，领导干部还要学习《十一届三中全会以来重要文献简编》《毛泽东同志论党的作风和党的组织》《邓小平文选》《陈云文选》等中央规定的整党文献。8月14日至11月15日，全县各级党组织共举办党员轮训班211期，参加轮训的党员44754人次。

1987年12月，县委组织部开始对党员进行电化教育，至1993年年底，先后建立用于电化教育的差转台46座，添置以松下M—9000为主体的摄录像设备1套。

1989年12月30日，县委作出在全县农村开展社会主义思想教育的决定。抽调社教工作人员1378人从1990年1月至1992年年底，分3批次进行在全县农村开展社会主义思想教育运动。社教运动中，各乡镇都建立党校，各村建立学习室，通过社教，全县92%的党员和94%的成年人受到教育。

1995年，县内利用乡镇党校、农科教中心、农函大、党员电化教育等阵地，为50岁以下农村党员举办实用技术培训班133期，参训人员55364人次（获培训合格证3816人），占全县党员总数的67.5%。为全县618名外出党员建立流动党员登记簿，发放流动党员登记证480本。

2000年3月，在全县县级领导班子和县级领导干部中，开展讲学习、讲政治、讲正气的“三讲”教育活动。

2001年2月，县委组织全县748个单位、15700名党员开展“三个代表”重要思想教育课堂，共讲课415堂，听课党员2.8万人次。

2002年，县委在农村党员中重点开展经济和科技工作能力以及高效农业知识培训，通过培训，使每一位农村党员都能掌握1～2门农业实用新技术，当年全县共举办农函大班及各种短期实用致富技术培训班600期，培训农民党员和基层干部8万多人次。

2003年2月，县委印发《关于参加党校、行政学院学历教育有关人员学费负担问题的通知》，鼓励干部参加学历教育，当年全县有220名干部考入各级党校、行政学院的本科或专科班。2月15日，县委组织部制定《绥宁县农村党员干部现代远程教育工作方案》，决定以县电视台为依托,建立县、乡、村、户四级联网的农村远程教育网络。至2004年年底，全县完成乐安铺苗族侗族乡、黄桑坪苗族乡、关峡苗族乡、武阳镇、在市苗族侗族乡、李熙桥镇及红岩镇红岩村、竹舟江苗族乡联溪村、长铺子苗族乡寨坡村9个农村党员干部现代远程教育示范点建设。全县25个乡镇都建成党员电教基地，14个居民区建立党员电化教育播放点，21个县直机关、企业单位的党委建立电教室，全县拥有基层支部“双机”播放点156个。其间，在绥宁电视台开办“绿洲党旗红”专题栏目，推介党员干部教育先进典型，开办视频点播。

2005年，开始进行保持共产党员先进性教育活动。

第二节　干部任免管理

1978—1983年，县委组织部按照干部队伍“四化”（革命化、年轻化、知识化和专业化）要求，先后选拔25名年纪较轻、文化程度较高的专业技术人员担任乡镇领导职务。

1983—1985年，县内结合政社分设，每乡（镇）选拔1～2名德才兼备的青年农民担任乡（镇）副乡（镇）长。

1986—1988年，县委组织部先后对县公安局、县物资局、县百货公司、县联纸厂等单位的干部实行层层招聘，对5个企业单位实行厂长、经理负责制。

1989年，县内打破过去合同制干部只在乡镇行政任职、不能担任党委职务的规矩，开始从政绩突出的合同制干部中提拔人才，担任乡镇党委领导职务。

1993年，在全县乡（镇）试行干部聘任组合制，并从县直机关选派17名青年干部到乡（镇）任职。

1995年，在并乡建镇工作中，全县调整乡镇领导班子成员45人，并从县直机关选派7名年轻干部到乡镇任职，同时确保每个乡镇有1名妇女领导干部。

1996—2002年，县委决定男满52岁、女满50岁的干部退出科级实职岗位；男满55岁、女满50岁的干部实行提前离岗。2002—2003年，全县有391人提前离岗，其中领导干部152名。

2003年，县委开始对干部任免和重要人事安排，实行全委会票决制，全县有65名乡镇正职和县直机关负责人通过全委会票决走上领导岗位。10月，中共绥宁县委出台《绥宁县领导干部辞职办法实施细则》，是年全县有64名领导干部辞职，其中因公辞职者52人、自愿辞职者6人、责令辞职者6人。

2004年，全县调整乡镇及机关科级领导干部104名，其中35名担任乡镇正职或副职的领导干部调县直机关任职，56名中青年干部提拔进领导班子，从县直机关选派4名中青年干部到乡镇任正职，选派9名干部到乡镇任副职。

2005年，全县建立县级领导示范点43个，乡镇领导示范点25个。全县348名村党支部书记中，经济能力突出者占63%。全年选派62名机关干部下村任职。

第三节 基层组织建设

一、基层党组织概况

1978年，全县有党的基层组织580个，其中党委28个、党组4个、党总支6个、党支部542个。1983年2月，县委决定建立抓党风岗位责任制，干部坚持每日挂牌上岗。3月21日，县委批转县委组织部《1983年党的基层组织工作意见》，要求用新党章教育党员，继续抓好党的基层组织整顿工作，按干部“四化”（革命化、年轻化、知识化、专业化）要求调整配备好领导班子，做好发展党员工作，把党员教育和组织工作列入议事日程，搞好党的基层组织建设。

1985年5月9日，在全县基层党组织中开展以统一思想、整顿作风、加强纪律、纯洁组织为目的的整党工作，全县753个党组织11134名党员参加，至1987年7月结束。其间，选拔了15名乡镇书记，调整了70%的乡镇党委领导班子和250个农村党支部。

1989年，根据县委《关于认真开展民主评议党员的意见》，全县基层党组织中有11361名党员参评，其中评出优秀党员1256名、合格党员9276名、基本合格党员827名、不合格党员144名。是年，县委在全县349名农村党支部书记中开展“五过硬”（宣传执行党的路线、方针、政策过得硬，敢抓敢管、敢刹歪风过得硬，公道正派、廉洁奉公过得硬，干实事、敢于进取过得硬和组织协调、团结同志过得硬）评比竞赛活动。全县共评出57个先进村党支部、85名“五过硬”村党支部书记，13个后进党支部跃入先进行列。全县农村党支部共为群众办实事700件，解决“老、大、难”纠纷250起。

1995年5月，县委从县直机关和乡镇抽调113名干部，进驻23个乡镇的37个村，开展建整工作，对36个村党支部进行改选和调整，撤换支部书记30人，从乡镇机关选派5名优秀党员干部下村担任村干部职务。调整后，村支委平均年龄从50岁下降到45岁，其中35岁以下的占62.7%，文化程度也普遍提高；先后改选了28个村委会班子，调整村委会主任12人，恢复健全村级妇女、民兵、共青团等群众组织143个，新发展青年党员81名，其中女党员18名。农村基层党建促进了农村经济发展，年内，对全县37个建整村共投入开发资金178.39万元，组织农民实施经济开发项目96个，发展养殖大户380户，开发林场894公顷、果园177公顷、养殖场31.5公顷，村收入超过2万元的15个，消灭了集体经济“空白村”。

1996年5月26日，根据县委《关于在全县实施党建“先锋工程”的意见》，全县各级基层党组织开展领导班子创先进，领导干部作表率，共产党员当模范活动。

2000 年 10 月，县委按照“坚持标准，保持质量，改善结构，慎重发展”的方针，要求基层党组织在发展党员工作中注重向 35 岁以下的年轻人倾斜，向偏远山村致富能手倾斜，向非公有制经济能人倾斜。是年，全县基层党组织共发展党员 481 名，其中 46 岁以上的占 33.9%、30～45 岁的占 46.3%、29 岁以下的占 19.8%。

2003 年 12 月，县委批转县委组织部《关于在全县开展“四民”活动，推动党的基层组织建设的通知》。2004 年 3 月，抽调 1295 名干部进村入户，深入开展“访民情，解民难，帮民富，保民安”活动，全县“四民”活动工作组共筹资 18.36 万元，帮助困难群众 450 户，维修村道 280 千米，维修水圳 183 千米，为民办实事 1952 件，受到群众好评。5 月，中共湖南省委副书记文选德在绥宁考察时，要求将这一经验向全省推广。

2005 年，全县有基层党组织 814 个，其中基层党委 46 个、党组 31 个、党总支 10 个、党支部 727 个。

表 3-5-1　**1978—2005 年绥宁县基层党组织统计表**　单位：个、人

年份	基层党组织				发展党员人数		
	党委	总支	党组	支部	合计	男	女
1978 年	28	6	4	542			
1979 年	28	7	4	551			
1980 年	29	8	8	560	90	73	17
1981 年	29	8	8	593	135	119	16
1982 年	29	9	8	638	76	62	14
1983 年	31	9	8	638	77	58	19
1984 年	32	9	22	645	198	169	29
1985 年	34	6	23	653	349	308	41
1986 年	34	9	9	692	347	310	37
1987 年	33	9	10	708	319	272	47
1988 年	45	9	14	725	219	184	35
1989 年	45	10	14	726	241	196	45
1990 年	45	10	13	733	397	306	91
1991 年	45	11	13	748	406	354	52
1992 年	44	10	13	753	363	310	53
1993 年	44	11	13	745	414	337	77
1994 年	44	11	14	748	487	399	88
1995 年	40	11	17	722	529	432	97
1996 年	30	10	22	710	457	376	81
1997 年	31	9	22	714	424	339	85
1998 年	45	7	29	732	436	352	84
1999 年	45	7	30	731	468	373	95

续表 3-5-1

年份	基层党组织				发展党员人数		
	党委	总支	党组	支部	合计	男	女
2000 年	47	8	31	740	481	370	111
2001 年	44	11	32	715	395	311	84
2002 年	46	11	32	711	534	413	121
2003 年	48	11	31	767	585	490	95
2004 年	48	10	31	747	452	361	91
2005 年	46	10	31	727	458	365	93

说明：表中空白格为统计数据缺失

二、党委　党支部

（一）中共区委

中共区委为中共县委派出机构，区委书记由县委委任。1978 年，绥宁县设有 6 个中共区委，分别为中共东山区委员会、中共在市区委员会、中共和平区委员会（1981 年 11 月改称中共长铺区委员会）、中共河口区委员会、中共李西区委员会（1981 年 11 月改称中共李熙桥区委员会）中共瓦屋塘区委员会。1985 年 12 月，全县 6 个中共区委同时撤销。1978—1985 年，各区区委历任书记名单如下：

中共东山区委员会　袁法璋、陈庆善、杨通灯、龙宪蔚、龙章华（副书记主持工作）

中共在市区委员会　龙章润、龙章华（副书记主持工作）、侯德富

中共长铺区委员会（中共和平区委员会）　杨新孝、唐文远、陈绍明、罗玉时

中共河口区委员会　杨通灯、陈庆善、杨正松

中共李熙桥区委员会（中共李西区委员会）　华中强、龚佳禾、薛调炳

中共瓦屋塘区委员会　庄承湘、杨时成、童锡光、吴华贵

（二）乡镇党委

1978 年，全县有人民公社（镇）党委 27 个。1984 年，公社党委改建为乡镇党委。2005 年，全县有 19 个乡党委、6 个镇党委。1978—2005 年，各乡镇（人民公社）党委（含期中撤并的 6 个党委）历任书记名单如下：

中共长铺镇委员会　曹润富、张如山、赵海南、刘柏生、刘永海、黄渊海、肖英、黄民利、申和平

中共武阳镇委员会　童锡光、薛调炳、刘都煌、袁居江、匡能林、吴良槐、袁公跃、唐仕忠、袁景甫、蒋运强、肖传四、陈名帅、蔡明清

中共盐井乡委员会（1978—1996）　薛调炳、刘时茂、李世广、龙幸坤、向光中、陈代丰、唐维林、周本南、刘松山、向春华

中共桃坪乡委员会（1984—1995）　向志友、刘都煌、向志友、杨时长、杨文燕

中共红岩镇委员会（1996—2005）　向春华、王绍志、龙新媚、刘兴平、黄瑞兆

中共李熙桥镇委员会　侯德富、唐光源、刘都煌、戴恩义、刘思林、唐学群、唐仕忠、侯万虎、李智春、洪煜东、肖如升

中共唐家坊镇委员会　杨时成、袁树棋、黄修权、向新贤、孟交日、刘应炳、陈远多、聂东平、周南奇、莫祚华、陈顺勇、杨利华

中共金屋塘镇委员会　陈迪庭、袁仕保、孟交日、张世华、唐成多、周清平、杨时长、唐灿明、卢万林、黄生林、洪煜东、邓清卫、向吉福、费立功

中共关峡苗族乡委员会　周宗诱、黄桂生、苏进杰、赵海南、黄民健、苏进富、杨文元、陶小玲、李永兴、向志强、袁跃生

中共党坪苗族乡委员会　陈历忠、伍善谋、杨忠萼、刘治顺、刘祖礼、陈立阳、刘让春、伍远考、隆振理、龙开科、袁喜东、杨章德

中共河口苗族乡委员会　龙景福、吴屏南、杨昌文、杨通壁、赵海南、龙景福、杨宗玉、兰世军、黄民健、杨通壁、李智春、阳华生、向大红、杨光仁、袁茂忠

中共麻塘苗族乡委员会　吴景相、杨宗玉、佘开国、周本端、龙开林、刘汉松、周述明、刘宗平、杨梅臣、于光宗

中共黄桑坪苗族乡委员会　龙章华、葛芝富、于合炳、李荣亮、于合炳、吕争宇、秦裕斌、张千山、黄渊海、曾繁璐、杨宗斌、刘兴凡、黄生亨

中共长铺子苗族乡委员会　袁树棋、沈昭烈、李世广、罗玉时、刘祖礼、苏进武、杨艳玲、蒋太金、刘大立、袁水平（以上为并乡前）；陈历贤、李锡红、何育新、杨先光（以上为并乡后）

中共枫香苗族乡委员会（1978—1996）　杨时林、袁仕明、罗玉时、袁通吉、刘学华、张月清、曹素华、袁水平、肖开贞、陈历贤

中共竹舟江苗族乡委员会　龙运河、吴屏南、杨正大、陈历阳、成寿松、周家银、李锡红、杨先光、黄民西、黄瑞兆、卿连生

中共东山侗族乡委员会　黄大录、袁均富、吴道美、杨元相、李荣清、段小平、刘霞生、申厚林、舒瑞江、杨河清、汪永龙、贺安明、袁立新

中共朝仪侗族乡委员会　罗玉时、龙章文、刘祖礼、杨昌金、杨正伟、刘明昌、曾喜莲、黄保昆、罗旺成、杨正宗、杨文华

中共鹅公岭侗族苗族乡委员会　龙开森、李荣清、龙景澄、杨昌敏、杨世才、龙景澄、龙开胜、葛百齐、杨树淼、康清焰、康忠荣、黄始海、王日忠、梁恩雄

中共联丰苗族侗族乡委员会（1984—1995）　陈卫卿、贺元庶、袁子华、刘光明、向志友、杨昌岱、龙景澄、龙景柏、蒋太金、陶小玲

中共乐安铺苗族侗族乡委员会　张月清、刘普凡、阳震德、全昌爱（以上为并乡前）；全

昌爱、黄民利、沈继金、阳荣秀（以上为并乡后）

中共在市苗族侗族乡委员会 莫公取、孟交日、刘祥云、舒常勇、李荣亮、舒常勇、杨艳玲、李高远（以上为并乡前）；袁水平、杨河清、王绍志、袁成林、王日忠（以上为并乡后）

中共兰家侗族苗族乡委员会 陈庆善、周永华、张正新、刘光明、刘范明、杨昌岱、龙开胜、陈善炳、唐明开、陆雄峰

中共在市镇委员会（1983—1996） 袁梓才、段小平、刘祥云、吴道美、舒常勇、龙景澄、阳震德

中共联民苗族瑶族乡委员会 刘静文、沈明高、周本端、兰世军、周家银、兰世军、张仁千、侯万虎、王绍志、张秀华、梁利军、贺安明、龙志刚、付明烽、沈明玉

中共枫木团苗族侗族乡委员会 胡能谋、陈显淼、周培宏、杨宗玉、龙开林、阳 应、宋会鸣、杨树淼、苏进国、游庆康、卿连生、付明锋

中共瓦屋塘乡委员会 游应培、袁振林、张仁来、吴华贵、陈远多、陈历多、张光王、张仁汉、唐灿明、刘均宪、唐光科、秦贵军、向吉福

中共黄土矿乡委员会 龚佳禾、冯英协、廖同生、向良元、唐金良、唐礼祥、陈历先、刘文友、陆雄峰、谢琼林、陈志瑰

中共白玉乡委员会 肖宪松、龙幸坤、陈代丰、匡能林、向先胜、黄民安、向先胜、唐学群、吴玉中、罗中林、黄宗炳、冯小苓、龙景培、袁治国、石俊华、黄俊玲

中共水口乡委员会 吴顺好、游应培、贺良喜、陶永清、向志友、陶再春、杨文燕、黄泽贵、袁居祝、张仁汉、李兴茂、龙开科、罗中林、阳跃武、侯玉德

中共梅坪乡委员会 于大刚、贺良喜、尹帮友、唐礼样、杨时长、杨文燕、袁均荣、陶跃进、广奇珍、于光华

（三）党支部

1978年，全县有基层党支部542个，其中农村党支部330个、工业系统党支部24个、建筑系统党支部2个、交通系统党支部7个、财贸系统党支部31个、文教系统党支部45个、科研系统党支部1个、金融系统党支部33个、党政机关党支部68个、其他党支部1个。2005年，全县有基层党支部727个，其中县直机关党支部140个、乡镇机关及农村党支部409个、公有经济企业党支部79个、事业单位党支部87个、其他组织单位党支部12个。1978—2005年，全县基层党支部分布情况如下表：

表 3-5-2　**1978—2005 年绥宁县中共党支部分布情况表**　单位：个

年份	党支部总数	其中									
		农村党支部	工业系统党支部	建筑系统党支部	交通系统党支部	财贸系统党支部	文教系统党支部	科研系统党支部	金融系统党支部	党政机关党支部	其他单位党支部
1978 年	542	330	24	2	7	31	45	1	33	68	1
1979 年	551	330	27	3	9	31	46	2	31	69	3
1980 年	560	354	32	4	10	25	49	2	28	52	4
1981 年	593	380	30	2	8	24	50	2	8	78	11
1982 年	638	395	28	2	11	25	55	2	12	82	26
1983 年	638	414	28	2	11	26	54	2	10	89	2
1984 年	645	386	36	3	5	31	56	2	7	93	26
1985 年	753	386	38	4	12	37	50	2	8	118	98
1986 年	692	396	56	1	12	37	56	2	9	117	6
1987 年	708	424	56	1	19	29	50	2	15	110	2
1988 年	725	425	58	1	18	31	62	2	17	110	1
1989 年	726	426	58	1	19	32	63	2	16	104	5
1990 年	736	426	61	1	19	32	64	2	18	107	6
1991 年	748	441	61	1	20	32	64	2	14	104	9
1992 年	753	471	61	2	21	32	60	1	17	85	3
1993 年	745	412	41	1	13	36	58	2	15	121	46
1994 年	748	412	41	1	13	38	58	3	14	122	46
1995 年	722	409	64	1	12	37	59	2	12	108	18
1996 年	710	409	61	1	20	32	59	2	12	108	6
1997 年	714	409	62	2	25	32	66	2	15	83	18
1998 年	732	409	60	2	27	31	59	2	17	108	17
1999 年	731	409	35	2	28	28	63	2	43	108	13
2000 年	740	409	35	2	28	28	63	2	68	95	10
2001 年	715	409	35	2	28	28	63	2	78	42	28

年份	党支部总数	乡镇机关及农村党支部	公有经济企业党支部	事业单位党支部	机关党支部	其他单位党支部
2002 年	711	409	73	86	140	3
2003 年	767	409	95	120	140	3
2004 年	747	409	95	101	139	3
2005 年	727	409	79	87	140	12

第六章　宣传工作

第一节　精神文明建设

一、思想教育

1979年，县委宣传部邀请中国人民解放军某部副营长、对越自卫反击战一等功臣黄权国（绥宁籍）赴全县各地介绍英雄事迹，进行爱国主义教育。

1979—1981年，全县举办学习班256期，培训宣传骨干25043人；出黑板报317期，宣传党的十一届三中全会精神，开展“真理标准”问题讨论，宣传拨乱反正和把工作重点转移到以经济建设为中心的轨道上来，在全县党员干部中进行坚持四项基本原则宣传教育。

1982年，全县开展“五讲四美三热爱”（讲文明、讲礼貌、讲秩序、讲道德、讲卫生，心灵美、语言美、行为美、环境美，热爱祖国、热爱社会主义、热爱中国共产党）活动、文明礼貌月活动及学雷锋树新风活动。同年10月，学习和宣传党的十二大文件精神。

1983年，全县开展学习全国著名学雷锋积极分子罗健夫优秀事迹的活动，各地举办报告会500多场，听众6万多人次。并开展向张海迪学习活动。

1984年2月起，县委宣传部组织宣讲队伍，在全县宣讲中央1号文件（《关于一九八四年农村工作的通知》），共发送资料8000份，召开座谈会25场，举办各级整党学习班32期，全县参加学习的党员9462人，占全县党员总数的88.8%。

1985年，县委宣传部在全县宣传中央7号文件（中共中央批转国家计划生育委员会党组《关于计划生育工作情况的汇报》）和省委42号文件精神，进一步明确计划生育工作的指导思想。

1987年1月中旬，县委派出工作组，下乡向广大党员干部和学校师生传达中央文件，要求坚持四项基本原则，旗帜鲜明地反对资产阶级自由化。

1988年，全县各级党委组织专题研讨会和学习班，宣讲坚持生产力标准的意义、目的和要求，有2000多名干部职工参加讨论，全县培训宣讲骨干400多名；并建立协商对话制度，县委、县政府成立协商对话小组，全年县委、县政府领导深入基层工厂、学校、农村与群众对话120余场次，收集群众意见300余条，解决实际问题260余个；在全县党员中开展学习十三大、宣传十三大系列活动。

1989年，全县党政机关、学校、企事业单位广泛开展党员表率杯、企业振兴杯、农业高产杯、优质服务杯、“四有”杯和军警民共建一条街等多种形式的竞赛活动，促进文明建设。

1990年3月起，全县城乡广泛进行社会主义思想教育，提出用社会主义思想占领农村阵地，加强基层组织和干部队伍建设，巩固发展集体经济。5月，在全县开展“各级干部学焦裕禄，全县人民学雷锋，农村党支部学尹志秋，全体工人学王进喜”以及推荐焦裕禄式的干部、雷锋式的青年、尹志秋式的党支部书记、王进喜式的工人的“四学四推”活动。

1991年，由县委宣传部组织，在全县宣传中共十三届七中全会精神，编印《学习中共中央关于制定国民经济和社会发展十年规划和“八五”计划问答》，发放到全县各地各单位；对农村干部进行“六个教育”，宣传党在农村政策“七个不变”；围绕“拒腐防变”、反“和平演变”等主题，全县组织形势教育报告会120余场次、座谈讨论会300余场次。

1993年，县委宣传部就党在农村的政策、减轻农民负担、优化产业结构、发展农村经济等课题，在全县组织召开大小座谈会和讨论会60余次。年内，县内还先后举办了湘黔二省七县少数民族联谊会和湘黔桂三省(区)十八县（市）区政协工作联席会暨物质交流会、纪念“毛泽东诞辰一百周年”等系列活动；拍摄播放《神奇的绿洲——绥宁》《欢迎你到绿洲来》《今日绥宁》等大型风光片。

1994年，县内宣传建立现代企业制度、发展乡镇企业和其他非公有制经济、推介绥宁优势和各行各业的新产品、新事物、新典型、新举措、新成就。在全县开展爱国主义教育活动，举办“三爱”群众合唱和“交通安全在我心中”演讲赛。

1996年，全县开展党员“六个教育”、做合格共产党员的活动，共发放教材2500多本，先后举办“世界向我们走来”大型文艺晚会、首届中国黄桑“四·八”姑娘节、“八五”成果大型展览等活动。

1997年，全县组织1000多名机关干部深入企业、农村宣传中共十五大精神，共出黑板报、墙报800多期，举办村组干部、企业干部、党员培训班321期，举办户主培训班358期，受训人数1万余人。举办“迎香港回归”知识抢答赛，组织全县党员干部理论知识考试。

1999年，县委宣传部围绕“三迎”（迎接国庆50周年、迎接澳门回归、迎接新世纪到来），举办大型元宵游艺活动，举办“澳门知识”抢答赛。

2000年，在县级领导干部中开展“讲学习、讲政治、讲正气”为主要内容的党性党风教育，编辑《“三讲”教育简报》70期；在全县开展“三观”“三清”“四信”“四科”为主题的理想信念教育和“崇尚科学、破除迷信”的宣传教育活动。

2001年，县内举办“抗击‘6·19’洪灾、重建家园”专场文艺义演。召开庆祝中国共产党成立80周年庆祝大会，组织廉政法规知识竞赛和“党在我心中”读书教育活动；成立江泽民“七一”讲话宣讲团，到全县25个乡镇和机关单位进行宣讲，授课40场次，受教育干部群众达1万余人。

2002年7月1日，《绥宁报》和县电视台开辟“先进人物颂”大型系列报道专栏，对24名先进典型人物进行集中宣传。年内举办宣传贯彻党的十六大精神报告会2次。

2003年，县内成立“三个代表”重要思想宣讲团，编印专题辅导资料，在全县宣讲“三个代表”重要思想。4月18日，邀请中国人民大学教授李义平在县影剧院作“党的十六大与县域经济发展”的经济形势报告。

2004年，县委宣传部组织编辑《中央1号文件精神宣讲提纲》读本，到乡镇、村组巡回宣讲，采集整理农民致富增收的优势项目和成功经验，编辑成《绥宁农民增收指南》一书。4月，根据市委《关于全市开展向“立党为公、执政为民”的优秀基层党员干部刘兴凡同志学习的决定》精神，配合市相关单位组织专题宣传。

2005年，全县先后举办经济形势报告会、国际形势报告会和兴工强县报告会，分别邀请湘潭大学教授李广一、湖南省人民政府经济研究中心主任唐宇义、湖南师范大学教授朱翔，相继就全县经济形势、国际形势、兴工强县和县域经济发展进行专场报告。并组织机关开展“科学发展观大家谈”，企业开展“论政策、谈变化、谋发展”讨论，农村开展“一号阳光，引领小康”活动，宣传“生态立县、兴工强县、民营活县”的经济发展战略。

二、文明创建

1982年2月9日，县委颁发《关于在全县范围内开展学先进赶先进，搞好“两个文明”建设的决定》，在全县开展学习枫木团人民公社党委的先进事迹，学习杨廷岩、袁子成全心全意为人民服务的革命精神，加速“两个文明”建设。3月，全县开展以“五讲四美三热爱”为主要内容的第一个文明礼貌月活动。

1984年2月14日，县委、县政府、县人武部联合颁发《关于建设文明单位的意见》，在全县开展“一五二三”竞赛活动，即建100个文明村、50个文明单位，创2000个“五好家庭”，评选300个“好民兵”“好青年”“好姑娘”“好社员”；全县要有50%的基层单位开展文明村、文明单位创建活动，其中要有50%成为文明村（单位）。18—19日，召开全县第一个精神文明建设先进代表会，329人到会。会上，乐安铺人民公社文江生产大队、枫木团人民公社白岩水生产大队、县水泥厂、县委招待所、县粮食局等5个单位被推荐为邵阳地区精神文明建设单位。之后，创建活动全面铺开。

1989年3月24日，县委、县政府和中国人民解放军驻绥部队成立绥宁县文明单位建设指导委员会和绥宁县军（警）民共建文明县指挥委员会，县委书记屈家海任主任委员，县委副书记刘仲初、常务副县长肖光毅、驻绥部队政委夏月生任副主任委员。

1996年8月19日，县委七届七次全会通过《绥宁县“绿洲文明行动”实施方案》，在全县开展塑造文明形象、铸造美好心灵、治理愚昧落后活动，号召全县“人人都是投资环境，个个都是绿洲形象”。

1997年1月26日，成立绥宁县精神文明建设指导委员会，下设办公室，为正科级机构，定编4人。至2005年，曾令堂、薛建平、谢宏祥、龙妹、肖英、李珠平先后任主任。

争创“五好家庭” 1984年2月开始。“五好”标准为政治思想和生产工作好，家庭和睦、尊敬老人好，教育子女、计划生育好，移风易俗、勤俭持家好，邻里团结、文明礼貌好。首批评选出“五好家庭”2000户。之后，由县妇联组织常年进行。1997年9月，县委办、县政府办转发县委宣传部等17个单位《关于深入持久地开展创建“五好文明家庭”活动的意见》。1998

年2月9日，县委、县政府通报表彰赵小池等26户“五好文明”家庭。

争创文明单位　1987年4月16日，县委、县政府作出《关于在全县广泛开展文明村（镇）、文明单位建设的决定》，目标是：坚持四项基本原则，反对资产阶级自由化，增产节约，增收节支；加强思想教育，抓好科学文化、民主法制、道德风尚、环境卫生、公益事业建设等工作，逐步把绥宁建设成为富裕、文明、民主的文明县。当年，以“六抓六治六变”（抓商品生产、治穷变富；抓思想政治教育，治旧变新；抓文化科学技术，治愚变智；抓社会公共秩序，治乱变安；抓行业服务质量，治差变优；抓城乡环境建设，治脏变美）为主要内容，评选出文明镇1个（长铺镇）、文明单位20个、文明村30个、文明组400个、文明户500个、文明先进个人600个。

争创文明县城　自1990年开始至2005年，绥宁县把创建湖南省文明县城作为双文明建设的突破口和龙头工程来抓。一方面投入大量资金用于房屋、道路、绿化等硬件建设；另一方面广泛开展社会公德、职业道德、家庭美德教育和创文明社区、文明街道、文明单位、文明市民活动。先后举办“四·八”姑娘节、神滩赛歌会、元宵灯会等一系列独具地方特色的大型文化体育活动，丰富群众文化生活。1997年，绥宁县城被市委、市政府授予邵阳市文明县城称号。1998年6月，县委、县政府出台《创建全省文明县城实施方案》，成立创建全省文明县城领导小组，按照美化、灯化、净化、文明的总体要求，把任务落实到各责任单位。12月下旬，省文明县城检查验收团对绥宁县城的情况进行全面检查。翌年2月9日，绥宁县城获省委、省政府授予的1998年度湖南省文明县城称号。2000年和2004年，绥宁县城又获湖南省文明县城称号。

创优夺牌　1985年12月23日，县委、县政府颁发《关于党政机关、事业单位干部制度试行部分改革的决定》，对县委、县人大、县政府、县政协的部、办、委、局（含局级单位）和各乡镇干部实行双文明目标管理岗位责任制、领导干部任期制、一般工作人员选聘制，下放部分人事权、奖惩权。1986年1月开始推行。8月9日的《湖南日报》和8月13日的《人民日报》对此做法进行了报道。全县机关乡镇和广大干部群众掀起了创优夺牌、争当文明建设标兵的热潮。1992年、1994年、1997年、2000年、2004年，绥宁县连续5次荣获全国双拥模范县称号；1994年、1999年，分别荣获全国民族团结进步模范单位、全国民族团结进步先进县称号；1994年、1997年、2005年，分别荣获全国林业科技示范县、全国科技工作先进县、全国科普示范县称号。

表3-6-1　**1979—2005年绥宁县文明创建一览表**

获奖单位	荣誉称号	授奖单位	授奖时间
瓦屋塘公社三八茶场	全国三八红旗集体	全国妇联	1979年3月
县公路段	湖南省大庆式企业	中共湖南省委、省革命委员会	1979年4月
县人武部武器仓库	湖南省红旗仓库	湖南省军区	1980年
县图书馆	全国红领巾读书活动先进单位	共青团中央、文化部、教育部	1982—1984年
枫香公社濑濑水大队妇代会	全国三八红旗集体	全国妇联	1983年
县人武部	湖南省建设社会主义精神文明先进单位	湖南省军区	1984年11月
县人武部	招飞先进单位	湖南省军区	1984年11月

续表 3-6-1

获奖单位	荣誉称号	授奖单位	授奖时间
县人武部	正规化建设先进单位	湖南省军区	1984 年
在市镇武装部	体育活动先进单位	湖南省人民政府、湖南省军区	1984 年
县人武部	基层民兵武器管理安全防事故先进单位	湖南省军区	1985 年 1 月
县税务局	1985 年度税收工作先进单位	湖南省人民政府	1985 年 12 月
绥宁县	基层民兵武装管理无事故先进单位	广州军区	1985 年
绥宁县	造林绿化先进单位	湖南省绿化委员会	1986 年
在市镇	全国计划生育先进单位	国家计生委	1986 年
关峡苗族乡	全国计划生育先进单位	国家计生委	1986 年
江口塘电站	全国计划生育先进单位	国家计生委	1986 年
县工商银行	湖南省普法先进单位	湖南省普法领导小组	1987 年 1 月
县农业银行	湖南省金融先进单位	湖南省人民政府	1987 年 3 月
绥宁县	湖南省农村改水工作先进单位	湖南省爱卫会	1987 年 5 月
武阳镇茅坪村	文明建设先进单位	中共湖南省委、省人民政府	1988 年 2 月
黄桑坪苗族乡	全国民族团结进步先进集体	国务院	1988 年 4 月
绥宁县	湖南省拥军优属先进县	湖南省人民政府	1988 年 7 月
绥宁县	全国拥军优属先进单位	民政部	1988 年 8 月
中共绥宁县委	湖南省普法工作先进单位	中共湖南省委	1988 年
县检察院经济检察股	打击犯罪先进集体	湖南省人民检察院	1988 年
绥宁县	文明单位建设工作先进县	中共湖南省委、省人民政府	1989 年 3 月
县检察院经济检察股	先进经济检察股	湖南省人民检察院	1989 年
县贸易公司	双信十佳商店	湖南省人民政府	1990 年 3 月
绥宁县	全国普法先进集体	中共中央宣传部、司法部	1990 年 3 月
绥宁县	湖南省森林防火先进单位	湖南省森林防火指挥部	1990 年 9 月
绥宁县	初级农村电气化县	水利部	1990 年 10 月
绥宁县	湖南省党管武装先进单位	中共湖南省委、省人民政府、湖南省军区	1990 年 11 月
绥宁县	双拥模范县	湖南省人民政府、湖南省军区	1990 年 12 年
绥宁县	湖南省农村教育工作先进县	湖南省人民政府	1990 年
枫木团苗族侗族乡	全国民族团结进步先进集体	国家民委	1990 年
枫木团苗族侗族乡	湖南省民族团结进步先进集体	中共湖南省委、省人民政府	1991 年 3 月
兰家侗族苗族乡	湖南省民族团结进步先进集体	中共湖南省委、省人民政府	1991 年 3 月
武阳镇计划生育办	全国计划生育工作先进集体	国家计生委、人事部	1991 年 3 月
县供销社	组织购销先进单位	湖南省人民政府	1991 年 3 月
县贸易公司	1990 年度先进购销企业	湖南省人民政府	1991 年 3 月
绥宁县	“七五”农村水改先进县	全国爱卫会	1991 年
县林业局	双文明单位	中共湖南省委、省人民政府	1991 年
县税务局	1991 年度全国税法宣传教育先进单位	国家税务局	1992 年 2 月
绥宁县	中稻成建制亩产 500 千克先进县	湖南省人民政府	1992 年 12 月
县木材公司	七五期间造林先进企业	林业部	1992 年 12 月
绥宁县	全国双拥模范县	民政部、解放军总政治部	1992 年
黄桑坪苗族乡武装部	先进民兵基层单位	广州军区	1992 年
县工商银行	双文明建设先进单位	中共湖南省委、省人民政府	1992 年

续表 3-6-1

获奖单位	荣誉称号	授奖单位	授奖时间
县图书馆	全国红领巾读书读报活动先进集体	国家教委、文化部、新闻出版署、共青团中央	1992 年
绥宁县	湖南省林业公检法工作先进单位	湖南省人民检察院、湖南省高级人民法院等	1993 年 3 月
县检察院经济检察股	1987—1992 年先进集体	湖南省人民检察院	1993 年 3 月
县贸易公司	全国文明经营示范单位	共青团中央、商业部	1993 年 3 月
县人武部	以劳养武先进单位	湖南省人民政府、湖南省军区	1993 年 4 月
绥宁县	全国森林资源林政管理先进单位	林业部	1993 年 12 月
县检察院申诉检察股	湖南省检察机关文明接待室	湖南省人民检察院	1993—2005 年
绥宁县	湖南省农村卫生工作先进县	湖南省人民政府	1994 年 3 月
绥宁县	全国双拥模范县	民政部、解放军总政治部	1994 年 7 月
绥宁县	全国民族团结进步模范单位	国务院	1994 年 9 月
县工商银行	湖南省职业道德建设先进单位	湖南省廉政建设领导小组、中共湖南省纪律检查委员会	1994 年 12 月
县人民法院	湖南省双文明单位	中共湖南省委、省人民政府	1994 年
县林业局	双文明标兵单位	中共湖南省委、省人民政府	1994 年
县税务局	文明卫生单位	湖南省爱国卫生运动委员会	1994 年
绥宁县	全国林业科技示范县	林业部	1994 年
绥宁县	湖南省社会治安综合治理先进单位	中共湖南省委、省人民政府	1995 年 1 月
县林业局	以工代赈工作先进集体	湖南省人民政府	1995 年 1 月
县农业银行	全国金融先进单位	全国金融工会	1995 年 2 月
绥宁县	全国造林绿化百佳县	全国绿化委员会	1995 年 3 月
绥宁县	湖南省民兵基层建设落实三年规划先进单位	湖南省人民政府、湖南省军区	1995 年 3 月
绥宁县	全国林业宣传先进县	林业部	1995 年 4 月
县防汛办	1995 年湖南省抗洪救灾先进集体	湖南省防汛抗旱指挥部	1995 年 9 月
在市镇	全国土地管理“三无”乡（镇）活动模范乡（镇）	国家土地管理局	1995 年 10 月
绥宁县	全国绿化先进县	全国绿化委员会、林业部、人事部	1996 年 3 月
县农业银行	全国模范职工之家	中华全国总工会	1996 年 5 月
县水电局	1996 年湖南省抗洪救灾先进集体	湖南省人民政府	1996 年 9 月
县商业局	安全文明小区	湖南省社会治安综合治理委员会	1996 年 12 月
县纪检会	湖南省双文明单位	中共湖南省委、省人民政府	1996 年
绥宁县	全国双拥模范县	全国双拥工作领导小组、民政部、解放军总政治部	1997 年 1 月
县人民法院	集体一等功	最高人民法院	1997 年 1 月
县人武部	全面建设标兵单位	湖南省人民政府、湖南省军区	1997 年 3 月
县人武部	以劳养武先进单位	湖南省人民政府、湖南省军区	1997 年 3 月
绥宁县	20 世纪末基本扫除青壮年文盲、基本普及九年制义务教育工作先进县	中共湖南省委、省人民政府	1997 年 4 月
绥宁县	全国科技工作先进县	国家科委	1997 年 3 月
绥宁县	全国林业公安基层基础工作先进单位	公安部、林业部	1997 年 9 月
竹舟江苗族乡	全国食用菌行业先进乡	中国食用菌协会	1997 年 9 月

续表 3-6-1

获奖单位	荣誉称号	授奖单位	授奖时间
县工商银行	模范治安先进单位	湖南省社会治安综合治理委员会	1997年12月
县林业公安分局	全国林业公安基层基础建设先进单位	公安部、林业部	1997年
县林业公安分局	集体二等功	林业部	1997年
长铺镇	湖南省安全文明镇	湖南省社会治安综合治理委员会	1998年3月
荣岩电站	湖南省安全文明小区	湖南省社会治安综合治理委员会	1998年3月
绥宁县	全国山区综合开发示范县	国家计委、林业部	1998年3月
长铺镇	湖南省百强镇	中共湖南省委、省人民政府	1998年6月
县国税局直属征收分局	湖南省青年文明号	湖南省青年工作委员会	1998年12月
绥宁县	湖南省计划生育工作先进单位	中共湖南省委、省人民政府	1998年
县信用社	全国农村信用社会计工作一级单位	中国人民银行总行	1998年
县地税局	湖南省双文明单位	中共湖南省委、省人民政府	1998年
县林业公安分局	林业严打先进集体	最高人民法院、最高人民检察院、公安部、监察部、国家林业局	1998年
绥宁县	湖南省社会治安综合治理先进县	中共湖南省委、省人民政府	1999年1月
县农业普查办公室	第一次全国农业普查工作先进集体	国务院第一次全国农业普查领导小组	1999年1月
绥宁县城	湖南省文明县城	中共湖南省委、省人民政府	1999年2月
绥宁县	湖南省草食牲畜生产示范县	湖南省人民政府	1999年4月
绥宁县	全国民族团结进步模范单位	国务院	1999年9月
绥宁县	湖南省计划生育工作先进单位	中共湖南省委、省人民政府	1999年
县人武部	县（市、区）人武部全面建设先进单位	广州军区	1999年
绥宁县	全国双拥模范县	全国双拥工作领导小组、民政部、解放军总政治部	2000年1月
绥宁县	湖南省土地执法模范县	湖南省人民政府	2000年1月
瓦屋塘工商所	全国文明工商所	国家工商局	2000年1月
绥宁县	湖南省文物保护“五纳入”工作先进县	湖南省人民政府	2000年3月
县人民银行	文明卫生单位	湖南省爱国卫生运动委员会	2000年5月
绥宁县	全国县级计划生育工作“三为主”先进单位	国家计生委	2000年9月
县公安局经侦大队	打击制贩假币先进单位	公安部	2000年10月
绥宁县城	2000年度湖南省文明县城	中共湖南省委、省人民政府	2000年11月
绥宁县	湖南省计划生育工作模范单位	中共湖南省委、省人民政府	2000年12月
绥宁县	全国民族团结进步先进集体	国家民委	2000年
绥宁县	全国爱心献功臣行动先进县	全国双拥工作领导小组	2000年
县人武部	民兵政治教育标兵单位	广州军区	2000年
县人武部	民兵武器装备管理先进单位	解放军总参谋部	2000年
县人民检察院	湖南省五好检察院	湖南省人民检察院	2000年
竹舟江苗族乡	全国食用菌种植先进乡	中国食用菌协会	2000年
县财政局	湖南省双文明单位	中共湖南省委、省人民政府	2000年
县教研室	推广“三算教学”先进单位	中国珠算协会	2000年
县人武部	民兵装备仓库先进单位	解放军总参谋部	2001年3月
绥宁县	湖南省党管武装工作先进单位	中共湖南省委、省人民政府、湖南省军区	2001年5月
绥宁县	全国法制教育宣传先进县	中共中央宣传部、司法部	2001年8月

续表 3-6-1

获奖单位	荣誉称号	授奖单位	授奖时间
绥宁县	全国婚育新风进万家活动先进县	中共中央宣传部、国家计生委	2001 年 8 月
黄桑坪苗族乡林业站	全国先进林业站	国家林业局	2001 年 9 月
乐安铺苗族侗族乡	全国婚育新风进万家活动先进乡镇	中共中央宣传部、国家计生委	2001 年 10 月
绥宁县	湖南省文化先进县	湖南省人民政府	2001 年 10 月
绥宁县	湖南省村民自治工作先进县	湖南省人民政府	2001 年 12 月
绥宁县	湖南省计划生育工作模范县	中共湖南省委、省人民政府	2001 年 12 月
绥宁县	湖南省社会治安综合治理先进县	中共湖南省委、省人民政府	2001 年
绥宁县	湖南省发展乡镇企业先进县	湖南省人民政府	2002 年 3 月
绥宁县	湖南省文物保护“五纳入”工作示范县	湖南省人民政府	2002 年 4 月
县人民法院	2001 年度湖南省“人民满意的好法院”集体二等功	湖南省高级人民法院	2002 年 6 月
绥宁县	全国农村自来水普及工作先进县	全国爱国卫生运动委员会	2002 年 8 月
县防汛抗旱指挥部	2002 年度湖南省抗洪救灾先进集体	中共湖南省委、省人民政府	2002 年 9 月
乐安铺苗族侗族乡	文明村镇	中共湖南省委、省人民政府	2002 年 9 月
县计生局	湖南省文明卫生单位	湖南省爱国卫生运动委员会	2002 年 9 月
绥宁县	湖南省计划生育工作模范县	中共湖南省委、省人民政府	2002 年 12 月
绥宁县	全国生态示范建设试点县	国家环保总局	2002 年 12 月
绥宁县	2002 年度湖南省山洪灾害防御试点先进单位	湖南省防汛抗旱指挥部	2002 年
绥宁县	2002 年度湖南省抗洪救灾先进集体	中共湖南省委、省人民政府	2002 年
县计生局	文明单位	中共湖南省委、省人民政府	2002 年
乐安铺苗族侗族乡	文明单位	中共湖南省委、省人民政府	2002 年
县人武部	拥政爱民先进单位	中共湖南省委、省人民政府、湖南省军区	2003 年 11 月
绥宁县	全国村民自治模范县	民政部	2003 年 12 月
绥宁县	湖南省计划生育工作模范县	中共湖南省委、省人民政府	2003 年 12 月
绥宁县	湖南省抗“非典型肺炎”先进集体	中共湖南省委、省人民政府	2003 年
绥宁县	全国双拥模范县	全国双拥工作领导小组、民政部、解放军总政治部	2004 年 1 月
红岩镇红岩村党支部	湖南省“五个好”农村基层党组织	中共湖南省委	2004 年 6 月
县人武部	人才培养先进单位	湖南省军区	2004 年 9 月
县人武部	订刊用刊标兵单位	广州军区政治部	2004 年 10 月
武阳镇老干部党支部	全国先进离退休干部党支部	中共中央组织部	2004 年 10 月
绥宁县	湖南省人口和计划生育工作优质服务先进单位	中共湖南省委、省人民政府	2004 年
绥宁县	湖南省村民自治模范县	中共湖南省委、省人民政府	2004 年
绥宁县	湖南省信访工作先进县	中共湖南省委、省人民政府	2004 年
湖南电信公司绥宁分公司	文明单位	中共湖南省委、省人民政府	2004 年
邵阳移动公司绥宁营业部	文明单位	中共湖南省委、省人民政府	2004 年
绥宁县城	2004 年度湖南省文明县城	中共湖南省委、省人民政府	2005 年 1 月
县人武部党委	先进党委	湖南省军区	2005 年 6 月
乐安铺苗族侗族乡	第一次全国经济普查先进集体	国务院第一次全国经济普查领导小组	2005 年 7 月

续表 3-6-1

获奖单位	荣誉称号	授奖单位	授奖时间
绥宁县	湖南省民族团结进步模范集体	湖南省人民政府	2005年10月
乐安铺苗族侗族乡	全国创建文明村镇工作先进乡镇	中央精神文明建设指导委员会	2005年10月
乐安铺苗族侗族乡	全国婚育新风进万家活动先进乡镇	中共中央宣传部、国家计生委	2005年
县科协	全国农村科普工作先进集体	中国科协	2005年

第二节　理论学习

1979年，县内组织全县党员干部重点学习中共十一届三中全会文件。同年8月，县委召开区社党委书记和县直属机关单位负责人会议，开展“实践是检验真理的唯一标准”的讨论；当年全县培训理论辅导员160名。

1981年，县委组织全县党员干部学习《关于建国以来党的若干历史问题的决议》，坚持四项基本原则，坚持改革开放。

1983年8月，县委发出《关于认真学习〈邓小平文选〉的通知》，结合学习《陈云文选》《关于社会主义经济问题》和十一届三中全会及十二大文件。1984年，县中心学习组30多名领导集中4天时间学习中央1号文件（《关于1984年农村工作的通知》）。县委宣传部协同县委组织部举办整党文件学习班4期，每期5～7天，各区、镇、乡举办党员学习班28期，全县参加学习的党员9462人。1986年开始，县委成立干部正规化理论教育领导小组，组织高中以上文化的干部系统学习《辩证唯物主义和历史唯物主义原理》《政治经济学》《科学社会主义原理》。1987—1988年，县委组织全县党员干部学习十三大文件和社会主义初级阶段理论，进行党的基本路线教育，开展生产力标准讨论。全县乡镇和企事业单位有12070人参加学习，其中1600多人在各级党校进行正规理论学习。

1990—1992年，县委和全县各级党组织，组织全县党员干部，先后学习建设有中国特色的社会主义理论、社会主义经济理论、十三届七中全会精神、邓小平南方谈话和江泽民在中央党校发表的重要讲话；先后举办各种培训班50多期，编发学习辅导资料1500余份，培训理论骨干280余人；并开展思想大解放的讨论。1993年，县委组织党员干部学习中共中央《关于建立社会主义市场经济体制的决定》。1995年，县内举办《邓小平文选》研讨班，并组织学习以党章为主要内容的党的基本知识。年内，全县有1万多名党员参加党的基本知识考试。1996年，县委组织全县党员干部学习《中共中央关于加强社会主义精神文明建设若干重要问题的决议》和江泽民总书记的讲话。分期分批对乡镇党委和机关副科级以上干部进行理论培训。1997年，县委在党校举办专题学习班，学习中共十五大文件，每期学习1周，均由县委常委授课，参训人数达1000多人；年内，还层层举办培训班，受训人数1万多人次。1999年，县委下发《关于进一步建立健全全县科级以上单位党委（党组）学习中心组学习制度的意见》，全县干部系统学习邓小平理论、法律法规、金融知识、信息知识等内容。

2000年，全县开展“讲学习、讲政治、讲正气”的“三讲”教育和“三讲”教育“回头看”活动，系统学习邓小平理论、“三个代表”重要思想、中共十五大报告及十五届五中全会精神。基层党组织建立“三会一课”“三学二考一纳入”等制度，县直机关和各乡镇落实“周五学习日”制度。2003年，学习中共十六大报告、“三个代表”重要思想、十六届三中全会精神。将“兴学风、正作风、促发展”读书活动扩大到一般干部，在《绥宁报》、县电视台设立专题专栏，在县委党校对全县乡镇、市属县直机关单位班子成员举办“封闭式”的“三个代表”重要思想培训班3期，由县级领导和省市理论专家讲课。2004年，组织全县干部学习十六届四中全会和中央1号文件（《关于促进农民增加收入若干政策的意见》）及宪法修正案、行政许可法等法律法规。邀请省委讲师团教授陈志强和市委讲师团主任周前宜到绥举行“立党为公、执政为民”和落实十六届四中全会精神专题讲座。开展创建学习型党组织、学习型机关、争当学习型干部的学习活动。

2005年，邵阳市理教党教工作现场会在绥宁县召开，绥宁扎实推进理论武装工作的经验在会上得到推介。是年，举办“兴工强县”论文赛，在《绥宁通讯》开设“兴工强县大家谈”“兴工强县讲台”“兴工强县论坛”等理论专栏，组织全县7000多名干部职工参加理论考试。

第三节　新闻宣传

机构队伍　1978年，全县有从事新闻报道的业余通讯员200人左右。1980年，县委宣传部设新闻组，有专职新闻干部1人。1984年，全县业余通讯员增至600余人，此后常年稳定在300人左右。20世纪80年代初至90年代中期，县委宣传部新闻专干杨光辉、谢宏祥、蒙海涛和业余通讯员袁冰清多次获省、市、县优秀通讯员称号。2000年年底，全县有新闻专干1人，业余通讯员250人。2004年8月，成立县委对外宣传办公室（县人民政府新闻办公室），为副科级机构，定编1人。是年，全县有业余通讯员280人。2005年年底，有新闻专干1人，业余通讯员350人。

重要稿件　1979年，全县被省以上新闻媒体采用稿件80余篇。20世纪80年代初，宣传报道黄桑自然保护区动植物资源的稿件增多，王恒松拍摄的照片“长苞铁杉”配合李焕宁撰写的报道文章，被《人民中国》1980年第6期日文版刊登，引起强烈反响。1991年，县内通讯员在省以上报刊、电台发表稿件920篇，其中《希望在山》系列报道在全国电视新闻评比中获一等奖。2001年，县内通讯员在全国及省、市60余家新闻媒体发表稿件1600多篇，其中重点报道了“中国湘西南森林生态民族风情旅游节暨黄桑‘四·八’姑娘节”，借此宣传绥宁，推介绥宁。2003年，李斌采写的《绥宁构筑七道防线防治非典》在《邵阳日报》头条和《湖南日报》发表后，湖南省推广了绥宁县防“非典”的经验。2005年，县内通讯员在市以上媒体发稿1400余篇，其中在《邵阳日报》发稿410多篇。至是年底，中共绥宁县委宣传部先后10次被中共邵阳市委、市人民政府评为新闻报道工作先进集体。

对外宣传 20世纪80年代中期，县委邀请本市著名作家鲁之洛、梅门连到绥宁采写反映绥宁山水风光和建设成就的电视专题片，由中央电视台拍摄播放。1991年，由肖体焕、陈道馥、李仲恒策划，王汉雄主编，经济日报出版社出版的宣传介绍绥宁景观资源的《绥宁，神奇的绿洲》一书公开发行。1992年，电影《秋收起义》在绥宁取景拍摄。此后，又有《炎帝传奇》《古道西风》《痴虎》《那山 那人 那狗》《生死路上》等影视剧在绥宁取景拍摄。1995年3月，由隆振彪撰稿、天津电视台拍摄的反映绥宁民族风情的电视专题片公开播放。2001年，县内举办“2001年中国湘西南森林生态民族风情旅游节暨黄桑‘四·八’姑娘节明星演唱会”，邀请李谷一、虢建武、陈思思、李春波、火风等歌唱家、歌星参加演唱会，并印发《绥宁旅游指南》，制作播放《绥宁，湘西南绿色明珠》电视专题片，在县城和1805公路沿线乡镇制作悬挂“两节”宣传横幅300余条、彩旗1000余面、彩带500余条、氢气球30个。2005年，县委外宣办、县政府新闻办在《欧洲时报》等国外媒体上刊登专版，宣传绥宁经济社会成就、招商引资载体和政策、经贸活动组织情况。是年5月28日，北京《航空》杂志应日本《翼之王国》杂志之约，专程派出记者来绥宁县采访拍摄风土人情图片，日本《翼之王国》杂志推出专版，介绍绥宁县特有的自然风光和风土人情。是年，绥宁县在红网、中新网、新华网、人民网、政府公众信息网等互联网上发表稿件160多篇。

党报党刊发行 1981年，县邮政局各支局和邮电所均开办报刊零售业务，使全县报刊发行量大幅度上升。1985年，全县报刊发行77003份（平均3.57人1份），为邵阳地区分配任务数的152.48%，报刊发行总流转额34.07万元（人均1.24元）。其中《湖南科技报》在县内的发行量达16251份。是年，各乡镇、各中心小学和县属二级机构以上单位都订阅《人民日报》《湖南日报》《邵阳日报》《湖南农村报》《红旗》《党支部生活》等报刊。并规定农村党支部和村委会订阅报刊的经费由扶贫经费解决。报刊投递逐步建立“村邮站”，实行有偿或无偿服务。1987年，全县完成报刊发行86306份，报刊发行流转额45.8万元。20世纪80年代末至90年代中期，全县每年发行各种报刊约5万份，报刊发行流转额约50万元。1996年，县委宣传部成立“邵阳日报”发行站，各乡镇聘请发行员，建起自办发行网络。1997年，县委宣传部和各乡镇均建立党报党刊发行站，全县党报党刊发行网络基本形成。是年，全县发行《邵阳日报》2850份、《学习导报》700余份，发行流转额86万元。2005年，全县发行《人民日报》300份、《湖南日报》1800份、《邵阳日报》3100份、《求是》杂志160份，发行流转额96.97万元。1983—2005年，县委宣传部先后9次被中共湖南省委宣传部、湖南省经济委员会、湖南省科学技术委员会、湖南省邮电管理局评为读报用报和报刊发行工作先进单位。

第七章　统战工作

第一节　党外人士工作

1984年4月，政协绥宁县第一届委员会的85名委员中，有非党人士52名，占委员总数的61.2%；14名政协常委中，非党人士9名，占常委总数的64.3%；有3名非党人士当选县政协副主席，占县政协正副主席总数的60%。之后，每届县政协委员、政协常委、政协副主席中，非党人士所占比例均超过50%。

1992年年底至1993年年初，在各级人大、政府、政协的换届选举中，全县共有57名党外人士被选上各级人大代表，其中第八届省人大代表2名、第十一届市人大代表6名、第十二届县人大代表48名，1人当选县人大副主任；有99名党外人士被安排担任各级政协委员，其中第七届省政协委员1名、第七届市政协委员7名，第四届县政协委员82人、常委7人、副主席2人；有1名党外人士当选县人民政府副县长，有21名党外人士当选乡镇副乡长或副镇长，政府各职能部门也安排了党外副职。经各单位推荐，县委统战部还考察确定了一批党外后备干部。

1997年，在人大、政协换届工作中，县委统战部通过考察，推荐参加县人大、县政协、县政府换届选举的党外人士候选人36名（含省、市人大代表和政协委员），并考察推荐县政协委员提名人选151名。

2002年，全县有副处级党外领导干部6名、正科级党外领导干部2名、副科级党外领导干部18名，还有一批以知识分子为主的非党后备干部。

2003年，县委统战部通过对全县干部队伍的摸底考察，向县委推荐41名非党后备领导干部人选，平均年龄34.4岁，并逐步建立起党外后备干部储备库。

2005年，县委统战部考察培养非党后备领导干部人选47名。其中：公务员43名、教育战线1名、医疗卫生单位1名、其他企业单位2名；女性非党后备干部16名，少数民族非党后备干部26名；具有大专以上文化的非党后备干部37名。

第二节　落实统战政策和三胞联谊

落实统战政策　1979年开始，县委统战部协助县委对全县在20世纪50年代反右派斗争扩大化中错划的右派进行改正；对遭受错误处理的274名“江南别纵队”人员全部予以纠正，对其中尚能工作的23人安排工作，11名老弱病残者作退休安置，已故的59人中有家属的给予一次性经济补助；对73名丧失劳动能力的原绥宁人民自卫大队成员，给予定期补助救济。1982年，对起义投诚后居住在县内的408名原国民党军政人员进行妥善安置，生活有困难的，发给一次性困难补助金或定期予以补助。

三胞联谊 据1979年10月统计，绥宁县有去台湾人员280余人，其留居县境的亲属2501人；有绥宁籍港澳同胞20户、219人，其留居县境的亲属有118人。是年，对历次政治运动中受到错误处理的96名台属和4名港属全部给予平反纠正；对32户被查抄的财物，有原物的退还原物，已无原物的给予适当补偿。

1984年5月15日，根据中共湖南省委办公厅《关于调整省委对台工作领导小组成员的通知》精神，原中共绥宁县委对台宣传领导小组改为“中共绥宁县委对台办公室”。1986年11月19日，武阳籍台胞肖树清回乡，系绥宁去台湾人员中第一位回乡探亲者。1987年，有20余名去台湾人员回乡探亲，县委组织他们参观黄桑坪自然保护区和江口塘电站。1988年，成立绥宁县黄埔同学会。1989年，在市籍台胞禹海源从台湾回乡，向在市镇（今在市苗族侗族乡）捐赠人民币1.5万元，用于建亭保护县内重点文物——明代大铁钟。

1990年，双河籍（今党坪）台胞陆丘善（又名陆成岳）从台湾回乡探亲，以其先母杨美贞之名，在县第一中学设立“陆杨美贞女士人才奖助学金”。是年10月，金屋塘籍台胞刘德汉从台湾回乡探亲，捐献人民币1.8万元作为家乡修路架桥和办学费用。嗣后，港台同胞陆续回县探亲，最多的一年达百余人。1997年初，县委统战部对台办公室开展招商引资，引进台商王义荣、郭振，签订竹艺品购销合同，引进资金70万美元。1997—2005年，县委每年召开一次“三胞”亲友代表座谈会，以加强“三胞”联谊。

第三节 统战宣传

中共十一届三中全会后，县委组织成立落实统战政策调查工作组，对历次政治运动中受极“左”路线冲击所造成的冤、假、错案进行内查外调，为相关人员落实各项统战政策。此后，组织干部群众开展统战理论政策学习。1991年，学习中央有关文件和江泽民在全国统战工作会议上的讲话。1992年6月上旬，在县委党校举办为期5天的统战理论政策学习班，县直局级以上单位领导和乡镇党委宣传统战委员共93人参加学习。2003年，县委统战部认真贯彻落实中共中央关于统战工作“四个纳入”（将统战工作纳入各级党委的重要议事日程，纳入县以上各级党政主要领导干部的检查考核内容，纳入新闻部门的宣传计划，纳入各级党校的培训和教育内容）的指示精神，深入学习中共湖南省委办公厅《关于切实做好统一战线工作“四个纳入”工作的通知》和中共邵阳市委《关于贯彻落实统战工作“四个纳入”的实施意见》，全县掀起学习宣传统战政策理论的高潮。2005年，县委统战部深入贯彻落实《关于进一步加强中国共产党领导的多党合作和政治协商制度建设的意见》和中共湖南省委9号、中共邵阳市委18号文件精神，广泛宣传，把思想和行动统一到中央和省委、市委的要求上，进一步推进绥宁县多党合作和政治协商的制度化、规范化、程序化，推动多党合作事业蓬勃发展。

县委和县委统战部对回乡探亲、访友、经商的港澳台同胞及海外侨胞进行面对面的宣传。宣传的内容包括介绍大陆对台政策如“一国两制”，中华人民共和国成立后大陆发生的变化和取得的成就，对港澳台同胞及海外侨胞介绍绥宁的风土人情、名胜古迹等。联络去台湾人员回乡探亲，向他们介绍家乡的巨大变化，激发其热爱故土之情。同时，加强对县内干部群众的对台方针、政策（“一国两制”）教育，介绍台湾状况和两岸关系发展情况，动员全社会都来关心、支持、促进祖国统一大业的早日实现。

第八章　政法工作

第一节　全民普法教育

1979年冬，全县开始进行大规模法制宣传教育和加强司法队伍建设。并抽调干部，充实司法机构。1980年8月，全县贯彻全国五届人大通过的《中华人民共和国全国人民代表大会和地方各级人民代表大会选举法》《中华人民共和国地方各级人民代表大会和地方各级人民政府组织法》和《中共中央批转民政部党组关于全国县级直接选举试点情况的报告》文件精神，开展县级直接选举和镇、社选举，全县选民参选率达94.8%。同时进一步落实各种经济法规，加大对经济违法案件的处理力度。1985年，全县广泛开展普法教育，加强人民调解，注重对人民来信来访的处理。1986年，全县开始进行“一五”普法。1988年，全县城乡普遍建立治安承包责任制，政法部门开展多次专项斗争。1990年3月，中共中央宣传部、司法部授予绥宁县全国普法先进集体称号。

1990年开始，县人民政府在工作中主动接受民主监督和法制监督，定期向人大报告工作，认真执行人大各项决定、决议。同时加强与人民政协的合作，及时通报政府工作，协商重大事项。1991—1995年，全县进行“二五”普法。党政职能部门坚持依法行政，政府法制工作进一步加强和改善。1997年，绥宁县在邵阳市率先开通“110”报警服务台。1992—1997年，全县广泛开展安全文明社区活动，普遍进行法制教育，刑事发案率为邵阳市最低，被评为湖南省、邵阳市社会治安综合治理先进县和“二五”普法先进县。1998年，绥宁县被评为湖南省社会治安综合治理先进县。

2000年，全县积极推进依法治县进程，推行行政执法责任制，开展政务公开和行风评议，开展“三五”普法。推行政务、厂务、村务、校务、医务“五公开”制度。加强行政复议应诉和行政赔偿工作。

2001—2005年，全县圆满完成“四五”普法，深入开展“平安绥宁”创建活动。民主建设有序推进，社区建设和村（居）民自治取得新进展。2003年、2004年，绥宁县先后被评为全国村民自治模范县和湖南省村民自治模范县。

第二节　社会治安综合治理

查禁黄赌毒　1989年1月22日上午，县城召开群众大会，打击处理51名严重危害社会治安的刑事犯罪分子。同年11月21日，在人民会场召开机关干部职工大会，部署全县开展除“六害”（卖淫嫖娼、制作贩卖淫秽物品、拐卖妇女儿童、私种吸食毒品、聚众赌博、利用封建迷信骗钱害人）工作。至1990年4月，全县共抓获有“六害”行为的违法人员633名。1997年12月22日，县政府发出通告，决定在全县开展禁赌活动，依法查处赌博和严厉打击赌头、赌棍以及为赌博提供场所的首要分子。2003年6月12日上午，县委、县政府组织县禁毒委员会的成员单位及新闻媒体负责人召开专门会议，部署全县“6·26国际禁毒日”大型宣传教育活动。2004年4月10日开始，全县开展为期2个月的整治学校周边治安秩序专项行动，先后停业整顿违规经营的网吧15家，刑事拘留6人，摧毁校内帮派1个，侦破敲诈案5起。2004年9月24日，召开打击犯罪公开处理大会。会上宣布对23名犯罪嫌疑人执行或批准逮捕，对5名犯罪分子进行一审判决。

弘扬社会正气 1989年6月，县委、县政府通报表彰21名见义勇为先进个人并颁发荣誉证书和奖金。1995年11月2日，县委、县政府通报表彰刘移江、何德奇、周清平、杨三红、李荣河、唐彬、龙景红、向栋梁、陈红旗、李波“十佳政法干警”。1996年6月24日下午3时，4名犯罪嫌疑人在绥宁县开往靖州的客车上抢走旅客夏勇军3800元现金后逃往天堂界深山老林。案发后，附近数百名群众在公安机关和乐安铺苗族侗族乡党委、政府的组织下，搜山16小时，将其中3名犯罪嫌疑人抓捕。参加此次行动的龙开文、杨光俊、杨正红、戴恩义、杨光华、刘石平、彭传礼、彭定春等人被县委、县政府授予绥宁县见义勇为先进个人荣誉称号。是年，邵阳市见义勇为奖励基金会绥宁分会成立，通过县财政拨款和社会各界募捐，建立见义勇为奖励基金28万元。2005年4月21日，刘天发、谢清锋、朱历元、刘弟金、陈 青、刘月梅、汤立仁、龙章义8人被县社会治安综合治理委员会授予绥宁县见义勇为先进个人荣誉称号。

群防群治 1989年1月18日，成立绥宁县整顿社会治安秩序领导小组，县委书记屈家海任组长。年内，印发张贴《绥宁县关于整顿社会秩序的布告》1000份。1992年，县委、县政府下发《关于实行社会治安综合治理领导责任制的通知》，规定各单位党政主要领导为所在单位的社会治安综合治理的第一责任人，分管领导为第二责任人，专管领导为第三责任人，并层层签订综治工作责任状，交纳综治风险抵押金。1994年，在全县贯彻实施《湖南省社会治安综合治理一票否决权制实施办法（试行）》。2003年5月中旬，县社会治安综合治理委员会编印《农村社会治安安全防范实招》2万册，发给农村所有农户。实招分防盗、防骗、防劫、防凶杀、防火、山林防火、交通安全、安全用电、安全生产、纠纷调处、户政安全管理11篇。至2005年，绥宁县先后2次获湖南省“社会治安综合治理先进单位”称号。

1991年8月，绥宁县社会治安综合治理办公室成立，在县城、集镇和农村全面开展群防群治活动。县城和各乡镇成立专业联防队，日夜巡逻，维护治安；村、组和治安小区建立护村队、护院队、打更队，实行社会治安“三包”（村包村、院包院、户包户），统一管理，明确责任。并成立绥宁县疑难纠纷调解中心，处置县际、乡际纠纷；乡村建立相应纠纷调解基层组织，负责调解村民之间的纠纷。2000年，县综治办公室在红岩镇召开现场会，专门推介红岩村及时处理民事纠纷的经验。同时在省道沿线和边界沿线开展兄弟县、兄弟乡镇联防联治活动，每年召开1次联席会议，确保交通沿线、边界地区、林区的社会稳定，人民安定。

1996年开始，县内开展以“创建安全文明乡镇、创建安全文明单位、创建安全文明小区”为主题的“三创”活动。县委将“三创”活动作为全面推进社会治安综合治理的重要措施，制定实施方案，进行广泛的宣传发动，每年投入资金10万元，在省道1805线建立8个报警台，每个单位均安装报警器，设置门卫，配备专职保卫干部。1996—2004年，全县共评出安全文明乡镇12个、安全文明单位98个、安全文明小组172个，其中受全省表彰的单位6个。

开展专项斗争　1993年3月31日至4月20日，由中共绥宁县委组织协调，在全县开展打击毁林违法犯罪专项斗争，共查处各类林政案件6700起，收缴各种林业费用28.94万元。2000年6—8月，由中共绥宁县委组织协调，在全县开展打击涉毒犯罪专项斗争，共侦破涉毒案件36起，抓获贩毒、吸食及注射毒品的违法人员44名，摧毁6个吸毒窝点和5条毒品分销网络，收缴毒品45克；16名涉毒违法犯罪分子分别被逮捕、劳教和刑事拘留。2001年4月至2003年4月上旬，由中共绥宁县委组织协调，对全县刑事犯罪进行严打整治。严打期间，全县共破获各类刑事案件447起，协外破案77件，摧毁各类犯罪团伙32个184人，其中涉黑团伙2个44人，刑事拘留522人，逮捕254人，劳动教养59人，追回各类逃犯50人；查处各类治安案件883起，治安处罚1617人；办理批捕案件239件，批捕341人，提起公诉187件、250人，审结175件、228人。

防范处理邪教组织　1984年开始，中共绥宁县委政法委员会即组织协调全县政法部门，对西华堂、白阳道、门徒会、伪耶稣教、万事复兴会等反动会道门组织进行打击和取缔。1999年7月，在全县开展对邪教组织的清查处理行动。此后，防范处理邪教组织的行动在县内长期坚持。

执法监督　1996年，中共绥宁县委政法委员会增设执法监督室，专门负责对政法机构的执法监督。制定《全面执法检查制度》《党内联系办公制度》等规章制度，聘请县人大代表、县政协委员为执法监督员，及时反馈公检法在执法过程出现的问题。1999—2002年，执法监督员先后向县委政法委、县委反馈公检法执法过程中出现的问题130余个。县委政法委员会执法检查室自成立后，每年均组织人员进行一次执法检查，即首先由公检法各办案单位按年度进行一次执法自查，并对错案办案人员予以必要的处分。2002年，执法监督室抽查执法案件360件，发现差错48处，全部及时进行纠正。

第九章　机构编制

第一节　党政机构编制

1978—2005 年，县直党政群机构改革经历了恢复调整、首次改革、第二次改革、第三次改革、第四次改革 5 个发展阶段。

一、党政机构的恢复与调整

1978 年至 1983 年 10 月，为全县党政机构恢复与调整阶段。1978 年末，绥宁县有县委工作机构、县革委工作机构、章程机构、直属机构、群团机构及其他机构共 38 个。分别为：县委办公室、县委组织部、县委宣传部等县委工作机构 3 个；县革命委员会民政局、县革命委员会公安局、县革命委员会劳动工资局、县革命委员会计划委员会、县革命委员会工交办公室、县革命委员会交通局、县革命委员会农村办公室、县革命委员会农业局、县革命委员会林业局、县革命委员会水利水电局、县革命委员会财贸办公室、县革命委员会财税局、县革命委员会商业局、县革命委员会粮食局、县革命委员会工商行政管理局、县革命委员会文教局、县革命委员会体育运动委员会、县革命委员会卫生局、县革命委员会计划生育办公室、县革命委员会广播事业局、县革命委员会工业局、县革命委员会二轻局、县革命委员会农机局、县革命委员会物资局、县革命委员会社队企业局、县革命委员会科学技术委员会等县革命委员会工作机构 26 个；机关党委、知青办公室等其他县直属机构 2 个；中共绥宁县委纪律检查委员会、县人民法院、县人民检察院等章程机构 3 个；团县委、县妇联、县总工会等群团机构 3 个；县委党校等其他机构 1 个。

1979 年 5 月，成立县委信访科；12 月，成立县人事局，恢复县供销合作社。1980 年 4 月，成立县统计局、县经济委员会，撤销县工交办；5 月，成立县基本建设委员会；8 月，成立县档案局，与县档案馆两块牌子、一套人马；12 月，成立县人大常委会（下设办公室）、县人民政府，撤销县革命委员会。1981 年 1 月，成立县人民政府办公室、县司法局、县政府处理山林纠纷办公室，恢复县编制委员会（下设办公室）、县多种经营办公室，县文教局分设为县文化局、县教育局；3 月，成立县科学技术普及协会，与县科委两块牌子、一套人马；6 月，成立县对外贸易局，与外贸公司两块牌子、一套人马；7 月，设置县委统一战线工作部、县委党史资料征集小组，县知青办不再作为县直局级独立机构。1982 年 5 月，成立县委政法委员会。1983 年 2 月，县财税局分设为县财政局、县税务局。

二、党政机构首次改革

1983年11月，县内按“重叠机构撤销、相近机构合并”的原则进行县级机构第一次改革，县物资局、县农机局、县供销合作社、县轻工业局、县外贸局分别改为公司或联社，为县政府所属的局级事业或企业管理机构，不再列为政府工作机构。同时，针对县直机关人员编制使用尚不规范、随意性较大的状况，按照“编制就是法规”的要求，核定县直机关人员编制869名，其中行政编制437名、事业编制215名、企业编制134名、临时编制83名。至1984年3月，全县共设置各类机构54个。即：县委办公室、县委组织部、县委宣传部、县委统战部、县委政法委员会等县委工作机构5个；县政府办公室、县农委、县计委、县经委、县财委、县科委、县劳动人事局、县教育局、县卫生局、县文化局、县计生委、县体委、县公安局、县司法局、县民政局、县城乡建设环保局、县统计局、县物价局、县交通局、县粮食局、县商业局、县财政局、县税务局、县审计局、县工商局、县农业局、县林业局、县水电局、县社队企业局、县广播电视局等县政府工作机构30个；中共绥宁县纪律检查委员会、县人民法院、县人民检察院、县人大常委会办公室等章程机构4个；团县委、县妇联、县总工会、县科协等群团机构4个；县委党校、县物资公司、县农机公司、县供销合作联社、县手工业联社（轻工业局）、县外贸公司等其他机构6个；县直属机关党委、县信访办公室、县委党史资料征集办公室（原县委党史资料征集小组改名）、县档案局、县委编制委员会等直属机构5个。

1984年4月，成立政协绥宁县委员会（下设办公室）、县委老干部工作局、县委对台办公室，县社队企业局更名为乡镇企业局；6月，县农委经营管理办改为县农业经营管理指导站（副科级）；7月，保留县轻工业局；9月，保留县物资局和县农业机械局，分别与物资公司和农业机械服务公司两块牌子、一套人马；10月，县人大常委会增设法制委员会、财政经济委员会、科教文卫委员会。1985年1月，设置县民族事务委员会；6月，成立县归侨侨眷联合会，属人民团体；7月，县城乡建设环境保护局改为县建设委员会；9月，县教育局更名为县教育委员会；11月，成立县老龄问题委员会办公室。1986年2月，设置县委政策研究室、县政府经济研究室、县标准计量管理局；6月，设置县公安局林业分局；8月，设置绥宁县志编纂委员会办公室；9月，县政协增设学习委员会、文史资料研究委员会、咨询联络委员会、提案工作委员会；12月，县委办公室机要组改为县委机要科（副科级）。

1987年1月，设置县畜牧水产办公室；2月，设置县经济技术协作办公室、县文学艺术界联合会（群团组织）、县环境保护局；3月，设置县国土管理局和县侨务办公室，县侨办与归侨侨眷联合会一套人马，两块牌子；6月，县人大常委会增设民族工作委员会；10月，恢复县工商业联合会，属群团组织；12月，设置县监察局。1988年9月，县人大常委会增设选举任免联络工作委员会。1989年2月，县劳动人事局分设为县劳动局、县人事局；3月，县政协增设科技经济委员会；8月，设置县政府台湾事务办公室，与县委对台办公室合署办公；11月，县乡镇企业局更名为县乡镇企业经济委员会。

1990年3月，县政协增设祖国统一联谊委员会、文教卫体委员会、民族群团委员会，撤销咨询联络委员会；4月，县人大常委会增设农业工作委员会；7月，设置县保密局；10月，设置县政府法制办公室（副科级）；12月，设置县残疾人联合会，属群众团体。1991年3月，设置县畜牧水产局（副科级）；8月，设置县社会治安综合治理办公室，县药材公司加挂县医药管理局牌子。1992年6月，县房地产管理公司加挂县房地产管理局牌子（副科级）；10月，县矿产资源开发管理办公室更名为县矿产资源管理办公室。1993年2月，县标准计量局更名为县技术监督局，县处理山林纠纷办公室与县林业局合署办公；3月，设置县人民检察院反贪污反贿赂工作局（副科级）；4月，县纪律检查委员会与县监察局合署办公；5月，县老龄问题委员会办公室与县委老干部工作局合署办公，县社会治安综合治理办公室与县政法委合署办公。7月，县工商业联合会加挂县总商会牌子；12月，县房地产公司（局）加挂县住房制度改革办公室牌子。

三、党政机构第二次改革

1995年2月，开始进行县直党政机构第二次改革。省市核定绥宁县县直党政群机关行政编制489名（不含地税），与实有人数947人相比，需精简458人，精简48%；政法部门专项编制维持不变。改革的工作重点是，转变政府职能、实行政企分开，合理界定职能、理顺各种关系，大力精兵简政、提高行政效率；检察院、法院机关主要是清理整顿派出机构和临时雇请人员，调整人员结构，提高人员素质，精简上层，充实基层。改革后（至1995年5月），县直党政群机构共有80个，分别为：

中共绥宁县委工作机构6个：县委办公室，县委机要科（县保密局）、县委政策研究室并入，保留牌子；县委组织部，县直属机关党委与其合署办公，保留牌子；县委宣传部；县委统一战线工作部，县委对台办（县政府台湾事务办公室）并入，保留牌子；县委政法委员会，与县综合治理办一个机构、两块牌子；县委机构编制委员会办公室。中共绥宁县纪律检查委员会，与县监察局合署办公，一个机构、两块牌子。

县人民政府工作机构32个：县政府办公室，县政府经济研究室和县矿产资源管理办公室并入，后者保留牌子；县农村工作办公室，由原农委改设，加挂县委农村工作部牌子；县经济委员会；县计划物价局，由原县计划委员会、县物价局合并组建，县经济技术协作办公室并入；县建设局，由原县建委改名；县科学技术局，由原县科委改名；县教育局，由原县教委改名；县公安局；县司法局；县民政局，县老龄问题委员会办公室并入，保留牌子；县财政局；县人事局；县劳动局；县交通局；县农业局，县多种经营办并入；县林业局；县水利水电局；县文化局；县卫生局；县计划生育局，由原县计生委改名；县监察局，与县纪检会合署办公，一个机构、两块牌子；县审计局（以上22个机构为政府组成单位）；县民族事务委员会；县财贸工作办公室，由原县财委改建；县乡镇企业局，由原县乡镇企业经济委员会改名；县统计局；县工商行政管理局；县国土管理局；县地方税务局；县粮食局；县技术监督局；县环境保护局。

承担行政职能的事业机构 9 个：县史志资料征集编纂办公室，由原县委党史资料征集办公室与县志编纂委员会办公室合并组建；县广播电视局；县体育运动委员会；县委老干部工作局；县农业机械管理局；县档案局；县畜牧水产局；县房地产管理局（副科级）；县农业经营管理指导站（副科级）。

议事协调办事机构 4 个：县人民来信来访办公室改设为县信访工作领导小组办公室，由县委办、县政府办管理，以政府办管理为主；县处理山林纠纷办公室改为县调处山林纠纷领导小组办公室，由林业局管理；县政府法制办公室改为县法制工作领导小组办公室，由政府办管理；县农业综合开发协调领导小组办公室（副科级），由县农村工作办公室管理。

群众团体 7 个：县总工会，团县委，县妇联，县工商联，县科协，县文联（挂靠县委宣传部），县残联（挂靠县民政局）。

转为经济实体的机构 6 个：县轻工业局、商业局、外贸公司（局）、物资公司（局）分别成建制转为企业性公司，其行政管理职能交政府有关综合管理部门，县供销合作联社为集体经济组织，县药材公司（医药管理局）维持原状。这 6 个机构与县委党校一同列为其他机构。

县人大常委会设科级工作机构 7 个：办公室、选举任免联络工作委员会、内务司法工作委员会、财政经济城乡建设工作委员会、教育科学文化卫生工作委员会、农业工作委员会、民族工作委员会。

县政协设科级工作机构 5 个：办公室、学习文史委员会、提案法制群团委员会、经济科技委员会、文教卫体委员会。

审判检察机构 2 个：县人民法院，县人民检察院。

1995 年 6 月，设置县行政性收费预算外资金管理局（副科级）；8 月，设置县招商引资办公室；9 月，县农业综合开发协调领导小组办公室升为正科级机构；10 月，设置县委县政府督查工作领导小组办公室（副科级），县招商引资办公室加挂县招商引资局牌子；11 月，设置县民营经济管理局。1996 年 1 月，县计划生育局更名为县计划生育委员会，县农业经营管理指导站升为正科级机构，设置县经济体制改革委员会办公室、与县政府办公室经济研究室合署办公，设置县国有资产管理局（副科级）；4 月，县房地产管理局升为正科级机构，县农村工作办公室、县建设局、县科学技术局、县教育局、县财贸工作办公室分别复名县农业委员会、县建设委员会、县科学技术委员会、县教育委员会、县财贸委员会，县计划物价局分设为县计划委员会、县物价局，县委县政府督查工作领导小组办公室升为正科级机构，设置县民营经济委员会（系绥宁县自行设置的机构，对内乡镇企业局是县民营经济委员会的内设机构，对上县民营经济委员会使用县乡镇企业局牌子），明确县归侨侨眷联合会（县政府侨务工作办公室）为正科级人民团体机构；7 月，县乡镇企业局复名为县乡镇企业经济委员会；10 月，设置县农业税征收管理局（副科级）；12 月，县林业局更名为县林业委员会，县外贸局与县招商引资局合并组建为县对外经济贸易委员会（加挂县招商合作局牌子），设置县精神文明建设指导委员会办公室。1997 年 3 月，设置县事业单位登记管理办公室（副科级）；5 月，县农业经营管理指导站更名为农村经济经营管理局；县委机要科（县保密局）、县调处山林纠纷领导小组办公室升为正科级机构；7月，恢复县招商合作局；12月，设置县旅游管理局。1998年3月，县残疾人联合会升为正科级机构；5月，明确县供销合作社为具有行政管理职能的事业机构。1999年1月，县工商行政管理局由省市垂直管理。

2000年1月，县技术监督局更名为质量技术监督局，由省市垂直管理；9月，县法制工作领导小组办公室升为正科级机构；10月，县文物管理所更名为县文物管理局（副科级）。2001年3月，县事业单位登记管理办公室更名为县事业单位登记管理局（副科级）。2002年4月，县水利水电局更名为县水务局，设置县城镇管理综合执法大队（副科级）；6月，设置县会计核算中心（副科级）。

四、党政机构第三次改革

2002年7月至2005年2月，进行全县第三次党政机构改革。这次改革的主要任务是，转变职能，理顺关系，调整机构，精简人员编制，精简内设机构，做好人员分流。县委工作机构设置原则上"保持现有格局，同时体现精简精神"；政府工作部门按机构限额的要求，在转变职能的基础上，建立与市政府机构框架大体协调的县级政府组织机构；县人大、县政协机关机构改革主要是完善机关职能，理顺工作关系，发挥整体功能，调整机构设置，精简人员编制，优化干部结构；县人民法院、县人民检察院机关机构改革主要是完善职能配置，调整内设机构，精简人员编制，优化人员结构，提高队伍素质；群众团体机关机构改革主要是加强领导、完善体制，理顺关系、合理划分职责，改进运行机制、克服行政化倾向，精简内设机构和人员编制。县委工作机构（含政府办）的内设机构统一称组（正股级），政府工作机构的内设机构统一为股；所涉及改革的部门机关，根据职能调整和编制精简情况精简内设机构20%，原则上综合设置，业务股室占股室总数60%以上。改革后，全县党政机构为81个，分别为：

县委工作机构7个：中共绥宁县纪律检查委员会，与县监察局合署办公；县委办公室，加挂政策研究室牌子，县委县政府督查室并入、保留牌子；县委组织部，加挂县直属机关党委牌子；县委宣传部，县精神文明建设指导委员会办公室并入、保留牌子；县委统战部，县委台湾工作办公室（县人民政府台湾事务办公室）并入、保留牌子；县委政法委，与县社会治安综合治理委员会办公室一个机构两块牌子；县委机构编制委员会办公室。另县委农村工作部（县农业委员会）更名为县农村工作领导小组办公室，在县委办公室挂牌。

县政府工作部门21个：县政府办公室（保留加挂的县人民防空办公室牌子，撤销原加挂的县经济体制改革委员会办公室牌子），县人民政府法制办公室、县调处山林纠纷领导小组办公室、县住房制度改革领导小组办公室并入（前二者保留牌子），县民族事务委员会更名为县民族宗教事务局、与县政府办公室合署办公，县财贸委员会更名为县内贸工作办公室、在县政府办公室挂牌；县发展计划局，由原县计划委员会、县招商合作局合并组建，加挂县招商合作局牌子，县粮食局与县发展计划局合署办公；县经济贸易局，由原县经济委员会改建，县乡镇企业经济委员会（民营经济委员会）与县经济贸易局合署办公；县教育局，由原县教育委员会改名；县科技局，由原县科学技术委员会改名；县公安局；县司法局；县监察局，与县纪检会合署办公；县民政局；县财政局；县人事局；县劳动和社会保障局，由原县劳动局改建；县国土资源局，由原县国土管理局和县矿产资源管理办合并组建；县建设局，由原县建设委员会改名；县交通局；县农业局；县水务局；县林业局，由原县林业委员会改名；县卫生局，保留加挂的县爱国卫生运动委员会办公室牌子（副科级）；县计划生育局，由原县计划生育委员会改名；县审计局。另设置县安全生产监督管理局，系县政府直属事业单位。

部门管理机构4个：县老干部局、县信访局、县文化局（新闻出版局、版权局）、县环境保护局。

承担行政职能的事业机构25个：县体育局，由原县体育运动委员会改名；县旅游局，由原县旅游管理局改名，县对外经济贸易委员会并入；县委党史研究室，由原县史志资料征集编纂办公室改名，加挂县人民政府地方志办公室牌子；县房产局，由原县房地产管理局改名；县农机局；县档案局；县物价局；县统计局；县广播电视局；县农村经济管理局，由原县农村经济经营管理局改名；县畜牧水产局；县供销合作联社；县扶贫开发办公室；县农业综合开发协调领导小组办公室；县事业单位登记管理局（副科级）；县行政性收费预算外资金管理局（副科级）；县柘溪库区移民工作局（副科级）；县农业税征收管理局（副科级），县国有资产管理局并入；县文物管理局（副科级）；县林业公安分局（副科级）；县城镇管理综合执法大队（副科级）；县会计核算中心（副科级）；县政务服务中心（副科级）；县能源生态局；县城乡规划管理局（副科级）。

县人大常委会机构7个：县人大常委会办公室、县人大常委会联工委、县人大常委会内司委、县人大常委会财工委、县人大常委会教科文卫委、县人大常委会农工委、县人大常委会民工委。

县政协机构5个：县政协办公室、县政协学习文史委员会、县政协提案委员会、县政协经济人口委员会、县政协教科文卫委员会；2005年2月，县政协教科文卫委员会和学习文史委员会合并为文教卫体文史委员会，新设置法制群团民族宗教外事联谊委员会。

审判检察机构2个：县人民法院、县人民检察院。

群团机构8个：县总工会、团县委、县妇联、县科协、县工商联、县文联、县侨联、县残联。

其他机构5个：县委党校（副处级）、绥宁报社（2003年12月撤销）、县商业公司（局）、县物资公司（局）、县轻工业公司（局）。

改革后，县直党政群机关行政编制由491名减至375名，减少116名，精简23.31%，其中政府机关精简25%，党委、人大、政协和群众团体机关各精简20%。乡镇行政编制由614名减至491名，减少123名，精简20%。政法部门只精简机关编制，其中县公安系统由192名减为189

名，县检察院由48名减为43名，县法院由86名减为77名，县司法局由57名减为55名，共减员19名，精减4.9%。纳入改革范畴、承担行政职能的事业单位编制精简比例原则上不低于20%。县委、县政府下发《绥宁县政府机构改革人员分流实施意见》，提出人员分流主要途径有11种方式和渠道，其中“行政机关和具有行政管理职能的事业单位中从2002年至2004年内凡男年满51周岁、女年满49周岁实行提前离岗”一条，由县委行文明确。至2004年底，全县提前离岗共391人。

五、党政机构第四次改革

2005年9月，开始进行第四次县直党政机构改革。按照中共邵阳市委、市人民政府批准的《绥宁县人民政府机构改革方案》，改革首先对政府机构作如下调整：

县发展计划局改组为县发展和改革局，为县政府工作部门；撤销县内贸工作办公室和在原发展计划局加挂的招商合作局牌子，组建县商务局，为县政府工作部门，加挂县招商合作局牌子；县经济贸易局更名为县工业经济局，仍为县政府工作部门，县轻工业公司（局）并入，撤销县乡镇企业经济委员会（民营经济委员会）；县文化局（县新闻出版局、版权局）与县体育局合并组建为县文化体育局，加挂县新闻出版局、版权局牌子，为县政府工作部门；县安全生产监督管理局由县政府直属事业单位改为县政府工作部门，加挂县安全生产委员会办公室牌子；县统计局由政府事业单位调整为县政府工作部门；县建设局与县环境保护局合并组建为县建设和环境保护局；县计划生育局更名为县人口和计划生育局；县政府法制办公室由在县政府办公室加挂牌子调整为部门管理机构，由县政府办公室管理。

调整后，县政府设置工作部门24个（监察局与纪委机关合署办公，列入政府工作部门序列，不计政府机构个数），部门管理机构1个。至2005年底，上述工作尚未全部完成。

表3-9-1　**1978—2005年绥宁县党政群团机关编制数与实有人数统计表**　单位：人

年份	合计		县直机关		政法部门		区		乡（社）镇	
	编制数	实有人数	编制数	实有人数	编制数	实有人数	编制数	实有人数	编制数	实有人数
1978年	986	986	527	527	—	—	81	81	378	378
1979年	989	1106	530	572	—	—	81	80	378	454
1980年	1194	1109	715	674	—	—	89	74	390	361
1981年	1194	1181	715	706	—	—	89	85	390	390
1982年	1194	1133	715	658	—	—	89	76	390	399
1983年	1194	964	715	466	—	—	89	83	390	415
1984年	1038	1179	532	625	—	—	96	97	410	457
1985年	1041	1260	535	700	—	—	96	113	410	447
1986年	1057	1332	551	733	—	—	—	—	506	599
1987年	1398	1594	556	801	228	256	—	—	614	537
1988年	1460	1553	560	761	286	282	—	—	614	510

续表 3-9-1

年份	合计		县直机关		政法部门		区		乡（社）镇	
	编制数	实有人数	编制数	实有人数	编制数	实有人数	编制数	实有人数	编制数	实有人数
1989 年	1473	1584	562	794	297	288	—	—	614	502
1990 年	1477	1739	566	914	297	291	—	—	614	534
1991 年	1462	1792	546	964	302	294	—	—	614	534
1992 年	1462	1796	546	953	302	296	—	—	614	547
1993 年	1462	1799	546	953	302	306	—	—	614	540
1994 年	1480	1647	530	817	336	307	—	—	614	523
1995 年	1483	1606	532	740	337	343	—	—	614	523
1996 年	1529	1483	533	606	382	355	—	—	614	522
1997 年	1533	1524	537	632	382	363	—	—	614	529
1998 年	1537	1525	537	620	386	365	—	—	614	540
1999 年	1511	1547	511	711	386	372	—	—	614	464
2000 年	1490	1576	490	704	386	374	—	—	614	498
2001 年	1241	1493	375	697	375	359	—	—	491	437
2002 年	1245	1320	377	550	377	333	—	—	491	437
2003 年	1245	1280	377	536	377	333	—	—	491	411
2004 年	1245	1270	377	559	377	340	—	—	491	371
2005 年	1250	1276	377	558	382	357	—	—	491	361

说明：1986 年以前政法部门编制未单列；1986 年以后区级建制撤销

第二节　事业机构编制

一、1978—1997 年事业单位设置

1978 年，绥宁县设有基础教育、卫生、农牧、文化广播类事业单位和部分后来明确为事业单位的农林场所等事业机构 546 个，其中教育事业机构 428 个、卫生事业机构 38 个、其他事业机构 80 个。

1979 年后，随着改革开放和社会事业发展，绥宁县各类事业单位不断增加。至 1993 年年末，全县共增设各类事业单位 262 个，其中县属事业单位 146 个、乡镇事业单位 116 个。增设的县属事业单位有农牧、林业、水利、农机、建设环保、交通、文化广播等类型，增设的乡镇事业单位有经管、林业、财政、计生等站所。

1993 年 5 月，为配套进行事业单位机构改革，加强对事业单位的规范化管理，根据上级有关文件精神，县编制委员会对全县事业单位名称、建立时间、法人代表、经费来源、批准机关及文号、编制、主要职能等情况进行了一次全面的摸底调查。在各单位申报的基础上，经县编制委员会审核，发给“绥宁县事业单位定性证书”，作为事业单位资格确认、财政部门核拨经费和享受有关政策待遇的依据。

1994年后，根据形势发展和工作需要，对全县事业单位进行调整和改革。增设县属建设、广电、社保和乡镇农技、国土、民营等事业单位88个，撤销农技片站、交通安全区站、部分农村村小学及分校等事业单位73个。

1996年7月，根据中共中央办公厅、国务院办公厅《关于印发〈中央机构编制委员会关于事业单位机构改革若干问题的意见〉的通知》精神，县内逐步实行取消事业单位机构的行政级别、规范事业单位名称、建立事业单位登记管理制度、全额拨款与差额补贴的事业单位逐步向差额补贴或自收自支或企业化管理过渡，逐步减轻财政负担等具体改革。

1996年9月，湖南省人民政府发布《湖南省事业单位登记管理办法〈试行〉》，规定省行政区域内的事业单位都必须进行登记。经登记的事业单位的合法权益受法律保护；未经登记的，不得以事业单位的名义开展活动，不得享受国家给予事业单位的待遇。县级以上机构编制部门主管本行政区域内的事业单位登记管理工作。登记事项包括单位名称、住所、活动场所、法定代表人或者主要负责人、机构规格、人员编制或人数、业务范围、经济性质、经费来源、资金总额、机构代码等。经核准登记的事业单位，具备法人条件的，由登记管理机关发给“事业单位法人证书”；不具备法人条件的，由登记管理机关发给“事业单位证书”。

1997年3月始，县机构编制委员会办公室（简称县编办）经申请、受理、审核、核准、发证、公告等工作程序，至12月全面完成事业单位登记管理工作，全县共登记事业单位823个，其中事业单位法人235个、非法人事业单位588个，较1993年末增加15个。

二、1998—2005年事业机构设置

概况　1998年后，对绥宁县事业单位设置又进行较大调整，事业单位登记管理逐步走上正规化、法制化。是年10月，国务院发布《事业单位登记管理暂行条例》（简称《条例》），规定事业单位经批准成立后，应当依照条例规定进行登记或备案，事业单位应当具备法人条件。事业单位登记的事项包括名称、住所、宗旨和业务范围、法定代表人、经费来源、开办资金等情况。经登记的事业单位，凭“事业单位法人证书”刻制印章、申请开立银行账户。2001年3月，县编办对全县原登记为法人的事业单位核发全国统一的“事业单位法人证书”；对原登记为非法人的事业单位通过申请，过渡为事业单位法人，颁发“事业单位法人证书”，翌年7月起停止使用“事业单位证书”。同时，按照《条例》规定，及时办理事业单位变更登记、注销登记（备案）、年度检验。期间，重点进行了卫生、教育、劳动保障等领域的事业单位机构改革。

卫生事业单位机构改革　1998年5月，撤销瓦屋塘乡卫生院，其人、财、物合并到瓦屋塘中心卫生院。12月，集体所有制乡镇卫生院转为国有事业单位。1999年6月，根据邵阳市人民政府文件精神，撤销县卫生学校及其附属医院，设置县中西医结合医院。2005年1月，县卫生防疫站更名为县疾病预防控制中心，设置县突发公共卫生事件指挥中心办公室和县卫生监督所，并调整了这些机构的业务范围。12月，以乡镇（中心）卫生院为依托，设置乡镇预防保健所，

承担疫情监控、预防接种、妇幼保健、卫生监督、保健教育等职责，县财政给予定额补贴。

教育事业单位机构改革 2003 年 6 月，根据省市关于农村教育体制改革的要求，县内撤销乡镇专门的教育管理机构——联校，对全县农村中小学布局进行调整，合并组建九年制学校 17 所、六年制学校 3 所，保留乡镇中学 10 所、中心小学 12 所。经过调整，全县乡镇设置初级中学 10 所、九年制学校 17 所、六年制学校 15 所。农村村级小学、教学点作为分支机构备案。各乡镇学校的校长负责本乡镇教育业务管理。至此，全县基础教育事业单位由 1997 年登记的 409 个精简至 54 个，减少 355 个。

劳动和社会保障事业单位机构改革 2002 年 3 月，成立绥宁县医疗和生育保险基金管理站。2003 年 10 月，设置县失业保险站，县劳动监察中队更名县劳动监察大队；2004 年 4 月，设置县就业服务中心（局），县机关事业单位社会保险管理站经费纳入财政全额预算；2005 年 1 月，县社会劳动保险事业管理站改为全额拨款事业单位。至此，县劳动和社会保障局下设的 7 个事业机构，均明确为副科级事业单位，由县财政全额拨款，实行公务员管理。

其他事业单位机构改革 2001 年 2 月，撤销乡镇水利水电管理站，其人、财、物移交县电力公司管理，乡镇农业综合服务站加挂水利管理站牌子，配备 1 名干部负责水利工作。2002 年 9 月，乡镇计生所、县计生服务站改为全额拨款事业单位。同年 11 月，撤销按区域设置的 7 个农机管理服务中心站，其在编人员并入乡镇农业综合服务站。2003 年 7 月，乡镇国土规划管理站、土地储备中心改为全额拨款事业单位。其间，还增设农业、林业、水利、广电、市场服务、信息等类型事业单位 15 个，因改制注销县煤炭公司、县委招待所、林海公寓等事业单位 5 个。

表 3-9-2 **2005 年绥宁县事业单位设置情况表**

项目	总计	全额拨款单位	差额拨款单位	自收自支单位	企业化管理单位
机构数（个）	416	292	60	57	7
编制数（名）	6050	4558	805	521	166
实有人数（人）	6486	4641	927	639	279

第十章　其他党务

第一节　政策研究

一、调研机构

1978年，县委办公室内设调查研究组。1984年1月，改称调查研究办公室。1986年2月，成立中共绥宁县委政策研究室（简称县政研室），定编4人，为正科级机构，归口县委办公室领导。1989年，县政研室升格为县委部办委级机构，定编5人。1995年2月，县政研室并入县委办公室，保留牌子。县政研室主任大多由县委办公室分管副主任兼任，1986—2005年，王汉雄、刘永海、薛建平、唐国瑚、张千山、何顺安、林礼明先后担任或兼任县政研室主任。

二、调研成果

1984—1994年，县委政研室完成农业生产、农村基层组织建设、政治体制改革、市场经济、发展私营经济、农村社教等方面的调研课题60多个，其中省地刊物发表25篇，4篇在省、市获奖，2篇被《内参选编》选载。王汉雄的《合理的家庭产业结构是勤劳致富的坚实基础》获全省一等奖，《廉洁奉公的县委书记——屈家海》被1989年第30期《内参选编》刊发。1985—1995年，县委政研室撰写的稿件采用率获邵阳市第一名。

1995年开始，县委政研室围绕发展民营经济、林业改革与发展、国有企业改制、兴工强县等县委、县政府工作重点开展调查研究，一批调研成果被县委、县政府采纳，对推动全县工作起到指导作用。1997年，唐国瑚的《全力打好企业改革攻坚战》被《湖南通讯》和《湖南日报》采用。1999年5月，张千山的《关于绥宁县域经济发展的战略思考》、刘建平的《依托资源优势，发展楠竹产业》被《决策天地》采用。2000年，林礼明等人写的《实践三个代表，弘扬先进文化》被《湖南日报》采用，并获湖南省“党在我心中”征文大赛一等奖。2004年12月，袁文彬等人的《实施四大战略，加快经济发展》被《湖南工作》采用。2005年，县委政研室起草的《兴工强县十问》在《绥宁报》刊发，对全县兴工强县战略的实施产生了推进作用。袁文彬、林礼明等人的《落实科学发展观要防止四种错误倾向》在《湖南宣传动态》发表，《建立农村工作以村为主机制，提高农村基层组织执政能力》在《湘组研究》发表。1995—2005年，县委政研室向领导提供决策依据758余件，其中被市级报刊采用194篇、被省级报刊采用89篇、被中央级刊物采用19篇。

表 3-10-1　　1984—2005 年绥宁县政研室调研材料及信息发稿采用情况表　　单位：篇

年份	投稿数	各级刊物采用数				
		小计	县刊采用	市刊采用	省刊采用	全国刊物采用
1984 年	180	130	100	20	10	—
1985 年	190	191	110	50	30	1
1986 年	195	202	100	60	40	2
1987 年	200	221	110	60	50	1
1988 年	200	235	120	61	50	4
1989 年	150	191	100	50	40	1
1990 年	80	95	70	20	5	—
1991 年	70	74	60	10	4	—
1992 年	50	73	50	20	3	—
1993 年	60	57	40	15	2	—
1994 年	50	51	40	10	1	—
1995 年	88	61	30	21	10	—
1996 年	80	68	32	24	12	—
1997 年	86	86	50	20	13	3
1998 年	53	53	36	11	4	2
1999 年	59	59	33	12	12	2
2000 年	56	56	35	13	6	2
2001 年	77	77	52	15	8	2
2002 年	78	78	45	23	8	2
2003 年	83	83	51	22	7	3
2004 年	46	46	26	15	4	1
2005 年	52	52	27	18	5	2

注：刊物采用数含各级重复采用数

第二节　督查

一、督查机构

1990 年 7 月以前，督查工作由县委办公室兼管。1990 年 7 月，成立中共绥宁县委办公室督查室，为副科级议事协调机构，编制 3 人；1995 年 10 月改称县委、县政府督查工作领导小组办公室（简称县督查室），由县委办公室和县政府办公室管理，以县委办公室管理为主。1996 年 1 月，县督查室升格为正科级机构，人员增至 9 人。2002 年 7 月督查室并入县委办公室，保留牌子。1990—2005 年，陈奉燕、袁仕和、刘先腾、左召有、易建明、龙新媚、李兴茂、雷厚前先后任县督查室主任。

二、督查工作

县督查室的主要职能是围绕县委、县政府中心工作，开展督查督办，并承担上级下达的其他督查任务，负责督查工作汇报、专项查办、督查专报、督查通报、综合报告等工作材料的编发和上报。督查工作的内容主要是县委、县政府部署安排的重点工作在全县的贯彻执行情况，以及群众关注的热点和难点问题。1990—1993 年，县督查室主要办理上级领导批示和县委、县政府交办的一些督查工作，并逐步建立督查工作的规章制度。1994 年，全省督查工作现场会在绥宁县召开。1994—1995 年，督查工作的重点开始由“批办督查”向“决策督查”转移。1996 年后，督查网络逐步健全，各乡镇、县直正科级以上单位均配备专（兼）职督办员。县委、县政府特聘 4 名县级领导为督查员，强化督查工作的权威，形成制度化、规范化的督查运行机制。1998 年，县督查室完成领导批示的专项督查 608 件，承办人大代表建议和政协委员提案 48 件，办结率达 100%；翌年，完成领导批示 764 件，承办人大代表、政协委员提案 15 件，办案率达 100%。2003 年 11 月，县委书记杨正胜亲自牵头督查督办难案要案，此期间，凡 10 人以上的集体上访，均由县委副书记、县信访工作领导小组组长伍备战接待处理，5 人以上的集体上访，由县委常委、常务副县长刘柏生接待处理。2003—2004 年，通过县督查室督查，解决了县供销系统职工要求加入社会养老保险、单位委培生及林业技校定向生要求安排工作等多年积案。1998—2005 年，县委、县政府督查室连续 8 年被评为湖南省督查工作先进单位，县督查室主任易建明被评为 1999 年度湖南省督查工作先进个人。

1990 年 9 月至 2004 年 12 月，县督查室向省、市《督查专报》发稿 29 篇，其中省督查室《督查专报》采用 11 篇，市督查室《督查专报》采用 18 篇。县督查室编发的督查综合报告被省督查室采用 12 篇，被市督查室采用 28 篇。2005 年，县督查室向省、市《督查专报》发稿 18 篇，被省、市督查室《督查专报》各采用 9 篇，督查综合报告被省、市各采用 6 篇。

三、督查成果

督查解决全县企业原材料供应　1997 年上半年，县督查室开展专项督查时发现，因竹木税费过高，导致原材料供应困难、县内部分企业开工不足。6 月，县委、县政府听取县督查室汇报后，进行专题研究，制定政策，降低竹木税费，并派县督查室跟踪落实，解决了企业原材料供应问题。2005 年 7 月，因原材料供应紧张，全县企业开工不足，县委、县政府安排督查室对原材料供应乡镇开展专项督查，督促加速生产，有效化解原材料供需矛盾。年底，全县规模工业实现总产值达 14.2849 亿元，同比增长 33.4%。

督查解决骏宁公司厂房用地纠纷　1998 年 7 月，县督查室督查发现，经营马尾松脱脂改性深加工的外资企业骏宁公司，因厂房用地与湘宝公司发生纠纷，通过详细调查、弄清原因后向县委作了汇报。县委书记何铁成亲自协调，化解矛盾，使该公司增强活力，年产值达 2000 多万元、纳税 100 多万元，成为绥宁县利税大户。

督查竹木检查站乱收费 1999年7月，县委、县政府派出18名县级干部，分成4个督查小组，先后在全县12个楠竹重点区、6个竹木检查站进行三次督查，发现竹木检查站乱收楠竹制品费用，督查小组对责任人进行严肃处理，推动了全县楠竹产业发展。使绥宁县成为湘西南地区最大的楠竹加工基地，竹胶板生产线由7条增加到20条，每年加工楠竹5000多万根，生产竹胶板6万立方米，带动全县上万农户从事楠竹加工，1999年，仅楠竹加工一项就使全县农民人均增收100余元。

督查督办供销系统职工加入社保 2003年11月，县委书记杨正胜就全县供销系统职工参加社会养老保险一事亲自进行督查督办，先安排分管农业农村工作的县委副书记黄民清带队到省、市劳动社保部门请示汇报，尔后和县长一起专程到长沙、邵阳，找省、市政府汇报情况，争取上级政策支持，使全县供销系统1336名职工加入社会养老保险，这一困扰全县6年的信访老案得以解决。

督查解决单位委培生分配工作 全县在1995年和1996年先后毕业的单位委培生中，尚有156人未分配工作，学生及家长长期赴省、市、县上访。2003年，县委召开常委会会议，研究学生反映的情况，对照政策，决定凡有齐全合格手续的由原委培单位接受安排工作；学校委培生取得教育资格的，经上岗培训安排任教；教育部门下属企业委培的由企业接受安排工作，企业无法接受安排的，达到大专水平的3年内择优补充到教学岗位。其他事业单位委培的由委培单位接受分配工作，纳入差额事业编制。部分手续不全的委培生，安排专人审核，甄别落实。

督查解决林业技校定向生安排工作 1995年起，绥宁县中止招工，县林业局19名技校定向生一直没有落实工作，家长们多次到省政府上访。2003年开始，县委根据实事求是的原则，决定参照委培生政策予以安排就业，2004年全部落实。

第三节 机要保密

机构 1978年，原中共绥宁县委机要组更名为中共绥宁县委机要室。1981年10月，改称中共绥宁县委机要传真室。1984年2月，更名为中共绥宁县委办公室机要组。1986年12月，撤销中共绥宁县委办公室机要组，设立中共绥宁县委机要科，为副科级机构，定编5名，归口县委办公室管理，业务受上级机要业务部门领导。1990年7月，在县委机要科加挂县保密局牌子。1997年5月，县委机要科升格为正科级机构，其机构性质和隶属关系不变。至2005年，肖调顺、杨芳和、刘光海先后任科长。

第四节　党史编研

一、党史机构

1981年7月1日，成立中共绥宁县委党史资料征集小组。1983年11月，改称中共绥宁县委党史资料征集办公室（简称县党史办），为正科级机构。1984年1月，县党史办定编2人。1986年8月5日，《绥宁县志》编纂委员会成立，下设办公室（简称县志办），为正科级机构，定编5人。1995年2月24日，县党史办与县志办合并为绥宁县史志资料征集编纂办公室（简称县史志办）。2002年7月7日，县史志办更名为中共绥宁县委党史研究室（简称县党研室），加挂绥宁县人民政府地方志办公室牌子，主管全县党史和地方志工作。

1983—1994年，彭正良、杨文久、袁光槐（专任）、徐家仁先后兼任县党史办主任；1995—2005年，袁公湘、陶永灿、刘建平先后任县史志办（县党研室）主任。

二、党史资料征编

1984—2005年，县委党史办先后征集各类党史资料4000余万字，编印成党史专辑9册、《中共绥宁县委工作纪事》15册。

1984—1989年，编纂《绥宁党史资料第一辑》，15万字，杨艳玲主编，袁光槐负责采集资料与责任编辑，内部发行。

1985—1990年，编纂《中国共产党湖南省绥宁县组织史资料》（1926年2月—1987年12月），38万字，袁光槐主编，杨艳玲担任副主编、执笔总纂，袁光槐、王孝达、刘先平、贺良进、唐伯才、杨艳玲负责采集资料与编辑，由县委组织部、县委党史办、县档案局、县编委合编，内部发行。

1990—1992年，编纂《绥宁剿匪》，20万字，袁光槐主编，杨长余任责任编辑、执笔，袁光槐、刘继善、杨长余负责采集资料与编辑，内部发行。

1992—1993年，编纂《绥宁党史大事记》（1924—1990），18万字，袁光槐主编，杨长余为副主编，袁志洪、邓星校、杨艳玲、杨长余、袁光槐负责采集资料与编辑，未发行。

1997—1999年，编纂《绥宁人民革命史》（上册），15万字，袁公湘主编，刘永华为副主编，袁于柏、唐仁昌、杨明负责采集资料与编辑，内部发行。

2000—2002年，编纂《中共绥宁县历史大事记（1925年10月—2000年12月）》，23.5万字，陶永灿主编，袁公湘、刘永华、唐仁昌、杨明担任采集资料与编辑，杨长余参与后期修改工作，内部发行。

2001—2005年，每年编写《中共绥宁县委工作纪事》1册，为《中共邵阳市委工作纪事》提供史料，主笔杨明。

2004年12月，开始编写《中国共产党绥宁历史第一卷（1921—1950）》（2009年由中共党史出版社出版），主编刘建平，常务副主编杨长余，副主编杨明、唐小红，编辑王汉雄、刘永华、唐仁昌、刘永峰。

2005 年，开始编写《红军征战在绥宁》（2008 年印刷，内部发行），主编刘建平，常务副主编杨长余，副主编杨明、唐小红，编辑王汉雄、刘永华、刘永峰。

第五节　档案工作

机构　1975 年 3 月，县档案馆恢复。1980 年 8 月，县档案局成立，与县档案馆合署办公，两块牌子、一套人马。1985 年 11 月，实行局馆分设，县档案馆属县档案局领导，县档案局下设办公室。1986 年、1992 年，绥宁县档案局先后被评为全省档案工作先进单位。1995 年 2 月，县档案局被定为具有行政管理职能的事业单位。2002 年 10 月，县档案局被定为正科级事业单位，由县委办公室管理，内设办公室和业务指导股。2005 年，县档案局有工作人员 6 人。至 2005 年，彭华锡、邹怡庆、尹邦友、刘祝珍、刘先纪先后任局长。

县档案馆建设　1979 年年底，县档案馆修建 1 座三层楼档案库房兼办公用房，1987 年 8 月，新建档案馆库房 1 座。1988 年，县档案馆管理达到国家三级标准。1998 年，县档案馆晋升为省二级档案馆。2005 年，因硬件设施不达标，被取消省二级档案馆资格。是年，县档案馆设有库房 7 个，其中机关单位档案库房 3 个，资料库房、山林档案库房、综合档案库房、新中国成立前档案库房各 1 个。

机关企业档案室建设　1989 年，全县机关及企事业单位开始按标准建设综合档案室。1990 年，全县有档案室 39 个，其中省二级档案室 6 个、省三级档案室 33 个。1994 年，全县档案室总数达 91 个，部分企业档案实行综合管理。1997 年，全县有县直机关档案室 54 个，其中省一级档案室 5 个、省二级档案室 15 个、省三级档案室 34 个；乡镇档案室定级 7 个，其中省二级档案室 1 个、省三级档案室 6 个；县直单位二级机构档案室定级 27 个，其中省一级档案室 3 个、省二级档案室 4 个、省三级档案室 20 个；国有企业单位档案室定级 8 个，其中民营企业档案室定级 3 个；村级档案室 5 个。2005 年，全县有定级的档案室 99 个，其中省一级档案室 30 个、省二级档案室 33 个、省三级档案室 36 个，软硬件管理水平较高的综合档案室有县国税局档案室、县财政局档案室、县审计局档案室、县人民银行档案室、县农业发展银行档案室、县人民法院档案室、县林业局档案室、县纪检会档案室。

档案征集　1979 年，县档案馆馆藏档案有 31 个全宗、5073 卷，各种档案资料 85 种、645 册（份）。1982 年，接收县直属一级机构文书档案 1066 卷。1984 年，接收县公安局保存的民国政权档案 4 个全宗 1775 卷，报纸 29 本。同年，接收中华人民共和国建立后区、镇、人民公社档案 2017 卷，县直属单位档案 1338 卷及 1982 年全县山林定权发证档案。1985—1986 年，县档案馆重点接收县属二级机构的档案 1418 卷，收集复制康熙、乾隆、同治 3 个版本的《绥宁县志》和《武冈州志》《靖州志》，绥宁县原五区的土地房产管业证存根 39 本，1954 年农业税人口田亩清册 80 本、21495 张，并征集有苏氏、彭氏、康氏、沈氏、刘氏等民间族谱档案。1990 年底，馆藏文书档案增至 128 个全宗、17743 卷，其中民国时期档案 4 个全宗、1804 卷，中华人民共和国时期档案 124 个全宗、15939 卷，科技档案 69 卷，其他专业档案 3398 卷，录像带和录像影片档案 23 盒，照片档案 960 张；其他各种资料 8712 种，各种报纸 12160 张，各类图书 131 种 458 册。1991 年，征集各机关单位所获国家级奖杯、奖状 15 件，省级奖杯、证书、锦旗 44 件，市级奖状 106 件。2001 年 4 月，接收县人民政府所获得的国家级和省级奖牌 3 块，市级锦旗 3 块。2005 年，馆藏档案增至 140 个全宗、25962 卷，其中一般文书档案 21626 卷、科技档案 78 卷、专业档案 4258 卷（含人口 52 卷、地名 173 卷、会计档案 2214 卷、其他 1819 卷）；实物档案 716 件（其中一部分系党政机关在各个历史时期机构演变中的木质印章）；声像档案 27 盘，照片档案 1460 张；资料 9752 册，主要有经典著作类、文件汇编类、史志族谱类、汇编资料类、报刊类、地图集类；荣誉档案 161 件，其中国家级 16 件、省级 45 件、市级 110 件。

文书立卷归档　1978—2000 年，县档案馆按照湖南省统一实行的“四分四注意”（分年度，注意文件的针对时间；分级别，注意上下级和左右级别的联系；分保管期限，注意问题的完整性；分问题，注意问题的联系性）的方法，对档案进行立卷归档。将档案保管期限分为永久、长期、短期三种。2001 年，县档案馆开始按照国家档案局发布的《归档文件整理规则》，即按年度、机构、保管期限分类的方法进行立卷归档。同年，对县财政局、县国税局、县审计局等 6 个单位进行档案新归档方式试点。2002 年开始，全县一级机构的档案全部按新归档方式整理，二级机构的档案则仍采用原立卷方式。

档案编研　1978—1988 年，县档案馆开展档案研究，先后编写《县委、县政府机构演变和领导人员变化》《中共绥宁县历次党代会简介》《绥宁县历次人民代表大会简介》《绥宁县历次工会代表大会简介》《共青团绥宁县历次代表大会简介》《绥宁县历届妇代会简介》《绥宁县历届县长、副县长》《中共绥宁县历届县委书记、副书记》《中国共产党湖南省绥宁县组织史资料》（与县委组织部、县委党史办合编）《十一届三中全会以来中华人民共和国、国务院颁布的法律、法规查找索引》《绥宁县 1950—1987 年大事记》《1987 年县、乡、镇机构及领导人员变化情况》。1990 年 3 月，编写《三十年档案工作纪实》《县直局以上单位与各乡镇一九八九年度领导异动》和《绥宁县稿件见报查找索引》。1997 年 10 月，编写《档案馆指南》，共 16 本，计 37 万余字。

档案开放利用　1988 年 9 月 15 日，县档案馆首批开放的中华人民共和国成立前档案资料有民国时期的部分全宗中的部分案卷，《绥宁民报》，康熙版、乾隆版、同治版《绥宁县志》，苏氏、沈氏、彭氏、康氏族谱，《陆军军官同学录》；首次开放的中华人民共和国成立后档案资料有《1954 年全县农业税人口土地分户清册》及原二区（长铺区）的《土改房地产管业证存根》，1958—1960 年《绥宁报》《人民日报》《新华日报》《湖南日报》，1966 年《阶级成分登记表》，1971—1987 年《红旗》杂志，《中国历代战争史》《人口普查》《地名录》等。之后，馆藏档案开放的标准为：中华人民共和国成立前的档案全部向社会开放；中华人民共和国成立后的档案自形成之日起满30年的经济、科学、技术、文化等类档案，到时可向社会开放，特殊档案可延期向社会开放。至2005年，共有134个全宗部分或全部档案面向社会开放利用。对开放的档案，中国公民和组织持有介绍信或工作证、身份证等合法证明，均可以利用（指对档案的阅览、复制和摘录）；根据相关规定，县档案馆对所提供社会利用的档案收取费用。利用未开放的档案，另按国家档案行政管理部门和有关主管部门规定办理。

1979—2005年，县档案馆为平反冤假错案、落实政策、解决山林房屋土地纠纷、撰写党史县志、编撰各种资料、确定工龄人事身份、开展经济建设，及政府决策等方面提供了各种档案资料，其中房产土地、落实政策、人事、经济建设方面利用档案资料最多；共接待查阅人数13580人次，累计调卷59211卷次，累计出具证明26502件。

表3-10-2　　1979—2005年绥宁县档案馆资料利用情况统计表

年份	接待查阅（人次）	调卷（卷、件/次）	提取证明资料（份）
1979—1990年	7280	36738	21391
1991年	1212	3030	856
1992年	532	4015	314
1993年	312	1976	247
1994年	307	930	232
1995年	386	883	184
1996年	124	310	68
1997年	269	1343	101
1998年	315	1124	215
1999年	911	1562	301
2000年	213	1507	196
2001年	467	1009	217
2002年	330	2840	275
2003年	264	413	518
2004年	324	788	560
2005年	334	1253	827
合计	13580	59721	26502

第六节　老干部工作

一、机构

县委老干局　1980年年初，在县委组织部内设老干部工作办公室，负责全县离退休老干部的管理服务。1984年4月，中共绥宁县委老干部工作局（简称县老干局）成立，属正科级行政单位，有编制6人，归口县委组织部管理。1990年3月，县委老干局与县老龄办公室合并，对外两块牌子，对内称县老干局，内设办公室、退休干部管理股、离休干部管理股、老龄工作股。1991年2月，县老龄办公室分出；7月，成立绥宁县老干部活动中心。1993年5月，县老干局与县老龄办公室再次合并，实行两块牌子、一套人马。1995年2月，县老龄办划入县民政局。1999年，县老干局被评为湖南省老干工作先进集体。2002年7月，县委老干部工作局更名为县委老干局。2003年3月，绥宁县老年大学成立，挂靠县老干局。2005年，县老干局内设办公室、老干部活动中心，挂靠单位有县关心下一代工作委员会、县老年大学；归口管理的老干部133人，其中离休干部74人、副县级以上退休干部40人、享受副县级三项待遇的退休干部19人。1984—2005年，袁耀中、苏进荣、龙鹤纯、周述林、王汉雄、梁兰香、袁小波先后任县老干局局长。

绥宁县关心下一代工作委员会　1988年9月，绥宁县关心下一代协会成立（挂靠县委老干局），系以离退休老同志为主体、党政有关部门和群团组织负责人参加的，以关心、教育、培养青少年健康成长为目的的群众性工作组织。有会员341人。是年，召开第一次会员代表大会，选举理事会理事25人，常务理事11人，主席1名，副主席4名，秘书长1名，副秘书长1名。嗣后，各乡镇和县直机关单位也陆续成立相应组织。1991年11月，绥宁县关心下一代协会更名为绥宁县关心下一代工作委员会（简称县关工委）。2004年9月，绥宁县扶贫助学协会成立，系县关工委管理的群团组织。

二、主要工作

县老干局负责离休干部政治待遇、生活待遇的落实，负责接待、处理老干部的来信来访，组织离退休干部开展各种健康有益的活动。

建立乡镇老干党支部　1979年，县内首次成立中共武阳人民公社（今武阳镇）老干支部。至2004年，全县有13个乡镇建立和恢复中共老干支部，多数做到有班子、有牌子、有房子、有制度、有活动。当年，中共武阳镇老干支部被评为“全国先进离退休干部党支部”，10月22日，该老干支部书记肖传命赴京参加全国老干部“双先”表彰大会，受到曾庆红、贺国强等党和国家领导人接见。11月25日，县委下发《关于在全县开展向武阳老干党支部学习活动的决定》，并在武阳镇召开现场会。2005年，恢复乡镇老干党支部3个。

建立老干部活动中心　1990年4月30日，绥宁县老干活动中心大楼奠基动工，县老干活动中心大楼占地面积1334平方米，建筑面积1805平方米，同年12月10日竣工，总投资40万元。翌年7月31日，建立绥宁县老干部活动中心，内设图书室、阅览室、麻将、象棋、桌球、门球、字牌、扑克牌等活动场所。

建立离退休老干部权益保障机制　1999年7月，建立离休干部离休费保障机制和财政支持机制。此前，因县供销社企业和县罐头厂的12名离休干部工资没有保障，县老干局多次协调、汇报，最后把这些干部的工资纳入财政支持，由县社保站发放。至2002年10月，全县所有离休干部的工资、生活费、护理费都得到保障，全部纳入县社保站发放。2003年5月上旬，对拖欠离休干部医药费进行清理。清理结果：全县拖欠离休干部医药费15.7万元，其中财政拨款的行政事业单位拖欠11万元、企业单位拖欠4.7万元。县政府针对这一情况，研究决定：行政事业单位拖欠的离休干部医疗费由财政拨付到单位；特困企业拖欠的离休干部医疗费由财政拨付到县老干局，再由老干局上门服务，于5月底一次性予以兑现。同年6月1日，开始实施《绥宁县离休干部医疗保障暂行办法》。2004年6月30日，县委组织部、县老干局、县财政局、县劳动和社会保障局、县卫生局联合下文，执行湖南省对离休干部医疗保障的“三个目录”（药品目录、诊疗项目、服务指南）。特困企业离休干部配偶和遗孀的生活费亦纳入县财政支持，由县老干局发放到人。

创办老年大学　2003年3月23日，绥宁县老年大学成立。县财政每年预算经费2万元；学员每学期交费50元（单位报销）。县老年大学设县老干局四楼，有教室1间，面积约100平方米，室内装有空调，配有电视机、VCD、风琴等教学器材。聘请教师6名，开办音乐、书法、美术3个专业班。至2005年，共办长期班6期，参加培训学员660余人次；办短期班19次，听课学员1000余人次。

开展关心下一代活动　1988年起，县关工委和县委老干局每年组织离退休老同志和相关部门（组织）负责人开展活动，用马克思主义中国化的最新成果武装青少年，用社会主义核心价值体系教育、引领青少年，帮助青少年不断提高思想道德、科学文化和身心健康素质，树立正确的世界观、人生观、价值观，积极推动全社会贯彻保护未成年人的法律法规，促进青少年全面成长为中国特色社会主义事业建设者和接班人。2004年9月3日，以县内离退休老干部为主体成立绥宁县扶贫助学协会，当年收到各单位捐款3.9万元，资助特困生122名。是年，长铺镇第二小学退休教师龙瑞征、县委老干局局长袁小波被评为湖南省关心下一代工作先进个人。2005年，县扶贫助学协会收到扶贫助学捐款5万元，资助特困生230人。

第七节　党校教育

机构　1978年9月，恢复中共绥宁县委党校，与县“五七”干校合署办公，校址为关峡人民公社龙头坪，由县委书记李祚艮兼任校长。1983年9月，党校迁入县城长铺镇和平大队朱家坝新校区。1985年4月，县委党校被批准为中专体制。1993年2月，开始实行第一校长和校长负责制，第一校长由县委组织部长兼任，校长为专任。1998年7月，经省市检查验收，绥宁县委党校为“湖南省合格县级党校”，翌年元月正式授牌。2001年3月，县委党校晋升为副处级事业单位。2002年，县委党校建成湖南省第二家、邵阳市第一家县级远程教学网站，实现与中央党校联网接轨。2005年，县委党校有在岗教师13名，其中高级讲师4名、讲师4名。1984—2005年，袁仁达、刘复兴、黄美忠、王文海先后担任校长。

业务　1983年9月，县委党校首次举办一年制初中文化进修班，招收学员56名。之后，相继举办一年制高中文化进修班2个，学员85名；一年制干部中专专修班2个，学员78名；两年制干部中专培训班2个，学员72名。参加培训的291名干部中98%取得高中和中专文凭。1988年9月起，县委党校开始配合上级党校，举办分别由中央党校、省委党校、市委党校开设的函授本科班、函授大专班、函授中专班。至2004年年底，相继开办学制为两年半的函授本科班7个，学员363名；学制为两年半的函授大专班14个，学员826名；学制为一年的村级干部函授中专班3个，学员172名。参加函授学习的1361名干部，有98%取得相应文凭。1978—2005年，县委党校共举办短训班156期，参训者21369人；举办长训班20期，参加培训1254人。

表3-10-3　**1978—2005年中共绥宁县委党校办班情况表**　单位：期、人

年份	办班形式				其中			
	长训班		短训班		党员培训（含建党对象）		干部培训（含村干部）	
	期数	人数	期数	人数	期数	人数	期数	人数
1978年	2	90	4	530	1	190	5	430
1979年	—	—	5	738	1	282	4	456
1980年	—	—	11	1740	8	1217	3	523
1981年	—	—	11	1432	1	190	10	1242
1982年	—	—	9	3323	1	189	8	3134
1983年	—	—	2	186	1	115	1	71
1986年	—	—	5	529	1	202	4	327
1987年	—	—	5	531	1	251	4	280
1988年	—	—	2	210	1	164	1	46
1989年	—	—	2	187	1	139	1	48
1990年	—	—	6	993	2	539	4	454
1991年	1	69	6	617	1	232	6	454
1992年	1	62	7	480	—	—	8	542
1993年	1	47	8	850	2	300	7	597
1994年	1	98	8	734	1	269	8	563
1995年	—	—	8	1107	1	209	7	898
1996年	1	40	8	1606	2	592	7	1054
1997年	3	173	8	1703	3	1140	8	736
1998年	2	146	5	604	2	277	5	473
1999年	2	194	11	985	4	554	9	625
2000年	2	143	1	124	1	124	2	143
2001年	—	—	7	515	1	165	6	350
2002年	1	62	4	303	4	303	1	62
2003年	—	—	4	684	—	—	4	684
2004年	1	19	5	376	1	90	5	305
2005年	2	111	4	282	1	110	5	283
合计	20	1254	156	21369	43	7843	133	14780

第四篇　人民代表大会

1978年1月2日至2005年年底，绥宁县先后召开第七届至第十四届共8届、27次全县人民代表大会。其中：第七届全县人民代表大会召开1次会议；第八届至第十一届全县人民代表大会每届任期为3年，每届召开3次会议（其中第十届全县人民代表大会召开4次会议）；第十二届和第十三届全县人民代表大会每届任期为5年，每届召开5次会议；第十四届全县人民代表大会任期为5年，至2005年，召开4次会议。1980年底召开的第八届全县人民代表大会第一次会议上，设立全县人民代表大会常设机构——绥宁县人民代表大会常务委员会。

第一章　人大代表和代表大会

第一节　人大代表

1977年年底召开第七届全县人民代表大会时，由于尚未正式恢复人民代表大会制度，代表的产生是由县革命委员会将名额分配到各人民公社和机关，由各单位领导确定，再将名单上报县代表资格审查委员会审查确定，以此方式确定绥宁县第七届全县人民代表大会代表558名。

1980年，正式恢复人民代表大会制度，根据《全国人民代表大会和地方各级人民代表大会选举法》由选民选举产生人大代表。在这次基层选举中，实行了县人大代表从间接选举到直接选举、从等额选举到差额选举的重大改革。1980年9月，中共绥宁县委召开县委常委会议，专题研究绥宁县第八届基层选举工作。经中共绥宁县委研究决定，并提交绥宁县革命委员会全体会议通过，于是月成立绥宁县选举委员会，下设办公室。随即在全县成立6个区选举工作领导小组和27个公社(镇)选举委员会。是月，经邵阳地区选举委员会批准同意后，县选举委员会向全县各区选举工作领导小组和各公社(镇)选举委员会分配代表名额，划分选区，举办选举工作骨干培训会，分别召开各区社（镇）党委会和革委会，传达贯彻全县选举工作会议精神。并建立农村大队及县属各局选举工作小组和农村生产队选民小组，培训了农村选举骨干。同时，县选举委员会还从县属机关抽调干部，组成选举工作组深入各区社（镇）帮助开展选举工作。然后，进行选民登记，经过“三上三下”、三榜公布的县、社人大代表候选人提名和酝酿过程，最后确定代表正式候选人。10月，全县各选区先后举行县人大代表和社（镇）人大代表选举，其中选出县人大代表242名。

第九届及以后各届全县基层选举，基本遵照第八届全县基层选举奠定的方式进行，全县确定法定选举日，采取分选区召开选举大会或设立投票站的办法，以无记名投票的方式，选举产生人大代表。

表4-1-1　　1980—2005年绥宁县各届人民代表大会代表选举情况表

届别		第八届	第九届	第十届	第十一届	第十二届	第十三届	第十四届
选民登记人数（人）		142572	162752	181752	194081	203180	229228	231784
参选人数（%）		94.8	90.1	89.5	88.8	89.6	89.3	99.4
无选举权人数	被剥夺选举权（人）	—	4	10	22	51	47	74
	停止选举权（人）	91	—	30	52	64	32	93
	精神病、智障下落不明（人）	1409	42	123	216	234	309	221
当选代表人数	合计（人）	242	269	233	238	240	199	198
	其中：女代表（人）	56	57	39	46	43	39	27
代表结构占比（%）	工人代表	7	5.6	2.6	1.7	1.7	2.1	2.1
	农民代表	62.8	49.8	57.5	57.5	49.2	41.1	40.9
	干部代表	20.6	28.3	28.2	34.0	43.1	48.5	49.8
	军队代表	0.8	0.7	0.4	0.4	0	0.5	0.5
	文教代表	7	15.6	11.3	5.0	6.0	7.8	6.7
	其他代表	1.8	0	0	1.3	0	0	0

表4-1-2　　全国人民代表大会、湖南省人民代表大会绥宁县代表一览表

类别	代表姓名	工作单位	届别	任期
全国人民代表大会代表	刘芳庭	国营哨溪口采育场工区党支部书记	第五届	1978年2月—1983年6月
	龙素梅（女）	关峡苗族乡珠玉村妇女主任	第六届	1983年6月—1988年3月
	龙素梅（女）	关峡苗族乡珠玉村妇女主任	第七届	1988年3月—1993年3月
	万培亚（女）	乐安铺苗族侗族乡大团村党支部书记	第八届	1993年3月—1998年3月
	李友妹（女）	党坪苗族乡芷坪村党支部书记	第九届	1998年3月—2003年3月
	李友妹（女）	党坪苗族乡芷坪村党支部书记	第十届	2003年3月—
湖南省人民代表大会代表	姚家琪	绥宁县人民政府副县长	第七届	1988年2月—1993年1月
	吕争宇	绥宁县人大干部	第七届	1988年2月—1993年1月
	陈卯英（女）	黄桑坪苗族乡大湾塘村妇女主任	第七届	1988年2月—1993年1月
	阳生林	绥宁县第十二届人大常委会主任	第八届	1993年1月—1998年1月
	吕争宇	中共黄桑坪苗族乡委员会书记	第八届	1993年1月—1998年1月

续表 4-1-2

类别	代表姓名	工作单位	届别	任期
湖南省人民代表大会代表	刘光爱	金屋塘镇新华村村民委员会主任	第八届	1993年1月—1998年1月
	彭建和（女）	绥宁县联合造纸厂工人	第八届	1993年1月—1998年1月
	龙章聪	绥宁县民族中学校长	第八届	1993年1月—1998年1月
	彭建和（女）	绥宁县联合造纸厂工人	第九届	1998年1月—2003年1月
	龙开多	绥宁县第一中学教导主任	第九届	1998年1月—2003年1月
	黄民利	中共乐安铺苗族侗族乡委员会书记	第九届	1998年1月—2003年1月
	苏进荣	绥宁县第十四届人大常委会主任	第十届	2003年1月—
	陈　沙	绥宁县交通局局长	第十届	2003年1月—
	唐　艳（女）	黄桑坪苗族乡人民政府乡长	第十届	2003年1月—

第二节　历届代表大会

第七届全县人民代表大会　第七届全县人民代表大会第一次会议于1977年12月31日至1978年1月2日召开。应到代表558名，实到代表513名。县革命委员会副主任周继明致开幕词，县革命委员会主任李祚良向大会作《抓纲治国，乘胜前进，为加速把绥宁建成大寨县而奋斗》的工作报告。会议通过有关决议，选举产生新一届绥宁县革命委员会，李祚良为主任，周继明、龙道坤、杨光健、向绍健、曹洪义为副主任。该届全县人民代表大会仅召开这一次会议。

第八届全县人民代表大会　从第八届全县人民代表大会开始，全县人民代表大会基本上每年举行1次，每届大会的第一次会议进行换届选举。第八届全县人民代表大会共召开3次会议。第一次会议于1980年12月14—19日在县城召开，应到代表242名，实到代表242名。会议听取和审议县革委会主任周继明所作的《政府工作报告》、财政局局长杨通国所作的《财政预决算报告》、人民法院院长梁利江所作的《绥宁县人民法院工作报告》、人民检察院检察长陈德源所作的《绥宁县人民检察院检察工作报告》，并作出相应决议。大会重点讨论如何把工作重点转移到以经济建设为中心的轨道上来，加快社会主义现代化建设步伐。根据全国人大关于“县级以上地方各级人民代表大会设立常务委员会”的规定，选举15名委员组成绥宁县人民代表大会常务委员会，其中主任1名、副主任4名（名单见本篇第二章《工作机构和履职·工作机构·人大常委会》，下同）。大会通过恢复县人民政府的决定；选举钟成瑶为县人民政府县长，向绍健、杨荷林（女）、程光和为副县长，苏进德为县人民法院院长，陈德源为县人民检察院检察长；作出《关于坚决制止乱砍滥伐保护森林的决议》。自此，各级革命委员会或革命领导小组相继撤销，恢复部办委局建制。第二次会议于1981年12月24—27日召开，通过《绥宁县保护森林发展林业的若干规定》。第三次会议召开日期不详。

第九届全县人民代表大会　第九届全县人民代表大会共召开3次会议。第一次会议于1984年4月22—27日在县城召开，应到代表269名，实到代表262名。会议听取和审议政府工作、人大常委会工作、国民经济和社会发展计划、财政预决算、法院工作、检察院工作报告并通过相应决议，听取代表资格审查和提案审查报告。大会选举产生第九届县人大常委会组成人员15名，其中主任1名、副主任4名；选举陈庆善为县人民政府县长，程光和、杨荷林（女）、黄金榜、汤定中、段德牒为副县长；选举苏进德为县人民法院院长，莫仁安为县人民检察院检察长。第二次会议于1985年4月28—30日召开。第三次会议于1986年3月26—28日召开。

第十届全县人民代表大会　第十届全县人民代表大会共召开3次会议。第一次会议于1987年3月6—11日在县城召开，应到代表233名，实到代表233名，县直属机关局以上单位50多名负责人列席会议。会议听取和审议政府工作、人大常委会工作、国民经济和社会发展计划、财政预决算、法院和检察院工作报告；作出《关于认真贯彻全国人大常委会〈关于加强法制教育、维护安定团结的决定〉的决议》《关于开展移风易俗活动，实行喜事新办、丧事简办的决议》；选出第十届县人大常委会组成人员15名，其中主任1名、副主任5名；选举出县人民政府县长陈庆善，副县长汤定中、肖光毅、姚家琪、黄金榜、黄桂生，县人民法院院长苏进德，县人民检察院检察长莫仁安。第二次会议于1987年12月26—27日召开。第三次会议于1988年3月29—31日召开。第四次会议于1989年3月26—28日召开。

第十一届全县人民代表大会　第十一届全县人民代表大会共召开3次会议。其中：第一次会议于1990年2月25日至3月2日在县城召开，应到代表238人，实到代表238人，列席代表124人。会议听取和审议县人民政府工作报告、县人大常委会工作报告、县人民法院工作报告和县人民检察院工作报告，审查批准《绥宁县1989年财政决算和1990年财政预算的报告》《绥宁县1990年国民经济和社会发展计划草案的报告》。会议根据杨明柏等12名代表提出的议案，作出创办县民族中学等决定和决议。会议选举产生第十一届县人大常委会委员15名，其中主任1名、副主任5名；选举出县人民政府县长向绍健，副县长童锡光、汤定中、曹建平、刘祖礼、姚家琪，县人民法院院长朱赣湘，县人民检察院检察长候选人因得票数未过半而空缺。此次选举中，上级党委提名的人大常委会主任候选人未获通过，杨光健被代表信任当选。第二次会议于1991年3月27—30日召开。第三次会议于1992年3月23—25日召开。

第十二届全县人民代表大会　第十二届全县人民代表大会共召开5次会议。其中：第一次会议于1993年1月3—9日在县城召开，应到代表240人，实到240人。会议听取和审议县人民政府、县人大常委会、县计委、县财政局、县人民法院、县人民检察院的工作报告，选举产生第十二届县人大常委会委员15名，其中主任1名、副主任6名；选举出县人民政府县长向绍健，副县长刘祖礼、肖华中、苏进武、曹素华（女）、杨芳尧，县人民法院院长朱赣湘，县人民检察院检察长毛祖能；选举出邵阳市第十一届人民代表大会代表25名。第二次会议于1994年3月16—18日召开。第三次会议于1995年3月29—31日召开。第四次会议于1996年3月25—28日召开。第五次会议于1997年3月11—14日召开，出席代表240人，做出决议7项。

第十三届全县人民代表大会 第十三届全县人民代表大会第一次会议于1997年12月7—12日在县城召开，应到代表199人，实到199人。会议听取和审议县人民政府、县人大常委会、县人民法院、县人民检察院的工作报告，选举产生第十三届县人大常委会委员17名，其中主任1名，副主任6名；选举出县人民政府县长钟再群，副县长李小坚、唐萍（女）、左召有、黄泽贵、吕争宇，县人民法院院长梁晓明，县人民检察院检察长朱坤玉；选举产生邵阳市第十二届人民代表大会代表26名。第二次会议于1999年3月15—18日召开，出席代表189人，做出决议6项。第三次会议于2000年3月13—16日召开，出席代表195人，做出决议6项。第四次会议于2001年2月28日至3月2日召开，出席代表181人，做出决议6项。第五次会议于2002年3月12—14日召开，出席代表175人，做出决议7项。

第十四届全县人民代表大会 截至2005年，第十四届全县人民代表大会召开4次会议。其中：第一次会议于2002年11月24—29日在县城召开，应到代表198人，实到198人，列席代表112人。会议听取和审议县人民政府、县人大常委会、县人民法院、县人民检察院的工作报告，选举产生第十四届县人大常委会委员17名，其中主任1名，副主任6名；选举出县人民政府县长陈小松，副县长吕争宇、刘柏生、陈惠芳、袁景甫、张千山、刘明昌、丰新妹（女），县人民法院院长谭云华，县人民检察院检察长肖永健；选举产生邵阳市第十三届人民代表大会代表26名。第二次会议于2003年3月20—22日召开，出席代表197人，做出决议3项。第三次会议于2004年2月22—24日召开，出席代表185人，做出决议6项。第四次会议于2005年3月31日至4月3日召开，出席代表182人，做出决议5项。

第二章　工作机构和履职

第一节　机构

一、人大常委会

1980年12月，在全县第八届人民代表大会第一次会议上，设立全县人民代表大会常务委员会（以下简称县人大常委会）。县人大常委会由主任、副主任、常务委员组成。自1980年12月至2005年，绥宁县人民代表大会共设立7届常务委员会，前5届由15名常委委员组成，后2届常委委员增至17人。各届人大常委会设主任1名、副主任4～6名。

表4-2-1　第八届至第十四届绥宁县人大常务委员会主任、副主任一览表

职务	姓名	籍贯	届别	任期
主任	龙道坤	绥宁县朝仪侗族乡	第八届至第十届	1980年12月—1990年3月
	杨光健	绥宁县东山侗族乡	第十一届	1990年3月—1993年1月
	阳生林	绥宁县唐家坊镇	第十二届	1993年1月—1997年12月
	汤定中	湖南省南县	第十三届	1997年12月—2002年3月
	苏进荣	绥宁县关峡苗族乡	第十四届	2002年3月—
副主任	刘思正	绥宁县黄土矿乡	第八届至第十一届	1980年12月—1993年1月
	华中强	湖南省武冈市	第八届至第十届	1980年12月—1990年3月
	杨汉清	绥宁县在市苗族侗族乡	第八届	1980年12月—1983年12月
	张友松	湖南省通道侗族自治县	第八届	1980年12月—1983年12月
	吴传校	湖南省涟源市	第九届	1984年4月—1987年3月
	傅维军	湖南省邵东县	第九届至第十二届	1984年4月—1997年12月
	程光和	湖南省武冈市	第九届至第十届	1985年4月—1987年3月
	杨光健	绥宁县东山侗族乡	第十届	1987年3月—1990年3月
	刘兰翠（女）	绥宁县黄土矿乡	第十届	1987年3月—1990年3月
	朱建武	绥宁县在市苗族侗族乡	第十一届	1990年3月—1993年1月
	傅秀勇	绥宁县白玉乡	第十一届	1990年3月—1993年1月
	邓少珍	湖南省衡阳县	第十一届至第十二届	1990年3月—1997年12月
	童锡光	湖南省宁乡县	第十二届	1993年1月—1997年12月
	袁成根	绥宁县黄土矿乡	第十二届	1993年1月—1997年12月
	李屏珊(女)	湖南省新宁县	第十二届	1993年1月—1997年12月
	糜文胜	绥宁县鹅公岭侗族苗族乡	第十二届至第十四届	1996年3月—
	陈立申	湖南省涟源市	第十三届	1997年12月—2002年11月
	吴华贵	绥宁县瓦屋塘乡	第十三届	1997年12月—2002年11月

续表 4-2-1

职务	姓名	籍贯	届别	任期
副主任	张如山	湖南省新化县	第十三届	1997 年 12 月—2002 年 11 月
	吴良鹏	绥宁县金屋塘镇	第十三届	1997 年 12 月—2002 年 11 月
	袁仕和	绥宁县唐家坊镇	第十三届	1997 年 12 月—2002 年 11 月
	左召有	绥宁县白玉乡	第十四届	2002 年 11 月—
	聂德荣	绥宁县长铺镇	第十四届	2002 年 11 月—
	舒常超	绥宁县乐安铺苗族侗族乡	第十四届	2002 年 11 月—
	徐家仁	绥宁县河口苗族乡	第十四届	2002 年 11 月—
	薛建平	湖南省洞口县	第十四届	2002 年 11 月—

第八届至第十四届县人大常委会委员名单

（担任主任、副主任的常务委员不再重复记名）

第八届县人大常委会委员：朱建武、杨屏芝（女）、杨富莲（女）、吴传校、张如山、李回音（女）、肖育才、周宗诱（苗族）、唐伯才、曹洪义

第九届县人大常委会委员：杨治金、杨光健、杨太春、吴传玺、肖育才、杨屏芝（女）、朱池云（女）、王秋湘、曾平娥（女）、陈明才（苗族）

第十届县人大常委会委员：龙富梅（女）、伍固国、陈明才（苗族）、陈梅女（女）、胡金山、唐文运、唐国瑚、曾平娥（女）、曾昭球

第十一届县人大常委会委员：刘祥云、吴良鹏（苗族）、陈明才（苗族）、陆贱英（女，侗）、苏维权（苗族）、唐文运、周宗诱（苗族）、舒常超（侗族）、黄权国（苗族）

第十二届县人大常委会委员：于旭（苗族）、叶湘生、刘祥云、李世广（苗族）、李茂柏（苗族）、吴良鹏（苗族）、陈丽华（女）、陈明才（苗族）、黄权国（苗族）

第十三届县人大常委会委员：王求德、尹居全、叶湘生、李金、李茂柏（苗族）、袁均才、黄生友、梁爱花（女，苗族）、谭秀贞（女）

第十四届县人大常委会委员：何顺安、尹居全、刘学华、彭日光、苏进国（苗族）、杨志坚（苗族）、于成伟、唐国瑚、戴新华、梁爱花（女，苗族）

二、工作机构

第八届县人大常委会下设办公室，分设秘书组、法制组、提案信访组 3 个组。1984 年 4 月，第九届人大常委会第一次会议决定，将提案信访组改为联络组，增设科教文卫组和财政经济组；10 月，将法制、教科文卫、财政经济 3 个组升格为部办级工作委员会，办公室和工作委员会各设主任、副主任。1987 年 6 月，第十届县人大常委会增设民族工作委员会；翌年 9 月，增设选举任免联络工作委员会；1990 年 4 月，第十一届县人大常委会增设农业工作委员会。1995 年，第十二届县人大常委会设科级工作机构 7 个：办公室、选举任免联络工作委员会、内务司法工作委员会、财政经济城乡建设工作委员会、教育科学文化卫生工作委员会、农业工作委员会、

民族工作委员会。2002 年，财政经济城乡建设工作委员会更名为财政经济工作委员会，其他 5 委 1 室未变。是年，人大机关有行政编制 15 名（含县人大常委会领导单列编制 7 名），全额拨款事业编制 7 名，后勤服务人员事业编制 2 名。2005 年依旧。

1980—2005 年，县人大常委会办公室及各工作委员会历任主任名单如下：

县人大常委会办公室（1980—2005）　杨光健、杨汉清、曾昭球、舒常超、吴良鹏、徐家仁、何顺安

县人大常委会法制工作委员会（1984—1995）　傅维军、唐文运、李世广

县人大常委会科教文卫委员会（1984—1995）　袁公高、吴良鹏、李金

县人大常委会财政经济工作委员会（1984—1995）　吴传玺、张华钿

县人大常委会民族工作委员会（1987—2005）　周宗诱、吴良鹏、李茂柏、黄生友

县人大常委会选举任免联络工作委员会（1988—2005）　于旭、李茂柏、刘建华、刘学华

县人大常委会农业工作委员会（1990—2005）　黄权国、黄民健

县人大常委会财政经济城乡建设工作委员会（1995—2002）　刘思荣、尹居全

县人大常委会内务司法工作委员会（1995—2005）　王求德

县人大常委会教育科学文化卫生工作委员会（1995—2005）　李金、袁立新、杨志坚

县人大常委会财政经济工作委员会（2002—2005）　尹居全

第二节　职权行使

县人大常委会是县人民代表大会的常设机构，主要有围绕重大事项作出决定、对“一府两院”进行监督和人事任免三大职能，通过定期召开常委会全体成员参加的例会来行使职权。1980—2005 年，常委会共召开例会 141 次。此外，还注意做好代表的方案、建议、批评、意见的督办工作，加强代表联系，指导乡镇人大工作，组织代表视察，开展述职评议等。

行使决定权　1980 年 12 月至 2005 年，县人大常委会对全县政治、经济、教科文卫、民政、民族事务等重要事项以及关系全局、人民群众反映强烈的问题，先后依法作出决议和决定 89 项，并交政府和政法部门执行。其中，重要的决议有《关于坚持制止乱砍滥伐保护森林的决议》《关于加强教育工作的决议》《关于县城建设总体规划和县城建设管理规定的决议》《关于尽快实现我县社会治安根本好转的决议》《关于执行物价政策和加强物价管理的决议》《关于加强科学技术工作的决议》《关于批准实施〈绥宁县国家级生态示范区建设规划〉的决议》《绥宁县人大常委会关于在县城城区内禁止燃放烟花爆竹的决议》；重要的决定有《关于加强法制教育、维护安定团结的决定》《关于批准我县“六·五”规划的决定》《关于开展全民义务植树造林的决定》；重要的规定或条例有《关于坚决制止挖坟闹事的规定》《绥宁县公路路政管理（暂行）条例》《绥宁县人大常委会实施个案监督的规定》《绥宁县人大常委会关于法官、检察官、

人民警察违法办案责任追究监督办法》《绥宁县人民代表大会常务委员会关于县级财政预算审查监督暂行办法》。

行使监督权 县人大常委会行使监督权主要是围绕国家法律法规在县内的贯彻实施，对县人民政府、县人民法院、县人民检察院的工作，通过听取工作报告、组织代表视察、开展专项检查、受理申诉控告等方式，实行法律监督。1980—2005 年，先后听取和审议“一府两院”执法情况、工作报告、汇报共 307 次。1982 年，全县农村普遍推行家庭联产承包责任制后，人们担心“两个上缴”（国家征购粮食、集体提留任务）完不成，基层干部补贴和公共事业经费无保障。第八届人大常委会第十次会议根据县政府的议案，进行认真讨论，作出《关于树立全局观念，保证完成国家和集体的各项上缴任务的决议》，督促各乡镇认真贯彻落实。是年，全县国家征购粮食和集体提留任务比往年完成得更快更好。1991 年，发现少数干部在执法过程中有不廉洁现象，个别案例量刑太轻，人大常委会由 1 名副主任牵头，组织法制工作委员会和有关部门人员，进行执法检查，肯定公检法机关的成绩，纠正执法过程中的不正之风，维护了执法人员的公正形象。

行使干部任免权 对“一府两院”的人事任免，通常是先由“一府两院”主要领导提名，逐一介绍任免对象的表现。县人大通过任前调查、法律考试、民主审议，再按法律程序表决，然后为任免的干部颁发任免书。1980—2005 年，先后任命县政府机关正局级（属科级）干部，县人民法院副院长、审判委员会委员、正副庭长、审判员，县人民检察院副检察长、检察委员会委员、检察员及人大常委会各委室干部 1016 人次，免去职务的 318 人次。

议案办理 1980 年 12 月至 2005 年，县人大常委会共收到人大代表议案和建议、批评、意见共 4715 件，其中县人大常委会自行办理 158 件，占 3.4%，交给和督促政府有关部门办理的 4557 件，占 96.6%。至 2005 年，90%的议案和建议、批评、意见办理完毕。

代表视察 1980 年 12 月至 2005 年，县人大常委会先后组织人大代表对全县各个乡镇和有关单位，进行视察 191 次，每次视察后均写出视察报告。

第三章　乡镇人民代表大会

第一节　乡镇人大会议

1978—2005年，县内各乡镇（人民公社）均先后召开8届人民代表大会。

1978年12月，全县各人民公社（镇）先后召开人民代表大会，选举新一届人民公社（镇）革命委员会主任、副主任和成员。1980年10月全县基层选举工作结束，是月月底至翌年元月，全县各人民公社（镇）相继召开人民代表大会，恢复成立人民公社管理委员会和镇人民政府，共选举产生26个人民公社管理委员会和1个镇人民政府。1984年4—6月，政社分设，人民公社改乡。全县各乡镇相继召开人民代表大会，分别听取审议前届公社管理委员会和镇人民政府工作报告，选举产生各乡人民政府正副乡长、镇人民政府正副镇长。此后，又先后于1987年、1989年、1992年、1995年、1998年、2001年召开各乡镇人民代表大会，依法选举各届乡镇人大主席团主席、副主席、成员和乡镇人民政府正副乡镇长，听取审议各乡镇人大主席团和人民政府工作报告，讨论决定各乡镇经济和社会发展大计。

第二节　乡镇人大主席团

一、乡镇人大主席团职责

1987年，始设乡镇人民代表大会主席团。设立乡镇人大主席团之始，乡镇人大主席团工作职责相对单一，随着乡镇人大工作的不断深入和完善，乡镇人大主席团的工作逐渐丰富，职责逐渐扩大。主要职责有：联系代表和选民；宣传国家法律、法规和方针政策，并检查贯彻实施情况；协助政府搞好工作；指导和支持村民委员会抓好基层政权建设；为开好乡镇人民代表大会做好组织准备和各项文件准备，按照法律程序开好会议，完成各项议程；督促和协助政府落实大会的决议、决定，办理代表提出的议案和建议、批评、意见；组织代表或代表小组进行视察、调查，评议政府及有关部门工作，收集、转达代表和广大选民对政府及有关部门工作的要求与意见。

2005年，全县25个乡镇均设有乡镇人大主席团专职常务主席。常务主席受主席团委托，负责主席团和代表大会的日常工作，并完成上级人大常委会交办的各项任务。

二、各乡镇人大主席团主席名单

1987年，全县有30个乡镇人大主席团。乡镇人大主席团一般由7人或9人组成，其中专职主席1人、秘书长（兼职）1人；1995年，增设专职副主席1人。1998年，1万人以下的乡镇人大主席团不设专职主席，由乡镇党委书记兼任人大主席团主席。2001年，各乡镇人大主席团均恢复设立专职主席，但不再设立副主席。2005年，全县有25个乡镇人大主席团，其中镇人大主席团6个、民族乡人大主席团14个、普通乡人大主席团5个。

1987—2005年，各乡镇（含期间撤并的乡镇）人大主席团历任主席名单如下：

长铺镇人大主席团　李世广、杨桂梅、游庆林、成亦京、苏文兴、李少华

武阳镇人大主席团　肖洪祥、唐维林、范嗣松

盐井乡人大主席团（1987—1996）　匡再锦、杨再培、陶继红、陈历红

桃坪乡人大主席团（1987—1995）　刘思林、刘思正、陈历多、黄仁吉

红岩镇人大主席团（1996—2005）　陈历红、杨庭坤、陈志瑰、黄启清

李熙桥镇人大主席团　莫公取、刘思林、黄生友、陈历红、陶继成、黄秀元、于定该、秦忠胜

唐家访镇人大主席团　袁振林、阳享雄、肖仁道、刘青翠、李建强

金屋塘镇人大主席团　刘明喜、唐灿明、刘国成、李金明、尹大年

关峡苗族乡人大主席团　曾祥斌、龙立甦、黄生友、于仁刚、袁炳坤、姚长寿

党坪苗族乡人大主席团　刘祖礼（兼）、黄少茂、李德孝、龙景林、石善海、向飞鹏、杨焕礼

河口苗族乡人大主席团　唐继英、张定中、向大红（兼）、李乾生、何盛盈、唐则俭

麻塘苗族乡人大主席团　张定忠、李明槐、周述明（兼）、何建林、彭华江、陈先国

黄桑坪苗族乡人大主席团　于合炳（兼）、李荣亮、夏传光、杨宗斌（兼）、杨长远

长铺子苗族乡人大主席团　袁一华、游庆林（以上并乡前）；游庆林、左庭友（以上并乡后）

枫香苗族乡人大主席团（1987—1996）　刘学华（兼）、杨进兴、蒋太贵、李瑞成

竹舟江苗族乡人大主席团　林泽洪、龙景林、周宜乐、李锡红（兼）、何建林、袁喜东、唐晚成

东山侗族乡人大主席团　杨昌乐、杨昌山、杨长清、杨通友、黄真福

朝仪侗族乡人大主席团　杨昌金、苏福崇、夏传伟、杨长清、罗旺成、杨昌庭

鹅公岭侗族苗族乡人大主席团　杨世才（兼）、杨光国、杨世忠、龙开富、龙章聪、杨进科

联丰苗族侗族乡人大主席团（1987—1995）　游庆林、李荣亮、龙怀伦

乐安铺苗族侗族乡人大主席团　龙怀伦、李荣亮（以上并乡前）；李荣亮、向大红、黄民利（兼）、付立授（以上并乡后）

枫木团苗族侗族乡人大主席团　阳　应（兼）、龙宪球、沈明玉、宁佐亮

兰家侗族苗族乡人大主席团（1987—1995）　龙运荣、龙章文

在市镇人大主席团（1987—1996）　贺元庶、舒常勇（兼）、杨正伟、李荣光

在市苗族侗族乡人大主席团　龙章文（并乡前）；李荣光、许黎明、滕青莲、向小金（以

上并乡后）

联民苗族瑶族乡人大主席团　周家银（兼）、侯德宽、张仁千（兼）、梁利军、贺安明（兼）、龙志刚（兼）、张仁达

瓦屋塘乡人大主席团　汤书银、苏进勇、刘时堂、肖育勇

黄土矿乡人大主席团　唐金良、袁树旗、陈历多、张仁汉、石善海、唐子良、罗　莉

白玉乡人大主席团　莫汉佐、向东生、袁治国（兼）、袁维生

水口乡人大主席团　陶再春、阳享雄、贺良辉、唐中华、吴日华

梅坪乡人大主席团　贺良辉、肖调国、陶跃进（兼）、刘金堂

第五篇　人民政府

第一章　政府机构

（本章含1978年至1980年的绥宁县革命委员会）

第一节　县人民政府领导成员

1977年12月31日至1978年1月2日，第七届绥宁县人民代表大会第一次会议选举新一届绥宁县革命委员会，行使全县行政职能。选举产生绥宁县革命委员会主任1人、副主任5人。1980年12月，恢复县人民政府，至2005年，先后由全县人民代表大会选举产生第八届至第十四届7届县人民政府，先后选举产生县人民政府县长8人、副县长44人。县革命委员会主任、副主任和历届县人民政府县长、副县长名单如下表：

表5-1-1　　1978—2005年绥宁县人民政府（县革命委员会）领导人任职情况表

姓名	籍贯	职务	任职时间
李祚良	湖南省新宁县	革委会主任	1978年—1980年12月
钟成瑶	绥宁县在市苗族侗族乡	县　长	1980年12月—1983年12月
陈庆善	绥宁县黄土矿乡	县　长	1983年12月—1990年2月
向绍健	绥宁县李熙桥镇	县　长	1990年3月—1996年3月
刘祖礼	绥宁县麻塘苗族乡	县　长	1996年3月—1997年11月
钟再群	湖南省湘阴县	县　长	1997年11月—1999年12月
杨正胜	湖南省新晃县	县　长	1999年12月—2003年2月
陈小松	湖南省邵阳县	县　长	2003年2月—2005年3月
伍备战	湖南省新宁县	县　长	2005年3月—
周继明	湖南省嘉禾县	革委会副主任	1970年12月—1980年2月
龙道坤	绥宁县朝仪侗族乡	革委会副主任	1970年9月—1980年12月
杨光健	绥宁县东山侗族乡	革委会副主任	1971年8月—1980年12月
向绍健	绥宁县李熙桥镇	革委会副主任	1977年7月—1980年12月
曾　俭	湖南省邵阳县	革委会副主任	1978年2月—1980年12月
曹洪义	辽宁省营口市	革委会副主任	1978年2月—1980年12月
杨荷林（女）	绥宁县东山侗族乡	副县长	1980年12月—1985年10月
向绍健	绥宁县李熙桥镇	副县长	1980年12月—1990年2月

续表 5-1-1

姓名	籍贯	职务	任职时间
程光和	湖南省武冈县	副县长	1980 年 12 月—1985 年 10 月
曹应资	湖南省汨罗县	副县长	1982 年 2 月—1983 年 12 月
李高林	湖南省芷江侗族自治县	副县长	1982 年 2 月—1983 年 12 月
黄金榜	绥宁县武阳镇	副县长	1982 年 2 月—1990 年 2 月
汤定中	湖南省南县	副县长	1983 年 12 月—1993 年 2 月
段德牒	城步苗族自治县	副县长	1984 年 3 月—1985 年 4 月
肖光毅	湖南省涟源市	副县长	1985 年 1 月—1990 年 2 月
文凤翔	湖南省宁乡县	副县长	1985 年 3 月—1987 年 3 月
陈学军	湖南省邵阳县	副县长	1985 年 3 月—1987 年
杨耀先	河北省	副县长	1985 年 8 月—1987 年
姚家祺	湖南省邵东县	副县长	1985 年 12 月—1993 年 2 月
黄桂生	绥宁县关峡苗族乡	副县长	1987 年 3 月—1989 年 9 月
姚崇武	湖南省长沙市	副县长	1987—1989 年
童锡光	湖南省宁乡县	副县长	1990 年 2 月—1993 年 2 月
刘祖礼	绥宁县麻塘苗族乡	副县长	1990 年 2 月—1996 年 3 月
曹建平	湖南省	副县长	1990 年 3 月—1990 年 12 月
曾伯阳	湖南省	副县长	1990 年 10 月—1992 年 9 月
童新旺	湖北省新州县	副县长	1991 年 1 月—1993 年
肖华中	绥宁县梅坪乡	副县长	1993 年 3 月—1996 年 3 月
曹素华（女）	湖南省新化县	副县长	1993 年 3 月—1994 年 12 月
苏进武	绥宁县长铺子苗族乡	副县长	1993 年 3 月—1997 年 11 月
杨芳尧	绥宁县	副县长	1993 年 3 月—1997 年 11 月
邓翠娥（女）	湖南省邵阳县	副县长	1994 年 11 月—1997 年 11 月
刘益兴	湖南省凤凰县	副县长	1995 年 3 月—1997 年 11 月
苏进荣	绥宁县关峡苗族乡	副县长	1995 年 9 月—1997 年 11 月
邓星庆	湖南省城步苗族自治县	副县长	1996 年 3 月—1997 年 7 月
钟再群	湖南省湘阴县	副县长	1996 年 3 月—1997 年 11 月
唐　萍（女）	湖南省株洲市	副县长	1997 年 6 月—2000 年
李小坚	湖南省邵阳县	副县长	1997 年 6 月—2002 年 8 月
吕争宇	河南省长葛市	副县长	1997 年 12 月—2003 年 4 月
左召有	绥宁县白玉乡	副县长	1997 年 12 月—2002 年 11 月
黄泽贵	绥宁县武阳镇	副县长	1997 年 12 月—2002 年 11 月
刘柏生	湖南省洞口县	副县长	1998 年 8 月—2009 年 11 月
杨芳尧	绥宁县黄桑坪苗族乡	副县长	1998 年 12 月—2002 年 11 月
唐政友	靖州苗族侗族自治县	副县长	1999 年 9 月—2002 年 11 月
孙晓桃（女）	湖南省望城县	副县长	2001 年 3 月—2002 年 8 月

续表 5-1-1

姓名	籍贯	职务	任职时间
陈惠芳	湖南省长沙市	副县长	2002 年 4 月—2004 年
袁景甫	绥宁县唐家坊镇	副县长	2002 年 11 月—2011 年 6 月
张千山	绥宁县联民苗族瑶族乡	副县长	2002 年 11 月—
刘明昌	绥宁县金屋塘镇	副县长	2002 年 11 月—
丰新妹（女）	绥宁县在市苗族侗族乡	副县长	2002 年 11 月—
李锡红	绥宁县河口苗族乡	副县长	2003 年 9 月—

第二节　县人民政府工作机构

一、直属机构

1978 年，绥宁县革命委员会设工作机构 26 个，分属 7 个系统（又称战线）。1980 年 12 月，恢复绥宁县人民政府，原县革命委员会下设机构改为县人民政府下设机构。

1983 年 11 月至 1994 年，县人民政府有工作机构 32 个、直属行政事业机构 16 个、其他机构 5 个，仍沿袭县革命委员会的惯例，将这些机构划分为县政府办公室、县农业委员会、县经济委员会、县计划委员会、县财贸委员会、县建设委员会、县科学技术委员会、县计划生育委员会、县教育委员会、县乡镇企业经济委员会等 9 个系统(又称战线)。政府机构中，县计划生育办公室和县教育局曾一度归口县委宣传部管理，县公安局、县司法局实际归口县委政法委员会管理，县卫生局、县广播电视局、县文化局、县体委实际归口县委宣传部管理，县监察局自 1993 年起与县纪律检查委员会合署办公，县档案局实际隶属县委办公室管理，县志编纂委员会办公室的人事和行政隶属县委办公室管理、志鉴编纂业务隶属县政府办公室管理。

1995 年 2 月至 2002 年 4 月，县人民政府下设工作机构 34 个（其中政府组成单位 23 个）、协调办事机构 5 个、承担行政职能的直属事业机构 16 个、其他机构 5 个，分为县政府办公室、县计划委员会、县经济委员会、县农业委员会、县财贸委员会、县建设委员会、县科学技术委员会、县教育委员会、县计划生育委员会、县民营经济委员会、县林业委员会等 11 个系统。

2002 年 7 月第三次机构改革后，取消战线，各部、办、委、局直接由县人民政府管理。至 2004 年 12 月，县人民政府有工作部门 21 个、政府直属事业单位 1 个、部门管理机构 3 个、承担行政职能的事业机构 25 个、其他机构 3 个。

2005 年 9 月第四次机构改革后，县人民政府有工作部门 24 个，分别是县人民政府办公室、县发展和改革局、县工业经济局、县教育局、县科学技术局、县公安局、县监察局（与纪委机关合署办公，列入政府工作部门序列，不计政府机构个数）、县民政局、县司法局、县财政局、县人事局、县劳动和社会保障局、县国土资源局、县建设和环境保护局、县交通局、县水务局、县农业局、县林业局、县商务局、县文化体育局、县卫生局、县人口和计划生育局、县审计局、县统计局、县安全生产监督管理局；部门管理机构2个，分别是县信访局、县人民政府法制办公室；承担行政职能的事业机构23个，分别是县旅游局、县人民政府地方志办公室、县房产局、县农村经济管理局、县档案局、县物价局、县广播电视局、县农机局、县畜牧水产局、县供销合作社联合社、县扶贫开发办公室、县农业开发办公室、县能源生态局、县事业单位登记管理局、县非税收入管理局、县农业税征收管理局、县会计中心、县柘溪库区移民工作局、县文物局、县森林公安分局、县政务中心、县城镇管理综合执法大队、县城乡规划管理局；其他机构2个，分别是县物资公司（局）、县商业公司（局）。由省市部门和县人民政府双重管理的机构有县工商行政管理局、县公路管理局、县技术监督局、县国家税务局、县地方税务局、县烟草专卖局、县盐务管理局、县药监局、县银监办公室、县人民银行、县气象局、县邮政局、县电信局、县住房公积金管理部等20余个。

县农业委员会 1973年9月，建立绥宁县革命委员会农村办公室，1980年12月改为绥宁县农村办公室，为县人民政府工作机构。1983年11月，县农村办公室更名为县农业委员会，1995年2月改名为县农村工作办公室，加挂县委农村部牌子；1996年4月复名县农业委员会，内设办公室、政工科教组（含纪检监察室）、综合调研组、农村能源组（县农村能源办）4个职能组室，核定机关行政编制13名、事业编制1名。主要职责是：负责全县农业、林业、水利水电、畜牧水产、农机、气象、农业开发和农业科技、科教、科研及其他涉农单位的综合、协调、管理和指导；贯彻执行党和国家有关农村工作的方针、政策，拟订全县农村经济发展的措施，检查督促农村经济政策的贯彻执行情况；研究农业发展的有关重大问题，掌握、反映农业、农民、农村工作动态信息等。2002年7月，县农业委员会（县委农村部）更名为县农村工作领导小组办公室，在县委办公室挂牌，不再是县人民政府工作部门，但仍为相对独立的实体机构。至2005年，谭德钧、曾俭、钟成瑶、唐文运、童锡光、陈立申、潘绘军先后任主任（部长）。

县财贸委员会 1973年9月，建立绥宁县革命委员会财贸办公室，1980年12月改为绥宁县财贸办公室，1983年11月更名为绥宁县财贸委员会，为县人民政府工作机构。主要负责部署、指导、协调、督促、检查全县财贸工作，促进财政、金融、商业经济的改革和发展。1995年2月，县财贸委员会改名为县财贸工作办公室，1996年4月复名县财贸委员会。2002年7月，更名为县内贸工作办公室，在县人民政府办公室挂牌，不再是县人民政府工作部门，但仍为相对独立的实体机构；职能调整为：归口管理县蔬菜办公室、县市场管理中心和县商业、物资公司（局）。2005年9月，县内贸工作办公室撤销。至2005年，肖洪铭、黄金榜、张洪初、袁成根、向绍荣、袁公跃、曾令华（党组书记负责全面工作）、向志友、余开国先后任主任。

县人民政府其他工作机构随其主管的工作在相应的篇、章、节中记述，在此不一一赘述。

二、基层机构

（一）区行政机构

1978年，绥宁县设6区，各区设立革命领导小组，为县革命委员会派出机构。1979年，撤销各区革命领导小组，恢复设立6个区公所，为县人民政府（县革命委员会）的派出机构。1985年撤区后，区公所自然消失。各区革命领导小组设正副组长，区公所设正副区长、公安特派员、武装部部长和民政、财粮、文教助理等职。

1978—1985年，各区革命领导小组组长、区公所历任区长名单如下：

东山区 于合潮、龙宪蔚、袁均富、龙章华

在市区 龙章润、袁仕庭、龙章华、张正新

长铺区（和平区） 杨新孝、唐文运、李茂海、曾传礼、罗玉时、袁通吉

河口区 杨通灯、杨正松、龙景福、吴景相、周本端

李熙桥区（李西区） 华中强、陈绍明、侯德福、冯英协、戴恩义

瓦屋塘区 庄承湘、于相坤、袁树棋、杨延岩

（二）乡镇（公社）行政机构

1978年，县区以下基层政权设人民公社（镇）革命委员会。1981年1月，撤销人民公社（镇）革命委员会，建立人民公社管理委员会和镇人民政府。人民公社管理委员会设正副主任和委员，镇人民政府设正副镇长。1984年，政社分设，恢复乡镇建制，全县设立27个乡、3个镇，由各乡镇人民代表大会选举产生30个乡镇人民政府。乡镇人民政府设正副乡镇长、秘书、民政助理、计划统计员、武装部长、公安特派员、司法员、计划生育专干、经营管理员等职。

1978—2005年，全县各人民公社历任革命委员主任、管理委员会主任和各乡镇（含期间撤并的乡镇）人民政府历任乡镇长名单如下：

长铺镇 曹润富、龙道德、袁均富、袁小萌（代）、袁通吉、刘柏生、莫永刚、袁水平、肖英、唐树元、申和平、杨文华、唐友柏

武阳镇 童锡光、于光珍、邓集和、袁公跃、袁小波、隆振理、黄民存、陈善珍、胡子勋、袁跃生、袁景志

李熙桥镇 侯德富、唐金良、向东生、黄民发、唐仕忠、陶永能、阳跃武、梁恩雄、卿笃林

盐井乡（1978—1996） 薛调炳、肖国琛、袁基坤、匡再锦、莫仁友、袁茂忠、刘松山、向春华、向绍炎

桃坪乡（1984—1995） 刘思林、陈历红、陈顺勇

红岩镇（1996—2005） 向绍炎、谢文斌、刘斌、阳享虎

唐家坊镇 杨时成、黄修权、刘应炳、黄瑞华、刘应炳、李新德、谷春芳、周南奇、莫祚

华、陈顺勇、广奇珍、张晓霞

金屋塘镇 陈迪庭、袁仕保、张世华、刘光益、刘先前、杨期俊、肖华俭、陶通慧、卢万林、向绍炎、贺安明、袁治国、杨怡平、费立功、彭秀干

关峡苗族乡 周宗诱、杨明洲、肖洪祥、龙纪炎、葛昌权、杨树淼、苏文寿、龙立甦、黄秀元、康忠荣、杨慎敏、唐仕龙、沈明玉、黄民政

长铺子苗族乡 袁树棋、沈昭烈、谢代贤、苏进杰、杨进兴、全先习、蒋太金、杨进兴（以上并乡前）；全先习、杨三红、于光宗、黄均喜（以上并乡后）

枫香苗族乡（1978—1996） 杨时林、袁仕明、袁通吉、秦国云、周先书、蒋太金、黄先胜、肖开贞、康忠荣

党坪苗族乡 陈历忠、陈胜初、刘治顺、蒋太贵、刘义杰、龙景柏、邹勤俭、丰明海、杨焕海、龙毅鹏、杨章德、李福杰

竹舟江苗族乡 龙运河、沈明高、杨昌文、杨正大、汪永龙、林秀珍、丰明海、梁利军、李世刚、杨先光、肖光炳、胡敦科、杨昌仁

河口苗族乡 龙景福、吴屏南、胡秀彪、杨昌文、林泽洪、杨宗玉、龙宪球、杨通壁、李明才、蒋运强、杨光仁、黄俊玲、何盛盈

麻塘苗族乡 吴景相、杨宗玉、唐思月、兰世军、兰通发、佘开国、彭华江、周南奇、苏文兴、黄民仁、杨梅臣、葛芝炎

黄桑坪苗族乡 龙章华、贺元庶、粟时杰、刘范明、莫正忠、刘大力、李高远、秦裕斌、黄渊海、于仁刚、黄民西、唐艳

东山侗族乡 黄大禄、袁均富、龙景澄、龙运荣、伍远考、龙章聪、申厚林、舒瑞江、杨河清、龙开富、汪永龙、杨友谊、阳荣秀、袁炳坤

朝仪侗族乡 罗玉时、龙章文、吴道美、杨昌金、杨昌铰、龙开辉、伍远考、黄保昆、杨昌玉、杨正宗、杨大忠

鹅公岭侗族苗族乡 龙开森、龙开炎、杨正伟、龙景澄、杨正跃、龙景新、龙景培、黄始海、蒋太玉

联丰苗族侗族乡（1984—1995） 陈卫卿、舒常勇、张月清、谢昌发、龙开球、龙章聪、阳晓华

乐安铺苗族侗族乡 张鸣、龙景红、刘定湘、张赛莲（以上并乡前）；谢保国、黄民利、沈继金、侯玉德、秦嗣平（以上并乡后）

在市苗族侗族乡 莫公取、孟交日、刘祥云、夏传光、游庆林（以上并乡前）；杨光仁、李荣光、杨焕腾（以上并乡后）

兰家侗族苗族乡（1978—1995） 周永华、杨昌乐、张鸣、龙景红（代）、龙运荣、杨昌岱、龙开华、唐明开、李兴茂、李荣光

在市镇（1983—1996） 舒常勇、段小平、梁国元、唐树元、陆雄峰

联民苗族瑶族乡 刘静文、雷新儒、周利仁、兰世军、梁利军、张仁千、刘汉松、曾德礼、曹一清、彭华江、伍名发、龙志刚、杨辉明、杨昌仁、贺志红

枫木团苗族侗族乡 胡能谋、陈显淼、谢宏祥、周培宏、阳应、林秀珍、刘悌德、成寿松、徐家显、邹勤俭、龙景林、李兴茂、游庆康、沈乾明、梁乐高

瓦屋塘乡 游应培、袁振林、袁有佳、汤书银、唐维林、刘正生、陶通慧、阳华生、唐光科、袁清泉、陈晖、吴浩

黄土矿乡 龚佳禾、向益文、刘思林、唐金良、匡仕炳、廖世龙、陈历先、黄仁台、陈善珍、黄民存、谢琼林、唐伯贫、向国胜

白玉乡 肖宪松、龙幸坤、莫汉佐、向先胜、彭秀全、向先胜、陶继成、石善海、罗中林、冯小苓、黄秀元、石俊华、徐 翔、张贻斌

水口乡 吴顺好、刘尧章、陶永清、汤书银、刘玉联、卢万林、阳享雄、龙开科、阳远树、莫从英、罗青松

梅坪乡 于大刚、贺良喜、陶永清、肖华中、向东生、唐礼样、刘玉品、肖华俭、杨期俊、刘国成、王文贤、李金明、袁均荣、袁成林、于光华、李彬

第二章　政务会议

县人民政府定期召开的例行会议有县人民政府常务会议、县长办公会议、县政府全体会议3种。除例行会议外，还有县人民政府临时召开的工作会议、县长办公会议、县长碰头会议、县人民政府党组会议及部门提请县人民政府就某一方面工作召开的全县性会议。

一、全体会议

县人民政府全体会议是县人民政府组成单位确定全县经济工作方针的会议。主要研究全县一年或半年经济工作计划安排；回顾总结一年或半年全县经济工作情况；讨论研究将在县人民代表大会上作出的政府工作报告。参加人员为县长、副县长、县政府调研员和助理调研员、县长助理、县人民政府在岗的副县级干部、县人民政府办公室主任、县人民政府经济研究室主任和全体政府组成单位的行政一把手。会议由县长或县长委托常务副县长主持。一般一年召开二次，特殊情况由县长决定临时召开。

二、常务会议

县人民政府常务会议的内容可分为6类：讨论决定政府工作中带全局性的重大问题；讨论通过提请县人大常委会审定的议案；讨论由县人民政府发布的规章；副县长汇报主管的战线工作进展情况；分析县内经济工作形势；研究人事及机构编制；县人民政府认为必须讨论研究的其他重要问题。参加人员为县长、副县长、县政府调研员和助理调研员、县长助理、县人民政府办公室主任；必要时，县人民政府经济研究室主任及有关部门负责人列席；另根据工作需要，还可以由县长决定，邀请县委、县人大、县政协、县人武部、县纪委领导参加。会议由县长或县长委托常务副县长主持，一般半个月召开一次。县人民政府常务会议召开前，由县人民政府办公室将各位副县长各自提出的会议初步议题整理归纳，呈报县长同意后最终确定会议议题，并发出会议通知。会后，将会议记录整理后，形成会议纪要。会议纪要可根据工作需要印发到各乡镇人民政府和县直有关单位。

1980—1987年，绥宁县人民政府召开的政府常务会议次数不详。1988—2005年，绥宁县人民政府共召开县政府常务会议73次。其中：1988—1995年召开13次，1996—2000年召开33次，2001—2005年召开27次。

三、办公会议

县长办公会议 县长办公会议主要是研究处理县人民政府日常工作，讨论部门请示县人民政府的重要事项。参加人员为县长、副县长、调研员、助理调研员、县长助理、县人民政府在岗的副县级干部、县人民政府办公室主任；另根据议题需要可指定有关委、办、局主要负责人列席和邀请县委、县人大、县政协、县人武部、县纪委领导参加。会议由县长或县长委托常务副县长主持，一般每月召开一次，特殊情况可临时确定。会后将会议记录整理归档保存，根据县长意见和工作需要，印发《县长办公会议纪要》。

县长现场办公会议 县长现场办公会议是县人民政府领导为提高工作效率、为基层排忧解难，在某种特定现场所召集的会议。会议议题为研究解决县域范围内某一地区或部门急于要解决的实际问题。参加人员为县长或县长委托常务副县长及分管的副县长召集有关委、办、局行政一把手及有关负责人，赴急于要解决问题的地区或单位就地研究拍板。会议由县长或县长委托常务副县长及分管的副县长主持。会后，根据会议研究的结果，必须形成现场办公会议纪要，会议纪要注明地点、解决问题的具体意见及时间。经县长或常务副县长签字后，由县人民政府办公室负责发至有关单位。

县长碰头会议 县长碰头会议是县人民政府领导召开的临时性工作会议。主要是县长安排某一时期的工作或临时对某一问题做出决策。参加人员为县长、副县长、调研员、助理调研员、县长助理、县人民政府办公室主任、县人民政府经研室主任。由县长、常务副县长或在家主持工作的副县长主持。一般每周一举行，紧急情况下，由县长确定可随时召开。会后做好材料归档。或根据工作需要，可就会议作出的某一决策发出文件或通知。

四、专题会议

县人民政府专题会议是县人民政府围绕某一个专题召开的会议。主要是研究部署、协调落实某一重要事项。需会议研究的事项经充分调研、形成初步意见后，由县长、副县长安排或由相关单位提出会议议题进行专题研究。一般由县长或副县长召集和主持，与会议内容相关的单位负责人参加会议。可根据需要不定期举行。

五、党组会议

县人民政府党组会议是县人民政府党组研究党务工作的会议。主要研究干部任免、党组成员思想汇报、干部违纪处理、党内民主生活及其他党务工作。参加人员为县人民政府全体党组成员。另根据需要，经党组书记确定，可邀请县委、县纪检委的领导参加。会议由县人民政府党组书记或副书记主持召开。一般一季度举行一次，也可不定期举行。

第三章　政务纪要

一、县革命委员会政务纪要

1978—1980年，绥宁县革命委员会配合中共绥宁县委，对县内在历次极“左”政治运动中的冤假错案进行平反，为平反对象进行经济补偿和工作生活安置。本届县革命委员会任期内，开始在县内实行“以国家计划经济为主，以市场调节为辅”的经济体制改革，允许部分农产品作为商品进入市场，逐步开放集市贸易，允许个体经营。清除极“左”路线对县内教育工作造成的危害，在1977年恢复高考的基础上，重新调整全县学校布局，将“文化大革命”时期的社办高中并入区办高中，先后建成西河、东山、瓦屋、和平、河口、李熙、黄土坑等7所区办中学。在农村推广种植杂交水稻，领导全县人民大力开展农田基本建设和掀起造林高潮，提出“以林为主，林粮并重，多种经营，全面发展”的农业发展思路，三年造林4427公顷，幼林抚育22007公顷，封山育林58933公顷。其间，县革命委员会和县委一道，在白玉人民公社百家田生产大队龙家树生产队开展大田联产责任制试点，推行各种初级形式的农村包工包产责任制。对工业生产实行“增产节约”和“挖潜革新”。1979年，全县工农业总产值达到1.64亿元，比1977年增长20.5%。恢复县级领导接待人民来信来访制度。成功进行第八届全县人大代表和社镇人大代表的选举，为第八届全县人民代表大会的召开和恢复县人民政府，进行了积极的筹备。

二、第八届县人民政府政务纪要

1981—1983年，第八届县人民政府继续配合中共绥宁县委，在全县落实各项政策，平反冤假错案，为平反对象落实各项经济待遇，并逐步加大农业基础设施建设的投入。1981年冬，配合县委，在全县推行农村家庭联产承包责任制，鼓励扶植农村专业户和重点户。取消对县内社队企业的各种政策限制，调整全县农业内部产业结构和作物布局。1983年，全县粮食总产量达12.83万吨，创历史最高纪录；大面积杂交水稻制种单产连续五年居全省第一。对全县林业实施“三定”政策，明确山林权属，处理了一批山林纠纷积案，初步建立林业生产责任制；清理乱砍滥伐森林的违法行为，组织护林队伍，在全县进行封山育林75067公顷，有效保护了森林资源。同时，加强农村小水电建设和农业机械化建设，1983年，全县农业机械总动力达58700马力，比1980年增长50%；工业通过“调整、改革、整顿、提高”，1983年，全县工业总产值达2333万元，比1980年增长41.5%。三年累计完成基本建设投资3043万元；县木工厂胶合板车间、县联合造纸厂、洛口山水库大坝等先后建成。其间，继续调整学校布局，全县中心小学发展到29所。三年共引进推广省、地、县三级科研项目75项。同时调整人民公社体制，先后将长铺子、关峡、黄桑坪3个公社改建为民族公社。

三、第九届县人民政府政务纪要

1984—1987年，第九届县人民政府稳定和完善农村家庭联产承包责任制，延长土地承包期。实施政社分设，将全县原有26个人民公社分别改置为2个乡级镇、26个乡。根据县内特点，发展以林业和水力资源为依托的水电、竹木加工、造纸等特色工业，先后完成江口塘电站二期工程、洛口山一级电站、县联合造纸厂续建工程等工程建设；新建、扩建和改建了县装饰板厂、县香精香料厂、县铁合金厂、县橡胶制品厂、电磁生产线、玻璃纤维生产线等主要工业企业和工业项目。同时，进一步对企业进行简政放权，放宽企业的经营自主权，对小型企业实行转体经营，全面建立企业经济责任制。并进一步把农村改革引向深入，落实农村各项改革政策，调整农业结构布局，在保证粮食生产的前提下，扩大经济作物种植面积，大力发展以柑橘、西瓜为主的多种经营。提出“山上管严，山下搞活”的林业经营思路，三年中全县累计人工造林6139公顷；在大力发展林业和农业生产的同时，加快养殖业发展步伐。三年中，全县乡镇企业总数达4449家，乡镇企业年总收入达3958万元；财政收入快速增长，1986年达到1421万元，创历史最好水平；三年中新建5个农贸市场，成功地组织了生产和生活资料的供应，平抑了物价，调节了市场，保障了供给。本届政府任期内，新建和改建农村中心小学29所，完成了全县普及初等教育的任务。其间，新建县城万家坪大桥，完成全县26个乡、64个中心村的规划设计及武阳、在市、李熙桥3个建制镇建设的定点放线工作。

四、第十届县人民政府政务纪要

1987—1989年，第十届县人民政府把发展粮食生产摆在基础地位，继续调整农业产业结构，加大农业基础设施投入，1987年，全县粮食总产量达到14.719万吨，比上年增加1.777万吨，增长13.73%；提出“抓好基地促发展”的发展柑橘生产计划，全县三年新增柑橘生产面积2740公顷；在宝顶山（宝鼎山）规划牧场基地300公顷，养殖绵羊和进行牛体培植牛黄。三年引进外资2450万元，引进推广应用科技成果56项；通过加强技术改造，使全县工业生产能力达1.23亿元；调整乡镇企业结构，新建投产乡镇企业82家。1989年，全县社会总产值达2.45亿元，年增长11.6%；全县工农业总产值1.83亿元，年增长11.63%；县财政收入2313万元，年增长17.6%。三年中，新建35千伏变电站3处，新架设35千伏高压输电线路13.6千米，改造输电线路130千米，实现全县初级电气化达标；引导全县90.4%的农户使用省柴灶，有效地减少了森林资源消耗。本届县人民政府任期内，全县新修公路164.6千米，公路良好路面由1986年的67千米增加到92.9千米。三年中，县城新建二轻大楼、商业大楼、粮食营业大楼、县文化活动中心、老干部活动中心等商业文化设施；完成全县29个乡镇的总体规划设计；文教、科技、卫生等社会事业建设得到加强；累计安置城镇待业青年1900余人，帮助1.1万余人农村贫困人口脱贫。其间，先后开展整顿社会治安总体战、反地霸专项斗争和除“六害”专项斗争，社会治安明显好转。

五、第十一届县人民政府政务纪要

1990—1992年，第十一届县人民政府主政期间，坚持“一个中心、两个基本点”的基本路线，务实创新，坚持改革开放，继续调整农业产业结构，增加农业基础建设投入，稳定市场，实行依法行政，加强民主法制建设，全县经济和各项社会事业均取得较好的成绩。1992年，全县完成国民生产总值3.3亿元、国民总收入2.75亿元、工农业总产值5.34亿元、社会总产值5.48亿元、财政收入2976万元，比1989年分别年递增6.12%、5.82%、9.81%、6.92%和8.80%；乡镇企业总收入达到1.6亿元，比1989年增长68.92%。三年中，县人民政府累计投资1400余万元，新修和维修水利工程7705处，改造低产田1000公顷，每年粮食播种面积均稳定在22667公顷以上，推广“双两大”栽培14667公顷。1992年，全县粮食总产量达14.2万吨，成为全省唯一成建制中稻平均亩产超过500千克的县。三年中，县人民政府坚持以市场为导向，开发山区资源，1992年，全县开辟的9条生产线和14个商品生产基地新增产值1700万元，其中绞股蓝、天麻、茯苓、食用菌、辣椒、生姜等产业已形成规模。强化依法治林意识，实行以封山育林为主，封、造、管、节相结合的发展林业新举措，林业生产取得5个湖南省第一，并作为特邀代表，参加全国重点林区先进工作会议。继续加强工业的挖潜改造，三年投入工业技改资金596万元，开发的17个新产品打入东南沿海和欧美等国际市场。同期引进外商独资企业1个、中外合资企业2个。加快长铺、武阳、在市和李熙桥等4个城镇的建设速度。三年累计教育投资2850万元，占同期县财政支出的33%。

六、第十二届县人民政府政务纪要

1993—1997年，第十二届县人民政府继续围绕企业产权制度改革和转换经营机制两个重点，在全县实施以民营经济为主的发展战略。在全省最先建立民营经济委员会，实行“以小区为主，以工业为主”民营经济管理新体系和新的经营机制。狠抓重点区域、重点企业，使全县民营经济发展速度位居邵阳市第一，成为湖南省民营经济发展“十快县”之一。五年共投入工业技改资金7789万元，改造工业项目24项，开发工业新产品16个，成为邵阳市唯一无亏损企业的县，被誉为湖南省企业改革的“绥宁模式”。

县政府继续保持林业及农业的产业结构调整和制度创新，在保证粮食稳产的前提下，以发展牛羊养殖、楠竹生产、马尾松开发为重点，调整农业和林业产业结构，全面推进丘岗山地开发。同时狠抓科技兴农和农田水利基本建设。至1997年，全县已建成37个畜牧小区，生猪、肉牛、山羊饲养量分别达到83万头、14.6万头和7万头，完成人工造林11067公顷。楠竹低改18667公顷，马尾松间伐2467公顷，生产商品木材86万立方米。在木材经营上继续坚持“山上管严，山下搞活，砍伐管死，经营搞活”的原则，取消由林业部门一家购销竹木的制度，把竹木经营全面推向市场，实行国营企业、集体企业、私营企业平等竞争的竹木经营新体制。同时实行林地使用权有偿流转，吸引县内各界业主和外商投资进行林业开发。

县人民政府积极推行财政综合体制改革，增强财政调控职能，对乡镇财政实行“分级负责，分灶吃饭，自求平衡”的管理体制。1997年，全县财政收入首次突破1亿元，比1994年翻了一番。五年中，县人民政府举全县之力，集中财力加强基础设施建设，五年完成固定资产投资2.9亿元，完成重点建设工程56项。本届县人民政府任期内，坚持县级领导信访接待日制度，共接待群众上访1456人次，处理群众来信1982件，承办人大代表建议805件，办理政协委员提案391件，在全市最先开通“110”报警服务台，成功实施“绿洲文明行动”，共获得各级科技成果奖160项。先后被评为邵阳市“双基”合格第一县，湖南省社会治安综合治理先进单位、普法工作先进县、普及义务教育工作先进县，全国绿化先进县、全国双拥模范县、全国科技工作先进县、全国民族教育先进县等荣誉称号。1997年，全县国内生产总值由1993年的3.55亿元增加到18.06亿元，工农业总产值由1993年的5.69亿元增加到23.15亿元，社会商品零售总额由1993年的1.49亿元增加到3.64亿元，农民年人均纯收入由827元增加到1381元。

七、第十三届县人民政府政务纪要

1998—2002年，第十三届县人民政府克服亚洲金融危机、国内有效需求不足、“6·19”特大山洪地质灾害等不利因素对县内经济的影响，较好地完成了本届政府任期内的各项目标和任务。继续对县办工业企业实行以产权制度改革为核心的股份合作制改造，制定出台《绥宁县国有企业产权制度改革实施办法（试行）》。完成全县第二轮农村大田延包，进一步稳定和完善了以家庭联产承包责任制为主的统分结合双层经营体制。实行竹木税费征管制度改革，推行国税、地税、财政、林业四家合署办公、税费同征同管的有效举措。稳妥推进农村税费改革。通过发展民营经济，基本形成以公有制为主体、多种所有制经济成分共同发展的格局。设立县政务服务中心和乡镇便民服务窗口，推进行政审批制度改革，进一步转变政府职能，使政府办事效率进一步提高。通过农业产业结构调整，建立以武阳、李熙桥、瓦屋塘、唐家坊等乡镇为中心的杂交水稻制种带。2002年，全县杂交水稻制种面积达2187公顷，比1997年增加7.6倍，成为湖南省最大的杂交水稻制种基地。新建茅坪、李熙桥、大龙、武阳4个农业综合开发项目区。五年中共改造低产田2667公顷，造林1万公顷，楠竹低改12933公顷，发展油茶林2667公顷，建立苗木基地67公顷、采种基地293公顷、林业科技示范基地4667公顷，封山育林31200公顷，退耕还林和荒山造林5467公顷。通过规模化、外向化、科技化、民营化的工业发展思路，实施“工业富县”战略。2002年，全县规模工业企业达到35家，规模工业年产值达到6.8亿元，年均增长6.25%。五年累计投入技改资金7900万元，先后完成50吨碱回收生产线、万吨甲醛生产线、中端废水处理等技改项目。竹胶板生产线由1999年的5条增加到27条，木模板生产线达18条，成为全国最大的竹胶板生产基地。

全县基础建设进一步加强，累计完成固定资产投资10.95亿元，全县城市化水平从1997年19.05%提高到22.5%。先后完成S221县内路段扩改工程、120千米乡道砂改油工程、县城防洪大堤工程、县第二自来水厂建设、武阳大桥、第一期农村电网改造工程、乡镇移动通信网络建设等35项重点工程建设；扩建荣岩电站，新建绿洲大桥电站，建成电话达标县，广播电视实现村村通；硬化县城工业路、大公坪路、长河路等街道路面，建好县城顺发市场、绿洲农贸市场和绿洲商居新区；加快武阳、乐安铺、红岩、李熙桥、金屋塘、唐家坊、关峡等小城镇建设步伐，形成以县城为中心、建制镇为骨干、农村集镇和中心村为依托的城镇体系。成功举办湘西南森林生态民族风情旅游节暨黄桑“四·八”姑娘节。取得“6·19”特大山洪地质灾害抗灾救灾胜利，组织群众投工74万个，投资3000余万元，恢复耕地1200公顷，修复县道和乡村干道816米，恢复输电线路1800千米、通信线路320千米，恢复河堤44800米，修复水渠94400米，编印《绥宁县山洪防御工作手册》。本届县人民政府任期内，完成农村合作基金会和供销社股金服务部的整顿和清偿工作，开展农资、建材、烟草、成品油、食品、药品经营等专项治理和林区秩序专项整治，清理整顿了文化市场。

五年中，落实两个“确保”和城乡居民“低保”，解决下岗职工再就业3424人次，共办理人大代表建议525件、政协委员提案465件，圆满完成“三五”普法工作；先后获得全国民族团结进步模范单位、全国双拥模范县、全国县级计划生育“三为主”先进单位、全国法治宣传教育先进县、全国农村自来水普及工作先进县等荣誉称号。2002年，全县国内生产总值16.71亿元，年均增长8.74%；工业总产值12.4亿元，年均增长12.21%；农业总产值10.24亿元，年均增长1.93%；社会消费品零售总额4.75亿元，年均增长9.32%；财政收入1.05亿元，年均增长6.5%。

八、第十四届县人民政府前期政务纪要

2003—2005年，是第十四届县人民政府执政的前三年。三年中，县人民政府继续坚持“工业富县，工业强县”战略，全县规模工业由2002年的35家增至47家。通过推进“林工一体化”，加快竹木加工产业的升级换代。江口园工业小区建设基本完成后，又启动袁家团工业园区建设。杂交水稻制种面积继续稳居全省第一，高致病性禽流感防治工作取得圆满成功，确保全县养殖业平稳快速发展。林业生产实现森林生长量大于消耗量的良性循环，通过国家林业专项调查，绥宁县先后获得湖南省林业十强县第一名、中国竹子之乡、全国绿色小康县等荣誉称号。制定出台“两点一线”旅游发展规划，成功争取黄桑“四·八”姑娘节列入湖南省首批非物资文化遗产保护名录；改善了六鹅洞、鸳鸯岛、铁杉林、上堡古国、花园角（花园阁）、神坡山等旅游景点的基础设施建设。根据国家政策，在全县先后组织实施种粮直接补贴、粮油综合补贴、退耕还林补贴、楠竹低改补贴、人畜饮水安全补贴、沼气池补贴、能繁母猪养殖补贴、新农村建设资金等国家惠农资金的发放。启动新型农村合作医疗，落实筹措医疗补偿金，为农村患者发放医疗补助和大病医疗救助金；实施“两免一补”助学政策、少数民族助学金制度和少数民族医疗费用减免制度；筹措发放城乡居民最低生活保障金和移民基础设施扶持资金。成功申报争取到“比照少数民族自治县经济待遇”“比照省扶贫开发重点县待遇”“纳入中部地区比照西部大开发政策实施范围”3项国家、省优惠政策；成功申请获准黄桑自然保护区为邵阳市唯一

的国家级自然保护区；先后启动和完成洞关公路和 S221 长乐国防公路建设工程；完成县化工厂、县造纸厂等 57 家国营、集体企业和所有粮食企业及部分供销企业的改制；推行“三保两控一补”和“乡财县管乡用”的财政管理新体制。启动和完成黄桑坪、红岩、在市、乐安铺、东山 5 个乡镇文化站活动中心建设，改建和扩建 25 个乡镇卫生院。

表 5-3-1　1978—2005 年绥宁县人民政府（县革命委员会）下发的主要文件目录摘抄一览表

发文日期	文件标题
1978 年 1 月 18 日	关于税收管理体制规定的通知
1978 年 2 月 20 日	关于 1978 年水稻生产的意见
1978 年 5 月 28 日	关于发放杂交晚稻种子的几点意见
1978 年 7 月 21 日	关于开展杂交水稻繁殖、制种评比竞赛的意见
1979 年 3 月 20 日	关于 1979 年跨界交粮规定
1979 年 4 月 10 日	关于办理竹木产品出口证有关规定
1979 年 7 月 6 日	关于城镇卫生管理规定
1980 年 7 月 17 日	关于建立绥宁县造纸厂用材林基地的意见
1980 年 10 月 14 日	关于处理山林纠纷的意见
1980 年 11 月 20 日	关于 1980 年农村决算分配若干问题的意见
1980 年 12 月 12 日	关于 1980 年农村决算分配有关问题的补充意见
1981 年 2 月 19 日	关于制止乱砍滥伐，加强竹木市场管理的意见
1981 年 3 月 5 日	关于加强社会财会队伍建设的意见
1981 年 3 月 19 日	关于建筑、建材企业和城建公用事业归口县建委管理的决定
1981 年 11 月 17 日	关于县城建设管理的决定
1982 年 5 月 6 日	关于安全用电和供电的规定
1982 年 8 月 7 日	关于杂交水稻种子经营工作几个问题的具体规定
1982 年 8 月 11 日	关于成立绥宁县人民储蓄委员会的决定
1983 年 8 月 19 日	关于收购制种基地杂交水稻种子工作的几项具体规定
1983 年 11 月 2 日	关于标准计量管理工作的若干规定
1984 年 6 月 13 日	关于农村拖拉机管理和经营运输业有关问题的暂行规定
1984 年 12 月 15 日	关于严格管理林区野外用火的规定
1985 年 1 月 25 日	关于公费医疗管理制度改革的暂行规定
1985 年 5 月 28 日	关于城镇建设若干问题的规定
1985 年 7 月 12 日	关于加强柑橘育苗管理的规定
1985 年 8 月 16 日	关于加强用电管理的若干规定
1986 年 4 月 25 日	关于加快乡镇企业发展几点经济政策的规定
1986 年 10 月 28 日	关于城镇公用设施管理的若干规定
1986 年 12 月 12 日	关于做好殡葬改革工作的意见
1986 年 12 月 22 日	关于进一步搞好我县职业技术教育的规定
1986 年 12 月 29 日	关于整顿农村卫生组织的意见
1987 年 5 月 10 日	关于开展横向经济联合有关问题的意见

续表 5-3-1

发文日期	文件标题
1987 年 7 月 2 日	关于国家机关工作人员休假制度的暂行规定
1987 年 8 月 5 日	关于做好全县五保户供养工作的暂行规定
1988 年 6 月 3 日	关于搞活边境贸易的若干规定
1988 年 7 月 25 日	关于非农业建设用地的有关规定
1988 年 10 月 29 日	关于绥宁县枫木团电站所需资金的决定
1989 年 3 月 4 日	关于加强乡镇财政管理的规定
1990 年 3 月 8 日	关于加强廉政管理建设的三十五条规定
1990 年 3 月 24 日	关于建立健全农村劳动积累制度的规定
1990 年 3 月 27 日	关于建立农业发展基金制度的规定
1990 年 4 月 30 日	关于民兵训练基地管理使用暂行规定
1990 年 5 月 31 日	关于加强行政事业单位小汽车管理的若干规定
1990 年 7 月 8 日	关于加强机构编制管理的有关规定
1990 年 7 月 10 日	关于加强农业经营管理工作的意见
1991 年 4 月 15 日	关于肖家湾与二职中土地权属争议的处理决定
1991 年 5 月 7 日	关于搞好农科教结合加速科技兴农的意见
1991 年 7 月 20 日	关于全面实施初级卫生保健发展农村卫生事业的决定
1991 年 7 月 31 日	关于巩固教育成果，进一步发展我县教育事业的决定
1991 年 9 月 23 日	关于认真抓好木材生产与购销工作的意见
1992 年 2 月 22 日	关于进一步发展林业生产的决定
1992 年 9 月 22 日	绥宁县城镇国有土地使用权管理暂行办法
1993 年 3 月 16 日	关于加强会议经费管理的规定
1993 年 5 月 14 日	关于县内工业原材料供应的规定
1994 年 7 月 6 日	加强林政管理的若干规定
1995 年 3 月 19 日	关于加强竹木加工管理的规定
1995 年 6 月 3 日	关于绥宁县义务教育行政执法处理规定
1995 年 6 月 13 日	关于城镇建设用地实行“五统一”管理的暂行规定
1995 年 7 月 2 日	绥宁县基本农田保护实施办法
1995 年 10 月 24 日	关于加快楠竹低改的决定
1996 年 1 月 11 日	绥宁县销售城镇公有住房的规定
1996 年 2 月 8 日	关于加强竹笋经营管理的决定
1996 年 2 月 21 日	关于加速发展山羊的规定
1996 年 4 月 9 日	关于国家建设征（拨）用土地补偿安置的规定
1996 年 7 月 9 日	关于做好城镇义务兵优待金社会统筹工作的补充规定
1996 年 11 月 25 日	绥宁县丘岗山地使用权流转暂行规定
1996 年 12 月 4 日	关于加强楠竹资源管理的暂行规定
1997 年 4 月 20 日	关于省道 1805 线绥宁段扩建工程征用土地问题的补充规定
1997 年 7 月 28 日	关于加快大西南商贸城开发建设的若干规定
1997 年 10 月 30 日	关于绥宁三国石材开发有限公司与绥宁焕宝石材有限公司有关矿界问题的处理决定

续表 5-3-1

发文日期	文件标题
1998年2月6日	关于进一步改进政府机关作风的若干规定
1998年3月25日	关于加强外事接待工作的若干规定
1998年8月24日	关于设立楠竹丰产林奖励基金的决定
1999年3月22日	关于加强城镇临街建筑和省道1805线沿路两旁建筑立面装饰管理的若干规定
1999年5月5日	关于松脂集中加工有关事项的规定
2000年4月14日	关于加强县人民政府自身建设的若干规定
2000年9月14日	关于加强市容市貌管理的规定
2000年9月24日	关于加强县城道路交通管理的规定
2001年3月30日	关于下达绥宁造纸有限公司整改措施的决定
2001年3月30日	关于下达绥宁联合造纸厂环保整改措施的决定
2001年6月4日	关于绥宁县造纸有限公司在停产治理限期达标期间停止制浆的决定
2002年3月26日	关于废止2000年底以前发布的部分规范性文件的规定
2002年4月16日	关于做好项目前期工作及规范项目资金管理的意见
2002年6月20日	关于组织竹木生产、规范竹木经营、支持骨干企业工业用材的意见
2002年10月10日	关于进一步加强农业税征收管理工作的意见
2002年11月21日	关于营造工业用材林的意见
2002年12月19日	关于加快水利工程管理体制改革的意见
2003年3月28日	关于水口乡田凼村林木、林地权属证书争议处理决定
2003年5月4日	关于柑橘品改和精品水果开发的实施意见
2003年6月19日	关于绥宁县山洪灾害易发区房屋搬迁的实施意见
2003年9月3日	关于广开就业门路和筹集再就业资金帮助国有企业下岗失业人员再就业的意见
2003年9月12日	关于切实做好农业税征收管理工作的意见
2004年1月30日	关于进一步做好高致病性禽流感防疫工作的紧急通知
2004年2月15日	关于加快我县外贸发展的意见
2004年3月5日	关于进一步治理整顿土地市场秩序的通知
2004年3月5日	关于加强工业环保工作的通知
2004年3月5日	关于2004年《政府工作报告》中目标任务分解落实的意见
2004年8月16日	关于对符合再生育条件自愿放弃再生育的农村育龄夫妻进行奖励的通知
2004年8月19日	关于在县城取缔慢慢游整顿客运车辆有关问题的意见
2004年9月23日	关于鼓励社会化造林绿化的实施意见
2004年12月29日	关于切实加强艾滋病防治工作的通知
2005年1月20日	关于对界头炉铁矿开采工作的有关意见
2005年3月9日	关于竹木加工企业建立原材料基地的有关规定
2005年5月10日	关于2005年《政府工作报告》中目标任务分解落实的意见
2005年5月25日	关于乡镇财政管理体制改革的决定
2005年5月26日	关于进一步加强矿产资源管理的规定
2005年6月8日	关于进一步加强土地资源管理的意见
2005年11月1日	关于林地林权登记换发证工作有关问题的补充规定

第四章　日常政务

县人民政府负责日常综合政务的机构为县人民政府办公室，日常综合政务的内容有文秘、信息调研、接待来信来访、政务服务、政务协调、方志编修、办文办会、政务督查等。

1978 年，县革命委员会日常综合政务统由县委办公室办理。1980 年 12 月，恢复绥宁县人民政府办公室，负责县政府的文件起草和日常事务管理。至 1996 年，县政府办公室内设秘书组、政工组、综合调研组（与县经济体制改革委员会办公室合署办公）、机要组、城镇工作组、提案组、行政组（加挂外事办牌子）、矿产资源管理办公室、宗教事务办公室等 9 个组室；核定行政编制 26 名，事业编制 6 名。2002 年 7 月机构改革时，明确县民族宗教事务局与县政府办公室合署办公，县政府办公室保留绥宁县人民防空办牌子、加挂绥宁县调处山林纠纷领导小组办公室牌子。2005 年，县政府办公室内设秘书一组、秘书二组、综合组、信息组、机要组、建议提案组、城镇组、政工组、行政组、房改组（保留县住房制度改革领导小组办公室牌子）、县人民政府应急管理办公室 11 个组室，核定行政编制 21 名、全额拨款事业编制 4 名、机关后勤服务人员事业编制 5 名；归口管理县人民政府地方志办公室和县信访局等部门。1984—2005 年，曾昭球、袁小萌、贺兼福、吴华贵、黄泽贵、徐家仁、袁景甫、李锡红、洪煜东先后任县人民政府办公室主任。

第一节　文秘调研和政务服务

一、文秘调研

1982 年，在县政府办公室内设综合调研组，通过综合调研为县政府领导提供全县经济政策的研究和起草、政府工作报告和重要讲话材料撰写、县域经济调研和政务信息综合等服务。1986 年 2 月，成立绥宁县经济研究室，属正科级行政单位。1995 年 2 月，并入县政府办公室，复称综合调研组。翌年 1 月，与县经济体制改革委员会办公室合署办公。至 2005 年，周录云、周本南先后任县经济研究室主任。

文件起草　1982—1985 年，县政府办公室综合调研组重点围绕农村多种经营、商业流通、城市建设等中心工作进行调研，起草《关于杂交水稻种子经营工作几个问题的具体规定》《关于农村拖拉机管理和经营运输业有关问题的暂行规定》《关于城镇建设若干问题的规定》等政策文件。1986—1994 年，县经济研究室起草加快楠竹低改、丘岗开发、规范农村非农建设用地、城市建设用地实行“五统一”（统一规划、统一征用、统一开发、统一出让、统一管理）管理、科技兴绥、科技兴农、积极引资办企业、经济横向联合、大力发展乡镇企业和开发性农业、加强林政管理、殡葬管理、乡镇财政管理等规范性文件。1995—2005 年，县政府办公室综合调研组重点围绕城市开发、公路建设、企业改制、林工一体化、招商引资等进行调研、草拟文件。在城市建设和管理方面起草建设征（拨）用土地补偿安置、加快大西南商贸城开发、加强县城道路交通管理、取缔县城慢慢游（三轮机动车）、治理整顿土地市场秩序等文件；林工一体化的文件涵盖工业原材料建设、工业环保治理、工业园区开发、集体林权体制改革等各个方面。1982—2005 年，先后起草撰写县人民政府在各届次全县人民代表大会上作出的《县人民政府工作报告》40 余篇。

信息编发　1986 年 2 月，设立绥宁县人民政府经济研究室（简称县经济研究室）。是年，县经济研究室开始编发《绥宁经济情况》，1989 年增编《情况摘报》。1995 年 2 月，县经济研究室并入县政府办公室。21 世纪初，县政府办公室综合组和信息组先后参与 2001 年“6·19”特大山洪地质灾害、2003 年“非典”防治、2004 年红岩渣湾禽流感等重大突发应急事件的处置及灾情汇报和信息简报编发。

二、政务服务

2001 年 3 月，县委、县政府成立政务中心领导小组。2003 年 5 月，成立政务中心，为副科级机构。2004 年 9 月，成立客商服务中心，与政务中心合署办公，改称绥宁县政务（客商）服务中心，定编 9 人，为正科级机构。2004 年 9 月至 2005 年 12 月，政务（客商）服务中心主任由县委常委、常务副县长兼任，常务副主任由县委助理调研员兼任。

县政务服务中心主要负责指导县直各部门的人事权、事权、财权公开及政务、厂务、村务公开，督促各窗口单位的职能、人员进入“中心”为民众服务，负责客商服务，受理行政投诉。至 2004 年，县政务（客商）服务中心共设有服务窗口 11 个，接洽来办事的群众 12 万人次，受理政务服务 5 万余件（其中投诉案件 10 件），当即办结 45840 件，办结率 91.69%。2005 年，县政务（客商）服务中心服务窗口增至 12 个，接洽来办事的群众 2 万余人次，受理政务服务 4100 余件，当即办结 4060 件，办结率 99.02%。

第二节　来信来访

一、信访机构

1973 年，县委办公室设信访组，1979 年 5 月升格为信访科，1984 年改称县信访工作领导小组办公室（简称县信访办），归口县委办公室管理，编制 5 人。至此，县级信访机构从秘书型发展为具有相对独立行使立案、协调、监督、检查和指导的综合职能机构。县直属机关和各乡镇相应建立信访工作领导小组，配备专职或兼职的信访干部，初步形成以县信访办公室为枢纽的信访工作网络。1990 年，全县有专职信访干部 7 人、兼职信访干部 38 人。1995 年 2 月，县信访办公室改由县委办公室、县政府办公室管理，以政府办公室管理为主。2002 年 10 月，县信访办公室更名为县信访局，仍为正科级单位，定编 5 人。2004 年 8 月，县委常委会议决定，将当年新提拔的 56 名副科级干部分批次安排到县信访局挂职锻炼，每批次 3 人，每期 1 个月。是年，县信访局局长开始由县政府办公室副主任兼任。2005 年，全县有 103 个单位设立信访接待室，有专职或兼职信访干部 103 名，在 121 个村（居）委会配备了 132 名信访联络员。

1985—2005 年，刘思善、刘应忠、曾令华、陶永乾、黄始荣、梁兰香、王小英、唐更强、罗兴先后任县信访办公室主任或县信访局局长。

二、信访接待

1978 年始，县内全面落实党的政策，信访量大幅度上升，1979 年达 5675 人次（件次）。1979—1986 年，县信访机构年均接待来访和受理来信 2812 人次（件次）。其间，县委、县政府建立党政领导信访接待日制度，对人民信访提出的问题，实行分级负责归口办理，下基层检查工作时将信访处理列入必办工作。各级领导也把信访工作列入目标管理，采取“三定三包”（即定领导、定任务、定结案时间，包调查、包处理、包做好稳定工作）的方式处理信访案件，基本做到件件有回音、案案有结果。1979—1986 年，在落实政策和平反冤假错案期间，县信访部门共接待处理群众信访案件 5472 件，处理民事纠纷 301 起，帮助群众解决生产、生活困难 533 户次。在接待处理来信来访中，帮助安置在绥宁县农村的柘溪电站水淹区新化县移民恢复城镇户口 176 户、646 人，处理群众揭发和举报案件 138 件。1987 年起，县内来信来访减少。1990 年，县委、县政府领导参加信访活动 13 次，解决信访难题 18 起。其间，县信访部门整理信访信息 195 条（篇），其中 118 条（篇）被上级信访部门采用。1997 年 8 月，邵阳市人民政府在全市推广绥宁县贯彻《信访条例》、推行逐级上访和分级受理制度的经验。2001 年 8 月 30 日，邵阳市基层单位信访公开承诺经验交流会在绥宁县召开。2004 年 9 月，建立全县处理信访突出问题及群体性事件联席会议制度，下设 9 个工作小组。

1984—2005 年，县信访局（办）8 次被评为全省信访工作先进单位。

第三节　方志编修

一、编纂机构

《绥宁县志》编纂委员会　1986 年 8 月，成立绥宁县志编纂委员会，县委副书记龚佳禾任主任，县人大常委会、县人民政府、县政协各一名副职领导人兼任副主任，县有关部门负责人任委员。1987 年 2 月，县委副书记刘仲初接任县志编纂委员会主任。1993 年 4 月，县委顾问袁于柏担任县志编纂委员会常务副主任。1997 年，中华人民共和国成立后的首部《绥宁县志》出版发行后，县志编纂委员会自然消失。2004 年 11 月，第二轮《绥宁县志》编纂委员会成立，由县委书记、县人大常委会主任、县政协主席、县人武部部长（县委常委）任顾问，县长任主任，常务副县长任常务副主任，县委办公室主任、县人大和县政协各一名副职、县政府办分管副职、县志办公室主任等 6 人任副主任，县委各部办委、县人民检察院、县人民法院、县总工会、县委党校、县志办公室分管副职及市属、县直各单位主要负责人、各乡镇乡镇长为委员。

《绥宁县志》编纂委员会办公室 1986 年 8 月 5 日成立，为县财政全额拨款的正科级事业单位，定编 5 人，主任袁耀中。1991 年 4 月，县委办公室副主任李焕宁兼任主任。1995 年 2 月，县志办公室与县委党史办公室合并为县史志资料征集编纂办公室。2002 年 7 月，史志办公室更名为中共绥宁县委党史研究室，加挂绥宁县人民政府地方志办公室牌子。

《绥宁县志》编辑部 1987 年 4 月成立第一轮《绥宁县志》编辑部，袁公湘任主编，1991 年增补李焕宁为主编，副主编 10 人；工作人员（含借调人员）有杨明、刘青龙、李剑鸣、冷钦谋、杨章柏、陈应彪、袁耀中，袁光槐、秦德富、隆振彪。1997 年首部《绥宁县志》发行后，第一轮县志编辑部自然消失。2004 年 11 月，第二轮《绥宁县志》编辑部成立，主编刘建平，副主编杨明、杨长余、唐小红。

二、志鉴编修

1996 年版《绥宁县志》编修 1987 年 5 月，中华人民共和国成立后的首部《绥宁县志》编修工作启动。县内举办首届修志业务培训班，培训各单位修志骨干 66 人，拟订了《绥宁县志》篇目。至 1989 年，由县志办公室组织，全县先后出动资料征集人员 1270 人次，在县内、市内、省内和全国各地的 40 多个市、县，累计查阅档案 26699 卷、图书 7188 册，采访知情人 2840 人次，发寄资料征集和调查函 503 件，征集抄录各种原始资料 3100 万字，建立各种资料卡 51400 份。1990 年 12 月，完成《绥宁县志》资料稿。1991 年起，先后五易其稿，至 1993 年，《绥宁县志》初稿成型。1993 年 8 月，由邵阳市地方志办公室主持，部分曾在县内担任过重要职务的历届领导人士、县内在外工作的部分知名人士、湖南省志办公室领导和专家、市内和绥宁县周边各县志届同人近 100 人会聚绥宁县城，召开邵阳市《绥宁县志》评议会。1996 年 10 月，志稿经县、市、省三级审稿后，送交方志出版社验收出版，1997 年 7 月由湖南省娄底湘中地质印刷厂印刷。中华人民共和国成立后首部《绥宁县志》为大篇结构，全志设 7 篇、60 章、213 节，前冠概述、大事记，后殿杂录，共 125 万字，16 开精装，首次印 5000 册。

第二轮《绥宁县志》编修 2004 年 12 月月底，县内举办续修《绥宁县志》业务培训班，培训县内方志编修业务骨干 120 人。12 月 30 日，县委、县政府召开全县编纂《中国共产党绥宁历史》暨第二轮编修《绥宁县志》动员大会，参加会议的有全县各乡镇、县直各部门单位主要负责人和办公室秘书共 150 人。会上宣布成立绥宁县志编纂委员会、《绥宁县志》编辑部，各单位与县政府签订第二轮编修《绥宁县志》责任状。从2005年元月开始，各乡镇、县直各部门单位按照第二轮编修《绥宁县志》纲目收集资料稿。第二轮《绥宁县志》始设环境资源、人口民生、体制改革、政治组织、党务群团、军事警务、基础设施、生态经济（上）、生态经济（下）、商务贸易、财税金融、经济监管、社会事业、人物实录、乡镇概况共15篇，外加综述、大事记、附录，上起1978年，下限2005年，总设计120万字；市级评审会后，先后调整为17篇、26篇和25篇（详见本志《后记》）。

年鉴编纂　为配合《邵阳年鉴》编辑工作，1998年开始，县志办公室每年编纂一辑《绥宁年鉴》资料，入编《邵阳年鉴》，主要记述每一年度县境内的基本概况，县委、县人大、县政府、县政协领导成员名录、主要工作成绩以及县境内发生的重大事件。至2005年，共编纂8辑并出版发行。

三、部门志和乡村志编修

从1987年起，为配合中华人民共和国成立后的首部《绥宁县志》编纂，乡（镇）、县直各部门单位都安排专人收集本行业、本单位资料，为县志编纂提供资料稿，有条件的单位和乡村还编纂出版部门志和乡村志。

1987年12月，由绥宁县教育局主修的《绥宁县教育志（1840—1986）》编成，全书52万字，主编袁定中，责任编辑袁志洪、袁仁忠、杨凤喈、黄国强。未付印。

1990年7月，由绥宁县乡镇企业局主修的《绥宁县乡镇企业志（1840—1987）》编成，全书19万字，主编刘镇国、刘先华，副主编杨新孝。未付印。

1991年1月，由绥宁县轻工业局主修的《绥宁县轻工业志（1846—1988）》编成，全书10万字，主编于大堂。内部发行。

1992年5月，由绥宁县供销合作总社主修的《绥宁县供销合作社志（1952—1988）》编成，全书25万字，主编曾兴瑞，责任编辑李荣河、袁再禄、杨光云。内部发行。

1993年12月，由绥宁县税务局主修的《绥宁县税务志（1855—1990）》编成，全书16万字，主编黄纯生，责任编辑向绍元、谢少贤、姚礼义。内部发行。

1997年6月，由中共党坪苗族乡委员会、党坪苗族乡人民政府组织，该乡动雷村原党支部书记陈明才采编的湖南省第一部苗族乡乡志《党坪苗族乡志（清末—1995）》印刷发行，全书11万字。

1999年7月，由退休村干部和本村籍退休国家干部自发编写的绥宁县第一部村志——《鹅公岭侗族苗族乡上白土村志（1370—1997）》完稿印刷，全书4万字，主编杨耀华，编辑杨耀明、杨焕财、杨文进、杨焕朝、杨焕羲、杨进泽、杨进腾、杨进晶、杨文彪。

2005年6月，由绥宁县邮政局、绥宁县电信分公司和绥宁县移动通信营业部合修的《绥宁邮电志（1909—2004）》编成，全书34万字，主编袁再新，责任编辑杨再启、刘畅春。内部发行。

第五章　扶贫移民

第一节　扶贫

1984年5月，成立绥宁县扶贫扶优领导小组。2001年，成立绥宁县扶贫开发领导小组。2002年7月，设立绥宁县扶贫开发办公室，刘建华任主任。

一、扶贫扶优

1982年，全县有贫困人口2832户、12744人。县委、县政府采取重点扶持办法，发放扶贫资金1万元，扶持特困户80户、320人发展生产，年底脱贫30户、120人。

1984年，全县发放扶贫、扶优资金73178元，扶持799户贫困户，其中540户发展种植业、259户发展养殖业。年末，脱贫（人均收入200元以上）279户。1985年，改单一的经济扶助为技术扶助。是年3月，县民政局分片举办“两户”（贫困户、优扶户）农业技术培训班，聘请45名农业科技人员为291户贫困户传授种植和养殖技术。是年，共发放扶助资金89.03万元，扶持1695户贫困户，有1311户解决温饱问题，其中491户人均纯收入超过500元，少数户成为种养专业户或重点户；武阳镇毛坪村退伍军人黄通高，被扶持前六月天穿破棉衣度日，通过培训学会柑橘管理技术，承包村办柑橘园，当年盈利7500元。1986年，全县发放扶贫资金49.5万元，扶助1879户贫困户发展种植业、741户贫困户发展养殖业、45户贫困户发展加工业、28户贫困户发展其他产业。年底，脱贫1674户，占扶助户总数的62.3%。其中：人均口粮达到400千克以上、人均纯收入达到500元以上的196户，占扶植户总数的7%；年收入1万元以上的7户，占扶植户总数的0.3%；基本解决温饱的673户，占扶植户总数的25%。1990年，新列“双扶”（扶贫、扶优）户350户，发放“双扶”款4万元，年底脱贫236户。

1982—1990年，全县累计发放扶助金29.35万元，扶助贫困户和优抚户8558户，其中脱贫4436户。

二、扶贫开发

2001年，绥宁县扶贫开发领导小组成立后，在全县实施扶贫开发。2002年，全县使用省财政扶贫资金69万元（含2001年第二批财政扶贫资金55万元）、市扶贫资金6万元、县扶贫配套资金10万元、社会各界和有关部门支持扶贫资金118万元、群众自筹资金256万元，合计459万元，主要用于“6·19”灾后恢复。先后组织群众义务投工投劳13200余个，共恢复良田89.33

公顷，修复河堤8700米、河坝8处、公路33千米、水圳5.2千米。是年通过扶贫项目的实施，全县有9个村通公路，8600人解决温饱问题，1200人解决饮水困难，850人脱贫。

2003年，全县投入扶贫资金48万元（含省、市扶贫资金）。其中：投入2万元到8个乡镇轮流举办8场科技致富培训班，培训2200多人；投入3万元到市建设整顿后进村联系点关峡苗族乡芷田村修建一条长1.8千米的机耕道和一座20多米长的平板水泥桥，并对该村第五、第六村民小组的老化电线进行整改；投入5万元为竹舟江苗族乡新团村新修公路2千米；向鹅公岭侗族苗族乡地胡村、唐家坊镇松阳村、瓦屋塘乡双江村各投入2.5万元，分别修建公路3千米；向枫木团苗族侗族乡道口村投入2万元、水口乡水口村投入2.5万元恢复水田26.67公顷；向市建整扶贫点黄桑坪苗族乡上堡村投入5.5万元接通自来水；为关峡苗族乡花园角村解决2万元用于购买水利抗旱设备；其余资金全部用于帮助困难群众种植香菇和反季节蔬菜及养殖肉牛等产业开发项目。

2004年，开始实施扶贫整村推进，每轮整村推进的村连续扶持两年，以加快整村的脱贫致富步伐。是年，投入扶贫资金67万元，实施各类扶贫项目近30个，帮助贫困村修复机耕道10千米，铺修水泥路5000米，维修水圳8000米，架设通信线路20千米，修建桥梁2座，新修自来水工程2处，恢复耕地1公顷，使400人脱贫，8000余人受惠；举办各类培训班8期，选送30人到市培训基地参加劳动力转移培训；实现贫困村人均增收100元的目标。

2005年，争取到省、市扶贫资金60万元，县配套资金12万元，完成各类扶贫项目近30个。帮助贫困村新修公路和机耕道56千米，铺修水泥路6千米，维修水圳8千米，架设通信线路16千米，建桥3座，恢复耕地10公顷，举办各类技能培训班8期（参训者3000余人），选送50名青壮年劳动力参加劳动力转移培训，输送到沿海发达地区务工。

第二节　移民

一、移民机构

1987年8月11日，成立绥宁县移民领导小组，下设办公室。1988年11月12日，为安置县内水库建设移民，成立绥宁县水库移民工作办公室，属副科级事业单位，主要处理江口塘水库电站库区移民安置与扶植补偿事宜。1989年2月17日，成立绥宁县处理柘溪库区移民遗留问题办公室（简称县移民办）。1991年4月17日，县移民办公室被撤。1992年8月6日，重设县移民办公室。2000年9月24日，县移民办公室更名绥宁县柘溪库区移民工作局（简称县移民局），定事业编制4名，归口县政府办公室管理。至2005年，袁法璋、刘祥云、赵跃耀、黄瑞兆、杨河清先后任县移民办公室主任或县移民局局长。

二、移民来源与安置去向

县内移民安置主要为水利移民安置，其工作始于1960年。移民的主要来源有以下3部分：

1960年3月28日，根据省农垦会议精神，绥宁县接收水府庙水库（省管大型水库）淹没区双峰县移民1500人，安置于武阳野鸡坪牧场、堡子岭林场、庙湾林场、金华山（泡洞）林场和哨溪口林场。

1961—1963年，接收柘溪水电站（中央直管工程）淹没区新化县第一批移民计1809户、7051人（其中回流移民545人），安置在县内的关峡、唐家坊、白玉、武阳、东山、西河（今在市）、竹舟江、枫木团、联民等27个人民公社、147个生产大队、692个生产队。至2005年，分布于全县25个乡镇。

1969年6月，湖南省革命委员会和邵阳地区革命委员会决定安排1500名柘溪水库水淹区新化县移民入绥，但未成行。

1971—2003年，县内洛口山、江口塘、荣岩、绿洲、界溪口、河口、清溪江7座中型水库相继开工修建，先后产生水淹区移民3356人，安置方法主要由所在地村组调剂，就近就地库区后靠安置。

2005年，全县共有移民36886人，占全县总人口的10.5%，其中享受后期扶持政策的移民30786人（其中柘溪库区新化移民21700人、占70.5%，县内水库移民9086人、占29.5%）、属城镇户口和转为非农村户口的农村移民6100人。

三、县外移民扶持

恢复城镇户口　1984年11月15日，湖南省人民政府办公厅下发《关于恢复柘溪、水府庙水库库区原城镇居民户口和定量粮的通知》，12月21日，绥宁县恢复柘溪水库库区原城镇居民户口办公室成立。翌年元月，对县内相关移民进行全面的调查摸底。10月下旬，柘溪库区安置在绥宁县农村的原属城镇居民户口的移民50余人上访县政府，占据县政府办公室，埋锅造饭、架桌铺床达7日7夜，主要反映恢复户口后的生活出路难、无钱安置难、子女入学难等问题。12月12日，县政府下发《关于恢复柘溪水库库区移民原城镇户口和口粮供应等有关问题的通知》；26日，县恢复柘溪水库水淹区原城镇居民户口办公室对此《通知》下发补充说明。至1986年底，共恢复原城镇居民户口移民176户、646人，按政策规定，其原承包的责任田、山林退还所在村，可继续保留原有住房，但自谋生路。1993年5月8日，县长办公会议对恢复柘溪库区移民城镇户口的问题进行研究并作出具体决定；11日，县政府下发《印发〈关于恢复柘溪库区移民城镇户口会议纪要〉的通知》。是年5月和12月，先后分两批恢复原城镇居民户口移民202户735人，按省、市相关文件和县政府专题会议纪要，这两批移民继续保留原在农村承包的责任田和原有住房，但自谋生路。1994年，县移民办等部门经多方努力，解决8户28名“黑户”的“农转非”问题。

扶助建房　1987年10月22日和12月1日，县人民政府在县城沿河水电局门口至一中码头地段和县联纸厂地段征地，作为第一批恢复城镇户口移民安置点，两安置点共征地5310平方米，安置移民122户、444人。1988年3月，县政府决定统一修建沿河路移民框架房基础，作为建房地基分给移民建房，建筑面积2550平方米。1989年4月24日，武阳镇新街五金公司仓库至邮电支局路段作为武阳镇第一批恢复城镇户口移民安置点协议签字，移民安置点建筑用地面积926.67平方米，共安置14户、56人。1996年12月5日，县移民办公室在关峡苗族乡关峡村（乡政府对面）征用水田2593.34平方米，安置该乡第二批和第三批恢复城镇户口移民27户、65人，并帮助他们通水、通电。10日，经湖南省国土测绘管理局批准，在长铺子苗族乡大寨村（长铺镇第三小学斜对面）征地7746.71平方米，用作第二批和第三批恢复城镇户口移民的安置用地，安置86户、372人，县移民办公室为安置点解决水、电、路三通事宜。1999年，县移民办公室帮助长铺镇沿河街第一批恢复城镇户口移民办好住房国土使用证。2002年6月14日，县移民局通过县国土局对第二和第三批恢复城镇户口移民长铺安置点剩余418平方米宅基地面向该两批移民进行公开拍卖，共安置移民7户。

扶助就业　1990年10月31日，县计划委员会下文，将县华丽儿童服装厂转让给长铺镇沿河路居委会，属街道办集体企业，由县移民办直接管理经营，共安置城镇户口移民50人就业。1992年，县移民办公室扶持镇办移民企业2家，即新兴童服厂、竹器综合厂。是年10月，华丽童服厂修建综合楼（位于长铺镇长征路老街口对面，为6层砖混结构，总建筑面积839平方米）。1993年3月24日，成立绥宁县华丽经济开发服务公司，隶属县移民办公室管理，两年后被撤销。1994年9月，收回对华丽童服厂、新兴童服厂、竹器综合厂投放的扶持资金，改为分户投放城镇户口移民工副业周转金，人均400元；华丽童服厂综合楼以资抵债，收归县移民办公室。1997年3月10日，华丽童服厂综合楼改为"京华楼"宾馆，成立京华楼综合服务部，隶属县移民局管理。1998年2月，"京华楼"开始对外承包经营。

扶持基础设施建设　1985—2005年，县移民部门帮助移民建设人畜饮水工程374处，解决3850人的饮水困难；新修乡村公路309条、683千米，解决15537人的行路难问题；架设农电线路21条、64千米，解决28个移民村2400名移民的生产、生活用电问题；修建农田水利工程275处，增加灌溉面积146.67公顷；维修加固河堤82处、328千米；维修移民安置区内13所学校的校舍（面积12260平方米），解决3500名移民子弟上学难的问题。

扶持开发生产项目　1985—2005年，县移民部门引导移民利用和开发本地资源，共开发楠竹1120公顷，油茶低改580公顷，种植柑橘822.67公顷、小水果226.67公顷、药材297.33公顷、香菇400万筒（年均）。扶持650户移民贫困户和养殖专业户饲养猪、牛、羊7.6万余头（只），饲养鸡、鸭、鹅62万羽。2005年，全县移民人均收入由1985年的225元增至863元，人均粮食由1985年的182千克增至560千克。

四、县内移民扶持

供粮 1996年以前，全县每年下达平价粮指标62.5万千克作为库区移民的返销粮。1996年10月省有关部门将绥宁县水库移民返销粮指标减至34.33万千克。从1997年起，改为每年只按34.33万千克的粮食指标，以原返销粮的价格计算成现金39.60万元下拨到县移民办公室。县政府根据县内水淹区的实际，确定全县每年水淹区返销粮食指标为77.17万千克，其中江口塘电站水淹区49.85万千克、荣岩电站水淹区13.20万千克、洛口山水库水淹区14.12万千克。2000年9月，县政府决定：按每50千克折币补助57.67元，每年补付一次；以后各水淹区增人不增指标，减人也不减指标；补助资金的缺口部分，由3个水淹区责任单位每年上缴80万元给县移民办公室，其中江口塘电站57万元、荣岩电站9万元、洛口山水库管理所14万元。是年起，县移民办公室每年支付给水淹区移民返销粮补助款89.01万元，其中江口塘水淹区57.50万元、荣岩水淹区15.22万元、洛口山水库水淹区16.29万元。

供电 荣岩电站涉及田心、李家团、溶岩（荣岩）3个水淹村。2003年以前，3个村的用电均由该站自供自管，按各村组安装的变压器总表抄表收费，电价按丰水季节每千瓦时0.16元、枯水季节每千瓦时0.18元计收，超过优惠电量部分按全县统一标准价计收。自江口塘电站投产供电以来，梅口、花园角、石江坪3个主要淹没村基本未收过电费。2004年4月27日，县政府召开发电和供电工作协调会议，决定：电站一律取消自供电，原属江口塘、荣岩电站水淹区供电交县电力有限责任公司接管。洛口山水库水淹区的供电系水库管理所自供自管。该所为保持水淹区安定，至2004年止，仍按自行掌握的特殊优惠电价象征性收费，即主要淹没区村组按变压器总表每千瓦时收0.04元，部分淹没的村组按变压器总表每千瓦时收0.06元。

荣岩电站移民扶持 1971年荣岩电站大坝蓄水后，共淹没和平人民公社田心生产大队和李家生产大队（今长铺子苗族乡田心村和李家团村）13.904公顷田土，均按当时有关政策规定于1973年底以前由荣岩电站办理征用手续和付清补偿费。后因江口塘电站1985年第二期工程竣工投产后，库区水位增高，田心、李家团两村新增淹没田土1.789公顷。1987年4月7日，荣岩电站与两村达成协议，增付田土淹没补偿费24.5万元。至此，荣岩电站水库库区共淹没田心、李家团两村田土15.693公顷（其中水田11.44公顷、旱土4.253公顷），均按当时有关政策规定先后支付田土补偿费55.5万元。同时核减两村每年应上缴国家的定购粮指标67.81万千克，并由国家每年返供平价定销粮102万千克。

洛口山水库移民扶持 1984年洛口山水库大坝关闸蓄水后，共淹没白玉乡檀山庙村第一和第六村民小组以及黄羊坪村第四、第五和第七村民小组35.927公顷水田和2.867公顷旱土，撤迁14户、59人到黄羊坪村的第一、第二、第三和第六村民小组插队定居。按当时有关政策规定，由洛口山水库管理所付给土地征用补偿、生产安置和生活补偿费12.6万元。同时为这两个村每年减免应上缴国家的定购粮指标16.4万千克，并由国家每年返供平价定销粮12.12万千克。1997年6月9日，县政府制定《洛口山水库水淹区移民生产扶植实施方案》，《方案》规定扶植檀山庙村第一和第六村民小组项目 4 个，扶植黄羊坪村第四、第五和第七村民小组项目 2 个，并给予贴息贷款支持黄羊坪村进行 133.33 公顷楠竹低改、檀山庙和黄羊坪村两村利用库区水面养鱼等项目开发。至 2004 年，洛口山水库管理所共支付给檀山庙、黄羊坪两村的田土征用补偿费和新建生产、生活设施工程扶植费 27.3 万元。

江口塘水库电站移民扶持　1985 年 5 月江口塘电站大坝关闸蓄水后，共淹没关峡苗族乡花园角、梅口、石江坪村及石脉村第三村民小组、鸟塘村第二村民小组、乡园艺场等村（场）水田 66.038 公顷、旱土 35.911 公顷。按当时有关政策规定，由江口塘电站支付给这些村组的田土征收补偿费 104.65 万元、生产安置费 91.95 万元、新建生产和生活设施扶植费 46.09 万元，合计 242.69 万元。同时，县政府为这些村组每年减免应上缴国家的定购粮指标 220.07 万千克，并由国家每年返供平价定销粮 38.24 万千克。1985 年至 1992 年，先后由江口塘电站（1985—1988 年）和县移民办公室（1989—1992 年）支付给以上村组补偿、安置、扶植费 242.7 万元（不含 1985 年前由江口电站工程指挥部支付的部分安置经费）。另外，江口塘电站和县移民办公室还先后为上述村组的 500 余户移民完成房屋搬迁。1992 年 10 月 22 日，县政府制定《江口塘电站水淹区扶植工作方案》。1993 年 2 月 3 日，成立江口塘电站水淹区关峡苗族乡梅口办事处。至 2005 年止，县水电局、县林业局、县农业局等部门共为上述村、组支付各种开发项目扶植资金 72.52 万元，《江口塘电站水淹区扶植工作方案》规定的扶植项目基本完成。其中主要扶植项目有：为水淹区修建码头 26 处，购置渡船 3 艘，修建桥梁 5 座，修人行道 2.5 千米，修机耕道 16 千米，修建供水设施（自来水）12 处，架设输电线路 5000 米，修建抗旱电动排灌站 8 处，安装抗旱抽水机 8 台，修筑粮田护堤 1000 米，扶植开发橘园 73.33 公顷，开发鱼塘 90 余口（面积 10.67 公顷），扶助网箱养鱼 250 箱，修建林业公路 5 千米，修建水库配套工程砼标准渠道 5000 米等。

绿洲、界溪口、河口、清溪江水电站移民扶持　县内水利移民扶持除荣岩电站、洛口山水库、江口塘电站 3 处较大的水淹区移民外，其他零星的小规模水利移民扶持还有绿洲水电站、界溪口水电站、河口水电站、清溪江水电站等小水电工程的移民扶持项目。这些水电工程的移民扶持主要有房屋补偿、耕地补偿、移民安置基础设施补偿等内容。其中：房屋补偿标准为：砖混结构房屋 300 元/平方米，砖木结构房屋 210 元/平方米，木结构房屋 120 元/平方米，杂房 20～40 元/平方米，围墙 12 元/平方米，晒坪 5 元/平方米；水田土地补偿费标准为 9100 元/亩，水田安置补偿费标准为 5200 元/亩，合计 14300 元/亩；旱地补偿费标准为 5600 元/亩，旱地安置补助费标准为 3200 元/亩，合计 8800 元/亩；果园地补偿费标准为 7280 元/亩，果园地安置补助费标准为 3200 元/亩，合计 10480 元/亩；果树补偿标准为 60 元/株；移民安置基础设施补助费标准为给排水 800 元/户，供电 500 元/户，道路 300 元/户。

第六篇　人民政协

中国人民政治协商会议绥宁县委员会于1984年4月27日成立，至2005年共产生6届委员会，前三届每届任期为3年，后三届每届任期为5年。县政协积极贯彻“长期共存、互相监督、肝胆相照、荣辱与共”的方针，团结广大知识分子、爱国人士、港澳台同胞和海外侨胞及其亲属、其他各界人士，对全县政治、经济、文化、教育、科技、卫生、市政建设和统一战线等重大事务进行政治协商和民主监督，并通过调研、考察、民主评议、提案等形式参政议政，为绥宁县改革开放、经济发展和社会稳定建言献策，发挥积极作用。

第一章　政协委员

第一节　委员产生

政协委员的产生，既注意广泛性，又注意代表性，吸收各行各业有资历、有社会影响和有参政议政能力的人士参加。第一届委员由县政协筹备小组及中共绥宁县委组织部、中共绥宁县委统战部考察，提出初步名单，经中共绥宁县委审查后，由委员人选所在单位推荐，再报中共绥宁县委审定。以后各届委员的产生由上届政协常务委员会提出组成规模和界别设置方案，经中共绥宁县委同意后，由县委组织部、县委统战部在全县乡镇和县属单位进行推荐、摸底、考察、平衡，确定人选后，与所在单位协商并填报推荐表，提交政协主席会议讨论，再报中共绥宁县委审查决定。政协常委会根据名单通知委员及其所在单位并颁发委员证和视察证。为适应社会主义现代化建设需要，扩大爱国统一战线，各届委员数量在当届时段有所变动。

第二节　委员构成

一、界别构成

政协绥宁县第一届委员会第一次会议有85名委员，分别代表中国共产党、无党派人士、工人、农民、解放军、科教文卫、工青妇、工商、归侨、新闻、少数民族、财经等19个界别。

政协绥宁县第二届委员会第一次会议有125名委员，分别代表中国共产党、社会科学人员、青年团、文联、工会、妇联、青联、医药卫生、民族、体育、社会福利、工商、科技、教育、农林、归侨、新闻、文艺、宗教、特邀20个界别。

政协绥宁县第三届委员会第一次会议有141名委员，分别代表中国共产党、教育、医药卫生、工商、自然科学团体、社会科学团体、少数民族、农民、社会救济、体育、工会、妇联、共青团、青联、侨联、文艺、特邀17个界别。

政协绥宁县第四届委员会第一次会议有149名委员，分别代表中国共产党、教育、医药卫生、工商、自然科学团体、少数民族、工会、妇联、共青团、青联、侨联、文艺、特邀等17个界别。

政协绥宁县第五届委员会第一次会议有151名委员，分别代表中国共产党、教育、医药卫生、工商、自然科学团体、少数民族、工会、妇联、共青团、青联、侨联、文艺、特邀等17个界别。

政协绥宁县第六届委员会第一次会议有151名委员，分别代表中国共产党、民主党派、工商、教育、医卫、科技、少数民族、新闻、文艺、侨联、社会科学、社会福利、工青妇、宗教等19个界别。

二、性别构成

政协绥宁县第一届委员会第一次会议85名委员中：女委员15人，占17.6%；男委员70人，占82.4%。

政协绥宁县第二届委员会第一次会议125名委员中：女委员22人，占17.6%；男委员103人，占82.4%。

政协绥宁县第三届委员会第一次会议141名委员中：女委员24人，占17%；男委员117人，占83%。

政协绥宁县第四届委员会第一次会议149名委员中：女委员25人，占16.8%；男委员124人，占83.2%。

政协绥宁县第五届委员会第一次会议151名委员中：女委员26人，占17.2%；男委员125人，占82.8%。

政协绥宁县第六届委员会第一次会议151名委员中：女委员27人，占17.9%；男委员124人，占82.1%。

三、民族构成

政协绥宁县第一届委员会第一次会议85名委员中：少数民族委员15人，占17.6%；汉族委员70人，占82.4%。

政协绥宁县第二届委员会第一次会议125名委员中：少数民族委员26人，占20.8%；汉族委员 99 人，占 79.2%。

政协绥宁县第三届委员会第一次会议 141 名委员中：少数民族委员 32 人，占 22.7%；汉族委员 109 人，占 77.3%。

政协绥宁县第四届委员会第一次会议 149 名委员中：少数民族委员 42 人，占 28.2%；汉族委员 107 人，占 71.8%。

政协绥宁县第五届委员会第一次会议 151 名委员中：少数民族委员 51 人，占 33.8%；汉族委员 100 人，占 66.2%。

政协绥宁县第六届委员会第一次会议 151 名委员中：少数民族委员 68 人，占 45 %；汉族委员 83 人，占 55%。

四、文化构成

政协绥宁县第一届委员会第一次会议 85 名委员中：具有大专以上文化的 19 人，占 22.4%；高中文化（含中专）的 33 人，占 38.8%；初中及初中以下文化的 33 人，占 38.8%。

政协绥宁县第二届委员会第一次会议 125 名委员中：具有大专以上文化的 35 人，占 28%；高中文化（含中专）的 21 人，占 16.8%；初中及初中以下文化的 69 人，占 55.2%。

政协绥宁县第三届委员会第一次会议 141 名委员中：具有大专以上文化的 37 人，占 26.2%；高中文化（含中专）的 40 人，占 28.4%；初中及初中以下文化的 64 人，占 45.4%。

政协绥宁县第四届委员会第一次会议 149 名委员中：具有大专以上文化的 45 人，占 30.2%；高中文化（含中专）的 43 人，占 28.9%；初中及初中以下文化的 61 人，占 40.9%。

政协绥宁县第五届委员会第一次会议 151 名委员中：具有大专以上文化的 76 人，占 50.3%；高中文化（含中专）的 51 人，占 33.8%；初中及初中以下文化的 24 人，占 15.9%。

政协绥宁县第六届委员会第一次会议 151 名委员中：具有大专以上文化的 81 人，占 53.7%；高中文化（含中专）的 47 人，占 31.1%；初中及初中以下文化的 23 人，占 15.2%。

五、中共委员与非中共委员

政协绥宁县第一届委员会第一次会议 85 名委员中：中共委员 33 人，占 38.8%；非中共委员 52 人，占 61.2%。

政协绥宁县第二届委员会第一次会议 125 名委员中：中共委员 47 人，占 37.6%；非中共委员 78 人，占 62.4%。

政协绥宁县第三届委员会第一次会议 141 名委员中：中共委员 52 人，占 36.9%；非中共委员 89 人，占 63.1%。

政协绥宁县第四届委员会第一次会议 149 名委员中：中共委员 54 人，占 36.2%；非中共委员 95 人，占 63.8%。

政协绥宁县第五届委员会第一次会议 151 名委员中：中共委员 61 人，占 40.4%；非中共委员 90 人，占 59.6%。

政协绥宁县第六届委员会第一次会议 151 名委员中：中共委员 62 人，占 41.1%；非中共委员 89 人，占 58.9%。

第二章　政协机构

第一节　政协常务委员会

政协绥宁县常委会是政协绥宁县委员会的常设机构，由主席、副主席、常务委员和秘书长组成，由政协绥宁县各届委员会全体会议选举产生。常委会执行全体会议的决议，组织实施《中国人民政治协商会议章程》规定的任务；在全体会议闭幕期间，审查通过需提交全县人民代表大会及其常委会或县人民政府的建议案；根据政协章程，决定政协绥宁县委员会工作机构的设置和变动，并任免其工作人员。1984 年 4 月 22 日，政协绥宁县第一届委员会第一次会议，选举产生政协绥宁县第一届常务委员会，组成人员 25 人。

政协常务委员会议一般一季度召开一次，听取政协或有关部门的情况通报；听取政协各室、委、组的工作汇报，做出有关决议；组织委员视察或考察，对县内大事提出建议；讨论决定各办、委、组领导人任免；协商下一届委员的组成。

表 6-2-1　　政协绥宁县第一届至第六届常务委员会成员名录情况表

届别	职务	姓名	政治面貌	任职时间
第一届 1984 年 4 月— 1987 年 3 月	主席（兼）	屈家海	中共党员	1984 年 4 月—1985 年 4 月
	主席	周继明	中共党员	1985 年 4 月—1986 年 5 月
	副主席	李高林	中共党员	1984 年 4 月—1987 年 3 月
	副主席	张友松	—	1984 年 4 月—1987 年 3 月
	副主席（兼）	信煜文	—	1984 年 4 月—1987 年 3 月
	副主席（兼）	唐成华	—	1984 年 4 月—1987 年 3 月
	副主席（兼）	庄承湘	中共党员	1985 年 4 月—1987 年 3 月
	副主席（兼）	王　昆	—	1986 年 3 月—1987 年 3 月
	秘书长（兼）	张友松	—	1984 年 4 月—1987 年 3 月
	常务委员	16 名：孙友昌、匡能杰、刘天河、刘庭生、刘思善、刘继善、刘梦松、李力行、李荣民、肖前富、林琴英(女)、唐智春、曹洪义、黄进修、王昆、徐能槐		
第二届 1987 年 3 月— 1990 年 2 月	主席（兼）	谢长江	中共党员	1987 年 3 月—1990 年 2 月
	副主席	李高林	中共党员	1987 年 3 月—1990 年 2 月
	副主席	庄承湘	中共党员	1987 年 3 月—1990 年 2 月
	副主席	王　昆	—	1987 年 3 月—1990 年 2 月
	副主席（兼）	刘青龙	—	1987 年 3 月—1990 年 2 月
	副主席（兼）	林琴英（女）	—	1987 年 3 月—1990 年 2 月
	秘书长	—	—	

续表 6-2-1

届别	职务	姓名	政治面貌	任职时间
第二届 1987 年 3 月— 1990 年 2 月	常务委员	20 名：王启钊、刘庭生、刘玉庭、刘兴邦、刘应堂、刘天河、刘梦松、孙友昌、何笃勤、张少锋、陈今泉、肖化跃、李荣民、贺益民、唐光荣、唐智春、黄进修、陶光族、唐立康、袁均才		
第三届 1990 年 2 月— 1993 年 1 月	主席	陈庆善	中共党员	1990 年 2 月—1992 年 3 月
		彭正良	中共党员	1992 年 3 月—1993 年 1 月
	副主席	黄金榜	中共党员	1990 年 2 月—1993 年 1 月
	副主席	刘梦松	中共党员	1990 年 2 月—1993 年 1 月
	副主席	王　昆	—	1990 年 2 月—1993 年 1 月
	副主席（兼）	刘青龙	—	1990 年 2 月—1993 年 1 月
	副主席（兼）	张少锋	—	1990 年 2 月—1993 年 1 月
	副主席（兼）	袁均才	九三学社社员	1990 年 2 月—1993 年 1 月
	秘书长	—	—	
	常务委员	15 名：王启钊、龙开秋、刘呈、刘玉庭、刘应堂、刘庭生、李荣民、肖化跃、何笃勤、贺益民、唐立康、唐智春、黄世德、曹润富、曾恒寿		
第四届 1993 年 1 月— 1997 年 12 月	主席	彭正良	中共党员	1993 年 1 月—1995 年 3 月
		刘仲初	中共党员	1995 年 3 月—1997 年 12 月
	副主席	黄金榜	中共党员	1993 年 1 月—1996 年 8 月
	副主席	姚家祺	—	1993 年 1 月—1997 年 12 月
	副主席（兼）	张少锋	—	1993 年 1 月—1997 年 12 月
	副主席（兼）	袁均才	九三学社社员	1993 年 1 月—1995 年 3 月
	副主席	曹润富	中共党员	1993 年 1 月—1997 年 12 月
	副主席	吴华贵	中共党员	1995 年 10 月—1997 年 12 月
	秘书长	陈立申	中共党员	1995 年 4 月—1997 年 12 月
	常务委员	24 名：刘应堂、黄世德、谢先菊、向祖夔、黄作钊、龙景鸿、刘普凡、吴文树、隆振彪、黄生根、蔡秀荣、龙开秋、向祖林、刘呈、李挹芳、李铁军、易经月、唐必友、张人杰、吴华贵、徐家仁、杨昌仁、侯万虎、曾令堂		
第五届 1997 年 12 月— 2002 年 11 月	主席	贺兼福	中共党员	1997 年 12 月—2002 年 11 月
	副主席	苏进武	中共党员	1997 年 12 月—2002 年 11 月
	副主席	曾令堂	中共党员	1997 年 12 月—2002 年 11 月
	副主席	姚家琪	—	1997 年 12 月—2002 年 11 月
	副主席	聂德荣	—	1997 年 12 月—2002 年 11 月
	副主席（兼）	张少锋	—	1997 年 12 月—2002 年 11 月
	副主席（兼）	李秀群(女)	—	1997 年 12 月—2002 年 11 月
	秘书长	刘祥云	中共党员	1998 年 1 月—1999 年 3 月
		曾培高	中共党员	1999 年 3 月—2001 年 3 月
		李兴茂	中共党员	2001 年 3 月—2002 年 11 月

续表 6-2-1

届别	职务	姓名	政治面貌	任职时间
第五届 1997 年 12 月— 2002 年 11 月	常务委员	20 名：王征才、丰新妹(女)、龙开杕、匡樟青、杨盛亢、李兴茂、李铁军、李德民、吴文树、张人杰、张光王、袁万军、莫仁高、唐利群、黄训德、刘普凡、邓星海、陈建军、谢世安、罗旺成		
第六届 2002 年 11 月—	主席	刘郁金	中共党员	2002 年 11 月—
	副主席	苏进武	中共党员	2002 年 11 月—
	副主席	黄泽贵	中共党员	2002 年 11 月—
	副主席	杨芳尧	—	2002 年 11 月—
	副主席（兼）	李秀群(女)	—	2002 年 11 月—
	副主席（兼）	李铁军	—	2002 年 11 月—
	副主席（兼）	朱　伟	—	2002 年 11 月—
	常务委员	22 名：邓星海、孙照晖(女)、苏文海、李卫东、李兴茂、杨耀、陈江武、陈建军、易经月、罗旺成、周本南、贺力群、袁万军、凌忠文、黄训德、谭佰进、龙开学、陶永灿、龙立甦、杨艳玲(女)、袁光星、戴民安		

第二节　政协工作机构

一、机构沿革

1984 年 1 月 25 日，政协绥宁县委员会筹备小组成立，中共绥宁县委副书记龚佳禾任组长，副县长李高林、人大副主任张友松、统战部副部长刘梦松任副组长。4 月 27 日，中国人民政治协商会议绥宁县委员会正式成立。

1984 年 4 月，第一届委员会下设办公室；并根据委员工作性质和各自特长，分别成立科学技术工作组、教育文体组、经济工作组。1986 年 9 月，增设学习委员会、文史资料研究委员会、咨询联络委员会；11 月，增设提案工作委员会。

1989 年 3 月 4 日，第二届委员会增设科学经济委员会。

1990 年 3 月，第三届委员会增设祖国统一联谊委员会、文教卫体委员会、民族群团委员会，撤销咨询联络委员会。

1993 年 3 月，第四届委员会只设“一室三委”，即办公室和文教卫体学习委员会、民族经济委员会、提案委员会；1995—1997 年，调整为“一室四委”，即办公室和学习文史委员会、提案法制群团委员会、经济科技委员会、文化教育卫生体育委员会。

2002 年 10 月，县政协行政机关定行政编制 9 名（含县政协领导单例编制 4 名）、全额拨款事业编制 5 名，各委室主任 5 名、副主任 5 名，核定机关后勤服务人员事业编制 1 名。是年，经济科技委员会更名为经济人口资源环境委员会，文化教育卫生体育委员会更名为教育科技文化卫生委员会，提案法治群团委员会更名为提案委员会。

2005 年 2 月，第五届委员会增设法制群团民族宗教外事联谊委员会，科技教育文化卫生委员会与学习文史委员会合并为文教卫体文史学习委员会。

二、各委室主任名单

1984—2005年，政协绥宁县委员会各委室历任主任名单如下：

办公室（1984—2005）　刘思善、刘应堂、易经月、侯万虎、杨昌仁、侯万虎、李兴茂、罗旺成

学习委员会（1984—1990）　唐智春

文史资料研究委员会（1984—1993）　刘继善、唐立康

咨询联络委员会（1984—1990）　贺益民（副主任主持工作）

提案工作委员会（1986—1993）　袁公后、陶光族、向祖燮

科学经济委员会（1989—1993）　贺益民

文教卫体委员会（1990—1993）　唐智春

社会群团委员会（1990—1993）　唐必友（副主任主持工作）

文教卫体学习委员会（1993—1997）　刘应堂

民族经济委员会（1993—1997）　唐必友、李德民

提案委员会（1993—1997）　向祖燮、杨昌仁、张光王

学习文史委员会（1997—2005）　张仁杰、谢世安、贺力群

提案法制群团委员会（1997—2002）　张光王、陈建军

经济科技委员会（1997—2002）　李德民、刘普凡

科技教育文化卫生体育委员会（1997—2005）　聂德荣、邓星海

提案委员会（2002—2005）　陈建军、龙立甦

经济人口资源环境委员会（2002—2005）　李兴茂、周本南

文教卫体文史学习委员会（2005—）　陶永灿

法制群团民族宗教外事联谊委员会（2005—）　邓星海

第三节　乡镇政协联络工作委员会

2005年3月29日，成立25个乡镇政协工作联络委员会，为正科级机构，设主任1人。其主要职责是：在县政协的领导下，组织本乡镇政协委员开展活动，搞好本乡政协工作；团结各界人士为发展乡镇经济服务，推动改革开放和“双文明”建设。

至2005年末，除水口乡政协工作联络委员会外，其余24个乡镇政协工作联络委员会均配主任1名，由本乡镇专职党委副书记兼任，名单如下：

长铺镇政协工作联络委员会主任蒋开松，武阳镇政协工作联络委员会主任黄渊喜，红岩镇

政协工作联络委员会主任曾建新，李熙桥镇政协工作联络委员会主任唐俐，唐家坊镇政协工作联络委员会主任向祖和，金屋塘镇政协工作联络委员会主任吴儒德，关峡苗族乡政协工作联络委员会主任万拥双，党坪苗族乡政协工作联络委员会主任谢吉昌，河口苗族乡政协工作联络委员会主任黄海珍，麻塘苗族乡政协工作联络委员会主任杨昌义，黄桑坪苗族乡政协工作联络委员会主任黄云英，长铺子苗族乡政协工作联络委员会主任李河文，竹舟江苗族乡政协工作联络委员会主任杨振生，东山侗族乡政协工作联络委员会主任黄先伟，朝仪侗族乡政协工作联络委员会主任王世刚，鹅公岭侗族苗族乡政协工作联络委员会主任王开富，乐安铺苗族侗族乡政协工作联络委员会主任唐淼华，枫木团苗族侗族乡政协工作联络委员会主任龙景星，在市苗族侗族乡政协工作联络委员会主任向祖金，联民苗族瑶族乡政协工作联络委员会主任兰序平，瓦屋塘乡政协工作联络委员会主任黄民讲，黄土矿乡政协工作联络委员会主任肖洪钦，白玉乡政协工作联络委员会主任贺哲鸿，梅坪乡政协工作联络委员会主任黄承先。

第三章　政协全会

县政协全体委员会议每年召开一次，从1984年政协绥宁县委员会成立到2005年，县政协6届委员会共举行23次全体委员会议，其中：第一届、第二届、第三届委员会各3次，第四届、第五届委员会各5次，第六届委员会4次。

第一节　第一届委员会

第一次会议　1984年4月22—27日在县城举行，应到委员85人，实到委员81人。中共绥宁县委书记周继明到会讲话，县委副书记屈家海作题为《努力做好我县政协工作，为实现祖国大团结大统一、振兴中华贡献力量》的报告。会议学习人民政协《章程》，明确了新时期人民政协的性质、任务、地位和作用。与会委员列席了同期召开的第九届全县人民代表大会第一次会议。会议选举产生绥宁县政协第一届委员会常务委员、主席、副主席和秘书长（名单见本篇第二章第一节表6-2-1，下同）。

第二次会议　1985年4月27—30日召开，应到委员102人，实到委员91人。会议听取和审议了常务委员会工作报告、提案办理情况报告，通过有关决议。与会委员列席了第九届全县人民代表大会第二次会议。会议强调全体委员要团结一致，振奋精神，立足改革，开拓前进。改选主席，增选副主席1名、常务委员2名。

第三次会议　1986年3月25—28日召开，应到委员107人，实到委员96人。副主席庄承湘代表常务委员会向大会报告工作，提出今后任务。中共绥宁县委副书记屈家海作题为《充分发挥政协作用，为振兴绥宁作贡献》的报告。与会委员列席了第九届全县人民代表大会第三次会议。会议增选副主席1名，通过了有关决议。

第二节　第二届委员会

第一次会议　1987年3月5—12日召开，应到委员125人，实到委员122人。听取并审议《政协绥宁县委员会第一届常务委员会工作报告》《政协绥宁县第一届提案工作委员会关于提案办理情况的报告》。与会委员列席了第十届全县人民代表大会第一次会议。选举产生绥宁县政协第二届委员会常务委员、主席和副主席。

第二次会议　1988年3月28—31日召开，应到委员136人，实到委员122人。听取二届一次会议以来的常委会工作报告和提案办理情况报告。与会委员列席了第十届全县人民代表大会第二次会议。

第三次会议 1989年3月25—28日召开，应到委员135人，实到委员125人。听取常委会工作报告和提案办理情况报告。与会委员列席了第十届全县人民代表大会第三次会议。增选常务委员2名。

第三节 第三届委员会

第一次会议 1990年2月20—24日召开，应到委员141人，实到委员132人。会议听取审议第二届政协主席谢长江代表第二届常委会作的工作报告和第二届政协副主席王昆作的《关于提案办理情况报告》。与会委员列席了第十一届全县人民代表大会第一次会议，协商讨论新一届县人民政府组成人员。会议选举产生绥宁县政协第三届委员会常务委员、主席和副主席。

第二次会议 1991年3月23—25日召开，应到委员143人，实到委员136人。听取三届一次会议以来的常委会工作报告和提案办理情况报告。与会委员列席了第十一届全县人民代表大会第二次会议。

第三次会议 1992年3月19—22日召开，应到委员145人，实到委员129人。听取常委会工作报告和提案办理情况报告，补选主席。与会委员列席了第十一届全县人民代表大会第三次会议。

第四节 第四届委员会

第一次会议 1993年元月4—9日召开，应到委员149人，实到委员146人。会议听取审议通过了《政协绥宁县第三届常务委员会工作报告》和《政协绥宁县第三届常务委员会提案工作情况的报告》。与会委员列席了第十二届全县人民代表大会第一次会议，协商讨论县长、副县长候选人。选举产生政协绥宁县第四届委员会常务委员、主席和副主席。

第二次会议 1994年3月15—17日召开，应到委员151人，实到委员143人。听取四届一次会议以来的常委会工作报告和提案办理情况报告，增选常务委员3名。与会委员列席了第十二届全县人民代表大会第二次会议。

第三次会议 1995年3月28—30日召开，应到委员153人，实到委员146人。听取审议常委会工作报告和提案办理情况报告，改选主席，增选常务委员2名。与会委员列席了第十二届全县人民代表大会第三次会议。

第四次会议 1996年3月24—27日召开，应到委员155人，实到委员143人。听取常委会工作报告和提案办理情况报告，学习县政协《关于政治协商、民主监督、参政议政的实施意见》。

与会委员列席了第十二届全县人民代表大会第四次会议。会议增选常务委员 2 名。

第五次会议　1997 年 3 月 10—13 日召开，应到委员 157 人，实到委员 147 人。听取常委会工作报告和提案办理情况报告，听取省市政协工作会议精神，学习 1996 年 12 月中共邵阳市委《关于进一步加强政协工作的决定》。与会委员列席了第十二届全县人民代表大会第五次会议。会议增选常务委员 2 名。

第五节　第五届委员会

第一次会议　1997 年 12 月 7—10 日召开，应到委员 151 人，实到委员 148 人。听取和审议第四届常务委员会工作报告，听取和审议第四届委员会提案工作报告。与会委员列席了第十三届全县人民代表大会第一次会议，协商县人大正副主任、县政府正副县长候选人。选举产生政协绥宁县第五届委员会常务委员、主席和副主席。

第二次会议　1999 年 3 月 15—18 日召开，应到委员 152 人，实到委员 146 人。听取二届一次会议以来的工作报告和提案办理情况报告，补选秘书长，增选常务委员 4 名。与会委员列席了第十三届全县人民代表大会第二次会议。

第三次会议　2000 年 3 月 12—15 日召开，应到委员 151 人，实到委员 147 人。听取常委会工作报告和提案办理情况报告。与会委员列席了第十三届全县人民代表大会第三次会议。会议增选常务委员 1 名。

第四次会议　2001 年 2 月 27 日至 3 月 1 日召开，应到委员 151 人，实到委员 145 人。听取常委会工作报告和提案办理情况报告，改选秘书长，增选常务委员 1 名。与会委员列席了第十三届全县人民代表大会第四次会议。

第五次会议　2002 年 3 月 11—13 日召开，应到委员 151 人，实到委员 143 人。听取常委会工作报告和提案工作情况报告。与会委员列席了第十三届全县人民代表大会第五次会议。

第六节　第六届委员会

第一次会议　2002 年 11 月 24—27 日召开，应到委员 151 人，实到委员 146 人。会议听取和审议第五届常务委员会工作报告，听取和审议第五届委员会提案工作报告。与会委员列席县第十四届全县人民代表大会第一次会议，听取和协商讨论政府工作报告及其他有关报告，协商县人民政府正副县长候选人。会议选举政协绥宁县第六届委员会常务委员、主席和副主席。

第二次会议　2003 年 3 月 19—20 日召开，应到委员 151 人，实到委员 148 人。委员们就绥宁发展苗木产业、优化经济环境、发展城市公共客运行业、社会保障和再就业及发展文化产业等问题提出建议，列席第十四届全县人民代表大会第二次会议，听取和协商政府工作报告和其他报告，听取杨芳尧副主席关于撰写提案的辅导，听取关于提案审查情况的报告。

第三次会议 2004年2月22—24日召开，应到委员155人，实到委员152人。会议听取和审议政协绥宁县第六届委员会常务委员会工作报告和提案工作情况的报告，增选常务委员1名。与会委员列席了第十四届全县人民代表大会第三次会议。

第四次会议 2005年3月29日至4月2日召开，应到委员155人，实到委员151人。会前成立乡（镇）政协工作联络委员会。与会委员列席了第十四届全县人民代表大会第四次会议。增选常务委员2名。

第四章　政协履职

第一节　政治协商

政协绥宁县委员会自成立之日起，即围绕全县政治经济发展大计和人民群众关心的重大问题，通过各种会议、委员视察、专题调研、委员提案、建议案、对口协商和专题协商等形式，进行协商和监督，参政议政。

政协绥宁县第一届委员会首任主席和第二届委员会主席均由在职的中共绥宁县委副书记兼任，以后各届专职主席均列席县委常委会议，参与全县重大事件和人事安排的决策。同时，县政协办公室与县委办公室、县人大办公室、县政府办公室建立了经常性的联系会议制度，使政治协商与民主监督日趋经常化、制度化。每年的两会期间，出席政协全会的委员均列席县人民代表大会，听取和讨论县政府工作报告、县财政预算和决算报告、县计划工作报告（国民经济与社会发展计划报告）、县人民法院工作报告和县人民检察院工作报告，对政府工作报告、财政收支、落实知识分子政策、城乡经济体制改革、精神文明建设、重要人事安排、重要项目和重点工程建设等，提出建议和意见，进行政治协商。每次政协全会对县委和县政府工作所提出的意见和建议均在 30 条以上。其间，县政协还组织委员进行专题调研，写出调研报告，为县委和县政府决策提供可靠的科学依据。

1985 年，县政协组织委员，对联丰苗族侗族乡联丰村和联民乡田螺旋村等地乱砍滥伐森林成风的问题进行调研，向县委、县政府提出“山上管严，山下搞活”的林业管理方案和完善林业生产责任制的建议。县委、县政府采纳这一建议，制定出台《关于进一步发展林业生产的意见》，并及时召开全县四级干部大会，在全县开展狠刹乱砍滥伐歪风、整顿林业生产秩序的运动。3 个月内，全县林业生产秩序恢复正常。

1984—2005 年，县政协共开展各项调研活动 200 多次，写出专题调研报告 200 多篇，所提出的建议大多数被县委、县政府采纳。其间，县政协还采取座谈会的形式，就县内某些方面的问题进行协商。县政协各专门委员会、各委员活动组和相关职能部门，经常就县内政治经济的各个方面、各个领域的工作开展对口协商。

第二节　政协提案

从 1984 年 4 月政协绥宁县第一届委员会第一次会议开始，至 2005 年 3 月政协绥宁县第六届委员会第四次会议，县政协在各届各次全会上，累计收到委员提案2378件，提出提案的政协委员累计达3254人次。经历届全会的提案审查委员会审查立案、交各承办单位承办的提案2310件，立案率97.14%；共办复2310件，办复率100%。其中：

政协绥宁县第一届委员会期间，共收到委员提案306件，提出提案的委员294人次；经审查立案285件，立案率93.14%；办复率100%。本届委员会期间的重要提案有：一届一次会议期间的《在武阳建立县第二人民医院》《编写县志》；一届二次会议期间，刘青山、李荣坤等委员提出的《关于保护森林资源、清理乱砍滥伐、乱收购、乱销售木材》，向太山委员提出的《关于要求水电部门解决我县北部电力》等。县委、县政府收到《关于保护森林资源、清理乱砍滥伐、乱收购、乱销售木材》的提案后，召开专门会议，从县直机关组织抽调40多名干部，深入乡村，对乱砍滥伐森林、乱收购和乱销售木材进行重点清理，严惩少数违法者，制止了乱砍滥伐现象，有效地保护了森林资源。

政协绥宁县第二届委员会期间，共收到委员提案394件，提出提案的委员396人次；经审查立案393件，立案率99.75%；办复率100%。本届委员会期间的重要提案有：二届一次会议期间刘先平委员提出的《进一步完善我县林业生产责任制，搞好速生丰产林基地建设》，唐智春委员提出的《把县城中心农贸市场建起来》，龙景鸿委员提出的《县人大常委会应设立民族工作委员会》；二届二次会议期间刘德生委员提出的《进一步认真贯彻党的爱国统一战线工作方针政策》，李屏珊委员提出的《改进农村小水电经营管理》，刘青龙、唐智春委员提出的《拆除长铺大桥至车站沿河公路上的违章建筑物》；二届三次会议期间袁公后委员提出的《把廉政建设当作一件大事来抓》等。县政府收到《拆除长铺大桥至车站沿河公路上的违章建筑物》这一提案后，立即进行专题研究，迅速向违章建筑户发出限期拆除的通知，在当事人均不执行的情况下，经法律程序在一天内将车站至长铺大桥沿河公路上的56处违章建筑物全部强制拆除；《把廉政建设当作一件大事来抓》这一提案的建议被县委采纳，建议内容后来写进县委六届四次全体会议通过的《关于进一步加强廉政建设的决定》。

政协绥宁县第三届委员会期间，共收到委员提案380件，提出提案的委员431人次；经审查立案339件，立案率89.47%；办复率100%。1991年6月，本届委员会向县委、县政府递交《关于加强我县经济开发》的建议案被采纳后，作为发展县域经济的重大战略，长期坚持。

政协绥宁县第四届委员会期间，共收到委员提案449件，提出提案的委员765人次；经审查立案445件，立案率99.11%；办复率100%。本届委员会期间的重要提案有：在四届三次会议期间向祖夔委员提出的《禁止砍伐中、幼林，保持青山常在》，县政府针对这一提案，组织专门队伍，对全县木材经营单位进行清理，查出乱砍滥伐林木案件239起，处罚乱砍滥伐林木者332人，使县内乱砍滥伐中、幼林的现象得到有效遏制；杨解备委员提出的《刹住成人高考代考风》，县成人教育办公室承办这一提案，查出成人高考中代考者及考场舞弊考生126人，均给予严肃处理并公开通报；杨正跃等五位委员联名提出的《强烈要求接电到东山片》，这一提案在办理过程中，县人大、县政府主要负责人现场办公，组织县水电局和东山、鹅公岭、朝仪等乡的党政领导及会同县电业局领导召开联席会议，妥善解决了东山片的用电问题；另外还有四届四次会议上，多名委员提出的《深化农村经济体制改革》《加强农田基本建设，依法保护耕地》《改善投资环境》《加强林业管理》《大力开发丘岗山地，提高经济效益》以及禹云国委员提出的《我县领导班子改革力度不够》、陈历世委员提出的《万紫千红才是春》、贺全清委员提出的《从速查办人民群众举报的有关严重破坏森林资源》等提案，都引起县委、县政府和各承办单位的高度重视。

政协绥宁县第五届委员会期间，共收到委员提案 480 件，提出提案的委员 756 人次；经审查立案 480 件，立案率 100%；办复率 100%。本届委员会期间的重要提案有：五届三次会议期间，张少锋委员提出《综合开发商贸市场》，被县长杨正胜亲自召开专题会议进行督办；张秀华、吴文树委员提出的《关于城管中队升格》，经分管副县长召集县建委和长铺镇共同协商并由县政府常务会议研究决定，将城管中队升格为城管大队；还有五届四次会议期间刘应胜、隆振彪等 7 位委员提出的《治理经济环境不能只停留在纸上》、黄俊玲委员提出的《关于积极稳妥全面推行我县税费改革的思考》、张晓霞委员提出的《救救电脑游戏入迷的孩子们》等提案，在各承办单位的认真办理下，问题都得到圆满解决。

政协绥宁县第六届委员会第一次会议至第四次会议期间，共收到委员提案 369 件，提出提案的委员 612 人次；经审查立案 367 件，立案率 99.46%；办复率 100%。本届委员会期间的重要提案有：六届一次会议期间唐灿明等 12 位委员提出的《以县政府大院后山峦绿化美化为突破口，尽快实施县城总体规划》，在六届二次会议期间多名委员提出的《发展经济，优化经济环境》《大力实施生态立县发展战略》《推进依法治县和依法行政》《加大社会治安综合治理力度》《积极促进文化创新》《增加教育投入》《改善农村医疗保健条件》《加快建设生态城镇》《加大城管力度，提高管理水平》《加强公路管理及基础设施建设》等提案，均得到县委、县政府及城建、规划、文化、卫生、交通、政法等部门的高度重视。六届二次会议期间，县公安局在办理李珠平委员提出的《狠刹卖青山的歪风》的提案时，抽调 18 名干警，组成专门班子，开展“绿剑行动”，一举捣毁 2 个买卖青山的黑社会团伙。在六届三次会议期间，县政府对龙开学委员提出的《对绥宁县工业园区建设的思考》这一提案进行专题研究，责成规划部门很快完成规划设计，首期租用土地 16.67 公顷，使工业园区建设得以顺利进行；杨晟映委员提出《关于教育环境的思考和建议》的提案，县委、县政府和县教育局为此召开专题会议进行研究，决定加大教育经费投入，为教育提供宽松环境，招收、培养和挽留高素质的师资人才。在六届四次会议期间，县交通局在办理李立兴委员和刘喜贞委员提出的《要求将黄唐公路砂改油》、杨绪富委员提出的《解决四个村道运输半瘫痪无法通行问题》、陈明才委员和陆万树委员提出的《将我乡党龙公路列入通村公路计划》等提案时，组织相关人员，进行为期 2 个月的调查研究，汇总、上报材料，向省、市相关部门争取建设项目，使县内有更多的村级公路列入“十一五”期间国家畅通工程计划。

表 6-4-1　　1984—2005 年绥宁县政协委员提案办理情况表

届别	会次	提案委员（人次）	提案数（件）	立案数（件）	占比（%）
第一届	第一次会议	85	137	118	86.1
	第二次会议	102	93	92	98.9
	第三次会议	107	76	75	98.7
第二届	第一次会议	125	182	181	99.5
	第二次会议	136	126	126	100.0
	第三次会议	135	86	86	100.0
第三届	第一次会议	143	146	131	89.7
	第二次会议	143	151	126	83.4
	第三次会议	145	83	83	100.0
第四届	第一次会议	149	115	115	100.0
	第二次会议	151	65	65	100.0
	第三次会议	153	72	70	97.2
	第四次会议	155	107	105	98.1
	第五次会议	157	90	90	100.0
第五届	第一次会议	151	89	89	100.0
	第二次会议	152	102	102	100.0
	第三次会议	151	120	120	100.0
	第四次会议	151	85	85	100.0
	第五次会议	151	84	84	100.0
第六届	第一次会议	151	107	107	100.0
	第二次会议	151	51	51	100.0
	第三次会议	155	90	90	100.0
	第四次会议	155	121	119	98.3
合计		3254	2378	2310	97.1

第三节　文史资料征集与编纂

县政协以“存史、资政、育人”为目的，重视文史资料的收集、整理、编辑工作。从 1984 年至 2005 年，共出文史资料 6 辑，计 100 万字。

绥宁县文史资料第一辑　1986 年编辑出版，主要记述绥宁县沿革、绥宁农民运动、中共湖南省委直属绥宁支部活动以及彭作述、刘彦文、匡非非、刘光演、刘之光、彭长登等革命志士的事迹。

绥宁县文史资料第二辑　1987 年 7 月编辑出版，记述于益之、李继辉、于刚（陈泽云）等革命志士的事迹，红军长征过绥宁、武阳之捷、抗日战争第十八军参加雪峰山战役、抗日战争湘西会战茶山战役、乾隆五年清朝调大兵镇压绥宁县苗民起义等史料以及关峡苗族乡苗民历史传说和绥宁第二中学简史。

绥宁县文史资料第三辑　1988 年 10 月编辑出版，重点记述曾雍雅、徐敬民、于大康、袁耀中、黄权国等人的事迹；还有反映绥宁教育发展的《绥宁县教育事业发展述略》，介绍 20 世纪 70 年代全国林业典型兴盛的《红星大队采育场史迹》，记述土匪头子龙怀麟人生轨迹的《一辈子都在寻找绞索》。

绥宁县文史资料第四辑　1989 年 10 月编辑出版，全书共 25 篇文章，包括：绥宁县史实；解放后的史况；绥宁籍老一辈知识分子代表人物事迹；国营林业的兴起—兴旺—萎缩—复兴。

《光辉的历程》　1990 年 10 月，由纪念绥宁县解放 40 周年编纂委员会、政协绥宁县委员会文史资料委员会合编。该书回顾绥宁 40 年的历史，从不同角度以系统、翔实的史料记录正反两方面的史实，以大量的篇幅记录全县各行各业的兴起与发展，讴歌各族人民在党和政府的领导下，团结奋斗、艰苦创业、不断开拓的精神和所取得的伟大成就。

《绥宁竹业》　2002 年 11 月，政协绥宁县委员会编印。该书分历史、决策、技术、产业和文化五大篇。历史篇记述竹林资源、竹林培育、竹材利用等，决策篇记述重要文件、调查报告、工作经验，技术篇记述毛竹资源培育技术、竹产品加工技术、竹业科研和技术推广，产业篇综述绥宁竹业的资源基础、企业发展状况，文化篇记述竹子的功能、文人逸事、竹刻艺术、竹诗竹文等。

第四节　委员工作

政协会聚各方面的人才，形成综合性的“人才库”和“智囊团”。第一届的政协兼职副主席信煜文、王昆分别是林业局和联纸厂的工程师，他们在任政协副主席期间，凡县内重大的带科技性的决策，都认真进行研究，充分进行科学论证，咨询建议均被县领导采纳，写进决议或计划编制方案中。后几届的兼职副主席张少锋、唐成华、刘青龙、袁均才等也都做出了成绩。

县政协办公室组织农村政协委员开展农村改革和农民致富带头人活动，主办种、养、加科技培训班，给农村委员送科技资料，带领委员到外地参观学习。1984 年至 2005 年，县政协累计举办各种技术培训班 20 多期，组织他们到外地参观 20 次、500 人次。通过培训，他们都学到了一门专长，成为省、市、县的科技示范户。黄桑坪苗族乡兰家坪村的县政协委员陈茂灼，通过培训掌握了多种科学技术，建立了家庭多元化的产业结构，走出了一条“山区不砍树，照样能致富”的路子，被村民选为村民委员会主任。政协委员、养猪能手袁永清（瓦屋塘乡白家坊村人）创造的中草药养猪法，吸引了省内外人士前来参观学习。黄土矿乡政协委员种粮能手向太山种植的水稻亩产超过县农业局示范田的产量。

第五节　对外联谊

县政协自成立以来至20世纪末，先后与广西、浙江等5个省和本省80个县（市）政协建立起工作联系或经济技术信息交流，先后组织部分委员到几十个县考察、访问，向绥宁籍在外省工作的人士寄发情况介绍，反馈信息。推动县委、县政府在多个省市建立顾问组，县政协主动担任联络任务。进入21世纪，县政协加强外事联谊联络，先后在北京、珠海、长沙、深圳、广州、上海6个城市建立“热爱家乡、建设绥宁”专家顾问组和同乡联谊会，在招商引资工作中发挥桥梁和纽带作用。

湘、黔、桂三省（区）十八县（市、区）政协工作联谊会　1987年开始，县政协一直积极参加省内绥宁、城步、通道、会同、靖州、洪江市、洪江区和贵州省天柱、锦屏、从江、台江、剑河、黎平及广西融水、三江、融安、龙胜、来宾等三省（区）十八个县（市、区）共同组办的政协工作联谊会议。1993年6月23—26日，湘、黔、桂三省（区）十八县（市、区）政协联谊会和大型物资交流会在绥宁举办，18个县（市、区）的政协代表团和2000余人的科工商贸代表团以及近2万名商贾云集县城。物资交流会设8个展馆，开辟零售5条街，40多项高新技术转让，展出商品4000多种，货源价值约2亿元。还开展了赛龙舟、赛歌会等传统民族文化活动。

“三胞”联谊会　县政协和县侨联一起多次走访台湾同胞和港、澳同胞亲属，帮助他们解决具体问题，鼓励他们向在海外的亲友宣传改革开放政策，介绍家乡的巨大变化。1987年11月，县政协在深圳召开“三胞”联谊座谈会，邀请部分祖籍绥宁的台、港、澳同胞和县内有影响的“三胞”亲属共40人参加，沟通思想，联络感情，激发炎黄子孙爱国爱乡之情。至2005年，共召开“三胞”联谊座谈会及“三胞”亲友代表座谈会10余次。

海外联谊会　县政协和县侨联经常联系走访海外侨胞亲属。1987年3月17日，绥宁县海外联谊会成立。1988年7月，第一届政协委员肖振凯从美国引进的华美木珠社是绥宁县的第一家外资企业，也是绥宁县的第一家民营企业。

第七篇　群众团体

县内社会团体除工会、共青团、妇联、科协、侨联、工商联、文联、残联等有正式机构编制的以外，其他民间社团还有绥宁县计划生育协会、绥宁县个体劳动者私营企业协会、绥宁县关心下一代工作委员会、绥宁县老年协会、绥宁县老科技者协会及其他各种自发组织的协会、学会等团体40余家。

第一章　工会

一、绥宁县总工会代表大会

1979年4月17—20日，绥宁县总工会第五次代表大会召开，出席会议的代表387名。大会选举33人组成县总工会第五届委员会，常委9人，主席唐伯才，副主席向金文。1982年3月16—18日，绥宁县总工会第六次代表大会召开，到会代表220名，选举县总工会第六届委员会委员15名，主席唐伯才，副主席向金文。1987年5月27—28日，绥宁县总工会第七次代表大会召开，到会代表181名，选举县总工会第七届委员会委员17名，主席刘天益，副主席莫永刚。1992年11月7—8日，绥宁县总工会第八次代表大会召开，到会代表228名，选举县总工会第八届委员会委员16名，主席刘天益，副主席邓星海、莫永刚。1997年6月7—8日，绥宁县总工会第九次代表大会召开，到会代表188名，选举县总工会第九届委员会委员17名，主席张月清，副主席邹勤俭、戴振华。2002年11月4—5日，绥宁县总工会第十次代表大会召开，到会代表151名，选举县总工会第十届委员会委员17名，主席陈扬桂（兼），副主席罗碧峰、全昌爱、杨慎敏。

二、工会组织建设

1979年4月21日，县工会召开五届全委一次会议，部署建立基层工会组织。是月月底，全县基层工会由会前的53个发展到132个，会员共6736人，占全县职工总数9032人的74.5%。

1984年5月，全国总工会发出《整顿工会基层组织，开展建设“职工之家”活动的决定》，全县各级工会开展“整顿建家”活动。整建后，科级以上单位工会主席绝大多数由同级党政副职担任，基层工会主席也得到同等级别的配备。至1987年，全县有基层工会组织186个，工会小组595个，工会会员10547人，占职工总数11176人的94.4%。

1988 年 12 月 15 日，成立绥宁县第一个乡镇联合工会——在市镇联合工会委员会。1996 年 11 月 16 日，成立党坪苗族乡工会联合会。其间，县内各乡镇工会联合会相继成立。

1992 年 10 月 24 日，县内首家基层工会所辖经济实体“绥宁县建设银行金鑫服务公司”成立，为独立核算、自负盈亏的集体所有制企业。之后，绥宁县明珠保健凉席厂（隶属荣岩电站工会委员会）、绥宁县第二中学兴学服务中心（隶属绥宁县第二中学教育工会委员会）等工会经济实体相继创办。

1996 年 5 月 31 日，成立中共绥宁县总工会党组。

1997 年，县内工会总数较上年骤减 70 个，1998 年降至 110 个。1999 年 9 月 10 日，成立县私营企业工会联合会。2000 年 5 月 11 日，县私营企业工会联合会成立东山、在市、河口、长铺、城关、武阳、李熙桥、瓦屋塘 8 个分会。之后，大批私营企业工会联合会成立，至是年年底，全县基层工会增至 198 个。

2002 年，全县 25 个乡镇工会联合会主席全部配齐，并全部进入同级党委班子。通过乡镇工会联合会、私企工会联合会和改制企业工会等渠道，将新建企业职工、合同工、临时工、零星小企业职工吸收到工会中，年内共吸收新会员 4600 人，基层工会组织达 425 个，较上年猛增 115%；会员数 18048 人，净增 3000 人。

2005 年，县总工会有编制 7 人，内设办公室（加挂生产生活部、组织宣传部、工会经费审查委员会办公室牌子）、财务部（加挂女工委员会牌子）；全县有基层工会 526 个，基层以上工会 45 个。

三、职工代表大会

1981 年 7 月 13 日，中共中央国务院转发《国营工业企业职工代表大会暂行条例》。1982 年 3 月 1—2 日，县委召开企业民主管理会议，决定在企业建立职工代表大会制度，先试点，再展开。7 日，哨溪口采育场建立全县第一个职工代表大会，县总工会及基层工会派员到会观摩学习。嗣后，县造纸厂、县供销社、县五金交电化工公司等单位陆续建立职工代表大会制度（简称职代会）。至 1987 年上半年，全县建立职工代表会或职工大会制度的企业有 89 个，占应建数 102 个的 87.2%。1997 年，全县国有、集体企业基本完成股份制或股份合作制改造后，在正式挂牌的 41 家企业中，有 29 家既有股东大会又有职代会，12 家两会合一，12 名工会主席进入董事会，26 名工会主席进入监事会。各单位职代会充分发挥其权力机构职能作用，工人参与决策。1990 年 6 月 12—13 日，县邮电局工会第九届第五次职代会审议通过局长的工作报告和有关文件。6 月 26 日，县联合造纸厂二届二次职代会，审议通过企业有关规定。1991 年 3 月 21—23 日，哨溪口采育场七届二次职代会审议了场长及其他领导的报告，制定《职代会实施细则》。1992 年 8 月 6 日，县印刷厂召开职代会，民主选举产生新任厂长。1996 年 7 月 4 日，哨溪口采育场获评湖南省民主管理先进单位称号。

2000—2001 年，县总工会和各级工会主抓平等协商和集体合同工作，促进劳动关系协调稳定和厂务公开。把劳动报酬作为平等协商的核心内容，补充职工下岗问题有关条款，新签集体合同 81 份，使建有工会组织的原国有、集体企业合同签订率达 100%，有一定规模的新建企业集体合同签订率达 85%。厂务公开最先在兴达化工有限公司推行，继而在县联合造纸厂、县造纸厂、县水泥厂等企业铺开。

2005 年，全县各级工会积极参与治理整顿、结构调整、企业改制以及职工养老保险、职工住房、职工医疗、公益服务价格管理等社会保障和公益事业的改革，主动参与本系统、本单位改革的领导工作，及时反映职工的意见和要求，为各级、各单位党政领导进行科学决策提供依据。

四、开展劳动竞赛

1979 年 4 月，县财贸战线和工交战线率先开展以增产节约为主题的劳动竞赛；5 月 1 日，县总工会召开全县劳模和先进生产工作者座谈会，发出《行动起来，深入开展以增产节约为中心的社会主义劳动竞赛》倡议书，在全县掀起立足实有基础、开展优质高产低消耗的技术革新和技术攻关热潮。至翌年年底，全县实施革新项目 34 项，其中 9 项节约资金 51900 元。1986 年 6 月，县经委系统、县财委系统、县建委系统、县农委系统相继开展“为四化立功”班组劳动竞赛活动，截至 1987 年 6 月，共提出合理化建议 3500 条，技术革新项目 20 个，创造经济价值 45 万元；节约用电 6700 千瓦时，节约煤炭 300 吨、木材 2300 立方米、油料 10 吨，节约资金 30 万元。1988 年下半年，县商业系统各单位组织职工开展献计献策活动，发动职工上台公开演讲，提出建议或意见。1982—1988 年，全县职工被评为湖南省劳模的有 3 人、全国金融系统劳模 1 人、邵阳市（地区）劳模 10 人，获县人民政府表彰者 300 余人。

1990 年 6 月，县总工会选定县橡胶厂为社会主义劳动竞赛联系点，将 6 月定为该厂的提合理化建议月，7—10 月定为劳动竞赛月。1991 年 4 月 13 日，县橡胶厂被市劳动竞赛委员会评为 1990 年度“攻坚杯”劳动竞赛优胜单位。

1992 年 5 月，县总工会响应湖南省总工会在全省女职工中开展“芙蓉杯”劳动竞赛活动的号召，举办全县女职工技术比武表演赛，并把“双增双节”“芙蓉杯”劳动竞赛活动纳入工会日常工作。1995 年，推荐产生省劳模 2 名、市劳模 4 名。1999 年开始按年度评选全县“十杰职工”。2002 年，兴达化工有限公司电解班获评湖南省“芙蓉标兵岗”称号。2004 年，县总工会组织发动基层工会参加全国“安康杯”安全生产竞赛活动。2005 年，县工商银行的唐艳君获全省“芙蓉杯”竞赛奖。

五、开展文体活动

1978—2005 年，县总工会独立举办或与其他单位联合举办的文体活动赛事项目先后有：专项演讲比赛、专项知识比赛、游艺比赛、老年门球比赛、围棋比赛、象棋比赛、健身操比赛、幼儿体操比赛、体育游戏比赛、钓鱼比赛、“主人翁”杯篮球比赛、集体舞比赛、老中青接力比赛、歌咏比赛、排球比赛、环城跑比赛、迎亚运广播体操比赛、太极拳比赛、太极剑比赛、交谊舞比赛、征文比赛、卡拉OK歌手电视大赛、木兰扇舞比赛、登山越野比赛、秧歌舞比赛、书法比赛、拔河比赛等，其中“主人翁”杯篮球赛先后举办7届。2005年9月12—20日，县总工会与县体育局等单位共同举办县首届“东锐杯”中老年篮球赛，12个代表队参赛。

六、关心职工生活

1981年开始，县总工会在全县进行以抓好五小（小食堂、小澡堂厕所、小医务室、小文娱室、小图书室）为主要内容的后勤工作竞赛活动，重点是抓食堂，搞好食堂饭菜质量和清洁卫生。每年召开一次总结评比会，各系统局级工会组织所属基层工会对食堂开展流动红旗竞赛。1984年，县委办公室、县政府办公室、县总工会三家联合召开生活后勤竞赛表彰大会，表彰职工生活后勤先进单位5个。其中县水泥厂对职工生活后勤工作实行全面承包责任制，食堂、养猪、养鱼、养鸡均承包到人，奖罚年终兑现。该厂人均住房达18平方米，职工进城、子弟上学有专车接送，厂内设有影像放映设备和场地、冷饮部、小卖部等生活和文化娱乐设施，生活十分方便。1985年，邵阳地区总工会在县水泥厂召开职工生活现场会议。

1981—1987年，县总工会不定期安排职业病患者和老年职工到宁乡、新邵、湘潭、怀化等地疗养院疗养，计278人次。

1987—1988年，县总工会每年对女职工进行一次妇科防癌普查，先后进行幼儿健康普查1700人次，评选健美儿童140人；举办缝纫学习班20期，培训学员418人；举办各种健美操培训班10期，培训学员553人；评选优秀女工委员57人、三八红旗手15人、“五好家庭”23户。为加强女工“五期”保护，购置女职工冲洗器840个。

1986—1990年，县总工会筹集发放困难职工救济专款12572元；组织全县职工捐款5.4万余元，捐献衣物1.5万余件，救济受灾职工214户、受灾农户261户。1997年，县总工会开始建立特困职工动态档案。年底，全县有在册特困职工328户、495人。1999年，建立县总工会和基层工会两级领导干部联系困难企业和困难职工的“双联”制度。2001年，“双联”工作纳入县委、县政府的中心工作，并从82个参联单位选派82名机关干部组成“双联”工作队，分别联系26个困难企业。县领导和工作队员与困难职工结成249对帮扶对子，帮助困难职工出点子、筹资金、谋生路，每逢传统节日进行对口慰问，年慰问金额23.8万元。2002—2004年，累计选派239人次，联系困难企业102个，结成帮扶对子3415对，筹集慰问金376万元，机关为困难企业注入帮扶资金2250万元。

2005年，全县干部职工爱心捐款78万余元，参与捐款、捐物的机关干部职工共计6800人，走访慰问下岗困难职工1400户。

七、建设职工之家

1989年8月，县总工会组织各企业和机关工会干部，对县内第一个模范职工之家——县农业银行职工之家进行现场验收，并召开现场会，推广其经验。1991年9月和11月，县农业银行职工之家先后被评为邵阳市模范职工之家和湖南省模范职工之家。1992年，县总工会在全县开展建设模范职工小家（25人以下）活动，当年全县建成模范职工小家8个、先进职工小家7个。是年4月，绥宁县供销社综合贸易公司工会和哨溪口采育场工会被评为先进职工之家。同年12月，绥宁有3个基层工会被评为邵阳市模范工人之家，1个基层工会被评为先进职工之家，7个基层工会被评为模范职工小家。1994年，把创建职工之家企业民主管理工作纳入单位双文明岗位目标管理。年内建成湖南省模范职工之家2个，邵阳市模范职工之家4个，全县模范职工之家15个、先进职工之家4个、模范职工小家4个；邵阳市“建家”工作现场会在绥宁召开。1998年和2003年，先后创建国家级先进职工小家2个。1995—2005年，县内共创建邵阳市模范职工之家23个、湖南省模范职工之家11个。

表7-1-1　**1979—2005年绥宁县部分年份基层工会发展情况表**　单位：个、人

年份	基层工会	职工数	女职工	会员	女会员	基层以上工会	产业工会
1979年	132	9032	1992	6736		—	—
1986年	174	11214	2606			—	—
1987年	186	11176	2990	10547		—	—
1988年	191	11390	3746	10688	3298	11	4
1989年	196	11800	4261	10888	4057	11	4
1990年	199	12008	4216	10981	3991	16	4
1991年	196	11650	3977	10827	3652	18	5
1992年	195	11139	3825	10308	3474	18	5
1993年	215	15531	5406	14874	5014	20	5
1996年	196	19386	7367	14874		23	6
1997年	126	19801	7455	10405		23	8
1998年	110	16515	5080	10018	4100	23	10
1999年	116	14756	4738	10064	4116	24	10
2000年	198	13785	5920	13513	5804	24	11
2001年	198	15320	5167	15048	6030	24	—
2002年	425	20446	7553	18048	6595	40	—
2003年	425	20447	7554	18098	6576	40	—
2004年	450	22807	7554	20817	6576	45	—
2005年	526	24595	8634	23626	8281	45	—

说明：表中空白格为统计数据缺失

第二章　共青团

一、团员

1972年6月，重新组建团县委，基层组织亦逐步恢复。2005年，团县委有编制4人，实际在岗人员3人；全县乡镇、机关、学校、企业有基层团委85个，团支部849个，团员22038名。

表7-2-1　　1972—2005年绥宁县部分年份共青团组织发展情况表　　单位：个、人

年份	团支部	团员	其中女团员
1972年	460	5266	1798
1980年	601	15021	3105
1987年	682	13448	4891
1990年	638	17519	8122
1991年	808	20213	10098
1994年	815	20385	10182
1997年	824	20706	10349
2002年	840	21660	10817
2005年	849	22038	10982

二、团员代表大会

1978—2005年，全县共召开8届团员代表大会。会议内容一般为听取、审议上届团县委工作报告，选举产生新一届团县委委员会，明确新一届团县委的工作任务。

表7-2-2　　共青团绥宁县第八届至第十五届代表大会情况表　　单位：人

届次	召开时间	出席代表	选举结果			会议内容摘要
			委员人数	常委人数	书记	
第八届	1979年1月10—12日	400	35	9	张如山	拨乱反正，实现工作重点转移，团结青年奔四化
第九届	1981年10月20—22日	280	26	6	张如山	学习《关于建国以来党的若干历史问题的决议》，开展“五讲四美三热爱”活动，争当新长征突击手
第十届	1985年4月14—16日	280	27	7	赖必仁	加强团的建设，带领团员、青年为在20世纪末工农业总产值翻两番而奋斗

续表 7-2-2

届次	召开时间	出席代表	选举结果			会议内容摘要
			委员人数	常委人数	书记	
第十一届	1988 年 12 月 2—3 日	216	14	6	刘柏生	动员团员、青年听党的召唤，与改革同呼吸共命运，为振兴绥宁、繁荣家乡而顽强进取
第十二届	1991 年 10 月 15—16 日	220	30	10	刘永德	团员青年要立新功伟业，求经济发展，育“四有”新人，树整体形象，重发挥作用，促社会稳定，走改革之路，抓自身建设
第十三届	1994 年 11 月 7—9 日	177	29	9	陈历贤（陈调走后由于成伟接任）	要全面提高青少年素质，造就一代跨世纪青年人才；带领青年团员在奔小康中创新业绩；要适应社会主义市场经济，推进共青团自身的改革和建设
第十四届	1997 年 11 月 13—14 日	181	23	7	刘兴凡	用邓小平理论武装青年，开展爱国主义、集体主义和艰苦创业精神教育，增强广大青少年报效祖国、建设家乡的责任感和使命感
第十五届	2002 年 1 月 23—24 日	165	23	7	刘永成	要胸怀大局，认清形势，与时俱进，不负使命，致力开发人才资源；努力实践，开拓创新，按“三个代表”重要思想加强团的自身建设

三、主要活动

中共十一届三中全会后，团县委发动组织全县团员和青年开展“争当新长征突击手”和“五讲四美三热爱”等活动。1979 年，河口区团委书记彭华良带领团员青年在狮子岩造林 200 公顷，瓦屋塘公社红旗大队（今瓦屋塘乡杨家堂村）团员杨香梅，带领团员青年创办红旗林场造林 92 公顷；二人同获共青团中央授予的全国新长征突击手称号，全国妇联授予杨香梅三八红旗手称号；1981 年，共青团中央和林业部授予杨香梅绿化祖国突击手称号。1981 年 3 月 15 日，关峡人民公社团结生产大队团支部书记李茂林下河抢救沉船落水的青少年 20 多人，受到共青团中央表彰并于翌年 12 月赴北京出席共青团第十一次全国代表大会。

1982 年 3 月，全县开展第一个“五讲四美”文明礼貌月活动（1983 年，改称“五讲四美三热爱”活动），随后开展创“文明单位”“五好家庭”竞赛活动。是年，全县表彰“五好家庭”76 户。1984 年，全县成立共青团员和青年“帮包”（给缺劳户和困难户帮工，承包照顾五保户）小组 570 个，参加帮包小组的团员和青年 4500 余人，为 610 名五保户送柴 10500 千克、捐款 250 元、捐物折款 3350 元，帮缺劳户和困难户犁田 216 公顷、插田 304 公顷、打谷 180 公顷。

1987 年，团县委组织青年先后在武阳镇老祖村、关峡苗族乡插柳村、长铺镇和平村等处营造一批青年林，总面积 333.3 公顷，获林业部、国家绿化委员会、共青团中央授予的“全国青少年优秀绿化工程”奖牌。1988 年，团县委新建青年绿化工程 130 处，面积 334 公顷。1989 年，团县委组织青年营造速生林 1867 公顷。枫香苗族乡濑濑水村残疾青年刘文忠 3 年造林 38.67 公顷，获共青团中央和国家科委授予的星火带头人称号。

1991 年，全县开展“献五十万个义务工，建四百处水利工程”活动，各级团组织牵头修建拦河坝 23 座、渠道 25 千米。1992 年 9 月始，团县委书记兼任绥宁县“希望工程”领导小组办公室主任，建立“绥宁县青少年发展基金”，首期筹资 19384.12 元，资助失学儿童 168 名。翌年发行“希望工程”爱心券 2 万张，筹集助学金 4 万元。

1995 年，举办“绥宁县首届十大杰出青年”评选活动；开展“青年志愿者上门入户送温暖”活动，2 万余名团员和青年参加，共捐款 13800 元，捐送大米 1000 余千克、衣物 1260 多件。1996 年，团县委牵头成立绥宁县青少年科普协会，举办科技培训班 120 余期，培训青年 4000 多人次；举办“绥宁县首届十八岁成年宣誓仪式”。是年，团县委被评为全国青少年志愿者植绿护绿先进单位。1997 年，团县委以“人类只有一个地球，我们只有一个黄桑”为主题，在全县举办“绿色的承诺”万人签名活动。长铺镇第三小学少先队六中队一小队被评为全国优秀假日小队，黄晖被评为全国优秀少先队员。

1998 年，开展“青年文明号”创建活动，命名 17 个县级青年文明号，表彰 28 位青年文明标兵；实施“百团助百童”工程，累计筹集“希望工程”资金 10 万元，团组织、青年文明号共结对救助特困学生 84 名，资助学生 889 名。2001 年 3 月，开展以“崇尚科学、反对邪教”为主题的校园拒绝邪教系列活动。是年 5 月，团县委被共青团湖南省委评为五四红旗团委。6 月下旬，团县委组织团员青年参与“6·19”特大山洪地质灾害抗灾救灾工作，开展“情系灾区”赈灾募捐大行动。9 月，团县委向湖南省青少年发展基金会报送希望工程结对救助学生名单 500 份，成功结对 82 人。

2002 年 3 月，刘永成、杨长翠出席共青团湖南省第十次代表大会；4 月，团县委组织进行第三届绥宁县十大杰出青年评选；6 月 1 日，组织举办全县青少年才艺大赛；10 月下旬，组织开展“青少年安全网吧活动”和“珍爱生命、远离毒品”行动。2003 年 3 月，团县委在全县开展“青年绿色行动”，组织千余名团员青年在 S221 关峡至长铺收费站路段植树，建立“十里生态绿色长廊”；5 月中旬，编印《防治“非典”三字经》5000 余份，组织防“非典”万人签名活动。2004 年，团县委与县教育局联合，在全县中小学中开展“情系贫困、捐献压岁钱”活动，共筹集资金 6 万余元，资助贫困生 400 多名。11 月，团县委组织全县中小学生参加以“致 2008 年北京奥运会的一封信”为主题的第一届全国儿童书信写作比赛，参赛率达 90%。

2005 年，团县委先后组织开展“校园拒绝邪教”“珍爱生命、远离毒品”“小手牵大手，共走文明路”和“远离网吧”活动；以“和谐社会、文明绥宁”为主题，组织开展青年自愿者服务活动。

第三章　妇联

一、妇女代表大会

1978 年 10 月 20—23 日，绥宁县第五次妇女代表大会召开，405 名代表出席会议。大会选举产生县妇联第五届委员会委员 27 人，杨荷林任主席。并选出出席省妇代会代表 8 人。

1981 年 11 月 1—3 日，绥宁县第六次妇女代表大会召开，251 名代表出席会议。大会选举产生县妇联第六届委员会委员 27 人，张利云任主席。

1986 年 11 月 1—3 日，绥宁县第七次妇女代表大会召开，352 名代表出席会议。大会选举产生县妇联第七届委员会委员 23 人，张利云任主席。

1991 年 10 月，绥宁县第八次妇女代表大会召开，225 名代表出席会议。大会选举产生县妇联第八届委员会委员 23 人，龙妹任主席。

1996 年 9 月 25 日，绥宁县第九次妇女代表大会召开，185 名代表出席会议。大会选举产生县妇联第九届委员会委员 19 人，黄桃红任主席。

2002 年 1 月 26 日，绥宁县第十次妇女代表大会召开，185 名代表出席会议。大会选举产生县妇联第十届委员会委员 19 人，杨三红任主席。

1986 年 12 月，各乡（镇）成立妇女联合会，村（居）委会成立妇女代表会。2005 年，全县有基层妇女组织 396 个，其中村（居）委会妇代会 354 个、乡镇妇联 25 个、县直机关妇委会 16 个、妇工委员会 1 个。

二、主要活动

动员妇女投身社会主义现代化建设　20 世纪 80 年代初开始，县妇联组织全县农村妇女开展学文化、学科技、比发展、比贡献的“双学双比”活动，向广大农村妇女普及实用新技术，增强农村妇女的科技致富能力。同时组织广大女职工开展“巾帼建功”活动，引导女职工岗位建功、岗位成长，并通过评选“巾帼建功标兵”和创建“巾帼文明岗”活动，鼓励各行各业女干部、女职工在科技创新、体制创新、管理创新中发挥重要作用。1979—2005 年，全县有 2 个单位被评为全国三八红旗集体，8 人获全国三八红旗手称号；2 个单位被评为湖南省三八红旗集体，3 人获评湖南省三八红旗手称号；全县评选出 25 名林业育苗女新秀、40 名造林女大户、120 名种养女状元、75 名科技致富女能手；有 45 名女干部和女职工被授予绥宁县巾帼建功标兵称号；县妇联连续 2 年被评为湖南省妇女工作先进集体和湖南省三八绿色工程先进单位。2005 年，县妇联被评为湖南省绿化先进集体。

引导妇女参与精神文明建设　1982 年起，县妇联倡导妇女参加全县“文明礼貌月”活动。

1986年起，在全县开展评选“文明家庭”“五好家庭”活动。2001年开始，在全县妇女中开展“四有”“四自”（有理想、有道德、有文化、有纪律，自尊、自信、自立、自强）教育，结合《公民道德建设实施纲要》，构建新型的社区文化和家庭文化，开展“五好文明家庭”“美德在农家”“科普知识进家庭”等活动。至2005年，有2户家庭被评为全国五好家庭，4户家庭被评为湖南省五好家庭，评选出县优秀妇女干部10人、优秀家长13人、科学育儿积极分子5人。

维护妇女儿童合法权益 改革开放后，县妇联积极配合司法机关调查处理各种侵犯妇女儿童合法权益案件。1986年3月，县妇联与县公安局联合调查发现，全县有116名妇女儿童被拐卖，并积极参与解救行动。1987年2月，唐家坊乡宝善村1名被拐卖到江苏泰兴县镰刀村的女青年被县妇联和县公安局解救回乡。至1990年，共解救被拐卖的妇女儿童146人。21世纪初，县妇联加大对《妇女权益保护法》《预防和控制家庭暴力的决议》《新婚姻法》等法律法规的宣传力度，配合公安机关打击拐卖妇女儿童犯罪行为和嫖娼卖淫等社会丑恶现象，建立绥宁县孤儿救助基金，筹措社会资金为2001年“6·19”特大山洪地质灾害中的14名孤儿提供资助。

表7-3-1 1979—2005年绥宁县受省级以上表彰的先进妇女个人一览表

获奖者姓名	获奖者工作单位及职务	受表彰时间	表彰单位	荣誉称号
杨玉梅	在市公社西正街居委会妇女主任	1979年	全国妇联	全国“三八红旗手”
杨香梅	瓦屋塘公社红旗大队红旗林场场长	1979年	全国妇联	全国“三八红旗手”
朱池云	绥宁县副食品公司副经理	1983年	全国妇联	全国“三八红旗手”
龙喜莲	枫香苗族乡濑濑水村农民	1991年	全国妇联	全国“三八红旗手”
黄友莲	红岩镇谢家村农民	1992年	湖南省妇联	省级农村“巾帼科技带头人”
刑玉贞	水口乡罗沙村妇代会主任	1993年	湖南省妇联、省科协	省级农村科技示范户
龙付花	东山侗族乡东山村农民	1993年	湖南省妇联、省科协	省级农村科技示范户
龙　妹	绥宁县妇联主任	1993年	湖南省妇联	湖南省优秀妇联干部、全省“三八红旗手”，中国妇女第七次全国代表大会代表
黄桃红	绥宁县妇联副主任	1994年	湖南省妇联	湖南省优秀妇联干部、全省“三八红旗手”
龙　妹	绥宁县妇联主任	1995年	全国妇联	全国“三八”绿色奖章
陈卯英	黄桑坪苗族乡大湾塘村农民	1998年	湖南省妇联	湖南省农村妇女“双学双比”活动先进个人
张晓艳	绥宁县广宁合板有限公司职工	1998年	湖南省妇联	巾帼再就业之星
肖升平 刘先兆	金屋塘镇雄鱼村农民	1999年	湖南省妇联	第二届湖南省“五好文明家庭”
梁兰香	绥宁县民政局局长	2001年	湖南省妇联	湖南省“三八”红旗集体带头人
于怡玉	长铺镇长铺村居民	2001年	湖南省妇联	湖南省“养殖女状元”
张晓艳	绥宁县广宁合板有限公司职工	2001年	全国妇联	全国“巾帼创业带头人”

续表 7-3-1

获奖者姓名	获奖者工作单位及职务	受表彰时间	表彰单位	荣誉称号
贺喜荣	绥宁县农业局助理农艺师	2002 年	全国妇联	全国“双学双比”活动先进科技服务工作者
龙丁妹	绥宁县公安局城关水陆派出所民警	2003 年	湖南省妇联	湖南省巾帼建功标兵
黄丽春 阳冬生	瓦屋塘乡官路上村农民	2003 年	湖南省妇联	第四届湖南省“五好文明家庭”

表 7-3-2　**1979—2005 年绥宁县受省级以上表彰的先进妇女集体一览表**

获奖年份	获奖单位名称	荣誉称号	授奖单位
1979 年	瓦屋塘公社三八茶场	全国三八红旗集体	全国妇联
1983 年	枫香公社濑濑水大队妇代会	全国三八红旗集体	全国妇联
1987 年	绥宁县妇联	湖南省妇女工作先进单位	湖南省妇联
1998 年	绥宁县妇联	湖南省妇女工作先进单位	湖南省妇联
1998 年	绥宁县妇联	湖南省“三八绿色工程”先进单位	湖南省妇联、省林业厅、省绿委办
1999 年	绥宁县妇联	湖南省“三八绿色工程”先进单位	湖南省妇联、省林业厅、省绿委办
2005 年	绥宁县妇联	湖南省绿化先进集体	湖南省人民政府

第四章　科协

一、机构

科学技术协会　1979年1月，恢复县科学技术普及协会。1980年12月17—19日，召开第一次全县科技人员代表大会，产生县科学技术协会第一届委员会。1981年3月，县科学技术协会正式挂牌成立，与县科委两块牌子、一套人马。1982年始设专职科协主席。1984年3月，县科协分出单独设置。1985年定编9人（行政编5人，事业编4人），下设办公室、科学技术普及部、学会工作部、科技信息技术咨询服务部。1996年4月与县科技局合署办公。2001年2月恢复县科学技术协会独立建制，下设办公室、科普部、学会部，定编6人，其中行政编制3人、事业编制3人。至2005年，龙道坤（兼）、王恒松、刘应中、严弟发、谢宏绪、袁均荣先后任主席。

1987年、1988年和1990年，县科协先后3次被评为湖南省科协系统先进集体，2003年8月被评为全省农村科普工作先进集体，2005年10月分别被评为全国农村科普工作先进单位、全省“科普日”活动组织先进单位。同年同月，绥宁县被确定为全国科普示范县创建单位。

学会（协会）研究会　自1978年春开始，先后建立农、林、机械、基础理论、医药卫生、水电、农机、气象、粮油、电子、珠算、财会、建筑、畜牧水产、野生动物、花卉、青少年辅导员、科技示范户、老科技工作者等19个学会（协会），建立金秋梨、文旦柚、无核椪柑、尖顶油板栗、大棚蔬菜、天麻、茯苓、茶油、南方苹果、奈李、杨梅、中药材、养鸡、养猪、养羊、养牛、特种养殖、野鸭、养蛇、蓝莓、食用菌、养蜂、葡萄等23个农村专业技术研究会。至2005年，共发展会员5310人，其中理事213人。

二、科普宣传

1980—1990年，县科协先后编印以农村科技信息为主的综合性刊物《致富信息》80期,发行270万份；以农村科普为主的刊物《科协动态》120期,发行300万份。1991年，县科协与县科技局、县富源食用菌研究所合作编印《野外袋载香菇高产速生技术》，共印发10万册。2002年，县科协、县科技局、县司法局编印《农村法制、政策、科技100问》，共印发5万册。

1992开始，将每年的5月17日至6月17日定为全县科技宣传月，由县科协、县科技局、县委宣传部组织实施。至2005年，在历年的科技宣传月活动中，全县累计出动宣传车42台次，展出科普挂图、展板1100幅，放映科普录像12场次，发放赠送各种科普资料50万份（册）。

2000年5月19日，县科协和市科协联合在黄桑坪苗族乡开展送科技下乡活动，举办“崇尚科学文明，反对迷信愚昧”和“防地震科普知识”科普挂图展览，组织文艺宣传、科普放映，设立科技咨询台 3 个，赠送“家庭科普知识”书刊 3000 册，发放科技资料 2 万份，接受咨询 5000 人次。

2000—2001 年，县科协组织各学会运用 500 幅宣传挂图、30 块宣传展板，在县城中心街及关峡、武阳、在市、红岩等乡镇开展“崇尚科学文明，反对迷信愚昧”反邪教大型科普宣传活动。

2003 年，县科协组织医疗卫生科技人员 100 人，深入全县 25 个乡镇，开展防“非典”宣传活动，将 550 张宣传挂图张贴到 138 个村组，发放宣传资料 2 万多份。制作展板挂图，集中在县城中心街及在市、红岩、武阳、河口、乐安铺等乡镇开展预防“非典”宣传。

1990—2004 年，县科协组织以“科教兴县”和送科技、送文化、送卫生“三下乡”为重点的科普宣传活动，共开展科普宣传 24 场（次），参与人员 3000 人次，接受群众咨询 15 万人次，出动宣传车 250 辆次，发放、赠送科普书刊和技术资料等 100 万余份（册），解答技术难题 3200 余例。

三、科技示范

示范户　1987 年，县科协开始在全县培养、发展和扶持科技示范户。1998 年 4 月，县委、县政府召开农村科普工作表彰大会，授予李万兴等 100 户科技示范户为“百佳科技示范户”，其中有 13 户后发展为省级科技示范户。至 2005 年，全县有各类科技示范户 6078 户，其中省级示范户 26 户、市级示范户 164 户、县级示范户 2797 户、乡级示范户 775 户、村级示范户 2316 户。

示范乡（镇）村　1999 年，县委、县政府申报创建邵阳市科普示范县，县科协组织制定《绥宁县创建科普示范县实施方案》和《绥宁县创建科普示范乡（镇）实施方案》以及《科普示范乡村标准》。2001 年 12 月，经省市检查验收，绥宁县被授予邵阳市科普示范县称号，乐安铺苗族侗族乡、长铺镇、竹舟江苗族乡、在市苗族侗族乡、唐家坊镇、水口乡、长铺子苗族乡 7 个乡（镇）被授予邵阳市科普示范乡称号，乐安铺苗族侗族乡的乐安村、竹舟江苗族乡的联溪村等 16 个村被授予邵阳市科普示范村称号。

示范基地　截至 2005 年，县科协在全县组织培育科普示范基地 976 个，其中市级科普示范基地 16 个、县级科普示范基地 310 个、乡级科普示范基地 153 个、村级科普示范基地 497 个，科普示范基地总面积 10 万亩。其中，影响较大的科普示范基地有竹舟江食用菌生产基地、联丰尖顶油板栗示范基地、乐安茯苓种植加工生产基地和武阳科技种养示范基地。

四、科技服务

科技咨询　1982 年，县科协成立科技信息咨询服务部，定事业编制 4 人。1984—1990 年，县科协咨询服务部联合各学会和研究会及乡（镇）科技咨询处（站），共推广 640 项实用技术，累计接待学习人员 3.7 万人次，接待来信来访者 4.4 万人次。1991 年，县科协科技咨询服务部在清理整顿公司时被注销，1992年恢复，后更名咨询服务中心。1992—2005年，科技咨询服务部（咨询服务中心）引进推广应用技术63项，接待来信来访群众5300人次，为农村提供各种科技信息2130条，联合各学会和研究会帮助农民解决生产技术疑难问题371个（项）。2004年7月，成立科技示范户联合会科技信息和咨询服务中心，至2005年，引进推广新技术11项（个），提供各种科技致富信息和开展咨询服务1200条（次），为农民群众解决技术难题21个。

科技辅导 1982年，成立绥宁县青少年科技辅导员协会；1996年5月，在县科协、教育局、科技局共同组织下，对县青少年科技辅导员协会进行换届，由各学校校长任理事会成员，每个学校均配备专职青少年科技辅导员。1989—2005年，县青少年科技辅导员协会共完成科技作品856件（篇），选送229件（篇）参加各级比赛，有201件（篇）分别在国家级、省级和市级比赛中获奖。县民族中学屈建中老师辅导完成的《绥宁城郊蝶类考察》获全国一等奖，水口中心小学周定荣老师辅导完成的《修坟墓与环境保护》获湖南省二等奖，《人民币面细菌检测》《门底密封装置（二）》《带材积表的钢卷尺（二）》等分别获湖南省二、三等奖，县一中、县一职中、县科教馆分别被命名为湖南省青少年科技教育培训示范基地。1997年和1999年，县科协被评为湖南省青少年科技活动优秀奖单位。

五、优秀科普群团组织简介

竹舟江食用菌研究会 1994年成立，会长伍名光。研究会通过良种引进和推广新技术服务，强化质量管理，开发新品种，加快食用菌种植速度，扩大生产规模，使食用菌种植发展成为竹舟江苗族乡的一大支柱产业。1996年，该乡获评全国食用菌行业先进乡称号，1997年被评为全国科教先进单位。

长铺乡寨坡葡萄技术研究会 1997年成立，会员53人，种植面积48.67公顷，年产值430万元，1998年和1999年分别被评为邵阳市科协系统“十佳”科普示范基地和湖南省“十佳”技术研究会；在会长、省级示范户唐光荣的带动下，先后涌现出银喜辉、王元忠、陈代海等大批葡萄种植大户。至2005年，该葡萄技术研究会有大棚153个，形成公司+基地+农户的服务体系。

绥宁县板栗技术研究会 位于乐安铺苗族侗族乡联丰村，2002年8月9日成立，是湖南省农村专业技术协会团体会员，会长李万兴，有会员48名。2005年，会员增至150余人。研究会先后引进推广和种植尖顶油板栗210公顷，在乐安铺、东山、党坪、朝仪、关峡等地形成规模种植；每年为农村培训实用技术人才近100人，无偿赠发技术资料3000份，历年销往贵州、怀化、靖州及县内各乡镇的板栗良种苗木100多万株，形成产、供、销、科、工、贸一条龙服务体系。2005年4月，李万兴获评湖南省优秀农村实用人才称号。

科技示范户联合会 2003年9月10日成立，由科技示范户代表和农村基层党员致富能人组成，会长李万兴。联合会在红岩设立科技示范户联合会科技信息咨询服务中心，为农民群众提供科技信息和咨询服务。2005年，有会员1310人。

第五章　侨联

一、机构

1983年，成立绥宁县侨联小组。是年，县内有侨务对象94户、641人，其中归侨和侨眷74户、523人，港澳同胞眷属20户、118人；国外华侨43户、352人，香港、澳门同胞20户、219人。1985年6月26—27日，召开全县首届归侨、侨眷代表会议，成立县归侨、侨眷联合会，选举兼职主席1名、副主席1名。1987年3月，成立县侨务工作办公室。1996年4月，县归侨侨眷联合会被确定为科级人民团体。10月，选举产生专职侨联主席1人。2003年，县侨联与县政府侨务工作办公室（简称县侨办，加挂绥宁县港澳事务办公室牌子）合署办公，实行两块牌子、一套人马，侨联主席任侨务工作办公室主任。2005年，全县有归侨2人，海外华侨、华人和港澳同胞72户、596人（分居在10个国家和地区），其中通过海外留学、务工经商、技术移民等途径出国的新华侨（新移民）35人；县内归侨、侨眷和港澳眷属110户、756人。全县侨务工作实行按区域管理和服务，共设置6个侨务工作联络小组。县侨联有编制1人，在岗1人。

二、侨联代表大会

1985—2002年，绥宁县侨联先后召开4次归侨、侨眷代表大会，选举产生4届县侨联委员会。

第一届归侨、侨眷代表大会于1985年6月26—27日召开，出席代表26人，选举林佩辉为县侨联主席（兼）。此时全县有归侨、侨眷581人、海外华侨596人。

第二届归侨、侨眷代表大会于1990年3月7日召开，出席代表27人，选举林琴英为县侨联主席（兼）。此时全县有归侨、侨眷581人、海外华侨596人。

第三届归侨、侨眷代表大会于1996年10月25日召开，出席代表27人，选举陈沙为县侨联主席。此时全县有归侨、侨眷591人、海外华侨610人。

第四届归侨、侨眷代表大会于2002年1月23日召开，出席代表39人，选举邹勤俭为县侨联主席。此时全县有归侨、侨眷756人、海外华侨636人。

三、主要活动

侨联活动　1987年，县侨联编印《侨务工作宣传提纲》《侨务问答》，宣传党的侨务政策；先后在瓦屋塘、黄土矿、金屋塘、鹅公岭4个乡为“三胞”亲属举办4期养殖业学习班，帮助“三胞”亲属脱贫致富，参学者251人次。1988—1990年，引进外资155万美元。2002—2004

年，县内相继开展“维护侨益年”“拓展海外联谊年”“组织工作建设年”活动。2004 年 11 月，在湖南省“五侨会”上，绥宁县被评为侨联工作先进单位。

侨胞及香港同胞活动 2001 年“6·19”特大山洪地质灾害后，加拿大籍华人安大略大学教授、博士生导师邹幸福捐款 4000 元，日本籍侨胞刘明兄弟俩捐款 4000 元支援灾区。香港逸辉基金会捐款 20 万元，修建水口乡田卤村小学。香港日报社周威成捐款 1.6 万元资助李熙桥一名女生完成小学至初中学业，捐款 6000 元资助黄桑坪一名女生完成高中学业。2003 年 8 月，香港同胞苏仁吉（原籍关峡苗族乡岩脚田村）投资 900 万元，在关峡成立绥宁县关峡当代木制品有限责任公司，安排从业人员 168 人。

第六章 工商联

一、机构

1987 年 10 月，恢复绥宁县工商业联合会（简称县工商联）。随后，长铺镇、武阳镇、在市镇相继建立工商联合分会，由各镇镇长任主任或会长。1990 年，县工商联共有会员 278 个，其中：原工商业者 158 个，新发展会员 120 个（含企业会员 51 个，个人会员 57 个，团体会员 12 个，分别为县政府办公室、县税务局、县农业局、县商业局、县工商局、县联纸公司、县第二冶炼厂、县第三冶炼厂、县羽毛球厂、县委招待所、东山木材综合加工厂、东山农林开发公司）。

1993 年 3 月，县工商联第五届会员代表大会召开，根据 1993 年《中国工商业联合会章程》，工商联领导职务由正副主任改为正副会长。7 月，绥宁县总商会在县工商业联合会挂牌，与县工商联两块牌子、一套人马。1995 年，共有会员 445 个，较 1990 年，团体会员减少 2 个，企业会员增加 30 个，个人会员增加 297 个。

2002 年 1 月，县工商联第七届会员代表大会召开。按照上级规定，自此届代表大会开始，县工商联（总商会）会长兼任同级人大或政协副职。11 月 1 日，成立县内首家行业商会——绥宁县屠宰行业商会。

2005 年，绥宁县工商业联合会（绥宁县总商会）定编 2 人。是年，全县有工商联乡镇分会 11 个，行业商会 3 个；县工商联共有会员 832 个，其中：企业会员 79 个，个人会员 741 个，团体会员 12 个，分别为县政府办公室、县国税局、县地税局、县技监局、县农业局、县商业局、县工商局、县经委、县供销社、县环保局、县林业局、县联纸公司。

二、主要活动

县工商联（总商会）团结、引导私营工商业者爱国守法，参加社会主义建设，积极交纳税款，兴办公益事业。中共十一届三中全会以后，努力发展全县非公有制经济，维护非公有制企业的合法利益。2001 年有会员企业 312 家，2005 年增长到 491 家。2000—2005 年，先后为 37 家企业聘请法律顾问，为会员企业代写契约、合同、协议、立案报告、民事起诉状等法律文书资料 7 份，出庭代理 7 次，避免各类经济损失 210 万元，为 8 家企业解决股份改造、合股分割、股份转让等事务中产生的纠纷矛盾。2005 年，非公有经济税收占全县税收总数的 70%以上。

表 7-6-1　　**第四届至第七届绥宁县工商联合会（总商会）会员代表大会一览表**

届次	时间	代表人数（名）	主要议题	委员人数（名）		会长（主任）	备注
				执行委员	常委		
第四届	1988年8月25—26日	87	选举产生本届工商联执行委员会、常委会、正副主任委员和秘书长	23	11	冯英协	副县长汤定中为执行委员会名誉主任
第五届	1993年3月11—12日	65	同上	21	11	吴文树	“主任”改“会长”
第六届	1997年3月6日	80	同上	29	19	吴文树	—
第七届	2002年1月25日	120	同上	31	19	丰新妹	2003年3月调离
						李秀群	县政协副主席兼，2003年3月补选

表 7-6-2　　**1990—2005年绥宁县工商联乡镇分会（商会）暨行业商会一览表**

名称	成立时间	名誉会长	会长	常务副会长	备注
长铺镇分会	1990年	赵海南	袁通吉	—	—
在市镇分会	1990年	舒常勇	梁国元	方定坤	1996年11月改称在市苗族侗族乡分会
武阳镇分会	1990年	吴良槐	袁公跃	—	—
水口乡分会	1995年2月27日	张仁汉	杨延友	卢本成	—
唐家坊镇分会	1995年4月3日	莫祚华	石俊华	简光华	—
黄土矿乡分会	1995年4月3日	刘文友	刘安平	张金卿	—
东山侗族乡分会	1995年4月24日	舒瑞江	杨进早	龙开航	—
瓦屋塘乡分会	1997年7月12日	刘均宪		黄民治	—
河口苗族乡分会	1997年8月10日	阳华生	陈先国	赵秀竹	—
鹅公岭侗族苗族乡分	2001年8月6日	龙章聪	陈字奕	吴　静	—
红岩镇分会	2001年11月28日	刘　斌	匡华荣	关剑勇	—
县屠宰行业商会	2002年11月1日	—	蒋运彬	苏维金	—
县竹木行业商会	2004年7月22日	—	谭伯进	龙小安	—
绿洲玉兰片笋业同业商会	2005年	—	贺同美	—	—

第七章　文联

一、机构

1987年2月20日，县文学艺术界联合会（简称县文联）成立，有行政编制1人，归口县委宣传部管理。同年3月，召开绥宁县第一届文学艺术界代表大会，选举县文联委员9人，下设文学、戏剧曲艺、美术、摄影、书法5个协会，共有会员120人。1995年2月，挂靠县委宣传部。1996年8月28—29日，召开绥宁县文学艺术界代表大会，选举县文联委员12人，下设作家、音乐家、戏剧家、美术家、摄影家、书法家、硬笔书法家7个协会。2005年，绥宁县文联有各协会会员260人，其中中国作家协会会员1人、湖南省作家协会会员6人、湖南省音乐家协会会员8人、湖南省美术家协会会员3人、湖南省书法家协会会员4人、湖南省戏剧家协会会员6人、湖南省摄影家协会会员8人。

1987—2005年，杨光辉、周自棣（兼）、蒙海涛、隆振彪先后任县文联主席。

二、主要活动

县文联成立后，于1988年集资创办《绥宁文学》。1989年与团县委联合举办“五四青年文学征文”和青年书法摄影大赛。1990年4月，举办诗歌征文活动，其中有43首应征诗歌在《东方诗报》上刊登。1991年，与《小溪流》杂志社、邵阳市文联联合举办湖南省儿童文学笔会。1992年5月，举办全县美术、摄影、书法艺术作品展览，展出作品100余件。1989—1999年，先后编印文学作品集4辑。1999年，设立“绥宁文艺创作奖”。2003年，复刊停刊五年的《绥宁文学》。是年12月，刘乐权出席湖南省音乐家协会第六次代表大会。2004年9月，陶永喜出席湖南省作家协会第六次代表大会。

20世纪80年代中期，县内文学社团活动兴起。其中，影响较大的县内文学社团有：团县委组织的“青年文学艺术学会”，关峡苗族乡农民创办的“巫水文学社”，县造纸厂创办的“小草诗社”，绥宁二中的“蓼园文学社”等。1994年，又相继建立“山雀文学社”“烛光文学社”“岳溪文学社”等民间文学社。共有会员71人。每年自费出版不定期刊物。

1999年，县老干局管理的县老干协会更名为县老年书画摄影协会，至2005年，有会员35人，其中省老年书法家协会会员3人，市老年书画摄影协会会员11人。县老年书画摄影协会（县老干协会）自成立起，每年在“建党节”“国庆节”等节庆日或配合党的中心工作进行书画摄影展览，至2005年底，共举办书画摄影专题培训班30余期、书画摄影展览40余次，有19人在全国书画摄影作品大赛中获奖，其中获金奖28件、银奖35件、铜奖40件，在各类报刊、专辑发表作品 89 件；收集县老年书画摄影协会会员和县老年大学部分学员计 41 人的 300 余幅作品，编辑出版《绥宁县老年书画作品集》。

三、绥宁县省以上文艺协会会员名单

2005 年，县内共有省级以上各类文艺家协会会员 36 人。其中：中国作家协会有邓湘子 1 人，湖南省作家协会有龙章辉、杨进汉、张千山、陶永灿、陶永喜、隆振彪 6 人，湖南省音乐家协会有于成林、艾四松、刘天智、刘乐权、杨兴、佘刚林、何放吟、黄渊江 8 人，湖南省美术家协会有李叶华、陆定熊、杨幸福 3 人，湖南省书法家协会有刘建平、陈历秋、聂德荣、陶永耀 4 人，湖南省戏剧家协会有刘天龙、刘桂梅、向新华、李荣民、肖思贤、杨明浩 6 人，湖南省摄影家协会有王恒松、王群荣、毛茅、匡能闾、伍茂兴、江瑞丰、蒙海涛、黎晨 8 人。

第八章 残联

一、残联机构与助残活动

1990年11月，绥宁县残疾人联合会（简称县残联）成立，属副科级群团组织，编制4人，挂靠县民政局管理。12月，召开首届绥宁县残疾人代表大会，选举杨通善为县残联理事长，并设立县残联办公室。1991年，县残联制定出台《绥宁县残疾人事业“八五”计划纲要（1991—1995）》。1992年，县政府印发《关于对残疾人优惠照顾的规定》，规定每年“助残日”动员干部职工、驻绥武警官兵为残疾人捐款（1995年捐款10万元、2002年19.6万元、2004年20.3万元）。

1998年4月，县残联从县民政局分出单设，升格为正科级单位，编制3人，归口县政府办公室管理。2001年4月19日，召开县残联第二届代表大会，选举黄泽贵为主席（兼），黄世清任理事长。是年，县政府办发出《绥宁县残疾人优惠待遇暂行规定》。2002年8月，县残联接受台湾曹氏基金会为绥宁县双下肢体残疾人捐献轮椅8辆。2002年11月，根据中央精神文明办公室开展“扶残助学”活动精神，每年下拨残疾人助学金1万元。2003年，县政府发出《关于落实农村残疾人农业税及农业税附加优待政策的通知》。2003年6—11月，承办香港行政区行政长官董建华向内地人民赠送的“健康快车”免费医治活动，组织全县88名白内障患者（其中6名儿童先天性白内障）成功接受免费治疗复明手术，其中年龄最大的78岁、最小的2岁。

2004年8月24日，召开县残联第二届第二次主席团会议，选举袁景甫为主席（兼），严国健任理事长。是年，全县有各类残疾人员17500人，其中视力残疾2104人、言语残疾1915人、听力残疾1613人、智力残疾1207人、肢体残疾9916人、精神残疾745人。

2005年，县政府印发《绥宁县按比例安排残疾人就业实施办法》。年内，县残联组织白内障复明手术125例。是年11月，以财政代扣、税务代征的方式收缴残疾人保障金40万元。是年，县残联有编制3人，实际在岗6人。

二、残疾人先进代表

1980—2005年，县内涌现的残疾人先进代表人物有：

长铺子苗族乡濑濑水村农民刘文忠，1980年因意外事故失去右手，1995年被推选为村主任，带领村民10年造林207公顷，并将自己苦心营造即将成林受益的数百亩速生丰产林低价转让给村集体，还出资5.6万元帮助60户村民发展生产。先后被评为湖南省模范共产党员、湖南省劳动模范、全国青年星火带头人、全国劳动模范。中共湖南省委书记王茂林为其题词：“人残志不残，为山区开发作出了贡献，成为绥宁致富的一面旗帜。向刘文忠学习。”2005年赴北京参加劳模大会，受到党和国家领导人的接见。

县残联科员陈长秀，1995年8月，在湖南省第四届残疾人运动会上，获“女子A2级铅球”“女子A2级标枪”两块金牌和“女子铁饼”银牌，打破“女子A2级铅球”“女子A2级标枪”2个项目的省残运会纪录。

黄土矿乡第二职业中学电脑教师李德胜，2001年被湖南省人民政府残工委授予自强模范称号，先进事迹刊登《中国教师报》，其创作心得《断尺也能量长度》刊登在《湖南教育》；2005年，他率先在新UC创建第一个专为残疾人开办的语音视频聊天室《残友之家》栏目。

长铺镇长铺居委会刘阳明，2001年8月，获湖南省第五届残疾人运动会“男子F11级标枪”“男子F11级铁饼”“男子F11级铅球”比赛第一名；2003年7月，获湖南省第六届残疾人运动会“男子F11级铅球”“男子F11级标枪”第一名，“男子柔道赛”第二名及体育道德风尚奖。

第八篇　法治 军事

第一章　公安

第一节　机构

绥宁县公安局　1978年，县公安局内设秘书股、政保股、治安股、预审股、消防股、政工室、看守所，下辖2个公安派出所。1995—1997年，县公安局连续三年被评为湖南省优秀公安局。2005年，县公安局局机关设办公室、政工室、纪检监察室（加挂警务督察大队牌子）、出入境管理股、计算机管理监察股、法制办，直属机构有消防大队（武警现役编制）、交警大队、国内安全保卫警察大队、刑事警察大队、治安警察大队、经济犯罪侦察大队、禁毒大队（加挂绥宁县禁毒委员会办公室牌子）、人口管理大队、看守所、治安行政拘留所（加挂收容教育所牌子），下辖25个乡镇派出所。

1978—2005年，李高林、付秀勇、曹润富、苏进德、李良芳、曾传阳、侯万虎、杨敏、胡志刚先后任县公安局局长，龙宪茂、刘玉元、龙英、杨敏、吕争宇、林睦展先后任县公安局教导员或政治委员。

公安派出所　1978年，县内设有长铺水陆派出所和在市派出所。1981年，成立东山、在市、长铺、河口、李熙桥、瓦屋塘、关峡、红岩8个农村派出所。1982年，成立乐安军事派出所（后改乡镇派出所）。1987年，成立武阳、金屋塘、麻塘、黄桑坪4个农村派出所和企业性质的公路派出所、汽车站派出所（属所在单位和县公安局双重领导）。1989年，成立梅口水陆派出所（企业性质），属县畜牧水产局和县公安局双重领导。1995年，分两批先后成立武阳、金屋塘、唐家坊、竹舟江、鹅公岭、麻塘、联民7个行政派出所和枫木团、党坪、黄桑坪、黄土矿、水口、朝仪、梅坪、枫香、白玉9个行政派出所。2000年，长铺水陆派出所和110巡警处警队合署办公。2001年，成立东山、在市、河口、武阳、瓦屋塘、长铺6个中心派出所，撤销中心所所在地乡镇派出所。2002年，又撤销6个中心派出所，恢复所在地乡镇派出所，至2005年未变。

第二节　案件侦查

一、政治案件侦查

1978—2005年，侦查现行反革命案27起，破案27起，其中侦破的重要政治案件有：

1990 年 6 月 8 日，黄土矿乡彭某某化名彭中华向敌特机关投寄反革命挂钩信，经三天三夜缜密侦察，将其抓获。

1993 年 9 月 25 日，乐安铺苗族侗族乡武装部部长翟某某携带 10 份军事机密资料，到福建省连江县晓沃镇租用民船企图偷渡出境，被当地公安机关抓获，并缴获全部军事机密资料。

1998 年 9 月，县供销社职工何某某化名杨宇霆先后投寄 10 多封反动信件，攻击党和政府，侮辱党和国家主要领导人，煽动群众向政府发难，经 20 天专案侦察，将其查获。

二、打击取缔反动会道门及邪教组织

1978—2005 年，县公安局先后侦查取缔西华堂、白阳道、门徒会、“耶稣教”、万事复兴会等 6 个反动会道门及邪教组织。

三、刑事案件侦查

1978—2005 年，全县共立刑事案件 9892 起，破案 8092 起（现行案 6089 起、隐案积案 2003 起）。其中：重大刑事案立案 1354 起，破案 1099 起；特大刑事案立案 107 起，破案 95 起。累计破获各类犯罪团伙 470 个、刑事拘留违法犯罪人员 2777 人、逮捕犯罪嫌疑人 3544 人。

1983 年 8 月开始，全县开展历时 4 年的“严打”斗争，共破获各类刑事案件 1003 起，刑事拘留 140 人，逮捕 542 人。其中，查获杨某海、杨某瑞、刘某某为首的 82 人扒车盗窃“公路游击队”，破获刘某某故意杀人案。1987 年，开展打击拐卖妇女儿童犯罪活动专项斗争，解救被拐卖妇女 7 名，逮捕人贩子 4 名。是年 10 月 30 日，县第三中学职工易培德在县环保局门前公路上被歹徒殴打致死，县公安局接警后不到 3 小时，将 6 名歹徒全部抓获归案。1989 年，开展 7 项专项斗争，查获各类犯罪团伙 74 个、成员 282 人；收缴木材 158 立方米，罚款 3.8 万元；缴获赃车 89 辆，抓获人贩子 6 人，解救妇女儿童 11 人。

1992 年，县内开展第二次“严打”斗争，全县抽调 1800 余人参战，召开动员会 463 场，召开公开处理大会 30 余场，破获各类犯罪团伙 25 个，73 名违法人员投案自首，搜捕案犯 871 人，破获盗窃耕牛案 26 起、追回被盗耕牛 29 头，破获农田水利设施被盗案 12 起，破获制贩假币案 24 起，其中协助破获涉及四县一市 42 人参加的伪造假币团伙，县公安局刑侦队为此被评为湘黔边区刑侦协作先进单位。1993 年，县内先后开展打击毁林犯罪、“金剑”行动、畅安工程、“正风”行动、秋季侦破战、冬季侦破战、打击盗牛犯罪和打击流氓地痞地霸一系列专项斗争，抓获违法犯罪人员 2959 人，破获刘某某杀人案，摧毁犯罪团伙 69 个，抓获团伙成员 228 人，挽回经济损失 13 万元。1996 年 5 月，全县开展打击地痞地霸等犯罪团伙的严打专项斗争。横行城乡的“长铺子一霸”苏某某父子被抓获。是年，共破刑事案件 154 起，破获各种犯罪团伙 55 个成员 184 名，抓获各种违法犯罪分子 1619 人，逮捕 145 人。1998 年，开展“一稳定两打击三整治”集中统一行动，组织夏季“严打”

和实施“侦防双百会战”，迅速侦破龙某某、于某某、杨某某三起重大杀人案。1999年，县公安部门破获刑事案198起，其中在春夏“严打”中破获犯罪团伙8个，抓获违法犯罪人员666人，迅速侦破李某某等7人恶性轮奸案、戴某某杀人案及武阳周某青、周某米煤炭冲水库杀人沉尸案。

2000年6—8月，全县开展打击涉毒犯罪专项斗争，共侦破涉毒案件36起，抓获贩毒、吸食及注射毒品违法人员44名，破获6个吸毒窝点和5条毒品分销网络，收缴毒品45克；16名涉毒违法犯罪分子分别被逮捕、劳教和刑事拘留。

2001年，全县开展“打黑除恶”严打专项斗争，侦破刑事案160起，其中重大案29起、特大案3起，以汤某某兄弟为首的15人涉黑犯罪团伙成员全部落入法网。是年10月12日，长铺镇居民曹某某与曾某某等人因赌博发生争吵，翌日各纠集10余人，手持猎枪、砍刀、棍棒及炸弹在城郊滑塘口碎石场火并，造成1人死亡，涉案人员均被捉拿归案，曹某某被判死刑，曾某某被判有期徒刑11年。2003年，破刑事案396起，刑事拘留198人，逮捕126人，移送起诉186人，抓获网上逃犯10人，挽回经济损失78万元。2005年，全县先后开展社会治安“秋季严打”和集中整治大行动。

表8-1-1　**1978—2005年绥宁县公安局刑事案件立案和破案统计表**　单位：起

年份	立案	破案	其中重大案件		其中特大案件		破隐案、积案
			立案	破案	立案	破案	
1978年	167	150	3	3	—	—	7
1979年	156	141	14	13	—	—	1
1980年	271	244	14	14	—	—	—
1981年	301	256	8	8	—	—	—
1982年	251	209	15	15	1	1	3
1983年	247	174	16	16	3	3	—
1984年	177	151	22	20	1	1	—
1985年	252	184	30	24	3	3	41
1986年	226	170	33	28	1	1	283
1987年	271	228	49	43	1	1	
1988年	230	172	76	51	7	5	156
1989年	447	348	107	89	3	3	151
1990年	1125	551	117	91	16	14	426
1991年	261	200	70	58	11	10	169
1992年	226	181	44	38	3	2	35
1993年	262	220	75	64	5	5	20
1994年	99	90	46	42	1	1	25
1995年	165	156	65	60	8	7	196
1996年	164	154	79	72	3	3	33
1997年	161	152	77	73	7	7	25
1998年	159	146	43	41	3	3	35

续表 8-1-1

年份	立案	破案	其中重大案件		其中特大案件		破隐案、积案
			立案	破案	立案	破案	
1999 年	241	182	33	30	8	8	16
2000 年	255	218	30	26	7	7	14
2001 年	137	110	35	29	3	3	50
2002 年	1506	411	55	33	2	0	34
2003 年	854	326	52	30	2	1	70
2004 年	583	281	73	48	4	2	119
2005 年	698	284	73	40	4	4	94
合计	9892	6089	1354	1099	107	95	2003

说明：表中空白格为统计数据缺失

四、经济案件侦查

20 世纪 80 年代，县公安局设有经济文化保卫股，负责侦查经济犯罪案件。20 世纪 90 年代前，县内经济犯罪案件不多；20 世纪 90 年代末开始，经济犯罪案件逐渐增多。1998 年，县公安局成立经济犯罪侦查大队，先后在县国税局、县地税局、县农税局各设一个侦查中队，负责侦查涉税、打假和非国家工作人员的经济犯罪。是年 9 月至 2005 年 12 月，县公安经济犯罪侦查大队共侦破经济犯罪案 219 起，为国家、集体和群众挽回经济损失 1213 万元。

2000 年，县公安局侦破经济案件 33 起，挽回经济损失 170 余万元，收缴假币 86.07 万元，抓获制造假币嫌疑人 1 人、贩假嫌疑人 7 人，缴获制假设备 1 套、制假模具 43 副、自制假硬币 1447 枚，获评全省和全国公安机关打击制贩假币犯罪联合行动先进集体称号。2001 年，侦破经济案件 19 起，刑事拘留 9 人，逮捕 7 人，移送起诉 5 人，挽回经济损失 80 万元。其中浙江义乌朱某某利用合同诈骗绥宁县佰龙板业有限公司货款 22.46 万元案被侦破后，朱某某被依法逮捕、判有期徒刑 10 年，并处罚金 5 万元及责令退赔货款。2002 年，侦破经济案件 38 起，9 名犯罪嫌疑人被刑事拘留，5 人被逮捕，4 人被移送起诉，挽回经济损失 170 万元，追缴税款 30 万元，罚款 2.1 万元。2004 年，侦破经济案件 8 起，协外破案 4 起，6 名犯罪嫌疑人被刑事拘留，6 人被逮捕，7 人被移送起诉，挽回经济损失 163 万元。是年 6 月，关峡信用社职工于某、陈某某、屈某某等人涉嫌利用职务侵占 120 余万元后外逃，县公安局经侦干警辗转 6 个省市，经 2 个月追逃，在福建三明市抓获首犯于某，同案犯陈某某、屈某某、朱某某、肖某某先后落网，追回赃款 99.9139 万元，赃物价值 20610 元。

第三节　治安管理

一、安全防范

1978—2005 年，县公安局共立治安案件 21207 起，查处 19998 起。

治安联防　1985年9月，成立绥宁县整顿县城治安秩序领导小组，从县公安局、县工商局、县司法局等单位抽调干部组成整顿县城治安秩序领导小组办公室。1986年2月，从长铺镇和县工商局、县交通局等部门抽调干部组建县城治安联防办公室和联防巡逻队。是年，联防办公室与有关单位配合，破获各类刑事案件28起，查处治安案件170余起，抓获各种违法犯罪人员746人，缴获赃款赃物折款近1万元，预防刑事案件54起，调处民事纠纷136起。1988年，全县30个乡镇建立治安办公室或联防队，有联防队员150余名。1990年7月，城关治安联防队改建为县公安局治安机动队。1992年3月18日，县公安局治安机动队改为城关治安联防队，交长铺水陆派出所领导管理。1994年，重大负案在逃犯文某某、王某某被治安联防队抓获。1995年，县公安局聘用51名治安联防队员，分配到局联防办一中队及各乡镇派出所从事治安联防工作。1995年12月30日，辞退全部治安联防队员。2002年，长铺镇成立4个社区警务室，组建治安巡逻队。2004年12月7日，长铺镇5个社区组建社区巡逻队。2005年8月，县公安局完成县城5个社区警务室的规范化建设，按照“1+2模式”（一警两辅）配备社区民警和辅警。

保安服务　1993年5月，成立绥宁县公安局保安服务公司。服务项目有供销保安器材、消防器材、警械警具、保安服装，管理爆炸物，修理警车及民用车，推荐保安员，办理保安证件，保安护送旅客等。2003年，成立国有独资绥宁县保安服务有限责任公司，11月，招收第一批9名保安员。2004年，发展联防队员38名，护卫点15个，协助公安机关抓获各类犯罪嫌疑人12人，发现和消除安全隐患1700余起，为客户挽回经济损失30余万元。2005年，县保安公司发展到52人，邵阳市公安局派人员到绥宁进行专门培训、办证；对全县21个安保护卫点实行有偿服务，并配合县域大型活动、重要警卫开展安保工作。

“110”接处警　1997年5月，绥宁县公安局设立“110”报警服务台和“110”巡警处警队。是年6月至12月10日，接到报警840起次，“110”处警队现场处置701起，分流到县公安局相关业务部门处理139起。“110”处警队现场处置的701起中：属刑事案件的58起，属治安案件的262起，属民间纠纷报警的226起，属求助服务的107起，属交通事故的31起，其他17起。在“110”接处警中，抓获违法犯罪人员260人，调处纠纷127起，收缴赃物自行车7辆、凶器8件、土枪1支、手铐1副、电警棍1支，缴获赃款2.5万余元，救助危险伤病员28人，找回走失儿童8人。1999年，“110”接警1397次，处警1149次，其中：刑事处警87次，治安处警542次，调解纠纷325次，平息闹事17次，现场处置重大事故21次，抢救受伤人员49次，找回走失儿童4名，处置其他问题104次。2005年，“110”接处警2308起次，其中：刑事接处警754起，治安接处警397起，接处火警12起、交通事故48起、求助报警191起、其他报警84起，答复咨询10起，在接处警中抓获作案成员297人。

二、危险爆炸物品管理

枪支、弹药、管制刀具管理 1978—2005年，每年均由县公安局对所有配备公务用枪单位的枪支弹药持有、管理情况进行2～3次检查。1982年5月，县人民政府发布《关于收缴凶器的通告》，是年，县公安局在全县收缴鸟枪2支、骑枪1支、自制短枪7支、子弹46发、匕首30把、刺刀4把。1989年，县公安局在全县收缴自制火枪8支、子弹9发、气枪3支、匕首34把、管制刀具213把。1991年，破获瓦屋塘乡农机修配厂袁某某私造枪支案，追回私造枪支35支。1996年，全县开展收缴非法枪支弹药、管制刀具及危爆物品统一行动，收缴各种非法枪支61支、子弹92发、管制刀具186把、六〇炮弹1枚（中华人民共和国成立前遗留物）、炸药4.5千克，查封炸药230千克、雷管12枚、导火线12米。1997年10月30日，县城驻军枪械室被盗“五四”式手枪3支、子弹560发，11月14日，案犯连某某在江西武宁县被抓获。2001年，再次在全县开展清理收缴非法枪支弹药、爆炸物品专项行动，收缴各类枪支181支、子弹18发、管制刀具152把。2004年5—10月，全县开展为期6个月的“收缴枪支弹药、危爆物品专项行动”，共收缴猎枪、自制枪124支，雷管56枚，炸药22千克，管制刀具65把。

民用爆炸物品管理 民用爆炸物品主要是炸药、雷管及烟花爆竹。1984年9月湖南省公安厅《关于加强民用爆炸物品管理的通告》发布后，县内每年均举办1～2期生产、销售和使用危爆物品的单位法人代表和安全员、爆破员培训班，对上述人员发给合格证。生产、储存、运输、销售、燃放烟花爆竹，须经公安机关审核发给以安全为主要内容的相关证件后才能营业，并填写《危爆物品使用跟踪登记表》。1984—2005年，县公安部门每年均对县内民用爆炸物品生产、运输、储存、销售进行专项检查、清理、整顿，共发现隐患100余起，收缴炸药1165千克、雷管2926枚、导火线1818米、汽油51千克、油漆86千克、酒精15千克、农药11千克、鼠药4千克、鞭炮3812.9万响、大鞭炮21600个，取缔9家非法生产鞭炮厂、点，没收全部生产设备、成品、半成品及原材料，刑事拘留2人，治安拘留2人。

三、特种行业管理

县内特种行业有旅店业、旧货业、印铸刻字业、修理业、文印业、典当业、机动车辆维修业等门类。县内特种行业管理先后由县公安局治安股、县公安局治安大队负责。1998年，在治安大队内设特业中队。

旅店业管理 1982年，县内开始建立健全旅店业保卫组织，坚持门卫、值班制度，对全县140家旅馆业进行清理整顿，取缔无证经营旅店86家，查处旅店治安案件18起、违法人员80余人，整顿旅店安全隐患180余起。1985年，县公安部门对全县旅店业再次进行整顿，印发《旅馆业治安管理规定》7800份，制定《旅馆业工作人员管理规定》，与106家旅店签订《安全防范保卫合同书》，取缔10家非法经营旅店，查处违法人员120人。1989年，全县有旅店251家，县公安局按“谁经营，谁负责”的原则与217家旅店签订《治安承包合同》，取缔违法经营的旅店2家，停业整顿2家，抓获违法人员92人，培训旅店治保人员399人。1990年，对20家违规经营旅店进行治安罚款。2003年2月，长铺镇长征路“利民旅社”管理不善，因赌博、敲诈引发故意杀人案，犯罪嫌疑人周某某被依法逮捕。2005年，全县有旅馆67家、共1329个床位。

旧货业、寄卖业管理　1997年，县公安局取缔5家非法收购生产性金属物收购站，收缴非法收购的废旧钢材24吨。2002年年初，对废品收购、寄卖行业主进行法制和业务培训，杉木坳废品收购点因多次自拆报废汽车被吊销经营许可证。同时对寄卖行业重新登记换证，取缔3家不符合经营资格的寄卖行。2005年年底，全县有49家废品收购店，从业人员73人，有寄卖店12家。

印刷、刻字、复印、打字业管理　1986年，全县有印刷、刻字业12家。1989年，全县有刻字业20家，印刷业5家，打字、复印业10家。1990年4月1日，实施核发“特种行业许可证”和“特种行业经营证”。1992年，查处姜某某无证经营打字油印业务。1997年，查处违规刻字、印刷行业3家。2005年，全县有印刷业8家，刻字业3家，打字、复印业13家。

四、禁毒、禁赌、禁娼

禁毒　1983—1984年，县公安局对县内私自种植罂粟者进行批评教育或治安处罚，并铲除其私自种植的罂粟。1990年开始，重点查处涉毒团伙，当年抓获贩毒团伙3名成员。1997年，成立打击毒品违法犯罪专项斗争领导小组，查处非法种植罂粟行为和吸毒团伙。2000年，破获贩毒食毒案多起，对涉案人员分别予以刑事拘留、逮捕、送劳动教养和治安拘留；是年8月25日，在县城召开打击涉毒犯罪公开处理大会。2001年6—12月，在全县开展“扫毒风暴”统一行动，破获涉毒刑事案件和涉毒治安案件多起，对多名毒品违法犯罪人员分别予以强制戒毒、逮捕和送劳动教养。2002年，成立绥宁县禁毒委员会和绥宁县创建无毒县领导小组，分别与各有关单位签订责任状，在全县开展“远离毒品、珍爱生命”为主题的宣传活动，县第一中学建立禁毒教育基地，县城各交通要道和繁华地段设立永久性禁毒宣传牌；是年9月28日，成立县公安局禁毒大队，当年破获涉毒刑事案16起。2003年、2004年、2005年，绥宁县连续三年被评为湖南省无毒害县。

禁赌　1979年春，县公安局查处关峡人民公社凤凰生产大队聚众赌博案。1982年，重点查处赌博团伙，举办禁赌学习班，组织参赌人员学习。1984年，开展严打第二战役，在县城查获赌博案多起，百余人被处罚。1985年，县政府翻印省政府《关于严厉禁止赌博的布告》，编写印发《禁赌宣传提纲》，派宣传车在全县进行禁赌宣传，组织公安干警、国家干部、治安员开展禁赌工作，并举办参赌人员法律学习班。1987年，查获一批赌博案，收缴一批赌博工具及用于赌博的桌球台。1990年，集中力量在县城机关、企事业单位查禁赌博活动，多名参赌者受到治安处罚或被送劳动教养。1995年春节前后，在枫木团苗族侗族乡查获赌博团伙4个。1998年，对利用赌博机进行赌博活动的“开心天地”进行查封。2004年，重点查处边境聚众赌博案，先后查获红岩镇街上两个赌博窝点，当场抓获参赌人员多名并没收其赌资；是年8月6日，在关峡苗族乡鸟塘村破获一个聚赌窝点，武冈、城步、绥宁三个县（市）的参赌人员被当场抓获并受到治安处罚。

禁娼 1980年之前，县内卖淫嫖娼活动绝迹。1980年后，又复苏蔓延。1985年，县公安部门结合整顿旅馆业查处卖淫嫖娼活动。1987年，全县开展取缔卖淫嫖娼专项斗争，在县城查获卖淫嫖娼案多起，涉案人员被治安拘留或处以罚款。1989—1990年，全县开展除“六害”（卖淫嫖娼、制作贩卖淫秽物品、拐卖妇女儿童、私种吸食毒品、聚众赌博、利用封建迷信骗钱害人）斗争，16名卖淫嫖娼违法人员被送劳动教养。1992年，开展打击取缔卖淫嫖娼专项斗争，查获一批卖淫嫖娼案，涉案人员分别被送劳动教养、治安拘留或处以罚款。1997年，查处卖淫嫖娼案43起。2004年，查处卖淫嫖娼案28起。

五、网吧管理

2002年5月27日，对全县33家网吧进行突击检查，清查发现证照不全的5家、未经许可变更经营场所和经营业主的3家，县公安部门取缔违法经营的网吧1家、责令停业整顿4家。2003年3月19日，对全县所有网吧业主进行学习培训，并对全县营业性网吧进行全面检查，处罚违法经营网吧22家。是年7—9月，县公安局和电信部门联合清查，责令拆除非法接线网吧用户84家。2004年，全县55家营业性网吧按时完成网络神探的安装调试工作，实施刷卡上网。是年7月12日，县公安局根据群众举报，查获“网络快车”和“随意网吧”安装淫秽录像，分别给予两家网吧业主警告和罚款1万元的处罚。2005年，开展网吧整治行动3次，处罚33家，罚款3万余元。

表8-1-2 **1978—2005年绥宁县治安案件查处情况统计表** 单位：起

年份	受理	查处	年份	受理	查处
1978年	—	—	1989年	423	403
1979年	11	11	1990年	757	738
1980年	396	396	1991年	2272	2137
1981年	423	423	1992年	1289	1289
1982年	223	223	1993年	988	985
1983年	334	334	1994年	1149	1148
1984年	230	230	1995年	1405	1402
1985年	724	628	1996年	966	966
1986年	802	782	1997年	977	977
1987年	613	597	1998年	744	744
1988年	559	545	1999年	841	837

续表 8-1-2

年份	受理	查处	年份	受理	查处
2000 年	549	548	2004 年	512	369
2001 年	526	524	2005 年	397	288
2002 年	2233	1903	合计	21207	19998
2003 年	864	571			

第四节　户籍管理

常住人口管理　1978 年以前，各人民公社的户口管理由秘书负责，各大队会计或秘书为户口员。1981 年，各行政派出所接管非农业人口登记工作。1982 年，结合第三次全国人口普查，全县开展户口整顿，城镇非农业人口填写一人一页常住人口登记表，发放城镇非农业人口簿 3910 本（时全县有城镇非农业人口 20945 人），县城更换门牌号 1300 块；农村农业人口则新建立一人一页的常住人口登记表；首发红色塑料壳的户口簿，公民凭户口簿办理户口变动、婚姻登记、计划生育、粮食供应等有关手续。1984 年，农村户口仍由各乡镇管理。

1999 年，全县农村户口实行城市化管理，农业户口一律由当地派出所管理，开始收集 16 周岁以上公民照片纳入底册，人口信息逐步实行微机管理。2000 年，红岩、武阳、关峡、在市、乐安铺、长铺水陆 6 个派出所率先纳入微机管理。2005 年，全县常住人口全部纳入微机管理。

农业人口转非农业人口管理　1978 年，全县非农业人口为 17382 人。1980 年，对职工家属在农村老弱投靠、抚养子女、生活不能自理、无户人口进行初查，解决 19 户 33 人农业人口转非农业人口，以后每年按非农业人口 1.5‰的比例解决“三类人员”农转非。1986 年，解决土地征收“农转非”328 户、875 人，以后每征收土地均按比例解决“农转非”；同年，柘溪库区移民第一批恢复城镇户口 137 户 604 人，以后分数批全部恢复。1992—1997 年，县政府发动群众集资建设集镇经济开发区，“半边户”每人交 5000 元，其他人每人交 6000 元即可解决 1 人永久性城镇户口，发蓝印户口簿，吃商品粮，享受城镇居民待遇，至 1997 年，共办理开发区户口 4561 人。2002 年 1 月 7 日以后，如在县城购买住房或门面的、投资兴办企业按年纳税 1 万元以上的，可解决“农转非”。至 2005 年，全县非农业人口为 46345 人，占全县总人口的 13.31%。

居民身份证的颁发与管理　1987 年，全县进行颁发居民身份证工作试点。1990 年，第一代居民身份证颁发工作结束，全县共颁发居民身份证 20.9779 万张，占应发证人数的 97%，填写常住人口登记表 31.8224 万人，完成两个密码本的编印和 31.8224 万人的人口基本信息录入工作。此后居民身份证转入正常颁发。2000 年，实行数码照相、计算机网络传输数据的无底卡制证，身份证号码上升为 18 位数，当年办理无底卡身份证 1 万余个。2002 年，开始二代身份证换发准备工作，2005 年 9 月 16 日，县公安局正式办理第二代居民身份证业务。

出入境管理 1981—2005年，县公安局接待和调查1496名申请出境人员，接受申请人数1240人，1173人获准出境，其中出国432人、去中国香港和澳门308人、去中国台湾433人。其间，共接待外国人入境和中国港澳台居民入内地（大陆）申请695人次，对4名非法旅行的外国人给予警告处罚，3名外国人补办旅行证。2004年8月，有16个国家65名外国人入境绥宁参加杂交水稻培训班。

第五节 林政执法

一、绥宁县林区公安机构

1979年4月14日，恢复绥宁县林区公安派出所，行政由县林业局领导，业务由县公安局领导。1983年4月，组建绥宁县公安局林业保卫股、长铺林业派出所、红岩林业派出所。1986年6月17日，成立绥宁县公安局林业公安分局（副科级），公安业务由县公安局领导，行政管理和经费开支由县林业局负责。1987年3月28日，设立在市和瓦屋塘2个林业派出所，以后又相继成立河口、东山、堡子岭林场、庙湾林场、哨溪口采育场5个林业派出所。1989年5月，设立绥宁县森林防火指挥部办公室，定编5人，与林业公安分局合署办公。2002年10月，设立绥宁县林业局森林公安分局（副科级，又称绥宁县公安局森林分局），与县森林防火指挥部办公室一套班子、两块牌子，内设办公室、政工监察室、法制办公室、刑侦治安股、预审股、行政处罚股、消防股，专项事业编制35名（含防火办11名）；有东山、在市、哨溪口、长铺、红岩、庙湾、瓦屋塘、堡子岭、河口9个森林公安派出所，为分局派出机构，核定专项事业编制45名。

1986—2005年，刘玉元、黄始荣、杨敏、向国周、王志光、唐光科先后任县林业公安分局、县森林公安分局局长，杨太春、杨敏、刘永松、雷厚前、莫仁极先后任县林业公安分局、县森林公安分局教导员或政治委员。

二、打击森林违法犯罪行为

1986—2005年，县林区公安部门共查办森林案件8100起，逮捕犯罪嫌疑人416人，治安处罚1024人，行政处罚8584人，没收非法砍伐和非法购销的木材21540立方米，为国家、集体和个人挽回经济损失5000万元。

1989年，白玉乡塘弦湾村民梁某某盗窃木材集团先后在关峡、在市、黄桑坪、长铺等公路沿线作案30余起，盗窃木材30余立方米，涉案人员17人落网，首犯梁某某被判处死刑，成为湖南省因盗窃木材而被判处死刑的第一人，另一主犯丰某某被判无期徒刑。

1991年，全县破获各类毁林案件374起。其中：破获刑事案件15起，逮捕40人；破获治安案件119起，治安拘留19人，罚款55人；破获林业行政案件240起，处罚340人，没收木材1300立方米，挽回经济损失28万余元。

1992年，全县共破获各类林业案件523起，其中刑事案件32起、治安案件43起、林业行政案件448起，没收木材1240立方米。是年，建立5个县际护林联防区，县际之间、乡际之间开展护林联防活动12次，调处边界山林、林木纠纷11起，解决争执山林面积26.67公顷，整顿边界木材市场2个，协助破案23起。

1994年3月至6月上旬，全县查处各类毁林案件811起，处罚826人，乡、村两级共收缴木材348立方米，补缴各种费用83846元，收缴罚款5.4万元，挽回经济损失13.8万元。1996年，全县开展严厉打击破坏森林资源、整治林区治安的专项斗争。共查办各类林业案件354起，其中刑事案件34起、治安案件23起、林业行政案件297起；打击处理各类违法犯罪人员504人，其中逮捕36人、直诉3起4人、治安拘留28人、劳动教养6人；收缴木材370立方米，收缴林业费用68万元；侦破震惊全国的特大伪造票证和投机倒把木材案（总经营额80多万元，非法获利32.3万元），12名犯罪嫌疑人全部被逮捕；破获县农产品公司刘某等人利用32份废旧出口证，涂改成1743立方米的出口票证，流失国家税费达66万元的案件。1997年，关峡苗族乡石江坪村，超伐林木400立方米，村党支部书记和林管会主任均被逮捕。

2002年5月开始，县林业公安分局65名干警分成10个小组，侦查盗伐林木团伙；10月，侦破曾某某、苏某林、苏某仁等多个盗伐林木犯罪团伙；查获唐家坊镇赖梅村第二、第八村民小组滥伐和超伐林木200余立方米一案，犯罪嫌疑人赖某丽、赖某江等被逮捕；哨溪口采育场装卸组长禹某某与龙某某、李某某等人利用职务之便自2001年12月至2002年2月，先后8次偷装偷卖林木615件，非法所得23440元，禹某某以涉嫌职务侵占罪被逮捕。

2004年，县森林公安分局配合县林业主管部门对全县木材加工场所进行清理整顿，取缔非法木材加工场所10家，没收木材200立方米，行政处罚35人。是年，共受理查办各类森林案件261起，其中：刑事案件34起，逮捕20人；治安案件11起，治安拘留15人，其他处理5人；林业行政案件216起，处罚235人，没收木材1100立方米；收缴罚款和林业“一金两费”130多万元，为国家、集体、个人挽回经济损失500余万元，确保林区社会治安大局稳定。

2005年，县内林业公检法组织联合开展林业经营清理整顿专项行动，对全县所有竹木加工企业进行地毯式清查；先后关闭非法企业67家，限期停产整改125家，查处涉林案件189起（刑事14起、治安5起、行政170起），逮捕14人，取保候审23人，移送起诉14人，治安处罚5人，行政处罚198人；没收非法收购的木材1300立方米，为国家挽回损失300万元。对买卖青山和林产品出口销售环节进行整治，依法破获长期以来干扰破坏林业经营秩序的两起地方黑恶势力，查处多起护送非法运输木材出口的违法行为。

表 8-1-3　　1986—2005 年绥宁县森林公安分局办理案件一览表

年份	查办林业违法案件									没收木材（立方米）
	小计	刑事案件			治安案件			行政处罚案件		
		起数（起）	逮捕（人）	其他（人）	起数（起）	拘留（人）	其他（人）	起数（起）	处罚（人）	
1986 年	412	36	25	—	75	83	9	301	330	1340
1987 年	514	42	26	3	149	52	65	323	410	1100
1988 年	1047	51	16	5	122	80	158	874	1048	870
1989 年	441	61	35	—	65	50	17	315	426	620
1990 年	437	32	26	—	43	34	21	362	410	1450
1991 年	374	15	40	—	119	19	55	240	350	1300
1992 年	523	32	9	—	43	19	31	448	705	1240
1993 年	547	51	10	—	46	24	65	450	691	340
1994 年	305	36	27	9	35	15	24	234	166	810
1995 年	770	42	33	18	34	21	19	694	809	1500
1996 年	329	32	21	—	30	25	10	267	355	700
1997 年	483	4	2	4	19	16	—	460	652	1400
1998 年	434	40	26	—	15	15	13	379	564	900
1999 年	216	10	14	—	7	6	6	199	319	1310
2000 年	253	15	13	—	14	16	1	224	283	1210
2001 年	184	18	18	—	12	16	2	154	210	1450
2002 年	101	22	28	—	3	5	—	76	103	1000
2003 年	280	60	13	—	7	7	—	213	320	600
2004 年	261	34	20	5	11	15	—	216	235	1100
2005 年	189	14	14	23	5	—	5	170	198	1300
合计	8100	647	416	67	854	518	501	6599	8584	21540

三、查处森林火灾

1989 年，县林业公安分局查处森林火灾案 5 起。1992 年，查处森林火灾案 18 起。1996 年，查处森林火灾案 5 起。2002 年，县森林公安分局查处森林火灾案 5 起。是年 4 月，白玉乡百家田村村民陈某某未经办理野外用火手续，擅自到自留山烧山，引发森林火灾，烧毁山林 7.67 公顷，经济损失 1.8 万元，涉嫌失火罪被移送县人民检察院公诉。2004 年，全县立案查处森林火灾刑事案件 18 起，逮捕 12 人，取保候审 6 人，行政处罚 32 人。2005 年，查处火警火灾案件 42 起。

表 8-1-4　　1978—2005 年绥宁县森林火警火灾统计表　　单位：次、公顷

年份	发生次数	被烧面积	年份	发生次数	被烧面积	年份	发生次数	被烧面积
1978 年	43	1420	1988 年	33	414	1998 年	17	146
1979 年	105	873	1989 年	5	26	1999 年	20	155
1980 年	53	280	1990 年	9	18	2000 年	22	165
1981 年	54	547	1991 年	25	154	2001 年	15	125
1982 年	101	494	1992 年	18	123	2002 年	5	17
1983 年	20	143	1993 年	24	162	2003 年	36	111
1984 年	63	249	1994 年	36	179	2004 年	89	433
1985 年	116	170	1995 年	38	219	2005 年	42	120
1986 年	115	246	1996 年	11	99	合计	1261	7716
1987 年	131	483	1997 年	15	145			

第六节　道路交通管理

一、绥宁县公安局交通警察大队

1976 年 3 月，绥宁县车辆监理站更名为绥宁县交通监理站，隶属县交通局，在岗 3 人。1980 年，绥宁县交通监理站划归属湖南省道路交通处管理，1986 年 5 月更名为绥宁县车辆监理所。1987 年 5 月 31 日，成立绥宁县公安局交通警察队（副科级）。1992 年 4 月，绥宁县交通警察队更名为绥宁县公安局交通警察大队（正科级），在编 11 人，内设办公室、安全宣传股和车辆监理股。1994 年，组建绥宁县公安局交通警察大队第一中队，定编 10 人，负责维护县城交通秩序。1998 年，县公安局交通警察大队增设秩序股；2004 年，增设交通违法处罚中心。2005 年，县公安局交通警察大队有在编职工 21 人。

1992—2005 年，王启钊、宁邵安、罗伟成先后任县公安局交通警察大队大队长，王庭生、何际太、李波先后任县公安局交通警察大队教导员。

二、交通秩序管理

1978—1986 年，县内交通秩序先后由县交通监理站和县车辆监理所负责管理。1987 年 5 月绥宁县公安局交通警察队成立后，交通秩序由县公安局交通警察队负责管理。

1987—2003 年，县交警部门共执行交通警卫任务 608 次，整顿交通秩序 72 次，整顿清理马路市场 406 处次，查处交通违章 29375 起，交通违章罚款 161 万元，扣证 2941 本，扣留违章车辆 3937 辆，举办交通违章学习班 114 期，参加学习者 3940 人次。

2004年，县警察大队以创建“平安大道”和实施畅安工程为重点，坚持三分之二警力和时间进行道路巡逻，查处交通违章2375起，吊扣吊销驾驶证320本，处理大小交通事故213起。是年8月25日，取缔县城“三轮机动车”载客营运，实行出租车（“的士”）载客营运，县城交通秩序明显好转。

2005年底，全县通车里程约1300千米，其中省道128千米、县道297.7千米、乡村道和林道800余千米；各类机动车9000余辆，其中大客车210余辆、大货车600余辆、小汽车1690辆、摩托车5600余辆、农用车900余台；机动车驾驶员12400名。

三、交通安全管理

1987—2005年，县交警部门先后出动530台次宣传车进行道路交通安全巡回宣传，累计印发宣传资料45100份，累计设置交通安全宣传窗口90个、开展交通安全检查29400人次，举办交通安全学习班126期，签订交通安全责任合同5400份。1994年8—11月，开展“百日道路交通安全竞赛”活动，并举办“交通安全在我心中”演讲赛，在电视台播放一个星期。2005年，全县开展安全检查2000余次，为社会挽回经济损失40万元。

四、重大交通事故

1978—2005年，全县累计发生交通事故737起，因交通事故累计死亡366人，伤637人，因交通事故造成的经济损失达209.1819万元。其中影响最大的特大交通事故有以下5起。

1989年7月2日，湘运洪江分公司148车队驾驶员李某某驾驶37—00811号662大型客车从洪江市开往绥宁，行至长铺子苗族乡杨家村路段时，因大雨路滑、车速过快、临危措施不力，翻入巫水河中，造成当场死亡5人、重伤2人、轻伤41人的特大交通事故，李某某因犯交通肇事罪，1990年4月被判有期徒刑3年、缓刑4年。

1993年7月18日，洪江市纺织配件厂货车司机马某某驾车到庙湾林场装运杉条，违章载乘34名林场职工，因所载杉条超长、超重，加之人货混装影响转弯，导致翻车，造成死亡16人、伤13人的特大恶性翻车事故，马某某因犯重大责任事故罪，1994年3月14日被判处有期徒刑6年。

2003年4月5日，绥宁县工商银行副行长胡某某驾驶单位公车，乘载家人到黄土矿乡扫墓后返回县城时，因疲劳驾驶和临危处置不当，车辆失控，在S221线85千米+95米地段，翻入公路外10米高、5米深的巫水河中，造成5人死亡、1人受伤的特大交通事故。

2003年8月11日，湘运绥宁分公司驾驶员刘某某驾驶湘E•95983客车，在S221线52千米处与武阳镇六王村黄某某（个体）驾驶的湘E50182厢式中巴车会车时，因车速过快、临危处置不当，两车相撞，造成4人当场死亡、15人受伤的特大交通事故。

2004 年 1 月 25 日，梅坪乡肖某某驾驶湘 E96519 号大客车从绥宁开往广东，在 S221 线 59 千米+600 米地段与武阳镇双龙村村民刘某某驾驶的无牌无证货运三轮摩托车相撞，造成刘某某等 6 人死亡，其他 5 人受伤，肖某某负本次事故主要责任，犯交通肇事罪被判有期徒刑 5 年。

表 8-1-5　　绥宁县 1978—2005 年绥宁县上报交通事故统计表

年份	事故（起）	死亡（人）	受伤（人）	经济损失（元）	年份	事故（起）	死亡（人）	受伤（人）	经济损失（元）
1978 年	31	7	19	22838	1993 年	29	8	22	103400
1979 年	37	18	48	6875	1994 年	32	11	18	136900
1980 年	23	11	16	4700	1995 年	40	21	14	325050
1981 年	14	11	7	550	1996 年	34	9	19	387950
1982 年	20	14	16	7500	1997 年	18	9	11	100000
1983 年	26	12	14	17160	1998 年	18	11	22	80800
1984 年	28	17	18	16600	1999 年	15	13	9	97000
1985 年	25	6	23	29100	2000 年	16	11	11	38400
1986 年	37	10	25	29500	2001 年	15	16	6	34000
1987 年	27	12	18	27200	2002 年	15	16	4	5500
1988 年	26	5	15	24570	2003 年	19	27	45	102500
1989 年	37	19	36	64900	2004 年	19	23	55	81834
1990 年	25	8	19	57192	2005 年	44	16	91	169100
1991 年	24	6	14	34500	合计	737	366	637	2091819
1992 年	43	19	22	86200					

注：1978 年至 1984 年 5 月含农用车辆事故在内

第七节　消防

一、消防机构与消防设施

公安和武警消防机构　1978 年，县内消防工作由县公安局消防股负责。1982 年，县公安局消防股收编为武警消防部队序列。1985 年元月，成立中国人民武装警察部队绥宁县消防中队，又称绥宁县公安消防中队，隶属邵阳武警支队消防处和绥宁县公安局双重领导。1996 年 2 月 12 日，撤销县公安局消防股，成立绥宁县公安消防大队，又称中国人民武装警察部队绥宁县消防大队，隶属关系不变。

群众义务消防组织　1980 年 10 月，成立绥宁县防火安全委员会，县直机关和乡镇共 215 个单位成立四防领导小组或防火安全委员会，均确定防火安全负责人和防火安全员。1994 年，全县共有义务消防队 410 个，其中 180 个义务消防队开展了业务训练，培训消防泵机手 732 人次。

1996年，组织全县加油站、点和液化气站操作人员及重点单位消防专干120余人到市集中培训。2004年3月，东山侗族乡东山村筹集资金3万元购买2台消防泵和配套消防装备，组建义务消防队，县消防大队派员指导灭火演练。2005年，全县有义务消防队300余个、义务消防员2000余名。

消防设施 1978年，县公安局消防股配备4吨水罐消防车和消防指挥车各1台，消防水带800米。1985年，县消防中队配备3台水灌消防车和1台消防指挥车，添置消防水带4500米，县联合造纸厂和县造纸厂各购有1台水灌消防车和1台轻便消防车。1988年，投资16万元在长铺镇和平村修建消防中队营房。2002年，购高低压泵水灌车1台。1990年，17个乡镇39个村安装117个50厘米的室内消防栓，县城安装72个消防栓。1983—1994年，全县共购置机动消防泵406台，灭火器3200余个。2005年，投资4.9万元维护县城消防栓，并新增5处消防栓。

火灾防控 1980—1982年，每年元旦、春节、“五一”、国庆期间，县公安局消防股都要组织消防安全大检查活动，对全县32个消防安全重点单位开展消防安全检查。1991年，县消防部门审核建筑项目23个，提改进意见20条。1992年，全县先后开展5次消防安全大检查。检查发现火灾隐患303处，整改268处。1993年，审核建筑项目36个，在施工监督中发现裁减消防设施2处，擅自改变图纸2处，得到及时整改。1996年，全县组织79人的检查队伍，分为25个组，对132个单位进行检查，发现火险隐患384处，督促整改349处，查封6个单位，责令停产停业整改11家，取缔不合设计要求的加油站3个，对16个防火设施不到位的单位进行经济处罚。1999年，对95个消防安全重点单位和公共娱乐场所进行防火安全检查380次，发现火灾隐患597处，发出《责令限期整改通知书》26份、《责令当场改正通知书》6份，提出整改意见16条，督促当场整改15处，行政罚款4500元。2004年，县消防部门对55个防火重点单位进行检查，发出《限期整改通知书》120份、《复查意见通知书》120份、《当场整改通知书》15份，整改火险隐患232处，15个防火单位负责人被当场警告。是年，审核建筑项目17个，总建筑面积3万多平方米，审核10家内装修项目和申报开业的公共娱乐场所27家。同时对易燃易爆化学危险物品的生产、贮存、运输、销售进行许可证管理。2005年，对全县消防安全重点单位和公共娱乐场所进行防火检查127次，发现火灾隐患625处，下发《责令限期改正通知书》103份、《责令当场改正通知书》24份、《复查意见通知书》98份，整改火灾隐患616处；下发《行政处罚决定书》27份，8个防火单位负责人被当场警告，1家单位责令停止使用，4家单位责令停止施工，行政罚款49200元；下发《消防验收合格意见书》35份、《消防设计审核意见书》27份、《开业前消防安全检查意见书》69份。

二、火灾

1978—2005 年，全县共发生房屋火灾 615 起，因火灾死亡 56 人，伤 48 人，经济损失折款 1242.1947 万元，其中重大火灾有：

1980 年 9 月 26 日，盐井人民公社红岩生产大队街上因小孩玩爆竹引发特大火灾，8 个生产队 104 户、476 人及国家集体单位 126 户、603 人受灾，烧死 1 人，烧伤 2 人，烧毁房屋 95 座计 251 间，烧毁粮食 34800 千克，直接经济损失 51.2 万元。

1981 年 12 月 7 日，唐家坊人民公社罗连生产大队发生火灾，烧毁房屋 130 座，烧毁粮食 25 万千克，烧死生猪 211 头，直接经济损失 28.5 万元。

1983 年 6 月 30 日，黄土矿人民公社小安生产大队发生火灾，23 户受灾；翌年 1 月 8 日，再次发生火灾，116 户、521 人受灾，前后经济损失 20 余万元。

1988 年 4 月 23 日，长铺镇老街文某某家用电炉烤尿片引发火灾，68 户、314 人受灾，烧毁房屋 60 间，直接经济损失 14.94 万元，文某某被判有期徒刑 3 年。

1994 年 1 月 2 日，唐家坊乡上白沙村发生火灾，烧毁房屋 111 座，443 人受灾，烧死 1 人，直接经济损失 60 余万元。

2000 年 11 月 3 日晚，麻塘苗族乡于家村 9 岁小孩持蜡烛找电筒点燃蚊帐引发火灾，16 户受灾，直接经济损失 40.14 万元；

2003 年 12 月 12 日，关峡苗族乡关峡村第五村民小组村民杨某某因睡前未吹熄蜡烛引发火灾，32 户受灾，直接经济损失 38.5 万元。

2004 年，县消防大队接警 92 次，出动车辆 110 台次，出动警力 800 多人次，成功扑救 20 次（含森林火灾），挽回经济损失 120 余万元。是年 4 月 21 日，县消防大队官兵，奋战 4 天 2 夜，成功处置关峡苗族乡凤凰村路段 20 吨甲醛槽车泄漏事故，防止可能发生的特大爆炸和火灾事故，4 名战士荣立三等功。

2005 年，县消防大队接警 105 次，出动车辆 179 台次，出动警力 1253 人次，成功扑救 68 次，社会救助 37 次，挽回经济损失 460 余万元。是年 9 月 2 日，竹舟江苗族乡新田村第四村民小组一村民在做晚饭后未处理火炉内燃着的火源引发火灾，导致 10 户受灾，烧毁木质房屋 16 座，直接经济损失 23.60 万元。11 月 9 日，金屋塘镇新华村胡家组发生火灾，烧毁房屋 1 座，3 人受伤，烧死 1 人，直接财产损失 3.8 万元。

表 8-1-6　　**1978—2005 年绥宁县火灾情况统计表**

年份	火灾（次）	死亡（人）	受伤（人）	损失折款（元）	起火原因（次）										
					放火	违反安全	电器安装	用火不慎	玩火	自燃	燃放爆竹	火因不明	吸烟	雷击	其他
1978 年	38	5	—	125523	1	1	—	31	5	—	—	—	—	—	—
1979 年	48	5	1	220622	—	—	—	43	5	—	—	—	—	—	—
1980 年	30	4	9	642280	—	1	3	23	3	—	—	—	—	—	—
1981 年	19	3	—	351930	1	1	2	13	2	—	—	—	—	—	—
1982 年	25	2	—	114500	1	—	2	19	2	—	—	—	—	—	1
1983 年	29	3	—	218130	3	3	2	19	2	—	—	—	—	—	—
1984 年	32	2	—	462000	—	—	1	26	2	—	—	1	—	—	2
1985 年	26	3	—	84050	2	—	3	13	3	—	—	1	3	—	1
1986 年	35	4	23	134850	2	2	5	20	1	—	—	—	4	—	1
1987 年	20	1	—	88950	—	1	1	12	1	—	—	—	3	—	2
1988 年	30	1	—	425720	2	2	8	14	1	—	—	—	3	—	—
1989 年	22	—	1	110050	—	4	3	8	1	—	—	3	2	—	1
1990 年	36	—	—	178987	7	7	1	16	3	—	—	—	2	—	—
1991 年	26	4	3	238582	—	3	3	17	2	1	—	—	—	—	—
1992 年	17	2	—	284468	1	1	3	5	1	—	—	—	1	—	5
1993 年	15	1	—	347080	—		1	12	2	—	—	—	—	—	—
1994 年	8	2	—	773842	—	1	1	4	1	—	—	—	1	—	—
1995 年	13	1	—	536248	—	4	2	3	1	—	—	1	2	—	—
1996 年	5	4	3	372752	—	—	2	1	2	—	—	—	—	—	—
1997 年	10	—	—	840000	—	—	3	5	—	—	—	—	—	—	2
1998 年	29	—	—	1122000	—	—	—	—	—	—	—	—	—	—	—
1999 年	9	—	2	536000	—	—	—	—	—	—	—	—	—	—	—
2000 年	16	—	1	774850	—	1	4	8	—	—	—	1	1	—	1
2001 年	16	3	3	741181	1	1	4	7	—	—	1	1	—	1	—
2002 年	22	—	—	372240	—	—	7	14	—	—	—	—	—	—	1
2003 年	12	2	2	990700	—	—	8	3	—	1	—	—	—	—	—
2004 年	14	2	—	836516	1	1	6	4	—	—	—	2	—	—	—
2005 年	13	2	—	497896	1	2	5	5	—	—	—	—	—	—	—
合计	615	56	48	1242194	23	3	80	34	40	2	1	10	22	1	1

第八节 监所管理

看守所管理 1980年，看守干部由2人增加到4人。1988年，有监房13间计300平方米，容量为130人，但关押人数在200人以上。1989年，新修监房12间。1995年，先后收押人犯1012人。1996年，投资100万元翻修看守所，所内设传达、办公、审讯、教育、医务、会见室和食堂、车库、岗亭、放风场、卫生间等设施，并装有电视和监控设施等。1997年，县公安局看守所被湖南省公安厅记集体二等功。1999年，被公安部评为“二级看守所”。2004年，全面实施规范化管理，各种出所、入所均按法律程序办理，杜绝超期羁押；是年，在监所挖出违法犯罪线索25条，破获刑事案件8起、治安案件6起，3名涉毒犯罪嫌疑人被刑事拘留。至2005年，实现连续27年无安全事故。

治安行政拘留所和收容教育所管理 1979—1984年，收押行政拘留人员849人。1985年，在长铺镇和平村境内修建绥宁县公安局治安行政拘留所，1987年投入使用，内设办公室、拘留室、收容室、食堂、活动场等。是年，收押拘留人员461人。1990年，治安拘留300人，每个星期给拘留人员上一堂法制课，全年上法制课57次，个别教育960人次。1995年3月，设立绥宁县公安局收容教育所，与治安行政拘留所合署办公，一套人马、两块牌子。2004年，收押拘留人员95名，出所95名。

第二章　检察

第一节　机构队伍

1978 年 12 月 1 日，绥宁县人民检察院（简称县检察院）机构恢复，恢复后的县检察院内设办公室和一股、二股、三股（即刑事检察一股、刑事检察二股、法纪检察股），定编 7 人。1979 年，县检察院增设经济检察股，12 月设立检察委员会和中共绥宁县人民检察院党组。1981 年，县检察院增设监所检察股。1982 年增设林业检察股。1987 年 5 月，县检察院增设控告申诉股；9 月，设立税务检察室，属县检察院和县税务局双重领导，由双方抽调人员组成。1992 年，县检察院被湖南省人民检察院评为“先进集体”。1993 年，县检察院经济检察股更名为反贪污贿赂工作局（副科级）。1994 年，设立民行股。1996 年，设立技术检察股。1997 年，法纪检察股更名为渎职犯罪侦查局（副科级）。1998 年，税务检察室撤销。2000 年，县检察院被湖南省人民检察院评为全省五好检察院。2002 年，县检察院设立政工室、纪检组、监察室。2004 年 10 月，设立法警大队和职务犯罪预防股。2005 年年底，县检察院有干警 55 人，其中行政在职人员 40 人、林业检察股在职人员 6 人。

1978—2005 年，陈德源（1978 年 12 月—1982 年 5 月）、莫仁安（1984 年 1 月—1990 年 5 月）、毛祖能（1992 年 3 月—1996 年 3 月）、刘承烈（1996 年 3 月—1998 年 3 月）、朱坤玉（1997 年 12 月—2002 年 12 月）、肖永健（2002 年12 月—）先后任县人民检察院检察长。

第二节　刑事检察

侦查监督　1978 年，县检察院设立刑事检察一股，2002 年改名侦查监督股。1978—2005 年，共受理各类刑事案件 2915 件 4335 人，审查后批准（决定）逮捕 2652 件 3784 人，批准率为 87%，不批准（决定）逮捕 263 件 551 人，不捕率为 13%；立案监督 83 件 94 人，追捕犯罪嫌疑人 238 件 282 人。2002 年，追捕的故意杀人犯——唐家坊镇松阳村村民杨某某被邵阳市中级人民法院判处死刑，缓期 2 年执行。

1990 年以后，特别是 1997 年《最高人民检察院错案追究条例（试行）》下发后，错案追究制得到逐步完善，不诉、不捕案件一律由检察委员会讨论决定，承办人对案件事实负责，检察委员会对案件的决定负责，坚持重大疑难案件提前介入制度，引导侦查机关固定证据。1998—2005 年，共提前介入重大疑难案件 455 件 574 人。

公诉　1978 年，县检察院设立刑事检察二股，2002 年改名公诉股。主要职责是对公安机关及本院自侦部门移送起诉的侦查终结案件进行审查，决定是否向人民法院提起公诉或不起诉（免予起诉）；对起诉的案件，代表国家出席法庭，支持公诉。1978—2005 年，共受理公诉及自侦部门提请起诉案件 2833 件 3888 人，审查后提起公诉 2444 件 3360 人，起诉率为 86%，移送市院公诉 146 件 197 人，不（免）诉 235 件 318 人，不诉率为 8%，追诉 65 件 114 人，改变定性 21 件 27 人。

第三节　经济检察与职务犯罪预防

经济检察　县检察院开展反贪污贿赂工作始于 1979 年，由经济检察股（反贪污贿赂局）负责。1979—2005 年，共受理贪污、贿赂等职务犯罪线索 1149 件，初查 1121 件，立案侦查 483 件，侦查终结后移送审查起诉 474 件 612 人。通过查办案件挽回经济损失 1507 万元。查处的大案有县香料厂杨某、贺某某贪污公款 20 万元案，杨某被判处死刑；县人民医院会计袁某某贪污公款 8 万余元案，袁某某被判处无期徒刑。

渎职侵权检察　县检察院开展渎职犯罪侦查始于 1978 年，由法纪检察股（渎职犯罪侦查局）负责。1978—2005 年，共受理国家机关工作人员渎职犯罪线索 697 件，初查后立案 108 件 117 人，侦查终结后移送审查起诉 108 件 117 人，挽回经济损失 420 万元。

职务犯罪预防　县检察院职务犯罪预防股设立于 1993 年，原为反贪局设立的一个内部股室，2000 年成立县预防职务犯罪领导小组，下设办公室，办公室设检察院反贪局预防股。2004 年预防股成立专门预防机构。1978—2005 年，开展个案预防、系统预防和专项预防，推进预防工作专业化建设，逐步推进社会预防网络和工作机制建设，协助相关行业、部门、单位加强教育、健全制度、强化监督，有效遏制和防止职务犯罪。

第四节　民事行政检察与控告申诉检察

民事行政检察　1994 年，县检察院设立民事行政检察股，负责对人民法院的民事、经济、行政案件的审判活动是否合法实行监督，对发生法律效力，确有错误的民事、经济、行政判决裁定依法向人民法院提出抗诉或提请邵阳市人民检察院抗诉。至 2005 年年底，共接待群众咨询 432 人次，受理案件 324 件，认为法院判决裁定正确、耐心细致做上诉人员思想工作后息诉 266 件，立案审查 58 件，审查后提请市院抗诉 21 件，发出司法建议纠正违法 16 件，为国家、集体和个人挽回经济损失 93 万元。1999 年提请抗诉的东山侗族乡牛背岭村债务纠纷一案，为牛背岭村挽回经济损失 21 万元，被评为湖南省“优案”。

控告申诉检察 1987年5月，县检察院成立控告申诉检察股，1999年加挂举报中心和刑事赔偿中心牌子。其主要职责为受理公民的举报、控告、申诉，接待群众来信、来访。1987—2005年，共接待群众来访来信2828人次，受理各类职务犯罪举报线索438件，转给其他部门2343件，转内部职能部门621件，直接答复302件，初查职务犯罪线索104件，初查后转反贪、渎侦部门立案24件，为国家挽回经济损失90万元。从1993年开始，连续10年被评为湖南省检察机关文明接待室。

第五节 监所检察

监所检察 1981年，县检察院设立监所检察股，同时在县看守所挂绥宁县人民检察院驻看守所检察室牌子。负责对刑事案件的裁决、裁定的执行及看守所活动是否合法进行监督；对发生在监管场所的贪污、贿赂、侵权、渎职等职务犯罪案件进行立案侦查；办理重新犯罪案件的批捕、起诉和抗诉；复查服刑罪犯不服判决、裁定的申诉。1981—2005年，共驻县看守所9360次，参与清理违禁物品372次，参加监内动态分析会104次，纠正违纪447次，针对存在的问题发出检察建议函108份，组织参与公安、法院、武警联席会议26次；对假释、提前释放、保外就医、监外执行人员考察1980人次，发现并纠正隐患24起，办理犯人及家属申诉案件15件。

第六节 其他检察

技术检察 县检察院技术检察股成立于1996年10月。其主要职责是对检察机关立案侦查的案件进行现场勘验、检验鉴定、摄像、录像、录音等工作；参与公安机关对重大案件的现场勘验；对公安机关移送审查批捕、审查起诉案件的有关检验鉴定进行复核，人员分散于各局、股、室。自成立至2005年年底，共受理、办结各类案件491件，其中法医门诊鉴定459件、文检17件、司法会计鉴定15件，为自侦、刑事案件的办理提供了强有力的证据支持。

林业检察 县检察院林业检察股设立于1982年3月，编制3人，后增加至5人，2005年有在编干警6人，属林业事业编制。主要职责是承办林业公安机关移送的审查批捕、审查起诉的刑事犯罪案件，对林业工作人员的重大贪污、贿赂和渎职犯罪立案侦查，对涉林犯罪案件的侦查和审判活动进行监督，参与林区社会治安综合治理。1982—2005年，共受理报捕案件466件697人，批准逮捕333件545人，立案监督25件28人，纠正违法34件。

表 8-2-1 **1979—2005 年绥宁县人民检察院主要办案情况统计表**

年份	批准逮捕		提起公诉		民事行政审查立案（件）	自侦立案		挽回损失（万元）
	件数（件）	人数（人）	件数（件）	人数（人）		件数（件）	人数（人）	
1979 年	15	15	11	11	—	4	4	2
1980 年	30	34	33	40	—	5	6	2
1981 年	51	58	52	64	—	18	26	4
1982 年	64	83	61	75	—	7	19	6
1983 年	180	240	154	215	—	9	11	3
1984 年	95	116	93	129	—	9	9	12
1985 年	62	79	39	43	—	16	19	16
1986 年	85	119	87	117	—	28	43	35
1987 年	101	137	98	130	—	17	20	30
1988 年	90	129	98	138	—	33	40	35
1989 年	174	230	149	206	—	94	106	90
1990 年	191	300	197	300	—	58	61	30
1991 年	152	236	161	229	—	32	34	65
1992 年	53	67	51	66	—	37	37	75
1993 年	101	184	85	130	3	34	48	74
1994 年	80	103	106	157	6	45	57	181
1995 年	92	154	91	125	3	31	35	100
1996 年	122	205	137	166	2	19	19	100
1997 年	86	126	65	96	2	16	21	93
1998 年	91	122	69	91	7	15	19	120
1999 年	97	147	71	96	9	9	9	95
2000 年	103	126	91	125	10	13	19	240
2001 年	127	219	94	139	4	7	15	81
2002 年	123	157	105	135	4	14	23	62
2003 年	105	144	90	117	5	8	13	150
2004 年	99	150	79	117	3	8	8	118
2005 年	83	104	77	103	—	8	10	110
合计	2652	3784	2444	3360	58	594	731	1929

第三章 法院

第一节 机构队伍

1978年，绥宁县人民法院依法管辖和审理（第一审）普通刑事案件、民事案件、经济案件、林业案件和行政案件，并负责案件复查、申诉再审及案件执行等工作。1979年12月，成立中共绥宁县人民法院党组并恢复审判委员会。1981年，县内各区人民法庭干部从区公所收编到县人民法院。同年，县人民法院增设经济审判庭、法医室、长铺法庭（后更名为城关法庭）和政工室。1983年增设林业审判庭。1985年，县人民法院增设刑事审判第二庭（后撤销），原刑事审判庭更名为刑事审判第一庭。1986年，县人民法院增设行政审判庭、执行庭、巡回庭。1988年增设申诉审判庭（1997年更名为审判监督庭）。1991年4月，成立中共绥宁县人民法院纪律检查委员会。1994年，设立县人民法院司法警察中队（1998年，升格为司法警察大队，与执行庭合署办公）。1994—2004年，县人民法院连续十年被评为湖南省文明建设先进单位；1997年被最高人民法院记集体一等功；2001年和2002年，连续两年被评为湖南省人民满意的好法院，并记集体二等功。2004年4月27日，县人民法院被评为湖南省“五好”基层人民法院，并记集体一等功。2005年，县人民法院设办公室、政工室、监察室、立案庭、刑事审判庭、民事审判一庭、民事审判二庭、审判监督庭、林业审判庭、行政审判庭、执行局、司法警察大队、武阳法庭、在市法庭，定编89人，实有在职人员85人。

1978—2005年，梁利江（1978年12月—1981年1月）、苏进德（1981年2月—1990年1月）、朱赣湘（1990年2月—1995年9月）、吕汉楚（1995年11月—1997年11月）、梁晓明（1998年3月—2002年11月）、谭云华（2003年—）先后任县人民法院院长。

第二节 审判制度与审判方式

一、审判制度

两审终审制度 县人民法院裁判之后尚未生效的案件，当事人如对裁判不服，可在法定期限内向上一级法院提起上诉。1978—2005年，县人民法院判决结案的各类案件共3442件，其中当事人依法上诉的196件，占判决结案总数的5.69%。当事人依法上诉的196件案件中：有由县人民法院一审判决的刑事案件8件，当事人上诉后，经二审维持原判的5件、改判的1件、发回重审的2件；由县人民法院一审判决的行政案件15件，当事人上诉后，经二审维持原判的10件、改判的3件、发回重审的2件；由县人民法院一审判决的民商事案件173件，当事人上诉后，经二审维持原判的87件、改判的9件、发回重审的12件、调解15件，当事人自动撤回再审申请的50件。

合议制度 县人民法院除简易案件适用独任制（即由一名法官审判案件）审理外，均由逢单数的数名法官组成合议庭或者由法院和人民陪审员组成合议庭审判案件，按少数服从多数原则通过案件的审理结果。正副院长、正副庭长参与案件审理时，级别高者为审判长。1978—2005年，县人民法院组成合议庭审理刑事案件1254件、民事案件1463件、行政案件1211件（其中行政诉讼案件321件、非诉讼行政执行案件890件）。

回避制度 回避程序有申请回避和自行回避两种方式。在审判活动中，回避制贯穿诉讼程序始终，适用于审判人员（包括审判员和人民陪审员）、书记员、翻译人员、鉴定人、勘验人等。

人民陪审员制度 从1980年年初开始，县人民法院恢复人民陪审员制度，全县经各乡镇人民代表大会选举产生人民陪审员60名；1981年重新选举人民陪审员68人；2004年，人民陪审员实行聘任制。至2005年，人民陪审员与法官组成合议庭，共审理刑事、民事案件1560件。

二、审判方式

1994年开始，绥宁县人民法院着手审判方式改革。

立审分立 审执分立 从1997年起，县人民法院设立案庭，具体负责立案审查、分类编号、传票送达、排期开庭等庭前准备工作，业务庭只负责认定诉讼事实和适用法律并依法裁判，在裁判生效后，依法由专门的执行机构（执行局）强制执行，实行立案、审判、执行分立，各负其责的工作机制。2000年，县人民法院全面推行立审分立、审执分立制度。至2005年，立案庭立案的诉讼案件5388件、执行案件1986件，均得到及时审理和基本执行。

排期开庭 证据交换 县人民法院各类案件立案后由立案庭统一排期开庭。即在立案阶段就明确某一案件的审理时间，主审法官只能根据确定的日期按时开庭，提前一周公布排出开庭时间表，让当事人及主审法官一目了然。证据交换是在主审法官的指导下，对双方当事人提供给法庭的证据材料互相进行交换，让双方事先明了案件争执的焦点、证据证明力的强弱等。

审判中立 繁简分流 审判中立的前提是法官非依法律明文规定，不得在开庭前调查和收集证据，将开庭前收集证据的职责主要地转移到当事人身上，即俗称的"当事人举证为主，法官调查为辅"取证制度。1994年，县人民法院根据审判方式改革的要求，法官在开庭审判中必须居中主持、居中裁判，改变过去由法官在审案时包揽调查收集证据、宣读证据、自行质证的有失司法公正的做法。繁简分流是将简易案件在立案时就分离出来，由一名法官独任审理，或者在立案时就把简易纠纷调解处理好。县法官审理简易案件的时间一般是一个月，审理普通案件的时间是三个月。

三、立案、审判管理、听证

立案 1978—1989年，县人民法院管辖的第一审刑事、民事经济、行政、执行、申诉等各类案件的立案工作均由各业务庭自行负责办理。1990年，设立告诉申诉庭，除复查申诉案件外，开始试行立审分立，负责法院机关的刑事自诉案件、民事经济案件及当事人依法申请人民法院执行的案件的立案工作。1997年，撤销告诉庭，设立案庭，负责法院机关各类案件的立案工作和诉讼费结算工作。是年，县法院开始推行立审分立制度。对法院机关各业务庭应当受理的各类案件实行统一立案。2000年始，全面推行立审、审执、审监分立制度。对应当由人民法院受理的刑事、民商事、行政、申诉、再审及各类执行案件，均由立案庭统一审查编号立案。然后分别移送各业务庭审理或执行。至2005年，由县人民法院立案庭统一立案的各类案件5388件。

审判流程管理 2000年始，县人民法院推行审判流程管理制度。对立案、送达、排期开庭、审判、执行、审判期限及诉讼费、执行费收取等审判活动的运行过程实行全面跟踪和监督。具体操作事项由立案庭组织实施。各类案件立案时分别向当事人一次送达受理、应诉、举证通知书和开庭传票等各种法律文书；案件立案后依次排期开庭，并提前一周公示；实行一案一卡制，对审结诉讼案件或执结的执行案件由各业务庭逐件填写"案件管理登记卡"，于每月底随裁判文书一并移交立案庭汇总上报；实行审判期限跟踪制，对那些即将超过法定审理期限的案件，由立案庭以院长名义向主审法官发出督办令，督促主审法官或执行员如期审结或执结，保证诉讼程序上的合法性和公正性，至2003年，共发出督办令49件。2004—2005年，立案庭未发出督办令。

申诉听证 2000年开始，县人民法院将原来申诉申请再审的各类案件由审判监督庭立案、审查和审理的做法，改为统一由立案庭立案审查，并实行申诉案件听证制度。对已经发生法律效力的判决、裁定，案件当事人向人民法院提起申诉申请再审的，由立案庭的听证合议庭通知双方当事人召开听证会，对当事人提出的申诉理由和提供的证据依法进行审查，对申诉理由成立符合再审条件的予以立案复查，并经法院审判委员会讨论决定再审后移送审判监督庭进行再审；其申诉理由不成立的通知驳回再审申请。2000—2005年，县人民法院共受理申诉申请再审案件25件，其中立案复查17件、通知驳回8件。

第三节 刑事审判

危害国家安全案审判 1980年，县内贯彻实施《中华人民共和国刑事诉讼法》（以下简称《刑事诉讼法》），按照《刑事诉讼法》规定，县级人民法院管辖第一审普通刑事案件，反革命犯罪案（1997年改为危害国家安全犯罪）由中级人民法院管辖。从是年起，县人民法院不再审理反革命（危害国家安全）犯罪案。

危害社会治安案审判 1978—1979年，县人民法院共审结危害公共安全，妨害社会管理秩序、侵犯人身权利和民主权利、侵犯财产等危害社会治安的犯罪案件21起。1980年贯彻实施《中华人民共和国刑法》和《刑事诉讼法》后，县人民法院管辖第一审“危害公共安全，破坏社会主义法治理念教育、市场经济秩序，侵犯公民人身权利、民事权利、侵犯财产，妨害社会管理秩序、贪污贿赂、渎职等普通刑事案件。”1978—2005年，县人民法院坚持开展专项刑事审判，定期开展“打击刑事犯罪斗争”，共审判各类严重危害社会治安犯罪案件3357件，其中危害社会公共安全犯罪案件1134件，侵犯人身权利、民主权利犯罪案件1304件，侵犯财产犯罪案件、妨害社会管理秩序犯罪案件456件，危害其他社会治安犯罪案件463件。

经济犯罪案审判　1978—1980年，县人民法院共审结贪污犯罪案件2件、诈骗犯罪案件4件。1981年，县人民法院建立经济审判庭，经济犯罪案件与经济纠纷案件统一由经济审判庭审理；1985年，经济犯罪案件归口刑事审判庭审理。1988—2005年，县人民法院共审结各类经济犯罪案件456件，其中贪污、贿赂犯罪案148件，走私、伪造货币、伪造有价票证、偷税、抗税、诈骗等经济犯罪案件56件。

案件复查　1978年8月至1987年4月，县人民法院根据中央拨乱反正的精神，按照“实事求是，有错必纠”原则，对中华人民共和国成立以来各个历史时期判处的反革命案件和普通刑事案件进行全面甄别和复查，共计办理各类刑事复查案件1412件、1579人，其中复查历史老案932件1042人。复查后，对部分确有困难的改判对象酌情给予经济补助，共给予332人冤狱补偿费80768元。

减刑、假释　1987年年底，刑事复查工作基本结束后，县人民法院刑事审判庭开始办理在执行刑罚期间的犯罪分子的减刑、假释案件。刑事审判庭根据执行机关向法院提交对某犯罪分子减刑或假释建议书，依法组成合议庭进行审理，对那些确有悔改表现或者有立功表现，或者假释后不致再危害社会的犯罪分子依法裁定予以减刑或假释。至1997年，县人民法院共审理减刑案件56件，假释案件30件。是年10月1日起，减刑、假释案件由中级以上人民法院管辖，县人民法院不再受理减刑、假释案件。

第四节　民商事审判

一、民事审判

1978—2005年，县人民法院共审结各类民事案件17298件，其中：婚姻家庭纠纷案4925件，占28.47%；损害赔偿案件2903件，占16.78%；债权债务、房地产、劳动纠纷、土地、山林、水利纠纷等其他民事案件9470件，占54.75%；为国家、集体、个人挽回经济损失1.20亿元。

表 8-3-1

1978—2005 年绥宁县人民法院刑事案件审结情况表

单位：件

年份	审结案件																									未结案件
	合计	杀人	强奸	奸淫幼女	伤害	拐卖妇女儿童	非法拘禁	侮辱诽谤诬陷	放火	爆炸	破坏电力设施	交通肇事	抢劫	盗窃	诈骗	贪污	伪造贩卖国家货币	收赃	妨害公务	设施勒索	重婚	虐待	流氓	毁坏公私财物	包庇	其他	
1978 年	30	2	2	3	—	—	—	—	—	—	—	—	—	4	3	1	—	—	—	—	—	—	2	—	2	11	12
1979 年	20	4	4	2	—	—	—	—	—	—	—	—	—	—	—	1	—	—	—	—	—	—	2	—	1	6	—
1980 年	43	3	7	3	7	—	—	2	—	—	—	—	—	9	1	—	—	—	—	—	—	—	—	—	—	11	1
1981 年	59	1	5	5	10	—	—	2	1	—	1	—	—	17	5	—	—	2	—	—	1	—	2	—	—	7	8
1982 年	75	1	5	5	5	—	—	—	—	—	—	1	—	30	4	1	—	—	1	—	1	—	—	—	—	21	26
1983 年	141	5	17	10	12	1	2	2	—	1	—	1	4	58	12	1	—	—	1	—	—	—	8	—	1	5	12
1984 年	123	—	18	13	6	—	—	3	1	1	—	1	1	46	7	8	—	—	—	—	1	1	7	—	—	9	14
1985 年	70	—	2	5	4	—	1	—	—	—	—	3	1	24	4	8	1	—	—	—	1	—	1	—	—	15	16
1986 年	90	1	6	4	11	—	—	2	2	—	—	1	1	42	1	8	—	—	—	—	1	1	—	—	—	9	—
1987 年	126	—	8	2	13	—	1	2	—	—	—	—	3	46	2	4	—	1	—	—	5	2	—	—	1	36	38
1988 年	92	—	3	5	10	2	1	2	1	—	—	3	1	44	4	2	—	1	—	—	—	—	—	—	1	12	13
1989 年	167	1	4	6	40	—	—	3	1	—	1	1	6	46	5	1	—	8	1	1	9	4	1	2	—	26	30
1990 年	190	1	7	7	40	—	—	3	1	—	4	3	18	62	3	10	—	15	—	1	3	—	1	3	—	8	16
1991 年	195	—	13	4	36	1	—	2	—	—	5	1	5	77	3	15	2	3	2	1	1	—	3	1	1	19	20

续表 8-3-1

年份	审结案件																										未结案件
	合计	杀人	强奸	奸淫幼女	伤害	拐卖妇女儿童	非法拘禁	侮辱诽谤诬陷	放火	爆炸	破坏电力设施	交通肇事	抢劫	盗窃	诈骗	贪污	伪造贩卖国家货币	收贿	妨害公务	设施勒索	重婚	虐待	流氓	毁坏公私财物	包庇	其他	
1992年	162	1	8	6	62	—	1	3	—	—	6	—	4	36	—	12	—	—	1	—	2	—	4	2	2	12	15
1993年	139	2	8	7	62	—	1	1	—	2	—	1	6	25	1	2	3	2	—	—	1	2	4	2	—	7	9
1994年	174	1	6	2	66	1	2	3	—	—	—	1	5	32	4	6	—	16	1	—	2	—	3	2	—	21	24
1995年	134	—	4	1	62	—	—	2	—	—	—	—	4	29	1	1	—	8	—	—	2	—	3	2	—	15	18
1996年	207	1	4	6	97	—	—	2	—	—	—	—	8	54	2	1	—	3	—	—	1	1	4	—	—	23	27
1997年	133	1	1	4	70	1	—	—	—	—	—	—	3	35	2	1	—	1	2	—	—	—	—	6	—	6	—
1998年	58	4	6	4	3	—	1	—	—	—	—	—	8	14	2	2	—	4	—	—	—	—	1	1	—	8	10
1999年	116	1	1	1	47	—	1	1	—	2	—	2	4	23	5	3	1	5	2	—	1	—	—	6	—	10	—
2000年	129	2	4	3	47	1	1	—	2	—	1	5	9	12	5	2	—	2	—	—	—	—	—	4	—	29	30
2001年	135	1	3	6	40	—	3	3	2	—	—	10	11	22	3	2	—	3	—	1	—	—	—	3	—	22	24
2002年	158	1	5	1	48	—	3	3	5	1	—	9	10	21	5	2	—	3	1	—	—	—	—	3	—	37	30
2003年	118	2	5	—	41	1	1	2	—	—	1	13	9	13	2	2	—	2	1	2	2	—	—	—	—	19	22
2004年	133	1	2	—	38	—	1	2	3	—	—	4	7	21	4	1	—	3	—	3	3	—	—	5	—	35	—
2005年	140	—	4	—	39	—	1	—	1	1	—	11	13	19	1	2	—	2	—	2	1	—	—	—	—	43	2

婚姻家庭纠纷案 1980年，新的《中华人民共和国婚姻法》颁布施行后，县人民法院执行“婚姻自由，男女平等，一夫一妻，保护妇女、儿童和老人合法权益，实行计划生育”五项原则，慎重审理婚姻家庭纠纷案件。1994年新的《婚姻登记管理条例》公布施行后，不再承认事实婚姻，凡未经婚姻登记机关登记结婚以夫妻身份同居而提起“离婚”的案件，法院一律判决解除其非法同居关系。1978—2005年底，县人民法院共审结婚姻家庭纠纷案件4925件，其中离婚案件4441件，非法同居案件24件，赡养、抚养案件194件，抚育、收养案件103件，婚姻财产及家庭财产等纠纷案件163件。

损害赔偿案 1978—1979年，县人民法院共审结损害赔偿案件22件。1980年开始，随着社会体制的转型和变革，损害赔偿纠纷明显增多，主要是因山林、水利、责任田土及相邻关系等一己之利发生纠纷所致，也兼有少数交通事故、医疗事故和工伤事故等所造成的损害赔偿案件。至2005年，县人民法院共审结各类损害赔偿案件2903件，其中人身损害赔偿案件2446件、财产损害赔偿案件457件。

其他民事案 1978—1979年，其他民事案件诉至县法院并予审结的共18件。1980年以后，随着个体经济的兴起和迅速发展，债权债务、山林土地、房屋宅基地等其他民事案件也逐渐增多。至1981年，共审结其他民事案件105件。1982年，实施《中华人民共和国民事诉讼法（试行）》，县人民法院依照法定程序审理第一审民事案件，并坚持“着重调解、调解不成及时判决”原则，至1993年，共审结其他民事案件2456件。1994年始，县人民法院推行审判方式改革，实行一步到庭和当庭举证、质证和认证，提高了审判活动的透明度和公信度。至2005年，共审结各类民事案件10512件，其中其他民事案件6891件。随着私营企业的迅速发展，企业与职工之间的劳动争议案件也时有发生。1988—2005年，县人民法院共审结各类劳动争议案73件（统计在其他民事案件中）。

二、经济审判

1978—1980年，经济纠纷案件由县人民法院民事审判庭统一审理，审结经济纠纷案件1件；经济犯罪案件由刑事审判庭审理，审结各类经济犯罪案件4件。

1981年，县人民法院建立经济审判庭，负责审理经济纠纷案件和经济犯罪案件。至1985年，经济犯罪案件归口刑事审判庭审理，经济审判庭专理经济合同纠纷案件，即国内合同纠纷及因合同引起的侵权纠纷和交通运输合同纠纷，破产、证券、期货、票据、投权等经济纠纷案件。

1993—1996年，县人民法院先后开展依法清欠、“加大为企业服务力度”的集中行动等专项审判活动，帮助财政、税务、国土、交通等部门及银行清收各类欠款、规费及罚款等，收回各类资金120余万元；受理企业案件15件，审结15件，为企业收回各项资金245.30万元。

1997—2005年，县人民法院依照《中华人民共和国民事诉讼法》和《中华人民共和国企业破产法》，根据债权或债务人的申请，先后依法宣告5家企业破产还债；审结各类合同纠纷及其他经济纠纷等案件32件，诉讼标的412.10万元。

表 8-3-2 **1978—2005 年绥宁县人民法院民事案件审结情况表** 单位：件

年份	审结案件																										
	合计	离婚	解除同居关系	抚育	赡养	抚养	收养	析产	财物	家庭纠纷其他婚姻	继承	房屋	宅基地使用权	其他土地使用权	林木	水利	相邻关系	人身损害赔偿	财产损害赔偿	借贷	买卖	合伙内部财产纠纷	劳动报酬	劳动争议	不当得利	名誉权	其他
1978 年	14	8	—	—	—	—	—	—	1	—	—	3	—	—	1	—	—	1	—	—	—	—	—	—	—	—	—
1979 年	79	43	—	—	1	—	—	—	—	—	3	9	1	—	1	—	—	20	1	—	—	—	—	—	—	—	—
1980 年	145	68	—	—	—	1	—	—	—	—	2	14	—	—	8	—	—	13	—	—	—	—	—	—	—	—	39
1981 年	137	70	—	—	3	1	—	—	—	—	2	12	—	—	8	—	—	21	—	1	—	—	—	—	—	—	19
1982 年	201	88	—	2	4	2	—	—	—	—	4	10	—	—	3	—	—	56	—	1	—	—	—	—	—	—	31
1983 年	183	111	—	1	13	1	—	—	—	—	4	7	3	—	—	—	—	24	—	1	—	—	—	—	—	—	18
1984 年	321	107	—	1	10	2	—	—	—	—	6	21	22	—	3	—	—	105	—	4	—	—	—	—	—	—	40
1985 年	273	111	—	2	6	1	—	—	—	—	7	13	6	—	5	—	—	87	—	7	—	—	—	—	—	—	28
1986 年	380	130	—	—	7	—	3	—	6	3	11	24	26	8	10	1	—	77	35	12	—	—	—	—	—	—	27
1987 年	413	162	—	1	8	1	2	—	8	3	7	17	9	1	5	1	—	82	22	22	5	—	—	—	—	—	57
1988 年	641	187	—	—	13	1	7	—	22	4	11	23	19	12	16	1	—	188	23	24	5	—	1	—	—	—	84
1989 年	838	237	—	1	7	1	7	—	12	7	13	43	18	9	41	—	—	152	45	129	16	—	1	—	—	2	97
1990 年	826	240	—	10	8	15	5	—	—	—	4	18	15	5	25	—	—	160	30	247	—	—	—	—	—	4	40
1991 年	689	235	—	2	7	1	—	—	—	4	—	—	7	—	29	—	—	157	10	210	—	—	—	—	—	—	27

续表 8-3-2

年份	审结案件																										
	合计	离婚	解除同居关系	抚育	赡养	抚养	收养	析产	财物	家庭纠纷其他婚姻	继承	房屋	宅基地使用权	其他土地使用权	林木	水利	相邻关系	人身损害赔偿	财产损害赔偿	借贷	买卖	合伙内部财产纠纷	劳动报酬	劳动争议	不当得利	名誉权	其他
1992年	652	221	1	1	6	—	2	—	1	3	2	4	—	—	—	—	—	148	7	110	—	2	1	—	—	—	143
1993年	994	241	3	4	9	2	3	4	7	—	5	9	5	—	14	—	9	180	30	213	—	4	3	1	—	—	248
1994年	536	180	1	2	7	2	1	3	3	10	4	11	2	3	4	—	5	101	20	110	8	2	1	—	2	—	54
1995年	1155	231	5	7	8	1	3	4	11	—	1	4	1	2	—	—	11	135	31	157	9	7	7	3	1	4	512
1996年	945	215	3	5	5	1	1	2	4	1	1	7	2	—	2	—	5	88	22	226	14	1	4	—	2	—	334
1997年	880	179	1	2	2	1	5	2	3	—	3	10	7	2	—	—	—	84	24	392	10	9	10	1	3	5	125
1998年	898	183	1	1	3	1	—	1	9	2	6	15	1	2	—	—	1	63	23	208	51	12	5	3	—	2	305
1999年	789	185	3	4	4	1	3	5	—	3	—	20	6	3	1	—	7	136	18	165	26	11	6	4	2	1	175
2000年	1007	184	2	6	7	—	1	1	—	—	2	1	1	1	—	—	4	101	16	139	8	3	4	—	—	—	526
2001年	1357	182	2	2	1	—	—	1	2	—	—	2	3	—	—	—	3	88	20	566	72	—	—	3	2	1	407
2002年	1536	183	—	2	1	4	1	—	1	—	—	—	1	13	—	—	5	69	28	896	29	—	—	4	1	3	295
2003年	745	186	1	—	4	3	—	—	1	2	—	9	5	—	—	—	1	61	24	322	36	—	—	4	—	—	86
2004年	338	131	1	1	2	1	—	—	3	—	1	—	2	—	—	—	2	5	18	71	28	—	—	3	—	1	68
2005年	326	143	—	1	2	2	1	1	1	2	—	1	—	—	—	—	5	44	10	30	27	—	—	4	—	—	52

第五节　行政审判和林业审判

行政审判　1987年，县人民法院建立行政审判庭，定员2人，与执行庭合署办公。1991年始，县人民法院遵照《中华人民共和国行政诉讼法》规定的人民法院特定主管原则，管辖和审理涉及公安、国土、卫生、工商、文化、环保等若干行政机关与相对人之间发生的一审行政案件。在开展行政案件审判活动中，执行“行政机关负举证责任原则”，依法支持、监督和敦促行政机关依法行政，保护公民、法人和其他组织的合法权益。1995年起，县人民法院依照已颁布实施的各类行政法律法规规定，扩大受理行政案件的范围，快审快结，共审结各类行政案件205件，行政机关申请人民法院执行的非诉行政执行案件归口行政审判庭执行。到2005年，共审结各类行政案件397件，其中扣押财产37件、强制罚款96件、治安23件、土地权属105件、山林权属136件，所结案中判决维持行政机关行政行为的占16.7%，撤销行政机关行政行为的占21.4%，变更行政机关行政行为的占22.5%，撤诉的占19.1%，裁定不予受理的占10.1%，其他处理的占10.2%；执行行政非诉案件1105件，标的达685.1万元。

林业审判　1978—1983年，县内林业刑事犯罪案件、林业民事经济纠纷案件分别由县人民法院刑事审判庭、民事审判庭和经济审判庭审理。1983年，县人民法院建立林业法庭，1989年改建为林业审判庭，林业刑事审判犯罪案件、林业民事经济纠纷案件、林业行政案件及非诉讼林业行政执行案件等，均由林业审判庭审理和承办。是年，审结涉林民事经济案件180件。1990年始，林业审判庭依法审理盗伐、滥伐森林及其他毁林等刑事犯罪案件。至1992年，县人民法院林业审判庭共审结林业刑事犯罪案件57件、林业民事经济纠纷案件154件。1993年，林业审判工作重点审理林业民事经济纠纷案件，办案人员深入林区，就地审理。是年，审结林业民事经济纠纷案件14件，解决争执山林面积8.67公顷，挽回经济损失230万元；审结林业刑事犯罪案件23件、林业行政案件35件。1983—2005年，县人民法院林业审判庭共审结各类林业案件938件，其中林业刑事案件234件、林业民事经济纠纷案件568件、林业行政案件136件，挽回损失1.2亿元。

第六节　审判监督和执行

审判监督　1990年，县人民法院建立告诉申诉庭，负责审理：上级法院指令再审的刑事、民商、行政等各类案件；县人民法院院长对该院已经发生法律效力的判决、裁定发现确有错误，经提交该院审理研究决定再审的各类案件；当事人在法定期间内（除法律规定不得提起申请再审的案件外）对已经发生法律效力的判决、裁定（包括民商事案件调解书）提起申诉申请再审的案件；人民检察院对人民法院已经发生法律效力的判决、裁定，发现确有错误或者审判人员有违法行为而提起抗诉的各类案件。1997年，县人民法院建立审判监督庭（撤销刑事审判二庭和申诉庭），负责审理上述再审案件。1987—2005年，县人民法院依照审判监督程序审结的196件各类再审案件中，维持原判102件，部分改判78件，裁定驳回再审申请16件。

审判执行 1978—1986年，县人民法院审结的各类案件凡具有给付内容的判决书、裁定书和调解书发生法律效力后，均由各业务庭依照执行程序执行。1987年，县人民法院设立执行庭，定员4人，与行政审判庭合署办公，对各审判庭移送执行和有关行政机关申请人民法院强制执行的非诉讼行政执行案件，依照执行程序立案执行。1994年起，县人民法院司法警察中队（大队）协助民事案件执行。2002年，县人民法院执行庭更名为县人民法院执行局；2004年6月，县人民法院执行局明确为副科级机构，编制由6人增加到14人，担负法院机关各审判庭全部案件的执行工作。1987—2005年，县人民法院共执结各类案件3442件，执行标的4231.55万元，其中当事人自觉履行义务的有798件，强制执行案件2081件。

司法警务 1978年，由司法警察负责押解人犯和刑事审判的值庭警卫工作。1994年起，县人民法院司法警察中队（大队）负责法院警务、法庭值庭警卫、押解人犯，执行传唤、拘传、拘留，送达法律文书，协助案件执行（至2005年共协助执行民事案件103件），抓捕罪犯和执行死刑等工作。至1999年，安全完成押解人犯457人，值庭警卫811人次，送达各类法律文书2812件，参与处理突发性事件2起，抓捕人犯4人。2000年，县人民法院依法接管执行死刑工作，由司法警察负责执行。2001年，县人民法院司法警察大队出动警力10人次，协助其他法院执行死刑任务2次，安全完成押解人犯59人，值庭警卫212人次。2002—2005年，司法警察大队安全完成押解人犯215人，值庭警卫635人次；参与处理突发性事件2起；送达各类法律文书1380件；出动警力15人次，协助其他法院执行死刑任务3次，直接执行死刑任务2次。

第四章　司法行政

1981年1月，绥宁县司法局成立，主管全县司法行政工作，内设公证处、法律顾问处、政工股。是年始，县内各人民公社（镇）配备司法助理员1名。1982年，县司法局设业务股、公证处和法律顾问处，承担任命县人民法院助理审判员职能。1987年，建立乡镇司法所与法律服务所，为两块牌子、一套人马。1999年，乡镇司法所收归司法局管理。2002年，县司法局内设办公室、政工股（监察室）、法律宣传股、基层工作股（刑释解教人员管理股）、律师公证工作管理股5个职能股室，下设法律援助中心和公证处2个副科级二级机构。2003年7月，乡镇司法所再次归口乡镇管理。1981—2005年，杨文举、龙英、袁仕和、肖俭林、戴汉初、彭华良、汪永龙、袁成林先后任县司法局局长。

第一节　法制宣传

1981年县司法局成立后，即开始在全县进行法律常识普及工作。1984年，县司法局内设法制宣传教育股。1985年，绥宁县普及法律常识工作领导小组成立，下设办公室，与县司法局法制宣传教育股合署办公，负责日常普法工作；各乡镇、厂矿、机关单位均成立相应的普法机构，配备专人负责。1986年，开始进行第一次五年普法教育，至2005年，连续开展4次“五年”普法教育。

“一五”普法教育　1986—1990年“一五”普法期间，县内普及的法律法规教育内容有宪法、刑法、刑事诉讼法、森林法、兵役法和继承法等。其间，县普法办公室与县委党校配合举办乡镇长、县属二级机构以上负责人参加的干部法制培训班10期，受训人员716人；机关、企事业单位举办法制培训班439期，受训4458人；各乡镇举办村干部、户主法制培训班725期，培训9000余人；县司法局与公安部门配合，举办违法人员学习班83期，入学3700人次；全县举办各种法律知识抢答赛441场、法制文艺宣传206场，受教育人数达16.8万人次；县司法组织赴农村、学校进行普法对话82场，解答法律咨询9200余人次，放映普法录像1000余场，受教育6万余人次；全县43所中学增设法律常识课，共授课5139场，编印《中学生普法问答》1万余册。绥宁县被中宣部、司法部评为全国普法工作先进集体。

“二五”普法教育　1991—1995年“二五”普法期间，县内普及的法律法规教育内容有宪法、工会法、税法、义务教育法、计划生育条例、湖南省禁赌条例、村民委员会组织法等。1995年，全县365个村（居）完成了民主自治章程的制定，各村成立宣传、计划生育、治保、禁赌、帮教、护村、调解等群众自治组织。绥宁县被评为湖南省普法工作先进县。

“三五”普法教育 1996—2000年“三五”普法期间，县内普及的法律法规教育内容有企业法、公司法、产品质量法、反不正当竞争法、消费者权益保护法、合同法、农业法、劳动法、企业破产法、仲裁法等。其间，依法治理工作在全县铺开，分别开展依法治乡（镇）、依法治校及有关行业的依法治理试点工作。1996年开始，每年由县依法治县领导小组办公室组织对全县副处级以上干部、国家公务员、参照公务员管理的工作人员、企事业单位管理人和专业技术人员实施学法考试，实行普法合格证制度。1997年开始，在全县各中心小学以上学校配备兼职法制副校长和法制教员，由全县政法系统工作人员兼任。2000年，成立绥宁县法制宣传艺术团，编印《农村普法四字经》，全县有21万名村民取得普法合格证。绥宁县被中宣部、司法部评为全国法制教育宣传先进县。

“四五”普法教育 2001—2005年“四五”普法期间，县内普及的法律法规教育内容有宪法、环境保护法、WTO知识、传染病防治法、农村土地承包法、防洪法、政府采购法、预算法、行政许可法、反分裂国家法、道路交通安全法、安全生产法、科学技术进步法等。2001年开始，开展“依法办事示范窗口单位”和“民主法治示范村”创建活动，县交通警察大队和县工商行政管理局城关工商所被评为省级依法办事示范窗口单位。2005年，长铺子苗族乡寨坡村被湖南省民政厅、司法厅评为全省民主法治示范村。

第二节　法律服务

律师法律服务 1981年，县内恢复律师制度，律师工作由县司法局管理，成立法律顾问处，属司法局二级机构，有专职律师5人、兼职律师2人。2004年，成立振绥、方剑两个律师事务所，实行自收自支，共有律师10人。通过发挥律师工作“宣传、参谋、中介、顾问、保障”五大作用，拓展法律服务市场。1982—2005年，累计办理刑事辩护案件3200起，代理民事案件15487起，代理行政诉讼案件187起，担任常年法律顾问213家次。

基层法律服务 1987年，全县各乡镇成立法律服务所，与乡镇司法所两块牌子、一套人马，合署办公，实行“有偿服务，适当收费”的原则。全县乡镇法律工作者最多时达88人，全部由乡镇政府采用聘任制。1999年，县司法局开通司法“148”法律服务专用电话。2002年，全县注册中正、平兴、明辨、长明、宝剑荣5个基层法律服务所，注册执业法律工作者18人。1987—2005年，全县乡镇法律服务所累计代理各类民事案件和非诉讼案件6658起，解答法律咨询35876人次，担任长年法律顾问164家次，为当事人挽回经济损失600余万元。

法律援助服务 2002年10月，绥宁县法律援助中心成立，定编5人，属县司法局二级机构，其工作职能是为经济困难或特殊案件当事人免费提供法律服务。2004年，全县25个乡镇陆续建立法律援助工作站，办理法律援助案件102件。是年，鹅公岭侗族苗族乡杨某某在县世贤中学读书，早上起床出操时，由于铺位过窄，不慎摔断了手，共花医疗费 1.2 万元，学校不肯承担责任。杨某某家庭困难，求助县法律援助中心，经县法律援助中心援助，获赔 8615.96 元。

第三节　调解　帮教　公证

人民调解　1979 年，县内恢复人民调解制度。县司法局成立后，民事调解工作由县司法局人民调解股负责，各乡镇配有专职司法助理员。1987 年，开始在乡镇建立法律服务所，调处疑难纠纷，开展法律服务。至 2005 年底，全县 25 个乡镇都建立调解委员会，365 个村（居）都建立调解组织，企事业有调委会 59 个，共有调解人员 1272 名。1981—2005 年，全县成功调处各类纠纷 4.4 万余件，其中重大疑难纠纷 313 件，预防自杀案件 418 起，预防民转刑案件 5160 起，制止群体械斗 1220 起，避免或挽回经济损失 5880 万元。1998 年，成立重大疑难纠纷调处中心，调解全县的重大疑难复杂纠纷和县委、县政府督办的纠纷，该做法在全省得到广泛推介。

安置帮教　安置帮教工作是依靠各有关部门和社会力量对刑满释放、解除劳动教养人员进行非强制性引导、扶助、教育、管理。刑释解教人员由基层工作股管理，乡镇设立安置帮教工作管理站。1996 年，开始将刑释解教人员帮教工作纳入社会治安综合治理。至 2005 年，共衔接登记刑释解教人员 628 名，并逐一签订帮教协议；创办刑释解教人员过渡性安置基地——绥宁县绿林刨花板有限公司，对刑释解教中的“三无”（无家可归、无亲可投、无业可就）人员提供过渡性安置，常年安置 50 余名。

司法公证　1981 年，绥宁县设立公证处，属司法局二级机构，定编 4 人，负责办理国内公证，主要有经济合同公证、借款合同公证、山林承包公证、造林贷款公证、住房公积金贷款公证等；民事方面的公证主要有遗嘱公证、遗赠扶养公证、身份证公证、分家析产公证、扶养公证。同时积极开拓证源，如证据保全公证、财产抵押公证、开奖公证、拍卖公证、招标公证等。1995 年，开始办理涉港、涉台、涉澳公证和涉外公证。1981—2005 年，县公证处共办理各类公证 4056 件，其中发往港澳台的公证文书 184 件、发往国外的公证文书 72 件。

第五章　军事

第一节　军事机构

一、绥宁县人民武装部

1978年，绥宁县人民武装部（简称县人武部）属军队建制。1986年5月，县人武部改为地方建制，为副县级单位，是全县的军事领导机构和兵役机关。1996年4月1日，县人武部再度收归军队建制，称中国人民解放军湖南省绥宁县人民武装部，为正团级单位，属军队、地方双重领导，以军队管理为主，县委书记任人武部党委第一书记，设部长、政委、副部长、副政委（不常设）各1人，部长、政委中有1人入县委常委。1997年和1998年，绥宁县人武部连续两年获湖南省人民政府授予的征兵工作先进单位称号。2002年和2003年，连续被邵阳军分区评为全面建设先进单位。2005年，县人武部接受并完成编制调整。

二、基层武装部

1978年，全县有基层武装部33个。1996年，全县有基层武装部31个，基层武装部配有专职武装干部和基干民兵连政治指导员。是年，全县有7名专职武装干部分别受到省、市、县表彰。2003—2005年，全县各基层武装部按照湖南省军区的统一部署，再次推行民兵和预备役部队基层建设三年规划。至2005年底，全县各基层武装部全部达标。

第二节　兵役

兵役登记　1955年，县内贯彻《中华人民共和国兵役法（修正草案）》，对年满18岁至20岁的男性适龄青年进行兵役登记。1958年，兵役登记中断。1985年，恢复兵役登记工作。登记范围为当年12月31日以前年满18岁的男性公民，登记结束时间为每年的9月30日。每年的9月30日前，适龄公民按县兵役机关的安排到当地政府设立的兵役登记站进行兵役登记，填写《兵役登记表》，由机关、团体、企事业单位和乡（镇）人民政府通过初审确定，并报兵役机关批准，其中包括应服兵役、免服兵役、不得服兵役人员。机关、团体、企事业单位和乡（镇）人民政府，按县兵役机关的安排和要求，组织体格目测、病史调查和政治、文化初步审查，挑选政治思想好、身体好、文化程度高的应征公民为兵员征集对象。

兵员征集　1984 年 10 月，《中华人民共和国兵役法》规定义务兵役制改为义务兵役制为主体、义务兵与志愿兵相结合的制度。县兵役机关下设政审组、体检组、纪检宣传组和后勤保障组，深入进行宣传发动，按标准进行体检，执行上级有关廉洁征兵的政策规定；各级层层签订责任状，确保高质高效完成征兵工作。1980—2005 年，绥宁县连续 25 年保持无责任事故退兵的纪录，1997 年、1998 年连续两年被评为湖南省征兵工作先进单位。

预备役登记　1981 年，县内重新确立预备役制度，恢复预备役登记统计工作。1983 年 5 月，对 1980 年以前退伍军人进行查漏补登工作。1985 年 8 月，第一次组织兵役登记、退伍军人预备役情况核对，确定参训对象和民兵整组四项工作合在一起（简称“四结合”）进行。1996 年起，开展预备役军官的登记工作。1997 年 4 月 25 日，绥宁县首批预备役军官授衔仪式在中共绥宁县委大会议室举行。1998 年，普遍开展军地通用专业技术人员预备役登记工作。2001 年，对 2000 年服预备役退伍军人进行详细核对、补登。

驻军　1985 年 1 月 29 日，中国人民武装警察部队绥宁县消防中队正式成立（2002 年扩编为消防大队），担负消防宣传、检查和扑救火灾任务。是年是月，县武警中队改为中国人民武装警察部队绥宁县中队，执行逮捕、看守、押解犯人和维护社会秩序等任务。

第三节　民兵

一、组织建设与装备管理

民兵组织　1981 年 3 月，全县民兵编成 34 个连。至 1989 年，全县共有普通民兵营 358 个。1990 年，组建民兵应急分队 1 个。1999 年，每个乡镇都建立民兵应急分队，在全县农村、厂矿企业建立民兵机动分队，担负护林、护路、护桥、护厂、护校、护村和打击车匪路霸等任务。2003 年，新增一个技术分队。2005 年，完成 2002 年开始的民兵整组计划。

装备管理　1978—1985 年，为社队（乡、村）集中保管时期，1983 年过渡到乡（镇）武装部集中保管，1986 年又过渡到县人武部统一保管。县民兵武器仓库自 1986 年起连续 12 年被省军区、邵阳军分区评为“标兵红旗仓库”。1998 年，邵阳军分区在绥宁召开全市民兵武器装备管理现场经验交流会。2001 年 3 月，绥宁县人武部实现连续 30 年以上无事故，被总参通报表彰并评为全军民兵装备仓库先进单位。

二、政治教育与军事训练

政治教育　1978 年，民兵政治教育主要进行“六个坚持，六个反对”“新时期总任务”“新宪法”“战备形势”和人民战争思想的教育。1981—1982 年，对民兵进行社会主义、爱国主义、革命英雄主义、民兵基本知识、战备和普法教育。1983 年 8 月，全县召开民兵“一堂课”和镇、社文化中心现场会。1985 年 8 月至 1990 年年底，转向全民性的国防教育。1988 年，县国防教育委员会和长铺子苗族乡被邵阳市国防教育委员会评为全民国防教育先进单位。1991—1992年，组织人武专干学习新版《毛泽东选集》《邓小平文选》，以及中国共产党党史、中国人民解放军军史。1995—1996年，组织民兵学习有关法律。1997—1999年，基干民兵集中训练期间，将政治教育纳入训练计划，基干民兵每年集中进行政治教育的时间按不低于16课时统一安排和实施。普通民兵的政治教育结合整组、征兵、重大节日活动进行，每年为2次。组织民兵开展“军警民共建文明县”“学雷锋树新风”等活动，全县民兵共成立408个扶贫帮困送温暖小组，义务为五保老人帮工解难、扶助贫困户脱贫。2000—2003年，以湖南省军区编印的《民兵官兵教育课本》为基本教材，对民兵进行规范化政治教育。县人武部两次被广州军区政治部评为民兵政治教育标兵单位。2004年，县人武部编印4课民兵政治教育资料下发到各基层武装部，对民兵进行4次集中教育。县人武部被广州军区评为订刊用刊标兵单位。2005年，在专职武装干部和民兵党员中开展保持共产党员先进性教育活动。

军事训练 1978—1980年，共训练专业技术分队骨干725人。1981年以后，受训人数逐年减少。1988年，县财政投资150万元建成民兵训练基地，市政府和邵阳军分区在绥宁召开训练基地建设现场会。1990年前后，投资30多万元，对基地设施进行完善。1991年，被湖南省军区评为合格民兵训练基地。1992年，邵阳军分区在绥宁进行绥宁民兵规范化训练试点。2000—2005年，加强应急分队训练，有针对性地组织民兵进行抗洪抢险、扑灭山火、平暴制乱等基本知识的学习和训练。

三、参加地方建设

治安执勤 1990年，县城组建民兵应急分队。1993—1995年，在全县建立民兵机动分队，协助公安部门抓获不法分子390多人，摧毁犯罪团伙40多个，制止械斗4次。2003年，出动民兵应急分队200多人次，参加全县“非典”（非典型肺炎）防治工作，担负公路设卡、防护执勤等任务。2004年1月月底，红岩镇渣湾村发生疑似高致病性禽流感疫情，出动民兵应急分队200人次，担负公路设卡、疫点封锁线执勤、边境检查等任务，确保被隔离区域的安全和防疫措施的全面落实。

救灾抢险 1996年7月中旬，县域遭受特大洪水灾害，出动民兵16870人次，救出受困群众850人，转移财产物资2.8万多件；组织民兵保护水库4座，抢筑堤坝1200多米，疏通公路塌方84处，修复桥梁12座，直接挽回经济损失870万元。2001年6月19日，县域遭受百年不遇的特大山洪地质灾害，出动民兵3600人次，救出遇险群众458人，修复公路86千米，清理疏通河道28千米，恢复农田42公顷。2002年8月，县域连降7天暴雨，全县民兵开赴抗洪防汛第一线，连续坚守河堤3昼夜，营救遇险群众20余人，转移财物300余万元。是年10月12日上午，水口乡突发森林大火，县人武部立即率民兵赶赴火场，经过3个多小时奋力扑救，扑灭山火，确保134公顷山林免遭烧毁。2005年，全县发生森林火情40次，累计出动民兵5000

多人次，将火扑灭，最大限度地减小了经济损失。

工程会战　1978—1982 年，在建设江口塘电站和洛口山水库工程中，先后组织 3 万多名民兵参加会战。兰家人民公社白寨（红星）生产大队民兵营长于有梅，带领 25 名民兵成立“育林采伐队”，至 1985 年，新造林木达 261 公顷。1983 年 7 月，麻塘乡麻塘村民兵黄施军，与乡林业管理站签订承包 33.33 公顷荒山的植树造林合同，至 1984 年共植树 18.8 万多株，被县政府、县人武部表彰。1984 年，盐井乡青年民兵于成强带领 3 名民兵造林 8 公顷，被共青团中央授予新长征突击手称号。1990—1991 年，长铺镇民兵共造林 145 公顷。

义务帮扶　1987 年，组织民兵开展“军警民共建文明县”“学雷锋树新风”等活动，成立 408 个送温暖小组，义务为“五保户、困难户”帮工 4850 多个，捐款 20 多万元帮助残疾人、贫困户摆脱生产困难和治病难的窘境，扶助 1200 多户贫困户脱贫，全县涌现出以民兵为主体的双文明户 2.1 万户。1990—1991 年，全县民兵为烈军属、五保户、困难户义务帮工 1200 余个，义务插田 17.2 公顷。1992 年，东山侗族乡大凼村民兵龙景连，将无亲无靠的孤寡老人龙景俊接到家中赡养 10 多年；联民苗族瑶族乡田螺旋村小黄组民兵班 20 年如一日，照顾五保老人黄同明。

第四节　国防教育和人民防空

一、国防教育

1978 年，成立绥宁县全民国防教育委员会，由县委、县人武部领导及有关部门负责人组成，下设国防教育办公室，办公室主任由县人武部政工科科长兼任。乡镇人民政府由所属基层武装部确定一名专武干部负责国防教育工作。

1979 年，县驻军和人武部官兵掀起学习对越自卫反击战英雄事迹的热潮。20 世纪 80 年代至 21 世纪初，县国防教育内容以毛泽东军事思想、邓小平新时期军队建设思想、江泽民国防和军队建设思想、胡锦涛关于军队建设的一系列重要论述为重点。20 世纪 90 年代起，县人武部每年订阅《中国民兵》《民兵生活》《国防教育》等发给民兵基层组织，作为对广大民兵进行国防教育的教材。1991 年，县委、县政府把国防教育纳入县党校和全县中小学校的教学计划。1992 年、1994 年，绥宁县先后被邵阳市评为全民国防教育先进单位。为纪念世界反法西斯战争暨中国人民抗日战争胜利 50 周年、红军长征胜利 60 周年，举办两次国防教育周活动。1996 年，建立县委、县政府及县人民武装委员会、国防动员委员会、国防教育委员会成员每年“八一”建军节过“军事日”的国防教育制度。1997 年，为庆祝中国人民解放军建军 70 周年和香港回归，举行了阅兵式。1999 年，为庆祝澳门回归，举办国防电影周。2003 年，在互联网上开通国防知识网站。

20世纪90年代初开始，全县进行以县、乡、村三级教育网为主干的国防教育阵地建设。到2005年，全县25个乡镇阵地建设100%达标，300多个村建有标准的国防教育基地。

1990年，挑选285名品学兼优的应届高中毕业生进行为期22天的军事训练。1991年8月，县人武部组织县第一中学310名新生进行军事教育训练。从1995年起，县属高级中学每年对入校新生进行为期两周的国防教育和正规军事训练。2000年，全县中学生参训率为80%，2005年参训率为95%。

1992—2005年，绥宁县每年举办少年军校。暑假期间，县城三所小学五年级学生全部参加军训。

二、国防动员

1979年，恢复成立绥宁县人民武装委员会，由分管政法的县委副书记任主任，县人武部政委、部长任副主任，县直单位主要负责人为成员。县人民武装委员会每年召开一次例会和一次议军会。

1996年10月，成立绥宁县国防动员委员会，由县委、县政府及县人武部的主要负责人为正副主任。是年始，县兵员动员办公室将历年来退伍军人分布、专业，地方与军事专业对口登记服预备役的专业技术人员分布情况和民兵预备役等，归入县军事后备力量数据库。1998年，境内开始国防动员“三级网”建设工程（2002年完工）。1999年，县人武部在公交系统组建对口专业技术分队。2003年，县国防动员委员会进行网上模拟演练。2003年起，组织一系列国防动员课题的网上演练。2005年8—9月，组织县民兵应急分队进行带背景反恐维稳演习。

三、人民防空

人防机构 1982年前，县内设有人民防空领导小组。1982年8月，县人民防空领导小组改为县人民防空委员会，下设办公室，归口县人武部兼管；1983年后，归口县政府管理，隶属市人防科和县建委，负责人防工事的管理、开发、使用。1994年，县人民防空办公室自然消失。2001年，恢复绥宁县人民防空办公室。2003年，县人民防空办公室确定为正科级单位，负责履行人民防空工作的各项职责，陈历林任主要负责人。

人防专业队伍 1978年，县内城乡建有人民防空专业队。1986年后，各专业队自行消失。2001年，组建对口专业分队，由县人武部统筹规划，统一纳入民兵组织，平时训练由各专业单位自行组织，县人武部协助，临战视情况扩编。2005年5月10日，县委、县政府、县人武部规定：人防专业队伍战时消除空袭后果，平时抢险救灾，按县城区域人口一定比例，由相关部门组建人防专业队伍。

人防联席会议 2005年5月10日，县委决定建立县人民防空联席会议制度，由县政府牵头，每年定期召集县相关部门及人民防空和军事机关等相关部门人员开会，研究解决全县人民防空建设发展的主要问题。每年召开的县委议军会议上，人民防空工作也是重要议题。

人防动员　1987 年，县委、县政府将人防教育列入国防教育内容。县人武部印发《人民防空条例》350 份，下发给各民兵基层组织学习。1996 年，县内贯彻实施《中华人民共和国人民防空法》。2004 年，在长铺镇第一小学、第三小学开设人防知识课。是年起，每年 11 月 1 日为防空警报试鸣日。2005 年 5 月开始，县人武部把人防教育纳入国防教育体系。是年，县内依法征收人民防空经费，将人防经费列入县财政预算，人防工程建设项目按照国家相关规定享受有关优惠政策。

第五节　拥政爱民

20 世纪 80 年代起，县人武部对口帮扶盐井乡柳山村（今红岩镇柳山村），先后帮助该村开发果园 400 公顷，养鸡 1.8 万多只，养猪 6000 多头，打甜水井 8 口，建电动排灌站 2 个，修筑水渠 3.6 千米。发动干部捐款 1 万余元，支援该村公益事业建设。1988 年，驻地部队被评为全军拥政爱民模范团，县人武部被中共湖南省委、省政府、省军区评为拥政爱民先进单位。此后，驻绥部队又多次被评为湖南省及全国拥政爱民先进单位。

20 世纪 90 年代至 21 世纪初，驻绥部队以连为单位，大力实行科技扶贫，为扶贫对象提供科技致富信息 300 多条，协助推销产品 3000 多万元。技术干部李高清十多年来义务为驻地单位、群众维修电视机、录像机、收音机、微机 3400 多台，两次被评为湖南省“双拥先进个人”。

1997 年和 1998 年，驻军共参加抢险 10 多次，抢救遇险群众 34 人。1998 年 10 月 1 日，距县城 3 千米的神滩自然森林公园发生大火，县人武部和驻绥某部官兵经过一天一夜奋战，将大火扑灭。

2001 年 6 月 19 日，县内发生特大山洪地质灾害。驻绥部队奔赴抢险第一线，抢救出被围困群众 68 人，减少损失 1.30 亿元。

2002—2005 年，驻军官兵开展军民共建一条街、一条路、一片小区活动，派出官兵 2.5 万余人次，出动车辆 160 多台次，军民共建县城开发区和乐安铺苗族侗族乡民营经济发展小区；帮助地方推销各类产品价值 4000 多万元，引进资金 20 万元；投入 30 万元资助失学儿童 1820 人，扶助贫困户 52 户；驻军先后参加抗洪抢险 80 多次，帮助地方建立 4 个造林基地，营造丰产林、果木林 334 公顷。

第九篇　民政

1973 年 10 月，恢复建立绥宁县革命委员会民政局，1981 年 1 月，绥宁县革命委员会民政局改称绥宁县民政局。1978—2005 年，工作职能从传统的救灾救济、优抚安置拓展至农村与城镇居民最低生活保障、精减退职救济、福利彩票发行、社会救助、慈善事业、社团管理、收养登记、集中婚姻登记、老龄工作、基层政权建设、光荣院与敬老院建设及管理等。其间，唐伯才、贺益民、黄权国、刘应中、阳应、梁兰香、隆振理先后任县民政局局长。

第一章　优抚

1978 年以前，县人民政府对烈属、军属、残废军人、带病复员退伍军人等实行优待。优抚安置工作以政治待遇为主，经济待遇为辅。1978 年以后，逐步以政治、经济待遇并举，全面落实优抚安置政策。全县每 3～5 年召开一次优抚对象代表大会。乡镇（公社）每年组织召开 1～2 次优抚对象座谈会，每年“八一”、春节期间，县、乡、村均组织走访慰问部分优抚对象。并在特殊纪念日、节庆日，对特殊群体发放慰问金。2003 年 7 月 27 日，县内举办抗美援朝胜利 50 周年纪念日活动，对全县参加过抗美援朝的 962 名健在老战士进行慰问，每人发放慰问金 100 元。1978—2005 年，县民政局走访慰问优抚对象，共发放慰问金 42.6 万元。

第一节　安置

1978—2005 年，县为符合乎条件的转业志愿兵及士官安排工作。退伍军人属农业人口的，仍安置回农村；属城镇人口的，统一安排工作。随着改革深入发展，企业逐步改制，安排工作越来越难，鼓励自谋职业，政府适当补贴。2005 年，有 1 人放弃政府安排工作，自谋职业。

农村退伍军人，一般安置回农村。1978—1996 年，每年为数名农村退伍军人安排工作，条件是军龄长、在部队及地方表现好、有特殊困难（如半边户等）。1997 年，上级取消此项指标，此项工作终结。

1978—1990 年，对当年农村退伍军人实行普遍走访。1991 年后，改为重点走访。至 2005 年，共安排专项资金 103 万元、粮食 6.5 万千克、木材指标 1630 立方米，帮助农村退伍军人解决生产生活及住房困难。共帮助新建住房 460 平方米，维修住房 5130 平方米。

第二节　优待

县人民政府对在乡复员军人、退伍军人、伤残军人、失散红军、义务兵、“三属”（烈士家属、因公牺牲军人家属、病故军人家属）等实行优待，保证他们的生活水平略高于当地一般群众。1981年前，在农村多采用优待劳动日方式。1981年农村实行家庭联产承包责任制后，县政府把优待劳动日改为优待现金，对烈属、义务兵家属实行普遍优待，对伤残军人、带病复员退伍军人按困难程度优待，对军队干部和志愿兵在农村的家属实行实物指标优待。

“双定”补助　“双定”补助是国家对特别困难的在乡复员、退伍军人发放的定期定量补助。“双定”补助标准为人均每人每月7.5元。1983年“双定”补助标准为人均每人每月11.2元。1990年开始，在乡老复员军人100%享受“双定”补助，并提高“双定”补助标准。1999年，再次提高复员军人“双定”补助标准。1978—2005年，全县累计发放“双定”补助费1630万元。

伤残军人优待　1982年开始，陆续为12名伤残军人配发轮椅及拐杖，每5年换发一次；每5年组织一次伤残军人体检，更换假肢、假眼等。按照政策，在医疗、住房、就业方面亦给予优待。三等以上伤残军人去世，县民政局献花圈，并解决部分困难救济金。从1986年开始，每年安排3000～5000元优抚款为在乡伤残军人解决住房难问题；至2005年，县民政局共投入资金10万元，帮助在乡伤残军人新建住房620平方米，维修住房2170平方米。从1988年起，对二等以上农村伤残军人凡能适应工作者安排工作。至2005年，全县累计为12名农村伤残军人安排工作。二等以上在乡伤残军人享受公费医疗。

失散红军优待　1978年，全县共有8名失散红军，其中5名为1934年随中央红军长征因伤病留绥，3名为1935年随红二军团、红六军团长征因伤留绥。每年，县、乡、村召开优抚代表会或座谈会时，均邀请这些失散老红军参加；大多数失散老红军还被邀请担任当地学校校外辅导员；县内驻军邀请失散老红军讲革命历史。每年春节，县、乡镇均组织慰问失散老红军活动。失散老红军享受政府的定期定量生活补助，1978年每人每月标准为20元，1985年增至42元，1990年增至60元，1997年9月增至75元，2005年增至160元。对失散老红军的临时困难，民政部门均优先解决。1999—2001年，县民政局共投入资金2.6万元，帮助失散老红军新建房屋120平方米，维修房屋430平方米。失散老红军逝世时，县民政局、乡镇、村均上门敬献花圈，向家属赠送慰问金。2005年底，全县有失散老红军1名，即黄土矿乡同乐村的袁公仕。

表 9-1-1

绥宁县落籍失散红军名录一览表

姓名	住址	原名	原籍	出生年月	入伍年月	失散地点
郑来生	李熙桥金子里	胡祥鹊	江西省兴国县	1916 年	1931 年 6 月	广西三江
廖大洋	长铺子沙田	不详	江西省林都县	1919 年 7 月	1933 年	通道县
谭义崇	在市李家	谭瑞生	江西省吉安县敖城	1908 年 7 月	1933 年	绥宁县
李荣晶	关峡石脉	不详	江西省	1916 年	1934 年	贵阳市
黄　辉	枫木团	不详	湖南省宁远县黄泥坝乡	1916 年 2 月	1934 年	贵州天柱
袁光弟	唐家坊罗连	不详	湖南省龙山县	1918 年	1935 年 5 月	绥宁县
袁公仕	黄土矿同乐	盛芳珍	湖南省石门县	1920 年	1935 年 7 月	绥宁县
袁元生	黄土矿小安	骆渊山	湖南省石门县苏市乡走马坪村	1917 年	1935 年 8 月	绥宁县

义务兵优待　1978—1980 年，县内对现役军人的优待采取优待工分及优待实物制。其间，全县共计优待劳动日工分 72 万分，共优待口粮指标 20500 千克。1981—2001 年，改为优待现金，优待金由村或乡镇统筹。其间，全县优待金额 180 万元。2002 年农村费改税后，义务兵优待金列入财政支出。

第三节　抚恤

牺牲和殉职者家属抚恤　1978 年，县内仍沿用 1951 年以来的模式，对牺牲和殉职者家属发放一次性抚恤金。1981 年，县民政局对全县烈士进行普查，全县共有烈士 93 名，其中中华人民共和国成立前烈士 9 人、抗美援朝烈士 82 人、因公牺牲烈士 2 名。对烈属按季度发放抚恤费。1990 年，湖南省人民政府追认在 1938 年牺牲于罗家铺（在今白玉乡）的地下共产党员傅杰（今白玉乡人）为革命烈士，发给其遗属抚恤金。2001 年 3 月 30 日，又追认 1937 年 11 月在浙江嘉善抗日阻击战中牺牲的国民革命军中校团副杨飞腾（在市人）为革命烈士（无抚恤金）。2005 年，烈属抚恤费标准为每人每月 155 元。1981—2005 年，全县累计发放烈属抚恤费 237.30 万元。

在职伤残军人抚恤　1978 年，县内在职伤残军人人均伤残金标准为每人每年 64 元。以后，国家多次提高伤残抚恤金标准。至 2004 年，人均抚恤金标准超过 1978 年的 20 倍，与国家行政、事业单位干部职工的工资增幅基本一致。2005 年，国家将所有在职伤残军人、伤残人民警察、伤残国家工作人员的抚恤标准提高到与在乡伤残军人同一标准，人均增加 14 倍。以三等甲级为例，原抚恤标准为每人每年 200 元，提高标准后的 2005 年达 3800 元，增加 18 倍。

在乡伤残军人抚恤　1978 年，县内在乡伤残军人人均抚恤金 216 元。之后，国家多次提高在乡伤残抚恤金标准。2005 年，三等甲级在乡伤残军人抚恤金标准为每人每年 3800 元，比 1978 的每人每年 120 元增加 30 余倍。

优抚对象临时补助　国家每年安排专项优抚经费用以解决优抚对象的临时困难。1978 年，县民政局发放烈士临时补助费 2.1 万元，1982 年发放 7.3 万元，以后每年递增，1985 年为 9.2 万元，1990 年为 14 万元，1995 年为 20 万元。1978—1995 年，累计发放临时优抚款 169.6 万元。1995 年后，烈属、因公牺牲军人家属、因病逝世军人家属、伤残抚恤及双定补助标准大幅提高，优抚对象临时补助基本取消。

第四节　褒扬

中华人民共和国成立后，各级人民政府（革命委员会）相继采用修建坟墓或纪念性建筑物、编书等形式褒扬革命烈士。

1977 年 8 月至 1979 年 8 月，人民政府相继在瓦屋塘的鸡公坡修建红军烈士纪念亭，在瓦屋塘的白家坊、四虎寨及竹舟江巫水畔、金屋塘关帝庙旧址为红军烈士或红军战斗事件建立纪念碑。

1979 年 12 月，在盐井人民公社（今红岩镇）上匡的红唐公路旁建碑，纪念 1928 年 1 月在黄土矿牺牲的省农协委员匡非非（上匡人）；在该公社陈家桥的洞通公路边建碑，纪念 1949 年 10 月 6 日在此牺牲的中国人民解放军一五二师 2 名官兵。1981 年 11 月编辑出版《绥宁县革命烈士英名录》，收录从土地革命战争至社会主义建设时期的革命烈士 93 人，在抗美援朝战争中失踪的志愿军战士杨昌连、龙怀金被追认为革命烈士。

1985 年，在盐井乡（今红岩镇）清浪为 1927 年牺牲的中共绥宁特别支部领导人彭作述（清浪人）修墓立碑。1986 年，撰写《彭作述传》，载入湖南人民出版社编辑出版的《三湘英雄传》第三卷。

1987 年 10 月，在黄土矿乡杨家桥斩龙坳修建革命烈士纪念碑，纪念各个革命时期在黄土矿牺牲的将士。

1990 年，经县委党史资料征集办公室和县志编纂办公室多年调查取证，县政府呈文报送，省政府批准，追认 1938 年 12 月牺牲于白玉罗家铺的地下共产党员傅杰（白玉人）为革命烈士。是年秋，在市镇政府将地处偏僻的抗日阵亡将士纪念碑（1938 年建）整体迁移至文化公园，并镌刻上在市籍抗日阵亡将士名单。

2001 年 3 月 30 日，经县史志办多方调查取证，省政府批复，追认于 1937 年 11 月在浙江嘉善抗日阻击战中牺牲的国民革命军中校团副杨飞腾（在市人）为革命烈士。

第五节　拥军优属

1986 年起，绥宁县每年帮助部队培训军地“两用”人才，至 1989 年，共帮助部队培训军地两用人才 31 名。1988 年 7 月，县委、县政府建立拥军优属制度。每年春节和“八一”建军节，县委、县政府主要领导都要分头到哨所、连队、部队机关去走访慰问。1996 年 2 月，县委、县政府制定《关于拥军优属工作的若干规定》，对拥军优属工作做出18条具体规定，使拥军工作经常化、制度化、规范化。5月，建立绥宁县拥军优属保障基金。是年，绥宁县人民武装部收归军队建制，其创办民兵训练基地等所欠的130万元全部由县财政承担。2000年起，县政府筹资100万元，对部队驻地的道路进行硬化；县财政每年拨专款24万元补贴部队粮油、水电、燃料差价；拨款40万元支持人武部建立现代化的指挥系统；拨款5万元维修武警部队营房；随军子女全部安排在县内最好的学校就读，并免交择校费。2000—2005年，县里无偿划给部队水田4公顷、林地93公顷，保证部队用地；建立军地联防组织310多个，保证部队军事设施安全。

1988年，绥宁县先后被评为湖南省拥军优属先进县、全国拥军优属先进单位；1992年、1994年、1997年、2000年、2004年，连续五届被评为全国双拥模范县；2000年，被评为全国爱心献功臣行动先进县。

第二章　救助救济

1953年起，将社会救济列入县政府的财政预算。1983年，对不够享受救济条件的精简退职职工，给予定期定量补助。是年，对5名丧失劳动能力、生活有困难的原国民党团级以下党军特宽释人员给予救济，城镇的每月补助15元，农村的补助10元，其医疗费和住院费按公费医疗规定办理。1985年起，对起义投诚人员中生活有困难的125人发给救济款，当年发放18732元。至2005年，相继设立在乡老复员军人救助、农村养老保险、农村特困户固定救助、城镇低保等救济项目。

一、在乡老复员军人救助

医疗救助　1995年起，县为在乡老复员军人每人每月解决60～100元医疗费（其中20元由乡镇财政解决），当年发放8.2万元。1995—2005年，共发放91万元。

住房补助　1999年，县财政安排专项资金，为21名在乡老复员军人解决住房困难，每人补助1000～7000元不等，当年共发放在乡老复员军人住房困难补助资金7.5万元，建房1280平方米。

二、农村特困户固定救助

农村特困户固定救助始于2003年，救助对象多为因病、因残等导致家庭丧失主要劳动能力，难以维持日常基本生活的农村特困家庭，以及不符合五保户供养条件的无劳动能力、生活常年困难的鳏寡孤独家庭。2003—2005年，全县累计发放救助金21.276万元，共救助特困户349户、1182人，年发放救助金70920元，特困户年人均救助金60元。

表9-2-1　　2003—2005年绥宁县农村特困户固定救助情况表

乡镇	救助户数（户）	救助人数（人）	年发救助金（元）	乡镇	救助户数（户）	救助人数（人）	年发救助金（元）
全县总计	349	1182	70920	长铺子苗族乡	25	100	6000
东山侗族乡	19	71	4260	关峡苗族乡	21	56	3360
鹅公岭侗族苗族乡	17	55	3300	武阳镇	19	68	4080
朝仪侗族乡	14	61	3660	李熙桥镇	15	52	3120
乐安铺苗族侗族乡	11	38	2280	白玉乡	9	32	1920
黄桑坪苗族乡	11	44	2640	红岩镇	33	116	6960

续表 9-2-1

乡　镇	救助户数（户）	救助人数（人）	年发救助金（元）	乡　镇	救助户数（户）	救助人数（人）	年发救助金（元）
在市苗族侗族乡	19	50	3000	黄土矿乡	14	49	2940
联民苗族瑶族乡	8	24	1440	唐家坊镇	17	61	3660
麻塘苗族乡	13	45	2700	瓦屋塘乡	17	53	3180
河口苗族乡	7	24	1440	水口乡	10	26	1560
枫木团苗族侗族乡	10	35	2100	梅坪乡	6	25	1500
竹舟江苗族乡	9	23	1380	金屋塘镇	13	40	2400
党坪苗族乡	12	34	2040	长铺镇	0	0	0

三、城镇居民最低生活保障

2000 年，开始进行城镇居民最低生活保障工作（简称城镇低保），当年保障 381 户 672 人，人均每月约 50 元，年发低保金 45.71 万元，之后逐年增加。至 2005 年，全县 24 个乡镇（梅坪乡无）低保户 4606 户 6888 人，人均每月约 59 元，年发低保金 484.89 万元。

表 9-2-2　　2000—2005 年绥宁县城镇居民最低生活保障金发放情况表

年份	年发低保金（元）	享受低保情况			
		户数（户）	户均金额（元）	人数（人）	人均金额（元）
2000 年	457090	381	1200	772	592
2001 年	476170	696	684	1204	395
2002 年	638950	1096	583	1837	348
2003 年	1636500	2377	688	4676	350
2004 年	4085700	3947	1035	6155	664
2005 年	4848900	4604	1053	6888	704

四、抗灾救济

1978 年，全县发放救济款 30423 元。1979 年 6 月，金屋塘人民公社遭受 60 年一遇的大水灾，拨救灾款 4 万元，给重灾民安排建房费 4490 元；粮食部门拨统销粮 1.5 万千克，农业部门调入稻种 5000 千克；公社党委发动群众帮工 21.2 万个，送木料 1820 根，帮助灾民修房 8 座。1980 年 9 月 26 日，盐井人民公社红岩生产大队发生严重房屋火灾，受灾 158 户 603 人，发放救济款 1.5 万元、棉被 60 床；组织干部职工捐款 789.1 元、粮 1943.8 千克、衣物 5257 件。1984 年，全县 280 个村民小组 20551 户遭受严重水灾，发放救济款 29 万元、棉被 100 床。1985 年 4 月，全县各地发生雷雨大风冰雹灾害，发放救济款 68 万元。1988 年绥宁灾害连连：3 月，连续冰冻 20 多天；4 月 23 日凌晨，长铺镇老街因一居民用电不慎引发火灾，69 户居民的房屋被毁；9 月 10 日，全县普降暴雨，15 个乡镇发生山洪灾害；9 月 14—24 日，全县流行钩端螺旋体病，死亡40余人。是年，累计发放救济款120万元。1997年，全县遭受严重洪涝灾害，发放救济款270万元。2001年6月19日，全县遭受百年不遇的特大山洪地质灾害，25个乡镇21万人受灾，发放救济款630万元。

1978—2005年，全县累计发放社会救济款638.8427万元，年均22.82万元；累计发放自然灾害救济款2472.9923万元，年均85.32万元。

表9-2-3　**1978—2005年绥宁县救济款发放情况表**　单位：元

年份	社会救济款	自然灾害救济款	年份	社会救济款	自然灾害救济款
1978年	77067	30423	1993年	215000	620000
1979年	116000	197500	1994年	180000	500000
1980年	57660	50000	1995年	160000	480000
1981年	60000	110000	1996年	210000	470000
1982年	70000	140000	1997年	380000	2700000
1983年	122400	160000	1998年	300000	1300000
1984年	157300	290000	1999年	200000	600000
1985年	159000	680000	2000年	180000	650000
1986年	140000	235000	2001年	800000	6300000
1987年	142000	267000	2002年	500000	2100000
1988年	300000	1200000	2003年	375000	800000
1989年	300000	1200000	2004年	320000	850000
1990年	300000	1200000	2005年	170000	720000
1991年	175000	430000	合计	6388427	24729923
1992年	222000	450000			

第三章　社会福利

第一节　五保户供养

五保户供养分城镇与农村，供养钱物有固定、临时两种。2003年开始，城镇、农村五保供养金均由县财政解决。2005年，全县五保供养达717人，每人每年发供养金500元。

城镇五保户供养　城镇五保指非农业户口部分的五保户供养。1978—2002年，供养金从社会救济金中解决，五保户持五保证件定时领取，标准为全县非农业人口收入的中低水平，且列入城镇低保对象，每人每月享受城镇低保。

农村五保户供养　农村五保供养以集体供养为主，国家补贴为辅；集体供养以提供口粮为主。1978年，全县381户507位五保老人人均补助口粮205千克，之后逐年提高。1982年农村实行家庭联产承包责任制后，95%以上的五保老人要求分田，身体好的自己耕种，身体差的转给他人耕种，口粮从责任田中解决，不再依靠村里。乡村适当补助每人每月3～5元，1990年提高到15～20元。之后，由于乡镇、村经济发生变化，供养经费难以保证。1996年，县民政局从救灾救济款中安排专门经费，每人每月补助20～25元，当年下拨7.7万元，供养321人。2000年，下拨86200元，供养342人。农村费改税后，从2003年开始，农村五保供养金由集体统筹改为县财政拨款，并重新审核五保对象，符合条件的一律纳入五保。当年全县五保对象352人，下拨供养金79600元。2005年，全县五保对象增至717人，是2003年的2.04倍；下拨供养金35.85万元，是2003年的4.5倍，人均供养金500元。

五保户临时困难救济　县民政局每年安排部分资金，用于解决五保老人临时困难、衣被、重大疾病治疗等。1985年、1991年、1999年三次为五保老人新建及维修住房，共投入资金19.6万元，新建住房520平方米，维修住房4910平方米。1978—2005年，为五保老人解决临时救济款83.2万元、重大疾病治疗款76.9万元，发放蚊帐521顶、棉被2138床、被套1121床、棉衣2354套、棉鞋4732双、解放鞋5126双、袜子8000余双。

光荣院建设　1984年，县财政拨款30万元，上级民政部门拨款35万元，在长铺镇万家坪栗冲原县收容遣送站旁购地1533平方米，修建绥宁县光荣院，接收安置孤老复员军人。1985年8月1日，光荣院挂牌开院，首批接收7名孤老复员军人入院。1992年，在长铺镇长铺村选址修建新光荣院。1995年8月1日竣工开院，新增3名孤老复员军人入院。以后，又相继接收孤老复员军人多名。至2005年，共接收15名孤老复员军人，其中10人在光荣院逝世、1人离院回家。是年底，光荣院在院老人4人。

敬老院建设　1985年，全县开始恢复建设敬老院，至1987年，长铺镇、在市镇、东山侗族乡、河口乡、武阳镇等5所敬老院相继开院，接收五保老人入住。1997年，黄土矿敬老院开院，共收住五保老人49人。至2003年，仅存长铺镇、在市苗族侗族乡、黄土矿乡3所敬老院，在院老人仅8人，且房屋陈旧，家具用具简陋，供养水平较低。2004年，省政府将乡镇敬老院建设列为全省8件实事之一，省、市、县三级拨出专项资金，乡镇将空闲学校无偿划拨改扩建为敬老院。2004—2005年，先后建成在市、白玉、关峡、唐家坊、红岩、金屋塘、李熙桥7所敬老院，共投入资金180万元，集中供养五保老人142人。

表9-3-1　　2003—2005年绥宁县下拨五保供养金情况表

乡镇	2003年			2004年			2005年		
	五保户数（户）	五保人数（人）	供养金总额（元）	五保户数（户）	五保人数（人）	供养金总额（元）	五保户数（户）	五保人数（人）	供养金总额（元）
东山侗族乡	6	7	2100	59	62	31000	62	66	33000
鹅公岭侗族苗族乡	7	9	2200	9	11	5500	16	17	8500
朝仪侗族乡	3	3	900	16	16	8000	19	19	9500
乐安铺苗族侗族乡	11	14	4200	14	14	7000	14	14	7000
黄桑坪苗族乡	14	18	4300	20	20	10000	19	21	10500
在市苗族侗族乡	22	27	6500	20	20	10000	31	31	15500
联民苗族瑶族乡	7	9	2700	16	16	8000	16	16	8000
麻塘苗族乡	13	16	4800	16	17	8500	19	19	9500
河口苗族乡	8	9	2700	12	12	6000	15	15	7500
枫木团苗族侗族乡	12	16	3800	24	30	15000	24	28	14000
竹舟江苗族乡	15	19	4600	26	32	16000	26	32	16000
党坪苗族乡	11	14	3400	11	11	5500	13	13	6500
长铺子苗族乡	15	20	7200	28	32	16000	26	26	13000
关峡苗族乡	16	22	5300	29	34	17000	29	42	21000
武阳镇	23	30	7200	54	60	30000	61	67	33500
李熙桥镇	11	12	2900	28	30	15000	47	47	23500
白玉乡	4	4	1200	11	17	8500	11	16	8000
红岩镇	10	12	3600	19	19	9500	50	50	25000
黄土矿乡	10	12	3600	15	21	10500	21	24	12000
唐家坊镇	14	16	3800	53	58	29000	55	55	27500
瓦屋塘乡	12	13	3900	35	35	17500	35	36	18000
水口乡	11	11	3300	11	11	5500	19	19	9500
梅坪乡	8	9	2700	6	6	3000	9	9	4500
金屋塘镇	16	19	4600	28	29	14500	34	35	17500
长铺镇	10	11	6100	0	0	0	0	0	0
总计	289	352	97600	560	613	306500	671	717	358500

第二节　有奖募捐

1990 年 5 月，成立社会福利有奖募捐委员会，下设办公室（简称募捐办）。负责组织开展“中国社会福利有奖募捐券”发行销售工作，当年销售 7 万元，筹集社会福利基金 14700 元。之后销售额逐年上升，1992 年达 46 万元。1994 年“中国社会福利有奖募捐券”更名为“福利彩票”，1998 年销售 80 万元。1999 年，开始实行电脑联网销售，销售“湖南风彩”福利彩票，传统型彩票与电脑彩票同步发行，当年销售突破百万元大关，其中电脑彩票占 28%，为增设销售网点创造了条件。至 2005 年年底，全县共有电脑彩票点 25 个，其中县城 9 个、乡镇 16 个。是年，全县销售 420 万元，均为电脑彩票。

1990—2005 年，全县共销售福利彩票 1580 万元，筹集福利基金 286 万元，其中资助光荣院和敬老院建设 36 万元、投入救灾救济 180 万元、投入 42 万元救治危重患者 1026 人次。

第三节　福利企业

酱油厂　1984 年，县民政局组织 5 名退伍军人、5 名残疾人创办绥宁县酱油厂，年产酱油 2.5 万千克，产品质量合格，基本打开销路。由于场地不够，产品利润不高，聘请技术员先后离去等原因，1990 年停办。共生产合格酱油 15 万千克，创利润 2 万元。

奶牛场　1985 年年初，县民政局组织 4 名退伍军人，租用原县良种场地创办奶牛场，从城步南山牧场引进 10 头奶牛，每日产奶 60 千克，最多时达 120 千克。由于没有配种条件等原因，产奶量逐渐减少，1987 年停办。

凉席厂　1990 年，县酱油厂转产保健竹凉席，当年筹建并投产。1991—1993 年产凉席 2500 床，产值 33 万元，利润 3 万元。因设备较差，无钱更新，1993 年停办。

第四章　其他民政事务

第一节　婚姻管理

1978 年，县内男女结婚，仍依照原来的相关规定，由男女双方提出申请，经所在单位审查，开具证明，同到当地公社（镇）填写《结婚申请书》，经过登记干部当面询问审查，符合条件的，给予登记，发给双方结婚证书。离婚登记仍由公社（镇）办理。

1980 年 10 月，县内贯彻执行新修订的《中华人民共和国婚姻法》，男女婚龄各提高 2 岁，禁止直系血亲或三代以内的旁系血亲结婚，禁止患麻风病未愈者或患医学上认为不宜结婚疾病的人结婚，提倡晚婚晚育、少生、优生。县民政局组织各公社（镇）民政助理进行业务培训，经考核合格发给《婚姻登记员证书》，并启用绥宁县人民政府婚姻登记专用章钢印，使用新的结婚证书，男女各执一份，证书贴男女合影照片。但是，不到法定婚龄和不办理结婚手续便同居现象时有发生。1984 年 5 月，对李熙桥镇进行调查，发现未经结婚登记便同居的有 126 对，未婚先育的有 55 对。为此，县政府加强思想教育和法制教育，严格办理婚姻登记手续，对违犯《中华人民共和国婚姻法》的给予批评和罚款，婚姻状况逐渐好转。2003 年 10 月，贯彻《婚姻登记条例》。是月 1 日起，全县婚姻登记开始集中到县民政局办理。2004 年 4 月，设立县民政局社会事务股，加挂绥宁县婚姻登记中心牌子，县内婚姻登记完全步入法制化轨道。是年，全县登记结婚 2625 对、离婚 287 对（不含法院判决离婚数，下同）。

1982—2005 年，全县累计登记结婚 55868 对，其中初婚 53471 对、再婚 2264 对、复婚 133 对，登记离婚 2064 对。

表 9-4-1　　**1982—2005 年绥宁县婚姻登记情况表**　　单位：对

年份	结婚登记情况					离婚登记情况			
	批准登记结婚对数	其中			不到婚龄未批对数	申请离婚对数	其中		
		初婚对数	再婚对数	复婚对数			登记离婚对数	经调解不离婚对数	经调解无效转法院对数
1982 年	2405	2400	0	5	217	74	24	47	3
1983 年	2458	2449	7	2	518	430	43	259	128
1984 年	2666	2657	9	0	148	298	82	89	127
1985 年	3938	3897	34	7	213	78	22	56	0
1986 年	3501	3486	14	1	850	22	3	19	0
1987 年	2915	2761	154	0	314	168	40	106	22
1988 年	2589	2438	144	7	—	150	23	119	8

续表 9-4-1

年份	结婚登记情况					离婚登记情况			
	批准登记结婚对数	其中			不到婚龄未批对数	申请离婚对数	其中		
		初婚对数	再婚对数	复婚对数			登记离婚对数	经调解不离婚对数	经调解无效转法院对数
1989 年	3158	3151	7	0	—	43	21	17	5
1990 年	1985	1920	63	2	—	20	8	8	4
1991 年	1829	1737	81	11	—	30	16	14	—
1992 年	1211	1106	102	3	—	47	31	16	—
1993 年	1296	1232	59	5	—	37	22	15	—
1994 年	2263	2102	141	20	—	108	78	30	—
1995 年	2274	2160	114	0	—	86	62	24	—
1996 年	2178	2051	113	14	—	96	74	22	—
1997 年	2104	1959	133	12	—	193	131	62	—
1998 年	2031	1910	115	6	—	192	132	60	—
1999 年	2692	2448	240	4	—	169	117	52	—
2000 年	1602	1475	124	3	—	166	116	50	—
2001 年	1641	1532	108	1	—	193	133	60	—
2002 年	1756	1625	127	4	—	192	134	58	—
2003 年	2625	2495	121	9	—	287	211	76	—
2004 年	2317	2196	116	5	—	273	227	46	—
2005 年	2434	2284	138	12	—	382	314	68	—
合计	55868	53471	2264	133	2260	3734	2064	1373	297

第二节　行政区划和地名管理

一、行政区划管理

行政区划调整　1983 年，县委组织工作队在枫香人民公社进行政社分设和社改乡试点。1984 年，全面实行公社改乡（镇），全县 6 个区 1 个区级镇和 1 个乡 1 个区辖镇不变，其余 25 个人民公社调整为 26 个乡 1 个区辖镇。1985 年 12 月，撤销区级建制，全县设 26 个乡 4 个镇。1995 年 6 月，全县行政区划调整为 21 个乡 4 个镇（参见本志第一篇《政区　人口·政区·行政区划》）。

行政区域勘界　1997 年 5 月，县人民政府成立勘界工作领导小组，分别与相邻各县（市）共同制定《联合勘定行政区域界线实施方案》，组织人员对绥宁与通道、绥宁与靖州、绥宁与会同、绥宁与洞口、绥宁与武冈、绥宁与城步、绥宁与洪江 7 条边界线进行全面勘定。至 2001 年 12 月，共解决边界争议 168 处，涉及边界争议面积 4333.33 公顷，埋设永久性界碑 8 个，签订《联合勘定行政区域界线协议书》4 份（含邵阳市人民政府与怀化市人民政府签订的协议书 1 份），县域行政版图较 1977 年增加 593.67 公顷。

二、地名管理

1981年1月，县人民政府成立地名普查领导小组，设立办公室，对全县地名开展普查，翌年12月结束。共普查地名4167个，勘误地名1393个，新增地名292个，删减地名207个；编印《湖南省绥宁县地名录》，收录行政区划类地名375个、自然村类地名3382个、自然实体类地名307个、人工建筑类地名71个、企事业单位类地名470个、革命纪念地及名胜古迹类地名2个。

此次普查，对邵阳地区内重名的区、社，绥宁县内重名的大队及讹错字、含义不清、用字不妥的区、公社、大队名称进行规范化、标准化处理。经湖南省人民政府批准，全县更改区名2个、人民公社名9个（详见本志第一篇《政区 人口·政区·行政区划·改乡撤区》）。经邵阳地区行政公署审查批准，全县先后更改生产大队名79个，其中：东山公社的白岩大队、塘家大队、中华山大队、翁溪大队、山溪大队、路斯大队分别更名为白岩冲大队、牛背岭大队、石桥大队、瓮溪大队、三溪大队、鹭鸶大队（实际一直沿用“路斯”），朝仪公社的下翁大队更名为翁培大队，鹅公岭公社的鹅公大队、老团大队、高坪大队、集体大队、太平大队分别更名为鹅公岭大队、老塘大队、高品头大队、拱桥形大队、大坪冲大队（实际使用为“太坪冲”），兰家公社的红星大队、东风大队、前进大队、新兴大队分别更名为白寨大队、正板大队、鳌添大队、利试大队，在市公社的三星大队、光明大队、团结大队、石门大队、沙子大队、李家大队分别更名为西河大队、东门大队、江背大队、石门塘大队、十里铺大队、李家湾大队，黄桑坪公社的黄双大队、兰家大队分别更名为黄桑坪大队、兰家坪大队，长铺子公社的李家大队、八一大队、五一大队、新水大队、前进大队分别更名为李家团大队、袁家团大队、大寨大队、托丘田大队、新水冲大队，关峡公社的团结大队更名为花园角大队，双河公社的党坪大队、界溪大队、滚水大队分别更名为双河大队、界溪口大队、滚水冲大队，枫香公社的太坪大队、集中大队、曾家大队、民主大队、曹子大队、安阳大队、佘家大队分别更名为枫香大队、沙田大队、濑濑水大队、拱桥边大队、曹子山大队、安阳山大队、佘家冲大队（实际一直沿用“佘家”），长铺子公社的荣岩大队、川石大队分别更名为溶岩大队、穿石大队，竹舟江公社的岩湾大队、老团大队分别更名为新团大队、白洋滩大队，麻塘公社的长寨大队、民主大队、红旗大队、民团大队、乌龙寨大队分别更名为长寨团大队、桐油冲大队、洪溪大队、双冲大队、五龙寨大队，联民公社的刘家大队、兰家大队分别更名为马王桥大队、田螺旋大队，枫木团公社的白岩大队更名为白岩水大队，武阳公社的大田大队、大干大队、毛坪大队分别更名为万福桥大队、大涧大队、茅坪大队，李熙桥公社的茅坪大队、双姜大队分别更名为梅林大队、金子里大队，盐井公社的集中大队、同心大队分别更名为谢家大队、柳山大队，白玉公社的塘玄湾大队更名为塘弦湾大队，黄土矿公社的红星大队、李家大队、自愿大队分别更名为大湾大队、江坡大队、自然大队，唐家坊公社的曾家大队、大团大队、盐井大队、上白大队分别更名为曾家湾大队、唐家坊大队、上盐井大队、上白沙大队，瓦屋塘公社的瓦屋大队、三星大队、水庙大队、红旗大队、光明大队、枫门大队、和团大队、皮叶大队分别更名为瓦屋塘大队、三星桥大队、水庙仔大队、杨家堂大队、官路上大队、枫门岭大队、白家坊大队、皮叶树大队，水口公社的茅坪大队更名为侯家大队，金屋塘公社的鱼林大队更名为鱼鳞溪大队，梅坪公社的双江大队、木拦田大队分别更名为双江口大队、木烂田大队。

1993年12月，双河苗族乡要求恢复党坪地名，经湖南省人民政府同意，1995年2月，双河苗族乡更名为党坪苗族乡。同月，其所辖的双河村更名为党坪村。

第三节 城乡居民自治

20世纪70年代末至80年代初，县内人民公社以下设生产大队和生产队，生产大队设正副大队长（革命委员会、管理委员会正副主任）、秘书、民兵营长、妇女主任、治保主任等职，生产队设队长、会计、出纳、保管员等职；建制镇以下设生产大队、生产队和居民委员会、居民小组，生产大队、生产队管理机构和人员设置与人民公社下的生产大队、生产队相同，居民委员会属居民自治组织，设主任、秘书、治调主任、妇女主任等职。1984年4—6月，县内农村大队改村，生产队改为村民小组。村设村民委员会，设村主任、秘书、治调主任、妇女主任等职，村民小组设组长。1988年6月，《中华人民共和国村民委员会组织法（试行）》颁布后，县内农村村民委员会为村民自治组织，村民委员会主任和委员由村民直接选举产生，村民委员会协助乡镇人民政府开展工作。1989年，全县357个村，进行第一次村民委员会换届选举，选出村民委员会主任357人；长铺、在市、武阳、李熙桥4个镇所辖的7个居民委员会同时进行换届选举。此后，村（居）民委员会换届选举每三年举行一次，村（居）民委员会主任、委员由村（居）民海选（候选人由村、居民直接推选，全体村、居民投票选举）产生，进一步体现了村（居）民意愿。1998年，全县进行第四次换届选举，新当选村（居）委会干部，由乡镇人民政府颁发当选证书并进行业务培训。

2000年4—6月，县委、县政府从县直机关和各乡镇机关抽调1000余名干部进村入户，开展以学法制、学科技、学政策，争创村民自治模范村为主的“三学一争创”活动，各村普遍建立村民议事制度、民主理财制度和村务公开制度。2001年12月，绥宁县被评为湖南省村民自治工作先进县。2002年，全县348个村民委员会和14个居民委员会统一进行换届选举。2003年12月，绥宁县被评为全国村民自治模范县。

第四节 收容收养

收容遣送 1977年，县收容遣送站收容遣送人数为138人次。1980年降至61人次。是年冬，县收容遣送站撤销，保留原有编制和人员，继续负责县内收容遣送工作。1982年后，每年收容遣送30～50人次。1996年，将收容遣送业务列入社会事务管理。1998年，国家收容政策改革，实行收费收容，但县内仍实行义务收容遣送。至2003年每年收容遣送30人次左右。1978—2003年，县内共收容遣送1460人次，开支68万元。2003年，收费收容办法终止，国家出台《城市生活无着的流浪乞讨人员救助管理办法》及其《实施细则》，收容遣送工作变为社会救助。2003年救助82人、2004年186人、2005年191人，共支出经费5.2万元。

收养登记　1980年以前，县内对孤儿实行集体供养，国家救济。1980年以后，遗弃的婴儿经县计划生育部门批准，由无子女夫妇收养，并到县民政局办理收养登记手续。全县每年办理收养登记手续10宗（个）左右。2005年登记6宗。

第五节　民间社团管理

县内民办非企业单位和社会团体（简称民间社团）的成立，须报县民政局批准备案，并按期年检。1993年3月12日，绥宁县粮食协会成立，系县内首家民间社团。1996年5月10日，成立绥宁县教师奖励基金会。1997年6月26日，成立绥宁县红十字会、绥宁县畜牧水产学会等以专业研讨为主的协会7家。1998年9月25日，国务院颁布《民办非企业单位登记管理暂行条例》和《社会团体登记管理条例》，民间社团管理步入正轨。2002年12月5日，成立育英中学、娃哈哈幼儿园等11所校、园。2005年，成立县老科技工作者协会、中老年排球协会、中老年篮球协会、太极拳协会等一批中老年协会和首家分会——老年科技工作者协会林业分会。至2005年，全县登记在册的民间社团共41个。

表9-4-2　　1993—2005年绥宁县民间社团登记情况表

社团名称	成立时间	备注	社团名称	成立时间	备注
绥宁县粮食协会	1993年3月	县域首家	绥宁县建筑业协会	1998年3月	—
绥宁县标准化协会	1993年3月	—	绥宁县交通安全协会	1999年3月	—
绥宁县教师奖励基金会	1996年5月	县政府批办	绥宁县法官协会	1999年4月	—
绥宁县消费者委员会	1997年6月	县政府批办	绥宁县县域经济研究会	1999年12月	—
绥宁县林学会	1997年10月	—	绥宁县个体劳动者私营企业协会	2002年5月	—
绥宁县农学会	1997年11月	—	绥宁县育英中学	2002年12月	—
绥宁县动物保护协会	1998年2月	—	绥宁县育才中学	2002年12月	—
绥宁县医药卫生协会	1998年2月	—	绥宁县世贤中学	2002年12月	—
绥宁县红十字会	1998年3月	—	绥宁县文辉中学	2002年12月	—
绥宁县民间医药协会	1998年3月	—	绥宁县茶江中学	2002年12月	—
绥宁县畜牧水产学会	1998年3月	—	英才幼儿园	2002年12月	—
绥宁县税务学会	1998年3月	—	红阳中学	2002年12月	—
绥宁县农机学会	1998年3月	—	财贸幼儿园	2002年12月	—
绥宁县银鹰体育协会	1998年3月	—	娃哈哈幼儿园	2002年12月	—

续表 9-4-2

社团名称	成立时间	备注	社团名称	成立时间	备注
绥宁县武阳中心街小学	2002 年 12 月	—	绥宁县舞蹈学会	2005 年 5 月	—
绥宁县蔚文中学	2002 年 12 月	—	绥宁县中老年气排球协会	2005 年 6 月	—
绥宁县道路运输协会	2003 年 5 月	—	绥宁县中老年篮球协会	2005 年 6 月	—
绥宁县工商行业管理学会	2004 年 10 月	—	绥宁县民办教育协会	2005 年 8 月	—
绥宁县佛教协会	2004 年 10 月	—	绥宁县老科技工作者协会林业分会	2005 年 8 月	—
绥宁县扶贫助学会	2004 年 10 月	—	绥宁县太极拳协会	2005 年 12 月	—
绥宁县老科技工作者协会	2005 年 3 月	—	—	—	—

第六节　殡葬管理

殡葬改革　1986 年 12 月，县人民政府出台《关于做好殡葬改革工作的意见》，提倡移风易俗、丧事新办、丧事简办，鼓励火葬，提倡平地深埋、不留坟头的葬法，不准在街道、行人道设灵堂，不准搞封建迷信活动，不准在城区放响炮。随后，县民政、县公安、县司法、县环保等部门组织力量，以县城为重点，开展殡葬改革教育宣传，整顿殡葬秩序。1999 年 6 月，县政府制定《绥宁县县城殡葬管理办法》，要求在县城有步骤地改革土葬、推行火葬，严格限制公墓墓穴占地面积，城区居民死亡后必须在殡仪馆举行悼念活动、在公墓区内安葬，禁止在县城内抛撒冥纸冥钱、燃放烟花爆竹。2000 年，结合争创村民自治模范村活动，全县村（居）民委员会普遍建立健全红白喜事理事会，引导城乡居民革新丧俗。2005 年 3 月，县人民政府印发《关于加强县城殡葬秩序管理的通告》。

核定县城公墓和殡仪馆服务价格　1998 年 8 月，长铺镇万家坪村在文家寨修建殡仪馆，占地 6667 平方米，2000 年 6 月完工。同时在殡仪馆后山设立公共墓地，号龙隐山陵园。2000 年 6 月 8 日，县物价局和县民政局联合下文，核定县城经营性公墓和殡仪馆收费标准。墓地收费标准——埋葬一个骨灰盒（坛）收费：维护管理费 50 元，墓地（含墓道，下同）占地 1 平方米内 450 元、占地 4 平方米内 980 元、占地 6 平方米内 1180 元（均含墓地、挖坑、扶柩、堆土等费用，下同）；埋葬一具遗体收费：维护管理费 80 元，一类墓地占地 4 平方米内 1960 元、占地 6 平方米内 2160 元、占地 8 平方米内 2360 元，二类墓地占地 4 平方米内 1660 元、占地 6 平方米内 1860 元、占地 8 平方米内 2060 元。殡仪馆项目收费标准——装运一具尸体收费：3 千米内 80 元，5～10 千米 160 元，10 千米外每增加 1 千米加收 3 元；悼念厅收费：一厅、二厅、三厅每小时分别为 8 元、9 元、8 元，餐具租用及场地每天 100 元，冷藏棺每小时 6 元；服务收费：普通殓装每具 20 元，普通整容每具 20 元。

附：2001年“6·19”特大山洪地质灾害抗灾救灾活动

2001年6月18日晚23时至19日上午8时，全县遭受特大暴雨袭击，局部地区降雨量达281毫米，引发泥石流，形成百年不遇的特大山洪地质灾害，武阳、枫木团、瓦屋塘、水口等21个乡镇受灾，诱发大小地质灾害732处。其中重灾区有鹅公岭侗族苗族乡刘家村杨家山体滑坡及泥石流、枫木团苗族侗族乡黄泥井村李家湾泥石流、武阳镇秀水村山体滑坡及泥石流、金屋塘镇新华村山体滑坡、瓦屋塘乡宝顶村姚家山体滑坡、水口乡田凼村泥石流等121处。冲毁公路851千米、大小桥梁210座、河坝1240座、河堤700余千米、灌溉渠道1200千米、机电泵站23座、水电站13座；冲倒输电杆42600根，损坏输电线路2129千米；冲倒通信线杆3400多根，损坏通信线路434千米；冲毁耕地1400公顷，其中近400公顷水田将永远无法恢复，农作物绝收面积6400公顷；冲走房屋1570座，严重损坏房屋2272座；冲走粮食1700多吨，直接经济损失5.60亿元。全县受灾人口21万人，8860人无家可归；死亡88人，失踪36人，伤1300余人，造成终身残疾49人。

灾情发生后，乡镇、县、市、省四级党委政府及国家相关部委立即组织人力物力抗洪救灾。6月19日凌晨5点30分，县委书记何铁成、县长杨正胜召开县委、县政府、县人大、县政协、县人武部五大家全体县级领导干部会议，部署抗洪救灾。会后，全体县级领导立即奔赴各自的抗洪救灾联系点，组织干部群众抗灾抢险。县委、县政府相继发出《关于抗灾救灾的紧急动员令》《关于救灾资金、物资、项目管理的若干规定》《关于切实做好“6·19”特大山洪地质灾害抗灾救灾工作的意见》，并成立绥宁县“6·19”特大山洪救灾工作领导小组，下设办公室，专门负责抗洪救灾事宜的协调和救灾款物的管理和发放。

上级党委、政府和相关部门领导亲临灾区现场慰问灾民、指导救灾。6月19日上午，中共邵阳市委副书记肖刚强赶赴绥宁，先后到武阳、瓦屋塘、枫木团、唐家坊等地指挥抗洪救灾。中共邵阳市委书记蒋建国深夜赶赴武阳镇，察看灾情，指导救灾，慰问灾民。6月20—21日，湖南省人民政府副省长庞道沐率省交通厅、省水利厅、省民政厅、省公路局及省通信和省电力部门负责人来县考察灾情，召开现场办公会议。省财政厅拨付100万元乡镇企业生产自救启动资金，省林业厅和省交通厅各资助100万元恢复县内乡村公路，省水利厅支援100万元用于县内恢复水毁设施，省电力公司和省通信管理局各安排100万元用于县内恢复电力、通信设施。6月21—22日，国家防汛抗旱总指挥部办公室副主任田以堂在省水利厅副厅长刘佩亚、省防汛办常务副主任向超海、市委巡视员肖尊田等人陪同下视察武阳、枫木团等重灾区。6月22—23日，民政部救灾司处长韩玉娇一行抵绥，步行几十里山道，深入瓦屋塘乡岩湾村和双江村察看灾情，慰问灾民。6月25日，中共湖南省委书记杨正午率省计委、省财政厅、省民政厅、省交通厅、省水利厅、省电信局、省电力公司等部门负责人，在邵阳市人民政府市长罗月林陪同下，来县视察灾情。6月25—26日，水利部副部长张基尧到武阳镇六王、万福桥等村地察看灾情，指导抢险救灾和防汛工作。6月27日，市长罗月林步行40千米山路，深入瓦屋塘乡宝顶、双江、岩湾等村，察看灾情，慰问灾民。7月5日，省林业厅厅长葛汉栋一行9人抵绥，检查指导抗灾救灾工作。7月9—10日，中华慈善总会副会长贺同兴、民政部救灾委员会主任陈跃卿一行在省市有关部门领导陪同下，到绥宁了解灾情，指导救灾工作。

县、市、省各级和国家相关部委及时向灾区拨付救灾资金和物资，单位、团体和个人纷纷给灾区捐款捐物。7月9—11日，湖南大学人文系26名师生，深入灾区慰问灾民，捐献衣物4000余件，现金2000元。10月21日，中国红十字总会和香港特别行政区红十字会在枫木团苗族侗族乡黄土江村举行救灾物资发放仪式。省政府副秘书长、省红十字会副会长姜儒振一行受香港特别行政区红十字会委托，将300吨大米、650床棉被、3000多件衣物和40多件药品发放到灾民手中。12月29日至2002年1月2日，应湖南省今日女报社邀请，在洪灾中痛失双亲的14名绥宁孤儿走进湖南卫视《快乐大本营》和《真心风采》栏目直播现场，接受捐助。年内，省委、省政府拨付救灾资金2627万元，省财政厅、省林业厅、省交通厅、省水利厅、省电力公司、省通信管理局等部门各拨付救助资金100万元以上，其他省有关部门拨付县内灾后建房资金310.43万元；全县共收到捐款262.1474万元，药品、棉被、大米、衣物等物资价值100余万元，其中县内单位捐款49.7868万元、个人捐款77.0848万元。

至年底，抗灾救灾第一阶段任务全面完成：全县共发放救灾款120.4万元、救灾粮229吨、食盐2吨、棉被和踏花被2878床、衣服和其他救灾物品10万余件、药物折价25万元，给受灾户每人每月发放大米17.5千克、生活费30元；修复乡村公路干道616千米、县道200千米，除3个偏远的重灾村外，其他210个受灾村均恢复简易公路；恢复输电杆线1800千米、电信线路320千米，所有受灾村均恢复供电和通信；恢复被毁耕地733公顷；为1834户房屋被毁户（其中一类户239户、二类户284户、三类户1311户）重建住房。

第十篇 人事 劳动与社会保障

第一章 人事

1979年12月，县人事局成立。1983年12月，县人事局与县劳动工资局合并为县劳动人事局。1989年2月10日，撤销县劳动人事局，分设县人事局、县劳动局。1990年4月，县人事局归口县委组织部管理。1995年10月，成立县机关事业单位社会保险管理站（2004年5月划归县劳动和社会保障局管理）。1997年12月，设立县人才交流中心。2002年10月机构改革后，县人事局内设办公室、公务员管理股、专业技术人员管理股、奖惩规划仲裁股、工资福利股，定行政编制9名，全额拨款事业编制1名，机关后勤服务人员事业编制1名。1979—2005年，于合潮、陶光族、刘祥云、张月清、肖开贞、李锡红、游庆康、易建明先后任县劳动人事局或县人事局局长。

第一节 人事制度改革

一、行政事业单位人事制度改革

干部录用 1978年至20世纪80年代初期，县内干部录用按照“革命化、年轻化、知识化、专业化”要求，除接收安排军转干部和大中专毕业生外，还从社会知识青年、农村优秀基层干部、退伍军人、民办教师、优秀工人中录取，每次招干将指标分到各乡镇（公社）或有关单位，各乡镇（公社）和有关单位按要求摸底上报，经组织人事部门考察、政审、体检即可。1984年，开始招聘乡镇合同制干部，合同期满，经组织人事部门考核，胜任者续聘，不胜任者解聘，在聘任期间违法违纪者随时辞退。

人员分流 1993年2月3日，中共绥宁县委、县人民政府出台《关于搞活行政事业单位的规定（试行）》，鼓励干部停薪留职经商办企业。规定：行政事业单位职工可停薪留职，每月向单位缴纳本人基本工资50%的停薪留职金；允许干部辞去工作另谋职业，由原工资发放渠道一次性发给退职金；男满55周岁、女满50周岁、工龄满30年以上的干部职工经本人申请、组织批准，可提前内部退休，内退期间享受在职干部同等待遇，到国家规定退休年龄，再正式办理退休手续。2001 年 10 月 10 日，县政府出台《关于全县行政事业单位及其干部职工参与产业结构调整的若干规定（试行）》，其中规定：凡服从单位安排或个人主动离岗脱产兴办产业结构调整实体的干部职工，机构改革时，可计算为单位分流人数，不算分流人员，除计发五项工资外，原干部职工身份、组织关系、行政关系、原有工资标准、工龄计算、住房补贴、职级职称、工资晋级、医疗保险、提拔使用不变，3 年期满，可继续从事产业实体经营，也可回原单位工作，恢复工资发放标准。2002 年 7 月，县委、县政府印发《绥宁县政府机构改革人员分流实施意见》，其中规定：未达到退休年龄，但丧失工作能力，不能坚持正常工作的人员办理提前退休或退职手续；在 2002—2004 年，全县行政机关和具有行政管理职能的事业单位中，凡男年满 51 周岁、女年满 49 周岁的干部职工，实行提前离岗，提前离岗人员享受国家规定的在职人员的工资福利待遇，工龄连续计算，待达到退休年龄时，再按规定办理退休手续；工作年满 30 年的人员，本人申请、组织批准，可提前退休，在办理退休手续时，可适当上调职务工资档次和级别工资；对经组织批准辞去公职自谋职业的人员可一次性发给本人 5 年基本工资的退职金，保留原有身份 3 年，以后被全民所有制单位录用或聘用的，工龄合并计算。

推行国家公务员制度 1995 年 9 月，根据《国家公务员实施意见》，在全县开始推行国家公务员制度，通过培训、考试，1996 年 8 月，首批 43 个政府机关的 524 名国家干部过渡为国家公务员。随后，根据上级文件规定，党委机关、人大、政协、法院、检察院、各乡镇政府等单位的党政干部相继参照过渡为国家公务员。随着 2005 年《中华人民共和国公务员法》的颁布及即将实施，是年，全县共有在岗公务员 1767 人（含行使行政职能的事业单位参公人员）。

二、企事业单位人事制度改革

2002 年，事业单位录用职工开始实行招聘制，建立竞争聘任机制，全县 4875 名事业单位工作人员与单位签订聘用合同，215 人落聘。自收自支事业单位实行按岗位、任务、业绩定酬。

2004 年 2 月 5 日，中共绥宁县委、县人民政府出台《关于进一步深化企事业单位产权和人事制度改革的意见》，明确在 2004 年底以前，全县所有企业单位和生产经营类事业单位按照“转换经营机制，转换职工劳动关系，转移政府管理职能”的原则，实行完全改制；对行政支持类、社会公益类、中介服务类事业单位按照“脱钩、放权、搞活”的原则实行人事制度改革，对财政拨款单位的经营性资产采取拍卖的方式进行完全改制。具体规定为：行使行政职能的事业单位干部参照国家公务员管理；社会公益类事业单位干部实行全员聘用制；社会中介服务类实行社会化、市场化管理；企业和企业化管理事业单位进行产权和人事制度改革。同时成立绥宁县企事业单位产权和人事制度改革领导小组，下设办公室和 5 个组，专门负责改革事宜。至 2004 年底，已公开拍卖县委招待所（绿洲宾馆）、县煤炭公司、县水泥厂、县造纸厂、县化工厂、县松香厂、林海公寓、各供销社和粮站，其干部职工用拍卖产权所得，或参加社会养老保险，或买断工龄另谋职业；社会公益类事业单位除教育部门外，全部实行全员聘用制；社会中介类事业单位全部进行社会化、市场化管理。

第二节 干部队伍

1980年，全县共有干部3740人。其中，女干部573人，占15.3%；少数民族干部72人，占1.9%；党政机关干部1032人，中小学教师1341人，企事业单位干部1367人；具有大专以上学历者385人，占10.2%，具有中专学历者972人；中共党员1369人，共青团员290人；年龄35岁以下的2085人，36～45岁的1038人，46～55岁的1072人，56～60岁的125人，60岁以上的19人。

2004年，全县共有党政机关干部、国有事业单位领导人才和专业技术人才7935人。其中，女干部2318人，占29.23%；少数民族干部3991人，占50.3%；中共党员3273人；具有大专以上学历者4153人，占52.3%，具有中专学历者2146人，高中及以下文化程度的1636人；党政机关干部1547人，其中国家公务员1382人；国有事业单位干部6388人，其中管理人才1571人，专业技术人才5829人；年龄在35岁以下的2826人，36～45岁的2638人，46～54岁的1889人，55岁以上的582人。

2005年，全县有干部6617人，其中国家公务员1224人、国有事业单位管理人才和专业技术人才5393人，总数较上年减少1318人。

表10-1-1　　1980—2005年绥宁县部分年份干部情况统计表　　单位：人

年份	干部总数	其中									
		女干部	少数民族干部	大专或相当于大专以上文化者	中专文化者	高中或高中以下文化者	初中以下文化者	中共党员	共青团员	民主党派人士	无党派人士
1980年	3740	573	72	385	972	—	—	1369	290	1	2080
1984年	4339	679	626	588	1366	933	1452	1479	609	1	2190
1987年	4852	724	1063	858	1783	1104	1117	1956	755	1	2140
1990年	5152	905	1322	2505	1291	786	570	1810	630	1	2711
1994年	5214	1054	2126	1692	2348	730	534	1751	845	0	2617
1996年	5061	1166	2187	1874	2128	697	362	1777	914	6	2364
2001年	6488	1490	2912	2858	2496	786	348	2532	—	—	—
2004年	7935	2318	3991	4153	2146	1636	0	3273	—	—	—
2005年	6617	—	—	—	—	—	0	—	—	—	—

说明：1990年干部大专以上文化程度者2505人中，大专学历1192人，同等学历1313人

第三节　干部奖惩

根据《国家机关工作人员奖惩暂行条例》，县委、县政府对相关干部进行奖励或惩处，将评选结果作为提拔使用干部的重要依据。

一、奖励

1980—1994 年，国家机关工作人员奖励分为先进工作者、记功、记大功、升级、升职、通令嘉奖 6 种，对被评为先进工作者、记功、记大功人员颁发奖状和荣誉证书，并分别给予 30 元、60 元、100 元奖金。评奖比例为：先进工作者为参评总人数的 15%，记功人数为先进工作者的 5%，记大功人数为记功人数的 5%，浮动升级人数为参评总数的 5‰，有特殊贡献者可连升 2 级工资，连续 3 年保持荣誉者，其浮动升级工资可转为固定工资。1984 年 7 月，开始在全县推行岗位目标责任制，对各岗位人员逐个划分职责和权限，年终对每个工作人员的德、能、勤、绩进行严格考核，按考核结果实施奖励。

1995 年实施公务员制度后，对国家公务员的奖励（其他工作人员参照执行），分为嘉奖、记三等功、二等功、一等功，分别给予 80 元、120 元、200 元奖金，行政单位工作人员连续 3 年被评为优秀岗位、事业单位工作人员连续 2 年被评为优秀岗位者，可在本人职务工资标准内浮动提升一个工资档次。1996 年，开始对乡镇领导实行以 10 项工作指标排序的末位淘汰制。1997 年，开始实行机关事业单位主要领导双文明目标管理考核末位淘汰制。同年，县委组织部、县人事局制订双文明目标管理实施方案，对考核范围、对象、内容、标准、办法、程序及考核结果的使用作出明确具体规定。

1980—2005 年，岗位目标管理考核表彰先进 2 万余人次，记功 721 人次，记大功 40 人次，记三等功 1065 人次，记二等功 78 人次，记一等功 4 人次。

二、惩处

对国家工作人员的惩戒处分有警告、记过、记大过、降级、降职、撤职、开除留用、开除 8 种。1980—1990 年，因违纪失职而受到相应处分的干部有 145 名，其中警告 10 人、记过 18 人、记大过 22 人、降职 4 人、撤职 16 人、开除留用 50 人、开除 25 人。1993—2004 年，共惩处 75 人，其中警告 7 人、记过 8 人、记大过 23 人、降级 5 人、撤职 27 人、开除留用 3 人、开除 2 人。2005 年，共惩处 28 人，其中警告 15 人、记过 8 人、记大过 3 人、降级 2 人。

第四节 工资

绥宁县党政机关干部工资一直执行国务院统一工资标准。1985年，由原行政级别工资改为职务工资、基础工资、工龄工资3项工资之和的工资标准。1993年，开始执行职务工资、级别工资、基础工资、工龄工资、津贴、生活补贴6项工资之和的工资标准。1999年，开始由县工资发放中心统一发放工资。

1986年末，全县全民所有制事业单位干部职工3692人（其中行政265人、技术员2528人、农林场工人899人），月工资总额26.2145万元，人均月工资71元；党政机关1001人（其中行政661人、技术人员84人、干警123人、工人103人），月工资总额80178人，人均月工资80元。

2004年末，全县党政机关及全民事业单位由县财政发工资的干部职工5976人（含当年离退休干部职工，其中党政机关干部职工2279人、教职工3679人），月工资总额572万元（包括基础工资、级别工资、职务工资、工龄工资、奖励工资、津贴、生活补贴），人均月工资957.20元，扣除养老保险金、住房公积金、医疗保险金、事业单位失业保险金及个人所得税外，人均月工资866元。2005年，全县在岗职工年工资总额1.6614亿元，人均12931元。

第五节 职称评聘与人才交流

一、专业技术职称评聘

1980年，开始进行全民事业单位专业技术职称评定工作，至1983年，全县确认工程师44名，助理工程师130名，技术员224名。1987年，对全民和集体所有制事业单位进行专业技术职称评定，时有中专、中学、小学、卫生、工程、经济、会计、统计、农业、党校、档案、图书群文、技校、体育教练、新闻、社会研究、地方志、播音、律师、公证、文博21个系列和专业，32个部门（单位）3054名专业技术人员，至1988年年底，经省、市、县三级专业技术职称改革领导小组和评审委员会评审确认，全民事业单位获高级技术职称者60名，获中级技术职称者638名，获助理工级技术职称者1164名，获技术员级技术职称664名，以工代技74名；集体事业单位获中级职称者22名，获助理工级技术职称者164名，技术员158名。1988年，对全民所有制和集体所有制企业的专业技术人员进行专业技术职务任职资格评审，至1989年，共评审确认中级职称118名，初级职称2016名。同时，对全县职称评聘工作进行复查，分别由省、市、县主管部门发给技术职务资格证书，所在单位予以聘用，发给聘书，开始实行专业技术职务与工资挂钩，对没有达到专业技术职务起点工资的按起点工资档次发给。1991年始，全县专业技术职务评聘工作进入正常化。至2005年，全县有266人获高级技术职务职称，其中在

岗 142 人。（见表 10-1-2）

1996—1997 年，对全县行政、事业单位 2610 名工人进行考工定级，定高级工 490 名，中级工 800 名，初级工 1320 名。之后每年进行一次考工晋级工作。至 2005 年，全县有技师 28 人，高级工 406 人，中级工 486 人，初级工 319 人。

表 10-1-2　　2005 年绥宁县各系列助理级以上在岗专业技术人员统计表　　单位：人

系列	合计	高级	中级	助理级
农业	194	9	70	115
经济	2	1	0	1
体校	2	0	2	0
国土	2	0	0	2
卫生	704	19	217	468
计生	20	0	3	17
土建工程	75	0	33	42
交通	7	0	2	5
环保	12	0	6	6
律师	2	0	1	1
水电	38	1	22	15
林业	81	1	24	56
文化	22	0	16	6
广播	9	0	4	5
党校	14	3	8	3
中小学系列	3392	107	1851	1434
会计	268	0	116	152
统计	5	0	2	3
中专	4	1	2	1
合计	4853	142	2379	2332

二、专业技术人员管理

县委、县政府采取一系列措施，激励专业技术人员的积极性。1983 年开始，为在农、林、血防第一线工作的科技人员（简称“一线人员”）浮动升一级工资，对连续 8 年的“一线人员”，其浮动工资转固定工资，并再向上浮动一级。1991 年开始，每年对专业技术人员进行德、能、勤、绩考核，将考核结果作为晋级专业技术职务的依据，并对被评为优秀等次的人员给予物质奖励。1992 年，经国家批准，高级农艺师刘明星、周传道享受每人每月 100 元政府特殊津贴，直至终年止。1995 年，为 34 名“一线人员”转正定级高定一档工资，为 986 名“一线人员”按本人工资 8%增加津贴。1996 年，给予县林业局林业勘察设计队高级工程师黄章华一次性政府特殊津贴1万元。1997年，为152名有特殊贡献的科技人员提前或越级晋升工资。

三、人才交流

1999—2004年，收集356名在林业、种植业、养殖业、加工业等项目中有一技之长的农村人才信息；培训乡土人才骨干126人，为36名农民发放技术职称证书，并给予一定奖励；引进人才35名，输出人才46名；为266名事业单位技术人员聘用合同签证，办理人事代理253人。

第二章　劳动与社会保障

第一节　机构

绥宁县劳动和社会保障局　1973年9月，成立绥宁县革命委员会劳动工资局，1981年更名为绥宁县劳动工资局（简称县劳动局）。1983年12月，县劳动工资局与县人事局合并为县劳动人事局。1989年2月，县劳动人事局又分设为县劳动局和县人事局，县劳动局与县劳动服务公司合署办公（两块牌子、一套人马）。1997年1月，县劳动局与县就业服务所（公司）分开办公。2002年8月，县劳动局更名为县劳动和社会保障局，内设办公室、就业股、再就业办、工资福利与保障股、法规监察仲裁股。1989—2005年，杨文举、梁利江、陶光族、潘绘军、刘新华、刘均宪先后任县劳动局、县劳动和社会保障局局长。

绥宁县劳动和社会保障局二级机构　1980年9月，设立绥宁县劳动服务公司[1990年5月改称绥宁县就业服务所（公司），2004年4月更名为绥宁县就业服务局]。1997年9月，设立县劳动监察中队（2003年4月更名为县劳动监察大队）。2002年5月，设立县医疗保障基金管理站（2005年6月更名为县医疗和生育保险基金管理站）。2003年10月，设立县失业保险站。2004年5月，原隶属县人事局的县机关事业单位社会保障站划归县劳动和社会保障局。2005年1月，设立县工伤保险管理站。

第二节　劳动就业

一、用工形式

固定制工人　1979—1984年，全县共招收全民所有制固定工1470名，安置城镇复退军人194名，分配技工学校毕业生247名，招收集体所有制固定工2157名，落实政策安排工作48名。1984年12月实行劳动合同制后，城镇复退军人安置仍为固定工，大中专院校毕业分配到企业工作的仍为干部。

合同制工人　1984年12月，县联合造纸厂招收50名全民劳动合同制工人。以后凡是以招工指标招收到全民所有制单位工作的，一律实行劳动合同制。1986年10月1日，正式实施国务院《关于改革劳动制度四个暂行规定》，即《国营企业实行劳动合同制暂行规定》《国营企业招用工人暂行规定》《国营企业辞退违纪职工暂行规定》《国营企业待业保险暂行规定》。省政府出台贯彻执行国务院四个暂行规定的实施细则。除矿山井下、野外勘探、森林采伐、盐业4个行业外，其他国营企业废止职工退休后子女“顶替”和“内招”制度；全民所有制单位招用工人，实行面向社会、公开招收、全面考核、择优录用；技工学校毕业生分配工作为合同制工人。1985—1990年，全县共有964名计划外用工，其中将乡镇广播员、水利员、民办教师共184名纳入国家劳动计划管理，转为全民合同制工人；乡镇卫生院、信用社、畜牧兽医站、线务员和话务员、农技员共483名纳入县以上城镇集体所有制劳动计划管理，转为集体固定工。1979—2005年，全县累计招收全民固定工2599名，全民合同工5546名；招收户粮关系不转的农民合同工152名，农民轮换工8名，使用临时工12646名；招用集体所有制工人3730人。1984—2005年，全县共招收全民劳动合同制工人4571名，其中照顾招收取得地（市）级科技二等奖以上工作人员子女、特困户子女共61名。

全员劳动合同制 1995年1月1日起，正式实施《中华人民共和国劳动法》。10月，开始实行全员劳动合同制，全民企业、集体企业、国家机关、事业单位的原固定工均改制为合同制工人，与用人单位签订劳动合同；城镇复退军人、大中专院校毕业生分配到企业工作的也安置为合同工。1979—1998年，全县招收的3730名集体所有制固定工在改制中都与用人单位签订劳动合同。1995年10月至2004年12月，全县共有9736名固定工（含企业干部）与用人单位签订劳动合同。在企业彻底打破工人与干部的界限，消除了固定工的概念。

表10-2-1　　**1979—2005年绥宁县新增劳动就业人数一览表**　　单位：人

年份	就业人数						备注
	小计（实际到岗）	招收全民工人	城镇复退军人安置	技工学校毕业生分配	招收集体工人	雇请临时工	
1979年	1660	341	8	0	1265	46	—
1980年	638	297	7	3	267	64	—
1981年	471	216	17	39	142	57	—
1982年	455	238	35	36	84	62	—
1983年	742	252	62	68	262	98	—
1984年	558	176	65	101	137	79	—
1985年	518	197	8	125	86	102	—
1986年	580	186	41	78	188	87	—
1987年	420	152	18	46	116	88	—
1988年	896	486	18	63	236	93	—
1989年	486	150	45	65	108	118	技校毕业生始行合同制
1990年	471	206	34	89	38	104	—
1991年	879	178	69	43	80	509	—
1992年	1080	528	29	55	161	307	—
1993年	1611	956	62	50	299	244	—
1994年	1553	383	52	34	98	986	—

续表 10-2-1

年份	就业人数						备注
	小计（实际到岗）	招收全民工人	城镇复退军人安置	技工学校毕业生分配	招收集体工人	雇请临时工	
1995 年	1689	309	31	41	81	1227	全员始行合同制
1996 年	720	159	65	15	79	402	—
1997 年	963	118	31	28	2	784	—
1998 年	986	19	16	86	1	864	—
1999 年	950	120	16	18	0	796	—
2000 年	1366	73	28	24	0	1241	—
2001 年	1268	83	62	0	0	1123	—
2002 年	1041	70	57	0	0	914	—
2003 年	1141	62	33	0	0	1046	—
2004 年	1276	84	39	0	0	1153	—
2005 年	51	2	49	0	0	缺资料	—
合　计	24469	6041	997	1107	3730	12594	—

二、职工队伍

1979 年年末，全县共有职工人数 11720 人。其中国有单位职工 9032 人，占全县职工总数的 77.06%；集体所有制单位职工 2688 人，占全县职工总数的 22.94%。国有单位职工中：行政机关职工 1285 人，占 14.23%；国有事业单位职工 2581 人，占 28.58%；国有企业单位职工 5166 人，占 57.20%。1996 年末，全县共有职工人数 18791 人。其中国有单位职工 14956 人，占全县职工总数的 79.59%；集体所有制单位职工 3835 人，占全县职工总数的 20.41%。国有单位职工中：行政机关职工 2468 人，占 16.50%；国有事业单位职工 5750 人，占 38.45%；国有企业单位职工 6738 人，占 45.05%。1997 年，开始企业改制，职工较上年减少 3266 人。2005 年，全县共有职工人数 10905 人。其中国有单位职工 10543 人，占全县职工总数的 96.68%；集体所有制单位职工 362 人，占全县职工总数的 3.32%。国有单位职工中：行政机关职工 3154 人，占 29.92%；国有事业单位职工 5466 人，占 51.84%；国有企业单位职工 1923 人，占 18.24%。

表 10-2-2　　1979—2005 年绥宁县企业职工人数一览表　　单位：人

年份	国有单位职工人数								集体所有制单位职工人数	
	年末职工数		其中							
			机关单位		事业单位		企业单位			
	总人数	女职工	人数	女职工	人数	女职工	人数	女职工	总人数	女职工
1979 年	9032	1992	1285	121	2581	664	5166	1207	2688	958
1980 年	9551	2293	1268	142	2664	654	5507	1497	2485	992
1981 年	9955	2438	1457	165	2682	710	5816	1563	2616	933

续表 10-2-2

年份	国有单位职工人数								集体所有制单位职工人数	
	年末职工数		其中							
			机关单位		事业单位		企业单位			
	总人数	女职工	人数	女职工	人数	女职工	人数	女职工	总人数	女职工
1982 年	10669	2463	1608	172	2774	600	6287	1691	2520	989
1983 年	10320	2533	1646	204	2082	582	5872	1747	2739	1117
1984 年	9826	2402	1934	227	2919	766	4973	1359	3875	1678
1985 年	10222	2416	2335	240	3250	788	4776	1388	3799	1579
1986 年	11214	2606	2038	267	3674	832	5045	1507	3690	1580
1987 年	12101	2990	2013	258	4417	1017	5627	1715	3707	1527
1988 年	12666	2974	2121	319	4457	884	5290	1771	3960	1686
1989 年	12850	3757	2174	306	4709	1196	6554	2249	4056	1741
1990 年	13116	3704	2111	283	5185	1241	5820	2180	3971	1804
1991 年	13513	3979	2121	296	5261	1385	6131	2198	4338	1971
1992 年	13931	4392	2213	356	5235	1418	6523	2618	4380	1862
1993 年	14399	4712	2122	340	5256	1636	7021	2736	4226	1943
1994 年	15588	4948	2049	386	5404	1758	7775	2804	3613	1908
1995 年	14905	5274	2421	386	5584	2218	6800	2620	4112	1847
1996 年	14956	5285	2468	446	5750	2250	6738	2589	3835	1724
1997 年	11690	3952	2784	499	6039	2274	2867	1179	2815	1121
1998 年	11474	3711	3092	625	5827	2048	2555	1038	1758	196
1999 年	11771	4077	2954	664	5883	2083	2934	1350	1130	172
2000 年	11630	4075	3128	748	5881	2080	2621	1247	908	148
2001 年	10475	3850	3188	973	5026	1934	2261	943	714	123
2002 年	10667	3867	3297	976	5232	1988	2138	903	598	96
2003 年	10659	3917	3167	942	5296	2033	2196	942	502	109
2004 年	11163	4244	3529	1178	5558	2155	2076	911	467	97
2005 年	10543	—	3154	—	5466	—	1923	—	362	—

三、就业服务

待业人员登记 1983 年开始，每年对城镇未能继续升学的初、高中毕业生进行登记发证。待业青年凭待业证参加招工、技校招生报名。至 1994 年 12 月，全县共办理待业青年待业证 6820 本。

就业培训 1983 年开始，对待业人员进行培训。1986 年 10 月，设立就业培训中心，与培训股合署办公。1991 年，投资 12.4 万元购买原县建委办公房 700 平方米，作为教室和宿舍；投资 4 万元购电动缝纫机 20 部，供培训使用。1992 年 9 月，投资 28.79 万元，征地 5550 平方米；1995 年，修建就业培训大楼，内含学生宿舍、食堂，建筑面积共计 1502.71 平方米，投资 6.4 万元购买电脑 16 台。自开展就业培训到 2005 年，先后设置专业 60 多个，县就业培训中心共培训待业青年和失业人员18579名，其中免费培训下岗失业人员1318名。1979—1998年，共完成省、市各类技工学校招生1105名。

表10-2-3　**1979—2005年绥宁县待业人员就业培训人数表**　单位：人

年份	就业培训		
	小计	县就业培训中心培训	省市技工学校培训
1979年	39	—	39
1980年	36	—	36
1981年	68	—	68
1982年	101	—	101
1983年	284	158	126
1984年	312	234	78
1985年	402	356	46
1986年	524	461	63
1987年	764	699	65
1988年	568	479	89
1989年	398	355	43
1990年	287	232	55
1991年	540	490	50
1992年	761	727	34
1993年	850	809	41
1994年	638	623	15
1995年	600	572	28
1996年	266	180	86
1997年	273	255	18
1998年	380	356	24
1999年	409	409	0
2000年	266	266	0
2001年	326	326	0
2002年	287	287	0
2003年	1320	1320	0
2004年	4325	4325	0
2005年	4660	4660	0
合　计	19684	18579	1105

安置待业人员　县劳动服务公司成立后，每年都安排一定的资金用于扶持发展劳动服务企业，安置待业人员。全县共有基层劳动服务公司（站）38个，共安置待业青年、企业富余人员、下岗失业职工889人。1987—1999年，共完成产值7441.61万元，上缴国家税金271.64万元。

组织劳务输出　1991年，县劳动服务公司开始直接组织城乡劳务人员外出广东等地务工，首批共计780人。之后，全县各乡镇都相继建立劳动保障服务站，配备专职工作人员，引导、组织农村劳动力有序外出务工。1991—2005年，全县外出务工人数达63896人，共办外出务工卡38940份。

下岗再就业 1997年5月1日，县委、县政府制定《关于企业改革若干问题暂行规定》。6月下旬，县内6家县办国有企业全部完成改制。改制造成2328名国有企业职工下岗，其中自谋职业1370人、赴县外打工345人、被县内各企业招用180人，再就业率为81.4%。1998年末，全县国有企业下岗职工增至2880人。按照中央关于切实搞好“两个确保”（确保企业离退休人员基本养老金按时足额发放、确保国有企业下岗职工基本生活费按时足额发放）的要求，开始筹集下岗职工基本生活费和再就业资金。1998—2002年，全县共筹集国有企业职工再就业资金1718.1万元，共支付下岗职工基本生活费和再就业资金1716.4万元。2003年开始，筹集的资金不再以基本生活费发给每个下岗职工，而是集中使用于扩大再就业岗位，安置下岗职工。2004年，支付再就业资金507万元，其中培训费49.5万元、职工介绍费6.1万元、开发性岗位补贴110万元、特困职工慰问60万元、劳动力市场建设费100万元、失业和养老保险补贴50万元、企业改制补贴100万元。至2004年，全县累计国有企业下岗职工2974人，发放再就业优惠证2901本，实现下岗职工再就业2802人，再就业率94.2%。

第三节 社会保障

一、劳动工资

1979年开始，企业逐步恢复计件工资加奖金的分配办法。1984年，县建筑公司实行百元产值工资含量包干办法，降低了成本，提高了经济效益。1985年，国家全面进行工资改革，国家行政机关干部实行以职务工资为主的结构工资制，事业单位职工实行职务工资和津贴工资制，企业干部工人实行等级工资制，并将企业划为一、二、三产业，各产业之间工资起点标准有异。这次工资改革，实现“两挂钩”和“一脱钩”，即企业工资总额增长同企业经济效益挂钩，职工劳动报酬同劳动贡献挂钩，企业同国家机关、事业单位的工资改革和工资调整脱钩。企业职工工资升级，不再以人头、资历、学历升级，而是进行考核升级。是年，全县共有6716人参加调整工资，月增工资50857.86元，人均月增工资7.54元。其中：工人6129人，月增工资43305.96元，人均月增工资7.06元；干部587人，月增工资7281.90元，人均月增工资12.40元。此后，县内企业逐步建立起新的工资增长机制。2005年，全县职工工资总额为1.7676亿元，其中：行政机关职工工资总额为4422.5万元，年人均工资14022元，比1979年增长24.4倍；事业单位职工工资总额为6905.5万元，年人均工资13244元，比1979年增长14.9倍；企业职工工资总额为5500.1万元，年人均工资11838元，比1979年增长28.2倍；集体单位职工工资总额为544.6万元，年人均工资14962元，比1979年增长27.9倍。

工资包干浮动　1987年，全县有42家企业实行工资包干浮动。其中县水泥厂实行吨水泥工资含量包干办法，水泥产量由过去的每月3000吨上升到4000吨；当年实现税利66万元，较上年增加16万元。

工资总额同经济效益挂钩　1988年，县内开始对企业职工实行工资总额和经济效益挂钩。当年全县有35家全民企业、10家集体企业实行。其中全民企业挂钩指标基数为771.55万元，工资总额基数为604.46万元，年末职工人数4585人，平均人数4391人，挂钩指标完成数量976.06万元，新增效益工资126.81万元，新增效益工资升级1849人（升一级的154人，占职工人数的4.2%，月增工资1943元，人均月增12.60元；升半级的1695人，占职工人数的46.6%，月增工资9665元，人均月增5.70元）；集体企业挂钩指标基数133.37万元，工资总额基数76.28万元，年末职工人数1085人，平均人数1082人，挂钩指标完成174.27万元，新增效益工资26.15万元，新增效益工资升级766人（升一级的18人，占职工人数的1.7%，月增工资216元，人均月增12元；升半级的748人，占职工人数的71%，月增工资4024元，人均月增5.38元）。企业工资总额同经济效益挂钩浮动办法，一般下年度初决算上年度工效挂升情况，确定本年度各项挂钩指标。此制度一直沿用到1998年。

指导线工资制　1999年，县内开始对企业职工实行指导线工资制。即以工资增长率6%为工资增长基准线，作为企业职工货币平均工资增长的调控目标；以工资增长率12%为工资增长上线，作为控制货币工资增长的最高限度；以实际工资零增长为工资增长下线，作为保障职工实际生活水平不下降的最低增长幅度。当年全县有12家企业实行，职工总人数为1295人，指导线工资升级1218人，占职工人数的94.05%，月增工资3939元，人均增资32.30元。其中全民企业职工963人，指导线工资升级917人，占升级的职工人数的95.2%，月增工资31032元，人均增资33.80元；集体企业职工人数332人，指导线工资升级301人，占升级职工人数90.66%，月增工资8367元，人均增资27.79元。指导线工资的基准线、上线和下线，实行一年一定。2005年，此制仍在沿用。

技能工资制　1999年起，全面推行企业职工职业技术等级证书制度。至2004年12月，共有4171名职工分别取得初、中、高级技术等级证书，并相应地进行技能工资升级。

表10-2-4　**1979—2005年绥宁县职工工资情况一览表**　单位：元

年份	国有单位职工工资							集体所有制单位职工工资	
	职工工资总额	机关单位		事业单位		企业单位		职工工资总额	人均年工资
		职工工资总额	人均年工资	职工工资总额	人均年工资	职工工资总额	人均年工资		
1979年	4955000	708500	551	2156000	835	2090500	406	1389500	517
1980年	6645400	909100	717	1377100	652	4359200	775	1725000	694
1981年	6742000	971600	669	1479200	552	4291200	738	1808200	691

续表 10-2-4

年份	国有单位职工工资							集体所有制单位职工工资	
	职工工资总额	机关单位		事业单位		企业单位		职工工资总额	人均年工资
		职工工资总额	人均年工资	职工工资总额	人均年工资	职工工资总额	人均年工资		
1982年	7886100	1086700	676	2334700	842	4464700	710	1751000	681
1983年	8180000	1284000	780	2111000	753	4785000	815	1696200	718
1984年	9330000	1478000	764	2840000	973	5012000	1008	3336200	861
1985年	11077000	2222000	917	3973000	1242	4882000	1022	3614000	951
1986年	13152000	2557000	1256	5392000	1468	5203000	1031	4232000	1147
1987年	15562000	2562000	1273	5370000	1215	7630000	1356	4608000	1243
1988年	22435000	3571000	1684	8194000	1836	10670000	1906	5739000	1449
1989年	22827000	3764000	1731	8397000	1783	10666000	1627	6489000	1600
1990年	25666000	4030000	1909	11338000	2187	10298000	1769	6633000	1670
1991年	26451000	4648000	2191	9924000	1886	11879000	1938	7020000	1618
1992年	33237000	6105000	2759	12645000	2415	14487000	2220	8845000	2019
1993年	44513900	7704200	2877	17836700	2394	18973000	2702	10644300	2519
1994年	63257000	11418000	4740	22751000	4210	29088000	3741	10429000	2887
1995年	71404000	11974000	4993	28489000	5153	30941000	4487	15276000	3857
1996年	77608000	14115000	5752	32215000	5696	31278000	4654	15258000	3983
1997年	86795000	16316000	6653	34347000	5858	36132000	5734	12047000	4139
1998年	95495000	19875000	6432	36020000	6319	39600000	5873	9415000	5356
1999年	89153000	22917000	7782	46195000	7839	20041000	6852	6259000	5314
2000年	99511000	26238000	8388	51473000	8749	21800000	8317	5564000	6462
2001年	105046000	32255000	10230	49752000	10045	23039000	10415	5459000	7046
2002年	118076600	36597600	11132	58247000	11133	23232000	10395	4905400	8203
2003年	104214000	37094000	11617	64486000	12253	24634000	11263	5573000	10885
2004年	126214000	43124000	12200	64294000	11920	20174000	9100	5665000	12100
2005年	168281000	44225000	14022	69055000	13244	55001000	11838	5446000	14962

二、退职退休

1979—2005 年，全县先后有 3830 名职工办理退职退休手续，其中国有单位 2734 人、集体单位 1096 人。

表 10-2-5　　1979—2005 年绥宁县企业职工退休人数统计表　　单位：人

年份	小计	全民企业职工退休	集体企业职工退休	年份	小计	全民企业职工退休	集体企业职工退休
1979 年	106	69	37	1993 年	108	65	43
1980 年	260	169	91	1994 年	82	57	25
1981 年	334	272	62	1995 年	136	88	48
1982 年	132	83	49	1996 年	135	90	45
1983 年	123	89	34	1997 年	40	31	9
1984 年	113	70	43	1998 年	50	15	35
1985 年	104	76	28	1999 年	115	102	13
1986 年	300	244	56	2000 年	73	38	35
1987 年	220	189	31	2001 年	62	31	31
1988 年	187	161	26	2002 年	147	105	42
1989 年	233	134	99	2003 年	189	135	54
1990 年	100	78	22	2004 年	151	107	44
1991 年	104	69	35	2005 年	98	77	21
1992 年	128	90	38	合计	3830	2734	1096

三、劳动保险

1986 年以前，职工的退休退职费、医疗费、死亡安葬费等，均由用人单位按国家政策支付。1986 年 10 月开始，绥宁县相继建立企业职工养老保险、职工失业保险、机关事业单位社会保险、职工医疗保险、职工工伤保险等专门管理机构，开展职工保险业务。

企业职工养老保险　1986 年 10 月，设立绥宁县社会劳动保险事业管理站（简称社保站），担负企业职工养老保险基金的征收、管理、支付和对企业退休退职人员管理服务等工作。1987 年 1 月，社保站接收县保险公司移交的、两年前县内 474 名全民劳动合同制工人在该公司投保的全部保障费 62200 元。11 月，县全民所有制企业和实行企业管理的全民事业单位的固定工，始行退休统筹。1990 年 1 月，县城镇户口，男 45 周岁、女 40 周岁以下，招用期在 3 个月至 1 年以内的临时工开始参加养老保险。1995 年 10 月，实行全员劳动合同制，建立统一的养老保险制度，统一征收养老保险费的标准。1985—2005 年，全县企业（含企业化管理的事业单位）共有 11773 人参加养老保险，其中在职职工 9447 人、离退休人员 2326 人，共缴纳养老保险费 9419.22 万元，按政策规定支付养老保险金 1.1367 亿元。

表 10-2-6　　1985—2005 年绥宁县企业职工养老保险情况一览表

年份	参保单位（个）	参保人数（人）		缴纳养老保险费（元）	支付养老保险基金（元）
		在职职工	离退休人员		
1985—1986 年	26	474	0	62200	0
1987 年	26	522	0	54800	0

续表 10-2-6

年份	参保单位（个）	参保人数（人）		缴纳养老保险费（元）	支付养老保险基金（元）
		在职职工	离退休人员		
1988 年	66	4980	1192	1985600	1270600
1989 年	70	6054	1324	1744600	1330500
1990 年	70	6321	1390	2092100	1436100
1991 年	70	6603	1436	2438100	1325500
1992 年	70	7306	1506	2645500	1995600
1993 年	70	7246	1556	3585100	2280800
1994 年	72	6879	1652	3638700	1445100
1995 年	71	6865	1668	6869700	5449500
1996 年	62	6136	1667	5920000	4981000
1997 年	65	6459	1757	4526400	4368200
1998 年	69	6410	1733	6768300	9185100
1999 年	65	6283	1709	5708400	6905900
2000 年	65	6220	1700	5002700	8424600
2001 年	65	6180	2039	5590000	10350000
2002 年	66	6240	1869	7550000	11580000
2003 年	78	6868	1911	7260000	12460000
2004 年	78	7528	2264	9160000	13880000
2005 年	80	9447	2326	11590000	15000000
合计	—	—	—	94192200	113668500

失业保险 1986 年 10 月，县劳动服务公司设立待业股，担负待业职工保险费的征收、管理、支付，对待业、下岗失业人员进行转业培训，介绍待业、下岗失业人员再就业等工作。2003 年 10 月，设立绥宁县失业保险站，接管原待业保险股的工作。1986—2005 年，全县共有 8171 人参加失业保险，共缴纳失业保险费 672.01 万元，支付失业保险金 333.43 万元。

表 10-2-7 **1987—2005 年绥宁县失业保险情况一览表**

年份	参保单位（个）	参保人数（人）	缴纳失业保险费（元）	支付失业保险金（元）
1987 年	75	4882	57700	28700
1988 年	75	4882	50300	14100
1989 年	75	4882	49200	10900
1990 年	76	5002	51600	11000
1991 年	76	5002	64800	15500
1992 年	76	5002	89100	67200
1993 年	76	5110	268900	56200
1994 年	76	5110	336500	130900
1995 年	76	5110	391500	45300
1996 年	76	5110	449500	365200
1997 年	76	5110	249900	185500

续表 10-2-7

年份	参保单位（个）	参保人数（人）	缴纳失业保险费（元）	支付失业保险金（元）
1998 年	77	5170	236500	297500
1999 年	80	5677	192100	259000
2000 年	84	5848	207600	6100
2001 年	85	5914	225600	7000
2002 年	86	6087	244000	0
2003 年	93	7200	820100	10000
2004 年	95	7787	1004200	884200
2005 年	110	8171	1731000	940000
合计	—	—	6720100	3334300

机关事业单位社会保险 1995 年 8 月，设立绥宁县机关事业单位保险管理站，担负机关、事业单位职工养老保险费的征收、管理、支付和离退休人员管理服务等工作。至 2005 年 12 月，有 10334 人参加养老保险，其中离退休人员 2093 人，共缴纳养老保险费 1.5075 亿元，支付养老保险金 1.2968 亿元。

表 10-2-8 1995—2005 年绥宁县机关事业单位社会保险情况一览表

年份	参保单位（个）	参保人数（人）		缴纳养老保险费（元）	支付养老保险基金（元）
		在职职工	离退休人员		
1995—1996 年	223	1875	0	1009000	0
1997 年	288	8468	1535	7004000	4480000
1998 年	288	8860	1576	9248000	6500000
1999 年	288	9160	1678	12480000	9020000
2000 年	288	9364	1623	14660000	12400000
2001 年	288	9573	1580	1677000	14550000
2002 年	288	9856	1496	18800000	16700000
2003 年	258	10865	1480	22100000	19900000
2004 年	258	11074	1543	24200000	22100000
2005 年	265	8241	2093	2448000	24030000
合计	—	—	—	150751000	129680000

工伤保险 2005 年 1 月，设立绥宁县工伤保险管理站，负责全县各类企业和事业单位及民间组织的工伤保险经办工作。2005 年，全县参加工伤保险的共计 8040 人，征收保险经费 15 万元，支付保险待遇 16 人，计 13.50 万元。

职工医疗保险 2002 年 5 月，设立绥宁县医疗保险基金管理站，担负全县机关与事业单位及企业职工医疗保险费的征收、管理、支付等工作。2005 年 12 月，全县参加医疗保险的共 17719 人，其中离退休人员 3158 人，共缴纳医疗保险费 2701.00 万元，支付医疗保险金 1589.30 万元。

表 10-2-9　　2002—2005 年绥宁县医疗保险情况一览表

年份	参保单位（个）	参保人数（人）		缴纳保险费（元）	支付保险费（元）
		在职职工	离退休人员		
2002 年	140	8831	2762	4102000	840000
2003 年	170	12031	2262	6163000	5155000
2004 年	225	13654	2772	8285000	5188000
2005 年	230	14561	3158	8460000	4710000
合计	—	—	—	27010000	15893000

四、农村养老保险

1993 年，县农村社会养老保险站成立，负责农村社会养老保险的管理。系自收自支副科级事业单位，县民政局二级机构。1997 年 1 月，与民政局脱钩。

农村社会养老保险投保金的投入以自愿为原则，上不封顶，下不保底。享受保险时间男性从 60 周岁开始，女性从 55 周岁开始，所得养老金额与个人投保额及时间挂钩。1993—2005 年，全县共有 26200 余人投保，共收农村社会养老金 400 余万元。

第四节　劳动者权益保障

“三同时”工作　20 世纪 80 年代起，县内劳动安全监察机构参与劳动保护设施的“三同时”（同时设计、同时施工、同时投产）工作，如大的企业、女职工人数多的单位都建立男女浴室、哺乳室等，保护职工、女职工和未成年人的身体健康。监察劳动保护食品补贴发放的范围、标准及落实情况：对从事有毒有害物质（制胶工、喷漆工等）、吸尘（水泥包装、装卸工、建筑副工等）和放射性工种（电焊工、氧焊工）、高温作业工（司炉工、铸造工），每人每月补贴猪肉 3 斤、食油 1 斤、白糖 1 斤。监察劳动保护用品如工作服、手套、水鞋、皮鞋、安全帽的购置、劳动保护仪器补贴和安全用品所需经费开支情况。

维护女工童工权益　1979 年开始，县内女职工享受“卫生费”补助，每人每月 1.5 元，1986 年提高到每人每月 2～3 元。禁止安排女职工从事矿山井下、第四级体力劳动强度的劳动；不得安排女职工在经期从事高温、冷水作业和第三级体力劳动强度的劳动；不得安排女职工怀孕期间、在哺育未满 1 周岁的婴儿期间从事第三级体力劳动强度的劳动；女职工怀孕 7 个月以后不得安排夜班劳动和延长工作时间。女职工产假为 90 天，难产增加 15 天，多胞胎每增加 1 个婴儿增加 15 天。严禁使用不满 16 周岁的童工，不得安排年满 16 周岁未满 18 周岁的未成年工从事矿山井下、有毒有害和第四级体力劳动强度的劳动。1992 年 7 月在劳动用工检查时，查出中林保健凉席公司使用 1 名童工，劳动部门限期将童工退回家。

劳动争议仲裁　1986 年 10 月，县劳动人事局增设劳动争议仲裁股。1987 年 5 月，成立县劳动争议仲裁委员会，与仲裁股合署办公，负责指导和督促企业建立健全劳动争议调解组织，制订辞退违纪职工的具体条例。同年8月起，县劳动争议仲裁委员会先后按照国务院《企业劳动争议处理暂行规定》和《企业劳动争议处理条例》，受理因开除、除名、辞退职工、职工辞职、自动离职发生的劳动争议，因执行国家有关工资、保险、福利、培训、劳动保护规定发生的劳动争议，因履行劳动合同发生的劳动争议，以及法律法规规定应当处理的其他劳动争议。到1988年末，全县46家企业建立劳动争议调解组织，配备专职或兼职的工作人员，制订辞退违纪职工的具体条例。1986—2005年，县劳动争议仲裁委员会共处理劳动争议123起，其中调解成功结案71起、仲裁裁决结案52起。

劳动合同鉴证 劳动合同是用人单位与劳动者协商签订的，合同条款遵守劳动法律法规，才能起到维护双方权益的作用。劳动合同鉴证旨在纠正合同中的违法违规条款。至2005年12月，县劳动争议仲裁委员会共鉴证劳动合同17990份。

劳动鉴定 1991年9月，成立绥宁县劳动鉴定委员会，对全县职工的伤残、职业病及其他疾病进行普查摸底。对1979—2005年504名伤残职工进行劳动鉴定，定为伤残的有232名，其中：因工致残214人、患职业病17人、患血吸虫病1人，伤残等级1～4级的22人、5～6级的48人、7～10级的162人。

劳动监察 劳动监察是指县以上人民政府劳动行政部门，依法对用人单位遵守劳动法律法规的情况进行监督检查，并对违反劳动法律法规的行为进行处罚的行政执法活动。1996年5月，县劳动局增设劳动监察股。1997年9月，设立县劳动监察中队，2003年更名为劳动监察大队。1996—2005年，通过劳动监察，促使企业与劳动者补签劳动合同3600份，补缴社会养老保险费26万元、失业保险费38万元，退还职工押金81500元，补发拖欠职工工资4.8万元。

第十一篇 经济综合管理

第一章 计划管理

1978年，绥宁县国民经济计划工作由县计划经济委员会（简称县计委）负责。1980年，统计、物价业务陆续从县计划委员会析出。2002年10月，县计划委员会更名为县发展计划局，加挂县招商合作局牌子；局内设办公室、综合计划股、投资计划股3个职能股室，负责研究全县国民经济和社会发展战略，规划和负责总量平衡、产业结构调整。2005年，县发展计划局定编13人，实际在职16人。1978—2005年，程光和、袁法璋、刘应槐、李屏珊、李德明、刘柏生、冯小苓先后任县计划委员主任或县发展计划局局长。

第一节 生产计划管理

1976年，县内开始实施第五个五年计划。中共十一届三中全会以后，县委、县革委开始把工作重点转移到社会主义现代化建设上，根据县情制定“以林为主”新方针，确定19个人民公社为林业生产基地，占全县人民公社总数的73.08%；7个人民公社为粮食生产基地，占人民公社总数的26.92%。由于绥宁县既是湖南省人均向国家贡献木材最多的县，又是邵阳地区人均向国家贡献粮食最多的县，生产任务繁重，加之每年早稻插秧时（4—5月）正是溪河涨水抢运木材的时段，林业生产和粮食生产争劳动力、抢季节的矛盾突出，国民经济要改为以林为主，势必退耕还林，1980年县委和县革委请求省、地批准减少绥宁县向国家交售粮食的指标，未获准，“以林为主”的国民经济发展新方针遂无法实施。这一时期，全县工农业总产值年递增10.6%。

1981年，县内开始实施第六个五年计划（1981—1985年）。是年，县委、县政府制定“粮林并举，全面发展，因地制宜，适当集中”的方针。单一指令性计划体制开始向指令性计划、指导性计划、市场调节三结合的管理体制发展。计划管理权限的高度集中状况有所改变，指令性计划逐步减少，指导性计划和市场调节部分逐步扩大。该时期全县工农业总产值年递增4.4%。同时，加强长期远景规划编制工作。1984—1985年，县委、县政府组织40余名科技人员，编制《1985—2000年绥宁县经济社会科技发展规划》，获全市科技成果二等奖。

1985—1986年，编制县内第七个五年计划（1986—1990年）。1988年，县委、县政府提出“粮林垫底，能源领先，加工引路，多种经营”的基本发展思路。县计委陆续进行“脱贫致富”

“庭院经济”“小水电”等专题调查和考察，制订出各个专题计划。农业方面，每年只对农业生产下达水稻、油菜作物的总产量和种植面积计划，使农民在完成粮食总产量的前提下，有选择种植作物的灵活性。林业方面，实行木材砍伐“一本账”，下达采伐指标，由林业系统独家管理，木材收购和销售由县木材公司、县供销社、县物资局、县乡镇企业局共同负责；同时，加强造林和幼林抚育。工业方面，对国营工业企业直接下达总产值以及主要产品的产量指标；对集体工业企业，只向其主管部门下达总产值指标，品种、产量、产值和利润指标则由主管部门下达。工业原料供应方面，将部门紧俏物资纳入国家计划，其他物资实行市场调节。1990年，县委、县政府贯彻中共十三届五中全会作出的《中共中央关于进一步治理整顿和深化改革的决定》，继续压缩社会总需求，坚持财政和信贷双紧，加强农业等基础产业，积极调整产业结构，认真整顿经济秩序特别是流通领域秩序；在计划管理上，更加注重经济信息与预测，按照价值规律，集合运用价格、税收、信贷、财政等经济杠杆，促进计划的宏观和商品经济的发展。这一时期，全县工农业总产值年递增10.2%。

1990年，县委、县政府组织编制《绥宁县经济科技社会发展“八五”计划及十年规划》，获全省科技成果三等奖。《规划》把“开发资源，改善条件，工农并举，科教兴绥”作为“八五”期间的总体发展战略。加强项目工作建设，筛选出152个建设项目，其中重点项目专题材料46个，逐步建立“农、林、牧、轻等支柱顶立，建、商、邮、运、服、文、教、科、工、社等各类支撑”的梯形整体产业结构，全面推行财税、计划、投资、外汇、外贸、工资和流通体制等重大改革。“八五”期间，各种所有制经济有较大发展，私营经济、联营经济、股份制经济、外商投资经济、港澳台投资经济、城乡个体经济等在国民经济中的比重逐年提高；政府对经济的管理转向以宏观调控为主，更多地运用经济政策、经济杠杆、法规手段和信息引导等手段。县域经济逐步由封闭型和半封闭型向全方位和多层次的对外开放格局转变。五年进出口总额达到8996万元，实际利用外资6302万元，国内生产总产值年均增长11.4%。

1996—2000年，县内实施第九个五年计划，以“因地制宜，综合开发、突出重点、形成规模”为战略方针，继而提出“农林立县（后改为‘生态立县’）、工业富县、城镇活县、科教兴县”发展战略，县委、县政府提出在“九五”期间把绥宁县建成“全国林业强县和邵阳市首富县”目标，经济体制从传统的计划经济体制向社会主义市场经济体制转变，经济增长方式从粗放型向集约型转变，由注重短期计划向注重长远规划转变，大力调整所有制结构，县域经济以民营经济为主体，政府的宏观管理以间接管理为主要方式，通过制定法规、经济政策和综合运用计划、财政、信贷、物价、税收等各种经济杠杆，引导和调控市场运动和经济发展。工业方面，把企业推向市场，建立产权明晰、权责明确、政企分开、管理科学的现代企业制度，企业自主经营、自负盈亏、自求发展，全县工业总产值年均增长39.68%。林业方面，把林业生产特别是木材经营推向市场，把林业作为县域经济发展的立足点，优化林种结构，改善经营方式，建设林业强县，基础设施明显改善。农业方面，稳中求进，着力发展多种经营，实行土地使用权有偿转让、转包、入股和租赁，集约化经营，粮食产量年均增长1.90%。这一时期，全县农林牧渔业总产值年递增 10.17%。

2000—2001 年，县内编制第十个五年计划（2001—2005 年）。面对中国即将加入世贸组织与国际经济接轨的新形势，县委、县政府提出以加快发展为主题、以结构调整为主线、以产业发展为重点、以改革开放和科技进步为动力、以提高人民生活水平为根本出发点，实施“产业立县、科技兴县、依法治县”发展战略，推进县域经济产业化、市场化进程。规划围绕农民增收、企业增效、财政增长三大目标，抓住工业发展、农林结构调整、小城镇建设、扩大内需和财政金融工作五个重点科目来制定。“十五”期间，建立了现代化企业管理体制，把企业引向产权交易市场，使其真正成为自主经营、自负盈亏的法人实体和市场主体，实现政企分开。与此同时，抓住国家加大西部开发机遇，加大争项目争资金力度，有 19 个项目进入省市计划、33 个项目进入省市重大项目库；按照“扩竹兴松，保杂限杉”的要求，调整林种结构，培育和保护资源，扩大杂交水稻制种面积，培育发展奶牛产业，加大畜禽品改力度，发展特种养殖，扩大食用菌产业。这一时期，因 2001 年“6·19”特大山洪地质灾害、2003 年“非典”、2004 年禽流感严重影响县域经济的发展，全县农牧渔业总产值年递增降至 6%，工业生产总值年递增降至 15.8%。

2005 年，县内开始编制第十一个五年规划（2006—2010 年）。

第二节　固定资产投资管理

1976—1980 年，第五个五年计划期间，一批骨干项目相继竣工，总投资 1169 万元。1979 年，遵照中共中央“调整、改革、整顿、提高”的方针，缩短战线，保证重点，调整工业布局。因县内无煤，1981 年停建已投资 461 万元的县氮肥厂。第六个五年计划期间（1981—1985），新增固定资产总值 64.1 万元，相当于 1951—1980 年固定资产投资总额的 2 倍。第七个五年计划期间（1986—1990），为抑制经济过热现象，前三年基本建设规模控制在 1985 年的水平上；即使自筹资金的项目，凡未纳入基本建设规模的，除中小学校外，一律纳入计划管理，履行项目审批手续。1989 年，贯彻执行中共中央和国务院“治理经济环境，整顿经济秩序”的方针，继续压缩基本建设规模。1990 年，全民和集体单位完成基本建设投资 1348 万元。第八个五年计划期间（1991—1995），累计完成全社会固定资产投资 2.90 亿元，其中国有单位投资 1.30 亿元，组织重点建设工程 56 次，完成投资 7012 万元，一批大中型骨干项目先后建成。第九个五年计划（1996—2000）期间，是经济增长和经济体制转变时期，全县固定资产投资累计完成 10.40 亿元，年均增长 21.05%。第十个五年计划（2001—2005）期间，全县固定资产投资累计完成 25.1 亿元，年均增长 34.52%。这一时期狠抓项目建设，建立项目库。按照“自筹资金，自主经营，自负盈亏”的原则，围绕主导产业兴建各类经济实体，建基地，找市场，推进产业发展。

第三节 招投标管理

2003年前，县内各种项目工程的招标投标工作，分别由各战线各职能部门负责。大型物资采购的招投标由县财政局负责，青山拍卖林业工程招投标由县林业局负责，城乡建设工程招投标由县建设局负责，道路建设工程招投标由县公路局和县交通局负责。2003年，成立县招标投标指导协调小组。当年，县招标投标指导协调小组对绥宁县第二中学办公楼、男女生公寓楼项目违反招标规定作出处理；对界溪口至党坪公路、长铺至枫木团公路、李家湾至枫木团公路等18个项目进行审批核准登记，并收集其招标投标的结果。2004年，对长铺收费站办公楼、长铺林业站办公楼、县城街道人行道改造等16个项目进行审批核准登记。是年，各种项目总投资9722万元。同年12月，设立县招标投标管理办公室，为副科级事业机构，由县发展计划局管理，定事业编制3人，负责全县招标投标管理工作。县人民政府相继制定下发《绥宁县人民政府进一步加强和规范招标投标工作的通知》《绥宁县招标投标程序规定的通知》等规章制度，建立核准登记和公开办事制度，使全县招标投标工作走上规范化和法制化轨道。

2005年，县招标投标办公室和县纪检监察部门对县新华书店综合楼招标过程中丢失证件的问题进行处理，同时调解县林业局办公楼因预算价格问题引发的招标人和招标代理机构的矛盾，责令县信用联社纠正在法定的招标报名时间内拒绝符合条件的招标人报名的错误行为；县招标投标办公室对县财政局办公楼、武阳镇土地整理项目等12个项目进行审批核准登记。是年，各种项目总投资2115.78万元，建设项目的招标率为100%，公开招标率为100%。

表11-1-1　**2004—2005年绥宁县项目审批部门招标事项核准情况表**　单位：万元

项目名称	项目审批部门	投资概算	资金来源	招标范围	招标组织形式	招标方式	核准时间
S221公路收费站办公楼	县计划局	80	财政拨款	全部	委托招标	公开招标	2004年
长铺林业站办公楼	县计划局	100	自筹	全部	委托招标	公开招标	2004年
县人民医院传染病区	县计划局	70	国债资金	全部	委托招标	公开招标	2004年4月
县通乡公路改造档墙及桥梁工程	县计划局	130	国债资金	全部	委托招标	公开招标	2004年9月
县城街道改造	县计划局	118	自筹	全部	委托招标	公开招标	2004年9月
县城街道人行道改造	县计划局	272	自筹	全部	委托招标	公开招标	2004年9月
县袁家团工业园开发土方工程	县计划局	226	自筹	全部	委托招标	公开招标	2004年10月
县工业园防洪堤工程	县计划局	130	自筹、国债资金	全部	自行招标	公开招标	2004年10月
县城网改造工程	市计划局	300	国债资金、银行贷款	全部	自行招标	公开招标	2004年10月
县一中食堂大楼	县计划局	177	自筹	全部	自行招标	公开招标	2004年10月
县一中教学楼	县计划局	154	自筹	全部	委托招标	公开招标	2004年10月

续表 11-1-1

项目名称	项目审批部门	投资概算	资金来源	招标范围	招标组织形式	招标方式	核准时间
县新华书店仓库及宿舍楼	县计划局	225	自筹	全部	委托招标	公开招标	2004 年 11 月
县林业局办公楼	县计划局	210	自筹	全部	委托招标	公开招标	2004 年 11 月
S221 长铺至乐安路面工程	省发改局	5400	财政拨款、自筹	全部	委托招标	公开招标	2004 年 7 月
通乡公路路面工程	省发改委	2000	财政拨款、自筹	全部	自行招标	公开招标	2004 年 10 月
县自来水管网改造工程	市计划局	130	自筹	全部	自行招标	邀请招标	2004 年 4 月
县财政局办公楼	县计划局	100	财政拨款、自筹	全部	自行招标	邀请招标	2005 年 2 月
县长铺采育场集资建房	县计划局	68	自筹	全部	委托招标	邀请招标	2005 年 2 月
县信用联社住宅楼	县计划局	113.8	财政拨款、自筹	全部	委托招标	邀请招标	2005 年 3 月
武阳镇中学宿舍楼	县计划局	62	财政拨款、自筹	全部	委托招标	邀请招标	2005 年 4 月
经济适用住房	县计划局	160	财政拨款、自筹	全部	委托招标	邀请招标	2005 年 5 月
长铺镇一小教学综合楼	县计划局	171.6	财政拨款、自筹	全部	委托招标	邀请招标	2005 年 7 月
县林业局办公室楼内装修	县发改局	120	自筹	全部	委托招标	邀请招标	2005 年 8 月
县电力公司办公楼	县发改局	30	自筹	全部	委托招标	邀请招标	2005 年 8 月
工业园市政基础设施建设项目	县发改局	138.4	财政拨款	全部	委托招标	邀请招标	2005 年 9 月
县武阳镇土地整理项目	省国土资源厅	641.98	财政拨款	全部	自行招标	邀请招标	2005 年 12 月
县农机公司集资户住宅楼	县发改局	230	自筹	全部	委托招标	邀请招标	2005 年 10 月
县劳动市场建设	县发改局	280	财政拨款	全部	委托招标	邀请招标	2005 年 12 月

第四节　流通领域计划管理

1978 年前，县革委对流通领域实行计划管理，指定县商业、物资等部门负责县内专项物资流通管理。20 世纪 80 年代中期，县内陆续组建烟草、盐业、石油、煤炭等公司，专门负责专营物资的购销。1981 年起，增设利润指标考核和对商业部门下达商品流转计划。1983 年起，工业品和生活资料全部敞开供应，实行市场调节，结束凭票供应的历史。1985 年后，各项指标由各主管局制订下达。除钢材、烧碱等少数重要产品仍由国家掌握外，其余放开供应；粮食、食油改为合同订购和市场收购；木材实行计划砍伐，由县木材公司、县供销社、县物资局、县乡镇企业局收购、敞开销售；中药材麝香、黄柏、杜仲、厚朴仍由国家统一经营。1991 年，中共十三届七中全会提出逐步取消生产资料价格的“双轨”制。20 世纪 90 年代中期，以分配调拨为主要形式的物资管理制度结束，除烧碱外，均全部投放市场，敞开供应。1996 年，实行体制改革，由社会主义计划经济向市场经济转轨。除木材实行计划砍伐外，其他全部由市场调控。2000 年，全面推进社会主义市场经济，由指令性计划转变为指导服务，以市场为主体，实行宏观调控。

第五节 大中专毕业生分配计划管理

1977年，国家恢复高考制度后，绥宁县成立大中专毕业生分配办公室，统一编制下达分配计划，负责毕业生派遣工作。1980—1987年，全县共分配安排各类大中专毕业生400余人。1990年起，遵照国家计委、国家教委、人事部等五部委关于《普通高等学校招收自费生暂行规定》，统招计划内的自费生、大中专普通班毕业生实行自主择业，落实单位后享受统分生同等待遇。计划内委培生在入校前与接收单位及主管部门签订合同并报计划部门批准的，待遇与自费生相同。1996年开始，全国大中专招生全部实行“并轨”，回县毕业生人数剧增，分配率逐年下降。2000年后，根据国家就业方针和政策，计划部门取消指令性计划，不再分配，所有毕业生实行自主择业，走向市场。政府提供讯息，举办招聘会。1988—2000年，全县共分配安排大中专毕业生2575人，其中研究生1人、本科240人、专科541人、中专1793人。

表11-1-2 “五五”计划至“十五”计划时期绥宁县经济发展情况表

项目	发展阶段				
	“五五”计划时期	“六五”“七五”计划时期	“八五”计划时期	“九五”计划时期	“十五”计划时期
一、工农业总产值（万元）	9624	19450	94052	81569（生产总值）	228400（生产总值）
增幅（%）	65.24	102.1	383.6	—	8.6(年均)
其中：工业总产值	2325	9254	51681	42886（二产业）	73900（二产业）
增幅（%）	148.9	298.0	458.5	—	19.95（年均）
农业总产值	7299	10196	42371	38683（一产业）	81800（一产业）
增幅（%）	49.3	39.7	315.6	—	2.08（年均）
二、粮食总产量（万吨）	114986	138272	146200	147176	151000
三、饲养生猪（头）	217370（1980年）	391000（1990年）	485000（1995年）	708000（2000年）	670000（2005年）
四、造林（公顷）	1223.3（1980年）	813.3（1990年）	214.0（1995年）	166.7（2000年）	134.2（2005年）
五、林业迹地更新（公顷）	1489.5	2433.3	1866.0	1435.6	2550.0
六、采伐木材（立方米）	344470	141045	208000	156300	222196
七、社会商品零售总额（万元）	4033	11805	23425	39126	第三产业增加值7.28亿元

表 11-1-3　**1980—2005 年绥宁县部分年份社会总产值构成表（当年价）**

年份	总额（万元）	各行业所占比例（%）									
		农业		工业		建筑业		商业饮食业		运输邮电业	
		占比	增长	占比	增长	占比	增长	占比	增长	占比	增长
1980 年	12199	58.4	—	14.6	—	12.2	—	6.9	—	7.9	—
1985 年	22727	57.3	-1.1	20.6	+6	8.4	-3.8	8	+1.1	5.7	-2.2
1990 年	69913	37.1	-20.2	53	+32.4	2.7	-5.7	4	-4	3.2	-2.5
1995 年	92137	46.9	-17.3	33.4	-19.6	4	+1.3	5	+1	10.7	+7.5
2000 年	141703	25.4	+5.7	54.8	+27.2	3.7	-0.3	5.8	+0.8	13	+2.3
2005 年	228449	58.7	+10.9	30.8	-33.9	1.6	-12.1	4.7	-1.1	4.2	-8.8

表 11-1-4　**1978—2005 年绥宁县部分年份农轻重产业结构表（当年价）**

年份	农业（%）	轻工业（%）	重工业（%）	其他（%）
1978 年	78	18.9	3.1	—
1985 年	67.5	22.2	10.3	—
1990 年	52.4	31.8	15.8	—
1995 年	53.9	14	19	13.1
2000 年	36.5	22.8	16	24.7
2005 年	53	33.6	13.4	—

表 11-1-5　**1978—2005 年绥宁县部分年份农村社会总产值结构表（当年价）**　单位：万元、%

年份	总产值	农业		工业		建筑业		运输业		商业饮食业	
		产值	占比	产值	占比	产值	占比	产值	占比	产值	占比
1980 年	9280	7118	76.7	817	8.8	297	3.2	584	6.3	464	5
1985 年	16946	13015	76.8	1135	6.7	1017	6	712	4.2	1067	6.3
1990 年	34280	25916	75.6	4525	13.2	960	2.8	1371	4	1508	4.4
1995 年	82121	42371	51.6	26211	31.9	2594	3.2	8913	10.8	2032	2.5
2000 年	232322	68789	29.6	81494	35	26244	11.4	32079	13.8	23716	10.2
2005 年	160453	31770	19.8	77980	48.6	—	—	—	—	—	—

表 11-1-6　　1978—2005 年部分年份绥宁县农业总产值内部结构表（当年价）　　单位：万元、%

年份	农业总产值	种植业		林业		牧业		副业		渔业		备注
		产值	占比	产值	占比	产值	占比	产值	占比	产值	占比	—
1978年	6331	3634	57.4	1285	20.3	798	12.6	595	9.4	19	0.3	—
1985年	8077	3820	47.3	1987	24.6	1462	18.1	768	9.5	40	0.5	—
1990年	10196	5424	53.2	1438	14.1	2162	21.2	1050	10.3	122	1.2	经济作物升，占25.8%；粮食作物降，占74.2%
1995年	42371	16143	38.1	13389	31.6	10339	24.4	2119	5	381	0.9	经济作物占36.4%，粮食作物占63.6%
2000年	110815	45656	41.2	38120	34.4	25377	22.9	221	0.2	1441	1.3	粮食作物占74.4%，经济作物占25.6%
2005年	135122	57083	42.2	29315	21.7	44449	32.9	2574	1.9	1701	1.3	粮食作物占55.6%，经济作物占44.4%；“副业”更换为“服务业”

表 11-1-7　　1978—2005 年部分年份绥宁县工业总产值内部结构表　　单位：%

年份	电力	机械	建材建筑	森工	食品	缝纫皮革制造	造纸文教	冶金	化工	其他	备注
1978年	2.7	5	5	7.9	26.8	3	18.3	0	0	12.5	村及村以下工业占18.8%
1990年	6.6	2.6	3.1	12.9	7.4	1.1	11.3	5.3	41.1	8.6	
1995年	3	8	6.8	32	7	0	29.3	4.2	7	2.7	
2000年	4.7		2	48		0	40.2	1.2	3.3	0.6	
2005年	—	—	—	—	—	—	—	—	—	—	增加值49867.2万元

第二章　统计管理

1978年，统计工作归口县计划委员会管理。1980年4月，县统计局成立，为县政府工作部门。1985年2月，绥宁县农村经济调查队建立，属县统计局管理的二级机构，主要负责全县农村住户经济抽样调查和农产品产量抽样调查。1987年始，设乡镇统计站。1990年，全县共有专职和兼职统计员859人，其中行政单位143人、事业单位603人、企业单位113人。2005年，县统计局内设2股1室1队，在职工作人员13人，全县共有专职和兼职统计员1000余人。1980—2005年，杨俊林、于光月、张人杰、唐金良、曾喜莲、石俊华先后任县统计局局长。

第一节　统计调查

一、定期报表

1978—2005年，县内统计部门定期填报的统计报表有日报、周报、旬报、月报、季报、半年报和年报。

1978—2005年，县统计部门需承担国家定期统计调查任务，主要有：国民经济平衡统计、农业与农村经济统计、工业与交通运输业统计、固定资产投资与建筑业统计、商业与外经及旅游业统计、物资能源统计、劳动工资统计、服务业统计、农村社会经济抽样调查（农村住户调查）及人口、社会、物价等综合定期报表。由各职能部门负责的国家统计调查任务主要是：农业机械、国有资产、财政、金融、保险、文化、教育、广播电视、体育卫生、计划生育、科学技术、邮电、环保、公安、检察、法院、工会、青年、妇联等定期统计报表。1984年起，将农村工业（村及村以下工业产值）纳入工业统计的范围，并将历年包括在农业产值中的农村工业产值调整到工业产值之内；把农业生产统计扩展为农村社会经济统计；对农村专业户、经济联合体的基本情况进行一次性调查。

二、抽样调查

1977年以后，全县组织开展的重要抽样调查主要有：农业产量、人口变动、城乡居民职工的家庭收支、旅馆业、个体商业餐饮业、非规模工业等。

农村社会经济抽样调查　1985年，县农村经济调查队成立后，按照《湖南省农村经济调查方案》的规定，依据多阶段、随机起点、对称等距抽样的方法，实行三阶段抽样，即县抽乡、乡抽村民小组、村民小组抽户调查。在全县共抽选60户农村住户作为调查网点（样本），每5

年轮换1遍。1985—2005年，全县调查网点先后轮换了5次。其中：1985—1990年第一轮调查点分别为：鹅公岭侗族苗族乡金坑村、竹舟江苗族乡塘湾村、乐安铺苗族侗族乡大团村、关峡苗族乡茶江村、李熙桥镇长寨村、水口乡水口村，共60户。1991—1995年第二轮调查点分别为：鹅公岭侗族苗族乡佳田村、兰家侗族苗族乡高仓村、双河苗族乡双河村（今党坪苗族乡党坪村）、枫木团苗族侗族乡印坪村、武阳镇老祖村、唐家坊乡宝善村，共60户。1996—1999年第三轮调查点分别为：麻塘苗族乡麻塘村、竹舟江苗族联溪村、黄桑坪苗族乡黄桑坪村、关峡苗族乡茶江村、武阳镇六王村、黄土矿乡自然村、唐家坊镇下湾村、瓦屋塘乡小田村，共80户。2000—2003年第四轮调查点分别为：东山侗族乡东山村、在市苗族侗族乡西河村、河口苗族乡河口村、关峡苗族乡岩头村、长铺子苗族乡袁家团村、武阳镇茅坪村、红岩镇盐井村、唐家坊镇下湾村，共80户。2005年第五轮调查点分别为：东山侗族乡表华村、在市苗族侗族乡李家湾村、党坪苗族乡界溪口村、红岩镇大田村、瓦屋塘乡瓦屋塘村、水口乡田凼村，共60户。抽样调查结果显示，全县农民人均纯收入从1985年的378元增至2005年的3515元，年平均递增1.79%。

全国1%人口抽样调查　1987年，全国进行1%人口抽样调查，绥宁县为抽中县之一。是年3月，绥宁县成立1%人口抽样调查领导小组，并从公安、计划生育、统计等有关部门抽调人员集中办公。调查时间以1987年7月1日零时为标准时间，调查对象是被抽中地区具有中华人民共和国国籍的人，调查内容包括人口的年龄结构、文化程度、行业、职业构成、家庭、婚姻、生育、死亡等基本情况。绥宁共抽中6个乡镇（武阳、盐井、黄桑坪、白玉、金屋塘、关峡），9个村54个村民小组。全县实际调查登记1253户5598人，分别占总户数和总人口的1.8%和1.86%；家庭平均每户为4.47人，男女性别比为（女=100）107.10∶100；年龄中位数为22.05岁，少年系数为33.99，老年系数为4.68；大学以上文化程度占0.14%，文盲、半文盲占同龄人口的22.39%。

三、工业普查

1985年和1995年，县内先后开展2次工业普查。

第二次全国（县）工业普查　1985年2月，县内启动第二次全国（县）工业普查，并成立绥宁县第二次全国工业普查领导小组。1986年11月，普查工作结束。普查结果：全县有工业企业98家，其中全民所有制工业19家、集体所有制企业79家；集中所有制工业企业中，有亏损企业14家。当年全县工业企业占地总面积77.6013万平方米，房屋建筑27.8228万平方米（其中全民所有制企业生产用房88204平方米）；全县工业企业累计固定资产投资5060万元，动力机械总能力47001千瓦，年末固定资产原值4979万元、净值3721万元，年折旧基金188万元。当年末全县工业企业有在职职工4925人，当年产品销售总额5043万元，产品销售税金381万元，利润总额331万元，企业所得税94万元，职工工资总额为409万元。

第三次全国（县）工业普查　1995年8月，成立绥宁县第三次全国（县）工业普查领导小组，启动县内第三次工业普查。1996 年 8 月，普查工作结束。普查结果：1995 年全县有工业企业和生产单位 302 家，工业总产值当年价 6.8489 亿元、不变价 5.1659 亿元，年末从业人数 20685 人；其中乡及乡以上工业企业 177 家，工业总产值当年价 3.955 亿元、不变价 3.0801 亿元，年末从业人数 8876 人。全县有村办工业、私营工业、个体工业企业单位 3125 家，工业总产值当年价 2.894 亿元，年末从业人数 10950 人。附营工业人员 859 人。

四、首次第三产业普查

1993 年 10 月，县内启动第三产业普查，普查结果为：

1992 年年底在县境内从事第三产业的单位共有 4861 个，从业人员 19031 人，其中：独立核算单位 766 个，从业人数 10076 人；单独核算单位 997 个，从业人数 5103 人；从事第三产业的城乡个体户 3098 个，从业人数 3852 人。执行企业会计制度的单位 300 个，从业人数 4429 人。单独核算单位 197 个，从业人数 1166 人。执行行政事业单位会计制度的单位 1463 个，从业人数 10750 人，其中独立核算单位 663 个、从业人数 6821 人，单独核算单位 800 个、从业人数 3929 人。

按经济类型划分，在 1992 年底全县第三产业单位中，国有经济 698 个，占总数的 14.4%；集体经济 1049 个，占 21.6%；私营经济 3098 个，占 63.7%。

1992 年第三产业总产出为 1.62 亿元，增加值为 9646 万元，增加值占总产出的比重 59.5%，中间消耗为 6565 万元，占总产出 40.5%。第三产业财务收支状况：1992 年企业单位（包括执行企业会计制度的事业单位）营业收入 6668 万元，比 1991 年增长 11.3%；销售税金 474 万元，增长 6.0%；营业利润 896 万元，增长 27.9%。行政事业单位 1992 年收入为 1.07 亿元，比 1991 年增长 16.9%；支出为 1.04 亿元，增长 21.5%。从整个社会的三大产业看：排序为“一、三、二”，第三产业所创造的增加值居第二。

五、首次全国农业普查

1996—1999 年，全县进行第一次农业普查。普查结果如下：

1996 年末，全县从事生产经营活动的农村住户 72100 户，其中：以农业收入为主的 64500 户，占 89.5%；以非农业收入为主的 7600 户，占 10.5%。全县共有非农村住户类农业生产经营单位 170 个，其中：国有 8 个、集体 157 个；以种植业为主的单位 157 个、占总数的 92.93%，以畜牧业为主的 2 个、占 1.18%，以林业为主的单位 10 个、占 5.89%。

1996 年年末，全县农村从业人员为 18.01 万人，户均从业人员 2.49 人，其中从事农业人员 15.10 万人、占 83.85%，从事非农业人员 29000 人、占 16.15%。全县农村从业人员在本乡内从事劳动的从业人员为 15.96 万人，占从业人员总数的 88.61%；在本县外乡从事劳动的人员为 5600 人，占 7.39%。全县农村科技人员 4325 人，其中种植业科技人员 2850 人、畜牧业科技人员 559

人、林业科技人员108人、渔业科技人员97人、水管员88人、电管员502人，平均每个行政村有科技人员12.18人、其他专业人员2人。全县农民参加过各类技术培训的人员有17619人，其中参加过作物栽培技术培训的9544人、参加果木园艺培训的1846人、参加畜牧饲养培训的5057人、参加林业技术培训的397人、参加渔业养殖培训的238人、参加农业机械培训的537人。在非农村住户类农业生产单位工作的人员中，有中级以上职称的科技人员33人，中专及中专以上文化的40人。

1996年年末，全县拥有大中型拖拉机26台，小型拖拉机2106台，机动脱粒机1433台，农用运输车238辆，农用电动机2162台，家用柴油机861台，农用水泵610台，农用载重汽车147辆，小水电站33个。

1996年年末，全县农村镇（不包括长铺镇）6个，占全县乡镇数的24%，每个镇镇区平均占地面积1.33平方千米；平均每镇镇区人口数为6927人，其中非农业人员948人；平均每镇的企业数为9.3个，企业从业人数为276.33人。全县非农业乡镇企业总数408个，其中乡镇办105个、村办65个、联户办73个、户办165个，乡镇办与村办企业占企业总数的41.67%，从业人数7159人。从行业类别来看，乡镇工业企业365个，占企业总数的89.46%。

表11-2-1　**1996年绥宁县非农村住户类农业生产单位经营规模情况表**

项目	数量	平均每个单位
单位数（个）	170	—
从业人员（人）	2007	11.81
耕地面积（亩）	3226	18.79
园地面积（亩）	8705	51.21
有林地面积（亩）	86898	511.16
牧草地面积（亩）	34000	2000.00
牛年末存栏（头）	4	0.02
猪年末存栏（头）	336	1.98
羊年末存栏（只）	3318	19.52

表11-2-2　**1996年绥宁县镇区企业经济类型情况表**

项目	企业（个）	比重（%）	从业人员（人）	比重（%）	平均每个企业人数
合计	56	100	1658	100	29.61
集体	30	53.57	888	53.56	29.60
私营	12	21.43	230	13.87	19.17
联营	11	19.64	374	22.56	34.00
外商	3	5.36	166	10.01	55.33

表 11-2-3　　1996 年绥宁县镇区企业行业构成情况表

项目	企业（个）	比重（%）	从业人员（人）	比重（%）	平均每个企业人数（人）
合计	56	100	1658	100	29.61
工业	33	58.93	862	51.99	26.12
建筑业	4	7.14	273	16.47	63.25
批零贸易餐饮业	15	26.79	417	25.15	27.80
其他	4	7.14	106	6.39	26.50

六、第二次全国基本单位普查

此次普查的标准时间为 2001 年 12 月 31 日。普查结果：全县法人单位数为 1106 个，其中单产业法人单位 1009 个、多产业法人单位 97 个、产业活动单位 2043 个。

表 11-2-4　　2001 年绥宁县第二次全国基本单位普查情况表　　单位：个

行业类别	法人单位数			多产业法人单位的产业活动单位
	小计	单产业法人单位	多产业法人单位	
一、农、林、牧、渔业	44	43	1	136
二、采掘业	—	—	—	—
三、制造业	226	225	1	239
四、电力、水生产和供应业	42	40	2	66
五、建筑业	11	11	—	11
六、地质勘查、水利管理业	—	—	—	—
七、交通运输、仓储、邮电业	13	11	2	67
八、批发和零售贸易、餐饮业	93	86	7	135
九、金融、保险业	9	5	4	57
十、房地产业	1	1	—	1
十一、社会服务业	8	7	1	24
十二、卫生体育和社会福利业	36	35	1	46
十三、教育、文化及广播、电视业	58	33	25	432
十四、科学研究和综合技术服务	—	—	—	—
十五、国家机关、政党机关和社会团体	565	512	53	829
十六、其他行业	—	—	—	—
合计	1106	1009	97	2043

七、首次全国经济普查

2004 年 3 月，成立经济普查领导小组，开始进行首次全国经济普查，目的主要是全面掌握第二产业和第三产业的发展规模、结构和效益等信息，建立健全覆盖国民经济各个行业的基本单位名录库及其数据系统。普查对象是凡在绥宁县境内从事第二产业和第三产业的全部法人单位、产业活动单位和个体工商户。普查内容主要是单位标志、从业人员、财务收支、资产状况以及企业的主要生产经营活动和生产能力、主要原材料和能源消耗及科技开发的投入状况等。普查标准时间为2004年12月31日，时期资料为2004年度。普查结果是：

普查共登记调查法人单位1011个，其中规模工业（指销售收入500万元以上的单位）39个、规模以下工业204个、限额以上（指批发业2000万元、零售业500万元以上）商业3个、限额以下商业39个、具备资质等级建筑企业3家、交通运输电信业7个、行政事业单位618个，产业活动单位1748个；与第二次基本单位普查相比，单位数呈减少趋势。主要原因：普查口径不一致，如限额以上商业中烟草公司和石油公司在这次普查时作为产业活动单位填报，而基本单位普查时作为法人单位，邮政、金融和电信业等行业也存在这种情况；事业单位改革使单位数减少，如教育部门改革，取消各乡镇联校，全县共减少25个单位；调查范围不同，基本单位普查范围涵盖一、二、三产业，减少一产业法人单位23个；因经营不善和市场经济秩序整顿，一部分企业关闭，三年来关闭停产的企业共有83家。

主要经济指标情况是：

工业 规模工业总产值为9749.59万元，工业增加值3054.29万元，规模以下工业总产值为2635.34万元，工业销售产值为2581.06万元。

商业 限额以上商业主营业务收入908.68万元，营业利润54.04万元，限额以下商业主营业务收入892.68万元，利润150.16万元。

建筑业 全县资质以上建筑业3个，总产值为723.20万元，利润总额为11.70万元。

行政事业单位 共调查登记行政事业单位618个，年末从业人数15772人，本年收入3405.17万元，其中人员支出2627.24万元。

服务业企业 服务业企业52个，年末从业人员131人，资产总计94.26万元，营业收入19.86万元，利润总额10.31万元。

交通运输电信业 交通运输电信业共7个，年末从业人员150人，营业收入26.83万元，资产总计111.77万元，税金3.34万元。

个体户基本情况 全县个体经营户9125户，从业人员15133人，营业收入4.6332亿元，营业支出2.9710亿元，其中雇员报酬1581万元，缴纳税金1956万元。

第二节　统计服务与统计执法

一、统计服务

统计部门根据各种定期报表资料，加工整理编印成各种专业统计月报、统计简报，提供给县党政领导及有关部门参阅。1980年，整理编印《1950—1979年国民经济统计资料》；1986年，整理编印《1949—1985年国民经济统计资料》。1987年，《绥宁统计》复刊，1995年因压缩刊物停刊。1992年开始，每年发表国民经济和社会发展统计公报，着重从工业、农业、贸易和市场物价、金融和保险、科技与教育、文化卫生与体育、环境保护、人口就业与社会保障、人民生活等方面，论述国民经济和社会发展情况及存在的问题。1995年开始，按月整理编印国民经济和社会发展主要指标完成情况《统计月报卡》，送交县党政领导和有关部门，为其决策提供可靠依据，为县双文明建设目标管理考核工作提供统计服务。1977—2005年，整理编印年度国民经济和社会发展统计资料（从1996年开始改为统计年鉴）。

二、统计执法

1984年1月，《中华人民共和国统计法》颁布实施后，县统计局开展宣传活动，在县城中心街悬挂《统计法》宣传图画12幅；出动宣传车，在全县各乡镇巡回宣传；印发《统计法》原文1000份，发往全县各乡（镇）、村和县属各部门、单位及企事业单位。1986年9月，省人大财政经济委员会与省统计局组成联合检查组对绥宁县贯彻执行《统计法》情况进行检查。1987年，全县开展《中华人民共和国统计法》《中华人民共和国统计法实施细则》和湖南省《关于加强统计工作的决定》等统计法律法规贯彻执行情况的检查，重点检查统计法制建设、统计数字质量、城乡统计基础建设等方面的情况。1992年，开展统计法知识培训。培训对象为各机关团体、企事业单位法人代表、统计负责人和统计人员，共150多人参训。1995年，县统计局设立法规股，同时设立隶属于县人民法院的统计法规执行室。1992—2005年，全县先后有128名统计人员参加统计证上岗培训，46人参加统计继续教育，26人参加统计中级培训，136人参加统计“四五”普法学习。2005年，全县重点抽查48个单位的统计执行情况，其中立案查处16个，处以罚款10万元。

第三章　物价管理

1978年，县物价委员会负责对县内钢铁、水泥、化肥、石油及其他生产生活资料价格和医药价格的管理。1984年，县物价委员会更名为绥宁县物价局，内设办公室、价格股、收费股和物价监督站；1985年，增设县物价检查所，负责监督检查商品价格、明码标价及行政、事业经常性收费执行情况、反欺诈和暴利。1995年，与计委合并，改为绥宁县计划物价局；成立县价格调节基金征收管理办公室，负责对宾馆旅社、招待所等经营单位按营业收入3%征收价格调节基金，对事业性收费按收费金额30%征收价格调节基金，对休闲娱乐业按营业收入2%征收价格调节基金。1996年，恢复县物价局建制。2003年，成立价格认证中心，负责接受司法机关、行政机关、仲裁机构的委托，对涉案的有形财产和无形资产进行价格鉴证。2005年，局机关有工作人员14人。1984—2005年，梁利江、龙章华、李德明、刘祥云、黄保昆、贺安明先后任县物价局局长。

第一节　市场物价调控

1978年，县内农副产品有所增多，城乡有些物资仍需凭票证供应。1979年，县内调高粮、油、生猪等主要农副产品收购价和部分副食品销售价，政府每月补贴每位职工物资差5元。1980年，外来农副产品开始进入县境内，县城集贸市场票证以外的商品交易种类和数量逐步增多；除粮食、木材等少数品种外，多数农副产品敞开经营。1981年，调高非生活必需品如烟、酒等物资的价格，降低化纤布价格。1983年，电视机、手表、洗衣机等高档商品大幅度降价。1984年，调高粮食、油菜籽的统购派购价格，以增加农民收入。1985年，取消粮食统购，改按合同定购，调整粮油定购定销价格，取消生猪派购和木材统购，县财政给予非农业人口每人每月固定肉价补贴。1986年，全县开展粮食议价收购，农产品价格上升，市场零售价格指数升到5.6%，控制在省定的6%以内。1987年，电视机、手表、洗衣机等高档商品再次大幅度降价。

1988年一度出现抢购风，市场零售价格指数升至28.6%，一些高档商品如电视机、洗衣机、冰箱等在县城一度脱销。1989年起，贯彻执行中共中央、国务院“治理经济环境，整顿经济秩序”的方针，压缩基建规模，提高城乡居民储蓄利率，促进货币回笼。1990年，抑制通货膨胀，全县物价趋于平稳，且稳中有降，市场零售指数仅上升2.5%，比省控指数18%低15.5个百分点。

20世纪90年代初，实行物资敞开供应，计划经济时期凭票证供应各种物资的措施终止。1992年，全县食盐价格由四价区调整为三价区。

1993年，由于民营企业崛起、个体经济发展、企业制度改革等原因，物价有所上涨，主要是农产品供应相对偏紧，副食品价格有所上升。是年，全县粮食放开经营、放开价格。1994年，因货币过量投放、投资和消费需求急剧扩张、价格改革中的结构性调整、国家调整存贷款利率和提高营业税率等方面的影响，全县各类商品价格和服务收费都全面上涨，全年涨幅14.7%，其中城镇上涨14.6%、农村上涨14.8%。零售物价涨幅在两位数以上的有14类：粮食45.9%、鲜菜14.3%、肉禽蛋14.2%、农产品11.8%、食用植物油13.4%、调味品17.9%、食糖30.1%、日用工业品10.8%、书报杂志17.6%、医药13.5%、建筑装饰材料26.3%、燃料34.9%、集市贸易11.1%、农资13.4%。涨幅在个位数的有4类：烟酒类8.3%、其他食品8.6%、衣着类1.5%、文化娱乐用品3.9%。

1995年，社会购买力比上年扩大18.5%，社会商品零售额比上年增长17.8%，基建材料和高档耐用消费品、黄金首饰出现逐月上涨，甚至一天一个价的局面。如：钢材，年初每吨2500元，到6月份涨到4000多元；黄金首饰年初每克105元，6月份涨到148～150元；182立升中意冰箱，年初每台1860元，涨到2030元。主要食品价格猛涨。稻谷收购价格每50千克40元，比上年同期上涨17元，涨幅为77%；粮食销售价随购价上涨，大米每500克0.80～0.90元，比上年上升79%。生猪价格由每50千克收购价159～160元，年底涨至230～240元，市场上猪肉销售价格涨至每500克3.90～4.10元，比上年同期上升0.7～1.1元。菜油价格，上半年每500克维持在2.5～2.7元的水平，年底涨至3.4～3.5元，比上半年上涨0.8元，涨幅为25%。食糖价格，从1991年放开后，价格逐步回落，由放开前的每500克1.7元下降到1.4元左右，至1994年7月，价格开始回升，1995年上涨38.1%，每500克涨至2元左右。食盐卤价格，每500克提价0.15元。蔬菜价格，一直维持在较高水平，鲜鱼和其他食品价格均有较大幅度上升。

1994—1995年，全县物价上涨有三个特征：结构性特征——表现在食品价格上涨过快，而其他生活资料价格涨幅基本正常。在构成商品零售价格总指数的15类商品中，食品类价格上涨40.9%，推动整个零售价格总指数上升15.4%，占总涨幅的62.9%，其余14类商品除书报杂志类外，价格涨幅大多数在15%左右。工业生产资料价格较前两年有所回落，21种主要生产资料中，价格比上年回落的有8种。区域性特征——1995年前全县城乡市场物价涨幅基本同步或是县城高于农村，但从1994年开始，农村物价涨幅加大，一些主要生活资料尤其是食品城乡价差缩小。全年平均商品零售价格农村上涨26.5%，比县城高4.8个百分点。农村物价上涨的重点是农资价格，比1994年上涨18.5%，特别是化肥价格较高，尿素零售价格每吨一度突破2800元。自发性特征——物价上涨，属于国家安排出台的提价项目并不多，主要是市场需求拉动市场物价上涨。农贸市场农产品成交价格指数1995年比1994上涨36.5%。

20世纪90年代中期至2004年，全县物价涨幅在高位上趋于平稳，粮食、食油、猪肉等主要食品价格基本持平，一些蔬菜价格有所回落。由于经济体制的全面改革，带动固定资产建设投资加大等原因，2005年全县物价涨幅又开始回升。其中猪肉、牛肉、粮食、食油及部分蔬菜涨幅较高，有些涨幅达2倍以上，牛肉每千克达44～46元，猪肉每千克达16～18元。

表 11-3-1

1978—1985 年绥宁县主要粮油品种统购统销价格表

单位：元/50 千克

年份	粮食								油脂油料					非食用油	
	统购				统销				统购			统销		统购	统销
	稻谷	糯谷	大米	大豆	稻谷	糯谷	大米	大豆	茶油	菜油	茶籽	茶油	菜油	桐油	桐油
1978 年	19.50	24.00	28.00	34.00	19.50	24.00	28.00	34.00	182.00	180.00	57.00	165.00	150.00	165.00	115.00
1979 年	23.10	29.40	33.50	40.00	19.50	24.00	28.00	34.00	185.00	180.00	59.00	169.00	150.00	165.00	115.00
1980 年	23.50	29.40	34.50	41.00	20.00	25.00	30.00	35.00	190.00	185.00	60.00	170.00	155.00	170.00	120.00
1981 年	23.50	29.40	34.50	42.00	22.00	30.00	32.00	36.00	200.00	190.00	65.00	180.50	165.00	190.00	150.00
1982 年	24.00	30.00	35.50	45.00	24.00	30.00	35.00	40.00	250.00	200.00	75.00	190.00	175.00	200.00	200.00
1983 年	25.00	34.00	36.00	50.00	30.00	32.00	40.00	50.00	250.00	200.00	80.00	200.00	185.00	260.00	260.00
1984 年	30.00	35.00	40.00	60.00	32.00	40.50	45.50	65.00	280.00	205.00	80.00	270.00	200.00	300.00	300.00
1985 年	31.18	38.24	45.00	68.00	34.30	49.60	42.18	74.80	306.80	275.60	85.80	332.00	298.00	400.00	460.00

说明：1985 年取消粮食统购，改按合同定购，调整粮油购定销价格

表 11-3-2

1978—1992 年绥宁县部分年份主要农副产品收购价格表

年份	生猪（元/50 千克）	鸡（元/50 千克）	鸡蛋（元/50 千克）	鸭（元/50 千克）	木炭（元/50 千克）	木材（元/立方米）		玉兰片（元/50 千克）		
						内材	外材	冬片	桃片	春片
1978 年	51.00	75.00	70.00	55.00	4.50	34.06	25.60	165.00	125.00	81.00
1979 年	57.00	90.00	81.18	60.00	5.00	34.06	25.62	165.00	127.00	80.00
1983 年	61.00	96.00	94.50	55.00	5.50	60.00	46.97	240.00	220.00	160.00
1985 年	130.00	180.00	150.00	100.00	8.00	217.65	83.17	统装 420.00		
1987 年	180.00	350.00	250.00	150.50	10.00	343.19	221.82	统装 250.00		
1989 年	170.00	300.00	240.00	145.00	10.00	343.00	210.00	329.00	300.00	240.00
1990 年	160.00	350.00	240.00	140.00	18.00	340.00	220.00	340.00	300.00	260.00
1992 年	165.00	350.00	250.00	130.00	19.00	341.50	220.00	340.00	300.00	261.00

说明：1994 年后实行市场经济，政府不再统一收购，购销均市场化，价格时升时降

表 11-3-3

1978—2004 年绥宁县部分年份主要消费品零售价格表

年份	稻谷（元/50千克）	黄豆（元/50千克）	菜油（元/50千克）	茶油（元/50千克）	猪肉（元/50千克）	活母鸡（元/50千克）	鸡蛋（元/50千克）	土鸭（元/50千克）	食盐（元/0.5千克）	白糖（元/0.5千克）	肥皂（元/条）	香烟（元/条）	火柴（元/盒）	煤油（元/0.5千克）	鱼（元/0.5千克）	竹笋（元/0.5千克）
1978 年	9.50	15.00	77.00	84.00	76.00	85.00	76.50	51.00	0.17	0.80	0.42	2.00	0.02	0.50	0.80	0.16
1979 年	9.50	16.70	74.00	82.00	96.00	89.00	84.00	57.17	0.17	0.76	0.42	2.00	0.02	0.39	0.80	0.30
1983 年	9.50	16.70	74.00	82.00	96.00	100.00	120.00	99.00	0.17	0.76	0.42	4.00	0.02	0.39	1.00	0.50
1985 年	比例价 7.15	37.40	149.00	166.00	市场价 196.00	市场价 220.00	市场价 180.00	市场价 122.00	0.17	0.76	0.42	6.00	0.03	0.39	1.60	0.60
1987 年	17.15	37.40	149.00	166.00	313.00	549.00	394.00	217.00	0.17	0.76	0.49	10.00	0.03	0.39	2.00	0.60
1990 年	22.00	46.50	208.00	265.00	250.00	500.00	394.00	260.00	0.29	1.21	0.98	15.00	0.07	0.42	2.00	0.60
1992 年	22.00	46.50	208.00	270.00	251.00	500.00	394.00	260.00	0.30	1.50	1.00	20.00	0.10	0.50	2.00	0.60
1994 年	60.00	49.00	400.00	1000.00	560.00	600.00	450.00	400.00	0.50	2.00	1.00	40.00	0.20	0.50	3.00	0.80
1998 年	58.00	45.00	390.00	800.00	500.00	580.00	400.00	390.00	0.60	1.90	1.20	40.00	0.30	—	3.50	0.90
2000 年	58.00	45.00	380.00	850.00	490.00	590.00	400.00	400.00	0.60	1.80	1.20	60.00	0.30	—	3.50	1.00
2001 年	60.00	48.00	400.00	900.00	490.00	600.00	450.00	450.00	0.80	2.00	1.00	80.00	0.40	—	4.00	1.50
2002 年	65.00	50.00	420.00	900.00	600.00	750.00	500.00	480.00	0.90	2.20	1.40	90.00	0.40	—	5.00	2.50
2004 年	68.00	50.00	450.00	1200.00	700.00	800.00	400.00	550.00	1.20	2.50	1.50	100.00	0.50	—	6.00	3.00

第二节　行政事业收费标准管理

1978年至20世纪80年代，全县有收费项目的行政事业单位及收费项目不多，收费比较规范，乱收费现象较少。90年代初期，收费单位逐年增多，乱收费、乱罚款现象逐渐增多。1995年，全县有行政事业单位301个，收费单位多，收费范围广，违规、违纪现象严重。从是年起，县委、县政府在全县持续开展清费治乱工作。

规范收费项目　县物价局会同有关部门清理1991—1995年省市有关部门所发的收费文件，以及其他经营性收费文件。共清理收费项目196项，废止收费文件5份，调整收费标准8项，撤销一批乱收费项目，吊销收费许可证7个，降低收费标准5项，年减轻企业和群众负担430万元。后又撤销收取农村管理员服务费、村镇建设规划费，降低家禽、蛋品检疫费标准等5个收费项目，每年减轻全县农民负担600万元。

收费年审年检　根据《湖南省行政事业性收费管理条例》和《收费许可证管理办法》规定，逐一核对收费项目和标准。逐步规范党群机关、行政事业单位短期办班收费标准，规定凡培训时间在1～2天的，最高收费每天不得超过20元，培训时间在3～5天的，最高收费每天不超过40元（均含教材、资料费）。

规范中小学收费标准　1995年，共向学生家长发放缴费明白卡8.2万份；对全县学校收费进行规范，纠正县第二职业中学、县民族中学和长铺镇第二小学等学校违规收取40.2万元借读费问题。全县九年制义务教育收费实行“一费制”，标准由杂费、课本费、作业本费3项组成。基本杂费小学生每生每期农村70元、城镇90元，初中生每生每期农村90元、城镇110元；课本费每生每期小学5元、初中6元；作业本费每生每期小学7元、初中10元。全县高中教育收费，也有明文规定。普通高中教育阶段学费，省级示范性高中县第一中学每生每期不超过1000元，市级示范性高中县第二中学、县民族中学和城区高中不超过800元；职业高中参照普通高中执行。民办学校或由企业组织、单位和个人共同集资兴办的学校，遵照国务院和省政府“关于加强教育收费管理”的精神办理。2003年春季开学时，县物价局对县城和部分乡镇学校的收费情况，采取明察暗访的办法进行检查，对县民族中学及长铺镇第一小学、第二小学、第三小学和部分乡镇学校收费逐一核对，对个别学校搭车收费行为进行行政处罚。

规范价费公示制度　公示内容既包括各项收费项目和标准，又包括批准机关、计量单位、举报电话及受理单位和处罚承诺。2004年，县物价部门印发价费公示实施方案，召开全县价费公示工作动员会。会后，全县所有乡镇和98%的行政村、社区设立公示牌；119个行政事业单位和153个服务价格收费单位都完成价费公示，公示率达100%。2005年，全县全面推行价费公示制度。

表 11-3-4

2005 年秋季绥宁县义务教育一费制收费标准表

单位:元/每生每期

类别	项目	一费制标准												服务性收费						教师奖励基金
		合计				杂费		课本费					作业本费	教辅资料	影票费		班费	寄宿费	搭餐费	
		非课改地区		课改地区		农村	城镇	普通课本		实验课本		音像教材			城镇	农村				
		农村	城镇	农村	城镇			农村	城镇	农村	城镇									
小学	一年一期	—	—	119.20	147.50	80	101	—	45	4	31.50	5	10	学生家长自愿选订	4	3	4	45	4	1
	二年一期	—	—	118.30	146.70	78	99	—	45	4	32.70	5	10		4	3	4	45	4	1
	三年一期	126.60	154	127	155.30	78	99	33.60	45	4	41.30	5	10		4	3	4	45	4	1
	四年一期	134	162.10	124.30	153.30	78	99	41	45	4	39.30	5	10		4	3	4	45	4	1
	五年一期	163.20	191.90	—	—	103	124	45.20	45	4	—	5	10		4	3	4	45	4	1
	六年一期	156.80	182.30	—	—	103	124	38.80	45	4	—	5	10		4	3	4	45	4	1
初中	一年一期	—	—	269	300.70	127	148	—	55	4	131.70	6	15		4	3	4	55	4	1
	二年一期	—	—	265	298.30	124	145	—	55	4	132.30	6	15		4	3	4	55	4	1
	三年一期	232.40	253.40	233.90	267	124	145	87.40	55	4	101	6	15		4	3	4	55	4	1

注:1. 经省以上教育行政部门认定的现代技术实验学校和经批准由社会投资电脑教室的学校并开设的信息技术课程的年级，可在上述标准基础上增加 15 元；

2. 因条件限制不能提供“一费制”范围内规定项目的，应向学生退还相应的费用；

3. 对未自愿接受相应服务的学生不得收取寄宿和搭餐费；搭两餐的按每生每月 6 元标准收取搭餐费；

4. 杂费中包含科技活动费、帮困保学费、预防体检费及学生守则、学生证、校徽、毕业证等费用；

5. 跨县就读的可收取借读费每生每期小学 150 元、初中 200 元；

6. 教师奖励基金由学生家长自愿捐赠

表 11-3-5

2005 年秋季绥宁县各高中学校收费标准表

单位：元/每生每期

类别	项目	学费	代收费									教师奖励基金
			应缴部分				自愿部分					
			必订课本费	音像教材费	作业本费	其他费	寄宿费	信息技术教育费	班费	选订课本费	影票费	
县一中	一年级	1000	142.06	6	16	10	65	现代教育技术实验学校 50 元，其他学校 35 元	5	在选订书目内由学生自主选订	5	1
	二年级	1000	139.93	6	16	10	65		5		5	1
	三年级	1000	文 85.36 理 77.85	6	16	11	65		5		5	1
县二中 县民族中学	一年级	800	142.06	6	16	10	65		5		5	1
	二年级	800	139.93	6	16	10	65		5		5	1
	三年级	800	文 85.36 理 77.85	6	16	11	65		5		5	1

说明：1. 其他费指：科技活动费 2 元，帮困费 4 元，预防体检费 4 元，高三学生毕业证 1 元；
2. 收取预防体检费后，学生每年按规定项目体检一次；
3. 作业本费中包括寒假作业本在内；
4. 收取音像教材费后，学校应向学生提供相应的配套音像教材并不得再收费；
5. 教师奖励基金由学生家长自愿捐赠

规范县城自来水价格 按照“补偿成本，合理收费，自我发展，公平负担”的改革原则和目标，2004年，县物价局举行价格听证后，在全面审核成本、考虑企业和居民承受能力的前提下，调整县城自来水价格。调整后的自来水价格为：居民生活用水每吨1.57元，工业用水每吨1.73元，经营服务用水每吨2.83元，特种行业用水每吨4.71元。

规范农村电价 2004年，县物价局加大农村电价整治力度，规定农网改造全面完成的地方不得超过0.65元/千瓦时。针对全县小水电运行成本上升、上网价格偏低，适当调整小电站上网电价，平均每度提高0.022元。2005年，实行分乡分区最高限价，全县农电价格基本稳定。

规范县城的士车营运价格 2004年，核定城区出租车价格：凡在县城出租的士车，白天起步价1.5千米以内2元，超过1.5千米的每500米加价0.70元；晚上起步价1.5千米以内2.50元，超过1.5千米的每500米加价0.80元，超过6千米的加收50%，回程空驶费，票价尾数按实找零计收；春节7天起步价上调1元、里程价不调。

规范春运票价 2005年春节，县物价局分组片对湘运绥宁汽车站和南站、北站的春运票价进行宣传检查。共发送执价提示通知100份到每个营运司机；处理违价依维柯车主1例、罚款200元，将多收价款当场清退给乘客；对湘运绥宁分公司提高标准收取站务费等违价行为，给予制止纠正并处罚。是年，绥宁至各地长途春运期间费率0.209元/人千米。绥宁至普宁全程1332千米，卧铺车票价295.00元（含绥宁至普宁沿途33个收费站点的过路过桥费、绥宁始发站的旅客站务费）；绥宁至珠海全程1160千米，卧铺车春运票价257.00元；绥宁至温州全程1594千米，卧铺车春运票价350.00元。短途费率0.1376元/人千米。绥宁至邵阳全程207千米，春运票价30.00元；绥宁至邵东全程240千米，春运票价35.00元；绥宁至武冈全程81千米，春运12.50元，正常票价10.50元；绥宁至城步全程65千米，春运价11.00元，正常票价9.50元。

第三节 物价执法监督

1980年，对部分公社医院的1417个中药价格进行检查，发现错价344个。1982年，对1511个项目价格进行检查，发现错价97个。1983年12月，对1850个项目价格进行检查，发现错价300个，金额达31130元，收缴国库8852.18元，清退给农民22270元。1984年，对251家企业进行检查，发现问题114起，清退给消费者3.8万元，罚款255元。1986年，查出物价违纪案件139起，违纪金额32.2万元，收缴县财政4.1万元，清退给用户3179元。1987年，查出违纪物价案件112起，违纪金额67.4万元，没收非法收入30700元，罚款337元。

1990年以后，每年都要对全县物价进行数次检查，对有问题的发现一起处理一起。1994年，查出违法违纪案件56起，经济处罚12万元，清退给农民10万余元。是年起，对全县30多个部门和行业的收费逐项进行审核和规范，明确收费管理权限，规范审批程序，建立收费许可证制度、专用票据制度和年检年审制度，取消不合理收费项目 17 个，降低收费标准 13 个。1996 年 7 月起，全县实施《绥宁县价格调节基金征收管理实施办法》。1998 年《中华人民共和国价格法》颁布后，全县的物价管理走上法制化轨道。随着市场经济的发展和各种商品价格的逐渐放开，虽然总体上物价比较稳定，但是涨、降幅度时大时小，个别时候有失控现象。为控制物价的上涨和乱收费现象，绥宁县制定一系列规章制度，2002 年制定《关于二〇〇二年度杂交水稻种子销售价的通知》，2003 年制定《优化经济环境、整顿规范经济秩序工作方案》和《收费项目、标准明细表》。是年 4 月，对县药材公司批发部、一门市部、九芝堂药店等单位擅自提高价格，分别予以处罚 500～3000 元。2004 年，核定中小学收费标准、农村电视收费标准、学校暑假补课收费标准、乡村医师培训收费标准等。2005 年，在全县农村和各收费单位设立公示牌，对所有价费项目标准全部进行公示，制作收费公示卡发放到农民、学生、的士司机、企业主等个人手中，汇编《全县收费项目和标准》并发放到有关人员手中。

2005 年 3 月，对尿素、钾肥等农资销售价格按实际进货价格顺加经营差率制定：批发价=实际进货价（含运杂费）×（1+进销差率），进销差率不得超过 2%；零售价格=实际进货价格（含运杂费）×（1+零售差率），进零差率不得超过 5%；尿素和钾肥等农资在县内流通中允许一道批发环节，只能直销给农民，不得转卖给经销商；规定尿素每吨不得超过 1900 元。是年，为搞好全县“菜篮子”工程，县财政投入 50 多万元，以平抑农贸市场物资价格。

2005 年，开通“12358”价格举报电话。全年共受理商品价格举报 38 起，除调解和解答外，立案查处 8 起，查处金额 42.5 万元，清退违价金额 90 多万元，上缴财政罚款 37.3 万元。重点开展国土、教育、电力等行业部门 290 个价费执行情况专项检查，核销收费项目和降标项目 124 个，减少收费 1000 多万元。查处收费价格违法案件 23 起，违法金额 287 万元，实行经济制裁 70.7 万元，其中退还用户 38.1 万元。同时，对县广播电视局、县民族中学等 5 个单位发出执价提醒通知书和执价劝阻通知书。查处违价司机 8 人，清退违价票款 2000 余元。

第四章　工商行政管理

1973年，县工商行政管理局成立，先后设6个股室、1个经济合同仲裁委员会、7个工商行政管理所。1995年10月，县民营经济管理局成立，隶属县工商局，翌年划出升格为县民营经济委员会。1999年，县工商局划归市工商局垂直管理，所辖事业单位“城关市场服务部”17人划归县财贸办，并移交市场12处、移交资产820万元，成立县市场服务中心。改革后的县工商局设城关、城郊、在市、武阳、瓦屋塘和营运车船6个工商所；县局机关设办公室、人事教育股、财务基建股、政策法规股、企业和个体私营经济监管股、消费者权益保护股、监察室、机关党委办公室、信息中心9个股室和登记注册、公平交易、市场规范管理3个直属分局，挂靠社会团体有个体劳动者私营企业协会和消费者协会。2000年，瓦屋塘工商所获评全国文明工商所称号；2004年，城关工商所获评湖南省依法治省示范窗口单位。2002年年底，全县工商行政管理系统在编人员112人。1984—2005年，李国梁、杨柏杞、向绍荣、唐仕忠、黄美忠、阮南满、李智春、陈梦新先后任县工商行政管理局局长。

第一节　市场管理与市场执法

一、市场管理

1978年，由县工商行政管理部门和各人民公社市场管理委员会管理县内市场，配备义务市场管理员协助管理。

1979年年初，县工商行政管理部门采取优先安排场地和减收市场管理费等措施积极招商，从武冈、城步等地大量引进新鲜蔬菜、禽蛋，以解决县内货源不足的困难。1984年起，打击出售伪劣商品和转手倒卖重要生产原料的不法商人。1986年，对全县19个集市进行全面整顿，处理市场违章违法案件96起，罚款2321元，没收销毁假冒伪劣卷烟200条、非法印刷品800件、失准衡器130件。1990年，取缔无证商贩320户，没收失准衡器85件，查处违章违法案件356起。1991年秋，针对石油市场混乱状况，对1805沿线（今S221）的油料销售点进行全面整治，查封8家非法经营点。1994年，在全县范围内开展“打击市霸、猪霸”专项活动，重点对仔猪、猪牛肉注水行为进行严厉查处，查出注水团伙6个、注水窝点4个、注水猪肉牛肉1.2吨，参与注水者全部受到处罚。1997年，对全县粮食加工经营企业进行全面清理整顿，没收非法经营粮食126吨，查处38家非法粮食经营点。

1979—1999年，县工商行政管理部门采取贷款、自筹、引资三结合的办法投入市场建设资金820万元，建成中小型市场29个，其中专业市场2个、日日集市场2个，总建筑面积48500平方米。其中县城规模较大的市场为城关集贸市场（后改名中心市场），建筑面积6639平方米，摊位360个，屠桌52张，年平均贸易成交额1.6亿元；乡镇规模较大的市场为武阳市场，占地12533平方米，建筑面积6631平方米，有固定摊位644个。

2003年，开展“毒鼠强”清理整治工作，查处6名走街串巷兜售“毒鼠强”等剧毒杀鼠剂的不法商贩。2004年春禽流感期间，关闭全县羽禽交易市场，对家禽和家兽标证不全的一律禁止入市交易。

二、市场执法

1978—1986年，县工商部门经济检查工作重点是打击无证小商小贩。1987年9月《投机倒把行政处罚暂行条例》和1993年《中华人民共和国反不正当竞争法》颁布后，经济检查工作重点转变为打击投机倒把和反对不正当竞争，维护公平交易，对制售假冒伪劣商品行为、破坏国家计划、倒卖重要生产资料等投机倒把活动进行严厉打击。1989年7月，邵阳人何某某、彭某某等人从邵阳市化工三厂等地购进旧劣变压器7台，经喷漆伪装后冒充新变压器倒卖给金屋塘乡的村组和有关单位使用，非法获利1.7万元，被工商部门查处，没收非法所得并处罚款。1999年，县内重点开展“打假保优，红盾护农”专项斗争，加大对不正当竞争行为的查处力度。查处县某种子公司强制制种农户购买自己经营的“九二〇”的不正当竞争行为，为制种农户挽回经济损失6万余元；查处县内某公司强制电力用户安装IC卡案、某医院收取CT介绍费案。2004年，查处邵阳医药公司进行商品贿赂等不正当竞争案件，罚款32万元，没收救护车1辆。1988—2005年，共办理各类经济案件1228起，出庭应诉45起，查获假冒伪劣商品和非法经营总值4845万元。先后查处走私黄金18200元（案值），倒卖国库券21400元，销售注水灌沙肉类8400千克、病死猪肉14700千克、假酒14615瓶、假烟15400条、三无鞭炮36400封、假劣化肥8704吨、伪劣农药7000件、假劣种子4806千克、非法出版物4.6万余本、不合格衡器4000余件等案件，收缴罚没款343万元，涉案人员被移送司法机关拘留8人、逮捕4人。

1997年6月，县工商部门查获城步黎某、陈某等到绥宁发展下线为仙妮蕾德（广州）有限公司传销化妆、洗涤用品，非法经营额14万元。1998年2月，查获湖南扬光实业有限公司邵阳分公司以加盟“连锁经营”和发展“业务员”为由派员工到绥宁、以1998元的价格传销价值120元1套的“扬光”西服的传销案。1999年7月，县工商行政管理局和县公安局查获浙江黄某、洪某在绥宁县城民族旅社聚众220余人的传销窝点（为首者以3520元1台的价格认购“雪原”超滤净水器，或交纳入门费等方式讲课授徒、招揽下线人员，骗取钱财20多万元），没收其非法所得和“雪原”超滤净水器26台、“鸭子王”衬衣38件、领带38条等传销物品。至2005年，县工商部门共查处非法传销案件6起，罚款56万元，没收案值84万元的传销物资。

第二节　企业登记注册管理

1979 年，县内恢复对企业登记发照；是年，全县共有全民所有制企业 160 家，集体所有制企业 448 家，从业人员 13052 人。1982 年起，每年年初对所有企业进行一次年检，将企业的开、关、停、并、转、迁纳入正常管理。1986 年，县工商行政管理局清理县内公司和经营中心 104 家，对 27 家符合条件的继续予以登记，57 家存在严重问题的撤销公司登记，20 家存在一般问题的降格为非公司企业并变更公司名称。

1988 年 6 月 25 日，国务院《中华人民共和国私营企业暂行条例》颁布后，当年县内有登记发照的私营企业 2 户。7 月 1 日，县内正式实施《中华人民共和国企业法人登记管理条例》。1989 年 8 月起，县工商行政管理局对全县工商企业重新登记，更换执照，注销企业 624 户，年内新开办企业 341 家。1990 年，全县有工商企业 1033 家，其中全民所有制企业 271 家、集体企业 758 家（含联营企业 4 家）、私营企业 4 家。1995 年，全县有个体户 7808 家，工商企业 1608 家（其中全民企业 328 家、集体企业 1215 家、私营企业 65 家）。2000 年，全县有 12 家党政机关创办的挂靠企业与挂靠单位脱钩，4 家挂靠企业被注销。2003 年，按照“公退民进、公有民营”的改革思路，通过破产、拍卖等方式，县造纸厂、县水泥厂等 6 家改制企业完成产权置换登记注册。2005 年，全县共有工商企业 614 家。

第三节　个体私营经济管理

个体工商管理　中共十一届三中全会后，县内开始允许发展个体经济和私营经济。1980 年 10 月，恢复个体工商管理。1983 年，贯彻“国营、集体、个体一齐上”方针，简化开业申请手续，个体工商户开始较快发展。是年起，对个体户实行年检验照制度。年底，全县有个体户 386 户。1984 年，允许农民进城务工和经营政策允许的行业工种。1986 年，工商行政管理部门对“皮包公司”进行清查取缔。1990 年，经过审批允许开业的个体工商户上升至 3841 户，其中手工业 261 户、采掘业 1 户、建筑业 1 户、交通运输业 988 户、商业 1841 户、饮食业 377 户、服务业 142 户、修理业 142 户、农林牧渔业 186 户、其他行业 44 户，共有从业人员 6257 人，注册资金 1246.36 万元，个体工商户经营的工业年总产值 534.04 万元、商业营业额 1719.27 万元。1995 年 10 月，县政府制定下发《关于加快个体私营经济发展的决定》，并在工商行政管理局内成立县民营经济管理局，负责全县个体私营经济发展与管理。同时把个体私营经济的数量发展纳入乡镇目标管理责任制，对乡镇一把手实行末位淘汰制。其间，县内掀起全民发展个体私营经济的热潮。1996 年，全县个体工商户发展到 13830 户，从业人员 35623 人。1999 年，县工商行政管理局注销自然消亡个体户和空壳个体户，严把登记注册关。2000 年年底，个体工商户缩减至

5835户，从业人员19578人。通过2004年换发营业执照、强化规范管理，2005年，全县实有个体工商户4353户，从业人员10145人。

个体劳动者协会　1981年，成立绥宁县个体劳动者协会（简称县个协），下设在市、东山、长铺子、河口、长铺镇、李熙桥、瓦屋塘7个基层分会。1989年，县个协响应中国个协“为亚运建造光彩体育馆每人捐款一元钱”的号召，发动会员捐款12678元。1992年，县个协发动会员向“希望工程”捐款18472元。1995年，县个体劳动者协会更名为县个体劳动者私营企业协会，将私营企业纳入个体劳动者协会。2001年，县个体劳动者私营企业协会发动会员，为县内遭受的百年不遇的“6·19”特大山洪地质灾害捐款3.8万元。1981—2005年，全县个体劳动者协会共召开6届代表大会，举办学习班96期，培训个体劳动者2.3万人次，先后获评“文明经营户”“光彩之星”荣誉称号者2800人次。

表11-4-1　　2005年绥宁县个体户、私营企业实有情况表

行业	个体工商户			私营企业			
	户数（户）	从业人数（人）	资金数（万元）	户数（户）	投资人数（人）	雇工人数（人）	投资额（万元）
农、林、牧、渔业	128	186	279	5	18	65	60
采掘业	20	160	140	3	12	128	36
制造业	218	801	436	78	486	2485	7400
建筑业	35	165	100	2	16	32	32
交通运输业	378	756	1134	3	9	80	640
批零餐饮业	2796	7055	5592	13	32	124	1280
社会服务业	570	696	756	6	10	80	79
其他	208	416	105	3	6	25	38
合计	4353	10145	8542	113	589	3019	9565

第四节　经济合同管理

1982年前，县内无主管经济合同机构，经济合同由各单位自行管理，如发生合同纠纷，由上级主管部门或政府或人民法院出面调解。1982年，县工商行政管理局设立经济合同股，负责宣传贯彻《经济合同法》，帮助企业培训经济合同管理人员，监督、检查经济合同的签定与履行，鉴证经济合同的效应性，查处违法经济合同，处理经济合同纠纷。1985年，国家取消农副产品统购派购任务，实行合同定购；加之竹木允许多家经营，相继出现租赁、承包、工业产品购销、农副产品购销、加工承揽、建筑安装、工程承包、借款、财产保险、科技协作、货物运输、供电等经济合同。是年，全县共鉴证经济合同7.5万份，其中粮油定购合同56800份，履约率85%。同时，由于签约手续不健全等原因引起的合同纠纷也越来越多。

1985年，成立经济合同仲裁委员会，是年处理合同纠纷8起，争议金额62.75万元，裁决

违约赔偿金3.2万元。1987年，全县鉴证合同277份，合同金额27.30万元。是年，全县有151家工商企业建立和健全了合同管理机构及制度。1990年，全县鉴证经济合同2441份，合同金额223.6万元；处理合同纠纷901起，争议金额107.28万元，为当事人挽回经济损失77.65万元。此后，普遍实行合同鉴证，全面推行合同文本制度。

1988年5月4日，县政府批转县工商局《关于开展“重合同，守信用”活动意见的报告》；7月，审定12家“重合同，守信用”企业；8月12日，县政府召开大会，向被评为“重合同，守信用”的企业颁发牌匾和证书。

1995年，《中华人民共和国仲裁法》颁布后，县内开始实行民间经济合同仲裁；经济合同仲裁机构从工商行政管理机关分出单列。1996年，颁布《中华人民共和国担保法》，全县工商行政管理部门按规定普遍开展不动产抵押物登记工作，规范抵押登记行为。

1988—2005年，全县先后评选出“重合同，守信用”企业350家，其中省级命名的3家、市级命名的28家。

第五节　商标和广告管理

一、商标管理

1979年，县内有未注册商标13个。1981年，在县工商部门建立商标管理机构。翌年5月，县宝顶罐头厂“林牌”商标经国家工商行政管理局核准注册，为县内第一个注册商标。1984年起，建立和健全商标核准、印制及使用等审批手续和规定，确定县印刷厂为商标印刷定点单位。1986年1月，县水泥厂“巫水牌”商标注册。是年底，全县注册商标达11个。1987年，共查处擅自印刷商标、改变商标图形、未经批准自行转让注册商标、擅自使用他人注册商标等案件7起，收缴罚款1270元，销毁非法商标标识26.56万套。是年，全县有注册商标14个。1988年10月，由按国内商品分类申报注册商标改为按国际商品分类申报注册。是年起，县内出现较多企业使用未注册商标情况，至年末，全县有未注册商标22个。1990年，确认盐井印刷厂为县内第二家印刷商标单位，县内商标印刷定点单位增加到2家，全县注册商标发展到26个。1993年1月，企业申请商标注册由商标核转改为商标注册代理制。7月1日，根据新修订的《中华人民共和国商标法》，全面推行服务商标注册工作。

1989年5月，对全县27家企业和个体户所使用的商标和装潢进行清理，共清查商标31个，其中注册商标11个、未注册商标20个，查处违反《商标法》和《商标印制管理规定》的企业12家，查处不符合规定的商标标识和装潢676万张（套）。9月，对全县酒类商标进行清理，县内共有县玉泉饮料厂“六鹅洞牌”、县酒厂“竹牌”、县果品综合加工厂“关峡牌”等酒类商标9个，其中注册商标6个、未注册商标3个。清理中，纠正3个不规范商标，收缴销毁10.2万套不规范商标标识。1996年5月，对全县10多家使用未注册商标企业进行清理，建立未注册商标档案。11 月，开展注册商标专项治理活动，共检查商场商店 8 家、市场 5 处、生产企业 58 家，查处商标违规违法案件 9 起，没收各种假冒商标标识 12.3 万张（套）。2000 年，对县内印刷企业进行清理整顿，查处无指定商标印刷单位资格、非法印制商标的印刷企业 2 家。同时对指定商标印刷单位进行年检换证。2004 年，在全县企业中开展“重商标，创名牌”活动及争创省著名商标和市知名商标活动，涌现出宝庆纸业有限公司（宝庆牌）、水传奇矿泉水公司（水传奇牌）、水泥有限公司（巫水牌）等骨干商标使用单位。是年底，县内拥有注册商标 37 个。

二、广告管理

1978 年，县内尚无广告管理业务和管理机构。1979 年起，县内广告业务开始发展。1982 年 6 月，县内贯彻国务院颁布的《广告管理暂行条例》。1984 年 9 月，县政府发布《关于加强广告管理的布告》，规定印刷张贴广告必先经县工商行政管理部门审核。是年，县工商政管理局核准县广播电台为县域第一家广告兼营单位。1990 年，广告经营单位发展到 5 家，大型路牌、灯箱广告逐步出现。1995 年，开展弘扬“中华好风尚”为主题的公益广告月活动，对发布户外广告实行登记证制度，制定户外广告规划，组织制作发布户外广告。是年，共制作发布户外广告牌 64 块，总面积 560 平方米。是年，全县有广告经营单位 6 家，广告从业人员 46 人，年广告经营额 27 万元。1995 年 1 月 3 日，县内第一家专营广告公司——绥宁县广告有限责任公司成立。

2000 年开始，在广告经营单位试行广告审查员“一票否决制”，未经广告审查员审查的广告不得发布。县工商政管理局根据《中华人民共和国广告法》规定，对广告业实行许可证制度，并先后对县内 7 家广告经营单位进行审核，对广告从业人员进行培训。2003 年，县工商政管理局受理广告审查登记 358 起，纠正和修改违法违规广告 83 起，查处广告违法违规案件 12 起，罚款 3.2 万元，免费为下岗职工办理广告登记 65 起。

2005 年，县工商政管理局查处无照经营、超范围经营、违法经营的广告行为 4 起，查处未经登记或核准的户外广告和印刷品广告 76 起，罚款 4.2 万元。是年，全县有专营或兼营的广告经营单位 11 家，广告从业人员 96 人，年广告经营额 218 万元。

第六节　消费者权益保护

1993 年 10 月开始，县内贯彻实施《消费者权益保护法》，县工商行政管理局设置“12315”电话，负责接待消费者投诉，处理消费纠纷，维护消费者合法权益。1999 年，联合县物价、质监、卫生等部门，成立消费者委员会。2002 年，县工商局设立消费者权益保护股。并在各乡镇设立消费者维权联络工作办公室，建立 32 个村级消费者投诉站和“12315”联络站。

2000 年，县工商局发挥“12315”投诉电话职能，开展打假维权，共受理投（申）诉案件 80 件，结案率达 91%。1999—2005 年，累计接待消费者来访、咨询 2.4 万余人次，受理消费者投诉2320件，调处完结率98.6%，为消费者挽回经济损失143.5万元；先后在全县企业和个体户中开展“消费者信得过单位”“邵阳市维护消费者权益先进企业”“商品质量信得过示范单位”评比活动，先后有8家企业和个体户被授予上述称号。其间，每年“3·15”国际消费者权益日，县政府领导发表电视、广播讲话，县消委会组织有关单位开展宣传活动。

1993—2005年，共出动大小宣传彩车420辆次，印发各类宣传材料、小常识等13万份（册）；组织维修服务点140个，接受服务1600人次；设立街头咨询服务台110个，接受消费者咨询2.2万余人次，现场受理消费者投诉520起。

第五章　国土资源管理

1978—1986 年，县境土地管理分别由县农委和县建委负责。1987 年 3 月，绥宁县国土管理局成立，各乡镇相应建立乡镇国土管理所，实行城乡土地统一管理体制。1989 年，设立县矿产资源开发管理办公室，为副科级二级机构，1992 年更名为县矿产资源管理办公室，升格为正科级。1995 年，对 25 个乡镇国土管理所实行垂直管理。2002 年 6 月，县国土管理局与县矿产资源管理办公室合并为县国土资源局，内设办公室、人事股、财务股、建设用地股、规划测绘耕保股、法规股、地籍股、地产股、地矿地环股 9 个职能股室，先后成立地产事务所、土地储备中心、土地开垦整理中心、国土资源执法监察大队、国土资源交易中心 5 个二级单位，在编人员 118 人。2004 年 11 月，县国土资源局实行省垂直管理。1987—2005 年，吴华贵、黄泽贵、周本南、刘文友、舒瑞江先后任县国土管理局或县国土资源局局长；1989—2002 年，谢宏绪、雷庆龄、周南奇、舒瑞江先后任县矿产资源开发管理办公室或县矿产资源管理办公室主任。

第一节　土地规划与调查

一、土地利用总体规划

1980 年前，全县未进行土地利用总体规划。1982 年 7 月，绥宁县农业区划领导小组成立，组织人员对农业资源和生产条件进行综合调查，对全县农业区划进行规划，1984 年底调查结束，至 1985 年 4 月，相继编印出《绥宁县农业区划报告集》《绥宁县农业区划数据集》《绥宁县农业区划图》，由县农业区划办公室和县国土资源局长期负责开展农业区划成果的推广应用。

1997 年 9 月，县政府成立土地利用总体规划修编工作领导小组，并从有关部门抽调人员组成修编办公室，负责修编《1997—2010 年绥宁县土地利用总体规划》。1999 年 4 月修编工作完成，规划成果包括文本、说明、专题研究成果、部门用地规划，编印出十万分之一比例的《绥宁县土地利用现状图》《绥宁县土地利用总体规划图》。各乡镇相应开展土地利用总体规划工作，编印规划文本，编绘万分之一的总体规划图。

修编后的《绥宁县土地利用总体规划》，将县域内土地分为农用地、建设用地、未利用地三大类。规划 1997—2010 年县域耕地面积从 24301.6 公顷增加到 24321.6 公顷，园地从 5707.6 公顷增加到 6000 公顷，林地从 23.5655 万公顷减少到 22.0122 万公顷，牧草地从 104.5 公顷增加到 1.3 万公顷，居民点及工矿用地从 3680.8 公顷增加到 4292.8 公顷，交通用地从 1437.7 公顷增加 2262.2 公顷，水域从 4226 公顷增加到 5114.4 公顷，未利用地 14776.0 公顷保持不变。划定基本农田保护区，划定基本农田 18226 公顷。规划列出 110 千伏变电站、1805 线（今 S221）

关峡至乐安段扩建、河口电站、绿洲大桥（电站）等 14 个重点建设项目。

2002 年 8 月，开展土地开发整理规划编制工作，编制《绥宁县土地开发整理规划》，编印《绥宁县土地开发整理潜力分布图》《绥宁县土地开发整理规划潜力分布图》。

二、地籍调查

土壤普查 1981 年 5 月，成立绥宁县土壤普查领导小组，组织 185 人参加县境土壤普查。1983 年 9 月，全县土壤普查工作完成。普查结果：全县土地面积为 29.1791 万公顷，其中水田 18997.77 公顷，占 6.51%；旱土 3864.41 公顷，占 1.32%。查明土壤障碍因素和养分含量趋势为：全县水稻土土壤偏酸，缺磷少钾，耕层浅薄，土层潜育；旱地普遍存在一酸二缺三跑（土壤偏酸、缺乏有机质和磷、跑土跑水跑肥）现象。

土地详查 1991 年 12 月，在全县 29 个乡镇开展土地详查基础性调查工作，对全县土地类型、数量、质量、分布、利用现状和权属关系进行全面清查，历时 3 年结束。查得全县总面积 29.1140 万公顷，其中耕地 24341.47 公顷（水田 21346.67 公顷、旱土 2994.80 公顷）、园地 6306.67 公顷、林地 23.54 万公顷、牧草地 100 公顷、城镇村及工矿用地 3826.67 公顷、交通用地 1326.67 公顷、水域用地 4193.33 公顷、未利用地 15593.33 公顷。完成权属踏界 1171 条，形成权属文书 1277 份，调处纠纷 933 起。绘制 1∶10 万全县土地利用现状图 2 幅，1∶2 万乡（镇）土地利用现状图 7 幅，1∶1 万国际分幅权属图 137 幅。整理档案资料 305 卷。详查成果被评为全省土地利用现状调查科技成果一等奖。

土地资源调查评价 2001 年，对全县 15° 以上的耕地变化状况和能形成国家、省级土地开发、复垦基地的耕地后备资源情况进行评估调查。查清全县 15° 以上坡耕地有 4239.93 公顷，其中 15° ～25° 的坡耕地 2795.92 公顷、25° 以上的坡耕地 1244.01 公顷；全县可开垦耕地、后备资源面积 106.63 公顷，其中水田 46.03 公顷。

地价评估 县城长铺镇 4.6 平方千米的建城区人口较密集，交通较发达，商业较繁荣，土地隐形交易较多。1995 年，建立县城建城区地价评估体系，历时 4 个月对长铺镇建城区土地进行定级估价，获得长铺镇土地级别基准地价、宗地标定地价修正体系和土地出让金、土地使用费标准等系列成果。2003 年，对长铺镇建城区基准地价进行修正，并建立武阳、李熙桥、红岩、唐家坊、金屋塘 5 镇基准地价体系。

第二节 土地管理与开发

县境内山地比例大，耕地海拔较高，海拔 500 米以下的占耕地总面积的 70%，500～800 米的占 27%，800 米以上的占 3%。由于森林茂密，荫山冷浸田多，地下水位高，耕作层浅，所以耕地质量等级低。其中一等田占水田总面积的 10%、二等田占 16%、三等田占 74%；一等土占旱土总面积的1%、二等土占17%、三等土占82%。经过历代开发，境内耕地总量有所增加，但随着社会发展、人口增多、非农业建设用地增加，同时因地质灾害频发以及国家推行退耕还林政策，人均占有耕地量随之减少。

1976—1980年，全县土地总面积异动率较小，耕地总面积常年稳定在20993.33公顷，其中水田19186.67公顷、旱土1806.67公顷，人均耕地866.67平方米。1980—1992年，由于土地管理、耕地开发等原因，全县耕地总量大幅度增加。1992年，全县耕地24065.87公顷，比1980年增加3072.53公顷，其中水田21239.87公顷、旱土2825.94公顷。虽然人口比1980年增加5万余人，但人均耕地仍有740平方米。1992年后，由于小城镇建设等原因，耕地数量开始急剧下降。2001年，全县实有耕地22696.97公顷，其中基本农田18226公顷、一般农田4470.97公顷，比1992年耕地总量减少1368.87公顷，人均耕地653.34平方米。

一、用地管理

非农业用地管理　1981年9月4日，县委、县政府颁发《绥宁县农村人民公社包干到户生产责任制试行办法》，规定：农村实行联产承包责任制，田土承包到户；土地不准买卖，不准出租，不准擅自在承包地里建房、葬坟、开矿、烧砖瓦或转作非农业用地；对掠夺性经营而降低地力的，要采取补肥、赔工或赔款等办法给予补偿；荒芜、弃耕的土地，集体有权及时收回；利用土地资源进行营利性经营的要征收资源费，国有山、集体山和自留山分别发给权证。1981年12月27日，颁发《关于保护森林发展林业的若干规定》，规定修建工程设施和采矿需占用林地的，必须与山林权属单位协商，并按规定报经有关部门批准。

实行家庭联产承包责任制后，农村非法占用耕地建房现象比较严重。1985年11月，县委、县政府联合发出《关于坚决制止占用耕地修建房屋的通知》。1986年3月，县农业局设立土地管理办公室，负责农村土地管理和报批业务。6月，县基本建设委员会设立征地拆迁办公室，负责城镇土地规划建设，办理征用土地手续。

1987年7—12月，全县抽调2071人，组成357个土地清查组，对县内非农业建设用地和私人建房用地进行清查。清查结果：1952—1987年，全县累计非农业建设用地3849.85公顷，平均每年征用农业用地109.99公顷。1980—1987年，全县有私人建房户21512户，建房用地219.13公顷（其中耕地75.94公顷），其中违法建房户7282户，用地54.32公顷，占用耕地28.03公顷。此后，县国土局严把非农业建设用地审批关，全县非农业用地面积大幅减少。1988—1990年，全县累计非农业建设用地84.01公顷，农民建房用地48.51公顷，农村道路建设用地5.8公顷；平均年征用土地28公顷，为1952—1987年的25.46%，农民建房强占耕地平均发案率较1987年下降4.4%。1999—2005年，全县农民建房用地84.47公顷（其中耕地29.28公顷），年均用地12.07公顷。

建设用地管理　20世纪90年代初，全县土地使用制度实行全面改革，变土地的无偿、无限期、无流动使用为有偿、有限期、依法流动使用。1991年，县政府出台《绥宁县城镇建设用地实行“五统一”的暂行规定》《绥宁县城镇国有土地管理暂行办法》。1992 年，县国土局组织人员在武阳镇推行土地有偿使用制度试点工作，土地有偿使用面积 40775.6 平方米，收取土地有偿使用费 44257.40 元。当年，全县共收取土地有偿使用费 31.5522 万元。1994 年，按照“统一规划，统一征地，统一开发，统一出让，统一管理”的原则，首次对红岩、唐家坊的国有土地进行公开拍卖，拍卖土地 16 宗，成交金额 26.6832 万元。之后，推动武阳、瓦屋塘、金屋塘、李熙桥、乐安铺、长铺镇、麻塘、在市 8 个小城镇建设。1996 年，绥宁县绿洲经济建设小区国有土地出让方案开始实施，征用集体土地 23.99 公顷，其中开发绿洲商业小区征用土地 12.22 公顷，开发长 3000 米、宽 60 米绿洲大道建设征用土地 9.20 公顷。至 2005 年底，建设小区共出让土地 254 宗，收取土地出让金 1532.6968 万元。

为适应经济发展和企业用地的所需，1978—2005 年，共办理企业用地手续 160 宗、82567.2 平方米，减免土地费用 48 万余元。1995 年，为配合 S1805 线（今 S221 线）扩改工作，征用土地 51.15 公顷（其中耕地 40.91 公顷）。

二、征地审批和补偿安置

征地审批 中华人民共和国成立初期至 1986 年，国家征用地由县人民政府按权限审批。其中：国家建设和集体建设用地，1974—1980 年由县计划委员会审批，1981 年改由县建设委员会具体管理；1982 年 5 月至 1986 年底，由县和县以上人民政府按权限分级审批；到 1986 年止，全县共审批国家建设和集体建设用地 417 起，面积 142.1 公顷，其中耕地 83.99 公顷。农民建房用地，1980 年前占用耕地的由公社审批，占用非耕地的由生产大队、生产队审批，1982—1986 年占用耕地的由公社（乡镇）审核后，报县政府批准（由县农业局具体管理），占用非耕地的由公社（乡镇）政府批准，城镇居民用地由县建设委员会具体管理。

1987 年 1 月，县内实施《中华人民共和国土地管理法》。征用耕地 2000 平方米（3 亩）以下、其他土地 6666.7 平方米（10 亩）以下的，由县人民政府批准，超出此范围的报市以上政府批准。集体建设用地审批权限，按征用土地的审批权限报县级以上人民政府批准；农民建房使用耕地的，经乡级人民政府审核后，报县政府批准；使用其他土地的，由乡级人民政府批准。1999 年 1 月起，实施新的《中华人民共和国土地管理法》。建设用地占用农用地的，报省以上人民政府办理农用地转用审批手续；征用土地由省人民政府批准，但用基本农田或耕地超过 35 公顷或其他土地超过 70 公顷的，由国务院批准。

征地补偿安置 1991 年，县政府出台《绥宁县城镇建设用地实行“五统一”的暂行规定》。1998 年前，国家建设征地由用地单位或个人参照国家有关法律法规政策，直接与被征地单位签订补偿安置合同。其中：1987—1995 年，城镇居民成片建房用地由县国土管理局与被征地单位签订补偿安置合同；1995 年，补偿安置标准相对稳定，城区每亩水田补偿安置费控制在 2 万元以内；1996—1998 年，受土地拍卖价格的影响，补偿安置标准大幅提升，县城中心地段每亩地补偿安置费高达 12.8 万元。1999 年，县政府出台《关于国家建设征用土地管理的规定》。全县国家建设征地大部分由县国土管理局与被征地单位签订合同，补偿安置标准趋于稳定。2001 年，城区每亩水田补偿安置费 20000～22000 元。2002 年起，全县所有国家建设征地均由县国土资源局与被征地单位签订合同，补偿安置按《邵阳市征地拆迁补偿安置办法》中规定的标准执行，城区每亩水田补偿安置费 2 万～3 万元。

表 11-5-1　　1987—2005 年绥宁县建设用地报批情况综合表

科目	报批数量（件）	占总比例（%）	用地面积（公顷）	占总比例（%）	其中		备注
					耕地（公顷）	占总比例（%）	
国家建设	1735	7.44	775.93	69.33	231.58	66.20	①1993 年 3 月，洛口山灌区工程报经省人民政府批准占用地 14.91 公顷，其中耕地 9.01 公顷。②2000 年至2005 年，县工业园报批用地 2 次，面积 53.5 公顷；县城扩容报批用地 2 次，面积 11.68 公顷
集体建设	47	0.20	23.11	2.07	9.47	2.70	
农民建房	21554	92.36	320.12	28.60	108.78	31.10	
合计	23336	100	1119.16	100	349.83	100	

三、土地执法

1986 年 6 月 25 日《中华人民共和国土地管理法》颁布实施后，县内坚持在每年的“6·25”土地日纪念活动中，由县政府领导发布电视讲话，组织人员上街宣传。1986—2005 年，全县共举办各种土地普法教育学习班 34 期，参加学习人员 4080 人；出动宣传车 204 台（次），印发宣传资料 400 万余份，张贴标语 4 万余条，制定永久性标语牌 850 块，编发国土宣传期刊 20 期。

1995 年，全县开展乡镇“无违法批地、无违法管地、无违法用地”的“三无”活动，县政府成立创“三无”乡（镇）活动领导小组，建立健全县、乡、村三级土地监察网络；在市、水口、联民、河口、麻塘、梅坪、黄桑坪、枫香、黄土矿、关峡 10 个乡镇被评为土地管理“三无”乡（镇）先进单位，其中在市镇被评为全国土地管理“三无”乡（镇）先进单位。1998 年，县内开展创“土地执法模范县”活动。2000 年 1 月，绥宁县被湖南省人民政府授予土地执法模范县称号。

严厉打击各类土地违法行为。1987—2005 年，全县共查出违法占地案件 6250 起，面积 31.33 公顷，其中耕地 15.2 公顷。1994 年 3 月至 1995 年 2 月，唐家坊镇上白村 27 户村民未经批准，非法占用耕地 3894.63 平方米修建住房及畜舍，县国土局进行立案查处，申请法院对不愿接受处罚的 7 户村民修建的非法建筑物进行强制拆除。

四、耕地保护与开发

1978 年 12 月，县内大搞农田基本建设，全县共投入劳力 54030 个，完成土石方 104.5 万立方米，炼山整地 1122.67 公顷，开垦茶园、园艺场基地 115.33 公顷，改良低产田 89.67 公顷，开垦荒田 5.13 公顷。县土地管理机构成立后，对耕地实行严格保护和管理，对耕地占用实行严格审批制度。1989 年，对全县待开发土地进行调查，查出待开发土地资源 20660 公顷，编印出待开发资源数据集和报告集，绘制出十万分之一比例待开发土地资源分布图和乡镇开发规划图。1989—1990 年，对全县非农业建设用地进行大清查和登记发证，给机关单位和城镇居民颁发《国有土地使用证》计 17780 本，给农村集体和农民颁发《集体土地建设用地使用证》计 66154 本；涉及土地面积 1520 公顷。为推动小城镇建设，1994 年，绥宁第一次开始拍卖国有土地使用权。1995 年 7 月，县政府印发《绥宁县基本农田保护实施办法》，划定基本农田保护区，树立基本农田保护牌，禁止占用基本农田。

1996 年，县政府投资 300 多万元开荒造田，并把盐井乡背堆坪作为耕地开发样板工程。至翌年 8 月底，成片造田 42.67 公顷。1998 年，编写《土地利用总体规划》。2001 年，“6·19”特大山洪地质灾害冲毁耕地 1334 公顷，县土地管理部门妥善做好灾民宅基地安置工作，积极做好灾毁耕地复垦。2002 年，作出建设总投资 513.78 万元、复垦耕地 159.4 公顷的项目规划并迅速实施，确保耕地总量动态平衡。是年，编写《土地开发整理规划报告数据集》，完成土地资源调查评价报告；全县新增耕地潜力面积 3191.16 公顷。2003 年，作出复垦鹅公岭侗族苗族乡刘家村灾毁耕地 24.51 公顷的复垦项目规划，投资总额 79.17 万元。规划完成后，项目区人均耕地由 200 平方米上升到 400 平方米。

2003 年，绥宁县开发土地后备资源。对关峡苗族乡花园角村残次园地进行开垦，规划开垦旱地 24.79 公顷，新增耕地 20.32 公顷，净增耕地率为 82%，建设总投资 81.8 万元。对金屋塘镇草寨村 15.38 公顷后备资源实行耕地开垦，投资 50.5 万元，完成耕地开发 15.3787 公顷，新增耕地 11.75 公顷，其中水田 1.48 公顷。麻塘苗族乡新上开垦复垦项目 4 个，开垦复垦耕地 60.21 公顷。

第三节　矿产开发与管理

一、矿产资源开发

20 世纪 70 年代，县内采矿业因长期亏损被迫停业。中共十一届三中全会后，县内采矿业复苏。1983 年，县社队企业局与黄桑坪人民公社赤板生产大队集资 3 万元，联合开发锰矿开采。1984 年和 1987 年，东山乡谢庄锰矿厂和乐安铺锰矿厂相继开办。

1993 年，绥宁县决定对位于金屋塘镇新华村冷水溪的矿泉水进行开发。该矿泉水属重碳酸盐低矿化度的硅酸水，微量元素如溴、碘、钼含量高，没有污染，水质口感佳，是一处珍贵的饮用与医疗兼用型优质矿泉水，探明水储量为每日 13.5 吨。1993 年 5 月，成立雪峰神奇矿泉水公司，1996 年更名为湖南省绥宁县水传奇公司，其所生产的水传奇矿泉水是湖南省四大名优矿泉水之一，畅销东南亚各国；经与台商合作，已形成年开采量 1 万吨、生产瓶装矿泉水 1686 万瓶、总产值2166万元的规模，为湖南省最早出口矿泉水的生产厂家。

境内金屋塘镇草寨村的天然花岗岩呈浅灰白色、黑白相间、颜色纯正、花点均匀、致密块状结构特色，是优质建筑材料和工艺板材。1995年，日本三国株式会社出资成立“绥宁三国花岗岩板材开发有限公司”；1996年，台湾焕宝企业有限公司出资成立“绥宁台湾焕宝石材有限公司”。两家公司共投资160万元，开发花岗岩荒料，年开采花岗岩2000立方米，年产值500万元，上缴税收65万元/年。产品销往日本等东南亚国家和中国台湾地区。

2001年，全县开发饰面花岗岩、灰岩和矿泉水7种；有小型规模矿山企业83家，年产固态矿石17.92万吨、矿泉水0.3万吨，总产值1173.6万元。

二、矿产资源管理

采矿权登记发证　县矿管办公室成立前，由市矿管办公室直接负责县内矿产资源勘查与开采登记。1989年，县矿管办公室成立，开始对矿产企业进行登记发证，发证的矿种有锰矿、石煤矿、硅矿、矿泉水、砖瓦用黏土、建筑石料用灰岩等。1990年起，县矿管办每年对颁发的采矿许可证进行年审年检。1998年，国务院《矿产资源开采登记管理办法》出台，明确按矿种和规模确定发证权限；县级发证仅限砖瓦砂石等矿种，其他矿种由省市发证。1999年3月，《湖南省采矿许可证和矿产资源年检办法（试行）》出台，规定县级发证由县局年检，省、市发证由市局年检。至2005年，全县共有水传奇矿泉水公司、县水泥厂、界头炉铁矿、水竹坪铁矿、岩田锰矿、红岩铜多金属矿等各类发证矿山17个。

探矿权管理　1978—2004年，全县未对矿产资源进行勘查。2005年9月起，县国土资源局开始对县内地质勘查工作实施监督管理，对地质勘查项目进行年度检查，依法维护探矿权人的合法权益。是年，挂牌出让第一个探矿权（乐安铺瓦窑锰矿探矿权）。

矿产规费征收　1989年10月，县内开始征收矿产资源管理费。1991年8月，开征矿产资源补偿费。1994年，对已开采的锰、矿泉水、砖瓦用黏土、建筑用石灰等矿种征收矿产资源补偿费。1995年，取消矿产资源管理费，只征收矿产资源补偿费。2003年开始，采矿权处置必须收缴采矿权价款，新的采矿权必须通过招标拍卖挂牌的方式有偿取得。至2005年底，全县共征收矿产资源补偿费45万元，主要用于矿产资源管理。

矿产资源规划　2003年6月，县国土资源局投入13万元，委托省地质环境监测总站编制《绥宁县矿产资源总体规划（2002—2010年）》，11月完成绥宁县矿产资源总体规划文本、附表及附图，其成果经县人民政府初审、市人民政府专家评审后，上报省国土资源厅审批，省国土资源厅于2004年批复实施。

矿管行政执法　县矿管办公室成立后，大力开展矿山整顿，取缔钨锡矿非法开采11起，取缔非法采石场6个、河砂场12个，矿业秩序明显好转，但由于利益驱动，非法开采现象依然存在。

第四节 地质灾害防治与监察

一、地质灾害防治

县域地质灾害比较频繁。其特点是面广点多灾重，每年均有1～2次泥石流或山体滑坡等中小型地质灾害发生，发生时间多为4月至9月，灾害类型主要有山体滑坡、泥石流、崩塌等，灾害发生区域主要为武阳镇、唐家坊镇、水口乡、瓦屋塘乡、金屋塘镇、鹅公岭侗族苗族乡、麻塘苗族乡、枫木团苗族侗族乡等宝顶山周边地区。最为典型的地质灾害是2001年“6·19”特大山洪泥石流地质灾害（参见本志第二篇《自然环境·气候·自然灾害》和第九篇《民政·附：2001年“6·19”特大山洪地质灾害抗灾救灾活动）。

2001年11月，由省地质环境监测总站编制的《绥宁县地质灾害调查与区划报告》，确定121个重大地质灾害隐患点。县国土资源局编制《地质灾害防治方案》，报县人民政府批准后印发给各乡镇政府和县相关部门。县政府成立地质灾害防治领导小组，组建抢险救灾队伍；县、乡、村各级层层签订《地质灾害防治责任状》；各乡镇建立群测群防网络，严密监测地质灾害动态；县国土资源局对地质灾害警戒区签发“防灾明白卡”和防灾避险信号锣，落实汛期值班制度、地质灾害调查制度和速报制度。

2002年，县内按照《湖南省地质环境保护条例》的规定，从3月起禁止在地质灾害危险区进行与地质灾害防治无关的切坡、取土、采石、爆破及工程建设等可能诱发地质灾害的活动。在地质灾害易发区进行工程建设或在其他区域进行可能诱发地质灾害的工程项目，必须在项目选址的同时，对地质环境进行勘查并出具评估报告。是年，湖南省将绥宁县列入全省“十五”期间地质灾害重点治理区域，宝顶山区域（包括武阳、唐家坊、瓦屋塘、水口、枫木团5个乡镇）被纳入全省山洪防御试点工程。2003年，麻塘苗族乡地质灾害防治取得省级立项。

二、矿山地质环境监察

县内地质灾害多发生于焕宝花岗岩矿区、三国花岗岩矿区、岩田锰矿区等采矿区。2002年1月《湖南省地质环境保护条例》颁布后，从2003年1月起，县国土资源局要求申请开采矿产资源的单位或个人及办理变更、延续登记的采矿权人，必须出具有资质的地质环境影响评价报告，报县以上国土资源行政主管部门审批；对地质环境影响评估报告未获批准的，不予核发采矿许可证。截至2005年底，县内新办的岩田锰矿、红岩铜多金属矿、界头炉铁矿及水竹坪铁矿都做了地质环境影响评估报告。

第六章 审计

1978—1983年，由县政府有关部门组成“税收、财务、物价大检查办公室”，行使行政、企事业单位财务收支的监督职能。1984年1月，成立县审计局，实行市、县双重管理体制，设行政事业审计股、工交企业审计股和办公室；1992年增设农林水审计股、财政金融审计股。2002年10月，设审计一、二、三股和办公室4个职能股室，编制14名，2005年实有在职人员16人。1984—2005年，于光月、鲍奇林（副局长主持工作）、杨通国、陶光族、曾令华、隆振理、邓清卫、沈继金先后任局长。

第一节 国家审计

预算执行审计 1996年，开始对同级财政预算执行情况和其他财政收支进行审计监督，重点对财政、地税、金库及拨款收费数额大、所属机构多的预算执行部门进行审计。至2005年，累计审计项目34个，查出违规调整预算、虚列财政收支、违规办理财政结算、延压滞留预算资金等问题，违规金额8950.28万元，责令上缴财政金额277.13万元。

专项资金审计 1984年开始，县审计局陆续对世界银行贷款、养老保险资金、住房公积金、转移支付教育资金、农业综合开发资金、救灾资金、能源沼气建设资金、扶贫资金、公路建设资金、粮食直补水稻良种补贴资金、退耕还林工程资金、电费附加资金、医疗生育保险基金、希望工程资金、农村五保户供养资金等群众关注的专项资金进行审计和审计调查。主要审计资金的流入是否符合规定，资金是否按照预算和规定来源渠道及时到位，资金拨付是否有预算，有无预算外拨付；是否按项目进度、按预算进行拨款，有无因拨款不及时影响项目进度或因提前拨款形成资金闲置、造成资金浪费的问题；是否按规定用途安排使用资金，有无挤占挪用问题；资金拨付渠道是否流畅，有无资金中途渗漏，造成个人私分、贪污等恶意侵吞问题。至2005年，查出隐瞒截留、挤占挪用、虚报冒领、违规收费、改变资金投向、账外资产等问题，违纪违规金额1003万元，责令上缴财政51万元，归还原资金渠道320万元，调账处理76万元。

行政事业审计 1984—2005年，县审计局在对行政事业单位的财务收支审计过程中，累计完成审计项目741个，查出一些单位将预算外的开支列入预算内支出，预算内收入转作预算外收入，把事业费、专项拨款用来搞基建、买汽车，乱收费乱摊派乱罚款，滥发奖金、实物、补贴和设“小钱柜”等问题。违纪违规金额1.2794亿元，责令上缴财政690.45万元，归还原资金渠道1481.6万元，调账处理1597.5万元。

固定资产投资审计 1984—2005年，对138个固定资产投资项目实施审计监督，主要发现建设资金未及时到位、建设项目超计划超标准超规模、违规转包分包工程、未按规定缴纳劳保基金等问题；查出违规金额2314万元，责令上缴财政127.75万元，归还原资金渠道2077.2万元，调账处理26.9万元。

金融审计 1984—2005年，累计完成金融审计项目59个，发现违规计提呆账损失、未按规定预提应付利息、应列未列收入、挤占成本费用、少计少缴税金、资产负债所有者权益不实等问题；查出违纪违规金额2737.6万元，责令上缴财政102.4万元，归还原资金渠道33万元，调账处理5.4万元。

企业审计 1984—2005年，对工业、交通、物资、商业、粮食、外贸、建筑安装等企业的财务收支及经济活动情况进行审计，累计完成审计项目223个，发现涉嫌经济犯罪、虚报隐瞒收入、虚列成本费用、少计少缴税金等问题；查出违纪违规金额5222.66万元，责令上缴财政374.1万元，归还原资金渠道66.4万元，调账处理176.5万元。

领导干部任期经济责任审计 1996年，领导干部离职离任经济责任审计股成立；1999年，经济责任审计工作领导小组成立。2000—2005年，县审计局受县委组织部门委托，共对69个单位76名领导干部进行经济责任审计，其中党政领导干部68名、国有企业领导人员8名。共查出违纪违规金额3615.4万元，其中领导干部应负主管责任的违规金额3588.3万元、应负直接责任的违规金额27.1万元。通过经济责任审计被提拔重用的领导干部10人、平调20人、免职1人、撤职2人、移送司法机关处理1人。

第二节　社会审计和内部审计

社会审计 1986年7月，国务院发布《中华人民共和国注册会计师条例》。1989年，县审计事务所成立。1994年，全国人大常务委员会颁布《中华人民共和国注册会计师法》，县审计事务所更名为县审计师事务所。2000年1月，湖南省财政厅根据《中华人民共和国注册会计师法》和财政部《关于会计师（审计）事务所终止的若干事项的通知》的有关规定，注销县审计师事务所。县审计事务所在人、财、物方面和县审计局脱钩，不再归属县审计局管理。2000年1月，成立“绥宁县真诚会计师事务所”，属个人合伙的有限责任公司，从业人员8人，归口市注册会计师学会管辖；主要开展会计咨询服务、工商登记验资、企业会计报表年检、基建项目预决算审核和企业破产清理等社会审计业务。1989—1999年，全县社会审计主要开展会计咨询业务、验资业务、基建工程预决算审核和接受县审计局委托开展的项目审计。

接受委托财务收支审计 1989—2000年，县审计师事务所接受委托进行财务收支审计30项，查出违纪违规金额5000万元，核定补缴各项税收80万元。

会计咨询与服务 1994—2005年，县审计师事务所共给21家企业制定会计制度，给34家企业代理记账，给企业提供合理化建议 115 条，被采纳 87 条。

企业注册资金验证　企业注册资金验证主要对企业实有资金进行核实，保持企业实有资金与注册资金的一致性，为工商部门办理企业登记提供真实可靠的注册依据。1994—2005 年，共验证企业 500 个，验证资金 3 亿元，审减虚假注册资金 4000 万元。

基本建设和技改项目审计　基本建设和技改项目审计主要是对工程项目的项目工程量计算的真实性、定额套用的合规性、取费标准的合理性及材料用量和材料计算的正确性进行审计鉴证。1984—2005 年，县审计局共审计基建项目 28 项，审计金额 2500 万元，审减 180 万元，为甲、乙双方提供客观、真实的结算依据。

内部审计　内部审计是由部门、单位内设的审计机构从内部对其财务收支的真实性、合法性、效益性进行的审计监督。1988 年起，县工商银行、县教委、县财委、县商业局、县粮食局、县邮电局、县联合造纸厂，以及各乡镇人民政府相继成立内部审计机构，对所辖部门和单位的财务收支、经济效益、财务计划的执行与决算、单位资产的管理情况等进行内部审计监督。

表 11-6-1　　**1984—2005 年绥宁县审计局基本情况和审计任务完成情况表**

年份	股室设置（个）	在职人数（人）	审计项目完成情况		查出违规违纪金额（万元）	收缴财政入库（万元）
			计划数（个）	实际完成（个）		
1984 年	3	5	11	13	131	11
1985 年	3	6	15	26	68	10
1986 年	3	12	30	47	252	89
1987 年	3	14	33	37	71	7
1988 年	3	16	31	36	485	17
1989 年	4	17	36	46	224	47
1990 年	4	17	37	61	319	54
1991 年	5	18	47	60	369	43
1992 年	5	18	39	94	1127	121
1993 年	5	18	35	76	2042	124
1994 年	5	18	33	89	801	74
1995 年	5	18	33	102	1404	101
1996 年	5	20	34	104	3759	185
1997 年	6	21	35	91	976	47
1998 年	4	19	36	106	2931	90
1999 年	5	17	36	54	1450	95
2000 年	5	19	35	56	1875	93
2001 年	6	18	36	74	2716	96
2002 年	4	18	36	68	2546	95
2003 年	4	16	37	38	2404	28
2004 年	4	16	36	78	3858	74
2005 年	4	16	47	52	6805	114
合 计	—	—	748	1408	36613	1615

第七章　质量技术监督

1981年9月，绥宁县计量管理所建立，1983年1月更名为县标准计量管理所，属县科委的二级机构。1986年2月，更名为县标准计量管理局，为副科级事业单位。1995年2月升格为正科级单位，归口县经委管理。1999年11月，更名为县质量技术监督局，划归湖南省技术监督局垂直管理。2000年9月，原县劳动局所行使的特种设备安全监察职能及其专职干部划归县质量技术监督局。2001年6月，机构改革明确县质量技术监督局是管理全县标准化、计量、质量、锅炉、容管特工作，行使行政执法监督职能的邵阳市质量技术监督局直属机构。2005年，全局分为后勤工作部、特种设备安全监察工作部、标准质量及计量测试工作部、监督稽查法规工作部、产检工作部5个工作部；有行政编制15人（稽查7人）、事业编制9人、后勤编制1人、聘请临时工3人。1982—2005年，唐建春、肖宝祥、刘安康、向春华先后任县标准计量管理所所长或县标准计量管理局、县质量技术监督局局长。

第一节　计量监督管理

1982年3月，县政府印发《关于加强度量衡器管理的布告》和《关于开展计量衡器普检普修的通知》。县计量管理所任命首批计量监督员，深入10个工厂、3个电站及食品门市部进行调查，并对17个工厂的179件量具及1个工厂的热工、电工仪表进行检修。1983年，检修长度量具171件、天秤10台；对商业、粮食、供销等系统分布在全县各商业网点的685台案秤、5台地秤、236根杆秤进行检修，并逐一编号，建卡登记，建立周期检定制度；查处非法个体秤工7起，实行定点修制、产品全检的管理制度。1984年5月，贯彻国务院《关于在全国统一实行法定计量单位的命令》，县政府规定每年10月为全县计量检查活动月，并配备98名专（兼）职计量管理工作人员。1985年，在全县开展物价、计量信得过检查评比活动，全县各主要商店配备专职监督员，设置公平秤、公平尺。是年8月15日，县政府首次授予县农资门市部、县副食品公司门市部、城关粮店、瓦屋塘供销社4个单位“物价、计量信得过单位”奖牌，这一做法得到省、市标准计量部门的肯定，并在全省推广。10月，宣传贯彻《中华人民共和国计量法》和推行法定计量单位工作，印发3500份《关于全面推行法定计量单位的通告》，全面推行法定计量单位（千克、克、米、厘米），同时停止使用旧度量衡器，在县城建立一家计量仪表厂。

1987年6月，印发《绥宁县人民政府强制检定的工作计量器具检定管理的规定》，对用于贸易结算、安全防护、医疗卫生、环境监测的计量器具定期定点强制检定。是年，强制检定检修计量器具800多台件，没收不合格计量器具253台（件）。朝仪供销社拒不执行强制检定计量器具，被罚款100元。1988年7月，县政府印发《关于贯彻执行国家强制检定办法的通知》，规定全县1988年强检计量器具35项60种，检定面达90%。1994年，印发国家技术监督局颁发的《零售商品称重计量监督规定》3500份，分别发送到1300多个国营、集体和个体工商企业。2002年，检定衡器2090台（件）、加油机156台、压力表150块、血压计141台、地秤18台，社会公用计量器具强检率95%，加油机由每年强检一次改为每季强检一次。2005年，对全县使用的医用三源及全县各水电站的计量器具进行摸底登记建档，完成强检计量器478件，其中加油机47台、地中衡11台、其他器具420台（件）。

第二节　质量监督管理

1986年，县标准计量管理局对全县21种食品工业产品、30个食品企业的生产条件分别进行检查，查封不合格的李熙冰厂，责令3家不合格的企业停产整顿。同时对全县16种工业产品进行抽样检验，会同县食品办、县工商局、县防疫站等有关单位对市场商品进行大检查，查封50床不合格电热毯、3万多瓶劣质汽酒及一批劣质食品，查封产品质量不达标的湘苏罐头厂，指导县胶合板厂、县大米厂等工业企业建立健全产品质量保证体系。是年10月4日，印发《绥宁县产品质量监督检查目录》，全县15类产品被列为质量监督检查范围。首次受理商品质量投诉案，裁定县物资局调换卖给东山侗族乡农民谢某某的全部变质水泥并赔偿往返运费。1987年，抽检工业企业产品58批次，对产品不合格的企业分别给予限期整改和罚款处理。1989年，县标准计量局对全县5家水泥电杆厂进行产品抽检，关闭在市电杆厂，责令乐安、武阳两家电杆厂限期整改。是年，县标准计量管理局先后受理通道县个体复合肥厂销售劣质复合肥给双河苗族乡村民案和县水泥厂出售废品水泥和不合格水泥案。裁定通道个体复合肥厂退回双河苗族乡村民购买复合肥的全部货款，赔偿运费和差旅费1282.5元；没收县水泥厂出售废品水泥和不合格水泥非法所得的60%，并处罚款11545元，并通报全县。1990年，县标准计量管理局检验产品34批次（其中县内产品21批次），出示产品检验报告61份。

1990年，县内成立县打假领导小组，首次对生产和流通领域的产品和商品开展打假治劣。查处伪劣商品22批次，销毁劣质饮料91100瓶、月饼250千克，强行关闭食品加工厂5家，收缴违法所得及罚款共计8600多元，为企业挽回经济损失10余万元。1992年，监督检验67家生产企业，检验产品122批次，监督检验67家经销企业，查处伪劣商品价值69万元，指导、协助县内经销企业解决质量纠纷，为企业挽回经济损失10万余元。是年，开始在县国营、集体商品经营单位开展“质量信得过商店”竞赛活动，县贸易公司供销商场、县肉食品公司、县百货公司和县副食品公司被评为“质量信得过商店”。1993年，宣传贯彻《中华人民共和国产品质量法》。1994年，推行“三五工作法”，为企业参与市场竞争提供良好的外部条件。1995年，开展5次监督检查、处理、服务活动。全年查处假冒伪劣商品价值134.55万元，为企业和消费者挽回经济损失124.59万元。其中查处劣质复混肥275.15吨、假农药800千克，不合格稻谷种63977.9千克，并责令县种子公司将24.75万元违法所得退赔给购种农户，查处不合格大米9000千克、酒300件（箱）、汽车制动液5300瓶、电线400卷、钢材4.3吨、藕煤1000吨；查处质量、计量举报案21起，为企业和消费者挽回经济损失104.7万元。

此后，县质监部门把打击制售假冒伪劣商品作为技监工作的重点。1998年9月，县政府办印发《绥宁县质量兴县实施方案》，落实质量一票否决权和三包（包修、包换、包退）规定。是年，县技监部门会同邵阳市酒厂打假办开展邵阳市酒厂产品专项打假8次，共没收销毁假冒开口笑酒156件、邵阳津酒274箱。1999年，关闭5家无生产许可证的土法炼油厂；为县联合造纸厂购进不合格耐火材料提供技术鉴定资料，挽回经济损失46万元。

2000年9月，成立县质量和打假工作协调领导小组。2001年，实施举报制假售假窝点奖励暂行办法和实施“食品放心工程”，与8家大米加工企业签订“质量承诺书”，责令3家食品生产企业停产整顿，对县内粮油、散装白酒以及学校食品和饮用水进行专项检查；对23个乡镇75个农资销售点进行拉网式监督检查，查处不合格复混肥430吨，对4家生产不合格复混肥及1家销售无证农药的经销商进行行政处罚；受理群众投诉28起，为消费者挽回经济损失10余万元；与45个工业企业签订产品委检协议，抽检435个商业企业的商品577批次；帮助38家规模企业建立“企业质量档案”。2005年，开展“查市场保两节、查农资保春耕、查建材保建设”活动。查处不合格农资生产厂家9家13个品种，涉案金额300余万元，挽回经济损失200余万元；元旦、春节期间，出动280余人次，检查商店、商场、集贸市场及棉制品加工厂73家。严格食品质量安全市场准入制度，对已取证的13家食品加工企业进行全面监督。是年，对134家企业产品质量进行定期检查258批次；委检69家企业，200个批次；稽查立案32起，结案27起，处罚15起。

第三节　标准代码管理

一、技术标准管理

1983年6月，首次对县城销售台风扇、落地风扇的门市部和仓库进行全面检查，查封无产品合格证书的台风扇、落地风扇246台，对违禁销售的二轻供销公司给予通报批评，并处罚款230元。1986年初，全县25个国营、集体工业企业生产的133个产品中仅24个按标准生产。县标准计量局千方百计收集产品标准资料，为有关生产企业提供产品技术标准。至年底，全县按标准生产的工业产品达103个，占总数的77.4%，其中城关大米厂生产的晚稻标一米获省优质产品奖。

1987年，县标准计量管理局组织7家工厂派员赴省标准局学习标准化。收集产品标准8大类、290多份，组织、指导全县工业企业按标准生产。1989年，建立县产品质量监督检验所，开展以食品、饲料为主的产品质量检验工作。抽查5家水泥电杆厂产品，其中有3家不合标准，责令其自行关闭和整改。是年，县标准计量管理局为县内工业企业制订企业标准4个、内控标准2个。1990年，全县有乡镇以上工业企业51家，生产品种85个，其中采用国家标准的37个、行业标准的24个、企业标准的24个，标准覆盖率100%。1987—1990年，全县共有10个产品先后获省优质产品奖或行业优质产品奖。

1991年，县商业系统、县粮食系统、县供销系统共有31人参加全国商业企业标准化规范化函授班，其中22人获结业证书。年内，县标准计量局举办《食品标签通用标准》讲座。1992年，县标准计量管理局为企业提供产品标准12份，指导协助8个生产企业制订产品标准，这些产品经省、市、县检定合格后投放市场。1997年，全县国有生产企业产品标准发证率达100%。年内，县标准计量管理局对集体、乡镇、民营企业的标准实施情况进行清查，向企业提供标准35份，制订企业标准3个，发放标准实施证书46个，对无标准生产企业进行处罚。是年，县标准计量管理局对市场产品标签进行8次检查，重点检查《食品标签》《饲料标签》《化妆品标签》，其综合合格率分别为86%、92%、96%。1998年，经邵阳市质监部门考察认证，县水泥厂产品质量符合国际标准，县化工厂产品质量合格率稳定在99%以上。

1998年8月，县政府决定推进农业标准化工作，并重点抓好杂交水稻、杂交玉米、笋竹林丰产技术、杉木林基地、改良柑橘品种等重点项目的标准化试点工作。县质监部门协助有关部门制定《杂交水稻制种技术规范》《温州密橘栽培技术规程》。1999年，在李熙镇长寨村推广种植超级稻13.33公顷，实施杂交超级稻栽培标准化示范，经湖南省两系杂交水稻办公室专家组织验收测产620.73公顷，平均亩产722.8千克，比当年全县种植的主要迟熟三系杂交品种每亩增产184.4千克。2004年，全县标准备案32个，标准年审48个，成功申报绥宁县为杂交水稻农业标准示范区。2005年，标准审查备案40个，为企业起草企业标准1个。

二、代码标识管理

1993年，国务院决定在全国范围内建立企业、事业单位和社会团体统一代码标识制度，由银行、税务、计划、统计、财政、公安等部门负责强制推行。县政府成立领证领导小组。至年底，全县办理代码512家，发证1034本。此后，工作进入经常化、制度化，每年进行年检年审、换证、发证、废置、办卡及发送电子副件工作。2004年，全县办理代码换证74个，新增120个，年检310个，办卡30张，废置276个。

第八章　安全生产监督管理

1978年，县内安全生产监督管理由县劳动工资局负责，配有专职人员1名。1982年4月，县劳动工资局设立安全股。1989年3月，县劳动局增设矿山安全监察股，工作人员增至3人。2000年9月，锅炉、压力容器、压力管道、电梯防爆电器等特种设备安全监察职能划归县质量技术监督局。

2002年7月，撤销县劳动局安全监察股，成立县安全生产监督管理局，加挂县安全生产委员会办公室牌子，为副局（科）级单位，隶属县经贸局管理，县劳动局安全监察职能划归县安全生产监督管理局。2003年6月，县安全生产监督管理局升格为县人民政府直属的正科级单位，内设办公室。翌年4月增业务股。2005年，升格为政府工作部门，定编7人。同年，乡镇设置安全生产管理站，由分管安全生产工作的副乡镇长担任站长，配备专干或兼干2～5人；相关职能部门和单位成立安全生产组织机构，确立专职或兼职管理人员。至2005年，李明才、黄始海先后任县安全生产监督管理局局长。

第一节　特种设备安全管理

1979—2000年，县劳动部门安全监察机构对锅炉、压力容器等特种设备每年进行1次年检，年检合格的发给其运行执照，不合格的令其停止使用。其间，县劳动局安监机构还参与了锅炉、压力容器的购买、测试和报废处理。

2000年9月，特种设备安全监察工作由县劳动局划归县质量技术监督局管理。2002年6月，县质监局会同各主管部门对县内110多个单位的125台锅炉、800多台（件）压力容器及其他80多台特种设备进行排查检验，查出隐患336处，发出监察意见书117份。下达停止运行的锅炉23台、压力容器40多台（件），责令限期整改锅炉55台、压力容器7台（件）、特种设备56台（件），对22起严重违规违章现象进行经济处罚。同时对全县“土锅炉”进行整治，并组织100名操作人员参加省、市、县业务培训，全县“锅容管特”（锅炉、压力容器、压力管道、特种设备）人员持证上岗率达100%。

2004年，对全县在用锅炉83台、电梯4台、行车28台、压力容器98台（件）、液化气瓶8000余个、氧气站经销网点2家、石油液化气充罐站1家、液化气经销网点10家进行全方位监察。全年查处违法违规案8起，下达安全监察指令书168份，对新安装和改修的8台锅炉进行报批和检验，监督报废锅炉4台，选送20余人参加市特种设备作业人员上岗培训。当年，县内在用特种设备登记率、年检率、定检率、操作人员持证率都达100%。2005年，对60家企业在用 85 台（件）特种设备的安全运行进行监察，下达监察意见通知书 138 份，提出整改建议 900 多条，与全县 8 家液化气站签订安全责任状。立案查处安全违章案 32 起，结案 32 起。

第二节　安全教育与培训

安全教育　2002 年后，县内在每年的元旦、春节、劳动节、国庆节等节日期间及专项整治和安全月期间，都张贴标语横幅、制作永久性标语、出动宣传车辆宣传安全生产，并开展安全知识咨询，举办安全知识演讲和安全知识抢答赛。2002 年和 2003 年，将 2001 年国务院 302 号令和湖南省人民政府 148 号令编成手册，每年印刷 1 万份,发至全县各单位、部门、村（居）委会和全体干部职工；将安全法律法规纳入全县普法日程。2004 年安全月活动期间，与交通、交警等部门组织安监、交通系统和湘运绥宁分公司全体干部职工参加安全知识演讲及抢答赛，发放安全法律法规、安全防范知识宣传资料。

表 11-8-1　　2002—2005 年绥宁县安全生产知识宣传情况表

项目 / 年份	广播电视讲话（次）	标语横幅（条）	安全咨询（次）	出动宣传车（台次）	制作永久性标语（条）	安全知识竞赛（场）
2002 年	2	2500	4	20	100	5
2003 年	6	3000	8	38	280	18
2004 年	6	3200	10	40	300	20
2005 年	8	3100	8	40	200	26
合计	22	11800	30	138	880	69

安全培训　县内有电工、司炉工、电焊工、氧焊工 4 个特殊工种。1979—2001 年，电工由县劳动局与县水电局共同培训，其他工种则由市劳动局培训，培训合格者发给证件，作为上岗的一个基本条件。其间，全县共举办电工培训班 14 期，参训 1058 人次，有 463 人取得合格证。2002 年起，县安全生产监督管理局对安检人员及特种作业人员（电工、焊工等）和高危行业（非煤矿山、危险化学物品、烟花爆竹）从业人员进行培训考核，以提高其素质及安全意识和对安全事故的预防能力。培训采取分条块、分行业、分乡镇的形式进行，考核为理论考试和现场操作，两项合格者才能发证上岗作业。2005 年，全县有电工 511 名。

表 11-8-2　　2002—2005 年绥宁县安全培训情况表　　单位：期、人

项目 / 年份	培训安监人员		培训特种作业人员		培训高危行业人员	
	举办培训班期数	参加人数	举办培训班期数	参加人数	举办培训班期数	参加人数
2002 年	2	300	4	150	3	100
2003 年	27	1000	8	260	8	250
2004 年	27	1000	10	320	10	300
2005 年	5	400	5	180	12	350
合计	61	2700	27	910	33	1000

第三节 安全监督制度

安全生产审查考核 为加强对高危行业的管理，预防安全事故发生，采取“两严”“定期”（严格审查审批手续、严格培训教育，定期检查）的管理措施；高危行业的审查和审批手续采取谁签字谁负责的原则；高危行业的厂（矿）长、经理，必须参加省级有资质的培训单位培训，从业人员必须参加市、县有资质的培训机构培训，并经相关安监部门考核合格；高危行业实行专人管理制，每月检查 2 次，随时抽查，发现隐患及时整改，整改不到位的进行停业整顿，对经多次整改不到位的在市花炮厂予以强行关闭。

安全生产责任状 1986 年，县劳动部门与相关单位签订安全生产合同 33 个。1998 年开始，各乡镇、县直有关部门每年同县政府签订安全生产责任状，交风险抵押金 500 元，安全生产工作列入年度目标管理，年终由安全生产办公室对各单位进行考核，实行奖罚兑现。2001 年后，县政府在每年初与各乡镇、各职能部门签订安全生产责任状，乡镇与各村（居）签，各职能部门与二级机构及企业签，企业与班组（车间）签，班组（车间）与个人签。如农用车辆运输是县内易发生事故的行业，安监部门组织农机、乡镇直接与农用车主签订责任状，形成层层责任制。2002 年签订安全生产责任状 500 份，2003 年签订 6250 份，2004 年签订 6300 份，2005 年签订 6500 份。

安全生产一票否决制 2001 年始，县委、县政府每年将安全生产工作列入对各单位的双文明考核。凡单位年度内发生多起安全生产事故或重、特大事故的，当年考核即实行一票否决。

安全生产例会制 2001 年开始，根据国务院 302 号令和湖南省人民政府 148 号令规定，县安委会成员单位每季度召开一次安全生产例会，如遇重大安全生产工作事项，县委、县政府主要领导参加。

第四节 安全隐患排查整改

一、安全排查

1979—2001 年，县劳动部门安全监察机构定期不定期进行安全生产检查，共查出安全隐患 2793 处，及时进行整改。

2002 年县安监局成立后，每年印发《绥宁县安全生产隐患排查整改总体方案》，县政府成立安全生产隐患排查整治领导小组，由县长任组长，分管副县长和有关领导为副组长和成员，安监局局长为办公室主任。每年安全检查和专项整治，都查出大量的重大安全隐患，如病险水库、大面积山体滑坡、危房、危桥、易燃易爆物品、矿山病险洞井等；对每起重大隐患造册登记，每个副县长或副县级领导负责挂点组织整改一处重大隐患，并与县长签订责任书，直至整改到位。

高危行业是易发、突发、多重发特大安全事故的行业。县境高危行业主要有：非煤矿山开采，危险化学物品生产、经营、运输、使用、储存，烟花爆竹的生产、运输、经营、储存等。每年定期在元旦、春节、劳动节、国庆节期间开展安全检查，平时进行不定期督查，同时根据各个行业的安全情况进行专项整治，2002—2005年全县高危行业无重、特大安全事故发生。

二、安全整改

境内受2001年“6·19”特大山洪地质灾害影响，2002年电力、水库、道路、桥梁等基础设施及房屋等出现十多处重大隐患。县政府成立专门安全隐患整治领导小组，下设10个检查整治组，1个督察组，开展道路交通安全（包括水上缴通）、农机安全、消防安全（包括森林消防）、非煤矿山、危险化学物品5大专项整治，对不符合安全条件的15家个体加油站、1家民爆仓库、14家非煤矿山、2家花炮厂进行停业整顿，关闭8家不符合安全条件非法生产的非煤矿山，收缴一批已报废还在使用的液化气钢瓶。

2003年，春、夏两季开展危险化学物品、非煤矿山专项整治。对全县31家非煤矿山、20余家危险化学物品的生产、储存、经营、运输及使用单位进行摸底调查，关闭9家不具备安全生产条件和非法生产矿山、危化企业。秋、冬两季开展交通安全专项整治，对客运车辆超载、农用车载客、马路市场、船舶渡口、水上漂流进行摸底及整治，关闭3家不具备安全条件及非法营运的渡口，对3家存在安全隐患的漂流行业进行停业整顿。

2004年上半年，对危化物品及非煤矿山、烟花爆竹行业进行“五整顿”“两关闭”（从事危险化学品生产、储存的企业,凡存在下列情况之一的,即:生产工艺、设备和储存方式、设备不符合国家标准，企业主要负责人、特种作业和关键岗位人员未经正规安全培训、没有取得任职和上岗资格，经安全评估确认没有达到安全生产条件，受压容器没有按期进行检测、检验或经检测、检验达不到规定标准，2004年以来发生过重、特大事故的，必须立即停产整顿；非法从事危险化学品生产、储存、经营、运输等活动的单位，经停产整顿仍然达不到安全生产标准的单位,必须依法关闭）工作。金屋塘镇岳溪江村3家非法开采存在严重安全隐患的矿山，多次关闭后死灰复燃，县政府组织专门力量，对矿山洞井进行爆破炸毁。对存在安全隐患的黄土矿雪峰花炮厂、在市花炮厂进行停业整顿。下半年，对全县客运、货运场站进行专项整治。客运方面，重点整治湘运绥宁客运总站、南站、北站，对站场的安全管理、安全制度、安全措施、安全设备、安全意识进行全面整治，重点整治存在严重隐患的北站。货运方面，重点对发货站场、厂矿起运货源头的安全管理及措施，特别是严重超载及人货混装现象进行全面整改。其中发现部分厂家发货一般在30～50吨，最高一次重达90余吨，而当时县境内桥梁一般设计载重为10～20吨，严重威胁县域道路和桥梁安全。安监局立即印发严禁货运车辆超载的文件，发至有关单位及企业，强化源头管理。

2005年，春、夏开展非煤矿山专项整治。县政府牵头，组织安监、公安、国土、电力等部门和相关乡镇政府，对金屋塘镇雄鱼村、草寨村、岳溪江村非法开采、存在严重安全隐患、多次关闭后又死灰复燃的19家矿山强行炸毁关闭；另外关闭非法矿山33家，对8家存在严重安全隐患的矿山进行停业整顿。组织全县21家高危行业的28名主要负责人到省具有资质的培训单位参加培训，并全部考核合格。秋、冬开展道路交通“黑点”隐患整治，查出“黑点”178处；取消部分马路市场，制作安放安全防护栏、安全防护墩、安全警示牌1160个（处）。

表11-8-3　　2002—2005年绥宁县高危行业安全管理统计表

科目 年份	高危行业（家）				查处安全隐患（起）		整改安全隐患（起）		下达整改指令（份）	停业整顿企业（家）	关闭非法企业（家）
	合计	非煤矿山	高危化学品	烟花爆竹	一般隐患	重大隐患	一般隐患	重大隐患			
2002年	74	33	38	3	820	32	680	18	300	32	8
2003年	82	36	43	3	682	43	468	25	465	33	9
2004年	94	48	43	3	450	28	400	20	360	36	26
2005年	73	31	40	2	415	12	390	8	248	8	33
合计	323	148	164	11	2367	115	1938	71	1373	109	76

第五节　安全生产事故

1979—2001年，全县共发生安全生产事故187起，其中重伤8起伤9人、死亡事故21起死37人；2002—2005年，共发生安全事故177起，其中重特大事故4起。对每起安全生产事故，严格按照“四不放过”（事故原因未查清不放过、责任人员未处理不放过、责任人和群众未受教育不放过、整改措施未落实不放过）的原则进行调查处理。

表11-8-4　　2002—2005年绥宁县安全生产事故统计表

项目 年份	事故起数（起）		死亡人数（人）	受伤人数（人）	直接经济损失（万元）
	总数	重特大事故			
2002年	41	1	20	38	121.5
2003年	48	2	25	64	134.6
2004年	43	1	21	47	51.3
2005年	45	0	21	74	33.2
合计	177	4	87	223	340.6

第十二篇　林业

1978年，县内林业管理机构为绥宁县革命委员会林业局。1981年，绥宁县革命委员会林业局更名为绥宁县林业局。1984年，绥宁县恢复成立县木材公司，实行政企分开，森工业务从县林业局析出。县速生丰产用材林基地指挥部、县护林防火指挥部、县绿化委员会在林业局内办公。1996年12月，县林业局改称县林业委员会。2002年7月，县林业委员会复名县林业局，内设办公室、人事股、计财股、林政股、野生动植物保护站、林场林工站、科技推广站、营林股，下设25个乡镇林业站、7个木材检查站和5个护林哨所、1个林业公路养护队、3个国营林场和林业科技研究所、黄桑自然保护管理所。1978—2005年，贺洪达、罗必坤、杨太春、肖华中、赵海南、刘学华、孟交日、隆振理、刘明昌、刘文松先后任县林业局局长或县林业委员会主任。

第一章　森林资源

第一节　森林总量

20世纪70年代，县内林业生产开始重视采育结合，但由于采伐量进一步增大，导致全县蓄积量逐年减少。20世纪80年代中期，全县活立木总蓄积量滑至谷底，只有20世纪50年代初期的一半左右。1986年，全县开始控制采伐量，并加强造林育林，蓄积量才缓慢回升。至1990年，各树种每公顷平均蓄积量上升到66.66立方米，为全省平均蓄积量32.85立方米的2.03倍，各树种立木蓄积总量平均每年净增13.64万立方米，树种结构比较合理。材种方面，由于县内多年人工造林重点是杉木林，杉木林面积和蓄积量超过马尾松。1997年版《绥宁县志》“林业篇”载有林木和林下植物143种，其中果之属26种、木之属33种（树木22种、竹11种）、花之属36种、药植物类之属48种。

“四五”林调及1978年全县森林总量　1978年开始，以县为主，地区和省林业部门配合，开展全县“四五”森林资源调查，本次林调采取“机械布点，随机抽样”的方法，每4平方千米布一个点，无林弃点，有林则实行立木检尺，分类汇兑后，得出全县各类土地面积和森林蓄积量。历时14个月。面积和森林蓄积量精度分别达到90%和89%，达到国家二类资源调查标准。调查结果表明：全县活立木蓄积总量为1214.1721万立方米，比1964年减少691.62万立方米，平均每年减少57.635万立方米。

“六五”林调及1983年全县森林总量　1983年4月，由县林业局组织，湖南省林业资源调查队和邵阳地区林业调查队派员协助，开展全县“六五”森林资源调查。依据最新航空照片现场勾绘地类，用仪器测定样地立木断面和树种平均高度，按《二元形高表》查实蓄积量；还增加立地类型（如土地、植被等）专业调查及林木生长量、消耗量的调查和验收。本次“林调”历时1年。调查结果表明：全县活立木蓄积总量为1004.1755万立方米，比1978年减少209.9966万立方米，平均每年减少29.9995万立方米；总蓄积量在绥宁、城步、洞口、新宁四县森林资源总量的比重下降为35.3%；林种结构也发生变化，成熟林减少，幼龄林、中龄林比重增大。

“八五”林调及1990年全县森林总量　1990年5月，开始进行全县“八五”森林资源调查，历时14个月。内容包括土地类型、造林保存率、天然更新、林种出材等级，质量符合规程精度要求。调查结果表明：全县活立木蓄积总量为1058.7197万立方米，比1983年增加54.5442万立方米，成为全省重点林区县中森林蓄积量唯一增加的县。

“十五”林调及2000年全县森林总量　2000年5月，开展全县森林资源调查。内容包括林地资源、林木资源、森林覆盖、林地利用率、森林资源质量、生长率、生长量及资源分布情况。历时1年。质量符合规程精度要求。调查结果表明：全县活立木蓄积总量为1258.6004万立方米，比1990年增加199.8807万立方米，森林覆盖率为75.5%，林地利用率为97.1%。

表12-1-1　**1978—2000年绥宁县部分年份林地面积表**　单位：公顷

项目			1978年	1983年	1990年	2000年
林业用地总面积			225682	226759	228341	227772
有林地	有林地面积		173728	164418	179707	199127
	有林地林种结构	用材林	146612	111036	131130	128032
		经济林	11629	11521	10994	11186
		竹林	17471	21943	24568	28005
		其他	17	19918	13016	31904
	用材林龄级结构	幼龄林地	39834	38276	38277	27396
		中龄林地	30094	26335	43249	48742
		成熟林地	74684	46425	49604	83798
疏林地			8531	13544	10700	353
灌木林地			9754	19696	20388	22037
苗圃及未成林造林地			8394	8865	10360	4480
宜林荒山荒地			25275	20236	7186	858
森林覆盖率			63.2%	67.5%	68.3%	75.5%

表 12-1-2　　1978—2000 年绥宁县部分年份活立木蓄积量表

项目		1978 年	1983 年	1990 年	2000 年
活立木蓄积总量（立方米）		12141721	10041755	10587197	12586004
其中	林分蓄积（立方米）	11182559	8607215	9608456	12148884
	疏林蓄积（立方米）	353484	597039	302994	3792
	散生蓄积（立方米）	605678	837501	663973	416421
	四旁树蓄积（立方米）	—	—	11774	16907
树种结构	杉木（立方米）	2629653	3484255	4070482	5652650
	马尾松（立方米）	6532672	3967782	3371251	3316079
	柏木（立方米）	—	—	—	1775
	阔叶树（立方米）	2979396	2589718	3145464	3178380
用材林龄级结构	幼龄林（立方米）	1185646	1089710	1172227	609427
	中龄林（立方米）	1906538	2004028	3195457	3558233
	成熟林（立方米）	8090375	5513477	4403888	7981224
毛竹（株）		34257200	36139150	44949490	64656300

第二节　森林分布

一、森林地势分布

县内森林资源随地势海拔高低呈垂直分布。

海拔 600 米以下，为油茶、油桐、柑橘、桃、李、梨、板栗、杜仲、厚朴、漆树等经济林以及松、杉为主的用材林带。

海拔 600～1000 米，为松、杉、樟、梓、楠、椆 、桐、木荷、栎、杨梅等组成的常绿针阔叶混交林带。

海拔 1000～1500 米，为马尾松、刨花楠、银木荷、甜槠、灯台树、赤叶杨、枫香、香果、石灰树、板栗、毛红槐、山槐等组成的常绿落叶针阔混交林带。

海拔 1500 米以上，为水青刚、青刚栎、红栀子、五角枫、野茉莉、白栗、茅栗、胡枝子、盐肤木、化香、杜鹃、蕨类、冬茅、野古草等组成的灌木草丛带。

二、森林地域分布

县内森林资源地域分布比较明显。主要为天然林的马尾松群落大多分布在县境南部；楠竹群落大多分布在县境北部的中山山地；主要为人造林的杉树群落大多分布在县境北部；天然次生的常绿针阔叶混交林大多分布在县境南部，主要在黄桑坪，其次在关峡、白玉、枫木团、麻塘等乡。

在黄桑自然保护区的天然次生林中，马颈谷的钩栗林，坪溪刘冲的楠木林，九溪冲的香槐、银鹊树、紫楠林，大坪源的鹅掌楸林，龚家田的山白果林，安阳山的杉松、杉竹、杉松杂木、松杉等混生林，都形成了小面积基本林的多种多层群落结构。源头山有稀奇的单种单层的长苞铁杉群落，神坡山有稀奇的单种多层穗花杉群落，天堂界有成片松林。

县境内森林资源分布“南多北少”局面相当明显。根据2000年林调资料反映，仅县境南部的黄桑坪、乐安铺、枫木团、长铺子、在市、关峡6个乡立木总蓄积量有635.91万立方米，占全县总蓄积量的52.3%。

表12-1-3　**2000年绥宁县各乡镇、林场、采育场活立木蓄积量一览表**

单位	活立木蓄积量				
	松（立方米）	杉（立方米）	阔叶林（立方米）	柏（立方米）	楠竹（万株）
鹅公岭侗族苗族乡	78402	149371	—	—	10.18
朝仪侗族乡	119624	57215	—	—	8.53
东山侗族乡	214654	247418	34474	—	43.74
乐安铺苗族侗族乡	1400550	153304	135471	—	97.4
联民苗族瑶族乡	137350	63707	211590	—	657.64
竹舟江苗族乡	77817	208021	20350	—	15.19
党坪苗族乡	284838	138285	53592	—	52.57
在市苗族侗族乡	312966	276169	78705	—	47.3
麻塘苗族乡	111860	76446	193643	—	1399.75
在市林场	3625	75951	92	—	—
黄桑坪苗族乡	171289	144455	711594	54	437.47
河口苗族乡	31866	78288	139901	—	218.33
麻塘采育场	6956	10050	766	—	78.45
长铺镇	21811	121210	319	—	0.94
长铺采育场	5594	42667	8990	—	12.17
李家团采育场	6156	5420	4	—	1.64
河口采育场	17345	36201	12976	—	21.93
庙湾林场	1000	124874	7491	—	0.96
联民采育场	36703	3524	2002	—	67.4
水口乡	57043	135721	68179	—	587.93
哨溪口采育场	23039	219063	11355	—	6.28
长铺子苗族乡	174744	820721	422336	—	264.07
关峡苗族乡	239520	204746	339316	—	194.5
枫木团苗族侗族乡	200397	204439	368333	—	651.67

续表 12-1-3

单位	活立木蓄积量				
	松（立方米）	杉（立方米）	阔叶林（立方米）	柏（立方米）	楠竹（万株）
高坪林场	178	58309	1984	—	2.49
堡子岭林场	6661	154648	2366	—	6.27
武阳镇	167326	285506	176395	41	84.12
金屋塘镇	19494	357761	9891	1417	156.74
唐家坊镇	87377	163699	3572	—	183.79
瓦屋塘乡	37279	270486	6394	169	474.91
李熙桥镇	59361	112815	3079	—	1.81
白玉乡	43600	144444	98900	—	387.89
县林科所	1612	21304	3539	—	—
红岩镇	107407	215982	6835	—	195.80
梅坪乡	436	153323	24628	—	61.33
黄土矿乡	50158	123107	260	—	105.99
合　计	3316079	5652650	3178380	1775	646563

三、用材林

2000 年森林资源调查结果：县内用材林 12.8 万公顷，占有林地面积 64.3%；蓄积量 1214.89 万立方米，占总蓄积量的 96.5%。用材林面积、蓄积量均居全省第一。

马尾松　马尾松是县内优势树种之一，以天然林居多。每个乡镇海拔 280～1400 米的山地都有分布，且多为纯林，只有少数松树与其他树种混生，但常居上层林冠。乐安铺苗族侗族乡天堂界原始次生松树林，树干通直，树形秀美，树冠苍翠，成熟林、近熟林、中龄林和幼龄林“四代同堂”。树林面积 400 公顷，活立木蓄积量 10 万立方米。中南林学院祁承经教授考察后称赞为“江南仅存的一片”（1984 年 3 月 12 日，中共中央政治局常委、国务院总理赵紫阳在国家计划委员会副主任朱镕基、中共湖南省委第一书记毛致用等陪同下，视察了寨坡茨岩冲至乐安铺天堂界 S1805 沿线的松林，称赞：“这里郁郁葱葱，造林搞得好”）。县境南部的关峡、乐安铺、联民、麻塘、党坪、在市、长铺子、朝仪、东山等乡森林都是马尾松占优势。县境北部马尾松较少，其中金屋塘镇和梅坪乡最少。1978 年调查，全县马尾松面积占有林地面积的 40%，蓄积量占各树种蓄积总量的 55%。由于砍伐马尾松后，大多数迹地改造为杉木林，20 世纪 70 年代后期起，马尾松在用材林优势树种（松、杉、阔）立木总蓄积量中比例越来越小，1983 年降至 43.77%，1990 年降为 34.8%。1990 年马尾松立木蓄积量为 337.13 万立方米，2000 年为 331.61 万立方米。

杉木　杉木是县内优势树种之一，使用价值高，分布于各个乡镇，尤其以长铺子、麻塘、河口、在市、乐安铺、黄桑坪等乡蓄积量最多。分布的海拔范围广，上限可达1200米。在枫木团苗族侗族乡秋木田村宝寨组海拔1100多米的天然林中，有一棵正处于生长旺盛期的百年巨杉，高约50米，胸径110厘米，材积6立方米。多年来，由于人工造林以植杉为主，杉木面积逐年增加，杉木林蓄积量在用材林优势树种蓄积量中的比例越来越大。1983年杉木林蓄积量占全县优势树种蓄积量的37%，1985年开始的速生丰产用材林基地也以植杉为主；1990年上升为41.1%，蓄积量为361.04万立方米；2000年蓄积量达到565.27万立方米，占全县优势树种蓄积量的46.53%。

杂木　县内杂木林绝大部分为天然林。有樟、檫、楠、椆、香椿、木荷、臭椿、枫香、光皮桦、榆树、朴树、华榛、青钱柳、栲树、钩栗、石栎、麻栎、白栎、云山白兰、金叶白兰、马褂木、槭树、化香、杜英、山柳、木姜子、泡桐等。历来用作燃料，20世纪70年代后期起，部分用于生产香菇和木耳。主要分布在黄桑坪自然保护区、水口乡八叶江、白玉乡傅家湾、枫木团苗族侗族乡界头炉、联民苗族瑶族乡田螺旋等地。在用材林优势树种总蓄积量中的比重逐年增大，1983年为19.23%，1990年为24.1%，2000年为26.18%。2000年，杂木实际蓄积量为317.84万立方米。

四、经济林

1990年森林资源调查结果，县境经济林1.1万公顷，占有林地面积的6.1%。2000年森林资源调查结果，县境经济林1.12万公顷，占有林地面积的5.62%。

油茶　油茶系县内主要经济林树种，以人工种植为主。分布在海拔500米以下山地。主要分布在鹅公岭、东山、朝仪、唐家坊、黄土矿、红岩、武阳、在市、党坪、竹舟江等乡镇，因产量低，经济效益差，20世纪80年代中期起，出现毁油茶林改柑橘林现象，加上油茶林管理粗放，油茶资源不断减少，1991年“八五”林调时全县油茶林面积减至7348公顷，仅东山、鹅公2个乡油茶林面积保存在1万亩以上，年产茶油不超过200吨。此后，引进良种油茶高接换冠技术，但受农村外出打工的潮流冲击未能广泛推广，全县油茶面积仍在不断递减，2001年“十五”林调时为5824.2公顷。

油桐　县内油桐林多与油茶林混生，或散生于旷野、田头、地角、村庄附近、公路两旁。因油桐树不耐荒芜，寿命不长，桐杉间种林中的油桐容易被树身高大的杉木遮盖而自然淘汰，致使油桐树数量越来越少。1990年减至30公顷，到2000年境内只有一些散生油桐树。

漆树　县内漆树林不成规模，经济效益差，多无专人管护。1990年有15公顷，2000年只有一些散生漆树生长在海拔300～400米的山麓、溪谷之中。

五倍子（盐肤木）、山苍子（木姜子）　县内五倍子、山苍子多为野生，大部分生长在低山丘陵，各乡镇都有分布。1990年，全县有五倍子5.4公顷，山苍子23.6公顷。2000年后采摘严重，五倍子和山苍子资源急速下降。

县内经济林树种还有栓皮栎、白蜡树、杜仲、厚朴、黄柏、杨梅、板栗、柿树、猕猴桃、桃、李、梨、拐枣、棕榈、石榴、枇杷、乌柏、八角、马桑树、野木瓜、大血藤等。20世纪80年代，县内开始人工种植猕猴桃。

五、竹林

绥宁县是全省17个重点产竹县之一。品种有楠竹、桂竹、水竹、实心竹、紫竹、苦竹、方竹、箬竹、箭竹、凤尾竹，还有观赏价值很高的金竹、碧玉间黄金竹（俗名花竹）、佛肚竹等。以毛竹（楠竹）为主，分布在海拔1200米以下。20世纪80年代，由于木竹市场开放，出现过量采伐，加之冰冻、雪压等自然灾害影响，楠竹面积和产量下降。1987年起，对楠竹实行限额采伐，消耗量逐步得到控制，立竹蓄积量回升。1990年，楠竹发展到24600公顷，占有林地面积的13.6%，立竹蓄积量达到4494.95万株。1万亩以上竹林的乡镇有水口、瓦屋塘、麻塘、联民、枫木团、白玉、关峡、唐家坊、黄桑坪、金屋塘、红岩、河口12个。从1995年全县大力发展楠竹始，通过新造、扩鞭和低产林改造，至2005年，楠竹发展到28005公顷，立竹蓄积量达6465.63万株。

六、公益林

1983年，县林业部门在溪河两岸和水库周围划定水源涵养林、水土保持林、农田防护林、护岸林等防护林5038公顷；为科学、教学、军事等特殊需要，划定国防林、实验林、母树林、环境保护林、风景林、名胜古迹林等特种用材林14900公顷。主要分布在竹舟江、枫木团、河口、联民、长铺子、党坪、黄桑坪、梅坪、关峡、白玉、武阳、乐安铺等乡镇及林科所。1990年，防护林面积上升为9548.8公顷，占有林地面积的5.3%，蓄积量上升为51.39万立方米，占有林地活立木蓄积量的4.85%；特用林面积下降为3435.7公顷，占有林地面积的1.9%，蓄积量为30.39万立方米，占有林地活立木蓄积量的2.87%。2000年，防护林面积增加到27827.3公顷，占林地面积的14%，蓄积量177.90万立方米；特用林面积增加到4076.5公顷，占林地面积的2%，蓄积量为31.97万立方米。2004年，绥宁县规划的（经国家批复）重点公益林面积为14466.7公顷，以水土流失严重的岩深地区为主。

第三节　古树名木

县境古树、名木较多。2005年，全县尚存古树上千株，择要分述如下：

华皮坳古杉　位于长铺子苗族乡洞溪村华皮坳凉亭边，地处海拔500米，东距县城1千米。高31.4米，胸高直径134厘米，树冠盖地280平方米，立木材积20.86立方米。树龄600余年。

清雍正六年（1728）该树主人以一两二钱白银卖给砍伐人，枫乐、夏二里“众生不忍剪伐”，募白银一两六钱赎回，作永禁之树。乾隆五十七年（1792），公众打制数十根铁钉钉入树身，防止砍伐。

源头山长苞铁杉王 位于黄桑自然保护区源头山，地处海拔1010米。共38棵，平均树高30米，胸高直径98厘米，树冠盖地22平方米，树龄270年。最大的高40米，胸高直径107厘米，树冠盖地330平方米，单株材积14.8立方米。树龄310年以上，乃全省铁杉王。

文江松树王 位于乐安铺苗族侗族乡文江村，地处海拔440米。高48.7米，胸高直径154厘米，立木材积42.5立方米。树龄310余年。

正板稠树群 位于在市苗族侗族乡正板村，地处海拔490米。共8株，平均高30米，平均胸高直径145厘米。系明朝景泰年间（1450—1456）杨正板首迁此地开垦栽培，距今500余年。

宝龙白果树 位于麻塘苗族乡船田村宝龙，地处海拔490米。一雌一雄，相距100米。高36.5米，胸高直径156厘米。树龄810余年。雌树主干分出三枝，传说象征当地孙、沈、梁三姓。清乾隆三十五年（1770），为加强三姓团结刻石碑立于树下。另传一姓白的书生京考中榜，报喜人来到当地找不到白家，便将喜报贴在雄性白果树上。从此，人们对两株白果树敬若神明，倍加保护。

谭家冲红豆杉 位于红岩镇沈家村谭家冲，地处海拔480米。高28米，胸高直径130厘米，树冠盖地320平方米。树龄310余年。

谢家古樟 位于红岩镇谢家村顶心庵旁，地处海拔400米。高25米，胸高直径161厘米。树龄710余年，为乘凉古树。民国30年（1941），当地学校伙夫上树砍枯枝做柴烧，民众按约罚款，校长不理，民众告至县衙，校长被撤职。“大跃进”时有人要砍此树熬樟油，村民群起保护，使古樟幸免于难。

麻塘樟树王 位于麻塘苗族乡溪口村，今国营麻塘采育场场部内，地处海拔250米。高31米，胸高直径210厘米，树冠呈蘑菇状，盖地340平方米。有16根粗大根系暴露于地面，自树蔸向四周辐射状伸展。树龄510余年。

傅家湾柳杉王 位于白玉乡傅家湾村肖家花桥边，地处海拔540米。高37米，胸高直径115厘米，树干通直，树冠呈宝塔状。树龄470余年，为全省柳杉王。

枫香大枫树 位于长铺子苗族乡枫香村第三村民小组，地处海拔360米。高52.5米，胸高直径172厘米。树龄360余年。

联民杜英 位于联民苗族瑶族乡田螺旋村凉亭边，地处海拔1000米。高31米，胸高直径105厘米。树龄310余年。果形似羊屎，甜酸可食，当地村民称之为羊屎红。

枞排乐东木兰 位于黄桑自然保护区下枞排田埂上，地处海拔730米。高30米，胸高直径105厘米，树冠盖地420平方米。树龄430余年，居全省第二位。

白岩江紫薇 位于黄桑自然保护区源头山白岩江边老屋场，地处海拔1050米。高27米，胸高直径59厘米。人工栽培，树龄280余年。呈乔木状，花粉红色，开花时节正值稻谷成熟，俗称饱饭花。

赤板青钱柳　位于黄桑坪苗族乡赤板村火岩山下溪边，地处海拔 930 米。高 22 米，胸高直径 89 厘米，树冠盖地 156 平方米。树龄 210 余年。果实圆盘状，果梗串连，形如串串古钱，俗称摇钱树。

上堡榆树王　位于黄桑坪苗族乡上堡村小桥头，地处海拔 850 米。高 38 米，胸高直径 138 厘米，树冠盖地 425 平方米，为全省最大榆树。树龄 410 余年。此树若春来发叶早，当年便风调雨顺，可按时播种育秧，若发叶迟，会出现倒春寒，须防止烂秧，因而被称为报春树。

龚家田檫树王　位于黄桑坪苗族乡潭泥村龚家田，地处海拔 940 米。高 24 米，胸高直径 110 厘米，树冠盖地 256 平方米。树龄 240 余年。

江抱半枫荷　位于联民苗族瑶族乡江抱村刘家，地处海拔 280 米。高 24 米，胸高直径 67 厘米，树冠盖地 156 平方米。树龄 270 余年。

石仓八角树群　位于枫木团苗族侗族乡界头炉村石仓组八角山，地处海拔 450 米。有八角茴香树 85 株，占地 0.13 公顷，平均高 20 米，最高 23 米，平均胸高直径 26 厘米，最大胸高直径 33 厘米。据《沈氏族谱》记载，系清光绪十六年（1890）沈明堂从广西引苗栽植，十数年后，有人要砍这批树，沈怒斥道："要砍树，先砍我！"这群树遂免遭劫难。

神坡山穗花杉群　位于长铺子、竹舟江、党坪、河口 4 乡交界处的神坡山东北坡，海拔 850～1100 米处，面积 10 公顷，其中有 2 个密集区，面积 5 公顷。最高植株 14 米，胸高直径 40 厘米；最粗植株胸高直径 52 厘米，高 10 米；胸高直径 8 厘米、株高 300 厘米以上的 636 株；株高 100 厘米以上的数以千计；株高 50 厘米以下的小苗，平均每平方米 51 株；株高 20 厘米以下的幼苗不计其数，系群落天然苗圃。群落中胸高直径 20 厘米以上的植株，树冠冠幅均在 12 平方米以上，树干通直，亦有双干或三干者，还有雌雄同株者。中国科学院植物研究所裸子植物专家傅立国认为"是迄今我国保存的最大穗花杉群落"。中南林学院树木学教研系主任刘克旺评价："神坡山穗花杉群落的面积之大、树龄之高、株数之多、结构之完整，在湖南乃至全国实属罕见，具有很高的科学价值。"

第二章　造林育林

1978 年以前，县内造林育林均由各社队办采育场进行，采育场以人工更新为主，采育结合。1985 年和 1986 年，绥宁县先后被列为湖南省、全国速生丰产林工程基地县。1986 年，开始向财政部和省财政厅争取营造速生丰产林专项贴息贷款，当年贷款 36 万元。翌年春，营造速生丰产林 1333.5 公顷。至 1990 年，共获贴息贷款 600 万元，营造速生丰产林 13300 公顷。1995 年，县林业局争取到世界银行林业贷款 2785 万元（其中省、市、县配套 40%），至 1998 年年底，用此项贷款共造林 4267 公顷，改造低产楠竹林 6713.6 公顷。2001 年，争取到退耕还林项目，三年退耕还林完成造林 8243.6 公顷。1978—2005 年，全县累计造林 75544 公顷。

第一节　规划

1981—1985 年第六个五年计划时期，绥宁县林业发展计划重点开展定权发证和林业资源调查，巩固林业集体经济，完成林业承包到户经营。

1986—1990 年第七个五年计划时期，全县重在《中华人民共和国森林法》宣传贯彻，进行林业普法教育，依法治林，制止乱砍滥伐，完善林业生产责任制，建立和健全林政管理制度，营造速生丰产林和办好经济林基地，搞好荒山造林、封山育林和防治病虫害工作。

1991—1995 年第八个五年计划时期，全县重点建设立体高效林业和生态林业体系，搞好木材和林副产品的深层次加工，调整林业产业结构。

1996—2000 年第九个五年计划时期，全县继续发展立体高效和生态林业，扩大木材和林副产品深层次加工规模。

2001—2005 年第十个五年计划时期。县林业部门按照市场经济规律和可持续发展要求，坚持“采育结合、永续利用”的方针，实施“科技先导、市场带动”战略。深化林业改革，加大投入，科学管理，集约经营，致力于毛竹、马尾松为主体的林业产业化建设，逐步建立比较完备的生态体系和比较发达的产业体系，实现林业三大效益并举，经济与环境协调持续发展。全县森林面积从“九五”计划期末的 18.0934 万公顷增至 18.9273 万公顷，森林覆盖率由“九五”计划期末的 74.1%增至 74.2%，森林蓄积量由“九五”计划期末的 1156 万立方米增至 1350 万立方米，林业年总产值由“九五”计划期末的 8 亿元增至 11.72 亿元。

1981—2005 年，全县活立木蓄积量、人均蓄积量、单位面积产量、年均生长量、森林覆盖率、年产商品材等六大指标均为湖南省第一。

表 12-2-1　　**绥宁县林业第十个五年计划发展计划表**

指标名称	2000 年完成	"十五" 计划				
		2001 年	2002 年	2003 年	2004 年	2005 年
一、营林生产（公顷）						
1. 造林更新	1667	2000	2000	2000	2000	2000
其中：用材林	600	800	800	800	800	800
经济林	67	150	150	150	150	150
竹　林	1000	1000	1000	1000	1000	1000
薪炭林	—	50	50	50	50	50
2. 封山育林	333	333	333	333	333	333
3. 育苗	2	2	2	2	2	2
4. 幼林抚育	6667	6667	6667	6667	6667	6667
5. 成林抚育	5333	5333	5333	5333	5333	5333
其中：杉木间伐	2000	2000	2000	2000	2000	2000
楠竹垦复	1333	1333	1333	1333	1333	1333
油茶（柚）垦复	2000	2000	2000	2000	2000	2000
二、木竹采伐						
1. 木材（万立方米）	17.63	17	17	17	17	17
2. 楠竹（万根）	213	256	256	256	256	256
三、林业产值（亿元）	8	8.64	9.32	10.06	10.86	11.72
四、森林覆盖率（%）	74.1	74.1	74.1	74.1	74.2	74.2

第二节　采种育苗

一、采种

1979 年，县林业部门按照林业部《森林采伐更新规程》，县域由最初的雇人采种和发动群众采种改为专业队伍采种，继而发展到依产区按合同采种，采集、加工、检验和储藏，逐步做到科学化、规范化，保证了种子质量。1982 年，采种专业队在黄桑坪自然保护区采得长苞铁杉、油杉、南方木莲、阔瓣白兰花、黄心夜合、金叶白兰、含笑花、山白果、四照花、火力楠、伯乐、杜英、猴欢喜、南酸枣、马褂木、花榈木、无患子、伞花木等珍贵林木种子，为城镇、庭院绿化提供优质乡土树种。2000 年，向省林业厅种苗站争取到国家投资 217 万元采种基地项目，设计在黄桑坪苗族乡黄桑坪村和大湾塘村，辖区面积 733.5 公顷，给全省需要阔叶树种的单位提供种子。1978—2005 年，全县累计采集各种林木种子 87811 千克。为使造林全部良种化，建立了杉木、油茶采穗圃 10 公顷，杉木 1.5 代种子园 23.5 公顷，母树材 200 公顷。

二、育苗

1978—1981年，县内各社队、林场、采育场皆自建苗圃，基本处于自育自用。1981年起，国营苗圃注重推广优良品种，实行培育荒山造林的小苗与城市绿化的大苗相结合、常规苗与珍贵苗结合、木本花卉苗与草本苗相结合。1982年，山林管理体制发生变化，国营育苗数量减少，集体育苗逐步转为专业户承包商品苗。1985年1月，育苗按面积付款改为按苗木等级和株数付款，苗木质量不断提高。1988年，县营林站检验种子，实行冬播育苗，加强技术服务，拉开苗木价格档次，奖励优质苗木。1989年，武阳镇大涧村在田里育连片杉木速生丰产基地用苗，建成中心苗圃8.67公顷，育出的苗木达到“菊花头，筷子粗”质量标准，在此召开全县育苗现场会。是年，县境还培育板栗嫁接苗3000株，其他经济林苗木1万株。1990—2002年，相继在在市、枫香、武阳等地建立合同制育苗基地，由农民租田承包，县林业局种苗站专抓技术；12年培育出15个品种树苗，为营造混交林打下了基础。2001年，县委、县政府决定培植绿化苗木产业，要求全县机关单位搞绿化苗木产业。2001—2002年，发动群众上山挖取樟木、檵木、桂花树等树种20多万株，共租用水田50公顷进行培植。1978—2005年，全县累计育苗面积694公顷。

表12-2-2　　1978—2005年绥宁县采种育苗统计表　　单位：千克、公顷

年份	采种	育苗	年份	采种	育苗	年份	采种	育苗
1978年	1430	21	1988年	11970	33	1998年	215	10
1979年	6250	16	1989年	8220	38	1999年	400	5
1980年	5500	30	1990年	850	28	2000年	450	17
1981年	2600	25	1991年	3000	21	2001年	670	7
1982年	17550	26	1992年	598	25	2002年	590	14
1983年	8200	60	1993年	895	28	2003年	678	20
1984年	500	64	1994年	1450	13	2004年	714	34
1985年	1200	30	1995年	1234	13	2005年	550	15
1986年	6117	23	1996年	2000	21	合　计	87811	694
1987年	2935	39	1997年	1045	18			

第三节　人工造林

一、荒山造林

1980年2月起，县内荒山造林实行林粮挂钩，每年由省拨给200万千克稻谷指标补助造林。县林业部门造林前组织专业人员进行规划设计，挑选树种8个，规划面积。开始实行合同制造林，统一规划，分户承包，集中连片，专人管理，造林跨入集约经营阶段。是年，全县造林1133.1公顷，为上年的1.4倍。1983年冬，红岩至关峡公路两侧百里林带工程动工。1985年，省政府将绥

宁列为速生丰产林工程基地县。县政府将原来的行政性号召造林改为合同制造林。

1986 年，绥宁县升级为全国速生丰产林工程基地县，成立县速生丰产林工程指挥部。并在堡子岭林场阳武店办高标准、多树种混交科学实验林示范点，造林 25.67 公顷。随后召开乡镇长现场会。当年全县县、乡两级共办示范点 56 处，总面积 373.33 公顷。县委、县政府认真吸取过去重砍轻造的教训，积极执行林业投入向营林生产倾斜政策，其资金除向财政部和湖南省财政厅争取专项贴息贷款外，还通过多种渠道自筹资金，保证造林每亩能得到贷款 60 元。当年全县共发放造林贷款 98 万元。县委、县政府还制定营造速生丰产林和育苗的奖励办法并予以实施。1987 年，全县营造速生丰产林 1326.6 公顷，占当年造林总面积的 68.3%。林业技术人员加强巡回指导，严格要求各地做到“四个坚持”（坚持不误林时，坚持高标准整地，坚持选用一级苗或超级苗，坚持每年抚育幼林 2 次），使达标率高达 90%。1989 年，进行笋竹、丰产林栽培和毛竹人工栽培实验。1990 年 2 月，在全省率先建立林业科学技术推广站，重点进行混交林、国外松、马尾松的速生对比试验和马尾松点播试验。共办点 3 处，总面积 93.33 公顷。1992—2001 年，荒山造林任务主要是伐后造林。1995 年，利用世界银行低息贷款造林，用有树山林做抵押，每亩造林贷款 200 元，8 年还清。

1996 年，全县开始大力新造楠竹林，当年新造楠竹林 112 公顷，翌年为 310 公顷，2000 年 1238.67 公顷，2002 年达 3263 公顷。

2001 年，县内争取到国家 2001—2004 年退耕还林工程项目，完成退耕还林和荒山造林 1780 公顷。2002—2004 年连续三年对县域 25° 以上的坡耕地实施退耕还林，共造林 8243.6 公顷，其中退耕地 4000 公顷。2004 年，全县荒山造林 2565.8 公顷。2005 年，绥宁被评为湖南省造林绿化先进单位。

1978—2005 年，全县累计荒山造林 31110.8 公顷。

二、迹地更新

1978 年，全县共有采育场 378 个，其中社办 36 个，大队办 342 个，各场完成当年采伐任务后，立即对迹地进行更新，全垦全造。1978—1983 年，累计迹地更新 8072.9 公顷。

1987 年，县营林站、县木材公司出资金和技术，乡村出山场，开展联营造林，筹建森工林场，进行迹地更新。到 1989 年，先后建立关峡苗族乡高坪采育场和白玉采育场，经营面积分别为 733.33 公顷和 400 公顷。

1990 年后，县林业部门调整林种结构，把主要树种杉、松、竹的比重由 7∶2∶1 向 1∶1∶1 调整。迹地更新亦围绕这一调整进行，出现了砍杉造松、竹的新形势。

1978—2005 年，全县迹地更新面积累计 44434.6 公顷。

三、四旁绿化

1988年，县内在省道洞通公路（今S221）两旁植树800株。全县学校1.6万名师生义务植树5250株，建绿篱600余米，种花350多盆。

1990年，全县建立义务植树点83处，成片造林50公顷，各中小学校投入校园绿化活动。1991年，对洞通公路红岩至关峡段（55千米）两旁进行更新绿化，种植白杨2.6万株；在东山段国防公路两旁种植杨柳2000株。1994年，绥宁县被评为全国绿化百佳县。1995—2004年，县第一中学、第二中学、教师进修学校，长铺镇第一小学、第二小学、第三小学及县人武部、县政府先后被评为省级和市级花园式建设单位。

1999年，县政府组织机关单位干部职工在红岩—关峡段公路两旁更新种植银杏1.8万株。2001年，县政府办、县林业局、长铺镇政府800余人在长铺镇镇政府屋后山场义务种植楠竹8公顷。是年，县政府对红岩至关峡段55千米新扩公路进行两旁绿化，栽植黑杨2.3万株。2003年，县城机关、关峡苗族乡、长铺子苗族乡、长铺镇在关峡至县城19千米新扩公路进行两旁绿化，栽植樟树、桂花树、广玉兰等大苗6000株。

2004年开始，县内在河滩及河道两旁栽树。是年，在水口乡田凼村河滩植树6000株，绿化面积4公顷；在在市苗族侗族乡西河村、东门村莳竹河5.47公顷河滩种植黑杨9000株。

2005年，全县四旁植树68万株。城镇人均绿化36平方米，居全市之首。

表12-2-3　　**1978—2005年绥宁县造林统计表**　　单位：公顷、万株

年份	荒山造林面积	迹地更新面积	四旁植树	年份	荒山造林面积	迹地更新面积	四旁植树
1978年	1679.3	1651.6	9.00	1993年	210.5	2006.2	65.20
1979年	929.4	1151.7	12.96	1994年	304.0	1710.0	80.00
1980年	1223.3	1489.5	15.87	1995年	214.0	1866.0	67.00
1981年	805.3	1472.8	12.00	1996年	360.0	1675.0	60.00
1982年	1133.1	734.0	15.31	1997年	153.3	3085.0	30.00
1983年	2947.3	1573.3	65.07	1998年	132.3	2147.7	27.00
1984年	3063.7	1171.5	28.90	1999年	140.0	1431.3	70.00
1985年	1321.7	1171.5	28.90	2000年	166.7	1435.6	70.00
1986年	1753.6	1042.7		2001年	133.3	1179.8	70.00
1987年	666.5	1274.6		2002年	1333.0	1211.5	68.00
1988年	1580.0	1633.3		2003年	2350.5	1009.3	60.00
1989年	1120.0	2346.7		2004年	2565.8	1419.0	63.00
1990年	813.3	2433.3		2005年	134.2	2550.0	68.00
1991年	3440.0	1023.1		合计	31110.8	44434.6	1050.71
1992年	436.7	1538.6	64.50				

说明：表中空白格为统计数据缺失

四、义务植树

1980年起，县内义务植树发展为义务造林活动，是年，县属机关干部300多人在枫香人民公社小水生产大队挖穴整地，成片营造杉木林3.33公顷；各区各人民公社义务营造样板林，在市区公所机关干部在在市国有林场营造混交林0.67公顷，兰家人民公社各大队团支部营造青年林13公顷。

1981年，国务院《关于开展全民义务植树的实施办法》公布后，县内成立绿化委员会。

1985年，在县城营造机动车道和非机动车道绿化林隔离带。1986年，县属机关干部职工及中学师生数百人赴堡子岭国有林场营造高标准多树种混交科学试验林。

1997年春，县机关出动300人，在长铺子苗族乡托丘田村杨鸟坳组义务营造杉、松、杂混交林2.67公顷。1998年，在绿洲大道两旁义务种植樟树1200株。1999年，在长铺子苗族乡大寨村义务植树1000株，在长铺镇文家寨植树1200株。2001—2005年，在公路和河道两旁进行义务植树。

第四节　森林抚育

幼林抚育　20世纪80年代，全县普遍营造速生丰产林，全部幼苗每年抚育2次，连续抚育3年。1987年，县内开始幼林抚育和中龄林间伐工作。1990年，竹舟江苗族乡率先实行每年抚育3次。其他乡镇虽然未达到3次，但坚持在抚育时挖除草蔸，松土除萌，高标准扩穴培蔸，给生长较差的单株施肥，并减少雇请副业工，增加本地劳力比例，以加强责任感，提高了抚育质量。长铺镇还成立了抚育专业队。进入90代后，县林业局每年对每次的抚育进行检查验收。1978—2005年，累计抚育幼林27.8万公顷。

间伐抚育　人工营造的新林，密度大，结构单纯，一般在8年后要进行间伐。1978年，全县对20世纪50年代末至60年代初的人工林进行间伐抚育，共计间伐244.4公顷，获得间伐材1000立方米。1980年，在市区间伐66.67公顷，得间伐材601立方米。集体山林责任到户后，从1985年起，政府不再硬性安排间伐，但恢复村组统一管理山林的地方，仍然坚持间伐抚育。1997—1998年，完成间伐抚育4000公顷。1978—2005年，全县累计间伐抚育3万公顷。

油茶林垦覆　1980年，黄土矿人民公社同乐生产大队把61.2公顷油茶林全部垦覆成梯土，每亩施磷肥2千克，茶油亩产提高到5.28千克。1982年起，油茶林分户经营，由于经济效益不高，很少有人垦覆，甚至有毁油茶林改柑橘林的现象。1990年，开始引进高产油茶品种；1992年，县林科所在种子园进行高产油茶品种试验，种植1.53公顷，平均亩产15千克，最高亩产30千克。随后朝仪、东山、在市等乡引进高产油茶品种种植21.33公顷，但经济效益没有明显提高，推广难度较大。1978—2005年，全县累计垦覆油茶林29389公顷。

楠竹林垦覆　20世纪80年代初，实行山林分户经营，激发了竹农生产积极性，1980—1983年，共垦覆555公顷。1984年起，拥有2533.33公顷楠竹基地的水口乡与邵阳市林科所和县林业局联合进行楠竹、笋竹两用系列模式经营试验，在罗沙村选定2.04公顷山林进行集约模式经营试验，择时施氮肥数次；在侯家村选定0.7公顷山进行高度集约模式经营试验，加大垦覆深度和氮肥投入量；全乡选定1200公顷山进行复壮模式经营试验，留养粗壮母竹和新竹，合理挖笋；另选132.53公顷山进行一般模式经营试验，翻松土壤，清除杂草石块。4种模式经营试验都取得成效，笋和竹的产量都成倍提高，1989年净增产值170.07万元。笋和竹两用改造研究工作处于省内领先地位，其中集约模式经营创国内一流水平。该乡的集约模式经营和一般模式经营列入省星火计划。1995年10月24日，县政府下达《关于加快楠竹低产改造的决定》，对县境楠竹林进行垦覆、施肥、调整结构。1996年6月15日，召开全县楠竹低产改造动员大会。会后，县直机关千名干部下到各个乡镇蹲点，掀起楠竹垦覆的高潮，特别是资源丰富的楠竹大乡，干部全部上山帮助农民垦覆楠竹林。是年，垦覆低产楠竹林7675.53公顷。通过低产改造的楠竹林，平均每亩楠竹达150株，围径大于8寸的楠竹达80%以上，冬笋产量由1990年每亩10千克增至32千克，春笋达到60千克，亩产增值1000元。至2005年，全县共垦覆楠竹林26780公顷。

表12-2-4　　**1978—2005年绥宁县森林抚育和垦覆面积统计表**　　单位：公顷

年份	幼林抚育	楠竹垦覆	油茶垦覆	年份	幼林抚育	楠竹垦覆	油茶垦覆
1978年	7763.73	33.33	5435.00	1993年	10022.00	624.87	333.33
1979年	6977.26	—	3040.33	1994年	7773.00	566.13	15.00
1980年	7187.53	86.67	2893.33	1995年	7186.67	1757.43	44.67
1981年	6001.00	200.00	2184.00	1996年	6330.00	7675.53	2173.00
1982年	5956.70	89.00	1580.00	1997年	6965.80	2453.60	1130.60
1983年	8180.00	179.33	1913.33	1998年	726.67	1223.20	—
1984年	6049.60	66.67	506.00	1999年	6884.67	920.93	1482.13
1985年	5459.80	66.67	458.07	2000年	5138.00	771.27	761.53
1986年	5460.47	10.00	914.07	2001年	4181.00	1174.27	677.93
1987年	7866.67	1333.33	461.67	2002年	5203.00	625.53	657.27
1988年	8320.00	202.60	337.00	2003年	7043.47	855.13	700.20
1989年	9200.00	234.13	344.33	2004年	78860.00	1009.47	450.60
1990年	11213.33	887.73	400.47	2005年	11333.33	2133.33	434.67
1991年	12733.33	1241.60	60.00	合计	278017.03	26779.82	29388.53
1992年	12000.00	358.07	—				

第三章　森林保护

第一节　护林法规与宣传

1979 年 1 月 15 日，国务院颁布《关于保护森林制止乱砍滥伐的公告》；2 月 23 日，全国五届人大第六次常委会通过《中华人民共和国森林法（试行）》；同年 3 月，县林业局出动两台宣传车，用三天时间将 6000 份《中华人民共和国森林法》铅印本连同《公告》分送到全县各区、社。8 月 27 日至 9 月 2 日，召开 800 人参加的全县林业大会，进一步宣传贯彻《森林法》。

1980 年 12 月，全县第八届人民代表大会第一次会议通过《关于坚决制止乱砍滥伐保护森林的决议》，县政府根据《决议》，整顿关闭了 164 个林木加工厂，每个乡镇只准办 1～2 家木材加工厂。1981 年 12 月，县八届人大第二次会议通过《关于保护森林发展林业的若干规定》。1984 年 9 月 20 日，第六届全国人民代表大会常务委员会第七次会议通过《中华人民共和国森林法》，自 1985 年 1 月 1 日起施行。

1985 年起，县人民政府强调以封为主，封、造、节、管相结合，在全县范围内开展“爱林护林，振兴绥宁”的宣传教育，规定县属机关、厂矿、团体、学校、乡镇、村、组及林业部门保护资源、发展林业的任务，并在人力、物力、财力的安排上对保护森林资源实行倾斜政策。各乡、镇和县林业局分别与县委、县政府签订“发展林业，保护资源”责任状，县林业局同乡镇林业站签订目标管理责任状。是年，建立和健全乡与乡、村与村护林联防组织 30 个，建立拥有 1500 名专职或兼职护林员的资源保护管理队伍。

2003 年 6 月 25 日，中共中央、国务院出台《关于加快林业发展的决定》，明确了“坚持生态效益、经济效益和社会效益相统一，生态效益优先”及“坚持全国动员、全民动手、全社会办林业”等林业发展方针。是年 7 月，全县林业部门对该决定进行全面学习和广泛宣传。

第二节　森林防火

1985 年，全县共发生山林火灾 116 起，受害森林面积 170.47 公顷。1987 年，全县共发生山林火灾 131 起，烧毁森林面积 483 公顷。1988 年发生山林火灾 33 起，烧毁森林面积 413.8 公顷。进入 20 世纪 90 年代，县、乡、村各级山林防火意识不断提高，防火措施、制度不断得到加强和完善，山林火灾得到较好控制。2005 年，全县发生火警 33 起，火灾 9 起，过火面积 120 公顷，无重大损失。

一、防火组织

1978年，湘西南地区建有由绥宁、洞口、武冈、城步、黔阳（今洪江市）、会同、怀化、溆浦、靖县（今靖州）、通道10个县（市）组成的边界护林防火联防组织。1980年，靖县、武冈2个县退出，增加洪江市（今洪江区），改为9个县（市）联防，直到1990年机构不变。1990年，县内防火机构有绥宁县护林防火指挥部，由分管林业的副县长任指挥长，相关单位负责人为成员，组建打火队和护林员队伍。1990年后，共青团绥宁县委组织成立打火志愿队。2005年，县内县、乡（镇）、村三级及各林场均有护林防火组织。

二、防火制度

1979年，县革委会颁布《关于加强护林防火，保护森林资源的布告》，强调“六烧六不烧”“七禁止”“四改”（没组织好劳动力不烧、风大不烧、太阳大不烧、傍晚时不烧、没开好防火线不烧、没有准备好防火工具不烧；禁止烧山积肥、禁止烧看牛坡、禁止小孩在林地玩火、禁止烧山驱兽、禁止上山烧蜂、禁止打火把过林区、禁止在林内生火烧物；改烧田坎为砍田坎、改山上积肥为烧火土灰、改打火把过林地为打电筒照明过林地、改烧山驱兽为有组织地开展狩猎活动）。1987年，县防火指挥部印制防火制度条文，制作金属“公约”牌子分发到户，全县共发出5万多块。此后，县委、县政府每年召开1～2次防火会议，每年天气干燥季节县领导要下乡上山检查防火措施落实情况。2005年，在S221线制作永久性防火宣传水泥碑20块。

三、防火设施

防火线　即森林与森林之间的隔离带。一般宽10～15米，长数千米不等。凡在山上烧灰、造林炼山等生火事项都要开防火线。1990—2005年，县内森林防火线总长保持在700千米左右。

防火林带　1978年，县内按20世纪70年代前的规定：凡县内人工造林面积达6公顷的集中连片地带，在山脊明显的群山地段，都要设计防火林带。防火林带宽10～15米，种植木荷、茶树等常绿树种。在造林验收时，防火林带面积全部纳入造林面积计算。至2005年，全县共设计修建防火林带600千米、防火林道2600千米。

防火瞭望台　1978年，全县有堡子岭林场峰顶瞭望台、在市林场云雾山顶瞭望台、庙湾林场鸡公坡山顶瞭望台等30座防火瞭望台。防火瞭望台配备电话、望远镜、指南针等设备。在防火期内安排专人看守，一旦发现山火，立即通知扑火。每个瞭望台的瞭望半径都在10千米以上。至2005年，堡子岭林场的峰顶瞭望台仍在继续使用，有专人看守。

防火车　1987年，全县购买护林防火专用车8辆，其中县护林防火指挥部1辆、乡（场）指挥所7辆。每到防火季节，县、乡的防火专用车就在公路上和乡村进行护林防火宣传。2000年后，各乡镇相继配备防火用车，防火宣传和火灾现场指挥扑救均得到加强。

表 12-3-1 **1978—2005 年绥宁县森林火灾情况统计表** 单位：次、公顷

年份	发生次数	受灾面积	年份	发生次数	受灾面积	年份	发生次数	受灾面积
1978 年	43	1420.00	1988 年	33	413.80	1998 年	17	146.00
1979 年	105	873.30	1989 年	5	25.80	1999 年	20	154.70
1980 年	53	280.00	1990 年	9	17.90	2000 年	22	164.70
1981 年	54	546.70	1991 年	25	154.00	2001 年	15	125.30
1982 年	101	494.00	1992 年	18	123.30	2002 年	5	17.30
1983 年	20	142.50	1993 年	24	162.00	2003 年	36	111.30
1984 年	63	249.20	1994 年	36	179.00	2004 年	89	433.30
1985 年	116	170.50	1995 年	38	218.70	2005 年	9	120.00
1986 年	115	245.80	1996 年	11	98.50	合 计	1288	7715.3
1987 年	131	483.00	1997 年	15	144.70			

第三节 森林病虫害防治

境内森林虫害主要有松毛虫、茶毛虫、杉天牛、白蚁、竹蝗等。1980 年后，县内松毛虫危害越来越严重，1982—1985 年，共发生森林虫害面积 4.9 万公顷，影响林木生长量 13.2 万立方米；1987 年，全县发生森林虫害面积 18800 公顷，针叶全被吃光的山林面积 3666 公顷，枯死松树 7000 立方米。1988—2005 年，全县共防治森林虫害面积 12 万公顷。

飞机防治 1987 年，县林业部门在省林业厅和市林业局指导下，利用省民航局飞机和靖县临时机场，开展飞机防治松毛虫工作。作业区为乐安铺、联丰、长铺子、枫香、关峡等乡，药剂为白僵菌粉炮，有效防治面积 1 万公顷，每公顷成本 15.75 元，抽样调查杀伤率为 67.5%。1988 年，全县松毛虫危害森林 15300 公顷，县林业部门继续租用飞机在乐安铺、联丰、长铺子、枫香、关峡、兰家、朝仪、竹舟江等乡撒施农药，防治松林 4666.67 公顷，防治效果上升为 92%。为巩固防治效果，1989 年对南片 13 个乡镇再次用飞机撒药防治，作业面积 2.2 万公顷，有效面积 13300 公顷，防治效果达 69%～75%。1996—2001 年，在关峡苗族乡以南的 15 个乡镇和堡子岭国有林场、在市国有林场实施《绥宁县松毛虫持续减灾工程》，利用 GPS 卫星导航系统，飞机大面积施用生物农药，与会同、靖州、通道等县联防联治，提高了防治效果，降低了防治成本。工程实施期间，县境松毛虫发生面积 15 万公顷次，发生率 11.3%；防治作业面积 45300 公顷次，防治率为 22.2%；成灾面积 1 万公顷次，成灾率为 6.7%。通过六年实施治理，挽回林木生长量 12.24 万立方米，可创收益 2925 万元，为工程投资 260 万元的 11 倍。

人工防治 1978 年，县内人工杉幼林发生杉天牛危害。当时，采取药剂点蔸和人工捕捉的办法防治。1980 年，全县挖蛀蔸 2 万株，捉虫 89306 条。1987 年，全县共设置诱蛾灯 20 盏，诱杀松飞蛾 1090 千克，防治面积 1963.73 公顷。1988 年，使用黑光灯诱杀松毛虫成虫，共装灯

164 盏，诱杀飞蛾 4429 千克，推算防治面积 6041.33 公顷。1989 年，安装诱蛾灯 110 盏，诱杀飞蛾 2460 千克，防治面积 4080 公顷。20 世纪 90 年代开始，随着现代化科学防治措施的普及，县内人工防治森林病虫害的措施和方法逐渐被淘汰。

生物防治 20 世纪 70 年代，用白僵菌粉孢制成白僵菌粉孢炮，利用炮火爆炸力扩散药粉，防治面积共 1300 公顷，杀伤力 42%～57.5%，对人畜无害。1982 年，在市国有林场技术干部彭秀其搞肿腿蜂引种繁殖试验成功，用来防治杉天牛。1984 年繁殖肿腿蜂 1000 余管。1985 年，国营哨溪口采育场繁殖肿腿蜂 17 批，5063 管，88.1 万只，防治杉天牛面积 14 公顷，寄生率 85%。1988 年，全县施放白僵菌粉孢炮 14.8 万个，防治松毛虫面积 1233.33 公顷，防治效果为 65%。1989 年，制造白僵菌粉孢炮 10 万个，在南片 15 个乡镇的松林中施放，防治面积 833.33 公顷。2003 年，县内开始实施萧氏松茎象国家级综合治理工程，并试用赤眼蜂防治松毛虫 66.67 公顷。2004 年，湖南省林业厅在绥宁县推广用赤眼蜂防治松毛虫 2666.67 公顷，防治效果达 60%。

第四节　封山育林

绥宁县自古以来有封山育林的传统。据 1978 年调查，封山育林山每亩有树木 150 株，最多的达 300 株，亩均活立木蓄积量 5 立方米。1981 年起，全县坚持“以封为主，封造并举”的方针，除订立村规民约外，还建立责任制，划定放牧地，推广省柴灶，解决封山后群众的放牧烧柴困难。

1984 年，县政府规定：凡符合“五有”（有母树、有伐根、有保护制度、有保护牌子、有看山员）标准的封山育林地，每亩每年补助 0.1 元。当年封山育林 27800 公顷。

1987 年，县内进一步加强封山育林、天然更新和人工促进天然更新，规定单位面积内有一定数量的萌芽、根蘖、幼苗的山地，均可纳入速成育林工程，按地貌设计施工，订立定期郁闭合同，建立专项技术档案。郁闭后按林木生长量奖优罚劣。是年，全县实行“四有三不准”制度，即：有护林牌、有护林公约、有责任看山员、有奖罚条例，林区不准随意放牧、不准乱打枝砍柴刨草皮、不准林内烧火。

1990 年，全县有乡镇级林业管理员 60 人、村级护林员 800 人，封山育林 4053.33 公顷。经检查验收，平均每亩有活立木蓄积量 5 立方米，每亩林木的育林成本比人工造林成本节约 51 元。长铺镇封山育林培育林木 666.67 公顷，受到国务院嘉奖。1990 年后，县政府采取限额采伐、永续利用、封护结合的办法来进行封山育林和封山护林。1991—2004 年，累计封山育林和封山护林 14 万公顷。

2005 年，全县封山育林实行“分类经营”，加大生态公益林封保力度。禁止任何单位和个人采伐生态公益林区域内的林木，公路、河道、水库两旁第一山脊的林木禁止皆伐作业，对黄桑自然保护区、天堂界、神坡山、洛口山保护小区的林木全封保护。全县纳入国家级生态公益林 14467 公顷。

第四章　林业经营

第一节　木材采伐

一、商品材采伐

绥宁是全省乃至全国的林业大县，全县70%以上的经济收入来源于林业。20世纪70年代，全县年均产商品木材超过20万立方米。1978年，全县各社队大搞木材加工，其原材料就地取材，边砍边运、边收购、边加工，确保了国家商品材任务的完成。同时，也出现了乱采伐、乱收购、乱加工现象。1982年，县委、县政府下文规定：只能用自用材、等外材、间伐材、外规格材进行加工，不准乱砍乱收、乱加工。重申木、竹及其产品、半成品由林业主管部门统一经营，任何单位和个人都不得进入林区经营木材。1985年，取消统配材政策，实行开放经营，当年完成19.3万立方米任务材外，超计划6.2万立方米，超额32.2%。

1986年，经省、市批准，县委、县政府，将原定每年23万立方米商品材任务压缩到19万立方米，统一印发票证，要求凭证采伐、凭证收购、凭证运输、限期采伐、限期出口、过期作废。1990年后，县林业局森林资源管理保护站建立《资源消耗台账》，林政股设立《木材销售指标台账》，各乡镇林业站也建立相应台账。县乡互相通报，定期结算。商品材、火灾材、病虫害材的采伐，先由采伐单位提出申请，乡镇林业站技术人员实地调查，做出区划设计资料，再由县林业局派人察看、验证、审批，才能发给林木采伐许可证，并列入所在乡镇的当年商品材采伐指标。采伐过程中实行现场监督，采伐后实行检查验收。改变了过去分散采伐、计划失控、验证困难、择伐大树、难以更新的状况，还分乡镇建立《采伐指标使用台账》《木材运输台账》《木材运输登记簿》。1978—2005年，全县累计采伐商品材562.90万立方米、楠竹3417.66万根。

表12-4-1　**1978—2005年绥宁县商品材生产统计表**　单位：立方米、万株

年份	木材	楠竹	年份	木材	楠竹
1978年	222266	16.94	1985年	255000	45.51
1979年	274542	14.52	1986年	190129	34.49
1980年	344470	31.73	1987年	200000	41.17
1981年	265002	21.77	1988年	176692	42.37
1982年	206575	33.08	1989年	152400	41.00
1983年	221486	93.08	1990年	141045	40.00
1984年	251908	26.00	1991年	180000	67.00

续表 12-4-1

年份	木材	楠竹	年份	木材	楠竹
1992 年	165000	90.00	2000 年	156300	213.00
1993 年	130000	44.00	2001 年	180000	173.00
1994 年	152100	100.00	2002 年	180000	152.00
1995 年	208000	77.00	2003 年	213855	220.00
1996 年	180000	170.00	2004 年	170000	400.00
1997 年	190000	250.00	2005 年	222196	400.00
1998 年	200000	280.00	合计	5628966	3417.66
1999 年	200000	300.00			

二、自用材采伐

1978 年，全县各社队自用材折活立木 140.46 万立方米，占活立木总消耗量的 21%；机关用材和建设损坏的木材折活立木 82.590 万立方米，占活立木总消耗量的 12.3%。1981 年，县人大八届二次会议决定：社队集体和社员个人用材必须通过审批，领取砍伐证，由护林员指定山场，号树砍伐。

1986 年起，全县自用材指标控制在每年 3 万立方米以内，指标分配到乡镇，乡镇安排到村，村委会确定对象和指标，经村民讨论后张榜公布，然后报乡政府批准，发给采伐证。并要求采伐时尽可能与商品材同时采伐，采伐后统一归堆记码，将商品材和自用材分开后，再把自用材分配给户。如果不能与商品材同时采伐，则另行专设采伐山场，但亦要执行“六统一”（统一伐区作业、统一采伐时间、统一出山归堆、统一检查验收、统一商品材销售、统一采伐迹地清理和更新），并要求纠正过去砍大留小、砍好留劣、乱砍滥伐、以株计量的不良倾向。20 世纪 90 年代，在审批自用材指标时，要求村民建房尽量以砖木结构代替纯木结构，以便减少木材资源消耗。1984—2004 年，全县累计采伐自用材 67 万立方米。2005 年，自用材砍伐量统计在商品材砍伐量中。

三、薪炭材采伐

全县每年要烧掉大批木材和竹材。1977—1983 年，每年烧柴、烧炭、烧砖瓦消耗的木材折合活立木 34.4925 万立方米，占每年活立木总消耗量的 36.1%。为此，县委、县政府决定：大力推行“三代两改”（以煤代柴、以气代柴、以电代柴，改烧大柴为烧小柴、改传统火炉为省柴灶）。至 1985 年，薪炭材年均消耗活立木量降至 12.6 万立方米。1986 年 7 月，采取新的整改措施：薪材出口一律按 1 吨薪材折 1 立方米正材、1 吨木炭折 2 立方米正材比例，抵商品材指标；每年县财政局拨专款 10 万元，县林业局从育林基金中拨 3 万元，加快“三代两改”工程建设。此后，薪炭材消耗大为减少，1989 年比 1985 年减少 45.6%。1990 年后，煤、电、液化气代替生活燃料为广大群众所接受，薪炭材消耗进一步减少。2004 年，全县薪炭材降至 8.5 万立方米，比 1989 年减少 32.5%。2005 年，薪炭材砍伐量统计在木材总砍伐量中。

第二节　林产品

一、竹木产品

木材流通　20 世纪 70 至 80 年代，木材由国家统一收购，90 年代逐步放开。1978 年起，县境南部的木材大部分扎排后从巫水运到洪江集材场；县境北部的木材和南部地区的少部分木材用汽车运至邵阳。1985 年，放排水运终止，大部分木材用汽车运至靖县交料站，再由交料站按调拨销售计划发货上火车，销往省内外。1990 年后，绥宁的大部分木材直接用汽车运送到邵阳、邵东及广东、广西、河南、湖北、江苏等地销售。

收购价格　1978 年，杉木每立方米由 26.66 元调至 39.24 元，1981 年调至 54.84 元，1984 年调至 62.14 元。1985 年，取消统配材，木材价格放开，随行就市。

销售价格　1978 年，杉木每立方米 52.81 元，1979 年为 63.08 元，1981 年为 82.22 元，每次调价比全省均价低 15%左右。1985 年起，价格放开，随行就市。

二、林副产品

茶油　绥宁是湖南省茶油的主要产区之一，油茶栽培有上千年的历史。民国时期，茶油年产量 3 万余担，居全省第 5 位。县内有销售市场多处，其中竹舟江系绥宁、会同两县最大的茶油集散地。该市场的茶油大部分通过船只销往洪江，少数用人力挑运，经长铺、武阳销往洞口、邵阳等地。街上有油坊 2 处每场至少卖油 60 多担，最多可达 200～300 担。1954 年，全县油茶林面积 10583.33 公顷。20 世纪 60 年代，油茶林万亩以上的公社有鹅公岭、东山、朝仪、唐家坊、黄土坑，5000～10000 亩的有桃坪、兰家、党坪、竹舟江、武阳，其中鹅公岭、东山、朝仪素有“油海”之称。绥宁茶油通透明亮、色泽金黄，口感爽滑清香，香气浓郁，稳定性良好，保质期长，烟点高、耐高温，且油茶生产不施农药，食用安全性高。20 世纪 80 年代中期，因油茶资源不断减少，茶油产量下降，年均减至 187 吨左右。20 世纪 90 年代末，茶油产量有所上升。2005 年，县内茶油产量约 200 吨。

松脂　1978 年，全县松脂产量达 6844 吨。之后，由于松树过量采伐和松脂价格下降，1987 年仅产松脂 792 吨，1990 年降至 550 吨。1995 年，县松香厂破产倒闭，全县松脂生产显著下降。以后，仅有一些零星的采脂，每年产量仅有 400 吨左右。

竹麻　20 世纪 70 年代，县内年产竹麻 6000 吨左右，都送县造纸厂做造纸原料。1985 年产竹麻 8211 吨。后因县造纸厂停产，竹麻生产基本停止，仅有一些零星手工造纸仍砍伐少量竹麻。

冬笋　1978 年始，县境内冬笋逐步开发利用作为外销产品。1980 年后，冬笋市场进一步活跃，许多客商到县境收购冬笋。1982 年，全县年产冬笋 1500 吨，1987 年达 9469 吨。20 世纪 90 年代对楠竹进行垦覆、施肥管理后，冬笋当界年产量稳定在 8000 吨以上，冬笋收购价最高年每千克16元。2005年，县内冬笋产量约9000吨。

香菇、木耳 20世纪80年代，香茹、木耳在绥宁县已形成生产规模，每年用于香菇、木耳生产的段木达3000立方米。1985年，全县年产鲜茹100吨。1986年开始，采用木屑袋装栽培和段木栽培相结合，当年产干菇15.3吨。1990年利用采伐木材后的枝杈和小径材为原料，全县发展菌种厂28家，当年产干香菇17.77吨、干木耳4.59吨。1998年，全县生产香菇338吨、黑木耳8吨，2002年分别增至2210吨、510吨。2003年，竹舟江苗族乡种植袋料香菇200万筒，产鲜菇3000吨，年产值500余万元。2005年，全县产干香菇400吨、黑木耳120吨。

玉兰片 20世纪70年代，县内年产玉兰片在300吨左右。主要生产基地有瓦屋塘、唐家坊、水口、金屋塘等人民公社。到80年代产量大幅度下降，1989年，全县玉兰片产量仅121吨。90年代末，产量逐步上升。2005年，产量升至2100吨。

县内林副产品还有干笋、杨梅、猕猴桃、栗子、五倍子、山苍子、生漆、桐油等。

第三节　林业基本建设

林区道路建设和养护 20世纪70年代，国家投资214万元修建长铺至泥湾林区公路、道江公路。其中道江公路从枫木团的道口，经布沙界过联民到江抱，全长51.3千米。20世纪80年代后，县林业部门对各乡、村道路的修建或维修均安排资金。1995年，由县林业部门养护的林区道路有82千米，其中道口至联民35.5千米、川石（穿石）至象家村19千米、川石至堡子岭国有林场9.5千米、黄土矿至庙湾国有林场18千米。2005年，全县有林业专养公路104.60千米。

林业系统房屋建设 1982年，在县林业局机关内修建两栋三层楼的红砖预制结构职工宿舍。1983年，修建办公室和会议室合二为一的综合办公大楼。1985年，修建五层楼的老干部宿舍楼。1990年起，先后修建林海公寓及各乡镇林业站。2005年，县林业系统房屋建筑面积总计15840平方米。1978—2005年，共投入5989.79万元，其中公路建设1541.42万元、索道建设10300元、林道建设858.7万元、电讯建设85.73万元、电话建设86.8万元、房屋建设2801.84万元、其他建设614.27万元。

第五章　黄桑自然保护区

第一节　保护区概况

1980年6—11月，由省林业厅教育科技处、省林业科学研究所、中南林学院、邵阳地区林业调查队、绥宁县科学技术委员会、县林业局、县气象站、县林业科学研究所等19个单位、236名科技人员和10名工作人员组成考察队，对黄桑坪天然次生林区的植被、土壤、气象、动物进行专业技术考察。新华社、湖南日报社、湖南画报社、省电视台等新闻单位的7名记者随队采访。通过实地考察，发现乔、灌木102科272属701种，属国家和省级重点保护的树种43种；主要哺乳动物8目20科58种，属国家和省级重点保护的动物27种。采集植物标本6500余号，采集昆虫标本1700余号，分属18目111科604种。拍资料照片400余张，在各类报刊上发表照片和文章100余幅（篇）。1981年，此次考察活动获地区科技成果一等奖及湖南省重大科技成果三等奖。

1982年4月3日，黄桑被定为省级自然保护区。1984年6月，成立黄桑自然保护区管理所和动植物综合试验站，隶属县林业局，办公地址均设在黄桑九溪冲，管理所和试验站共有编制人员30人，其中干部5人、护林员25人。1999年，设立中南林学院黄桑自然保护区教学实验基地。2004年12月，黄桑自然保护区被晋升为国家级自然保护区。2004年，设立中国科学院华南植物研究所科研基地。2005年7月，成立黄桑自然保护区管理处，为副处级事业单位（翌年设立中国科学院武汉植物园黄桑自然保护区生态定位站）。

第二节　保护区范围与地理特征

保护区范围　黄桑自然保护区位于绥宁县西南部，北纬26°17′～26°35′、东经109°45′～110°10′，东南邻城步苗族自治县，西南接通道苗族侗族自治县，北部与长铺子苗族乡、在市苗族侗族乡、乐安铺苗族侗族乡毗连，含黄桑坪苗族乡全部、长铺子苗族乡一部分。南北长27千米，东西宽17千米，土地总面积25420公顷，占全县土地总面积的8.68%。其中保护区总面积12590公顷，含1个核心区、面积4155公顷，1个缓冲区、面积3019公顷，2个实验区、面积5416公顷。保护区内聚居苗族、汉族、侗族、瑶族、壮族、土家族、布依族、回族等11个民族，分布在黄桑坪苗族乡老团、坪溪、界溪、上堡、赤板、潭泥水、磨石、黄桑坪、兰家坪、地林、大湾塘11个村和长铺子苗族乡安阳山村。2005年，保护区内总人口5946人，其中少数民族人口占 75%。人均耕地 0.09 公顷、森林 2.86 公顷、立木资源 271 立方米。

保护区地理特征 黄桑自然保护区内山峦起伏，高峰耸立，溪谷幽深，古木参天。海拔 1000 米以上的山峰 16 座，其中牛坡头海拔 1913 米，为诸峰之首，也是全县最高峰。有长度超出 5 千米的大小溪流 14 条，系沅水二级支流莳竹水的发源地。地处中亚热带气候区，气候温暖湿润，年平均气温 15.7℃，平均降水量 1421.2 毫米，雨日、雾日多，相对湿度在 80%以上；气温垂直差异较大，海拔 610 米处年均温度 16.2℃，海拔 900 米处 14.7℃，海拔 1800 米处 10.9℃。该地长期地广人稀，森林繁茂，加上地理、气候等因素条件，成了南北许多珍稀动植物的“避难所”，成为绥宁县南部林区森林生态、树种资源诸基因的宝库，被誉为湘西南部的一颗“绿色明珠”。1980 年，经综合考察，发现森林演替的先锋林、过渡林、基本林、成熟林诸阶段林分组成形式，仍然同步存在。

第三节 保护区资源

植物资源 2005 年，黄桑自然保护区内有维管属植物 213 科 848 属 2029 种，其中种子植物 175 科 774 属 1863 种（木本植物 700 余种）。有国家重点保护野生植物 21 种，其中一级有银杏、南方红豆杉、伯乐木 3 种，二级 18 种。有珍稀树种 193 种，古老孑遗树种 36 种，中国特有树种 18 种。有观赏植物 166 种，如深山含笑、白玉兰、金叶白兰花、摇钱树、鹅掌楸等。有国内罕见的长苞铁杉群落和面积达 130 余公顷的连片楠木林。

动物资源 2005 年，黄桑自然保护区内有陆栖脊椎动物 223 种分属 27 目 68 科，其中两栖类 2 目 7 科 16 种，爬行类 3 目 10 科 40 种，鸟类 14 目 33 科 114 种，兽类 8 目 18 科 53 种。国家重点保护动物 37 种，其中一级有云豹、金钱豹、黄腹角雉、白颈长尾雉、白鹳 5 种，二级 32 种。26 种野生动物和 59 种野生植物被列入《濒危野生动植物国际贸易公约》。

第六章　林权林证

第一节　山林权属

20 世纪 70 年代末，山林归国家和集体所有。1982 年定权发证时，将坐落在乡村的小块国有山分配给农民，作责任山管理。此后，又相继从集体山林中分别划出自留山、责任山。

国有山林　1982 年山林定权发证时，县内将坐落在各公社（镇）的小片国（公）有山林划归当地公社管理，把边远地方不便管理的国（公）有山林作为责任山承包给当地农户。1983 年将 1500 公顷国有山林交给国营林场和采育场管理。1984 年 12 月，将 2 块 144 公顷已经造林的国有山林划归当地乡镇管理，其林权仍归国有，待砍伐后，山权归乡。有的还将一批荒山下放给当地乡镇所。至此，县财政部门直接掌管的分散在各乡镇的国有山林有 9 块 1302 公顷，分布在花岩冲（黄桑坪乡）、八叶江（隶瓦屋塘乡、金屋塘镇）、良子山（枫木团乡）、猴子山和神仙岭（关峡乡）、林堂界（麻塘乡）、洛口山（白玉乡，2 块）。据 1990 年《绥宁县森林资源调查资料汇编》载，经过测绘计算的国有山林面积 7340 公顷，占全县林业用地面积的 3.2%。2005 年，全县有国有山林 8450 公顷（含在市、堡子岭、庙湾三个林场和县林科所的森林面积），占全县林业用地面积的 3.7%。

自留山　1981 年，县内开始对山林实行定权发证，并给农民划分自留山，发给自留山管业证。到 1982 年底基本结束。据统计，全县 28 个人民公社（镇）、329 个生产大队、2561 个生产队的 49561 家农户，共 22.87 万人分有自留山，全县共划分自留山 13877 公顷，户均 0.265 公顷，人均 0.05 公顷。以后，自留山又陆续增加，2005 年，全县共有自留山 27597 公顷。

集体山和责任山　1983 年，县内将 1981 年划了自留山剩余的山林承包到户经营，也有承包到组的。土地所有权性质不变，称责任山。1987 年，将责任山重新收归集体，由村统一经营，称集体山。1990 年，全县有集体山 22.1 万公顷，其中 28100 公顷是从 20 个乡镇 139 个村收回的责任山。2005 年，全县有集体山 17.46 万公顷、责任山 1.711 万公顷。

表 12-6-1　**2005 年绥宁县山林权属面积统计表**　单位：公顷

单位	总面积	国有山	集体山	责任山	自留山	单位	总面积	国有山	集体山	责任山	自留山
东山乡	8231	106	7509	0	616	红岩镇	7983	216	3229	966	3572
朝仪乡	2865	11	2452	0	402	黄土矿乡	3281	0	2466	467	348
鹅公岭乡	4854	18	0	4239	597	唐家坊镇	6216	91	1354	2143	2628

续表 12-6-1

单位	总面积	国有山	集体山	责任山	自留山	单位	总面积	国有山	集体山	责任山	自留山
乐安铺乡	8645	0	8389	0	256	水口乡	7301	22	3238	0	4041
黄桑坪乡	21238	0	19250	1606	382	瓦屋塘乡	7192	10	6508	0	674
在市乡	9345	0	8154	0	1191	梅坪乡	4052	0	2133	1252	667
长铺镇	1002	0	1002	0	0	金屋塘镇	11677	0	4333	5010	2334
党坪乡	7583	0	7037	0	546	李熙桥	3862	0	1610	1427	825
关峡乡	16487	104	15289	0	1094	白玉乡	8723	201	3746	0	4776
联民乡	8711	20	8391	0	300	林科所	340	340	0	0	0
麻塘乡	10449	0	9931	0	518	堡子岭林场	3566	3566	0	0	0
河口乡	5577	0	5360	0	217	庙湾林场	2308	2308	0	0	0
枫木团乡	13488	187	12934	0	367	在市林场	855	855	0	0	0
竹舟江乡	5073	0	4578	0	495	木材公司	6684	0	6684	0	0
长铺子乡	17145	100	16872	0	173	合计	227772	8450	174615	17110	27597
武阳镇	13039	295	12166	0	578	占比	100%	3.7%	76.7%	7.5%	12.1%

第二节　林政管理

山林管理　20 世纪 70 年代，全县各社、队（大队）普遍建立林场或采育场，山林管理由各林场或采育场负责。后在每个人民公社配备一名林业员。1983 年，集体山林承包到户，增加了山林管理难度，乱砍滥伐案件频繁发生。1986 年，为落实林业责任制，县内实行“三统一”（护林统一、砍伐统一、造林统一）、“五统一”（护林统一、砍伐统一、造林统一、销售统一、分配统一）的管理办法。1987 年，中央 20 号文件下达后，各乡村以各种形式将山林合拢，归集体经营，层层签订林业责任状。1990 年后，对全县山林实行谁造谁管理谁受益的管理方式，机关单位与村组联营造林，村组出山、单位投资，收益三七分成或四六分成，单位占七或六。砍伐时做到皆伐更新，砍一块造一块，不出现新的荒山。1998 年，为培育楠竹资源，壮大楠竹产业，将竹林全部承包到户经营管理。

森林植被恢复费管理　根据《中华人民共和国森林法》《中华人民共和国森林法实施条例》和财政部、国家林业局联合下发的《关于印发<森林植被恢复费征收使用管理暂行办法>的通知》及《湖南省森林植被恢复征收使用管理实施办法》规定，县内自 2003 年起，凡勘查、开发矿藏和修建道路、水利等各项建设工程需征用或占用林地者，须经县级以上林业主管部门审核同意或批准方可进行，并由用地单位或个人按每平方米 2～20 元的标准向县级以上林业主管部门预缴森林植被恢复费。森林植被恢复费实行分级征收，对临时占用其他林地 5 公顷以上的，由省林业主管部门负责征收；临时占用其他林地 5 公顷以下、2 公顷以上的，由市林业主管部门负责征收；临时占用其他林地 2 公顷以下的，由县级林业主管部门负责征收。森林植被恢复费全部上缴省林业厅，再由省市县按 2∶2∶6 返回。森林植被恢复费实行专款专用，专项用于林业主管部门组织的植树造林和恢复森林植被，不得截留、平调或挪作他用。2005 年，县内森林植被恢复费征收仍按 2003 年制定的制度执行。

木材出口管理　1978 年，县内木材出口管理由县工商局与县林业局共同管理。1979 年，县内木材出口管理权归口县林业部门统一管理，出口手续由县木材公司办理改由县林业局营林股办理。同年 3 月，设立县竹木检查站，下设红岩、金屋塘、地盘、河口、乐安铺、东山、麻塘 7 个分站（至 1987 年，全县设立木竹检查站 11 个，执勤人员 54 人）。1985 年开始，木材实行开放经营，议购议销，多家经营合法化。凡办理木材经营执照者，都可经营木材。但有人乘机买卖票证，伪造证件。是年 8 月，县委、县政府、县人大、县政协、县纪委联合开会决定，采取紧急措施，将木材多家经营缩小到由县木材公司、县供销社、县物资局 3 家经营，取缔私人经营木材。1986—1987 年，由县统一印发票证，要求严格执行凭证采伐、凭证收购、凭证运输的林政管理规定。全县商品材指标控制在 19 万立方米限额内，并限期出口，过期作废。中央 2 号文件下达后，1987 年底开始向一家经营，多渠道销售过渡。1996 年起，绥宁县全面放开木材市场。1997 年，出口手续由县林业局分管木材的业务股或县木材公司办理，改为县林业局林政股办理；若系出省木材，凭转办出口证和购销合同到县林业局审查、登记、盖章后，再到邵阳地区林业局（后为邵阳市林业局）办理。此制度延至 2005 年。

育林基金征收　育林基金是以林养林，发展森林资源的重要资金。20 世纪 70 年代末，由各区林业工作站征收育林基金，各区财税所不再为林业部门代收。凡采伐收购木材、竹材、竹木制成品、竹木半成品、原材料（包括木炭、杂木棒、竹片、竹麻、竹尾、杂竹、土纸、烧柴等）的单位或个人，必须及时缴纳育林基金；木材、楠竹和竹木制品、半成品、原材料出县，应事先办理缴纳育林基金手续，由县林业局开具出口证，方能出口。1979 年，对香菇、木耳、茯苓、竹笋、桎木条等开始征收育林基金。1982 年 12 月，根据省林业厅、省财政厅联合通知精神，提高育林基金征收标准：国有林木材每立方米提高到 15 元，集体林木材每立方米提高到 12 元，楠竹每 100 根提高到 12 元；甲种育林基金缴省的比例由 70%降为 50%。1985 年，国有林木材每立方米收育林基金标准不变，楠竹每 100 根收 6 元；集体林木材每立方米仍为 12 元（其中交县林业局 8.5 元、留乡林业站 3.5 元），集体林楠竹每 100 根征收 7 元，篙竹每 100 根收 3 元；旧屋料每立方米征收 5 元；竹木制品、半成品、原材料、杂木棒、木炭、杉枝、竹尾、烧柴按成交额的 5.5%征收。1986 年 4 月，将原定按每立方米固定金额计征育林基金和其他费用改为按成交金额比率计征。1993 年，取消育林基金。1994 年改为征收“一金两费”，即育林基金、林区建设保护费和维简费。2002 年取消维简费。2004 年取消林区建设保护费，只保留育林基金。

育林基金使用　20 世纪 70 年代，育林基金主要用于杉木林基地造林及三年的幼林抚育、楠竹基地造林、飞机直播造林费用、社队采伐迹地更新补助费、非基地社队林场补助费、森林保护费、基地雇请半脱产管理人员补助费、管理费、业务费。1982 年，甲种育林基金由全部交省改为 70%交省、30%留县（后改为 50%交省）；乙种育林基金由公社管理，分队记账，林业部门和银行监督使用。1990年后，育林基金主要用于营林（造林、抚育、封山育林、封山护林、采种、育苗），森林保护（森林病虫害防治、检疫、飞防费、护林防火），林业公、检、法工作人员和乡镇林业站及林业局人员的工资及开支、公务开支（办公费、购置费、基本建设）等费用。1990—2005年，共征收育林基金3.7865亿元。

表12-6-2　　1978—2005年绥宁县育林基金收支表　　单位：万元

年份	收入	支出					
		营林	森保	业务	工资	上缴	其他
1978年	137	40	0	0	0	0	96
1979年	79	53	0	0	2	0	24
1980年	95	35	0	0	4	0	56
1981年	39	35	0	0	3	0	
1982年	150	68	0	0	10	0	7
1983年	111	90	0	3	11	0	72
1984年	103	77	0	3	11	8	74
1985年	577	256	0	8	27	5	81
1986年	663	313	0	6	35	115	94
1987年	765	216	37	11	51	108	142
1988年	685	281	40	15	81	98	166
1989年	773	374	45	7	138	115	94
1990年	1314	551	47	20	176	272	116
1991年	1375	496	116	27	195	266	175
1992年	1283	416	76	28	210	248	205
1993年	1636	341	110	36	437	330	282
1994年	2244	633	102	18	510	445	236
1995年	2066	321	112	52	641	446	192
1996年	1938	225	138	61	877	416	120
1997年	2206	436	180	44	877	416	120
1998年	2212	474	65	54	908	478	133
1999年	2535	180	128	81	1120	690	136
2000年	2303	286	82	85	1074	594	87
2001年	2399	233	106	79	1215	510	56
2002年	2352	409	96	70	1159	598	50
2003年	2455	510	60	61	1250	574	0
2004年	2770	531	60	45	1314	765	55
2005年	2600	540	65	60	1410	560	40
合计	37865	8420	1665	874	13746	8057	2909

第三节 山林纠纷处理

1982年4月，成立县调处山林纠纷办公室，由县林业局代管。1989年3月改属县农委管理。1996年6月，成立绥宁县调处山林纠纷领导小组办公室，由县林业局代管。1998年6月，县调处山林纠纷领导小组办公室升为正科级机构，属县人民政府协调机构。至2005年，邓少珍、贺达福、刘先豪、刘正生、周南奇、刘正生先后任县调处山林纠纷办公室或县调处山林纠纷领导小组办公室主任。

一、县内山林纠纷

1982年山林定权发证，对山林权属进行一次全面清理登记，由县政府发给山林权证书。县政府成立调处山林纠纷工作队，队员近100人，配合区、社山林定权发证工作，共同处理山林纠纷5013起，涉及山林面积5415.67公顷。由于山林定权发证工作粗糙，重复发证问题不少，加之管理体制改变，木材价格提高，经济利益更加直接，乡（镇）与乡（镇）、村与村之间的山林纠纷经常发生。1978—2005年，共受理县内纠纷918起，达成协议224起，裁决694起。

二、县际山林纠纷

1978—2005年，共发生县际山林纠纷160起，协商解决达成协议的26起。其中重大县际山林纠纷有10起，造成人员死亡和伤残的县际山林纠纷有6起。

附：林场 林科所

一、绥宁县堡子岭国有林场

绥宁县堡子岭国有林场位于绥宁县东南部，东与武阳镇接壤，西与长铺子苗族乡相连，南与关峡苗族乡接界，北与枫木团苗族侗族乡毗邻，东西宽约10千米，南北长约20千米，状似“十”字形。总面积3515.80公顷，其中生态公益林2298.93公顷。场部设鼓励冲（苦李冲），下辖阳武店、孔雀山、通坪界、鼓励冲（苦李冲）、大水坪5个工区。辖区内有森林防火瞭望塔2座。2005年底，全场总人口538人，其中在职职工145人、退休职工77人。

该场建于1958年3月，始称“湖南省国营绥宁县堡子岭林场”，为省直属事业单位，经营面积4767.47公顷。1962年，庙湾、在市林场并入管理，经营面积增至9438.60公顷；1975年5月，庙湾、在市林场析出。1990年山林定权发证时，绥宁县人民政府确定林场经营面积3709.47公顷。1997年8月，改建为堡子岭股份合作林场。2005年后，改名为“绥宁县堡子岭国有林场”，为县林业局主管的股级二级机构，事业性质，企业管理，独立核算，自负盈亏；主要职责是负责堡子岭国有林场的森林资源培育和生态保护；林场设有党建办公室、综合办公室、护林防火办、财务室。是年山林换证发时，林场经营面积减至3515.80公顷。

林场属中亚热带常绿针阔叶林区，主要植被类型为人工和天然生态林。野生动植物品种繁多，国家级保护树种有银杏、香果树、鹅掌楸、杜仲、喜树等，野生珍贵药用植物有黄连、天麻、党参、桔梗、七叶一枝花、绞股蓝等，野生动物有白颈长尾雉、白面狸、野猪、娃娃鱼、竹鼠狸等。

自建场以来，林场干部职工秉承“自主、自立、自强，执着、创新、超越”的企业精神，艰苦奋斗数十载，在荒山野岭上建成森林密布、资源丰富、环境优美，风景秀丽、交通便利、政通人和的AA级国有林场。到2005年，林场累计生产木材12万立方米，迹地更新造林1000余公顷；有活立木蓄积量32万立方米，森林覆盖率达96.7%；有职工住房和办公场所总面积14530平方米，林区公路51.8千米，林道139千米，高压输变电线路18千米，天然饮水工程5处。

二、绥宁县寨市国有林场

绥宁县寨市国有林场地处绥宁县西南部，位于北纬26°25'14"～26°31'57"、东经109°57'29"～110°4'49"，四周与在市苗族侗族乡、黄桑坪苗族乡、乐安铺苗族侗族乡3乡接界，场部设在市苗族侗族乡人民政府所在地东门村九龙大道旁。1958年3月，建县办莳竹林场。1962年，并入堡子岭林场。1975年，恢复建制，改名为在市国营林场，主要负责林木种苗生产供应、林木良种选育及新技术推广、营林生产等。2005年后改称寨市国有林场，由自主经营生产型林场转变为国家投资的多功能型和生态公益型林场。2005年，林场总面积852.47公顷，有职工61人。

林场境内森林茂密，物种多样，据考察有木本植物200多种，以杉木人工林、福建柏林为主，其他乔木树种有马褂木、檫树、枫香、木荷、银杏、杜仲、山拐枣、南方红豆杉、伯乐、鹅掌楸、香果树等20余种，植被林相整齐、林冠连续、层次分明，保存完好。珍贵野生动物有鹰咀龟、白颈长尾雉、大灵猫、小灵猫、苏门羚、红腹锦鸡、白鹇等。林场森林覆盖率达96.61%，依托寨市古镇和黄桑自然保护区已初步挖掘云雾山宗教寺庙、生态观光带等旅游项目。

三、绥宁县庙湾国有林场

绥宁县庙湾国有林场地处绥宁县东北角，位于北纬26°15′23″～27°8′32″、东经109°49′29″～110°31′49″，四周与红岩镇、黄土矿镇、瓦屋塘镇、金屋塘镇及洞口县古楼乡毗邻。总面积2260.13公顷，其中生态公益林1511公顷。场部设驼背江，下辖双江、黄泥江、驼背江、凉水井、道溪江5个工区，林场设有场管委会、办公室、财务室、生产组、工会等职能机构。2005年，全场有正式职工113人，其中在职职工42人、离退休人员71人。

1958年，建庙湾林场。1961年，改为庙湾人民公社。1963年，从庙湾人民公社析置庙湾林场；同年，改庙湾林场为堡子岭林场庙湾工区。1975年，恢复庙湾林场，为县林业局主管的股级机构，属事业单位企业化管理，由自己投资造林、自主经营、自负盈亏的国营林场；业务范围包括营林生产，竹木采伐、销售，多种经营。2005年后，经改革，林场由生产型国有林场逐步转变为边采边育的自负盈亏、自主经营的生态型国有林场。

境内属雪峰山余脉，山体高大，地势陡峻，坡度多在30°～50°，海拔在400～1300米。土壤母质母岩以板页岩为主，土壤厚度在40～80厘米。属中亚热带山地季风湿润气候区，气候垂直差异显著，光照偏少，温凉湿润，雨水充沛，适合林木生长。2005年，有活立木蓄积量23.083万立方米，楠竹15.4224万株，森林覆盖率96.17%。得天独厚的自然环境有利于野生茶生长，所产茶叶芽叶粗壮、营养丰富，所含维生素及微量元素、儿茶素、茶多酚高出人工培育茶叶好几倍；因山间云雾弥漫、变幻莫测，春夏之交常见白云绕山，故称庙湾云雾茶。

四、绥宁县林业科学研究所

绥宁县林业科学研究所又名绥宁县苗圃，位于武阳镇茅坪村。土地总面积341.07公顷，其中林地339.20公顷、非林地1.87公顷，林地面积中重点生态公益林226.27公顷、商品林112.87公顷，森林蓄积量31048立方米，森林覆盖率达93.17%。1954年，建立绥宁县苗圃，主要培育杉苗。1973年，成立绥宁县林业科学研究所，与绥宁县苗圃实行两块牌子、一套班子的管理机制，集采种、育苗、造林、木材生产、林业科研于一体，为自收自支的事业单位，隶属县林业局管理。单位设有管委会、办公室、财务室、营林技术业务组、森工组、工会，下辖茅坪、种子园、野鸡坪、毛扎头、团箱坡5个工区；2005年，有职工50人，其中在职职工18人、退休人员32人。

第十三篇　农业与农村经济

第一章　种植业

县内农业以种植业为主，由县农业局统管，县农业综合开发办公室协管。2005年，县农业局内设有9个股室（站），共有工作人员44人。当年全县有25个乡镇农技站，共有工作人员145人。1978—2005年，黄荣、严悌发、龙景福、刘复兴、阳应、袁通吉、莫文池先后任县农业局局长；1995—2005年，谢宏绪、吴良槐先后任县农业综合开发办公室主任。

第一节　耕地

一、耕地数量

1978年，全县有耕地20006.67公顷，其中水田19166.67公顷、旱土840公顷，按农业人口计算，人均耕地846.67平方米。

1981年，全县有水田面积19686.67公顷，其中耕作层厚度在10厘米以下的16.13公顷、10～15厘米的10560公顷、15～20厘米的8273.33公顷、20厘米以上的148.69公顷。1987年，全县耕地面积20453.33公顷，比1980年减少1.57%；全县农业人口人均耕地740平方米，比1980年减少13.28%。

2005年，全县有耕地面积19560公顷，比1980年减少5.87%；全县农业人口人均耕地613.34平方米，比1980年减少28.13%。

县境山地面积比例大，耕地海拔较高。按1983年农业区划测算面积计算，全县海拔500米以下的水田占全县水田总面积的70%，海拔500～800米的水田占水田总面积的27%，海拔800米以上的水田占水田总面积的3%。全县海拔500米以下的旱土占全县旱土总面积的74%，海拔500～800米的旱土占旱土总面积的24%，海拔800米以上的旱土占旱土总面积的2%。耕地质量等级普遍不高，其中一等田仅占全县水田总面积的10%，二等田占水田总面积的16%，三等田占水田总面积的74%；一等土仅占全县旱土总面积的1%，二等土占旱土总面积的17%，三等土占旱土总面积的82%。

表 13-1-1　　**1978—2005 年绥宁县耕地面积变化情况表**

年份	耕地面积（公顷）			按农业人口平均（平方米）
	合计	水田	旱土	
1978 年	20006.67	19166.67	840.00	846.67
1979 年	19980.00	19093.33	886.67	820.00
1980 年	20780.00	19026.67	1753.33	853.34
1981 年	19686.67	18960.00	726.67	840.00
1982 年	20473.33	19213.33	1520.00	826.67
1983 年	20400.00	19560.00	1506.67	806.67
1984 年	20460.00	18853.33	1613.33	793.34
1985 年	20486.67	18800.00	1686.67	766.67
1986 年	20666.67	18666.67	2000.00	773.34
1987 年	20453.33	18766.67	1686.67	740.00
1988 年	20313.33	18686.67	1626.67	733.34
1989 年	20360.00	18673.33	1686.67	713.34
1990 年	20433.33	18720.00	1713.33	700.00
1991 年	20420.00	18660.00	1333.33	700.00
1992 年	20513.33	18713.33	1800.00	693.34
1993 年	20320.00	18793.33	1526.67	680.00
1994 年	20233.33	17633.33	2600.00	673.34
1995 年	20106.67	18373.33	1733.33	673.34
1996 年	20053.33	18306.67	1746.67	673.34
1997 年	19980.00	18306.67	1666.67	673.34
1998 年	19946.67	18213.33	1733.33	673.34
1999 年	20200.00	18246.67	1953.33	660.00
2000 年	19933.33	18200.00	1733.33	660.00
2001 年	20053.33	17720.00	2333.33	646.67
2002 年	19540.00	17700.00	1840.00	653.34
2003 年	19806.67	17646.67	2160.00	633.34
2004 年	19453.33	17693.33	1760.00	613.34
2005 年	19560.00	17693.33	1866.67	613.34

二、耕作制度

县内农作物以粮食作物和经济作物为主，粮食作物以水稻为主。1978 年，水稻种植由常规稻改种杂交水稻，双季稻播种面积下降。1987 年，全县农作物播种面积 29447 公顷，复种指数为 144%。1990 年，全县农作物播种面积 36753 公顷，复种指数为 180%。1995 年，全县农作物播种面积 32493 公顷，复种指数为 162%。2000 年，全县农作物播种面积 42060 公顷，复种指数为211%。2005年，全县农作物播种面积40800公顷，复种指数209%。

水田耕作制度 1978年，县里规定海拔500米以上的耕地一律不种双季稻，全县双季稻总面积下降至6573公顷，两季亩产480千克，较一季中稻增产36.6%。嗣后，具有明显增产优势的杂交中稻快速发展，1980年种植杂交中稻6947公顷。1984年，在市镇试行油菜—西瓜—水稻三熟制，面积16.67公顷，亩产油菜51.5千克、西瓜3272千克、水稻505千克。1987—1990年，早稻面积维持在400公顷左右，晚稻面积维持在1000公顷左右。1990年后，主要是油—稻、肥—稻、瓜—稻三种耕作形式，每年种植一季中稻14667～16667公顷、油菜3333～4000公顷、绿肥4000～6667公顷、水田西瓜800～1000公顷。1995年，全县种植一季中稻17193公顷、油菜3673公顷、绿肥6533公顷、水田西瓜400公顷。2000年，种植一季中稻17600公顷、油菜4300公顷、绿肥7000公顷、水田西瓜427公顷。2005年，种植一季中稻17067公顷、油菜3600公顷、绿肥8000公顷、水田西瓜320公顷。

旱土耕作制度 以两熟制为主，有以红薯为前作的薯—油、薯—麦、薯—豆两熟，有以黄豆为前作的豆—麦、豆—油两熟，三熟制面积极少。

第二节 农业劳动力

1957年至1977年，县内贯彻“以粮为纲”，限制农村劳动力外流。这一时期，是县内从事田间劳作的劳动力占劳动力总数比例最高的时期，也是劳动力人均耕作土地面积最低的时期。其间，除人民公社和大队企业抽调极少数从事副业生产的劳动力外，其余劳动力均在生产队参加农业生产。

1978年，全县农业劳动力总数为10.72万人，占当年全县总人口的43.92%。其中男劳动力56800人(含男半劳动力)，占劳动力总数的53.1%；女劳动力50400人(含女半劳动力)，占劳动力总数的46.9%。当年全县劳动力中，常年抽调在社队企业的劳动力占劳动力总数的4%，农村基层干部、民办教师、赤脚医生等农村脱产人员约占劳动力总数的2%，实际常年在生产队参加农业生产者占劳动力总数的94%。

农村实行家庭联产承包责任制后，境内大批劳动力从土地中解放出来，进入城镇向第二、第三产业转移，外出务工经商人员迅速增加，专门从事农业生产的劳动力占劳动力总数的比例迅速下降。1995年，全县有农村劳动力15.11万人，占当年全县农业总人口的52.44%，其中男劳动力79900人、占劳动力总数的52.9%，女劳动力70100人、占劳动力总数的46.4%。当年农村劳动力中外出经商、务工者占劳动力总数的49.4%，参加农业劳动者占劳动力总数的50.6%；留在本地参加农业劳动者中，在本地从事乡镇企业者占5.7%，在本地从事建筑业者占3.4%。

2005年，全县劳动力总数为18.62万人，占当年全县农业总人口的58.24%。直接参加农业生产的劳动力只占劳动力总数的41.5%，且以老年人居多。

表 13-1-2　　1978—2005 年绥宁县农村劳动力变化情况表　　单位：万人、%

年份	劳动力人数	占农业人口比重	年份	劳动力人数	占农业人口比重
1978 年	10.72	43.92	1992 年	15.31	51.57
1979 年	10.93	44.74	1993 年	15.88	53.16
1980 年	11.23	45.69	1994 年	16.19	53.98
1981 年	11.65	46.84	1995 年	15.11	52.44
1982 年	12.05	47.55	1996 年	15.15	51.13
1983 年	12.25	47.54	1997 年	15.49	51.77
1984 年	12.19	46.46	1998 年	15.61	52.54
1985 年	12.07	45.51	1999 年	15.64	52.38
1986 年	13.00	47.79	2000 年	16.21	54.65
1987 年	13.31	48.33	2001 年	16.29	53.79
1988 年	14.15	50.07	2002 年	16.79	55.03
1989 年	14.37	49.76	2003 年	16.89	55.49
1990 年	14.52	49.37	2004 年	17.00	55.57
1991 年	14.96	50.44	2005 年	18.62	58.24

第三节　农业综合开发

1981 年，第二次土壤普查，全县有低产稻田 5500 公顷，占水田总面积的 28.9%。县委、县政府组织各乡镇对潜育性低产田进行综合治理，至 1987 年，荫山冷浸田较 1952 年减少 76.6%。1989 年，县财政投资 7 万元，改造潜育性稻田 105.07 公顷。1988—1991 年，全县共改造潜育性稻田 600 公顷。1992—1993 年，共改造低产田 229.65 公顷，完成高标准排渍排洪沟 6 条计 1803 米、高标准水渠 6 条计 2476 米，修筑暗沟 29100 米，整修机耕道 2 条，完成土方 20900 立方米、石方 5677 立方米。1994 年，在 8 个乡镇改良低产田 342.53 公顷。

1995 年起，全县实施农业综合开发，采取农业、水利、林业和科技四项综合措施，对干旱型和瘠薄型中低田进行治理。全县共设蓼水、宝顶山、枫香、东山、毛坪、大龙、李熙、武阳、金屋塘、黄土矿、瓦屋塘 11 个项目区。11 个项目区总投资 4009.03 万元，共完成中低产田改造 7120 公顷，新修水库 1 座、拦河引水坝 16 座，维修加固水库大坝 9 座，修建电灌站 3 座、灌排渠道 316.5 千米，开挖疏浚土渠道 357 千米，修建田间机耕道 67.66 千米，营造水土保持林 714.73 公顷，开展技术培训 20 期，培训农民技术员 4 万人次。

1998—2004 年，全县投入资金 1237 万元，完成楠竹低改 1533.33 公顷、建成竹胶板生产线

1条和马尾松纸浆材基地466.67公顷三大产业化经营项目，以及灌水洞灌溉工程（总投资100.61万元，改善灌溉面积76.80公顷，新开水田28.80公顷，解决下村、大坪山村864人的饮水困难）、万工坝主干渠工程（清淤护砌3.5千米，修平板桥5处、便桥5处、码头30处、涵洞10处、分水闸20处，硬化支渠13条5.5千米，总投资103.5万元）、曾家湾电灌站工程（装机30千瓦，灌溉面积33.33公顷，配套硬化田间渠道2千米，总投资17.5万元）、洛口山水库主干渠维修工程（总投资38.5万元）、龙页河坝工程（浆砌石混凝土重力坝，长44米，坝高4米，坝宽4米，投资9万元）、秀水河堤工程（投资268万元，左堤2千米，右堤2.65千米，保护六王、大田、秀水3村农田293.33公顷，恢复水毁农田133.33公顷）、大屋场水库北干渠工程（投资20万元，全长8千米，全部进行补漏、砌坡、加固）、自然片桃坪排灌渠工程（解决53.33公顷水田灌溉问题，投资15万元）、同乐片田间工程（维修加固水库和渠道，投资45万元，解决80公顷水田灌溉问题）、新渠维修工程、玻璃河引水工程等12项重点工程。

第二章　农作物

第一节　农作物品种与分布

一、农作物品种

（一）水稻品种

中华人民共和国成立前，县内种植的传统水稻品种有44个。20世纪50至60年代，先后引进外地良种139个，其中早籼51个、中籼18个、晚籼3个，早粳8个、中粳3个、晚粳40个，糯稻16个。

20世纪70年代，大力引进和推广矮秆品种，先后引进矮脚南特号、湘矮早九号、朝阳一号、二九青、矮南早、革命一号、团粒矮、广陆矮四号、湘矮早、南陆矮、二九南一号、圭陆矮、邵矮早一号、二九南三号、二九南六号、湘矮早八号、北京矮三三八、矮珍等26个早籼品种。

1976年，县内开始种植杂交水稻，当年中稻杂交水稻组合以南优2号、南优6号为主。

1978年，推广杂交中稻14个组合品种，以威优6号、南优6号为主。1984年，开始种植杂交早稻威优35、威优16。1985年，制种组合有威优64、汕优63等2个。1986年，制种组合有威优6号、汕优6号、威优63、D优63、汕优64、威优64等7个。1987年，制种组合有协优63、II优64、汕优桂八、威优287、协优64、威优49等12个。1988年，制种组合有II优63、汕优287、威优48、威优287等12个。1989年，制种组合有汕优438、汕优桂八、II优64、II优34、汕优34、威优233、II优233等14个。1990年，制种组合有II优63、威优49、汕优77、汕优桂八、汕优64、II优64、汕优72等11个。1991年，从福建三明市农科所引进II优46、威优77等新组合。1995年，制种组合有II优46、II优多系一号、优177等11个。1998年，制种组合有II优46、II优多系一号等28个。1999年，推广杂交水稻新组合23个计8000公顷。2000年，推广新组合1.4万公顷，其中优质稻1万公顷。

2001—2005年，每年推广杂交稻新组合20～30个，每年推广的杂交稻新组合品种种植面积约16333～16667公顷。

（二）旱粮作物品种

红薯　20世纪70年代前，县内红薯种植以本地品种为主。1970年后，县内陆续引进胜利百号、广东红皮、广东白皮、湘农红皮、邵薯一号、南薯88等红薯品种。2004年，又引进高淀粉型湘辐1号，医疗保健型川山柴和花心王，鲜食型湘黄1号、湘红2号等红薯新品种。

小麦　1978年前，县内种植的小麦品种主要有阿波、阿夫小麦良种。1978年后又引进洋麦一号及四川绵阳系统等品种。20 世纪 80 年代后以绵阳系统居多。

玉米 20 世纪 80 年代后，县内种植的玉米品种主要有单交一号、湘单一号、湘单二号、七三单交、中单二号、亲早七号、中单二〇一、苏优一号、勃杂一号、勃杂二号等。至 2005 年，引进推广杂交玉米丹玉 13 号、西玉 3 号、掖单 13 号、连玉 15 号等。

大豆 1978 年，县内种植的大豆传统品种有八月黄、蜜蜂豆。1978 年后，陆续引进推广的新品种有湘豆一号、矮脚早、曹清一号、城皇豆、六月黄、超早熟毛豆、湘春豆系列等。

（三）油料作物与经济作物品种

县内油料作物主要有油菜。1979 年前，县内种植的油菜品种以白菜型甜油菜为主，每亩单产 25～30 千克；1979 年后，引进胜利油菜、湘油 5 号、湘油 10 号、黔阳 152 等甘蓝型品种取代甜油菜。20 世纪 90 年代，普遍推广怀油八一九和杂交油菜秦油 2 号及湘油 13 号。2000—2005 年，主要推广湘油 15 号、湘油 16 号、湘杂油 1 号和湘杂油 2 号等。

其次为花生，1978 年先后引进品种有芙蓉花生、奥油五五一。

经济作物品种主要有辣椒、生姜、棉花、烟叶、苎麻等，均属少量种植。

（四）水果品种

县内水果品种有：

柑橘 1977 年前，多为中熟的温州蜜柑，占全县柑橘面积的 90%以上；1978 年后推广宫川、龟井、兴津等早熟蜜橘及脐橙、大红甜橙、冰糖橙等。1986 年引进椪柑、哈姆林等品种。1997 年引进无核椪柑、朋娜脐橙、文旦柚。

其他小水果 1978 年前，县内传统小水果品种有橙、桃、李、杏、梨、栗、柿、枇杷、石榴、葡萄等。20 世纪 80 年代后，引进的葡萄品种有白香蕉、玫瑰、红富士、黑奥林、巨峰、白峰玻璃、藤月念、白醇等；李有奈李、芙蓉李、朱砂李；桃有浙江黄桃、冬桃、邵阳早熟春蕾、南京雨花露、美国油桃；梅有浙江杨梅、靖州乌梅；枇杷有太城四号。20 世纪 90 年代，引进油桃、艳红李、日本大紫李、蜜思李、玫瑰皇后李、黑宝石李、金秋梨 7 个品种。

二、农作物分布

1982 年 4 月至 1984 年底，县政府抽调 157 名工作人员组成农业区划工作队，根据地貌类型、气候条件、种植制度和发展方向等相对一致性，把全县划分成 9 个种植区，其中粮油作物种植区 5 个、其他作物种植区 4 个。

（一）粮油作物分布区

蓼水平地双单季稻混种、旱粮、冬作区 位于县境东北部，蓼水上游两岸，包括李熙桥、黄土矿 2 个乡的全部，盐井、唐家坊、瓦屋塘、武阳 4 个乡镇的大部，共 6 个乡镇的 87 个村，土地面积 44267 公顷，占全县总面积的 15.13%，其中耕地 6980 公顷，人均 773.34 平方米（其中水田 713.34 平方米）。1981 年农业人口 90291 人，占全县总农业人口的 36.1%。此区为山地、丘陵岗地、平地，海拔 350～500 米。土壤肥沃，质地疏松，稻田集中连片，田垄开阔，阳光充足，水资源丰富，水利设施较好。粮食以稻谷为主，油料以油菜、花生为主，适宜种双季稻的田占稻田总面积的 50%以上。耕作制度：水田以稻—稻—肥、稻—油、稻—麦等连作方式；旱土实行薯—油（麦）、小麦—花生、玉米—黄豆等间种或套种形式。此区为全县粮油主产区，稻谷、杂交水稻制种和油菜籽生产总产、单产均居全县第一。1989 年，盐井乡 50.23 公顷连片双季杂交稻示范样板，平均亩产 980.4 千克。1991 年，唐家坊乡唐市村 3.69 公顷杂交中稻新组合威优 46 丰产示范样板，平均亩产 636 千克；该村第三、第五 2 个村民小组 6.85 公顷连片两系法杂交中稻栽培试验，平均亩产 664.3 千克，其中 0.84 公顷 W6111S×特青平均亩产达 820 千克。1980 年后，县种子公司在该区统一开展杂交水稻制种，1980—1998 年制种面积常年稳定在 333 公顷左右。1999 年，湖南隆平种业有限公司进驻李熙桥镇开展杂交水稻制种。至 2005 年，先后有隆平种业、亚华种业、湖南金稻、长沙年丰、科裕隆种业等 10 余家种业公司进驻此区制种，制种面积达 3333 公顷，平均每亩制种产量达 250 千克，品质优良，畅销全国。

北部中山一季稻、旱粮、冬作区　位于县境北部，包括梅坪、金屋塘、水口、联民、枫木团 5 个乡的全部，白玉乡大部，瓦屋塘、麻塘、唐家坊、武阳、关峡、盐井 6 个乡镇小部，共计 12 个乡镇的 81 个村。土地 98767 公顷，占全县土地总面积的 33.75%，其中耕地 4633 公顷，人均 833.34 平方米（其中水田 3940 公顷，人均 706.67 平方米）。1981 年农业人口 55713 人，占全县总农业人口的 22.3%。此区属中山山地，海拔 390～1200 米，溪谷纵横，森林茂密，光热条件较差，冷浸田较多，有较明显的低温冷害，土壤养分适当。水稻以一季中稻为主，旱粮以红薯、玉米、大麦为主，油料以油菜为主。1981 年，稻谷单产居全县第二位，油菜单产居全县第三位。

巫水河谷单季双季稻混种、旱粮、冬作区　位于县城附近，包括长铺子、河口、竹舟江 3 个乡全部，关峡、枫香 2 个乡大部，党坪、麻塘 2 个乡小部，共 7 个乡的 70 个村。土地面积 69333 公顷，占全县总土地面积的 23.8%，其中耕地 4127 公顷，人均 873.34 平方米（其中水田 820 平方米）。1981 年农业人口 47279 人，占全县总农业人口的 19.3%。此区属中低山、河谷地貌，海拔 205～600 米，土壤成土母质好，质地疏松，养分适当，昼夜温差大，适宜多种喜温作物生长。粮食生产以一季中稻为主，双季稻为辅；旱土以红薯、马铃薯、蔬菜为主，间种玉米、大豆、花生、生姜等作物。1981 年，粮食单产居全县第三位，油菜单产居全县第二位。

西南山丘水稻、旱粮、冬作区　位于县境西南部，包括东山、朝仪、鹅公岭、乐安铺、在市 5 个乡全部，党坪的动雷、米水、大碑村，共 6 个乡的 86 个村。土地面积 52280 公顷，占全县土地总面积的 17.86%，其中耕地 4720 公顷，人均耕地 906.67 平方米（其中水田 813.34 平方米）。1981 年农业人口 52041 人，占全县农业人口的 21.2%。此区以低山、丘陵为主，海拔 310～600 米，多为红壤，酸性偏重，春秋有低温，荫山冷浸潜育化稻田较多，水资源较差。水稻生产以一季中稻为主，光照较好地区可适当种植双季稻；旱土以红薯为主，兼有小麦、油菜、大豆、马铃薯等作物；油料作物以油菜、油茶为主。1981 年，粮食、油菜单产均在全县第四位。

黄桑坪原始次生林单季稻、旱粮、冬作区 位于县境南部，八十里大南山北面，包括黄桑坪乡全部及长铺子乡的安阳山村，共计10个村。土地面积25399，占全县土地总面积的8.8%，其中水田487公顷，人均1053.34平方米。1981年，农业人口4651人，占全县农业总人口的1.9%。此区属中山山地地貌，海拔400～1913米，山高林密，水资源丰富，平均气温低，土壤肥沃，为单季稻区。20世纪70年代中期，曾试种过双季稻，产量很低。冬季作物有油菜、绿肥；旱土以红薯为主，兼种马铃薯、粟米、大豆等作物。1981年，粮食、油菜单产均居全县末位。

（二）其他作物分布区

低山、丘陵、平原柑橘、茶叶及经济作物种植区 包括在市、关峡、长铺子、长铺镇、党坪、乐安铺、鹅公岭7个乡镇全部，东山、朝仪、枫香3个乡大部，麻塘、联民、黄桑坪3乡小部，共13个乡镇162个村，耕地9067公顷。1981年农业人口10.48万人。此区气候温和，冬暖夏凉，土壤呈微酸性，是经济作物、果木生长的良好区域，特别适合种温州蜜橘和甜橙。新老县城（在市、长铺镇）附近群山环抱，山间小平地多，加之溪河密布，最适宜甜橙和脐橙生长，也适宜发展葡萄、茶叶、食用菌、辣椒、生姜等作物。

低山、岗地、平原柑橘、茶叶及经济作物种植区 包括李熙桥、盐井2个乡全部，武阳、黄土矿、唐家坊、金屋塘4个乡镇大部，瓦屋塘、白玉2个乡小部，共8个乡镇97个村，耕地7733公顷。1981年农业人口96145人。此区气温较低，大冻年有冻害，土壤呈微酸性，有16个园艺土种，系温洲蜜橘适宜区，局部地区可发展甜橙生产，是县内茶叶主要产地。

中低山、岗地茶叶、柑橘及经济作物种植区 包括瓦屋塘、金屋塘、唐家坊、武阳、东山、朝仪6个乡镇的部分地区，共20个村。耕地1187公顷。1981年农业人口15432人。此区气候阴凉，土壤多红壤和黄壤，宜于经济作物、果木生长，系温州蜜橘的次适宜区，为甜橙禁区。

中山高寒地带茶叶、食用菌及经济作物种植区 包括水口、梅坪、枫木团3个乡全部，联民、黄桑坪、麻塘3个乡大部，瓦屋塘、金屋塘、唐家坊、白玉、黄土矿、枫香6个乡小部，共12个乡58个村。耕地2747公顷，1981年农业人口33470人。此区位于海拔601～1913米，山高水冷，云遮雾障，冬来早，春来迟，适宜发展茶叶、食用菌，柑橘也可适当发展，海拔800米以上山地宜种天麻等药用作物。

第二节 农作物种植

一、水稻种植

（一）面积与产量

水稻是县内的主要粮食作物。因县境山高水冷，传统种植以常规品种的一季中稻为主。20世纪70年代，大力推广双季稻。1978年，县内种植杂交中稻6947公顷，占水稻播种面积的27.76%，平均亩产381千克。从此，双季稻种植面积越来越少，杂交中稻面积越来越多。1982年，杂交中稻发展至14307公顷，占稻谷播种面积的74.2%，全县稻谷总产量12.24万吨，较1971年增加55.94%，年递增4.12%。1983年，通过对全县7个丰产片验收显示，县内杂交中稻亩产630千克以上的有53.63公顷，亩产650千克以上的有926.67公顷，亩产768.5千克的有25.80公顷。黄土矿农科站向泰山1486.67平方米高产攻关田，亩产827.2千克。1981—1983年，大面积杂交中稻平均亩产依次上升为420千克、429.5千克、440千克，连续三年居湖南省第一名。

20世纪70年代末至80年代中期，由于以威优6号当家的杂交水稻品种连年大面积种植后抗性减退，导致1984年和1985年穗颈稻瘟成灾，造成连续减产。1986年，引进高产抗病的汕优63和威优64等杂交水稻新组合，在全县种植13260公顷，占杂交中稻面积的97.4%。1988—1990年，又以汕优64、D优63和II优63更换汕优63和威优64，并综合运用中稻高产配套技术，建立健全激励机制，把中稻高产开发逐步引向深入，从片点开发渐进到全面开发。

1986年，实施中稻“千斤田”（每亩稻田单产千斤）开发，全县建立8个百亩高产示范片，有4个乡镇的2863.13公顷杂交中稻单产过千斤。1987年，扩大示范规模，建立24个千亩高产示范片，有7个乡镇共5383.87公顷杂交中稻单产过千斤。1989年，进一步扩大示范，有8个乡镇的6501.07公顷杂交中稻亩产过千斤。全县17500公顷中稻平均亩产上升到461千克，总产13.83万吨，占全县粮食总产量94.94%，其中中稻总产量占稻谷总产量93.54%，杂交中稻总产量占全县中稻总产量95.13%。1990年，全县有5个片的458.93公顷杂交中稻，平均亩产达618千克。

1992年，绥宁县中稻千斤县建设列入全省吨粮田开发建设项目，县政府下发《关于开展中稻亩产千斤县建设的通知》，县乡两级成立中稻千斤县建设领导小组，并制订实施方案和相关的激励措施，全面推广中稻综合增产配套技术。是年，经湖南省吨粮田开发办公室验收，绥宁县粮食总产量14.2万吨，全县16867公顷一季中稻平均亩产502.3千克，成为全省第一个成建制中稻亩产过千斤的县，进入南方中稻生产先进县行列，获省政府铜牌奖、省丰收计划一等奖、省星火计划二等奖和市科技进步一等奖，获省丰收办奖杯1个、奖金10万元。

1993年，全县遭受不可抗拒的长期低温天气，水稻抽穗扬花受到影响，穗颈稻瘟危害严重，中稻亩产下降为497千克。1994年，继续稳定粮播面积，巩固千斤县建设成果，推广高产抗病良种，普及早播、旱育秧、双两大栽培、抛秧栽培、规范移栽、起垄栽培和病虫综合防治等配套技术，中稻亩产继续过千斤。

1999年，开始推广超级杂交稻。先在李熙桥镇长寨村搞示范面积16.92公顷，其中两优培九7.91公顷，平均亩产722.8千克，最高达803.2千克。翌年，在全县19个乡镇示范种植844.60公顷，平均亩产650千克，亩增127.8千克，增产24.36%；瓦屋塘乡小田村和白家坊村千亩示范片67.93公顷（1019亩），最高亩产844.3千克，平均亩产708.2千克，比三系II优46亩增151.4千克，增产27.2%。绥宁超级杂交稻推广的成功经验在全市推广，并被湖南省超级杂交稻生产领导小组授予先进单位称号，被评为“袁隆平第二届农业科技进步一等奖”。2000年，全县粮食播种面积23180公顷，平均亩产462.2千克，总产量16.07万吨。其中中稻17600公顷，平均亩产525千克，总产量13.86万吨。2001年，遭受“6·19”特大山洪地质灾害，农作物受害面积17333公顷，损失粮食4.2万吨。县委、县政府组织人力、物力、财力，开展生产自救，共补种粮食作物4167公顷，仍获得亩产440千克、总产量14.72万吨的好收成。2004年，全县完成粮食播种面积22867公顷，总产13.82万吨，其中水稻18480公顷，总产量12.62万吨，比2003年增产14.2%。2005年，全县种植杂交中稻16960公顷，总产量12.59万吨，平均亩产495千克。

（二）栽培技术

浸种 县内早稻春分后浸种，3月底至4月初下泥。杂交中稻在4月15日左右播种，高寒地区在4月20日左右播种，最迟不超过4月25日。1992年开始推广早播，即中稻要求在4月5—10日播种。20世纪90年代每年早播面积在6667～10000公顷，约占中稻播种面积的40%～60%。早播比4月11日后播种的亩增50.7千克，增产9.9%；比4月20日后播种的亩增120.2千克，增产27%。2000年后早播面积有所下降。晚稻生育期长的品种6月10日左右播种，生育期短的品种6月下旬播种。早稻品种作晚稻栽培的在7月初播种。浸种催芽的传统方法为清水浸种，用箩筐或扎稻草包催芽。1986年后推广温水三浸三露和温水多浸多露浸种催芽方法。1988年后全面推广强氯精种子消毒。

育秧 1978年，全县建育秧室1204个，所育秧苗插大田967公顷，占早稻面积的16.4%。1980年后，以湿润秧田为主，薄膜育秧为辅。1990年后，以湿润秧、旱育秧、双两大、抛秧等多种方式并举，每年推广旱育秧3333～4000公顷。

合理密植 1980年起，根据不同品种和土壤肥力条件，一般每亩插2万蔸左右。1992年推广“双两大”（双株寄插、两段育秧、大行大蔸）栽培9727公顷，规范插秧（划行或拉绳）4593公顷。1995年开始推广水稻旱育秧新技术。1996—1998年，为大推广旱育秧年，推广面积在5267公顷左右。1996年，开始试验示范水稻抛秧新技术33.33公顷。1998年大面积推广抛秧技术6575公顷，占全县中稻面积的37.9%。2000年后，除水稻抛秧技术稳步发展外，双两大栽培、规范插秧新技术大幅度下降，2005年仅保持2000公顷。

中耕除草 县内农田中耕除草的传统方法是用脚踩田，用手拔除杂草和杂禾，一般中耕两次。1979年由于使用2.4-D除草剂，禾苗产生药害（禾苗心叶变成茨菇草），稻田化学除草处于低谷。嗣后杀草丁、杀草胺等除草剂问世，稻田化学除草又开始回升。每年除草面积保持在667公顷左右。1995年，灭生型芽前除草剂田草净、田草畏、稻草萎、秧田清等上市后，化学除草面积猛增。1996年，稻田化学除草5073公顷，1999年8000公顷，2000年上升为1万公顷。2005年，化学除草14733公顷，其中水稻13200公顷、旱地1533公顷，农田化学除草技术全面普及。

稻田排灌 县内稻田灌溉的传统习惯为插秧后长期蓄水，直至稻谷黄熟后才放水落干收割；部分地方在第二次中耕除草实行落水晒田。随着灌溉条件的改善，推广浅水插秧、寸水活蔸、浅水分蘖、够苗晒田、有水抽穗、干湿壮籽、黄熟落干和湿润灌溉等灌溉技术。

稻田施肥 1986年前，县内水田田间施肥主要有耙田时深施化肥、球肥深施、叶面施肥等内容。1982 年，耙田深施化肥的 13533 公顷，球肥深施的 2467 公顷，叶面施肥的 12267 公顷。1986 年，利用土壤普查成果进行配方施肥，李熙桥镇金子里村试施 7.6 公顷，每亩增产 34.7 千克。1987 年，全县配方施肥面积 7600 公顷，1990 年 4400 公顷。1992 年，推广球肥深施 5707 公顷，喷施叶面肥 1 万公顷。1995 年，推广球肥深施 2119 公顷，测土配方施肥 3029 公顷。1998 年，测土配方施肥面积达 1.1 万公顷。2000 年后，球肥深施面积减少，测土配方施肥和喷施叶面肥面积增多，每年保持在 6667～1 万公顷。

表 13-2-1　　1978—2005 年绥宁县杂交中稻种植情况表

年份	杂交中稻			占水稻面积(%)	占总种面积(%)	占中稻总积(%)	占播种面积总产量(%)	比常规中稻	
	面积（公顷）	亩产（千克）	总产量（吨）					亩增产量（千克）	增产(%)
1978 年	6947.67	381.48	39756	27.76	35.24	55.41	58.26	41.93	12.35
1979 年	9890.67	416.49	61791	42.04	54.18	70.02	77.05	126.72	43.73
1980 年	12063.80	396.50	71749	56.12	64.62	74.90	79.29	87.40	28.28
1981 年	11280.00	471.30	79744	53.70	66.83	68.12	77.23	174.34	58.71
1982 年	14307.13	495.30	106295	74.23	86.85	77.03	88.85	286.94	37.71
1983 年	14653.33	502.50	110450	76.79	88.23	78.20	89.34	287.46	33.68
1984 年	14344.00	478.63	102981	75.70	84.90	76.76	85.76	216.08	82.30
1985 年	11528.40	441.17	76290	61.28	74.34	62.06	75.15	202.46	84.81
1986 年	13610.40	499.10	101894	72.60	81.68	73.52	82.40	203.10	68.61
1987 年	15320.53	502.30	115593	81.49	88.59	83.02	89.71	220.27	78.10
1988 年	15294.13	482.16	110613	80.98	90.16	83.00	91.81	276.66	57.38
1989 年	18395.07	486.00	109800	79.92	85.02	83.00	87.78	155.80	32.06
1990 年	15940.00	488.60	116824	82.70	88.99	89.72	95.13	270.35	55.33
1991 年	15746.67	483.00	114085	82.13	87.15	91.70	95.57	103.30	27.21
1992 年	16180.00	509.00	123534	86.05	92.86	95.90	96.69	90.00	23.84
1993 年	15746.67	502.00	118643	88.37	90.34	92.60	93.49	125.80	33.10
1994 年	16213.33	504.00	122670	90.17	91.58	95.10	95.64	112.10	28.40
1995 年	16400.00	519.00	127649	90.41	94.23	95.40	98.32	110.40	27.23
1996 年	16500.00	504.00	124740	89.04	90.39	95.90	95.93	90.80	21.20
1997 年	16740.00	510.00	128061	89.33	90.37	94.25	94.25	132.60	33.24
1998 年	16533.33	512.00	126950	88.89	90.04	96.10	96.10	118.80	28.89
1999 年	16533.33	514.00	127215	90.63	90.01	95.00	95.01	84.00	19.98
2000 年	16733.33	530.00	133030	91.23	92.88	95.10	95.96	128.00	31.78
2001 年	12800.00	515.00	98880	74.37	76.34	92.55	93.72	113.60	28.42
2002 年	15333.33	423.00	97060	96.52	96.83	98.71	99.66	53.40	14.43
2003 年	16066.67	452.00	108932	95.13	95.36	96.00	96.12	77.80	28.37
2004 年	16360.00	488.00	119917	89.82	95.02	95.85	96.63	110.50	29.27
2005 年	16960.00	495.00	125928	93.08	94.41	96.03	96.54	66.00	15.38

二、旱土种植

（一）旱粮种植

红薯 历年境内普遍种植，以金屋塘镇面积最多，且个大味好产量高。每年3月上、中旬下种，以牛粪温床为主，少数采用地膜覆盖。4月底或5月初插第一批苗，实行短藤斜插。20世纪70年代，全县年均种植约1267公顷，20世纪80年代年均种植1200公顷，1990年种植1287公顷，2000—2005年，年均种植约2120公顷。

小麦 1990年，县政府狠抓小麦种植，全县种植面积达1160公顷，总产2283吨。1993年后，由于山区春季雨水较多，历年赤霉病为害严重，产量不高，加上收购加工存在问题，种植面积下降。1995—2005年，全县每年种植面积在200公顷左右，总产量300～500吨。

玉米 1982年，全县种植玉米267公顷，1990年上升至547公顷，总产量780吨。1998年，县政府成立杂交玉米生产领导小组，印发《关于大力发展杂交玉米生产的通知》，当年全县共种植玉米2747公顷，亩产201千克，其中春玉米2614公顷、夏玉米133公顷；纯种60.93公顷，单产237千克。1999年，全县种植1250公顷，亩产233千克，总产量4375吨。2000—2005年，年均种植玉米稳定在800～1067公顷之间，亩产200千克左右。

大豆 1978年，邵阳地区农业局组织农作物高产竞赛，推广绥宁县大豆育苗移栽经验。1979年，瓦屋塘人民公社共推广15.09公顷豆稻两熟制，其中大豆全部育苗移栽，平均亩产103千克。1980年，瓦屋塘区农技站在瓦屋塘人民公社瓦屋塘生产大队第九生产队栽种0.63公顷大豆高产示范田，除育苗移栽外，还隔年翻耕另种萝卜，亩产大豆119.3千克，其中746.67平方米高产丘亩产179.8千克。1981年，全县推广豆稻两熟制200公顷；1990年上升到413公顷，产大豆561吨；1993年上升为693公顷，产大豆1214吨。1995—2005年，全县每年种植大豆1000公顷～1333公顷，年产大豆2500～3000吨。

（二）经济作物种植

1986年，成立县水果生产领导小组，下设办公室。各乡镇设立相应机构，专抓以柑橘、西瓜为主的多种经营。“七五”计划期间，发展柑橘4000公顷。1987—1990年，县政府号召改造油茶林和残次用材林，用于种植柑橘、板栗等。1990年，全县经济作物面积1.1万公顷，总产值1.30亿元，特别是百合、绞股蓝、天麻、食用菌发展迅猛，使一年生经济作物总产值达8000万元。1997—1999年，竹舟江苗族乡年种植袋料香菇16.67公顷左右，亩增纯收入8000～13000元。长铺子苗族乡枫香片发展大棚蔬菜200余座，每座纯收入3000～5000元。2002年，开始在海拔600米以上的高山地区开发反季节西红柿。2004年，黄桑坪、白玉、枫木团、水口乡种植反季节西红柿80公顷，平均亩产值8000元左右，最高亩产值1.4万元，亩均纯收入3000元左右，仅反季节西红柿一项总产值增1000万元。

茶叶 1981年，县内有茶场70个，种植面积496.06公顷，后因部分茶树老化，加之茶叶价格偏低，茶园面积逐年减少，1985 年仅保留 299.27 公顷。1987 年，管理水平提高，单产上升，但面积下降至 233.33 公顷，总产 225 吨。嗣后，由于化肥、农药价格涨幅过大，茶叶价格未升，致使部分茶园收不抵支，加之制茶技术落后，质量难以提高，产品销路不畅，茶园面积继续下降。1990 年仅存 186.67 公顷，总产 80 吨。2000—2005 年，保存 80 公顷左右，总产 100 吨左右。

青钱柳　青钱柳属于省级重点保护植物。绥宁县野生青钱柳资源丰富。绥宁苗民用青钱柳嫩叶泡茶有五百多年的历史。据传明代李天保率苗民起义在上堡建都称制时，下旨将青钱柳定为国茶，让军民饮用，并下令不准砍伐青钱柳，至今金銮殿前仍保存一棵高大挺拔的古青钱柳树。绥宁青钱柳颜色为棕褐色，青钱柳茶茶叶肥壮、叶片为一芽两叶，汤色明亮金黄、叶底明亮，生津止渴、甜味浓郁持久，有浓郁的青钱柳香气，冲泡多次仍有甜香味。20 世纪 90 年代末，开始人工种植青钱柳，青钱柳茶得到推广。

烟叶　1981 年，种植烟草 59.07 公顷，以生产土旱烟为主，供农户自用。1987 年为 40 公顷，总产 31 吨。1990 年为 33.33 公顷，总产 21 吨。1995 年 30 公顷，总产 14 吨。2000 年后很少有人种植。

柑橘　20 世纪 80 年代初，县内柑橘采用大穴、大肥栽大苗的办法进行栽培，3 年后挂果。同时，保花保果及防治病虫害等技术都比 70 年代有较大提高。1981 年，全县柑橘园艺场发展至 549 个，其中国营场 8 个、人民公社场 16 个、生产大队场 247 个、生产队场 278 个，总面积 735.87 公顷；是年挂果面积 212.63 公顷，产柑橘 2004.8 吨，总产值 100.24 万元。1983 年起，柑橘生产改为以个体种植为主，集体专业承包为辅，当年由县财政局和县林业局各集资 1 万元、县供销集资 6 万元，购进橘苗 130 万株，无偿供应农民。县多种经营办公室和县农业局、县供销社从技术、物资、信息、销售等方面进行扶持与服务。1984 年，全县柑橘栽培面积增至 896.60 公顷，比上年增加 165.20 公顷。1985 年，县农业局调入枳壳种子 600 千克，建立育苗基地 6.67 公顷，培育橘苗 130 余万株，做到橘苗自给，提高了栽培成活率。1987 年，柑橘面积发展到 1474 公顷，总产 5749 吨。至此，全县有国营柑橘园艺场 9 个，集体柑橘园艺场 294 个，私人柑橘园 0.67 公顷（10 亩）以上的 5 处，种植柑橘树 100 株以上的农户 4000 多户，初步形成国营、集体、个人相结合的柑橘生产局面。1990 年，种植面积上升到 2613.33 公顷，总产 6045 吨，其中种植 2 亩以上的农户达 1.2 万户。20 世纪 90 年代，县内柑橘栽培开始采用高接换冠技术，进行品种改良。1997—2000 年，共完成 546.67 公顷，其中高接换冠 480 公顷、良种新扩 66.67 公顷，产柑橘 2010.5 吨，产值 340.56 万元。1995 年，全县柑橘面积达 3334 公顷，两年后总产达 2.5 万吨。之后，由于水果市场趋于饱和，出现柑橘卖难现象，挫伤了橘农生产积极性，导致部分橘园荒芜。2000 年总产仅 1.2 万吨，比 1999 年减产 52%。2005 年，柑橘面积 2773.33 公顷，总产量 41489 吨。

红提　红提是绥宁特色产品之一，有 20 多年的栽培历史。1987 年，全县种植面积 53.33 公顷，亩产约 1000 千克。绥宁红提果穗大、穗型美观，外形为长圆锥形，整齐度好；果粒卵圆形，果皮中厚、薄而韧，果实呈深红色，易剥离；果肉硬脆，肉色为微透明的白色，果肉细嫩多汁，硬度大，刀切而不流汁，能削成薄片；味甜可口，风味纯正，鲜食品质好；果柄长，与果实结合紧密，不易裂口，不脱粒，果实可远途运输和长期贮藏。

西瓜　1981年，全县西瓜种植面积2.60公顷，亩产1233千克，总产48吨。1983年，县供销社从广东聘请8名技术人员下乡指导，西瓜亩产较上年提高1.2倍。1984年，全县种植面积升至125.93公顷，亩产2154千克，总产4068.9吨。1987年，种植总面积上升到293.33公顷，总产6969吨。1990年发展到620公顷，总产15365吨。1992年上升为1330公顷，亩产1000千克，总产19950吨。此后，由于西瓜增多，加上进口西瓜也多，本地瓜卖不起价，种植面积逐年减少。1995年减至850公顷，总产1.2万吨；2000年仅种植474.13公顷，总产8000吨。2005年，种植1000公顷，总产3.6万吨。

其他水果　1978年，其他水果种植面积为120公顷，总产188吨。1986年，人工种植猕猴桃29.40公顷（其中堡子岭林场18.60公顷、庙湾林场10.80公顷），翌年产量达4.95吨。1990年，小水果种植总面积596.67公顷，总产量3000吨，总产值210万元；1995年，种植面积733.33公顷，总产1269吨；2000年种植面积933.33公顷，总产1.9万吨，其中柚子2300吨、桃子220吨、李子400吨。2005年，小水果种植面积1266.67公顷，总产11905吨。

蔬菜　1986年，县蔬菜公司与双河苗族乡（今党坪苗族乡）动雷村联合成立邵阳市第一个农商联营蔬菜生产基地。嗣后，县委、县政府把“菜篮子”问题列入议事日程，确定一名副县长负责蔬菜生产，县财贸委员会、县商业局、长铺镇、长铺子苗族乡各确定一名领导分管蔬菜工作，把菜田面积、生产量、上市量纳入责任制。1990年，县政府制订出《绥宁县城镇专业菜地管理办法》，加强以法治菜，稳定蔬菜生产基地面积。同时，加强菜地基本建设，建立一批科技种菜示范户，举办蔬菜种植技术培训班，引进良种、新品种、新技术，还在距县城5千米的枫香苗族乡枫香、沙田、小水、濑濑水村开辟二线蔬菜生产基地。是年，蔬菜办组织菜农种植新引进的良种蔬菜18个，上市蔬菜3619吨。1995年，全县种植蔬菜3133公顷；1998年上升为4260公顷，总产95961吨。2002年，种植蔬菜4700公顷，总产98604吨。2003年，在黄桑坪、白玉、水口、枫木团乡种植反季节西红柿100公顷。2005年，在黄桑坪等5个乡镇种植反季节西红柿、茄子200公顷，总产量2.4万吨，总收入900万元。

甘蔗　1981年，全县种植0.93公顷，亩产950千克。1983年，用稻田种植4.07公顷，亩产1524.5千克，最高亩产4800千克。1987年，种植13.33公顷，亩产2650千克，总产530吨。1990年，种植13.33公顷，总产489吨。1995年，种植20公顷，亩产2000千克，总产600吨。2000年后，零星种植，主要靠从广西等地大量调入来满足市场需要。

（三）油料作物种植

油菜　县内油菜栽培以育苗移栽为主或直播。1979年，首次实行油菜种植家庭联产承包，全县种植面积扩大到1168公顷，为上年的156.37%。1980年上升到2724.60公顷，为1978年的 364.77%。1981 年增至 3632.33 公顷，全县油菜总产达 3005.8 吨。1982 年 2 月，遭特大冰冻，油菜受到严重损害，总产仍达 2864.9 吨。1983 年菜油销路不畅，出现压价限购现象，影响了农民的生产积极性，油菜种植面积逐年下降。1987 年，县政府号召开发冬季农业，油菜种植面积又开始回升。1988 年，引进推广杂交油菜秦油 2 号，改进栽培技术。首先在李熙桥镇长寨村搞示范片 3.36 公顷，平均亩产 131.3 千克，比常规品种（亩产 63.3 千克）亩增 68 千克，增产 107.9%。1990 年，全县种植油菜 2960 公顷，其中杂交油菜秦油 2 号 1298.80 公顷，占播种面积 43.9%，平均亩产油菜籽 116.1 千克，较常规品种每亩增产 71.5 千克。唐家坊乡梅溪村 7.52 公顷，平均亩产 155.4 千克，获省农业厅授予丰收奖。20 世纪 90 年代后，开始在油菜抽薹期喷施硼肥，初花和盛花期预防菌核病，增产效果显著。1991 年，种植油菜 4197.60 公顷，平均亩产 106.7 千克，其中秦油 2 号 1463.66 公顷，占播种面积的 34.9%，平均亩产 134.4 千克。1997 年，种植油菜 5100 公顷，总产 8019 吨，创历史最高纪录。2000 年，由于耕地责任制延包影响了冬种生产，油菜严重滑坡，全县仅种植 667 公顷，亩产 75 千克，总产 750 吨。2002 年，种植面积增至 4500 公顷；2005 年，减至 3400 公顷。

花生　1980 年，全县种植 56.67 公顷，亩产 60 千克。1990 年上升到 193.33 公顷，亩产 102 千克。1995 年 240 公顷。1998 年 473.33 公顷，亩产 121 千克，总产 858 吨。2002 年 560 公顷，亩产 153 千克，总产 1289 吨。2005 年，种植 540，亩产 154 千克，总产 1252 吨。

表 13-2-2　　**1975—2005 年绥宁县部分年份油菜、花生、水果生产统计表**

年份	油菜			花生			水果		
								其中柑橘	
	面积（公顷）	亩产（千克）	总产（吨）	面积（公顷）	亩产（千克）	总产（吨）	面积（公顷）	面积（公顷）	总产（吨）
1975 年	726.67	29.50	322	36.00	51	27.45	406.67	240	375
1980 年	2724.60	33.30	1361	56.67	60	50.95	573.33	447	1155
1985 年	1233.33	59.30	1097	60.67	94	85.65	1046.67	967	1805
1987 年	1893.33	71.10	2018	80.00	101	121.00	1560.00	1473	5748
1990 年	2960.00	81.00	3596	193.33	102	295.00	2720.00	2613	6045
1993 年	3633.33	98.00	5336	206.67	115	356.50	3380.00	2813	10714
1995 年	3673.33	120.20	5522	240.00	120	852.00	3873.33	3333	24770
1998 年	4100.00	70.00	4305	473.33	121	858.00	3020.00	3133	6623
2001 年	4300.00	68.00	4386	453.33	151	1029.00	2633.33	1933	12000
2002 年	4500.00	68.50	4626	560.000	153	1289.00	2753.33	1933	25848
2004 年	3600.00	68.30	3690	553.33	154	1276.00	3006.67	2693	35210
2005 年	3400.00	68.70	3505	540.00	154	1252.00	3346.67	2773	41489

三、杂交水稻制种

1978 年，县委、县革委组织县社干部和农民技术员 250 人在海南岛乐东县租田 53.69 公顷，进行杂交水稻制种，平均亩产213.2千克，居湖南省第一，其中指挥部高产试验田833.34平方米，亩产425.6千克。同年夏，从海南制种回县后，在西河人民公社三星生产大队和光明生产大队（今在市苗族侗族乡西河村、东门村）搞秋繁威二〇不育系8.53公顷，平均亩产145.6千克，总产9311千克。1979年，在武阳人民公社建立杂交水稻制种基地，由县农村工作办公室负责，从农业、粮食、银行和各区、社抽调干部18人，组成县杂交水稻制种队和6个分队。是年，制种威优6号等品种442.69公顷，平均亩产67.4千克，单产居全省第一名。

1980年，农业部种子局选调绥宁县的威优6号和V20A送往墨西哥和美国栽培。1980—1981年，湖南省两次在绥宁召开全省制种经验交流会。1981年起，在湖南省籼型杂交水稻制种高产竞赛活动中，绥宁县连续三年单产居全省第一。1982年，制种范围由武阳人民公社扩大到东山人民公社，制种面积337.87公顷，亩产126千克。是年5月，农牧渔业部部长林乎加到县考察武阳制种基地，肯定了武阳基地集中制种、以田养田的经验。同年8月，县制种队邮寄威优6号、汕优6号各5千克至中国种子公司转交阿根廷。当年，制种基地负责人颜继盛赴北京参加全国杂交水稻制种高产经验交流会，并在会上介绍经验。

1983年，县内改两季制种为一季制种，改施氮肥为配方施肥，改株行比1∶8为1∶10，改母本单株为双株，改一次重晒田为先露田后适度晒田，改重割叶为不割叶，改过早轻施九二〇为适时重施九二〇。当年制种271公顷，平均亩产202.8千克。其中肖家、武阳、三房大队出现亩产275千克的高产丘块，获湖南省杂交水稻制种小面积高产攻关奖。是年，中央农业电影制片厂和湖南省电视台先后到武阳制种基地拍摄科学教育片和电视片，13个省（市）120多个县的代表到县参观考察；应四川、云南、贵州等省聘请，县制种基地先后派出农民技术员16人次前往川、黔、滇等省传授制种技术。1985年，绥宁县获全省籼型杂交水稻制种优质高产技术推广三等奖。是年，成立绥宁县种子公司，撤销县制种队，杂交水稻制种由县种子公司负责。

1986年，新辟黄土矿和唐家坊制种基地。1987年，聘请杂交水稻专家袁隆平为县杂交水稻制种和生产技术顾问。1988年，新辟枫香制种基地。1989年，全县制种面积597.08公顷，总产190.05万千克。1990年制种336.11公顷，亩产281.8千克。1975—1990年，全县累计制种面积4716.52公顷，平均亩产145.2千克，总产1027.50万千克，共向国内10个省、58个县市调出种子300多万千克。1995年，制种269.33公顷，亩产216.1千克，总产87.3万千克。由于种子销售过剩，1996年制种面积下降为177.67公顷，亩产240.3千克，总产64.04万千克。1998年制种221.37公顷，总产65万千克。

1999年，湖南省隆平种子公司在李熙桥镇大龙村和梅林村制种80公顷，平均亩产165千克，其中两系超级稻两优培九19.40公顷，亩产167.7千克。2000年，分别在武阳镇制种477.80公顷、李熙桥镇203.33公顷、唐家坊镇60公顷、黄土矿乡53.33公顷、长铺子苗族乡60公顷、东山侗族乡66.67公顷，其中省隆平种子公司制种483.33公顷、省亚华种子公司113.33公顷、邵阳市种子公司66.67公顷、县种子公司257.80公顷，均获得高产。

2002年，县委、县政府把杂交水稻制种作为种子产业来抓，建立杂交水稻制种协调领导小组，分管全县制种工作。2003 年，全县有关峡、武阳、李熙桥、白玉、红岩、黄土矿、唐家坊、瓦屋塘、东山 9 个乡镇 52 个村制种 3353.33 公顷，收获杂交水稻种子 1262.1 万千克，平均亩产 251 千克，总产值 6430.4 万元（包括父本所产稻谷收入），亩均产值 1280 元、纯收入 1080 元，比种植一季中稻亩增纯收入 570 元，其中面积在 3333.35 平方米（5 亩）以上的制种大户有 100 余户。是年，国家杂交水稻工程技术中心在绥宁县召开杂交水稻制种研讨会，有 11 个国家的专家学者参加会议并参观考察武阳制种基地。

2005 年，在 S221 和万江公路沿线的关峡、武阳、白玉、李熙桥、红岩、黄土矿、唐家坊、瓦屋塘、东山 9 个乡镇制种 4166.67 公顷，亩产 260.1 千克，收获杂交水稻种子 1625.6 万千克。按每千克种子平均收购价 6.2 元计算，平均亩产值为 1612.62 元，亩均纯收入 1320 元，平均每亩可为制种农户纯增收 460 元。是年全县制种农户纯增收 2875 万元。

表 13-2-3　　**1978—2005 年绥宁县杂交水稻制种面积和产量表**

年份	面积（公顷）	亩产（千克）	总产（吨）	制种地点	主要组合名称
1978 年	414.54	50.0	31.11	海南岛、本县各地	威优 6 号、汕优 6 号等 5 个
1979 年	442.69	67.4	44.70	武阳	威优 6 号、汕优 6 号等 9 个
1980 年	342.71	70.8	36.40	武阳	威优 6 号、汕优 6 号等
1981 年	350.03	107.6	56.50	武阳	威优 6 号、汕优 6 号等
1982 年	337.87	126.0	63.87	武阳、东山	威优 6 号、汕优 6 号等
1983 年	271.00	202.8	82.42	武阳、东山	威优 6 号、汕优 6 号、威优 64 等
1984 年	102.22	130.7	20.04	武阳、东山	威优 6 号、汕优 6 号、威优 64 等
1985 年	199.59	140.3	37.80	武阳	威优 6 号、威优 63、汕优 63 号等
1986 年	170.27	165.2	42.20	武阳、黄土矿、唐家坊、东山	威优 6 号、威优 63、汕优 63 号等
1987 年	487.60	203.3	149.00	武阳、黄土矿	威优、汕优 63 等 12 个
1988 年	370.46	209.5	116.42	武阳	D 优 63、汕优 63 等 12 个
1989 年	597.08	212.2	190.05	武阳	威优 64、II 优 63 等 14 个
1990 年	336.11	281.8	142.08	武阳	II 优 63、汕优 64 等 11 个
1991 年	160.16	139.0	33.39	武阳	II 优 46、威优 77 等
1992 年	286.80	150.3	64.67	武阳	II 优 46、威优 77 等
1993 年	203.40	201.4	61.44	武阳	II 优 46、V77 等
1994 年	269.87	222.3	90.00	武阳	II 优 46、V77 等
1995 年	269.33	216.1	87.30	武阳	II 优 46、II 优多系一号、优 177 等 11 个
1996 年	177.67	240.3	64.04	武阳	II 优 46、II 优多系一号等 16 个
1997 年	253.87	249.5	95.00	武阳	II 优 46、II 优多系一号等
1998 年	221.37	195.7	65.00	武阳	II 优 46、II 优多系一号等 28 个
1999 年	253.33	200.0	76.00	武阳、李熙桥	II 优 46、II 优多系一号等 23 个
2000 年	921.13	243.0	335.75	武阳、李熙桥、唐家坊、黄土矿、长铺子、东山	II 优 46、II 优 58、II 优多系一号等 25 个
2001 年	1680.00	208.0	524.16	武阳、李熙桥、唐家坊、黄土矿、红岩、长铺子	II 优 46、II 优 58、II 优多系一号等 30 个

续表 13-2-3

年份	面积（公顷）	亩产（千克）	总产（吨）	制种地点	主要组合名称
2002年	2186.67	221.0	724.88	关峡、武阳、李熙桥、白玉、红岩、黄土矿、唐家坊、瓦屋塘、东山	II优46、II优58、II优多系一号等35个
2003年	3353.33	251.0	1262.10	关峡、武阳、李熙桥、白玉、红岩、黄土矿、唐家坊、瓦屋塘、东山	II优46、II优58、II优多系一号、金优217、T优111等40个
2004年	4000.00	221.0	1326.00	关峡、武阳、李熙桥、白玉、红岩、黄土矿、唐家坊、瓦屋塘、东山	II优46、II优58、II优多系一号、吉优一号、金优217、T优111等40个
2005年	4166.67	260.1	1625.60	关峡、武阳、李熙桥、白玉、红岩、黄土矿、唐家坊、瓦屋塘、东山	II优46、II优58、II优多系一号、吉优一号、金优217、T优111等40个

说明：1978年含海南岛制种53.69公顷；1999年为省隆平公司80公顷，县种子公司173.33公顷；2000年为省隆平公司483.33公顷，市种子公司66.67公顷，省亚华公司113.33公顷，县种子公司257.80公顷

四、肥料

家肥 有人畜粪尿、灰肥、土杂肥、饼肥等。1958年，推广醴陵县积肥保肥经验，在村内打家肥凼建粪池，在田间打泥凼，建灰棚、挖土灰窑。1970年后，普遍推行牛栏上山，便于肥料就地施用。20世纪90年代后期开始，猪、牛饲养量下降，农家肥施用逐年减少。

绿肥 每年清明前后，上山采伐树木嫩枝嫩叶或采割嫩草，踏入田中作基肥；春夏季每天清早上山割青草垫猪牛栏，过一段时间后从猪牛栏中挑出堆沤，移入水田或旱土撒施。绿肥种类有红花草子、兰花草子、满园花、蚕豆、红藻等。

化肥 有氮肥、磷肥、钾肥、复合肥。20世纪60年代开始推广。实行家庭联产承包责任制后，化肥施用量上升。1987年为13649吨，其中氮肥6587吨、磷肥4901吨、钾肥497吨、复合肥1664吨；1995年为22805吨，其中氮肥8310吨、磷肥5300吨、钾肥3750吨、复合肥5445吨。20世纪90年代后期起，随着农家肥施用量的减少，化肥施用比例进一步上升，2000年，达到26696吨，其中氮肥10301吨、磷肥5667吨、钾肥4214吨、复合肥6514吨。

第三节　农作物保护

一、病虫和鼠害防治

病虫测报 1978年，在长铺镇和平大队修建县农业局农作物病虫预测预报站，设立川石、平溪、大寨病虫观察区和东山、唐家坊、武阳病虫测报联系点，进行系统调查和预报。1984年，县内开始建立虫病档案制度，对水稻、小麦、玉米、油菜、柑橘、西瓜等多种农作物病虫进行

定点系统观察，综合分析预报。1993年，县作物病虫预测预报站搬迁至县农业局，与植保站合并办公；设立平溪、大寨、寨坡病虫观察区，进行系统调查和预报。1998年，县作物病虫预测预报站整理出40年的测报历史资料，为生物统计和电算预测奠定了基础。1998—2002年，县作物病虫预测预报站对为害天麻、食用菌、百合等经济作物的棘跳虫进行观察研究。2002年，棘跳虫的发生与防治研究获全市科技进步三等奖。2000—2005年，县作物病虫预测预报站每年印发《病虫情报》21期计2100份，测报准确率达95%以上。

农作物病虫害防治 1981年，县植保站在枫香人民公社开展病虫综合防治示范，采取保护天敌和养鸭治虫等办法，减少农药用量，当年，该公社粮食总产比1980年增加20万千克。1987年，县内推广高效低残留农药，全县用农药262吨，较1977年降低64.1%。1990年，全县水稻病虫发生总面积121.1万亩次，用农药259.15吨。1991年，全县消灭水稻白叶枯病。1993年，县内遭受数十年未遇的多雨寡日照天气，水稻病虫害严重，病虫发生总面积90.55万亩次，用药239吨。1994年，县内有106.84公顷晚稻首次发生水稻细菌性条斑病，采取烧病草、施石灰、冬泡等措施，控制了病疫。1995年，全县有20.88公顷晚稻发生水稻细菌性条斑病，县植保站制定水稻细菌性条斑病综合防治技术研究实施方案，1996年仍有4个乡镇18.37公顷晚稻发病，直到1998年才基本扑灭。1996—1999年，县内开展蜘蛛资源普查与保护利用研究，获全市科技进步三等奖。2000年后，大面积推广高产抗病良种，使用高效低毒杀菌剂富士一号、克瘟散、三环唑、井岗霉素和杀虫剂、扑虱灵等。2001年，全县水稻病虫发生总面积47.14万亩次，用农药103.6吨。同年，武阳、李熙桥、盐井、黄土矿4个制种基地17.6公顷晚稻发生水稻细菌性条斑病，采取措施扑灭。2002—2005年。每年病虫总损失粮食保持在700吨左右，病虫损失率控制在3%以下。同时，对柑橘、油菜、小麦、玉米、西瓜等其他农作物病虫害都进行了有效防治，病虫害均得到有效控制。

鼠害防治 1984年，县政府印发灭鼠宣传资料2000份。同年4月和8月，县内先后开展两次群众性灭鼠活动，用A型灭鼠剂290千克、敌鼠钠盐原粉20千克，灭鼠92.5万只。以后每年开展春、秋两季全县性灭鼠活动。1990年，县内防治农田鼠害13万亩次。1992年，县内开展农田化学灭鼠面积14.2万亩次。1994年，县内发生农田鼠害15万亩次，用甘氟等杀鼠剂灭鼠87800亩次，约挽回稻谷损失244.5吨。2001年，县内利用溴敌隆等杀鼠剂进行农田化学灭鼠14万亩次。2002年，县内进行农田化学灭鼠15万亩次。2004年，国务院办公厅下文收缴毒鼠强等违禁杀鼠剂，并规定由农业部门统一销售大卫、猫人等高效低毒杀鼠剂，当年，全县进行农田鼠害防治14.5万亩次。

二、植物检疫

1976年，县内恢复植物检疫，在对全县16种主要检疫对象进行普查时，发现5个人民公社中19个生产大队146个生产队的173.33公顷水稻发生白叶枯病。1978年，县内基本消灭水稻白叶枯病（1990年，“水稻白叶枯病的综合治理研究”获全市科技进步三等奖）。1984年，配备检疫专职干部。1985年4月，县政府颁发《关于执行国家〈植物检疫条例〉的布告》；12月，在长铺子苗族乡杉木坳园艺场召开处理柑橘溃疡病苗木现场会，当场烧毁带病苗木4594株，对违反《植物检疫条例》者罚款500元，赔偿农民经济损失6862元。1986年，开展第二次检疫对象普查，检查20个乡67个村的128.27公顷水稻，处理带病种子2500千克；检查22个乡69个园艺场的230.07公顷橘园，烧毁带病橘苗33万株。1990年，检疫进出口稻种25.65万千克、橘苗174万株、柑橘鲜果25.5万千克。当年全县还开展市场检疫73场次，处理带病稻种75千克、橘苗1000株、病果207千克。

1994—1996年，县内在进行检疫普查中，烧毁从浙江等地调入的柑橘溃疡病苗木11.5万株。1998年，烧毁唐家坊镇赖梅村园艺场沙田柚病苗940株及东山侗族乡东山村朋娜脐橙病苗2000株，市场检疫时烧毁带病的椪柑苗木44060株。2001—2003年，开展全国性农业植物有害生物疫情大普查（第三次检疫普查），全县农作物均未发现植物检疫对象。2005年，申报建立无水稻检疫对象的种子基地县。

附：农场

绥宁县国营原种场 绥宁县国营原种场又名绥宁县农业科学研究所，位于县境东北部武阳镇境内的蓼水河畔，场部驻武阳镇政府所在地六王村，生产区在三房村。1951年7月，成立绥宁县武阳农场（又称三房农场），1963年改称绥宁县良种示范繁殖场，1969年更名为绥宁县国营良种示范场，1979年更名为绥宁县国营原种场（亦称绥宁县示范农场）。同年，成立绥宁县农业科学研究所，与绥宁县国营原种场实行两块牌子、一套班子管理体制，属县农业局二级机构。主要经营范围为农作物新品种研发、引进、实验示范，农业技术推广及培训，杂交水稻原（良）种繁殖等。全场占地总面积34.87公顷，有水田21.80公顷、旱土5.07公顷。全场有2个生产队：红旗坪生产队占地15公顷，其中水田6.13公顷、旱地4.53公顷、鱼塘0.73公顷、宅基地0.6公顷；水稻生产队占地20.20公顷，其中水田15.67公顷、鱼塘0.67公顷、旱地0.53公顷、宅基地3.33公顷。另下辖1个场部，1个农工商经营部，共占地2.67公顷。2005年，全场总人口428人，其中在职职工51人、在职管理干部4人、退休职工105人、退休家属工4人、在职家属工141人、职工子女123人。

第三章　中药材

1959年，县药材公司成立，先后由县商业局和邵阳地区医药器材公司管理。1979年8月，更名为湖南省绥宁县药材公司，由县工业局代管。1985年10月，升为正科级机构，由县经委管理。1991年8月，加挂绥宁县医药管理局牌子，两块牌子、一套人马。1995年1月，收归市医药局统一管理。2001年10月，分设为县药材公司与县医药管理局，县药材公司由县经委管理。1978—2005年，白凤祥、李增彪、邹振悌、袁成著、戴民安、孙解生、陈历先、李显沛先后任县药材公司主要负责人。

第一节　药材资源及分布

一、药材种类

县境药材资源丰富，可供药用的动植物及矿物共有1588种。其中：植物药材190科547属1413种，动物药材100科140属166种，矿物药材8种，其他药材1种。野生药材蕴藏量约1万吨，人工栽培药材年产量达3000吨，其中茯苓、金银花、天麻、绞股蓝、厚朴、杜仲、百合等产量和质量均居全省前列。属国管和省管的重点药材207种，蕴藏量为1000吨。

县内植物药材名录　三尖杉、篦子三尖杉、粗榧、白玉兰、多毛猕猴桃、硬毛猕猴桃、毛萼杨桃、缺萼枫香、苦木、银杏、厚朴、南五味子、铁箍散、威灵仙、海风藤、山木通、大血藤、蝙蝠藤、草珊瑚、十大功劳、莽草、海桐、飞龙掌血、黄樟、乌药、荛花、黄常山、野山茶、老虎刺、天仙果、铁苞金、野鸭椿、八角枫、马银花、朱砂根、百两金、紫金牛、接骨木、老鸦糊、红紫珠、女贞、石血、百合、茯苓、胡桃、杜仲、中华五加、中华雪胆草、山苍子、湘砂仁、五倍子、黄连、天麻、羽叶三七、黄柏、竹草人参、龙胆草、前胡、桔梗、南沙参、灵芝菌、绞股蓝、田边菊、车前草、八角莲、益母草、半边莲、九里光、过路黄等。

县内动物药材名录　华南虎、云豹、毛冠鹿、麝、黑熊、苏门羚、穿山甲、大鲵、中华大蟾蜍、乌龟、五步蛇、银环蛇、乌梢蛇等。

二、药材分布

县内药材按地形分布为：溪谷平原主要有夏枯草、田边菊、车前草、半枝莲、淡竹叶、谷精草等；岗地主要有香菇、合香、陈皮、白茅根、九里光、过路黄等；丘陵地带主要有白前、陈皮等；中低山区主要有刺五加、百合、山药、野茯苓、官桂、五倍子等；中山区主要有银杏、木瓜、杜仲、厚朴、金银花、黄连、天麻等。

按野生和人工栽培类型分，主要为：野生药材在全县各乡镇普遍分布，但呈现“南多北少”的趋势；栽培药材在全县各乡镇亦普遍栽培，但“北多南少”布局明显。栽培的金银花分布20个乡镇，其中金屋塘、黄桑坪、联民、水口、瓦屋塘等乡镇金银花集中连片基地均达33.33公顷（500亩）以上，厚朴主要分布在金屋塘、瓦屋塘、水口、朝仪等乡镇，茯苓主要分布在水口、乐安铺、唐家坊、联民等乡镇，绞股蓝主要分布在武阳、李熙桥、党坪、红岩、朝仪、鹅公岭、东山等乡镇，百合主要分布在联民、白玉、李熙桥、唐家坊等乡镇。

第二节　药材生产

1978年，县内重点种植栽培的药材主要有黄柏、杜仲、厚朴“三木”药材和茯苓等。20世纪80至90年代，发展天麻、黄栀子、百合、绞股蓝。21世纪初，重点发展金银花。

茯苓　1978年，县内茯苓种植主要为人工种植。20世纪80年代中期，年产量发展到近80万千克，每年有2万～3万千克茯苓加工产品出口日本及东南亚国家和地区。至21世纪初，全县茯苓年产量约100万千克。1978—2005年，全县茯苓年均种植面积约467公顷。

天麻　20世纪70年代末，县内开展天麻有性繁殖研究取得成功，全县天麻产量大幅度提高，年收购量由最初的几千克发展到后来的6万千克。1981年，县内天麻有性繁殖研究获邵阳地区科技三等奖。1986年，金屋塘、黄桑坪、枫香、堡子岭等8个乡（场）有20家专业户种植，年产5000千克。嗣后，金屋塘乡的小坪溪村95%的农户种天麻，成为名副其实的天麻村。1978—2005年，全县天麻种植面积在140公顷左右。

绞股蓝　1985年，县中草药资源普查队在黄桑首次发现野生绞股蓝，而后由野生改为人工种植，一举成功。1987年后，扩大县中药饮片厂的生产规模，改单一的中药饮片生产为提取中药中间体的制药厂，主要生产绞股蓝皂苷、绞股蓝茶等系列产品，该产品1987年通过省级技术鉴定。其中，绞股蓝皂苷获全国首届保健产品博览会“新星杯”奖，绞股蓝茶获全国首届保健产品博览会“银鹤杯”奖。1989年，在县中药饮片厂的基础上筹建邵阳市雪峰山制药厂未果。1990年，家种绞股蓝亩产由几十千克提高到几百千克，项目研发分别获全市科技进步二等奖和全省级科技进步四等奖。1990—1993年，绞股蓝皂苷成为药厂的拳头产品，年产值200万元以上，年创利税30万元。1978—2004年，全县绞股蓝年均种植面积在207公顷左右。

黄柏、杜仲、厚朴　合称“三木”药材。至1981年，全县累计分别栽培667公顷、313公顷、127公顷，其中厚朴再生林速生丰产技术研究取得成功，提高了产量，缩短了生长周期，该项研究获市级二等奖。1982年药材林生产实行家庭承包责任制后，一些农民乱砍出售，至1988年大部分被砍光。

金银花　21世纪初开始种植，高峰期全县种植面积在1067公顷左右。

表 13-3-1　　1978—2005 年绥宁县药材公司生产、经营情况表

年度	销售收入（万元）	税收（万元）	利润（万元）	中药材收购（万元）	中药材种植（公顷）	年末职工人数（人）
1978 年	165	0.24	5.96	40.50	240.00	42
1979 年	175	0.33	6.03	44.60	200.93	52
1980 年	156	0.48	5.01	20.40	69.40	58
1981 年	159	0.65	4.75	17.40	72.53	62
1982 年	180	0.71	4.50	14.80	29.60	60
1983 年	210	0.86	3.94	17.00	17.13	58
1984 年	249	1.02	5.57	33.20	30.40	70
1985 年	327	1.90	8.09	35.20	47.53	87
1986 年	335	4.76	4.95	19.50	59.00	89
1987 年	455	6.24	9.15	21.40	71.47	92
1988 年	524	9.95	9.96	104.00	262.60	96
1989 年	495	8.10	10.6	40.80	206.00	99
1990 年	573	8.90	9.44	60.50	190.67	99
1991 年	728	13.70	12.80	78.90	181.67	104
1992 年	728	13.40	16.00	81.00	177.47	111
1993 年	581	7.20	-19.80	51.30	182.27	123
1994 年	435	5.40	-106.00	37.50	143.47	126
1995 年	409	5.00	-94.00	18.60	137.40	133
1996 年	465	5.80	—	15.70	122.27	141
1997 年	540	5.20	—	10.60	121.67	146
1998 年	560	6.30	—	10.10	128.93	152
1999 年	660	15.60	—	8.20	181.67	147
2000 年	712	13.20	—	2.10	245.53	158
2001 年	788	8.20	—	—	244.67	162
2002 年	884	6.80	—	—	180.07	162
2003 年	748	5.30	—	—	189.60	163
2004 年	614	4.60	—	—	242.13	158
2005 年	569	4.10	—	—	245.00	158

第四章　畜牧水产

1978—1986年，县畜牧水产业归口县农业局管理。1987年1月，县畜牧水产办公室从农业局分出单列，为正科级单位。1995年，改称县畜牧水产局，内设8个股室，定编32人。至2005年，孟交日、余开国、汪永龙、袁治国先后任县畜牧水产办公室主任或县畜牧水产局局长。

第一节　产业布局

1978—1985年，畜牧水产业以饲养生猪为主，实行国家统一派购，县食品公司独家经营，猪肉凭票供应。实行家庭联产承包责任制后，池塘、水库和大田等放养水面被利用起来。1985年，生猪取消派购，实行议购议销。1988年，建立畜牧业发展基金。1989年，成立巫水河水产开发公司。1995年，县委、县政府作出《关于加快山羊发展的决定》，全县掀起养羊高潮。1999年，绥宁县被确定为全省草食动物饲养示范县。2002年，被列入国家秸秆养牛示范县。“九五”“十五”期间，国家、省、市、县共投入资金1000万元，用于草食动物发展，先后建立起长铺子山羊养殖带、堡子岭种羊基地、黄桑坪潭泥水菜牛养殖基地、东山和唐家坊菜牛养殖基地。羊的养殖总量和牛的喂养总量名列全市第一。生猪饲养由过去的饲养本地猪转变为以饲养大约克、长白、杜洛克等瘦肉型良种猪为主的二元、三元经济杂交猪；饲养方式改熟食为生食，改混群饲养为分群饲养，改单一饲料喂养为配合饲料喂养；养殖模式除家庭散养外，出现了养猪专业户、重点户和养猪联合体、养猪小区。建立江口塘水面开发基地、花园角商品鱼基地、唐家坊模式化稻田养鱼基地、无公害水产品养殖基地，促进了青、鲢、草、鳙四种传统鱼的发展，产量占水产总量的60%。1978年后，全县分为五个养殖产业区。县域北部地区以发展生猪、家禽为主，县域南部地区以发展肉牛、山羊为主。

生猪养殖区　县内生猪养殖区位于县境东北部、蓼水上游两岸，范围包括李熙桥、黄土矿、红岩、唐家坊、武阳5个乡镇计98个村、776个组、26500户。2000年，农业人口10.27万人。该区为山地、丘陵和岗地中的平地，交通便利，土地肥沃，青饲料种植广阔。农户居住相对集中，素有养猪的传统习惯，杂交二元、三元猪在该区广泛养殖，养猪专业户、大户较多，规模养殖初具雏形。2005年，发展生猪30万头，出栏无公害生猪18万头。

肉牛养殖区　县内肉牛养殖区位于县境西南部，范围包括东山、鹅公岭、朝仪、乐安铺、在市、黄桑坪6个乡计91个村、576个组、15500户。2000年，农业人口61200人。该区以低山丘陵为主，草山草坡多，草山资源丰富。区内气候温和，冬暖夏凉，四季宜牧，发展肉牛自然条件得天独厚。肉牛品种以湘西黄牛及黑白花、西门塔尔改良牛为主，饲喂方式以放牧式与舍饲喂养相结合。该区有年交易活牛 1 万余头的东山牛市，有年加工肉牛 5000 头以上的东山三丰肉类加工厂。1999 年，在黄桑坪苗族乡潭泥村建立菜牛养殖基地。2002 年，在东山侗族乡建立肉牛养殖基地，当年培育养牛大户 100 户，种植牧草 33.33 公顷，发展肉牛 2000 头。通过推行种草养畜、品种改良和科学养殖，肉牛养殖发展较快。2005 年，养殖区养殖肉牛 4.3 万头，出栏 1.2 万头。

山羊养殖区　县内山羊养殖区位于县境中西部和东北部，范围包括长铺子、麻塘、枫木团、梅坪、金屋塘、白玉 6 个乡镇计 75 个村、549 个组、14300 户。2000 年，农业人口 56200 人。该区为丘岗山地，森林茂密，灌木林较多，适合发展山羊。建有长铺子山羊养殖带、堡子岭种羊基地、黄泥江养羊专业村。区内以养黑山羊、成都麻羊、南江黄羊为主，兼养马头羊、本地山羊。2003 年，该区发展山羊 15 万只，出栏 6 万只。

家禽养殖区　县内家禽养殖区位于县境东北部，范围包括武阳、李熙桥、白玉、红岩、黄土矿、唐家坊、瓦屋塘共 7 个乡镇计 124 个村、990 个组、33700 户。2000 年，农业人口 12.89 万人。该区地势相对平坦，田园开阔，溪河纵横，有传统的养家禽习俗，有一定规模的大型孵化场和养殖场。养殖品种为乌骨鸡、本地土鸡、樱桃鸭、麻鸭、武冈铜鹅、溆浦鹅。养殖业年发展家禽 76.5 万羽以上，出笼家禽 43 万羽，活禽以及产品占据全县三分之二的市场份额。

水产品养殖区　县内水产品养殖区位于县境中东部，范围包括长铺子、河口、关峡、武阳、白玉乡 5 个乡镇计 78 个村、588 个组、18700 户。2000 年，农业人口 74500 人。该区河流密布，山塘水库多，水资源丰富。主要品种为青鱼、鲢鱼、鲤鱼、鳙鱼，2000 年前后引进大口鲶、湘云鲫等新品种。洛口山水库、武阳大屋场水库、江口塘电站库区、绿洲电站库区、界溪口电站库区、河口电站库区均为无公害水产品养殖水域，养殖面积 467 公顷，年水产品产量 1495 吨。

第二节　养殖

一、家畜饲养

1978 年，全县生猪饲养量 18.70 万头、出栏 7.5 万头，肉牛（耕牛）饲养量 32900 头，养羊 1400 只。1985 年，全县生猪饲养量增至 26.4 万头、出栏 11.5 万头，肉牛（耕牛）饲养量增至 4.7 万头。其间，生猪养殖改传统的熟食饲养为用配合饲料生食喂养。是年，全县有饲料加工厂 11 家，县内始出现养殖专业户；全县取消生猪派购，允许农民自养自销。

1986 年，全县生猪饲养量达 27.50 万头，肉牛饲养量增至 5.3 万头，养羊 520 只。1987 年 1 月，绥宁县畜牧水产办公室成立。当年全县生猪饲养量增至 34.40 万头，肉牛饲养量达 5.6 万头，养羊 600 只。至 1994 年，全县生猪饲养量上升至 43.10 万头，肉牛饲养量增至 8.1 万头，山羊饲养量骤增至 1 万只。

1995—2005年，为畜牧业结构调整阶段。1995年，县委、县政府提出稳定发展生猪生产、大力发展牛羊等草食动物的畜牧业发展新战略，作出《关于加快山羊发展的决定》，确定“山羊兴县”战略和“发展山羊百万只，致富农村千万家”的百万只山羊养殖工程；成立山羊开发领导小组。县财政安排山羊发展基金100万元，有偿、贴息贷款400万元发展山羊养殖。全县掀起山羊养殖热潮：县政协、县畜牧水产局购买种羊200只交宝顶牧场承包饲养；县总工会在竹舟江苗族乡与农户联办种羊场；白玉乡曾家桥村委会购种羊80只承包给农户，承包期5年，5年内村委会分年回收种羊，新增羊只村委会与农户按2∶8分成；东山侗族乡长界村买回200只种羊分发给愿意养羊的农户；乐安铺苗族侗族乡多龙村、长铺镇长铺村、长铺子苗族乡象家村、金屋塘乡小坪溪村，由村委会按每只300元标准替农户贷款，养羊户年底还本不计息；枫木团苗族侗族乡政府和枫木团村委会决定，凡在1995年4月30日前买进山羊的，每只奖15元。是年，全县发展山羊4.5万只，出栏肉羊1.5万只。1996年全县饲养山羊6.5万只，2005年增至18.90万只。

1995年起，县政府每年返退30万元屠宰税支持畜牧业生产，用于菜牛、奶牛基地建设和牲畜五号病防治检疫、品种改良及科技示范推广；全县由粮食、商业、畜牧三家经销浓缩饲料、全价配合饲料，经销网点遍布城乡。1997年，全县生猪和肉牛饲养量分别增至83万头和14.60万头，全县涌现养猪大户143家、养牛大户67家。武阳镇六王村黄生发年饲养生猪178头，出栏120头，获纯利4.6万元。全县猪肉自给有余，每年还外调怀化及广西、贵州、广东等地5000～10000头。2000年，县内实施10万头肉牛建设项目，发展养牛大户242家，其中出栏20头以上的养牛专业户53户、出栏10～20头的养牛专业户189户。当年全县养牛17.62万头，人工种草533公顷，建青贮氨化池5030立方米，处理秸秆6万多吨。2005年，全县饲养生猪67万头、牛19.70万头。

二、家禽饲养

县内家禽饲养量历来不多，一般为自产自销。养殖品种主要有白毛乌骨鸡、有来杭、九斤黄、澳洲黑、桃源鸡、红布罗、白洛克、星布罗、星杂288、罗斯鸡、AA鸡，麻鸭、北京鸭、樱桃谷鸭、康贝尔、狄高鸭，狮头鹅、溆浦鹅、武冈铜鹅，家鸽，鹌鹑等。

1978年，全县家禽饲养量为55万羽。农村实行家庭联产承包责任制后，出现了一批家禽养殖专业户。1984年，全县有养鸡大户7户、养鸭大户6户、养鹅大户20户，养禽大户家禽饲养量共6.5万羽。1987年，全县有养鸡专业户16户、养鸭专业户9户、养鹅专业户67户，养禽大户饲养量共11万羽。是年全县共饲养家禽99万羽，年末存笼49万羽。1990年，全县共饲养家禽189.37万羽，年末存笼85.27万羽。20世纪90年代，鹌鹑、美国王鸽等禽类迅速发展，且由零星饲养发展到规模化饲养。1999年后因外出务工人员增多，传统的家禽饲养户减少，但家禽养殖大户不断增加，是年全县家禽饲养量仍有474万羽。2004年虽受禽流感影响，但全县饲养量仍较上年增加15万羽。

2005年，全年共饲养家禽521万羽，存笼179万羽。

三、水产养殖

县境内水产鱼类共有6目17科63属100余种，以鲤科鱼类为主，占62种。地方品种有才鲤、埋头鲤、火烧鲫；引进品种有革胡子鲶、牛蛙、三角帆蚌、褶纹蚌、澎泽鲫、湘云鲤（工程鲤）、禾花鲤、美国胭脂鱼等。

池塘养鱼　1978年，实行池塘精养，面积6.33公顷。2005年增加到210公顷，主要分布在黄土矿、瓦屋塘、唐家坊、红岩、李熙桥、武阳、关峡、长铺子等地。产量由1978年的105吨增至2005年的860吨。池塘主要用来生产鱼苗、培育鱼种、养殖成鱼和特种养殖。每年池塘培育鱼种400万尾，养殖成鱼800吨，年收入800万元。

特种水产养殖　县内水产特种养殖品种有：

甲鱼　县内人工饲养甲鱼从1985年开始，至1997年，有养殖面积2公顷；主要分布在黄土矿乡的半岭、中源村，唐家坊镇的唐家坊、上白村，红岩镇的阳楼村，关峡苗族乡的珠玉、茶江村，乐安铺苗族侗族乡的杨柳村，东山侗族乡的石桥、白岩村；1997年以后，由于养殖技术跟不上，甲鱼在池塘养殖3～5年后容易患病，加之投资成本高，养殖户逐渐退出。

牛蛙　1989—1998年，全县有牛蛙养殖面积1.33公顷，有养殖户60户；主要分布在武阳、李熙桥、红岩、黄土矿、关峡、在市等乡镇；1999年后，由于市场不稳定，无固定销售渠道，投资回报率低，牛蛙养殖专业户因亏本退出养殖。

革胡子鲶　1985年，县内养殖户从广西引进后，在县内发展很快，养殖高潮时有养殖面积6.7公顷；主要分布在黄土矿、红岩、李熙桥、长铺、在市、乐安铺、长铺子等乡镇。

棘胸蛙　棘胸蛙，又名石蛙。1986年，梅坪乡木烂田村人工养殖棘胸蛙成功，后发展到梅坪乡庙湾村和庙湾林场进行人工养殖。

库河养鱼　全县有大小水库44座，库河养鱼放养水面148公顷，大部分为粗养，少部分即小（二）型水库为精养。网箱养鱼主要在水库、河坝上进行，分布在江口塘水库区的关峡苗族乡花园角村、梅口村和石江坪村，荣岩水库区的长铺子苗族乡田心村和溶岩村，洛口山水库区的白玉乡，虾子溪河的长铺镇长铺村等地。1978年，县农业局在和平公社（今长铺子苗族乡）网箱养鱼成功后，网箱培育鱼种和养殖成鱼快速发展。1985年，县农业局聘请绥宁籍江西省水产科学研究所高级工程师李长春回家乡传授库塘养鱼技术和经验。1989年，成立绥宁县巫水河水产联营开发公司，（湖南）省、县投资30多万元，在江口塘大坝上游的柳塘处设置双八字形拦网拦河养鱼，水域面积200公顷，共投放鲢、鳙鱼种30万尾。1991年捕鱼5万千克。因该地老百姓乱炸乱捕无法管理，1995年巫水河水产联营开发公司撤散，拦河养鱼停止。1991—1999年，田心村62户参与网箱养鱼，有网箱89口，每年投放鱼种3万～4万尾，箱平344尾，由于注射草鱼出血病免疫疫苗，成活率达69.84%，箱平收入5943.22元。

1998年，县政府聘请李长春指导开发江口塘水库拦河养鱼试验。2005年，全县网箱养鱼面积1.17公顷，养殖户300多户。

稻田养鱼 县境南片的东山、鹅公岭、朝仪、乐安铺、在市等地农民历来有稻田养鱼的习惯，20世纪50年代高峰期，全县稻田养鱼面积每年达到533公顷左右。后来随着双季稻和新排灌技术的推广，加上农药化肥的普遍使用，稻田养鱼面积逐年减少。实行家庭联产承包责任制后，农村稻田养鱼户快速增加，1982年全县稻田养鱼面积达到249.42公顷，产鱼36.25吨。1986年，在李熙桥镇大龙村进行百亩连片稻田养鱼试点示范，投入水花草、夏花鱼鲤鱼苗，养殖2个月，成活率42.7%。1987年，在枫香苗族乡枫香村进行稻田养鱼高产试验，试验田0.43公顷，养殖草鱼为主，养殖3个月，亩产鲜鱼36.05千克。1998年，在唐家坊镇湖塘村进行连片稻田养鱼示范，稻田养鱼4.09公顷，放养草鲤夏花鱼种，养殖3个月，成活率70.5%。2005年，全县稻田养鱼面积1033公顷。

四、品种改良

牛 1978年，县内推广精液配种。品种以西门答尔牛、黑白花牛为主，其次为夏洛来牛、安格斯牛、摩拉水牛、短角牛等，先后在唐家坊、瓦屋塘、东山、武阳等24个人民公社建立人工授精站。1982年配种4960头，产仔1369头，成活1172头。至1987年，累计配种9934头，产杂交牛4918头，成活4384头。1990年，产杂交牛1016头。1991年起，全面采用液氮罐冷冻技术（零下198℃）保护精液配种，配种点由原来的24个减至6个。至2005年，每年配种约消耗液氮500立升、冷冻精液3500颗，完成配种1000～1500头，产杂交牛300～500头。

奶牛 2002年，县内从陕西、山西引进100头奶牛，分别在长铺子苗族乡的寨坡村，党坪苗族乡的杨庄、界溪口、芷坪村和县良种场饲养。除意外死亡4头外，96头奶牛均产仔后配上了种，有的配上了第二胎，冷配受胎率和产仔成活率均在95%以上。2003年，全县奶牛发展到216头，但引进的种奶牛属低代杂交奶牛，大多数奶牛日产量在10千克以下，经济效益不高。一些人自行从山西引入8头奶牛，因调入老残奶牛而失败。

猪 县内本地优良品种主要是东山花猪（又名绥宁花猪、黔邵花猪），繁殖快，肉质好，瘦肉率高。1990年之后，经过品种改良，发展优势突出，成为东山、在市等地的主要猪种，并在全县普遍发展。引进良种主要有长白、约克夏、杜洛克。1991年起，通过长期引种，开展人工授精改良，二元、三元杂交猪比例不断增加，生产性能和饲养效益不断提高。因技术比较成熟，母猪养殖户易接受率达95%。至2005年，全县有生猪人工配种点24个，良种公猪30头，外地引进良种公猪15头，年人工配种13万～20万头次。

羊 20世纪90年代前，县内养羊主要是本地白羊、麻羊，个体小，生长慢，膻味大，发展速度慢。1989年，市政府在绥宁建立绵羊生产基地——宝顶牧场，引入绵羊185只。1996年，县内大量引进四川黄羊和贵州黑山羊，并在长铺子苗族乡象家、哨溪、袁家团、新水冲、穿石村和堡子岭等地建立邵阳市山羊养殖示范基地。因山羊人工授精技术不成熟，县内山羊养殖专业户基本上采取种公羊转换制度，8～12 个月相互交换种公羊，以避免血缘近亲交配。

家禽　县内本地家禽优良品种有金屋塘白毛乌骨鸡、绿洲乌鸡、李熙麻鸭。引进品种有三黄鸡、罗斯鸡、北京鸭、樱桃骨鸭、康贝尔鸭、狮头鹅、溆浦鹅、武冈铜鹅等。引进的品种和本地品种均有不同的杂交优势，增强了免疫抗病能力。

其他　2004 年，县内引进 18 只白尾梅花鹿，翌年发展到 26 只。还引进马种、长毛拉兔、意大利蜂、犬、猫等优良品种。

表 13-4-1　　**1978—2005 年绥宁县养殖业发展情况统计表**

年份	养殖业产值		肉牛饲养量（万头）	生猪饲养量（万头）	山羊饲养量（只）	家禽饲养量（万羽）	鲜鱼产量（吨）
	总产值（万元）	占农业总产值（%）					
1978 年	805	12.70	3.29	18.70	1400	55.00	79
1979 年	823	12.40	3.48	20.20	1500	68.90	128
1980 年	990	13.50	3.50	21.70	1530	59.80	96
1981 年	1022	13.50	3.60	21.30	1500	120.00	210
1982 年	1150	15.00	3.62	22.20	1160	64.00	224
1983 年	1253	15.30	4.00	23.20	900	70.00	256
1984 年	1411	16.30	4.30	24.00	780	74.00	350
1985 年	1461	18.00	4.70	26.40	660	84.00	490
1986 年	1590	18.50	5.30	27.50	520	95.00	491
1987 年	1944	20.50	5.60	34.40	600	99.00	512
1988 年	2007	21.00	6.10	34.00	1000	145.00	737
1989 年	2083	21.80	6.10	35.00	1060	194.00	768
1990 年	2167	21.20	6.60	39.10	1120	189.37	810
1991 年	5659	21.40	6.91	36.00	900	186.00	808
1992 年	6120	18.20	7.10	36.60	700	260.00	919
1993 年	7498	20.50	7.40	43.00	1700	201.00	1015
1994 年	7586	20.70	8.18	43.10	10000	202.00	900
1995 年	10336	21.00	8.70	48.50	45000	360.00	950
1996 年	13788	21.70	9.99	65.00	65000	431.00	1119
1997 年	15251	24.60	14.60	83.00	70000	610.00	1302
1998 年	13460	21.30	15.40	60.00	50000	519.00	1491
1999 年	11381	17.20	14.60	53.00	40000	474.00	1400
2000 年	12968	22.80	17.62	70.80	45000	414.00	1561

续表 13-4-1

年份	养殖业产值		肉牛饲养量（万头）	生猪饲养量（万头）	山羊饲养量（只）	家禽饲养量（万羽）	鲜鱼产量（吨）
	总产值（万元）	占农业总产值（%）					
2001年	12362	23.50	16.62	61.00	47000	407.00	1238
2002年	12959	26.00	15.00	72.20	50000	445.00	1702
2003年	16761	23.60	15.20	63.80	55000	460.00	1760
2004年	16950	25.00	17.08	65.00	56000	470.00	1838
2005年	17152	26.00	19.70	67.00	189000	521.00	1600

第三节　管理

一、动物疫病防检

防检队伍　1978—1980年，全县有兽医108人。1981年成立县兽医协会，1985年成立县畜牧联站，1986年设立乐安铺交通检疫检查站。1990年，县畜牧水产办有高级兽医师1名，兽医师8名，助理兽医师11名，技术员7名；乡镇聘请兽医师5名，助理兽医师47名，技术员33名，总职工人数118名。1991年,成立5个动物检疫片站，兽医队伍人数122人。1992年，成立城关动物检疫站，专门负责县城检疫。

动物疾病防治　1985年，县政府从屠宰税中安排4.2万元资金建立县兽医诊断室，安排8.8万元给乡镇站配备汽油和冰箱27台，疫苗开始按计划供应。1986年，成立防治牲畜5号病指挥部，在全县第一次普查布鲁氏菌病，采集血液猪204头、牛94头，凝集反应阴性率为100%。发病猪主要以猪瘟为主，其他以猪丹毒、肺疫、牛出败为主，禽以鸡瘟、禽霍乱为主。1988年，加强疫苗供应。1989年，推行免疫程序改革，季节性普注与栏边、市场平时补注相结合，防止牲畜疾病流行。1992年，第三次普查布鲁氏菌病，抽样、采血和血清单检测，没有发生阳性反应。1993年，免疫猪瘟13.16万头、丹毒12500头、肺疫21600头、猪副伤寒3840头及牛出败3290头、家禽11.5万羽，全县防疫密度为60.2%。1994年3—4月，全县猪瘟病和仔猪副伤寒呈暴发性流行，29个乡镇有19个乡镇发生严重疫情，共计发病猪1.2万头，死亡5995头。兽医全员出动，分头会诊抢救，控制了疫情蔓延。1995年，李熙桥镇浆塘村、黄土矿乡中源村20头生猪发生5号病，县政府组织迅速扑灭疫情。1997年，进行山羊防病治病攻坚战，全县山羊治愈率90%以上。2001年，“6·19”特大山洪地质灾害冲走牛785头、猪1123头、羊250只、禽38700羽。县畜牧部门开展蓝“十”字救灾行动，组织防疫人员对重点部位进行严格消毒，并紧急免疫接种生猪8.7万头、耕牛2.8万头、羊1.8万只，防疫投资7.8万元，保证大灾之后无大疫。是年10月13日，关峡苗族乡插柳村发生Q病，县政府对疫区5千米实行封锁，扑杀家禽1.5万羽，控制了疫情发展。2004年2月29日，红岩镇渣湾村发生疑似高致病性禽流感，县政府启动禽流感应急预案，封锁疫区 3 千米，扑杀家禽 46900 羽，5 千米受威胁区紧急免疫家禽 35800 羽，迅速控制了疫情。县畜牧水产局副局长谷春芳、高级兽医师贺剑春于 2005 年 2 月被湖南省人民政府评为全省防治高致病性禽流感先进个人。

检疫工作　1985 年 7 月 1 日，依照国务院《家畜家禽防疫条例》，县城开始实施肉品检疫，随后建立乐安铺交通检疫检查站。1986 年，全县推行检疫“三证”（防疫证、检疫证、消毒证）管理。1987 年，27 个乡镇开展检疫，全县共经检活猪 41700 头、活牛 1500 头、已宰猪 39400 头、已宰肉牛 296 头；过境检疫猪 27.34 万头、牛 3272 头，共检出病畜肉品 435 头次，无害化处理 241 起。1991 年，委托授权 17 个偏僻乡站防疫员兼检疫员，对 18 个仔猪交易市场开展检疫。经检已宰猪 38700 头，剔出病猪 73 头，无害化处理 57 头；经检上市已宰肉牛 4927 头。交通检疫生猪 5125 头、仔猪 62200 头、牛 357 头、家禽 36700 羽、皮张 13700 张。1992 年 11 月，建立县定点屠宰场，县城形成定点屠宰、集中检疫、统一收费、分散经营的检疫新格局。1995 年，兽医卫生监督依法办事，处理案件 30 余件。1996 年，按国家统一标准考试确定基层检疫员 68 名。1999 年发生 5 号病，关闭动物市场 14 个。2000 年，开始实施动物产地检疫，严格执法程序，签订检疫执法责任状。2001 年，由防疫员签发免疫证，由动物检疫员查验并收回动物免疫证。2002 年 10 月 1 日起，实施免疫标识管理，指派各乡镇产地检疫员，设立检疫哨卡和检疫申报点，检查出入境和上市牲畜。2003 年，实施对“游屠”《动物防疫合格证》发放管理，县城检疫市场走向正规化。

二、渔政管理

20 世纪 70 年代末，全县毒鱼、电鱼、炸鱼现象频发，天然鱼类资源剧减。1986 年，成立县渔政管理站，县政府相继颁发《关于严禁炸鱼、毒鱼、电力捕鱼的通告》《关于保护渔业资源和水生野生动物的通告》。1987 年，以黄土矿乡为试点开始渔政工作。1988 年，贯彻实施《湖南省渔业条例》。1989 年，成立绥宁县巫水河水产联营开发公司，对江口塘水库 267 公顷渔业水面进行水产开发；成立梅口公安水陆派出所、巫水河水产联营开发公司渔政管理组，与县渔政管理站一道开展渔政工作。同时县政府发布《关于保护江口塘水库渔业生产的布告》。1991 年，设立县畜牧水产局渔政站。1993 年 4 月 15 日，成立畜牧法规执行室，开展兽医卫生监督、防检和渔政的执法工作。2002 年，县渔政站首次查处长铺镇精细化工厂、大公坪竹胶板厂、城北中巴站 3 起渔业水域污染案件。并与县有线电视台《记者调查》栏目制作渔政执法专题片《非法捕鱼法律不容》。2005 年，成立县公安局治安大队渔政中队，加强渔政管理工作。

附：牧场　良种场

一、绥宁县鱼苗鱼种场

绥宁县鱼苗鱼种场地处绥宁县东北部，有两处场地，分别位于唐家坊镇曾家湾村和武阳镇大田村。2005 年，全场总面积 18.47 公顷，其中鱼塘 4.67 公顷、水田 1.13 公顷、饲料地 2 公顷、果园 9.33 公顷（柑橘 2 公顷、板栗 7.33 公顷）、其他占地 1.33 公顷。全场有房屋建筑面积 900 平方米，其中职工住房 360 平方米、畜舍 540 平方米，固定资产 77620 元。全场总人口 69 人，其中正式职工 35 人、临时职工 9 人、退休职工 2 人。

绥宁县鱼苗鱼种场创办于 1960 年，原为武阳大田鱼种场，归属县农业局农科所管理，有水面面积 1.13 公顷。20 世纪 70 年代，县革命委员会在唐家坊曾家湾设立下放知识青年锻炼场所，划归县农业局管理。1980 年，县农业局把鱼种场从农科所剥离出来升级为独立的二级机构，成立县鱼苗鱼种场，扩建面积 17.33 公顷（含曾家湾处）；1987 年成立县畜牧水产办（局）后，县鱼苗鱼种场划归县畜牧水产办（局）管理。生产经营及职责主要以培育鱼苗鱼种为主、养殖成鱼为辅，为县内农户供应鱼苗鱼种，并负责新品种引用和科技试验示范。2005 年，全场产鱼 7400 千克，产春片鱼种 14.50 万尾，培育粗仔鱼苗 50 万尾，生产墨水鱼苗 1500 万尾，产柑橘 4000 千克，产稻谷 5000 千克，饲养生猪 207 头（其中出栏肉猪 25 头），上缴农业税 3651 元、特产税 2420 元，产值 16.50 万元，开支 13 万元，盈利 3.5 万元。

二、绥宁县畜禽良种场

绥宁县畜禽良种场位于长铺子苗族乡溶岩村杉木坳 S221 省道边。2005 年，全场土地总面积 12.17 公顷，其中耕地 1 公顷、林地 2 公顷、荒山 9.07 公顷；房屋 1486.08 平方米，其中畜舍 932.2 平方米、职工住房 553.88 平方米；饲料加工机器 1 台，固定资产 9 万余元；总人员 29 人，其中职工 22 人、管理人员 3 人。

该场前身为绥宁县种牛场，1974 年筹建，为国有全额拨款事业单位；1984 年，更名为绥宁县家畜育种站，为县农业局二级机构，属股级全额拨款事业单位。1987 年县畜牧水产办（局）与县农业局分家后，县家畜育种站划归县畜牧水产办（局）管理。1989 年，育种品改和种牛场功能剥离至县畜牧水产局，县家畜育种站改为县畜禽良种场。1996 年变更为差额拨款事业单位。

1975—1989 年，先后从外地引进秦川、南阳、摩拉、西门塔尔等优良种公牛 10 多个品种，该场的职责和工作任务是饲养种公牛、采精送精、对县内小个体黄牛进行改良配种，并在全县通公路的乡镇建立 24 个配种点，每年下达配种任务 2000～3000 头。1982 年，刘建华、杨仪贤、陈长兴撰写的论文《利用杂交优势改良本地小个体牛》获省科技三等奖，省奖励冰箱、恒温箱、干燥箱等设备。1989 年后，液氮冷冻保护精液技术成熟，保存时间长达 60 年，且良种公牛精液可全球流动，各地养殖种公牛采取精液这一技术难题迎刃而解。此后，全县黄牛配种点收缩至 6 个冷配点，该场职能转为主要从事畜禽良种引进、繁殖、推广及畜禽、果木生产经营。2005 年，全场饲养生猪 260 头，出栏肥猪 60 头；饲养东山花猪母猪 10 头，为全县提供良种仔猪 200 头；饲养雪峰种鸡 2500 羽，产种蛋 18 万枚，出笼肉鸡 2000 羽，为全县提供地方良种白毛乌骨鸡 500 羽；为 8 个乡镇母猪人工授精 1300 头次；生产饲料 20 余吨、柑橘 4 吨。

三、宝鼎山牧场

宝鼎山牧场位于枫木团、瓦屋塘、水口、武阳、唐家坊5个乡镇交界的宝顶山（又名宝鼎山），有草场面积800公顷。1989年，成立绥宁县发展绵羊领导小组办公室，筹建宝鼎山牧场。1990年，上级下文立项北羊南养项目，民办公助，由县、乡、村三级联营养殖。是年，以县畜牧水产局为主，修筑黄泥井到山顶的公路，修建厂房，改造草山66.67公顷；市计委投资调入185只种绵羊，产羔羊42只，成活35只，招聘4名职工管理。后因养殖绵羊失败，改养山羊。由于牧场周围18个村的农户历来有春季耕完田后将耕牛寄养在山上、冬季再找回圈的习惯，致使改造草场的牧草全部被牛吃光。因牛羊争用草场的矛盾难以解决，2003年，牧场停办。

第五章　水利

1974 年 8 月，绥宁县水利水电局恢复，2002 年 4 月改名绥宁县水务局，内设办公室、人教股、水政股、水建股，定编 21 人。1978—2005 年，龙章淮、文凤翔、曾昭文、周本端、罗必坤、文凤翔、刘学华、陆雄峰先后任县水利水电局或县水务局局长。

第一节　水利工程

2005 年，全县有各类水利工程 12714 处，其中水库 38 座、山平塘 3782 口、溪河坝 2816 座，引水渠道 5586 条，提水工程 492 处（台），蓄引提水总量 1.53 亿立方米，灌溉面积 17194 公顷。

一、蓄水工程

2005 年，全县有蓄水工程 3820 处，其中水库 38 座（以灌溉为主的 36 座）、山平塘 3782 座，总库容 5978.9 万立方米，正常库容 4873.8 万立方米，以灌溉为主的正常库容 2692 万立方米。

洛口山中型水库　洛口山中型水库位于白玉乡黄羊坪村。集雨面积 31.4 平方千米，是一个以灌溉为主结合发电的综合效益工程。设计灌溉白玉、李熙桥、盐井（今红岩）3 个乡镇的 1680 公顷耕地，现实际灌溉白玉、李熙桥、红岩 3 个乡镇的 1333 公顷耕地。水库大坝为细石砼砌块石双曲拱坝，坝高 51.5 米，坝顶弧长 126.4 米，顶宽 3.6 米，底宽 9 米。压力隧洞长 251 米，直径 1.5 米。干渠总长 36 千米。其中右干渠长 24 千米，起自白玉乡百家田村，止于红岩镇红岩村；左干渠长 12 千米，起自白玉乡百家田村，止于白玉乡坪头村与李熙桥镇林家头村。1971 年 10 月动工修建。首先修建引水坝和总干渠，1977 年开始修大坝，1983 年竣工，次年 5 月开始关闸蓄水。1980 年 8 月三级电站建成，1986 年 12 月建一级电站，1990 年二级电站建成发电，总装机 6 台 1980 千瓦（1992 年改造为 6 台 2320 千瓦）。大坝和渠道等累计投入工日 197.83 万个，投入资金 1143.1 万元，其中国家投资 779.4 万元。完成土石方 86.3 万立方米、浆砌石 2.2 万立方米，砼和砼 53424 立方米。2005 年，争取上级拨款 50 万元，对水库进行加固。

江口塘中型水库　江口塘中型水库位于关峡苗族乡岩脚田村。集雨面积 1605 平方千米，是一个以防洪为主兼顾发电的中型水库，也是绥宁县城防洪调控的综合效益工程。大坝为浆砌石重力坝，最大坝高 32.1 米，坝顶宽 7.5 米，坝轴线长 179 米，溢流坝段共设 9 扇弧形闸门，每扇闸门宽10米、高6.3米，用卷扬机启闭。1976年12月开工修建，1981年5月第一期工程竣工，装机2台6400千瓦投产发电。1985年5月20日第二期工程竣工，装机2台6400千瓦，合计装机12800千瓦，年发电量6000万千瓦时，总投资1763.61万元。2005年争取到上级拨款40万元，对水库进行加固。

大屋场小（1）型水库　大屋场小（1）型水库位于武阳镇周家村。集雨面积4平方千米。1958年动工修建，1972年完成主坝，1973年完成副坝。投入工日108万个，完成土石方30.14万立方米。系均质土坝，坝高30.5米，干渠长26.5千米。平水年供水量278.1万立方米，设计灌田467公顷，实际灌田480公顷。该水库年久失修，属病险水库。1990年起，先后对大坝渗漏进行两次冲渣回填，四次灌浆加固；对涵洞进行两次堵漏，后又挖开重新改建；对卧管和消滤井进行维修加固；还将内坡全部硬化一层10厘米厚的砼。

吊水洞小（1）型水库　吊水洞小（1）型水库位于关峡苗族乡高坪村。集雨面积6.3平方千米。1966年冬动工清基，停工5年后又于1972年动工填筑土坝，1973年竣工。投入工日52万个，完成土石方16万立方米，系均质土坝，坝高30米，干渠长21千米。平水年供水量309.5万立方米。设计灌田300公顷，实际灌田270公顷。

虹山小（1）型水库　虹山小（1）型水库位于黄土矿乡大安源村。集雨面积6.5平方千米。1971年动工，1978年竣工。投入工日220万个，完成土石方73.2万立方米。系黏土斜墙砂质土坝，坝高40米。平水年供水量289.3万立方米。设计灌田213公顷，由于渠道没有配套，实际灌田53.33公顷。

黄鳝水小（1）型水库　黄鳝水小（1）型水库位于武阳镇大溪村。集雨面积2.9平方千米。1975年动工，1976年主体工程竣工。投入工日28万个，完成土石方5.4万立方米。系土石混合坝，坝高28米。平水年供水量230.6万立方米。设计灌田267公顷，实际灌田167公顷。

小（2）型水库　全县共有32座，集雨面积共100.84平方千米，平水年供水总量1253万立方米。设计灌田1115公顷，实际灌田849公顷。其中1978年之前修建27座，之后修建5座。1990年起，对1978年前修建的27座水库，内坡全部硬化成砼护坡，对渗漏水库或放不出水的水库全部进行科学处理，使其重新恢复蓄水灌溉功能。

表13-5-1　**2005年绥宁县小（2）型水库基本情况表**

名称	所在地	修建时间	集雨面积（平方千米）	坝型	坝高（米）	灌溉面积（公顷）	
						设计	已达
煤炭冲	武阳桐木	1956—1965年	0.90	均质土坝	16.5	100	107
磨石冲	武阳老祖	1971—1972年	0.90	心墙土坝	13.2	53	47
通坪界	武阳通坪界	1973—1974年	0.40	心墙土坝	10	15	20
老鸦冲	武阳毛坪	1952—1978年	1.00	均质土坝	17	33	33
毛头冲	武阳（村）	1954—1955年	0.20	均质土坝	5.5	20	20
黄家岭	黄土矿大湾	1966—1967年	0.30	均质土坝	14.5	33	20

续表 13-5-1

名称	所在地	修建时间	集雨面积（平方千米）	坝型	坝高（米）	灌溉面积（公顷）	
						设计	已达
梨子冲	黄土矿同乐	1958—1964 年	0.40	均质土坝	10.3	20	20
肖家冲	黄土矿唐家	1977—1979 年	0.15	均质土坝	12	33	20
双　冲	黄土矿小安	1965—1967 年	0.30	均质土坝	12	27	13
四　清	东山（村）	1966—1988 年	1.40	斜墙土坝	27	100	52
金子岭	东山（村）	1971—1973 年	0.70	斜墙土坝	17.8	作自来水用	
井水湾	关峡凤凰	1959—1966 年	2.90	均质土坝	15	60	60
石家塘	关峡梅口	1955—1956 年	0.16	均质土坝	10.4	27	27
潘家冲	关峡（村）	1955—1956 年	0.13	均质土坝	9.9	27	27
格木山	关峡花园角	1976—1977 年	0.30	均质土坝	7.2	20	13
皮叶树	瓦屋塘皮叶树	1974—1976 年	1.60	均质土坝	14.6	53	40
十二湾	瓦屋塘（村）	1966—1970 年	4.00	均质土坝	11.0	33	33
石门坎	红岩下匡	1952—1953 年	1.00	均质土坝	10.0	20	13
大 冲	红岩巷子	1957—1986 年	0.20	均质土坝	8.1	20	10
羊井洞	乐安铺中心	1976—1978 年	2.40	均质土坝	25.0	27	20
大　田	朝仪大田	1978—1979 年	7.50	均质土坝	14.0	20	20
栗山塘	红岩阳楼	1958—1959 年	0.15	均质土坝	6.8	20	20
东　风	在市正板	1977—1978 年	18.00	重力坝	16.0	20	17
半路田	唐家坊湖塘	1957—1958 年	0.30	均质土坝	8.5	20	20
秧　溪	乐安铺（村）	1972—1987 年	1.90	均质土坝	20.0	67	40
躲溪江	唐家坊曾家湾	1989—1992 年	3.60	重力坝	20.0	67	27
长　塘	红岩阳楼	1992—1993 年	0.20	均质土坝	12.0	20	20
铁罗冲	黄土矿唐家	1976—1977 年	0.15	均质土坝	11.5	20	20
百合山	关峡梅口	1969—1970 年	0.30	均质土坝	9.0	20	23
大石冲	关峡四甲	1957—1958 年	0.40	均质土坝	13.0	20	17
大门洞	长铺子佘家	1993—1995 年	46.00	重力坝	21	用于发电	
落水洞	红岩下村	1995—1996 年	3.00	重力坝	19	100	33

山平塘　1978 年，县境内有山平塘 2000 口，1981 年实行家庭联产承包责任制以后，个体农户自发开挖山平塘用于养鱼兼蓄水灌溉。2005 年，全县共有山平塘 3782 口，总库容 302.4 万立方米，平水年供水量 559.6 万立方米，灌田 853 公顷。

二、引水工程

全县共有大小溪河 2500 余条，其中长度 5 千米以上的 100 条。长期以来，农民自发修建溪河茅柴坝、垒石坝和开挖土水圳引水灌溉。20 世纪 80 年代起，水利部门鼓励农民将茅柴坝和土水圳逐年改造成浆砌石或砼拦水坝和砼渠道。同时，县里集中资金抓重点工程。1994 年 10 月，成立洛口山灌区指挥部洋滩河大坝工程领导小组，国家和县里投资 175 万元，由受益村、组投工投劳。11月，工程动工，1996年6月竣工，建成1座长70米、高5.8米、底宽5.6米的浆砌石重力坝，完成砼标准干渠4千米、支渠1条2千米、渡槽（谢家）1条长120米高12米。原设计修建干渠14千米，支渠7条7.7千米，灌溉清浪以下等8个村308.67公顷田土（水田267.33公顷、旱土41.33公顷）实际灌溉水田66.67公顷。2005年，全县共有大小溪河拦水坝2816座，其中灌溉33.33公顷（500亩）以上的7座（唐家坊平江坝，武阳秀水河坝，李熙桥万工坝、垒石坝、龙井里坝、茅芦河坝，红岩景碧坝等）；砼标准渠道5586条，总长度8379千米；年总引水量1.16亿立方米，灌溉面积11307公顷，占水田总面积的64%。

三、提水工程

2005年，全县有电灌站、机灌站提水工程218处，提水机械456台，装机容量4450千瓦，总提水量608万立方米，灌溉面积2273公顷；另有筒车、水轮泵和农户私人所有的流动抽水机274处（台）。

筒车　1978年前，县内有筒车约400架，其中蔚竹水在市以下河段安装有57架。后随着蓄水和引水工程的发展，以及电动抽水机和内燃抽水机增多，筒车数量日益减少。2005年，全县仅存18架，年提水量6.6万立方米，灌田23公顷。

水轮泵　1978年前，全县有水轮泵90台，1980年以后逐渐被动力抽水机所替代。2005年，全县尚存18处，年提水量48.8万立方米，灌溉面积167公顷。

电灌站、机灌站　20世纪80年代，县内原有的煤气抽水机和汽油抽水机逐渐淘汰，开始发展固定机机埠和电排灌站，1985年发展到250处（台）。至2005年，全县共有各种机械灌溉站218处，排灌设备456台，装机容量4450千瓦。其中：电动机排灌站87处，排灌设备94台，装机容量1190千瓦；内燃机排灌站131处，排灌设备362台，装机容量3260千瓦。

流动抽水机　20世纪80年代农村实行家庭联产承包责任制后，农户自行购买抽水机灌溉农田者逐渐增多。2005年，全县有农户私人所有的流动抽水机238台。

四、饮水工程

1986年5月，县内制定《全县七五期间人畜饮水规划》。至1999年，全县已解决16500人和1500头牲畜的饮水困难。2001年，解决红岩、黄土矿2个乡镇5个村1513户5000人、4800头牲畜的饮水困难。2002年，解决东山、黄土矿、麻塘、白玉、李熙桥、竹舟江、瓦屋塘、水口、长铺子9个乡镇16个村2255户13800人13500头牲畜的饮水困难。2003年，解决唐家坊、红岩、长铺子、黄桑坪、在市、李熙桥、金屋塘、水口8个乡镇9个村1009户4430人、4300头牲畜的饮水困难。3年中，国家和地方共投资382.5万元，为上述4777农户安上自来水。2001—2003年，对人畜用水需要到1千米以外的地方取水的困难村、组，帮助安装自来水。全县共完成各类饮水工程75处，其中乡镇集中供水6处、泵站提水工程2处、小型农村饮水工程67处；完成工程总投资1068万元，其中水务部门争取中央投资255万元，地方配套和群众自筹813万元；

解决农村36600人和29200头牲畜的饮水困难。2004年，解决8459人、5600头牲畜的饮水困难。2005年，解决4880人、1000头牲畜的饮水困难。至是年底，全县共兴建农村饮水工程1530处，解决91669人、73230头牲畜的饮水困难，自来水普及率达到28.5%。

第二节　水土保持

20世纪70年代至80年代前期，由于过度砍划林木，造成活立木蓄积量减少，森林覆盖率下降，水土资源流失。20世纪80年代，县委、县政府加大造林力度，同时大力推广省柴灶，保护和节约森林资源。至1992年，全县消灭宜林荒山，全面完成宜林荒山造林任务。

1991年6月29日，《中华人民共和国水土保持法》颁布实行。县委、县政府积极开展宣传活动，并在县水利水电局设立水土保持股和水政股，具体负责水政和水土保持工作。此后，在蓼水、莳竹水、巫水两岸大力营造护坡林。2000年9月，制定《绥宁县武阳镇三双河流域水土保持综合治理项目实施方案》，加快造林步伐，以解决三双河小流域的植被问题。2002年9月，会同县国土、林业部门，针对宝顶山区域制定水土保持、治理水土流失的规划措施：对该区域现有林地进行封山育林，增加植被；将该区域已开垦的坡耕地实行退耕还林1389.33公顷，把坡度大于25°以上的坡耕地全部改造成林业用地，划为生态公益林管理，规划种植杉、松针叶林202.67公顷，楠竹133.33公顷，其他阔叶林300公顷；对溪河、山沟两边处于山体易滑坡开裂体上的水田改成旱土，以增强稳定性。2004年，在曲溪河水口田凼段沙滩和莳竹河在市东门、西河段沙滩栽树9.47公顷。

2001年起，实施退耕还林工程，至2005年，全县共完成退耕还林4200公顷。

第三节　防洪保安

一、防洪机构

1985年4月，县防汛抗旱指挥部成立；7月，改为县抗旱指挥部，下设情况综合、物资设备、技术服务、资金筹集、生产自救5个组。1987年3月，复名县防汛抗旱指挥部，下设办公室。1990年7月23日，成立县防汛抗旱指挥部办公室，属县水电局二级事业机构。从1991年起，各乡镇逐步建立防汛抗旱指挥机构，洛口山中型水库管理所也建立健全防汛抗旱指挥机构。2003年5月27日，县防汛抗旱指挥部办公室升为副科级事业单位，负责组织、协调、监督、指导全县的防汛抗旱和冬修水利工作及对全县重要的水利工程设施及河流实施防汛抗旱调度。

二、防洪制度

值班制度　1985年至2005年，县防汛办公室每年在主汛期（4月1日至9月30日）坚持每天 24 小时值班。值班人员负责对雨情和水情及时准确地上传下达，并做好纪录，根据防汛抗旱指挥部领导的指示，及时对江口塘电站水库大坝、洛口山水库和全县各乡镇水库下达泄洪与蓄水的调度指令。每年对全县所有的小（2）型以上水库的设施以及库内蓄水量等情况进行一次全面的检查，发现问题及时处理，确保水库安全。各乡镇和有关部门也坚持汛期值班制度，凡有小（2）型水库的乡镇，防汛值班制度一直落实到村、组和具体责任人。各小（1）型水库和洛口山中型水库，在汛期坚持每天 24 小时值班。

包片制度　1985—2005 年，县防汛办公室均在每年年初根据县领导当年分工联系乡镇及成员单位挂点乡镇联系的情况，制定当年县级领导与成员单位包干负责所挂点乡镇的防汛抗旱工作责任制，提交县防汛抗旱指挥部研究同意后以文件下发到各乡镇和各有关单位，明确责任和相互监督。

三、防洪工程

1978 年，长铺大桥距老街河岸处筑有 60 米堡坎。1983 年在县印刷厂门口河岸修防护坡 2 处，总长 50 米，1986 年加长到 250 米。1987 年在长征路河岸筑挡土墙 400 米。1990 年在长铺大桥南端河岸修水泥梯级看台，供游人休闲。

1998 年 6 月，县防汛办确定县城老街街口最低处为水位警戒线，经测定为海拔 295.3 米。是年 6 月，沿河岸处建造 4 个钢筋混凝土的固定水位观测墩，从水位观测墩上可观测到海拔 289～297 米的水位高程。

2000 年 4 月，县防汛办制定《绥宁县城市防洪规划》上报市水电局与省水利厅。8 月 16 日，省水利厅下达批文，同意采用近期到 2010 年、远期到 2020 年的县城城市防洪规划，总投资 5013 万元。2001 年 9 月 20 日，县城防洪堤工程开工，2003 年 4 月 28 日竣工；完成 2010 年近期规划的第一期工程，即修建虾子溪河左右岸 806.2 米和虾子溪河出口右岸老街巫水河 143 米，共计 949.2 米的防洪堤和 348.1 米防护栏杆。工程开挖土石方 1.4 万立方米、土石方回填 2.8 万立方米、砼 12500 平方米、浆砌石 1693 立方米，完成投资 513.1 万元。

四、防洪预案

自 2000 年开始，县防汛办公室每年均制定印发《防洪预案》，并逐年予以补充完善，其中重要的《预案》有：

《绥宁县县城防洪预案》　2000 年 7 月 9 日，县防汛办公室制定印发《绥宁县县城防洪预案》，根据对县城以上 2023 平方千米流域面积以及绥宁县历年洪水水情的分析，确定县城警戒水位为海拔 295.3 米（可从水位观测墩上观察），即老街不进水为准。超过警戒水位，江口塘电站水库开闸泄洪；要求江口塘电站水库大坝值班人员必须准确掌握上游的降雨量、白云电站和沉江渡电站的洪水下泄流量及到库时间，做到提前开闸泄洪，腾空足够的库容使洪水错峰；

开闸泄洪流量应控制在1280立方米每秒以内，即洪峰过县城时不会超过警戒水位。还制定县城机关安全转移的应急处置方案。2005年，投资760万元建立县城山洪灾害预警系统。同时进一步完善《县城的防洪预案》，除原划分的重点防洪区域不变外，增划次重点防洪区域，明确防洪抢险重点单位，增加“应急处置”硬措施：县城各防洪区组成单位在责任领导单位的组织下，成立以防洪区为单位、10人以上的抗洪抢险队伍；以县武警、县人武部官兵和机关单位基干民兵组建130人的抗洪抢险民兵应急分队，由县防汛抗旱指挥部和县人武部统一指挥与组织突击抢险；明确广电、民政、公安、电信、卫生等部门工作责任；对县境内巫水河上各梯级电站在汛期洪峰流经时开闸泄洪的最大流量控制和时间等均统一制定防洪调度方案。

表13-5-2　　绥宁县县城机关单位和居民安全转移应急处置方案一览表

防洪区	责任领导单位	责任区组织单位	指挥地点联系电话	安全转移地点
1号湘运车站（两路口至长铺大桥）	县委	县林业局、农业局、电信局、交通局、人保公司，长铺子乡政府	湘运汽车站 7611773	绿洲大道柑橘园一带山坡
2号长铺老街（长铺大桥至万家坪大桥）	县政府	县计划局、卫生局、公路局、石油公司、财保公司、财政局，长铺镇政府	县公路局 7611410	县中医院后山坡 县一中
3号万家坪大桥至造纸厂一带	县委	县外经局、农委、农机局、广播局、民政局、国土局、司法局	县国土局 7611825	工业街一带
4号巫水河右岸（县砖瓦厂至袁家团）	县政府	县财委、建设局、水电局、公安局、供销社、气象局	县水电局 7611721	公路 县委机关后山坡

《绥宁县宝顶山区域山洪灾害防御预案》　2002年4月，制定《绥宁县宝顶山区域山洪灾害防御预案》。预案中的区域含枫木团、瓦屋塘、武阳、唐家坊、水口5个乡镇中属危险区内的25个村105个组557户2870人，属警戒区内的25个村109个组870户3796人。5个乡镇均以书记、乡（镇）长等有关人员组建乡镇山洪灾害防御指挥部，指挥部下设信息组、监测组、转移组、应急抢险队（每村1个，由基干民兵30～50人组成）、调度组、保障组。汛期内，县防汛抗旱指挥部在接到气象、水文部门预报雨情、水情有可能引发山洪灾害的信息时，及时通过电视通知至乡（镇）村、组、户，并电话通知乡镇防汛办公室，乡镇防汛办立即电话通知至村、组。各村在预警期内24小时连续监测巡视，发现险情时立即用警报器、口哨发出警报信号，通知至各户做好转移准备。转移时按照先人员后财产、先老弱病残人员后一般人员、先危险区后警戒区的原则，采取乡镇、村、组干部包片负责的办法，统一组织群众按预定的安全转移路线，一人不漏地转移至预定的安全区。

《绥宁县山洪灾害防御预案》　2003年，县防汛办公室开始制定全县的《山洪灾害防御预案》。2005年，正式印发《绥宁县山洪灾害防御预案》（以下简称《预案》）。《预案》规定的山洪灾害防御范围和人口除2002年《绥宁县宝顶山区域山洪灾害防御预案》中规定的原宝顶山区域外，新涵盖了16个乡镇中的142个村，即：朝仪侗族乡的隘门、表田等12个村154户695人；长铺子苗族乡的穿石村8户38人；鹅公岭侗族苗族乡的俵团、鹅公岭等17个村929户，

3177人；竹舟江乡苗族的白洋滩、竹舟江村27户127人；白玉乡的塘弦湾等4个村135户，626人；党坪苗族乡的大碑、党坪等9个村149户678人；红岩镇的上匡等5个村81户338人；关峡苗族乡的茶江、关峡等17个村535户，1911人；黄桑坪苗族乡的赤板等4个村11户59人；金屋塘镇的草寨、长坪等13个村531户2133人；乐安铺苗族侗族乡的大冻、多龙等10个村157户670人；李熙桥镇的长寨、陈家等14个村274户1206人；梅坪乡的飞蛾、双江口等6个村49户207人；联民苗族瑶族乡的半冲、抱龙等8个村153户649人；麻塘苗族乡的高梅、船田等13个村416户1736人；河口苗族乡的水车、岩坡等7个村89户428人。《预案》还规定：山洪灾害防御采取群防群测为主、专业监测为辅的办法，在全县建立8个自动雨量观测站，1个全自动雨量水位观测站，8个人工雨量观测站和36个水库水位人工观测语音报汛点。年内，《绥宁县山洪灾害防御预案》得到省、市的肯定后上报水利部向全国推介。是年10月，全国山洪灾害防御现场会在绥宁县召开，水利部副部长鄂竞平出席会议。

第四节　水利管理

人员管理　20世纪70年代，全县26个人民公社共配备23名水利员。20世纪80年代中期，全县有14个乡镇建立水利水电管理站，所有小（2）型以上的水库和灌田20公顷以上的河坝都建有管理所，并制定管水公约。管水人员实行承包合同制，责、权、利结合，一定5年。1988年12月，各乡镇均建立水电管理站，属县水电局的派出机构，行政属乡镇管，为实行企业管理的全民所有制事业单位。县水电局给全县30个乡镇各拨付一名水利员800元的年工资，其余的靠水、电费和开展多种多样经营解决。全县共核定水利水电员编制81人，其中乡镇水利员30人、水库管理所水管员21人、农电员30人，全部纳入国家劳动计划管理，解决户口、粮食关系，签订全民工合同。1996年5月，县委、县政府决定将乡镇水电管理站的人、财、物、事四权下放给乡镇全权管理，2001年2月，全县乡镇水电管理体制进行改革，撤销乡镇水利水电管理站，设置乡镇供电营业所和水利管理站，原乡镇水电管理站的所有在编人员以及财、物和供电营业区纳入县电力有限责任公司统一经营管理，乡镇水利管理站由组织部从乡镇机关或所属全额拨款的事业单位中明确一名干部任水利员。此管理模式一直沿袭至今。

水利工程管理　1978年，县内水利工程由受益区社队负责管理。1981年农村实行家庭联产承包责任制后，县内小型水库和塘坝工程，按“谁修建谁所有，谁管理谁受益”的原则，由受益户选派专人管理。20世纪90年代，规定小（1）型水库由乡镇建立水库管理所管理，小（2）型水库原则上由原修建的受益村管理；但业务上（尤其是防洪保安、除险加固）由乡镇水电管理站统一调度和管理。塘、坝仍由小组或受益农户管理。2003年，全县进行水利工程管理体制改革，除大田责任制以后私人开挖的山平塘以外，对原集体修建的山平塘、水库等均进行“卖、租、包”管理改制，共拍卖916处、租赁450处、承包513处。4座小（1）型和32座小（2）

型水库，进行改制拍卖 17 座、租赁 4 座、承包 15 座。其中卖、租、包的时间短的 3 年，长的 30 年，武阳镇黄鳝水小（1）型水库为长期卖给，朝仪大田小（2）型水库为永久卖给。

灌溉用水管理 1978 年，县内各水利工程灌溉用水管理仍沿袭 20 世纪 70 年代集体化生产时期的模式，实行“一把锄头”管水。20 世纪 80 年代初实行农村家庭联产承包责任制后，灌溉用水开始实行商品化管理，按亩分等收费，每亩水田每年分别收取 5～8 元，机电排灌另加成本费。洛口山水库管理所于 1986 年 5 月 8 日和李熙桥、白玉、盐井 3 个乡镇的 22 个用水灌溉受益村负责人签订协议，水费按设计和渠道高程以下灌区范围的农田面积，每亩每年暂按 2.5 元计收。1991 年 9 月，县政府 44 号文件规定：凡有水利工程设施灌溉的农田，每亩每年收取水费粮 10 千克稻谷，由粮食部门代收（洛口山水库亦按此标准收取）。1996 年 8 月，县政府下文，将每亩收费标准提高到 12 千克稻谷，洛口山水库灌溉的每亩水田还加收库区建设费 2 千克稻谷。1998 年开始至 2005 年，全国粮食流通体制改革，粮食部门不再代收水费粮，改由各水利工程管理单位直接向受益农户收取现金，标准按当年粮食市场价比照 10～12 千克收取。

水政管理 1978 年，县内水政管理归口县革命委员会水电局负责。20 世纪 80 年代初开始，县内水政管理归口县水电局负责。1990 年，县水电局设立水政股，定编 3 人。翌年，成立县水利水电法规执行室，对河道依法进行管理。由于县城地域狭窄，侵占河道建房现象十分严重，县水利水电法规执行室执法人员配合市水电局河道管理处对县城范围内侵占河道设障建筑的单位和事件进行查处和制止。印发《水法》《河道管理条例》《防洪法》《水土保持法》宣传资料 1.2 万份，出动宣传车辆 62 车次到全县各乡镇进行宣传。2000 年 9 月，建立绥宁县水政监察大队。至 2004 年，共查处在河道范围内乱建、乱采、乱倒渣土等各种水事案件 524 起，调解水事纠纷 314 起，协助乡镇调解水事纠纷 86 起，办理采砂许可证 226 份。2005 年，县水政监察大队升格为副科级单位。是年，立案查处向河道乱倒垃圾、渣土事件 6 起，清除河道垃圾 1200 吨，在县城河段增设垃圾桶 10 个，设立禁止倒垃圾和渣土的标志牌 6 处。同时，对扶水河的梅溪河段、武阳河的秀水河段、巫水河的溶岩河段进行清淤除障，疏通河道；对全县采砂船进行登记注册，对非法采砂行为进行打击。

第六章　农机

1974年9月，县农机局成立，1983年12月易名县农机公司；翌年，恢复县农机局，与县农机公司实行两块牌子、一套人马。1987—1993年，县农机局内设人秘股、管理股、计财股，下辖农机监理站、农机学校、农机推广站、农机公司及长铺、瓦屋塘、红岩、武阳、东山、在市、河口7个农机中心站。1995年，县农机局更名县农业机械管理局，农机中心站更名为县农机管理服务中心站。2002年11月，7个农机管理服务中心站并入乡镇农业综合服务站，全县25个乡镇均建立农机管理机构。2005年，县农业机械管理局内设办公室、人秘股、计财股、业务股、科教股，下辖农机研究所（农机推广站）、农机学校、农机公司3个二级机构，共有干部职工33人。1978—2005年，袁成根、薛调炳、戴恩义、易经月、莫祚华、袁喜东先后任县农机局或县农业机械管理局局长。

第一节　农机种类

一、农村运输机械

1978年，全县有农用汽车14辆，大拖车89台，小拖车547台。1981年实行家庭联产承包责任制后，农村运输机械增长加快。1987年，全县拥有农用汽车312辆（含小四轮48辆），大小拖拉机1549台。拖拉机因在小块农田很难发挥耕作威力而大部分投入运输。1990年，有农用汽车297辆，小四轮车117辆，手扶拖拉机1918台。此后，人力板车、手推胶轮车等非机动运输工具逐渐退出农村运输市场，拖拉机、耕田机、农用低速汽车在农村运输市场占据主导地位。2002年，全县登记的各种农用机动运输车辆共4595台，其中：拖拉机2474台，龙马、五叶、黑豹、北京、神宇、南骏等型号的农用低速汽车621台，兼营短途运输的耕田机1500台，拖拉机、耕田机占据农村60%的短途运输任务。2005年，全县登记的各种农用机动运输车辆共5741台，其中：拖拉机1308台，南骏、神宇、TYP-975“爬山王”、金沙、新强、雁城、华川等农用低速汽车1201台，兼营短途运输的耕田机3232台，农用低速汽车和水田耕整机承担着农村70%的短途运输任务。其中农用低速汽车“爬山王”因其性能优越，道路条件适应性好，深得农民喜爱，2005年全县登记在册“爬山王”有637台，占农用低速汽车的53%，承担农村43%的运输任务。

二、收获机械

人力打谷机与动力打谷机　实行农村家庭联产承包责任制后，因经营规模缩小，人力打谷机仍为水稻主要收割机具。后逐渐使用割禾器、动力打谷机等半机械化机械收割水稻。其间，县内有“机械割禾、人力打谷机脱粒”“人工割禾、动力打谷机脱粒”“机械割禾、动力打谷机脱粒”三种半机械化收割方式，劳动生产率提高40%。但因使用成本较高，拆装、维修不方便，动力打谷机并不受农家欢迎。2005年，全县拥有割禾器200台，动力打谷机539台，人力打谷机18136台。

联合收割机 1998年8月，县农机局在唐家坊镇举行联合收割示范表演，试行推广联合收割机。因受地理环境制约，且省内没有定型产品，随后5年联合收割机在县内未能推广。2004年，中央1号文件下发，购买大型农机具有3000～5000元的补贴，农民购买农机具的积极性提高。是年9月，李熙桥镇浆塘村村民陶光太购买全县第一台由农户个体购买的联发4LZ-1.0联合收割机。2005年，县内有联合收割机24台，当年完成机收面积1000公顷，机手作业服务收入120多万元，为农民直接节约农业生产成本100多万元。

三、耕作机械

拖拉机 1979年春，县委书记李祚良在武阳人民公社毛坪生产大队蹲点，亲自驾驶拖拉机耕田。是年，除庙湾人民公社外，其他公社都曾使用过拖拉机耕田。1980年，全县拥有中型拖拉机63台，手扶拖拉机457台，配套机引农具639台（件）。1981年农村实行家庭联产承包责任制后，集体购买拖拉机减少，县内拖拉机销售量下降。1986年，乐安铺苗族侗族乡大团村村民陆友春率先购买微型拖拉机（耕田机）1台，当年耕田6.67公顷，获作业收入3000多元。当年县政府出台支农政策，每购买1台微型拖拉机补助100元。1990年，全县有微型拖拉机262台、手扶拖拉机1918台、中型拖拉机5台，配套机引农具2677台（件），全县机耕面积达到2087公顷，占耕地总面积的10%。之后，多功能变型拖拉机、农用运输车逐渐取代手扶拖拉机和中型拖拉机的农闲运输任务，县内拖拉机保有量逐年减少。2005年末，全县有手扶拖拉机和中型拖拉机1308台，微型拖拉机（耕田机）3132台，承担着全县水稻面积60%以上的耕作任务。

水田耕整机 1986年，县内农村始用耕田机。1989年，全县购买耕田机159台，其中乐安铺苗族侗族乡农民购买耕田机21台，水田耕整机在全县农村广泛使用。水田耕整机有单轮和双轮两种，结构简单，操作方便，价格便宜，能担负犁、耙、滚、平等全套水田作业，每小时耕田2～4亩，其双轮耕田机农闲时节还可兼营运输，使用效益显著。20世纪90年代后期，春耕时缺劳缺牛户增多，农民购买耕田机者逐年增多，机耕面积逐年扩大，省道1805线（今S221线）沿线乡镇，基本淘汰牛耕。2004年，关峡苗族乡岩头村拥有耕田机60台，90%以上的水田用耕田机耕作。2005年，全县农村有各类水田耕整机3132台，配套各种穿引农具7000多台(件)，机耕面积超过1.2万公顷，占全部耕地面积的60%。

“屎壳郎”耕作机 1993年，全县引进“屎壳郎”耕作机3台。该机体积小，重量轻（65千克），水旱两用，操作简单灵活，田间转移方便，适合绥宁山区农田耕作，年耕作量33.33

公顷左右。但该机强度不够，使用故障多，维修不方便，1995年后被逐渐淘汰。

水田平整机　20世纪70年代中期，绥宁县开始推广引进湘农-1.4、湘常-1.4、湘潭-212等3种型号的星形耙片与轧滚两列组合的水田耙，这些平整农具与工农-10、东风-12型手扶拖拉机配套使用。至1979年末，全县共推广应用319台（件）。农村实行家庭联产承包责任制后，农民不能单户购买拖拉机和与其匹配的农机具，水田机引耙逐渐退出耕作行列。在引进机引耙时，全县也引进机滚船、机耕船、铁叶蒲滚，因这些机具体积大，较为笨重，且转变时稳定性不高，到1985年，全县仅推广73台。随着水田耕整机的推广使用，以上农机（具）退出历史舞台。2005年，县内已推广犁、耙、平、整融为一体的多功能旋耕机，尤以ICQNZ-180型履带式旋耕机最受农民喜欢。

四、植保机械

1978年前，县内农民自制竹、木结构的喷雾器用以防治病虫害。此后，湖南552丙（3Ws-7）型压缩喷雾器、丰收-6型压缩喷雾器、工农-16型背负式喷雾器及手摇喷粉机等人力植保机械在县内农村普遍使用，动力喷雾器也得到一定程度的推广应用。1980年，全县有各类喷雾（粉）器9570台，其中动力喷雾器39台。实行家庭联产承包责任制后，因土地分散经营，每家每户购买了人力或机动化学药剂防治植保机械，植保机械向小型化方向发展。其间，人力喷雾器主要用于水田病虫害防治，机动喷雾器主要用于果园病虫害防治。2005年，全县拥有人力喷雾器21121台，机动喷雾器205台/539千瓦。

五、排灌机械

1968—1980年，全县农业排灌机机械得到较快发展。1980年，全县拥有排灌机械1137台/13451千瓦。农村实行家庭联产承包责任制后，农民自办排灌机械。1991年，全县有排灌机械4536台/21200千瓦，投入使用的动力有柴油机2797台/14016千瓦，汽油机153台/1453千瓦，电动机231台/979千瓦；年排灌面积达7334公顷，其中使用内燃机排灌6000公顷，占总排灌面积的81%；农骨车、筒车等传统排灌农具基本绝迹。1995年，开始推广应用喷灌机械。到2005年末，全县有排灌机械7437台/31400千瓦，其中柴油机3918台/21300千瓦、汽油机195台/1675千瓦、电动机356台/1515千瓦，喷灌机械201套，年机动排灌面积1万公顷。

六、食品加工机械

打米机　20世纪90年代初，县内平均每一个自然村办有一台打米机，以村为主加工大米，以水、电为主要动力，少数村用柴油机为动力，1991年全县有打米机767台。后随着农村电力的发展，县内普遍推广以电动机为主要动力的家庭小型多功能打米机，主要型号有6NF-9型、6NF-6型等。2000年，县内开始推广使用LN632FC等多种型号的新型碾米机。这些碾米机价格便宜，可用电机或柴油机作动力，配套动力为11千瓦，工效每小时加工糙米800～1000千克、精米450～550千克，出米率在70%左右。2005年，全县拥有多功能打米机9271台，水力打米机31台。

粉碎机　20世纪70年代开始，全县先后引进使用的机型有湘农-440型、湘农-32型、GF-28型、FS310型、FS560型。1989年底，全县各型粉碎机械保有量203台。其后，随着农村养殖专业户快速发展，引进使用机型不断向小型化、新型化和多功能化方向发展。如9FQ系列粉碎机（9FQ-40B、9FQ-50B、9FQ-20、40-20、50-25等），可用于稻谷、玉米、小麦、大豆、红薯等粮食的加工，一次成粉产量：100～2500千克/小时，动力：0.75～15千瓦，可选两种动力（电机，柴油机）。2002年末，全县拥有各类粉碎机械1126台。

榨油机　20世纪70年代中期，县内开始引进推广武冈县农机修制厂生产的6YL-68型螺旋榨油机。1980年，开始引进使用ZLY-90型液压立体式榨油机。该机卸榨容易，操作方便，人力动力两用，适宜农村小榨油作坊。以后，该机在全县普遍使用，基本上取代原有土榨油方法。20世纪80年代后期，引进推广与榨油机配套的油料粉碎机、碎饼机、保温箱，减轻劳动强度，缩短榨油时间，降低成本，提高出油率。1989年，全县拥有榨油机34台。20世纪90年代后期，引进使用的6YL系列螺旋或液油机，能一机多用，适应范围广，可对油菜籽、花生等进行加工，生产的油质地纯正，味道清香，出油率高达被榨油料含油量的98%，且操作简便，使用安全可靠。2005年，全县拥有各式多功能榨油机175台。

磨粉、磨面机　1978年前，县内农村开始使用磨粉机、压面机，可以配套小动力，兼手摇加工，是这一时期主要推广使用的机型。20世纪80年代中期，开始从衡阳、株洲、湘潭、邵阳等地引进多功能磨粉磨浆机。20世纪90年代后，所引进的机型向多功能方向发展，例如：9CL系列磨面机可将玉米、红薯、小麦、稻米、胡椒、豆类、高粱等一次粉碎成面粉，并可用于多种化工原料及造纸打浆和中草药等粉碎加工，还可以粉碎含有大量水分的鲜水果、豆浆、西红柿酱、辣椒酱等；9c1159cl手摇磨面机可磨制各类谷物，适用于无电地区和家庭使用；9FQ系列磨粉机（9FQ-40B、9FQ-50B、9FQ-20、40-20、50-25等）主要用于玉米、小麦、大豆、红薯等粮食的加工。2002年，全县共有磨粉机1563台，磨面机113台，其他与磨粉磨面相关机械401台。

七、其他机械

主要有微型水力发电机，1984年开始引进县内。该机在5千瓦以下，造价仅1000多元，性能良好，需水量小，适应山区特点。它首先在黄桑坪苗族乡坪溪村、瓦屋塘乡金竹村与双江村、武阳镇双鸣村与桐木村推广应用。1991年4月，黄桑坪苗族乡坪溪村装机5台，在县内被誉称“微型发电机村”。是年5月9—10日，湖南电视台采访拍摄绥宁发展微型发电机的电视，6月16日在湖南新闻中播放；县政府以《微型发电机在苗家山寨大放异彩》作为科技兴绥的典型材料。至1992年末，全县共推广使用微型水力发电机164台，总装机容量221.81千瓦，年发电量64.76万千瓦时，使1852户10186人结束靠松膏、篾片、点油灯照明的历史。随着全县电力事业的发展，微型水力发电机逐渐退出历史舞台，至2005年所剩无几。

表13-6-1 1980—2005年绥宁县部分年份主要农业机械拥有情况表 单位：台

年份	农村运输机械			耕作机械		收获机械			加工机械	植保机械	排灌机械	其他机械
	三轮车	四、六轮车	拖拉机	耕田机	其他	人力打谷机	动力打谷机	联合收割机				
1980年	—	24	540	—	23	1456	—	—	1134	3587	145	201
1985年	—	14	745	—	73	2493	—	—	1249	4589	1459	345
1987年	—	18	1457	15	43	3431	—	—	2432	7598	2435	411
1989年	—	30	1678	63	—	4178	—	—	2542	12738	3927	432
1990年	—	49	1918	291	262	5008	—	—	2767	18321	4536	453
1992年	—	57	1355	297	66	6494	12	—	3793	18894	4589	472
1995年	—	91	2392	479	49	7583	33	—	4761	18876	4772	497
1996年	—	153	2651	505	76	8779	55	—	5120	18773	5459	359
2001年	133	343	2685	1385	92	17238	511	1	9116	21951	7367	545
2002年	256	367	2474	1500	95	18155	527	1	11122	21831	7395	551
2005年	637	564	1308	3132	97	18136	539	24	12680	21326	7437	611

第二节 农机经营

一、经营部门

20世纪80年代初，只有县农机公司经营农机产品。20世纪80年代末至90年代初，红岩等7个农机管理服务中心站开始小规模经营农机零配件。1993年，县农机局成立农机经济开发公司经营农机产品。1991—1996年，注册登记大批个体农机经营户。1996年，全县有农机经营单位56家，其中国有经营单位9家、个体户47家，经营网点遍布各乡镇。因管理体制变革，1999年，红岩等7个农机中心站、农机经济开发公司退出经营市场。2005年，全县有县农机公司和45家个体户从事农机经营。

二、经营项目

20世纪80年代，县农机公司经营的主要农机产品有工农-10型、东风-12型等手扶拖拉机，165F、175F、190立式、S195等柴油机，165F汽油机，农副产品加工机械，湘江-10型和工农-36型机动喷雾器，工农-0.55、丰产-6、工农-16等人力喷雾器及与之相关的零配件，品种达6000种。农业机械经营实行“中央统一领导和地方分级管理”的方针，执行全省统一供应价和“以收抵支，收支平衡”“不计利税，亏损统一补贴”的核算原则，零售环节的综合流通费用按农机产品的不同类型分别收取。

20世纪90年代后，农机产品经营单位增多，经营方式发生彻底改变，经营产品多元多样化，包含农村所需要的各种农业生产机电产品，主要有：农田排灌机械，如抽水机，人力真空泵，内燃机排灌动力，电动机排灌设备，水泵、水管等；农业耕作机械，如拖拉机，耕田机及配套穿引农机具（犁、耙等）；农副产品加工机械，如碾米机、磨粉机、粉碎机等；运输机械，如农用四、六轮车，农用三轮车（俗称“爬山王”），三轮摩托车（俗称“慢慢游”）等；收获机械，如动力打谷机，人力打谷机、割禾器等；植保机械，如人力手动喷雾器，机动喷雾器等；其他机械，如矿山机械，切草机、柴油机、汽油机等；以上各种机械的零配件。

2005年，全县共销售各种农业机械1584台，其中排灌机械65台、耕作机械233台、加工机械279台、运输机械23台、收割机械299台、植保机械231台、机电动力机械163台、其他机械309台，销售农机零配件9875件；当年有农机销售人员95人。

表13-6-2　　1980—2005年绥宁县部分年份农机产品销售情况表

年份	排灌机械（台）	耕作机械（台）	加工机械（台）	运输机械（台）	收获机械（台）	植保机械（台）	机电动力（台）	其他机械（台）	零配件（件）	销售额（万元）	上缴利税（万元）	从业人员（人）
1980年	45	2	56	2	145	540	75	243	17689	279	2.3	50
1985年	768	9	135	5	265	879	197	312	21397	312	3.5	61
1987年	234	45	267	17	346	995	213	299	24357	457	5.6	102
1989年	178	167	167	19	313	968	185	310	28756	587	13.9	114
1991年	135	241	135	31	300	410	94	349	31009	650	40.2	310
1992年	112	301	274	79	331	289	141	530	35446	731	49.5	321
1993年	97	345	281	83	322	278	173	631	33291	746	48.3	319
1995年	216	398	377	73	430	433	235	571	29876	846	61.4	343
1996年	77	211	143	305	309	233	112	344	26371	702	52.8	279
2000年	96	306	152	311	299	215	197	443	19961	640	35.3	191
2001年	137	241	168	133	256	231	223	319	17244	419	20.9	155
2003年	72	195	234	93	278	266	181	332	16535	393	19.2	97
2005年	65	233	279	23	299	213	163	309	9875	231	13.6	95

第三节　农机服务

农机技术培训　1978年，县内农机技术培训以培训拖拉机技术为主，有固定培训场地、实习场地、教材挂图、实物模型、实习用拖拉机，学习结束考试合格，发给驾驶证。1982年，县农业机械化学校建立，建筑面积800多平方米，添置教学用电视机、录音机、投影仪等设备。

1991年10月份，经省农机主管部门和教育部门验收合格，农机学校被纳入成人教育管理。随后，走“送教下乡”“应需办学”“择市办学”的办学路子，将培训班、培训学校办到全县各乡镇，并向电焊工、汽车修理等行业发展。2000年，经湖南省公安厅、湖南省交通厅验收，县农机学校获“三类驾校”办学资格。是年11月，成立绥宁县机动车驾驶员培训中心，开始举办汽车驾驶员培训业务。2002年，县农机学校“三类驾校”资格被取消，但又先后挂靠“邵阳交通技校”“资江驾校”，继续开办汽车驾驶员培训。2003—2004年，学校达到申办三类驾校的要求。2005年，农机学校拥有农运车教练车5台，大货车教练车5台，小汽车教练车4台，教学仪器、挂图、模具等5000余台（件），教室面积1500平方米，训练场地4000多平方米。1982—2005年，县农机学校共培训拖拉机驾驶员5015人、农用三轮车和四轮车驾驶员2781人、内燃机手15933人、耕田机手4577人、电焊工2249人、初中级修理工1584人、联合收割机驾驶员21人、其他各类技术人员1635人、大货车驾驶员631人、小汽车驾驶员244人，驾驶员从业资格培训219人。

农机科技推广　20世纪70年代中期，成立绥宁县农业机械化研究所（1987年4月更名县农业机械化技术推广服务站，1991年更名为县农业机械化科学技术推广站）。1978年，县农业机械化研究所研制自动化动力打谷机取得成功，次年在全县推广使用。1980年，引进湖北12型机耕船，该机性能灵活，不仅耕作质量好，还兼具碾米发电、短途运输等多种功能。1986年，县内开始推广水田耕整机。1991年，县内首次推广DFJ-1000型破胸催芽机和化肥深施器。1993年开始，县内推广水旱两用“尿壳郎”耕作机。1997年，县内引进推广割禾器。2005年，县内首次推广联合收割机。1980—2005年，县内累计购置水田耕整机3123台、水稻联合收割机24台、割禾机39台、动力打谷机539台、微型发电机164台、破胸催芽机45台、各种育秧机械10台、各种喷灌机械201套、各种植保机械676台、农用拖拉机和农用运输车191台。其间，全县先后举办新型农机具示范表演87场次（其中机耕表演63场次、收割表演19场次、其他机具表演5场次）。同时，还自主研制了小型收割机和小型粉碎机。

农机作业服务　1992年，红岩等7个农机管理服务中心站坚持“自愿互利、合同管理、服务到位、低偿收费”的原则，开展农机机耕、抗旱技术承包的农机作业服务。具体做法上坚持“五统一”“四定”“三挂钩”，即：统一组织领导、统一用水、统一收费标准、统一发放作业票和油料分配、统一维修保养，定人员、定区域、定职责、定报酬，作业区域与水源水系挂钩、机械作业能力与作业任务挂钩、油料分配与工作任务挂钩。是年，完成机耕作业面积2667公顷，抗旱面积1267公顷。2000年起，农村涌现农机代耕、代收等农事代理服务组织。至2005年，全县机耕作业服务面积累计达75333公顷，抗旱面积累计达35333公顷。有农事代理服务组织21个，有农事代理农机具312台，当年完成代耕面积3333公顷、代收面积667公顷。

农机修理　县内实行家庭联产承包责任制以前，农机修理由各公社农机修理站负责；实行农村家庭联产承包责任制后，农机修理的专业户和联户修理点应运而生，县、乡镇、村三级维修网络分布全县各村落。1991年，在东山、在市、长铺、武阳、瓦屋塘、红岩、河口7个农机管理服务中心站建立农机维修中心，负责农机修理和对维修点进行技术指导。各中心站都配有车床、摇臂钻床、刨床、铣床、电焊机、电子功率油耗检测仪及各种修理工具和专门的修理车间，每个农机维修中心修理车间的面积200～500平方米不等，配有专业修理工人2～3人。1994年，各维修中心推出“四定”（定人、定点、定车、定职责）服务模式，当年，全县各农机维修中心和客户签订维修承包合同854份，年内维修农机具3114台（件）。1996年，维修中心逐渐退出农机维修市场，农机修理业务由个体农机修理店取代。2005年，全县有私营农机维修网点87个、农机修理从业人员293人、各种修理设备732台（件），当年修理各种农机15919台次，其中修理拖拉机1525台次、农运车3118台次、内燃机5613台次、电动机1324台次、农机具4339台次，农机修理总收入277万元。

农机节能服务 20世纪80年代前，农用柴油消耗每年达2万吨，占全县机械、动车车辆总耗油量的30%。20世纪80年代后，县农机局积极推广新型、适用、节能、无污染或少污染的小型节能柴油机、联合收割机、喷灌节水机械等农机具。同时在培训各类农机驾驶员和操作员中，增加农机节能教学内容。并通过推广金属洗剂、减烟节流器等降低油消耗。2004年11月《中华人民共和国农业机械化促进法》实施后，县内结合农机购置补贴，对农机服务进行有重点、有针对性地扶持，对已达到报废年限或不符合技术要求的高能耗农机具予以强制报废。2005年，在农业生产的耕作、植保、排灌、收割等农机作业环节中，直接节约成本近480万元，农机直接减少农用柴油等能耗开支近300万元。关峡苗族乡岩头村农机大户苏知福享受国家农机购置补贴4000元，花费3.4万元购买一台“三联-1.28”联合收割机，秋收共收割中稻27公顷，每亩收费80元，为农户每亩节支近60元，并因合理操作使用机器，每亩减少油耗支出近4元。

第四节 农机监理

一、农机业务监管

1978年至20世纪80年代初，县内农机业务监管的重点是油料管理，对农机油料供应坚持“三凭”（凭机建卡、凭卡发证、凭证发票）原则，并按照抗旱、大米加工、机耕、运输的顺序进行指标分配，提高指标分配透明度，保证油料合理使用。并实行内燃机年检制度，检查油料供应情况。在农机维修管理上，加强对农村机械维修点的宏观调控，使之布局合理；审批维修点的设立；定期对维修点进行审核；加强对维修人员的培训、考试考核定级工作等。20世纪80年代中期至90年代中期，油料管理和维修市场行业管理仍然是县内农机监管的重点。1995年以后，油价放开，把农机维修、销售市场和农机作业服务作为行业管理重点。2005年，全县有农机监督管理培训机构1个、农机维修检审网点68个、农机经营检审网点10个。

表 13-6-3　　1980—2005 年绥宁县部分年份农机监督管理业务一览表

年份	功率油耗检测（台）	维修网点检审（个）	经营网点检审（个）	组织实施集团承包（公顷）	核发技术人员资格证书（本）	农机柴油管理（吨）	管理培训机构（个）
1980 年	—	27	1	1334	—	754	1
1985 年	531	27	1	2667	—	697	1
1987 年	634	28	10	3334	—	986	8
1989 年	797	28	10	5334	—	1025	8
1990 年	863	30	10	7334	163	1132	8
1994 年	1497	49	33	5334	146	1328	8
1995 年	1535	50	47	8667	79	—	8
1999 年	1532	61	43	8000	21	—	8
2000 年	1009	59	44	6667	16	—	8
2003 年	853	55	45	6667	19	—	1
2005 年	644	68	10	7334	13	—	1

二、农机市场管理

20 世纪 80 年代后期，县内农机产品质量良莠不齐，农机维修市场、农机服务市场投诉事件时有发生。县农机局在工商、技监、物价等部门配合下，在春耕和秋收前组织农机行政执法人员下乡，开展农机打假专项行动。对没有办理“农业机械维修技术合格证”“农业机械经营技术合格证”的业户，限期补办手续；对不符合检审条件的农机经营和维修网点坚决取缔；对农机供应和维修网点的从业人员实行上岗培训，开展诚信评比；对拖拉机、水田耕整机、水泵、联合收割机、农副产品加工机械进行重点检查。1985—2005 年，共出动宣传车 1120 台次，发放各种宣传材料 30 万份，查处各类农机违规案件 896 起，没收假冒伪劣农机产品 16794 台（件），查处案值近 350 万元，取缔农机供应网点 11 家、农机维修网点 13 家，为农民挽回经济损失近 1000 万元。

三、农机安全监理

1984 年以前，县农机局配备专职安全监理员 1 名，配合交通监理所和公安部门管理农机安全生产。1984 年，县成立农机安全监理站，乡成立安全联组。1984—1999 年，以上路行驶的拖拉机及驾驶员为主要内容开展监理业务。2000 年以后，农用拖拉机使用量逐年减少，农运车逐年增加，遂围绕农运车及驾驶员的管理着重加强农机安全生产。

1991—1996 年，农用机动车使用“湖南 54/5××××”型号牌。1996 年 10 月，将农运车换发为“湘 E・5××××”型九二式专用号牌，共换发 153 副。1997 年 7 月，将拖拉机换发成“湖南湘 E・5××××”型专用号牌，共换发 1667 副。2003 年，将拖拉机换发为“湖南湘 EH××××”型号牌，农运车换发为“湖南湘 EHA×××”型号牌，当年共换发号牌 751 副。1991—2005

年，核（换）发号牌 4130 副，年检机动车 17683 台次，年审农机驾驶员 13433 人次，考核发证 3979 人，核（换）发驾驶证 9985 本。

1995 年，县农机局成立邵阳市农机安全互助协会绥宁联络处，开展农用机动车安全互助求援业务，当年参加互助求援的拖拉机 1435 台，发展协会会员 1645 人。1995—2000 年，参加互助求援的拖拉机 6131 台，协会会员发展到 3477 人；受到互助求援的车辆 1963 台，支付求援费 90 多万元。随着拖拉机的逐年减少，2001 年，停办安全互助求援业务。1991—2004 年，发生农机事故 312 起（调处或终结 308 起），其中特大农机事故 4 起、重大农机事故 58 起、一般和轻微农机事故 250 起，因事故造成死亡 79 人，重伤 93 人，直接经济损失 6 万多元。

1998—2005 年，共签订各类安全生产责任状 21490 份；开展农机安全宣传教育活动 41 次，出动宣传车 235 台次，悬挂横幅标语 321 条，印发各种宣传资料 22800 份；对农用机动车进行安全性能检测 12367 台，办理上户 1653 台次，考核考试各类驾驶员 15912 人；上路检查农用机动车辆 10006 台，处理违章 3506 台次，教育机手 3661 人次，申请拘留 12 人，拆除搭篷、搭座违章车辆 113 台，强制报废已达到报废标准或经安全性能检测不符合要求的车辆 335 台。

四、乡镇农机管理

20 世纪 70 年代，公社建有农机站，农业机械较多的生产大队建有农机队（计 34 个），有农机的生产队建有农机组。80 年代初，农村实行家庭联产承包责任制，公社农机站、大队农机队、生产队农机组相继撤销。1987 年 4 月，由县农机局分片建立瓦屋塘、红岩、武阳、长铺、东山、在市、河口 7 个农机服务中心站，1991 年分别改为农业机械管理服务中心站。

1994 年以前，主要从事油料管理。1995—2001 年，主要从事农机作业服务、零配件销售。1991—2001 年，管理农机柴油供应 14978 吨，维修农机具 9916 台（件），处理轻微农机事故 130 多起；培训农机操作员、内燃机手 19356 人；完成农机作业服务 6 万公顷，销售农机零配件 34650 台（件）。随着市场经济体制的建立和不断完善，农机中心站的管理体制越来越不适应社会发展的需要。2002 年 11 月，将 7 个农机管理服务中心站撤销，人、财、物交由乡镇管理。2003 年，65 名中心站人员全部安排到乡镇，从事乡镇基层农机安全生产管理。

五、特大农机安全事故

1991 年 3 月 17 日事故　1991 年 3 月 17 日上午，麻塘苗族乡船田村村民林某某无证驾驶湖南 54/50530 号湖南-12 型手扶拖拉机，从溪口返回船田，途经乡政府白岩坡时，前后三次停车搭乘 15 人（共 16 人）。13 时 30 分许，当拖拉机行驶到“麻船”公路 2 千米+200 米处下坡小拐弯时，因空档滑行，操作不当，且制动单边，导致拖拉机翻入 12.3 米高的陡坎；除 3 人跳车和机手林某某被拖拉机扶手甩出外，其余 12 人随车翻下，造成当场死亡 3 人，抢救途中死亡 1 人，重伤 2 人，轻伤 6 人的特大农机交通事故。

1999年12月23日事故　1999年12月23日13时左右，金屋塘镇草寨村驾驶员肖某某驾驶湘E·50283号农用厢式车，从长铺载客返回金屋镇，车上乘坐旅客26人；因省道1805线扩建而水泥厂段封路，车辆走杉木坳至李家团老路，当车行至李家团鹅公冲下坡左转弯地段时，由于制动失效，临危措施不力，导致所驾车辆冲下15米的深沟；造成当场死亡9人，在医院抢救中又死亡2人，受伤15人，车辆报废，直接损失1.5万元的特大农机交通事故。

2001年11月19日事故　2001年11月19日上午10时左右，关峡苗族乡花园角村刘某某无证驾驶一辆湘E·50078号农运车，装载900千克粮谷和14名村民，从石脉村开往梅口赶场和送公粮；途经关峡至石脉公路7千米+800米处时，因刘精力不集中，且不懂驾驶技术，致使机车翻入公路边12米高坎下8米深的江口塘水库中，造成5人死亡，8人受轻伤的特大农机交通事故。

2002年10月31日事故　2002年10月31日，联民苗族瑶族乡抱龙村村民唐某某无证驾驶无牌无号的变速拖拉机到联民中心小学、中学给其小孩送粮、送钱后返回抱龙，搭乘10人，16时左右，当车行致大黄村岩塘地段时，唐某某突然觉得方向失控，临危措施不力，连车带人翻入11米高的溪沟，造成3人死亡，8人受伤，车辆报废的特大农机交通事故。

第七章　乡镇企业

1977年，全县有社办企业124家、队办企业961家，社办和队办企业主要有竹木加工、铁器加工与制造、建材、采矿、矿产品加工、食品、水电、建筑、交通运输、商业、服务、养殖、种植、用材林培植、食用菌、果园等门类。1978年，全县社办企业总产值950.50万元，其中：工矿企业产值313.27万元、占33%，种养企业产值574.2万元、占60.4%，建筑企业产值16.91万元、占1.8%，运输企业产值44.82万元、占4.7%，其他社办企业产值1.36万元、占0.1%。

1980年，全县有社办和队办企业共1613家（主要为木材加工企业），从业人员共14661人，社办和队办企业总产值1795.72万元，比1978年增长88.7%；其中工业产值900.8万元，比1978年增长1.88倍，实现利润198.9万元，纳税28.85万元。因竹木粗加工过量，森林资源消耗大，1981年，对社、队办企业进行整顿，164家企业关停并转。是年，50.6%的企业实行“五定一奖”（定任务、定人员、定消耗、定质量、定报酬，超产奖励）、联产计酬、比例分成、大包干等经营形式，企业职工责、权、利相连，调动了生产积极性。

1984年，原社办企业改称乡镇企业。县委、县政府将发展乡镇企业作为振兴农村经济的突破口，制定4条措施：各乡镇由一名副乡镇长专管乡镇企业；重点发展食品、竹木、饲料加工、建筑建材、水电、矿产、能源和第三产业；集体企业、联户企业、个体企业齐发展；政企分家，企业全面实行经济承包责任制。1985年，全县乡镇企业发展到4093家，从业人员19437人，年总产值4039.5万元，比1980年增长125%。1987年，全县乡镇企业发展到6438家，从业人员14758人。其后，随着国家银根紧缩，一些行业进入低谷。县委、县政府及时调整计划，确定立足本地资源，因地制宜发展具有本地特色的加工企业。1989年，兴建纸材厂38家、松焦油厂37家、竹器厂3家、矿石加工厂3家。

1990年，县委、县政府为加快发展乡镇企业，要求全县实行三分之一的领导抓乡镇企业、三分之一的干部搞乡镇企业、三分之一的劳力进乡镇企业。是年，全县共有乡办企业247家、村办企业687家、个体办企业6737家、联户办企业43家，乡镇企业总产值升至1.13亿元，上缴税金625万元，实现利润1055万元。1991年，乡镇企业产值、利税都以15%的速度逐月递增，完成乡镇企业总收入1.24亿元，总产值9589.04万元，利税1236.22万元，扭转亏损企业32个，扭亏金额25万元。1992年，对乡镇企业实行目标管理，建立责任制。全县乡镇企业7819个（其中工业企业2826个），从业人员19594人，总收入1.85亿元，总产值1.47亿元，利润总额720万元，上缴税金470万元。1993年，企业个数达到9303家，从业人员21729人，总产值2.3亿元，上缴税金1849万元。1994年，县委建立乡镇企业例会制度，县政府建立乡镇企业分级目标奖励制度，全年完成总产值4.69亿元，上缴税金1900万元。

1996年，民营经济发展进入快车道。年底，县民营企业总数发展到18808家，比上年同期增长70.98%，其中个体私营企业17924户；完成总产值12.17亿，同比增长134.6%；实现财政税收4284万元，同比增长140.38%。1997年，县委、县政府制定《关于鼓励境内县外人员来绥投资兴业的若干规定》《关于加快民营经济小区建设的若干规定》，全年企业达到2.4万余个，从业人数达到6.2万余人，完成总产值25.5亿元、同比增长109%，完成财政税收6000万元、同比增长40%，跻身全省民营经济发展“十快县”先进行列。1998年，全县民营企业总数达12880家，工业小区5个，专业村27个。全年实现民营经济产值26.62亿元，同比增长15.2%；工业总产值23亿元，同比增长26.8%；完成税收3900万元。2001年，获评湖南省发展乡镇企业先进县、邵阳市乡镇企业工作先进县。

2003年，县委制定《关于鼓励外商投资改善投资环境的有关规定》《绥宁县优化经济环境整顿规范经济秩序工作方案》《关于加快工业经济发展的决定》《损害经济发展环境行为查处制度》。全年完成乡镇企业总产值25.17亿元，同比增长13%；乡镇工业总产值9.82亿元，同比增长11%；乡镇企业增加值8.2亿元，乡镇工业增加值3亿元；规模工业总产值4.17亿元，同比增长24%；规模工业增加值1.1亿元，同比增长24%；实现利润6364万元，同比增长13%；上缴税金6884万元，同比增长5%；出口产品总产值1969万元。2004年，加大招商引资和企业改制力度，全年完成乡镇企业总产值27.69亿元，乡镇工业总产值11.29亿元，乡镇企业增加值9亿元，乡镇规模工业总产值3.99亿元，实现利润总额7020万元，上缴税金7540万元，出口产品总产值2120万元，招商引资2000万元，完成固定资产投入2.39亿元，从业人员46261人，企业14895个，其中规模工业企业23家。2005年，全县民营经济总产值逾28亿元。

第一节　企业形式

一、乡（镇）办企业

1978年7月，李熙桥人民公社向银行贷款8万元、由县财政扶植4万元，开办农具机械厂，生产打稻机齿轮、犁耙、水泥磨机钢球，并维修农业机械。同年，武阳人民公社兴建红碎茶厂，唐家坊人民公社兴建宝鼎罐头厂。此后，大部分公社的铁器社转为农具机械厂。

1979年，县委、县革委决定充分利用县内丰富的竹木资源发展社队企业，改过去单纯出卖原木为销售半成品或成品。太平人民公社率先开办装配圆锯、平刨、打榫机等设备的木器加工厂，黄桑坪、东山、河口、瓦屋塘等公社也相继开办木器加工厂。年底，社办企业发展到183家，从业人员3036人，总产值509.91万元，比1978年增长1.14倍。1981年，原材料开始受政策限制，社队企业成本增高，加上管理不善，产品质量低劣，导致许多企业亏损。1984年，在市镇接管街道鞭炮厂。1985年，鹅公岭侗族苗族乡兴建雪峰食品厂。1987年，全县乡、镇办企业总产值增至1307.31万元，上缴税金67.5万元，实现利润94.67万元。是年，乡办企业156

家，从业人员2221人，其中种养业企业22家259人、工业企业76家1407人、建筑企业7家334人、其他企业51家221人，固定资产原值991.72万元。1991年，乡办企业减至147家，年产值增至2042万元，上缴税金168万元，固定资产投资1683.85万元，获纯利润73万元。1994年，乡办企业发展到193家，从业人员3595人，总产值8722万元。1995年，因部分企业破产重组，乡办企业减至183家，从业人员3229人，总产值完成1.57亿元。

1997年，加大现代企业管理制度的推行，乡办企业有184家，乡办企业总产值完成3.88亿元，上缴税金800万元。2001年，因大部分企业改制，乡办企业减至60家，总产值6100万元，上缴税金600万元。2002年，县委、县政府出台《关于解除或终止集体企业职工劳动合同关系的有关规定》，乡办企业改制后仅剩16家，产值800万元，上缴税金140万元。2003年，乡办企业6家，完成总产值320万元，上缴税金24万元。2004年，乡办企业全部改制。

二、村办企业

1981年，农村开始实行家庭联产承包责任制，部分大队企业停办。1987年，全县村办企业443家，从业人员3093人，总产值916.16万元。1988年，枫香苗族乡小水村兴建金属硅冶炼厂，首创村办现代工业。1990年，村办企业发展到687家，从业人员3837人，总产值1614万元，税收128万元，实现利润257万元。1996年，村办企业737家，其中农业企业329家、工业企业371家，从业人员9407人，完成总产值2.64亿元，增加值7024万元，工业总产值1.92亿元，上缴税金200万元。1997年，村办企业发展到778家，其中农业企业286家、工业企业472家、商品流通企业13家、餐饮企业7家，从业人员达到12006人，村办企业总产值4.39亿元（其中工业总产值3.15亿元），增加值1.34亿元，上缴税金400万元。1998年，企业进行合并生产经营，村办企业减至702家，从业人员11030人，村办企业总产值4.1亿元（其中工业总产值3.07亿元），增加值1.25亿元，上缴税金410万元。

2000年，村办企业开始改制。是年有村办企业510家，总产值3.1亿元，上缴税金360万元，从业人员8100人。2003年，村办企业改制后仅剩60家，从业人员610人，总产值370万元；2004年以股份集资和个人买断承包等方式全部改制。

三、联办企业

联办企业始于1983年县社队企业局与黄桑坪苗族人民公社赤板生产大队联办的岩田锰矿。年底，全县发展到7个。1984年，枫香乡寨坡村郭宝生等11人集资1.4万元联户开办活性炭厂。1986年，水口乡政府与深圳宝庆综合加工厂共同投资60万元联合开办竹器厂；县矿产品公司、黄桑坪苗族乡、在市镇、在市采育站联合兴建矿石粉厂。1987年，全县联办企业发展到112家，有职工622人，总产值312.73万元，缴纳税金17.2万元，实现利润59.04万元。1995年，进行集中整治，企业数减至14家，从业人员100人，总产值1086万元，上缴税金11万元，利润23万元。

1997年，联办企业改称私有企业。是年私有企业750家，其中工业企业541家、商品流通企业111家、餐饮服务企业98家，从业人员10394人；总产值7亿元，上缴国家税金1600多万元。1999年，私有企业发展到1041个，从业人员11033人，总产值19.8亿元，上缴税金4100万元。翌年，全县私有企业增加至1204个，从业人员10973人；总产值11.3亿元，上缴国家税金4210万元，获纯利1260万元。2003年，部分私有企业撤并转入个体独资企业。是年，私有企业521个，年末从业人员7700人，总产值5.71亿元，营业收入5.13亿元，利润总额1751万元，上缴税金1831万元。2004年，私有企业314个，年末从业人员7266人，总产值6.6亿元，营业收入6.02亿元，利润总额1997万元，上缴税金2124万元。

四、个体企业

1984年，武阳镇夏启勇率先开办霞光藤椅厂，在省内、湖北、天津等地巡回加工。1985年，长铺镇万家坪村胡平跃开办卫生餐具厂，产品有滴塑橡胶、泡沫垫、酒瓶盖、打包扣、蚊香架，当年产值5.6万元，纳税2700元，盈利11600元。1987年，全县个体户和私营企业发展到5772家8832人，总产值2534.32万元，纳税134.03万元，实现利润400.33万元。

1996年，县委、县政府鼓励个体企业发展。是年，全县个体企业发展到16628个，其中工业企业4531个、施工企业240个、交通运输企业3627个、商品流通企业3460个、餐饮企业1741个、旅游服务企业838个、其他企业2191个，年末从业人员36989人，总产值10.59亿元，获利2400万元，上缴国家税金3010万元。2001年，个体企业15776家，从业人员34442人，总产值10.33亿元，实缴税金1883万元。2002年，个体企业11054家，年末从业人员26053人，总产值12.67亿元，营业收入11.12亿元，利润总额3221万元，上缴税金2337万元。

2003年，实行“抓大放小”“扶大扶强扶优”政策，个体企业改称为个体独资企业，企业个数降至9667个，从业人员24142人，增加值3.14亿元，总产值9.38亿元，营业收入8.21亿元，利润总额2230万元，上缴税金2572万元。2004年，个体独资企业8386个，从业人员年末数23784人，总产值9.71亿元，营业收入8.83亿元，利润总额2525万元，上缴税金2690万元。

第二节　企业选介

绥宁县宝鼎罐头厂　绥宁县宝鼎罐头厂位于唐家坊镇唐家坊村。1978年筹建，翌年投产，系唐家坊人民公社社办企业。工厂占地8667平方米，建筑面积2000平方米。有技术骨干20人。主要产品有柑橘、笋子、猕猴桃、梨、蕨菜、香菇等罐头，设计能力日产5吨，产品质量符合部颁标准。1982年5月，其“林牌”商标经国家工商总局核准注册，系县内第一个注册商标。1984年完成产值85万元，实现利润3.5万元。1987年与洞口联营新增藠头生产线，招聘临时合同工156人，完成产值130万元，实现利润4.2万元，上缴税金7.5万元，1988—1989年，产值、利润、上缴国家税金均以10%～15%的速度增长。1990年，国家紧缩银根，加之国际市场变化，产品滞销，被迫停产。1994年，由曾德明承包经营，生产形势逐年好转。2004年，曾德明以40万元买断企业产权，由乡办企业变为非公有制企业，改制后该厂经济效益逐年提高。

武阳红碎茶厂　武阳红碎茶厂系武阳镇镇办企业，位于武阳镇雀林村。1978年，贷款12万元筹建，建筑面积1600平方米，设计年产能力60吨。1979年4月投产，当年完成产量11吨，产值4.4万元，上缴税金2040元。1987年，有固定职工10人，机械设备9台，固定资产原值13.6万元，完成产量18.5吨，产值8.4万元，缴纳税金1.2万元。1990年，由私人承包，因经营不善，仅产茶10吨，产值3.8万元，缴纳税金4800元，亏损1000元。后因茶叶原料供给不足，企业管理松散，以致连年亏损，2002年破产倒闭。

雪峰食品厂　雪峰食品厂系鹅公岭侗族苗族乡乡办工业企业，位于该乡鹅公岭村珠口。1985年8月投产，厂房面积5280平方米。1986年，有固定工7人、临时工8人，生产麦酱3万千克、剁辣酱3万千克及少量五味姜、梅子干等，产值7万元，获纯利4200元。因原料及资金限制，每年加工仅能维持在7—11月。1987年，新增藠头、蕨菜等产品，并附带加工木材，产值18.5万元，利润2.5万元，产品畅销湖南、贵州。后受市场竞争影响，生产开始滑坡。1990年，有职工6人，产量20吨，产值42300元，创利润4500元，上缴税金2100元。1991—1992年生产处于半停产状态。1993年4月，由龙宪辉个人承包经营，生产形势逐年好转，当年产量25吨，产值6.5万元，创利润6000元，上缴税金4000元。1996—1997年，年产100吨辣椒，职工达到40人，年产值40万元，年创利润7万元，年上缴税金2万元。1998年，因产品积压滞销，被迫停产；12月被改制拍卖转作他用。

绥宁县花炮厂　绥宁县花炮厂位于在市古镇，前身为1978年街道筹建的鞭炮厂。1984年8月，由在市镇人民政府接管，改名绥宁县花炮厂，从浏阳请来技师传艺，培养技术人员，自行研制成功5个新品种。1987年，有职工110人，厂房建筑面积1120平方米，固定资产原值10万元，年产花炮2100箱，产值27万元，上缴税金3.6万元，获利1万元。品种有低、中、高3档，分为礼花、导弹火箭、手枪、喷射、线穿、水面旋转等6大类68个品种。1990年，有职工150人，产量4000箱，产值42万元，上缴税金4.8万元，实现利润2.8万元。1994—1998年处于半停产状态。1999年，由周平辉个人投资承包经营。2000年，产量3600箱，产值65万元，上缴税金5万元，实现利润2万元。2001年，产品市场紧俏，产值达到116万元，创税11万元，实现利润10万元。2002—2003年，平均产值200万元，年上缴税金13万元、创利润10余万元。2004年，因安全生产、设备、环境不达标，被禁止生产。

绥宁县第一冶炼厂　绥宁县第一冶炼厂系枫香苗族乡小水村村办企业。1988年，由小水村自筹资金41.9万元、向县农业银行贷款125万元、向县财政借周转金70万元创办，设计年产量1200吨，厂房面积1200平方米，安装1800千伏电炉变压器1台。1989年4月投产后，日产金属硅4.5～5吨，产品达到国家一级、二级标准。同年8月，由于市场原因，致产品大量积压，被迫停产，亏损85.3万元。1990年4月，贷款20万元启动恢复生产，改产99工业硅，当年产量540吨，产值320万元，上缴国家税金27.3万元，减亏65万元。之后几年，产品市场行情一路看涨，1996年，产量达到650吨，产值590万元，上缴国家税金41万元，获纯利11万元。1997年，由该村村民苏维明个人承包经营，当年产值610万元，上缴税金43万元，获利12万元。2000年，受亚洲金融危机影响，产品滞销停产。2002年，该厂重新动工生产。2003年，产量360吨，产值250万元，上缴税金30万元。2004年，产量410吨，产值330万元。

绥宁县矿石粉厂　绥宁县矿石粉厂系绥宁县矿产品公司、黄桑坪苗族乡、在市镇、在市采育站4家联办的工业企业。工厂设在在市镇东门村，1986年建成投产。厂房建筑面积2300平方米，生产放电锰粉和化工锰粉，设计年生产1200吨。原料来自黄桑坪苗族乡岩田锰矿，产品销往湖北、安徽、山东、江西等省。1987年，生产放电锰粉450吨、化工锰粉500吨，创产值32.1万元，上缴税金2.3万元，获利3.2万元。1989年，由人工水选矿石改为机械化自动选矿，矿石品位提高。1990年，有职工26人，固定资产原值22万元，年产放电锰粉1360吨、化工锰粉1420吨，创产值75.6万元，上缴税金4.7万元，实现利润6.1万元。1991年，产放电锰粉1400吨、化工锰粉1460吨，创产值80.5万元，上缴税金5.6万元，实现利润7.2万元。1992年，生产下滑，总产只有1600吨，产值40万元，上缴税金2.1万元。1993年，因原材料供应紧缺，锰粉市场行情波动，被迫停产。

第三节　经营管理

1977年，建立绥宁县革命委员会社队企业管理局（1981年改名绥宁县社队企业管理局），各公社设立企业办公室。1978年后，对社队企业进行“六改”，即：改社办社有为社队合股联办，改大队办大队有为大队和生产队合股联办，改公社管理为股东代表大会民主管理，改公社、大队对企业财务统收统支为企业实行独立核算、利润比例分成，改企业职工劳动和补贴在厂（场）、工分分配在队为劳动在厂（场）、吃粮在队、按企业纯收入比例分成的浮动工资制，改企业人员经常轮换为择优录用一定几年的劳动合同制。1984年，绥宁县社队企业管理局改为绥宁县乡镇企业局；各公社企业办公室改为各乡镇企业办公室，对乡镇各类企业进行技术服务和政策指导，乡镇企业办公室的业务、人事直属县乡镇企业局管理，其他方面归所属乡镇人民政府管理。1989年，县乡镇企业局升格为县乡镇企业经济委员会，1996年更名为县民营经济委员会，对上仍使用乡镇企业经济委员会或乡镇企业局牌子，其职能转为规划协调全县民营企业的发展，对全县民营企业进行宏观管理，内设办公室、公有民营科、社会民营科和三资民营科。2003年，县民营经济委员会改为县民营经济局（乡镇企业局）。2005年5月，县民营经济局（乡镇企业局）撤销。1978—2005年，杨新孝、张正新、谢宏祥、曾令华、彭汉平、刘松山、舒常超、张千山、周述明、黄美忠先后任县社队企业管理局局长、县乡镇企业局局长或县乡镇企业经济委员会主任、县民营经济委员会主任。

第八章　农村经济管理

人民公社集体经济时期，县农业委员会设立农业经营管理组（又称财会辅导组），辅导人民公社和生产大队财务管理，每个人民公社配备一名财会辅导员。1984年6月，县农委经营管理组更名为县农业经营管理指导站，属副科级事业单位，归口县农委管理；乡镇设立农村经济经营管理站。1988年9月，建立县农村合作经济审计站，属二级事业机构，与县农业经营管理指导站实行两块牌子、一套人马。1995年12月，县经管站升格为正科级事业单位，加挂县减轻农民负担办公室牌子；1997年5月更名县农业经营管理局，2002年10月更名县农村经济管理局。2005年底，全县经管系统在职干部职工52人，其中局机关10人。1984—2005年，贺达福、陈起大、陈善炳、李荣清、葛百齐、龙开科先后任县农业经营管理指导站站长或县农业经营管理局、县农村经济管理局局长。

第一节　农村财务管理

1978年，农村财务管理沿用20世纪60年代以来的模式，各人民公社配备1名财会辅导员，辅导人民公社、生产大队、生产队和集体厂（场）的财会工作，进行财会业务培训，每年开展一次早、中稻预分和年终决算分配。公社实行“三级所有、队为基础”的管理体制。

1980年11月起，人民公社成立经营管理站，配备专职财会辅导员1～2名，生产大队设大队会计1名，生产队设置现金账、总账和各种明细账、杂务工登记簿，配备会计、出纳、保管员、记工员各1名。各个生产队年初编制“一年早知道”，制订预、决算制度，费用定额管理制度，财务开支审批制度，现金管理制度，粮食和其他物资管理制度，固定资产管理制度，基金管理制度，民主理财制度，财务档案管理制度。公社每年开展1～2次赛账活动。

1982—1984年，全县以农户家庭承包经营为主体，实行集体经营、个体经营、联合经营相结合的农、工、商综合发展的合作经济体制。推行大队专业会计，取消生产队会计，生产队队长为出纳，实行报账制，生产队一级的财会业务基本消失。1984年6月4日，建立县农业经营管理指导站，各乡镇相继建立经营管理站。随着农业生产责任制的建立和经营方式的变化，经管工作对象由生产队经营变为农户家庭经营为主；工作范围在过去只管农、林、牧、副、渔的基础上又增加了工、商、运输、建筑、服务；工作重点由过去指导管理转移到指导经营；财务制度、收益分配、会计核算等都发生变化。除财会辅导员外，乡镇经管站配备1～3名经管专干，逐步推行经管站代管乡属部门和村一级的财务账目。1987年，逐步推行“站管账、村管钱”的财务管理新体制。1988 年 9 月，县农村合作经济审计站建立后，各乡镇相继建立审计事务所。审计工作重点放在账前审计，先审后记，月记月审、季记季审。是年，全面推行“站管账、村管钱、民主理财”新体制，按照农村财务“三建”（建账、建制、建档）的要求，通过检查验收，全县 351 个村有 326 个村合格。1992 年，农村审计工作从财务年度审计、离任审计、效益审计的基础上向专业审计迈进。至 1995 年，全县 25 个乡镇经营管理站管理 348 个村和 187 个乡镇所属单位的账目，管理集体资金 4500 万元。

1997 年，全县将原来的“钱物收付记账法”与国际接轨，改为“借贷记账法”。

2000 年起，进行财务清理，共清理 20 个乡镇，268 个村，清理面 76.8%，查处违纪金额 80.4 万元，挽回经济损失 26.7 万元。全县坚持以民主理财为基础的统一审批开支、统一报销标准、现金存款管理、定期记账、定期按时公布收支账目和账前审计等制度，推行“村账乡管、民主理财、财务公开”的村级财务管理体制。2002 年，进一步落实《关于进一步规范村级财务管理意见》和《关于农村税费改革后村内兴办集体生产公益事业筹资筹劳管理意见》的精神。1978 年，全县农业总收入 3437.69 万元，2004 年增加到 16.1412 亿元；粮食总产量 1978 年 11.7865 万吨，2004 年增加到 16.315 万吨，增产 4.531 万吨，增长 38%；农民人均纯收入 1978 年 93 元，2004 年增加到 2316 元，增加 2223 元。2005 年，村村建有民主理财小组，由 3～5 人组成，并有 138 个村调整了民主理财小组。

第二节　农村土地承包管理

1981 年农村实行家庭联产承包责任制度，农村经济管理主要是把联产承包责任制以合同形式确定下来，把社员应完成的国家征购、派购、统购、超购任务和大队、生产队集体各项提留、“两个上交”以合同形式确定下来，年底履行合同兑现。

1984 年承包期满，根据中共中央 1 号文件精神，延长土地承包期 15 年。根据县委《关于稳定和完善农业生产责任制的意见》，各乡镇组织基层干部和群众，开展宣传发动、酝酿承包方案、计算“两个上缴”，签订好承包合同。是年，全县 2581 个村民小组作为发包方与 5.6 万户承包农户签订承包 15 年的合同，承包总面积 18866.67 公顷。每个农户发放一本《土地承包合同证》，作为明确责权、承担“两个上缴”任务、合计行使土地经营权的依据。

1998 年 9 月，根据中央文件延长耕地承包 30 年的精神，县委、县政府制定《大田责任制延包工作试点方案》，并在长铺子苗族乡袁家团村进行试点。在户口政策基本放开、农村城镇化有序推进的新形势下，第二轮土地承包试点针对户口异动和耕地、人口变化等具体问题进行探索，在根据上级政策和尊重绝大多数群众意愿的基础上，明确这次责任制延包是在 1984 年承包责任制基础上进一步稳定和完善；坚持“强化所有权、明确发包权、稳定承包权、放活使用权”和“大稳定小调整”的原则；历时 45 天，试点成功。1999 年，县委、县政府先后下发《关于成立绥宁县责任田延包工作领导小组的通知》《关于延长责任田承包期的通知》《关于严肃责任田延包工作纪律的通知》3个文件。8月8日，在县城召开全县农村耕地延包工作会议，从县机关抽调400多人，与乡镇工作人员一起组成1000多人的工作队，深入全县各村、组和农户。至2000年，完成全县2611个村民小组、7.8万户农户、18133.33公顷水田的延期续包工作。县政府与每户签订承包合同书，颁发由县政府统一印制的“农村集体土地经营权证”，建立土地延包合同档案3000卷。

2002年8月29日，第九届全国人民代表大会常务委员会通过《中华人民共和国农村土地承包法》（简称《农村土地承包法》）。2003年3月，在《农村土地承包法》宣传月中，全县农村发放《农村土地承包法》宣传牌500余张，宣传手册3000余本，接待农民群众政策法律咨询120余起。农村承包土地经营管理从此走上法制化管理的轨道。2005年，完成5年一小调到期村组的土地承包调整任务。其间，共接待群众有关土地承包的上访咨询60余起，调处合同纠纷12起。

第三节　农民负担监督

1978年，农民负担的税费、提留、统筹由生产队统一核算上缴，农村收入分配采取先国家、后集体、再个人的分配方法。农村实行家庭联产承包责任制后，农户成为基本核算单位，一切税费、乡统筹、村提留、各项集资及劳动积累工、义务工等，直接由农户出钱、出劳负担。20世纪80年代末至90年代，由于部门利益驱使，机关各职能部门向农民收费越来越多，农民负担日益加重。1990年，根据国务院《关于切实减轻农民负担的通知》精神，成立绥宁县减轻农民负担领导小组，在县农业经营管理指导站内增设绥宁县农民负担监督管理办公室。年内，县委、县政府组织人力对全县的收费单位和收费文件进行清理，取消不合理的收费文件和收费项目。

1993年4月3日，中共绥宁县委、县人民政府根据国务院的紧急通知精神，下发《关于切实减轻农民负担，加强资金管理的通知》和《关于严肃减轻农民负担工作中组织纪律的通知》，对1991—1993年农民负担进行全面清理，后又相继发出6个文件，取消、纠正、修改、停止涉及农民负担和行政事业性收费项目，并对全县90多个县直机关和29个乡镇、70余所乡镇中学和中心小学1991—1993年的收费文件和收费项目进行自清自查和重点清查。共清出收费文件317个，其中国家级18个、省级67个、市级24个、县级66个、乡镇级142个；共清理收费项目610个，其中自立收费项目268个。共撤销收费文件8个，修改文件8个，取消各种收费项目150项及各种达标、集资项目43个，修改、降低收费标准项目3个，纠正强行摊派项目12个、搭车收费项目6个，规定暂缓执行的收费项目2个；当年共减轻农民负担3190万元。

1994年，全县聘请112名农民负担执法人员，并颁发执法证。是年，继续进行农民负担反弹情况的调查，发现学校乱收费屡禁不止，机关单位乱收费时有出现，农用生产资料价格猛涨，少数单位和部门变相乱摊派、乱收费。当年全县取消19项行政事业性收费项目，处理涉及农民负担案件76起。1995年开始，公布减轻农民负担举报电话号码，推行减轻农民负担“三项制度”（农民负担监督卡制度，农民承担费用预、决算制度，农民负担专项审计制度），实施提留、统筹、集资等集体资金统一管理和农民负担公开等制度；将中央至地方宣布取消的494个收费项目编成《取消收费项目汇总表》的册子，发至县直各收费单位和乡镇经管站。

1996年，遵照中共中央、国务院《关于减轻农民负担“约法三章”》的精神，对全县32所中学和29所中心小学1994—1995年的收费进行专项审计，共审出乱收费29.36万元，退给学生20.4185万元，收缴财政17028元。从乡镇、村两级集体经济收入中提交乡村统筹费574.67万元，占全县乡村统提费1139万元的50.5%，用于安排乡村两级办学、修建乡村道路等民办公助事业。开展“三清四查”（清理涉及农民负担的文件和项目，清理部门下达的涉及农民负担的指标和任务，清理是否有令不行、有禁不止的行为；查“约法三章”是否执行，查是否新出台涉农负担文件和项目，查在农民负担卡外是否擅自增加项目，查涉及农民负担案件是否给予了处理）。

1997年起，将以乡镇农民人均纯收入为依据改为以村农民人均纯收入为依据，建立并实行各级领导负责制和各部门减负工作责任制，实行农民负担公示制度。确定村提留、乡统筹费一定三年不变，不能突破1997年预算额，不能突破5%的比例。县政府印发《关于减轻农民负担的七项纪律》，对违背减轻农民负担政策的直接责任人实行“一票否决”。2002年，全县实施以“三个取消”“两项调整”“一项改革”（取消乡统筹、村提留、农村教育集资等专门面向农民征收的行政性收费和政府性基金、集资，取消屠宰税，逐步取消统一规定的劳动积累工和义务工；调整农业税和农业特产税；改革村提留使用办法）为内容的农村税费改革。改革后，当年全县农民负担比上年减少4181.56万元，人均减少69.7%，亩均减少63.2%。

2003年，全县再次查处各类涉农案件，审出违纪收费35.7万元，其中责令各收费单位退给学生21万元、收归财政1.2万元。县委、县政府颁发《关于对涉农及农民负担案（事）件实行责任追究的实施细则》，落实中央“八个禁止”和省“七个严禁”。2004年，贯彻落实《中共中央国务院关于促进农民增加收入若干政策的意见》，实行种粮直接补贴198万元、良种补贴380万元，合计减轻农民负担578万元，农民人均收益19元。实行“两降一取消”，农业税下降3%，减少240万元；农业税附加下降0.6%，减少12万元。实现2004年农民人均收入2316元，是1978年人均纯收入93元的24.9倍，是1990年人均纯收入376元的6.2倍。

2005年，全县取消农业税，取消各种收费项目341个。是年2月，县委、县政府与全县25个乡镇和15个涉农部门签订减轻农民负担目标管理责任书。县国土局和县教育局分别与各乡镇国土所、学校签订减轻农民负担目标管理责任书。全县层层签订减负责任书，建立健全责任追究制和“一票否决制”。是年，发放种粮直补资金772.4万元，全县75800户农户在8月5日前均领取种粮补贴存折，共计减轻农民负担1807.63万元，人均减负62元。免征农业税和农业附加费，减轻农民负担920万元；取消木材特产税，减轻农民负担1336万元。发放退耕还林资金1260万元，补贴农机具购置费2万元，垫付10.4万元作为种粮直补资金的缺口。

表 13-8-1　　1978—2005 年绥宁县农村经济状况和农民负担情况表

项目 年份	总收入（万元）		总成本		农民负担（万元）		农民所得	
	金额	其中：家庭经营	金额（万元）	占总收入（%）	国家税金	乡统筹村提留	金额（万元）	人均（元）
1978 年	3437.69	—	696.20	20.2	124.77	183.19	2275.87	93
1979 年	4008.22	—	902.77	22.5	142.89	213.15	2583.26	105
1980 年	4231.41	—	843.03	19.9	141.68	237.19	2785.83	113
1981 年	4308.65	—	922.94	21.4	150.66	194.13	2955.61	119
1982 年	5343.41		869.97	16.3	234.03	154.53	4084.86	161
1983 年	5817.03		1055.42	18.1	158.47	209.84	4393.30	181
1984 年	6735.82		1151.84	17.1	208.71	159.76	5347.96	204
1985 年	8659.22	8221.79	1673.99	19.3	210.12	107.13	6656.89	251
1986 年	10631.00	9626.00	2292.00	21.5	313.00	123.00	8055.00	298
1987 年	15014.00	11197.00	2804.78	18.7	372.84	173.40	9545.12	346
1988 年	15981.00	11851.00	4735.00	29.6	455.50	352.00	10602.50	379
1989 年	16603.39	13256.00	5371.43	32.35	463.86	365.08	10815.67	375
1990 年	18245.03	14688.00	6033.82	33.07	664.71	436.89	11026.83	376
1991 年	19102.73	14487.00	7386.99	38.7	739.16	568.23	10839.39	365
1992 年	22711.00	6574.00	8328.00	36.6	927.00	555.00	12590.00	424
1993 年	27933.00	18851.00	10593.00	37.9	966.00	587.00	15556.00	521
1994 年	41578.00	31357.00	18229.00	43.8	1625.00	713.00	20380.00	680
1995 年	66525.00	45202.00	34979.00	52.6	2719.00	1139.00	26849.00	901
1996 年	106687.00	82065.00	59839.00	56.1	3456.00	1610.00	42005.00	1413
1997 年	174976.00	121973.00	111516.00	63.7	3517.00	1548.00	56247.00	1880
1998 年	171998.00	122971.00	99238.00	57.7	3517.00	1646.00	63897.00	2150
1999 年	163398.00	125721.00	92370.00	56.5	2882.00	1276.00	67452.00	2259
2000 年	165452.00	137837.00	97511.00	58.9	2842.00	1187.00	64256.00	2930
2001 年	149077.00	125539.00	85794.00	57.5	3828.00	1044.00	64882.00	2143
2002 年	145714.00	117377.00	85470.00	58.6	3310.00	—	61922.00	2030
2003 年	165726.00	129392.00	100883.00	60.8	2564.00	—	63648.00	2091
2004 年	161412.00	129847.00	76999.00	47.7	2213.00	—	70848.00	2316
2005 年	193103.00	119666.00	106527.00	55.2	1910.00	—	92782.00	2902

说明：1. 由于统计口径不同，表中农民年人均纯收入与县统计部门的数据有差异；

2. 表中空白格为统计数据缺失

第十四篇　工业

1978年，县属国营工业的主管部门为县革命委员会工业局，县属集体所有制工业的主管部门为县革命委员会轻工业局，县工业局和县轻工局均归口县工业交通办公室管理。1980年4月，县工业交通办公室改为县经济委员会。1984年机构改革，撤销县工业局，其业务移交县经济委员会；成立县手工业联社，与县轻工局合署办公，两块牌子、一套人马。2002年，县经济委员会更名为县经济贸易局。2005年，县经济贸易局与县二轻工业局合并成立县工业经济局，内设办公室、企业发展股、企业管理股、政工股、综合办公室等股室，在编职工21人。

1978—2005年，杨汉清、杨光健、陈本忠、袁法璋、赵凡平、陈历坚、罗碧峰、刘明昌、蒙正和先后任县工业经济局（县经济贸易局、县经济委员会、县工交办）局长（主任）；1978—1984年，李国梁、于光月先后任县工业局局长；1978—2005年，徐能槐、袁仕庭、唐树森、马连琢、罗碧峰、何顺安、蒙正和、黄始海先后任县轻工业局局长（县手工业联社主任）。

第一章　工业所有制形式

第一节　县属国营工业

1978年，全县有国营工业企业15家，职工3836人，总产值543万元。

1985年，全县有国营工业企业20家，职工3010人，总产值1014万元，占全县工业产值的53.1%，全员劳动生产率16777元/人，百元固定资产实现产值85.3元，人均实现利税181元。

1990年，全县国营工业企业发展到24家，职工4086人，总产值8776万元，全员劳动生产率74867元，百元固定资产实现产值374元，人均实现利税276元，利润亏13323元（主要原因是县联纸厂亏损）。是年，全县主要工业企业有县木材公司、县自来水公司、县城关大米厂、县糖果糕点厂、县罐头厂、县酒厂、县饲料厂、县造纸厂、县联合造纸厂、县装饰板厂、县印刷厂、县松香厂、县香精香料厂、县水泥厂、县橡胶制品厂、县铁合金厂、县机械修制厂、县中药饮片厂、县江口塘电站、县荣岩电站、县洛口山电站等。

20世纪90年代初，国营工业处于大发展时期。县联合造纸厂恢复生产，县造纸厂扩大生产规模，县水泥厂扩改44000吨/年生产线；县香精香料厂醋酸香波获省优产品，无痛剃须膏占领省内市场，成为纳税大户；县酒厂生产苗王贡酒；县印刷厂购置激光排版设备，增强了生产能力。至1998年，全县国营工业产值增加到4.98亿元，占全县工业产值的48%，全员劳动生产率41279元，百元固定资产实现产值1561元，人均实现利税400元。

1997年起，对全县国营工业实行股份制改造，逐步转轨变型。同年，县酒厂破产，县印刷厂、县罐头厂等企业先后停产，其他企业逐步被人租赁转产。2003年，县政府公开拍卖县松香厂、县造纸厂、县水泥厂，全县国有工业企业只剩下县联合造纸厂、县木材公司、县自来水厂、县电力公司、县江口塘电站、县荣岩电站、县枫木团电站。

2005年，全县有国营工业企业7家，国营工业总产值16.24亿元，上缴税金4626万元。

表14-1-1　　1978—2005年绥宁县国营工业企业部分经济数据统计表

年份	产值（万元）	工人数（人）	全员劳动生产率（元/人）	百元固定资产实现产值（元）	人均实现利税（元）
1978年	543	1020	8506	26.3	89.8
1979年	659	1270	8328	28.5	96.0
1980年	682	1800	10293	30.1	101.0
1981年	678	2000	8802	30.0	116.0
1982年	798	2050	9001	31.1	127.0
1983年	900	2100	13905	56.3	141.0
1984年	1090	2950	11843	85.5	158.0
1985年	1014	3010	16777	85.3	181.0
1986年	1140	3500	9993	101.0	201.0
1987年	2010	3685	1001	186.0	203.0
1988年	3061	3800	3787	264.0	261.0
1989年	3787	4420	3112	298.0	270.0
1990年	8776	4420	74867	374.0	276.0
1991年	9878	4600	70186	401.0	280.0
1992年	10697	5010	51800	507.0	287.0
1993年	15657	5500	48510	806.0	297.0
1994年	11637	5500	35020	798.0	301.0
1995年	13887	5500	35278	878.0	357.0
1996年	28630	5500	37100	1101.0	383.0
1997年	40260	5500	41059	1310.0	391.0
1998年	49774	5500	41279	1561.0	400.0
1999年	56780	5000	43210	1409.0	510.0
2000年	65178	6020	45312	1421.0	530.0
2001年	87579	6020	46121	1428.0	578.0
2002年	108787	6020	46780	1430.0	616.0
2003年	125138	6020	48070	1503.0	636.0
2004年	143211	6020	49105	1510.0	690.0
2005年	162418	6020	51231	1513.0	710.0

第二节　县属集体工业

1978年，县城集体工业企业归口县轻工业局管理（原县手工业局），有化工、竹艺、五金、农具、服装、木工、雨具、皮革、建筑、砖瓦10个行业。同年，县农村手工业社划给新成立的县社队企业局，数年后全部解体。1981年4月，县城建筑和砖瓦业划归新建立的县建设委员会管辖。是年，全县集体工业企业（含社队企业）发展到102家，职工1541人，固定资产原值658.7万元，当年产值1456万元，占全县工业产值的67.6%，实现利税64.8万元。1990年，全县集体工业企业发展到266个，年产值2508万元，占全县工业产值的27.1%；固定资产原值2932万元，实现利税62万元。是年，县办集体工业企业主要有县羽毛球厂、县服装厂、县皮件厂、县钢木家具厂、县竹胶板厂、县胶合板厂、县化工厂、县电磁线厂。

1990年以后，对全县集体工业企业推行目标管理，实行承包责任制和干部聘任制，按劳分配，竞争上岗。1991年，全县县属集体工业企业完成产值2000.9万元、销售收入1660万元，上缴税费119.3万元，实现利润17.7万元，固定资产原值1074.3万元，固定资产净值635.1万元，职工人数864人。1998年，全县县属集体工业企业实现工业产值4205万元、销售收入3308.1万元，上缴税金329.5万元，固定资产原值3007.8万元，固定资产净值1768.7万元。

1996年，集体工业实行股份制改造。2002年9月，县电磁线厂完成破产改制。2004年11月，县化工厂破产改制完成，其他企业也以租赁、拍卖等形式实行改制。乡镇集体工业全部被民营企业租赁、购买或者自行消失。

2004年，全县有县属集体工业企业9个，年末职工总人数416人，县属集体工业企业固定资产原值3672.7万元（净值1600.5万元），当年县属集体工业企业总产值1.11亿元。

表14-1-2　**1978—2004年县属集体工业企业经济情况统计表**

年份	企业个数（个）	总产值（万元）	销售收入（万元）	上缴税收（万元）	利润（万元）	固定资产		年末职工人数（人）
						原值（万元）	净值（万元）	
1978年	10	219.1	186.8	12.3	11.7	106.0	69.3	741
1979年	10	225.0	181.9	12.3	16.1	132.6	105.8	786
1980年	10	234.3	217.5	11.7	11.1	159.1	92.1	732
1981年	8	193.0	159.9	8.7	7.0	101.3	57.2	646
1982年	8	206.0	210.8	10.2	6.0	121.0	66.2	647
1983年	8	236.8	248.8	12.0	9.5	429.0	362.0	644
1984年	8	363.0	285.4	14.7	12.9	460.6	369.3	712
1985年	8	461.1	462.5	20.6	39.5	527.5	414.1	660
1986年	8	620.0	447.5	26.6	49.7	560.3	431.4	689
1987年	9	818.2	666.0	50.6	86.4	688.3	517.8	787

续表 14-1-2

年份	企业个数（个）	总产值（万元）	销售收入（万元）	上缴税收（万元）	利润（万元）	固定资产		年末职工人数（人）
						原值（万元）	净值（万元）	
1988 年	9	896.7	1074.0	60.3	42.3	775.6	524.9	812
1989 年	9	904.0	1026.3	58.6	6.9	961.8	677.5	863
1990 年	9	871.1	1103.0	74.8	-58.7	1003.9	642.6	916
1991 年	9	2000.9	1660.0	119.3	17.7	1074.3	635.1	864
1992 年	9	3044.4	2274.1	173.3	37.5	1226.1	696.9	945
1993 年	9	3653.6	3690.4	261.7	157.3	1420.8	723.1	992
1994 年	9	3814.6	3277.9	258.9	47.7	1791.0	892.3	1042
1995 年	10	4003.0	3712.3	212.7	-93.6	1842.7	932.1	1010
1996 年	10	3369.0	3395.7	254.3	7.9	1747.8	795.8	747
1997 年	10	3211.2	3146.3	223.8	-180.6	2800.5	795.0	661
1998 年	10	4205.0	3308.1	329.5	-151.4	3007.8	1768.7	664
1999 年	10	5088.3	4998.0	284.3	35.4	3502.9	2149.2	637
2000 年	10	4484.9	2742.9	305.9	-78.2	3685.4	2056.7	494
2001 年	10	6926.4	5221.0	348.2	-30.9	3672.7	2066.0	424
2002 年	9	5838.0	3636.9	188.1	-32.1	3672.7	2046.8	420
2003 年	9	6148.3	3557.8	278.0	-33.3	3672.7	1851.8	418
2004 年	9	11123.6	1882.2	92.5	-35.1	3672.7	1600.5	416

第三节　民营工业

1989 年 1 月，县内第一家合资企业——中美合资华美木珠制品有限公司挂牌成立，1992 年产木珠垫子 1.7 万块，产值 43.7 万元。2000 年，民营工业成为县域工业经济的支柱产业，当年全县民营工业产值 6.83 亿元，占全县工业总产值的 50%。

2001 年以后，县委、县政府优化经济环境，大力招商引资，民营工业快速发展。当年全县 40 家规模工业企业中，民营工业企业占 34 家；乡镇民营工业年产值 100 万元以上的企业有 100 家。是年，乐安铺苗族侗族乡有 37 家民营工业企业，其中年产值 100 万元以上的 18 家、规模企业 13 家；在市苗族侗族乡年产值超过 100 万元的民营工业企业有 8 家；东山侗族乡的中国绿洲辣酱集团为 31 个辣酱厂、29 个生产基地、1200 户农民的联合体，年产值 6000 万元。

2005 年，全县民营工业产值 13.94 亿元，占全县工业总产值的 70%。

第二章　工业门类与重点企业

第一节　工业门类

采掘冶炼业　1978年后，县内采掘冶炼工业发展较快。1983年12月，创办黄桑坪岩田锰矿，次年开采锰矿2320吨，产值15万元。1985年12月，与涟源钢铁厂合作，创办铁合金厂，在关峡开采硅矿。1988年，先后兴办绥宁县第一、第二、第三冶炼厂，生产75#工业硅，1990年，年产硅铁1427吨，开采硅石1010吨。1995年12月，与日商合作开采金屋塘花岗岩大理石。2002年，绥港人造板公司筹建股份制企业——界溪口冶炼厂，2004年1月投产，当年产金属工业硅、化学硅共1.2万吨。2005年，引进江钨集团，投资5000万元开采金屋塘钨矿。

造纸业　1981年3月，筹建县联合造纸厂，1986年3月，建成投产，投资3280万元，日产30吨水泥袋纸。1992年，投资190万元新建第二车间，当年11月投产，生产纸袋纸，生产规模为年产纸袋纸5000吨。1993年，县造纸厂投资3000万元，购置1760纸机和超压机，生产半透明纸。1994年5月，县轻工局与长铺镇政府联营创办绥宁绝缘纸厂，生产电话机纸。1995年，县联合造纸厂投资3115万元，新建绝缘纸板生产线、纸袋纸生产线和牛皮卡纸生产线，年产纸袋纸500吨、牛皮卡纸1.5万吨。2000年，县联纸公司新建纸浆车间，可年产浆纸1.5万吨。2005年底，全县有造纸企业20家，其中县属企业4家、乡镇以下个体企业16家。

印刷业　20世纪80年代，有县印刷厂、盐井乡印刷厂、县教育印刷厂3家印刷企业，主要印刷信笺、作业本、稿纸、文件、报告、备课本、会议记录本和制作纸箱。20世纪90年代，盐井乡印刷厂倒闭；县印刷厂因增加照相制版设备，能排报、印书，业务扩展到省内外；县教育印刷厂包揽全县教育印刷品业务。1996年，县印刷厂和县教育印刷厂停产。1997年，民营印刷业开始兴起。2005年，县内有民营印刷厂10家，其中位于县城的6家。

竹木加工　20世纪80年代初，县木工厂创制新式家具80多个品种，连续四年获邵阳地区优秀产品奖。1982年兴建县胶合板厂，1984年首次生产胶合板。是年建成县钢木家具厂。1986年生产竹编层压板和缝衣机台板。1990年，全县有竹木加工企业25家，总产值655万元，生产胶合板2020立方米、各种家具9万件。20世纪90年代，竹木加工业进入精深加工阶段，竹胶板和竹木复塑板生产线迅速发展。1990年，县装饰板厂与中南林学院共同开发竹胶板。1998年，县联合造纸厂新建6条竹胶板生产线，当年第四季度生产竹胶板8000立方米，创产值3000万元，创利税300万元，成为全县楠竹产业化龙头企业。2000年，全县竹胶板和竹木复塑板生产线发展到30条，年产量9万立方米，其中县经委直属企业有12条生产线，年产竹胶板3.6万立方米，创产值3.6亿元。楠竹产业化的发展，带动了全县林农的楠竹粗加工。水口乡2600户农户中有1800户购有破篾机，加工生产竹胶板所需的半成品竹帘席，每户日平均纯收入70元，户年均纯收入5000元。2004年，全县共有1.2万户、4万余人从事竹帘加工；竹胶板生产线扩大到23条，加工楠竹从1998年前的120万根增至750万根，使绥宁一跃成为全国最大的竹胶板生产基地。2005年，全县有竹木加工规模企业21家，年生产竹胶板90576立方米、木模板42.22万立方米。其中，县联纸公司（县联合造纸厂）有高强度复塑模板生产线8条，年生产能力3万立方米；袁家团工业经济开发区有6家竹木加工企业，竹木加工产品有集成板、竹地板、指接板、滑翔板、实木家俱、花篮、画板、涂装板、贴面膜板、工艺相框、装饰线条、玩具、木扇等，年产值1.17亿元。

建材业 1978年，县内建材业除原有的县水泥厂、县砖瓦厂外，各乡镇都陆续开办了砖瓦厂、水泥预制板厂、木棉瓦厂等一批建材企业，因生产不景气，后大部分停产。1990年，仅存绥宁水泥厂、绥宁玻璃纤维厂（后转产为县砖瓦厂）、绥宁水泥电杆厂3家较大企业，1997年全部改制。2004年，绥宁县水泥厂通过招商引资，整体出卖给民营企业家经营，其余2家自行倒闭。

化学工业 1978年7月，日产15吨松香的县松香厂建成投产。1985年，县香精香料厂建成，以野生芳香植物油为原料，生产日用化妆品。1986年，县化工厂增建甲醛车间。同年，县香精香料厂生产的醋酸香波获省优质产品奖；1989年，生产无痛剃须膏打入俄罗斯市场；1990年，化妆品年产值2697万元。是年，全县化工行业有工厂6家，年产值3008万元，生产甲醛2160吨、活性炭122吨、松香393吨。1993年，县化工厂活性炭产量176吨，县香精香料厂因管理不善停产。1998年，县化工厂投资60万元对甲醛生产进行技改，年生产能力上升为1万吨。2000年投资160万元，扩建年产2万吨生产线，形成年产3万吨甲醛的生产能力，2001年生产甲醛16280吨，年产值1953.6万元，上缴国家税金88.3万元。2004年6月24日，该厂整体拍卖重组为绥宁县华硕化工有限公司，仍生产甲醛。2005年，新引进的松富林化公司投资1000万元，在袁家团工业园办厂，年产松香、树脂、松香胶4000吨。

机械工业 1980年，机械行业有厂家5个，职工354人，产值243.33万元。拥有各种切削机床47台、台钻14台、锻压设备11台、砂轮和抛光机13台，生产各种机械附件4万余件、5千瓦发电机5台、农用打稻机1215台。1986年，县机械修制厂试制全国首台900型生物气化炉成功。同年，县羽毛球厂贷款50万元筹建电磁线车间，1988年，改为绥宁县电磁线厂。1990年，全县有机械工业企业9个，职工381人，产值242万元。此后，县、乡办的机械工业不能满足市场发展的品质需求，纷纷倒闭，只剩下电磁线厂。1993年，县电磁线厂实行工段承包，优化组合，竞争上岗，当年上缴税金73.2万元。1995年实现产值998.7万元。1996年开始，该厂生产连续滑坡。2002年5月，申请破产，厂区由广西柳州特种变压材料有限公司一租三年，厂名改为绥宁县特种电磁线材料有限公司。

食品工业 1979年，唐家坊人民公社以当地柑橘、藠头、猕猴桃、蕨菜等为原料，创办宝鼎罐头食品厂，设计年产500吨，但生产一直不景气，当年仅生产糖水橘子罐头30吨。1982年，绥宁县罐头食品厂建成投产。1985年，全县食品工业企业有14家，职工276人，年产值698万元。1990年前后，瓦屋塘等地出现玉兰片加工热，到1998年，瓦屋塘成立玉兰片加工集团。1993年，县化工厂投入20万元，建成杨梅蜜饯生产线，年产杨梅蜜饯100吨，20世纪90年代后期，因市场滑坡而停产。同期，县糖果糕点厂亦因市场冲击而停产。2000年后，县罐头食品厂因管理不善停产。

医药工业 1986年，县中药饮片厂与省中医药研究院共同承担省级重点科研课题绞股蓝系列产品开发研究。1987年通过省级技术鉴定。是年，新建中草药提取车间600平方米，添置设备80台（件）。1988年试车成功并投入生产。1990年，投资新建绞股蓝袋泡茶和口服液生产车间，当年产绞股蓝保健茶30吨。之后，因产品销路不畅停产。1998年，成立私营医疗器械企业惠康公司，主要生产医用注射用品，成为省重点医药工业项目。县内茯苓加工分布于县城以南乡镇，有33家个体加工企业，以乐安铺苗族侗族乡居多。天麻加工以瓦屋塘、金屋塘为中心，最多时达200余家。到2005年，因原材料紧缺，天麻加工个体企业仅剩10来家。

缝纫皮革业 1978年，县内缝纫皮革业分别有绥宁县服装厂和绥宁县皮革厂。1979年，县服装厂生产成衣3万件，品种100余个。1987年，全县乡以上缝纫业创产值70.8万元。随着外地服装大量涌进，乡下缝衣师傅大量进城开店，缝纫业萎缩。1988年后，县服装厂因无生意停产。20世纪90年代后，县皮革厂亦因市场不景气而停产。

第二节 重点企业简介

绥宁铁合金厂 位于县城东15千米的江口塘电站旁，系县木材公司与涟源钢铁厂合办。建于1985年12月，1987年6月投产，占地2万平方米，总投资250万元，有1800千瓦冶炼炉1座。主要原料来自关峡，原料含硅量99.8%。1990年产75#硅铁1010吨。1990年后，生产一直不景气，为私人租赁承包，产量很低。

界溪口铁合金厂 位于党坪苗族乡界溪口村，距县城15千米。系县联纸公司与下属的绥港人造板公司投资2000万元创办的以生产金属硅（工业硅）为主的一家股份制企业。占地面积1.33公顷，建筑面积1300平方米，2002年8月筹建，2004年1月投产。有5000千瓦冶炼炉4座，年产555、4405、441、3303等不同规格的金属工业硅、化学硅1.2万吨。2004年创产值2353万元。产品经省商检合格，全部销往东南亚国家。

绥宁联合造纸公司 绥宁联合造纸公司即原联合造纸厂，位于县城工业街。1981年3月筹建，占地14公顷，建筑面积40500平方米，投资3280万元。1986年3月投产后，因管理不善造成严重亏损，1989年停产。1991年4月，聘请江瑞丰任厂长，同年5月1日恢复生产。其后加大投入，加强管理，进行技术改造，不断提高科技含量，形成一整套质保体系和环保体系。

2002年，通过国家ISO9002质量认可和ISO14000环保认可，被湖南省政府授予农业产业化龙头企业称号，江瑞丰受到全国政协副主席毛致用接见。2003年，被评为湖南省纳税百强企业，是邵阳市产值过亿元的13家企业之一，同年被县政府授予明星企业称号。2004年创产值3.09亿元，上缴税金2510万元，被县委、县政府评为纳税先进单位和规模企业管理先进单位。2005年，拥有总资产2亿元，全厂有主要车间9个，分厂4个，相关科室12个，各类设备1000余台（件）；主要设备有造纸生产线5条，年生产能力5万吨。

县造纸有限公司　县造纸有限公司即原县造纸厂，位于县城工业街。始建于1967年，1971年投产。主要设备有1575双缸双网造纸机一台套、1880长网造纸机一台套，1994年新上1760长网造纸机和超压机各一台套。主要产品有凸版纸、28克打字纸、糖果纸、红色透明纸等，拥有资产总额4648万元。1990年前是县里的利税大户。1990年后，由于市场变化，原材料无法保证，加之管理不善，生产效益一直下降，致使公司无法运行，2003年公开拍卖，改制成为股份制企业。2004年完成产量37800吨，工业产值6210万元。

绥港人造板公司（原装饰板厂）　位于县城工业街，占地面积4.8公顷，资产总额1078万元，有竹胶板、木模板2条生产线，年产量3000立方米。2004年完成产值6210万元。

金宁木业公司（原松香厂）　位于长铺子苗族乡小水村，距县城2千米。厂区总面积15900平方米，建筑面积5000平方米，由浙商投资1800万元购买县松香厂并转产而成。该公司主要生产杉芯细木工板，用于家具、装饰行业。2004年完成产值4067万元，实现利税88万元。

亿佳竹业有限公司　位于袁家团工业经济开发区。系2004年3月引进的一家规模较大的省外企业，属江西康达集团控股公司，总投资2200万元，占地面积3.1万平方米，其中厂房建筑面积1.4万平方米，主要设备由德国、中国台湾购进，属竹材精深加工技术先进企业。年加工楠竹200万根，以生产出口竹地板成品为主，产品销往全国各大城市，并出口美、日、韩、澳等10多个国家和地区。年产值6000万元，上缴税金100万元。

绥宁龙林水泥有限公司（原水泥厂）　位于长铺子苗族乡溶岩村。1972年元旦建成投产，设计为日产水泥10吨。1995年，扩建44000吨/年生产线。1998年，扩建到88000吨/年。后由于经营管理不善，企业一直处于困境，资不抵债。2004年，公开拍卖，成为股份制企业。2005年，年产10万吨水泥，创产值878万元。

第三章　技术改造与企业管理

第一节　技术改造

1978—2005年，全县工业企业累计注入技术改造资金4.5亿元，新建、扩建项目40个，开发长效新产品11个，即县木工厂的胶合板和刨花板、县竹艺厂的竹编层压板、县化工厂的甲醛、县电磁线厂的电磁线、县酒厂和县皮鞋厂的铅笔、县造纸厂的半透明纸、县印刷公司的电脑照相制版、绥港人造板公司的高强复塑竹木板、县联纸公司的绝缘纸板、县奇山公司的换气去湿机。

绥宁木工厂原是一个单纯生产简易木器家具的企业，所有工序全是人工操作，1980年产值69万元。1982年开始，投资220万元建胶合板车间，1984年建成投产，生产胶合板1620立方米，产值228.3万元，利润7.5万元；同年更名为绥宁胶合板厂。1987年2月，开始扩建刨花板车间，1989年元月竣工投产，材料利用率由40%提高到90%。到1995年，年产值达到1378万元，是1980年的20倍。

县竹艺厂是个手工操作的竹艺小厂。1980年产值30万元。1985年引进新技术，建成年产40万平方米的竹编层压板车间，实行生产流程的半机械化。1989年，产品名称改为竹胶板，当年生产298立方米，实现产值100万元，销售收入85万元。1993年，投资150万元增加设备、扩大生产。到1998年产值突破1000万元，2000年达到1364万元。

县化工厂是一个生产活性药用炭的小厂。1980年产值37万元。1989年投资160万元建成年产5000吨甲醛生产车间。1998年，投入60万元进行技术改造，年生产能力上升为1万吨。2000年，投入160万元扩建年产2万吨生产线，形成年产3万吨甲醛生产能力。2001年生产甲醛16280吨，产值1953.6万元。为安排富余劳力上岗，1993年投入20万元兴建一条杨梅蜜饯生产线；1995年投入80万元扩建豪华防盗门生产车间，所产豪华防盗门在1997年全国（HN）新技术新产品交易会上获科技创新金奖。

县电磁线厂的前身是县羽毛球厂。1986年为求生存、求发展，确定上电磁线生产项目。3月开始筹建，11月正式投产，翌年9月产品经鉴定符合国家标准。1988年6月，绥宁电磁线厂正式成立。1995年，实现产值998万元。

国营企业和以后的规模企业技术改造和新产品开发，由过去的单一银行贷款，改为多渠道投资、多方面开发。如绥宁人造板公司高强度复塑模板是1990年与中南林学院共同研究开发的新产品，曾一度因资金困难无法生产，经过厂厂联合，让县联纸公司占51%的股份进行控股后，该厂又恢复生产并有新发展；县联纸公司原是单一的造纸袋纸的生产厂家，江瑞丰当法人代表以后，不断扩大生产规模，由1个造纸车间发展到5个造纸车间，同时开发新产品，新上绝缘纸板、浆板纸等，实行多元化经营。公司投资2400万元，新建8条竹胶板生产线，年产3万立方米竹胶板；投资3377万元建成绿洲电站，投资1140万元兴建界溪口电站，投资1200万元修建河口电站，3个电站总装机容量4.7万千瓦；另投资2000万元修建界溪口冶炼厂。

表 14-3-1　**1978—2005年绥宁县轻工系统企业技术改造情况一览表**

企业名称	项目名称	性质	规模	投入资金（万元）	建设时间
南方板业	家具生产流水线	改造	—	15.0	1978年
南方板业	胶合板生产车间	扩建	2000米^3/年	220.0	1980—1984年
南方板业	小板生产车间	扩建	—	60.0	1985年
南方板业	刨花板生产车间	扩建	3000米^3/年	163.4	1985—1987年
南方板业	竹胶板生产车间	扩建	3000米^3/年	300.0	1999年
化工厂	炭化活化炉	改造	—	10.0	1985年
化工厂	甲醛生产车间	扩建	5000吨/年	160.0	1988年
化工厂	甲醛生产车间	技改	—	60.0	1998年
化工厂	甲醛生产车间	扩建	—	160.0	2000年
化工厂	杨梅蜜饯	技改	—	20.0	1993年
化工厂	防盗门生产车间	扩建	2000条/年	80.0	1995年
服装厂	成衣生产车间	改造	—	8.0	1987年
服装厂	二轻大厦	新建	—	40.0	1987—1988年
服装厂	塑料编织袋	技改	—	15.0	1989年
服装厂	合成液化气	引进	—	4.0	1993年
中友公司	企业搬迁	新建	—	20.0	1983年
铅笔板厂	修建厂房	新建	—	12.0	1986年
铅笔板厂	塑料水管生产	技改	—	10.0	1992年
铅笔板厂	铅笔板生产线	技改	—	15.0	1994年
竹胶板厂	竹编层压板生产线	扩建	40万米^2/年	78.0	1984—1985年
竹胶板厂	竹胶板生产车间	改造	3000米^3/年	150.0	1993年
竹胶板厂	竹胶板生产车间	扩建	5000米^3/年	179.0	1999年
电磁线厂	扩建搬迁	扩建	300吨/年	50.0	1990年
电磁线厂	电磁线生产线	扩建	300吨/年	50.2	1986年
电磁线厂	无氧铜杆生产线	扩建	2000吨/年	80.0	1993年
宏盛板业	缝纫机台板生产线	技改	—	10.0	1982年
宏盛板业	胶合板生产线	技改	2000米^3/年	30.0	1993年
吉鸿纸厂	建绝缘纸厂	新建	1500吨/年	886.9	1993—1995年
合计	28个项目	—	—	2886.5	—

第二节　企业管理

生产经营管理　1978年以后，对全民所有制和集体所有制企业生产经营管理进行全面改革，改指令性计划为指导性计划，并与市场调节相结合，给企业以自主权，实行厂长负责制。1987年初，县经委与各企业厂长签订《目标管理合同书》，确定生产任务和质量。厂长将生产任务分解到班组，生产好坏与工资奖金挂钩。1990年，开始第二轮经营承包责任制。对产销比较稳定、发展潜力大的企业，实行上缴利润递增包干，超收分成的办法；对产销不稳定、发展困难的企业，实行利润递增包干，超收全留的办法；对个别企业实行包死基数，固定上缴。1996年，全面推行股份制或股份合作制，企业成为商品生产独立的主体，与政府完全分离，由董事会领导下的厂长、经理管理，监事会、职工委员会监督，厂长、经理行使权力，工人占有股份。由于缺乏经验，股份制企业这一经营模式导致不少企业管理混乱，造成破产重组。完全实行市场管理职能后，政府落实国家宏观调控政策，负责全县规模企业经济运行的监控分析，提出指导性计划，对企业提供指导、服务，为企业协调关系，负责行业管理的计划编制工作，做好优化经济环境工作，以确保投资者的合法权益，强化企业生产经营的独立自主功能。

产品质量管理　全县各企业都建立起自己的产品质量管理体系。大中型企业都建立产品质量检查科室，班、组、车间都有质检员，小企业也配备有质检员。1978—2005年，绥宁有绞股蓝茶获全国金鹰奖，醋酸香波获湖南优质产品奖，金屋塘水传奇矿泉水获全国饮用水金质奖，细木工板得到ISO14000环保标准体系认证，全县生产的木模板、竹胶板、水泥纸、化工产品、实木高档家俬，都符合国家质检标准。

安全生产管理　20世纪80年代起，各企业都配备有安全生产员，大中型企业还建立健全安全生产管理系统，县成立安全生产管理局。实行责任承包后，安全生产列入承包项目。企业成为独立的商品生产主体自主运行后，更加重视安全生产，都自觉接受劳动、安监、质监和公安部门的监督、检查，根据需要配齐安全、消防设备。

第四章　电力工业

第一节　电力工程

绥宁县水能资源理论蕴藏量26.18万千瓦，技术可开发量18.8万千瓦，经济可开发量16.2万千瓦。1978年前，全县仅有8座电站，年发电量1180万千瓦时。1978—2000年，全县建成电站38座，装机73台、25215千瓦，其中：国营电站5座、装机16台、18120千瓦，集体所有制电站32座、装机55台、6595千瓦，股份制电站1座、装机2台、500千瓦。2001年起，全县股份制水电站建设速度加快，至2005年底，全县共建成股份制水电站18座，装机35台、30770千瓦。

2005年，全县有投产运营的水电站67座，装机135台，84245千瓦，为1997年的23.6倍；发电量32096万千瓦时，为1997年的17.3倍。年内全县建电站26座，设计装机容量16710千瓦。当年县内有35千伏变电站7座，110千伏变电站1座，35千伏输电线路10条计121.4千米，110千伏输电线路1条计31.4千米。全县100%的乡镇、村、组和农户通电。

一、输电线路

1980年，架设江口塘电站至城关变电站的县内首条35千伏高压输电线路，简称江长线，全长13.70千米。1982年底，由邵阳地区武冈供电所架设江口塘电站至茅坪变电站（位于城步）的35千伏输电线路竣工投产，全长21千米，简称江茅线。通过江茅线路，县域电网并入邵阳地区西部电网运行，电能质量及负荷调节能力得到初步改善。

1984年，架设荣岩电站至城关变电站的35千伏输电线路，长5.3千米；1986年，架设江口塘电站至李熙桥变电站的35千伏线路，长40千米。另有县联合造纸厂出资架设该厂至乐安铺乐安变电站（属怀化电业局）的专用输电线路，长29千米，简称纸乐线。县域电网的供电范围渐由以县城为中心的周边5个乡镇，扩至16个乡镇。

1989年，新架武阳万福桥至瓦屋塘官路上的瓦屋塘变电站35千伏输电线路，全长17.50千米；1993年2月，为改良供电质量与保证供电，通过县联合造纸厂的35千伏变电站，实施与怀化电力局的湘中大电网一点并网运行。2000年，由县电力公司牵头，集资180万元买断纸乐线产权。至此，县域电网基本形成网络，拥有35千伏配电线路5条计105.50千米，10千伏配电线路347条计1333千米；配电变压器990台，总容量61395千伏安；低压线路全长近5000千米。2001年12月，与怀化电网脱钩，转而通过川石110千伏变电站，实施与湘中电网邵阳电业局一点并网运行，供电能力大为提高。

2000年始，全面开展农村电网改造，新架或更新低压线路976千米、10千伏线路562千米、35千伏线路96.09千米，共完成投资5594万元。其中新架35千伏输电线路如下：川石变电站至河口变电站线，长23.3千米；乐安变电站至东山变电站线，长11.3千米；瓦屋塘变电站至金屋塘变电站线，长20.13千米；川石变电站至联合造纸厂变电站线，长6.77千米；川石变电站至城关变电站线，长2.59千米；另加上述购买产权的纸乐线，合计为96.09千米。

2005年，包括此前竣工的江长、江茅、荣长、江李、万官线在内，绥宁县电网实际拥有35千伏线路201.59千米；除县网外，还有界溪口电站至联纸厂、界溪口电站至河口电站等10条35千伏输电线路，全长48.20千米。

二、变电站

1979年，县内首座35千伏变电站城关变电站动工兴建，安装主变压器2台，总容量6400千伏安。同年，江口塘电站35千伏升压变电站竣工，2台主变压器总容量为1.6万千伏安；1981年5月初，与之配套的35千伏输电线路江长线投运；1982年，县电网通过江口塘升压站，与邵阳地区茅坪35千伏变电站联网运行。

1983年12月，绥宁县被定为全国首批百个农村电气化初级阶段达标试点县。农村小水电迎来首轮大发展的机遇，与之相配套的线路以及变电站的建设也进入快速发展期。1986年，建成李熙桥35千伏变电站，主变压器1台容量2000千伏安；城关变电站增装主变压器1台容量6300千伏安。1989年，兴建瓦屋塘35千伏变电站，装主变压器1台2000千伏安；建设在市变电站，装主变压器1台2000千伏安，县内25个乡镇全部实现联网供电。是年，顺利通过农村电气化初级阶段的验收达标。

1993年12月，县电力公司投资90万元，在怀化电业局乐安变电站增设12500千伏安增容变压器1台，用于保证县网内枯水期用电需求。

随着农村电网改造工程的启动，老站技改与新站建设全面启动，交叉进行。2000年，在市变电站率先完成技改，变电容量增为1×3150千伏安；2001年，河口变电站（1×2000）千伏安、东山变电站（1×2500）千伏安相继竣工；2002年，李熙桥变电站（1×3150+1×2000）千伏安技改完成；2003年，瓦屋塘变电站（1×4000）千伏安、城关变电站（2×6300+1×4000）千伏安改造竣工；2004年新建金屋塘变电站（2×3000）千伏安投产。2005年，县网有变电站7座，共有主变压器11台，总容量39400千伏安。

三、小水电

绥宁县地方小水电的发展分为3个阶段：

从1971年7月1日县荣岩电站一期工程的1、2号机组发电至1981年5月1日县江口塘电站一期工程竣工投产为起步阶段。其间，县内建成小水电169处，装机203台，总容量14750

千瓦，农村小水电开始起步。

1983—1989年为发展阶段。1983年，县委、县政府力争建成全国首批农村电气化初级阶段达标试点县，在全县进一步发展小水电。其间，江口塘电站二期工程、洛口山水库梯级电站相继投产。1988年，开始兴建年发电550万千瓦时的枫木团电站。随着电源的增多以及单机容量的提高，户平均用电量以及人年均用电量达标，1989年，绥宁县成为全国首批百个农村电气化初级阶段达标县之一。

2000—2005年为飞跃阶段。2000年起，县内小水电飞速发展，民营小水电站纷纷开建。2003年和2004年金屋塘瀑布江电站、荣岩发财冲电站、县城绿洲电站、金屋塘万紫电站、界溪口电站等相继投产营运。至2004年底，县内有18处新建小水电站竣工投产，装机35台，总装机容量30770千瓦。2005年，龙江、哨溪、河口、高梅、江抱、赤板、曹子冲、大湾塘、青坡一级、岳溪江等电站先后建成投产。是年，全县共有水电站67处，总装机容量83245千瓦，年发电量32096万千瓦时，比1990年增加25518万千瓦时。

表14-4-1　　1978—2005年绥宁县小水电装机容量及年发电量统计表

年份	电站处数（处）	装机台数（台）	装机容量（千瓦）	年发电量（万千瓦时）	备注
1978年	134	152	6319		—
1979年	150	168	7091		—
1980年	156	188	7067		—
1981年	163	196	13955		江电1、2号机投产
1982年	169	203	14750		—
1983年	169	203	14750		电气化试点开始
1984年	192	229	15782		—
1985年	194	234	22100		江电3、4号机投产
1986年	193	227	22555		—
1987年	193	227	22662		—
1988年	195	227	23350		—
1989年	135	165	22813	6262	电气化达标
1990年	136	177	23453	6578	—
1991年	134	175	23454	7694	—
1992年	124	165	23576	7103	百年大旱
1993年	96	138	24396	8459	与怀电并网运行
1994年	38	73	24090	9470	50千瓦以下不计
1995年	39	75	25050	8081	50千瓦以下不计
1996年	38	67	24550	7824	50千瓦以下不计
1997年	38	67	24550	10430	50千瓦以下不计
1998年	38	67	25100	9798	50千瓦以下不计
1999年	39	69	24875	8464	50千瓦以下不计
2000年	39	71	25300	9743	50千瓦以下不计
2001年	38	69	25170	10290	50千瓦以下不计
2002年	39	74	26510	11477	50千瓦以下不计
2003年	43	86	40810	17238	50千瓦以下不计
2004年	58	105	76485	20360	50千瓦以下不计
2005年	67	135	83245	32096	50千瓦以下不计

说明：表中空白格为统计数据缺失

表 14-4-2

2005 年绥宁县电站情况表

电站名称	电站所在地	所在水系	集雨面积（平方千米）	设计水头（米）	装机容量（千瓦/台）	年发电量（万千瓦时）	投产年月
江口塘	关峡乡	巫水	1605.0	30.5	12800/4	5133	1981 年 5 月
荣 岩	长铺子乡	巫水	2032.0	10.6	2000/4	1074	1971 年 7 月
枫木团	枫木团乡	巫水	24.0	282.0	1000/2	550	1993 年 10 月
洛口山 一级	白玉乡	蓼水	31.4	82.0	1000/2	351	1986 年 12 月
洛口山 二级				22.0	320/2	107	1990 年 5 月
洛口山 三级				80.0	720/2	228	1980 年 3 月
禾木团	金屋塘镇	蓼水	22.6	36.0	75/1	25	1979 年 10 月
小水江	金屋塘镇	蓼水	25.8	132.0	500/2	290	1995 年 12 月
庙 湾	梅坪乡	蓼水	6.0	21.0	55/1	15	1983 年 5 月
飞 蛾	梅坪乡	蓼水	96.0	4.6	55/1	15	1980 年 7 月
双 江	梅坪乡	蓼水	67.0	18.0	480/3	15	2000 年 12 月
十二湾	瓦屋塘乡	蓼水	4.3	67.0	200/1	40	1972 年 7 月
洛口洞	水口乡	蓼水	35.0	41.0	250/2	95	1978 年 7 月
陡山脚	唐家坊镇	蓼水	33.3	80.0	400/2	210	1979 年 8 月
虹 山	黄土矿乡	蓼水	6.5	105.0	400/2	120	1981 年 8 月
岩山庙	红岩镇	蓼水	720.0	7.0	375/3	170	1973 年 5 月
秀 水	武阳镇	蓼水	36.4	32.0	125/1	20	1970 年 1 月
黄鳝水	武阳镇	蓼水	3.0	141.0	325/2	74	1999 年 3 月
干 坡	武阳镇	蓼水	5.0	48.0	55/1	15	1981 年 7 月
吊水洞	关峡乡	巫水	5.5	187.0	400/2	90	1982 年 12 月
石 脉	关峡乡	巫水	401.0	7.0	250/2	70	1968 年 10 月
虾子溪	长铺镇	巫水	125.0	4.5	75/1	25	1973 年 7 月
大门洞	长铺子乡	巫水	46.0	35.8	500/2	175	1995 年 5 月
黄泥井	枫木团乡	巫水	6.0	73.0	130/2	25	1986 年 9 月
石 仓	枫木团乡	巫水	4.5	68.0	125/1	20	1984 年 4 月
白水洞	麻塘乡	巫水	92.6	27.6	400/2	145	1986 年 12 月
雷响洞	河口乡	巫水	2.3	164.0	125/1	35	1982 年 11 月
河 口	河口乡	巫水	14.6	43.0	55/1	30	1971 年 7 月
响水洞	竹舟江乡	巫水	18.0	35.0	130/2	38	1979 年 8 月
芷 坪	党坪乡	巫水	7.0	67.0	150/2	38	1980 年 7 月
石桥口	党坪乡	莳竹水	27.2	41.0	150/2	35	1979 年 9 月
潭泥水	黄桑坪乡	巫水	7.0	132.0	150/2	65	1986 年 11 月
刘家冲	黄桑坪乡	莳竹水	4.8	105.0	125/1	35	1980 年 7 月
岩坝塘	在市乡	莳竹水	216.0	4.8	55/1	26	1983 年 4 月
岩 塘	在市乡	莳竹水	312.7	6.2	320/2	130	1989 年 12 月

续表 14-4-2

电站名称	电站所在地	所在水系	集雨面积（平方千米）	设计水头（米）	装机容量（千瓦/台）	年发电量（万千瓦时）	投产年月
东　风	在市乡	莳竹水	16.6	96.0	400/2	115	1984 年 1 月
大　田	朝仪乡	巫水	7.9	41.0	225/2	25	1985 年 12 月
地　胡	鹅公岭乡	巫水	37.5	17.0	200/2	30	1980 年 7 月
金子岭	东山乡	渠水	0.8	105.0	200/1	25	1976 年 12 月
文　江	乐安铺乡	渠水	17.5	13.0	55/1	20	1981 年 4 月
瀑布江	金屋塘镇	蓼水	13.0	218.0	1000/2	390	2002 年 12 月
发财冲	长铺子乡	巫水	1865.0	9.6	2500/1	1260	2003 年 5 月
绿　洲	长铺镇	巫水	1940.0	5.0	2000/2	1230	2003 年 5 月
鸿　顺	党坪乡	莳竹水	405.0	6.2	500/2	230	2003 年 12 月
刘　家	长铺子乡	巫水	6.9	160.0	410/2	165	2003 年 5 月
森　鑫	乐安铺乡	巫水	39.0	20.0	320/2	110	2004 年 3 月
新华一级	金屋塘镇	蓼水	3.21	75.0	160/1	45	2004 年 4 月
姚家一级	金屋塘镇	蓼水	3.2	199.0	320/2	128	2004 年 5 月
大　龙	李熙桥镇	蓼水	185.0	7.0	100/1	45	2004 年 4 月
界溪口	党坪乡	巫水	2220.0	21.8	16000/4	7421	2004 年 9 月
抱　龙	联民乡	巫水	46.0	109.0	2250/2	830	2004 年 10 月
野牛洞	麻塘乡	巫水	33.6	78.5	640/2	260	2004 年 8 月
金盆岭	金屋塘镇	蓼水	3.0	215.0	400/1	120	2004 年 8 月
万　紫	金屋塘镇	蓼水	6.6	260.0	1260/2	448	2004 年 10 月
红　岩	金屋塘镇	蓼水	11.0	162.0	800/2	342	2004 年 8 月
张家湾	金屋塘镇	蓼水	6.5	150.0	670/3	205	2004 年 10 月
洋　垅	金屋塘镇	蓼水	4.7	285.0	800/2	248	2004 年 9 月
青坡一级	河口乡	河口溪	12.0	140.0	640/2	240	2005 年 4 月
姚家二级	金屋塘镇	蓼水	4.5	72.0	160/1	42	2004 年 5 月
河　口	河口乡	巫水	2849.0	17.0	20100/3	8200	2005 年 10 月
江　抱	联民乡	巫水	65.0	101.0	2850/2	1074	2005 年 7 月
大湾塘	黄桑坪乡	莳竹水	148.0	17.0	1000/2	340	2005 年 10 月
曹子山	长铺子乡	巫水	10.0	210.0	800/2	270	2005 年 5 月
赤　板	黄桑坪乡	莳竹水	58.0	20.3	400/2	139	2005 年 9 月
哨　溪	长铺子乡	白岩水	101.0	8.7	400/2	160	2005 年 7 月
岳溪江	金屋塘镇	蓼水	36.8	20.5	320/2	136	2005 年 6 月
新华二级	金屋塘镇	金屋溪	4.1	200.0	320/2	132	2004 年 5 月
龙　江	梅坪乡	蓼水	126.6	10.2	570/2	206	2005 年 7 月
高　梅	麻塘乡	麻塘溪	4.0	150.0	200/2	87	2005 年 6 月

第二节　电力供应

生活用电　1981年，随着县属江口塘电站一期工程竣工投产和一批高压输电线路的建成，县城及大部分乡镇（公社）的农业生产、群众生活用电得以基本解决。1987年，全县年生活用电量达1000万千瓦时，占当年全县总用电量的23%。1990年，绥宁县成为全国初级农村电气化达标县和湖南省农村电气化县。全年生活用电量为1868万千瓦时，占年总用电量的29%。2000年后，县内每年生活用电的绝对值与相对值都呈逐年上升趋势，2004年，年生活用电量达4000万千瓦时，占年总用电量的28%以上。2005年，全县年生活用电量4925万千瓦时，比1990年增加3057万千瓦时，户均用电525千瓦时，比达标时增加65千瓦时。

工业用电　1982年，县办工业与县电网范围内的社队企业共用电950万千瓦时，占全县总用电量的56.8%，其中县办工业用电858万千瓦时、社队办工业用电92万千瓦时。1987年，县电网供区内各类工业用电上升到2972万千瓦时，是5年前的3倍，占全县总用电量的66.9%，其中县办工业用电2122万千瓦时、其他工业用电850万千瓦时。1990年，县内工业用电量为4466万千瓦时。1993年，县电网通过联合造纸厂变电站实现与怀化电力乐安变电站并网运行之后，供电数量与质量明显上升，高能耗的冶炼厂、铁合金厂等纷纷开工。1995年和2000年，全县工业用电量分别为5358万千瓦时和6427万千瓦时。2005年，全县工业用电量达7072万千瓦时。

农业用电　20世纪80年代初，县内农副产品加工和电排电灌用电需求增加，农业用电开始上升。1982年，县电网范围内的农业生产用电量达320万千瓦时，占全县当年总用电量的19.1%，其中农副产品加工用电304万千瓦时、提灌用电16万千瓦时。1987年，县网内农业用电上升至450万千瓦时，占当年全县总用电量10.1%；1990年，县网内农业用电增至1786万千瓦时，占当年全县总用电量的27%以上。此后，所占比重逐年增加。1999年下半年开始，实施农村电网“两改一同价”（农村电网改造、农电体制改革，城乡用电同网同价），对农村电网实施改造，撤销24个乡镇电管站，成立直属县电力部门的乡镇供电营业所，取消原乡（镇）村组片等供电环节。经过农网改造，农电线损率明显下降，供电质量明显提高。至2005年，每年可为农民减轻用电负担780万元，人均减负30元。

第三节　电力管理

机构队伍　1981年，县城关变电站成立；1984年合并到县水利电力局电力股，成立县小水电公司；次年再次分设县城关供电所；1987年更名为县供电所；1988年，成立县电力公司，辖县电网范围内所有发供电单位和乡镇电管站；1989年，将荣岩电站、江口塘电站、洛口山水库剥离归口县水利局，县电力公司专营供用电管理。2002 年 7 月 24 日，县电力公司与省电力公司签署资产划转协议：绥宁县电力净资产 51%的股份（计币 349.88 万元）上划省水利电力有限责任公司；原县电力公司成为省水利电力有限责任公司与县政府（由县水务局代管）共同控股的子公司，更名为绥宁县电力有限责任公司，下辖城关、李熙桥、瓦屋塘、在市、东山、河口、金屋塘 7 个 35 千伏变电站。2005 年底在编职工 455 人。

小水电管理 1983 年，县属国有水电站开始实施“一查五定”（查经济效益，定安全指标、生产任务、消耗定额、规章制度、人员机构）的管理办法。从 1996 年起至 2005 年，在县内所有装机容量 100 千瓦以上的乡镇办电站推广实施，施行验收颁证制度；在县属骨干电站以及 35 千伏变电站、供电所推行“千分制”评比竞赛，落实目标管理责任制，使小水电管理工作逐步实现规范化。

农网管理 1999—2005 年，县内农网改造完成。23 个乡镇、219 个行政村、49986 户直接受益。经过农网改造验收合格的乡镇村组，包括 10 千伏高压配电线路在内的高低压架空室外电力线路，一律由供电部门负责维护管理，并由供电部门对所有城乡电力用户实施抄表、收费、管理、维护“四到户”。

安全生产管理 1978—2005 年，坚持“安全第一、预防为主”的方针。公司行政一把手为第一安全责任人，实行全员、全方位、全过程落实各级安全责任制。加强安全监督工作，经常性地开展安全稽查与 24 小时查岗。每年的 4 月为安全活动月，定期开展春季安全大检查。每年的 5 月为职工安全规程考试月。凡处于生产一线的电力职工，安规与运规、操作规程每年至少举行对口的考试考核 1 次以上。同时，定期进行设备检修和质量分析。主要电气设备的完好率保持在 95%以上，设备检修成功率达 98%以上。

线损管理 1978—2005 年，县电力系统建有线损管理网络，明确线路线损专职人员，层层下达分解落实线损指标，将线损指标覆盖到每个乡（镇）、村、组线台区以及相关直接责任人。每月举行一次线损专题例会，降低损耗改善质量。建立规范的用电秩序，提高用电负荷率。2004 年底，县城主要 10 千伏高压线路实施由空中架设改为入地敷设电缆之后，偷漏电现象大为减少，仅此一项，降低线损率 1～3 个百分点。

第十五篇　城乡建设与环境保护

1978年，绥宁县城乡建设归口县建设局管理。1980年5月，成立绥宁县革命委员会建设委员会，1981年，改称绥宁县建设委员会（简称县建委）。1983年12月，县建委更名为县城乡建设环境保护局，1985年7月复名县建设委员会，1995年更名为县建设局，1996年4月再度复名县建设委员会，2002年7月又更名为县建设局。2005年，县建设局内设办公室、人秘股、法规股、工程股等4个股室及县城乡规划局、县设计院、县环卫所等二级机构和3个建筑公司，机关在编人员10人。1978—2005年，吴传玺、袁子成、张如山、周本南、刘祥云、王文海先后任县建设委员会主任或县建设局局长。

1981年3月，成立绥宁县环境保护办公室（简称县环保办），张庭仕任主任。1983年12月，撤销县环保办，建立县城乡建设环境保护局。1987年2月，成立绥宁县环境保护局，下设办公室、监测站、排污收费站、管理股，在编12人。至2005年，杨柏杞、刘慧明、罗中林先后任县环境保护局局长。

第一章　县城建设

第一节　街道和开发区建设

一、街道

2005年，县城区域主要街道由原来的10条发展到20条，街道总长度由原来的10.12千米增至37.31千米，街道路面结构由过去的砂石路面和沥青路面逐步改造成混凝土路面。县城主干道形成“两横”（绿洲大道—长征路、东正路）“两纵”（中心路、工业路—大公坪路）相互交织的格局。

绿洲大道　绿洲大道全长3.2千米，其中交警大队至两路口段长1.21千米，道路拓宽至58米（机动车道宽22.5米，非机动车道宽9米，绿化带宽5.5米，人行道宽21米）；两路口至杉木坳段长1.73千米，道路宽36米（机动车道宽15米，人行道宽21米）。两段道路由直径为121米的绿洲大道广场转盘（其中花坛直径为70米）相连。该大道原系省道1805线（今S221）

过境公路，路宽不足10米，沥青路面，损坏严重。1995年12月，县委、县政府决定将该路段改建为绿洲大道。按照国家一、二级公路和城市道路的标准设计、施工，路面全部改为混凝土路面，人行道全部铺装彩色人行道板，沿线安装路灯和进行立体绿化。在转盘花坛内建有不锈钢大型雕塑。改建工程12月25日动工，总投资3500万元，共征地23.99公顷，拆迁房屋58座，建筑面积26260平方米，开挖土石方42.7万立方米。1996年10月1日竣工通车。之后，机关、学校、企事业单位以及私人纷纷投资，在绿洲大道两侧按统一规划修建房屋，形成县城最宽阔的街道。

长征路 长征路东起两路口，西至茶山界，全长3.285千米，车道宽24米。原系省道1805线（今S221）的一段，1958年建成通车，为砂石路面。1985年改造成沥青路面。1996年10月，将路面改建成混凝土路面，两边人行道铺装彩色人行道板。采取适当经济补偿的方式，将路旁所有木结构民房全部拆除，逐步改建成砖混结构或钢筋混凝土结构楼房。

东正路 东正路东起县人民检察院（原址），西至县建筑公司，全长787米，宽25米。始建于1954年，1972年扩建，路面结构由原来的砂石路面改为沥青路面。2004年9月，通过县财政拨款、沿途受益单位和个人集资、砂改油专项资金及县城客运经营权拍卖等多种渠道，筹集资金230万元，对该路进行改造。拆除道路中间原来的绿化带，重新部署道路断面，路面结构由原来的沥青路面改成混凝土路面；扩改、疏通原有下水道；电力、电信、有线电视等管线全部入地；更换人行道板、人行道侧缘石，人行道绿化统一栽植广玉兰树。同年冬，改造工程竣工通车。

中心路 中心路南起长铺大桥，北至长铺二小。全长1830米，宽25米。分为两段，其中长铺大桥至农贸市场段始建于1954年，为砂石路面，1972年改造为沥青路面；农贸市场至长铺二小段建于20世纪80年代，沥青路面。1996年，进行改造，从县政府门口至县农机局段降坡2米，路面结构改成混凝土路面，两边人行道全部铺装彩色人行道板。2004年9月，再次投入资金310万元进行改造。人行道板、人行道侧缘石全部改成大理石板材，电力、电信、有线电视等管线全部入地，扩改、疏通原有下水道；县交通局与县劳动服务公司保坎全部用艺术瓷砖贴面，两边护栏全部换成不锈钢护栏；原简陋的路灯全部改装成华灯，并将绿化树统一栽种成香樟树。

工业路 工业路南起县第一中学造纸厂，北至县人造板厂（后延伸到神滩公园），全长2400米，宽9米。建于1959年，为砂石路面。1985年改建为沥青路面。1998年6月，采取以沿线受益单位集资为主、县财政适当补贴为辅的方法，投资158万元进行改造，将路面结构改建成混凝土路面，路边安装侧缘石，修建下水道1389米，人行道铺装彩色人行道板，安装路灯45盏，其中抱箍灯23盏、带杆路灯22盏。

大公坪路 大公坪路南起南方板业有限公司（与省道S221线相接），北至县第一中学造纸厂，全长1500米。原为环城砂石路，宽窄不一，弯多坡陡。1998年10月，采取财政拨款与公路沿线受益单位和居民集资相结合的办法，投资155万元进行改造，将路面改为6米宽的混凝土结构路面。同年底竣工通车。

此外，人民路、大众路、沿河东路、坪溪路、长河路、沿河路、长铺老街、长枫路、黄桑路、枫香路、文家寨路等也先后进行改建或扩建。

表 15-1-1　　　　**绥宁县城主要街道基本情况表**　　　　单位：米

道路名称	始建年份	改建年份	起点	止点	长	宽	路面结构
绿洲大道	1958 年	1995 年	杉木坳	两路口	1725	36	混凝土
			两路口	县交警大队	1211	58	混凝土
中心路	1954 年	2004 年	长铺大桥	长铺镇第二小学	1830	25	混凝土
东正路	1954 年	1972 年 2004 年	县人民检察院	县建筑公司	787	25	混凝土
工业路	1959 年	1998 年	县第一中学造纸厂	神滩公园	2400	9	混凝土
人民路	—	1992 年	县人大	县橡胶厂	2329	24	沥青
林海路	—	2004 年	县人民检察院	穿石	3236	20	混凝土
长枫路	—	2004 年	长铺镇第二小学	袁家团	3334	20	沥青
沿河路	1955 年	1983 年	县公安局制药厂	长铺镇第二小学	2256	12	沥青
大公坪路	—	1998 年	南方板业有限公司	县一中造纸厂	1580	6	混凝土
长河路	1958 年	1999 年	县农机局	长铺镇第二小学	711	10	混凝土
大众路	—	1999 年	县肉食水产公司	县老干局	649	8	混凝土
文家寨路	1958 年	—	县农机局	县殡仪馆	1025	10	混凝土
沙湾路	1979 年	—	两路口	沙湾	1781	12	砂石
枫香路	—	2005 年	长铺镇第一小学	滑塘口	1835	15	沥青
坪溪路	—	1998 年	坪溪桥	平溪村	2040	25	混凝土
长铺老街	清代	1960 年	长征路接口	虾子溪	493	15	混凝土
长征路	1958 年	1985 年	两路口	茶山界	3285	24	混凝土
沿河巷	1958 年	1996 年	沿河路	县影剧院	200	6	混凝土

二、开发区建设

袁家团工业经济开发区　袁家团工业经济开发区总体规划面积 450 万平方米，2003 年破土动工，2005 年建成。区内道路为混凝土结构，道路两旁 7 大工业集团落户，新建工厂总面积 15389.5 平方米。

川石开发区　川石开发区规划面积 54.4 万平方米，人口 6500 人。2003 年 5 月破土动工，计划投资 3 个亿。2005 年底，已完成土地平整、防洪堤和区内主干线道路建设。

第二节 房屋建筑

一、公房建设

1978—1995 年，县内行政事业单位修建的公房主要有县委县政府大院，县人大、县政协办公楼和宿舍楼；工业企业修建的公房主要有位于工业路北端西侧的县造纸厂和县联合造纸厂厂房、办公楼、住宅楼；商业企业修建的公房主要有分布于中心街南端两侧的百货、五交化、副食、饮食、肉食水产、生产资料、贸易、果品、药材等公司的营业和住宅楼；服务行业修建的公房主要有绿洲宾馆、林海公寓、县影剧院、中心农贸市场等。1995 年后，县邮政大楼、县烟草公司大楼、县电信公司大楼、飞凤大厦、县人民法院大楼等单位办公大楼和职工宿舍大楼先后在中心路、绿洲大道、人民路两侧落成。

表 15-1-2　　2005 年绥宁县城临街主要标志性房屋建筑情况表

建筑物名称	位置	层数（层）	结构
县政协办公楼	中心北路东侧	4	砖混
水电大厦	中心北路东侧	6	砖混
县人民银行	中心北路东侧	6	砖混
县财政局办公楼	中心北路东侧	6	砖混
中心农贸市场	中心北路东侧	6	框架
县农机局办公楼	中心路东侧	4	砖混
电信大楼	中心路东侧	5	框架
科教馆	中心路西侧	7	砖混
县新华书店	中心路西侧	6	砖混
飞凤大厦	中心路与东正路交叉口	8	框架
移动大楼	中心路东侧	6	框架
客运总站	长征路西侧	6	砖混
交警大楼	绿洲大道北侧	7	框架
县木材总站	绿洲大道南侧	7	框架
邮政大楼	绿洲大道南侧	6	框架
矿业大楼	绿洲大道北侧	7	框架
交通大楼	绿洲大道南侧	7	框架
县中医院门诊大楼	长征路南侧	6	砖混
国税大楼	东正路南侧	8	框架
林海公寓	东正路北侧	6	砖混
县农业银行	东正路南侧	6	砖混
县建筑公司	东正路西端南侧	7	砖混
县人民医院门诊楼	东正路东段北侧	5	砖混

续表 15-1-2

建筑物名称	位置	层数（层）	结构
县人大办公楼	人民路南端	5	砖混
地税大楼	人民路西侧	7	砖混
县信用联社综合楼	人民路东侧	7	框架
县人民法院	人民路东侧	7	框架
绿洲宾馆	中心路西侧	7	框架
县烟草公司大楼	绿洲大道北侧	7	框架
电信大楼	绿洲大道南侧	7	砖混
县种子公司综合楼	绿洲大道南侧	7	砖混
县人寿保险公司大楼	绿洲大道南侧	7	砖混

二、民居建设

20 世纪 80 年代后，县城地基日趋紧张，村（居）民在山边、路旁、河岸砌高坎、填地基，修建 2～4 层砖混结构或钢筋混凝土结构楼房 2.6 万平方米。其平面布局一般为 4 排 3 间或 5 排 4 间，正中为客厅，两侧为套间卧室，屋顶盖青瓦或捣制平顶，楼房外墙装饰水刷石。1985 年，民房总面积 11.7 万平方米，人均 14.4 平方米。1988 年，长铺老街发生火灾，木房大部被烧毁；灾后重建，新房屋一律建为 3～7 层砖混结构楼房。20 世纪 80 年代末期，民房建设开始向综合型发展。1990 年，县城实有住宅总面积 33.71 万平方米，人均 16.36 平方米。1995 年，县委、县政府鼓励村（居）民在县城购地建房。1995—2004 年，私人在县城绿洲大道、人民路、沿河东路等地购地建房者 951 户，建房面积 54.867 万平方米，其中县城居民户建房 722 户、建房面积 44.85 万平方米，农民进城建房 229 户、建房面积 10.01 万平方米。至 2005 年，县城人均居住面积达到 24.2 平方米。

表 15-1-3　**1995—2004 年绥宁县城私人建房情况表**　单位：户、平方米

年份	县城居民户建房		县城农业户建房		小计	
	户数	面积	户数	面积	户数	面积
1995 年	43	15885	—	—	43	15885
1996 年	35	18507	12	6345	47	24852
1997 年	52	19866	17	8513	69	28379
1998 年	144	59334	36	14826	180	74160
1999 年	70	30036	28	15845	98	45881
2000 年	80	53337	12	3293	92	56630
2001 年	78	85000	26	8000	104	93000
2002 年	57	66500	29	8200	86	74700
2003 年	31	46900	41	22500	72	69400
2004 年	132	53158	28	12625	160	65783
合 计	722	448523	229	100147	951	548670

第三节 市政建设

绿洲广场 绿洲广场位于县城中心路西侧，2004年动工修建，2005年5月竣工，总建筑面积8000平方米，绿地面积3360平方米。栽有乔木400株、花木7.2万株，铺植草皮1600平方米，建有供市民休闲的凉亭15座、雕塑20尊、喷水池5个、假山8座、花坛40个及各种长椅、板凳、花廓等设施，是县城居民休闲的主要场所。

城市绿化 20世纪末至2005年，县城共栽植乔木14.39万株，栽花灌木1081万株，绿化面积0.32平方千米，城区绿化覆盖率为12.8%，人均公共绿地面积2.68平方米。规划设计神滩公园、民族公园和绿洲广场，对绿洲大道、中心路、东正路的绿化进行更新改造，完善道路绿化带6条、长8.5千米。县城各机关单位及个体私营户在省道1805线（今S221线）两旁栽植香樟、桂花、杜仲等乔木6.67公顷，存苗15万株，铺设草坪3.6万平方米。县城机关单位院内都种植有花草树木，有的还建有花坛、喷水池、假山、凉亭、健身器械等。至2005年，全县共有12个花园式单位，其中省级花园式单位1个（县第一中学）、市级花园式单位11个。

街道照明 1978年以前，县城只有中心路两旁安装20盏路灯照明。1978年以后街道路灯开始增多，特别是1995年以后，绿洲大道、长征路、中心路、工业路、人民路、大众路、沿河路等主要街道两旁以及长铺大桥、万家坪大桥和绿洲大桥全部安装路灯。在县城繁华的中心路和东正路交叉处、中心农贸市场前各安装高杆灯1座，并逐步将原有简陋陈旧的路灯改换成美观豪华的路灯。至2005年，县城共安装各类路灯600处，一些标志性建筑和公共场所安装照明灯、广告灯、霓虹灯。

供水 1978年，县城由第一自来水厂（1970年建成）负责供水。县城第一自来水厂仅安装小水泵1台，供水管道1900米，仅供20多个机关单位生活用水。1986年，县建委对第一自来水厂进行扩建，增补循环池、沉淀池、过滤池、加氯车间，实行人工加矾。同时安装供水主管道5307米，新建1座1000立方米清水池，日供水量2000立方米，县城大部分城区居民能饮用自来水。1990年，安装供水主管道3500米，新建1座1000立方米清水池，日供水量6500立方米。1999年，县自来水公司筹资1000万元在虾子溪修建县城第二自来水厂，2001年1月竣工。日供水量增至3万立方米，县城自来水普及率达到100%。2005年，投资180万元完成水厂安全与亮化工程。是年，县城自来水供水量292万吨。

排水 县城初建时，城区排水为雨污合流式明沟或暗沟。1981—1990年，县城累计修建下水道34处，全长7578米，主要街道两旁均改为暗沟，雨水和污水沿沟排出。到2005年，所有街道均新建或改建成符合标准的下水道。

供气 20世纪80年代，县城开始出现个体石油液化气供应点。20世纪90年代，县城逐渐普及使用灌装液化气作为生活能源。2001年3月，县燃气管理站成立，挂靠县城建管理监察大队，隶属县建设局，有职工 2 人，系全额拨款的事业单位，负责全县燃气行业经营管理和执法工作。2001 年，成立县燃气行业领导小组，下发《关于加强燃气行业清理整顿的通知》，同时成立燃气行业清理整顿指挥部，对全县燃气行业进行全面清理整顿。当年全县共有燃气行业经营户 18 家，其中石油液化气贮配站 1 家、燃气经营网点 10 家、燃气具经营点 7 家；年供气量 800 立方米，有燃气用户 6500 户。2005 年，全县燃气行业经营户达到 32 家，其中石油液化气贮配站 1 家、燃气经营点 11 家、燃气用具经营点 20 家，年供气总量 920 立方米，用气户 7162 户，其中县城 6409 户、乡镇 813 户。

环卫设施　1978 年，县城环境卫生清扫工具主要是竹扫帚、土箕、板车等。1983 年后，环卫设施开始改善，在县城修建公共厕所 2 座，沿主街修砖围垃圾箱 25 个，沿河路中段（印刷厂门口）修垃圾场 1 处。1986 年，购置多功能液压环卫车 1 台，垃圾车斗 21 个，小型翻斗车 3 辆。1987 年，添置解放牌绿化喷洒多用车 1 辆，中心街安装铸铁果皮箱 36 个，在离县城 3 千米的长铺子苗族乡小水村建大型垃圾场 1 处。1996 年，更换垃圾清运车 1 辆。2001 年，投资 40 万元在长铺子苗族乡洞溪村境内修建大型垃圾处理场 1 处。2004 年，添置洒水车、垃圾车各 1 辆，在中心路人行道设置地埋式不锈钢果皮箱 17 个，在东正路设固定果皮箱 36 个。至 2005 年，县城共有水冲式公共厕所 5 座，垃圾车 2 辆，垃圾集装清运箱 4 个，垃圾车斗 21 个，洒水车 1 辆，小型翻斗车 45 辆，大型垃圾堆放场 1 处。

第二章　乡村建设

第一节　乡村集镇建设

一、建制镇建设

2005年，县内有长铺、武阳、李熙桥、唐家坊、金屋塘、红岩6个建制镇，除县城长铺镇设长铺子外，其余5个镇治所在地分别为武阳、李熙桥、唐家坊、金屋塘和红岩。

武阳　1984年6月，撤武阳乡建武阳镇。1990年，建城区面积33.1万平方米，建筑面积22.87万平方米，人均居住面积16.9平方米。1991年，修建武阳镇中心学校。1992年，在省道1805线（今S221）两旁征用肖家村水田10公顷，进行城镇开发；将交通街路段由原来的12米拓宽到28米，并进行3千米长、12米宽的路面硬化。1993年，扩建武阳中学。1994年，征地6667平方米，修建武阳农贸市场。1995年，修建能供应8000人用水的武阳自来水厂。1998年，征地1.34公顷开发丁字街。2002年，硬化政府街。2003年，利用招商引资的方式，向县农科所征用土地3公顷开发商居小区。至2005年，武阳镇建城区面积3.6平方千米，建筑面积170.6万平方米。城区常居人口9000人，是县内第二大集镇。

李熙桥　1985年，撤李熙桥乡建李熙桥镇。1987年，该镇老街发生火灾，灾后重建，街道改铺水泥路面，拓宽至10米。1988年，修建镇中心小学、镇政府办公楼和宿舍楼、粮油大楼。1989年，投资11万元，修下水道1000米。1990年，投资42.4万元，修建电视差转台，将木电杆改为水泥杆，安装有线广播喇叭2200个。1994年，开发新农行岔路口—邮电支局路段，长200米。1998年，投资110万元，修建李熙桥中学教学楼。1999年，投资76.6万元，水泥硬化石樟脑—千把丘—下街—老农行岔路口路段，长1300米。2002年，开发浆塘岔路口段，占地5333平方米。2004年，开发老农行岔路口—李熙大桥段，水泥硬化李熙桥中心卫生院—李熙街上路段。2005年，投资65万元，修建李熙桥中心卫生院住宅楼和李熙桥中心小学宿舍楼。是年底，建城区总面积45.18万平方米，建筑面积26.32万平方米，城区人均居住面积16.85平方米。

唐家坊　1996年5月，撤唐家坊乡建唐家坊镇，进行规划修编。将原只有13米宽的街道拓宽为17.6～21米，修建下水道2000米、道路涵洞12个，硬化水泥路面1条，改装全部通信线路、电线路、高压线路，安装路灯12盏，新建镇中学教学楼和礼堂、农贸市场、粮食市场；新建、翻建、改建沿街房屋106栋，其中砖木或砖混结构楼房60多栋，建筑面积3.6万平方米。2003年，绿化带全部改为樟树和桂花树。

金屋塘　1996年7月，撤金屋塘乡建金屋塘镇。是年，投资18万元扩建城区面积，修建保坎1200米。2001年，建成南北向的中心街，宽20米，长843米，与原有老街相交成十字街。2002年，将原有城区面积扩大一倍，修建长900米、宽30米的新大街。街道两旁拆除原老式木房，改建为砖木结构或砖混结构的楼房，先后共建房屋19237平方米，人均住房面积24平方米。扩建自来水蓄水池，日供水150吨，城区居民自来水普及率达96.6%。

红岩　1996年5月，撤盐井乡，建立红岩镇；翌年1月，将原桃坪乡所辖的13个行政村划归红岩镇。至2005年，集镇先后拆迁改造民房236座，对规划区内11家单位进行拆迁重建。投资600万元对集镇内长2千米的主街道进行改造，街道路面由原宽9米拓宽为30米，并进行水泥硬化；投资30万元安装高杆灯和路灯；投资200万元修建自来水厂；投资150万元修建长1千米、宽6米的水泥街道，扩大城区面积20万平方米。新增店铺120家、摊位200个，新增城区居民1200人。

二、其他乡村集镇建设

1990年，26个乡政府驻地共占地134公顷，居住人口35300人，住房建筑居住总面积64.48万平方米，人均住房面积18.24平方米。各乡都建有林业站、企业办公室、信用社、财税所、邮电支局（邮电所、邮电代办所）、中心小学、普通中学、卫生院、广播站、电视差转台、汽车上下站；部分乡政府所在地建有卫星地面接收站、文化站（或文化中心）、电影院（或会场）、录像放映点、桌球室、招待所、集贸市场、养路工班等；除梅坪外，各乡政府驻地都形成规模不等、长短不一的街道，每个乡政府驻地都有数十家商业、饮食服务业营业场所。2005年，全县各乡政府所在地主要街道均拓宽硬化，供水排水设施齐全，街道两旁修建砖木结构或砖混结构的楼房，形成一定集镇规模。发展较快的有关峡苗族乡、在市苗族侗族乡、乐安铺苗族侗族乡、东山侗族乡、瓦屋塘乡政府所在地集镇。

关峡　关峡为关峡苗族乡政府所在地。原来街道狭窄，最宽7米，最窄4米，两侧建筑多为木质结构，低矮破旧。1978年以来，根据乡村集镇建设规划，对街道进行拓宽改造。2005年，主街已拓宽30米，次街宽24米，其余街道宽不少于16米。拓宽街道总长1200米，硬化水泥路面1500米，砂石路面1.6万平方米；修建下水道3800米，道路涵洞180米；疏通沟渠3000米；改移高压线路1200米、通信线路2800米；建成日供水量500吨水厂1座，铺设供水管道1800米；新建、改建沿街房屋300余间，建筑面积16273平方米。

在市　在市为在市苗族侗族乡政府所在地和绥宁老县城所在地。曾两次发生火灾。1986年西正街发生火灾后，复修的新房多改为砖木或砖混结构楼房。有主街2条，巷道8条，总长4250米。有桥梁3座，即西河民用桥、西河公路桥、十二步桥。1993年修建长330米、宽12米的商贸街。1996年修建长600米、宽30米、水泥路面的九龙大道。2005年修建面积为1300平方米的在市停车场。2005年，乡政府驻地集镇面积60万平方米，建筑总面积20.88万平方米，人均住房面积18.7平方米。

乐安铺　乐安铺为乐安铺苗族侗族乡政府所在地。1996年起，陆续完成集镇主要街道两边100多座旧房拆迁，新建门面128个；投资150万元修建和硬化民营大道1200米；投资10万元，修建下水道 2000 米；投资 80 万元在中心广场安装高杆灯 1 座，安装路灯 40 盏；投资 46 万元，修建具有民族特色的民族风雨亭和人民活动广场；投资 120 万元建成自来水厂 2 处，日供水 400 吨，自来水普及率达 100%；投资 14 万元修建农贸市场和仔猪交易所，摊位 300 个；投资 8 万元修建乡文化站。2005 年，乡政府驻地集镇面积 0.62 平方千米，人均住房面积 38 平方米。

东山　东山为东山侗族乡政府所在地。1990 年开始，相继修建靖洪国防公路和东文、东鹅等公路，拓宽硬化城区段路面 8000 米，并安装路灯，许多居民在街道两旁修建 3～5 层砖木或砖混结构的楼房。1993—1997 年，修建东山牲畜交易市场、供销社、农贸市场。1998—2003 年，修建信用社、邮政电信所、乡政府办公楼、林业站办公楼、东山中学教学大楼、东山中学、供电所和民俗历史文化博物馆。2005 年，投资 100 万元新建占地 4000 多平方米的综合农贸市场；投资 30 万元建成东山中心卫生院门诊大楼；建成自来水厂 1 个，日供水量 200 吨。同时多方筹资，对民族古迹“飞山庙”进行维修。

瓦屋塘　瓦屋塘为瓦屋塘乡政府所在地。1990 年，集镇内万江公路铺就柏油路，丁字路口至乡政府大院路面进行硬化；修建瓦屋塘乡医院门诊大楼。1997 年，投资 150 万元修建瓦屋塘乡中学教学大楼。1999—2000 年，在官路上至瓦屋塘主干道两侧修砖木或砖混结构楼房，建筑面积 1.2 万平方米，门面 60 个；修建下水道 310 米。2005—2006 年，开发建设官路上集贸市场，共征地 2 公顷；投资 16 万元修建市场南面宽 6 米、长 100 米的道路和市场北面宽 10 米、长 120 米的道路；投资 4.4 万元修建市场周围下水道 322 米。

第二节　村庄建设

1978 年，全县有 1482 个自然村庄。1982 年，全县村庄有正屋 37633 座、仓楼 12867 座，其中砖木结构房 1129 座，占总座数的 2.24%；全县乡村房屋建筑总面积 675.21 万平方米，人均 27 平方米，其中砖木结构房 29.81 万平方米，占建筑总面积的 4.41%。为保护森林，政府大力提倡修建砖木结构或砖混结构楼房。1986—1989 年，全县农村共建砖木结构房屋 2449 座，年均 612.25 座。1990 年，全县 50%以上的新建房屋为砖木结构或砖混结构楼房。

1998 年，县政府下发《关于加快 1805 沿线小城镇建设的若干规定》，1805 线（今 S221）各村农民的木结构房屋，普遍改建成 3～5 层砖混结构楼房。如长寨村和双园村，1999 年被定为县木房改造试点村。房改期间，两村 153 座木房（长寨村 61 座、双园村 92 座）被拆除，均迁至省道 1805 线两旁改建为砖木结构或钢筋混凝土结构楼房。（2005 年，长寨村共有房屋 210 座，建筑面积 3 万平方米，人均居住面积 45.86 平方米；双园村共有房屋 251 座，建筑面积 36200 平方米，人均居住面积 35.98 平方米。）

2005 年，全县村庄新建房屋总面积 13.68 万平方米，其中砖木结构和砖混结构面积 11.75 万平方米，占 85.89%；年末全县农村自然村庄实有房屋建筑总面积 1167.96 万平方米，人均居住面积 38.42 平方米。

第三章　建筑业

第一节　建筑企业

1980年，县内建筑企业有县建筑公司和黄土矿、武阳等公社建筑队。1985年，经资质审查，县建筑公司定为三级施工企业；有工人100人，技术人员38人。同年，全县有乡镇建筑队7个，从业人员307人，其中技术员30人。1990年，全县有国营、集体建筑公司（队）9个，从业人员838人，其中技术人员46人。1997年，建筑企业增加到11个。2001年，通过资质就位管理，县内建筑企业经过合并，组建成为县建筑公司、县绿洲建筑工程有限责任公司、县三力建筑工程有限责任公司等3家企业，均为三级施工企业，从业人员1200人。

绥宁县建筑工程公司　绥宁县建筑工程公司位于长铺镇东正路西端，成立于1966年，1985年经资质审查，被定为三级施工企业。至2005年，有正式职工和合同工500人，工程技术人员75人。占地面积2.4万平方米，固定资产总值2000万元，流动资金700万元。有占地面积6000平方米的大型综合预制场，年生产能力5000平方米；有占地面积5000平方米、建筑面积1500平方米的生产车间，配套机械化生产线的木制品加工厂；有占地面积1万平方米、储蓄量达100万立方米的大型砂石场，可年产砂石2万立方米。机械设备先进，质量检测仪器齐全，有QJZ-40型塔式起重机等各类施工机械300台，装机容量1561千瓦，并有配套的水电安装及房屋装修队伍，经营县内70%以上的建筑工程量，工程合格率达100%。连续13年被县政府评为重合同、守信用单位，多次获评邵阳市企业经营管理先进单位，连续8年被县建设银行评为A级信用单位。

绥宁县绿洲建筑工程有限责任公司　绥宁县绿洲建筑工程有限责任公司成立于2001年9月，由原县长铺建筑工程公司和县城关建筑工程公司合并组建，资质为私营建筑三级企业。2002—2004年，被县政府评为“重合同、守信誉单位”，多次被评为先进施工单位和安全生产先进单位。至2005年，公司占地面积4000平方米，固定资产总值636万元，流动资金357万元，项目经理15人，技术员44人，固定职工和合同工共400人。有占地面积2100平方米的综合预制场，年生产能力4000立方米；有占地面积1300平方米、机械化生产的木制品加工厂，并设有碎石场和捞沙场；有各类施工机械168台，装机容量2181千瓦，并有齐全的检测设备和配套的装修队伍。依靠质量和信誉赢得较好的建筑市场，工程合格率100%，工程优良率33%。

绥宁县三力建筑工程有限责任公司　绥宁县三力建筑工程有限责任公司成立于2001年7月28日，由原武阳建筑公司、黄土矿建筑公司、金屋塘建筑公司合并组建，资质为私营建筑三级企业。有工程技术人员56人，其中项目经理17人、施工员25人、技术员14人，从业人员300

人。下设预制场 2 个，建材门市部 1 个，钢筋成型车间 2 个，木工车间 3 个，装修材料门市部 1 个，水电安装处 2 个。有双脚提升架 5 台，ZJ250、ZJ350 型搅拌机 9 台，灰浆机 21 台，平板、插入式震动器 73 套，拖拉机 20 辆，汽车 5 辆，施工机械设备总功率 1300 千瓦。承建的建筑工程合格率 100%，县第一中学图书馆、学生公寓、教学楼等工程被评为邵阳市优级工程。多次被评为绥宁县、邵阳市安全文明生产企业。2002—2005 年，连续 3 年被县、市工商局评为重合同、守信用单位，2005 年，被县政府评为绿洲光彩之星企业。

第二节　勘测设计

1978 年，县内成立县建筑公司设计室。1980 年，成立县建筑设计室。1984 年，成立县水利勘测设计室。1993 年 4 月，成立县城乡规划设计室。2005 年，全县共有县建设局建筑勘测设计院、城乡规划勘测设计院和县水利水电勘测设计院 3 家建筑与勘测设计单位。

绥宁县建筑勘测设计院　绥宁县建筑勘测设计院成立于 1980 年 11 月，原名县设计室，属县建委二级机构。有设计人员 3 人。1985 年起接收大专院校毕业的技术人员 7 人，承担县内除工业厂房以外的房屋设计。1989 年更名为县建筑设计室。1991 年被省建委定为丁级勘测设计单位。1993 年升级为丙级资质设计单位。1996 年 4 月更名为县建筑勘测设计院；同年 8 月，单位升格为副科级事业单位。1998 年获建筑工程总承包丙级设计单位。至 2005 年，共有干部职工 16 人，其中建筑师 5 名，监理师 3 名，工程师 11 名、助理工程师 4 名。累计完成固定投资额 8 亿元，完成施工图建筑面积 130 余万平方米，完成设计工程项目 550 个，完成施工图 2#图纸 1 万张，设计质量全部合格。

绥宁县城乡规划勘测设计院　绥宁县城乡规划勘测设计院成立于 1993 年 4 月，原名县城乡规划设计室，与原城建办合署办公，两块牌子、一套人马，隶属县建委。设计资质为丁级。1999 年从城建办分出，2002 年改名为县城乡规划勘测设计院，设计资质升为丙级。共有干部职工 5 人，其中工程师 2 人、助理工程师 3 人。主要负责县所有建制镇、集镇与村庄的地形勘测和规划设计工作。该院技术设施先进，所有地形测绘均采用全站仪，电脑出图率达 100%。先后编制完成瓦屋塘乡集镇总体规划、竹舟江苗族乡集镇总体规划、乐安铺苗族侗族乡集镇总体规划、东山侗族乡集镇总体规划、李熙桥镇长寨村和双园村修建性详细规划、县工业园基地修建性详细规划、川石小区修建性详细规划和武阳、红岩、官路上（官路）等 10 个社会主义新农村建设规划。

绥宁县水利水电勘测设计院　绥宁县水利水电勘测设计院成立于 1984 年，原名县水利勘测设计室，属县水利水电局二级事业单位，有干部 6 人。1993 年改名为县水利水电勘测设计室，获丙级水利水电勘察设计证书。2002 年改为县水利水电勘测设计院。2005 年，有职工 28 人，其中高级工程师 2 人、工程师 22 人、助理工程师 4 人。主要从事水利水电工程的勘测设计，代表性设计建筑项目有洛口山水库左、右干渠工程，枫木团电站，大门洞电站，洋滩河坝灌区工程，荣岩电站扩建工程，县城防洪工程（虾子溪段）等。

第三节　特色建筑工艺

县内吊脚楼、鼓楼、凉亭和风雨桥四大传统村寨建筑，具有浓郁的民族和地方特色及深厚的历史文化底蕴。其建筑工艺精湛，柱、枋、梁、板，全用木榫、木栓互相穿插或叠搭嵌合，雕梁翘檐，美观大方，结构紧凑，稳定牢固，历经数百年而不倒。

吊脚楼　苗、侗、瑶族的住房（包括有些汉族人的住房），一般选址于向阳山坡或溪河两岸。为防潮湿及兽害，底部多架空，俗称吊脚楼。纯木结构，卯榫嵌合。吊脚楼有平地吊脚楼和山坡吊脚楼两种。平地吊脚楼的下层各排前柱之间不装板壁，从第二根承重柱起，排与排间板壁满装；前柱与第二柱之间以及上层两端的挑出部分作走廊，每间房都装有木窗，用于采光，木窗一般都用一厘米宽的木条装成田字形、米字形或八卦形方格，对称均匀，别致新颖。山坡吊脚楼地基因坡制宜，下层地基不开挖土石方，避免水土流失；承重柱全部落地，依空间不同而长短不一；挑出部分支撑于上层的山坡上，供人员出入；外侧多以栏杆围成走廊；屋顶为双坡悬山式，以茅草、杉皮、竹片、青瓦盖顶；少数屋顶为四坡流水式，四周皆设走廊，称为走马转角楼；上层住人，下层做杂屋或养畜禽。

鼓楼　清代和民国时期，苗、侗、瑶族寨民为了集会、议事、休憩，多数村寨建有鼓楼，小寨1座，大寨3～4座，一般位于村头或寨中，3～10层不等，纯木结构，卯榫嵌合，层层重叠，下大上小，横枋四壁和门方彩绘龙凤麒麟、花鸟虫鱼、山水人物。

凉亭　凉亭有长廊式凉亭和尖顶凉亭两种。长廊式凉亭建于大路旁或山坳处，南部地区常常在村寨前修建；一般为4排3间，每排4柱落地，悬山顶，双坡青瓦屋面；主梁上刻绘太极图案、书写捐款人和工匠姓名；亭内两侧有固定木枋式坐凳供行人休息；无壁板，四面通风；地上有火塘，供行人冬天生火取暖。尖顶凉亭一般建在人口稠密处，有四角攒尖顶、六角攒尖顶、八角攒尖顶之分；亭内有长木枋凳，供人们休息纳凉，飞檐斗拱，装饰精美。麻塘苗族乡溪口村岩湾塘清代建造的八角亭较为著名——该亭依山傍水，纯木结构，高4.1米，每角有内外2柱，檐角饰鱼尾图案，八角攒尖顶，青瓦，顶上造红、黄、蓝、绿4个宝瓶。

风雨桥　风雨桥分石礅风雨桥和石拱风雨桥。石礅风雨桥为石砌木梁，上铺木板；桥上建亭，桥亭两边有木栏杆和长木枋凳；桥亭单檐或重檐，配有斗拱结构的楼阁。石拱风雨桥桥亭结构与石墩风雨桥相同。2005年，县内较著名、保存较好的石礅风雨桥有：黄土矿乡的杨家桥，明代万历年间（1573—1619）修建；党坪苗族乡的大坪头桥，清初修建；乐安铺苗族侗族乡的文江桥，清道光十五年（1835）修建；鹅公岭侗族苗族乡的回龙桥，清光绪九年（1883）修建，楼阁顶端饰有一只展翅欲飞的白天鹅；乐安铺苗族侗族乡大团村的清安桥，始建年代不详，1989

年复修，桥亭配楼阁 2 座。石拱风雨桥有：枫木团苗族侗族乡界头炉村的天意桥，明永乐年间（1403—1424）修建；关峡苗族乡关峡村的定远桥，清康熙二十三年（1684）修建；麻塘苗族乡岩寨村的经继桥，清道光二十一年（1841）修建；唐家坊镇赖梅村的赖梅桥，清同治五年（1866）修建；黄桑坪苗族乡的上堡桥、界溪桥，麻塘苗族乡的麻塘桥，均为 20 世纪 90 年代后新建。

宗祠 绥宁苗族同姓为寨，各寨多建有宗祠。如关峡李氏宗祠、大园杨氏宗祠、插柳苏氏宗祠等。插柳苏氏宗祠位于关峡苗族乡插柳村，建于明朝初年，系砖木结构，长 20 米，高 6 米，进深 10 米，内设戏台、天井，两边筑彩楼，大门牌雕龙塑凤，夹绘壁画。

第四章　城乡建设管理

第一节　建设规划管理

一、县城规划

1980 年，县建委编制县城总体规划（1980—2000 年）。规划区域为东至县酒厂，西抵大寨村后山，南抵上场坳，北至神滩。规划面积 10.27 平方千米，用地规模 3.5 平方千米，规划人口 3 万人。

1990 年 3 月，正式完成第一次县城总体规划修编。县城规划定位为全县政治、经济、文化、商业、交通中心，以造纸、食品加工、林副产品加工为主的轻工业城市。规划区域为：东至两路口，西抵冻水冲，南至茶山界，北到巫水与江口溪交汇处，东西宽 3 千米，南北长 4.2 千米，规划总面积为 12 平方千米。本期规划分近期和远期两种。近期（1995 年）规划总人口 2.7 万人，其中非农业人口 2.5 万人，规划总用地 196.7 万平方米，人均 78.7 平方米；远期（2000 年）规划总人口 3.2 万人，其中非农业人口 3 万人，规划总用地 236 万平方米，人均 78.7 平方米。本次规划修编分别对县城性质、规划布局、对外交通、市政公用设施、景观规划、郊区开发和旧城改造、环境保护、郊区规划、近期建设 9 个方面进行调整和完善。修编后的“县城总体规划”由县人大常委会审议通过，县人民政府申报，邵阳市人民政府审查，湖南省人民政府批准实施。此规划获邵阳市一等奖。

1994 年底，县建委完成第二次县城总体规划修编。本次规划将县城定位为全县政治经济文化中心和交通枢纽、物资集散及旅游基地、具有绥宁民族特色的山水城市。规划区域为：东至荣岩电站，南至坪溪路，西至小水，北至神滩，东西长 7.3 千米，南北宽 6.2 千米。规划总面积 25 平方千米，规划用地 7.5 平方千米，规划人口 6.5 万人，规划期限为 2000—2005 年。此次规划修编，分别对县城性质与规模、发展方向、功能布局、县城风貌、环境保护与生态平衡、旧城改造、控制地块进行调整。形成巫水河与电视差转台(满顶界)、长铺镇第二小学、县人民检察院区域为中心，大寨、和平、穿石（川石）、袁家团为基本区的卫星结构，即“一个中心、四个基本区”的卫星城市结构模式。

2002 年，县建设局完成第三次县城总体规划修编。本次规划将县城定位为全县政治经济文化中心，以发展山林资源为依托的生态产业和旅游为主、具有民族特色的绿洲山地新城。规划区域为：北至燕子湾，南至戴家湾，西至新水冲、腊岩头，东至樟木坳、拱桥边村。规划总面积 61.9 平方千米，规划用地 11 平方千米，规划人口 12 万人，规划期限至 2050 年。此次修编，以城区交通网、商业带为规划重点，分别从县城发展战略、性质与规模、用地布局、建设控制、道路系统与对外交通、给水排水、电信电力、能源、绿化、环保、防灾、近期建设、远景与郊区规划、规划实施管理14个方面进行调整和完善，形成以巫水河、绿洲大道、中心路、东正路、人民路为骨架，周边新区开发为外围的县城整体规划新格局。本次县城总体规划修编，将县城划分为5个功能区，其中万家坪片区以行政办公、商贸服务、文化娱乐、科研教育等公共设施为主；长铺片区以商贸服务、居住为主；大公坪片区以居住、教育为主；大寨片区以居住、工业、仓储为主；袁家团片区以新型工业、仓储为主；平溪片区以铁路交通枢纽为中心的商贸、交通、仓储为主；川石片区以居住、市政以及体育娱乐用地为主。2002年10月31日，《第三次县城总体规划》由县人民政府提交第十三届县人大常委会第38次会议审议通过。同年11月由县人民政府提交邵阳市人民政府审批。12月18日，市城市规划委员会以邵规委字（2002）01号文件批准。2003年元月报湖南省人民政府备案。

除《县城总体规划》外，县人民政府根据绥宁县不同经济社会发展阶段和《县城总体规划》的要求，1987—2005年，还先后组织编制完成10项专业规划。即：1987年编制完成的《万家坪桥两小区规划》，1995年10月编制完成的《绿洲大道控制性详细规划》，1997年编制完成的《大西南商业贸易城规划》，1999年编制完成的《老街修建性详细规划》，2000年编制完成的《绥宁县民族公园规划》，2001年编制完成的《虾子溪小区规划》，2002年根据《县城总体规划》配套编制完成的《县城公共服务设施规划》《给水排水工程规划》《城市环境保护规划》《电力燃气工程规划》《城市防灾规划》《城市绿地系统规划》，2003年编制完成的《绥宁县城消防规划》和《川石小区规划》，2005年编制完成的《绥宁县袁家团工业园区规划》。

二、乡村建设规划

乡村集镇规划　1980—1984年，县建设局相继编制完成长铺、在市、武阳、李熙桥4个建制镇的总体规划。1984—1985年，相继编制完成26个乡域总体规划和25个集镇建设规划。其中黄土矿乡规划方案获全省二等奖，李熙桥镇和关峡苗族乡规划方案获全市一等奖。1990年后，对长铺、武阳、在市、李熙桥、乐安铺、东山、竹舟江、关峡、唐家坊、瓦屋塘、金屋塘、红岩、水口等乡镇集镇进行规划修编。

村庄规划　1984—1985年，县建设局组织专业技术人员，先后编制完成全县72个中心村的规划。根据规划，中心村开展木房改造，改水、改道、改厕和建设沼气能源。1999年，编制李熙桥镇长寨村、双园村建设详细规划，规划拆除原分散修建的153座木房，按统一规划、统一设计的要求，在省道1805线（今S221）两旁集中修建砖木结构或钢筋混凝土结构楼房。

三、规划管理

1980年，县城镇建设领导小组办公室成立，负责县城和乡镇规划的编制、设计和管理工作。1986年更名为县城镇建设办公室，1992年更名为县城镇规划建设办公室。2003年更名为县城乡规划管理局。有干部职工 13 人。

县内规划管理实行按规定程序办理《建设用地选址意见书》《建设工程用地许可证》《建设工程规划许可证》的“一书两证”制。1992 年，在各乡镇设置城镇规划建设管理办公室，配备城建助理员 1～2 名。是年，开始办理规划发证工作。1992—2005 年，共核发各类工程规划许可证 1960 份。2005 年底，全县有 32 名专职或兼职的规划设计人员，并形成县乡两级规划建设管理体系。2000—2005 年，全县 25 个乡镇城镇规划建设管理办公室共核发《村镇建设工程用地许可证》《选址意见书》4000 例、《村镇建设工程规划许可证》4800 件，总建筑面积 144 万平方米。

第二节　城市管理

城市监察　1990 年前，县城无专门城市监察机构。1990 年，成立县城建管理监察中队，隶属县建委。是年，重点取缔马路市场，拆除沿街乱搭乱建的棚架和雨阳罩，共取缔临时摊位 500 个，规范水果、蔬菜摊担摆放秩序。1996 年 8 月，县城建管理监察中队改为全额拨款事业单位，1998 年划归长铺镇管理。同年，开展创建湖南省文明县城活动，配合有关部门对县城市容进行多次清理整治。此后，每年进行一次市容集中整治，先后查处违章停车 1809 台次。2000 年，长铺镇城建管理监察中队升格为县城镇管理监察大队，改隶属县建委；2002 年，更名县城镇管理综合执法大队，隶属县政府管理；翌年 4 月，移交县建设局管理。2003 年，对县城中心路、东正路、长征路等沿街棚架、雨阳罩进行强行拆除，共拆除棚架和雨阳罩 2000 个，并与临街各单位签订“门前三包”（包门前卫生管理、包门前绿化管理、包门前秩序管理）责任状，使县城市容和环境卫生管理逐步走向规范化管理轨道。2005 年 9 月，县城市公共客运管理办公室并入县城镇管理综合执法大队，实行两块牌子、一套人马；有干部职工 15 人。主要对城市规划、市政工程、市容环境卫生、园林绿化和县城公共客运等方面进行管理。

城市公共客运管理　1978 年至 20 世纪 90 年代初，县城无市内公共客运交通设施，故亦无市内公共客运交通管理可言。20 世纪 90 年代，县城始有三轮摩托车或双轮摩托车进行市内载客营运，俗称“慢慢游”。但管理亦处于一种无序状态。2002 年，县城开通公共汽车。2004 年 9 月，成立县城市公共客运管理办公室；取缔载客营运的“慢慢游”119 台；市内客运只允许公共汽车和出租汽车（的士）营运，每天开通 8 条线路公共汽车，有 60 辆出租车运行；打击和查处非法载客营运。其间，先后查处非法载客营运车辆 460 台次。

县城卫生管理　1977 年前，县城环境卫生由县卫生防疫站代管，1978 年由长铺镇接管。1986 年，成立绥宁县环境卫生管理所，负责县城所有街道环卫清扫工作，道路清扫面积 5 万平方米。1986 年，县城每日清运垃圾 5～6 吨。1987 年起，县城主要街道用洒水车进行保洁。主要街道设置垃圾箱，由环卫工人清扫街道垃圾和收集垃圾箱的垃圾，背街小巷的居民生活垃圾由居委会安排临时工清扫收集，均用人力铁架车运至垃圾集中堆放点，然后用机动垃圾车运至垃圾处理场。机关、学校、住宅楼院内设垃圾池，环卫所定期清运。清扫、清运、保洁人员均配备有人力铁架车，一日两清扫、两清运，全日保洁。2005 年，县城清扫面积增至 38 万平方米，每天清扫运输垃圾约 60 吨，年清运量 2 万吨。

园林绿化管理　1988 年前，县城无专门的园林绿化队伍。1988 年 5 月，成立绥宁县园林绿化队，属全额拨款的事业单位，隶属县建委和县林业局双重领导，编制 4 名。主要负责县城街道和公共绿化带的花木栽培、洒水、施肥、打药治虫及修剪、管理，对各机关庭院绿带、树木日常维护进行技术指导与监督，负责县城规划区古树木的日常维护与挂牌，协助上级部门对县城绿地开发及公园、文化广场建设进行监督检查和指导。管理范围以绿洲大道、长征路、东正路、中心街、人民路的行道树、绿带为主。2005 年，县园林绿化队主要设备有高压药泵机 1 台、绿篱修剪机 1 部、3 轮工具车 1 辆及一些手工工具。是年，县城规划区绿化区面积达 6.5 公顷。

第三节　职工住房制度改革和房地产管理

绥宁县房产局　1985 年，县房产公司和落实私房政策办公室成立。1987 年，成立县房地产权发证办公室。1992 年，成立县房产局，为副科级事业单位，1996 年升格为正科级事业单位，内设办公室、产权产籍管理股、法制股、房屋专项维修资金管理股，下设房屋开发公司、房产交易所 2 个二级机构；有干部职工 16 人。1985—2005 年，钟德清、吴辉、周述明先后任县房产公司经理或县房产局局长。

职工住房制度改革　职工住房制度改革是20 世纪80 年代以来国家推行的五大体制改革之一。1990 年前，干部职工住房一直由单位公费修建，分配给干部职工居住，象征性收取少量租金。1991 年，国家实行住房制度改革，主要内容为向职工出售公有住房，提高公有住房租金，鼓励干部集资修房，将职工住房制度由福利性向商品型转变。1993 年，县政府下发《关于向职工优惠出售公有住房的规定》和《绥宁县城镇职工集资建造住宅的规定》。1996 年 1 月，县政府印发《绥宁县深化城镇住房制度改革实施方案》及 3 个配套文件。文件规定公有住房按一、二、三等折价，按干部职工的工龄等项目优惠核算销售到个人，干部职工付清款项，住房就归个人所有，至 2005 年，除公、检、法和学校住房外，全县单位公有成套住房基本按以上规定全部出售给职工个人所有；同时，干部职工开始集资修建住宅（在住房改革政策实施过程中，由于地方财力有限，既没有买到公有住房也未能参加集资建房或私人建房的干部职工，都未得到任何补偿补贴）。1998 年，县政府下发《关于城镇房屋权属登记发证有关问题的通知》，全县住房制度改革进入发证阶段。1999 年 9 月，县政府印发《关于继续深化城镇住房制度改革、加快住房建设的实施方案》。1998—2005 年 4 月，全县房改发证 4490 户，已发证的房屋面积 30.43 万平方米。

住房公积金　1996 年起，在全县行政事业单位实行住房公积金制度，由县政府房改办负责管理。公积金分单位部分和个人部分，均存入干部职工住房公积金卡上；干部职工在本地建（购）

房，可申请住房公积金贷款；干部职工退休时，可领取结存公积金（在具体执行过程中，乡镇各单位及大部分学校因财政困难，无法为干部职工交纳单位部分公积金，直到2007年以后才开始实施）。到2005年底，全县有220个单位、7000名干部职工有住房公积金，累计共达3000万元。

住房保障　2004年6月，县政府出台《绥宁县城镇最低收入家庭廉租住房管理办法》和《关于做好经济适用住房建设工作的通知》。至2005年，县房产局累计筹集并发放廉租住房租赁补贴3.2万元，落实廉租住房保障对象86户，补贴租住面积2538平方米；在长铺镇第三小学对面征地2267平方米，投资400万元，建成2栋58套，共5700平方米经济适用住房，解决部分改制企业下岗职工及城镇中低收入家庭住房困难。

公有房产管理　1985年1月至1986年3月，对全县公私房屋的户权、户籍、产业进行普查。查出的私占公房均归房产部门管理，国家机关、学校、企事业单位的全民产和集体产房屋，统一发证后由各单位自行管理。查出长铺、在市、武阳三镇共有公私住房2763座，建筑面积80.64万平方米，其中公产193平方米、全民产50883平方米、集体产85562平方米。1987—2005年4月，全县城乡公产公房发证2778栋，发证面积109.62万平方米。同时，对全县20座寺庙计4238.12平方米，予以发证。

私有房产管理　2005年，在全面落实私房政策和核实城镇个人修房面积的基础上，对县内私产房屋予以发证，共计发证3713户，发证面积57.67万平方米。

房产市场交易管理　1992年起，对全县各种所有制房屋的买卖、赠予、继承、划拨、转让、分割、合并、裁决等实施管理，办理交易立契手续358户，交易面积33652.18平方米，调处房屋交易纠纷25起，办理房产抵押、典当、贷款和在建工程抵押贷款的抵押登记1948件。21世纪初，县内强化商品房预售管理，严格落实《商品房预售许可证》制度，把好市场准入关。至2005年预售许可率达到100%。同时，继续把好房地产交易、抵押关。

物业管理　2005年，县内始有第一家物业管理公司。房产管理部门主要是学习和宣传《邵阳市物业管理办法》《邵阳市物业专项维修资金管理办法》《邵阳市物业管理招标投标暂行办法》，在人口密集区域和人口流量较大的地方悬挂横幅、张贴标语、散发宣传资料，并利用双休日上街举行咨询活动，解答市民对物业管理方面提出的疑问。

房屋租赁管理　2005年，县房产管理部门办理城镇房屋租赁登记备案1215起，颁发房屋租赁许可证1215件，处理房屋租赁纠纷75起。

房屋白蚁防治　1995年起，对县内新建、改建、扩建、装修房屋进行白蚁防治处理，控制了住房白蚁蔓延。

第四节　建筑工程管理

建筑施工管理　1981年，县基本建设委员会对施工企业进行登记发证，对工程质量进行现场检查，发现问题及时处理。1983年，抽样检查511个点，合格率63%；砖砌体垂直度抽查69个点，合格66个，合格率95.6%。1985年，成立施工管理站和招标办公室，加强质量监督管理。1986年，先后4次抽查8个工程19个项目413个点，合格率仅59.9%。1987年6月，成立建筑工程质量监督站、建筑材料监督检测试验室，建筑工程施工管理逐步走上规范化轨道。

建筑工程招标投标办公室 1985年，县建设工程招标投标领导小组成立，下设办公室，属自收自支的事业单位，2004年改为财政拨款的事业单位。工作职能是实行招投标服务与监督管理一体化。设有招标标底编委库（编制招标标底的人员从编委库随机抽取）、评委库（评标评委从评委库中随机抽取）。30万元以上的建筑工程必须公开招标投标；30万元以下的工程可以采取议标，招投标率达到90%以上。2004年以后，招标投标办公室与招标代理脱钩，行使行政职能，专门实行招标监督。

建筑工程管理站 1985年，县施工管理站成立，隶属县建委。1996年更名建筑工程管理站，1997年加挂建筑工程安全监督站牌子，两块牌子、一套人马。有职工8人，其中工程师5人、助理工程师3人。主要负责全县建筑工程市场行为、建筑工地文明施工、建筑工程劳务分包、定额和造价、施工企业的资质、项目经理和“五大员”（施工员、预算员、质检员、安全员、材料员）、劳保基金的收取及拨付、建筑业协会、建筑工程安全监督的管理。至2005年，共培训“五大员”380人次。

建筑工程质量监督站 1987年成立，隶属于县建委，属自收自支事业单位。有干部职工10人，其中工程师6人、技术员3人。主要职责为：对工程质量实行全方位、全过程监督管理；发现违反质量方面法律、法规、规章及强制性标准条文等行为，督促责任方及时纠正处理，记录参与建设各方责任主体的不良质量行为；接受工程竣工验收备案和开展管理工作；及时调查处理工程质量投诉和质量事故；引导企业建立质量保证体系和质量评价指标体系以及质量创优机制。1987—2005年底，共计接受大小工程监督项目560个，建筑面积91.531万平方米，受监工程主体验收合格率达100%，其中省级优良工程1个、市级优良工程20个。

建设工程质量检测试验室 1991年5月成立，隶属县建委，属自收自支事业单位，现为土建型二级试验室，有职工7人，其中工程师4人、技术员3人。试验室检测设备齐全，可对全县建筑工程所用基本材料进行性能试验，为质量监督人员及现场施工负责人提供理论及实际数据。试验室主要进行水泥、钢材、砌墙体、建筑用砂石、混凝土和砂浆配合比、预应力空心板等试验。1998年，试验室被评为省先进单位。至2005年，试验室共检测砼5294组、砂浆2785组、砖1070组、钢筋3123组、焊接128组、砼配合比312组、砂浆配合比296组、砂314组、石314组、水泥579组、预应力空心板986块、水电279个回路，合格率达到95%以上。

第五章　环境保护

第一节　环境质量

一、空气

1984年4月，县环境监测站建立。从1987年9月起，每年对县城大气监测2次，每次3天。1987—2005年，据县城空气环境质量监测结果：县城二氧化硫平均值为每立方米0.059毫克，未超标国家二级标准；二氧化氮日平均值每立方米浓度0.028毫克，符合空气质量一级标准；总悬浮颗粒物日平均浓度值0.082毫克，符合国家空气质量一级标准。1987—2005年降雨监测，每年样品数30个，降水pH值在3.76～7.21，年平均值在4.41～6.34，酸雨样品每年16个，酸雨样品占总样品的56.259%。县域酸雨频率较高。

表15-5-1　1987—2005年绥宁县空气环境质量监测结果统计表　单位：毫克/米^3

项目 年份	二氧化硫（年均值）	氮氧化物（年均值）	总悬浮颗粒物（年均值）	酸雨	
				pH值（酸碱度）	酸雨率（%）
1987年	0.059	0.009	0.118	6.21	63
1988年	0.041	0.007	0.113	6.66	62
1989年	0.059	0.021	0.179	5.82	58
1990年	0.031	0.039	0.096	7.21	65
1991年	0.046	0.046	0.237	5.95	60
1992年	0.038	0.030	0.099	5.93	60
1993年	0.032	0.031	0.044	5.60	50
1994年	0.048	0.023	0.050	6.08	45
1995年	0.059	0.031	0.011	5.45	44.5
1996年	0.114	0.019	0.024	5.81	40
1997年	0.099	0.013	0.013	5.55	40
1998年	0.047	0.021	0.027	6.12	56
1999年	0.059	0.023	0.079	3.76	49
2000年	0.061	0.019	0.063	5.86	45
2001—2003年	资料缺				
2004年	0.087	0.021	0.075	6.34	56
2005年	0.083	0.034	0.088	6.33	58
年平均值	0.059	0.028	0.082	—	—
国家标准（Ⅱ）	0.15	0.10	0.30	5.62	50.4

二、水质

1979年始，县环保部门每季度对地表水游家湾断面水质开展监测，监测项目为水温、pH值、电导率、悬浮物、总硬度、溶解氧、高锰酸盐指数、氨氮、亚硝酸盐氮、硝酸盐氮、氰化物、铅、汞、镉、砷、总铬、六价铬、挥发酚、锌和铜20项，监测结果为超标。1987—1992年，县环保部门每季度对地表水两路口（饮用水源）、游家湾、河口断面进行常规水质监测，监测项目为水温、色度、电导率、溶解氧、五日生化需氧量、高锰酸盐指数和挥发酚7项，除两路口达标外，其余两个断面均超标。1993—1998年，以上三断面水质监测结果均为超标。1994年，水质监测增加城步沙洲铺断面，监测结果为超标。1999年，两路口水质达到地表水Ⅲ类标准，沙洲铺、游家湾、河口3个断面超标。2000—2002年，两路口、沙洲铺达到Ⅱ类水质，河口达到Ⅲ类水质，游家湾断面为超标。2003年，增加虾子溪断面（县第二自来水厂水源）。2003—2005年，两路口、沙洲铺为Ⅱ类水质，虾子溪、游家湾、河口为Ⅲ类水质，水质达标率为100%。

三、噪声

绥宁县噪声环境质量的监测重点是县城境内的交通噪声、区域环境噪声和重点污染源噪声。1987—2005年，经监测统计，交通噪声的平均等效声级为74.2分贝，区域环境噪声平均等效声级昼间为50.6分贝、夜间为62.1分贝，3项指标均略高于国家标准。

表15-5-2　　1987—2005年绥宁县城噪声监测统计表　　单位：分贝

年份	交通噪声	区域环境噪声	
		昼间	夜间
1987年	76	65	52
1988年	78	63	55
1989年	74.5	62.5	50
1990年	69	62	48
1991年	75	61	49.5
1992年	76	58	55
1993年	74	59	54
1994年	72	60	53
1995年	73.5	63	49
1996年	73	61.5	49
1997年	78.2	65.5	53.1
1998年	74	64.3	53
1999年	74.5	65.4	51
2000年	79.5	64	49
2001年	74.7	63	49
2002年	75.1	60.5	48.5

续表 15-5-2

年份	交通噪声	区域环境噪声	
		昼间	夜间
2003 年	72.1	60.8	48.3
2004 年	68.3	62.3	48
2005 年	72.5	58.4	47.2
平均日	74.2	62.1	50.6
国家标准	70	60	50

第二节　环境调查与监测

一、环境调查

工业污染源调查　1986 年和 2000 年，县环保部门先后两次对全县工矿企业的废水、废气、废渣、噪声等情况进行现场查看、记录，获取数据 237 个、调查表 3 本、卡片 12 张，绘制污染分布图 18 幅，写出完整的调查报告，印发到各有关部门。

乡镇工业污染和环境影响调查　1989 年和 2000 年，县环保部门对全县企业进行逐个调查，并按区域、行业，制作出全县废水主要污染分布图、废气主要污染源分布图、乡镇工业企业构成图等 12 幅，编写出《乡镇企业污染与环境影响调查报告集》《技术总结报告》，为乡镇工业的发展提供科学依据。

排污收费调查　1988 年，县环保部门对县内 46 个单位的废水、废气、废渣排放情况进行调查；1999 年，县环保部门对县内 16 个单位的废水、废气、废渣排放，锅炉的耗煤及使用，噪声源的运转情况进行调查。同时，对历年排染类型、经济类型、水系进行汇总统计。

表 15-5-3　　1986—2000 年绥宁县工业企业污染源调查（监测）统计表

企业名称	主要产品	污染源	调查（监测）数据个数	污染情况
绥宁县水泥厂	水泥	粉尘、废气	6	超标
长铺镇文家寨砖厂	红砖	粉尘、废气	6	超标
县玻璃纤维厂	红砖	粉尘、废气	6	超标
县化工厂	活性炭	废气、煤渣、粉尘	5	有污染
县松香厂	松香、松节废水油	废水、废气	5	有污染
县城关大米厂	米、面条、麦粉	噪声	4	超标
县肉食水产公司	生猪屠宰	废水	2	轻污染
县竹艺厂	竹艺品	废渣	2	轻污染
县钢木家具厂	各种钢木家具	木渣	2	污染较重
县汽车修配厂	修车	废油	2	轻污染
县机械厂	铸铁件	炉渣	2	轻污染
县饲料厂	饲料加工	混合粉尘	2	轻污染

续表 15-5-3

企业名称	主要产品	污染源	调查（监测）数据个数	污染情况
县糖果糕点厂	糖果	悬浮物	4	轻污染
县羽毛球厂	羽毛球	绒毛	3	轻污染
县香精香料厂	洗发精、樟油	樟木渣	3	轻污染
县印刷厂	印刷品	废纸	—	轻污染
县皮件厂	皮靴、皮件	碎皮渣	3	轻污染
县运输公司汽修厂	修车	洗涤油	2	有污染
县纺织器材厂	纺织器材	木渣、噪声	3	有污染
县联合造纸厂	生产纸	废水、废气、废渣	8	超标
县造纸厂	发票纸	废水、废气、废渣	6	超标
县绝缘纸厂	生产纸	废水、废气、废渣	6	超标
县一中造纸厂	文化纸	废水、废气、废渣	5	超标
县一胶合板厂	胶合板	废气、噪声	5	超标
县二胶合板厂	胶合板	废气、噪声	5	超标
县竹胶板厂	竹胶合板	废气、噪声	5	超标

二、环境监测

1979年，县内开始进行地表水环境监测工作。1984年4月，成立县环境监测站。1987年起，县环境监测站对县内环境空气、地表水质、降雨、重点污染源、厂界噪声等进行监测，其中水质常规监测项目有酸碱度、悬浮物、溶解氧、化学耗氧量、挥发性酚、硬度、色度、流量8项，空气监测项目有二氧化硫、二氧化氮、TSP3个项目，重点污染源监测项目有pH值、悬浮物、化学需氧量、BOD、氨氮、挥发酚和流量等7项，降雨监测pH值、硫酸盐，每年报出监测数据1000多个。

水环境监测 1979年，县环保监测部门开始对地表水巫水河游家湾断面开展监测。1987年，按湖南省环境保护部门的要求，对县境内的巫水干流进行水常规质量监测，设3个断面（饮用水源两路口断面、巫水河通过县城下游处游家湾断面、绥宁县出境处河口断面）、9个样点、52个项目，每个季度监测1次。1988年，增设县城下游30千米处和河口两处断面，增设3个点、4个项目，并定期如实向省环保部门报告监测结果。1994年，增设绥宁县入境断面沙洲铺断面，2003年增设虾子溪断面。通过多年监测，基本上掌握巫水河的水质和不同月份的水流量以及不同位置的水质变化，为巫水河的治理工作提供依据。

废水监视性监测 1987年起，县环保监测部门每季度定期对造纸企业等重点污染源进行监测，对其他板材工矿企业进行不定期监视性监测，为后来的污染治理、排污收费和污染纠纷处理提供依据。对县联合造纸厂和县造纸厂的废水检测，需每月向省、市环保局上报监测情况。

大气环境监测 1987年9月起，县环保监测部门每季度对县城大气环境进行监测，每次连续3天，每天采样4次，每次1小时，项目为二氧化硫、二氧化氮；还按照功能在县城分区设置5个集尘缸，每月对降尘监测1次。1990年，增加TSP项目，监测时间为每次监测5天。每年获各种数据120个，将结果及时报送有关单位。

饮用水源监测　1987年，县环保监测部门开始对县内地表水和饮用水源进行监测，监测采样点为自来水取水口，每年4次，监测项目14项，2004年后增加到28项。

噪声监测　1986年开始，县环保监测部门对全县34个噪声较为严重的企业进行监测，每年2次。1998年8月起，对噪声声源强度和区域环境噪声进行全面监测。1990—2005年，每年对县城环境噪声和交通噪声进行1次监测，对县城娱乐场所开展噪声监测。

第三节　环境污染治理

废水治理　1986年，县环保局聘请外地技术人员驻县造纸厂、县联合造纸厂指导，改进工艺和设备，投资600万元建立碱回收项目，修建1470米管道，把回收的黑液输送县联合造纸厂，由该厂负责进行碱回收处理。1988年，县造纸厂的黑液提取率达到82.9%，白水回收率上升到90%，达到省环保局制订的环境保护要求。1991年4月，县环保局贷款10万元给县联合造纸厂，对白水回收的关键部位射流器喉管进行改造，使黑液提取率、碱回收率、细浆回收率分别稳定在85%～90%以上。1993年，县环保局又贷款20万元，帮助县联合造纸厂兴建微滤机回收细浆，利用白泥烧制水泥，从皂化物中提取塔尔油，此3项治废工程5年内，创经济效益1878.5万元。

废气治理　废气治理主要区域在县城。1987年，县造纸厂完成锅炉烟气水除尘，县城关大米厂完成锅炉更新和布袋除尘，县水泥厂完成熟料高压静电除尘，县竹艺厂完成粉尘沉降池。1994年，县政府作出决定，对排放废气的企业实行限期治理，3年达不了标的企业，进行关、停、并、转。2001—2005年，全县先后完成县联纸厂、县水泥厂废气治理，建设除尘设施6套，治理餐饮业65家、民用小煤炉450个，新增废气处理能力2.78亿标立方米，废气处理能力由1988年的71.3%上升到76.8%。2005年，经环保部门测定，县城大气每立方米含二氧化硫0.059毫克，符合国家二级标准；二氧化氮日平均浓度0.014毫克，总悬浮物颗粒日平均浓度0.048毫克，符合国家一级标准。

废渣治理　县内废渣主要有煤渣、砖瓦废渣、建筑垃圾和生活垃圾等。1987年，建成县造纸厂煤渣砖厂。1992年，县内完成松脂残渣回收工程。1993年，县环保局贷款50万元给县联合造纸厂，建成日产水泥煤渣砖1万块的砖厂。1995年，县环保局再次贷款10万元给该厂，帮助其利用工业废渣白泥生产水泥，日处理白泥15吨，白泥处理率为80%，废渣综合利用率为69%。生活垃圾由环卫部门统一运至垃圾场“填埋”。2005年，全县城镇固体废物处理率为98.08%。

工业粉尘治理　1988年，县水泥厂投资8万元，完成半成品车间布袋除尘，除尘率达92%。同时，县城关大米厂完成打米车间布袋除尘。1995年，县水泥厂扩建，增加一条生产线，县环保局贷款8万元支持该厂安装GH20—100除尘器，同时完成5台提升机的改造，每天从灰尘中回收水泥 5 吨。1993—1996 年，对长铺镇区域 1 吨以上的锅炉全部安装水磨除尘器，经环保部门验收，达到国家 1～2 级标准。

噪声治理 噪声可分为工业噪声、交通噪声和社会噪声。1994 年，县木材公司加工厂与长铺镇第二小学相邻，噪声严重影响学生的学习和休息，县环保部门 5 次进厂监测都超标，最后停产搬迁。1994 年后，县环保部门每年对县城所有卡拉 OK 厅进行 2 次监测，采取限制音量、规定时间、征收超标排污费等措施，取得较好的治理效果。2000—2005 年，县城交通噪声从 79.5 分贝降到 72.5 分贝，区域环境噪声从 65.8 分贝降到 59.1 分贝。

第四节　生态资源利用

1981 年，绥宁县节约能源领导小组成立。1986 年，绥宁县能源办公室成立。2003 年 6 月，设立绥宁县农村能源办公室，8 月更名为绥宁县能源生态局，属副科级事业单位。2004 年 1 月，县能源生态局升格为正科级事业单位。2005 年，县能源生态局内设办公室、业务股，编制 5 人，实有 4 人。1986—2005 年，罗玉时、陈历阳、龙志刚先后任县能源办公室主任或县能源生态局局长。

一、节约植物能源

推广省柴灶 20 世纪 70 年代末，全县年烧薪柴 10 万吨以上，折合木材逾 10 万立方米。为保护森林资源、减少水土流失，20 世纪 80 年代初县委、县政府实行优惠政策，大力推广省柴灶。1984—1990 年，全县共建省柴灶 71700 口，入户率达 94%。户平均每口省柴灶比传统灶节省薪柴 66.3%，全县每年可节省薪柴 31 万立方米。至 2005 年，全县累计建成省柴灶 93500 口，入户率达 97%；户平均每口省柴灶比传统灶节省薪柴 86.5%，全县每年可节省薪柴 40 万立方米。

生猪生食饲养 1986 年，全县推广生猪生食饲养，当年全县使用生饲料养猪的有 1662 户，占全县总农户的 2.7%；1987 年上升到 9084 户，占总农户的 14.6%，两年累计节约薪柴 14.17 万吨。1990 年发展到 1.2 万户。到 2004 年，生食或半生食饲养生猪普及全县，减少了森林资源的损耗。

杜绝工副业用柴 县内烧制砖瓦素用薪柴。1985 年，东山侗族乡农民龙开坤研究成功小土窑快速烧砖新技术，1986 年在全县推广。翌年底，全县共建小土窑 328 个，烧砖 262.4 万块，比老式窑节约薪柴 5 万立方米。1990—2005 年，全县烧砖瓦、焙纸、烘茶叶、造纸等工副业及党政机关和企事业单位，基本上由烧柴改为烧煤和使用电能，节约了植物资源。

二、开发沼气能源

1980 年，成立绥宁县沼气办公室。至 1983 年，县内先后培训沼气技术人员 120 名，共建沼气池 616 个（正常使用的 323 个），年节约薪柴 775 吨。1989—2002 年，县内每新建一口沼气池，由县财政给予100元的补助，鼓励农民大办沼气。其间，全县共建沼气池1106口，并建成李熙桥、双园两个沼气示范村。

2003年，县政府制定每新建一口沼气池给予800元补助的优惠政策，将沼气建设与农业产业基地建设、促进农民增产增收、农村“三改”（改厕、改栏、改厨）、改善农村卫生条件、退耕还林、保护生态环境、生产无公害农产品、提升农产品质量等新农村建设结合起来。是年，全县新建沼气池5686个，其中80%和“三改”配套；先后建成长铺子苗族乡新水冲村、关峡苗族乡茶江村、武阳镇雀林村、唐家坊镇湖塘村、黄桑坪苗族乡兰家坪村、水口乡茶山村、东山侗族乡东山村等10多个沼气示范村，每个示范村平均建沼气池40个以上，沼气平均入户率达到48%。是年，县内开始推广“猪—沼—鱼”“猪—沼—菜”“猪—沼—果”等生态模式，至2005年，共推广5000多户，取得较好经济、社会和生态效益。2004年，全县新建沼气池4086口，配套“三改”率85%，并建成10个高标准示范村。

2005年，全县新建沼气池7080口，建成朝仪侗族乡铁坡村、唐家坊镇宝善村、东山侗族乡大坪村、长铺子苗族乡大寨村、关峡苗族乡南庙村、武阳镇周家村、瓦屋塘乡官路上村和皮叶树村8个高标准示范村。是年，在全市“8件实事”评比中，绥宁县沼气建设工作名列全市第一名。

第五节　环保宣传与执法

一、环保宣传

1987年，县环保局与县体委、县总工会联合组织县城机关单位，举行全县首届“环保杯”篮球赛，宣传绿色环保。至1995年，共举办3届“环保杯”篮球赛。1988年11月12日，县环保局与县教委联合成立绥宁县中小学校环境教育协调小组，确定县第三中学和长铺镇第一小学为环境教育试点学校。长铺镇第一小学采取看、读、听、说、写、画、演等方式，把环境科学知识贯穿在各科教学之中，并利用植树节、爱鸟周、世界环境日、世界地球日开展主题队日活动。

1992—1993年，县环保局制作环保宣传图片88幅，利用赶集日在县城和乡镇巡回展出54场，参观群众达1.5万人。1993年始，县委、县政府将《中华人民共和国环境保护法》《中华人民共和国噪声防治法》《中华人民共和国大气污染防治法》《中华人民共和国水污染防治法》《湖南省环境保护条例》纳入全县“二五”普法教育内容，每年对全县副科级以上干部和行政执法单位工作成员进行培训和考试。1994年，县环保部门印刷环境保护法律法规2500册，发放到乡镇、村组及县机关单位、厂矿企业和学校。1995年，县委宣传部及县环保局、县广播局、县文化局、县教委、县经委、县联合造纸厂7家单位联合举办以“为了地球上的生命”为主题的大型演讲比赛，15人参加演讲，1400人与会。

2002年10月，县内开展“保护生态环境、建设绿色家园”环保宣传活动，共出动宣传车8台，设置宣传台6张，制作宣传展板20块，悬挂横幅15条，发放宣传画片、倡议书、典型案例、法律法规资料等3000余份，接受群众咨询500余人。2002—2004年，在县人大的组织下，全县21个单位联合开展环保世纪行宣传活动。

二、环保执法

环境违法处理 1994年，县木材公司木制品厂，因噪声、粉尘污染严重超标，被责令转产。是年，县畜牧水产局制革厂因环境污染严重被关闭。此后，又先后关闭5家环境污染严重的企业：1995年，关闭县二胶合板厂；1996年5月，关闭麻塘苗族乡夏家村小造纸厂、五龙寨村小造纸厂及武阳镇小造纸厂、水口乡造纸厂。1993—1996年，县人大、县政府及县环保局、县工商局、县公安局联合开展环保执法大检查，重点检查企业违反建设项目环保“三同时”（同时设计、同时动工、同时投产）制度、不依法交纳超标排污费等问题，责令违规企业补办环保项目手续48个，补交超标排污费16万元。至2005年，县环保局共调解纠纷148起，调解成功率100%；处理污染事故62起，处理率100%；行政罚款8起，罚款金额6万元。

征收超标排污费 从1980年起，县内对排污企业征收超标排污费。至1989年，全县共收缴超标排污费42万元，其中补助企业治理污染15万元、用于购买监测仪器6万元，其余上缴国库。1990—2002年，全县共收缴超标排污费321万元，其中用于老企业治理污染69万元，其余上缴县国库。2003—2005年，全县共收缴超标排污费112万元，由县财政返给企业治理污染22万元，购买监测仪器4.5万元，其余全部由财政上缴国库。1980—2005年，全县累计收缴超标排污费475万元，提高标准征收排污费14万元，罚款4万元。其中用于购买监测仪器10.5万元，返回企业治理污染105万元，其余由县财政上缴国库。

三、环境监管

项目监管 20世纪80年代初开始，县内对环境污染防治实施基本项目“三同时”制度（新建、扩建、改建的建设项目，其污染防治设施必须同主体工程同时设计、同时施工、同时投产使用），开始实施环境监管。1986年《中华人民共和国环境保护法》正式颁布施行，“三同时”制度得到进一步落实。1987年后，全县审批建设项目64个，其中10个未办理环保手续的项目补办了环保手续。至2005年，凡新上的污染项目，“三同时”审批率达100%，执行率100%。同时根据《环境影响评价法》，对污染项目进行环境影响评价。其中：10万元以下的小型项目由县环保部门填表审批，10万～100万元的项目由市环保局科研所评价。

设施监管 1988年开始，县内规定凡有污染设施的34家企业，每月向环保部门报送《环境设施运转月报》，县环保局每季对各厂指定指标进行考核。同时，为防御和控制污染企业非正常排污，对防治污染设施运转情况进行监督。至2005年，全县重点排污企业有各类治理设施24套，其中废水9台（套）、废气12台套、废渣1台套。

第十六篇　交通 邮政 通信

第一章　交通

绥宁县交通局　1973 年，恢复成立绥宁县革命委员会交通局。1981 年，绥宁县革命委员会交通局更名绥宁县交通局。2005 年，县交通局内设办公室、工程股、行业股，下辖路管站、路费征稽站，共有在编职工 26 人。1978—2005 年，吴传玺、王忠诚、朱建武、莫文清、杨太春、张文、刘先腾、戴汉初、陈沙先后任县交通局局长或交通局党委书记兼局长；1999—2002 年，李德民任交通局党委专职书记。

第一节　公路建设概况

1978 年，全县公路总里程 623.85 千米，其中省道 120.5 千米、县道 240.2 千米、社队简易公路 263.15 千米。当年，除联民、麻塘、庙湾 3 个社镇未通公路外，其余 24 个社镇均通公路，通公路的社镇占全县社镇总数的 88.89%。是年，省道 1805 线（今 S221）红岩至长铺段开始修筑沥青路面，当年完工 34.67 千米（含县城段），沿线盐井、李熙桥、武阳、和平、长铺 4 社 1 镇始通油路。1983 年 6 月 5 日，梅坪（庙湾）、联民 2 公社同时举行开通客班车典礼。至此，全县所有社镇均通公路并开通客班车。1986 年开始，县委、县政府动员公路沿线群众，以民办公助、民工建勤和雇请民工相结合的形式修建省道、县道及乡村公路，提升省道和主要县道的技术等级。1993 年，全县有通车公路 1014 千米，其中柏油路 120.4 千米。

1995 年 10 月，县委、县政府下发《关于加快交通建设的若干规定》，决定在第九个五年计划期间，完成全县 482.7 千米公路主骨架的路基改造，初步形成“一横”（1805 线）、“十纵”（万福桥—江口线、长铺—联民线、在市—东山线、表田—品溪线、长铺—枫木团线、在市—黄桑坪线、李熙桥—白玉线、唐家坊—红岩线、关峡—城步蒋家坊线、李熙桥—唐家坊线）、“一回环”（接通鹅公岭和界溪口、东山和文江、黄桑坪和枫香、水口和联民、白玉和珠玉、黄土矿和官路上，形成以县城为中心，周边乡互相连通的公路环形网络）的交通网络。

1996 年起，除沿用民办公助、民工建勤的方式筹集经费外，还采取地方集资、贷款修路、引进外资、收取通行费，以及实行优惠政策、降低公路造价等办法，筹集公路建设资金。1996—1998 年，向全县干部职工及城乡居民收取公路建设资金，规定干部职工每年按月工资高低收取公路建设资金40～70元，18～60岁的男性和18～50岁的女性居民（不含在校学生和残疾人）每人每年缴纳30元公路建设资金，每年向县机关征收重点建设资金800万元；1999年，改按副处级以上、副科级以上、一般干部职工、企业（破产、关停、特困企业除外）干部职工4个等级，每人每年缴纳公路建设资金100～40元不等。同时，规定乡镇上缴统筹款的20%用于修路；还发动群众自愿捐款。

1996年12月，省道1805线（今S221）县境段扩建工程启动。1999年11月，第一期工程完成；2001年8月，第二期工程竣工（2006年12月，第三期工程完成后全线贯通）。

1998年，县委、县政府开始实施乡乡通油路计划。1999年，乐安铺苗族侗族乡中心村自筹资金修建7.5千米长的通村水泥路。至2002年底，先后完成长铺—河口、在市—黄桑坪、万福桥—瓦屋塘、红岩—黄土矿、长铺—枫香、李熙桥—白玉、东山—文江、长铺—新水冲8条，计117千米通乡公路砂改油工程；全县有18个乡镇提前通柏油路、24个乡镇完成中心街道路面硬化，共投资1842万元。2003年4月20日，县委、县政府印发《绥宁县通乡公路砂改油工程建设实施方案》，提出在三年内完成通乡公路砂改油工程指令性计划132.5千米。2004年，完成李家湾—枫木团、界溪口—党坪、金屋塘—三星桥3个项目共43千米铺油工程；2005年，完成佘家—黄桑坪、河口—麻塘、长铺—堡子岭3个项目共51千米铺油工程。

2003年，县委、县政府成立通村公路建设指挥部，部署2004年8个项目共36.5千米公路的改造任务，在36.5千米改造任务以外，另外增加瓦屋塘岩湾—双江段5.5千米，共计改造42千米，均按山岭重丘等外公路标准设计修建。通乡公路改造资金主要来源于上级补助和县乡两级自筹，县乡自筹资金按县统筹和乡镇自筹的办法筹集。乡自筹资金由公路所在乡镇根据本地实际按公路里程每千米3万元的标准，由乡镇按一事一议的原则采取以资代劳、受益单位及个人捐资等办法在计划实施的当年筹集。资金筹集到位以后，全额上缴县通乡公路砂改油指挥部。至2004年年底，完成武阳至肖家、瓦屋塘岩湾至宝顶、党坪芷坪村3条通村公路，计10千米。

2005年，完成金屋塘至鱼鳞溪和万紫、瓦屋塘至白家坊3条通村水泥公路，计10千米。至此，全县共有村道274条，计729.9千米，加上省道、县道、乡道沿线各村，100%的村通公路。是年，全县拥有公路1232.4千米，其中中级路面（泥结碎石路面）909.4千米、次高级路面（沥青表面处治即普通沥青路面）283.50千米、高级路面39.50千米（厂拌沥青碎石即炒砂路面11.50千米、水泥路面28千米）。

第二节　省道公路

县内省道有S221线和S319线2条，全长合计201.96千米。

一、S221

S221即洞口至通道公路，1990年全省统一编号为1805线，2001年重新编号，改称S221线。全长184.44千米，县境段129.7千米。

1978年，洞通线县境段有33.20千米路基扩宽为7.50米，路面扩宽为6米，铺设柏油。尚有86.5千米未动，路基宽7米，路面宽5米；有10%的纵坡11处，弯道半径15米者9处。1985年4月，开始改造武阳—关峡段；嗣后，改造工程向南延伸；至1993年底，县境段改造和铺油完毕，大部分路段上升为接近三级标准，少数困难路段仍然保持四级标准。

1996年12月，开始对1805线县境段提升等级，路基扩宽至12米，路面扩至9米，最大纵坡降为7%，行车速度每小时提升为40千米。整个工程分三期完成。

第一期工程于1996年12月动工，拓宽红岩—关峡段，全长53.70千米，1999年11月竣工。本期工程共完成路基土石方134.67万立方米，防护工程48200立方米，中桥4座计180.20延米，小桥10座计182.20延米，涵洞297道2994延米，水泥路面（高级路面）10.90千米13.08万平方米（含红岩、武阳、李熙桥3镇的城内段），沥青路面（次高级路面）41千米45.90万平方米，征用土地59.91公顷，拆迁房屋57967.4平方米，完成投资9850万元。

第二期工程拓改关峡—县水泥厂段，1998年8月动工，2001年8月竣工（其中兰溪口2千米改线工程延至2002年8月竣工）。该路段有11.5千米，靠山临河，溶岩垭口地段山体松散，施工期间塌方严重，工程量巨大。本期工程共完成路基土石方65.56万立方米，防护工程21042.9立方米，中桥2座117.60延米，小桥1座12延米，涵洞55道822.35延米，沥青路面10.89万平方米，征用土地4.75公顷，拆迁房屋5794.90平方米，完成投资3600万元。2002年完成厂拌沥青碎石路面铺设和绿化，成为高级路面；为邵阳市样板路和文明路。本期工程内的2000年，1805线被列入国家第10个五年计划的东南沿海战备公路改建工程项目。

第三期工程于2003年动工（2006年12月竣工），拓改长铺—乐安铺段，按三级公路拓建。拓改后的里程为40.23千米，计算行车速度每小时30千米，路基宽度7.50米，其中县城段路基宽14米，在市苗族侗族乡和乐安铺苗族侗族乡集镇段路基宽12米，平曲线最小半径100米，最大纵坡8%，桥梁荷载汽—20、挂—100，共征用土地17.15公顷，拆迁建筑物18856平方米，总投资7057万元。

二、S319

S319省道系湖南省计划中南部地区东接京广铁路、西接枝柳铁路重要干线的一部分，2001年称S319线。县境段全长72.26千米，可分为3小段：

东段为关蒋线的标塘冲口—关峡段，长8.98千米。1983年3月动工，1984年4月建成。原路基宽7.50米，路宽6米，为泥结碎石中级路面。最大纵坡8%，最小弯道半径30米，停车视距30米，桥梁载重汽—15、挂—80，为山岭重丘三级公路，初建工程总投资97.06万元。1990

年改称 1850 线。2002 年，进行砂改油大修和桥梁加固。改造后桥梁载重为汽—20、挂—100，路面升为次高级，长度由 9.38 千米缩至 8.98 千米。

中段为与 S221 共线的关峡—乐安铺段，长 55.48 千米。

西段为绥靖线的乐安铺—水獭坳段，长 7.8 千米。始建于 1967 年，原为四级标准，路基宽 7 米，路面宽 5 米，为泥结碎石中级路面。翌年拓宽后，路基 7.5 米，路面宽 5.5 米，长 9.3 千米。1990 年改称 1826 线。1996 年路面砂改油，升为次高级，路基扩宽至 12 米，路面扩宽至 9 米，长度缩至 7.8 千米。

第三节　县道公路

2005 年，全县有县道公路 13 条，共长 302.82 千米。

江口—万福桥公路　编号为 X063430527。系县境向北接通 320 国道的重要通道。县境段由金屋塘分水坳起，向南经砖屋、金屋塘、岳溪江、瓦屋塘、官路上、白家坊、宝善、唐家坊、赖梅、曾家湾至万福桥接通 S221 线，长 46.34 千米。1959—1961 年修建。1997—2004 年，完成万福桥—金屋塘 45 千米的砂改油工程，路面升为次高级。全路由县公路局负责管养。

红岩—唐家坊公路　编号为 X079430527。长 22.33 千米，路经桃坪、黄土矿，是唐家坊向东接通 S221 线的捷径。1960 年修建。1997—1998 年，完成红岩—黄土矿段 10 千米的砂改油工程，该段路面升为次高级。

官路上—田凼公路　编号为 X080430527。长 23.36 千米，路经冷水、水庙仔、茶山、水口、彭家、曲溪。1972 年修建。2001 年，“6·19”特大山洪地质灾害对路基、路面、桥梁造成严重损毁，其中水口—田凼段路面、路基和桥梁全部冲走；县委、县政府组织当地群众和公路技术人员奋力救灾，当年恢复交通。官路上—水口段 16.2 千米由县公路局管养，水口—田凼段 7.16 千米由县交通局管养。

李熙桥—洛口山公路　编号为 X081430527，亦称李白线。通往洛口山水库，全长 17.94 千米，路经白玉（罗家铺）、黄羊坪，其中李熙桥—白玉段长 10 千米。1964—1995 年修建。技术标准四级。路基宽度 6.50 米，其中李熙桥—白玉段路面宽 5.50 米，白玉—洛口山段路面宽 3.50 米；泥结碎石路面，中级，有桥梁 5 座计 89.50 延米。大于 11%的纵坡 4 处，长 165 米，其中 12.78%者 1 处，长 60 米。半径小于 15 米的弯道 6 处。1997 年，完成李熙桥—白玉段 10 千米的砂改油工程，该段路面升为次高级。由县公路局管养。

长铺—响水坝公路　编号为 X082430527，亦称长河线。原名绥王公路，系绥宁县城通往会同县王家坪公路的县内段，经过云寨、道口、界头炉、杨家寨、河口，长 55.15 千米。1965—1968 年修建。2002—2004 年，完成长铺—道口段 30 千米的砂改油工程，该段路面升为次高级。

长铺—流水冲公路　编号为 X083430527。途经界溪口、竹舟江、河口、麻塘、江抱。全长

74.38千米，1976—1988年修建。技术标准四级。路基宽6～6.50米；泥结碎石中级路面，宽3.50米，局部3米。有永久性桥梁12座，计491.60延米，其中竹舟江大桥103延米。有永久性涵洞246道，计2862.80延米。长铺—河口段基本沿用1960年修建洪绥铁路的路基，比较平直；河口—江抱段在山丘中行走，共有大于9%的坡道2处，半径小于15米的弯道6处，其中1处只有12米。绝大部分地段自然绿化。1998年起，开始铺设柏油路面。至2005年底，完成县城—麻塘段44千米的砂改油工程，油路路基扩至5.50米，油面宽5米，沥青双层表面处治，级别升为次高级。由县交通局管养。

东山分水坳—半坡田公路　编号为X085430527。系靖州—洪江国防公路的县境段，途经东山、牛背岭、横坡、表华、瓮溪5村，全长15.16千米。1992年4月至1993年10月修建。技术标准三级。路基宽度7.50米；泥结碎石路面，中级，宽度6米，双车道。最大纵坡5.30%。弯道最小半径50米。桥涵载重汽—20、挂—100；设计行车速度每小时30千米。有涵洞121处。共投资691.63万元。绿化7.39千米。由县交通局管养。

麻塘—白蜡坳公路　编号为X087430527。系麻塘向西接通会同县的重要通道，长7.38千米。1986下半年，将乡简易公路改建而成。该区属山岭重丘区，路线技术标准为四级。路基宽6.50米；泥结碎石路面，中级，宽3.50米，单车道。顺小溪而下，道路平直，最大纵坡6.13%，长100米。最小弯道半径20米者5处。有永久性中、小桥梁各1座，计72.07延米；永久性涵洞31道，计288.90延米。道旁自然绿化。由县交通局管养。

德胜—坪溪公路　编号为X094430527。实际为城步苗族自治县六甲—绥宁县坪溪段，长2.72千米。1997年，以工代赈修建。路基宽6.50米，泥结碎石路面，中级，路面宽5米，单车道。最大纵坡5.60%，弯道最小半径15米。有涵洞5处，桥梁3座。技术等级四级。由县交通局管理养护。

其他县道公路　除以上外，县内县道公路还有：草寨—瀑布江公路，编号为X069430527；在市—品溪公路，编号为X084430527；表田—东山公路，编号为X086430527；江口塘—午子坡公路，编号为X088430527，亦称江城线。

第四节　乡道公路

一、乡道概况

2005年，县境有乡道31条，均由全省统一编号，合计110.51千米。分别为：三星—梅坪公路，编号Y001430527；关峡—梅口公路，编号Y002430527；岩子头—象家公路，编号Y003430527；长铺—黄桑坪公路，编号Y004430527；小水—党坪公路，编号Y005430527；地盘—联民公路，编号Y006430527；东山—文江公路，编号Y007430527；李熙桥—唐家坊公路，编号Y008430527；岩湾—宝顶公路，编号Y009430527；冷水—松阳公路，编号为Y0010430527；白玉—傅家湾公路，编号Y0011430527；朝仪—下翁公路，编号Y0012430527；道口—兰家坪公路，编号Y0013430527；珠玉—兰家水公路，编号Y0014430527；十里铺—长溪公路，编号Y0015430527；茨岩冲—小溪山公路，编号Y0016430527；寨坡—濑濑水公路，编号Y0017430527；大涧—兰溪山公路，编号Y0018430527；武阳分水坳—老祖公路，编号Y0019430527；冷水头—冻坡公路，编号Y0020430527；小水—龙家公路，编号Y0021430527；武阳—桐木公路，编号Y0022430527；在市—黄桑坪公路，编号Y0023430527；盐井—竹清公路，编号Y0024430527；兰溪口—江口塘公路，编号Y0025430527；桥渡—柳塘公路，编号Y0026430527；大坝塘—莫锄公路，编号Y0027430527；河口—水车公路，编号Y0028430527；黄桑坪兰家坪—上堡公路，编号Y0029430527；罗家铺—石坪公路，编号Y0030430527；界溪口—党坪公路，编号Y0031430527。

二、乡道公路选介

关峡—梅口公路 编号为Y002430527。长7千米。技术等级属等外。路基宽度4.50～5.50米，路面宽度3～4米。有桥梁2座，计29.20延米。该道平直，最大纵坡和弯道最小半径无。原为砂石路面。1991年经过改造，质量有所提高。由县交通局管养。

长铺—黄桑坪公路 编号为Y004430527。全长28.48千米。实际起止地点为长铺经枫香、佘家、大门洞至黄桑坪苗族乡磨石村的清凉洞。其中长铺—枫香段长6.20千米，路基宽6.50米，路面宽5米；枫香—佘家段长4.30千米，路基宽5.50～6米，路面宽4.50～5米；佘家—大门洞段长4.50千米，路基宽4.50～5.50米，路面宽3.50～4.50米。三段公路均为泥结碎石中级路面；有桥梁2座计87延米，9%的纵坡2处计190米；弯道半径15米者6处，12米者1处。1999年，县委、县政府为开发黄桑旅游区，修建旅游公路，接通大门洞—清凉洞段公路。至2005年底，完成长铺（经佘家）—黄桑坪段全长28.48千米的砂改油工程。全线设计行车速度每小时20千米，路基和路面宽度为6～5米，路面为沥青表面处治，弯道最小半径8.04米1处，最大纵坡9.9%1处，设计桥涵荷载汽—11，设计洪水频率25年。此公路由县交通局管养。长铺（经佘家）—黄桑坪公路建成通车后，与在市—黄桑坪公路、S221线长铺—在市路段一起构成黄桑旅游路线大回环。

东山—文江公路 编号为Y007430527。途经大坪、石桥，长8.73千米。1988年修建机耕道。1996年改建，技术等级四级；路基宽度5～6.50米；泥结碎石路面，宽度3.50米；9%纵坡1处，长90米；弯道半径15米者1处；有桥梁4座，计63.50延米；载重汽—15、挂—80；涵洞34道，计276.29延米。2001年，完成全线砂改油工程，路基加宽至6.5米，路面宽5米，采用沥青双层表面处治，升至次高级。由县交通局管养。

李熙桥—唐家坊公路 编号为Y008430527。途经滚水、下白沙、湖塘、梅溪，长10.10千米。1994—1995年修建，技术标准四级，路面宽4.50米。该路沿扶水修建，道路平直，最大纵坡7%，长200米；弯道最小半径25米；有中桥（李熙桥）1座，86延米；载重汽—15、挂—80；

涵洞57道，计554.80延米；路基宽6.50米；泥结碎石路面，宽5.50米。由县交通局管养。

冷水—松阳公路　编号为Y0010430527。系唐家坊镇绕行官路上而至本镇松阳村的公路。途经岩湾、上盐井、金龙，长17.50千米。1972—1975年修建，技术标准介乎四级和等外之间，路基宽度4.50～6.50米；泥结碎石路面，宽度3.50～5米；有小桥2座，计27.20延米；9%的纵坡7处，计830米，其中有2段各长150米，9.40%和11.10%的纵坡各1处，共长160米；弯道半径15米以下者9处。在2001年6月19日的特大山洪地质灾害中，该路损毁惨重；县委、县政府领导当地人民和技术人员抗洪救灾，当年修复，恢复交通。

在市—黄桑坪公路　编号为Y0023430527，实际起止地点为在市经梨子界、马蹄溪、黄桑坪、兰家坪、磨石至清凉洞，全长25.64千米，由县交通局管养。1978年始建，技术标准介乎四等和等外之间；其中，在市—黄桑坪13.45千米，路基宽6.50米，路面宽度5米，沥青表面处治，次高级路面。黄桑坪—清凉洞12.20千米，路基宽度4.50～6.50米，路面宽度3.50～5米，泥结碎石路面，等级属中级。有桥梁6座，计86.80延米，单车道。该路穿行在崇山峻岭间，大于9%的纵坡10处，计630米，其中10.60%的纵坡2处，计90米；弯道最小半径15米以下者16处，最小的仅10米，共3处。1998年以前，在市和黄桑坪两乡已修建水泥路面1.27千米。1998年，完成在市—黄桑坪段其余12.18千米的砂改油工程，油面宽5米，等级升至次高级。2005年，修通黄桑坪—清凉洞段油路（详见“长铺—黄桑坪公路”）。从县城长铺沿省道S221线到在市后，转往在市—黄桑坪公路、黄桑坪—长铺公路，完成黄桑旅游大回环。

界溪口—党坪公路　编号为Y0031430527，位于党坪苗族乡内。1995年，省计委作为扶贫项目，采取以工代赈、民办公助的方式，将原机耕道拓宽改造，因经费不足于1996年11月停工。1999年，县乡筹资续建路基工程，12月竣工。2000年进行路面配套，因遭遇特大洪水再次停工。2001年续建路面工程，12月竣工。主要技术指标：全长9.50千米；设计行车速度每小时20千米；停车视距20米；路基宽度6.50米，泥结碎石路面，宽5.50米；弯道最小半径15米1处；因沿界溪河修建，路面平直，最大纵坡仅有3.1%1处；桥涵载重汽—15、挂—80，桥梁净宽6米。2004年完成全线10千米的砂改油工程，路面升为次高级。由县交通局管理养护。

第五节　村道公路

20世纪70年代起，县内各村、组（大队、生产队）陆续修建简易公路（机耕道）。1992年冬，为打通黄土矿经桐木冲至官路上的公路，以黄土矿乡中沅村第四村民小组和瓦屋塘乡皮叶树村第六村民小组为首，自发组织沿线群众，基本拉通5千米简易村道。1993—1995年，党坪苗族乡共修建村道44条85.50千米。1997—1998年，全县部分乡村自发修乡村级公路11条80余千米。1999年，全县计有136个村组向政府呈送报告146份，要求支持修路架桥，改善村级交通。至2005年底，全县共有村道274条、729.9千米。

表 16-1-1

2005年绥宁县主要村道情况表

公路起止点	隶属乡镇（场）	长度（千米）	技术标准	路基宽度（米）	路面宽度（米）	桥梁（延米/座）	修建年份
党坪—动雷	党坪	6	等外	5～6.5	4～5	无	1986年
党坪—大碑	党坪	7.2	四等至等外	4.5～6.5	3～3.5	97.8/3	1981年
长铺—平溪	长铺子	3.6	四等	6	4.5	7.5/1	1982年
穿石—溶岩	长铺子	2.3	四等	4.5	3.5	12.3/1	1969年
长铺—象家—李家湾	长铺子	23.4	四等至等外	4～6.5	3～3.5	121.1/4	1958—1974年
岩子头—苦梨冲	长铺、堡子岭	14.1	四等	4.5	3.5	无	1980年
会龙桥—洞头山	关峡	2.2	四等	6.5	3.5	53.7/4	1977年
马田—利试	在市	2.3	四等	4.5	3.5	无	1975年
兰家—王家庄	在市	14.7	四等	4.5	3.5	65.5/7	1974年
大冻桥—李家湾	乐安铺、在市	11.9	四等	3.5	3.5	15/1	1988年
下寨峒—王家塘	在市	4.3	四等	3.5	3	16/1	1978年
黄桑坪兰家坪—刘冲	黄桑坪	13.2	四等	4.5	3.5	76.3/3	1984年
黄桑坪—彭家团	黄桑坪	7.5	四等	4.5	3	107/6	1980年
联丰—中心	乐安铺	2.4	四等	4.5	3.5	无	1975年
文江—孟山	乐安铺	3	四等	4.5	4.5	16.5/1	1969年
茅坪口—多龙	乐安铺	6.4	四等	4.5	3.5	9.4/1	1975年
吴家头—铁坡	朝仪	0.9	四等	4.5	3.5	无	1975年
蚂蝗冲—上翁	朝仪	0.6	四等	6.5	3.5	无	1975年
长淹水—洋火冲	枫木团	1.4	四等	4.5	3.5	无	1974年
庙里塘—印坪	枫木团	1	四等	4.5	3.5	无	1965年
下云寨—下路	枫木团	1.3	四等	4.5	3.5	无	1975年
河口—多逸寨	河口	4.7	四等	5～6.5	3.5～4	44.3/1	1979年
大坝塘—高梅	麻塘	9.1	四等	5～6.5	4.5	38/1	1979年
万福桥—大田	武阳	2.2	等外	4	3	8/1	1975年
茅坪—大龙	李熙桥	0.5	四等	4.5	3.5	43/1	1973年
黄土矿—石溪	黄土矿	2.6	四等	4.5	3.5	无	1973年
唐家坊—冲锋	唐家坊	3	四等	4.5	3.5	无	1975年
宝善—陡山脚	唐家坊	2.5	等外	4.5	3	26/1	1981年
联兴—上白	唐家坊	3.8	四等	6.5	5.5	6.5/1	1974年
岩湾—宝顶	瓦屋塘	6.7	四等至等外	4.5	3.5	15.6/2	1977年
官路上—芭蕉	瓦屋塘	3	四等	4.5	3.5	8/1	1973年
天堂界—鱼鳞溪	金屋塘	2	四等	4.5	3.5	26.6/1	1972年

第六节　桥梁　涵洞　车站　车辆

一、桥梁

1978年年底，全县共有公路桥126座2800延米，其中永久性桥梁110座2628延米，占总数的87.29%和93.86%，其余为半永久性桥。至1997年，全县半永久性桥改造完毕，桥梁增至239座5528.60延米，全为永久性。到2005年，永久性桥梁发展到254座、5928.8延米，比1978年增加128座3128.8延米。同时，各地自发修建或改建的民桥增多，民桥连通了各地的机耕道和人行道。选介多孔跨径总长100米、单孔跨径长40米以上的大桥如下：

长铺大桥　长铺大桥位于县城，横跨巫水，连通S221线与长（铺）响（水坝）公路。1958年8月，始建石台石墩木面公路桥，属半永久性桥，1959年冬竣工。2台7墩，全长107米，桥面净宽6.2米。1966年8月，改建永久性石台石墩石拱桥。桥长123.48延米，高10.30米，桥面宽10.50米，净宽7.00米。石台石墩悬链线石拱。3孔，其中中孔的孔径为35.00米，南北孔的孔径为30.00米。设计洪水频率100年，荷载汽—13、拖—60。总投资44.50万元。1990年9月29日至1992年7月1日扩建。大桥长127.80延米，高14.28米，全宽17.50米（上下游各扩宽5米），3孔：中孔孔径不变；南北岸由于桥台分别外砌1米、2米，南孔和北孔孔径分别缩短为29米、28米。设计洪水频率50年，荷载不变。桥面安照明灯柱10杆。南岸上下游各建沿河长廊，分别长140米、96米，宽4～8米，加配3个凉亭。总投资129.43万元。

万家坪大桥　万家坪大坪为永久性公路桥。位于县城长铺大桥下游400米处，横跨巫水，连通中心街和工业街。1986年3月15日开工，1987年9月29日通车。全长146.98延米，高15.20米；全宽14.20米，净宽13.50米，其中人行道1.75米×2，行车道10米。系石砌墩台悬链线无铰石板拱。3孔，孔径38米；东、西岸各1小孔，孔径8米，与沿河公路呈立体交叉，合计净跨130米。设计洪水频率50年，荷载汽—15、挂—80。桥头接线长210.62米，路基宽18米。总造价104.02万元。桥两端饰1.50米高的大石狮各1对，桥面两侧石柱栏杆的顶端饰小石狮138个，形态各异，并置钢柱荷花灯18杆。

绿洲大桥　绿洲大桥为永久性公路桥。位于县城东郊、穿石村境内，横跨巫水，连通县城绿洲大道与穿石小区。2003年动工，2005年竣工；由大桥、拦河坝、船闸、电站四者结合而成。全长270米，桥面净宽14米，人行道3米×2，行车道8米，4车道。上部结构为预应力简支T型桥梁，跨度17～20米。桥两端装饰巨型石狮2对，高2.55米（连座），长1.75米，宽1.10米，雕工精细。闸门南端装饰展翅欲飞巨型石鹰1只，高7米（连座）。桥面装饰华灯30杆。工程总造价2800万元。

芷坪大桥　芷坪大桥为永久性公路桥。位于党坪苗族乡芷坪村境内，横跨巫水，连通长（铺）流（水冲）公路和进村公路。1989年7月至1990年7月修建。全长107延米，桥高39.60米，桥面全宽 5.70 米，净宽 4.70 米。石台半截面石板拱桥；单孔，跨径 60 米，拱顶厚 0.90 米，拱脚厚 1.20 米。设计荷载汽—15、挂—80。设计洪水频率 100 年以上。总造价 40.39 万元（其中芷坪村自筹 28.30 万元）。

竹舟江大桥 竹舟江大桥为永久性公路桥。位于竹舟江苗族乡乡政府所在地，横跨巫水，连接长（铺）流（水冲）公路。1976 年 11 月动工，1978 年 7 月完工。全长 112.2 延米，净空高 15.87 米，桥面全宽 7.9 米，行车道宽 7.50 米。系等截面悬链线空腹石板拱桥，中部 1 孔，净跨 35 米，边两孔，净跨 30 米。拱圈采用混凝土浆砌块片石。设计荷载为汽—15、挂—80。两岸桥台、桥墩均采用粗料石镶面，块片石填腹。设计洪水频率 100 年。

江抱大桥 江抱大桥为永久性公路桥。位于联民苗族瑶族乡江抱村江抱溪上，连通长（铺）流（水冲）公路。1979 年 12 月动工，1980 年 2 月竣工。全长 56 延米，单孔，跨径 40 米，桥面全宽 6.5 米，行车道宽 6.1 米，净空高 8.9 米。石台石板拱桥，重力式桥台。设计荷载汽—15，洪水频率 50 年。

万福桥 万福桥为永久性公路桥。位于武阳镇、江（口）万（福桥）公路与 S221 线接合处，横跨武阳河。1971 年 7 月开工，同年 12 月竣工。桥长 64.50 延米，高 6.80 米，桥面宽 7.50 米，行车道宽 7.00 米。基础墩台为石镶面片石填腹；上部利用 1958 年修建石台墩木面桥的墩台增设石板拱，U 字形桥台，尖嘴形桥墩。6 孔，孔径 8.23 米。设计洪水 100 年，荷载汽—13、拖—60。2001 年 6 月 19 日因特大洪灾被冲毁，2002 年重修。

谢家大桥 谢家大桥为永久性公路桥。位于红岩镇谢家村境内武阳河上，连通盐（井）竹（清）公路。1980 年 6 月 5 日竣工通车。全长 115 延米，净空高 8.90 米，桥面全宽 6.50 米，行车道宽 6 米。下部为重力式墩台；上部为石板拱桥，3 孔，最大跨径 35 米，跨径总长 105 米。设计荷载汽—15。设计洪水频率 100 年。

田心大桥 田心大桥为永久性民用桥。位于长铺子苗族乡田心村境巫水上，连通田心村与 S221 线。2003 年 6 月竣工通车。桥长 134.00 延米，高 10.00 米，桥面宽 6.00 米，其中行车道宽 3.80 米。钢筋砼桩柱平板桥。6 孔，跨距 22.00 米。共投资 238 万元。

溶岩钢索桥 溶岩钢索桥为半永久性民用桥。位于长铺子苗族乡溶岩村境巫水上，连通两岸。1995 年 11 月动工，1996 年 5 月竣工。桥长 136.00 延米，高 18.00 米，宽 2.20 米。木板桥面，钢索护栏。由溶岩村向各单位和村民募捐 22.80 万元修建，其中荣岩电站捐 6 万元、水泥厂 27200 元、县政府 1 万元。

二、涵洞

1986 年，全县有各种不同类型的公路涵洞 4653 个。随着公路的不断增多，1990 年增加到 5240 个，2005 年增至 7911 个。

三、车站

绥宁县汽车总站 绥宁县汽车总站位于县城长铺镇绿洲大道西端。1958年5月建临时车站，1960年10月正式建站，建筑面积6420平方米。1990年，省交通厅投资200万元，在原址改建新站，建筑面积7081.86平方米，其中站房面积2501平方米，上升为一类县级站；有办公楼1栋，职工宿舍楼2栋，附设修理车间、安检间各1处，站坪可停车60辆。

绥宁县社会客运车辆车站（汽车南站） 始建于1986年，地点在县城长征路平溪出口处左岸，由县运输公司经营。有小型售票室和候车室，站场可停客车6台，日发客班车30台次，旅客日流量1200人次。因与湘运车站距离近，1990年筹资50万元，在长征路虾子溪出口处东岸（长铺一小西侧）征地8880平方米，修建大型社会客运车辆停车场（后来命名汽车南站）。1994年，平溪出口处的社会车辆车站被取消，县运输公司搬入新建的社会客车车辆停车场。至1997年，每日有36台大型客车发往东南沿海及长沙等地，加上县城发往西、南方向的客运车辆全部从该站发车，及过往车辆停靠，每日发车超过100个班次。2002年，汽车南站改由湘运公司经营。是年，投资38万元硬化停车坪。2004年1月，投资83万元、总建筑面积1200平方米的主站房竣工并投入使用。

社会车辆中巴站 1992年起，县内私人客车快速发展。县城每日流动人口增至近万人，每日进出县城的中巴客车达200车次以上。1995年5月，县交通局与县商业局达成协议，由县肉食水产公司提供场地4000平方米，由县运输管理站提供资金、设施和人员，联合经办社会车辆中巴站。因该站位于县城中心沿河街，不仅场地有限，车辆容纳少，而且经常导致长铺大桥北端交通堵塞，1998年被撤销。

汽车北站 汽车北站位于县城人民路北侧。1997年动工修建，1998年竣工并投入使用。总投资12万元，占地面积4000平方米，由长铺镇长铺村经营。停靠班车主要发往县城西北方向的竹舟江、河口、麻塘、江抱、联民等地。

绿洲大道中巴站 1998年，在绿洲大道湘运车站东侧建一个中巴停车场，命名汽车东站。1999年被湘运汽车站兼并。

武阳汽车站 武阳汽车站位于武阳镇。1958年，在杉树脚建站，后迁至朱家旁，建木板房车站1栋，继搬武阳新街建站，占地4565平方米，建筑面积560平方米，站房为砖木结构，场内可停靠客车10余辆，每日停靠过境客车85台次。1996年，临街站房翻新为砖混结构，建筑面积853.9平方米，主站房为4层。2002年，进行车站改造，投资32万元，搬填土石方1万立方米，硬化车坪1620平方米。2004年8月，搭建钢架车库4间。

红岩汽车站 红岩汽车站位于红岩镇。1958年设站，占地面积1920平方米，建筑面积460平方米。2000年进行改造，修建主站房为3层1320平方米的砖混结构站务楼，一层设发车库8位，停车坪为混凝土硬化，可停车8辆，成为县境北部最重要的旅客集散地。

乐安铺汽车站 乐安铺汽车站位于乐安铺苗族侗族乡，地处通往广西、贵州的要道处。1960

年设售票点，1967年设代办站，1968年改为汽车站，占地面积2500平方米，建筑面积420平方米，场内可停靠客车10台。2003年1月，投资38万元，完成主站房改造。

绿洲汽车站 根据县城总体规划，绥宁汽车站应整体搬出县城中心。2002年开始。筹建绿洲车站，选址在县城绿洲大道中段南侧，和平村檀木岭以北。2004年10月完成征用土地（31899平方米），2004年12月完成项目可行性论证。设计建设面积4100平方米，预计总投资1772.2万元。2005年3月通过省交通厅立项。

四、车辆

1978年，全县有货运汽车104辆、客运汽车6辆，均系国有。1982年起，允许私人购买货车经营运输业，集体车辆和私有车辆逐年增多。1984年，湘运绥宁汽车站客车增至24台，当年有客运线路33条，每天发车77个班次，设立108个停靠站点，有夜宿农村客车4台，还开始建设以武阳区级客车站为中心的农村客运网络。1985年，集体和私人开始购买客车参加营业运输。1988年，全县有客运汽车168辆，其中私人客运汽车5辆，占3%；有货运汽车486辆，其中私营货运汽车155辆，占32%。1993年，在全县175辆客车和787辆货车中，私营汽车分别占28辆和526辆，占总数的16%和67%。1997年，私营客、货车分别达到209辆和650辆，分别占全县总数的51%和99%。2003年，私营客车达到751辆、货车660辆，分别占总数的99.48%和100%。

2003年，县城取缔机动三轮车载客，全部改为公交车和出租轿车，全县有公交车20辆、私营出租车210辆。是年，全县共有载客汽车756辆，其中大型、中型、小型、微型客车分别为315辆、160辆、161辆、120辆；共有载货汽车660辆，其中重型、中型、小型、微型车分别为270辆、170辆、160辆、60辆。2005年，全县有载客汽车760辆，载货汽车855辆。

第七节 公路养护

一、国家养护

道班建设 1978年，全县有27个公路道班（20世纪90年代末公路道班改为公路管理站）。1979年，接养的区社公路按规定每10千米处新建一个道班房，当年动工兴建10个养路工班。1980年撤销道班1个，当年共设36个工班和1个机械班。1992—2000年，全县先后撤销或合并李熙桥、关峡、江口塘、界头炉、白菜园、白玉、三星、冷水8个工班（公路管理站）。1994年兴建小水工班房。1997—2004年，县内先后对原修建的道班进行翻修、维修，开展星级道班房创建。1999—2000年，文江公路管理站被湖南省公路局评为二星级道班、青年文明号站；武阳、小水、王家庄、南庙等4个公路管理站被评为一星级道班。2002年，文江公路管理站被湖南省公路局评为三星级道班和全省十佳道班，王家庄公路管理站被评为二星级道班，盐井、万福桥、金屋塘公路管理站被评为一星级道班。2003年，成立茶江路面机械化养护专业队。2004年，盐井公路管理站被评为二星级道班。县公路养护所下设27个公路管理站，1个机械化专业养护队。是年投资46万元兴建茶江路面机械化养护专业队站房，2005年完工。

路面养护　1978年，全县公路国家养护里程228.3千米，其中干线公路120.5千米（含油路33.6千米）、支线公路107.8千米；养护桥梁106座、1654延米；养护涵洞1051道、10667延米。1979年6月，接养第一批区社公路4条，计96.59千米，分别为：长铺—响水洞（55.15千米）、黄土坑—唐家坊（10.33千米）、官路上—水口（16.5千米）、江口塘—午子坡（14.6千米）。1980年，全县公路国家养护里程324.5千米，其中干线公路120.5千米（含油路55.8千米）、支线204千米。1985年，全县公路国家养护里程333.6千米，其中省道129.8千米、县道193.5千米、乡道10.3千米，油路67.6千米。管养线路分别为：省道1805线（杨柳溪至大团口）K23+000～K136+000计113千米、省道1826线（乐安至靖州）K0+000～K7+800计7.8千米、省道1850线（关峡至蒋家坊）K0+000～K9+000计9千米，县道城绥线（邵33）14.4千米、长河线（邵38）55.2千米、李白线（邵39）10千米、官水线（邵41）16.5千米、红唐线（邵42）22.1千米、江万线（邵48）46.8千米、在鹅线（邵40）28.5千米，乡道表东线（乡03）6.8千米、武桐线（乡04）3.5千米。

2001年，第二次全国（县）公路普查后，全县公路国家养护里程为331.93千米。其中：省道128.02千米，分别为S221线（1805线更名）111.305千米、S319线（原1850线和1826线合并）16.715千米；县道200.408千米，分别为江万线（X063）46.8千米、红唐线（X079）21.88千米、官田线（X080）16.5千米、李白线（X081）10千米、长河线（X082）55.2千米、江城线（X088）14.4千米、在品线（X084）28.5千米，原乡道表东线上升为县道表东线（X086）6.82千米；乡道武桐线（YE22）3.5千米。桥梁共计85座1904.2延米，其中大桥3座计324.5延米、中桥13座计663延米、小桥69座计916.7延米，涵洞1222道。当年全县养护的公路中，有高级路面12.31千米、次高级路面166.524千米、中级路面149.594千米、低级路面3.5千米。2002年6月，新增2座中桥，即省道S221线上的兰溪口桥（588延米）和枞木桥（58.8延米）。2005年，全县公路国家养护里程为348.4千米，其中铺装路面（高级，含沥青混凝土路面和水泥混凝土路面）54.89千米、简易铺装路面（次高级）164.888千米、未铺装路面（中级、低级、无路面）112.15千米。1998—2004年，县公路局连续6年被评为湖南省公路养护“雨季杯”劳动竞赛优胜单位。

公路绿化　2000年，可绿化里程333.6千米，已绿化里程160.676千米。2001年公路普查后，可绿化里程331.928千米，已绿化里程165.676千米。至2005年，绿化里程179.676千米，其中省道绿化122.11千米、县道绿化57.566千米。

二、县级养护

1983年，绥宁县县乡公路管理站成立，负责管理养护9条计167千米的县乡级公路，有工作人员10名，工程车4辆、大小碎石机4台、压路机1台、铲车1台。设常年养护代表工班21个，有代表工159人，工班房78栋。经费除县财政每年拨款4万元外，其余由乡村自筹。1985年起，根据路况等级、路面材料，定经费，定好路率，代表工的工资奖金同好路率挂钩。1986年，县内县级养护公路实现良等路112千米，占养护里程的67%，比上年上升9%，差等路减少7.6千米，在全市率先实现无差等路。1991年，全县好路率为72.2%，1991年上升至97%。1994年，绥宁县获全市“县养公路好路县”十连冠称号。1998年，县乡公路管理站管养的公路增至227.1千米。2003年，全面推行养护代表工身份置换，将代表工改为承包人，县乡公路管理站与承包人签订合同，将管理里程、备砂任务、全面养护同承包人的报酬挂钩。2005年，全县有县级养护的公路246.1千米。

三、乡村自养和林业专养

1982年，建立林业公路养护队，由县林业局管理，在编47人，1985年增至94人。2005年，全县有林业专养公路104.60千米，另有乡村自养公路533.40千米。

表16-1-2　　1978—2005年绥宁县公路养护情况表

年份	公路里程（千米）			公路桥梁（延米/座）	其中			
	合计	柏油路	水泥路		国家养护公路（干线/支线）（千米）	县级养护公路（千米）	乡村自养公路（千米）	林业专养公路（千米）
1978年	623.85	34.67	0	2800/126	120.5/107.8	263.74	115.48	16.33
1979年	687.05	54.00	0	2800/126	120.5/189.4	113.80	196.15	67.20
1980年	596.00	56.00	0	2612/125	121/204	154.00	55.00	62.00
1981年	610.90	56.00	0	2612/125	121/204	181.00	43.00	62.00
1982年	607.90	56.00	0	2776/124	121/204	181.00	44.40	58.00
1983年	630.10	56.00	0	2899/129	121/204	204.10	43.50	58.00
1984年	740.40	56.00	0	3357/152	129.9/204	259.00	62.30	83.70
1985年	850.50	67.60	0	3423/153	129.9/204	307.50	125.40	83.70
1986年	865.50	67.70	0	3583/160	129.9/204	167.00	280.90	83.70
1987年	865.50	80.60	0	3730/161	129.9/204	167.00	280.90	83.70
1988年	894.80	81.60	0	4615.1/197	129.9/204	168.00	309.20	83.70
1989年	894.80	82.40	0	5065.6/224	129.9/204	168.00	309.20	83.70
1990年	911.50	86.40	0	5222.3/226	129.9/204	168.00	309.20	83.70
1991年	911.50	96.40	0	5222.3/226	129.9/204	168.30	325.90	83.70
1992年	926.70	107.40	0	5262.3/227	129.9/204	168.30	325.90	83.70
1993年	1014.0	120.40	0	5262.3/227	129.9/204	175.30	325.90	83.70
1994年	1024.0	128.40	0	5310.3/228	129.9/204	175.30	325.90	83.70
1995年	1065.0	128.40	0	5460.3/238	129.9/204	196.30	345.90	83.70
1996年	1104.5	129.80	0	5460.3/238	129.9/204	207.60	458.40	104.60
1997年	1170.7	139.80	10.00	5528.6/239	129.9/218.5	219.30	498.40	104.60

续表 16-1-2

年份	公路里程（千米）			公路桥梁（延米/座）	其中			
	合计	柏油路	水泥路		国家养护公路（干线/支线）（千米）	县级养护公路（千米）	乡村自养公路（千米）	林业专养公路（千米）
1998 年	1203.5	182.80	14.00	5628.6/247	129.9/218.5	227.10	523.40	104.60
1999 年	1203.5	220.80	20.00	5628.6/247	129.9/218.5	227.10	523.40	104.60
2000 年	1213.5	232.80	20.05	5758.8/251	129.9/218.5	227.10	533.40	104.60
2001 年	1222.4	235.00	20.50	5874.8/253	129.9/218.5	236.10	533.40	104.60
2002 年	1232.4	246.00	20.50	5928.8/254	129.9/218.5	246.10	533.40	104.60
2003 年	1232.4	250.00	20.50	5928.8/254	129.9/218.5	246.10	533.40	104.60
2004 年	1232.4			5928.8/254	129.9/218.5	246.10	533.40	104.60
2005 年	1232.4	283.50	28.00	5928.9/254	129.9/218.5	246.10	533.40	104.60

说明：1980 年的公路、桥梁数系当年省公路普查后的标准公路、标准桥梁数

第八节　公路运输

一、客运

概况　1975 年，全县汽车客运量 18.43 万人，客运周转量 1110.34 万人千米，系湘运公司独家经营。1978 年，县内汽车客运市场开始打破湘运公司一家独营的局面，当年有 3 台 15 座的社会车辆（小客车）从事汽车客运。1980 年，全县汽车客运量 80.8 万人，汽车客运周转量 3372.59 万人千米。以后，县内国营、集体、个体客运业快速发展。1985 年始，私人购置客车参加运输。1987 年，县运输公司开始购置客车投入运营。县政府加强宏观控制，对车辆实行统一管理，对营运线路严格审批，对营运车辆统一发放路线牌。1988 年，为解决客车经营者弃山区抢平地、弃支线抢干线的问题，对汽车运价作出调整：红岩—唐家坊、李熙桥—白玉、江口塘—午子坡 3 条公路因路况差，票价由二等调为三等；长铺—道口—河口、三星—梅坪、小水—党坪等 8 条公路因路况差旅客少，票价上浮 40%。1989 年 3 月，县交通部门通过对全县公路主干线客流量的全面调查，认定日客车流量为 124 辆。同时制定《公路客运管理暂行条例》和《社会客车车辆归站管理暂行实施办法》，将全县营运客车全部纳入行业管理和归站停靠管理。1990 年，完成客货运输车辆的审验工作。审验后发证 1177 户，取缔不合格经营户 417 户。1993 年年底，县政府决定：各个地点按距离远近规定票价，各车辆一律按指定的停靠地点停车和接客。1994 年，县内增加中巴车 42 台、大客车 3 台，以解决群众乘车难的问题。2001 年 4 月，县交通部门突击上路稽查 20 余天，查处无证无牌车辆 37 辆，收缴 2 辆已到报废年限客车的线路经营牌照。2004 年，县交通局抽出专门力量进驻各家车站进行专项整治，对在站外停靠上客的车主从严处罚，使县内形成“统一、开放、竞争、有序”的运输市场。2005 年，全县汽车客运量 967 万人，客运周转量 3.58 亿人千米。

湖南省运输公司绥宁分公司　1983 年，湘运 73 车队即绥宁分公司建立，配客车 27 台，主

要担负绥宁至周边县市及本县农村短途旅客运输。至1987年，共有客车35台，仍以通往各乡镇的客班车为主，每天发车54个班次。年客运量253.97万人次，为1958年的213.85倍；年货运量12600吨，为1957年的5.73倍。1990年，有客车42台，日发车168次，年客运量130万人。2000年，开通通往浙江温州及广东珠海、普宁、松岗等地的超长途班车，省际客班线5条，地际客班线7条，县际县内客班线11条，日发班次192次，有建制客车66辆。2002年，湘运绥宁分公司兼并绥宁县运输公司。至2005年底，客车保有量82辆，日发班次238个，客运总线路54条，客运量698.6万人/年，客运周转量2.55亿人千米/年；开通直达武汉，温州、泉州、桂林、深圳、珠海、普宁、长沙、株洲、常德、衡阳、怀化、邵阳及邻县的客班车。

绥宁县运输公司 1987年，县运输公司（集体企业）成立汽车队、交通工具厂、食品饮料厂3个独立核算单位，汽车队沿用县运输公司名称，贷款10万元购置客车2辆，既经营货运，也经营客运。1989年，客车发展到13台。1993年，贷款14万元购置豪华客车1台，在邵阳市率先开设卧铺车；客车增至20台。1994年添置高级空调车3台。由于经营不善，公司发生亏损，经营每况愈下。2002年元月，被湘运绥宁分公司兼并，人、财、物由湘运邵阳总公司接管，整建制地并入湘运邵阳总公司。

绥宁县客运公司 1990年，县运输公司交通工具厂改名为县货运公司，主营货运，兼营汽车修理。经营中逐渐弃货运而专营客运。1995年正式改名为客运公司，有大客车6台，经营绥宁至长沙、株洲、邵东、靖州等线长途客运业务。由于只注重提高经济效益而忽视交通安全，1994年起，多次发生交通事故，连年亏损，2004年破产改制。

私营客车 1985年，私人开始购置客车参加经营，是年购车5辆。交通管理部门为之办理营运证，统一排定班次，统一票价和售票，统一填写行车路单，统一验票上车，统一结算收入。1993年，开始发展中巴车，是年购车28辆，第二年增至85辆。面对中巴车的激烈竞争，大客车陆续承包给个人经营。1997年，个体车和承包大客车合计达到209辆，占客运车总数405辆的51%；翌年客运车全部由个体或承包经营。2005年，全县有客车751辆，全部为私营车主经营。

二、货运

概况 1978年，全县汽车货运量19.97万吨，货运周转量2421万吨千米。1980年，全县汽车货运量25.1万吨，货运周转量3035万吨千米。1982年，县内始有私人购置载重5吨的货车3辆，载重2.5吨以下的货车9辆计19吨位。1983年，私人购置载重5吨以上的货车8辆计43吨位，购置2.5吨以下的货车22辆计49.5吨位。是年，私人购买大中型拖拉机90台、手扶拖拉机700台，大部分用来跑运输。1985年5月，县交通局运输车队因管理不善、运损严重被撤销。1987年，核发集体和个体货车营运证432个、拖拉机333个，调整从事营业性农村机动车辆运输管理费收取标准。1992年，针对运力大于运量的状况，说服车辆已到报废年限的115家经营困难户放弃继续经营，办理车辆报废手续，并说服红岩、武阳8户打算购车经营者主动放弃购车经营运输计划。1994年，新增私人货运汽车96辆，全县货运汽车总数达到796辆。1998年，为纠正货车在县城大街上乱停乱摆现象，规定大中型货车一律停于杉木坳停车场，并由县木材公司负责在城内修建一个新的货运停车场。2005年，全县汽车货运量272万吨，货运周转量2.18亿吨千米，全部由私营货运汽车经营。

交通局货运车队（运输车队）　1977年，省交通厅分配给县交通局货车6辆，始建绥宁县交通局汽车队，1981年货车增至7辆。因管理不善，经济效益差，1985年5月被撤销。

绥宁县货运公司　1975年，县运输公司购置货车1辆，加上原有小型三轮磨盘车3辆和小四轮1辆，正式经营机动车货物运输。1981年，有小型机动车10辆、载重货车4辆。至1986年，有载重货车6辆计30吨，年货运量8800吨。1987年，县运输公司交通工具厂既经营货物运输，也兼营汽车修理。1989年，交通工具厂有货车13辆。1990年改名为县货运公司，拥有货车26辆，年货运量3.8万吨，货物周转量358万吨千米。经营中，县货运公司将货车承包到私人，逐渐发展到将货车出售给私人经营，至1995年，县货运公司车辆全部出售给个体司机经营，县货运公司有名无实。

表16-1-3　**1978—2004年绥宁县公路运量统计表**

年份	客运量		货运量	
	运量（万人）	周转量（万人千米）	运量（万吨）	周转量（万吨千米）
1978年	51.72	2396.74	19.97	2421.00
1979年	64.65	2843.01	22.39	2711.00
1980年	80.80	3372.59	25.10	3035.00
1981年	111.44	4238.88	23.53	2772.00
1982年	142.61	5256.42	25.22	3045.00
1983年	173.16	5917.34	30.05	3452.00
1984年	191.36	5683.40	28.22	3242.00
1985年	246.44	7919.78	44.47	4336.00
1986年	249.67	6009.81	49.35	4528.00
1987年	285.50	7463.64	58.83	5368.00
1988年	215.70	7338.00	71.00	6203.00
1989年	220.00	8213.00	65.00	5612.00
1990年	223.00	10600.00	68.00	5278.00
1991年	220.00	12157.00	66.00	6578.00
1992年	229.00	14369.00	91.80	7356.00
1993年	353.00	15493.00	97.00	8285.00
1994年	355.00	15581.00	120.00	10688.00
1995年	443.00	20680.00	152.00	11568.00
1996年	624.00	31232.00	179.00	13457.00
1997年	683.00	31632.00	192.00	14336.00
1998年	717.00	33196.00	198.00	14786.00

续表 16-1-3

年份	客运量		货运量	
	运量（万人）	周转量（万人千米）	运量（万吨）	周转量（万吨千米）
1999年	758.00	30196.00	190.00	14900.00
2000年	824.00	30406.00	231.00	16492.00
2001年	806.00	29484.00	210.00	15959.00
2002年	840.00	31500.00	215.00	15600.00
2003年	855.00	32918.00	221.00	19592.00
2004年	875.00	34432.00	233.00	17622.00
2005年	967.00	35800.00	272.00	21800.00
合计	11805.05	476328.61	3198.93	261022.00

第九节　水路运输

一、航道

1978年，县内尚有少量水路运输，多为运输木材。主要水道有巫水、武阳河、界溪（莳竹水），次要水道有曲溪、金屋塘溪、岳溪江、黄泥江、坪溪、老鸦河（东山溪）等。以后随着公路运输的发展，县内水路运输逐渐被公路运输取代，1985年，水路长途运输完全停止。此后，仅有江口塘、荣岩、绿洲、界溪口、河口5座水库（电站大坝）上存有机动船短途运输。

二、渡口

1978年，全县有行人渡口18处，其中巫水有长滩渡、梅口渡（又名花园角渡、大埠渡）、石江坪渡、李家团渡、双溪渡（田心处）、温溪口渡（又名神滩渡）、游家湾渡（又名杆子渡）、芷坪渡、彭家渡、石盘渡、半边月渡、河口渡、老祖界渡、麻塘溪口渡共14处，武阳河有网铺脚渡、岩山庙渡、上匡渡、红岩渡4处。1989年，全县渡口减至13处，有渡船14只，58个吨位，限载量283人，其中常年行人渡口11处，季节性生产渡口2处。2000年进行渡口整顿后，全县仅剩7个行人渡口，即长滩渡、大埠头渡（梅口渡）、石江坪渡、田心渡（双溪渡）、杆子渡（游家湾渡）、河口渡、上匡渡，分属长铺子、关峡、河口、红岩4个乡镇；有2吨以下木船7只，渡工9人。2004年仅存花园角渡、神滩渡、河口渡、上匡渡4个行人渡口。

第十节　交通管理

绥宁县公路局　绥宁县公路局的前身为绥宁县公路段。1978年，县公路段有职工150人，民工建勤代表工160人。1979年，招收亦工亦农轮换工从事公路常年养护工作，民工建勤代表工符合条件的招收为亦工亦农轮换工。1980年在职职工增至421人，其中正式工159人、集体工33人、亦工亦农轮换工226人。1982年清退部分亦工亦农轮换工，1984全部清退。1986—1999年，推行浮动工资经济责任制。1997年，县公路段改为公路局，内设办公室、政工股、财务审计股、安全生产股，辖公路养护所、路政大队和路桥公司。2004年，有在职职工172人，专业技术人员22人，其中具有中级以上技术职称13人。1978—2005年，刘先洲、曾廷帮、曾征云、杨昌业、阳映、孙丁山、彭富强、刘霞生、何进行、王劲松、陶继平先后任段长或局长。

路政管理　1978年，县内路政管理由县公路段负责。1981年3月，成立县公路路政管理领导小组。1982年9月，印发《绥宁县路政管理暂行条例》。1984年，县人民政府发布《关于切实维护公路两侧留地的公告》，按干线公路两侧各留3米、支线公路两侧各留1.5米的标准清丈土地，查处违章建筑物1698处，并铲除在公路边坡上种植的农作物210处；投资70万元，征地1.33公顷，由林业部门修建积材坪8个；在省道、县道、乡道两旁划定公路留用地137.2公顷，定权发证，埋设临时界桩18452块。1990年11月，县政府发出通知，重申在省道、县道、乡道两旁规定的距离内修建的永久性建筑物，无论是新建、改建或重建，一律按《中华人民共和国公路管理条例》的规定进行清理；并由县公安局、县公路局、县交通局等部门联合扫障4次，处理违章建筑物1965处，清理路障8830平方米，发出违章通知书921份。1992年，武阳镇人民政府和李熙桥镇人民政府在省道1805线（今S221）两侧建经济开发区，县公路段进行制止；经省公路管理局裁决，尚未动工的李熙桥镇停止了开发，已动工的武阳镇街道东侧凡是建在靠公路边沟的建筑物无条件拆除，退出3米以外。1994年，武阳镇政府成立路政管理工作领导小组，加强公路路政管理，与县公路段一起对5户违规在公路旁建房的村民发出通知，限期拆除。1995年起，县委、县政府把公路路政管理工作纳入各乡镇双文明建设目标管理，制定具体考核办法。1997年《中华人民共和国公路法》颁布后，县交通局联合公路沿线乡镇，清除违章木材加工厂14处、熬制黑油厂棚5处、路障128处。2000年，县公路管理部门查处损坏公路案5起，责令赔偿68920元；查处超限运输车辆425台次，卸载210吨，罚款2万元。

航政管理　1983年7月，县公安局和县交通局召开安全工作会议，联合发布《关于加强渡口安全管理的公告》，制成30块钢板牌竖立于各个渡口，封存破烂船只。1984年，县交通局与县航管站联合对全县所有渡口进行检查发证，疏通河道，整修城镇主要渡口，修建巫水两岸的水泥台阶码头。1986年，对全县134只半吨以上农副业船制作“二证一牌一线”（船舶检验证、船员证，名号牌，划载重线），在16个渡口重立安全牌32块；查船105只次，查出违章船39只次。1988年，成立绥宁县及长铺子、关峡、党坪、河口、盐井5个乡水上缴通安全领导小组。年内，县与乡、乡与村、村与船主层层签订安全工作承包责任书，渡口设立船主守责牌，对三、四类船进行维修。1998年，维修花园角码头并重制渡船。2000年，给各渡口发放救生圈和救生衣。2002年，对无证经营旅游和赶集时超载营运进行整顿，规定各船办理“三证”，由县财政支持1万元帮助各船主办理证书，对民渡民船规定救生设施必须满足核载人数的30%以上；船主购置救生设备时，实行买一补一。1982—2005年，县内连续23年无水上缴通事故。

治理公路“三乱” 20世纪90年代初，全县公路出现“三乱”（乱设站卡、乱罚款、乱收费）歪风。1995年，成立绥宁县治理公路“三乱”领导小组和办公室，对公路“三乱”进行治理。1997年，县政府与各职能部门签订治理公路“三乱”目标责任状，规定有权上路执法的交通、公安、林业等部门必须在国发文件的规定范围内进行执法，无权上路执法的单位不得以任何理由在公路设卡、查车、罚款、收费。1998年，县政府把治理“三乱”的目标任务分解到各有关单位，各负其责。年内领导小组人员先后上路明察暗访3次，开展问卷调查2次。1999年12月16日和2000年1月22日，省市治理公路“三乱”办公室明察暗访组在绥宁县检查时，发现江口至万福桥公路非法设卡3个，江口塘至城步县公路绥宁路段非法设卡2个，责令立即撤销，并给予通报批评。年内县委、县政府组织纪检、监察、督查、交通等部门先后进行5次联合大检查，撤除非法设立的站卡，受理群众举报10件，下达整改通知书25份。21世纪初，县内公路“三乱”现象逐渐减少。

第二章　邮政

1978年至1998年8月，绥宁县邮电通信由县邮电局统一管理。1998年9月，县邮电局分设县邮政局和县电信局。邮政局内设综合办公室、储蓄业务发展部、多种经营部、集邮信函广告部、安保检查室，基层设7个邮政支局、11个邮政所、18个储蓄所。1978—1998年，李冬华、谭永松、姚正甫、易绍平、邓学锋、李济海先后任县邮电局局长；田长生、王文建先后任县邮政局局长。

第一节　邮路

省市至县邮路　1978年，邵阳地区开通至绥宁自办汽车邮路，单程214千米，逐日对开。邮件交接坚持“一看、二点、三签字”制度。1984—1988年，县邮电局连续五年被评为全市邮运专业竞赛先进单位。20世纪90年代后，邵阳市至绥宁的自办邮车由逐日开改为每日二班，并由一般邮车改为大型邮车，直至2005年。

县城至乡镇邮路　1978—2005年，县内由县城至各乡镇邮路的发展，大致经历了自办自行车邮路、自办摩托车邮路、委办汽车邮路、自办汽车邮路4个阶段。1978年，县城至各乡镇邮路多为自办自行车邮路。1979年1月1日，县内首开红岩途经黄土坑（今黄土矿）、唐家坊、瓦屋塘至金屋塘自办摩托车干线邮路，单程58千米，当日往返，每周6班。1980年，县邮电局有用于邮运的摩托车15辆。当年，县内自办摩托车干线邮路增至4条，合计单程233千米。除上述红岩至金屋塘邮路外，其余3条分别是：长铺至党坪干线邮路，单程15千米，每周6班；长铺至联民——长铺经枫木团、联民、麻塘、河口、竹舟江回长铺干线邮路，全程往返178千米，两轮摩托对开，每周6班；长铺经在市、黄桑坪、兰家、朝仪至鹅公岭后再返回朝仪至东山干线邮路，单程64千米，当日往返，每周6班。1984年，撤销摩托车邮运，改为委办汽车邮运，由县汽车站随客运班车将邮件送至各乡镇。1994年，县邮电局将委办汽车邮运改为自办汽车邮运，成立经济民警队，押送款项和邮件至县内各支局、所储蓄点。邮递线路分两片。北片有干线邮路1条，由长铺经关峡、武阳、李熙桥、红岩、黄土矿、唐家坊、瓦屋塘、金屋塘、水口（去金屋塘不去水口，去水口不去金屋塘），当日往返，为间日班，后改为每周2班。南片有2条干线邮路。第一条自长铺经枫木团、联民、麻塘、河口、竹舟江，当日往返，为间日班，后改为每周2班；第二条由长铺经在市、黄桑坪、兰家、朝仪、鹅公岭、东山、乐安铺，当日回局，为间日班，后改为每周2班。此干线邮路至2005年未变。

乡镇至村组邮路 20世纪70年代起，县内农村投递路线首开自办乡邮员自行车邮路，执行“排单制”和“五定制”。1986年，全县90%以上农村投递路线为自办自行车邮路，共有投递专用自行车51部，农村投递自行车邮路1170千米；另有10%、约130千米的乡村邮路仍为乡邮递员步行邮路。1988年，县邮电局投递专用自行车增至60部，投递路线增至1605千米，原步行邮路全部改为自行车邮路。另有自办摩托车邮路3条，合计单程104千米。分别是：长铺至江口塘邮路，单程17千米；长铺至枫香、曹子山、安阳山、经小水回局邮路，单程55千米；长铺至堡子岭，经象家、溶岩回局邮路，单程32千米。1998年9月邮政业务与通信业务分营后，县内农村以乡镇邮政支局为依托，发展村级邮政代办网点。县局成立代办部，负责代办管理。2001年，全县有村级邮政代办网点260个、代办员260人，邮政代办网点入村率74.4%，红岩、李熙桥支局农村邮政代办网点入村率100%。2002年，全县有农村邮政代办网点290个。2005年，全县有农村邮政代办网点206个，入村率59%。

县城内投递 20世纪80年代，县城有2名邮递员，分别向党政机关和街道居民递送报纸杂志和信汇；20世纪90年代后县城范围扩大，邮递员增至5名，分5路向党政机关、厂矿企业和居民递送报纸杂志和信汇。2001年，实施邮政入户工程，住户均设信报箱。2004年，县城始用摩托车邮运。

第二节 邮件

函件 1979年5月3日，县内开始收寄台湾邮件和平挂函件。1980年1月1日起，县内实行标准信封。7月1日起，县内实行邮政编码，绥宁邮政编码为422600。1987年5月20日，开办有声信函。1988年4月21日，开办邮递快件业务。是年，全县邮政业务收入88.23万元，出口函件81.64万件，进口函件120.23万件。1991年12月1日，中国邮政贺年（有奖）明信片在县内销售。1993年2月15日起，开办省内速递业务。1995年10月1日起，开办邮政礼仪专递业务。1996年12月30日起，开办邮购业务。2000年起，开办“校园明信片”和“个性明信片”业务。2001年，县邮政局与县委宣传部、县教育委员会联合举办“为北京申奥加油”万人贴票签名活动和“申奥有我”有奖明信片邮寄活动，销售明信片2万多枚，销售普通邮票3.6万元；发展企业金卡、企业明信片2万多枚。2003年，制定揽销特快邮件奖励政策，成立专门揽销、投递特快邮件班组，先后与县交警大队、县人民法院、县公安局、县工商局、县技术监督局、县农机局等单位签订身份证、驾照、法律文书等特快邮件收寄协议；并在县政务中心设立特快收寄点；与偏远的厂矿企业、公司签订特快邮件收寄协议；对用邮大户的经手人实行奖励，促进特快邮件业务的发展。2005年，先后到保险、移动、电信、建行、消防等单位，开发拜年卡，制作卡2.5万枚。

包件 1979年7月1日开始，县邮电局开办“乙类保价”包裹业务。1987年增办商品包裹业务，凡机关单位交寄每5千克以上包裹都按商品包裹收取资费，即按普通包裹加收50%。县局分拣室设有兼职质量检查员，使不合规定的包裹不出口。1988年，全县出口包裹5187件，进口包裹12095件。20世纪90年代后，包裹业务迅速增加。1993年，全县出口包裹15567件，2000年增至35916件。2001年，开办种子邮购业务，共邮购种子3.8吨。2002年，种子邮购突破5吨大关。2003年，邮购饲料24吨。2005年，出口包裹8348件。

汇票 1978年，县邮电局出口汇票28200张，进口汇票19500张。1981年7月，放宽汇票限额，每笔汇款最高限额由原来的300元增至5000元，并规定在投递时须亲投到户。1985年7月，县邮电局配备发行汇兑会计1名。1995年8月1日起，全县邮电代办所停止办理汇票兑付业务。是年开发出口汇票48813张，其中计费45938张。1996年6月1日起，汇票每笔最高限额由5000元增至1万元，邮政“高额汇票”最低限额由500元调整为1000元，邮电公事汇票限额不变。是年，县邮电局开发汇票55499张，其中计费52408张。1999年10月1日起，国家邮政局对超限额汇款业务实行简化处理：超限额汇款以1万元为一个计费单，5万元以内各计费单位实行累加计费。是年，开、发汇票61896张，其中计费54597张，电汇2594张；开、发汇票金额3981.29万元，其中电汇金额89.66万元兑；汇票11.77万张，兑付金额8964.36万元。2000年，开、发汇票54597张，开、发汇票金额2172.71万元，其中电汇93.45万元；兑付汇票13.02万张，兑付金额9189.71万元。2005年，全县出口汇票12721张。

表16-2-1 1978—2005年绥宁县邮政业务交换量统计表

年份	业务总量（万元）	函件		包件		汇票	
		出口（件）	进口（件）	出口（件）	进口（件）	出口（张）	进口（张）
1978年	19.8740	505867	508565	13543	6845	28178	19469
1979年	—	556000	—	9000	—	34000	—
1980年	—	581000	—	6000	—	37000	—
1981年	—	600000	—	7000	—	38000	—
1982年	—	602000	—	5000	—	38000	—
1983年	—	613000	—	5000	—	39000	—
1984年	—	690000	—	7000	—	41000	—
1985年	—	715000	—	6000	—	45000	—
1986年	—	709314	—	4270	—	43053	—
1987年	47.7412	776781	990008	4615	1143	40347	19034
1988年	—	816401	1202300	5187	12095	45052	—
1989年	—	848512	—	5497	—	35571	—
1990年	67.2904	619258	984238	4656	8423	39336	45219
1991年	—	593813	—	5689	—	28371	—
1992年	—	593130	—	5896	—	28371	—
1993年	—	1076451	—	15567	—	29952	—
1994年	—	2690776	—	15137	—	40108	—

续表 16-2-1

年份	业务总量（万元）	函件		包件		汇票	
		出口（件）	进口（件）	出口（件）	进口（件）	出口（张）	进口（张）
1995 年	—	2473134	—	34433	—	48813	—
1996 年	—	1636358	—	28151	—	55499	—
1997 年	—	1431889	—	36650	—	67281	—
1998 年	—	1777613	—	24521	—	46617	—
1999 年	—	1974995	—	35817	—	61896	—
2000 年	—	1939137	—	35916	—	54597	—
2001 年	—	1736246	—	20768	—	20875	—
2002 年	—	1081165	—	14796	—	29617	—
2003 年	—	1109210	—	12496	—	23477	—
2004 年	—	369038	—	9160	—	10560	—
2005 年	—	237755	—	8348	—	12721	—

报刊发行 1978 年，县邮电局订销报纸期发数 18581 份，订销报纸累计 295.72 万份；订销杂志期发数 24766 份，订销杂志累计 24.90 万份；年内报刊流转额 13.79 万元。1980 年，县邮电局有 2 名发行员，各邮电支局、邮电所由营业员兼发行员，各机关、厂矿、企事业单位建立报刊发行站（员）。1981 年县邮电局和各邮电支局、邮电所开始零售报刊。1982 年，报刊发行到 336 个大队、2584 个生产队，实现每个大队有《人民日报》、生产队有《湖南日报》，当年完成报刊期发份数 37200 份，完成期刊流转额 16.5 万元，分别为省下达任务的 107.7%、106.06%；《湖南科技报》发行创历史最好水平，平均 18.86 人一份。1985 年，农民参与办邮电，是年绥宁邮电扩大报刊零售点 6 处，建立信报接转站 360 个，农民承包兰家、鹅公岭邮电所。全县报纸期发数 3.9 万份，杂志期发数上升到 44600 份，报刊流转额上升到 35 万元。全县人均 3.35 人一份报刊，人均报刊费 1.37 元。1988 年，期刊期发数：报纸 37002 份，杂志 28984 份，报刊流转额 50.7114 万元。绥宁邮局连续五年被评为省、市报刊发行先进单位。麻塘邮电所乡邮员兰序江（农民轮换工），1988 年收订报纸杂志期发数 1636 份，完成报刊流转额 15755.69 元，投递报刊 17.05 万份、信件 5894 件、结据邮件 2584 件，被湖南省邮电局评为优秀投递员，1989 年被县政府授予十佳服务明星称号。1994 年，绥宁县邮电局报刊发行投递公司成立，负责全县报刊发行业务和全县范围内邮件、信函的投递。是年，全县报纸订销期发数 41869 份，杂志订销期发数 33807 份，报刊流转额 123.6092 万元。2000 年后，公费订阅报刊数量骤减。2005 年，全县订销报纸累计 232.80 万份，订销杂志累计 25.78 万份，报刊流转额 218 万元。

表 16-2-2 **1978—2005 年绥宁县邮政局报刊发行业务量统计表** 单位：万份、万元

年份	订销报纸期发数	订销报纸累计	订销杂志期发数	订销杂志累计	报刊流转额
1978 年	1.8581	295.7230	2.4766	24.8980	13.7925
1979 年	1.8000	330.8000	2.5300	25.3000	14.7000
1980 年	1.7000	347.7000	3.3600	33.6000	18.2000

续表 16-2-2

年份	订销报纸期发数	订销报纸累计	订销杂志期发数	订销杂志累计	报刊流转额
1981 年	1.6000	350.9000	3.4900	34.9000	20.2000
1982 年	1.4000	298.7000	2.3200	23.2000	16.5000
1983 年	3.0000	514.6000	3.0900	30.9000	24.7000
1984 年	4.2000	555.0000	3.8000	38.9000	27.5000
1985 年	3.9000	507.7000	4.4600	44.6000	35.0000
1986 年	3.3968	456.9057	3.2248	39.3778	39.1419
1987 年	3.8322	493.3447	3.0808	45.2104	37.9130
1988 年	3.7002	503.3660	2.8984	42.4271	50.7114
1989 年	2.3800	341.8396	2.8113	24.6243	62.9248
1990 年	3.2400	929.2027	2.1470	27.3792	72.3638
1991 年	2.6912	373.7755	2.1066	30.5451	108.3659
1992 年	2.1066	286.7000	3.0545	32.0525	98.8569
1993 年	4.1072	515.0084	2.6715	38.3879	103.0086
1994 年	4.1869	612.9240	3.3807	50.7319	123.6092
1995 年	4.9194	723.4354	3.0987	46.6721	151.3339
1996 年	5.1026	813.6781	3.0289	52.6589	159.2667
1997 年	5.7736	866.0483	6.5797	53.6967	168.9219
1998 年	5.5541	833.1127	6.3554	95.3320	199.8324
1999 年	7.6259	1105.7667	7.5161	106.6720	214.3416
2000 年	9.2167	1101.0429	8.6321	108.5244	240.5123
2001 年	缺数据	902.9576	缺数据	99.2753	238.6246
2002 年	缺数据	632.1982	缺数据	12.1418	222.0000
2003 年	缺数据	778.3759	缺数据	16.5139	206.0000
2004 年	缺数据	209.8955	缺数据	14.2119	208.0000
2005 年	缺数据	232.7968	缺数据	25.7778	218.0000

第三节　集邮业务

1983 年 10 月 1—3 日，县邮电局与县文化馆联合举办首届集邮展览会，按时代和专业类别共展出 9 个专题，46 个标准框架、500 多个品种，参观人数 3000 多人次，销售小本票、小型张、集邮册、四方联和纪念、特种邮票 800 多元。1988 年 10 月 15 日，开办集邮门市部，当年集邮收入 5244 元。1990 年 10 月 14 日，成立县集邮协会。1991 年 12 月 8—12 日，由县集邮协会、县邮电局、县委宣传部、县总工会、团县委、县妇联、县文化局等单位联合举办第二届邮展，设 21 个专题，126 个标准框架；本次邮展销售各种纪念、特种邮票、邮品计 6 万余元。

1999年上半年，印刷绿洲风光邮册2000册、黄桑“铁杉”（插“绿洲风光”邮册用）20万册。国庆期间，举行“绿洲风光”邮册和“铁杉”邮册发行仪式。10月19—21日，市邮政局举办集邮巡回展览，在县内展出20个专题、70个标准框架；除邵阳市邮政局以外，县邮政局销售邮票、邮品3万余元。

2000年11月，县邮政局开展“大战20天，揽收集邮预订户”竞赛活动。2001年，利用假日销售邮品5万多元；加大地方特色邮品的开发和营销，制作“神奇的绿洲”风光邮册。2002年，完成集邮收入47.73万元。2003年，先后与移动、电信、财保、联纸、一中等单位签订制作个性化邮票品的合约，推出邮票品8000多版折，全年集邮收入完成22.45万元。2004年，完成集邮收入26万元。2005年，为县驻军制作军旅纪念邮票2000版，全年完成集邮收入44.54万元。

第三章　通信

1998年9月，县电信局从县邮电局分置。2001年，县电信局被评为湖南省双文明单位，县电信局工会被评为湖南省模范职工之家。2005年3月17日，撤销绥宁县电信局，改设为湖南省电信有限公司绥宁分公司。1998—2005年，李济海、赵冬成先后任局长或经理。

第一节　普通电信业务

一、电报业务

1980年4月，邵阳至绥宁安装开通55型机械式电传机2部，一部用于发报，一部用于收报。是年发报1.5万多份。1981年1月1日起，取消人工使用的莫尔期数码（3、4、5、6、7）短码符号，恢复使用长码符号；5月1日起，恢复使用国际通用的英文机上用语和六电密语。是年始，电报业务量快速增长，1985年发报达3.2万份。1986年下半年，先后开通邵阳至绥宁的双路载报机和五单位自动发报机。1991年5月，湖南省邮电局拨给绥宁县邮电局2部电子电传机，取消落后的55型机械式电传机，电报业务进入全国自动转报网。

20世纪90年代中期起，随着县邮电局5000门数字程控电话的开通，无线寻呼机和移动电话“大哥大”走进千家万户，电报业务急剧下降，1999年共发报7272份。2000年，撤销电报组，电报业务由电信营业台直接受理，改用传真机发报。是年，发报6995份。以后，电报业务逐渐被淘汰。

二、长途电话

1979年3月2日，县邮电局可以受理挂至台湾省的电话。4月，县计委租用县邮电局长话电路，开通至邵阳地区计委内部专线传真业务。1982年，邵阳地区邮电局开展长话“红旗电路”竞赛活动，邵阳至绥宁长途电话电路被邵阳地区邮电局评为红旗电路。长途电话去话张数2.6万张，其中计费2.5万张。1986年下半年，开通绥宁至邵阳机要通信专网。是年，有省内二级干线长途电路9条，其中半自动1条、出租电路2条；长途电话去话张数4万张，其中计费3.9万张。

1990年3月10日零时，县内开通1000门“长、市、农”合一纵横制自动电话，由用户向县邮电局申请长途电话直拨使用权（即长权用户），每月收取10元固定使用费。1992年10月1日起，取消长途有权用户每月固定收取10元使用费的规定，改按每通话一次（不论时间长短）

收取 0.30 元长权使用费；是年，长途电话去话量达到 62743 次（自动电话改按次数统计）。1994 年 2 月 19 日零时，开通数字程控电话；是年，长途电话去话量达到 33.1386 万次，其中计费 32.2886 万次，国际长途电话 213 次，港、澳、台电话 945 次。

2001 年 2 月 21 日零时起，县内取消国内所有的电信附加费，国内长途电话和国际电话资费标准大幅度降低，并第一次实行以 6 秒钟为一个基本计费单位。第一次取消按空间距离分级计费标准。国内长途电话不论空间距离远近，一律 0.07 元/6 秒，港、澳、台电话 0.20 元/6 秒；国际电话 0.80 元/6 秒。每天 0：00 至 7：00 可享受国内长途电话和国际电话的大幅度优惠价格：即在上述时间内，国内长途电话在新话费标准基础上实行 6 折优惠，话费 0.04 元/6 秒；国际电话，对日本、美国、英国、意大利、泰国、马来西亚、德国、加拿大、菲律宾、印度尼西亚、韩国等 15 个国家在上述时间内实行 6 折优惠，话费 0.48 元/6 秒。至此，实现长话业务传输光缆化、数字化和交换程控化。随着通信技术的不断进步，长途电话新业务和技术手段不断更新，以及 IC 卡、DID、CENTREX 集中用户交换、信息业务、200、201、108 卡业务及智能网等新业务的普及和推广，长途电话业务由单一的窗口业务发展成为以住宅电话、公用电话、移动电话、数据与信息等多种业务、多种手段相结合的综合性主体业务。

三、市内电话

1979 年，县邮电局市话交换机容量达到 240 门，安装 208 门。1986 年 4 月，市话扩容，交换机容量从 300 门扩容至 500 门，出局电缆由 300 对扩为 550 对，实装电话 288 门；8 月 1 日，绥宁县邮电局由四级局升为三级局，市话租费按部颁标准执行；同时，县委至市委长途专线开通，新租电话专线 2 对，新装电话机 1 部。

1990 年 3 月 10 日零时，县邮电局安装开通国产 HJ09 型 1000 门纵横制自动电话，市内电话号码编号为 21000—21999，长途直拨进入全国自动网，长途直拨区号为 07467。是年，实装电话 457 部，新增用户 145 户；实现三个第一：第一次开通自动电话，第一次一年新增电话超过 100 部，第一次实现住宅电话零的突破（安装甲种电话 3 部）。1991 年 8 月 1 日，县邮电局第一部电话号码簿印刷出版。原计划 10 年发展的 1000 门自动电话，到 1992 年就扩容至 2000 门。

1992 年 10 月 13 日，县政府决定筹建 5000 门数字程控电话。1994 年 2 月 19 日零时，5000 门数字程控电话正式开通。绥宁县电信通信进入全国先进行列。

1995 年 3 月，开通 160、168 信息服务新业务。同月，开通 114 全自动语音查询系统。6 月 25 日零时起，绥宁县程控电话并入邵阳市本地网，邵阳市及 9 县（市）电话号码由 6 位升为 7 位，长途直拨区号为 0739。9 月，开通电话费自动催缴系统。

1997 年 4 月开始，县邮电局先后开通公安 110、检察机关举报电话 2000 等特别服务电话；11 月，建成 189、170 特服系统及 189—业务受理电话、170—话费查询电话、168—信息台、800—防汛集群移动通信网。

1999年1月5日起，邵阳市和8县（市）同时开通121气象咨询电话。是年，县城开展无人值守IC卡公用电话一条街活动；全县净增固定电话14335户，其中市话净增4051户，列为全市第一名。

2000年1月12日，县电信局推出租用电话业务。2004年，开通小灵通业务。2005年，全县主线放号净增3631户，小灵通净增2000户，市话达到12481户，县城电话入户率87.5%。

四、农村电话

1978—1991年，全县手摇电话网络形成，100%的乡镇通电话。1991—2005年，全县数字化程控电话网络形成，100%的乡镇、100%的村、组通电话，农话入户率达59%。

1991年，县邮电局投资20万元，县财政投资17万元，收取用户改制费6万元，为武阳支局开通200门程控自动电话，系绥宁农话第一个实现程控交换自动化的支局。是年，在市支局安装开通200门模拟程控交换机及12路载波机1套，第二个开通程控电话。

1996年，县内创建长铺子苗族乡新水冲村、乐安铺苗族侗族乡乐安村、黄桑坪苗族乡黄桑坪村及麻塘苗族乡麻塘村4个“电话村”，入户率分别达到83.6%、54.5%、20.7%、21.6%，共发展农村电话用户369户。其中新水冲村14个村民小组281户，安装电话198户，待装33户（因电缆容量只有200对必须扩容），入户率高出省标（20%）60多个百分点，居全市之首。

1997年，邵阳市电信局组织全市农话放号“明星支局”竞赛活动，在市邮电支局累计放号778户，比上年净增291户，获此殊荣。1998年，全县农话放号净增998户，净增电话村8个、电话乡1个。

2002年，全县农村交换容量3.1万门，农村交换代办点22个，新增信息村2个，行政村通话面100%，农村每百人中有电话机的7人；是年，农村主线放号2911户，年末用户20909户。2003年，新增农村放号3023户，年末用户23854户。2005年，全县主线放号3631户，主要是农话放号增加，年末用户达43518户。

第二节　普通电信网络

一、长话网络

1980年，武冈至绥宁长途电话线路更新改造，更换3.0CS铜线和4.0F铁线各1对。此后，相继开通绥宁至洞口、城步、怀化B845型单路载波。1988年8月，安装开通绥宁至武冈ZM305型12路载波终端机。

1986年7月，开通绥宁县委至邵阳市委机要通信专网。是年，有省内二级长途电话架空明线9条，其中载波电路9路；有半自动长话电路1路，出租长途电话电路2路。

1993年下半年，邵阳市邮电局架设邵阳至武冈、城步光纤电缆电路。从城步沙坊799分杆分线，架设武冈至绥宁长途光纤电路，从840#杆引入长征路地下管道，过长铺大桥、中心街进入自动机房，接光端机8兆B特，开通120条长途电路。至此，长话网路实现光纤化、现代化和规范化。

二、市内电话网络

1978—1989年，县内市话网络逐步完善，县区机关、厂矿、学校电话畅通。1990年3月10日，县城开通1000门长话、市话、农话合一纵横制自动电话。1994年2月19日零时起，绥宁县邮电局市话交换由纵横制改为数字程控，对市话线路进行大规模改造和扩容。从县局自动机房起，东至绿洲大道，西至长铺老街方向，北至县联合造纸厂方向，架空电缆全部改为地下管道电缆，新增市话电缆4800对，计20.25皮长千米。

1995年，县邮电局安装DDN本地数据网，并实施市话线路户线工程，在县城及附近村落、机关、企业、居民、家属区实施“一户一线、一店一线”，对市话线路继续扩容、延伸和新建。

1998年12月，县城架设县水泥厂至文晖中学二孔塑料管道5.3千米。1999年3月，新架沿河东路100对以下电缆5.01千米条，安装大小分线盒15个；9月，县城电缆配线工程扩建，立9米以下水泥电杆8根，架设100对以下电缆2.2千米条，布放同轴电缆1.33千米条，安装10对塑料分线盒45个、20对分线盒2个、50对分线盒1个。

2000年8月，县电信局市话户线扩容工程竣工。由县电信局程控机房出线布放1600对电缆2条、800对电缆3条、400对和200对电缆各1条做交接箱直配。由老街机房出线2条400对电缆至J42、J43做主干电缆，新增交接箱7个，立9米以下水泥电杆130根、8米以下水泥电杆22根、13米以下水泥H杆7座，布放架空电缆43.111千米条。

2004年冬至2005年，县电信局投资210万元，将市区架空电缆移至地下。2004年建成小灵通网络，历经3个月，建成93个基站，4月8日正式放号运行。2005年，县电信局投资35万元，完成小灵通五、六期网优工程，新建CS28基站10个、CS4基站4个。是年，投资145万元，新建宽带网ADSL点34个，共计1088线，完成中心局ADSL扩容3072线；投资18万元，完成中心街机房大楼装饰改造工程。

三、农话网络

1983年5月，江口塘电站筹资1.6万元，搭挂县邮电局至武阳农话干线13.74线对千米（3.0F线1对），其中站用杆路2杆程千米；11月，县邮电局至武阳农话机线大修、更新和改造。1984年4月，联丰乡政府投资1.9万元和县邮电局签订合同，架设在市至联丰3.0F铁线1对，计9杆程千米，9.35线对千米。1986年，为缓解北片尤其是武阳中转局农话线路紧张状况，开通县局至武阳邮电支局12路载波终端机，开通县局至李熙桥邮电支局3路载波终端机。

1993年起，县内逐步完成各乡镇农话改制和光纤传输，实现全县农话传输光缆或电缆化、交换数字程控自动化。

1994年12月，县邮电局至在市GYTW光缆传输工程竣工开通，全程17.65杆程千米，70.6芯对千米。

1995年始，县内逐步淘汰架空明线，农话中继干线光缆工程建设速度加快。是年，先后架通在市至东山光缆25杆程千米，100芯对千米；在市至乐安铺光缆18.1杆程千米，72.4芯对千米；县邮电局至河口光缆27.96杆程千米，111.84芯对千米；河口至麻塘光缆13.5杆程千米，44芯对千米；河口至枫木团光缆18.1杆程千米，72.4芯对千米；关峡至武阳光缆22.5杆程千米，180芯对千米；武阳至李熙桥光缆15杆程千米，60芯对千米；武阳至瓦屋塘光缆21杆程千米，84芯对千米。

1996年，县邮电局先后架通在市至黄桑坪、李熙桥至红岩、瓦屋塘至金屋塘、黄土矿至红岩光缆，共计62.2皮长千米，300.56芯对千米，完成金屋塘、乐安铺、竹舟江、麻塘、黄桑坪5个乡集镇电缆工程和黄桑自然保护区九溪山庄、长铺子苗族乡新水冲村、关峡苗族乡文家村电缆工程49.0皮长千米，金屋塘、竹舟江、麻塘、黄桑坪、乐安铺5个乡镇通程控电话。

1997年6月，县邮电局在长铺子苗族乡枫香、拱桥边、濑濑水、小水、寨坡5个村增放100对以下电缆13.15皮长千米，新立9米以下水泥电杆65根。是年，架设农话光缆48.2千米。其中东山—鹅公岭7千米、河口—枫木团19千米、长铺—枫香7千米、红岩—黄土矿11.2千米。架设朝仪、鹅公岭、盐井、李熙桥等12处集镇电缆135.8千米，计3200对线。完成枫木团、黄土矿、朝仪、鹅公岭及原枫香5个乡程控电话改制，安装光环机3台600线、光端机4端。

1998年，投资260万元，在宝顶山建成450兆集群电话。架设县电信局至关峡中继线光缆17.7杆程千米，354芯对千米；关峡至茶江、红岩至桃坪及乐安铺、金屋塘等11处电缆线路92.4千米，计1100对线。是年10月，麻塘苗族乡溪口村程控电话电缆新建工程竣工，新立9米以下水泥电杆119根，架设7/2.2钢绞吊线4.45千米，布放10对、20对、30对和50对电缆6.445千米条，安装7/2.27单股拉线19条，安装分线盒7个。11月，乐安铺至黄佳水程控电话电缆工程竣工，新立水泥电杆92根，做7/2.2单股拉线17条，架设7/2.2架空吊线5.46千米，布放10对、20对、30对和50对电缆5.464千米条。12月，关峡至茶江程控电缆新建工程竣工，全程8.839杆程千米，搭挂县电信局至武阳电杆181根，架设7/2.2钢绞吊线8.839千米，布放100对、50对、30对、20对架空电缆8.84千米条。

1999年元月，红岩至桃坪光缆工程竣工开通，全程6.5杆程千米，新立9米以下水泥电杆144根，架设7/2.2架空钢绞吊线6.5千米条，布放光缆6.5千米条。3月，县电信局至关峡中继架空光缆扩容：从县局前入孔开始，至花坛入孔引上长途杆路GI730号电杆上，沿长途杆路至GI406号电杆进入关峡电信所，全长17.7杆程千米，传输长18.1千米条；架设7/2.6架空钢绞吊线15.25千米条，安装7/2.6单股拉线113条，敷设管道光缆2.51千米条。4月，全县农村大集镇实施户线工程，按照“三合一”（集语言、数据、图像于一体），一户一线、一店一线规划设计。

2002年，全县通信建设固定资产投资350万元，其中完成通信线路工程18个，计140皮长千米；完成交换设备工程10个，计1200线对；完成宽带设备工程2个，计192线。完成电缆挖潜1000线对，调整交换设备400线。

2003年，全县电信通信建设固定资产共投资520万元。其中投资218万元，完成通信线路工程25个，架设翁江、上高、夏家等15个通信线杆110皮长千米；投资21万元，完成武阳、唐家坊设备工程2个，计512线；投资20万元，完成乐安铺、东山、红岩等宽带设备工程7个，计164线，宽带扩容400线。电缆挖潜1000线对，调整交换设备2400线对。

2004年，全县通信建设固定资产投资950万元。其中投资144万元，完成通信线路工程9个，架设山茶坪、多逸寨等12个村通信杆线21皮长千米；投资90万元，完成交换设备工程15个，共计4400线；投资30万元，完成关峡、麻塘等宽带接入设备3个，共计94线，宽带扩容400线。完成电缆挖潜1200线对，调整交换设备2400线。

2005年，全县通信建设固定资产投资590万元。其中投资182万元，完成通信线工程19个，新增主干电缆1500对，配线电缆3000对；投资108万元，完成红岩等22个点交换扩容，共3600线；投资65万元，完成全县25个乡镇的极速网建设。

第三节　移动通信

概况　1996年，县内开通移动电话，是年有用户441户。1999年7月10日，从绥宁县电信局析置邵阳市移动通信公司绥宁营业处，2002年1月更名湖南省移动通信有限公司绥宁营业部，2003年3月又更名湖南省移动通信有限公司绥宁分公司，内设综合办公室、市场经营部、维修工作站。1999--2005年，赵长健、周松青、刘胜先后任营业部主任或分公司经理。2005年，县内有移动电话用户31821户，GSM移动电话可漫游全国及100多个国家和地区，有全球通、动感地带、神州行、大灵通、本地通5大服务品牌，有移动机房41个、移动直放站12个、移动基站42个、基层直放站12个、载频121个，全县25个乡镇都开通移动电话，移动网络覆盖面市区100%、农村85%。

无线寻呼　1993年5月，绥宁邮电局从瑞典引进、安装、开通无线寻呼100W发射机，在电信大楼楼顶安装25米高的发射天线（铁塔），在县邮电局电报室内增设无线寻呼操作台（126人工寻呼台）。信号覆盖以县邮局为中心、空间距离半径25千米范围。通过126寻呼台，用户在任何一部电话机上拨126并告知被呼BP机号码，都可以在12秒之间呼给BP机用户，还可以向BP机用户发送60条代码短信息。BP机用户每月交固定使用费25～50元。是年，发展BP机430户。1994年4月，县邮电局开展售机劳动竞赛。局出纳员许丁香一人揽机130台，被评为省揽机标兵。9月，全县无线寻呼实现全省自动联网。是年，市区购BP机2103台。1997年开始，先后在红岩邮电支局屋顶、李熙桥邮电所院内、武阳邮电支局屋顶、关峡邮电支局屋顶、乐安铺邮电支局屋顶、在市邮电支局院内安装25～80米高的接收天线（铁塔），无线寻呼信号覆盖全县大部分乡镇。是年BP机用户达到3677户。1998年6月1日，无线寻呼业务从县邮电局分出单列，成立县无线寻呼业务部。是年，BP机用户共4649户。1999年，无线寻呼人、财、物划归中国联通通信公司。

移动业务　1995年3月，县邮电局始开通500门蜂窝式模拟移动电话。开通初期，邵阳市局分给绥宁移动通信信道8个，手机号源500个，9007000～9007499。是年，全县发展手机301户。1995年12月，邵阳交换区进一步扩容，绥宁基站由8信道扩容至24信道，新增信道16个，新增用户容基477个，总容量达到602个。1996年10月，县内开通数字移动电话（GSM），是年发展用户441户。蜂窝式模拟移动电话逐渐淘汰出局。1997年，手机市场拓宽到寻常百姓家，是年手机用户发展到1680户。1998年发展到2744户。1999年，移动通信业务扩大到农村市场，是年发展用户2744户。2000年起，县移动公司开展“千禧杯”移动电话放号竞赛活动。2001年移动用户发展到11111户，2002年14826户，2003年17005户。2004年，推出“大灵通”“亲情通”等低消费品牌；是年，全县移动用户发展到24494户，全年净增通话用户7489户，完成年度挑战目标的149.78%，实现营业收入1740万元，为年度挑战目标的112.1%；加强对大客户、集团客户的个性化、差异化服务，确保高端客户的稳定和发展，全年大客户保存率为99%，集团单位共有230家，新增16家；A类和B类集团单位保存率为100%，全年业务收入240万元，占总收入的13.05%。2005年，用户发展到31821户，净增7327户，完成全年净增计划的163%；完成计费收入2232万元，为年度挑战目标的114%；数据业务完成收入322.2万元，完成年计划的103%；点对点短信普及率为42%；手机上网户3861户，完成任务的264%；集团WAP部站上网用户1676户，完成任务的114%；攀网邮箱5743户；用彩铃13122户，完成任务的159%。

网络建设　1993年，县邮电局筹措资金316万元，从瑞典爱立信引进500门蜂窝式模拟电话机设备。1995年，移动交换机设备及机站设备仍选瑞典爱立信公司生产的900MHz、TACS系统设备，工程总投资153.9万元。1997年9月，投资100万元修建在市邮电支局院内80米高铁塔，投资90万元修建乐安铺50米高铁塔，投资90万元修建武阳50米高铁塔，投资100万元修建李熙桥70米高铁塔，投资80万元修建红岩30米高铁塔，铁塔上安装移动电话放射天线。手机信号范围扩大到北起红岩、南到乐安铺的1805线（今S221）沿线乡镇。1998年，投资100万元，在宝顶山修建集450兆集群电话、移动电话、微波通信和无线寻呼差转台于一体的高智能通信网。12月，宝顶山移动电话基站竣工开通，手机信号覆盖瓦屋塘、水口、枫木团、金屋塘等乡镇的部分地区。2000年10月，开通瓦屋塘、茶江、东山、朝仪、党坪、黄桑坪、竹舟江、河口、白玉、盐井、唐家坊移动电话；县城国土局、粮贸大厦等地修建移动电话基站。2001年，新建盐井、江口塘、枫香、党坪4个基站。2004年，修建朝仪（含15千米传输线路）、党坪、溶岩3个基站，完成李熙桥、武阳、红岩基站搬迁，解决了江口塘边际网和袁家团、兰家、金屋塘大吉、县化工厂、江口塘、梅口、县第一中学直放站信号不好的问题，全面提升网络质量。

2005年，完成水口、鹅公岭、乐安铺基站搬迁和县城国土局、造纸厂基站拉线铁塔建设。至2005年底，全县共建移动电话基站42个、直放站7个、载频121个，实现城区100%的覆盖面、农村85%的覆盖面。

第四节　联通通信

业务概况　2000年10月，中国联合通信有限公司绥宁营业部成立，2003年更名为中国联合通信有限公司绥宁分公司，至2005年，王涛、王晨先后任主任或经理。2000年，发展联通移动电话用户435户，业务收入达到13万元。2001年，营业部由1个营业点增加到10个营业点。开展“千禧之年”联通放号劳动大竞赛；拓展农村业务，在农村建立6个销售点。是年，联通放号1283户，比上年增加1.95倍；收入57万元，比上年增加3.4倍。2002年，联通营销市场覆盖全县60%的乡镇，推出消费品牌，抢夺低端客户市场。是年，放号达到2786户，比上年增加1503户，增加1.2倍；收入137万元，比上年增加80万元，增加1.4倍。2003年，放号4325户，收入219万元。2004年，放号5824户，收入357万元。2005年，放号达到8147户，收入426万元。至2005年年底，联通共完成业务销售收入1209万元。

网络建设　2000年12月，开通红岩GSM网基站、李熙桥GSM网基站、武阳GSM网基站、县城武装部GSM基站。2001年，开通在市基站、县园艺场基站、关峡基站，并开通邵阳至在市直埋光纤。2002年，中国联通经营CDMA通信业务，4月8日正式开通运行，具有通话质量高、保密性强、接通率好、绿色环保等优点。可开通的特别业务有WAP（互动世界）、多媒体邮件（彩E）、U-Web（视讯新干线）、GPSONG（定位之星）、IX无线接入（掌中宽带）。是年，开通县邮政局、乐安铺、在市基站，以及红岩、李熙桥、武阳、县城武装部CDMA基站。2003年，开通竹舟江GSM和CDMA基站、珠玉基站G网和C网。2003年，开通县园艺场至竹舟江架空光纤。2004年，开通双模手机，能支持GSM和CDMA网络；开通河口GSM和CDMA基站，以及江口塘、瓦屋塘C网基站；竹舟江至河口、关峡至江口塘、县园艺场至小水、武阳至瓦屋塘的架空光纤也同时开通。2005年，开通双模双待手机，能同时支持GSM和CDMA网络，不需要切换；开通唐家坊、枫香C网基站，以及县园艺场至枫香的架空光纤。

第十七篇　商贸 服务 旅游

第一章　粮油购销

绥宁县粮油购销的管理机构为绥宁县粮食局。1978 年，县粮食局主要从事粮油的计划购销业务和粮油市场管理，以及农村粮油产、购、销管理。1986 年开始，粮油购销进入半统半放阶段。1987 年，完全开放食油市场，粮食购销的半统半放体制一直维持到 1998 年。1999 年，全面开放粮食市场，取消居民口粮指标（仍保留部队粮食供应），县内粮食市场逐渐被个体粮食购销经营户和私营粮油企业取代。1978—2005 年，胡庆跃、朱惠民、刘思善、吴文树、侯德富、向志友、张月清、李永兴先后任县粮食局局长。

第一节　粮油购销体制改革

1978 年，国家征购粮食仍沿袭 20 世纪 60 年代以来的方式进行，主要有征粮、统购、超购、议购等 4 种模式。征粮即按额定的农业税征收粮食，又称公粮；统购是 1953 年实行粮食统购统销后，规定农民每年应向国家交售的粮食，称统购粮；超购即国家对完成征购任务后仍有余粮的社队实行超产超购超价收购的粮食，又称三超粮，亦为国家硬性规定的购粮指标；议购是国家粮食部门用高于三超粮低于粮食自由市场的价格向农村社队收购的粮食，称议价粮。公粮、统购粮、三超粮、议价粮均在每年秋后由农民（实行家庭联产承包责任制前由生产队）向粮食部门交售，结算后扣除农业税将余款付给农民。国家销售粮食实行购销同价，销售类型有非农业人口定量口粮（又称商品粮）、农村统销粮和返销粮、副食餐饮企业原料用粮、国家事业用粮（含县内武警、消防人口、入伍新兵及在押人员的口粮及民兵集训用粮）、国家和集体养殖事业饲料用粮、农村定销粮（属于农村户口的民办教师、农村医务人员、信用社职工、公社广播员、兽医、菜农等人员按定量供应的口粮）、参加县内大型工程建设的民工补助粮、水淹区农民补助粮等。

1978 年 11 月，根据国务院通知，全县恢复粮油议价经营。1979 年 4 月，国家提高粮油及农副产品价格，同时对职工实行副食品差价补贴。同年 10 月，全县执行粮食征购任务一定五年和超购任务一年一定政策。1980 年 7 月，根据国家有关文件，放宽粮油市场管理，社员个人的主杂粮允许常年上市。1981 年 6 月，全县调整粮食征购基数，减少征购任务 260 万千克，把一部分统购粮调整为超购粮，超购任务由一年一定改为一定三年。1983年3月开始，除稻谷、大米、高粱、小麦、玉米统购外，其余品种划为三类产品，常年实行多渠道经营。油脂油料在完成征超购任务后，同样实行多渠道经营。1984年7月，国家再次减少粮油统购品种，扩大自由购销范围。粮食只统购稻谷、小麦，食用植物油只统购菜油（籽）、茶油（籽），其余粮油品种全部放开，退出统购统销，改为市场调节；允许以玉米、高粱、黄豆抵交粮食统购任务，折合率不变。1985年，国家取消粮食和食用油脂油料统购，实行合同定购。1987年3月，全县执行湖南省统一的粮油供应差价补贴包干和经营亏损包干办法。1991年4月，根据国家税务局的规定，县内继续执行对麦粉、成品粮、食用植物油、饲料、糠麸和炼油厂的油饼免征增值税的政策。7月，县内取消非农业人口和定销粮人口的平价副食大豆供应。10月，县内定购菜油（籽）实行价外补助收购。1992年4月1日，国务院决定提高粮食统销价格，湖南每500克标准面粉提高0.12元，标二早籼米提高0.11元，标二晚籼米提高0.13元，其他粮食品种也相应提高；为不增加职工负担，同时每人每月增加粮价补贴5元，随工资发放。是日起，县内按照全省统一部署，取消粮票，流行近40年的粮票作废，停止流通。11月1日开始，全省放开粮油销价，取消平价粮油供应。

1993年，粮油收购由指令性计划收购改为经济合同收购，实行放开收购价格，随行就市；是年11月，全县粮食收购只完成计划的59%，粮食购销行情发生急剧变化，外地粮价上涨波及县内，县境出现抢购粮食风。1994年，按照湖南省人民政府的决定，县内恢复粮油购销调拨包干。1995年，全国实行“米袋子”省长负责制，粮食购销调拨包干一定三年，粮食体制下放到县级管理；粮食企业实行收购资金封闭式运行，粮食企业信贷业务转为农业发展银行独家管理。1997年，议购粮按国家规定的保护价敞开收购。1998年3月，以“敞开收购农民余粮，顺价销售粮食，收购资金封闭运行，加快粮食企业自身改革”为中心内容的粮食流通体制改革向纵深发展，改革原则是“四分开一完善”（实行政企分开、中央与地方责任分开、储备与经营分开、新老财务账目分开，完善粮食价格机制）。1999年1月，县内完成粮食企业人员分流，将城关粮站饲料加工厂以及河口粮站、李熙粮站、长铺粮站等4个企业的附营业务全部分离出来，组建5个自主经营、自负盈亏的粮油贸易公司，全县粮食行业618名职工分流184名到附营企业。是年，全县粮食收购在定购计划内实行定购价、定购外实行保护价。2000年9月，南方早籼稻退出保护价敞开收购范围，收购价格随行就市。是年，绥宁县被批准为全国退耕还林试点县，对验收合格的退耕还林面积实行无偿粮食补助。

2001年5月1日开始，全县各类异动人口和“农转非”人口在办理户口迁移时，不再办理《市转证》或《农村粮食转移证》《居民购粮本》等粮食关系，实行近半个世纪的粮食随户口转移手续取消，粮籍管理工作自行消亡。2002年4月，粮食购销价格和粮食市场全面放开，取消农业税收，粮食购销全面走向市场化。8月，规定从事粮食收购的单位和个人必须经县粮食局进行资格审查和县工商局核准登记、办理《粮食收购许可证》，才能从事粮食收购业务。2004年9月，全县共发放13家粮食收购加工企业、个体工商户《粮食收购许可证》，其中国有或控股粮食购销企业 3 家、个体工商户 10 家。是年底，县内建立县级储备粮制度，完成市政府分配下达储备粮规模 100 万千克的任务，品种为中籼稻，按照购得进、调得动、有利于调控、保障安全的原则，委托绥宁县雪峰粮油购销有限责任公司和绥宁县长铺粮油购销有限责任公司收购储存。

2005 年，对长铺镇城关粮站资产进行拍卖，成交额为 800 万元，系县内首家被拍卖的国营粮店。

第二节　国家粮油购销

一、国家粮油收购

国家粮食收购　1978 年，全县粮食常年总产量核定为 15 万吨（含制种和其他杂粮折量），商品量为 4.5 万吨，商品率为 25%；粮食部门年收购量 2.6 万吨，占商品量的 70%；县内粮食流通交易量 7 万吨（含县内流出、县外流入、县内交易）。收购粮食按照国家粮食收购政策和收购计划进行。1980 年前，由于粮食产量低，收购量少。1981 年后，粮食产量大幅提高，收购计划相应调整，计划外收购数量猛增，粮食收购量进入高峰期。1981—1992 年，县粮食部门累计收购粮食 25.1046 万吨，年均 20920 吨。随着粮食收购市场放开力度的逐年加大，国家粮食收购量逐年递减，2003 年跌至低谷，是年，县粮食部门收购粮食不足 2000 吨。2004 年，国家启动托市粮收购政策，当年县粮食部门粮食收购量回升至 9333 吨，2005 年上升至 14709 吨。

国家食油收购　绥宁县食油常年产量 1300 吨，商品量 200 吨，商品率 16.6%。由于国家政策制约和地方政府工作方向及工作力度制约，食油收购计划历来都是指导性计划，不如粮食收购计划过硬。农民种植油料作物的积极性受市场价格影响，油料的产量和收购量时多时少。1981—1982 年，为食油收购高峰期，县粮食部门年收购量分别为 993 吨和 758 吨。1987 年国家放开食油购销价格后，县粮食部门食油收购量下降，1989 年跌至 75 吨。1990—1992 年，县内调整农业产业结构，油菜籽产量上升，县粮食部门年均食油收购量上升至 402 吨。1993 年以后，食油收购量又开始减少。1998 年后，国家停止食油收购。

二、国家粮油销售

国家粮食销售　粮食计划供应从 1953 年开始，至 1999 年粮食市场全面开放后终止。粮食部门按照国家规定的品种、数量、价格供应粮食。主要供应对象为部队、城镇居民、大中专学生、国家食品加工企业、国营农林场职工、乡镇招聘干部、亦工亦农和亦商亦农人员、农村缺粮人口、水淹区人口等。供应数量标准根据各类人员的劳动强度、各种人员各个年龄阶段的粮食需要量、农村人口缺粮的程度等确定。机关干部、职工、城镇居民每月定量 13.5 千克，在校中学生每月定量 17 千克，体力劳动人员每月定量 22.5 千克，儿童每月定量 7.5 千克。农业人口不列入计划供应粮食范围，但农民向国家交售生猪、茶叶、木材、茶油、种子等计划物资，都按国家规定配供粮食。为方便购买，国家、省分别发行全国粮票（全国内流通）、省粮票（限省内流通），县内实行指标划拨、兑换粮食供应等凭证。1987 年食油市场全面放开后，粮食销售价格逐年提高，粮食部门的工作重点转向销售。绥宁粮食除按计划保证县内供应外，还按计划调出，支援省内缺粮的市县。是年，县粮食部门销售粮食（稻谷）19355 吨，1992 年销量达 21187 吨。1993—2001 年，粮食销量逐渐平稳，年销售量保持在 1 万吨左右。2002—2005 年，国家开始处理陈化粮，清理粮食库存质量，其间，全县粮食部门销售粮食总量 55007 吨，县内计划收购的粮食库存处理完毕。

国家食油供应 1954—1985 年，县内食油按国家规定的数量、品种、价格供应，供应对象为部队、城镇居民、大中专学生、国营农林场职工、参照城镇居民供应商品粮的亦工亦农和亦商亦农人员、国家食品加工行业等，国家不向农村返销食油，县内食油常年供应量为 100～200 吨。1986—1987 年，因食油计划供应即将结束、城镇居民历年积攒起来的食油指标即将作废，出现了集中购买的现象，年供应量达 350 吨左右。1987 年后，食油完全进入市场，县内计划供应食油改为敞开销售。粮食部门食油销售量时多时少，多的年份有 390 吨，少的年份只有几十吨，2001—2005 年销量为零。

三、国家粮油购销价格

国家粮食购销价格 1953—1985 年，国家对商品粮品种、数量、价格，实行计划内的统购统销。这一时期粮食购销价格变化低稳，籼稻统购价最低 9.48 元/50 千克，最高 23.10 元/50 千克；统销价格最低 11.05 元/50 千克，最高 19.35 元/50 千克。1978 年以前，粮食购销价格基本不变，籼稻统购统销价格都是 19.00 元/50 千克。1988 年，食油价格全面放开，粮食价格仍然执行统购统销政策，但其价格的结构不再单一，出现了统购价、统销价、定购价、超购价、超购价加费用、计内议销价等新的价格体系；价格的调整越来越频繁，幅度越来越大，籼稻收购价格从 1979 年的 23.00 元/50 千克调到 1992 年的 49.00 元/50 千克，出现了按国家的定价收不到粮食的情况。

国家粮食购销价差 1960 年前，粮食购销价格差率变化大，购销价格为顺差，最大的 15.03%，最小的为 2.48%；1961—1965 年，粮食购销价格基本持平，购销差率为顺差 0.18%；1978 年开始出现购销逆差，差率为 19.14%。1986—1998 年，国家把粮食购销政策调整为统购不统销，即收购粮食的品种、数量以及价格仍由国家制定，但部分粮食的销售进入市场后，销价没有完全放开，只作了部分市场调节。这一时期，由原来的征购、统购加超购改为合同定购，硬性计划力度明显减弱，既向农村收购粮食又向缺粮农村返销粮食；粮食的销售价格逐年提高；价格的制定权先后由国家向省、市、县下放；国家计划内供应粮食的范围逐年缩小，多次调低城镇居民口粮供应标准。1998 年，全部取消居民口粮指标。1999 年起，在全国范围内全面放开粮食市场，粮食购销价格进入由价值规律自行调控的轨道。由于粮食的特殊性，按保护价收购农民余粮的政策仍长期执行。

国家食油销售价格 计划经济时期，国家按指标划给城镇户口居民、干部职工指标油，每千克价格 1～4.5 元。1987 年油类市场开放后，茶油每千克 8 元，菜油每千克 5 元。2005 年，茶油每千克 30 元，菜油每千克 8 元。

表 17-1-1　**1978—2005 年绥宁县粮食部门粮油购销统计表**　单位：吨

年份	粮食		食油	
	收购	销售	收购	销售
1978 年	16985	6975	87	80
1979 年	17960	7950	96	105
1980 年	18845	10040	424	122
1981 年	22260	10625	993	164
1982 年	23975	10210	758	188
1983 年	22965	11695	310	197
1984 年	17325	16935	213	210
1985 年	15433	14690	147	174
1986 年	23515	19756	185	350
1987 年	27235	19355	335	356
1988 年	18204	12972	133	230
1989 年	17999	10615	75	135
1990 年	20093	16285	437	193
1991 年	18436	18878	448	373
1992 年	23606	21187	321	231
1993 年	12329	10428	55	390
1994 年	14990	13033	60	270
1995 年	14473	8543	75	76
1996 年	15291	8055	44	72
1997 年	16776	9278	16	84
1998 年	9652	1128	3	33
1999 年	9340	9415	3	7
2000 年	15261	8752	—	10
2001 年	20039	13518	—	0
2002 年	6637	15977	—	0
2003 年	1623	28290	—	0
2004 年	9333	8258	—	0
2005 年	14709	2482	—	0
合计	465289	345325	5218	4050

第三节　粮油管理

20世纪80年代中期，随着市场经济体制的逐步建立，国有粮食企业管理体制进行了一系列的改革、改制。1986年，县粮食局成立县议购议销公司，经营方式由内购内销逐步扩大到内购外销、外购内销和外购外销。1991年，县议购议销公司与万家坪粮站合并，各粮站的议购议销业务在县粮局的统一领导下自主经营。

2004年，国有粮食企业在人事制度、产权制度、经营体制上进行根本性改革，对部分基层粮站实行拍卖，筹措资金1542.8万元，对全县605名干部职工进行身份置换，其中360名员工领取一次性安置费买断工龄，并签订《解除劳动合同》；是年10月，县国有粮食购销企业改制完成后组建2家国家控股的粮油购销企业（绥宁县雪峰粮油购销有限责任公司、绥宁县长铺粮油购销有限责任公司），共有股东101人，每位股东入股3万元，全县25个乡镇粮库都由两家公司经营管理；同时保留县军粮供应站。6—12月，依据《粮食管理条例》（国务院令407号），县粮食局会同县工商行政管理局对县内粮食收购市场非法收购粮食行为进行打击。是年底，全县有粮食加工企业（含面条、大米加工）23家，县城内有粮食经营商店57个。

粮食储备由县粮食局直属粮库负责收购、管理。1990年，开始收购国家专项储备粮。1990—1995年，全县按计划收购国家专项储备粮（稻谷）8050吨。根据上级下达的国家专项储备粮销售计划，1993年，为抑制粮食涨价风，县粮食局从储备粮中调出稻谷2900吨，平价供应、调节市场粮价。至1999年，全县历年收购、储备的国家专项储备粮和省储备粮按计划全部销完。

2000年后，县粮食局的职责主要是对全县粮油购销、储备进行宏观调控，以及配合县委、县政府，对全县粮油企业进行改制和清产核资、销售库存粮食、清收债权债务、处置资产，并对职工住房、生活进行安置。

第二章　商品供销

1978 年后，绥宁县商品供销不断增长，全县城乡相继恢复集市贸易，建立集贸市场，国营、集体商业得到较快发展。至 1987 年，全县商业网点增加到 3259 个，社会商品零售总额为 9900 万元。1987 年以后，随着国家经济政策由计划经济向市场经济转变，县内个体、私营商业得到迅速发展，形成国有、集体、个体、私营商业齐头并举、各显神通的商业经营格局。至 1999 年，全县商业网点发展到 5100 个，社会商品零售总额为 1.12 亿元。2005 年，全县商业网点发展到 6700 个，社会商品零售总额为 1.43 亿元。

第一节　商业和供销体制改革

一、商业体制改革

1978 年，全县商品购销由国营商业独家经营。1980 年，从县国营商业中分出集体所有制商业——县供销合作社。

1981 年，县内国营商业系统推行提成工资、任务包干、超额受奖和计件工资制，在饮食服务公司米粉店举办试点，对外拓宽经营，对内试行多种经营责任制。1984 年，国营商业系统有 5 个公司、22 个核算单位、33 个自然门点分别推行利润包干、定额包干、超额包干、全额利润留成和亏损定额包干、按销售额提取比例等 5 种形式的经营承包责任制，1985 年，改为目标管理、定额管理、转体经营、租赁经营、大包干 5 种新的承包方式。1986 年，县人民政府批准国营商业系统实行目标管理，县百货公司、县五金交电化工公司、县副食品公司、县饮食服务公司等 4 家公司的零售门市部转为国家所有、集体经营体制，实行租赁经营和大包干。1987 年，国营商业系统全面开放肉食水产市场，实行多渠道经营，其中县肉食水产公司坚持以本业为主自主经营，参与市场调节并新建综合商场。1987 年，县内商业纯购进总值比 1982 年增长 230.15%，平均每年增长 46%；纯销售总值增长 48.86%，平均每年增长 9.8%；利税增长 40.22%，平均每年增长 8%。1988 年，国营商业系统撤销蔬菜公司，全面开放蔬菜市场；其余公司优化劳动组合，引入竞争机制，完善经营承包责任制，实行经济效益同工资总额挂钩。1990 年，县内商业独家经营的局面已被打破，多种经济成分、多种经营方式、多条流通渠道、少环节、多元化的商业格局基本形成。

1991 年，县内国营合作商业实行用工、价格、分配、经营“四放开”后，当年全县社会商品零售总额达 1.29 亿元，较上年增加 600 万元，扭亏为盈 85 万元。1992 年，全县国营合作商业企业全部开展“四放开”改革。1993年，根据不同单位和岗位的特点，制定5种不同的经营责任制，即联利联销计酬、联利计酬、大包干、四有一包和计件工资。县肉食水产公司率先实行“国有民营”，为全县商业系统转换企业经营机制的第一家企业。1994年，在国营合作商业企业推行国有民营和社有民营经营机制的改革，企业增亏的势头得到遏制。1996年，县糖果糕点厂破产改制为“绥宁县四春食品有限公司”。是年，县政府开始对县肉食水产公司内的定点屠宰场增值税采取“先征后返”政策，每年返税30万元。

1998年，县内商业系统全部实行国有民营、资产内部租赁制，下岗职工全部参加社会养老保险。2001年，取消对县肉食水产公司的定点屠宰场实行的增值税“先征后返”政策，并对商业系统所属公司管理人员实行内部工资改革，由基础工资、级别工资和工龄工资三部分组成。2002年，县肉食水产公司对瓦屋塘食品站进行拍卖，并对合作企业理发店出租。2004年，根据国家有关国有企业实现“两个置换”政策，对县四春食品有限公司和县工业品公司进行改制试点。是年，商业系统国有固定资产从1998年的131.6万元增加到1611.3万元。

二、供销体制改革

1980年，县供销社恢复后，即在全系统内开始进行经营管理和经营体制的改革。1983年，所辖公司和基层供销社开始实行承包经营责任制。1984年起，逐步进行以“突破对农民入股的限制、突破原有不合理的劳动人事制度、突破原有经营范围和服务领域的限制、突破分配制度上的平均主义、突破商品价格上的限制”等“五个突破”为主要内容的第二步改革，实行“六定一奖、承包经营、目标管理、抽本经营、大包干、租赁经营、企业改制”等7种经营形式。是年，县供销社进行清股分红、扩股集资，逐步建立农村商品服务体系。

1994年，县供销社在坚持固定资产所有权不变、企业性质不变、隶属关系不变、职工身份不变的原则下，制定《绥宁县供销社系统深化改革实施方案》，对全县所属6个区供销社、29个边小微亏分社门店实行“社有民营”。294名职工参加民营承包，一次性拍卖商品161.6万元，一次性收缴承包款17.9万元。

1995年2月，按照中共中央、国务院《关于深化供销合作社改革的决定》，县供销社先后在瓦屋塘、李熙桥、长铺、河口4个区供销社建立6个社员股金服务部，新增股金400万元；1996年，股金服务部增至11个，新增股金1600万元，入股社员达5.6万户，占全县农户总数的75%。同时，县供销系统开始围绕“三农”做好服务。

随着计划经济转向市场经济，供销系统大多数企业的经营难以为继，亏损严重。1998年，县供销系统财务挂账亏损达4000多万元，年需负担利息360万元。1999年，县供销系统1100多名在职职工有800多名下岗，多数企业发不出退休人员工资；县供销社机关经费无法保障；股金兑付存在着很大的潜在危机，且股金管理不规范，盲目投资修商场、建厂房、搞基地开发，连本金都不能及时收回，造成股金大量流失。是年4月，县委、县政府决定对供销社所属10个社员股金服务部进行停业清理；成立清理整顿供销社社员股金领导小组，采取经济、行政和法律手段，全面清收内外欠款，拍卖资产筹集资金，偿还社员股金。全系统共拍卖固定资产 43 处计 985 万元，清收内外欠款 80 万元；12 月，县政府发布〔1999〕11 号通告，全县 10 个社员股金服务部首期兑付社员股金 1182 万元，支付修建飞凤大厦的职工集资款 240 万元、工程款 172 万元、本系统退休人员工资 160 万元。是年，县供销系统除农业生产资料公司、飞凤大厦仍然坚持集体经营外，其他 10 个企业都实行承包经营、抽本经营和租赁经营。

2004 年，县供销社制定《绥宁县供销社系统企业改制实施方案》，通过拍卖、破产等形式处置企业全部资产，实现“两个置换”（企业置换产权、职工置换身份），解除“两个依附”（企业依附政府、职工依附企业），供销社所属 12 个法人单位全面实行企业改制。2005 年，对原李熙区供销社 6 个分社共 58 处资产全部进行公开拍卖，成交金额 1093 万元，安置和置换职工身份 180 名。

第二节　商业所有制成份

一、国有商业

1973 年 9 月，恢复成立绥宁县商业局；1980 年 1 月，分设为县商业局和县供销社，商业局设人事股、业务股、计财股、市场物价股、科教股、办公室等股室，定编 14 人。下辖 7 个专业公司。1978—2005 年，张华钿、凌永延、袁成根、侯德富、曾寿桂、胡春初、曾恒寿、黄美中、戴明雄、肖光炳先后任县商业局局长。

1980 年 9 月，县五交化业务从县百货公司分出，成立绥宁县五金交电化工公司。此时，全县国有商业系统共有百货、副食、肉食水产、饮食服务、蔬菜、石油、外贸、五交化等 8 个专业公司，25 个核算单位，职工 547 人，固定资产原值 196.3 万元。

1984 年，县内国有商业全面进行体制改革，将人事权和财务权下放给企业。外贸、石油、盐业和烟草等行业从县商业系统划出，成立外贸、石油、盐业、烟草等专业公司。此时县内国有商业有 6 个专业公司、36 个核算单位、9 个批发部、32 个零售门点、32 个食品站、2 个糖果糕点厂，共有职工 619 人。

1986 年，县内国有商业实行目标管理，百货、五交化、副食、饮食 4 个公司的零售门市部实行“国家所有，集体经营，照章纳税，自负盈亏”；4 个公司共同投资兴建商业大楼，1987 年 10 月竣工开业。1987 年，撤销县蔬菜公司，成立绥宁县蔬菜办公室。此时，全县国有商业有百货、五交化、副食、肉食、饮食服务等 5 个专业公司、22 个核算单位、43 个自然门店，有职工 495 人，固定资产原值 535.46 万元。

1988 年，绥宁县糖果糕点厂从县副食品公司分出，直属县商业局管理；武阳副食加工厂、县百货公司武阳站、县百货公司红岩站、县五交化公司武阳站、县五交化公司红岩站及武阳食品站分别从县副食品公司、县百货公司、县五交化公司、县肉食品公司分出，合并成立绥宁县工业品公司，地址设武阳镇。是年，全县国有商业有百货、五交化、副食、肉食水产、饮食服务、工业品6家公司和糖果糕点厂7个专业法人单位，职工682人，固定资产原值810万元。

1992年开始，县内私营商业、个体商业迅猛发展，国有商业经营开始滑坡。1995年底，全县国有商业系统有固定资产2172万元，资产总负债率达90%。是年，县国有商业系统实行企业职工全员劳动合同制，并在县肉食水产公司场区成立社会客运站和生猪定点屠宰场。1996年，对县糖果厂进行破产重组。1997年，将县百货公司、县副食品公司靠大众路的部分闲置仓库拆除，建成绿洲贸易市场。1998年，除县肉食水产公司定点屠宰场进行流程生产管理、上岗职工实行聘用制外，其余国有商业各门点都实行国有民营、资产内部租赁制，各公司只留5～7名管理人员，县商业局机关有工作人员9人。1998年，县内国有商业资产开始对社会进行公开招租。2003年，在绿洲商厦建成县内最大的电器商场，在绿洲市场建成300平方米的服装城。

2005年，国有商业系统资产出租年均收入300万元，固定资产原值由1978年的131.6万元增至1611.3万元，经营网点由1978年的45个发展到95个，职工人数由1978年547人发展到694人。1978—2005年，县国有商业税收累计上缴国家1500万元。

二、供销社

1980年1月，县供销合作社从县商业局分置，恢复为集体所有制商业，辖东山、在市、河口、和平（长铺）、李熙桥、瓦屋塘6个区供销社和县农业生产资料、县农副产品2个公司，共有职工817人；社机关设人事、保卫、业务、生产、计划、统计、财务、基建、科技教育、办公室等10个股室，有干部职工26人。至2005年，张华钿、黄大俊、杨焕钿、袁公跃、吴良槐、王洪初先后任理事会主任，曹应资、杨正松、刘都煌先后任监事会主任。

1983年3月，成立县供销社贸易客栈，后改为县综合贸易公司。1984年7月，成立县供销合作社食杂果品公司。8月，县供销合作社召开第三届社员代表大会，选举产生第三届理事会和监事会，通过《绥宁县供销合作社联合社章程》，将绥宁县供销合作社改为绥宁县供销合作社联合社，成为基层供销合作社的经济联合体。

1987年，县供销合作社联合社辖4个公司、6个区供销社、33个分社、12个购销店、153个门市部，营业厅总面积61800平方米，仓库面积51700平方米，有职工993人。是年，县供销系统纯购进额比1980年增长230%，纯销售增长49%，利税增长40%，社员股金增长23.8倍，商品零售额3597万元、比1980年增长38.4%，农副产品收购总值1702万元、比1980年增长189.6%。

1991年，成立县供销社复合肥厂。1993年，县供销合作社联合社机关11个股室合并为政工科、业务科、计财科、法纪科、办公室等4科1室，机关工作人员26人；从机关抽出7人，开办开源实业公司。

1995年，县供销社先后投入400万元，在水口、官路上、唐家坊、武阳等地修建商场6座，在红岩、乐安铺、县城绿洲大道等地修建经营门店80多间，经营面积800平方米。是年9月，投入资金1300万元，动工兴建飞凤大厦，1998年5月竣工开业，占地面积1800平方米，建筑面积1.4万平方米，营业面积6563平方米。

1999年，县供销社系统有4个公司、6个基层供销社、1个复合肥厂及飞凤大厦，共计12个法人企业，干部职工1455人，其中离退休人员311人、在岗212人、下岗826人、内退106人。经过大力清退社员股金，供销社的资产大量减少，大多数企业无法开展经营业务。

2002年10月，县供销社联合社设办公室（加挂财务统计牌子）和合作经济指导、法纪保卫、政工4个股室，有工作人员12名；2003年元月，县供销社联合社机关在编人员经费全额纳入县财政预算。

三、集体合作商业

县内集体所有制商业除县供销社外，还有归口县商业局管理的合作商业。1978年开始，先后恢复前进商店、长铺饭店（旅社）、理发店、豆作店，均属单独核算、以业养业的合作商业，分别归口县副食品公司、县饮食服务公司、县蔬菜公司管理。1979年，县内有合作商业核算单位4个，自然门店7个，从业人员69人，房屋建筑面积1050平方米，固定资产9万元。1984年，县内合作商业自然门店发展到12个，人员76人，固定资产99200元，经营收入57.8万元，年创税1万元。

1986年后，个体、私营商业迅猛发展，合作商业经营业务逐年衰退。长铺饭店（旅社）、豆作店于1987年被迫变卖房产、清偿亏欠。前进商店、美容美发厅（原理发店）在政府的扶持下，勉强维持职工生活。

1987年9月，长铺饭店转让给县矿产品公司，属矿产品公司下设机构；长铺饭店、豆腐店22名职工工作由矿产品公司安排，按大集体职工待遇对待；长铺饭店24名退休工人按人均3600元一次性付给退休费；由矿产品公司付给县商业局兴建服务社投资款46160.12元。

1988年，根据省、市对“边、小、亏、微”企业的处置精神，县商业局对前进商店进行变卖，所得款额除用于清欠外，其余用作职工的生活安置；美发厅由职工独自经营，自负盈亏。2002年，原美发厅出租开设九芝堂大药房，所得租金全部用于安置退休职工和工人生活费用。2003年10月，县政府行文规定美发厅属商业局主管的集体所有制企业。

至2005年，县境内供销集体商业、合作集体商业，大部分通过拍卖、破产、重组等形式依法处置企业资产，实行“两个置换”（企业置换产权、职工置换身份），改制为民营企业。

四、私营商业

1980年，绥宁县个体工商管理工作恢复，开始发放个体私营商业营业执照。当年，全县个体户发展到386户。1984年，允许农民进城务工经商，简化开业申请手续，规定个体、私营商业的经营范围除关系国民计生的重要生产资料和紧俏耐用商品外均可经营，个体、私营商业得到较快发展。1985年，全县有个体、私营商业1846户，饮食业240户，服务业121户，从业人员3450人，注册资金134万元，商业零售额1535万元。1990年上升为个体、私营商业2841户，饮食业377户，服务业142户；有从业人员6257人，注册资金1246.36万元；年工业总产值534.04万元，商业营业额1719.27万元。1995年10月起，县委、县政府大力发展个体私营经济。1996年，全县个体、私营商户发展到13830户，从业人员35623人。1999年起，个体、私营商业户和从业人员数量下降，至2005年，全县个体私营商户减至3947户、从业人员减至11236人。

表17-2-1　　1991—2005年绥宁县个体户、私营商业发展情况表

年份	个体户			私营商业	
	户数（户）	从业人员（人）	注册资金（万元）	家数（户）	注册资金（万元）
1991年	3842	6154	1253	3	14970
1992年	3924	6200	1441	6	16932
1993年	3282	7517	1485	24	19974
1994年	7048	10230	2799	53	20562
1995年	7808	12827	2903	65	21718
1996年	13830	35623	8945	322	21970
1997年	12288	50558	11849	450	23569
1998年	6845	30560	6120	261	19720
1999年	6764	17513	7235	176	20400
2000年	4150	13530	7210	63	21800
2001年	4088	13428	7423	68	22965
2002年	4179	13980	7548	97	24230
2003年	4353	14804	8909	84	24145
2004年	3720	9376	10392	113	28895
2005年	3947	11236	12039	158	32836

五、合资商业

绥宁县合资商业发展较慢。1995年以后，县商业局下属单位一些门店，因经营不善，难以为继，先后通过招商的形式，引进外来企业或商人合资经营，实行利润分成。至2005年，县境内有合资商业10家，年商品销售额3500万元。

第三节　城乡市场

1978—1999年，市场管理由县工商行政管理局负责。2000年3月，成立县城乡市场管理服务中心，为副科级自收自支事业单位，归口县财贸委员会管理，负责收取场地管理费和交易费。

2003年，增设市场摊位425个、维修摊位1180个，在集贸市场内增设广告牌、指示牌185块，粉刷、装修部分集贸市场，提高市场品位，促进了集市贸易。至2005年年底，全县共有中、小型市场29个，乡村市场27个，总面积48500平方米，历年累计成交额42.4亿元。

一、县城集贸市场选介

中心市场　位于中心路北段东侧，原名城关集贸市场。1989年7月建成开业，属国有资产。占地面积3000平方米，二层混砖框架式楼层结构，内设水泥摊位248个，门面150个。2000年，更名为县城中心市场。2005年，商品成交总额达1亿元，上缴国家税费200万元，为社会提供近1000个就业岗位。

绿洲市场　位于中心路南端西侧，建于1996年6月，由县商业局牵头，将百货、副食、盐业三家公司部分闲置仓库拆除1700平方米，合资建成铁棚式的绿洲市场；营业面积557平方米，内设87个摊位，年成交额在400万元以上。至1998年，年创利润3万元，共上缴各种税费10万元。2000年元月完成扩建，占地面积5100平方米、建筑面积9000平方米，营业区共1250平方米，内设摊位190个、市场门面51间。至2005年，绿洲集贸市场年商品成交额200万元，上缴各种税费70万元，摊位出租年收入7万元。绿洲市场作为商业系统下岗职工再就业示范基地，共安排商业系统下岗职工再就业70余人，吸纳社会闲散经营者300余人。

顺发市场　位于长铺老街，建于1991年。为混凝土砖木结构，建筑面积2600平方米，摊位38个，主要经营肉食、蔬菜、副食、百货，1992—2000年，年成交额40万元，2005年51.8万元，上缴税费3万元。

二、农村集贸市场选介

金屋塘市场　位于金屋塘镇草寨村，由镇（乡）人民政府投资35万元于1994年5月建成。占地面积4820平方米，为混砖结构的棚顶市场，内设水泥摊位435个，配设仔猪交易所1个。赶场日为每逢农历一、六。1978年，金屋塘市场逢场日上市人数1000人次，年成交额19.7万元。1987年后，逢场日上市人数2000人次，年成交额72万元。1995年，逢场日上市人数2500人，年成交额520万元。2005年，逢场日上市人数达3000人，年成交额800万元，上缴税费22万元。

东山畜牧交易市场　位于东山侗族乡东山村，由东山交易所与东山牛市场合并而成。1988年，东山侗族乡人民政府筹资修建东山交易所，占地面积309.6平方米，内设砖木棚顶市场137.5平方米，砖木室内市场118.6平方米；每逢农历三、八赶集，逢场日上市人数1000人次。1999年，乡政府再次筹措资金，紧邻交易所修建东山牛市场，占地面积1800平方米，为砖木棚顶结构。2000年8月，乡政府将牛市场卖与县市场管理服务中心，合并为东山畜牧交易市场，修建猪圈、牛圈、服务台、装车台。该市场的仔猪、耕牛销售量在省内外远近闻名。2005年，畜牧交易市场成交仔猪、菜牛总计1.5万头，成交额1500万元，上缴税费60多万元；菜牛远销广西、广东、海南等地。

李熙桥农贸市场 位于李熙桥镇李熙桥村大桥西头，由镇（乡）人民政府投资3.6万元，于1982年建成；砖木结构，占地面积2226平方米；内设100个摊位，主要经营副食、肉食、家禽、服饰及工业品等。每逢公历2、7赶集，逢集日上市人数约为500人次，年成交额300万元。2005年，成交额500万元。

瓦屋塘农贸市场 位于瓦屋塘乡瓦屋塘村第六村民小组，总投资23万元，修建于1991年1月，占地面积3699.6平方米，建筑面积1841平方米；内设屠桌40套，水泥摊位262个，主要经营肉食、副食、农副产品等。每逢公历1、6赶集，逢场日上市人数800人次，年成交额95万元。2005年，年成交额达162万元。

武阳市场 由武阳镇政府投资60.5万元于1994年修建，占地面积9257.9平方米，建筑面积7061.8平方米，内设摊位428个，仔猪交易所1个，主要经营百货、副食、肉食水产和农副产品等。每逢公历3、8赶集，逢场日上市人数2500人次，年成交额800万元。2005年，成交额1300万元。

三、赶集市场

绥宁县赶集市场始于清乾隆年间，当时没有专门的集贸市场，人们只有在规定的日期，带着货物到人口相对集中的地方进行交易，形成路边市场。20世纪60年代，县内集市贸易受到严格限制，一些赶集市场一度被取缔。1978年后，县内商品交易逐渐活跃，县城和部分乡镇都修建了专门的集贸市场，原有的民间赶集市场也更加繁荣。在县城长铺镇老街和农村区、社所在地和人口相对集中的村场，每逢规定的赶集日期，都有大量的本地和外地商贩集中到这些地方进行商品交易；当地群众也大量参与赶集活动。赶集市场占绥宁县商品交易的20%以上，是县内商品交易的重要部分。至2005年，县内有赶集市场28处，其赶集日时间和赶集地点分别为：

农历逢一、逢六（农历每月的初一、初六、十一、十六、二十一、二十六，以下类推）赶集的市场有河口、在市、白玉、金屋塘、关峡、联民6处，逢二、逢七赶集的市场有麻塘、朝仪2处，逢三、逢八赶集的市场有竹舟江、东山、乐安铺3处，逢四、逢九赶集的市场有江抱、黄桑坪、鹅公岭、党坪4处，逢五、逢十赶集的市场有枫木团、兰家、梅口、红岩4处；

公历逢1、逢6（公历每月的1号、6号、11号、16号、21号、26号，以下类推）赶集的市场有盐井、瓦屋塘2处，逢2、逢7赶集的市场有桃坪、李熙桥2处，逢3、逢8赶集的市场有武阳1处，逢4、逢9赶集的市场有水口、黄土矿2处，逢5、逢10赶集的市场有唐家坊1处；

每逢星期日赶集的市场有长铺子老街1处。

第四节 生活资料供应

20世纪70年代末，县内生活资料供应由商业局各专业公司负责。1980年，改由国营商业各专业公司和供销合作社负责，国营商业各专业公司负责县城零售和县内三级批发业务，供销合作社负责农村零售业务。1984年起，经营逐步放开。

一、百货、文化用品　纺织品

县内百货、文化用品和纺织品的主要经营企业为绥宁县百货分司。1978年，县百货公司有核算单位4个、自然门店6个，营销人员80人；经营商品6186种，其中大小百货2181种、针织品930种、纺织品515种、文化用品953种、五交化商品1510种；除计划供应的缝纫机、自行车、手表、肥皂及凭票供应的棉布外，其他商品全部敞开供应；当年商品销售总额1031.02万元，利润37.62万元。1980年9月，从县百货分司析出县五交化公司。是年，县百货公司经营大小百货、文化用品、针织纺织品等各类商品6767种，其中大小百货3229种、文化用品1140种、针织品1742种、纺织品656种；年末，县百货公司有职工78人。1981年，县百货公司新建两路口仓库区和百货、针棉2个批发部，当年商品销售总额1290.85万元，创利税48万元，被湖南省商业厅授予先进单位称号。

1984年，商业系统实行利改税，优化劳动组合，实行经营承包责任制。是年，县百货公司有独立核算单位6个、自然门店9个，采取工商、商商、农商联合经营，联营金额30万元，商品总销售额874.8万元，利润30.64万元，上缴国库利税25.66万元，被省商业厅授予文明经商先进单位称号。1986年，县百货公司销售总值降至578.81万元，上缴国库利税8.4万元，利润仅19800元。

1987年，随着商业大楼竣工开业，县百货公司自然门店增至10个，职工增至104人。是年，开展“双增双节”“文明经商”活动，商品销售总值回升至732.31万元，利润净额10.06万元，上缴利税10.04万元。

1988年，因价格上涨，积压多年的库存商品如床单、汗衫等针棉织品及日用消费品转而供不应求。是年，县百货公司销售肥皂2200箱、胶鞋8.4万双、床单3.5万条、汗衫45170件，全年销售总额958万元，创利润12.6万元，上缴国家利税22.5万元。

1989—1990年，县百货公司连续两年开展“商业新风杯”优质服务活动，共销售商品1210万元，上缴利税28万元。1991年，县百货公司开展“管理、服务、效益年”活动，实行“六定两联”经营责任制，将公司商业大楼二楼改为绥宁县第一家服装自选商场，当年销售总额589万元，比上年增加120万元，从上年亏损12万元转为盈利4.6万元。

1992年，县百货公司投资160万元，翻修原老零售门市部，建成绥宁第一家综合性商场——银河商场。

1992—1995年，县百货公司采取“四放开”（经营放开、价格放开、分配放开、用工放开）经营策略和“四自一包”经营管理责任制以及企业职工全员劳动合同制，公司经营逐步转向国有民营。

1997年，县百货公司将靠大众路闲置仓库600平方米拆除，与副食、盐业公司合伙建成绿洲集贸市场，每年纯利5000元。1999年进行扩建，将400平方米的老办公楼拆除，建成绥宁第二大集贸市场，年纯利13万元。

1998年起，县百货公司全面实行国有民营。将原所属银河商场租赁给私营老板，建成绥宁第一大综合超市——绿都超市，将商业大楼二楼改成大型酒家——哆唻咪酒家。是年，县百货公司所有资产年出租收益20余万元。1998—2002年，对价值148万元的过时库存商品进行一次性处理，共收回资金38.7万元；对两路口闲置仓库进行转让，转让金124.8万元。2002年11月30日，通过中国华融资产管理公司长沙办事处归还70万元债务，清欠银行贷款本息820万元，双方债权债务同时终止。2003年始，对公司下岗职工每月发放80～100元不等的生活费。2005年底，县百货公司有职工110人，固定资产原值385万元，年出租收益38万元。

二、五金　交电　化工

1979年，全县五交化商品销售总值105.3万元，其中五金类42万元、交电类47万元、化工类16.3万元。1980年9月，县内五交化购销业务从县百货公司划出，专门成立绥宁县五金交电化工公司（简称县五交化公司），设批发部2个、零售门市部1个、五机维修部1个，有职工26人，固定资产原值39200元；经营品种1490个，其中五金类965个、交电类422个、化工类102个，除专供商品（元钉、元丝等）外，其余一律敞开供应。1981年，五交化商品销售总额176.3万元，为1979年的1.68倍，其中五金类47.7万元、交电类105.8万元、化工类22.8万元，经营总收入269.26万元，创利64100元。

1983年，绥宁城乡普及电气化，市场商品销售中出现“家电热”，五交化公司仅此项商品销售额达104.3万元，全年经营总收入328.47万元，获利10.61万元，是年，被邵阳地区商业局授予维护消费者利益先进单位称号。

1984年，商业体制改革实行利改税，县五交化公司紧抓契机，优化劳动组合，实行经营承包责任制，改批发部为中型企业、零售门市部为小型企业。至1985年，有独立核算单位6个，批发部2个，自然门店5个，职工41人，固定资产原值19.3万元，经营收入总值495.05万元，上缴国库利税7.6万元，企业利润14.62万元，为历年经营效益最好年份。

1987年10月商业大楼开业后，公司规模和营业场地扩大。是年，人员增至57人，核算单位3个，自然门店6个，固定资产原值83.96万元，经营收入总额716.9万元，创利润7.7万元。

1988年，全国工业品大部分相继调价，引发“消费热”。是年，共销售洗衣机3606台、录音机863台、电视机3139台、电冰箱81台。是年12月，五交化公司将驻武阳、红岩点所有资产、人员划归县工业品公司，此时，公司共有固定资产83万元，职工63人，自然门店4个，全年销售总额936万元，上缴利税15万元。1989—1991年，全面开展“管理、服务、效益年”活动及“商业新风杯”竞赛活动，公司年销售总额稳定在500万元左右，三年共上缴利税26.2万元。其间，国家对彩电执行专营政策，由各级五交化公司经营，年均销售电视机900台。

1992—1995年，执行“四放开”及“四自一包”经营管理责任制和企业职工全员劳动合同制，县五交化公司经营逐步转向国有民营。经营的商品除铁丝、元丝类属于国家指导价外，其余全部执行市场调节价，此间年创利润 8 万元以上。

1998 年，全面实行国有民营、资产内部租赁制，公司大部分员工下岗待业，所有国有资产年出租收入 14 万元。2000 年，为配合绿洲集贸市场的扩建，公司投资 10.6 万元将商业大楼后闲置的老仓库（占地面积 344 平方米）改成 10 个门面，年收益 5 万元。

2001—2002 年，县五交化公司将两路口的闲置仓库转让得 80 万元，并通过县人民法院以 60 万元清欠了县工商银行贷款本息 130 万元，双方债权债务终结。2003 年，将原值 10 万元的过时库存商品一次性处理，收回资金 2.6 万元；同时，对所有资产实行对社会公开招租，年租金 16 万元，比上年增加 3 万元。2004 年，将所属商业大楼一楼租给浙江老板，建成绥宁第一大服装超市，此年租金 30.8 万元，全年资产出租收益 36 万元。

三、肉食水产

1978 年，绥宁县肉食水产公司恢复，设业务、财会、人秘 3 组，核算单位 6 个，购销网点 32 个，从业人员 114 人。是年，全县生猪派购任务 4.2 万头，实际收购 3.7 万头，上调省、地 4400 头，经营收入 272.08 万元，净创利润 72400 元。1979 年，国家放宽农副产品购销政策，调整生猪收购等级，以二等每 50 千克毛重价 61 元为基价，等级差率为 5%，猪肉销售价每 50 千克 96 元，国家批准肉食价差补贴 44 万元。1980 年，实行“一条鞭”经营，推行分部位卖肉。为控制猪肉非计划外流，保障县内非农业人口的正常供应，仍凭票供应，经营收入 584.66 万元，实现利润 24.05 万元。1983 年下半年，猪肉销售开始平、议价兼营，平价凭票，议价敞开，分开核算，议价低于市场价 10%～15%，并开始实行半机械化屠宰生猪。是年，收购生猪 40500 头，销肉 14038 吨，经营收入 665.66 万元，获利 22.61 万元。1980—1983 年，共收购生猪 16 万头，上调 14500 头，销售猪肉 5927 吨、家禽 8559 只、鲜蛋 310 千克，销售总额 2679.5 万元，实现利润 100.25 万元。

20 世纪 80 年代初，县肉食水产公司在长铺镇新建养鱼场，聘请技师 2 人专作养殖技术指导。1980—1983 年，仅收鲜鱼 125 千克。1985 年，农副产品价格放开后，由于管理体制跟不上，1986 年 1 月停止鲜鱼销售业务。

1984 年，县肉食水产公司定为小型企业，一业为主，多业经营；实行定额交利，超额分成经营责任制。是年，生猪派购任务 4.2 万头，实际收购 40400 头，经营收入 690.07 万元，利润 16.31 万元。

1985 年，国家取消生猪派购，放开价格，多家经营，多渠道流通。国营公司实行合同定购，参与市场调节，议购议销，随行就市。下半年，生猪收购价陡涨 60%～70%，每 50 千克毛重 105 元，猪肉零售价达每 0.5 千克 1.6 元左右。是年，县肉食水产公司仅收购生猪 10217 头，经营收入 343 万元，利润 1800 元。猪肉价格上涨，国家对城镇居民和非农业人口实行价格补贴，每人每月供肉 1.5 千克，加元旦春节供肉 2 千克，全年共 20 千克，每 0.5 千克补贴 0.35 元，分两次补发到人。

1987年1月，全县基层食品站除武阳食品站外，其他食品站职工共50人与县公司签订按月定额上缴大包干经营责任制合同，人均每月110元，共计交公司6.6万元；划核算单位4个，自然网点11个。年底全公司有职工114人，固定资产原值74.91万元，自有资金95400元。由于取消生猪派购，购销业务下降，是年经营收入372.5万元，利润仅500元。

1988—1989年，根据省市关于"边、小、亏、微"食品站实行拍卖或撤销精神，全县32个基层食品站除红岩、武阳、东山、在市和瓦屋塘5个站外全部拍卖，拍卖金额共计53万元。

1989年元月，公司将原矮小陈旧的雪峰商店拆除，投资100万元兴建面积为410平方米的6层国营商业综合商场，主要经营大小百货、针纺织品、鞋帽、五金交电、副食烟酒、日杂水产等。是年，商品零售额220万元，实现利润4.5万元，上缴利税11万元，固定资产增至182.5万元。

1992年，实行"四放开"和"四自一包"经营管理责任制，公司经营逐步转向国有民营。1993年，全部实行国有民营，全年各种收入33.8万元。

1995年，为加强县城猪肉生产销售的管理，公司投资68万元修建生猪定点屠宰场，面积800平方米，可同时宰杀生猪60头。7月，将原闲置的猪栏拆除，与县运管所联营建成社会客运站，年纯收入2万元。将原闲置的杉木坳良种场与县复合肥厂联营，公司每年收取场地租金5万元。至此，公司固定资产413.7万元，各种租金收入41万元，年上缴税金9.6万元。是年起，为解决公司离退休老职工多、费用大的问题，政府对定点屠宰场的增值税收缴采取"先征后返"政策，每年返税30万元左右，至2001年1月停止。

1996年5月，由工商、税务、检疫和县肉食水产公司等部门联合组成定点屠宰稽查队。是年，宰杀销售生猪比上年增加1000头，仅此项年上缴各种税费57万元。

1998年10月，由公司职工集资兴建的总投资150万元的商居楼（面积2989平方米）落成，公司拥有门面14间，年增收入3万余元。是年，对库存原值27万元的过时商品进行一次性处理，收回资金1.6万元。1999年，对综合商场进行改造，改成单个门面8个（每个15平方米），二楼改成大厅，后用作县政务服务中心；与县运管所终止联营，撤销社会客运站，原场地开办成建材厂。是年，公司各种收入85.4万元，屠宰场比上年增加收入12.81万元，上缴各种税费95万元，是经济效益最好的一年。2002年起，公司成立生猪收购与销售创收组，年增收2万元。2003年，通过县人民法院以10.5万元清欠县农行贷款本息25万元，双方债务终结。

2005年，县肉食品公司有固定资产454.5万元，职工156人，年宰生猪2.4万头，年创各种收入65万元，上缴利税62.4万元。

四、副食

1978年1月，绥宁县副食品公司恢复。是年，县副食品公司有固定资产32.7万元，人员41人，主营食糖、卷烟、酒类、食盐、糖果等。

1980年以后，县内商品流通活跃，副食品货源充足，品种增多，食糖实行免票敞开供应，优质新品种糖果、糕点、名牌烟酒销路旺盛。1980—1982 年，年均经营收入 547 万元，创利 89.86 万元，县副食品公司两次被省商业厅授予先进单位称号，被邵阳地区商业局授予“创六好企业”活动红旗单位和维护消费者利益先进单位称号。

1982 年，县副食品公司引进冰糖生产线，实行机械化一条龙作业。1985 年生产的水晶冰糖在邵阳地区食品工业产品评比中获优质品种，梅花蛋糕、起码酥、鱼米花生评为同类产品第一名。

1984 年，盐业、卷烟业务先后从县副食品公司划出，全公司划分核算单位 5 个，自然门店 9 个，人员 42 人。1986 年，商品购销滑坡，进入低谷。

1987 年，县副食品公司规模扩大，有核算单位 8 个，自然门店 13 个，糕点加工厂 2 个，固定资产 111.3 万元，人员 102 人；全面开展“双增双节”“文明经商”活动，完善经营承包责任制，经营收入 542.35 万元，上缴国库利税 10.79 万元，创利 91200 元。

1988 年 12 月，县副食品公司所属的武阳副食加工厂划归县工业品公司，并给予启动资金 2.5 万元；所属县糖果糕点厂独立，全部资产、人员分出。此时公司拥有固定资产 238.6 万元，核算单位 4 个，职工 70 人。

1989 年起，公司开展“商业新风杯”优质服务和“管理、服务、效益年”活动，实行“六定两联”经营责任制，到 1991 年扭亏为盈。1991 年销售总额 533 万元，实现利润 2.9 万元，比上年增加 18 万元，1989—1991 年共缴利税 44 万元。

1992—1995 年，县副食品公司实行“四放开”和“四自一包”经营责任制以及企业职工全员劳动合同制，公司经营开始转向国有民营。4 年间年均销售商品 160 万元，年亏 10 万元，共上缴国家税收 54.2 万元。

1996 年，县副食品公司投资 150 万元翻修原第一门市部，修建成七层楼的绿洲商厦，在第一、二层楼开设综合性商场共计营业面积 850 平方米。1997 年，将靠大众路的仓库 1000 平方米拆除，与百货、盐业公司合伙建成绿洲集贸市场，年纯收益 1.4 万元。1999 年，将老办公楼 1500 平方米拆除，扩建绿洲集贸市场，年纯利 8 万元。

1998 年起，公司全面实行国有民营、资产内部租赁制，所有资产年出租收益 18.2 万元。2000 年，对原值 2.5 万元的过时库存商品进行一次性处理，收回资金 8000 元。2002 年 7 月，对县农行后老家属房予以出售，出售金额 19.6 万元；通过中国华融资产管理公司长沙办事处，以 15 万元清欠了银行贷款本息 243 万元，双方债权债务关系同时终止。

2005 年底，县副食品公司拥有固定资产原值 258 万元，年出租收益 37.2 万元，职工 92 人。

五、蔬菜

1978 年，县内蔬菜生产纳入国家计划，实行“三定一保”（定面积、定产量、定菜农口粮，保价格），推行蔬菜产销合同制。此后，由于城镇基本建设增多，菜地面积逐步减少。1979 年，邵阳地区财贸办批准增补 3.33 公顷菜地，1980 年县政府调整耕地 5.33 公顷，才保持蔬菜面积 16.73 公顷。是年，从外地调入蔬菜 136.5 吨，县蔬菜公司经营亏损 14200 元，由商业利润抵补。

1981 年，国家推行粮菜挂钩，对菜农实行按产计口粮，超产者奖励粮食；大路菜仍执行统购包销，细小品种议价收购，平价销售。当年出园上市鲜菜 1647.8 吨，外地调入鲜菜 22.5 吨，人均日供菜 314 克；县蔬菜公司经营亏损 1.3 万元，由县财政补贴 1 万元，其余由商业利润抵补。

1982 年 4 月，邵阳行署批准增补菜地面积 23.53 公顷，1983 年又增补 2.67 公顷，分别落实在长铺镇和平生产大队和长铺生产大队、长铺子苗族人民公社大寨生产大队、在市人民公社西河生产大队。实行以粮换菜，农商签订换购合同；定购的品种、价格由国家确定，不足部分，组织向外地采购，随行就市；非定购部分，允许菜农自由销售。是年，全年共上市蔬菜 66 个品种 2377.2 吨，每吨收购均价 85.2 元，零售均价 105.8 元，县蔬菜公司经营亏损 15900 元，国家给予价格补贴 7200 元，县财政计划外补贴 2800 元，商业利润计划抵补 1.5 万元。

1984 年，县蔬菜公司转为国家所有集体经营，实行利改税，按小型企业对待。10 月，县内全面开放蔬菜市场，建立以菜农自产自销为主体的蔬菜产销新体制，蔬菜公司改为主营干咸酱菜和日用工业品。

1986 年，县政府决定蔬菜公司恢复鲜菜经营，本地生产与外地调入相结合，国家继续进行补贴，并在双河苗族乡（今党坪苗族乡）动雷村划定种植面积 8 公顷，签订产销联营合同，利润农 6 商 4，亏损农 3 商 7。因系新菜基地，基础条件差，产量不高，菜农收入低，公司亏损大，年底合同终止。为调节市场，平抑价格，采取高进低出，从外地调入应时鲜菜 138.6 吨，亏损 2000 元。

1987 年 9 月，撤销县蔬菜公司，除保留管理人员 4 人组成县蔬菜办公室、专事组织蔬菜生产培植工作外，其余 33 名职工及面积 2910 平方米的房屋建筑、1 台加工机器、1 辆两吨载重汽车、原值 26.05 万元的固定资产等分别移交县五交化公司和县副食品公司。

1989 年后，进行科学种菜，培养专业技术人才和培植优质菜园。至 1991 年，全县菜地面积 23.46 公顷，开发新型菜种 20 多个，上市鲜菜 3847 吨，人均日供 475 克。1992 年，县蔬菜办公室移交县财贸委员会管理，县内蔬菜市场放开，蔬菜供应均由菜农或个体私营企业经营。至 21 世纪初，县城规模较大的蔬菜经营点有绿都超市、大众超市、步一行超市、家旺超市、中心市场等。

六、农村生活资料供应

计划经济时期，县供销社一直担负着全县农村和县城部分工业品生活物资供应。

1978 年，全县供销社系统生活物资销售额为 1192 万元，供销社生活物资销售网点遍及全县城乡，区设有供销社，公社所在地设有供销合作分社，大队设立代销点。1983 年 3 月，县供销社增设贸易货栈（1984 年改称综合贸易公司），专门从事生活物资批发业务；此后，农资日杂公司、农副产品公司、食杂果品公司及各区供销社相继成立生活物资批发部。是年 12 月开始，供销社对棉布、床被单、卫生衫裤、棉毛衫裤、毛线等取消凭票证供应，一直按计划分配的手表、缝衣机、自行车、白糖、煤油、肥皂等逐步实行敞开供应。1984 年前，县供销社经营的生活资料商品大部分从国营商业购进。1984年后，除向国营商业购进外，主要进货渠道是直接向厂家购进和从县外供销合作社系统调入。经营品种主要有布匹、毛巾、鞋袜、日杂、土特产、煤油、缝衣机、自行车、钟、表、收音机、收录机、电视机、电风扇、洗衣机、电冰箱、文体用品、床上用品等。

1993年，县供销社年销售额上升到3587万元。1996年，县供销社投资1300万元修建飞凤大厦，营业厅面积1300平方米，为县内最大的商业购物中心，经营品种近万个，年销售额在1000万元以上。

2005年，县供销社销售额为4100万元。1978—2005年，全县供销系统累计生活资料批发总额为1.13亿元。

第五节　农业生产资料供应

1978年前，绥宁县农业生产资料由县农业生产资料公司一家专营，经营的农资商品主要有化肥、农药、农药喷洒器械、农用薄膜、农副业加工器具、中小农具、农用柴油、草籽种等，年内县农业生产资料公司销售化肥13629吨、农药650吨、农用薄膜62吨、农药喷洒器械3661部、中小农具39.6万件。1988年10月，化肥、农药和农膜由县供销合作社专营后，全县供销系统从事专门农业生产资料工作的法人企业发展到7家，有农资运输、批发仓库5处，仓库营业面积15585平方米，农资专营门店39个，常年从事农业生产资料的专营人员142人。1991年起，县农资公司逐步完善庄稼医院，并配备专职农业技术员。1992年，组建绥宁县农业生产资料集团总公司，实行全县统一进货，分级管理和联合经营，并开展技术咨询和服务。全县供销社系统所有库存农资商品全部移交总公司，所有农资岗位人员全部划归总公司直接管理。当年县农业生产资料公司销售化肥24605吨、农药177吨、农用薄膜35吨、农药喷洒器械2467部、中小农具8.5万件。至1996年，增设的农资供应网点达52个，经营的农资商品有40个品种。1978—2005年，全县农业生产资料累计销售额为3.2亿元，年均销售额1067.7万元。其间，全县年均销售化肥约2万吨、农药约200吨、农用薄膜约40吨、农药喷洒器械约1500部、中小农具约10万件。2005年，全县共有庄稼医院33所，庄稼医生41名。

第六节　农副产品收购

1978年，绥宁县农副产品（含林副产品）购销主要由基层供销社承担；1980年起，由县农副产品公司负责，6个区供销社及36个供销分社配合。收购的农副产品有：柑橘、茶叶、棕片、土纸、玉兰片、木耳、香菇、五信子、百合、辣椒、黄花、生姜、茯苓、山苍子、野生纤维原料、野生淀粉原料、生漆、冬笋、笋干、木炭、木材、梽木条、楠竹尾、竹片、小杂竹、木扁担、锄头把、杂皮、家禽羽毛等。1980年全县农副产品收购额为795.1万元，1987年上升为1701.7

万元，1988—2005年，每年在1000万～1600万元。

1983年后，随着农村商品生产的发展，农副产品增多，县供销合作社采取有效措施，帮助农民解决销售难的问题，解决生产扶持资金，实行产销联营、储藏联营、技术承包，并开展农产品加工，先后创办各种农副产品加工厂22家（1996年农副产品加工产值达650万元）。1985—1988年，县供销社每年派出50余人，投入资金近800万元，先后在江苏的海安、海门、南通、崇明等县市建木材销售点16处；采取直销、代销和联营销售方式销售木材，与河南、河北、山西、山东、广东、江苏等省的木材经营单位及个体商建立木材购销业务关系，在靖县、会同县铁路沿线常年设有木材中转站。除在本县收购木材外，还在周边的洞口、通道，四川省乐门市，贵州省锦屏、黎平、天柱、从江县，云南省禄丰、武定县设点收购木材。其间，共计购销木材12万多立方米。20世纪80年代末至90年代初，东山、在市、瓦屋塘、李熙桥4个区供销社及县食杂果品公司先后参与木材购销，供销社系统的10个法人单位都成立木材购销站。1985—1998年，供销社系统共收购木材25.58万立方米，年平均购销木材1.7万余立方米。

1995年，县供销社与各专业厂场签订农副产品产销合同585份，标的金额440万元，发放生产扶持资金22万元，组织种子85吨、种苗96万株，培训技术骨干2585人次，联营储存柑橘117.5吨；果品公司与桃坪千亩园艺场联营储存柑橘，各得纯利7000元。

2000年，供销社木材购销业务逐年下降，2005年，县供销社停止木材购销业务。是年，县供销社农副产品收购额为1125万元。

第七节　物资购销

1978年，县内物资供应由县物资局（县物资公司）负责；20世纪90年代，市场放开，除民爆器材外，其他物资改由个体私营商户经营。1984年9月恢复县物资局，与县物资公司两块牌子、一套人马；1995年机构改革，转为经济实体。1978—2005年，陈代明、王怀弟、冯英协、吴炳南、张正新、周刚生、伍远考、伍善谋、于喜中、马德刚先后任县物资局局长或县物资公司经理。

一、金属材料

1978年，绥宁县农机制造、维修用材增加，当年供应金属材料1079吨，其中钢材954吨、生铁122吨、有色金属3吨。1979年，全国物资市场不再限于统配调拨、计划购销，也可计划外采购。县物资局抓住时机，大量购进计划外金属材料。1980年，钢材购进量达到1725吨，品种、规格扩大到126个，全年供应建筑用材1300吨以上。1984年，县物资局把建筑用材、县联合造纸厂建厂用材作为供应重点，当年供应钢材达到3204吨。1987年，指令性计划分配物资逐年减少，市场调节比重扩大。根据经营需要，县物资局成立金属材料、机电设备、化轻建材3个专营公司。1990年，销售钢材2896吨；年底，破土动工修建金属大楼。1993年，国家取消计划经济，物资市场由计划经济转变为市场经济、完全放开，允许其他部门及个体户经营金属材料。1995 年，金属材料公司采取承包经营方式，公司利润急剧下降；1996 年，因资金周转困难、无法继续经营，公司全体职工下岗。此后，金属材料经营完全变为个体经营。1997 年，县城有 5 家个体金属材料店，武阳、李熙桥、红岩、瓦屋塘、在市等乡镇都有金属材料个体经营户；全县生产、建筑用材基本由个体经营户供应。2005 年，县城 5 家个体经营户联合经营，成立绥宁县钢材供应市场，年销售量达到 4000 多吨。

表 17-2-2　**1978—2005 年绥宁县钢材购销情况表**　单位：吨

年份	购进	销售	年份	购进	销售
1978 年	985	954	1992 年	3156	3128
1979 年	1547	1482	1993 年	3092	2963
1980 年	1725	1694	1994 年	2845	2826
1981 年	1825	1780	1995 年	2430	2576
1982 年	1973	1878	1996 年	2975	3030
1983 年	1765	1921	1997 年	3280	3190
1984 年	3147	3204	1998 年	3650	3546
1985 年	2560	2340	1999 年	3178	3215
1986 年	1686	1760	2000 年	3246	3218
1987 年	1852	1873	2001 年	2978	2892
1988 年	2148	2215	2002 年	3054	2985
1989 年	2375	2342	2003 年	3740	3690
1990 年	2984	2896	2004 年	3865	3820
1991 年	3016	3112	2005 年	3970	4180

二、化工轻工产品

1978 年，绥宁供应的化轻产品品种不足 50 个，销售金额不足 10 万元。1980 年，县物资局设立化轻产品经营组，实行单独核算。抓住多数化轻产品取消计划供应的时机，组织货源，扩大供应面，品种增加到 130 多个，其中橡胶制品中的轮胎品种规格就有 14 个、三角带 56 个、平胶带 26 个、输水管 8 个、平板玻璃 6 个、酸碱类品种 12 个、其他品种 10 多个，年销售额达到 30 多万元。1987 年，基本上取消计划供应，县物资局成立化轻建材专营公司，随着建筑产品需求增加，经营范围扩大，增加的品种主要有玻璃钢瓦、塑料水油膏、水泥速凝剂、窗纱布、无碱玻璃纤维布、马赛克及各种卫生陶瓷。1990 年后，县城建筑猛增，先后增加彩色玻璃、大理石料、泡沫和钙塑天花板等，品种增加到 200 多个，销售金额达到 100 多万元。1996 年，市场完全放开，个体经营户增多，化轻建材专营公司业务下滑，只得放弃经营，公司全体职工下岗。1997—2005 年，化轻产品及建材全部由个体经营户经营。

三、民爆器材

1978年，民爆器材由县物资局根据公安部门的有关规定，实行严格管理和供应，先由用户提出实际用量申请，报请公安部门批准同意后，再到县物资局的炸药仓库提货。1979年，销售炸药121吨、雷管15万发、导火线15万米、氧气650瓶、乙炔580瓶。1995年，物资局成立民爆器材专营公司，对民爆器材管理更加严格；用户提货时，炸药、雷管不能同时装运。20世纪90年代中期，县城修建绿洲大道，炸药仓库离居民区太近，民爆器材公司把炸药仓库迁移到离县城较远的寨坡。2004年，县内公路扩建，界头炉铁矿开采，县民爆器材公司供应炸药218吨、导火线25万米、雷管25万发，创历史最高纪录。

表17-2-3　　1978—2005年绥宁县炸药购销情况表　　单位：吨

年份	购进	销售	年份	购进	销售
1978年	130	105	1992年	87	75
1979年	127	121	1993年	79	73
1980年	156	143	1994年	92	98
1981年	102	96	1995年	105	110
1982年	84	78	1996年	88	81
1983年	93	103	1997年	94	87
1984年	107	114	1998年	82	76
1985年	142	138	1999年	86	79
1986年	95	171	2000年	103	94
1987年	109	125	2001年	145	133
1988年	137	146	2002年	181	172
1989年	185	169	2003年	173	165
1990年	172	174	2004年	238	218
1991年	193	181	2005年	226	205

四、机电设备

1978年后，由于乡镇企业的发展，机电设备供应的品种增多，数量增大。1980年，县物资局设立机电设备专业经营组，当年销售汽车15辆、电动机209台、变压器21台、机床2台、轴承11184套、电焊条36吨、布电线48万米，销售金额突破200万元。1987年，随着国家指令性计划减少，指导性计划和市场调节范围扩大，机电设备市场逐渐放开，县物资局成立机电设备综合公司。1990年后，全县单位所购小车由县控购办批条交由机电公司购进。1990—1994年，共销售小车154辆、变压器147台、电动机3576台、布电线798万米、裸铝线487吨、各种轴承18万套、电焊条583吨、漆包线3.8吨。1996年后，由于机电产品更新换代快，前几年盲目购进，造成积压、报废，导致资金周转困难；因市场放开，公司经营更加困难，公司职工全部下岗。

第八节　专营专卖

一、石油

机构　1978年4月1日，绥宁县石油公司成立，为县商业局下辖公司。1985年，更名为湖南省石油公司绥宁支公司，隶属湖南省石油公司邵阳分公司，由县经委管理；辖2座加油站（油库），有正式职工39人。1990年，更名为湖南省石油公司绥宁县公司，其隶属关系不变。1991年，石油企业实行承包经营。1993年初，绥宁县石油公司进行内部改革，成立县石油经营公司、县石油购销公司和乐安经营部；是年5月，又撤销上述公司，合并在县公司统一管理。6月，公司员工认购“湖南石油股份有限公司”溢价发行的法人股5万股。1994年，新建武阳加油站投产营业。1997年10月，长铺油库储油区、县石油公司办公楼和原加油区等土地、房产以118万元价格整体出让给县自来水公司修建第二自来水厂。1999年，中国石油化工集团公司进行资产重组，分别成立中国石油化工股份有限公司和中国石油化工集团公司，绥宁县石油公司也相应设立中国石油化工股份有限公司湖南绥宁县石油支公司和湖南省石油总公司绥宁县石油公司，一套人马、两块牌子。2001年，县石油公司进行第一次减员分流，全公司39名正式员工中有15人与公司协议解除劳动合同；2003年4月，再次减员分流，有11名员工与公司协议解除劳动合同；2005年，进行第三次人员分流，又有7名员工与公司协议解除劳动合同，其中5人又与邵阳市实华劳务公司签订劳务合同，实现身份置换，由原来的正式员工转变为劳务工。至2005年，绥宁县石油公司内设综合办公室、财会股、业务股和润滑油经营部，辖13座加油站（其中1座停业），有正式员工6人。

经营　绥宁县石油公司自1978年建立以来，主要经营销售汽油、柴油、润滑油、煤油等成品油。1978年共销售各类成品油1734吨，其中汽油285吨、柴油1171吨、润滑油89吨、煤油189吨，创利润4万元。1981年，长铺油库改建投产营业，首次使用流量表发油。是年，销售各类成品油2705吨，其中汽油820吨、柴油1580吨、润滑油91吨、煤油207吨，实现利润13.4万元。1982年，新建红岩油库投产营业。1985年，县石油公司被湖南省石油公司评为“节油工作优胜单位”，红岩油库被评为“四好油库”。1989年，全县城乡基本上实现照明用电，县石油公司停止煤油供应；是年，公司实行第二轮承包经营。1992年，新建城关加油站投产营业；是年，销售各类成品油3279吨，其中汽油1572吨、柴油1667吨、润滑油40吨，实现利润40万元，上缴税金19万元。1997—1999年，由于社会和个体加油站的出现，绥宁县石油公司销售一度滑坡，三年共亏损10万元。2001年亏损最多，计20万元。

2002年，全县开展成品油市场整顿工作，关闭3家社会、个体加油站，县石油公司销售开始上升。2003年，购进各类成品油9207吨，销售9019吨，其中汽油2984吨、柴油5858吨、润滑油158吨，实现利润19万元，上缴税金14万元。2005年，县石油公司共购进各类成品油9350吨，销售8889吨，其中汽油3458吨、柴油5271吨、润滑油160吨，实现利润285万元，上缴税金58万元，创公司成立以来最佳经济效益。

表17-2-4　　1978—2005年绥宁县石油销售统计表　　单位：吨、万元

年份	汽油销量	柴油销量	润滑油销量	煤油销量	利润
1978年	285	1171	89	189	4
1979年	837	1625	102	230	5
1980年	931	1528	97	214	6.4
1981年	820	1580	91	207	13.4
1982年	926	997	93	178	16.9
1983年	1217	1564	89	231	13.4
1984年	1282	1594	101	242	15.6
1985年	1320	1906	128	226	18.3
1986年	1243	1451	88	187	13.3
1987年	1632	1843	125	—	18.9
1988年	3020	1875	129	—	19.7
1989年	1428	1832	115	—	18
1990年	1784	1816	110	—	19
1991年	1910	1719	67	—	23
1992年	1572	1667	40	—	40
1993年	1781	1466	137	—	7
1994年	1735	1401	81	—	10
1995年	2494	1838	91	—	11
1996年	2284	2563	112	—	5
1997年	2250	2428	42	—	-5
1998年	1530	2255	49	—	0
1999年	1804	2909	95	—	-5
2000年	1874	3755	81	—	8
2001年	1848	4161	98	—	-20
2002年	2722	5035	138	—	16
2003年	2984	5858	158	—	19
2004年	3289	5157	146	—	250
2005年	3458	5271	160	—	285
合计	50260	68265	2852	1904	825.9

二、煤炭

机构　1980年前，县内无正式煤炭经营机构。1980年11月，成立绥宁县煤炭公司，为正股级国有事业单位，行使县内煤炭经营管理职能。公司设财会组、采购组、供应组，有职工6人。1985年，公司扩大经营，建立蜂窝煤球厂。1990年，开始实行大承包经营，1995年改为个

人承包经营。1999 年后，经营业务逐年下降，亏损严重，资不抵债，公司被迫停产。2004 年 6 月，绥宁县煤炭公司破产，整体拍卖 452 万元，共安置职工 28 人，其煤炭管理行政职能移交主管部门县经济贸易局，县煤炭公司撤销。

经营　1981 年，绥宁县煤炭指标计划为 15600 吨，销售 15400 吨，实现销售收入 21.57 万元，创利润 1.1 万元。1982 年开始，煤炭销售量逐年上升，尤其是工业用煤量大，占用煤总量的 45%以上。1990 年，县煤炭公司调入原煤 28100 吨，销售 27900 吨，实现销售收入 232.64 万元，创利润 33.9 万元，为经营期内效益最好年份。1991 年后，由于煤炭供应放开，计划用煤取消，县煤炭公司经营业务开始滑坡，销售量逐年下降。至 2000 年，县煤炭公司销售原煤仅 148 吨，销售收入 61300 元，亏损 30 万元。2002 年，县煤炭公司停业。

三、烟草

机构　1981 年前，绥宁县卷烟购销批发业务由县副食品公司统一经营。1982 年开始，因卷烟价格上调，产量增加，市场需求日益扩大，出现跨行业经营卷烟批发业务现象。1983 年 9 月，国务院发布《烟草专卖条例》，决定对烟草实行国家专卖，烟草行业实行集中统一管理。1984 年 11 月 21 日，成立绥宁县烟草专卖局和湖南省烟草公司绥宁县公司，两块牌子、一套人马；从县副食品公司调入 16 名职工到县烟草专卖局（公司）工作。至 2005 年，谢堂生、向凤生、陶文强、贺建宁先后任局长（经理）。

卷烟经营　1985 年，全县各乡镇设置烟草委托代批点 32 个，自营批发部 1 个，当年调入卷烟 6000 箱（每大箱 5 万支，下同）。主要品牌为咀笑梅、精隆回、简香零山等，销售 5950 箱，实现销售收入 320 万元。1988—1995 年，卷烟年销量 7000 箱左右，年销售额 1500 多万元，纯利 20 万～30 万元。1989 年 3 月，武阳烟草自批点挂牌营业。1996 年后，绥宁县卷烟经营进入全国二级批发市场，云南、上海等名优烟产品陆续进入绥宁市场。大箱均价猛增至 3500 元；至 1997 年，单箱均价突破 4000 元大关，毛利增加到 9%以上，实现纯利 100 万元。1999 年，投资 50 万元在红岩修建烟草自批点。2000 年，绥宁县卷烟经营退出二级批发市场；省外卷烟由邵阳市烟草公司统一调拨。2001 年，县烟草专卖局（公司）投资 90 万元购置送货车 9 台，分 4 个车组，委托代批点的功能逐渐为送货车组所取代。2002 年，原有货车组在县城实行访送分离，先访销、后配送；在农村仍实行访送一体，并设置卷烟批发最低限价，代销实行统一批发价。是年，实现销售收入 4465 万元，销量 7800 箱，纯利 176 万元，单箱均价达 6000 元，毛利达到 13%以上；五类卷烟逐步退出市场，提高了市场消费水平。2005 年，毛利突破 20%，纯利达 512 万元。

烟草稽查　1984 年，绥宁烟草专卖局（公司）开始对县内的烟草实行专卖管理，凡从事卷烟批发零售业务的单位和个人，必须持有烟草专卖局核发的烟草专卖许可证；县烟草实行局成立稽查组，配备专车和稽查工作人员，并由县公安局派出一名干警专门协助烟草执法。1985 年 4 月 11 日，县政府下发《关于加强烟草市场的管理通告》。1984—2005 年，全县共查办烟草案件1800件，查获违法卷烟5.3万条，其中1993年为查办案件最多的一年，共办案104起，查获违法卷烟2204条、烟草叶4万千克。

表17-2-5　　1985—2005年绥宁县卷烟销售情况表

年度	销量（箱）	销售额（万元）	单箱均价（元）	主要卷烟牌号			批发点（个）
				低档烟	中档烟	高档烟	
1985年	5950	320	537	简香零山、隆回	长沙	—	1
1986年	6850	418	610	精隆回、简香零山	长沙	—	1
1987年	7490	550	734	简香零山、精隆回	古湘、龙虾花	—	1
1988年	8199	765	933	乐园、古玩雪茄	古湘、芝城	—	1
1989年	8020	781	973	乐园、古玩雪茄	龙虾花、芝城	—	1
1990年	7860	861	1095	香零山、简常德	长沙、旅行家	—	2
1991年	7710	872	1130	新环球、双江	长沙、卫士	—	2
1992年	8063	1140	1413	龙山雪茄、辰河	卫士、旅行家	—	2
1993年	6600	1060	1606	简常德、香零山	白沙、旅行家	—	3
1994年	7584	2158	2845	简常德、龙山雪茄	湘南、软长沙	—	2
1995年	7994	2484	3107	简民意、简半入云	盖郴州、旅行家	—	2
1996年	8500	3350	3941	简常德、简桃城	软长沙、软芙蓉	—	2
1997年	6792	2797	4118	野茶山、红豆	盖白沙、精白沙	—	3
1998年	5798	6435	缺数据	野茶山、红豆	盖白沙、精白沙	—	3
1999年	缺数据	7625	缺数据	野茶山、笑梅	盖白沙、精白沙	—	3
2000—2001年				野茶山、红豆	盖白沙、精白沙	芙蓉王	3
2002年	7800	4465	6000	野茶山、红豆	盖白沙、精白沙	芙蓉王、白沙金世纪	3
2003—2005年				野茶山、红豆	盖白沙、精白沙	芙蓉王、白沙金世纪	3

四、食盐

机构　1984年7月，成立县盐业支公司，为正科级事业管理单位。1987年，实行经济承包责任制，1988年实行干部聘任制。1996年，加挂盐务管理局牌子，一套人马、两块牌子。2005年，县盐业支公司（盐务管理局）设办公室、综合股，有员工5人。1984—2005年，李作如、于合炳、刘书生先后任经理或局长兼经理。

购销　1970—1984年，县境内食盐主要从湘澧盐矿调运，批发业务由县副食品公司负责。省产盐实行全省统一价格，每吨出厂价180元、产区调拨价196元，最高零售限制价为0.16元/500克。1978年，国家降低最高限价，省产盐每吨调拨价为181元，零售价为0.145元/500克。食盐实行统一价格后，绥宁县对农村供销社经销的食盐，实行运杂费补贴，以弥补基层经营的部分亏损，保证供应。1984年7月，食盐销售改由县盐业支公司专营，食盐零售网点遍及全县各国营、集体、个体商店。同时，始用无毒膜制成的塑料小包装袋灌装省产精盐（每袋1000克），每1000克零售价为0.4元。

1978年，经卫生部门普查，县内许多乡镇流行“地甲病”，其中较为严重的有东山、鹅公岭、朝仪、兰家、黄桑坪、梅坪等乡镇。县政府从1978年开始，每年拨款无偿供应上述乡镇加碘精制食盐20吨。至1999年，县境内25个乡镇食用加碘盐全部达标。

1988年3—8月，全省刮起一股食盐抢购风，县内也两次出现食盐抢购现象，其中3月份销盐510吨、6月份650吨，分别为上年同期销量的2倍和2.2倍。省政府从当年10月1日起，在全省城乡实行食盐零售定量供应，1989年7月以后，食盐定量供应票证自动取消，恢复正常供应，食用盐实施零售终端网点配送。至2005年，县境内共设食盐特许网点225个，年销食盐1900多吨。

第三章　外贸招商

第一节　外贸

外贸机构　1973年4月，绥宁县外贸出口公司成立。1981年5月，更名为绥宁对外贸易局。1984年5月，更名为对外贸易公司，保留绥宁县外贸局牌子；1995年10月，改为县对外贸易总公司，属于企业性质的正科级单位。1996年12月，成立县对外经济贸易委员会，加挂县招商引资局牌子，两块牌子、一套人马；定编5人，其中行政编制3人、事业编制2人，内设办公室、对外联络组、招商联络组。2002年，县对外经济贸易委员会并入县旅游局。至2002年，杨细姣、袁成根、唐树森、何石民、何顺安先后任县对外贸易局（公司）、县对外经济贸易委员会主要负责人。

招商机构　20世纪80年代，在县计划委员会内设对外经济技术协作办公室，开始对外经济合作和招商引资工作。1995年8月7日，成立县招商引资办公室，10月，加挂县招商引资局牌子，属正科级事业单位；1996年5月，并入县民营经济委员会；同年12月，并入县对外经济贸易委员会，加挂县招商合作局牌子。1997年9月15日，恢复县招商合作局，依法管理“三资”企业。2002年，挂靠县计划局。2004年9月，成立县客商服务中心，为正科级机构；10月，复归口县招商局。至2005年，邓清卫、何顺安、陈沙、欧阳震德先后任县招商局主要负责人。

一、对外出口业务

1978—1989年，县内出口贸易均由县外贸公司（局）和政府有关部门经营；出口商品的质地较低，贸易额少，创汇不多，有50余个品种，出口最多的商品有玉兰片、竹雕工艺品、原生松木和杉木、各类竹制品、竹木胶合板等。县竹艺厂生产的竹艺产品远销日本、法国、美国、英国、澳大利亚等14个国家和地区，成为绥宁工艺产品走向国际市场的拳头产品；县胶合板厂等厂生产的木胶合板、装饰板远销日本、印度尼西亚、菲律宾、越南等国家和地区。1989年，绥宁县首次出口硅铁500吨、罐头200吨。1990年始，出口产品小部分由县外贸公司（局）和政府有关部门经营，大部分由生产厂家直接向外销售，还有个体营销商户向外转口营销。期间，出口贸易商品的种类增至70余个，出口量最多的有天麻、绞股蓝茶、杂交水稻种子、地板条、竹产品、甲醛、水泥、香菇等，绞股蓝茶、竹筷、保健凉席等产品打入港台地区和海外多个市场。20世纪80年代末至90年代初，年平均出口创汇额200万元左右。

1997年，县外贸企业正式获得自营进出口权。年内，全县有1万余只山羊销往国外。是年，全县外贸出口创汇额增至520万美元，为1992年的2.6倍。2000—2005年，县内出口贸易商品均由厂家直接向外销售，县对外贸易主管部门基本停止经营外贸出口业务。其间，外商在绥宁投资建设的项目增多，出口贸易量超过以往任何时期，出口商品种类120余个，出口最多的商品有花岗岩板材、竹胶模板、工业用纸、一次性医疗注射器、硅铁、电解锰等。绥宁三国花岗岩板材开发有限公司生产的花岗岩板材，远销日本、朝鲜、韩国等国家和港澳台地区。2002年，全县林产品出口65500立方米，创利税4800万元。2003年后，县内生产的竹胶模板远销俄罗斯、朝鲜、日本、印度、越南等国家。1997—2004年，全县出口创汇总额2.9亿元，年平均创汇额3629.6万元。

二、进口业务

2000年以前，进口商品业务主要由外贸部门办理。之后，进口业务放开，由各生产销售单位直接从国外进口商品。进口商品品种不多，主要有化肥、农药、造纸打浆机、纸浆等。

表17-3-1　**1980—2004年绥宁县部分年份外贸出口创汇情况表**　单位：万元

年份	出口创汇金额	备注	年份	出口创汇金额	备注
1980年	102	人民币	1997年	520	美元
1983年	150	人民币	1998年	537	美元
1987年	230	人民币	1999年	272.6	美元
1988年	136	人民币	2000年	190	美元
1989年	210	人民币	2001年	230	美元
1990年	180	人民币	2002年	237	美元
1992年	200	美元	2003年	800	美元
1996年	186.7	美元	2004年	900	美元

第二节　招商引资

县内招商引资工作始自20世纪80年代末，初期是民间自发性引进一些小金额、小项目。

1989年1月，美籍华人肖先嘉与县林业部门合资开办湖南华美木珠制品有限公司，成为绥宁县招商引资第一家中外合资企业。

1993年3月5日国家公布《中华人民共和国台湾同胞投资保护法》后，国内港、澳、台投资商开始进入绥宁投资经商。是年，与澳门商人合资建立绥宁县新力工艺服装店，全县共引进境内县外资金1000多万元。

1996年6月，台商注册绥宁台湾焕宝石材有限公司；9月，台商投资50万美元，在金屋塘镇草寨村建起花岗岩石材板厂。8月，成立港商独资湖南绿洲竹木制品有限公司。是年，全县新办三资企业5家，合同引进资金1867.8万美元，实际到位1087.3万美元；利用境内县外资金3900余万元；招商引资居全市第一。

1992—1997年，县内有三资企业11家，合同引进资金3577.6万美元，实际到位2489万美元；境内县外资金到位6000多万元，解决就业人员1564人。其中，1997年合同引进外资315万美元，到位资金171.12万美元，上缴税金622万元，引进境内县外资金3014.5万元。1997年，县委、县政府制定下发《关于鼓励境内县外人员来绥投资兴业的若干规定》。

1998年，引进外资企业1家，引进资金537万美元，到位资金150万美元，完成产值41万元；到10月止，县内有外商投资项目36个，投资总额943万美元，到位资金525万美元。县广播电视局引进外资200万元，开通城区32套光缆电视节目。

1999年，引进三资企业6家，实际到位资金189万美元，上缴税金214万元；引进境内县外资金4800万元。

2000年，引进香港骏兴实业集团公司松木脱脂改性加工项目，首批投入资金900万元。是年，三资企业到位资金215万元，上缴税金246万元，同比增长150%。8家外资木模板、木地板生产厂家，年产值能力均在1000万元以上。

2001年，引进外资200万元，到位资金115.6万元；利用境内县外资金3760万元。

2002年，全县签约项目19个，正式合同71个，合同利用外资1.32亿元，到位3564万元，贸易成交额1104万元。是年，采取“以地换桥”方式，与宝庆造纸集团签订投资3600万元修建桥站合一的绿洲大桥和电站，后又签订界溪口电站和河口电站项目；引进在桂林经商的绥宁籍老板苏荣新投资500余万元在金屋塘镇建万紫水电站，以上电站至2004年和2005年先后建成投产。

2003年，县委、县政府先后制定下发《关于鼓励外商投资改善投资环境的有关规定》《关于进一步优化经济环境规范对招商引资项目收费行为的若干规定》。当年，全县招商引资项目60个，吸纳县内外民间资金5.31亿元。引进县外项目31个，合同引进县外资金4.9亿元，到位资金1.6亿元，到位资金是2002年的4倍多。是年2月，与湖南金丰达置业公司签订川石小区开发建设项目，开发土地24.67公顷，总投资规模1亿元，当年正式启动；与洪江垣兴电力工程公司签订联民江抱水系流域电站项目。10月，与深圳机械贸易公司签约飞蛾、石门等系列电站开发项目；第一期投入2000万元，其中飞蛾电站投资1300万元，到位资金1200万元，到位率92.3%，履约率100%。其后，在上海、浙江招商会上，相继签订浙江丽水古力有限公司投资2000万元创办湖南金宁木业项目、湘潭珊瑚工矿氯酸钾有限公司投资6000万元兴办荣岩氯酸钠项目、香港机械贸易公司投资458万美元开发兴建小水电系列电站项目等31个项目；又有湖南金信种业有限开发公司投资5000万元，建立中药材（红豆杉）CAP种植加工项目。是年，金宁木业公司杉芯板加工、县城川石小区开发、江口塘硅锰合金、康达公司竹地板项目、绿洲广场等招商项目相继开工或进入实施阶段。

2004年，县委、县政府制定下发《关于促进竹资源培育和精深加工的若干规定》和《绥宁县工业基地准入条件及优惠政策》。当年，全县共有县外境内招商引资项目27个，利用内资4.56亿元，到位2.51亿元，同比增长229%。其中是年10月，在“湘洽会”上，绥宁县签订招商引资合同6个，引进境内资金1.8亿元。签约的投资项目主要是：投资2200万元的绥宁亿佳竹业有限公司，投资2000万元开发修建清溪江电站项目，投资6500万元的电解锰项目，投资1800万元的绥宁县造纸有限公司整体买断经营项目，投资1300万元的绥宁县委招待所产权整体出让项目，投资1000万元的蓝莓引种、推广及深加工项目，投资1640万元的绥宁县水泥有限公司整体买断经营项目。

2005年，全县招商引资项目45个，其中利用外资5.8亿元，到位3.42亿元，同比增长151%；省外招商引资项目8个，合同利用外资3.5亿元。签约投资项目主要有：投资3000万元开发的小沈铁矿项目、投资3000万元开发建设的湘桂黔建材项目、投资8000万元开发的“LNG液化天然气能源工程”项目、投资3800万元的红岩铜多金属矿开采项目、投资1500万元的水竹坪铁矿开发项目、投资1000万元的高档复模板加工项目、投资1300万元的玉兰片加工项目、投资500万元的绿色食品加工项目、投资3000万元的杉芯细板系列加工项目、投资2100万元的松脂深加工项目、投资1000万元的楠竹系列加工项目。

1989—2005年，全县签订正式项目合同3585个，引进项目资金11亿元，到位资金7.5亿元。其中2005年全县引进外资3.5亿元。

第四章　服务业

1978年以前，绥宁县社会服务业主要由县饮食服务公司、基层供销社和县运输公司经营，主要项目有住宿饮食、理发、照相、修理、搬运等。1979年以后，县内国营、集体、个体社会服务业齐头并进，迅速发展。1985年起，县内陆续出现休闲、家政、商务等新型社会服务业，主要服务项目有歌厅舞厅、美容美发、洗浴按摩、家政、家教、摄影、摄像、信息中介、资产评估等。2005年，全县从事社会服务业的经营户有570家，从业人员3150人。

第一节　食宿服务

一、饮食

1978年，县内仅有县饮食服务公司开办的国营一饭店（后改为工农饭店）、桥头饭店、车站饭店及各区供销社饭店和饮食店。1987年，县商业局建成商业大厦，开办绥宁县第一家酒店——绥宁酒家。1999年，本县段某、罗某租用绿洲商厦二楼，投资25万元开办齐民思酒楼。2001年，本县赵某租用县商业局下属单位场地，开办金太阳酒楼。2003年，刘某投资30万元，租用绿洲商厦场地，开办集娱乐、餐饮于一体的红磨坊酒家。至2005年，县内共有饭店12家、大小酒店85家、饮食店128家，从业人员1450人。

哆唻咪大酒店　哆唻咪大酒店位于县城中心街。2000年6月，由下岗职工龙文琼投资30万元，租赁县商业大楼二楼开办；营业面积900平方米；设大型餐厅1个，包厢12间，能同时承办酒席100桌；从业人员20人，酒店年利润3万元。2003年，又投资60万元，增设面积为300平方米的茶楼，由单一的酒店经营增加到早点、夜宵、音乐茶吧等，成为县内规模最大的酒店之一。2005年，酒店年利润增加至50万元，从业人员增至70人。

百姓连锁大酒店　百姓连锁大酒店位于县城中心街。2001年，由廖某投资100万元，租用县饮食服务公司场地开办。酒店经营面积800平方米，设2间大厅、10间包厢，能同时承办90桌酒席，从业人员18人，酒店年利润2.5万元。2005年，经营利润增至40万元，员工增至68人，成为县境内规模最大的酒店之一。

二、住宿

1978年，县内有国营一旅社、国营二旅社（又称车站旅社）、县委县政府招待所、县人武部招待所、县森工招待所5家旅社。1980年后，国营、集体、个体宾馆旅社竞相发展；至1987

年，国营、集体、个体旅馆达到 93 家，从业人员 270 人。1989 年，国家紧缩银根，市场疲软，客流量减少，一些旅馆改营他业。1990 年，县内旅社减至 50 家。2005 年，县内共有宾馆旅社 67 家，从业人员 800 人，以绿洲宾馆、长城宾馆、林海公寓规模最大。

绿洲宾馆（原县委、县政府招待所） 绿洲宾馆位于县城长铺镇中心街 113 号，紧邻绿洲文化广场。属全民所有制企业。1960 年，建县委、县政府招待所，有职工 7 人，服务项目有住宿和饮食。1987 年，职工增至 46 人，增设日用品零售、服务、理发等项目，有中档（带彩电、卫生间）床位 86 个、低档床位 489 个。1990 年，中档床位增至 198 个，低档床位减至 260 个。1997 年，改制为绿洲宾馆，系股份合作制企业。1998 年，投入资金 600 万元进行扩建和维修。2004 年，有员工 88 人，占地面积 11100 平方米，建筑面积 13600 平方米，有标准客房楼 3 栋、床位 360 个，有餐饮楼 2 栋、大小餐厅 14 个，会议室 5 间，住宿、餐饮、娱乐设施齐全，可同时容纳 800 人就餐，成为县内最大的外事接待定点宾馆。2005 年，实施改制，所有员工一次性买断工龄，绿洲宾馆原有场地作价出让给房地产开发商，兴建绿洲小区。

长城宾馆（原县人武部招待所） 长城宾馆位于县城长铺镇中心街 18 号县人武部院内。1970 年建立，早期主要用于民兵训练，后对外营业，承接住宿、餐饮服务。至 2005 年，已建成具有一定规模，集住宿、餐饮、娱乐为一体的宾馆。

林海公寓（原森工招待所、林业局招待所） 林海公寓位于县城长铺镇东征路县林业局东侧，占地面积 2100 平方米。属县林业局下辖的全民所有制事业单位。1973 年，建森工招待所，有职工 15 人，主要承接住宿服务。1993 年，投入资金 600 万元，进行扩建和维修，建成县内集住宿、餐饮、娱乐为一体的林海公寓宾馆，有员工 50 人，设床位 86 个，有餐饮大厅 1 个、包厢 8 间、歌厅舞厅 1 个、文印服务部 1 个。2005 年年底，改制成私营企业，66 名员工一次性买断工龄。

三、小吃　茶馆

小吃 1980 年以后，县内开始出现小吃服务业。小吃主要集中在县电影院前面的体育场，以晚上营业最为热闹，刚开始时有 12 个摊位，后发展到 60 个摊位，主要品种有烧烤、龙虾、喝螺、乡里腊菜及家常鸡、鱼、鸭、肉等。2004 年，县体育场被征用修建绿洲广场，小吃摊位大部分搬到东征路一线门面，仍有部分在绿洲广场沿线。至 2005 年，县内有 115 个小吃店（摊位），从业人员 650 人。

茶馆 1985 年以后，刘某在县城沿河街开办第一家茶馆“蓦然回首”；随后，相继有人在沿河街开办茶楼、茶庄、茶馆等，沿河街形成茶馆一条街。至 2005 年，县内有茶馆 28 家，从业人员 315 人。

第二节　休闲服务

一、歌厅舞厅

1988年2月，县总工会利用自有场地，投资20万元，创办县内第一家舞厅“总工会舞厅”。10月，郭某租用县农产品公司场地，投资25万元创办“百乐门舞厅”。1990年，邵阳人刘某租用县人武部场地，投资30万元开办“人武部舞厅”。1991年，县文化馆自筹资金32万元，利用自有场地开办“大富豪舞厅”；武阳人黄某租用县财政局场地，投资42万元开办“天虹夜总会”。2002年，黄某租用县电影院场地，投资40万元开办“天方夜谭夜总会”。

1992年以后，歌厅舞厅迅速发展到乡镇。至1997年，全县共有歌厅31家、舞厅8家。2000年始，县内歌厅逐步向高品位、高档次发展，乡镇歌厅舞厅基本消失。由于歌厅舞厅投资规模大、开支大、收益小，一些歌厅舞厅入不敷出，关门停业。2005年，全县有歌厅13家、舞厅3家，从业人员120人。

二、美容美发

1978年前，县内没有美容美发行业，只有零散的“剃头铺”“剃头担”。1978年，县商业局投资3.2万元，在县城中心街创办第一家集体所有制理发店——绥宁县美发厅。20世纪80年代，由一般的“理发”发展到美容美发。1985年，邵东人朱某在长铺镇老法院门口开办“海燕发屋”，开始修剪时尚发型。1988年，王某在中心街投资5万元开办“名仕发艺屋”。此后，美发行业在县内迅速发展，部分乡镇相继有人开办美发店。1990年，全县共有美发店88家。2005年，有美发店155家。

1997年，苏某投资2万元，租用县中医院门面率先开办“雅琴中医美容中心”，从事美容、保健按摩、纹绣、整形服务。1999年，贺某投资5万元在县城中心街开办“加贝美容院”。2000年，邵阳人李某租用县电影公司门面开办“天丽美容美发中心”。2000年后，美容行业逐渐成为新的消费热点，美容开始变成人们生活的组成部分，部分乡镇相继有人开办美容院。2005年，全县有美容院17家。

三、洗浴　按摩

1995年，残疾人阳某投资2万元，租用绿洲市场门面开办长铺镇保健按摩康复中心。1996年，苏某在县城沿河东路投资2万元开办“彩虹足道馆”。1997年，县内按摩店迅速发展到185家。1998年，靖州人杨某投资5万元在县城开办“通程大酒店洗浴中心”。2003年，沈某开办“康复按摩店”。同年，向某投资5万元，租用绿洲大道门面开办“湘水足浴馆”。洗浴按摩成为现代社会人们养生休闲的时尚项目。但有个别老板利用开办洗浴按摩店从事非法服务，受到公安部门查处。经过整治和规范，至 2005 年，全县有按摩店 53 家，洗浴店 7 家。

第三节　家政和商务服务

一、家政服务

保姆　1978 年以前，县内没有劳务市场，一般由他人介绍到户主家从事保姆工作。1996 年，县妇联成立妇女就业服务机构，向外地和县域内介绍保姆和其他务工人员。1996—2001 年，共介绍保姆 215 人、其他务工人员 418 人。2003 年，县内成立第一家私营家政服务公司，专门从事保姆、清洁、搬运等家政服务。2005 年，县内有保姆务工人员 315 人。

家教　1990 年以后，家教服务开始兴起。一些在校大学生或研究生利用寒暑假期，进入家庭为中小学生进行语、数、外或音、体、美课程辅导；县内一些骨干教师也利用业余时间办班或进入学生家庭进行课程辅导。家教服务一般按钟点或课程收取费用。2005 年，从事业余家教的大学生或教师有 3180 人次，受辅导学生 8956 人次。

清洁　1998 年，县内始有人从事临时性家庭清洁工作。2003 年，县内成立第一家私营家政服务公司，开设室内清洁、房屋外表清洁等服务项目。2005 年，全县有家政清洁服务人员 110 人，上门服务 1800 人次。

搬运　1978 年，县运输公司搬运队有 38 辆板车用于搬运服务。1986 年后，一些下岗工人和进城务工农民为谋职业，也加入搬运服务行业中，主要从事板车运输服务、搬运家具及其他货物。1990 年，县内有搬运从业人员 358 人。1993 年以后，有人购买机动三轮车从事搬运服务。2005 年，有搬运板车 105 辆，机动三轮搬运车 280 辆，搬运从业人员 610 人。

二、商务服务

信息中介　2004 年 3 月，张某租用县药材公司门面开办“方正·视聆通”，开展商务信息、广告服务。2005 年 2 月，县信息化管理办公室成立，同时开通绥宁县公众信息网，传播政务、商务信息。是年底，全县共建成政务、商务信息化系统 10 套，“绿洲传媒”为县内最大的商务信息传播媒体。中介服务始于 20 世纪 90 年代，主要有婚姻中介、家政中介、务工中介等服务项目。房产中介始于 2004 年，主要由县房管局下辖的房地产交易所进行房屋交易中介服务，也有个人为房地产开发商进行房屋销售中介服务。2005 年，县内从事中介服务人员有 25 人，开展中介业务 1100 人次。

企业策划　县内企业策划服务始于 2003 年。一些新办企业为开拓市场、提高效益，从外地聘请专业人员为企业进行策划，图谋发展空间。2005 年，县内共有 11 个企业受益于策划。

资产评估　2003 年，邵阳金城房地产价格评估有限责任公司绥宁志鸿分公司成立，开展房地产资产评估业务；主要评估项目有抵押评估、交易评估、课税评估。同时，邵阳市万源土地评估有限责任公司也在县内开展土地出让、抵押评估业务。2004 年，申某挂靠邵阳天瑞资产评估所，在县内从事车辆专业评估业务。2005 年，县内从事资产评估业务人员有 12 人，承接房产评估业务 980 笔，评估额 4 亿元；土地评估业务 280 笔，评估额 1.8 亿元；车辆评估业务 89 笔，评估额 1100 万元。

第四节　其他服务业

一、摄影摄像

摄影　1978 年，县内有县饮食服务公司开办的照相馆 1 家，另有私营照相馆 2 家，还有一些流动照相人员每逢赶集日到各赶集点为群众照相。1981 年后，照相业得到较快发展。1985 年，全县集体、个体照相馆增至 12 家，一些大的乡镇也有人开办照相馆。至 1987 年，县内照相馆发展到 55 家，从业人员 70 人。2004 年后，传统的胶卷照相过渡到数码照相，胶卷照相开始淘汰，照相馆相应减少。2005 年，县内共有照相馆 38 家，从业人员 105 人。较有名气的照相馆有“毛茅数码婚纱影楼”“光耀数码影像”“仟色婚纱摄影”“维纳斯影像工作室”。

摄像　摄像业在县内起步较晚。2003 年，于某在县汽车总站隔壁开办“定洲影视文化制作中心”，李某租用县科协场地开办“心连心摄影摄像”，开展摄像服务；主要承接生日、红白喜事等摄像，并制作光盘。2005 年，摄像公司发展至 3 家，从业人员 11 人。

二、修理擦洗

修理　1978 年，县内有汽车修理厂（店）3 家，自行车修理店 12 家，钟表修理店 15 家，家用电器修理店 2 家及一些修理摊点。1983 年后，修理业迅速发展，至 1990 年，县内修理业发展到 83 家，其中汽车修理厂（店）25 家、自行车修理店 25 家、摩托车修理店 10 家、家用电器修理店 21 家、钟表修理店 2 家。1998 年以后，县境内自行车、钟表修理开始减少，汽车、摩托车、家用电器修理迅速发展，并出现手机修理店。较大的修理厂（店）有“绿洲汽车大修厂”“华盛汽配维修中心”“腾达汽车维修站”“县政府采购车辆维修中心”。2005 年，县内有汽车修理厂（店）42 家，自行车修理店（点）25 家，摩托车修理店 38 家，家用电器修理店 45 家，手机修理店 11 家，从业人员 1025 人。

洗车　县内洗车始于 1982 年，在县城杉木坳一带开办。其后，其他地带相继增加一些洗车点，至 1998 年，县内共有洗车点 31 个。2000 年后，洗车业开始向高品位发展，县内出现汽车美容服务，主要集中在县城绿洲大道，较有名气的洗车店有“百车汇汽车专业美容”“车饰洁汽车美容养护中心”“腾发汽车美容休闲中心”。2005 年，县内有洗车店（点）52 个，从业人员 340 人。

擦鞋　1985 年，县城长铺镇出现擦鞋业。擦鞋摊点主要集中在东征路和县电影院一带。1990 年，从事擦鞋服务人员有 25 人。1998 年，有人在县城开办鞋子美容店，擦鞋兼营修鞋。2005 年，全县有擦鞋店 2 家，擦鞋摊位 35 个，从业人员 65 人。

此外，在老街、电影院旁、中心市场等处还设有传统的修理摊点，主要提供修伞、修鞋、修包、配钥匙等服务。

三、代理出租

代理　1978 年，代理服务主要是替他人代写书信、报告等。1980 年后，代理服务项目逐渐增多，增设了人事代理、民事和刑事案件审判代理、商务代理等服务项目。2005 年，县内从事代理服务人员有 50 人。

出租　1978 年前，县内只有一些零散的房屋出租、工具出租等服务。1985 年后，一些农村人口和外地人员流入县城打工或经商，租用场地、门面和住房，致使县城人口快速增加。同时，县内还出现了汽车和摩托车出租、红白喜事用具出租、图书出租、音像光盘出租。2005 年，县内共有出租业从业人员 258 人。

四、废旧物资回收

1980 年，县内旧物资回收以县农副产品公司为主，李熙桥、瓦屋塘、东山、在市、河口、和平 6 个区供销社及所属的 36 个分社、6 个购销点、320 多个农村代购代销店都开展废旧物资回收业务；1984—1985 年，国家实行废旧金属回收和供应钢材相结合政策，县供销社于 1985 年 6 月开展以钢铁为主的废旧物资回收月活动，共收购废钢铁 50 多吨，年内收购总值 12.8 万元；1980—1996 年，全县供销社系统废旧物资回收总额 165 万元。1989 年，县物资局金属材料公司增加金属回收业务；1990 年，回收废旧拖拉机 372 台、生产材料废料 1237 吨。1997 年，成立县废旧物资回收公司。是年 5 月，推行抽本经营改革，废旧物资回收相继采取个人承包的方式经营。之后，城乡市场全面放开，废旧物资出现多渠道流通，众多个体、私营者参与废旧物资市场经营；县供销合作社废旧物资回收业务日趋萎缩。2000 年后，县供销社废旧物资回收业务停止，20 余家个体收购店占领绥宁县废旧物资回收市场。

第五章 旅游业

1986年，县外事办公室成立，主管旅游和外事工作。1997年，县旅游管理局成立，和县外事办公室两块牌子、一套人马。2001年，全县接待游客3.2万人次，相关行业收入1240万元。2002年，县旅游管理局改为县旅游局（县对外经济贸易委员会并入），主管旅游业的规划、开发和组织工作，在编4人。1998—2005年，王苏湘、黄渊海、伍茂兴先后任县旅游管理局或县旅游局局长。

第一节 景区 景点

一、黄桑景区

黄桑景区位于县城南30千米，为国家级自然保护区。有原始次生林15667公顷，有青山绿水和珍禽异兽，有历代农民起义战场和起义领袖墓葬，有古代冶炼作坊遗址、官兵营垒遗址和烽火台残体，有古人保护山林的实物，有清代古建筑，是一处集自然景观、人文景观为一体的综合景观区，其主要景点有26个。

六鹅洞瀑布 位于赤板村太平溪上。高30米，分为两挂比肩泻下。雾珠随气浪飞腾，令人心旷神怡。四面青山壁立，春夏之交，瀑布两侧鲜花盛开。瀑布下部有洞，半露水面，人不能近，神秘莫测。左上方百米处，耸立一排石山。其中一山头形似天狗，俯瞰瀑布，故名天狗守洞，又名狗爬岩。

铁杉群落 生长在赤板村海拔1080米的源头山山腰上，面积1933平方米，有大径铁杉38株。最大者高40米，胸径107厘米，立木材积14.8立方米，树龄320多年。气度恢宏，郁郁葱葱。主干树梢一分为四，两两相抱，成为奇特的“连理枝”，树根纵横交错，形成“连理根”的自然奇观。1980年，日本日中友好协会会长福田一郎将铁杉群落定为“中日友谊之树”，给绥宁县县长写来热情洋溢的信，衷心祝愿“中日友谊之树根深叶茂，万古长青”。

摩崖“天高地厚” 刻在牛坡头顶部一块龟背石上。刻于明代，字迹清晰。当地流传一首古诗：“头顶青天，脚踩大地，天高地厚，岁月悠悠。”登此绝顶，青山绿水尽收眼底。

穿岩 位于磨石村。山巅兀立着巨石，石腹处，高1.7米、长7米的石洞贯通前后。钻进洞口，凉风习习，几十千米林区景色尽收眼底。

古杉群 九溪冲附近的古驿道旁，长着十来株两人合抱的杉树，高25米，树龄在220年以上，苍老遒劲。其中两株树干已经空心，钻进树洞，用手电往上照射，可见古人为防盗伐而钉上的一根根铁耙齿。

楠木林　位于坪溪村刘冲。面积133.4公顷，山上林木葱茏，古木参天，藤蔓交织，枯枝落叶绵若地毯，一株株高大笔直的楠木傲然耸立于崇山峻岭之中。坪溪村右侧山岭上则石群林立，形如端坐的菩萨，每当清晨的曙光和傍晚的夕阳普照时，即放出阵阵霞光，当地人称之为神光，景色十分壮丽。

九溪冲原始次生林　位于磨石村九溪冲。冲内九条小溪汇聚后注入界溪。两岸为原始次生林，泉水叮咚，古木参天，两人合抱的大树随处可见。有国家重点保护的伯乐树、香果树、花榈木、杜仲、伞花木、鹅掌楸、银鹊、任木、穗花杉、厚朴、银杏、毛红椿、乐东拟单性木兰等树种，以及林麝、华南虎、大灵猫、鬣羚、獐、红腹锦鸡、白鹇、鸳鸯、大鲵等动物。溪中鲟华鲮鱼（俗名哈宝鱼），持一根树枝系上纱线，扎一条蚯蚓，就能垂钓，故称“钓鱼不用钩”。

龙宫洞　位于兰家坪村，洞深约2000米，已开发1300米。分上、中、下三层，洞内有沧海桑田、定海神针、鱼跃清溪、龙泉喷涌等景观。洞前青山耸峙，溪水潺潺。

鸳鸯岛漂流　以鸳鸯岛为起点至兰家坪村李家坡桥头，全长4千米。沿途峰高石奇，峡谷深幽，林木葱茏，河水清澈，沙石晶莹，游鱼嬉戏，令人赏心悦目。

八戒巡山　磨石村内平地冒出一块巨大的椭圆形磐石，高20米，东西长约100米，南北宽70米，形似林海之舟，岩石上部无数尖石，犹如万把钢刀，唯东侧尖石中独生一石，形状活像大腹便便的猪八戒手提钉耙乘舟巡山。

云涌天阙　位于在市赴黄桑坪途中的云雾山上，离黄桑自然保护区仅4千米。数峰相连，犹如城阙。山顶有两块巨石南北对峙。山头常年云雾缭绕。清雍正二年（1724），绥宁知县王作楷游后咏叹：“群峰烟拥三秋翠，万壑风生六月寒。”“云涌天阙”之名由此而来。对峙的巨石上旧时分别建有朝阳庵和宝顶庵，现建森林防火瞭望台。登台遥望，有一种“欲览飞云生雾处，到兹一洗众山空”的新奇感觉。

上堡古国　位于上堡村，明代李天保及清代粟贤宇先后率苗民起义都以上堡为大本营。当地流传一首民谣：“界溪省、巴流府、雪林州、赤板县，上堡有个金銮殿。”四边青山环抱，溪水潺潺。国都背后山顶是武烈皇帝李天保跑马练武的跑马场，方圆约2万平方米，还有清朝时所建护林碑，至今碑体完好，字迹清晰。

还有一步桥、麒麟过界、狮子望月、老虎跳、大门洞、菩萨岩、风神洞、观音洞、三马饮清泉、白水洞瀑布、老龙潭瀑布、跑马坪等景点。周边尚有在市古城、天堂界松林等景区。

二、神坡山景区

神坡山，原名神婆山，位于县城北13千米的党坪、长铺子、竹舟江、河口4乡交界处。海拔1139米，山顶古木参天，寺庙藏幽，20世纪80年代，重修大雄宝殿、观音殿及僧舍，为省级文物保护单位。特别是全国最大的穗花杉群落更增加了它的神秘感，是一处集风景、科研、宗教、文物于一体的旅游区，其主要景点有16个。

神坡庵 始建于唐武宗会昌五年（845），由山门、过廊、大雄宝殿、侯王殿及两侧厢房组成，附近有明清和尚墓葬群，为县内著名佛教活动场所（参见本志第二十三篇《社会生活·宗教·宗教分布》）。

鸳鸡洞 在神坡山下公路边。洞长1千米以上，洞壁参差，形态万千，内有阴河。

白龙壁 在托丘田至神坡山途中，距托丘田约1千米处。在高约6米的青灰色石壁上，有一条由白色溶岩液体浸蚀形成的天然白龙，盘旋而上，仰望蓝天。

千洞壁 由白龙壁上行百余米，右边坡脚有一独石，高约2米，树卧其上，巨根抱石，双臂前伸，似迎宾，像盆景。盆景之后即千洞壁，有大小洞穴数处，高矮不一，深浅不同，形态各异，掩藏在竹林之后。

千僧朝佛林 即神坡庵周围的原始次生林，其树木绝大部分为百年以上乔木，状似千百位僧尼虔诚朝佛，故名。有树种数十种，其中穗花杉、榉木、楠木、伞花木、香果树、华榛、青钱柳等都是珍稀濒危保护树种。特别是穗花杉群落系国内已发现的面积最宽、树龄最高、株数最多、结构最完整的该物种群落，极具科研价值。

地母洞 在神坡庵后，由2块巨石组成。传说为侯王之母升天处。洞旁有宋代地母庵遗址。

“东南第一山”摩崖 在神坡庵后石壁上。草书体，阴刻，系明朝万历十年（1582）副总兵邓子龙题词。

晒经台 在主峰西侧，系一块面积约40平方米的平板巨石，石侧长一株金银花巨藤。传说此石为明朝副总兵邓子龙朝佛时晾晒经卷之处。

三十六人洞 在北坡山脚处。据旧县志“古迹”载：“明时三十六人入洞避兵，乏食，同死于此。”

此外，还有骆驼峰、灵兽崖、犬冢、蟾蜍望月、连心洞、望乡台、葛仙井等景点。

三、关峡景区

关峡景区位于县城东15千米。由花园湖、猴子山、情人山、冒塘峡、梅口峡、关峡、定远桥、大园古村等自然景观和文化古迹构成。

花园湖 位于关峡苗族乡南部。一座长187米的江口塘电站大坝拦腰截断巫水，形成长约10千米的人工湖。泄洪时，河水从50米高的大坝上飞泻而下，腾烟飞雾，十分壮观。溯河而上，湖水清碧，波光粼粼，山影晃动，渔舟摇曳。沿途有梅口峡、冒塘峡、情人山、睡美人风光和石江坪古渡口、田心石灰墓、花园角古窑址、石脉吴三桂军铁炮等文物古迹。

定远桥 位于关峡苗族乡政府附近。岚溪下切，形成猴子山峡谷，关峡故此得名。两岸高山耸峙，中间一水穿流，峡口宽仅40米，有一夫当关、万夫莫开之势。古时是东北通往武冈州、宝庆府，西南连接广西、贵州的必经驿道，每当该河涨水，路人望溪兴叹。清康熙二十三年（1684），知县范成龙捐廉建成长 37 米、宽 7.6 米、高 12 米的单拱青石桥，桥顶镌刻扇形图案及“定远桥”三字，全桥布局合理，造型美观，古朴大方。2001 年，县人民政府聘请能工巧匠在石拱桥上增修桥亭。

四、堡子岭景区

堡子岭景区距县城 10 千米，关峡、枫木团、武阳、长铺子 4 乡（镇）交界处，主峰七坡山海拔 1217.3 米。1957 年 12 月建堡子岭林场，几十年来植树造林，使之成为万顷林海。春天百花争艳，夏天千山叠翠，秋天野果飘香，冬天山岭披瑞。山上盛产龙爪菜（蕨菜）、土龙角（竹笋）、猕猴桃等山珍和很多名贵中草药。在岭上俯瞰四周，群山起伏，层峦叠嶂，茫茫林海，一望无垠。

五、洛口山景区

洛口山景区位于县城东北 60 千米白玉乡塘弦湾村和黄羊坪村境内。洛口山峡谷溪水清澈湍急，两边悬崖壁立，峡谷内有于记洞、洛口山水库大坝。爬上坝顶，高峡平湖的奇特风光展现眼前，湖面碧波荡漾，山峰树木倒影摇曳，湖畔群山起伏，树木葱茏，奇峰怪石林立，宛如瑶池仙境。周边尚有武阳隘、于家大院等自然和人文景观。

美女梳头　在洛口山水库管理所对面的山顶上，有一石峰酷似秀发披肩、随风飘动的美女，正对着镜屏山梳妆。

情人石　在洛口溪旁，一座陡峭的岩山上有两个岩石，宛如情人搭肩搂腰。

仙人洞　位于洛口山水库区左岸。绿树掩映，一泓清泉流入洞内约 30 米处消失。洞内石钟敲击有声。洞长 120 余米，进口小而腹内宽，洞内有洞。传说唐朝李熙山在此修炼成仙，故得名。

雷劈岩　位于洛口山二级电站至大坝间。石山长约 2000 余米，鬼斧神工将它劈为两半，形成幽深峡谷。谷内有于记洞、狮子脑隧洞、钢筋水泥大坝等景观，还有古茶园、驻兵处等遗址。

六、金屋塘景区

金屋塘景区位于县城北 80 千米，距离沪昆高速公路邵怀段江口出口 15 千米。有冷水溪温泉、滚马洞一线天瀑布、瀑布江瀑布、摩崖瑶汉分界等景点。

冷水溪温泉　见本志第二篇《自然环境·水文·地下水·冷水溪温泉》。

滚马洞瀑布　位于金屋镇雄鱼村。瀑布高约 30 米，水流直泻入潭，两边峡口幽深，有“一线天”之称，瀑布左侧有一将军岩，形象逼真，气势磅礴。

七、联民水口景区

联民水口景区位于县城北 70 千米。有高登山普照寺、马王桥梯田、田螺旋峡谷、万亩竹海等景观。

高登山 位于联民苗族瑶族乡田螺旋村。极顶有全青石构建的普照寺，建于清康熙三十九年（1700），由绥宁青坡里人黄皈依师募捐斩平山顶建造。西、北二面，紧邻悬崖，崖高数百米（参见本志第二十篇《文化广电科技体育·文化·文物·文物保护单位》）。

马王桥梯田 位于联民苗族瑶族乡马王桥村。梯田依山而造，层层叠叠，宛然如带，四季风景不同。与龙胜金坑梯田媲美，有“天下第二梯田”美誉。

水口竹海 水口乡境内山林百分之八十为竹林，连片楠竹林2400公顷，登高四望，茫茫竹海，青翠欲滴，碧波荡漾。间有方竹、花竹、人面竹、水竹、陶竹、麻竹、粽叶竹等奇特的小杂竹。

八、县城景区

城区和郊区有神滩公园、水上乐园、绿洲广场自然景观和人文景观。

神滩公园 距县城北2千米。公园内山势峻峭挺拔，奇峰怪石林立，古木千姿百态。有轿子岩、神龟望月、天马槽、龙背岭、鸡公岩、摩天崖、棋盘石、玉兔山、蟾蜍岩、仙姑话情、老虎口和三公殿、成仙洞遗址等众多景点。

第二节　景区设施

一、景区道路

旅游公路 县城长铺镇到黄桑坪国家级自然保护区有2条柏油公路相通，路面宽7米，总长度75千米。黄桑坪苗族乡政府所在地到铁杉林和上堡古国水泥公路总长25千米，宽度6米；到观音洞和坪溪村有30千米乡道，宽6米。县城到花园角风景区15千米，到洛口山风景区60千米，到神坡山风景区17千米，到高登山普照寺风景区90千米，均为柏油公路。

景区步行道 六鹅洞瀑布沿磨石村小溪逆流而上，有10座独木桥或双木桥、三木桥相通，沿潭泥水公路而下有150米长、水泥砌石级，并修有钢管栏杆。铁杉林有2千米水泥砌石级到山顶。神坡山有3千米长简易盘山公路到山顶。高登山普照寺有人工石板路上山。神滩公园有水泥砌石级250米。

二、景区食宿设施

黄桑坪自然保护所宾馆建成后，可供200人食宿，可开中小型会议。黄桑坪宾馆可供500人食宿。六鹅洞上方公路边建成民族木楼房，可供20人度假食宿。

各景区每个景点都有农家乐，游客可品尝少数民族风味饮食。

三、景区其他配套设施

六鹅洞瀑布上方公路边修有民族特色凉亭，铁杉林也修有民族特色凉亭和休息处。

上堡古国，修有上堡古国牌楼和民族风雨桥。

在市风景区新修钟鼓亭，供游人撞钟祝福。

神滩公园新修三太公庵堂，木质结构，占地800平方米；备有游船4条，供游人观赏县城至界溪口两岸风景，长达15千米。绿洲电站库区水上乐园建有水上船屋3座。

神坡山景区重新修建神坡庵，木质结构，占地1500平方米。

花园角风景区备有新花船4艘，供游人观赏库区两岸风情。

第三节　旅游线路和旅游活动

一、旅游线路

县内旅游线路共有9条。

黄桑坪红军路徒步三日游　黄桑坪红军路徒步三日游的第一天，坐车到在市下车，徒步登高功山，过文坝，翻梨子界，下马蹄溪，走公路，到黄桑坪，看红军门，观三架提水筒车；吃中餐后过红军桥游鸳鸯岛，爬山上盘山小道，抵九溪山庄夜宿；第二天，翻山到源头山登铁杉林，过上堡古国参观金銮殿遗址、古树和大龙潭瀑布，夜宿上堡古国；第三天，观看白水洞瀑布、鲤鱼跳龙门、护林告示牌，沿红军路回到黄桑坪，车抵县城。

黄桑坪坐车一日游　当日从县城出发，至六鹅洞瀑布，再至黄桑坪漂流，当日回县城。

黄桑坪坐车三日游　第一天从县城出发，主要旅游景点有六鹅洞瀑布、红军桥、鸳鸯岛、铁杉林、上堡古国、黄桑坪观音洞，再游坪溪至通道。

其他旅游线路　除以上3条主要旅游线路外，其他6条旅游线路为神坡山风景区一日游、花园角风景区和洛口山风景区一日游、堡子岭风景区一日游、神滩公园一日游、普照寺风景区双日游、瓦屋塘鸡公坡烈士陵园一日游。

二、旅游活动

湘西南森林生态民族风情旅游节　2001年5月2日，由绥宁县主办，靖州、通道、武冈、城步4县（市）协办的首届湘西南森林生态民族风情旅游节（湘西南森林生态民族风情旅游节：系绥宁首倡。原策划每年举办一次，由绥宁、靖州、通道、武冈、城步5县、市轮流主办。因故，至2005年仅绥宁举办之首届）暨黄桑“四·八”姑娘节在绥宁一中操场开幕，县长杨正胜主持，县委书记何铁成致欢迎词，省委副书记、省人大常委会副主任吴向东和市委书记蒋建国等省市县有关领导及绥宁籍在外知名人士应邀出席。开幕式后，由省广播电视厅组织的“欢迎你到绿洲来”大型明星演唱会开演。“两节”活动于5月4日结束。其间，还举办了5县民族文艺会演、民间绝技表演、趣味体育比赛、焰火晚会及黄桑、花园阁、堡子岭森林生态旅游。以“两节”为契机，在中央、省、市各新闻媒体上发表各类关于绥宁旅游的稿件100余篇、专题电视节目6个，编印了《绥宁旅游指南》《绥宁风光》等读物。

绥宁苗族“四·八”姑娘节 传说北宋大将杨文广身陷柳州城。农历四月初八这天，其妹杨金花（亦名杨黎娘）为营救哥哥，煮了一斗米黑饭（用无毒而又有保健作用的黑饭树叶汁拌和糯米）送进监狱。狱吏见了，不敢再贪食，杨文广吃后，力气大增，在杨金花的配合下，一举冲出监狱。绥宁苗家为纪念杨金花智救兄长，把这一天定为姑娘节。此后，每年农历四月初八，杨姓姑娘都要回娘家吃黑饭。有事不能回家的姑娘，娘家人还要把黑饭送去给姑娘吃。2001年，绥宁县人民政府把这一天定为县里的传统节日，每年举办一次大型的庆祝活动（2008年，该节日列入第二批国家级非物质文化遗产名录）。各地游客慕名前来，欣赏民族风情。

第十八篇 财政 税务 金融

第一章 财政

1978年，绥宁县革命委员会财税局成立。1980年，更名为绥宁县财税局。1984年，分设为绥宁县财政局和绥宁县税务局，县财政局负责管理全县的财政收支计划。同年设立区、乡镇财税所。1986年撤区后，设立片财政指导站。1991年，全县30个乡镇财税所全部更名为乡镇财政所。1996年1月，乡镇财政所“人、财、物、事”四权下放，由乡镇党委、政府管理，县财政局依法进行财政监督和业务指导；3月，撤销片财政指导站。1978—1984年，吴传玺、王忠诚、刘思荣先后任县财税局局长；1984—2005年，刘思荣、刘明昌、彭汉平、李玉贤先后任县财政局局长。

第一节 财政体制

一、县财政体制

1978年，邵阳地区财税局对下属各县的县级财政实行“以收定支、收支挂钩、总额分成、一年一定”的管理体制。

1980—1984年，县级财政体制实行“划分收支、分级包干、分灶吃饭、一定五年”的财政体制。1984年，全县30个乡（镇）全部建立乡级财政，实行“划分收支、收入上缴、超收分成、短收分担、支出下拨、结余留用、一年一定”的财政体制。是年，确定乡镇超收分成比例为15%，各乡（镇）共得超收分成收入41300万元。

1985—1990年，实行“定额上缴、递增包干、超收全留、一定五年”的财政体制，以1983年的决算数为基数，确定绥宁县年上解基数为87000元，年递增6%。1985年，乡镇财政收入分成比例提高到25%，各乡镇共得超收分成收入30.88万元。1986年，乡镇财政超收分成比例提高到30%，各乡镇共得超收分成收入75.39万元。

1988—1990年，对乡镇实行“超收全留、短收全补”的财政体制。1988年，乡镇共得超收分成收入60万元，1989年得85万元，1990年得65万元。

1991年，实行“定收定支、收入上缴、支出下拨、超收分成、短收分担，一年一定”的财政体制，对减轻乡镇财政压力、鼓励乡镇挖掘财源、增加财政收入、节约支出起到一定的积极作用。1994年年底，国家实行“中央和地方分税制”，确定中央和地方财政支出范围，按税种划分中央和地方预算收入的财政管理体制。

1996年，按照一级政府一级财政和乡事乡办的要求，实行“划分收支范围，核定收支基数，定额递增上解或定额递减补贴，一定三年”的财政体制，县对乡镇财政收入目标考核实行一票否决。1999年5月，县政府出台《绥宁县乡镇财政管理办法（试行）》，实行“划分收支范围，定收定支，收支挂钩，总额包干，完成任务奖励，超收分成，短收全赔，一年一定”的财政体制。

2000年开始，实行县级财政集权和乡镇财政分权相结合的管理体制，对乡镇财政实行“三五”管理办法，即以超额完成任务50%为基数进行奖励，达到基数的奖励5万元，超额完成基数的按其超收金额的5%加奖。

2005年底，为适应农村税费改革后乡镇政府职能转变后的需要，全县实行“乡财县管乡用改革，县对乡镇实行划分收入范围，核定支出基数，收入上缴、支出下拨、超支不补，一定三年”的财政管理体制。

二、乡镇级财政体制

1984年，全县30个乡（镇）全部建立乡级财政，实行“划分收支，收入上缴，超收分成，短收分担，支出下拨，结余留用，一年一定”的财政体制，当年乡镇超收分成比例为15%，1985年、1986年分别提高到25%和30%。1987年，实行“定收定支，超收分成，短收分担，结余留用，一年一定”的财政体制。1988—1990年，实行“超收全留，短收全补”的财政体制。1991年，实行“定收定支，收入上缴，支出下拨，超收分成，短收分担，一年一定”的财政体制。1996年，实行“划分收支范围，核定收支基数，定额递增上解或定额递减补贴，一定三年”的财政体制。1999年，实行“划分收支范围，定收定支，收支挂钩，总额包干，完成任务奖励，超收分成，短收全赔，一年一定”的财政体制。2000年起，对乡镇财政实行“三五”管理办法，即财政收入任务增长50%，完成任务基数奖励5万元，超额完成任务按超收金额加奖5%，提高了乡镇财政积极性。

第二节　财政收入

1978年，全县财政总收入449万元，主要由工商各税、农业四税、企业收入、其他收入构成。1978—1980年，工商各税、农业四税、企业收入分别占财政总收入的63.4%、18.97%、14.63%，1981—1985年分别为87.78%、6.33%、3.89%。1986—1990年，工商各税、农业四税、其他收入分别占财政收入的比重为80.88%、13.995%、5.125%，1991—1995年分别为80.19%、14%、5.11%。1996—2000年，工商各税、农业四税、企业收入、专项收入、其他收入分别占财政收入的比重为46.73%、18.43%、5.61%、1.8%、27.43%。2001—2005年，工商各税、农业四税、专项收入、其他收入分别占财政收入的比重为55.39%、11.15%、1.62%、30.44%。专项收入从1987年起单列，收入少但比较稳定，一般只占财政总收入的1.4%左右；其他收入从1995年起，因行政事业性收费收入和罚没收入增加，呈逐年上升趋势。

1978—2005 年，全县财政总收入为 15.03 亿元。其中：工商各税收入 5.06 亿元，占 33.67%；农业四税收入 2.18 亿元，占 14.50%；企业收入 5975 万元，占 3.98%；专项收入 2315 万元，占 1.54%；其他收入 3.43 亿元，占 22.82%；上划中央“两税”收入的 3.23 亿元。

一、工商税收

工商税收是全县财政收入的主要来源，1990 年前，工商税收占全县财政总收入的比例一直高达 70%以上。1978 年，全县工商税收 322 万元，占当年全县财政总收入的 71.71%。1985 年，全县工商税收首次突破千万元大关，达 1083 万元，占当年全县财政总收入的 92.96%，为工商税收占财政总收入比例最高的一年。1990 年，全县工商税收 2491 万元，占当年全县财政总收入的 81.59%。1991 年开始，随着上级补助收入和地方财政收入的其他收入大幅度增长，工商税收虽然每年仍以较高幅度增长，但占全县财政总收入的比例逐年降低。1998 年，全县工商税收 2741 万元，占全县财政总收入的比例降为 24.81%。2004 年，全县工商税收 3281 万元，占当年财政总收入的 25.63%。2005 年，全县工商税收 3413 万元，占当年财政总收入的 26.23%。

1978—2005 年，全县工商税收累计为 5.0642 亿元，占同期县财政总收入 33.68%。

二、农业收入

县财政农业收入即农业四税，是指由财政部门征收的农业税、农业特产税、耕地占用税和契税。1978 年只征收农业税，1985 年原列其他收入的契税改列为农业四税收入，同年开始征收农业特产税，1987 年开始征收耕地占用税。

农业税 1978 年，县内农业税按照“依率计征、依法减免、增产不增税”的办法征收，当年全县农业税入库 92.32 万元。粮食价格几经调整后，农业税赋随之增加。1990 年增加到 366.6 万元，2002 年增至 614 万元；2005 年，国家降低税赋 3%，实际入库农业税 350 万元。随着工商业的不断发展，农业税在财政收入的比重逐年下降。1978 年，农业税在财政收入的比重为 20.52%，1990 年为 4.48%，2000 年为 3.89%，2004 年为 2.73%。2005 年，国家取消农业税。

农业特产税 1985 年，县政府颁发《征收农林特产税实施细则》，对林木、园艺作物等 16 个品种的收入征收农业特产税。1986 年鉴于县境区位偏僻，大部分农产品处于发展阶段，决定只对木材和竹产品开征农林特产税，并制定了具体计税标准。是年征收 95.1 万元，1987 年征收 117.6 万元，1990 年征收 216 万元。1994 年，税制改革，原产品税的部分应税农产品改为征收农业特产税，进入了对农业特产收入全面征收农业特产税的阶段；是年征收农业特产税 995 万元，比上年增加 694 万元，增长 3.3 倍。此后，农业特产税逐年增加，2000 年为 1650 万元，占当年财政收入的 14.17%。2002 年，农村税费改革，调整农业特产税政策，对农业税计税土地上生产的农业特产品，只征收农业税或只征收农业特产税。2003 年，全县停征农业特产税。1986—2002 年，全县累计征收农业特产税 1.42 亿元。

耕地占用税 1987 年，开征耕地占用税。计税标准为：旱地 3 元/平方米、水田 6 元/平方米、鱼塘菜地 10/平方米，农村居民占用耕地新建住宅，按上述规定减半征收。1987—2005 年，全县共征收耕地占用税 364 万元。

契税 契税是不动产所有权和使用权发生转移变动时，按当事人双方所订契约的一定比例向产权承受人征收的一种税。买契税率为 6%，按买价征收；典契税率为 3%，按典价征收；赠予契税率为 6%，按现值征收。1987 年 1 月，全县自中华人民共和国成立以来第三次开征契税，是年征税 1.9 万元。1987—2005 年，全县共征契税 265 万元。

三、企业收入

县财政企业收入主要是指企业资产经营收益、企业亏损补贴和企业所得税等。1978 年，全县企业收入为 32.2 万元，占财政总收入的 7.15%。1983—1984 年，实行“以税代利，税利并存”的两种利改税制度，企业收入增加，1983 年占财政收入的比重升至 28.27%。1985 年，县内国有企业全部实行利改税，改上缴利润为征收企业所得税。1987 年，对国有企业实行“定基数，增收分成”或“上缴利润，递增包干，超收全留”及“固定上缴，盈不增，亏不减”的办法，企业收入大幅度下降。1995 年 1 月，工业企业按 2%～3%、流通企业按 4%征收国有资产占用费。从 1998 年开始，将企业上缴利润和国有资产占用费统一列入资产经营收益。

1978—2005 年，全县累计企业收入 5975 万元，占同期财政收入的 3.98%。

四、专项收入

县财政专项收入主要包括排污费收入和教育费附加收入。

排污费收入 排污费收入主要是环境保护部门向排污单位收取专项用于环境污染防治的一项收入。1985 年 3 月，县政府行文规定对县造纸厂、县委县政府招待所、县人民医院、长铺大米厂等 10 个企事业单位征收排污费，但 1985—1986 年没有开展业务，1987 年全面铺开，是年征收排污费 33.7 万元。1987—2005 年，共征收排污费 1258 万元。

教育费附加收入 县内教育费附加于 1986 年 7 月开始征收，以各单位和个人实际缴纳的产品税、增值税、营业税的税额为计征依据，教育费附加率为 1%，分别与产品税、增值税、营业税同时缴纳；1994 年实行分税制后，以各单位和个人实际缴纳的增值税、营业税、消费税的税额为计征依据，附加率为 3%，分别与增值税、营业税、消费税同时缴纳。征收的教育费附加收入专项用于改善中小学校教学设施和办学条件。1986—2005 年，全县累计收取教育费附加收入 1297 万元。

五、其他收入

县财政其他收入包括罚没收入、行政事业性收费收入、国有土地有偿出让收入、其他杂项收入等非税收入。1978 年，其他收入只有 31400 元，仅占当年财政总收入的 0.69%；到 2004 年，其他收入达 4597 万元，为 1978 年的 1464 倍，每年递增 32.36%。其他收入中数额较多的主要是行政事业性收费收入和罚没收入。1995 年，行政事业性收费收入为 320 万元，到 2004 年增至 549 万元；1992 年罚没收入 59 万元，到 2005 年增至 1095 万元。

1978—2005 年，全县累计征收其他收入 3.6241 亿元，占同期财政总收入的 24.10%。

表 18-1-1 **1978—2005 年绥宁县财政收入表** 单位：万元

年份	收入合计	地方财政收入					上划中央“两税”	附：上级补助收入
		工商各税	农业四税	企业收入	专项收入	其他收入		
1978 年	449	322	92	32	—	3	—	—
1979 年	479	363	92	22	—	2	—	—
1980 年	654	403	97	152	—	2	—	—
1981 年	747	476	95	172	—	4	—	—
1982 年	773	484	95	182	—	12	—	—
1983 年	863	511	101	243	—	8	—	—
1984 年	864	537	100	196	—	11	—	—
1985 年	1165	1083	74		—	8	—	—
1986 年	1421	1178	202			41	—	—
1987 年	1645	1296	242			106	—	—
1988 年	1935	1598	271			66	—	—
1989 年	2313	1821	371			121	—	—
1990 年	3053	2491	366			196	—	—
1991 年	2454	1715	380	105	47	207	—	6602
1992 年	2976	1951	488	93	58	386	—	852
1993 年	4148	2855	531	285	113	364	—	793
1994 年	5049	1269	1343	305	109	561	1462	2280
1995 年	6290	1621	1548	350	201	1037	1533	2364
1996 年	8531	2223	1818	394	200	2005	1891	2488
1997 年	10010	2548	1927	824	0	2429	2282	2344
1998 年	11046	2741	1976	498	247	3436	2148	2342
1999 年	11608	2985	1898	764	272	3382	2307	3250
2000 年	11645	3085	2119	488	231	3241	2481	3819
2001 年	11736	3203	1582	550	183	3510	2708	7643
2002 年	10543	2501	1425	72	214	2817	3513	10161
2003 年	12146	2688	1825	96	133	3449	3955	11153
2004 年	12801	3281	433	50	133	4597	4307	15487
2005 年	13012	3413	278	102	174	4240	4805	18022
合计	150356	50642	21769	5975	2315	36241	33392	89600

说明：表中空白格为统计数据缺失

第三节　财政支出

1978年，县财政支出为491万元，2004年增至2.11亿元，是1978年的42.86倍，年均递增15.55%，比同期财政收入的递增速度高1.81个百分点。1978—2005年，县财政总支出为19.4033亿元。其中：经济建设支出3.6019亿元，占18.56%；教科文卫支出6.2631亿元，占32.27%；社会保障支出2.1734亿元，占11.19%；行政管理支出4.8741亿元，占25.10%；其他支出2.0346亿元，占10.46%。

经济建设支出　县财政经济建设支出主要包括基本建设支出、企业挖潜改造资金支出、简易建筑费支出、科技三项费用支出、流动资金支出、农林水利气象等部门事业费支出、支援农村生产支出、工交商等部门事业费支出、城市维护费等项目。1978—2005年，经济建设费共支出3.6019亿元，占财政同期总支出的18.56%。1978—1990年，县财政经济建设支出主要为基本建设支出，占经济建设支出的55%以上；1991—1995年，国家实行宏观调控，大力压缩基本建设项目，经济建设支出比例下降到占县财政总支出的15.78%；1996—2000年，企业挖潜改造资金投入、城市维护费投入、农林水利支出大幅度增加，经济建设支出有所回升，占县财政总支出的19.58%；2001—2005年，企业挖潜改造资金、农村水利事业费、城市维护费年均支出进一步加大，经济建设支出占财政总支出的比例回升至19.64%。

教科文卫事业费支出　县财政教科文卫事业费支出，主要有教育事业费、科学事业费、文化事业费、卫生事业费、体育事业费、广播电视事业费、计划生育事业费等项。1978—2005年，教科文卫事业费支出6.2631亿元，占同期财政总支出的32.27%。

社会保障支出　县财政社会保障支出主要有抚恤和社会福利救济费、社会保障补助支出、行政事业单位离退休费用等项。1978—2005年，社会保障费共支出2.1734亿元，占同期财政总支出的11.19%。其中抚恤和社会福利救济费支出5405.23万元，占同期社会保障支出的32.25%；财政对抚恤和社会福利救济的投入增幅较大，由1978年的10.24万元增至2005年的932万元，增加91倍。行政事业单位离退休费，从1996年起单列，1997年纳入机关事业单位养老保险金，1998年归口社保部门管理；1997—2005年，行政事业单位离退休费累计支出8580万元，占同期社会保障支出的49.61%。从1998年起，县财政开始对社会保险基金给予补贴，随着社会保障机制的逐步完善，社会保障补贴急速增长；1998年，社会保障补助支出40万元，到2004年增至1094万元，增长27.35倍；1998—2005年，社会保障补助累计支出3309万元，占同期社会保障支出的19.13%。

行政管理费支出　行政管理费支出从行业上分，包括行政支出、公检法司支出等。1978年，行政管理费支出103.31万元，2005年增加到5045万元，增长52.36倍。“五五”“六五”“七五”计划期间，全县行政管理费支出占同期财政支出比重均在21%以内，“八五”时期增到27.25%，“九五”时期为27.1%，2001—2005年仍保持在26%的水平上。1978—2005年，行政管理费累计支出4.8741亿元，占同期财政总支出的25.10%。行政管理费支出从用途上分，包括人员经费和公用经费。人员经费，1978年人员经费实际支出53.30万元，2004年增加到1.23亿元，增长230倍；是年财政供养人员1.5万人，人均开支8186元。公用经费，1978年实际支出45.16万元，2005年增至8796万元，增长194.77倍；2005年财政供养人员人均开支5873元。

其他支出 其他支出项目主要有民兵事业费、地方外事费、兵役征集费、办案经费补助及其他杂项支出等。1978年，其他支出56900元，2005年增加到3443万元，增长540.95倍。1978—2005年，全县其他费用累计支出2.0346亿元，占同期财政总支出的10.46%。

表18-1-2 **1978—2005年绥宁县财政支出表** 单位：万元

年份	支出合计	经济建设	教科文卫事业费	社会保障	行政管理费	其他支出
1978年	491	159	205	14	104	6
1979年	653	255	229	36	122	11
1980年	742	230	323	22	142	25
1981年	669	130	318	28	168	25
1982年	858	244	385	32	178	19
1983年	886	206	437	41	186	16
1984年	1053	254	459	69	252	19
1985年	1538	457	654	100	253	74
1986年	1698	449	761	61	311	107
1987年	1927	433	818	67	449	160
1988年	2450	662	955	106	547	180
1989年	2629	542	1138	83	657	209
1990年	3265	1141	1274	87	719	44
1991年	3106	638	1300	122	791	255
1992年	3466	681	1528	99	940	218
1993年	4525	1025	1837	113	1098	452
1994年	5022	805	2394	126	1547	150
1995年	6642	1212	2675	170	1827	758
1996年	9197	2472	2925	203	1916	1681
1997年	9664	2194	2792	614	2211	1853
1998年	11171	2339	4101	710	3254	767
1999年	12408	2865	3977	1135	3470	961
2000年	12587	2177	4082	1412	4060	856
2001年	15172	2936	4585	2192	4003	1456
2002年	16045	2640	5266	2597	4664	878
2003年	18702	2878	5446	3238	4495	2645
2004年	21056	3054	5776	3816	5332	3078
2005年	26411	2941	5991	4441	5045	3443
合计	194033	36019	62631	21734	48741	20346

第四节　财政管理

一、预算管理

1978—1995年，县财政在预、决算编制上，坚持“收入打足、支出打紧、收支平衡”的原则，年年保持收支平衡、略有节余。1995年，《中华人民共和国预算法》颁布施行，预、决算方案都报请县人民代表大会或人大常委会审查批准。1996年，对县直行政事业单位全面推行零基预算，把县直96个行政事业单位合并为52个预算单位，纳入总人数3987人，核定收入4257万元、支出6724万元，以收抵支财政拨款2467万元，比年初预算少安排141万元。由于财政支出中人员经费等刚性支出快速增长，财政收入中非税收入比重越来越大，财政收入可用财力日趋减少，且组织财政收入的季节性强，财政预算的执行难度日益增加。1996年以后，编报预、决算一直遵循“保工资、保重点、保稳定、保运转”的原则，压缩一切可以压缩的开支，保证了人员工资的发放、重点建设资金的配套，确保了县乡财政正常运转、经济社会的基本稳定。1999年，实行财政综合预算改革，预算外资金纳入预算管理，预算内、外资金由县财政统筹安排使用。2002年以后，全面推行部门综合预算，对行政事业单位实行核定收支、定额补助、收支挂钩的预算管理办法；对自收自支的事业单位（不含企业化管理的事业单位），参照综合财政预算核定收支基数，确定预算外收入返回单位的比例。

二、行政事业单位财务管理

统收统支　1978—1979年，县内行政事业单位财务管理实行统收统支，严格按预算执行，财政核定预算指标，年终结余收回。

预算包干　1980年起，对县内行政事业单位财务管理实行“预算包干，结余留用”的预算包干办法，结余资金主要用于改善工作条件和发展各项事业，但允许从增收节支中提取部分奖金，用于主办单位福利事业和个人奖励。1981年10月，县财税局内设行政事业财务股，进一步健全和完善“预算包干，超支不补，结余留用，节约有奖”的办法，制定完善财务支出管理制度。1985—1986年，对公费医疗进行改革调整，推行基本医疗费加工龄照顾、限额内节余按比例发给个人健康奖、超限额部分按比例自负的办法。1996年，对县直行政事业单位实行零基预算，将事业单位的预算支出与事业创收同时核定，适当按比例增长。

工资统发　1999年10月起，对县内行政事业单位实行工资统发，县财政局内设工资发放中心，全县机关、事业单位在职人员和离退休人员工资由原来单位发放改为县财政统一发放。

会计集中核算　1999年10月，对县内行政事业单位实施委派会计制度，对县教育局等10个年支出100万元以上的行政单位，由财政局委派会计机构负责人和主管会计。2002年5月，停止委派会计试点工作，成立会计核算中心，隶属财政局管理；按照“取消单位会计机构，取消单位银行账户”和“单位预算编制不变，单位资金来源渠道不变，单位资金使用方向不变，单位资金审批权限不变”的原则，对全县全额拨款的行政事业单位和部分临时机构实行会计集中核算，当年纳入会计集中核算单位 83 个，集中核算单位收入 1.35 亿元、支出 1.26 亿元，共审减违纪违法支出金额 100.18 万元，83 个核算单位日常公用经费支出比上年下降 9.8%。

三、企业财务管理

1978 年起，县内开始执行企业基金制度，企业完成国家下达的产量、质量、成本、利润等年度指标的，可按工资总额的 5%提取企业基金。1978 年，全县开展企业清产核资扭亏为盈活动。1980 年，对国营工商企业的国拨流动资金实行有偿占用。1982 年 1 月起，工业企业提取的折旧基金按 30%的比例上缴县工业局；4 月，对固定资金实行有偿占用政策，县轻工企业的固定资金有偿占用月率为 5‰，建材、机械、电力、交通企业的固定资金有偿占用月率为 3‰，其他企业的固定资金有偿占用月率为 1‰。1983 年 6 月，全县 44 家国营工商企业实行第一步利改税，企业税利并存。1984 年实行第二步改革，企业由利税并存过渡到完全以税代利；是年，对县属企业进行财务大检查，查出违反《国营企业成本管理条例》截留利润 10.4 万元，全部没收上缴财政。1987 年起，推行企业承包经营责任制，实行工资总额与企业经济效益挂钩。1990 年，县政府抽调 259 人，组成 53 个检查组，对全县国营、集体、个体私营企业进行税务、财务、物价大检查，查出违纪金额 304 万元，应交县财政 254 万元，当年入库 198 万元。

1991 年以后，随着县内国有企业的改革改制和现代企业制度的建立，政府职能部门逐步实行由过去具体财务管理向提供优化企业环境、市场导向与信息咨询等服务及对重点企业、高新技术产品产业提供适量的财政拨补与贴息扶持的转变。1991—2005 年，县财政对企业提供重点扶持资金 7430 万元，财政贴息 790 万元。

四、财政监督

1978 年，县内恢复财政监察机构。1984 年 1 月，成立县审计局，财政监察工作重点转向系统内部，主要监督检查县财政和县税务部门贯彻执行财政法令、政策、制度的情况，受理检查财政人员违法乱纪与遭受打击报复的案件。

1989 年 12 月，成立县税收财务物价大检查办公室（简称三查办），由县财政局牵头，联合税务、物价部门，对税收、财务、物价三方面的违纪违规问题进行检查；1996 年县财政局机构进行改革，设置财政政策法规监督股，与“三查办”合署办公。是年，配合乡镇财政所“四权”下放改革，对 25 个乡镇财政所的财务进行全面清查，财务移交乡镇管理；对 1190 个行政事业单位和企业进行财务大检查，查出违纪金额 605 万元，缴库 393 万元。1998 年，“三查办”撤销，其工作纳入经常性的财政监督检查。1989—1997 年，通过“三大检查”，共查出违纪金额 3317 万元，应入库 2411 万元，缴库 2182 万元。

1998 年，由县财政局财政政策法规监督股独立行使财政政策法规监督检查职能。是年 9 月，全面清理整顿财政信用资金，清查出行政、企事业单位和个人逾期不归还的财政周转金、预算外融通资金、住房资金、蓝印户口资金、国有资产产权转让收入达 4000 万元。2004 年，对全县 11 个单位违规着装情况进行专项检查，查出违规着装 400 人，收缴大盖帽 382 顶、肩章 673 副、臂章 711 套、领徽 673 套、胸章 711 个，追缴违规着装人员和法定着装人员个人应缴着装款 1.8 万元。1998—2005 年，共检查 146 个单位，查出违纪金额 1488.6 万元，缴库 181.3 万元。

五、会计管理

会计认证 1987 年，县内首次对在岗会计人员颁发“会计证”，当年颁发“会计证”566 人。1990 年 5 月，县财政局设立会计管理股，负责全县会计法规的宣传、会计人员的培训、会计从业资格的审查与发证、会计专业技术职称的考试考核与评定等工作。1991 年，全县 627 人换发全国统一“会计证”。当年未发证的 327 人参考，273 人合格发证。1993 年起，允许非财会岗位人员参加“会计证”考试，至 1998 年，颁发非在岗人员“临时会计证”594 人；1999 年，非在岗人员“临时会计证”改换为财政部统一的“预备会计证”。1987—2003 年，全县共有 2016 人取得会计证书。2004 年，实行会计从业资格证书制度，取消“会计证”，换发“会计从业资格证书”，1112 人取得“会计从业资格证书”。

会计函授 1987 年 6 月，中华会计函授学校绥宁分校成立，至 2005 年，共办专业学历班 10 个，培养中专以上会计人员 240 人。1992 年实行会计职称考试制度，至 2005 年，全县共有 15 人取得注册会计师资格，112 人取得会计师资格，113 人取得助理会计师资格。1995 年，实行“电算会计证”考试，至 2005 年，共颁发“电算会计证”469 人。

六、非税收入管理

政府非税收入主要指行政事业性收费、政府性基金（附加）、罚没收入、国有资产和国有资源收益、其他非税收入。非税收入是财政收入的组成部分，2004 年 5 月以前称为预算外资金。1984 年以前，县财政预算外资金由县财政局预算股征管。1985 年，县财政局设立综合计划股，负责预算外资金的管理，当年全县预算外资金收入达 1239.1 万元，相当于预算内收入的 70.59%。1986 年，县政府制定《预算外资金管理试行办法》，对行政事业单位的预外资金实行集中专门储存，当年，全县有 48 个单位的预算外资金收入进入专户储存，储存金额 425 万元。1990 年，对县财政预算资金实行宏观控制，专门储存，建立收支两条线。全县应专门储存的 75 个单位全部进入专门储存，储存金额 1600 万元。1994 年，按性质将预算外资金划分为行政性收费、专项收入、事业性收费三大类，实行收支两条线管理，全年专户储存金额 2790 万元。

1995 年 7 月，成立绥宁县行政性收费预算外资金管理局（2004 年 12 月更名为县非税收入管理局），为隶属财政局管理的副科级事业单位，设三股一室，并相继制定《绥宁县预算外资金管理实施办法》《绥宁县行政性收费实行预算管理实施办法》，采取“以票据核收入，以销票促征收，一年一清”的征管办法，当年清查收取行政性收费预算外资金5660万元。1999年，县政府印发《绥宁县收费、罚没收入征收管理改革实施方案》，对行政事业性收费、罚没收入、国土收入、基金实行“执收执罚与缴款分离，征、管、用三权分离”的征管办法，把过去单位自征、自管、自用，改革为所有权归国家、使用权属政府、管理权在财政，单位设立的收费、罚没收入过渡户全部取消。1999—2003年，全县行政事业性收费、罚没收入、国土收入及基金收入等共计3.66亿元，占同期地方财政总收入的71.39%。

2004年7月，财政部出台《关于加强政府非税收入管理的通知》，明确非税收入的性质和征收范围；9月1日，《湖南省非税收入管理条例》实施，行政事业性收费、预算外资金正式统称非税收入。是年征收非税收入3452万元，占当年地方财政收入的40.64%。

七、国有资产管理

1978—1990年，县内国有资产为分散、多头管理，没有专门管理机构和规范的管理制度。1991年9月，成立县国有资产管理办公室，负责全县行政事业单位国有财产登记工作。1992年，县内宣传贯彻国务院《国有资产产权登记管理办法（试行）》，并组织试行。1993年，首次对全县国有企业及企业化管理的事业单位进行国有资产产权登记。1994年，对83个企业及企业化管理的事业单位进行清产核资、注册登记，注册资产1.02亿元，清查登记国有资产总金额2.02亿元。1995年，对县直预算内、外企业和集体占用的国有资产以及行政事业单位（包括县境内省、市属单位）从事生产（服务）经营的资产和创收资产征收国有资产占用费，征收国有资产占有费计26.03万元。

1996年1月，设置绥宁县国有资产管理局，为副科级事业机构，隶属县财政局管理，对企业占有、使用的国有资产进行监督管理。1997年，对全县集体企业进行清产核资。1998年，县清产核资办公室挂靠县国资局，实行两块牌子、一套人马管理。对全县行政事业单位国有资产统计和产权登记工作实行评比办法，对行政事业单位固定资产实行账、卡登记制度。1999年，重点加强乡镇国有资产管理工作。同时，对全县行政事业单位和国有企业进行产权确认，确认99家行政事业单位资产总额1.95亿元，负债3092万元，经营性资产103万元；26家独立核算国有企业资产总额2.32亿元，负债总额2.27亿元，国有资产净值564万元。2002年7月，撤销县国有资产管理局，其业务并入县农业税征收管理局。2003—2005年，先后对县林化公司、县液化气公司、县煤炭公司、县造纸厂、县委招待所等破产改制企事业单位的国有资产清算进行评估监督。

八、政府采购

2000年4月，绥宁县人民政府采购中心成立，开始实行政府采购，由县财政局行政事业财务股具体负责实施。9月1日，县人民政府制定《绥宁县政府采购操作规程》和《绥宁县政府采购目录》，对县、乡两级党政机关、社会团体及实行预算管理的事业单位实施政府采购。当年采购金额 120 万元，比预算节约 18 万元。2001 年采购金额 243 万元，比预算节约 48 万元。2002 年，采购 102 次，采购金额 428 万元，比预算节约 105 万元。

2003 年，绥宁县政府采购中心与县财政局行政事业财务股分离，独立运行。是年 6 月，根据《中华人民共和国政府采购法》，制定《绥宁县政府采购操作规程》《绥宁县政府集中采购目录及政府采购限额标准和招标数额标准》，对政府须采办的货物、工程、服务 3 类 33 个项目实行政府采购。是年，实行政府采购 149 次，采购金额 535 万元，比采购的预算金额节约 77 万元。

2005 年，建立绥宁县政府采购“商家库、专家库、资料库”及采购用户和供应商跟踪调查卡，进一步规范政府采购行为。是年，实施政府采购 215 次，采购金额 1269 万元，比采购的预算金额节约 160 万元。其中，货物采购 136 次，采购金额 698 万元；工程采购 16 次，采购金额 484 万元；服务采购 63 次，采购金额 87 万元。

第五节　证券发行

1981 年，国家发行国库券，由地方财政部门负责分配任务、推销收款、解缴券款等具体工作。当年，绥宁县完成上级分配的 24.1 万元国库券推销任务，主要推销到国营企业和农村富裕社队。1982 年，国库券推销对象扩大到城乡居民，干部职工按工资总额分配到单位，农村按上年人均纯收入分配到户，行政事业单位按上年预算外资金收入额度分配。当年全县推销国库券 49 万元，超过上级分配任务的 10.86%。1990 年，机关单位不再认购国库券，上级分配给县内的国库券推销任务，由机关干部职工和农民各认购一半。1989 年，发行保值公债、特种国债和特种定向国债。1993 年，设立国债服务部，为隶属县财政局管理的自收自支事业单位，承担国债发行、推销和到期国债的兑付工作。1995 年发行凭证式国债。1999 年，县财政部门不再担负国债推销任务，改由各专业银行负责承销。2000 年，县财政部门停止无记名国债的兑付工作。2001 年 8 月，撤销县国债服务部，国债兑付业务全部由各专业银行负责。1981—2001 年，全县共发行国债 2160 万元。

第二章 税务

第一节 实行分税制前全县税收

绥宁县税务局 1978—1983年，全县税收征管由县财税局负责，在县财税局设税务股。1984年1月，县财税局分设为绥宁县财政局和绥宁县税务局，实行人财物分流，事权责交割。县税务局内设办公室、人事教育股、利润监交股、计会股、监察股及税收政策一、二、三股等股室；下辖东山、寨市、和平、河口、李熙桥、瓦屋塘、长铺镇、城关共8个税务所。1994年，国家进行分税制财政体制改革，组建中央和地方两套税务机构。是年9月，县税务局分设为绥宁县国家税务局和绥宁县地方税务局，绥宁县税务局自然消失。1984—1994年，杨通国、龙宪待、黄辉先后任县税务局局长。

全国第三次税制改后全县税收 1978年，县内对国有企业仅征收工商税，对集体企业仅征收工商税和集体企业所得税。同年全国第三次税制改革开始贯彻施行。1982年，恢复征收牲畜交易税。1983年1月始，对国有企业的税后利润征收能源交通重点建设基金。同年6月全国试行国有企业利改税后，国有企业由向县财政上缴利润改为上缴所得税，县内对县属企业实行8级超额累进税率制。同年10月开征建筑税。

全国第四次税制改革后全县税收 1984年8月，全国实行第四次税制改革和第二步利改税后，县内开征国有企业所得税和国有企业工商调节税，并将工商税按行业性质分解为产品税、增值税、营业税和盐税，初步建立以流转税类和所得税类为主的复合税制。对其他工业企业的产品征收产品税，对矿产品开征资源税，对流转税附征城市维护建设税。

全国第五次税制改革后全县税收 1985年8月，对集体企业和国有事业单位开征奖金税，对国有企业开征工资调节税。1987年1月，开征个人收入调节税。7月，对原征产品税的轻工业产品改征增值税（烟、酒、糖等高税率产品仍征产品税）。1988年11月起，恢复征收城镇土地使用税和印花税。1991年，开征固定资产投资方向调节税。至此，县内形成以流转税和所得税为主体、其他税种相配合的开放型税制。至此，全县开征的税种有工商税、所得税、营业税、增值税、产品税、印花税、车船牌照税、城建税、奖金税、屠宰税、调节税、盐税、交易税、房产税、土地使用税、投资方向调节税、个人所得税、个人收入调节税、其他工商税及预算调节基金、能源基金、教育附加等。

实施全国第五次税制改革 1994年，国家进行第五次税制改革，实行以增值税为主，增值税、消费税、营业税并行统一的流转税制。原对各类企业分别征收的多种所得税统一为企业所得税，原对外国人征收的个人所得税和对中国人征收的个人收入调节税以及个体工商户所得税合并为个人所得税；开征土地增值税；取消盐税、奖金税、建筑税等7个税种。同时实行分税制，将现行税种分为中央税、中央地方共享税、地方税3类。县内征收的税种中，消费税、增值税属中央税，营业税、企业所得税、资源税、城市维护建设税属中央地方共享税，其余税种为地方税。

分税制前全县税收征管 1978—1987年，县内一直沿用“一员进厂，各税统管，征管查合一”的税收征收管理模式，即税务专管员制度，固定干部管理固定纳税人的制度。在基层税务人员中分为国合企业专管员、农村税收专管员、个体税收专管员。国合专管员坚持按月上户收税，对所管企业进行税务登记、纳税鉴定、纳税检查等项基础工作，做到资料齐全，必须“六有”（税务登记、纳税鉴定、纳税申报、财务报表、纳税检查、纳税辅导）；农村税收和个体税收专管员，同样坚持按月上户收税，做好税务登记、纳税鉴定、纳税检查等项基础工作。1988年1月，建立商品经济，税收征收管理模式由过去的“一员进厂，各税统管、征管查合一”转换为“税款征收、纳税管理、纳税检查相分离”模式，并取消纳税鉴定。1991年4月，国务院颁布《中华人民共和国税收征收管理法》，对税收征管进一步进行规范。1978—1993年，全县累计完成各项税收入库19878.13万元（参见第603页表18-2-1、表18-2-2）。

第二节　国家税务

一、绥宁县国税局

1994年9月，绥宁县国家税务局成立，其机构、人员、经费由省、市国家税务局管理，县人民政府协管，内设机构有办公室、人事教育科、税收政策法规科、税收征收管理科、计划财务科、税务稽查局、监察室等科室，下设城关一、城关二、武阳、瓦屋塘、长铺、河口、东山、寨市8个乡镇国税所。1996年，乡镇国税所撤并，设立长铺、城郊、武阳、寨市4个征收分局。2004年，调整机构，县局设办公室、税征法规科、财务科、计征科、综合科、管理科、政工科、监察审计室、车辆购置税征办公室、稽查局、信息管理中心，下设长铺、武阳、寨市3个乡镇国税所，共有干部职工104人。至2005年，黄辉、陈振荣、郑牧龙、邹华利先后任县国税局局长。

二、国税种类

增值税 县内增值税从1994年1月1日开征，征收范围为在县境内销售货物或者提供加工、修理修配劳务以及进口货物的单位和个人。

表 18-2-1

1978—1990 年绥宁县各项税收入库情况表

单位：万元

年份	小计	工商税	所得税	营业税	增值税	产品税	印花税	车船牌照税	城建税	城筑税	奖金税	屠宰税	调节税	税盐	交易税	房产土地使用税	补税罚款
1978 年	322.300	276.12	33.99	—	—	—	—	—	—	—	—	12.18	—	0.01	—	—	—
1979 年	363.150	322.05	28.22	—	—	—	—	—	—	—	—	12.87	—	0.01	—	—	—
1980 年	404.090	354.86	36.96	—	—	—	—	—	—	—	—	12.26	—		—	—	—
1981 年	476.782	401.51	53.00	—	—	—	—	—	—	—	—	17.31	—	4.95	—	—	—
1982 年	484.159	414.80	46.97	—	—	—	—	—	—	—	—	15.72	—	3.69	2.98	—	—
1983 年	534.785	450.72	61.97	—	0.26	—	—	—	—	—	—	13.49	—	3.89	4.46	—	—
1984 年	575.067	398.41	57.17	39.79	1.34	49.75	—	—	—	7.11	—	18.30	—	1.21	1.89	—	0.10
1985 年	982.687	—	73.82	261.42	0.82	588.9	—	—	13.60	15.80	3.90	18.43	—	5.70	0.10	—	0.20
1986 年	1108.645	—	779.77	340.89	1.38	606.73	—	1.16	24.80	21.49	4.62	16.21	—	11.57	0.17	0.80	0.86
1987 年	1243.895	—	50.55	439.14	4.01	635.12	—	6.51	28.30	36.78	4.14	18.65	0.09	8.96	0.53	9.20	1.91
1988 年	1515.854	—	45.96	579.07	169.06	612.73	7.16	9.12	29.09	44.17	5.93	0.70	0.19	-0.20	1.14	9.31	24.50
1989 年	1725.419	—	48.93	788.09	284.40	469.60	5.10	10.2	37.10	16.50	28.90	—	4.60	-1.60	1.00	25.10	7.50
1990 年	2398.600	—	66.30	672.30	1097.00	463.50	3.00	8.10	34.30	16.20	3.50	—	4.40	—	0.80	25.40	3.80

表 18-2-2

1991—1993 年绥宁县各项税收入库情况表

单位：万元

年份	小计	所得税	营业税	增值税	产品税	印花税	城建税	城筑税	资金税	屠宰税	个人收入调节税	房产税	土地使用税	补税罚款	投资方向调节税	预算调节基金	能交基金	教育附加	其他工商税
1991 年	2047.1	163.9	684.0	291.2	542.0	5.6	55.8	39.6	7.4	—	3.1	—	35.2	17.1	—	66.4	74.3	24.3	37. 2
1992 年	2210.1	144.8	708.2	322.3	558.9	8.3	50.6	—	8.3	—	4.9	—	43.1	—	151.7	59.6	65.4	27.8	56. 2
1993 年	3486.1	144.8	994.7	888.0	905.4	12.0	96.1	—	16.7	45.4	—	57.2	41.6	5.4	122.0	34.4	49.0	54.0	—

说明：1993 年还有车船使用税 11.9 万元，个人所得税 7.3 万元未列入表内

消费税 工商税制改革后流转税中新设置的一个税种，绥宁县从1994年1月1日起开始征收。主要包括烟、酒、化妆品、护肤护发品、贵重首饰、鞭炮、焰火、摩托车、小汽车、汽油、柴油、汽车轮胎等11个品目。

储蓄存款利息个人所得税 1999年11月1日起，县内开始征收储蓄存款利息个人所得税，税率为20%，即应纳税额=利息金额×税率。至2005年，共计征收储蓄存款利息个人所得税1206万元。

企业所得税 1993年12月4日开征，征收范围为县烟草公司、信用社系统，2002年1月1日起，新增所有新办企业、有限责任公司。至2005年，共计征收企业所得税额412.9万元。

三、国税征管

1994年，国家对税制进行重大改革，原来的税务局分设为国家税务局和地方税务局，对税收征管进行全面改革。1995年，国家税务总局提出“向征管转移，向基层转移”，建立“纳税申报、税务代理、税务稽查”三位一体的征管模式，明确征税人、纳税人、扣缴义务人的法定权利、义务及责任，提出建立税务代理中介服务机构的思路，并强调税务稽查的作用，力求做到税收征收管理的规范化和法制化。按照“三位一体”的模式，在县国家税务局内设立征收管理股、税务稽查局、税务咨询（即后来的税务代理）3个机构，实行人、财、物面向税收征管，面向征收一线倾斜。

1996年7月，国家税务总局召开全国税收征管体制改革会议，提出“以纳税申报和优化服务为基础，计算机网络为依托，集中征收、重点稽查”新的税收征收管理模式，实现由商品经济体制下的税收征管模式到社会主义市场经济体制下的税收征管模式的转换。改过去由税务专管人员按月上户收税为纳税人必须按月到税务征收机关申报缴税。

在新的征管模式指导下，县国税局运用现代化的征管手段对年内纳税额在5万元以上的企业进行直接监控，采用计算机网络随时掌握企业生产、销售、资金运转、税金实现入库情况并进行调查分析；对竹木重点税源派出2～3人的征管小组常驻县林委（林业局）收费大厅进行有效的源泉控管；对集贸市场、专业市场、屠宰市场、大型超市、加油站、修理业以及城乡接合部的税收征管，进行日常征管和定期或不定期的重点清查相结合，防疏堵漏；开展重点税务稽查，与公、检、法办案相配合，严厉打击偷税、逃税、抗税，治理税收环境，确保税收任务的完成。

四、国税发票管理

国税发票主要有国内工商企业发票、私人企业和个体工商户发票、外商投资企业和外国企业发票、临时发票、专用发票、特种发票6种。绥宁县国税局对发票管理采取由纳税人按规定手续向税务机关申请能够使用的发票种类、数量领购发票的办法，规定发票使用必须按照规定的时限、号码顺序、逐栏、全部联一次复写或打印、内容必须一致、不拆页或撕页填写，不得转借他人使用。定期对纳税户发票进行印制检查、领购检查、使用检查、保管检查和缴销检查，对违章发票处1万元以上5万元以下的罚款。对增值税发票实行防伪税控系统管理，凡是开具增值税专用发票的一般纳税人都要进入增值税防伪税控系统管理，使用防伪税控系统开具专用发票的范围扩大到所有开具10万元以上销售额专用发票的企业。至2005年，全县共计申报批准进入防伪税控系统的企业（均为增值税一般纳税人）有47户。

五、国税稽查

1995年2月，成立税务稽查局，属具有行政执法职能的县国税局直属机构，配备工作人员3人。至2005年，稽查人员增加到15人。1995年查补县造纸厂、县联合造纸厂和县电力公司偷、漏增值税103.51万元。1996年查补县烟草公司国营企业所得税40.09万元，追缴入库县竹胶板厂欠税14.62万元。1997年共查处涉税案107件，立案40件，结案40件，查补各项偷、漏税款154.63万元。1998年共查处涉税案102件，查补各税103.74万元。1999年对联纸集团、竹胶板业、水电、粮食、石油、化工、家具、加工制作行业开展稽查，查处大小涉税案124件，立案32件，结案32件，查补税款97.36万元，违章罚款34万元。2000年开展对医疗、医药行业专项稽查，查补超前抵扣增值税63.82万元，处以罚款1.5万元。2001年对全县增值税一般纳税人67户实施重点稽查，对修理修配业、建材业、家电业和摩托车销售进行稽查，查补税款88.37万元，罚款19.41万元。2002年对增值税小规模纳税人、木材加工、建筑安装等行业实施重点稽查，查补税款78.9万元，罚款11.73万元。2003年对绥港人造板有限公司等板业厂家和新华书店实施专业稽查，查补税款60.87万元，罚款96400元。2004年对湘鄂铁合金有限责任公司、千山木业有限公司等21家企业进行稽查，查补税款21.31万元，罚款95900元，加收滞纳金24100元。

1995—2005年，全县共查处大小涉税案983件，立案276件，结案276件，查补入库各项税款924.82万元，追收入库各项新、老欠税24.26万元，处以罚款98.27万元，加收滞纳金12.41万元。

表 18-2-3

1994—2005 年绥宁县国家税务局各项税收完成情况表

单位：万元

年份	合计	其中		增值税	消费税	营业税	企业所得税	个人所得税	城建税	国家预算调节基金	能源交通建设基金	滞纳罚款	教育补贴	其中个体税收
		中央	地方											
1994 年	2144.7	1483.0	606.9	1883.2	3.7	93.4	15.0	7.0	10.9	26.5	25.3	79.7	90.6	442.1
1995 年	2403.0	1685.3	633.2	2142.0	4.0	11.0	24.0	77.0	7.0	13.0	13.0	21.0	91.0	584.1
1996 年	2843.7	1922.2	854.5	2536.0	7.5	—	22.2	207.3	12.9	3.0	2.1	0.1	51.9	803.7
1997 年	3078.9	2154.7	873.8	2799.0	3.0	45.6	28.7	133.5	40.4	—	—	5.3	23.4	1408.0
1998 年	2984.0	2237.9	732.7	2915.0	2.0	48.0	13.0	1.0	3.0	—	—	—	2.0	1090.0
1999 年	3258.0	2455.0	782.0	3129.0	2.0	104.0	22.0	1.0	—	—	—	—	—	1484.0
2000 年	3590.0	2739.0	843.0	3373.0	2.0	81.0	8.0	126.0	—	—	—	—	—	1731.0
2001 年	3957.0	3044.0	913.0	3650.0	2.0	56.0	15.0	234.0	—	—	—	—	—	1576.0
2002 年	3484.0	2545.0	939.0	3170.0	2.0	18.0	26.0	268.0	—	—	—	—	—	1624.0
2003 年	3856.0	2843.0	1013.0	3495.0	2.0	6.0	81.0	272.0	—	—	—	—	—	1360.0
2004 年	4307.0	3661.0	1146.0	3843.0	1.0	—	158.0	305.0	—	—	—	—	—	1156.0
2005 年	4516.0	3857.0	1248.0	3951.0	2.0	—	148.0	415.0	—	—	—	—	—	1248.0

说明：1994—2000 年中央与县级收入统计不包括国有企业所得税、能交基金、预算调节基金、教育费附加

第三节 地方税务

一、绥宁县地税局

1994 年 9 月，绥宁县地方税务局成立，人员编制、机构设置、干部管理和经费管理由省地方税务局管理，县人民政府协管。内设办公室、人事教育科、税收管理科、征收管理科、计划财务科、监察室和稽查局，下设城关地税所等 7 个派出机构。1998 年 2 月，撤销城关、长铺镇、河口税务所，成立地税第一征收分局；撤销瓦屋塘和武阳税务所，成立地税第二征收分局；撤销在市、东山税务所，成立地税第三征收分局。2005 年，共有干部职工 74 人。1994—2005 年，徐立山、李源辉、王春耘先后任县地税局局长。

二、地税种类

营业税 1984 年 10 月 1 日开征。1994 年实行分税制后属地方税种。征税范围和税率为：交通运输业、建筑业、邮电通信业、文化体育业为 3%；金融保险业为 8%；服务业、转让无形资产、销售不动产为 5%；娱乐业为 5%～20%的弹性税率，省内统一为 20%。

企业所得税 1984 年 10 月 1 日开征。1994 年实行分税制后属地方税种。征税对象是企业的生产经营所得和其他所得。企业所得税实行 33%的比例税率。为照顾某些规模小、利润低的小企业，绥宁县对年应纳税所得额在 10 万元以下的企业，另设两档优惠税率，即年应纳税所得额不超过 3 万元的，暂减按 18%的税率征收企业所得税；年应纳税所得额超过 3 万元、不超过 10 万元的企业，暂减按 27%的税率征收企业所得税。

个人所得税 1987 年开征。1994 年实行分税制后属地方税种。征税对象为应缴纳个人所得税的个人所得税项目。征税项目共有 11 项，即：工资、薪金所得，个体工商户的生产、经营所得，对企事业单位的承包经营、承租经营所得，劳务报酬所得，稿酬所得，特许权使用费所得，利息、股息、红利所得，财产租赁所得，财产转让所得，偶然所得，经国务院财政部门确定征税的其他所得。个人所得税的税率，根据不同的所得项目，采取超额累进税率和比例税率。

资源税 1984 年 10 月 1 日开征。1994 年实行分税制后属地方税种。征税范围包括原油、天然气、煤炭、其他非金属矿原矿、黑色金属矿原矿、有色金属矿原矿、盐等 7 大税目、22 个子目、8 个税额幅度，实行定额征收。

城镇土地使用税 1988 年 11 月 1 日开征。1994 年实行分税制后属地方税种。由拥有土地使用权的单位和个人（不适用“三资”企业）缴纳。拥有土地使用权的纳税人不在土地所在地的，由代管人或实际使用人纳税。土地使用权属未确定或权属纠纷未解决的，由实际使用人缴纳。土地使用权共有的，由共有各方分别纳税。每平方米应税土地的年税额为：县城、建制镇和工矿区 0.2～3 元。

城市维护建设税 1985年1月1日开征。1994年实行分税制后属地方税种。是对缴纳增值税、消费税、营业税的单位和个人征收的，专用于城市维护和建设的一种税。绥宁县税率为5%。

固定资产投资方向调节税 是对一切建设单位和个人用各种资金安排的基本建设投资、更新改造投资、商品房投资和其他固定资产投资征收的一种特定目的税。1991年开征，1994年实行分税制后属地方税种。1999年7月1日起减半征收，2000年1月1日暂停征收。

土地增值税 是以纳税人转让国有土地使用权、地上建筑物及其附着物（简称转让房地产）所取得的增值额为征税对象，依照规定税率征收的税种。1994年实行分税制后属地方税种。

房产税 是以房屋为征税对象，依照房屋的余值（即房产原值按照规定一次减除一定比例的余值）或出租房屋的租金收入征收的一种财产税。1994年实行分税制后属地方税种。

车船使用税 是对行驶于公共道路的车辆或航行于国内河流、湖泊和领海口岸的船舶，按照其种类（如机动车船、非机动车船、载人汽车、载货汽车等）、吨位和规定的税额计算征收的一种使用行为税。1986年10月1日恢复征收。1994年实行分税制后属地方税种。

印花税 是对经济活动中书立、领受的应税凭证征收的一种税，其征税对象是规定的各种凭证，由凭证的书立、领受人缴纳，是一种兼有行为性质的凭证税。1988年10月1日开征。1994年实行分税制后属地方税种。

屠宰税 是对税法规定的牲畜，在发生屠宰行为时，向屠宰单位和个人征收的一种税。1994年税制改革后下放给地方政府管理，同年实行分税制后属地方税种。2002年4月8日，取消屠宰税。

三、地税征管和稽查

对饮食、娱乐等服务行业实行“两分离”“两头控管” 1996年1月1日起，对县内饮食、服务、娱乐业实行粘贴式定额发票，对使用粘贴式定额发票的单位和个人的税收征管取消专管员管户办法，实行征收管理与检查“两分离”。1996年进一步规范征管程序：发票领购人凭发票领购簿和税务登记证副本，向主管税务机关申请领购发票，填写《粘贴式发票请领申报表》，经审核后，按金额收取保证金或税款。实行粘贴式发票管理，控制了税款流失。1996—2005年共增加税收1200万元。“两头控管”2001年7月开始试行。即对经营者逐户核定其月（年）营业额，按适用征收率计算出当月（年）应纳税额，下达《核定税款通知书》。领购发票时按票面金额缴纳的税款在当月核定税款中抵减，不足以抵减的补足核定税款；超过定额的按实际票面金额计算缴纳税款。

对工薪类个人所得税实行查账征收、据实缴纳 1999年，县政府办公室下发《个人所得税专项检查操作规程》，对工薪类个人所得税实行查账征收，据实缴纳。全县行政企事业单位划分为4个等级，每月按5～30元的档次预交税款，1999年入库税款36万元。2000年，对个人所得税的征管进一步规范，实行按账查实征收，计算机管理，当年征收的工薪类个人所得税款

88万元。至2005年，共征收个人所得税400万元。

对个体行医个人所得税实行最高定额限制 2000年，县地税局制定《绥宁县个体行医税收征管办法》，对个体行医月定税额实行最高限制：从2000年起，县城内每户月定税额最高不超过150元，其他乡镇每户月定税额不超过100元，偏远乡村从事医疗服务并无输液条件的每户月定税额不超过40元；以后年度调整税收定额，每年的增长幅度不得超过20%。

对建筑安装行业实行“四专”制度和协税担保制度 1999年底，县地方税务局专门制定，并以县政府文件形式印发给各单位执行。“四专”制度即地税部门内部确定专门人员负责建安税收征管、使用专门票据、建立专门征收台账、实行专项管理办法。协税担保制度即要求工程建设单位在选定承建单位后、开工建设前，必须向地税部门出具《协税担保书》，承担协助地税部门及时足额征收该工程项目应纳地方各税的责任，保证在支付所有工程款项时都必须凭合法有效的发票或收据，并由建设单位先行支付承建单位一定比例的预付款，作为承建单位的纳税保证金缴纳到地税部门；否则，有关部门不得为其办理开工手续。“四专”制度和协税担保制度推行实施后，建安税收收入大幅度增长。2000年，入库税款227万元，较上年增长29%；2005年，入库税款450万元，较上年增长33%。

对交通运输行业实行“一业两制” 2000年开始实行。即将农用车辆的税收征管职责继续保留在各个征收分局，由分局自行征收管理或委托交管、农机等部门代征；将挂交通牌照的客货车辆、农用中巴的税收征管职责集中到县局，由县地税局设立车辆税收征收管理所专门负责。2000—2005年，共征收入库608万元。

对个人房屋出租和个体“两税一费”户采取以查促管 2001年开始，县内对个人房屋出租和个体“两税一费”的征收，采取分地域、分街道，按地理位置的优劣和房屋面积分档次核定全年应纳税款，要求房主按季度主动申报缴纳税款。主管税务机关每半年组织一次纳税检查予以集中清收。对以缴纳增值税为主的个体“两税一费”户，采取“建立专门台账、按年核定税款、分月申报缴税、经常督促检查”的办法进行管理。2001—2005年，共检查重点大户110户，查补入库“两税一费”300万元。

地税票证管理 县内地税票征管理按照国家税务总局下发的《税收票证管理办法》，结合本地实际制定票证管理制度。规定票证保管有专人，票证存放有专门设施，严格执行票证填用“十不准”，即不准用缴款书收取现金、不准用完税证代替缴款书、不准用其他凭证代替税收票证、不准用税收票证代替其他收入凭证、不准用白条子收税、不准开票不收税（赊税）、不准收税不开票、不准几本（同类）票证同时使用、不准跳号使用、不准互相借用票证；并确定每年的5月为税收票证检查月，由计会、监察、征管牵头，对全局所有领用票证的专管员、县城和各乡镇的纳税户进行抽查。

地税稽查 县地方税务局稽查局负责县内地税征收稽查工作。2001年，查处各类涉税案件26起，结案23起，查补入库地方税收117万元，处以滞纳金、罚款18.6万元。2002年，共稽查31户，结案31户，结案率为100%，查补地方各税120万元，入库地方各税120

万元。2001—2005年，共查处各类涉税案件208起，查补地方税700万元。

表18-2-4　**1994—2005年绥宁县地税局各项税收完成情况表**　单位：万元

年份＼税种	营业税	企业所得税	个人所得税	屠宰税	房产税	土地使用税	土地增值税	资源税	城市维护建设税	固定资产投资方向调节税	印花税	车船使用税	教育附加费	总计
1994年	320	138	28	43	56	32	—	2	64	65	12	6	—	766
1995年	507	174	36	66	60	35	—	6	100	79	12	12	26	1113
1996年	498	355	90	112	64	48	—	7	85	86	14	5	62	1426
1997年	577	536	144	155	72	46	—	10	130	62	15	10	97	1854
1998年	758	762	182	158	94	55	—	14	121	84	16	6	124	2374
1999年	684	727	371	78	94	59	—	17	122	243	20	11	137	2563
2000年	719	859	425	182	99	61	1	22	87	—	21	16	96	2588
2001年	594	1063	515	139	48	58	—	8	75	—	8	19	43	2570
2002年	893	908	656	13	73	66	—	12	136	—	14	30	74	2875
2003年	1138	800	729	—	76	72	2	14	155	—	14	30	76	3106
2004年	1577	727	722	—	96	77	2	15	198	—	21	30	116	3581
2005年	1573	362	820	—	142	67	2	21	198	—	22	31	144	3382

第三章 金融

第一节 金融机构

2005年，县内共有金融机构网点56家，从业人员397人。

中国银监会绥宁办事处 2003年12月23日，中国银行业监督管理委员会邵阳监管分局绥宁监管组成立，2004年5月更名为绥宁办事处。为正科级机构，依法对县辖所有金融机构开展监管工作，承担农村信用社和邮政储蓄机构的监管职能、调查报告并协助处理当地银行业金融机构具有重大影响的事件。至2005年，肖和祥任中国银监会绥宁县办事处主任。

中国人民银行绥宁县支行 1984年前，中国人民银行绥宁县支行履行各银行金融机构的业务职能和管理职能。1984年国家实行金融体制改革，1985年1月，重组县人民银行，原县人民银行业务由中国工商银行绥宁县支行接管，更名中国人民银行绥宁支行，隶属中国人民银行邵阳分行管理，行使中央银行职能，开办贷款、再贷款、再贴现等业务（1993年底再贷款业务上划）；调控辖区内金融业的发展，履行对县内银行、保险、农村信用社、邮政储蓄等金融机构的监管和彩票业及社会融资管理工作。1999年更名中国人民银行绥宁县支行，其主要职能是管理国库、临时的财政垫支及作为县政府对内对外金融活动的代表、顾问和参谋。至2005年，李志聪、袁子华、倪振武、陈明、王周铁先后任行长。

中国农业银行绥宁县支行 1980年1月1日，中国农业银行绥宁县支行恢复并挂牌营业，其人事、业务受上级农业银行垂直管理，党组织关系受地方党委领导。下设东山、在市、长铺、河口、武阳、李熙桥、红岩、黄土矿、瓦屋塘9个营业所。并设立信用合作管理股，兼管全县34个农村信用社。1995年7月，中国农业银行绥宁县支行成立代理中国农业发展银行业务办公室，代理农业发展银行业务。1996年10月31日，绥宁县信用联社与农行绥宁县支行脱离隶属管理关系；12月31日，成立中国农业发展银行绥宁县支行。此后，中国农业银行绥宁县支行步入商业化经营轨道，并先后撤销红岩、黄土矿、东山、河口、瓦屋塘5个营业所，裁减人员30人。至2005年年底，全行共有员工66人，内设综合管理部、业务管理部、监察保卫部、客户管理部和收贷中心，下设县城营业部、利民分理处、长铺营业所、武阳营业所等4个营业网点。至2005年，黄锡泉、徐国忠、唐秀斌、刘晨阳、唐建高先后任行长。

中国农业银行绥宁县支行承担绥宁县企事业单位和城乡居民存、贷款业务。先后开办活期、整存整取、零存整取、存本取息等储蓄业务，1980年各项存款925万元，其中居民储蓄存款743万元。1988年，县农行开办三年、五年、八年的保值储蓄。1999年，县农行开通全县电脑联网，实现居民通存通兑。2000 年，县农行实现全省联网。2002 年实现全国联网，同时，建立新一代操作系统和启用 ATM 自动取款机。2003 年，县农行加入全国银行卡联合组织，开办金穗借记、贷记卡，客户储蓄可以跨银行、跨系统存取。至 2005 年年底，农行绥宁县支行共吸收居民储蓄存款 3.2 亿元，共发放贷款 1.4 亿元。

中国建设银行绥宁支行 1980 年元月，中国人民建设银行绥宁县办事处正式恢复营业，1981 年 9 月升格为中国人民建设银行绥宁县支行。主要经办国家基本建设拨款和贷款，管理和监督使用国家计划确定的基本建设资金，对施工企业发放流动资金贷款，办理基本建设结算业务，对基本建设资金进行预决算审查，具有财政和银行双重职能。1985 年 11 月，建行绥宁县支行信贷计划和资金计划由以前的收支差额反映，改为全额纳入国家信贷计划，并相应建立存款准备金制度，1986 年开始办理现金出纳业务。1994 年，建行绥宁县支行代行的财政职能和办理政策性基本建设贷款业务分别移交给财政部门和农发行绥宁支行，不再履行行政管理和政策性业务职能。1996 年 3 月，中国人民建设银行绥宁县支行更名为中国建设银行绥宁县支行。2004 年 9 月 21 日，建行绥宁县支行进行股份制改革，成立中国建设银行股份有限公司绥宁支行。2005 年，中国建设银行股份有限公司绥宁支行下设营业部，有员工 14 人。至 2005 年，李佑泽、黄雨林、李其初、杨日洲、刘国梁、陈历明先后任行长。

中国建设银行绥宁县支行主要开办活期、整存整取、零存整取、存本取息等储种，1988 年增开住宅储蓄、儿童储蓄和三年、五年、八年期的保值储蓄。其间，还开办住宅储蓄贷款和房地产开发企业发放商品房开发贷款；1994 年后，开办固定资产贷款、工商企业流动资金贷款、其他流动资金贷款、房地产开发贷款、个人住房贷款、个人消费贷款、房屋装修贷款、住房抵押贷款等业务。是年，各储蓄网点实现储蓄业务电算化，1997 年 5 月实现全省联网，活期储蓄实现在全省通存通兑，并在全县率先发行储蓄卡；1998 年 5 月，县建行储蓄卡加入全国建行储蓄卡通存通兑网络，在全国范围内实现储蓄卡通存通兑。2003 年，加入全国银行卡联合组织，储蓄卡、信用卡、贷记卡可以跨地区、跨系统存取款。1980—2005 年，中国建设银行绥宁支行共吸收存款 2.54 亿元，发放贷款 5161 万元。

中国工商银行绥宁县支行 1984 年 12 月，成立中国工商银行绥宁县支行，1985 年 1 月 1 日正式对外营业，1987 年后，先后增设储蓄所和代办所 10 个，内设机构增加到 12 个股室，为县内最大的国有专业银行。2005 年 10 月 28 日，中国工商银行绥宁县支行对外挂牌中国工商银行股份有限公司绥宁支行。是年，工行绥宁县支行内设办公室、业务管理部、营业管理部 2 部 1 室和支行本部营业大厅、第三储蓄所两个营业网点，有员工 32 人。至 2005 年，袁子华、袁建林、刘义贵、李志锋先后任行长。

中国工商银行绥宁县支行主要办理企业存款、财政性存款、储蓄存款和工业贷款、商业贷款等业务。1990 年后开始办理外币业务。1992 年实现电子化办公业务，1998 年实现全省电脑联网，2000 年实现全国联网，2002 年推出电子银行品牌“金融 E 通道”。1984—2005 年，中国工商银行绥宁县支行各项存款 3.01 亿元，各项贷款 5523 万元。

中国农业发展银行绥宁县支行 1996年12月，成立中国农业发展银行绥宁县支行，从中国农业银行绥宁县支行划转资金、信贷资金3400万元，调入工作人员17名，内设办公室、计划信贷股、营业部。1997年1月，农发行绥宁县支行营业部对外营业，办公地址设长铺镇长征路319号。2001年在县城绿洲大道修建新办公综合大楼，2002年11月搬入新办公地址。2005年，农发行绥宁县支行设办公室、计信部、会计出纳业务部，有员工19人。至2005年，由杨廷义任行长。

中国农业发展银行绥宁县支行属政策性金融机构，其主要业务是筹集农业政策性信贷资金，承担农业政策金融业务，代理财政性支农资金的拨付，为农业和农村经济服务。1996—2005年，共发放贷款2.0325亿元，其中粮食收购贷款1.41亿元，收购粮食1.09亿千克；地方储备贷款3312万元，储备粮食2855万千克；调销贷款2365万元，外购外销粮食1892万千克；建仓贷款500万元，修建粮食仓库9315平方米。

绥宁县农村信用社 1979年以前，绥宁县农村信用社设公社信用社、大队信用站，信用社的人权、财权、资金运用权由中国人民银行绥宁县支行管理。1980年，县农村信用社改由中国农业银行绥宁县支行管理。1984年10月，成立绥宁县农村信用社联合社，与农业银行信用合作股联合办公。1996年10月，县农村信用联社与县农行脱离隶属关系，成为独立自主、自负盈亏的农村合作金融机构。2000年，县农村信用联社实行电子化办公，开通全国联行、省辖、县辖结算网络。2004年1月，县农村信用联社的各项业务由邵阳银监分局管理。2005年，撤销村信用站。是年，县农村信用联社内设办公室、财务科技、业务、人事、保卫、内控等股室，下辖1个营业部、15个信用社、14个信用分社，在岗员工179人。1984—2005年，刘华长、于宗刚、沈忠道先后任县农村信用联社主任。

1996—2005年，绥宁县农村信用联社各项存款年均增长3800万元，2005年年底存款余额达4.98亿元，累计投放信贷资金13.9亿元。

绥宁县农村合作基金会 1994年9月，成立绥宁县农村合作基金联合会。履行对全县农村合作基金会的管理、指导、监督、协调等职能。10月，成立县内第一家农村合作基金会——长铺镇农村合作基金会。到1996年4月，全县25个乡镇全部建立农村合作基金会，有营业部29个、村代办站132个，从业人员265人。至1998年5月底，入会会员达到6.5万余户，共吸纳股金6158.9万元，累计投放贷款2738户，贷款金额1.2亿元；放款余额为4194万元，占吸纳股金的68%；存款及备付金1675万元；累计实现收入1336万元。

1998年下半年，为防范化解金融风险，县政府成立清理整顿“一会一部”领导小组。1999年4月5日，全县农村合作基金会和代办站全部停业，接受清理整顿，对全县应兑付的筹资总额7216.18万元分两次兑付本金：1999年10月18日开始首次兑付，以存抵贷3480.58万元、以信用社存单兑付2975.27万元，共计6455.85万元；剩余760.33万元于2000年12月5日全部兑付完毕。2001年8月，全县统一撤销关闭农村合作基金会，不再开展存款和放款业务，一切债权债务由各级政府承担。

绥宁县邮政储蓄 1987年5月，恢复开办邮政储蓄，成立储蓄所，年末邮储余额108.67万元。1988年，成立李熙桥、武阳、在市、东山4个邮政储蓄所。是年年底，全县储户开户数42850户，邮政储蓄余额225.32万元。1989—1990年，先后成立河口、麻塘、红岩、瓦屋塘、黄土矿5个邮政储蓄所。1990年6月2日，县邮政局分设为邮政、储汇二股。10月13日，置办首辆邮政储蓄专车；是年末邮政储蓄余额721.23万元。1993年7月11日起，再次提高存、贷款利率，并对3年期以上定期储蓄实行保值。是年，全县邮政储蓄余额1912.42万元。1994年，增设县城长征路和中心街、关峡、金屋塘、乐安铺、联民6个邮政储蓄所，年末全县邮政储蓄余额增至3117.64万元。1995年4月，县邮电局各邮政储蓄所均发行1995年度国库券，当年完成60万元，其中县局中心邮储所完成24万元；年末，全县邮政储蓄余额上升到4554.36万元。1997年，发展村级代办网点126处，年末邮政储蓄余额5123.07万元。2000年，全县邮政储蓄年末余额1.003亿元。2005年，年末储蓄余额达到3.5269亿元。

保险机构 1978年以前，绥宁县保险业务由中国人民银行绥宁支行代理。1980—1983年，中国人民保险公司绥宁支公司在中国工商银行绥宁支行设立保险代理处，与工行信贷股合署办公。1984年1月，设立中国人民保险公司绥宁县支公司，开办企财险、家财险、运输工具险和团体意外险4个险种。1996年6月，中国人民保险公司绥宁县支公司，分设为中保财产保险有限公司绥宁县支公司和中保人寿保险有限公司绥宁县营业部。1999年1月，根据国务院决定，原中保财产保险有限公司继承中国人民保险公司品牌，恢复中国人民保险公司绥宁县支公司名称；3月，中保人寿保险有限公司绥宁营业部更名为中国人寿保险公司绥宁支公司。2003年6月，中国人寿保险公司绥宁支公司变更为中国人寿保险股份有限公司绥宁县支公司；7月，中国人民保险公司绥宁县支公司更名为中国人民财产保险股份有限公司绥宁县支公司。至2005年，杨仁焕、曹一青、李拥军、于冬云、曾美华、刘长清先后任中国人民财产保险股份有限公司绥宁县支公司经理，殷绥安、袁世光、徐淑芬、杨相文、杨英赞、谭卫毛先后任中国人寿保险股份有限公司绥宁县支公司（含营业部期间）经理。

第二节　金融体制

1978年以前，全县仅有中国人民银行绥宁县支行一家金融单位。集信贷、现金和结算中心为一体，办理个人、企事业单位存款，发放工商企业贷款，行使中央银行职责。1979年，中国农业银行恢复营业，是年冬县人民银行与县农业银行分家（翌年元月1日县农业银行正式恢复挂牌），县以上农口单位业务和县以下营业所、分理处业务划归县农业银行，县人民银行只办理县以上农口单位以外的业务。

1984年开始，县人民银行把一般存、贷业务和结算业务交给分设的中国工商银行绥宁县支行。县人民银行作为县级基层中央银行，主要职能是依法制定和执行货币政策，发行和管理人民币，监督管理金融业、经理国库，维护支付、清算系统的正常运行；兼任部分老、少、边、穷专项贷款和经济开发性贷款、农副产品收购贷款等政策性贷款业务及专业银行短期资金融通。

1994年，中国人民银行进行体制改革，明确县人民银行的职能是：金融监管，调查统计分析，横向头寸调剂，经理国库，现金调拨，外汇管理和联行清算。1998年，中国人民银行体制再次改革，中央银行分行按照行政区划设置，撤销省级分行，建立若干跨省、市、区的人民银行一级分行，县支行保持不变，保持中央银行的独立性、专业性和监控能力。

1984年后，绥宁县各商业银行按照企业化改革部署，重点围绕内部经营机制，进行人事管理制度改革，实行干部任免制，推行中层干部聘任制，一般员工聘用制。同步实施各科室目标管理和全方位、多层次及多形式的承包责任制。下属各储蓄所实行“费用总量承包”，上不封顶、下不保底，将劳动成果与劳动报酬挂钩，同时配套出台被聘用人员业绩考察、民主评议和解聘制度。1999年，依据上级银行关于基层业务人员上岗考核实施意见的精神，开展员工上岗考核工作。同时进行岗位培训，以提高员工业务操作水平。

1991年12月，中国农业银行绥宁县支行成立房地产信贷部，独立对外营业，主要为县城住房制度改革和城镇房地产提供金融服务；2001年，县农行对不良资产实行“内部剥离、分账经营、集中管理”改革。1996年12月，绥宁县信用社与县农行脱钩，独立行使信用业务；同月，从县农行抽调部分职工，成立中国农业发展银行绥宁县支行，由县农业银行代办的农业发展业务结束。

中国建设银行绥宁县支行于1980年机构恢复之初，主要办理国家基本建设拨款和放款，管理基本建设支出预算和财务，执行财政和银行双重职能。1994年，建设银行将政策性业务分离出去，财政职能正式提交财政部门。政策性业务的分离和财政、银行双重职能向单一银行职能的转变，使建设银行从性质上和职能上转变为商业银行。1996年，中国人民建设银行正式更名为中国建设银行，启用新行徽。2004年9月，县建行实行股份制改革，成立中国建设银行股份有限公司绥宁支行，成为符合现代企业要求的金融企业。

1991—1992年，县工商银行加快电子化业务操作进程，会计、出纳、储蓄、联行业务全面实行电子化。1997年，进行内部管理机构改革，撤并科室，精减中层管理人员和二线员工，实行优化组合，推进业务发展。1998年，县工商银行用工制度改革，实行员工劳动合同制。1999年，县工商银行精简机构，撤并储蓄所。2004年，精简员工，实行买断工龄，员工分流。2005年10月，县工商银行进行股份制改革，成立中国工商银行股份有限公司绥宁支行。

1996年12月，绥宁县农村信用社与县农行脱离行政隶属关系，成立绥宁县农村信用合作社联合社，负责全县农村信用社的业务管理，接受县人民银行的金融监督管理。1998年上半年，县信用联社按合作制原则对各基层农村信用社进行规范，确立农村信用社由社员入股、社员民主管理、主要为社员服务的合作金融组织体制。1998年下半年，县信用联社对全县农村信用社人事、劳动用工制度等方面进行改革试点；1999年，全面实行劳动人事用工制度改革，建立绩效工资制度，打破工资分配上的平均主义。2002年，县信用联社监管由县银监办负责。2005年，湖南省信用合作联社成立，县信用联社由省信用联社管理。

第三节 金融业务

一、信贷业务

金融机构的资产业务主要为贷款业务，即单位贷款和个人贷款。至2005年年末，全县金融机构的各类贷款余额为6.0097亿元，是1980年的20.3倍。

基本建设贷款 1980年，建设银行绥宁县支行向县江口塘电站发放基本建设贷款30万元，促进该电站二期工程竣工投产。1982年，建设银行发放基本建设贷款347万元，支持县木工厂建成年生产能力为2000立方米的胶合板车间，该项目于1983年10月投产。1982—1986年，建设银行累计发放基本建设贷款3047万元，支持建成县联合造纸厂，该项目成为绥宁县的支柱产业。至2005年年末，全县基本建设贷款余额达480万元。

工业贷款 1980年，全县工业贷款余额为463万元。1980—1984年，全县工业贷款主要由县人民银行经办。1985年元月，县工商银行承接工业贷款业务。1995年开始，县内各金融机构都可经办工业贷款业务，全县工业贷款得到较快发展。2005年年底，全县工业贷款余额达到6014万元，是1980年的12.99倍，主要扶持和培育县联合造纸厂、县造纸厂、县水泥厂、金宁木业有限公司、亿佳竹业有限公司、绿洲惠康公司等骨干工业企业，基本满足县工业企业的流动资金需求。

商业贷款 1980年年末，全县商业贷款余额为1535万元，主要用于县商业系统、县供销系统和县粮食系统的流动资金需求。县工商银行主要承担商业系统的流动资金需求，县农业银行承担国家粮食储备和粮、棉、油购销资金以及农副产品购销和加工所需资金的供应。至1993年年末，县农业银行向县供销社发放农副产品收购贷款2369万元，粮、棉、油收购贷款3247万元。1996年12月，县农业银行将国家粮食储备和粮食购销贷款业务划归县农业发展银行经办。2005年年底，全县商业贷款余额为1.3251亿元，是1980年的8.63倍。

农业贷款 1980年，全县农业贷款余额655万元。1981年3月，农业银行总行发表《改革信用社管理体制，搞活信用社工作意见》，指出信用社贷款资金管理、业务经营范围不受银行规章限制，农村信用社经营空间开始扩大。1982年，县农业银行将农业贷款审批权限下放到社，随着农村联产承包责任制的推进，农村信用社的贷款重新转向支持家庭经营、承包户、专业户，农业贷款投放年年增长。1994年，县农业银行将支持丘岗山地开发作为支农的主要工程，向全县发放丘岗山地开发贷款1100万元。1996年县农村信用社与县农业银行脱钩后，将市场定位在农村，重点为农民、农业和农村经济发展服务。1996—2005年，县农村信用社累计投放13.9亿元信贷资金支持县域经济建设，其中农业贷款占80%，重点投向农业支柱产业、农业产业化经营、第三产业和扶贫项目等方面，培植了杂交水稻制种、药材种植、蔬菜种植、竹木产品加工、畜牧水产以及农副产品加工贸易的产业链。1999 年，县农业银行向绥宁县林业开发公司发放“马尾松大径材基地”项目贷款 1300 万元。2001 年开始，为解决农民贷款难问题，全县农村信用社推行农户小额信用贷款制度，对农民评定信用等级，发放不需担保抵押的贷款证 16003 本，凭证按授信额发放贷款。2005 年底，全县农业贷款余额达到 2.1162 亿元，是 1980 年的 32.3 倍。

乡镇企业、民营企业贷款 1980 年，全县乡镇企业贷款仅 96 万元。此后，县农业银行加大对乡镇企业的投放力度，至 1992 年，累计发放乡镇企业贷款 6568 万元。1996 年开始，县农业银行支持民营经济和外商投资企业发展，向县华鑫人造板厂、兴达人造板厂、鸿发人造板厂等 10 余家民营企业发放贷款 1000 万元。至 2005 年年末，全县乡镇企业、民营企业贷款余额为 683 万元。

建筑业、房地产开发企业贷款 1980—1994 年，建筑企业、房地产开发企业贷款主要由建设银行经办，县建设银行累计发放建筑企业流动资金贷款 738 万元，先后支持县建筑公司、县林业基建队、长铺镇建筑队、长铺子苗族乡建筑队的发展。1988 年，向绥宁县房屋开发公司贷款 30 万元，开发建成沿河路。2003 年，向湖南金丰达置业发展有限公司发放房地产企业流动资金贷款 500 万元，用于开发川石小区。

老少边穷贷款 1985—1986 年，为支持工业企业发展，县人民银行向上级行申请，向县装饰板厂、县食品罐头厂发放老少边穷专项贷款 210 万元。

个人住房贷款 1988 年，县建设银行率先在全县金融机构中采用“存一贷二”的方式，开办城镇居民个人住房贷款业务，累计发放个人住房贷款 85 万元。1991 年，为配合住房制度改革政策的落实，县工商银行、县农业银行、县建设银行经市人民银行及各自的上级主管行批准，相继成立房地产信贷部，加大对个人住房贷款的投入力度。2005 年年底，三家专业银行的房地产信贷部累计发放个人住房贷款 5000 余万元。

个人商业用房贷款 2004 年，县农业银行向绿洲商业广场开发项目发放个人商业用房贷款 1400 万元。

个人消费贷款 1994 年，为鼓励居民消费，县工商银行、县农业银行、县建设银行三家商业银行开始发放个人消费贷款。至 2005 年年末，县建设银行累计发放个人消费贷款 2600 余万元。

个人助学贷款 1999 年，县信用社率先在全县开办个人助学贷款。2005 年年底，累计发放个人助学贷款 1200 万元，使 66 名大学生和 6309 名中小学生直接受益。

表 18-3-1 **1980—2005 年绥宁县金融机构贷款余额统计表** 单位：万元

年份	工业贷款	商业贷款	农业贷款	乡镇企业贷款	基本建设贷款	私营企业个体贷款	其他类贷款	各项贷款合计
1980 年	463	1535	655	96	70	141	—	2960
1981 年	304	1087	845	155	—	40	76	2507
1982 年	501	1883	257	70	—	137	86	2934
1983 年	512	2041	225	22	—	107	—	2907
1984 年	763	1506	314	57	—	81	19	2740

续表 18-3-1

年份	工业贷款	商业贷款	农业贷款	乡镇企业贷款	基本建设贷款	私营企业个体贷款	其他类贷款	各项贷款合计
1985 年	1373	3380	3401	218	3074	278	37	11761
1986 年	2160	3827	444	2545	80	33	110	9199
1987 年	2917	4114	4337	320	3475	339	72	15574
1988 年	3012	4749	2256	—	3507	65	132	13721
1989 年	3652	4833	1625	714	3039	39	282	14184
1990 年	3361	5742	3121	255	2568	23	237	15307
1991 年	4419	6854	2028	1006	3090	43	100	17540
1992 年	4352	8301	5128	1110	415	182	261	19749
1993 年	4215	8440	4759	1036	252	237	3240	22179
1994 年	4312	9079	4248	1534	370	978	6563	27084
1995 年	5130	10358	4347	3265	648	23	6976	30747
1996 年	5823	12435	7623	2359	648	40	8221	37149
1997 年	6388	14590	9183	3741	634	685	9556	44777
1998 年	7315	15287	12096	2173	10	562	11852	49295
1999 年	7021	16322	13004	1525	10	888	11476	50246
2000 年	6987	14835	12511	732	—	578	14375	50018
2001 年	7243	15861	14860	550	—	534	13150	52198
2002 年	7871	14398	16864	630	—	121	13202	53086
2003 年	7955	12411	20308	524	528	359	16708	58793
2004 年	6113	12597	23729	281	500	421	22580	66221
2005 年	6014	13251	21162	272	480	411	18507	60097

二、存款业务

金融机构的存款业务主要是单位存款和个人储蓄存款。1980 年，全县金融机构各类存款余额为 3525 万元。至 2005 年年末，增至 15.3869 亿元，增长 43.65 倍。

单位存款　1980 年，全县单位存款余额为 2291 万元。1980—1993 年，金融机构吸收单位存款有着严格的业务范围，工商银行主要吸收工商企业及行政事业单位存款，农业银行主要吸收农、林、水、粮、供销等系统的单位存款，建设银行主要吸收建字号企业和基本建设资金。1994 年后，全面实行单位可以选择银行、银行可以选择单位的开户政策，彻底打破分业经营的格局，全县金融机构形成“比服务水平，比核算质量”的优质服务氛围。2005 年底，全县单位存款达到 3.2185 亿元，比 1980 年增长 14.05 倍。

个人储蓄存款　1980 年，全县个人储蓄存款仅 534 万元，主要开办活期、整存整取、零存整取、存本取息等储种。1988 年，中国人民银行总行实行紧缩“银根”政策，为吸收居民储蓄，消除物价上涨的负面影响，县内各金融机构开办三年、五年、八年的保值储蓄。1989 年，县内三家专业银行还开办有奖储蓄。1990 年，国家连续 2 次下调存款利率，全县各金融机构先后开办“大额可转让定期存单”业务。1991年，全县个人储蓄存款首次突破1亿元，达到1.1577亿元。1993年，县工商银行、县农业银行、县建设银行分别推出牡丹卡、金穗卡、金龙卡等信用卡业务。1994年末，全县个人储蓄存款突破2亿元，达到2.3579亿元。1996年始，县内各金融机构逐步撤销一批偏远低效的营业网点和代办所，开始由粗放经营向集约化经营转变。1997年县建设银行开始发放储蓄卡，于5月份并入全省活期存款通存通兑网络，实现全省活期存款通存通兑。1997年，县建设银行各储蓄网点又加入全国储蓄存款通存通兑网络，实现储蓄卡在全国范围通存通兑。2003年，县内工商银行、农业银行、建设银行同时加入全国银行卡联合组织，从此储蓄卡、信用卡、贷记卡可以跨地区、跨系统存取款。2005年年底，全县个人储蓄存款为12.1684亿元，是1980年的228倍。

表18-3-2　**1980—2005年绥宁县年末存款余额统计表**　单位：万元

年份	存款总额	个人储蓄存款	单位存款
1980年	3525	534	2991
1981年	4632	469	4163
1982年	5718	1197	4521
1983年	8481	1422	7059
1984年	6349	1843	4506
1985年	10009	3109	6900
1986年	11910	5108	6802
1987年	11440	6144	5296
1988年	11311	6616	4695
1989年	13339	7758	5581
1990年	15917	9284	6633
1991年	18722	11577	7145
1992年	21839	14436	7403
1993年	26107	18545	7562
1994年	31288	23579	7709
1995年	37747	29587	8160
1996年	42789	35764	7025
1997年	50237	40228	10009
1998年	57521	45485	12036
1999年	73625	60077	13548
2000年	86322	71998	14324
2001年	100557	83877	16680
2002年	115698	97643	18055
2003年	136108	111873	24235
2004年	160781	129693	31088
2005年	153869	121684	32185

三、中间业务

人民币结算业务　1980—1989年，人民币结算方式主要有：支票、汇兑、托收承付、托收无承付、付款委托书、信汇自带、委托收款、票汇、商业汇票承兑、贴现等。1989年，人民币结算方式采用国际上比较通用的三票一卡（银行汇票、银行本票、商业汇票，信用卡），保留汇兑和委托款收两种方式，其他结算方式基本废止。

贷记卡、借记卡业务　1993年，县内工商银行、农业银行、建设银行开始发行信用卡。1999年，县内建设银行、工商银行、农业银行相继办理借记卡业务，并先后实现系统内全国联网、通存通兑。2003年，县内工商银行、农业银行、建设银行同时加入全国银行卡联合组织，实现卡业务跨系统、跨地区办理业务。

委托贷款业务　县内金融机构主要办理财政委托贷款、地方机动财力委托贷款、部门委托贷款等业务。

咨询业务　1980—1994年，建设银行代行财政职能，对全县工程造价进行咨询，15年间累计审查工程款结算及工程标底8700万元，核减不合理的支出985万元，核减率达11.32%。

电子银行业务　2003年开始起步，主要开办网上银行、电话银行、手机银行等业务。

代理保险业务　县内金融机构代理保险业务仅限于代理分红型寿险业务。

房改金融业务　1991年，为配合国家房改政策的落实，县内3个专业银行相继成立房地产信贷部，实行独立核算、自负盈亏，主要经办房改金融业务。为适应金融机构改革的要求，2003年，各银行的房地产信贷部改为内设机构，与银行进行统一核算。

四、人寿保险业务

网点　1996年，全县有17个乡镇设立人寿保险服务网点。2003年，人寿保险行业实行规范市场、优质服务，所有网点都需在工商部门办理营业执照方可营业，根据绥宁人口分布特点，由原17个服务网点合并为武阳、红岩、瓦屋塘、在市、河口5个营销服务部。2005年，中国人寿保险股份有限公司绥宁支公司内设经理室、综合部、客户服务部、个险销售部、团险销售部、中介销售部，在编员工5人，聘用员工14人，有基层保险业务员180余人。

保险种类　1996年5月实行产寿险分业经营以来，绥宁县人寿保险业务分为分红险、意外伤害险、健康险和普通寿险4大类100个险种，集储蓄与保障功能为一体，保险业务在全县各乡镇展开，参保人员逐年增多。至2005年年底，全县有8万余人参加人寿保险，保险费累计1.5亿元。

理赔服务　1996—2005年，县人保公司共赔付金额1783万元，平均赔付率为64%，年最高赔付金额243万元。2001年“6·19”特大山洪地质灾害造成200多人伤残及死亡，寿险业务人员深入所有受灾户查勘，现场支付赔款50余万元，并向灾区解决救灾款8万元；受灾后学校发生大面积疫情，百余名学生因伤寒住院，又捐款2万元。

五、财产保险业务

保险种类 1980—1983年，县保险代理处开办企业财产和运输工具保险业务。1984年县人保公司开业，增设农村家庭财产保险，1985年增加建筑工人团体意外伤害保险，1988年增加森林火灾保险、简易人身保险、母婴安康保险和职工养老统筹保险。20世纪90年代后，险种逐年增加，业务范围扩大，至2005年，财产保险分为企财险、家财险、责任险、意外险、车险、交通强制险、农林业险、货物险8大类，险种50个。1996—2005年，全县参保人数10万余人，参保单位110个，累计投保金额4548万元。

防灾理赔 1996—2005年，县财保公司共赔付金额2655.4万元，年最高赔付金额431.4万元，历年平均赔款率为63%。1984年12月，黄土矿乡小安村火灾赔款9.2万元；1986年4月，长铺老街火灾赔款7.5万元；2002年5月，朝仪侗族乡朝仪村30多户村民遭受火灾，赔款8.7万元；2001年6月19日，县境遭受百年未遇的山洪地质灾害，20多个乡镇160多个村遭受损失，县财保公司深入受灾户查勘定损，共赔款38万元；2004年4—5月，全县共发生森林火警30多起，其中13起酿成森林火灾，保险赔款55万元；2004年年底，县境内发生大面积的雪灾、冰冻，全县供电设施严重受损，2005年初财保公司赔付80万元，帮助及时恢复供电设施。

1996—2005年中国人民财产保险股份有限公司

表18-3-3 **绥宁支公司保险费收入及赔款情况统计表** 单位：万元、%

年份	保费	赔款	赔付率
1996年	402.0	419.9	104.0
1997年	298.2	168.9	56.0
1998年	361.0	223.0	61.7
1999年	261.4	158.2	60.5
2000年	355.9	183.1	51.4
2001年	402.7	325.1	80.7
2002年	400.8	182.8	45.6
2003年	522.0	203.0	38.8
2004年	557.0	431.4	77.4
2005年	585.0	360.0	61.5

第四节 金融监管

1978年以来，中国人民银行绥宁县支行行使中央银行职能，在制定和执行货币政策的同时，加强金融监管职能，对县内金融机构实施严格监管。

对银行业务制度和业务交叉的监督 1978年后，县工、农、建三家专业银行先后恢复和设立，县人民银行主要检查各专业银行执行政策、业务分工和规章制度的情况，并与金融投机和犯罪行为做斗争。

对金融机构的监管　1986 年《中华人民共和国银行管理暂行条例》发布后，县人民银行依法对三家专业银行及其下属的储蓄所、营业所进行登记，核发经营许可证，并开始每年一次的年检，本着统一规划、合理布局、方便客户、讲求实效、保证安全的原则，严格了金融机构的审批和管理。随后人民银行又对农村信用社、邮政储蓄等非银行金融机构进行登记，核发经营许可证，一并进行年检。

对银行不正当竞争和违规经营监管　1987 年 11 月，县人民银行针对金融领域出现的多家金融机构以不公平竞争手段（如高息揽储）等问题发布《关于加强有奖储蓄管理工作的通知》，严格了金融市场管理。针对 20 世纪 80 年代到 90 年代中期的乱设机构、乱拉存款、乱提利率等“储蓄大战”“客户大战”乱象，公布一批业务条规，如 1992 年颁布了《储蓄管理条例》，规范了金融市场秩序。

对金融机构进行分业管理　依据 1993 年 12 月国务院颁布的《关于金融体制改革的决定》，1998 年，县人民银行对县内三家商业银行（包括下属的储蓄所、营业所）和一家发展银行以及农村信用联社、信用社（分社）、邮政储蓄所等 80 家金融机构的 110 名法定代表人和主要负责人进行任职资格审查，并通过任职资格考试，颁发任职资格证书。其中对一名违规操作的某农村信用社的法定代表人给予取消任职资格 6 年的处分。

对商业银行等金融机构实施资产负债比例管理　1994 年 2 月，县内金融系统贯彻中国人民银行制定的《商业银行资产负债比例管理考核暂行办法》，按金融机构的资本以及负债制约资产总量和结构，建立“自主经营、自负盈亏、自担风险、自我约束、自求平衡、自我发展”为基本内容的商业银行运行机制。1997 年 1 月，对商业银行等金融机构实施本币与外币、表内业务与表外业务的合并监管。

金融机构的风险管理　1994 年后，人民银行的金融监管重心发生“四个转变”，即从一般性金融监管为主向依法监管转变、从市场准入监管开始向全过程系统化监管转变、从合规性监管开始向风险性监管转变、从外部监管开始向强化金融机构内部控制转变，从而把金融风险监管贯穿于金融的市场准入、业务营运、贷款质量和市场退出监管等各个环节之中。1995 年起，《中华人民共和国商业银行法》《中华人民共和国保险法》相继出台，确立银行业、保险业相互分离的分业经营制度。1998 年，人民银行调整内设机构，将其对保险机构的监管权移交给中国保监委。2003 年 3 月，全国十届人大一次会议通过成立中国银行业监督委员会，分离中国人民银行的货币政策和银行监管职能。

第十九篇　教育

1978年，县内教育管理机构为绥宁县革命委员会文化教育局（简称县文教局）。1981年县文教局分设为县教育局和县文化局。1985年9月，县教育局升格为县教育委员会。1995年3月，县教育委员会复名县教育局。1996年5月，县教育局复称县教育委员会。2002年6月再次复名县教育局。2005年，县教育局内设办公室、政工股、教育股、纪检监察室、审计股、督导室、招考办公室等股室，下辖县成人教育办公室、县勤工俭学管理站2个二级机构和县教研室1个直属事业机构，辖电教站、仪器站。1978—2005年，向明书、向和福、刘应钟、姚家琪、刘应钟、曾令堂、曾培高、黄桂华、孙孝仕先后任县文教局、县教育局局长或县教育委员会主任。

第一章　普通教育

第一节　普通教育概况

1978年，全县有学校（园）498所，其中幼儿园1所、小学412所、初中学校46所、高中学校9所；有教职工3004人，其中幼儿园10人、小学2064人、中学930人，公办教师1296人、民办教师1506人、代课教师105人、职工97人；在校学生78600余人，其中入园幼儿40人、小学生64898人、初中学生11689人、高中学生2000余人。

十一届三中全会后，县委、县政府（县革委）落实党的知识分子政策，全县教育恢复正规化办学。20世纪80—90年代，全县各级增强“尊师兴教”意识，政府不断加大教育投入，个人集体纷纷集资捐款办学，不断改善办学条件。1990年，绥宁县被评为湖南省农村教育先进县；1991—1992年，绥宁县连续两年被评为湖南省创合格少数民族寄宿制中心小学先进单位；1993年被评为湖南省义务教育先进单位；1994年获全国民族教育先进县称号；1997年被中共湖南省委、省人民政府授予“20世纪末基本普及九年制义务教育、基本扫除青壮年文盲工作先进县”称号。2002年，县委、县政府作出《关于基础教育改革与发展的决定》，全面推进素质教育。2002—2004年，绥宁一中、绥宁二中先后被列为“邵阳市重点中学”，绥宁一中还分别获得“湖南省中小学现代技术实验学校”和“湖南省示范性普通高级中学”称号。

2005年，全县共有幼儿园27个、学前班165个；有中小学255所，其中县属普通高中和职业高中各3所、乡镇初中10所、中心小学16所、九年一贯制学校17所、村级小学198所、民办中小学 8 所；入园（班）幼儿 3635 人，在校中小学生 47634 人，其中小学 22043 人、初中 18078 人、高（职）中 7513 人；有教职工 3912 人，其中幼儿园教师 213 人、小学教师 1682 人、中学教师 1771 人、幼儿园保育员 78 人、小学职工 53 人、中学职工 115 人。

第二节　学前教育

1978 年，全县仅县城有 1 所机关幼儿园；校园面积 500 平方米，有教职工 16 人。每年招收 40 人左右的混合年龄班。1979 年，全县农村有 12 个“红孩子”班，入班幼儿共 289 人。

1980 年，成立绥宁县托幼领导小组，配备幼教专干，划拨专项经费，将幼教正式纳入基础教育范畴，鼓励多种形式、多条渠道办园办班。是年，县哨溪口采育场、县联合造纸厂、县建筑公司先后筹资 80 万元，各自开办幼儿园。是年，农村办有 105 个幼儿班，全县共有幼儿园（班）109 个，入园幼儿 2824 名，幼儿入学率达 44%；有教养员、保育员共 121 人。1981 年，县内贯彻实施国家教委颁发的《幼儿园教育纲要》。县内各幼儿园（班）开设思想品德、语言、常识、计算、音乐、体育、美术 7 科，使用全国统一教材。

1985 年，邵阳地区教育局规定各乡镇中心小学选聘 1 名民办编制的幼儿教师，担任本乡镇的幼儿教师辅导工作；民办幼师享受民办小学教师待遇，符合条件的可转为公办教师。是年，全县有幼儿园 119 所，其中农村幼儿园（班）115 所，入学幼儿 1689 人。1987 年 9 月，县机关幼儿园新建主教学楼竣工，建筑面积达 1200 平方米，有教室、寝室、活动室、浴室、卫生间、教研室、厨房、户外活动场地、儿童游乐场地、教学玩具等，当年被评为全市“优秀示范性幼儿园”。1989 年，全县幼儿教育园舍、设施、教玩具器材、场地等基本完善，共有幼儿课桌椅 8078 套、教室 11261 平方米、寝室 7243 平方米、储藏室 270 平方米、浴洗间 145 平方米、厕所 203 个、床 790 架、大型教玩具 121 件、购置教玩具 8870 件、自制教玩具 8870 件、教学挂图 1685 幅。

1992 年，县财委和县粮食局利用粮食局大院的场地和空余房屋联合创办财贸幼儿园，先后投资 40 多万元进行场地和房屋改造，添置教学器材和玩具，使其成为 20 世纪 90 年代全县规模最大、设施最齐全的幼儿园。1996 年，全县有 21 个学前班被邵阳市教委认定为农村合格学前班。

2000 年，全县有幼儿园 9 个（其中公办市级示范性幼儿园 1 个、民办幼儿园 8 个）、学前班 159 个，入园入班幼儿 3098 人，幼儿园教师 207 人，保育员 11 人。2005 年，县机关幼儿园被撤销，全县幼儿园全部为民办。是年，全县有城镇幼儿园 10 个，学前班 8 个，入园（班）幼儿 1211 人，入园（班）率 100%；农村幼儿园 17 个，学前班 157 个，入园（班）幼儿 2424 人，入园（班）率 98%。全县共有幼儿教师 213 人，保育员 78 人。

第三节　小学教育

1978 年，全县有小学 412 所，在校学生 64898 人，入学率 96.4%，普及率 100%，巩固率 94%，学制五年；开设课程为语文、数学、常识、体育、音乐、图画、手工劳动（四、五年级为生产常识），均采用全国统编教材。其后，撤销所有小学附设初中班，调整了小学布局。1981 年，长铺小学、黄土矿人民公社同乐小学经省教育厅核定为市、县重点小学。

1982 年，各公社（镇）都开办 1 所中心小学，但办学条件较差，师资力量不强，教育质量不高，全县小学教师胜任和基本胜任教学工作的仅为 56%，小学毕业生合格率只有 30%。1984 年，全省小学毕业生会考，绥宁县小学合格率 80.4%，居全省中等水平，居邵阳地区第一名。

1985 年，全县有城镇适龄（7～12 岁）儿童 2153 人，其中丧失学习能力 3 人，入学 2150 人，入学率 100%；农村有适龄（7～12 岁）儿童 34415 人，其中丧失学习能力 321 人，入学 33839 人，入学率 99.3%；在校学生年巩固率 98.5%；小学生毕业率城镇为 94.6%，农村为 89.77%。当年全县 13～15 周岁少年儿童 16292 人，小学结业 4120 人，升入初中 3703 人，仍在小学学习的 11076 人；读完小学及脱盲的 425 人，丧失学习能力的 124 人，全县小学普及率 98.3%；各项指标均达到省颁要求。是年，全县小学全部实行六年制学制，开设课程为思想品德、语文、数学、自然、地理、历史、体育、音乐、美术、劳动、课外活动。1986 年，全县有 7～12 周岁儿童 39217 人，入学 37642 人，入学率为 96%。

1987 年底，黄桑坪、河口、长铺子、麻塘 4 所乡中心小学率先被市教委认定为“合格中心小学”。当年全县小学撤并为 419 所，在校学生 46261 人，适龄儿童入学率 99.3%，普及率 92.5%，年巩固率 98.52%，毕业率 90.17%，小学教师具有合格学历者占 72%。1988 年，联民、金屋塘、瓦屋塘 3 所乡中心小学经市教委验收认定为“合格中心小学”。1989 年，竹舟江、枫木团、盐井、白玉 4 所乡中心小学和长铺镇第一小学、县林业职工子弟学校经市教委验收认定为“合格中心小学”。1987—1989 年，全县共投资 1064.45 万元，用于合格中心小学和基础教育合格乡建设，共改造、新建校舍 10 万平方米。

1990 年，县内开展创合格民族寄宿制中心小学，经湖南省教委、湖南省民委验收批准，河口、联民、枫木团 3 所乡中心小学改为少数民族寄宿制中心小学。在湖南省首届民族团结进步表彰大会上，枫木团苗族侗族乡发展民族教育事业的事迹受到中共湖南省委、省人民政府表彰。1993 年，绥宁县被评为湖南省义务教育先进县。

1996 年，撤并办学条件差、效益低的学校，对地理位置偏僻、学生人数少的村小实行复式教学和隔年招生。1997 年，普及九年制义务教育，取消小学升初中的升学考试，读满六年小学均进入初中学习。1998 年，全县小学调整到 362 所，在校学生 48171 人，适龄儿童入学率 100%，合格率 100%，升学率 98.8%。

2005年，全县有乡镇中心小学16所、九年一贯制学校17所、村办小学198所、民办小学2所，在校小学生22043人，适龄儿童入学率100%，巩固率100%，普及率100%；在编教职员工1415人，其中具有大专以上学历者213人占15%，教师学历合格率达98%。长铺镇第一小学等学校建成花园式学校；长铺镇第二小学、枫木团苗族侗族乡学校成为邵阳市合格寄宿制小学。

表19-1-1　　**1978—2005年绥宁县小学教育基本情况表**　　单位：人、所

年份	在校学生			学校				教职工			
	总数	公办	民办	总数	公办	民办	其中教学点	总数	公办	民办	代课
1978年	64898	64898	—	412	412	—	384	1631	960	636	35
1979年	45520	45520	—	396	396	—	368	1574	967	543	64
1980年	48029	48029	—	396	396	—	368	1759	982	709	68
1981年	48556	48556	—	401	401	—	367	1813	962	773	78
1982年	47690	47690	—	409	409	—	373	1842	982	764	96
1983年	47690	47690	—	409	409	—	373	1821	964	803	54
1984年	47435	47435	—	411	411	—	381	1911	986	864	61
1985年	47282	47282	—	422	422	—	381	1973	971	930	72
1986年	46925	46925	—	421	421	—	371	1928	954	920	54
1987年	43066	43066	—	405	405	—	372	1946	935	913	98
1988年	41608	41608	—	378	378	—	347	1825	958	764	103
1989年	41276	41276	—	378	378	—	347	1907	994	759	154
1990年	41509	41509	—	384	384	—	351	2081	1107	806	168
1991年	42875	42875	—	410	410	—	379	2168	1110	905	153
1992年	43741	43741	—	392	392	—	368	2483	1182	838	463
1993年	44332	44332	—	398	398	—	367	2091	1178	784	129
1994年	49032	49032	—	401	401	—	372	2150	1196	744	210
1995年	49397	49121	276	394	393	1	360	2184	1236	714	234
1996年	50378	49887	491	389	388	1	355	2207	1306	643	258
1997年	50938	50938	516	360	360	1	21	1532	1340	116	76
1998年	48457	47889	568	376	374	2	341	1583	1433	113	37
1999年	44304	43756	635	359	358	2	324	1961	1547	0	414
2000年	41311	40803	738	340	339	2	305	1893	1507	0	386
2001年	37394	36507	887	226	224	2	95	1673	1488	0	185
2002年	32674	31931	743	280	278	2	106	1653	1452	0	201
2003年	27785	27122	663	267	265	2	203	1512	1421	0	91
2004年	24210	23835	375	247	245	2	185	1463	1406	0	57
2005年	22043	21707	336	233	231	2	162	1415	1396	0	19

第四节　初中教育

1978年，对全县初中进行调整，停办农村大队所办的初中班，全县初中调整为46所，在校学生11676人；翌年再调整为39所，在校学生11689人，适龄青少年入学率79%。1979年秋季开始，初中学制由2年改为3年，开设课程为政治、语文、数学、外语、物理、化学、地理、历史、生物、劳技、生理卫生、体育、音乐、美术14科，使用教育部统编教材。1980年，全县初中调整为40所，1983年再调整为31所。1985年，县政府决定各区办高中停止招生，专办初中，当年全县有初中36所。1986年，长铺镇新办初中1所，全县初中增至37所。1990年，全县有初中40所，在校学生15497人，入学率为90%，巩固率98%，毕业合格率90%，升学率62.1%。

1996年始，全县推行素质教育，提出合格加特长培育目标。1997年，取消初中入学招生考试，实施就近入学；县第一中学、县第二中学初中部停止招生。1998年，全县有初中41所，其中公立35所、私立6所，在校学生19570人，入学率99%，巩固率98%，毕业合格率95%。

2005年，全县有初中42所，其中县办初中7所、乡镇初中10所、九年一贯制学校17所、民办中学8所，在校学生18078人，入学率100%、巩固98.5%、毕业合格率62%、初中升学率75%；初中教师1293人，其中具有大专以上学历者1258人，学历合格率97.3%。每所初中都有达标的仪器室、实验室、电脑室，都是合格寄宿制学校，其中枫木团苗族侗族乡学校通过复查合格，是年11月10日正式挂牌为邵阳市农村合格寄宿制学校。

表19-1-2　　1978—2005年绥宁县普通初级中学教育基本情况表　　单位：所、人

年份	学校			在校学生			教职工			
	合计	公办	民办	合计	公办	民办	合计	公办	民办	代课
1978年	46	46	—	11676	11676	—	702	676	26	—
1979年	39	39	—	11689	11689	—	758	694	64	—
1980年	40	40	—	12239	12239	—	764	701	63	—
1981年	40	40	—	9357	9357	—	732	708	24	—
1982年	40	40	—	11621	11621	—	758	723	23	12
1983年	31	31	—	11108	11108	—	871	823	35	13
1984年	36	36	—	10698	10698	—	958	864	73	21
1985年	36	36	—	9664	9664	—	929	873	21	35
1986年	37	37	—	10717	10717	—	899	854	36	9
1987年	39	39	—	11694	11694	—	898	841	37	20
1988年	40	39	1	12152	12152	—	939	869	39	31
1989年	40	39	1	12863	12787	76	899	831	41	27
1990年	40	39	1	15497	15347	150	894	846	35	13
1991年	42	40	2	14048	13877	171	930	900	37	7

续表 19-1-2

年份	学校			在校学生			教职工			
	合计	公办	民办	合计	公办	民办	合计	公办	民办	代课
1992 年	41	39	2	12368	12104	264	986	844	34	108
1993 年	39	37	2	13072	12889	183	969	864	22	83
1994 年	39	37	2	13769	13499	270	976	887	14	75
1995 年	34	32	2	15246	15246	251	1221	1130	1	90
1996 年	34	32	2	16056	15854	202	1161	1135	—	26
1997 年	35	32	3	18607	17869	738	1170	1147	—	23
1998 年	41	35	6	19570	17824	1746	1164	1140	—	24
1999 年	41	34	7	19919	17691	2228	1190	1163	—	27
2000 年	41	34	7	21918	19224	2694	1207	1176	—	31
2001 年	40	33	7	22312	19140	3172	1229	1203	—	26
2002 年	40	33	7	23284	19782	3502	1250	1221	—	29
2003 年	42	34	8	23099	19284	3815	1254	1213	—	41
2004 年	42	34	8	21491	17537	3954	1282	1246	—	36
2005 年	42	34	8	18078	14538	3540	1293	1251	—	42

第五节　高中教育

一、高中教育概况

1977 年，撤销县林业职工子弟学校高中班。除黄土矿中学外，各公社中学的高中班全部收归区办中学。1979 年，再次调整高中布局，全县只保留县第一中学、县第二中学和东山、在市、和平、河口、李熙桥、瓦屋塘区中学及黄土矿中学 9 所高中，学制为 2 年。开设政治、语文、数学、物理、化学、生物、历史、地理、外语、体育 10 门课程，使用教育部的统编教材。是年，邵阳地区教育局将此经验向全地区推广。

1981 年，高中恢复 3 年学制。1983 年，将在市区中学改为绥宁县第一农业中学。1985 年，再次调整高中学校布局。继续集中人力、物力、财力办好县第一中学、县第二中学 2 所完全中学；长铺（原和平）、东山、在市、河口、李熙桥、瓦屋塘 6 所区办高中停止招生；长铺镇中学改为县办，定名为绥宁县第三中学，增设高中部；李熙区黄土矿中学改为绥宁县第二农业中学。1986 年，原长铺、东山、河口、瓦屋塘、李熙桥等区中学已无高中生和高中班，其高中班分别归属为县属第四、第五、第六、第七、第八中学。

1990 年 3 月 2 日，原绥宁三中改为绥宁县民族中学。是年秋，县林业职工子弟学校重新招收高中生 2 个班，学生 102 人。是年，全县取消高考预选工作，实行高中毕业会考，考试科目按高中开设的 9 门文化课，采取学完一科考试一科的方法，以各课平均及格数为毕业成绩，文科为语文、数学、外语、政治、历史、地理 6 科，总分 360 分；理科为语文、数学、外语、政治、物理、化学、生物7科，总分420分；高中毕业即可获得高考报名资格。为保证德育“首位”功能，执行“高中学生思想品德评价方案”的规定，对高中毕业班学生评价为优秀等级者（比例不超过10%），高考招生录取可降低5分投档；对市级以上“三好”学生和优秀学生干部可降10分投档线。是年，全县有普通高中学校4所，在校学生2744人，年巩固率为97.8%，毕业率为99%，升学率为毕业生9%。

1991年，创办莳竹学校，专为高考落榜生复习高中课程，参加下一届高考。按文、理分科办班，每年招生4～6个班，每班50人以上，实行封闭式教学，每年高考录取人数占全县半数以上。

1994年，林业职工子弟学校停止高中招生。1997年，县第一中学、县第二中学、县民族中学停办初中部，扩大高中招生计划。县第一中学由每年招收8个班扩大到10个班，县第二中学由6个班扩大到8个班，县民族中学由4个班扩大到6个班，全县高中招生计划1000人，加上学校自主招收计划赞助生约300人，实际每年招生约1300人。1999年3月，县民族中学改为示范性初中，面向全县招生，县第一中学、县第二中学再次扩大招生计划各2个班。

2001年，民办育英中学开设高中部。是年，撤销莳竹学校；社会力量租赁县进修学校开办高考复读班，一部分社会青年在普通高中学校插班学习；蓼园中学（属县第二中学）开办高考复习班。2002年，一批退休老干部、老教师创办“民办莳竹学校”高考复习班。

2005年，全县共有高中5所，在校学生6732人，巩固率85%，毕业率95%；高考成绩600分以上有19人，本科二批以上录取人数397人，被重点本科录取80人。

表19-1-3　**1991—2005年绥宁县普通高级中学教育基本情况表**　单位：所、人

年份	学校			在校学生			教职工		
	合计	公办	民办	合计	公办	民办	合计	公办	民办
1991年	4	4	—	2841	2841	—	175	175	—
1992年	4	4	—	2860	2860	—	182	182	—
1993年	4	4	—	2629	2629	—	190	190	—
1994年	4	4	—	2299	2299	—	214	214	—
1995年	3	3	—	2364	2364	—	126	126	—
1996年	3	3	—	2481	2481	—	147	147	—
1997年	3	3	—	2916	2916	—	159	159	—
1998年	3	3	—	3592	3592	—	152	152	—
1999年	3	3	—	3760	3760	—	167	167	—
2000年	3	3	—	4086	4086	—	172	172	—
2001年	4	3	1	4831	4528	303	163	163	—
2002年	4	3	1	5749	5489	260	186	186	—
2003年	4	3	1	6285	5992	293	196	196	—
2004年	4	3	1	6592	6373	219	208	208	—
2005年	5	3	2	6732	6439	293	235	235	—

二、高中教育成果

1977—2005 年，绥宁县普通高中学生在参加国家、省、市各项竞赛中，获全市一等奖 19 人次、二等奖 22 人次、三等奖 23 人次，获全省一等奖 3 人次、二等奖 2 人次、三等奖 11 人次，获全国一等奖 2 人次、二等奖 2 人次、三等奖 5 人次；先后有 15333 人考入大、中专院校，其中考入本科 4604 人、考入重点本科 1525 人；县第一中学毕业的吴早生、袁文清、李菲、王泽顺、杨劲波、杨盛刚、杜正平和县第二中学毕业的孙根石、童建民、黄民烈、唐亮等 11 人考入清华大学，县第一中学毕业的吴志辉、朱兵、戴晓娟、刘建洪、罗永强、彭莉萍、杨成、周科、刘永初、邹建业和县第二中学毕业的莫雅平、罗德宏等 12 人考入北京大学。

表 19-1-4　　**1977—2005 年绥宁县历年高考情况统计表**　　单位：人

年份	报考人数	录取人数							
		合计	本科				专科	中专	
			小计	一本	二本	三本		小计	其中初中升中专
1977 年	—	56	7	1	6	—	13	36	—
1978 年	—	140	18	10	8	—	38	84	—
1979 年	—	123	12	4	8	—	23	88	—
1980 年	—	88	8	3	5	—	17	63	—
1981 年	330	115	15	9	6	—	37	63	4
1982 年	331	144	26	11	15	—	43	75	9
1983 年	392	164	42	26	16	—	34	88	45
1984 年	395	154	21	8	13	—	54	80	29
1985 年	922	174	52	23	29	—	34	88	42
1986 年	724	267	60	23	37	—	71	136	87
1987 年	526	270	59	17	42	—	69	142	102
1988 年	1558	277	91	37	54	—	93	93	73
1989 年	1245	220	51	9	42	—	80	89	63
1990 年	1415	233	80	26	54	—	59	94	71
1991 年	1312	285	79	32	47	—	85	121	103
1992 年	1344	270	67	23	44	—	78	125	110
1993 年	1148	440	117	54	63	—	102	221	196
1994 年	1159	608	151	59	92	—	167	290	262
1995 年	1079	698	186	93	93	—	174	338	315
1996 年	1061	785	324	162	162	—	129	332	284
1997 年	1081	895	324	193	131	—	190	381	338
1998 年	1078	799	173	44	129	—	195	431	389
1999 年	1049	953	264	71	193	—	314	375	373
2000 年	1310	685	291	108	183	—	377	17	—
2001 年	1644	915	375	104	217	54	540	—	—
2002 年	1939	1155	377	92	226	59	778	—	—
2003 年	2012	1454	505	125	297	83	949	—	—
2004 年	2231	1390	378	78	251	49	1012	—	—
2005 年	2489	1575	451	80	317	54	1124	—	—
合计	29774	15333	4604	1525	2780	299	6879	3850	2895

第二章　其他教育

第一节　职业教育

20 世纪 70 年代，县内创办“五七”大学，开设农业、林业、卫生、师范 4 个培训班。同时，黄土坑、东山、盐井、白玉 4 个公社创办“五七”中学，金屋塘等公社创办“五七”大学，学生半工半读，学习一些简单的种养技术。以上学校于 1979 年全部停办。

1980 年，筹建县教师进修学校，复办县卫生学校。

1983 年，在市区中学改办为绥宁县第一农业中学，1984 年改为绥宁县中等专业技术学校。1985 年 3 月，李熙桥区黄土矿中学改办为绥宁县第二农业中学，11 月更名绥宁县黄土矿中等职业技术学校。1986 年，绥宁县中等专业技术学校改办为绥宁县第一职业中学。1988 年，绥宁县黄土矿中等职业技术学校改办为绥宁县第二职业中学。1993 年 6 月，县第四中学改建为绥宁县第三职业中学。1998 年，绥宁县第一职业中学升格为绥宁县职业中专。

2005 年，全县有职业中专 1 所、职业中学 2 所，在校学生 781 人，教职工 205 人，学制均为 3 年。开设的课程有水产、畜牲、农经园艺、果木、电子电器、计算机应用、财会、法律、美术、旅游、缝纫等。

表 19-2-1　**1991—2005 年绥宁县部分年份职业高级中学教育基本情况表**　单位：所、人

年份	1991 年	1996 年	1997 年	1998 年	1999 年	2000 年	2001 年	2002 年	2003 年	2004 年	2005 年
学校	2	3	3	3	3	3	3	3	3	3	3
学生	558	1003	1040	1508	854	538	346	362	470	697	781

第二节　成人教育

一、扫盲

1978 年，恢复绥宁县业余教育办公室，配备 3 名业余教育专干，全县 27 个社镇均配备业余教育专职人员，组织扫盲专门队伍，分期分批到农村进行突击扫盲教育。1978—1979 年，全县共组织 300 个扫盲班，有 16364 人参加扫盲学习，其中 8423 人脱盲，占参加扫盲学习人员总数的 51%。

1980 年，成立绥宁县工农教育委员会，设专职干部 3 人，各公社配备扫盲专干。是年，全

县共组织350个扫盲班，有6858人入学，年底有981人脱盲。1981年，全县组织5557人进行扫盲学习，年终进行现场测试，86.4%达到脱盲标准。是年起，县内普遍建立以扫除文盲为主要任务的农村农民业余文化技术学校，配备固定的兼职扫盲教师，每年招收3000余人入学。1986年，全县开办乡镇农民业余文化学校26所、村业余小学班128个，全县参加扫盲学习者6855人，举办各种讲座567期，90%的文盲、半文盲脱盲。

1990年为国际扫盲年，全县共组织1767名干部、教师担任扫盲教员，筹措扫盲经费4万元，办班154个，有1659人参加扫盲班学习，脱盲970人。1991年，全县29个乡镇、348个行政村都办有农民业余文化学校（班），全县青壮年脱盲率达94.8%。1993年，李熙桥镇成人教育专干杨正铁被评为湖南省扫盲先进工作者。

1994年，成立绥宁县扫盲工作协调小组。同年12月7—13日，由县人民政府组织对全县各乡镇的教育工作进行评估验收，认定黄土矿等乡镇为扫除青壮年文盲合格乡镇。1995年1月7—10日，市教委督导室对黄土矿乡普及九年义务教育及扫除青壮年文盲进行督导评估，认定该乡为邵阳市第一个“两基”（在20世纪末基本普及九年制义务教育、基本扫除青壮年文盲）评估合格乡。是年，全县有扫盲任务的单位都开展扫盲工作，脱盲356人。是年底，全县青壮年非文盲率为98.1%，15周岁文盲率为0.35%，成为扫除青壮年文盲评估合格县。

1995年以后，全县转入扫除青壮年文盲的扫尾工作和巩固扫盲成果阶段。各乡镇普遍创办扫盲后的提高班，重点采取“堵扫”措施，即在普教中堵住新文盲产生，保证入学率，控制流失率，扫除剩余文盲，限期脱盲。1997—1999年，脱盲巩固学习的参培人数2456人，扫除青壮年文盲823人，巩固率为100%，实现高标准无盲县目标。

2000年年底，全县青壮年非文盲率达99.1%。尚有青壮年文盲、半文盲1501人，其中丧失学习能力的有1055人，有学习能力的文盲、半文盲计446人。

2005年年底，全县青壮年中已无文盲和半文盲。

二、农民成人教育

20世纪80年代中期，县内农村利用各乡村大礼堂、办公室或小学教室，举办业余中学班157个，组织农民学习生产知识、政治常识等课程。20世纪80—90年代，兴办各乡镇农校，利用乡镇农校开办农民业余中学，学习内容主要为农业实用技术，结业后颁发结业证书。

1986年，全县开办乡镇农民文化技术学校（简称乡农校）26所、91个班，学员5296名，其中长班7个、192人，中班23个、5296人，短班61个、4655人，配备专职教师17人、兼职教师165人，有实验基地4.23公顷；开办村业余小学农技班28个，有学员1359人；举办各种技术讲座567期，参训者2.5万人次。

1987年12月，东山、枫香、关峡、联民、麻塘、武阳、盐井、唐家坊、金屋塘、水口等10所乡镇农校被认定为“合格农校”。1990年，全县新增2所合格乡农校。1991年，县内实现

“乡乡有农校，村村有农校”。

1996年，全县乡镇农校在楠竹低改、山羊养殖、发展高效林业、水稻旱育秧、种天麻、种香菇等项目上进行专业培训，共举办各种技术培训班671期，参训者18284人次，共向科技示范户赠送《农村致富科技读本》《农村致富实用技术读物》147册，印发资料4万余份。

20世纪90年代，乡镇农校不断提级升格，以县农委、县科委、县教委三家联合办农科教中心的模式取代乡镇农校。1992年，枫木团、盐井、麻塘、朝仪等乡的农科教中心被评为全市示范农科教中心。1993年，黄土矿、李熙桥、桃坪、竹舟江、枫香等乡（镇）相继建成示范农科教中心。1994年，各乡镇以农科教中心为基地，共培训13646名农村科技人才，推广34项农村种养先进技术。1997年，全县乡镇农校达标率为80%。

21世纪后，县内乡镇农校均自行停办。

三、干部职工教育

干部业余文化教育　1978年前，县内干部业余文化教育主要由县“五七”干校组织培训授课，培训对象为农村干部和“有错误”的国家干部，学习内容为马列著作、毛主席著作和党的方针政策，并参加一定的劳动锻炼，先后培训干部620名，其中长训班2期90人，短训班4期530人。是年9月，恢复县委党校，由县委党校承担干部业余文化教育职能。1983年，县委党校首次举办学制1年的干部文化进修班，招收56名学员学习初中文化。1984年秋，党校开办2个“干部高中文化补习班”。1978—1990年，全县有678名干部取得初中文化合格证书，752名干部获得高中文化合格证书。1978—2005年，县委党校举办长期班24期，培训干部1538人次；短训班166期，培训干部3865人次。

职工业余文化教育　1983年，成立绥宁县职工教育委员会，各局相应成立职教股，配备职教专干25名、专职教师42名、兼职教师97名。1983—1985年，共办脱产培训班13期，参加学习者有1778人取得初中文化合格证书，合格率74%。1986年，县职教中心举办业余自学、定点面授、重点辅导相结合的面授补习班，办班7期，参加学习508人。1989年以后，职工教育主要是继续教育和提高教育；由学文化转化为学专业技术和提高学历。1990—2005年，进入函大、夜大、电大、三沟通学习的职工达4700多人，参加高等教育自学考试的24620人，获本科文凭者345人、专科文凭者1008人。

四、成人招考

1985年，成立绥宁县成人大中专招生考试委员会办公室，办公地点设县教育局工农教育办公室。是年有报名考生153名，考点设长铺镇第二小学。1988年，绥宁县被评为邵阳市1988年度成人招生工作优秀单位。1993年参加考试的1447人，上录取线1231人；1994年参加考试的1849人，上录取线1458人。此后，参加报名考试人数逐渐减少。2004年，改春季招生秋季入学为秋季招生春季入学。2005 年，县内参加成人大中专考试的报名人数为 130 人，上录取线 85 人。1985—2005 年，绥宁县共向全国成人各类招生学校输送大中专新生 14867 人。

五、自学考试

1984 年，成立绥宁县高等教育自学考试指导委员会，下设办公室，与县工农教育办公室合署办公，配备专干 1 人。是年 11 月，湖南省高等教育自学考试开考，绥宁县有 320 人报考，实考 226 人，考点设洞口县城。从 1985 年 4 月第二次“自考”起，考点设绥宁县城。1987 年，全县共有 1209 人报名参加自学考试。1993 年，县内自学考试点被评为全省和全市优秀考点。1994 年，被评为全市自学考试先进单位。在 1999 年 10 月举行的第三十一次自学考试中，绥宁县有 1367 人报名，创绥宁县自考报名最高纪录。1984—2005 年，全县报名参加高等教育自学考试共 28953 人，毕业 1411 人。

六、远程教育

1984 年 9 月 16 日，成立中央农业广播学校绥宁分校，在东山、在市、长铺镇、武阳、河口、唐家坊 6 个乡（镇）各设 1 个教学班，先后开设农学、林学、果树、畜牧、水产、农业经济管理、乡镇企业管理 7 个专业。学员通过听广播、听录音讲课、放幻灯教学片和专职或兼职教师讲解辅导，进行学习。

2002 年，县教师进修学校与北京师范大学网络教育学院远程开放教学本科（专升本）和中央电大开放教育本科（高升本）签订联合办学协议，开始招生。当年，北师大网络学院在绥招生 44 名，开设汉语语言文学、现代教育技术、教育管理、小学教育 4 个专业。

中央电大开放教育本科班招生数不定，有全日制脱产和业余学习两种形式，实行学分制，学制 4 年，招生对象为具有高中、中专、中技毕业文凭的社会青年或在职人员，不招在校学生。开设金融学、会计学、法学、英语、工商管理、计算机科学与技术 6 个专业。

1981—2005 年，县内参加远程教育学习的学员约 4500 人，毕业 424 人，结业 280 人。

第三节　特殊教育

1991 年 9 月 15 日，县内开办聋哑班，有教师 2 名，招收聋哑儿童 12 名；学制 5 年，开设数学、自然、常识、体育、美术等课程，进行聋哑发语训练。1994 年，在校学生 19 人，有高语和低语 2 个班。

1995 年 5 月 10 日，县教委、县民委筹资 20 万元，购买原长铺镇卫生院作为特殊学校校舍。5 月 19 日，县特殊学校成立，面积 643 平方米，有教室 4 间、宿舍 3 间、办公室 2 间、厨房 1

间、厕所1间，室外活动场地60平方米及各种器材。教育对象是聋哑儿童（弱智与身体残疾儿童在当地小学跟班就读）。县民政局每期给每个学生250元的生活补贴，赠送学习用品；卫生防疫站每年免费为学生打2次预防针；县仪器站免费配送仪器教具。

2001年，县特殊学校被市教委评为学校管理工作先进单位。2002年5月，在助残日活动中，特校教师组织学生参加市教委举办的各县特殊学校巡回义演，为学校募集资金2.1万元，表演的舞蹈《踩雨》获一等奖。2005年，县内筹资50万元翻修特校，占地面积353平方米，建筑面积774平方米；添置电脑10台、打印机3台、VCD4台、投影仪1台，建立电脑室和多媒体教室。是年，特校有教职工11人，在校学生23人。

1991—2005年，县特殊学校先后有3名教师被评为县先进教育工作者，被评为省、市先进教育工作者各1人，评聘为小学高级教师者5人、提升或调任为学校领导者3人，教师论文获国家级奖励的2篇、省级奖励的6篇、市级奖励的17篇、县级奖励的23篇。

第四节　社会力量办学

社会力量办学包括个人办学、部门办学、集体办学和社团办学。

中共十一届三中全会后，县内社会力量办学风气日浓。1980年，由县农机局牵头创办绥宁县农业机械学校，开全县社会力量办学之先河。

1989年秋，县内退休教师欧阳昭创办绥宁县改革开放后第一所私立学校——绥宁县红阳职工中学，开设普通初中课程，每年招收1个班约40名学生。1991年，退休干部黄荣牵头，在武阳镇创办“绥宁县慰文初级中学”，每年招收2个班。1992年，县财贸委员会与县粮食局联合创办财贸幼儿园。

1993年，县内贯彻执行《湖南省社会团体、私人办学试行办法》。1994年10月，县教委按照湖南省教委《民办学校审批暂行规定》，决定由县教委普教组负责县内社会力量办学的审批和管理，经县教委审批同意由社会力量创办的学校，须由县教委普教组报市教委备案。

20世纪90年代开始，县内私办学前班、幼儿园、普通中小学迅速发展。2005年，全县有私立幼儿园26所、乡镇学前班157个，在园在班幼儿3635人；私立中小学8所，在校小学生336名、初中生3540名、高中生293名。

第五节　教研与督导

一、教学研究

1978年，对县内中小学教学的研究、指导由县教学辅导站（1973年成立）负责。1981年2

月，县教学辅导站更名为县教研室，下设办公室、函授组、中学组、小学组、财会后勤组，后增设仪器站和电教站。县教研室负责对全县中、小学教育教学工作进行研究、指导、检查和评估；对电教设备、实验仪器、药品配备的管理与使用进行检查与指导。2005 年，县教研室有中小学各学科专职教研员 18 名，电教管理员 4 人，仪器管理员 4 人，财务人员 1 人。

二、教育督导

1991 年 4 月 23 日，成立县教育督导室，有成员 3 人。1995 年 9 月，改为县人民政府教育督导室，其机构性质和级别不变。2000 年，县政府成立教育督导工作领导小组。2005 年，县教育督导室有主任督学 1 人，正科级督学 3 人，副科级督学 3 人。

教育督导室督促乡镇党委政府改善办学条件、学校和乡村完成“两基”软件任务，培训“两基”业务专干，安排“两基”迎检工作。1991 年起，每年按照“绥宁县教育局（委）年度教育目标管理考评方案”，对全县教育教学工作进行督导、评估和检查验收。1995 年 10 月，绥宁县“两基”工作顺利通过湖南省政府“两基”督导评估团验收；1996 年，正式成为湖南省委、省政府授牌的邵阳市第一个“两基”合格县；1997 年，被评为湖南省“两基”工作先进县；1998 年、1999 年、2000 年“两基”年检，连续三年被评为邵阳市先进单位。2001 年 11 月，县教育督导室被市教育督导室授予邵阳市 2000 年度教育督导工作先进单位。

第三章　师资

第一节　师资队伍和教师素质

一、师资队伍

1978年，全县各级各类学校共有教职工3004人，其中中学930人、小学2064人、幼儿园10人，公办教师1296人、公办职工97人、代课教师105人、民办教师1506人。

1979—1982年，实行教师“退休顶职”政策，大批合格教师提前退休，让子女顶职就业；20世纪80年代至90年代初期，实行“教师在岗死亡，子女补员顶班”政策及获得“国家级荣誉称号”“省级劳模”“高级职称”的配偶可以解决就业的政策，一批不合格人员以“以工代教”的形式进入教师队伍，教师队伍整体素质下降。

1989年，全县有教职工3676人，其中公办教师2105人、民办教师1019人、工人552人。552名工人有320人以“以工代教”形式从事教师职业。全县教师中，有中学教师1071人、小学教师2046人、幼儿教师7人。

2000年，全县最后一批符合条件的85名民办教师全部转为公办教师，结束了民办教师的历史。2005年，全县有公办中小学教职工3621人，其中教师3453人、职工168人。

二、教师素质

1978年，全县2907名教师中：具有大学本科以上学历者41人，占全县教师总数的1.4%；具有大专学历者116人，占3.89%；具有中师学历者730人，占25.11%；具有高中学历者1308人，占44.99%；具有初中及初中以下学历者712人，占24.49%。

1988年，全县3035名教师中：具有大学本科以上学历者62人，占全县教师总数的2.044%；具有大专学历者412人，占13.57%；具有中师学历者1140人，占37.56%；具有高中学历者905人，占29.82%；具有初中及初中以下学历者516人，占17%。

1999年，全县3783名教师中：具有大学本科以上学历者326人，占全县教师总数的8.62%；具有大专学历者1186人，占31.35%；具有中师学历者2007人，占53.05%；具有高中及高中以下学历者264人，占6.98%。

2005年，全县3028名教师中：具有大学本科及本科以上学历者389人，占全县教师总数的12.85%；具有大专学历者1338人，占44.19%；具有中师学历者1288人，占42.54%；具有高中学历者13人，占0.43%。当年，全县小学、初中、高中教师的学历合格率分别为100%、95.6%、

84.5%，中学校长岗位培训合格率达100%；全县有特级教师4人、高级职称教师117人、中级职称教师1912人，全国优秀教师17人、全省优秀教师46人、全市优秀教师160人，市级学科带头人17人。

第二节　教师培训

1977年后，县内教师的继续教育与提高工作列入议事日程。1980年，成立县教师进修学校，采取“长训、短训、脱产进修、函授、自学”5种方式对教师进行业务培训，设为期一年的中师函授脱产班3个、业务轮训班（点）11个。1984年，县教育局制定《1984—1988年小学教师培训计划》。1985年，中央讲师团赴绥宁县帮助培训教师。20世纪80年代，全县有高师函授学员427人、中师函授学员539人。至2005年，全县参加高师、中师函授学习的教师1865人。

1990—1993年，县教委选派76名中小学校长分5批赴省、市教育学院和县教师进修学校进行岗位培训。1993年4月，县教委组织部分教师到北京宣武区参加“愉快教育”师资培训。1993年暑假，县教委组织义务教育、教材教法和实验仪器教学培训班，参培人员317人。1997年，县教委举办为期4个月的全县中小学音乐、美术骨干教师培训班和首届电脑教师培训班；同时组织80名学历不合格或专业不对口的教师到县教师进修学校参加教育学、心理学、教学法培训。

2001年，1568名教师通过普通话达标测试，268名教师获计算机等级证书，185名教师通过自考和函授学习获大专以上学历。2003—2005年，中小学教师参加各类培训达5174人次。其中，参加继续教育培训者1676人次；参加计算机培训者536人次；参加普通话培训者1051人次；参加新课改培训者1463人次；举办新教师上岗培训1期，培训32人；参加本科和专科学历学习者260人；安排69名中专委培生在县进修学校学习英语及在计算机大专班学习计算机知识；举办为期1个月的首届教导主任培训班，参培者47人；举办中小学实验仪器管理员培训1期，参培者40人。

表19-3-1　　**2004年绥宁县中小学教师职称情况表**　　单位：人

单位名称	编制数	专业技术人员总数					增减情况		
		小计	副高	中级	初级	未评	副高	中级	初级
县教研室	27	27	2	21	4	—	-2	—	—
县教师进修学校	34	34	5	16	12	1	-3	-5	—
县特殊教育学校	11	11	—	4	6	1	—	—	—
县第一中学	185	185	34	82	56	10	-3	—	—
县第二中学	146	146	18	59	59	10	-9	-10	—
县民族中学	147	147	20	75	52	—	—	-3	—
县第一职业中学（职业中专）	79	79	1	28	46	4	—	—	—
县第二职业中学	59	59	6	25	27	1	—	-4	—
县第三职业中学	61	61	1	37	19	4	—	—	—
县绿洲中学	86	86	—	50	31	5	—	—	—
长铺镇一小、二小、三小	248	248	2	157	75	14	—	-6	—

续表 19-3-1

单位名称	编制数	专业技术人员总数					增减情况		
		小计	副高	中级	初级	未评	副高	中级	初级
长铺子苗族乡学校	185	185	—	121	60	4	—	-23	—
关峡苗族乡学校	163	163	—	67	70	26	—	—	—
党坪苗族乡学校	70	70	—	30	36	4	—	—	—
李熙桥镇学校	112	112	—	52	54	6	—	—	—
白玉乡学校	45	45	—	17	25	3	—	—	—
红岩镇学校	187	187	—	99	88	—	—	-29	—
黄土矿乡学校	125	125	—	64	58	3	—	-2	—
武阳镇学校	196	196	—	92	88	16	—	-2	—
瓦屋塘乡学校	146	146	1	73	65	7	—	-35	—
唐家坊镇学校	125	125	—	62	56	7	—	—	—
水口乡学校	82	82	—	41	31	10	—	-6	—
金屋塘镇学校	116	116	—	60	53	3	—	-2	—
梅坪乡学校	12	12	—	9	3	—	—	-2	—
在市苗族侗族乡学校	91	91	—	52	34	5	—	-2	—
黄桑坪苗族乡学校	44	44	—	24	19	1	—	—	—
乐安铺苗族侗族乡学校	87	87	—	49	36	2	—	-12	-3
东山侗族乡学校	131	131	—	58	69	4	—	-27	—
鹅公岭侗族苗族乡学校	92	92	—	62	28	2	—	—	—
河口苗族乡学校	64	64	—	40	24	—	-1	-5	—
竹舟江苗族乡学校	73	73	—	35	38	—	—	5	—
麻塘苗族乡学校	71	71	—	32	32	7	—	—	—
枫木团苗族侗族乡学校	60	60	—	27	30	3	—	-6	-3
联民苗族瑶族乡学校	41	41	—	23	14	4	—	-8	—
朝仪侗族乡学校	65	65	—	29	31	5	—	—	-2
合计	3466	3466	90	1772	1429	172	—	—	—

说明：1.增加情况指调入人数、评审通过人数、考试合格人数、初任人数；2.减少情况指中级晋副高人数、初级晋中级人数、离退休人数、调出人数、死亡人数、低聘和解聘人数、撤销职务人数

第三节　教师待遇

中共十一届三中全会后，落实党的知识分子政策，全县338名被错误处理回家的教师全部收回安排工作，并补发148人工资计33.4万元。

1983年，中共湖南省委、省政府颁布《关于加强和改善普通教育的决定》。规定：公办教师的公费医疗要与党政干部一视同仁，按财政部门的规定办理；公办教师家属的农转非问题，凡特级教师、中教五级、小教三级以上骨干教师，按讲师、工程师的照顾办法对待。绥宁县符合以上条件教师的家属“农转非”问题全部解决。1988年教师评职称后，凡中学高级教师，国家级优秀教师或先进教育工作者，省劳模、特级教师的农业人口家属也均解决“农转非”问题。同时，县政府拿出一批招工指标，给240多名骨干教师家属或子女解决就业问题。

1983年，湖南省政府给从事少年儿童教育工作25年以上的教师颁发园丁纪念章，给教龄

30年以上的老教师颁发荣誉证书。绥宁县分别有279名、240名教师获此荣誉。是年，县政府颁发尊师爱校布告，决定每年11月为尊师爱校宣传月。

1996年，绥宁县教师奖励基金会成立，共筹集资金50万元，县财政每年拨款2万元给“基金会”，每年表彰一批优秀教师和先进教育工作者。1978—2005年，绥宁县被评为国家级、省级、市级、县级优秀教师、先进教育工作者、优秀班主任、优秀辅导员、劳动模范的，分别有15名、46名、128名、105名、4名，记大功的28名。2005年，全县在职教工有中共党员605名。

1978—2005年，全县教师中有县党代会代表25人、乡镇党代会代表72人，省人大代表2人、市人大代表10人、县人大代表60人、乡镇人大代表356人，市政协委员2人、县政协委员60人，从教师中提拔为副县级领导者20人。

表19-3-2　　**1978—2005年绥宁县教师职工情况表**　　单位：人

年份	中学教师职工					小学教师职工					长期代课教师	
	合计	公办		民办	师生比	合计	公办		民办	师生比	中学	小学
		教师	职工				教师	职工				
1978年	843	736	67	40	1∶13	2138	484	74	1580	1∶30	25	—
1979年	1024	830	125	38	1∶13	2090	525	74	1491	1∶22	31	—
1980年	1060	850	125	38	1∶13	2146	537	73	1486	1∶22	47	50
1981年	1106	875	124	37	1∶13	2163	556	80	1486	1∶22	70	41
1982年	1075	889	124	31	1∶13	2153	582	85	1456	1∶22	31	30
1983年	1087	908	123	25	1∶13	2183	621	90	1417	1∶22	31	35
1984年	1088	888	124	25	1∶13	2225	741	64	1370	1∶21	51	50
1985年	1093	904	124	25	1∶13	2303	902	41	1325	1∶21	40	35
1986年	1175	952	150	28	1∶13	2239	903	52	1222	1∶21	45	62
1987年	1209	991	150	28	1∶13	2221	1021	52	1108	1∶21	40	40
1988年	1255	1037	150	28	1∶13	2190	1034	53	961	1∶20	40	142
1989年	1307	1089	150	28	1∶13	2294	1129	56	975	1∶19	40	134
1990年	1326	1108	150	28	1∶13	2304	1136	57	983	1∶19	40	128
1991年	1332	1130	129	28	1∶14	2278	1158	41	926	1∶19	45	153
1992年	1307	1148	128	26	1∶14	2183	1142	40	838	1∶20	5	163
1993年	1279	1142	115	22	1∶15	2091	1130	48	784	1∶21	—	129
1994年	1319	1184	115	14	1∶15	2148	1151	45	737	1∶23	6	215
1995年	1340	1225	115	—	1∶14	2184	1181	55	714	1∶23	—	234
1996年	1424	1223	115	—	1∶14	2328	1325	80	665	1∶22	86	258
1997年	1756	1482	114	—	1∶13	2290	1609	78	393	1∶22	160	210
1998年	1851	1713	115	—	1∶13	2191	1715	76	200	1∶22	23	200
1999年	1883	1768	115	—	1∶13	2089	1930	74	—	1∶21	—	85
2000年	1834	1724	110	—	1∶14.5	2037	1967	70	—	1∶20	—	—
2001年	1814	1714	100	—	1∶15	2010	1945	65	—	1∶19	—	—
2002年	1772	1684	88	—	1∶16.5	1974	1911	63	—	1∶17	—	—
2003年	1738	1650	88	—	1∶17.4	1834	1781	53	—	1∶15	—	—
2004年	1866	1740	126	—	1∶15	1705	1652	53	—	1∶14	—	—
2005年	1886	1771	115	—	1∶14	1735	1682	53	—	1∶13	—	—

说明：合计数中含代课教师

第四章　教育经费与教育设施

第一节　教育经费与勤工俭学

一、教育经费

县内教育经费主要来源于国家拨款、学杂费、群众集资、个人捐款、勤工俭学收入等渠道，主要用于支付教师工资、福利费、公费医疗开支、校园校舍建设经费、教学办公经费、教学设施配备经费、困难学生扶助经费等。

1978年，按照国家财政“统一领导，分级管理”的体制安排经费。1980年后，国家财政体制改革，实行“分级收支，分级包干”的管理体制，教育经费由省戴帽下达到县，专款专用。每年，县财政中安排一定的机动资金用于教育。县教育局对教育经费实行保工资、保重点，农村小学的建设主要依靠村级经济和群众集资。

1983年，省政府规定各地每年从城市维护费中提取15%～20%、从少数民族地区与不发达地区补助费中提取30%、从农业税附加中提取25%、从地方机动财力中提出20%，用于兴办教育。是年，县委、县政府动员群众集资或捐资建校。1984年12月，国务院规定可以征收教育费附加。1985年，湖南省规定教育经费增长要高于地方财政收入经常性增长的20%，乡财政收入主要用于乡、村学校建设，城乡都要征收教育费附加，财政预算内的基建投资要提取2%用于教育。是年，县政府规定县内集资办学，按当年全县在校学生总人数，以小学生每人每年10元、初中生每人每年40元、高中生每人每年50元的标准，确定全县集资办学的总额度。

1986年，县委、县政府落实《中共中央关于教育体制改革的决定》，加大对教育的投入，加快学校危房的改造和校园建设；决定县内教育经费最高年份占同期地方财政支出的40%以上。1988年始，凡乡管学校，教育经费均由乡财政统管，部分乡镇出现挪用挤占教育经费的情况；1995年以后，县内教育经费又全部收归县教育行政部门管理。

1995年，农村教育附加费征收标准均按农民上年人均纯收入的2%征收，实行“乡征县管教育用”的征收管理体制。1998年，全县共筹集学校危房改造资金288万元，1999年筹集学校危房改造资金290余万元。

二、勤工俭学

1977年，县“五七”大学和县中小学校办工厂总产值26680.5元，纯收入5766元；全县有校办农场面积777.73公顷、校办林场面积142.74公顷、其他勤工俭学场地55.92公顷。当年校办农场产粮食 6.5 万千克，纯收入 32926.98 元。1983 年，全县勤工俭学总收入 16.6 万元，其中校办工厂收入 2.9 万元、校办农场 9000 元、其他 12.8 万元。

1984 年 11 月 30 日，县教育局成立县勤工俭学管理站和县勤工俭学服务公司，配备专职人员专司其事。1985 年，全县有校办工厂 2 家。农场 93 家、总占地面积 33.87 公顷，其中果木园 42 处、13.87 公顷，水稻试验场 14 处、2.12 公顷；有汽车 2 台、拖拉机 2 台。1986 年 4 月，县教委印刷厂投产，有固定资产价值 6 万元，印刷及辅助设备 8 台（套），流动资产 5 万元；1987 年，有职工 14 人，年产值 12 万元，创利税 8000 元。

1988 年，县第一中学被评为邵阳市勤工俭学先进单位。1989 年，县第一中学再生纸厂投产，总投资 45 万元。1990 年，全县中小学勤工俭学总产值 183.98 万元，纯利润 19.84 万元。勤工俭学收入主要用于改善办学条件，部分用于解决教工福利和对贫困学生进行经济扶助。

20 世纪末至 21 世纪初，全县学校的学农基地逐步减少，有的承包给村民；校办厂、场、店多为教职工家属或雇工经营，学校适量收取承包费，学生基本不参加工农业生产劳动。2005 年，学校的勤工俭学收入，纯属学校固定资产或某种工作的承包收入；大部分学校不再搞勤工俭学。

第二节　教育设施

校园校舍　1977—1981 年，全县集资 1711 万元，新建校舍 30.77 万平方米。1982 年在郴州召开的湖南省教育工作会议上，绥宁县因改造学校危房成绩突出，受到湖南省政府表彰，获奖金 15 万元。1983—1988 年，全县所有的中学和中心小学实行寄宿制。1988 年 3 月 23 日，《中国教育报》对绥宁县创办寄宿制中心小学进行报道。1983—2000 年，全县共投入资金 2.9 亿元，新建与扩建校舍 40 万平方米；筹资 1855.5 万元用于改造学校危房，全县基本实现校舍无危房。兰家等 11 所乡中心小学实行公寓制，还为学生统一配发蚊帐、床单、口杯、提桶；枫木团乡 14 所村办学校都建有高标准教学楼，1989 年该乡被评为邵阳市第一个基础教育合格乡和学校危房改造先进乡。1987—1990 年，绥宁县连续四年被评为湖南省和邵阳市学校危房改造先进县。1989—1990 年，中共邵阳市委、市人民政府连续两年在绥宁县召开学校危房改造现场会，授予绥宁县中小学危房改造特等奖励，枫木团、水口、鹅公岭 3 乡被树为邵阳市危房改造和建校典型。1990 年 12 月，邵阳市农村教育现场会在绥宁召开。1991 年，经湖南省教委、湖南省民委验收评定，绥宁县成为少数民族地区寄宿制中心小学先进县。1995 年，在湖南省“两基”（在 20 世纪末基本普及九年制义务教育、基本扫除青壮年文盲）验收时，绥宁县办学条件各项指标均达到或超过国家标准，成为邵阳市“两基”达标第一县。“两基”验收后，全县学校硬件建设的重点转移到校园文化环境的建设上，大部分学校都有“校训墙”“知识窗”“宣传栏”以及各具特色的“文化走廊”，古香古色的亭台楼榭，干净硬化的跑道、球场。县第一中学、县第二中学、县进修学校、县第一职业中学、县第二职业中学、县第三职业中学，长铺镇第一小学、长铺镇第二小学、长铺镇第三小学，鹅公岭中学等学校被评为全省或全市“花园”式单位。2005年，全县实有校园面积250多万平方米，学生人均34平方米；校舍总面积70.8万平方米，学生人均11平方米。

教学仪器　1979年，县教学辅导站配备专人管理教育仪器。1985年5月，成立县电教仪器站，定编3人，具体负责全县中小学教学仪器的购置配备。1986年，全县有学校实验楼2座，学校实验室30间（其中：县第一中学有实验楼1座，开放实验室10间，含物理4间、化学4间、生物2间；县第二中学有实验楼1座，开放实验室10间，含物理4间、化学4间、生物2间；其他县属中学开设实验室4间；乡镇中学有实验室6间），仪器设备价值约20万元。每个区设立1个巡回实验室。为弥补教学仪器不足，各校开展自制教具活动。1987年，在全市自制教具工作交流会上，瓦屋塘乡红旗小学、联丰苗族侗族乡联丰小学受到表彰，有多项教具在地区评比会上获奖。1990年，全县有实验室50间（其中中学33间、中心小学13间、职中4间）。1993年，绥宁县被认定为湖南省实验教学普及县，各中学、中心小学均有实验室、仪器室。1995年，经省“两基”评估团验收，绥宁县教学仪器设备、实验开出率全部达省标或国标。1999年，全县中小学仪器设备达国标二类。2000年，全县学校教学仪器总金额达650万元。2005年，全县教学仪器、药品总金额达780多万元。

电教器材　1978年，全县学校仅有7部录音机和12台幻灯机。1986年，全县学校约有10万元的电教设备。1995年上期，县第一中学购进电脑74台，创办县内首个电脑室。1999年，全县改建或新建电脑室23个，配备电脑530台，新建语音室8个。2000年以后，县属中学先后建立校园智能广播网、校园闭路电视系统、多媒体教室、计算机教室、语音室。2005年，全县电教器材耗资680万元。

图书资料　1978年，学校图书馆仅有一些马列毛主席著作和政治时事文件、报刊。1978年后，先后购置一批自然、社会科学书籍。至1990年，全县学校图书室藏书有93800余册。20世纪90年代，省、市、县专设学校图书发行配置机构，学校增加图书收费项目，大量购进书刊；全县师生及社会各界也向学校捐赠书刊，学校图书猛增。1995年，全县学校藏书达56.0652万册，其中小学33.4685万册、人均7本，中学22.5867万册、人均20本。村级小学订有4种以上报纸杂志，中心小学订有10种以上报纸杂志，县属中学尤其是一、二中订有20多种报纸杂志；每个教室订有2种报纸杂志。2005年，全县学校图书有78.3765万册，小学生人均9本，中学生人均25本。中学、中心小学都有阅览室、图书室。

第五章　教育管理

第一节　学校管理

行政管理　1978年，成立和平、河口、东山、在市、李熙桥、瓦屋塘6个区文教办公室，各公社设文教办公室。1981年，区、社文教办公室改称区、社教育办公室。1984年，区、社教育办公室改称区、乡（镇）教育办公室。1985年12月区教育办公室撤销。1988年，乡（镇）教育办改称乡（镇）联校。2003年7月，撤销联校，由中学校长、九年一贯制学校校长（没有中学的由中心小学、六年一贯制学校校长）管理所在乡（镇）的各类学校，行使县教育局授予的职权。县第一中学、县第二中学、县民族中学、县职业中专（县第一职业中学）、县第二职业中学、县第三职业中学、县教师进修学校、县特殊学校和各民办学校由县教育局直接管理。其间，学校内部管理体制实行党支部领导下的校长负责制。学校行政管理人员的任命：县属中学校长、书记由教育局（委）推荐，县委组织部会同教育局（委）组织考察，报县委任命；县属中学副校长、各处室主任及乡（镇）联校校长由学校推荐提名，县教育局（委）组织考察，报县委组织部任命；县属中学各处室副主任和乡（镇）联校副校长、乡镇中学与中心小学校长、副校长、处室主任、副主任由学校提名推荐，教育局（委）考察任命。县属学校设校长、副校长、办公室、教导处、总务处；21世纪初，县属学校及规模大的乡镇学校增设政教处。2002年下期起，县第一中学、县第二中学和县民族中学设立教研处，各处室设主任1人，必要时设副主任1～3人。一般的乡（镇）中学和中心小学设校长1人，必要时设副校长1～3人，下设教育处和总务处，各处室设主任1人，必要时设副主任1～3人；村级小学则从教师中指定一人负责。

办学体制管理　1978年后，实行“三级办学，两级管理”的办学体制。县校县办，乡校乡办，村校村办；县校县管，乡校村乡管；非教育行政部门办学，实行谁领导谁负责，经费和人员由主管单位或办学人统筹安排，同级教育行政部门实施业务领导的管理体制（如县林业职工子弟学校和社会力量办学的学校）。2000年前后，逐步形成以政府为主、社会各界共同参与的办学体制。

第二节　招生管理

小学招生　县内小学入学年龄一般要求7周岁，但通过幼儿园、学前班学习，智力开发较早的儿童，入学年龄可放宽到6岁。一般在户口所在地小学报名入学。县城小学按户口所在地分片招生，入学前进行智力、知识测试，按测试等级搭配编班。2002 年前，在非户口所在地学校就读的学生，学校征收建校费或借读费、赞助费。

初中招生　普及九年制义务教育之前，县内初中招生由县教育局（委）统一命题、制卷、组考、阅卷、录取。考试科目为语文、数学。由县教育局（委）公布县第一中学（培英中学）、县第二中学（蓼园中学）、县民族中学录取档分数控制线。首先由以上三校按学生志愿和录取线录取学生，然后由各乡镇中学按招生计划录取学生，最后由社会力量办学单位录取学生。普及九年制义务教育之后，初中不再举行招生考试，应届小学毕业生按县教育局划分的范围，直升初中入学。

高中招生　县内高中招生由市教育局命题、制卷，县教育局组织考试、阅卷、录取等工作；以考试成绩作为录取依据。由县教育局划定县第一中学、县第二中学、县民族中学和各职业中学的录取分数控制线。首先保证县第一中学、县第二中学高中的招生录取计划，然后按县民族中学、职业中学、社会力量办学的顺序进行录取。

中专招生　1977 年，恢复高考和中专考试。1982 年始，中等专业学校从初中毕业生中招生，中专招生和初中毕业会考与高中招生系同一试卷；由县招生办公室组织。1991 年起，市教育局制定初中生体育测试标准，计分为 30 分，计入升学成绩，2000 年降为 15 分计入升学成绩。往届初中毕业生和社会青年可参加高中招生，但每人在升学考试成绩中，要减去 30～50 分参加高中新生录取划线，这类学生不能报考中专。

高校招生　1977 年恢复高考制度。1980—1986 年，湖南省实行高考预选考试，由邵阳市教育局组织命题、制卷，县教育局组织考务、阅卷、预选初取工作；预选指标由市分配到县，县分配到各中学，预选招标一般控制在参考人数的 30%；预考时间安排在 4 月中旬。1988 年起，全省取消高考预选，实行全国统考。统考时间为每年 7 月 7—9 日。2002 年，绥宁一中和绥宁二中实现高考电子辅助监考，成为邵阳市首个允许高考实行县内交叉监考单位。2003 年，高考时间更改为每年 6 月 7—8 日。绥宁县设一中、二中 2 个考点。1988 年，绥宁县被评为湖南省高等学校招生工作先进单位，1996 年、1997 年、1998 年、2005 年为高考组考、试卷装订无差错县；县一中 15 次被评为省、市级优秀考点；2005 年，县一中和县二中被评为湖南省高考优秀考点。

第三节　师资管理

1977 年，教育部制定《关于加强中小学教师队伍管理工作的意见》，1978 年 1 月国务院批转各级政府和部门参照执行，邵阳地区教育局下发关于加强人事管理的文件。地、县教育局分别建立与健全教师编制、调动、考核、作用、提拔、奖励、处罚、档案管理等规章制度。1981—1982 年，对中小学教师进行全面考核，对合格的民办教师颁发任用证书，对不称职的民办教师在生活上妥善安排后予以辞退，对不合格的 93 名公办教师作适当调整。

1982年9月，中共湖南省委、湖南省人民政府下发《关于加强教师队伍管理的通知》。规定：不准随便抽调教师从事其他工作；师范院校毕业生不能任意改行；公办教师的行政处分必须按管理权限办理；公办和民办教师的自然减员指标必须用于补充教师，不能挪作他用。凡发了任用证书的民办教师，建立简易档案，乡村不能随意辞退；如确需辞退，必须报县教育局批准方可执行。1985年12月，省委再次批准省教育厅的报告，明确规定“任何部门不得随意抽调骨干教师改作其他工作”，全县已出队的教师于1986年大部分回到教育部门。

1988年3月，成立中小学教师初级专业技术职务评审委员会。1989年起，各级各类学校对取得各类职称的教师，每年进行一次考核，按德、勤、能、绩四个方面的要求，分别评出优秀、称职、基本称职、不称职四个等级；对连续三年评为优秀的教师给予晋升一级工资的奖励，对年度考核不称职的教师当年不能晋级，并限期改正缺点、错误。

1990年起，湖南省每年拿出2000个新增人员指标，用于优秀民办教师转公办教师。到1999年，绥宁县原有的1506名民办教师全部转为公办教师。

2000年起，对教师的招聘、乡镇教师进城、教师晋级、提拔任用等方面，制定一系列规章制度，严格按考试、考核、群众推荐、组织考察、公示监督、试用观察等程序办理。

教师的调动由县教育局管理，教师请10天以上长假及出县就医必须经县教育局批准方能生效。调出教师队伍必须征得教育局同意，由县委组织部下达调动通知。对离退休教师待遇，对死难教工家属的抚恤慰问，对特困教工和遇到天灾人祸的教工的慰问和帮助等工作，由教育工会和人事、计财及教师老年协会共同管理。

第二十篇　文化 广电 科技 体育

第一章　文化

第一节　文化机构

绥宁县文化局　1978年，县内文化工作由县文教局负责管理。1981年，县文化局从县文教局中分出单列。1992年，县文化局被评为湖南省文化先进单位。1995年，增设县新闻出版局、县版权局，与县文化局三块牌子、一套人马。2001年，绥宁县被评为“湖南省文化先进县”。2005年，县文化局下辖县文化馆、县图书馆、县文物管理局（副科级）、县文化市场管理站和县电影公司5个二级机构及25个乡镇文化站，全县有文化专业干部58人，其中局机关有工作人员7人。1981—2005年，袁跃中、袁再坤、文业纯、匡能英、邓星海、陈历贤、刘建平、向先忠先后任县文化局局长。

绥宁县文物管理局　1982年，县文化馆首次配备文物干部。1989年11月6日，正式建立县文物管理所，属县文化局管辖的二级机构，定编3人。1991年，在万家坪桥头南侧紧傍县文化馆处修建县文物管理所办公室、文物库房和宿舍综合楼1座，建筑面积420平方米。1994年，成立绥宁县文物管理委员会，办公室设文物管理所。1999年11月，县文物管理所升格为县文物管理局（副科级）。2005年，文物局有工作人员7名，基层文物保护小组108个。

绥宁县文化馆　1978年，县文化馆有工作人员10人，设戏剧、表导演、文学、美术、摄影、音乐6个专业组室。1980年，在中心街新建馆舍。1984年，增设文物干部1人。1990年，在万家坪桥头南侧修建集办公、排练、娱乐、住宿为一体的县文化馆综合大楼，建筑面积2831平方米。1993年，县文化馆被评为湖南省一级文化馆；是年9月，被文化部授予标准文化馆称号。2005年底，县文化馆有在职人员16人，设音乐、美术、戏剧曲艺、舞蹈、摄影、辅导和非物质文化遗产保护7个组室。1978—2005年，县文化馆先后主办各类文艺培训班560期次，培训各类文艺骨干6800人次，组织各类群众文化活动830场次，平均每年送戏下乡20余场次；创作的各类文艺作品在国家、省、市刊物上发表、演出或展出的有1000余篇（场、件），并在省、市举办的各类文艺调演和展览中多次获奖。

县图书馆　1976年10月，恢复成立县图书馆，编制5人。1986年，在万家坪桥头北侧修建县图书馆办公和宿舍综合大楼，占地2133平方米，建筑面积2549平方米。1988年5月20日，新馆正式开业，设成人阅览室、少儿阅览室、集体外借处、报刊查阅室、采编室、地方文献室等8个服务窗口，有工作人员9人。2003年，县财政拨款5万元，购置电脑3台。1992年4月，经省文化厅考评县图书馆达到二级图书馆标准。1976—2005年，县图书馆先后获国家奖励4次、省级奖励11次、市级奖励10次。

县新华书店 绥宁县新华书店的最早前身为1950年10月成立的新华书店绥宁专店，1958年更名为绥宁县新华书店。1978年，县新华书店图书销售总额为19.08万元。1985年，绥宁县新华书店的人事、财务、业务收归省新华书店直接管理，并升格为副科级事业单位，当年图书销售总额84.52万元。1992年又改为企业单位，当年图书销售总额24.2万元。2001年12月，绥宁县新华书店更名为绥宁县新华书店集团公司，仍保留县新华书店的名称，实行两块牌子、一套人马，原有内设股室改为部，副经理以上领导人员由上级公司聘任。2005年，县新华书店集团公司有在职职工27人、退休职工10人，临时工24人。是年，县新华书店集团公司图书销售总额1238.44万元，是1978年的64.9倍。

乡镇文化站 1978年，全县有24个公社文化站，每个公社文化站配半脱产或全脱产文化辅导员1名。1980年，增设东山、金屋塘、盐井3个公社文化站，聘用合同制文化辅导员。1984年，录用13名国家文化干部，并建立长铺、武阳、黄土矿、金屋塘4个农村文化中心站，各中心站建有电影院、图书室、娱乐室和电视录像室。1990年，全县文化中心站和文化站精简至18个，工作人员18人，其中文化干部9名、专职辅导员1名、合同制辅导员8名。1992年，全县29个乡镇全部建立恢复文化站，配备31名文化辅导员；其中由县财政全额拨款的文化辅导员10人，其余招聘的21名文化辅导员的工资由县财政每人每年补助1200元，不足部分由乡镇财政负担。其间，全县建立村级文化室234个、村级图书室108个。1999年，清退22名招聘文化辅导员。2001年，武阳镇文化站和麻塘苗族乡文化站获评湖南省百强集镇文化站。2005年，全县有文化站25个，专职文化干部和辅导员共27名。

专业剧团 1975年1月，县文艺轻骑队更名为县文工团，县文工团部分工作人员为湖南省剧团下放到县内的演职人员。1978年，排练现代歌剧《姜花开了的时候》，前往外县、外省巡回演出，被誉为“姜花剧团”。1979年后，原湖南省剧团的下放人员陆续返回长沙或上调地区剧团，演出力量削弱。1980年，县文工团更名为县花鼓戏剧团，有演职人员40人。排练的传统花鼓戏《湘子与林英》在各地巡回演出受到好评，《哑女告状》盛演不衰。1981年，修建剧团办公室、排练厅、宿舍，建筑面积1300平方米。1984年，排演县内作者向新华创作的侗歌剧《春风店》，获湖南省戏剧节导演二等奖、演员三等奖、舞台舞美体现奖、服装设计奖。1986年，县花鼓剧团复名为县文工团，演职员实行合同制，并聘请10余名外地演员（1987年7月全部辞退）。是年10月，排练向新华创作的侗歌戏《风雨桥边》，参加湖南省首届“洞庭之歌”艺术节演出。1988年6月，县文工团撤销，大部分专业人员调入其他单位，部分艺术骨干并入县文化馆。

绥宁县文化市场管理站 1988年，成立县文化局音像发行放映管理站，实行录像片统一购买、统一保管、统一发行制度。1989年上半年，县文化局组建以业务股为主的临时性文化市场管理办公室，下半年建立文化市场管理委员会。是年，全县各乡镇相继成立文化市场管理小组。

1990年，成立县文化系统音像管理站，定编3人，负责文化系统音像管理（其他单位的音像放映由县电视广播音像管理站负责）。1991年，撤销县文化系统音像管理站，建立县文化市场管理站和文化市场稽查队，定编3人。1993年，成立县文化市场管理委员会和扫黄打非领导小组。1995年，县新闻出版局、县版权局正式挂牌，和县文化局一套人马、三块牌子。1998年，音像制品的批发、零售、出租和放映统一由文化行政部门归口管理。2005年，县文化市场管理站定编5人，为行政性事业单位。建站后，3次被评为湖南省文化市场管理先进集体，4次被评为邵阳市文化市场管理先进单位。

绥宁县电影公司　1959年，成立绥宁县电影管理站；1980年，更名为绥宁县电影发行放映公司（简称绥宁县电影公司），内设放映管理、发行、计财3个组，下辖在市、长铺、瓦屋塘、李熙桥4个农村电影发行放映管理站和县城、在市2个电影院。1985年，绥宁县电影公司被评为全国先进电影管理站。1996年，县电影公司设办公室、财会室、录像发行站、发行放映机修组、县电影院、大炮筒放映厅等内部股室及二级机构，在职职工32人。2005年，县电影公司有在职职工35人，停薪留职9人。

民间演出团体　1978年，全县有业余剧团10家，演出祁剧，花鼓戏、阳戏、现代歌剧及自编戏曲，业余演员按工日补助工分。农村实行家庭联产承包责任制后，业余剧团失去集体经济支撑，多数被解散。李熙桥人民公社湾头生产大队业余剧团采取承包大队园艺场、为社员演出时按场次折抵应交承包款的办法解决经费，此做法受到邵阳地区文化局的表扬。其经验被推广后，全县先后开办5个公社业余剧团和4个大队业余剧团。关峡苗族人民公社凤凰生产大队苗族农民李明文创办一家班剧团，每年冬闲和春节期间为社员义务演出。1985年春节期间，省电视台为其拍摄电视新闻，向全省报道。后随着农村电视的普及，业余剧团收入越来越少，多被迫解散。1990年10月，原县文工团的祁剧演员邓小丰，联合绥宁、武冈、洞口、新宁4县的祁剧演员，自筹资金，在武阳镇重建民间职业剧团，在4县巡回演出，年演出137场，年收入1万余元，不久解散。是年开始，民间铜管乐队逐渐兴起。1996年，全县有民间职业剧团5个，每年演出300余场。其中，武阳镇绿洲歌舞团不仅活跃在县境城乡，还赴浙江温州、山东威海等沿海地区演出，年均演出130余场，1998年被评为湖南省第二批百优农村民间职业剧团；瓦屋塘乡新桥村祁剧团走村串寨，活跃在县境城乡，年演出大型祁剧60多场次。2005年，全县有民间铜管乐队58个，主要为农村红白喜事演出，表演内容逐渐从单一的铜管乐演奏向多元化的艺术门类扩展，相继增加戏剧、舞蹈、独唱、小品、相声、独奏等节目。

第二节　文化活动

一、农村群众文化活动

20世纪70年代，各大队普遍在春节期间，临时组成毛泽东思想文艺宣传队，唱样板戏。各公社普遍建立电影放映队，定期到各大队巡回放映影片。

改革开放后，农村相继出现个体录像厅、桌球室、歌舞厅、铜管乐队以及照相馆等个体文化经营户。1986年，长铺镇首家个体铜管乐队、乐安铺苗族侗族乡农民个体乐凯电声轻音乐队相继建立。是年，关峡苗族乡农民个体照相户苏新玉拍摄的新闻和艺术作品在报刊发表（1988年在本乡街头举办个人摄影展览2期），麻塘苗族乡溪口村村办舞厅和盐井乡红岩村陆江桃个体舞厅均生意红火。其间，全县有农村个体录像厅30余家、桌球厅110余家。1987年春节，来自全县农村各地的40多条彩龙灯、10余起舞狮队汇集县城体育场竞演。此后，每逢春节都有数支农村的龙灯和舞狮队到县城表演。

1980—2005年，农村群众文化从单一的春节文化活动，发展到有计划有组织的节日文化活动，每年的春节、元旦节、妇女节、建党节、国庆节都要举办各种文化娱乐活动，演出各种小品、小戏、独舞、群舞、独唱、独奏及快板表演唱等；同时举办演讲、棋牌类、球类、拔河等竞赛活动。1991年，为庆祝中国共产党成立70周年，各乡镇组队参加全县农民业余文艺调演，25个代表队共演出自编节目28个。1992年，全县农村个体铜管乐队发展到28个。随着农村电视的普及，农村电影队减少至24个，录像厅也随之消失。

2000—2005年，个体铜管乐队成为农村群众文化的主力军；此外，农村还有个体腰鼓队、军鼓队、芦笙队等。各表演队走乡串村，为农村红白喜事或企业店铺开业志庆服务。2000年后，农村个体电子游戏厅、网吧逐渐兴起。

二、县城群众文化活动

20世纪70年代，县城学校和机关厂场都普遍成立红卫兵宣传队，进行小歌舞、快板、三句半或样板戏、话剧等演出活动。

20世纪80年代，迪斯科、交谊舞、霹雳舞等新兴文化娱乐活动逐渐兴起，县城开始出现营业性录像厅、舞厅、电子游戏厅、桌球厅等活动场所。1996年，县城有个体录像厅60家、桌球厅40家、电子游戏厅38家、舞厅16家、卡拉OK厅16家。各机关厂场大都有自己单位的周末舞会或节日晚会，并经常举办全县性的各类文艺竞赛活动。1998年起，长铺大桥桥头沿河的3个凉亭，每晚有上百人围坐在一起唱山歌。20世纪90年代末，随着电视的普及，录像厅、桌球厅、舞厅逐渐减少，网吧和卡拉OK发展较快。2004年，县城个体网吧增至40家、卡拉OK厅增至57家，同时还出现个体音乐茶座。

2005年1月，在县城原体育场修建的“绿洲文化广场”竣工，成为县城群众文化活动的主要场所。是年，县城先后举办“新世纪秧歌舞大赛”、“四·八姑娘节民族文艺汇演”、国庆节“绥宁文艺精英演唱会”、“女子健美操赛”、“全县幼儿文艺汇演”以及“元宵灯会”等活动。

三、湘黔七县民族联谊会

1990 年 4 月，绥宁县、洞口县、会同县、靖州苗族侗族自治县、黔阳县、洪江市及贵州省天柱县七县（市）人民政府发出民族联谊活动倡议书，成立“湘黔边境七县市民族工作联谊会”。1990 年 10 月至 1995 年 10 月，共举办 6 届湘黔七县民族联谊会。

第一届联谊会 1990 年 10 月在会同县举办。绥宁县篮球代表队获第三名；小品《雨夜》、舞蹈《山娃》、女声独唱《高高吊脚楼》分别获一、二、三等奖；美术作品一等奖 2 件、二等奖 2 件、三等奖 5 件。

第二届联谊会 1991 年 8 月在贵州省天柱县举办。绥宁县篮球队获第二名；小品《山镇小曲》、舞蹈《赶集》分别获一、二等奖；美术书画作品一、二、三等奖各 2 件。

第三届联谊会 1992 年 10 月在靖州苗族侗族自治县举办。绥宁县篮球队获第一名；小品《井台柳下》、舞蹈《辨新娘》均获二等奖；美术书法作品一等奖 1 件、二等奖 3 件、三等奖 4 件。

第四届联谊会 1993 年 10 月在绥宁县举办。特邀省苗学会 130 多名专家学者和中共第十四届中央委员会候补委员、湖南省政协副主席石玉珍，省人大常委会原副主任、老红军石邦智等领导参加。第一天，迎宾式，有 60 人的护旗队、80 人的彩旗队、60 人的铜管乐队、60 人的少年迎宾队、40 人的礼仪队及 7 台大型彩车参加。晚上，燃放烟花，绥宁县民间舞蹈队在县体育广场表演龙灯舞、钹舞、苗拳狮舞、傩舞、板凳龙舞以及逗春牛等。其中，《绿洲颂》等 9 个节目，表演者达 400 余人。3 天活动中，7 县共有 34 个精彩节目参演，160 多件美术书法作品展览，7 支篮球队竞赛。绥宁县篮球队获得第一名；小品《过河》获二等奖，舞蹈《回门》获二等奖；美术书法作品一等奖 2 件、二等奖 3 件、三等奖 4 件。

第五届联谊会 1994 年 10 月在洞口县举办。绥宁县篮球队获第二名；小品《守瓜》获二等奖，舞蹈《照泥鳅》获三等奖；美术书法作品一等奖 1 件、二等奖 1 件、三等奖 4 件。

第六届联谊会 1995 年 10 月在黔阳县举办。绥宁县篮球队获第二名；小戏《戏新郎》获二等奖；美术书法作品一等奖 2 件、二等奖 2 件、三等奖 4 件。

第三节 文艺创作

一、文学创作

20 世纪 70 年代，县文化馆不定期编印《工农兵文艺》，后相继更名为《绥宁文艺》《巫水》等。1981 年始，县内文学创作活动日趋活跃，各种文学社团陆续成立，在此期间业余作者队伍稳定在 100～150 人。1986 年，杨四清的报告文学《位卑未敢忘忧国》获广州军区政治部“我与军徽”征文一等奖，叶霖的散文《绿的滩》获全国邮电职工新芽文学征文二等奖。1987 年，县内先后有 20 余人在《十月》《芙蓉》《工人日报》《农民日报》上发表小说、散文、诗歌、报告文学、民间故事、传说等文学作品100余篇。1988年，县文联创办《绥宁文学》，发表作品70余篇12万余字。是年3月，与县环保局联合举办“我爱家乡环境美”有奖征文，上百人应征。9月中旬，邀请湖南省文联副主席、知名作家谢璞到绥宁作“文学创作纵横谈”专题报告，听课者100余人。1989年10月，编印报告文学集《光辉的历程》。

1990年，杨四清的短篇小说《在待业的日子里》获湖南省第五次青年文学创作竞赛一等奖。1991年，隆振彪的中篇小说《青山无语》获第四届全国少数民族创作评奖新人新作奖。是年1—7月，在全县开展“共产党人颂”文学征文活动，收到征文100余篇（首），其中优秀作品被编成《共产党人颂》一书。1992年，陶永喜短篇小说《四季景色》获《湖南文学》第一届文学新秀选拔赛二等奖。1992年，在湖南省少儿文学期刊《小溪流》推出“绥宁儿童作品专辑”。同年，县文联精选58件优秀作品汇编成《山魂》一书。1993年2月，举办“绥宁县文坛十佳新人选拔赛”，共收到作品178件。9月，举办“纪念毛泽东诞辰一百周年《红太阳颂》文学征文”，共有1300多名中小学生和业余作者参赛。1994年，县内作者在全国各类刊物发表文学作品70余件。其中龙章辉散文诗《四季》发表于《散文》月刊1994年第8期，被《散文·海外版》（双月刊）1994年第6期转载。1995年，陶永喜短篇小说《一个少年在夏天》获湖南省第七次青年文学创作竞赛三等奖。1996年，隆振彪在《湖南文学》发表短篇小说《卖厂》（又被1997年第2期《作品与争鸣》转载）。1998年，陶永喜因文学创作成绩突出，获湖南省第十四届青年自学成才奖。同年，龙章辉的组诗《姊妹山》获“湖南省第八次青年文学创作竞赛二等奖”，诗歌《豌豆》《橘子红了》分别入选《诗刊·中国新诗选刊》和中国台湾《中国诗歌选》（1998年版）。1999年，龙章辉的组诗《一根藤蔓在奔跑》获“大红鹰杯”全国文学创作大奖赛二等奖，散文组诗《一根藤蔓在奔跑》被选入全国团校高等教育统编教材《基础写作》（2005年又被选入苏教版普通高中课程标准实验教科书《语文·写作》课本）。是年，县文联精选全县历年发表的优秀作品，编印成《优秀文艺作品选》，共计45万字；并设立“绥宁文艺创作奖”。2000年，杨进汉诗歌《速生林》获《诗刊》社“新世纪诗歌大奖赛”优秀奖，《水碾》获“第三届春笋杯诗歌大奖赛”三等奖。2003年，龙章辉散文诗《深夜对莲的怀想》入选《2002中国年度最佳散文诗》。

1993—2005年，县文联共编印《绥宁文学》10余期，发表作品500余件，100余万字。2005年，全县有中国作家协会会员1人、湖南省作家会员5人。

表20-1-1　**1985—2005年绥宁县部分文学作品发表、获奖情况表**

作者姓名	作品名称与类别	出版或发表时间	获奖情况
邓湘子	《雪魂》儿童小说集	1987年	《雪魂》获第三届全国优秀少儿读物二等奖；《禾下乘凉梦——袁隆平传》获首届中国政府出版奖图书奖（提名），第十届湖南省“五个一工程奖”；
邓湘子	《山里的阳光》长篇小说集		
邓湘子	《奶奶和我捉迷藏》童话集		
邓湘子	《神秘黑森林》长篇童话集		
邓湘子	《书里的精灵》散文集		
邓湘子	《牛背上的月亮》散文集		

续表 20-1-1

作者姓名	作品名称与类别	出版或发表时间	获奖情况
邓湘子	《复活的月球飞船》长篇科幻小说	19987 年	系列生活故事《矮妈妈和她的女儿》获第四届冰心儿童图书新作奖；《奶奶和我捉迷藏》获张天翼童话寓言宝葫芦大奖
邓湘子	《霍金》长篇传记文学		
邓湘子 谢长江	《禾下乘凉梦——袁隆平传》长篇传记文学		
邓湘子	《蜜蜂》散文	2001 年	
陶永灿	《黑喜鹊和白喜鹊》长篇小说	1999 年	《黑喜鹊和白喜鹊》获湖南省“五个一工程奖”三等奖，第四届中国优秀少儿读物奖，冰心儿童文学新作奖
陶永灿	《毕达哥拉斯》长篇传记文学	1997 年	
陶永灿	《有鸟的秋天》《远去的云朵》儿童文学集	1999 年	
陶永喜	《不知名的鸟》儿童小说	1990 年	《四季景色》获《湖南文学》第一届文学新秀选拔赛二等奖；短篇小说《一个少年在夏天》获湖南省第七次青年文学创作竞赛三等奖
陶永喜	《火麻》中短篇小说集	1999 年	
陶永喜	《费米》长篇传记文学	1997 年	
陶永喜	《四季景色》短篇小说	1990 年	
陶永喜	《山魂》小说		
隆振彪	《青山无语》小说集	1998 年	短篇小说《水中有个太阳》《觅》分别获湖南省“共产党人颂”征文奖、首届湖南省大学生作文竞赛一等奖；中篇小说《青山无语》获“第四届全国少数民族文学创作评奖新人新作奖”；小说集《青山无语》获首届（1949—1999）侗族文学“风雨桥奖”
隆振彪	《蛊毒》长篇小说	2000 年	
隆振彪	《巍巍苍山知我情》中篇小说	1985 年	
隆振彪	《觅》短篇小说	1986 年	
隆振彪	《水中有个太阳》短篇小说	1993 年	
隆振彪	《卖厂》短篇小说	1996 年	
龙章辉	《四季》散文诗	1994 年	1998 年，组诗《姊妹山》获“湖南省第八次青年文学创作竞赛”二等奖（最高奖）；1999 年，组诗《一根藤蔓在奔跑》获“‘大红鹰杯’全国文学创作大奖赛二等奖”
龙章辉	《姊妹山》组诗	1995 年	
龙章辉	《乡风微醉》组诗	1997 年	
龙章辉	《春天的话语》散文诗	1997 年	
龙章辉	《一根藤蔓在奔跑》组诗	1999 年	
龙章辉	《晨光弥漫的村庄》散文	2004 年	

二、戏曲创作

1978—2000 年，绥宁出现一个小戏创作群，在湖南省内有一定影响，被誉为“小戏之乡”。

李荣民戏剧作品　1979 年，李荣民创作的苗族山歌剧《相亲亭》在湖南省庆祝中华人民共和国成立 30 周年群众文艺会演中获创作一等奖和演出二等奖；1986 年 6 月，此剧参加全国农民业余文艺会演获优秀剧目奖，中央电视台转播演出实况，并被选赴中南海为中央领导汇报演出；《剧本》月刊中发表并出单行本。嗣后，载入 1980 年《戏剧年鉴》；1985 年获第一届全国少数民族戏剧题材团结奖；1990 年被选入《中国少数民族戏剧丛书·湖南卷》。1980 年，李荣民创作的小戏《夜半敲门声》在湖南省内刊发表。1987 年，李荣民创作的小戏《心声喃喃》参加邵阳市专业剧团文艺调演，获二等奖。1990 年，李荣民创作的小戏《摘辣椒》在湖南省群艺馆内刊《演唱作品》发表。1991年，李荣民创作的说唱《换锁记》在《湖南农村报》上发表。1997年，李荣民创作的小戏《菜园会》获湖南省文化厅“97小戏作品曲艺节目调演”三等奖。

刘天龙戏剧作品　20世纪70年代中期至80年代初期，刘天龙创作的小戏与改编的大戏数次在邵阳地区演出或刊发。1986年，刘天龙创作的小歌剧《画眉声声》获湖南省学校剧剧本创作二等奖，翌年，获文化部学校剧创作荣誉奖。1987年，刘天龙创作的小戏《山里夫妻》由县文化馆排练，参加邵阳市首届“昭陵之夏”艺术节演出，获二等奖。

向新华戏剧作品　1984年，向新华创作的侗歌剧《春风店》由县花鼓戏剧团排练，肖思贤导演，向竹云主演，参加湖南省第三届戏剧节调演，获创作三等奖、导演二等奖、演出三等奖，省电视台录制和播放舞台艺术片。1987年，向新华创作的小戏《风雨桥边》，杨明浩导演并参与演出，参加邵阳市专业剧团文艺调演，获三等奖；是年参加湖南省首届“洞庭之秋”艺术节会演，获荣誉奖；1990年被选入《中国少数民族戏剧丛书·湖南卷》。

刘桂梅戏剧作品　1990年，刘桂梅（笔名刘贵梅）创作的小品《雨夜》在湖南省内刊《演唱作品》上发表。1994年创作的小戏《戏新郎》在《剧本》月刊上发表，并获“重钢杯”全国业余小戏小品创作一等奖，入选“全国百优小品集”。1999年，刘桂梅创作的哑剧小品《晨遇》在第三届全国盲聋培智学校学生艺术会演中获优秀奖，在湖南省会演中获一等奖；小戏《山路弯弯》在《小品小剧本创作园地》发表；小戏《攀亲》由秦开秀导演，参加全市小戏小品汇演获金奖，2001年获湖南省首届三湘群星奖评奖活动铜奖。2002年，刘桂梅创作的小戏《山民》参加“中国曹禺戏剧奖·小品小戏奖”评选暨“中国剧协百优小品大赛”，获编剧三等奖；是年，刘桂梅创作的另一小戏《翠竹青青》入选“全国百优小戏小品集”，在2003年参加第十届“中国曹禺戏剧奖‘兴运达杯’全国小品小戏大赛”中获二等奖。2004年，刘桂梅创作的小品《山魂》在《小品小剧本》上发表。20世纪90年代中期至21世纪初期，刘桂梅的作品曾先后获邵阳市第一、第二、第三届精神文明建设“五个一工程”优秀作品奖。

三、美术创作

1977年，县内举办建军50周年美术作品展览，展出作品100余件。1984年国庆节时，举办美术、摄影、书法作品展览，其中展出国画、水粉画、剪纸、工笔画等美术作品90余件。其间，县内美术作者队伍稳定在70～80人，其中版画作者48人；黄土矿乡农民业余美术作者刘思礼先后创作数十件版画作品，在市以上展览中展出20余件。1986年，陈白水的版画《卖麦秆的妇女》、杨幸福的版画《磨豆腐》《春新米》在湖南省文化系统干部美术摄影作品展览中，同获二等奖。1987年，刘思礼创作的版画《和平的村庄》与杨幸福创作的版画《英烈魂》同时入选湖南省庆祝建军60周年美术作品展。是年11月，绥宁县少数民族农民版画协会有28件版画作品入选由中国版画协会、版画世界、湖南省美协在长沙联合举办的美术创作作品展览。1988年，刘思礼、杨幼桃等作者的版画作品《挑河沙》《夜校》《挑夫》《村中管乐队》《鲜菜出村》等在大型美术刊物《版画世界》发表。1989年，杨幸福的版画《赛唢呐》《晚秋》及陈白水的版画《母与子》《杨梅上市》一同入选湖南省版画展览，其中《赛唢呐》《杨梅上市》获三等奖，《母与子》入选第七届全国美术作品展览。是年，李世满在县内举办个人根雕艺术作品展览，展出作品76件，其中《海鸥》在《民族画报》刊登。

1994—1995年，杨幸福创作的版画《风》入选“全国第十二届版画作品展览”（后被深圳美术馆和中国美术馆收藏），《春雨》在首届全国“民族百花”美术作品展览中获优秀奖，《老屋顶》在“民族百花”奖第二届全国少数民族美展中获优秀奖。1997年5月，李世满、林亲群举办根雕艺术展览，展出作品82件。是年，林亲群根雕作品《母子情》获湖南省“双迎”盆景花卉展览邵阳赛区一等奖。1999年，杨幸福、林亲群、胡小珍创作版画作品13件，其中2件参加全市美术展览，3件入选湖南省“喜临杯”美术展览。

2001年，杨幸福组织、辅导少儿创作美术作品30件，在全省少儿“三湘蒲公英”评奖活动中，获全省优秀奖1件，获全市金奖1件、银奖2件、铜奖10件。2002年，李叶华创作的水彩画《春分》入选全国“纪念毛泽东在延安文艺座谈会上讲话60周年”美术作品展，还有10余幅水彩画先后在美术刊物《美术大观》发表；林亲群的水彩画《月是故乡明》《春到林间》被人民画报社采用和收藏，另有30余幅水彩画先后参加全国、全省、全市美展，并被报刊采用。2004年国庆节期间，县内举办“唐东风大型剪纸艺术展”，展出作品80幅。

另外，绥宁县老年书画协会会员和老年大学学员李焕宁、胡庆耀、潘水云、唐英章、陈志、黄志英等创作的国画作品，多次在全国、全省、全市书画赛中获奖。胡庆耀有多幅国画作品参加日本、新加坡、马来西亚、泰国等国外美术赛事，并被举办国珍藏。

四、书法创作

20世纪80至90年代，绥宁县有业余书法作者30～40人。1984年，绥宁县举办首次书法作品展览，展出书法作品20余件。

1986年，聂德荣的隶书作品入选湖南省第五届书法篆刻作品展，嗣后又入选全国教师书法展。1987年，刘建平获“文明杯”全国钢笔、圆珠笔书写大赛三等奖，书法作品入选中国书画艺术沙龙第一回展。是年7月，聂德荣获邵阳市首届青少年书法篆刻大赛特等奖，刘建平获一等奖，刘永海、胡帝池获二等奖。同年举办全县书法作品竞赛，70余件作品参展。1988年，聂德荣获湖南省电视台举办的书法大赛佳作奖，另一作品获湖南省中青年书法竞赛一等奖。是年5月，刘永海、刘建平书法作品入选纪念井冈山会师60周年书法展；6月和10月，两人作品又先后获“屈原杯”全国硬笔书法大赛和“龙年”全国钢笔书法大奖赛优胜奖。1989年，聂德荣书法作品入选湖南省书法篆刻作品调展，刘建平获第二届“文明杯”全国写字段位大赛三等奖，并被授予段位证书。同年，县文联和团县委联合主办“五四”青年书法大赛。1990年，聂德荣的草书作品入选湖南省政协、省美协、省书协联合举办的《人民政协迎春书画展》，王胜芳获马年中国硬笔书法大赛一等奖，胡庆耀的立轴在国际现代书法大赛中获优秀奖，并入选《国际现代书法集》。1991年，聂德荣的书法作品在第二届湘黔七县民族联谊活动中获一等奖，陈历秋获二等奖。同年，陈历秋获武陵源碑林首届国际书法大赛毛笔优胜奖。1992年和1993年，在第三届和第四届湘黔七县民族联谊活动中，陈历秋书法作品分别获三等奖和一等奖。1993年，陶永耀硬笔书法作品获中国奥林匹克第一届国际书法绘画艺术展优秀奖。1994年，刘建平获湘黔七县第五届民族联谊会书法展览三等奖。1997年，陶永耀楷书作品和行书作品分别入选全国小作品书法大赛和全国新人新作书画作品展。1999年，胡国强获第七届中国钢笔书法大赛二等奖。同年，举办全县首届法律法规硬笔书法大赛。

2001年，聂德荣、刘建平的书法作品分别获湖南省庆祝建党80周年书法大赛三等奖和优秀奖。同年，刘建平获中国首届南方长城杯书画大奖赛优秀奖。2004年，陈历秋获首届中国书画艺术大赛银奖和湖南省纪念毛泽东诞辰110周年书法大赛优秀奖，刘建平的书法作品“炎陵蔚竹木，赤县钟华荣”被炎帝陵绿化工程永久收藏；县老年书画摄影协会会员和县老年大学学员吕斐、陈璧等10余人在国家、省、市有关书法赛上多次获奖。

五、摄影创作

1978年，县内有业余摄影作者20余人。1979年，王恒松拍摄的《长苞铁杉》被新华社刊登，并作为国家图片档案收藏。1985年，县内有湖南省摄影家协会会员3人。是年，王群荣的摄影作品《门前》入选湖南省影展，《小街》入选湖南省“我们的农村”影展，《双清秋月》获全国《摄影世界》月赛一等奖。1986年，王群荣的摄影作品《春光》《田园》入选湖南省第六届影展；是年6月，绥宁县与辽宁省宽甸县联合举办摄影艺术作品展览，展出作品100余幅。1987年，王群荣的摄影作品《双清秋月》《农家门前》《孺子牛》分别获《摄影世界》杂志专题月赛一等奖、香港《摄影画报》摄影银奖及全国“DS”杯影赛三等奖，《春日好时光》参加第五届富士杯全国摄影十杰年赛；唐建宁的摄影作品《秋天的童谣》参加湖南省第二届青年摄影艺术展览；是年秋，绥宁县李熙桥镇和隆回县六都寨镇联合举办农民摄影艺术联展。

1990年国庆节期间，县内举办“神奇的绿洲”王恒松个人摄影作品展，展出作品70余幅。1991年，王恒松拍摄的《长苞铁杉》照片被《中国新闻》第50期用六国文字向世界发行。1992年，王群荣摄影作品《大地》获全国群艺馆、文化馆（站）影赛优秀奖。1993年，王群荣的摄影作品《农家》获湖南省影赛优秀奖。1996年，王群荣的摄影作品《两代人》获湖南省文化系统影展铜奖，《人民摄影报》刊登，并附专评。是年8月，举办“绥宁县新貌摄影展览”，展出作品62幅。1997年，王群荣的摄影作品《逗春牛》获《人民摄影报》举办的全国“海鸥杯”影展三等奖，《乡戏红火》获湖南省第十二届影展优秀奖；唐建宁的作品《婚嫁奇闻录》入选中国摄影报“海鸥杯”全国第二届黑白照片抓拍比赛。是年，县内举办王群荣、伍茂兴、杨志刚、聂德荣艺术摄影展，展出作品100余幅。

2000年，伍茂兴的作品《秋》《谐》参加湖南省“丰收杯”农业摄影大赛展览，《姑嫂情》在《湖南画报》发表，并被评为优秀作品，《消防队长的儿子》入选湖南省首届“人保杯”消防摄影大赛，《使命》被湖南省摄影家协会评为三等奖；聂德荣的摄影作品《喜看稻菽千重浪》获湖南省“丰收杯”农业摄影大赛二等奖。2002年，毛茅的摄影作品《冷艳》入选《中国摄影家作品选集》。2004年，毛茅的摄影系列作品《绥宁梯田虎背赛龙青》（共6幅）在香港（北京）《摄影之家》创刊号发表，作品《水帘幽情》在湖南省第十三届摄影艺术展上获优秀奖；王群荣的摄影作品《瑶乡欢歌》《乡味小吃》在湖南省第四届“三湘群星奖”邵阳市选拔赛中分别获金奖和银奖。匡能闾、王雪、易建明、蒙海涛等人摄影创作活跃，在全国、省、市报刊上发表不少优秀作品。

六、音乐创作

1978—2005年，县内每年的业余音乐作者队伍保持在10～20人之间。1981年，段小平创作的歌词《我爱江上放排哥》在《词刊》上发表，被上海等地的音乐家谱曲演唱，并在电台播放。1984年，由韩喜友、佘刚林创作的歌曲《弯弯牛角挂书包》在《儿童音乐》上发表；韩喜友作曲的侗歌剧《春风店》参加湖南省专业剧团汇演获三等奖。1987年，《弯弯牛角挂书包》被选入人民音乐出版社编印的《新歌选萃》；黄渊江作曲的侗歌剧《风雨桥边》参加湖南省首届“洞庭之秋艺术节”获优秀奖。1989年，刘乐权在省内外音乐报刊上发表歌曲10首。

1990年10月，佘刚林的《大山的孩子》在上海音乐出版社《多来咪》杂志上发表。1992年5月，佘刚林作曲、黄民祥演奏、何放吟配器的侗笛独奏《鼓楼月夜》获“'92湖南省群众文艺（文化）馆站《情系乡土》文艺调演”一等奖，11月又获“中国民间音乐舞蹈比赛”二等奖。1993年，刘乐权创作的歌曲《高高山上飘白云》获全国中音杯音乐作品大赛银奖（2000年9月入选《文艺湘军百家文库音乐方阵优秀歌曲卷》）。1995年，刘乐权创作的歌曲《瑶家爱吹双唢呐》、佘刚林创作的歌曲《牛腿琴》同获湖南省爱国主义新歌评选银奖；刘乐权作曲的《春天在我们歌声里》《我的小船》等9首歌曲入选台湾出版发行的《主人翁之歌》。1997年，隆振彪作词、佘刚林与刘乐权作曲的歌曲《侗乡夜景》《苗家女》《侗妹》分别获97湖南省“珠江钢琴奖”歌曲征集大赛三等奖与创作奖；黄渊江作曲的小戏《菜园会》获湖南省小戏小品比赛作曲铜奖。

2000年1月，《刘乐权音乐作品集》由湖南电子音像出版社出版。是年，刘乐权作曲的《竹叶会唱歌》入选湖南教育出版社出版的《唱给明天的歌》；刘天智作曲的《山里男子汉》获湖南省文联、省音乐家协会举办的庆祝建党80周年歌曲征集评奖优秀奖；黄民祥演奏的侗笛独奏《鼓楼月夜》在湖南省首届少数民族文艺调演中获一等奖；黄渊江作曲的侗歌剧《攀亲》获湖南省首届“三湘群星奖”作曲铜奖。2002年，何放吟戏曲音乐作品《斗洛阳》中的一段唱腔入选湖南省音乐集成。2003年，刘乐权创作的歌曲《农家的生活令人醉》在《歌曲》第1期发表。

1981—2005 年，全县创作并发表音乐作品 200 余首，在国家级刊物发表或获奖的有 10 余件，在省刊发表或获奖的有 80 余件，在市级发表或获奖的有 110 余件。

七、舞蹈创作

县内舞蹈创作起步较晚。1986 年 7 月，县文化馆根据民间舞蹈素材，创作侗族双人舞《钵多锣》，获邵阳市首届民间音乐舞蹈调演二等奖。1990 年，刘桂梅（笔名刘贵梅）创作，游庆平、刘桂梅表演的舞蹈《山娃》获邵阳市首届文化馆（站）文艺调演优秀奖，此节目为绥宁县首个舞蹈创作作品。1993 年，刘桂梅编导，游庆平、刘桂梅表演的舞蹈《回门》获第四届湘黔七县民族联谊会演出二等奖。1994 年，刘桂梅创作的舞蹈作品《苗寨师生情》获邵阳市教师节文艺比赛一等奖。1999 年，袁芳梅编导的少儿舞蹈《山妞妞》获邵阳市“笑梅杯”音乐舞蹈大赛银奖。

2002 年，刘桂梅编导的《苗女踏春》获邵阳市第二届“三湘蒲公英奖”音乐舞蹈大赛金奖，并获省铜奖；其论文《山娃的形象塑造》获邵阳市舞蹈论文评比金奖、湖南省铜奖，并编入“湖南省少儿文艺理论集”。是年 7 月，袁芳梅作品《蜜饯乐》获邵阳市第二届“三湘蒲公英奖”音乐舞蹈大赛银奖。2003 年，袁芳梅的论文《广场民间舞蹈的特征》获湖南省第六届群众文化理论评奖二等奖。2005 年，刘桂梅编导的舞蹈《山寨情歌》获邵阳市银奖。

第四节　民间文艺

一、民间文学

中共十一届三中全会后，县内恢复对民间文化遗产的挖掘和整理。1986 年，成立绥宁县民间文学集成领导小组和编委会。历时 1 年，累计收集民歌 11715 首共 30 余万字、谚语 900 条共 1 万余字、民间故事 350 篇共 40 余万字。1987 年 9 月，由隆振彪主持，编纂成《中国民间故事集成湖南卷绥宁县资料本》《中国谚语集成湖南卷绥宁县资料本》《中国歌谣集成湖南卷绥宁县资料本》；共采用民间故事 79 篇、民间歌谣 1100 首、民间谚语 140 条。

二、民间美术

县内民间美术在古建筑上多有体现，庙宇、祠堂、风雨桥、鼓楼和古民居的造型独具民族特色。1976 年，党坪人民公社动雷生产大队妇女于爱玉的剪纸《高山鱼满塘》入选湖南省民间美术作品展览。昔县境南部地区妇女用冬瓜或柚子皮做成万花茶用以泡茶待客，集饮食与观赏为一体，盛传不衰（参见本志第二十二篇《民族·民族文化与工艺·民族工艺》）。1983 年，长铺子苗族人民公社李家团生产大队 83 岁的苗族妇女李容兰雕刻的“福”“禄”“寿”“禧”

4件万花茶中的“福”“寿”2件入选湖南省民间美术作品展览。1996年，在市苗族侗族乡和党坪苗族乡动雷村分别成立民间美术创作组，县文化馆成立农民版画协会。是年，县内举办“全县民间美术画展”和刘忠永、杨志刚等个人民间美术画展。参展作品95件，其中有8件作品入选邵阳市民间美术作品展、11件作品入选湖南省民间美术作品展。

三、民间音乐与民间演唱

庙会　庙会是单一的氏族村落怀念祖先、祭祀庙神的节日活动，一年一次，日期固定（其中苗族龙姓为正月二十三日，杨姓为四月初八日，麻塘李姓为五月十三日，关峡李姓为五月十四日，苏姓为五月十五日，黄土矿李姓为六月初十日，武阳黄姓为六月十六日）。每个民族在本民族的庙会里，各家各户都邀请亲戚前来参加。其活动除办酒宴和制作有氏族特色的食品祭祖外，还有公共性的文艺活动。这种活动由氏族首领组织，在家庙（熟苗地区称祠堂）的戏台或场坪举行，内容有打拳、舞狮、演戏、唱山歌、抬故事等。

龙灯会　县内每年秋收后，一些村寨便自动成立龙灯会，负责筹备春节期间的龙灯活动，其中有1～2名首士自动捐赠本届活动所需的一部分或大部分经费，成为头家或总首，负责龙灯的制作和龙灯会的筹备和指挥，其余人等有的募捐，有的购物，有的负责破竹破篾扎制龙灯骨架（其中龙头、龙尾、狮子头等重点部件向纸马匠订购）和制作牌灯、动物灯、蚌壳、糊纸、涂色勾画、剪纸贴花。龙灯扎制完成后，再组织操练。到了新春初二晚上，龙灯会首士便组织龙灯队伍向本村寨各家各户拜年。游完本村寨后，接着游向邻近村寨拜年。与此同时，首士也要负责迎接外村寨的龙灯来本村寨拜年。在舞龙灯的同时，还要组织唱龙灯戏。到了正月十五晚上，各村寨的龙灯都齐集当地集镇大拜年，并举行舞龙灯舞狮子的表演比赛。深夜，会灯活动结束，篝火燃烧起来，一条条龙灯投入火中焚化，表示送龙升天，本届龙灯会结束。

山歌　唱山歌是县内最具广泛性的民间文化活动，无论苗族、侗族、瑶族还是汉族人民都爱唱山歌。休息时唱，劳动时也唱，野外唱，在家也唱；台下唱，台上也唱。清代《绥宁县志》的“绥宁全图”中，外罗岩里就标有“唱歌坪”地名——该地名在今黄桑坪苗族乡黄桑坪村潘界头组的一个山坡上，是古代苗族歌手举行山歌会的圣地，故名。神坡山历来是绥宁、会同各族人民举行山歌会的经典场所，1997—1999年，连续举办3届山歌会。2000年，县电影院把山歌会引入影院，先赛山歌后放电影。21世纪后，山歌从农村进入县城，发展为街头巷尾群众性的演唱活动。2005年后，绿洲广场成为民歌手的集中演唱场所。

劳动号子　劳动号子是进行抬大石头、抬大树木、拉船上滩、撬屋拨向、铺土打夯等笨重体力活时，由一人领喊、众人应和，以便同心发力的号子，慷慨激越，震山荡谷。主要流行于县境南部。

龙灯歌　县内打龙灯时，一人唱、众人和或一人唱、锣鼓和，七言二句。属平腔，分落马歌、敬酒歌、谢酒歌、安龙神歌、出门歌等。

酒歌 县内少数民族好客，家庭置办结婚酒宴、满周岁酒宴、修房酒宴、庆寿酒宴时，红光满堂，喜气洋洋，主人和来宾常常举杯互敬引吭高歌。也有些主人或来宾唱歌并不内行，他们便请歌手代唱。歌手往往熟记大量传统歌词但并不囿于传统歌词，常常即兴发挥现编现唱。喜宴上唱酒歌，分“礼仪歌”“祝酒歌”“谢酒歌”等。“礼仪歌”仅适用于婚礼中上红、敬祖、叫茶、闹洞房等程序。“祝酒歌”“谢酒歌”应用较广泛，又分进门歌、祝酒歌、谢酒歌、陪客歌、结尾歌、送客歌、划拳歌、对歌等，一般为母女父子相传。

踩门歌 新房快竣工时，一项重要程序是安装大门。这时，一名歌手扮作踩门仙人边唱边来到还紧紧关闭着的大门外。鲁班师傅（由木匠师傅扮演）站在大门内，用斧头猛击大门，用押韵句式即兴提问，踩门仙人必须用押韵句式及时回答。如此你问我答，增添喜庆气氛。对答完毕后，鲁班师傅打开大门，“踩门仙人”边走边唱，踏进门槛。

扮土地 扮土地属巫傩戏。分新春唱土地和四季唱土地两种形式。新春唱土地，即每年农历正月初三至十三日，三名歌手戴土地面具，其中一人为白眉毛白胡须、身着蓝黑长衫、手持龙头拐杖的土地公公，二人为面目慈祥、身穿蓝色短衣黑色长裤的土地妻妾，其中一人持一面小锣，三人挨家挨户一面敲锣一面演唱土地歌向主人祝贺新春。四季唱土地为土地神一年四季挨家挨户唱土地歌，表示添财进宝祈求吉利，但人员减至一人（土地公公）或二人（土地公公和土地婆婆）。土地神所唱内容很广，有起神歌、进财歌、拜年歌、谢茶歌、对答歌、劝世文等。其中劝世文是主要内容，包括唱夫妻恩爱、家庭和睦、儿女孝道、公婆仁慈、五谷丰登、六畜兴旺、富贵双全、吉祥如意、发子发孙等，目的是倡导和谐仁爱、感恩戴德、勤劳俭朴的社会风尚。每唱完一家，主人施舍若干钱财以表谢意。如果中途遇上另一伙唱土地的人，双方则要盘古比赛，输方主动退出此地。

儿歌 儿歌在县境广泛流行且源远流长，最初的儿歌已无法考证，世代相传的儿歌有“张打铁，李打铁，姐姐留我歇……”等多首。黄桑坪苗族乡流传着一首很特殊的儿歌“界溪省，巴流府（或潭泥府），雪林州，赤板县，上堡有个金銮殿”，经考证，已有500多年。儿歌无曲谱，故又称童谣。天真无邪的儿童常常脱口喊出稚嫩无华的童谣来，节奏流畅，音韵和谐，内容生动，朗朗上口，大人听着也饶有兴趣。

吹木叶 这是少数民族独特的吹奏艺术。少数民族群众在上山劳动或男女幽会时，随手采摘一片色绿质韧的嫩木叶，用指头抵在下嘴唇上，就能吹奏出清脆悦耳的曲调来，婉转悠扬，清新动听。此时，女青年往往情不自禁唱出赞扬情郎的山歌：“青绿叶子嫩呵呵，摘片叶子吹山歌，满山听见树叶叫，遍岭听见郎唱歌。”

讲故事 县境的传统故事很多。1986年，县文化部门组织人力收集了300多个各族民间故事，整理后选收79个编印成《绥宁县民间故事集成》。故事按内容划分，可以分成人物故事、鬼怪故事、动植物故事、风俗故事、地名故事等。各类故事又可分出若干个小类来，如人物故事可分成人类繁衍故事、英雄故事、民间机智人物故事，风俗故事可以分出节庆故事等。如四月八日姑娘节、六鹅洞、东山老人和南山小妹、三十六人洞、唱歌妹、上堡摇钱树等。

耍狮子　传说狮子是土地爷饲养的吉祥之物，每年正月，土地爷要赶狮子出来闹新春，以镇恶驱邪。狮子由两个青年男子扮演，一个武士打扮的青年逗狮子，再由一个人扮土地爷在后面赶狮子。狮子扮演者扬着狮头，披着狮皮，模仿狮子动作，在锣鼓鞭炮声中跳跃打滚，围观者呐喊助威，狮子一般跟着龙灯走，有时也单独进行，根据土地爷的赞语表演各种动作供众人欣赏。

逗春牛　也称放春牛。每年立春以后，苗侗山寨便开展逗春牛民间舞蹈活动。牛头用竹片和皮纸扎制，牛身和牛角用黑布缝制。两个小伙子共同扮演春牛（农神），一人舞牛头，一人舞牛身；后面跟着执牛鞭的牧童、提饭篮的乞丐（小丑）、拿算盘的商人、扛犁耙的农夫、扭捏造作的媒婆、活泼调皮的村姑以及乌龟精、蚌壳精。乐队吹着唢呐，敲锣打鼓，走村串寨。各家各户摆香案放鞭炮迎接春牛（农神）。春牛队伍每到一处，便选一块空坪表演逗春牛的舞蹈。村人纷纷围观，欣赏春牛在锣鼓声中有节奏地做出“嬉水”“喝水”“过坎”“斗架”“洗角”“搓蹄”“洗澡”“擦痒”等舞蹈动作，围观者吆喝喧天，拍手助阵。掌犁农夫推犁耕田时，参加表演的其他角色便各显其能，纷纷拿出自己的绝活。其中最为活跃、最能逗人发笑的是乞丐小丑。他脸抹黑灰，插科打诨，洋相百出，专找围观的村姑抹黑灰，被抹黑灰的姑娘绝对不会生气骂人，如果不愿被抹，只能躲避，但有时乞丐会穷追不舍，惹得围观者大笑不止。打闹暂停时，人们上前逗牛，给牛上鼻绳，给牛屁股搔痒，拖牛尾巴，扳牛角，学牛叫，牛则斗人，喘粗气，踢后腿，场面热闹非凡，参与性十分广泛。

板凳龙　先准备板凳若干条，每条板凳安排二人操作。全体舞龙者排成一路纵队，每二人一组，各抓板凳的前后两只腿，全部板凳组成龙身。舞动时，龙身左右翻滚上下盘旋。如果把所有板凳按龙身予以装饰，舞动时则更加生动。

抬故事　首先，依据古代故事内容情节挑选演员，一般选择年小体轻扮相漂亮的男女小孩。然后，按情节需要给演员穿戴好长衣长裤和鞋帽，在长衣长裤的隐蔽下，捆扎着承受演员体重的立杆和坐凳。表演队伍游动时，演员坐在凳子上，体重隐蔽地传给立杆，再传到下方的桌子上。桌子由四个大汉抬着。观众望去，以为演员飘浮在空中，产生出无限的新奇感觉。

拍铜钱　又称拍霸王鞭。始于明代，是苗族为庆贺新禧、祈盼子孙发达、年年进财、岁岁丰收的一种文艺表演形式，由男女青年（或少年）各一人，各持一根或两根铜钱棍表演。铜钱棍用竹竿制成，长 2.2～3 尺，两端各安铜钱 4 对，用铁丝穿在竹竿中间。表演时，演员手指有节奏地拍击竹竿，再用竹竿拍打身体各个部位，发出有节奏的铜钱撞击声，演员和着节奏演唱。可以在舞台上表演，更多的是深入各家各户在大门口或院落里表演。演完后，主人施舍钱财表示酬谢。

吹唢呐　是各村寨红白喜事必备的表演活动。唢呐演奏有单双之分。单唢呐由一人演奏，音色优美；双唢呐由二人同时演奏，声音高亢。选择单唢呐还是双唢呐，由举办红白喜事的主人决定，一般情况是经济拮据的人家用单唢呐，经济宽裕的人家用双唢呐。演奏唢呐时，表演者吹气吸气交替使用，可以把演奏时间和声调延续很长。演奏的曲调有传统曲牌、民间小调和现代歌曲。

四、民间工艺

石雕　县内石雕多见于住宅、祠堂、寺庙、石井、石墓及碑碣上，按其雕刻内容可分为字雕和图雕两种。字雕，多采用质地细腻的青石料磨平后，在上面刻字，多为阴刻。图雕，多采用质地较硬的青石或花岗岩石料，图案内容丰富，有人物、龙、凤、狮、虎、麒麟、花卉以及云彩、太极等。如关峡苗族乡关峡隘口南岸光利山近顶处岩屋内的石人像，系花岗岩石料，高80厘米，宽30厘米，厚20厘米，呈坐禅式，头戴方巾，身披长袍，手捧笏牌，神情肃穆，造型古朴。在市苗族侗族乡马田村的石狮，雕于清代，原安放在卫千总龙彦荣府宅大门口，用青石雕刻而成，有一对，大小相等，高100厘米，长70厘米，腰围90厘米，呈蹲立状，刻工精细，线条流畅。又如东山侗族乡东山村桥头飞山庙柱脚垫的石鼓，为镂空雕刻，镂空部分似乎暗藏无穷的神秘，而石鼓外表则雕刻着人物、花卉和怪兽等，生动传神，其线条虽不及木雕流畅，但更显挺括，更具力度和动感。

木雕　县内木雕多见于房屋和家具上，在鼓楼、凉亭、宗祠、寺庙等建筑物上雕龙镂凤，在房屋的吊脚檐柱头部雕刻葫芦或金瓜，在排枋头上雕刻龙头或凤头，在窗棂上雕刻喜鹊登梅图案。与石雕相比，木雕线条更流畅、细腻、美观，内容更丰富。特别是家具上的木雕更加精致细腻，发现的千工床就是一例。据《绥宁县文物志》载：清光绪年间，小水（今属长铺子苗族乡）大地主丰湘周，请匠人为妻妾各做一架木床，费时三年多，故名“千工床”。其中为其妻所做“千工床”分为上下两部分，下部高50厘米，长216厘米，宽150厘米，上部为床架，高170厘米，长宽与下部相同，床的正面分内外七层，从顶部到底部，全部装饰镂空镀金图案，内容除花鸟虫鱼、楼阁亭榭、金童玉女、十八罗汉外，还有戏曲故事，造型美观，刻工精湛，涂红抹金，光彩夺目，具有很高的观赏价值；为其妾所做千工床今收藏在县图书馆唐建宁处。

根雕　县内根雕艺术盛行于20世纪80年代，是以天然树根进行艺术造型的工艺美术。其方法是，先上山采集各种树根，再根据树根的形态和“九成一雕”（尽量追求天成而不依赖人工雕刻）原则，发挥丰富的想象力，把树根造型成各种人物、动物等形状，有“雄鹰展翅”“天女散花”“白鹤亮翅”“蛟龙出海”“苗族舞女”等各种造型，古朴典雅、鲜艳夺目。

剪纸工艺　绥宁县民间剪纸盛行。在苗乡侗寨，姑娘们学刺绣须先学剪花样纸，青年男女结婚布置新房要剪窗花纸，春节元宵舞龙灯要剪灯花纸，所以，剪纸成了女红中的一项重要内容。剪纸活动主要有剪灯花纸，又叫剪龙灯花。正月开展舞龙灯活动，需要大量龙灯花，有贴在龙身上的条花与“杉木刺”，有贴在红宝、绿宝上面的宝花，有贴在凉伞上面的凉伞花，还有贴在牌灯上面的牌灯花。其中宝花和凉伞花最难剪，它的构图较复杂，而且剪出来的花要成套，如“双龙抢宝”“丹凤朝阳”“喜鹊登梅”等。村寨耍舞龙灯时，剪龙灯花的任务分配给刚嫁来的媳妇，看谁心灵手巧剪纸手艺高，一些手艺差的只好甘拜下风，虚心向手艺高的姐妹学习。现在，剪纸已发展成为一种高雅民族艺术，不仅妇女剪纸，一些男子汉也剪纸，有的剪纸艺术达到了很高水平。

第五节　图书发行与藏阅

一、发行

教学用书发行　1978年，全县中小学课本发行总额为12.67万元，占当年全县图书销售总额的64.4%。1993年以来，重视对课本及教学配套用书的征订、发行，保证征订率100%，全县66所学校近6万名学生的课本及教学配套用书发行量逐年增长。2005年，课本及配套用书销售额计1135.8万元，占全县图书销售总额的89.64%，比1978年增长108.9倍。

一般图书发行　县内一般图书发行主要依靠县新华书店门市部零售。1978年以来，县新华书店先后制订《加强门市部工作管理办法》和《门市部工作考核办法》等管理制度，并推行门市部工作经营责任制。1990年和1996年，县新华书店先后将临县城中心街两栋旧房进行改建，对两个门市部进行装修，营业面积达700多平方米，销售图书品种从原来的不足6000种，增加到11400种。2001年，门市部一般图书零售额首次突破100万元大关。

农村图书发行　1978—1998年，全县农村图书发行主要依靠38处农村基层供销社经营销售图书，20年中销售各类图书总额167.27万元。1998年后，农村供销社停止图书经营业务。1984年以前，县新华书店在武阳、在市建有2处门市部。1985年和1992年，分别在黄土矿、瓦屋塘新建2处门市部。至2005年底，全县有4处农村集镇图书销售门市部。2000年，投资6万多元对武阳书店门市部进行装修，建成湖南省和邵阳市新华书店系统第一家农村图书超市，图书陈列品种3000多种，年销售额12万元。2005年前，县新华书店每年有2名农村图书专职发行人员负责南、北两片的农村图书流动供应，有7名人员负责农村4个门市部的图书发行。9个农村图书发行员每年完成图书销售额近30万元。其间，向武阳、竹舟江、麻塘、乐安铺、关峡、红岩、水口、党坪等乡镇图书室义务捐书3010册。至2005年，县新华书店共送科技图书下乡11.35万册。1978—2005年，县新华书店先后4次荣获湖南省和邵阳市新华书店农村图书发行优秀店称号。

表 20-1-2　　**1978—2005年绥宁县新华书店图书销售情况表**

年份	职工人数（人）	年末销售总额（万元）	年末利润总额（万元）	利润率（%）
1978年	16	19.08	1.26	5.89
1979年	15	24.22	0.75	3.10
1980年	15	35.05	2.94	8.39
1981年	15	45.65	4.64	10.56
1982年	15	51.26	5.39	10.52

续表 20-1-2

年份	职工人数（人）	年末销售总额（万元）	年末利润总额（万元）	利润率（%）
1983 年	15	59.36	5.33	8.97
1984 年	15	62.71	5.47	8.72
1985 年	16	84.52	6.40	7.57
1986 年	15	88.27	6.65	7.54
1987 年	17	97.32	7.23	7.43
1988 年	18	117.75	8.57	7.28
1989 年	20	153.13	7.11	4.64
1990 年	20	169.64	9.72	5.73
1991 年	21	201.60	12.51	6.21
1992 年	22	242.00	12.82	5.30
1993 年	27	255.06	6.90	2.71
1994 年	26	330.91	10.80	3.26
1995 年	26	441.07	11.90	2.70
1996 年	26	828.60	12.50	1.51
1997 年	26	868.20	14.10	1.62
1998 年	27	1004.20	22.00	2.19
1999 年	28	1057.39	20.00	1.89
2000 年	27	980.12	19.00	1.94
2001 年	26	1135.31	24.00	2.11
2002 年	27	1080.00	23.00	2.13
2003 年	27	1204.29	27.00	2.24
2004 年	27	1267.43	26.60	2.10
2005 年	27	1238.44	27.08	2.11

二、图书借阅与收藏

书刊馆藏　1976 年，县图书馆藏书 1 万余册，1980 年增至 3.5 万册。此后，县图书馆每年的图书报刊订购经费都单列纳入县财政预算。2005 年，县图书馆馆藏图书达 11 万余册，有中外报刊 305 种、地方文献 167 种、各种常用工具书 422 种，馆藏史籍有《史记》、《明实录》、《资治通鉴》、“二十四史”、《古今图书集成》、《永乐大典》（部分）等。馆藏书刊均按国家规定标准进行分类、著录、编目，并配备防火、防盗、防虫、防尘、防湿等保护设施。

书刊借送　1980 年，县图书馆设 8 个服务窗口，实行无偿借阅，全周开放。1988 年，新图书馆开馆后，在基层增设 20 个服务点，并实行免证阅览、代借代还、预约借收、上门服务。实行开架和半开架借阅，每周开放时间增至 49 小时，春节、元旦不放假。并设有流动书箱 30 余个，年流通 40 余次。20 世纪 80 年代，年借阅图书 3.5 万册次，年流通读者 4.1 万人次。20 世纪90年代，年外借图书5.7万册，年流通读者6.8万人次。1996年，与驻绥部队签订“军民共建公约”，每年开展免费送书进军营活动。1998年，县图书馆派员到关峡苗族乡梅口村开展“科技兴农书展”活动，免费赠送科技书刊600余册。1999年，无偿赠送李熙桥、瓦屋塘等乡镇800余册科技书刊和800余份科技资料。此后，每年都开展“文化科技赶集”活动。2005年，县图书馆接待读者1万余人次，年借阅图书817万册次，年流通读者11万人次。

读书活动　1981年，少儿阅览室组织开展红领巾读书读报活动和知识竞赛活动，27名小读者在国家级与省级举办的红领巾读书读报活动中获奖。1982—1984年，县图书馆连续三年获全国红领巾读书读报奖章活动先进集体称号。1986—1988年，连续三届获湖南省文明图书馆称号。1990年，在湖南省“我爱祖国”读书读报故事演讲赛活动中，绥宁县图书馆组织了初赛，参赛者3900余人，其中：42名学生被推荐参加全省比赛，8人获奖，5名教师获优秀辅导员奖，县图书馆获湖南省先进集体奖。是年8月，县图书馆少儿阅读指导员黄小琴获湖南省读书读报活动先进指导奖。1991年，聂德荣在湖南省红领巾读书读报活动方案设计比赛中获二等奖。1992年12月，县图书馆被评为全国红领巾读书读报奖章活动先进集体，黄小琴被评为全国红读活动优秀个人。1980—2005年，在开展的各项读者读报活动中，县内有30人获国家级奖励，145人次获省级奖励，530人次获市县奖励。

图书资料服务　1986年开始，县图书馆对农村重点种养户进行资料跟踪服务，从各种科技报刊上选剪有关种养技术的文章编印成《科技信息》小报，每期发科技短文10～15篇、信息10～12条，印200余份，无偿邮寄到各乡镇重点种养户。为开发县内绞股蓝资源，县图书馆三次派员去省图书馆查找资料，为厂家找回20多篇论文并提供46条有关资料和检索，此项资料服务成果被选送文化部举办的“建国40周年图书馆发展成果展览”，并被评为湖南省两个文明建设服务成果一等奖。1991—1993年，县图书馆为夏大胜小儿医学科研提供的资料服务项目获湖南省三等奖。1994—1996年，县图书馆开展的“举办少儿读书活动培育四有新人”项目获湖南省三等奖，为袁公德研究内旋磁激式分馏器提供的文献服务项目获湖南省三等奖。1997—1999年，县图书馆为科技示范户提供的科技信息服务项目获湖南省三等奖，为党坪苗族乡动雷村党支部书记陈明才编写《党坪苗族乡志》提供的资料服务项目获湖南省三等奖。1999年，县图书馆获评湖南省文化系统为两个文明建设服务成果组织奖。1990—2005年，县图书馆共发行《致富信息》114期。

基层图书馆室　1978年前，全县有公社文化站图书室20个。后因文化辅导员队伍不稳定，公社图书室多名存实亡。1980年，有12个公社文化站建有图书室。1986年7月5日，武阳镇万册图书馆正式开馆，建筑面积331平方米，有藏书室、报刊阅览室各80平方米，藏书13600册、报刊15种，平时每天下午开放，逢集全天开放，年接待读者11600人次，年书刊流通12500册次（1998年，该馆被评为湖南省优秀乡镇图书馆，并获赠书刊4000余册）。1987年，全县建有村级图书室20个（1998年增至70个）。1989年，唐家坊乡唐市村在县科委和县图书馆捐赠下，建立农业科技村级图书室。1997年，县图书馆捐书1200册，帮助鹅公岭侗族苗族乡鹅公岭村建立村图书室。1998 年，县邮政局、县水泥厂、县造纸厂、县江口塘电站等 15 个单位、厂场建立图书室。2005 年，全县有上万册以上的图书室 10 个。

私人书刊收藏 改革开放后，县内私人收藏书籍报刊增多。1999 年 7 月，举办全县首届藏书家评选活动，评出党坪苗族乡动雷村农民陈明才等 3 名藏书家和张千山等 8 名藏书户。陈明才收藏书籍报刊总数达 8804 册，其中工具书 50 余种、期刊 80 多种 4872 册、普通图书 2848 册，报纸 40 多种、装订成册的有 1084 册，年接待读者上千人次，2000 年被评为邵阳市“十大藏书家”之一。2005 年，县建设局刘先云私人创办中南红色藏报馆，为全县第一家藏报馆，由《人民日报》社原社长邵华泽题写馆名。馆内藏有 1949 年 10 月以来的全国各地及中国香港、澳门地区和新加坡、美国等出版的各种报刊 2000 余种，计 6 万余份。藏报载体有纸、布、丝绸，版面最大为 14080 平方厘米，最小仅 70 平方厘米；藏报的文字种类有汉文、藏文、蒙文、哈萨克文、维吾尔文、英文等。设有中华人民共和国开国大典、绥宁武冈芷江黔阳等县解放、香港澳门回归祖国、中国申办奥运成功等数十个专题。

第六节　电影音像

一、电影发行与放映

1978 年，全县放映电影 13132 场次，观众 558.1433 万人次，全县年人均看电影 21.3 次。是年，县电影放映管理站放映收入 14.2591 万元，发行收入 34285 元，被评为湖南省电影系统先进单位。1980 年，全县放映电影 23632 场次，观众 1232.919 万人次，县电影发行放映公司放映收入 27.2588 万元，发行收入 67141 元。1983 年，全县放映电影 25900 场次，观众 1271.1705 万人次，放映场次和观众人次均创历史最高纪录。1987 年，全县电影院总建筑面积 5742 平方米，固定资产总值 57 万元；农村放映队 47 个。1988 年，县电影公司放映收入达 54.4166 万元，发行收入 19.8486 万元，创历史最高水平。

20 世纪 90 年代初开始，由于电视、录像、歌舞厅、电子游戏快速发展的冲击，全县电影放映逐渐陷入困境，1993 年，全县电影放映场次由 1989 年的 12301 场次降至 4041 场次。1994 年，乡镇各售票点被撤销。1996 年，农村电影队基本消失。1997 年，县电影公司发行业务全部取消，全县电影放映场次降至 831 场。2000 年，全县仅放映电影 363 场，收入 87019 元，均滑落到历史最低点。

2001 年开始，开展学生爱国主义教育电影放映活动，县教育局每年资助县电影公司放映经费 16 万～20 万元。同时配合县委中心工作开展放映宣传，组织专片到基层放映普法、科普影片。通过以上活动，使公司逐渐走出困境。2005 年，县电影公司放映电影 475 场次，收入 31.5813 万元。

表 20-1-3　　1978—2005 年绥宁县电影发行放映情况统计表

年份	场次（场）	观众人数（人）	放映收入（元）	发行收入（元）
1978 年	13132	5581433	142591	34285
1979 年	16031	10449666	225769	54875
1980 年	23632	12329190	272588	67141
1981 年	21759	11413115	283437	77397
1982 年	20152	9988044	298951	78414
1983 年	25900	12711705	383023	101905
1984 年	23250	9997874	374959	110406
1985 年	19718	8925573	436406	148462
1986 年	16095	8458972	401420	150426
1987 年	17407	10220156	459276	172923
1988 年	14538	9178705	544166	198486
1989 年	12301	7302274	534888	171564
1990 年	9534	4864477	458973	152573
1991 年	9319	4146264	476120	148658
1992 年	8504	3676943	448079	151534
1993 年	4041	2586038	211195	67941
1994 年	1324	984074	117087	42943
1995 年	1588	1249296	111198	30319
1996 年	1966	968594	265257	63987
1997 年	831	789451	138030	—
1998 年	749	678433	94060	—
1999 年	621	591701	126285	—
2000 年	363	312499	87019	—
2001 年	487	432519	278298	—
2002 年	468	413312	275791	—
2003 年	449	401112	230497	—
2004 年	460	410147	305956	—
2005 年	475	420574	315813	—

二、音像发行与放映

1978—1987 年，音像制品的发行由县广播电视局和县电影发行放映公司负责。1984 年，全县有 2 个营业性录像放映厅。1988 年，音像制品的发行放映划归县文化局管理。1992 年 12 月，绥宁县新华书店音像公司成立，负责县内部分电子音像的发行。至此，县内有 3 家电子音像发行单位。1993 年，全县营业性录像放映厅增至 40 家。1995 年，全县音像发行放映放开，发行单位增至 6 家，录像放映厅增至 60 余家。2000 年以后，录像放映厅逐渐消失，但音像制品需求量逐年加大。2002年，县新华书店把11号门面改建成电子音像产品专业超市，专门经营教学磁带、文艺磁带、录像带、视（光）盘、影碟、复读机等电子音像产品，品种达2830种；每年销售收入保持在20万元左右。至2005年底，全县有音像店14家。

第七节　文物

一、库藏文物

2005年，县文物局有库藏文物371件，其中二级文物3件、三级文物27件，社建文物67件、一般文物298件。3件二级文物分别为：新石器时代石刀，质地为石，长26厘米，宽5.5厘米（1990年7月，县文物管理所在瓦屋塘乡杨家堂发掘出土）；清版《武冈州志》，质地为纸，长26.5厘米，宽18.5厘米，重5150克，1套共20本，保存完整；明龙泉窑莲瓣纹瓷盘，质地为青瓷，口径34厘米，高7.3厘米，底径12厘米，重1900克（1995年，县文物管理所在唐家坊乡唐市村发掘出土）。

表20-1-4　　绥宁县文物局库藏二、三级文物明细一览表

名称	时代	质地	重量（克）	等级	备注
石刀	新石器	石	300	二级	1990年7月瓦屋塘杨家堂出土
《武冈州志》	清代	纸	5150	二级	全套20本
瓷盘	明代	瓷	1900	二级	龙泉窑莲瓣纹瓷盘
铜权	元代	铜	400	三级	至元二十一年铜权
红军手雷	现代	铁	350	三级	—
鼎罐	清代	铁	5200	三级	1935年红军用过
马灯	现代	铁	1950	三级	1935年红军用过
石斧	新石器	石	500	三级	1986年7月在黄土矿同乐出土
石斧	新石器	石	450	三级	1974年4月在盐井下村出土
石斧	新石器	石	250	三级	1986年7月在关峡棚子冲出土
石皴	新石器	石	30	三级	1986年7月在李熙桥陈家湾出土
铜手炉	清代	铜	500	三级	镂空花纹铜手炉
青瓷碟	明代	瓷	160	三级	明龙泉窑瓣纹瓷碟
青瓷碟	明代	瓷	220	三级	明龙泉窑瓣纹瓷碟
陶　权	宋代	陶	350	三级	—
木花板	清代	木	550	三级	—
桃花吉庆布	清代	土布	30	三级	—
金耳环	清代	金	3.9	三级	—

续表 20-1-4

名称	时代	质地	重量（克）	等级	备注
青瓷梅瓷	宋代	瓷	1000	三级	青釉褐彩
印板	宋代	陶	1300	三级	—
青花香炉	清代	瓷	1450	三级	青花釉里红瓷
莲瓣纹碗	宋代	瓷	260	三级	宋龙泉窑瓷
官帽箱	清代	牛皮	2600	三级	—
道径宝印	清代	木	350	三级	—
铜质奖牌	现代	铜	2750	三级	1988年国务院奖给黄桑坪苗族乡全国民族团结进步先进集体铜奖
公社印章	现代	木	50	三级	唐家坊人民公社管委会章
青釉瓷罐	宋代	瓷	600	三级	宋青釉褐彩瓷罐
青釉瓷碗	宋代	瓷	150	三级	宋青釉褐彩瓷碗
瓜棱罐	五代	瓷	1000	三级	瓜棱形青瓷罐
青花香炉	清代	瓷	1150	三级	青花人物纹瓷香炉

二、文物保护单位

2005年，全县有文物保护单位56处，其中省级文物保护单位2处、市级文物保护单位3处、县级文物保护单位51处。按类别分：有古遗址9处、古墓葬6处、碑刻类12处、建筑类25处、其他类4处。县内2处省级文物保护单位和3处市级文物保护单位分别如下：

定远桥 位于关峡苗族乡关峡村。始建于清康熙二十三年（1684），时任知县范成龙捐奉银百金倡修。桥全长37米，宽7.6米，高12米，为单面整体石桥，桥面铺青石板，两边置石护栏，拱券由青石块叠砌而成，正中饰扇形题额，阴刻楷书“定远桥”三字，桥名“定远”，寓安边定远之意。因石桥建于地势险要之地，前人有“一虹长驾，势卷凌空”之誉。2002年5月，被公布为省级文物保护单位。保护范围：从桥身起，至北、南各68米处，东、西各66米处。

神坡庵 位于长铺子、河口、竹舟江、党坪4乡交界之处的神坡山。原名“灵宝寺”，始建于唐武宗会昌五年（845），明永乐三年（1405）重建，清乾隆五十六年（1791）扩建。庵宇系砖木结构四合院，由山门、过廊、大雄宝殿、侯王殿及两侧厢房组成，占地面积1620平方米。附近还有明清和尚墓葬群、明代摩崖石刻及圣母古庙等古迹。2002年5月，被公布为省级文物保护单位。保护范围：以神坡庵外墙为起点，四向各至300米处。

红军烈士纪念亭 位于瓦屋塘乡皮叶树村。1977年建，高7米，基础平面为正方形，边长6.4米，纯木结构，红柱青瓦，四角攒尖顶亭前有纪念碑，正面阴刻“中国工农红军长征在鸡公坡战斗中牺牲的烈士们永垂不朽”，背面镌刻记述战斗经过的短文。1990年9月，被公布为市级文物保护单位。

高登山普照寺 又名远照寺，位于联民苗族瑶族乡田螺旋村高登山极顶。始建于清康熙三十九年（1700），由绥宁青坡里人黄皈依师募捐后，斩平山顶，建造寺舍。西、北二面，紧临悬崖，崖高数十米。嘉庆二十三年（1818），绥宁县劝首杨通鉴、李元芳约请绥宁人杨通义、黄中立、蓝绍裘和武冈人石安鼎、李祥桂、李春茂、石安嵩共计9人，在绥宁县、武冈县、会同县、黔阳县募银3000两，历经六载，将寺舍全部改造成青石构件。全寺由前至后分别称山门、灶王殿、关圣殿、正殿、南岳殿，左右增建配殿，占地面积约300平方米。正殿门首置石匾，竖排“普照寺”字，阴刻。民国25年（1936）第8次修葺，至今基本完好。石柱上刻对联多幅，其一为“高建祇园宽眼界，登斯胜地谅心惊”。1990年9月，被公布为市级文物保护单位。

金銮殿遗址 位于黄桑坪苗族乡上堡村。明正统元年（1436），李天保（称武烈王）组织湘西南和广西蒙顾峒等地少数民族发动起义，在绥宁上堡建立政权，修建金銮殿，并在金銮殿前面的上堡桥上竖起义旗（桥上现存有一对旗杆石）。清乾隆四年（1739），黄桑坪苗民酋长粟贤宇联络城步、靖县、通道、贵州黎平、广西义宁等县2万余苗民在上堡集结起义。翌年七月，朝廷命贵州总督张广泗为“剿抚钦差”，统领贵州、广西2万余官兵和1万余乡勇，分五路向上堡进攻。义军浴血奋战，因寡不敌众，粟贤宇等2万余苗民全部战死。2003年7月，金銮殿遗址被公布为市级文物保护单位。

表20-1-5 绥宁县重点文物保护单位分布情况表

名称	位置	文物发生时代	级别	公布日期
莳竹县城古遗址	李西桥镇苏洲村	宋代	县级	1985-12-05
安平观铁钟	在市苗族侗族乡政府门口	明代	县级	1985-12-05
仰高亭碑	在市苗族侗族乡	明代	县级	1985-12-05
虎谿书院章程碑	在市（县职业中专校园内）	清代	县级	1985-12-05
中堡护林碑	黄桑坪苗族乡界溪村中堡组	清代	县级	1985-12-05
平面日晷	东山侗族乡石桥村鹅公团组	清代	县级	1985-12-05
表华侗族款碑	东山侗族乡表华村四组	清代	县级	1985-12-05
雪峰界游府警戒碑	联民苗族瑶族乡田螺旋村雪峰界	清代	县级	1985-12-05
华皮坳护树碑	长铺子苗族乡洞溪村	清代	县级	1985-12-05
高品头侗族款碑	鹅公岭侗族苗族乡高品头村	清代	县级	1985-12-05
鹅公岭侗族风雨桥	鹅公岭侗族苗族乡鹅公岭村	民国	县级	1985-12-05
禁赌碑	麻塘苗族乡洪溪村小沈团院内	民国	县级	1985-12-05
绥宁县城遗址	在市苗族侗族乡城内居委会	宋代	县级	1989-04-29
清水坡窑址	关峡苗族乡花园角村	宋代	县级	1989-04-29
杨正绾墓	东山侗族乡三溪村	宋代	县级	1989-04-29
龙宗麻墓	东山侗族乡石桥村	宋代	县级	1989-04-29
七家城堡遗址	金屋塘镇雄鱼村	明代	县级	1989-04-29
天意桥	枫木团苗族侗族乡界头炉村石仓	明代	县级	1989-04-29

续表 20-1-5

名称	位置	文物发生时代	级别	公布日期
杨家桥	黄土矿乡同乐村	明代	县级	1989-04-29
大竹坪石刻	金屋塘镇新华村大竹坪	明代	县级	1989-04-29
烟子厂窑址	黄桑坪苗族乡赤板村	清代	县级	1989-04-29
烟堂界烽火台	黄桑坪苗族乡界溪村	清代	县级	1989-04-29
青云洞遗址	枫木团苗族侗族乡道口村	汉代	县级	1989-04-29
岳飞殿	瓦屋塘乡瓦屋塘村	宋代	县级	1989-04-29
肖明墓	武阳镇肖家村四组	宋代	县级	1989-04-29
飞山庙	东山侗族乡东山村桥头	宋代	县级	1989-04-29
元天阁	在市苗族侗族乡东门村	宋代	县级	1989-04-29
白龙庵	长铺子苗族乡枫香村	明代	县级	1989-04-29
麻塘朝阳寺	麻塘苗族乡麻塘村	明代	县级	1989-04-29
最峰庵	长铺子苗族乡平溪村	清代	县级	1989-04-29
新桥戏楼	瓦屋塘乡新桥村	清代	县级	1996-10-28
红军烈士纪念亭	瓦屋塘乡皮叶树村	现代	市级	1990-09-18
高登山普照寺	联民苗族瑶族乡田螺旋村	清代	市级	1990-09-18
定远桥	关峡苗族乡关峡村	清代	省级	2002-05-19
神坡庵	长铺子、河口、竹舟江、党坪四乡交界处	唐代	省级	2002-05-19
多逸寨古建群	河口苗族乡多逸寨村	明代—清代	县级	2002-07-02
六洞古建群	关峡苗族乡关峡村	清代	县级	2002-07-02
于家大院	李熙桥镇李熙桥村	清代	县级	2002-07-02
独立中华大雄山总部	金屋塘镇雄鱼村	近代	县级	2002-07-02
关帝庙大捷纪念地	金屋塘镇金屋塘村	现代	县级	2002-07-02
望云山寺	麻塘、河口二乡交界处望云山	明代—清代	县级	2002-07-02
文江桥	乐安铺苗族侗族乡文江村	清代	县级	2002-07-02
宝塔桥	朝仪侗族乡朝仪村	清代	县级	2002-07-02
兰氏宗祠	联民苗族瑶族乡江抱村	清代	县级	2002-07-02
金銮殿遗址	黄桑坪苗族乡上堡村	明代	市级	2003-07-18
革命烈士纪念碑	黄土矿乡同乐村	现代	县级	2005-03-16
匡非非烈士墓	红岩镇上匡村	现代	县级	2005-03-16
茶山抗日将士公墓	水口乡水口村	现代	县级	2005-03-16
马鞍山抗日战场遗址	武阳镇六王村	现代	县级	2005-03-16
陈锡兰故居	李熙桥镇陈家村	清代	县级	2005-03-16
南岳殿	水口乡水口村	清代	县级	2005-03-16
项氏墓	武阳镇茅坪村	宋代	县级	2005-03-16
李可进墓	关峡苗族乡文家村	五代	县级	2005-03-16
李氏宗祠	唐家坊镇罗连村	清代	县级	2005-03-16
东岳回龙寺	瓦屋塘乡岩湾村	清代	县级	2005-03-16
云寨周氏古墓群	枫木团苗族侗族乡白岩水村	明代—清代	县级	2005-03-16

三、文物普查与修复

1985年12月，县政府发布公告，将高登山普照寺、定远桥等12处古遗址列为重点文物保护单位，首次召开全县文物工作会议。1986年，县文化馆组织文物普查小组，对全县30个乡镇展开文物普查，发现古文化遗址82处、地面文物120处、古墓葬74处、流散文物226件、出土文物70件，并完成文物普查资料的整理，编写《绥宁县文物志》，举办文物普查成果展览和文物照片橱窗展览。是年，黄土矿乡集资修复明代万历年间修建的杨家桥。1988年，完成《文物地图集》的编制。

1989年4月，县政府公布第二批文物保护单位，计有摩崖“汉瑶分界”“清水坡陶器窑址”等10处。1990年，完成25处县级文物保护单位的建档工作；高登山普照寺、鸡公坡红军烈士纪念亭被公布为市级重点文物保护单位，对该2处文物建立标志，落实保护人和保护范围；破获盗墓案1起。

1996年，规范城乡“三建工程”审批程序；县政府公布第三批文物保护单位，有唐代“神坡庵”、宋代“飞山庙”等10处。1999年，召开全县文物工作会议，表彰38个基层文物保护先进单位、15个先进个人；举办国庆50周年大型文物图片展，制作展板8块、400余幅文物照片，观众上万人次；县文物管理局被评为邵阳市目标管理先进单位。2000年3月，绥宁县被评为湖南省文物保护“五纳入”工作先进县，获邵阳市文物工作目标管理一等奖；是年12月17日，《中国文物报》设绥宁文物专版，刊文10篇。2001年，东山侗族乡民间筹资80余万元，修建“东山民族民俗博物馆”，2002年8月建成开馆，馆藏文物800余件，都由当地百姓捐赠，成为湖南省第一家民办民间博物馆；乐安铺苗族侗乡乐安村集资20余万元，修建民族鼓楼；麻塘苗族乡麻塘村集资50余万元，重建麻塘民族风雨桥。是年，县文物局被评为湖南省先进文物管理局。

2002年，县政府公布第四批县级文物保护单位，有“于家大院”“文江桥”等9处；是年5月，“定远桥”“神坡庵”被公布为省级文物保护单位。2003年，绥宁被省评定为湖南省文物保护“五纳入”工作示范县，黄桑坪苗族乡上堡村金銮殿遗址列为市级重点文物保护单位。

2005年，县政府公布第五批县级文物保护单位，有红岩“匡非非烈士墓”、黄土矿“革命烈士纪念碑”等11处。

四、文物民间收藏

县内民间文物收藏起于20世纪80年代初，主要是集邮，有40余名爱好者。1983年5月，唐建宁的邮集获邵阳市首届邮展二等奖、湖南省首届邮展优秀奖。10月，唐建宁、张兴高等人自费举办全县首届集邮展。20世纪90年代中期，为县内集邮鼎盛期，县集邮协会会员逾400人。1997年，邮币卡市场大崩盘，集邮人数骤减，部分人转向古玩、徽章、钱币类收藏。2005年，县内民间收藏队伍发展到20余人，藏品2万余件。其间，县内较有影响的文物收藏爱好者有：

中国收藏家协会会员刘天卓，1976 年开始收藏，主藏徽章，仅毛主席像章就达 1.3 万件，种类 7000 余种；藏有瓷品 500 余件；兼藏钱币、邮票、古董、字画等。1999 年，其徽章藏品在全国第二届徽章评选活动中荣获二等奖；其他藏品也纷纷在全国各类藏品评选活动中获奖。《解放军报》《湖南日报》曾专题介绍过其收藏事迹。

中国收藏家协会会员唐建宁，从事收藏 20 余年，主藏古玩。共收藏古典家具、古民居构件、雕刻工艺品、金属工艺品、苗侗刺绣品、生活用品、文化用品等 7 个门类的文物数百件，年代覆盖宋、元、明、清、民国。其代表藏品有清代金漆木雕千工床、明代端石瓶形砚、清代紫袍玉带、明代山石俏色雕松竹菊插屏、清代红地彩绣龙凤纹袍、民国粉彩东坡观莲图笔筒和“文革”釉下彩瓷雕塑等。

唐公柱，从事收藏 20 余年，主藏古瓷器、书画、玉器、钱币、铜器、竹木雕等多个门类。其代表藏品有唐代邢窑军持、元代孔雀绿釉青花梅瓶、龙泉窑双鱼洗等古瓷，以及清代尹荣组与唐赓书法对联、夏晖的《竹石图》、费丹旭的诗书画竹雕帽筒等。

第八节　文化市场

一、文化市场经营

1978 年后，县内文化市场逐渐繁荣。随着经济体制的改革，县内文化市场除个别项目个别场所由主管单位经营外，绝大部分属个体经营。

电子游戏厅　1986 年，县内文化个体户开始经营电子游戏厅。1991 年，县内有经营电子游戏厅的个体户 9 家，1992 年增至 16 家，1996 年增至 38 家。1999 年，电子游戏厅减至 28 家。2005 年仅存 12 家。

桌球厅　1986 年，全县有桌球厅 40 余家，1992 年增至 98 家，1993 年增至 331 家，遍及全县所有集镇、乡和中心村。1995 年始，县内桌球厅逐年减少，当年减至 51 家。2005 年，县内桌球厅仅存 5 家。

书店、书摊　20 世纪 80 年代，县内始有零散书摊。1991 年，全县有书店、书摊 13 家，1994 年增至 60 家。1996 年通过整顿，保存 16 家。2005 年，全县仅有书店 6 家、书摊 4 家。

歌舞厅　1990 年，全县有个体歌舞厅 2 家。1997 年，县内歌舞厅增至 31 家。2005 年，绿洲文化广场建成，成为县城文化娱乐中心，人们淡出舞厅。是年，全县有歌厅 13 家、舞厅 3 家。

卡拉 OK 厅　卡拉 OK 原只附设在舞厅的包厢内，后来逐渐独立。1991 年全县只有 1 家，1996 年增至 16 家。2005 年增至 40 家。

打字复印店　1991 年，全县有 12 家手工打字店，以后开始出现电脑打印。1995 年，迅速发展到 32 家。随着各机关单位配置打字复印机，个体电脑打字店减少，2000 年减至 11 家。2005 年，县内打字复印店仅存 7 家。

网吧 1998 年，全县有网吧 3 家，网民多为假期回乡消遣的大中专学生。随着网络知识的普及，网民人数猛增，2000 年，全县有网吧 21 家，2005 年增至 57 家。

二、文化市场管理

1986 年 1 月，县有关部门临时组队，对全县文化市场进行第一次清理整顿，收缴淫秽录像带 15 本、禁片 45 本、待审片 169 本及一批不健康的录音带和小报。是年起，县内文化市场管理坚持“一手抓繁荣、一手抓管理”的方针，文化经营单位和个体户须通过审批，登记发证后方可经营；对经营户每年进行一次文化法规培训，与经营户签订年度目标管理责任书。每年均与县公安和县工商部门联合开展 4 次大检查，文化市场管理站每月进行 1 次检查，每周 1 次小查，以及不定期的突击抽查。1991 年，县文化管理部门先后出动 80 人次、32 车次，对全县文化市场进行大清理，收缴封建迷信和黄色书刊 781 册、盗版年画 2.8 万张、走私音像带 160 余盘。1993 年，县文化管理部门先后出动 90 人次、40 车次，收缴非法出版物 585 册、黄色书刊 252 册、盗版及淫秽音像带 1372 本；立案查处非法文化经营行为 20 起，结案 19 起，取缔不法文化经营户 24 家。1994 年，县文化管理部门先后出动 340 人次、32 车次，查禁非法书刊 685 册，收缴非法出版物 701 册、淫秽录像带 493 盒、走私碟 115 张，行政处罚非法文化经营行为 11 起，罚款 8100 元。

2001 年，全县开展扫黄打非行动，先后出动执法人员 1160 人次、140 台车次，重点对 8 家印刷厂、25 家书店书摊、13 家音像店、43 家网吧、20 家电子游戏厅进行全面清理，共收缴封建迷信与盗版书刊 1166 册、非法小报 890 份、盗版与淫秽音像带 2544 盒，取缔非法经营场所和经营户 11 家，停业整顿 16 家。其间，县政府发布《关于进一步加强文化市场管理的通告》《绥宁县网吧经营禁令》。

2004 年，成立绥宁县整治网吧协调工作领导小组，调配执法专车，开展 4 次大检查。是年，对全县 8 家印刷厂、9 家书店、3 个书摊、22 家音像店、63 家网吧、10 家电子游戏厅、40 家歌舞厅进行彻底清查；停业整顿违规经营户 65 家，其中音像店 13 家、书店 6 家，网吧 44 家、电子游戏厅 2 家；取缔无证经营书店 2 家、无证经营网吧 3 家、严重违纪的网吧 1 家、无证经营的音像店 1 家；共收缴封建迷信、盗版书刊 3070 本，淫秽“口袋本”420 本，盗版光碟 873 张，淫秽光碟 210 张。2005 年，全县先后开展整顿贩卖盗版书刊，整治电游厅、收缴赌博机，整治网吧及互联网上网服务场所，整治印刷业 4 次行动。对 6 家书店进行整改，并取缔 2 家；收缴盗版、淫秽“口袋本”1224 本，收缴赌博机 32 台、赌资 1000 余元；对县城 37 家网吧、乡镇 14 家网吧进行彻底整治，对接待未成年人的 35 家网吧给予行政处罚，取缔“婷婷网吧”“飞宇网吧”。

第二章 广播 电视 报刊

第一节 广播 电视

一、绥宁县广播电视局

1978年，全县广播管理机构为绥宁县广播事业管理局。1984年，县广播事业管理局更名县广播电视局，内设办公室、事业股、差转台，下辖县广播站及28个公社广播站。1989年，县广播电视局音像管理站成立。1997年，县广播电视局新闻中心成立，2003年更名为县广播电视台。2003年，县广播电视网络管理中心成立。2005年，县广播电视局内设办公室、人事教育股、社会管理股，下设广播电视台、有线电视台、网管中心3个二级机构及25个乡镇广播电视站，共有工作人员94人。

1978—2005年，杨庭财、龙时和、匡能閶、莫汉双、袁水平、杨光仁先后任县广播事业管理局或县广播电视局局长。

二、广播

1978年，全县广播专线总长5688千米，形成开通27个社镇308个大队的广播网络；共有喇叭35739只，入户率达73%。1982年，广播传输系统完全独立，解决电话与广播争时间抢线路的矛盾，提高了广播信号传输质量。至1985年，全县累计有19个广播站整顿了机房设备，286个村整顿了传输设备，265个村整顿了用户设备。1986年开始，乡镇广播站逐渐更新机房设备，部分乡镇广播站开始用调频信号广播；县里安装调试好50瓦调频发射机，调频广播覆盖全县20多个乡镇。是年，整治喇叭6000只，整顿线路500千米，新发展入户喇叭1800只，村通播率96%，组通播率94%，入户喇叭37930只，入户率75.2%。其中武阳镇茅坪村投资1万多元，办起村广播室，全村446户安装426只喇叭，入户率96%。1987年，全县喇叭发展到39091只，喇叭入户率78%，音响率84%，各项指标均居历史最好水平。

1989年，全县筹资42万多元，建标准乡镇广播站8个，建调频台2个，调整传输设备37个，整顿用户设备25个，整治响喇叭5141个，音响率达80%。1990年，发展喇叭2900只，新架广播线路57千米；全县共有乡镇广播电视站29个，村办播音室64个，其中长铺子、乐安铺、在市、兰家、河口、枫香、武阳、金屋塘、鹅公岭、水口、双河（今党坪）等11个乡镇广播站验收达到标准乡镇站。1992年，全县建标准乡镇站18个，新架广播线路200千米，整顿线路300千米，新竖水泥电线杆800多根、杉木电线杆1000余根，建村广播室60个，新发展喇叭

4000只，音响率80%。1993年，全县28个乡镇广播站建成标准乡镇站。随着电视覆盖率日益增大，1994年，县站停止播音，乡镇广播站也基本停止播放，其职能转为对乡镇电视差转台的管理和使用。

三、电视

1978年，绥宁始有电视机。20世纪80年代，修建电视差转台。20世纪90年代后，先后设立绥宁有线电视台、绥宁广播电视台、乡镇网络管理中心，专门经营管理电视事业。

电视差转台 1980年9月，在县城西北3.5千米的腊岩头建成县内第一个电视差转台，发射功率10瓦。1982年增加1台电视差转机，发射功率增至60瓦。1983年，联丰人民公社联丰生产大队利用集体公积金，率先建成10瓦小型差转台，给每户发14英寸黑白电视机一台，成为全县第一个电视村。1984年，双河乡、乐安铺乡文江村、黄桑坪苗族乡、东山乡、河口乡、在市镇、县水泥厂、县江口塘电站相继建成11座电视差转台。是年，全县共有差转台13座135瓦，电视覆盖人口16.4万人，覆盖率60%。1985年，电视差转台增至18座，发射功率192瓦，覆盖全县65%的人口。1986年6月，投资34.8万元在县城东北15千米处修建堡子岭电视差转台，配300瓦和50瓦电视差转机各1台、卫星地面接收站1个、简易收发铁塔4座、高49.6米发射铁塔1座，电视信号源覆盖23个乡镇，用户可以收看3套节目。1987年，全县电视差转台发展至25座，计有差转机26台680瓦。1988—1989年，县城建成2个地面卫星接收站。1989年，在市镇、武阳镇、枫香苗族乡、唐家坊乡、黄土矿乡各建卫星地面接收站1个，武阳镇、唐家坊乡、黄土矿乡、在市镇、乐铺苗族侗族乡各建电视差转台1个，枫香苗族乡建成2个，全县共建成差转台35个，卫星地面接收站17个。是年，市广播电视局在绥宁召开邵阳市广播电视现场会。1990年，县广播电视局建立有线电视台，第一期工程联网1100户，能收看6套节目；河口苗族乡、枫木团苗族侗族乡及该乡净溪村、李熙桥镇、县江口塘电站、县庙湾林场、县水泥厂各建地面卫星接收站1个，县城新建接收站2个。全县电视人口覆盖率上升为73%。1990年后，电视事业建设的重点转向发展有线电视，未再建新的差转台，原有的差转台损毁后不再修复。2000年后，完全停止电视差转工作。

广播电视台 绥宁有线电视网络从1989年开始建设。是年，成立绥宁县有线电视台，为自收自支的正股级事业单位，负责全县有线电视网络的经营和发展。1998年，四川金宇公司出资200万元占40%的股份，合资成立绥宁县金宇广电光纤网络有限责任公司，合作经营期限为30年。2001年后，县委、县政府多次进行广电协调，最终于2002年7月20日完全中止电信部门的有线电视信号，实现一城一网，县城区网络采取一户一线制的改造及24小时公示承诺服务。1989—2005年，县城城区有线电视网络有光节点12个，主干传输线11千米，用户9000余户。

广电乡镇网络管理中心 2003年前，县域25个乡镇建有大小有线电视传输网络70个，规模从几十户到上千户不等，传输4～8套节目。2003年5月，成立广电乡镇网络管理中心（正股级自收自支事业单位），从事乡镇有线电视事业经营。采取租赁电信部门农村富余主干通信光纤网、将县城有线电视信号传输到乡镇、在乡镇再建用户分配网络的办法，始行有线电视城乡并网。2003年6月，开通武阳、在市的闭路并网信号；12月月底，新增开通李熙桥、红岩、乐安铺、唐家坊等6个乡镇的并网信号；至2003年底，发展乡镇并网用户4000余户。2004年，新增开通瓦屋塘、金屋塘、关峡、白玉、黄土矿5个乡镇的并网信号，2005年新增用户5000户。至此，县城36套有线电视节目信号覆盖S221沿线乡镇及其他几个人口较多的乡镇，并网节目信号覆盖县域70%以上人口的居住地，用户能收看《邵阳新闻》《绥宁新闻》及湖南地方未上星的经视、影视、都市等频道节目。

电视节目　1990年，绥宁有线台购置一套电视摄、录、播系统，开始自办栏目，主要是围绕绥宁的中心工作，不定期地播出《绥宁新闻》。1993年，《绥宁新闻》改为定期播出栏目。1997年，新闻宣传及广告业务从绥宁有线台剥离，成立绥宁广播电视新闻中心，定编15人，设立《绥宁新闻》《今宵祝福》《天气预报》等固定栏目，并开始制作专题节目。此后，《绥宁新闻》每周3组，每组图像信息不少于10条，每周一、三、五首播，二、四、六、日重播。2001年后，广播电视台又增设《记者调查》《经济观察》栏目。2003年增设《政治视点》，共开办6个专栏节目。2001年起，绥宁广播电视台先后购置部分数码摄影、录像、编排等设备，筹资10万元改造电视演播厅。2004年底，广播电视台拥有广播非线性编辑系统一套、专业级非线性编辑系统一套，松下、索尼数字摄像机6台，松下数字编辑机一套，模拟摄像机7台及部分专业调音台、特技机、切换台；能独立完成各类新闻、专题、广告节目的拍摄制作及县内重要活动的现场直播。1997—2005年，绥宁广播电视台先后有60多件作品在全国及省市各类评比中获奖。1996年7月，全县普降特大暴雨，28.3万人受灾，直接经济损失4亿多元。电视台记者深入灾情严重乡镇，及时向县、市、省报道。2001年6月19日，全县特大山洪地质灾害暴发，电视台及时制作专题片《特大山洪洗劫绥宁》在省市各台及时播出，灾民及时得到国家的救助。其间，平均每年播出新闻和专题报道5000条左右；向省级电视台、电台发稿40条以上，向市级电视台、电台发稿80条以上。2004年在市级台发稿256篇，在全市各县（市）排位第一。2001—2005年，连续五年在邵阳市各县（市）中发稿量第一，优稿量居前三位。

节目传输　1980年9月起，开始转播湖南电视台的主要节目。1984年，能收转广西电视台节目。1987年起，能收转中央台一套、二套节目。1989年能收转9套电视节目。1990年开始，绥宁有线台开始播放绥宁本地新闻并自播片带在有线网络内传输。1995年，增加到12套节目。1997年，能传输15套节目。1998年，节目传输增至36套。2002年，开通“湖南经视”“湖南影视”“湖南都市”“湖南娱乐”“邵阳综合频道”“邵阳时政频道”等省市地方节目。2003年，开通省市公共频道。

第二节　报刊

1958 年 6 月 1 日，《绥宁报》试刊，7 月 1 日正式出版，系中共绥宁县委机关报，为铅印 4 开 4 版周二报。1959 年成立编委会，向明书任主编，唐智春任副主编，下设农村、广播、综合 3 个组，改为周三报，发行量最高达 5400 份。1961 年 5 月 4 日停刊，共出 368 期。1986 年 3 月，经中共湖南省委宣传部新闻出版处批准，《绥宁报》复刊，更名为《新绥宁》。1987 年 12 月 29 日，《新绥宁》再度停刊，仅出 24 期。

1992 年 11 月，《绥宁报》再度试版发行，改为简报形式，不定期出版。1995 年 2 月，《绥宁报》再度复刊，初定为旬刊，每月出版 3 期。1995 年 3 月，经省委宣传部、省新闻出版署批准，获内部资料准印证。10 月，中共绥宁县委常委会会议决议，决定成立绥宁报社，为正科级全额拨款事业单位，隶属县委宣传部，定编 8 人，每年由县财政安排 8 万元业务经费，报社人员工资由县财政负担。会议还决定，绥宁报社社长兼总编实行公开招聘。11 月，绥宁报社新班子成立，陶永灿任社长兼总编，李珠平任副总编。1996 年 1 月，新组建的《绥宁报》正式出版发行，为周二刊，主要任务是宣传中国共产党的路线、方针、政策，报道县委、县政府的工作部署，反映全县各条战线及各乡镇取得的成绩、经验，一版为要闻版、二版为经济版、三版为政教版、四版为副刊版，发行至各机关、学校、厂场、乡镇、村组，年发行量 8000 份。1997 年，《绥宁报》被邵阳市新闻出版局评为优秀报纸。2000 年 1 月，根据省、市文件要求，内部资料进行调整，《绥宁报》改为周一刊，每年县财政安排 4 万元业务经费。7 月，李珠平任社长、总编。2002 年机构改革，定编 5 人，发行量减至 2000 份。2001—2002 年，绥宁报社获评邵阳市报刊评审先进集体，优稿获奖档次和人次均在湖南省县市报评比中取得良好成绩。2003 年 12 月 30 日，按照中共中央、国务院关于报业整顿、减轻基层和农民负担、全国县市报统一停刊的指示精神，县委决定《绥宁报》正式停刊，绥宁报社撤销。至此，《绥宁报》连续办报 8 年，出刊 621 期，发稿 2.5 万余篇（幅），约 1300 万字。

2004 年，改为《绥宁通讯》，每周一期，免费赠送各单位。

第三章　科技

第一节　科技机构与队伍

科技机构　1978 年 2 月，县科学技术办公室升格为县科学技术委员会（简称县科委），1996 年 4 月与科协合署办公，2001 年 2 月两家分设，2002 年 3 月，县科委更名为县科学技术局（简称县科技局）。2005 年，县科技局内设办公室、计划成果股（加挂县地震工作办公室牌子）、技术市场专利股，在编人员 15 名。1978—2005 年，龙道坤（兼）、刘复兴、李焕宁、袁通吉、曾培高、彭汉平、陈历金、蒋运强先后任县科委主任或县科技局局长。其间，县内有县食用菌研究所、县林业科学研究所、县农业科学研究所、县科技情报研究所、县农业机械推广中心、县绞股蓝研究所、县白僵菌研究所 7 家科研机构，有县林学会、县农学会、县畜牧水产学会、县老科技工作者协会等科研社团 10 余家，县直所有涉科技单位及部分厂矿企业均设有科技（科教）股（组）。1992 年起，全县各乡（镇）都配有科技副乡（镇）长和 1～2 名科技专干；各乡镇设有农技站、林业站、畜牧水产站、水利水电站、企业管理站，负责本乡镇的科技工作。

科技队伍　1978 年，全县有科技人员 655 人。按行业分：工程技术人员 66 人，农林技术人员 156 人，医卫技术人员 264 人，科学研究人员 11 人，其他人员 158 人。1990 年，全县专业技术人员上升到 4744 人，其中具有高级技术职称者 60 人、具有中级职称 775 者人、具有初级职称者 3909 人。2005 年，全县有专业技术人员 5829 人，其中具有高级职称者 114 人、具有中级职称者 2182 人、具有初级职称者 2382 人、未评定职称者 1151 人。按行业分：工程技术人员 1186 人，农业技术人员 215 人，医药卫生技术人员 734 人，教学人员 3341 人，经济财会人员 271 人，其他人员 82 人。

第二节　科技活动

一、科技调查

1978 年起，绥宁县多次组织科技力量，先后对全县的畜牧业、林业、种植业、医药卫生、工业、矿产资源等进行专业考察或普查。

东山猪调查　1978 年，省、市有关部门与县农业局共 32 人组成调查组，对东山猪（俗称东山花猪）产区 3 个公社 24 个大队 108 个生产队进行调查；通过看、测、宰、剔、座谈访问，基本弄清东山猪的历史和现状。1980 年，经省、市畜牧专家鉴定后，东山猪被列为湖南省地方良种猪之一，定名黔邵花猪。1982年，“东山猪的提纯复壮”被列为邵阳地区重点科研项目。

草场资源普查 1980年，县农业局畜牧水产办公室组织技术人员普查。结果：全县有各类草场51227公顷，占县总面积17.5%，其中可利用的草场46133公顷；成图面积42933公顷，占草场总面积83.8%；成图最大草场3800公顷，最小草场20公顷。草场总载畜量为58500个牛单位，加上农作物秸秆、荚壳等，全县载畜总量可达79900个牛单位。1990年，部分草场开始开发，其中宝顶山200公顷养牛，黄土矿大安源67公顷养绵羊，黄桑坪134公顷养山羊。

水稻害虫天敌资源调查 1980—1984年，县农业局组织科技人员调查。结果：县内有水稻害虫天敌昆虫260种；按种类分，寄生性天敌昆虫有3目、19科、83种，捕食性天敌昆虫有5目、17科、52种，蜘蛛类天敌昆虫有24科、125种（常见的有11科、60多种）。该调查项目获邵阳地区科技成果三等奖。其间，县农业局还组织科技人员，采取田间网捕、室内饲养、灯光诱捕等办法制作害虫标本260多号。

土壤普查 1981年6月至1983年9月，全县进行第二次土壤普查。经化验，县境土壤分成8个土类、18个亚类、67个土属、155个土种，其中水稻田有6个亚类、27个土属、69个土种。全县有潜育性稻田3435公顷、占水田总面积18.08%，酸性稻田17467公顷、占91.94%，碱性稻田77.33公顷、占0.4%，缺钾稻田547公顷、占28.76%，缺磷稻田5267公顷、占27.72%，缺氮稻田3267公顷、占17.19%。

农副产品和土特产资源调查 系邵阳地区重点科研项目。1982年，由县科委、县林科所、县酒厂、县罐头厂等单位专业技术人员组成调查组，对全县木耳、玉兰片、猕猴桃、杨梅、松脂等农副产品和土特产资源进行调查，并根据调查结果分别写出调查报告。调查结果：全县猕猴桃和杨梅分布较密集的公社有双河、竹舟江、在市、兰家、乐安铺、东山、朝仪、鹅公岭、麻塘、河口、金屋塘、梅坪等；全县猕猴桃年产鲜果60万千克，居全市首位，且品种占全省34个品种中的20多种，外表分无毛、有毛（白毛、花毛）2类，肉色有红、黄、草绿3色；全县杨梅年产鲜果900吨，主要品种有红、白、紫3类，经自然选择，形成乌梅、老红梅、红梅、桃红梅、白梅、刺口梅、羊屎梅等品种。县罐头厂生产的猕猴桃酒和杨梅酒均于1987年上市。

天然芳香植物的考察与开发 1983年4月，县科委和县经委牵头，从林业、工业、卫生等部门抽调专业技术人员14人组成考察队，野外工作45天，对县内12个公社（乡）中的31个大队（村）所属区域进行考察，共采集标本100余号，拍照50余幅；发现芳香植物44科136种，其中草本14科25种、木本30科111种。分布广、数量大、利用价值高的芳香植物有缬草、巴岩香、滇白珠、芳樟、桂花、山苍子、阔瓣白兰花、含笑花等10余种。同时，设立香精香料试验室，提取13个香精样油，经上海香料研究所、广州香料厂、桂林香料厂进行香型品质评定，确认可用。1984年，天然芳香植物资源考察与开发获地区科研成果三等奖。1985年，试验室扩建为香精香料厂；1986年，香精香料开发被列为省星火计划项目，该厂生产的醋酸香波获省优秀新产品一等奖；1990年，主要产品有无痛剃须膏、山苍子油及醋酸香波，其中前2种产品打入国际市场。1990 年后，该厂因经营不善停产。

中药材资源调查开发　1985 年 5 月起，从县卫生局、县科委、县科协、县林业局、县药材公司、县中医院等单位抽调 7 名专业技术人员，组成中药材普查队，在省中医药研究院科技人员指导下，对全县 25 个乡（镇）中的 181 个村和 1 个国营林场所属区域进行普查，历时 2 年完成。普查结果：全县可供药用的植物有 190 科、547 属、1413 种，可供药用的动物 100 科、140 属、166 种，可供药用的矿物质 8 种，被列为国家级和省级重点药材的 209 种；首次发现被誉为南方人参的绞股蓝群落。1986 年，绞股蓝系列产品开发先后被列为全省重点科研项目和湖南省科委星火计划项目；经小试和中试后，建厂生产绞股蓝总皂苷，先后制成绞股蓝刺梨汁、绞股蓝冲剂、绞股蓝口服蜂乳、绞股蓝灵芝酒、绞股蓝保健茶等系列产品。绞股蓝总皂苷提取成功和绞股蓝系列产品开发填补省内二项空白。1987 年，绞股蓝丰产栽培技术研究被列为湖南省科委重点项目，当年县内栽培的绞股蓝平均亩产 2442.9 千克，创国内单产最高水平。嗣后在全县大面积种植。此项研究成果于 1990 年获全省科技进步四等获。

林业有害生物普查　2004 年 4—12 月，县林业局对全县 25 个乡镇中的 189 个村、3 个国营林场和 1 个林科所进行林业有害生物普查，普查面积 1204.47 公顷、代表林分面积 29024 公顷。普查发现本地常发性有害生物种类有马尾松毛虫、萧氏松茎象、云斑天牛等，本地危险性有害生物有泡枣掌铁甲、松茸毒蛾等；未曾发现外来有害生物。

黄桑坪天然次生林区考察　见本志第十二篇《林业·黄桑自然保护区·保护区概况》。

二、科技兴绥

1992 年 11 月 21—22 日，县委、县政府召开科技兴绥大会，县委书记王长明作“依靠科技进步、振兴绥宁经济”的工作报告，会上表彰 23 名“科技兴绥”奖获得者和 18 项科技进步奖代表，县联合造纸厂厂长江瑞丰获“科技兴绥”一等奖，奖人民币 4000 元。在“科技兴绥”活动中，县委、县政府分别于 1992 年 11 月、1996 年 4 月、1998 年 4 月、2001 年 12 月召开 4 次“科技兴绥”表彰大会，共表彰先进单位 36 个、先进个人 62 人、农村科技致富能手 26 名、科技进步项目奖 74 项。

1993 年始，开展创建全国科技工作先进县活动，根据国家科委科技工作达标的 10 项标准、27 项具体考核指标，逐项分解、落实到各涉科单位。1996 年，申请考核达标，成立绥宁县创建全国科技工作先进县领导小组，将达标验收考核内容、计分标准分解到全县有关单位。县科委按照 10 大类考核指标，将资料收集整理汇编成一、二、三册。经邵阳市和湖南省考核验收，1997 年 4 月，国家科委正式命名绥宁为全国科技工作先进县。1998 年，开展科技成果转化年活动和“科技兴村”活动，绥宁县被湖南省科委确立为省级星火技术密集区。

第三节　科技推广与科技成果

一、科技推广

1978—2005年，全县先后引进推广新技术150多项、新品种400多个。

工业科技推广项目　1978—2005年，全县工业方面引进推广的技术开发项目主要有木胶板、竹编层压板、高强竹木复塑胶合板、电磁线、工业硅、绝缘纸、高档有色纸、单晶冰糖、换气去湿机、电解锰、保健竹凉席、出口滑板、一次性输液器注射器、铁矿与锰矿开采、矿泉水与石材开发等。

农业科技推广项目　1978—2005年，全县农业方面引进推广的新品种主要有水稻新品种、玉米新品种、花生新品种、红薯新品种、油菜新品种、蔬菜新品种、水果新品种等；其中杂交水稻新组合从1978年的三系汕优63到1999年开始的二系超级稻就有50多个。引进推广的水果品种有椪柑、无核椪柑、杂柑、纽荷尔、华红、纳维林娜、朋娜、卡拉红肉脐橙，金秋梨、水晶梨、脆冠梨、黄金梨，柰李、布朗李，巨峰、滕念、高妻、美人指、无核葡萄，文旦柚、溪蜜柚，大五星枇杷，脆蜜桃、油桃，石榴、甜柿，鸡蛋枣、冬枣，浙江乌杨梅、靖州木桐杨梅，草莓、蓝莓，无籽西瓜等新品种50多个。技术上，主要推广杂交水稻制种和大田生产高产丰收综合技术，如低产田改良、水稻种子三浸三露、旱育秧、两段育秧、软盘抛秧、病虫害综合防治、配方施肥等；另有柑橘品改、高位嫁接换种、水果套袋等新技术。1999年，绥宁县率先在全省推广两系超级稻。

畜牧水产科技推广项目　1978—2005年，全县畜牧水产引进推广的新品种主要有：三元杂交长白猪、瘦肉型杂交猪，贵州黄牛、南山奶牛，四川麻山羊、黑山羊，武冈铜鹅，康贝尔鸭、樱桃谷鸭，来杭鸡、双锋鸡、绿洲乌肉鸡，罗非鱼、兴国红鲤、埃及革胡子鲶、鳊鱼等20多种。同时，推广牛、猪人工授精，秸秆养牛、种草养牛养羊新技术；2002年，全县冷配授精黄牛4900胎次、母猪1.2万胎次。

林业科技推广项目　1978—2005年，全县林业方面引进推广的新品种主要有笋用竹、福建柏、台湾杉等10余种；引进推广的新技术项目主要有：杉木速生丰产综合技术，杉木大径材培育技术，毛竹低产林改造技术，油茶优良无性系技术，松茯苓高产培育技术，松树增脂剂促生丰产采脂技术，马尾松良种造林、天然马尾松中幼林抚育间伐、楠竹母竹造林、马尾松松毛虫防治、板栗丰产培育技术等20余项。

农机科技推广项目　1978—2005年，全县先后引进推广的农机项目有耕田机、动力打谷机、小型动力喷雾机、碾米机、磨浆机、榨油机、粉碎机等。2003年，初次引进小型联合收稻机。

能源推广项目　20世纪80年代初期，县内开始推广使用沼气、省柴灶、节煤灶等能源科技新项目。21世纪初，县内开始引进太阳能项目。

二、科技成果和成果转化

科技成果　1978 年，县内首次组织一批科技成果申报全国科学大会和全省科学大会奖。1981 年 7 月，全县第一次科技成果奖励大会召开，获奖成果 21 项。以后每 2～3 年召开一次科技成果奖励大会，给获奖者颁发奖状、奖金和荣誉证书。1986 年，县政府颁发《绥宁县科技成果奖励暂行办法》，1988 年又根据省、市成果管理办法精神进行修改，并改科技成果奖励为科技进步奖，对奖励范围、条件及等级、奖金分配等作出具体规定。是年，成立绥宁县科技进步奖评审委员会。1981—2004 年，全县累计召开 9 次科技成果奖励大会，全县累计获得各级科技成果奖 237 项，其中省级及省级以上科技成果奖 22 项、市级科技成果奖 57 项、县级科技成果奖 158 项，获奖者 1100 余人次。

成果转化　1998 年，是科技成果转化活动年，绥宁县在湖南省率先开展“科技兴村”活动。《绥宁报》开设科技成果转化专栏，同时利用电视、黑板报、培训班和送科技下乡等方式开展科技成果转化年宣传活动。全县科技成果转化重点项目有红岩镇的竹木加工城、李熙桥镇的万亩四季果园、武阳镇的地板条加工城、关峡苗族乡和长铺子苗族乡的反季节蔬菜、在市苗族侗族乡的椪柑基地、乐安铺苗族侗族乡的马尾松产业化建设、楠竹母竹造林、竹林低改及丰产栽培技术、旱育抛秧、工厂化育秧、规范化栽培和优良品种等。在进行科技成果转化过程中，全县新造楠竹 5780 公顷，进行楠竹低改 1.6 万公顷，新建楠竹丰产基地 23334 公顷。其间，全县杂交中稻亩产连续 6 年过千斤，县联合造纸厂连续进行碱回收、3000 千米热电联供、2460 纸机和绝缘板生产线等 4 大科技项目开发，仅碱回收一项每年可节约资金 800 多万元。

表 20-3-1　　1979—2004 年绥宁县获市级以上科技进步奖名单一览表

成果名称	类别	完成单位	主要研究人员	获奖年份	获奖等级
杂交水稻制种高产	科研	县制种队	刘思正、颜继盛 翁德锡、杨保汉	1979 年	地区科技进步奖
黄桑坪林区考察	科研	地区林科所、县林业局等	郭荫人、王恒松、李焕林 黄德众、罗仲春、申伯阳 黄武鸣、蒋顺同	1980 年	省三等奖 地区二等奖
黄谷碾米机米糠分离器	科研	县粮食局、武冈大米厂	石君传、邓春牛、刘华荣	1980 年	省四等奖 地区一等奖
稻田害虫天敌资源调查	科研	县病虫测报站、邵阳植保站	刘明星、谢金星 龙开腾、贺良主	1980 年	地区三等奖
稻秆潜蝇的发生规律与防治	科研	水口公社农科站	贺良主、陶永昌	1980 年	地区二等奖
象限相关分组比较法	科研	县气象站	彭孝初	1980 年	地区三等奖

续表 20-3-1

成果名称	类别	完成单位	主要研究人员	获奖年份	获奖等级
天麻有性繁殖	科研	县药材公司黄桑天麻场	刘先富、黄学武、龙建章	1981 年	地区三等奖
温州蜜柑亩产 5000 千克实验	科研	长铺蔬菜队、农业局农业经作股	禹彩平、刘复兴	1981 年	地区四等奖
水稻病虫害综合防治	科研	县农业局、太平公社	谢定西、袁通吉	1981 年	地区四等奖
江口塘水电站工程设计	科研	江口塘电站	陶雪舟	1982 年	地区三等奖
人工火炕孵化小鸡	科研	县肉食水产公司良种场	彭长城、曾平娥	1982 年	地区四等奖
磷酸二氢钾在水稻上的运用	科研	邵阳土肥站县农科所		1982 年	地区三等奖
芳香植物资源考察与开发利用	科研	县科委、省轻工研究所	王恒松、陈历坚、李焕宁 李　革、白礼桂、薛中元 刘安康	1984 年	地区三等奖
牛的冷冻精液人工授精技术	科研	县家畜育种站		1984 年	地区四等奖
引进海群生物盐全区基本消灭丝虫病	科研	邵阳地区及绥宁、邵阳、城步等县防疫站	谭正德、唐振国、田敬柏 朱继笃、罗家斌	1985 年	地区三等奖
稻瘟病的综合防治	科研	县植保站、瓦屋塘区农技站、金屋塘乡政府	刘明星、刘时金、刘玉云	1985 年	地区四等奖
籼型杂交水稻制种优质高产技术	推广	县农业局	颜继盛、刘玉恒 周传道、于宗谦	1985 年	省三等奖
绥宁县农业气候区划	科研	县气象局	黄武鸣、彭孝初、陈立申 欧阳惠、向新田	1985 年	省科委、省区划办三等奖
杂交水稻威优 64 的示范推广	推广	市粮油站县科委	刘昭华、彭秀煌 汪蒲仙、颜继盛	1986 年	市二等奖
杂交水稻威优 63 的示范推广	推广	市粮油站县农业局	周传道、蒋树境等	1986 年	市二等奖
肠道十二指肠间置空肠术治疗胆管结石	推广	县人民医院	石柏青、罗仁霖、杨芳尧 谢新顶、钱秋炳	1986 年	市四等奖
醋酸香波	科研	县香料厂	薛中元、黄玉雄 莫秀容、唐秋红	1986 年	市三等奖
FR-4085 银行利息计算器	科研	邵阳计算机厂、县农业银行	黄淑淮、饶春葆	1986 年 1987 年	市一等奖 电子工业部三等奖
绥宁县 1985—2000 年经济、社会、科技发展规划报告	科研	县经济、社会、科技规划办	段德牒、李焕宁、袁小萌 肖宝祥、刘思键等	1987 年	市三等奖

续表 20-3-1

成果名称	类别	完成单位	主要研究人员	获奖年份	获奖等级
带血管蒂腓骨移植治疗长骨缺损	科研	县人民医院外科	杨芳尧、石柏青 罗仁霖、向绍解	1987 年	市四等奖
绣球红山茶无性繁殖实验	科研	县林科所	黄生根、刘天寿、袁仕炳	1987 年	市四等奖
小土窑快速烧砖技术	科研	县能源办	龙开坤、谢世昂	1987 年	市四等奖
应用强氯精进行种子消毒控制水稻恶苗病	推广	县农业局	陈历庆、刘明星等	1988 年	市科技进步四等奖
柑橘大面积集约化快速育苗	推广	县农业局	唐利贵、袁仁述等	1988 年	市科技进步四等奖
显微外科抗青光眼小梁切除术	科研	县人民医院	王咸熙、傅秀乾等	1988 年	市科技进步四等奖
绥宁县中药资源考察	科研	县中药资源考察队	袁成著、陆安辉、黄德众 刘玉堂、陈远发	1988 年	市四等奖
水稻三系两交四圃提纯法的改良	科研	县原种场、李熙桥农技站	周安烈、莫济德等	1989 年	市二等奖
“九二〇”增效剂在杂交水稻制种中的应用	推广	县种子公司	于宗谦、贺良主等	1989 年	市三等奖
单晶冰糖	推广	县糖果糕点厂	蒙昌烈、唐伯忠等	1989 年	市三等奖
早中稻温水“三浸三露”催芽技术	推广	县农业局	周传道、龙景福、龙景新 唐江恒、陈远清	1989 年	省科技进步四等奖 市科技进步三等奖
肿腿蜂复壮及其应用研究	推广	县林业局	傅书灿、廖光喜等	1990 年	市科技进步二等奖
杉木集约经营丰产林	推广	县林业局	邓少珍、匡樟青	1990 年	市科技进步二等奖
水稻白叶枯病的综合防治	科研	县农业局	谢定酉、刘明星等	1990 年	市科技进步三等奖
杂交油菜秦油二号及高产配套栽培技术	推广	县农业局	黄世德、周传道等	1990 年	市科技进步三等奖
飞机超低容量施用白僵菌高孢粉灭幼豚防治松毛虫	推广	县林业局	朱　伟、罗梦龙等	1990 年	市科技进步三等奖
绞股蓝丰产栽培技术研究	科研	县科委、县绞股蓝研究所、县中药饮片厂	黄德众、李焕宁、蒋顺同 向新田、章诗云	1990 年	省科技进步四等奖 市科技进步二等奖
低产茶园改造综合技术	推广	县经作站		1991 年	市进步三等奖
大面积杉木幼林超前达标栽培技术研究	研究	县林业局、县木材公司	邓少珍、付书灿、潘厥成、袁仕学、匡樟青等	1992 年	市二等奖
毛竹笋材兼用林试验示范推广技术研究	研究	市林科所 县林业局	彭章光、向铁生、黎代行、黄章华、袁均福	1992 年	市二等奖
厚朴再生林速生丰产栽培技术	推广	县药材公司	袁成著、邹振娣、张海华、黄四光	1992 年	市三等奖
绥宁县一季中稻亩产 505 千克综合增产技术	推广	县农业局		1993 年	市星火一等奖 省星火二等奖
森林火险预报	研究	县气象局	彭邵初等	1993 年	省科技进步三等奖

续表 20-3-1

成果名称	类别	完成单位	主要研究人员	获奖年份	获奖等级
森林资源档案微机管理的应用研究	研究	县林业局	罗光焕等	1993 年	市四等奖
森林经营方案	研究	县林业局	欧福云、刘家富、杨光万、胡昭斌、谭熙明	1993 年	省科技进步三等奖
竹木复塑胶合板	研制	县人造板厂	刘光华等	1994 年	市二等奖
巫水绥宁段水环境综合整治规划	研究	县环保局		1994 年	市三等奖
籼型杂交水稻制种提高异交结实率	研究	县种子公司	于宗谦等	1995 年	市一等奖
利用造纸黑液碱回收皂化物研制塔尔油	科研	县环保局	陈亚平、李建清、彭仕植、胡茂生、严兴武等	1995 年	市三等奖
辣椒卷叶的原因及防治	研究	县农业局	刘雁南、李健康、刘明星、罗自康、羊建湘等	1995 年	市二等奖
优良笋用竹引种培育试验	试验	县林业局	袁仕学、王再轩、彭章光、黄章华、邓少珍等	1995 年	市三等奖 省四等奖
七叶参优质高产栽培实验研究	研究	县绞股蓝研究所、县科委	黄德众、李焕宁、向新田、章诗云等	1995 年	市三等奖
绥宁县毛竹丰产栽培技术	推广	县林业局	黄章华、袁仕学、陶永古、彭章光、唐世雄等	1995 年	省星火三等奖
绥宁县低产稻田综合增产技术推广	推广	县农业局	袁子承、杨庭伟、聂东平、杨昌能、陈名帅	1996 年	市三等奖
杉木速生丰产综合技术推广	推广	县林业局	邓少珍、匡樟青、陶治现、黄章华、龙开平等	1997 年	市二等奖 省三等奖
复塑高强竹胶合板	研制	县人造板厂	刘先华等	1997 年	省三等奖
中稻旱育秧栽培技术推广	推广	县农业局	杨光岳	1997 年	市三等奖
农作物种子寿命研究	研究	县农业局	刘天河	1998 年	市三等奖
马尾松产业综合技术开发	开发	县林业局	龙珠平	1998 年	市三等奖
提高楠竹母竹造林成活率成竹率技术	推广	县林业局	唐仕雄、龙景仁	1998 年	市三等奖
福建柏种源苗期试验及育苗技术研究	研究	县林业局	龙景仁、陶中锦、罗玉时、龙开平、邓冬云等	1999 年	市二等奖
蜘蛛资源普查保护利用研究	研究	县农业局	刘明星、陈历庆、王青松、李健康、赵益友等	1999 年	市三等奖
榉木丰产栽培技术	研究	县林业局	龙开平	2000 年	市二等奖
大面积温州蜜柑优质高产配套技术	推广	县农业局	刘永清	2000 年	市三等奖
杉木大径材培育技术推广	推广	县林业局	陶治现	2000 年	市四等奖
水稻塑料软盘旱育秧抛秧技术	推广	县农业局	杨光岳	2001 年	市二等奖
两系超级稻高产栽培配套技术推广	推广	县农业局	黄修贤、向志玲、杨昌能、莫文池、杨光岳等	2001 年	市二等奖
浅层气浮技术在中段废水处理工程中的应用	研究	联纸厂	刘继金、夏均衡、刘定军	2002 年	市三等奖 省四等奖

续表 20-3-1

成果名称	类别	完成单位	主要研究人员	获奖年份	获奖等级
濒危植物穗花杉群落特性及其保护技术	研究	县科委 中南林学院	肖乾德	2002 年	省进步三等奖
绥宁县宝顶山区域山洪灾害特性及防御对策研究	研究	县防汛办	石大亮等	2003 年	市三等奖
棘跳虫的发生与防治研究	研究	县农业局	龙开道、李建康、陈历庆、赵益友、刘付仁等	2004 年	市一等奖

第四节　科技计划与管理

一、科技计划

“六五”到“十五”计划期间，绥宁县共编制 5 次中、长期科技发展计划。1984 年，编制《绥宁县（1985—2000）经济、社会、科技发展规划》，目标是依靠科技进步，实现工农业总产值在 1980 年的基础上，到 2000 年翻 2.4 番。1995 年，编制《绥宁县科学技术发展“九五”计划和 2010 年远景规划》，目标是到 2000 年，全县工农业先进技术得到较大程度的普及，科技在经济增长中的贡献率农业要达到 55%，工业达到 50%，农业先进技术入户率达到 85%以上，良种覆盖率达 90%以上，工业新产品产值率达到 25%；重点发展农业、林业和工业，编制科技应用计划项目 160 余项。2005 年，编制《绥宁县科学技术发展“十五”计划和 2015 年远景规划》，争创优秀“星火”技术密集区，争创全省科普示范县；“十五”期间科技进步在经济增长中的贡献份额达到 55%，2015 年达到 60%以上。

二、科技经费管理

1978 年，市科委每年从省拨的科技经费中，切块 1 万～2 万元给县安排年度科技三项计划；县财政每年拨 2 万元～3 万元；1984 年被列为全省依靠科技进步振兴经济基点县后，省拨科技发展基金 45 万。1992 年后，省、市科技经费改切块拨付为以科技项目确定科技经费，由省、市科委直接拨款到项目承担单位；县财政拨付的科技经费，从 1993 年的 6 万元，增加到 2004 年的 80 万元（其中 50 万为工业技改经费）。1988 年和 1996 年，分别制定科技经费使用办法，要求从本级财政总支出中安排一定比例（1%～2%）的科技三项经费和科普经费。1978—2005 年，累计安排科技三项经费 580 余万元，项目承担单位自行科技投资 1520 余万元，研究、开发、推广科技项目 617 项。

三、专利申请与保护

绥宁县专利申请始于 1986 年县第三中学（今县民族中学）教师屈建中的纸袋式数学答案校对装置和唐精谋的螺旋散式流态化筛选装置，到 1996 年，全县累计申请专利仅 18 件。1996 年，设立技术市场专利组，并派向新田参加省里举办的专利代理培训。经全国专利代理考试合格后，1998年5月，邵阳市专利事务所绥宁代办处成立，专利申请量由原每年1～2件上升到8～9件。是年起，绥宁县连续6年被评为市专利管理工作先进单位。2000年10月，杨昌华的耕田机拖箱被授予外观设计专利后，彭某等人擅自生产销售涉案专利产品；经长沙市中级人民法院、国家专利局复审委员会裁定，彭某等人应立即停止生产销售涉案产品，并赔偿损失4000元；此为绥宁县首例专利侵权案。至2005年，全县共申请专利88件，授权79项；专利中有发明6项、实用新型70项、外观设计3项；应用效果较好的专利有：高强竹木复塑胶合板、耕田机拖箱、节能储温取暖器、动力打谷机、人造木炭成型机、利用造纸副产物生产皮带腊和胶粘剂的方法、青钱柳保健茶等30余项。

四、技术市场管理

1993年3月，县技术市场管理领导小组成立，由县科委主管全县的技术市场工作，县工商行政管理部门参与技术市场的监督管理。县科委下设技术市场管理办公室。1996年6月，设技术市场专利组（加挂技术市场管理办公室牌子）。1992—2005年，绥宁县参加湖南省新产品新技术交易会5次、邵阳市新技术新产品洽谈会4次。

1992年，绥宁参加“'92湖南新技术新产品交易会”，参展项目33项，其中技术转让6项、难题招标3项、横向联系2项、人才招聘2项、寻求合资4项、新产品展销16项，产品成交额240万元。万花蜜饯系列产品、苗王贡酒、半透明纸、高强复塑竹胶板在“双新”会上获金奖。

1994年，组织45人参加省“双新”交易会，绥宁的新型拼花竹地板、绞股蓝营养汁、猕猴桃汁等产品获科技创新金奖。

1995年，组团参加“'95北京新技术、新成果洽谈会”和“'95湖南双新交易会”。在北京“双新”会上，洽谈8个技术项目，获得信息300条；在省“双新”会上，水传奇矿泉水、儿童安全服、换气去湿机、天然保健茶、家用保险柜、石材家具获金奖，五彩优质米获银奖。

1997年中国（湖南）“双新”交易会上，绥宁县有参展产品10个和1个难题招标，其中县化工厂的豪华防盗门和武阳加工厂的木地板条分别获科技创新金奖和银奖。

五、科技情报管理

1979年5月，县科委建立情报资料室，订阅科技报刊、购买科技图书，供读者借阅；并配有复印机、誊印机等服务工具，免费对外开放。1980—1984年，县科委编印《绥宁科技》7期，发行17500份。1987年4月，成立县科技情报研究所，事业编制3名，属科委二级机构；主要职责为建立情报网络、沟通科技信息、开展情报服务、论证科技项目。1991年，两次派人到江苏、浙江、福建等地考察“楠竹系列产品开发”和“食用菌高产栽培技术”，并引进技术回县开发。是年，订阅全国各种专业报刊45种、杂志130多种，发布科技信息6期130条。到2005年，共收集科技信息2780条，印刷后发行4.5万多份，并与29个省、市的100多个情报单位和22所大专院校建立科技情报互联网络。

第四章　体育

1973年，恢复县体育运动委员会（简称县体委）。2002年10月，县体育运动委员会更名为县体育局，内设办公室、群体股，下设县业余体校；编制8人，其中县体委4人、业余体校4人，2005年实有在职人员10人。1978—2005年，曹洪义、尹人杰（副主任主持工作）、阮南满、陈建军、张光王先后任县体委主任或县体育局局长。

第一节　学校体育

体育教学　1978—2005年，全县各学校有体育教师220人，其中专职体育教师60人、兼职体育教师160人。专职体育教师中：具有高级职称者4人，具有中级职称者25人，具有初级职称者31人。其间，各中小学按照普及、提高、特长培养相结合的原则，实行一课、两操、一活动（体育课、早操和课间操、课外体育活动）及球类、简单的军事训练等运动项目，普及学生体育活动。并将体育运动特长生选送业余体校培养。

业余体校　县业余体校是全县培训体育特长生的基地。1979年8月，成立县业余体育学校，按全省运动会的指定项目开展少年业余体育训练，有教员3名，后增至4名。1999年以后，县业余体校停止招生训练，但选送人才的工作依然进行。2001—2005年，县业余体校在职教师5人。1979—2005年，县业余体校共举办培训班16届，设排球、田径、皮划艇、举重等项目，培训学员350人，其中选送湖南省体校4人、湖南省体工大队3人、湖南大学2人、湘潭大学1人、中南工业大学1人，选送地市体校5人。其间，县业余体校学员在国家级运动会上取得名次的有25人次，在省级运动会上取得名次的有72人次。

第二节　群众体育

一、群众体育活动

20世纪70年代末至80年代，县内群众体育活动项目主要有广播操、工间操、拔河、田径、球类、棋类、扑克等；20世纪90年代，增加门球、麻将、气功、太极拳等活动项目。节日期间举行一些体育比赛活动。1991年4月，县内举办第一届导引养生功比赛。1993年10月，在县体育场灯光球场承办湘黔两省七县第四届民族联谊会。1995年，《全民健身计划纲要》颁布后，县内开展3次大型体育活动，组织环城赛跑。同时，机关企事业单位因地制宜，修建体育场馆，购置器材，开展群众体育活动；干部职工自发开展晨跑、练太极拳、练气功、打篮球、骑自行车、游泳、下象棋、打扑克等文体活动。是年8月，县内首次举办地掷球培训，开展地掷球体育项目。1996年6月，为庆祝“奥林匹克运动诞生一百周年”，县内举行广播体操大赛。1997年3月，县内举办“香港回归”女子排球赛；7月，县内举办“迎香港回归”全民健身综合运动会和大众体育运动会。2003年5月，举办全县职工篮球赛。2004年4月7日，原县体育场改为露天休闲健身广场。至2005年底，全县建有体育馆1个，小型田径场5个，健身房3个，篮球场72个，门球场9个，露天健身场1个。

二、群众体育组织

1978—1985年，县内无固定的群众体育组织。部分乡镇（公社）每年组织1～2次临时性群众体育运动，运动项目有篮球、排球、拔河、举重、田径、武术、射击、投掷手榴弹、爬山及一些棋牌类比赛等。

1985年，绥宁县老年人体育协会成立，经费部分纳入县财政预算，部分由各单位和企业资助。1986年，枫香苗族乡率先成立乡农民体育协会，每年定期组织篮球、象棋等体育赛事，活动经费由各村自筹；1988年，该乡干部蒋运强被评为全国农村体育先进工作者。1989年3月，绥宁县农民体育协会成立。随后，部分乡镇相继成立乡镇农民体育协会，组织农民在农闲时开展体育竞赛活动。至1990年，全县共成立乡镇农民体育协会10家、基层老年体育协会15个，有基层老年体育协会会员223人。

1995年，枫木团苗族侗族乡被评为湖南省“亿万农民健身活动”先进乡镇，该乡党委书记苏进国被评为湖南省农村体育工作先进个人。1998年3月，绥宁县银鹰体育协会成立；6月，绥宁县老年门球协会成立。20世纪90年代中期至21世纪初，全县先后举办3次农民篮球赛。2000年11月，县老年门球协会被评为湖南省基层门球协会先进单位。2001年5月，在邵阳市老年人门球运动会上，县老年门球协会获第一名；是年，县老年门球协会还获得邵阳市九县（市）三区门球邀请赛第一名。2004年，县老年门球协会获怀化市周边地区门球邀请赛第一名。

2005年1月，绥宁县太极拳协会成立；6月，绥宁县中老年气排球协会和绥宁县中老年篮球协会先后成立。是年，除上述3家群众体育组织外，全县还有老年门球协会1家、分会30家，门球队员54人；县老年体育协会1家，乡镇分会10家；县钓鱼协会1家、分会18家；经常参加活动的会员1000余人。

第三节　体育竞赛

1979年5月，县内派出运动员，参加在邵阳市举行的全省中学生田径运动会，罗国祥获男子少年乙组3000米中长跑比赛第五名。

1981年8月，邵阳地区中小学生田径运动会在绥宁县举行，县内运动员以22枚金牌的比赛成绩，获团体第一名。1982年4月，邵阳地区田径选拔赛在绥宁县举行，县内有6名运动员被选入邵阳地区代表队，参加湖南省第五届全运会。1986年12月，县内13个乡镇集资4万元，举办绥宁县农民篮球运动会，在市镇代表队获第一名，关峡苗族乡代表队获第二名，盐井乡代表队获第三名。1987年5月，县内举行首届环境保护杯职工篮球赛，县委和县政府机关代表队获第一名，县财贸系统代表队获第二名，县人武部代表队获第三名。1988年3月8日，县内举办三八妇女节女子健美操比赛，县属机关、厂场13个代表队参赛，县造纸厂代表队获第一名，县幼儿园代表队获第二名，县胶合板厂代表队获第三名。1989年5月1日，县内举办老、青、少年男子接力赛，全县23支代表队参赛，县委机关队获第一名，县一中队获第二、第三名；11月，县内举办丰收杯男子篮球赛，全县30个乡镇组队参赛，长铺子苗族乡代表队获第一名，乐安铺苗族侗族乡代表队获第二名，双河苗族乡代表队获第三名。

1990年，县内先后举办奔向90年代青年环城长跑赛、三八趣味接力拔河赛、迎亚运第七套广播体操比赛、老年人钓鱼比赛、第四届主人翁杯职工篮球赛、第四届健康杯老年门球赛、男子篮球邀请赛（邀请通道、会同、靖州、城步、洞口等县代表队参赛），承办邵阳市九县三区老年门球赛。是年，绥宁县被评为湖南省开展百日锻炼迎亚运先进县。1994年10月，绥宁县代表邵阳市组队参加湖南省第三届少数民族运动会，竞赛陀螺、高脚马两个项目；1998年10月，代表邵阳市组队参加湖南省第四届少数民族运动会陀螺、高脚马两个项目的比赛。1999年9月，县体育局干部陈友凤代表湖南省赴西藏参加全国少数民族运动会陀螺比赛。

2001年9月，绥宁县组队参加邵阳市首届妇女健身风采展示会。2002年10月，绥宁县代表邵阳市组队参加湖南省第五届少数民族传统体育运动会。2003年8月，绥宁县组队参加邵阳市第二套秧歌比赛，获第一名；10月，县人大干部苏进国、县人造板厂职工蒋丽娟代表湖南省赴宁夏参加全国少数民族运动会陀螺比赛。2005年10月，绥宁县组队参加邵阳市第一届少数民族运动会陀螺、高脚马、毽子球3个项目比赛；11月，组队参加邵阳市首届全运会，获金牌4枚、银牌2枚、铜牌5枚。

表20-4-1　**1979—2004年绥宁运动员参赛成绩情况表**

姓名	组别	运动会名称	项目（米）	成绩	名次	地点	时间
罗国祥	少乙	省中学生田径运动会	3000		5	邵阳市	1979年5月
罗国祥	少甲	省中小学生田径运动会	1500	4′23"9	3	衡阳市	1980年5月
罗国祥	少甲	省中小学生田径运动会	3000	9′38"1	4	怀化市	1980年5月
袁明仁	少甲	省田径达标赛	400	54"6	1	怀化市	1980年8月
袁明仁	少甲	省田径达标赛	200	25"2	2	怀化市	1980年8月
袁明仁	少甲	省田径达标赛	800	2′17"7	6	怀化市	1980年8月
蒋花凤（女）	少乙	省田径达标赛	800	2′29"3	1	怀化市	1980年8月
蒋花凤（女）	少乙	省田径达标赛	400	1′5"1	4	怀化市	1980年8月
袁明仁	少乙	省短跑、跳远调赛	100	12"1	5	长沙市	1980年12月

续表 20-4-1

姓名	组别	运动会名称	项目（米）	成绩	名次	地点	时间
王　洪	少乙	省业余体校田径运动会	400	54"5	2	长沙市	1981年10月
王　洪	少乙	省业余体校田径运动会	200	24"6	5	长沙市	1981年10月
龙景德	少乙	省业余体校田径运动会	800	2′11"8	1	长沙市	1981年10月
龙景德	少乙	省业余体校田径运动会	400	56"3	5	长沙市	1981年10月
杨　丽（女）	少乙	省业余体校田径运动会	800	2′31"8	5	长沙市	1981年10月
袁小丽（女）	少甲	省业余体校田径运动会	1500	5′6"7	5	长沙市	1981年10月
何玲娜（女）	少乙	省业余体校田径运动会	400	1′3"7	5	长沙市	1981年10月
于大生	少甲	省业余体校田径运动会	3000	9′38"3	6	长沙市	1981年10月
袁明仁	少乙	全国七省区体校田径运动会	400	54"1	4	长沙市	1982年5月
袁明仁	少乙	全国七省区体校田径运动会	800	2′8"	5	长沙市	1982年5月
袁明仁	少乙	全国七省区体校田径运动会	4×100		3	长沙市	1982年5月
于大生	少甲	省业余体校田径运动会	1500	4′22"2	3	零陵地区	1982年7月
于大生	少甲	省业余体校田径运动会	3000	9′42"	4	零陵地区	1982年7月
王　洪	少乙	省业余体校田径运动会	400	54"3	4	零陵地区	1982年7月
龙景德	少甲	省业余体校田径运动会	800	2′6"2	5	零陵地区	1982年7月
杨　丽（女）	少乙	省五届全运会	1500	5′0"9	5	长沙市	1982年9月
袁明仁	少乙	全国十省区体校田径运动会	400	54"	5	武汉市	1983年5月
袁明仁	少乙	全国十省区体校田径运动会	4×100	3′28"9	2	武汉市	1983年5月
莫汉祝	少乙	省中学生田径运动会	800	2′9"1	2	益阳	1983年8月
莫汉祝	少乙	省中学生田径运动会	1500	4′33"9	3	益阳	1983年8月
王　洪	少乙	省中学生田径运动会	400	47"	3	益阳	1983年8月
王　洪	少乙	省中学生田径运动会	400	54"	4	衡阳市	1984年7月
王　洪	少乙	省中学生田径运动会	200	23"8	5	衡阳市	1984年7月
莫汉祝	少甲	省中学生田径运动会	800		5	衡阳市	1984年7月
莫汉祝	少甲	省中学生田径运动会	1500		5	衡阳市	1984年7月
饶宁聪	少乙	全国九省区体校田径运动会	400	51"2	3	贵阳市	1985年5月
饶宁聪	少乙	全国九省区体校田径运动会	4×100		2	贵阳市	1985年5月
莫汉祝	少甲	省中长跑赛	1500	4′10"2	2	长沙市	1986年1月
莫汉祝	少甲	省中长跑赛	5000	16′20"8	2	长沙市	1986年1月
莫汉祝	少甲	省中长跑赛	10000	34′23"	4	长沙市	1986年1月
薛友文	少乙	全国少年田径运动会	400米接力	49"	3	保定市	1991年8月
舒甲圭（女）	甲	省中长跑比赛	800米	2′19"1	1	平江县	1991年11月
薛友文	少乙	全国体校田径运动会	标枪	59.8米	2	武汉市	1992年3月
薛友文	少乙	省第八届标枪单项赛	标枪	59.8米	1	长沙市	1992年4月
薛友文	少乙	全国体校田径运动会	400米接力	46"1	1	武汉市	1992年6月
舒甲圭（女）	甲	省第二届青运会	800米	2′19"8	5	冷水滩	1992年9月
舒甲圭（女）	甲	省第二届青运会	400米接力		6	冷水滩	1992年9月
薛友文	少乙	全国体校田径精英赛	标枪	63.3米	1	湘潭市	1993年3月
薛友文	少乙	省第九届标枪单项赛	标枪	67.2米	1	吉首市	1993年4月
曾雪玲（女）	甲	全国少年、分龄赛	短跑全能	239分	1	青岛市	1993年7月
曾雪玲（女）	甲	全国少年、分龄赛	跳远	5.86米	2	青岛市	1993年7月
曾雪玲（女）	乙	省中学生田径运动会	100米栏	14"	1	常德市	1994年4月
曾雪玲（女）	乙	省中学生田径运动会	400米栏	1′21	2	常德市	1994年4月
薛友文	少甲	全国少年、田径运动会	标枪	69.5米	1	南宁市	1994年6月

续表 20-4-1

姓名	组别	运动会名称	项目（米）	成绩	名次	地点	时间
曾雪玲（女）	甲	全国少年、分龄赛	跨栏全能	236 分	1	郑州市	1994 年 7 月
曾雪玲（女）	甲	全国少年、分龄赛	100 米栏	13＂2	1	郑州市	1994 年 7 月
曾雪玲（女）	乙	省中学生田径运动会	100 米栏	13＂9	1	临湘市	1994 年 11 月
曾雪玲（女）	乙	省中学生田径运动会	100 米栏	13＂8	1	吉首市	1995 年 4 月
曾雪玲（女）	甲	全国中学生田径赛	100 米栏	13＂4	3	武汉市	1995 年 8 月
兰序长	甲	省青少年举重比赛	54 千克级	199.5 千克	3	邵阳市	1995 年 8 月
兰序长		省第八届全运会	59 千克级举重	240 千克	2	冷水滩	1996 年 8 月
向　海		省第八届全运会	50 千克级举重	198 千克	3	冷水滩	1996 年 8 月
莫宁峰	丁	省第八届运动会	100 米栏	13＂6	1	常德市	1996 年 8 月
莫宁峰	丁	省第八届运动会	跨栏全能	220 分	4	常德市	1996 年 8 月
曾雪玲（女）	乙	省第八届运动会	100 米栏	13＂2	1	常德市	1996 年 8 月
曾雪玲（女）	乙	省第八届运动会	400 米栏	1′16＂	2	常德市	1996 年 8 月
曾雪玲（女）	甲	省中学生田径运动会	100 米栏	13＂7	1	邵阳市	1997 年 4 月
曾雪玲（女）	甲	省中学生田径运动会	400 米栏	1′08	1	邵阳市	1997 年 4 月
陈爱丽（女）	乙	省中学生田径运动会	100 米栏	15＂1	2	怀化市	1998 年 11 月
陈爱丽（女）	乙	省中学生田径运动会	400 米栏	1′3＂6	2	怀化市	1998 年 11 月
莫宁峰	乙	省田径锦标赛	100 米	10＂9	2	长沙市	1999 年 5 月
陈爱丽（女）	乙	省田径锦标赛	100 米栏	14＂9	1	长沙市	1999 年 5 月
陈爱丽（女）	乙	省田径锦标赛	400 米栏	1′3＂	2	长沙市	1999 年 5 月
莫宁峰	甲	全国中学生田径运动会	400 接力	44＂3	6	广州市	1999 年 7 月
陈爱丽（女）	甲	全国中学生田径运动会	100 米栏	15＂2	6	广州市	1999 年 7 月
陈爱丽（女）	甲	全国中学生田径运动会	400 米栏	1′3＂6	6	广州市	1999 年 7 月
陈爱丽（女）	甲	全国中学生田径运动会	400 米接力	3′58＂	6	广州市	1999 年 7 月
莫宁峰	乙	省第四届青运会	100 米	10＂9	1	湘潭市	1999 年 9 月
莫宁峰	乙	省第四届青运会	200 米	22＂1	1	湘潭市	1999 年 9 月
莫宁峰	乙	省第四届青运会	110 米栏	14＂3	2	湘潭市	1999 年 9 月
陈爱丽（女）	甲	省第四届青运会	100 米栏	14＂9	1	湘潭市	1999 年 9 月
陈爱丽（女）	甲	省第四届青运会	400 米栏	1′11＂4	2	湘潭市	1999 年 9 月
杨　曦	丙	省中学生田径运动会	跨栏全能	225 分	1	吉首市	2000 年 7 月
杨　曦	丙	省中学生田径运动会	110 米栏	14＂2	3	吉首市	2001 年 5 月
杨　曦	乙	省中学生田径运动会	400 米栏	57＂2	2	岳阳市	2001 年 5 月
杨　曦	乙	省青少年田径运动会	400 米栏	57＂5	3	株洲市	2001 年 8 月
杨　曦	乙	省青少年田径运动会	110 米栏	15＂3	4	株洲市	2001 年 8 月
曾雪玲（女）	成年	全国第九届运动会	100 米栏	12＂9	3	广州市	2001 年 11 月
曾雪玲（女）	甲	中、日田径对抗赛	60 米栏		3	日本、天津、上海	2002 年 3 月
杨　曦	乙	省青少年田径运动会	300 米栏	47＂	6	长沙市	2002 年 4 月
杨　曦	乙	省第九届运动会	400 米栏	57＂2	5	益阳	2002 年 9 月
杨　曦	乙	省第九届运动会	110 米栏	15＂1	6	益阳	2002 年 9 月
杨　曦	甲	省青少年田径运动会	跳远	6.38 米	3	邵阳市	2003 年 8 月
杨　曦	甲	省青少年田径运动会	110 米栏	15＂2	6	邵阳市	2003 年 8 月
曾雪玲（女）	成年	亚洲田径公开赛	100 米栏	12＂8	1	天津市	2004 年 8 月
曾雪玲（女）	成年	全国大奖赛总决赛	100 米栏	12＂9	3	合肥市	2004 年 10 月

第二十一篇　卫生

第一章　机构

1978 年，县内医疗卫生管理机构为绥宁县革命委员会卫生局。1981 年 3 月，绥宁县革命委员会卫生局改称绥宁县卫生局，内设办公室、人事股、业务股、计财股（后改为规划财务信息股）。2002 年 10 月，县卫生局加挂县爱国卫生运动委员会办公室牌子。同年，原属县卫生局管理的药政、药检、药品监督等职能划给县药品监督管理局，原属县卫生局管理的医疗保障（原公费医疗）职能划给县劳动和社会保障局；原属县劳动和社会保障局管理的职业卫生安全监察职能划入县卫生局。2005 年 1 月，县卫生局增设县突发公共卫生事件指挥中心办公室，为正股级事业机构。是年底，县卫生局有在职人员 14 名，其中 8 名行政人员、6 名事业人员。1978—2005 年，袁辉华、杨庆演、杨长明、洪煜东先后任县卫生局局长。

2005 年，全县卫生系统有在册工作人员 907 人，其中卫生技术人员 802 人。卫生技术人员中，具有初级职称者 527 人、中级职称者 244 人、高级职称者 17 人，具有大学本科学历者 21 人、大专学历者 157 人；有执业医师 137 人、助理执业医师 123 人。另外，部门医疗机构、民办医院、村卫生室、个体诊所有医护人员 541 人（其中乡村医生 345 人），各村有妇幼保健员 360 人。

第一节　医疗机构

2005 年，全县有县办、乡（镇）办医疗事业机构 33 家，病床 591 张，平均每千人有病床 1.69 张；有 CT 机、心电监护仪、血液透析机等大中型仪器设备 30 余台，有救护车 12 台；医疗机构共占地 55205 平方米，房屋建筑面积 86883 平方米，其中业务用房 27024 平方米；固定资产总值 3433 万元。当年门诊总人数 35 万人次；住院 1.2 万人次；出院病人治愈率 70.4%，好转率 26.71%，病死率 0.4%；业务收入 4078 万元。另有县计划生育局、县林业局等部门所属医疗机构 28 个，民办医院 1 个，村卫生室、个体诊所 434 个。

绥宁县人民医院　绥宁县人民医院位于长铺镇东正路 48 号，是一所综合性医院和全县的医疗及医疗科研中心。1978 年，有卫生技术人员 77 人，床位 120 张。1988 年为副科级事业机构，1997 年升为正科级事业机构；1998 年被省卫生厅评审为二级乙等医院。2001 年，医院实现全自动化电脑信息系统管理。2004 年，在职工作人员 254 人，其中卫技人员 214 人。卫技人员中副主任医师10人、主治医师94人。2005年，有病床209张；设内、外、妇、儿、五官、中医、急诊、麻醉、传染病、药剂等12个临床科室和检验、病理、放射、心脑电图、B超、CT、血液透析、高压氧等10个功能科室；有800毫安X光机、骨科X光线机、数字化胃肠造影X光机、CT机、进口彩色B超、电子胃镜、欧林巴氏腹腔镜、颈颅多普勒诊断仪、全自动生化分析仪、多功能麻醉机、血液透析机等医疗仪器；另有救护车5台，设备价值710万元。医院占地17154平方米，房屋面积23757平方米，其中业务用房13368平方米；固定资产账面值1582万元；在职工作人员272人。

绥宁县中医院　绥宁县中医院位于长铺镇长征路160号。1978年，有卫生技术人员10人。1987年，由集体所有制转为全民所有制。1988年定为副科级事业机构。1996年2月1日，被省卫生厅评审为二级乙等医院。2002年2月6日，经省红十字会医院机构评审组检查审定，医院符合医疗、救护机构管理暂行办法的有关规定，被命名红十字医院。2004年，有工作人员96人，其中卫技人员81人；有副主任医师5人，主治医师24人。2005年，开设病床66张；有内、外（包括骨伤、痔瘘）、中医、理疗、检验、医技等科室；有B超、400毫安X光机、心电监护仪、心电图机、自动尿液分析仪、血球仪、血液生物平衡治疗仪、血流变半自动分析仪、电解质分析仪等医疗仪器设备；房屋建筑面积5630平方米，其中业务用房3510平方米；年末固定资产总值278万元；门诊17525人次，住院502人，治愈率96.2%；业务收入380万元。

绥宁县第二人民医院　绥宁县第二人民医院位于武阳镇。2001年12月12日，武阳卫生院更名绥宁县第二人民医院，为正股级事业机构，隶属县卫生局管理。2004年，在职人员78人，其中卫技人员69人；有副主任医师1人，主治医师9人。2005年，在职人员92人；床位设置30张；有300毫安X光机、电子胃镜、脑电图机、心电图机、血液生化仪、尿10项生化仪、血球计数分析仪、半自动生化仪等，设备价值156万元；房屋面积5886平方米，其中业务用房3080平方米；固定资产总值360万元。

绥宁县中西医结合医院　绥宁县中西医结合医院位于长铺镇中心街51号。1999年6月7日，撤销原县卫生学校及其附属医院，在此基础上设置县中西医结合医院，为正股级事业机构；8月28日，医院正式成立。2004年，有卫技人员48人，床位20张。2005年，门诊8919人次，住院330人。

绥宁县计划生育医院　绥宁县计划生育医院位于长铺镇老街。1986年10月成立，隶属县计划生育委员会。有B超机、显微镜及化验设备，设门诊、住院部、护理部、药房、检验科等科室，主要开展双侧输卵管绝育术、人工流产术、输精管结扎术、输卵管复通术、放置和取出宫内节育器及内、外、妇、儿科门诊咨询诊治业务。2005年，有医护人员21人，病床40张；房屋面积2500平方米，固定资产77.27万元；业务收入40.4万元。

中心卫生院　1978年，全县有东山、在市、和平、河口、李西、瓦屋塘6所区卫生院，属全民所有制。1986年，分别改为东山中心卫生院、在市中心卫生院、长铺中心卫生院、河口中心卫生院、李熙桥中心卫生院、瓦屋塘中心卫生院。中心卫生院是农村地区性医疗保健综合机构，对乡镇卫生院负有行政管理和业务指导责任。1994年，长铺中心卫生院撤销。1997年，在市中心卫生院改为绥宁县民族医院。2005年，全县有5所中心卫生院（含县民族医院）。

乡镇卫生院 1978年，全县有公社（镇）卫生院27家，均属集体所有制；有卫生技术人员200人，病床210张。1984年，公社卫生院改称乡（镇）卫生院。1986年，除武阳镇卫生院外，其余的28个乡镇卫生院全部由县卫生局主管改为乡镇政府主管。1988—1996年，东山、在市、河口、李熙桥、瓦屋塘5所乡镇卫生院先后并入当地中心卫生院，并入后原乡镇卫生人员体制性质不变。1992年，乡镇卫生院由乡镇主管改为“县乡共管”：编制规模、人员调动、人才培训、业务和财务管理以县为主，领导班子、党团组织、思想政治工作和房屋建设及设备配置以乡镇为主。1998年2月，将乡镇集体所有制卫生院转为国有事业单位，原乡镇卫生院集体制人员全部转为全民合同工。2004年，全县乡镇卫生院共19家，卫技人员165人。2005年，乡镇卫生院共有病床138张，房屋面积32532平方米，固定资产456万元；门诊89134人次，住院1306人次，治愈率98.39%，病床使用率18.4%，业务收入613万元。

乡镇计划生育服务所 1990—1994年，各乡镇陆续建立计划生育服务所，由县计划生育委员会和乡镇共同管理，主要开展婚前健康检查、妇科病诊治及男子输精管结扎、女子输卵管结扎、流产等手术。2005年，全县共有25个乡镇计划生育服务所，医疗技术人员29人。

村卫生室 20世纪70年代，全县各生产大队均建立合作医疗室，配备1～3名赤脚医生。80年代农村实行家庭联产承包责任制后，大队合作医疗室陆续改为村卫生室，并由集体办转为个体办，赤脚医生改称乡村医生。2005年，全县有村卫生室345个，乡村医生345人。

第二节 保健防疫机构

县妇幼保健所 县妇幼保健所是全县的妇幼保健指导中心。1982年前，县妇幼保健站与县卫生防疫站在长铺镇万家坪江口园同一办公楼内各自独立开展业务。1983年，二站分开，妇幼保健站仍在原址办公。1984年，开设妇幼保健门诊。1992年，设病床5张，开始收治妇女、儿童疾病和孕产妇住院分娩。1993年，更名为县妇幼保健所，1997年9月升为副科级事业机构。2005年，房屋面积3900平方米；有卫技人员16人，床位15张；门诊23400人次。

县疾病预防控制中心 县疾病预防控制中心位于长铺镇万家坪江口园。1978—2004年，县卫生防疫站是全县的卫生防疫指导中心，2005年1月25日，县卫生防疫站的功能分离，相继成立县疾病预防控制中心和县卫生监督所，县疾病预防控制中心的主要职责是承担疾病预防控制任务，编制26人，实际在职29人，属副科级事业机构，隶属县卫生局管理。年末设有流行病（含性病、艾滋病）、结核病防治、计划免疫、卫生、检验、宣传教育和办公室（含应急办）等科室，房屋面积4412平方米。

县皮肤病防治站 1958年10月，成立县麻风病防治医疗站；至1987年，一直设在关峡人民公社（乡）高坪生产大队（村）黑山冲。1987年，改称县皮肤病防治站，从高坪迁至长铺镇。2005年，有卫技人员11人。

第二章　公共卫生

第一节　饮水卫生

1978年，县城居民饮用水由县自来水厂供应，该厂设址在长铺子苗族乡穿石村，水源为巫水河水，供水能力1万立方米/日。1981年，县自来水厂投资30万元，扩建过滤蓄水池。1985年，县卫生防疫站对县自来水厂水源水和居民用水分季节采样20份进行监测。监测发现，县城居民饮用水为酚超标、大肠菌群污染严重。1987年，县自来水厂安装次氯酸钠自动消毒器后，水质明显改善。1992年，末梢水余氯合格率95%，但酚污染未能消除。2001年，在长铺镇虾子溪建成日供水2万立方米的第二自来水厂，避开了巫水河受上游工业污染的水源。该厂自来水经县卫生防疫站和省疾控中心检验，符合国家饮用水卫生标准。自此，县城居民饮用第二自来水厂供水。

农村居民饮用水有井水和自来水。井水绝大多数出自经过改良的水井。1981年，全县改建水井2636个，经水质检验，细菌总数、大肠菌群基本符合卫生要求。水井改进后，痢疾等肠道传染病明显减少。

绥宁县有丰富的山泉资源。1979年，广大农村开始利用山泉建自来水，逐渐取代井水。1982年，长铺子苗族人民公社托丘田生产大队建蓄水池4个，铺架钢管9000多米，安装水龙头200多个，全大队92户、547人都用上自来水。1985年，县政府作出决定，采取村民集资、集体筹资、国家补助、单位资助的办法，加快自来水建设；长铺子苗族乡象家村和枫木团乡白岩水村、道口村等先后建成集中式自来水。1987年，全县农村自来水饮用人数占比由1984年的16.3%上升到35.3%，绥宁县被评为湖南省农村改水先进县。至1990年，全县农村共筹资813万元，用钢管476吨、聚乙烯管211吨，建成集中式自来水574处，加上分散式自来水，自来水受益人口共10.4万人。1991年12月，绥宁县出席在北京召开的全国农村改水工作会议，被全国爱国卫生运动委员会授予“七五”农村改水先进县称号。1992年，全县农村饮用自来水的有30940户、12.8万人，占农村人口总数的41.7%。东山、枫香、在市等乡镇达80%以上。1995年，经湖南省农村改水办公室考核，绥宁县达到“八五农村改水提前达标县”标准。至2002年，全县农村改水累计投资1830万元，其中省市50万元、县财政80万元、部门资助20万元、乡村筹资350万元、村民集资1330万元，共建成自来水1459处，均符合饮用水卫生要求，受益人口逾80%。是年，绥宁县获评全国农村自来水普及工作先进单位。2005年年底，县内已无直接饮用江河水的农户。

第二节　食品卫生

1978年，县内食品卫生监测由县卫生防疫站及各区、社卫生院负责。1982年，国家颁布《食品卫生法（试行）》。1983年，县内成立食品卫生执法领导小组，领导、组织食品卫生执法工作和制订食品卫生管理制度。1980—1983年，县卫生防疫站及各区、社卫生院对全县肉食、饮食服务及副食部门从业人员2148人进行健康检查，年均检查率80%，对检查中发现患有肺结核和肝炎病者调离食品行业。1984年，县卫生防疫站设食品卫生监测科（对外称食品卫生监督所），开展对食品从业人员的健康检查、食品生产经营的发证与验证、经常性的食品卫生监督检验工作，并制订食品卫生行业标准。1985年，开展全县食品卫生大检查，处理变质食品15282千克。20世纪80年代中期后，食品行业逐渐转变为个体营销，食品卫生监督监测工作相应加强。至1992年，对全县食品行业从业人员先后进行体检1.6万多人，年平均体检率80%以上，共检出慢性传染病、皮肤病30人，全部调离食品岗位。检查中，处理食品从业单位和个人860家次，其中限期改正525家次、停业整顿199家次、罚款109次计9295元；检查各类食品1527件，合格率90.8%。20世纪90年代中期后，餐饮业普遍使用洗涤洗刷餐具、煮蒸消毒餐具、一次性筷子及电冰箱存放食品，糖果副食使用加盖玻璃盛具、食品夹和塑料食品袋包装。20世纪90年代后期，猪牛实行定点屠宰，猪牛肉注水上市基本得到遏制。

2000年，县食品卫生监督所先后检查县内食品从业人员2122人次，检查覆盖率81.7%，对检查中发现的58名患有慢性传染病的食品从业人员迅速予以调离；罚款65家，其中申请法院强制执行50家，依法销毁过期变质食品3240千克；抽检餐具391件、冷饮139份、食品202份，合格率分别是75.45%、79.14%、100%。2002年，县食品卫生监督所与县工商等部门配合，开展查处食品无证生产经营和打击制售假劣食品、加工销售病死猪肉等违法活动，烧毁100个品种、4000多千克假劣食品。2003年，抽检食品、餐具各660件和385件，合格率分别是88.33%、81.04%。2004年，抽检餐具398件，合格率97.14%。

2005年4月，成立绥宁县卫生监督所，为副科级事业机构，编制8人，实有在岗职工11人，隶属卫生局。主要职责是食品卫生、职业病防治与健康相关的产品和医疗服务市场监管工作。

第三节　环境卫生

城镇卫生　20世纪80年代前期，县城主要街道已铺修柏油路，建有绿化带，道旁设垃圾果皮箱。机关院内屋前房后栽花种草。80年代中期，城镇居民开始使用电炊具，减少了烧柴火烟雾污染空气的现象。城镇环境卫生管理所成立后，划分街道清扫区域，环卫工人每天清晨、傍晚清扫街道，将垃圾集中运到离城镇3千米的枫香苗族乡小水村垃圾场；凡是晴天，洒水车在中心街、东正街等主要街道洒水；城镇绿化率达 30%。80 年代后期，新建中心街农贸市场，改街道分散集市为集中集市。90 年代到 21 世纪初，中心街、东正街等主要街道以水泥、油砂等材料完成硬化建设，其他小街小巷也基本完成路面硬化。机关院内普遍是水泥冻结地面，建有垃圾池，环卫工人每日到机关院内清运垃圾，并集中运送到党坪苗族乡洞溪村新垃圾场。城镇居民按户缴纳环境卫生费，环境卫生工作经费得到保障。由于环境卫生基础设施的不断完善，液化气灶的普遍使用，烧柴、烧煤的减少，使空气污染指数下降，县城卫生面貌大为改观。

农村卫生　农村素有在婚庆、寿诞、春节和迁居之时进行住房内外清洁大扫除的卫生习惯。20 世纪 70 年代后期，开始兴建沼气池，对粪便、污物进行无害化处理。80 年代推行改灶、改厕所。至 1983 年，建有漏斗式化粪池式厕所 1226 个。1985 年，累计有沼气池 600 多个。此后，水泥池贮粪厕所逐渐取代木桶贮粪厕所。1988 年，全县有省柴灶 22940 户，普及率达 86. 6%。90 年代后，农村新建砖木结构房屋增多，电炊具逐渐进入农户，家庭卫生有较大改善。21 世纪初，农村沼气建设与“三改”（改厕、改栏、改厨）加快，同时随着农村砖木钢筋水泥混合结构房屋的增加，农村水冲式厕所不断增加。2003 年，农村 14200 户有卫生厕所，普及率达 18. 11%。2005 年，开始实施修建水泥村道等新农村建设措施，农村卫生面貌进一步改观。

第三章　防疫 医疗 保健

第一节　疾病防控

丝虫病防控　20世纪70年代和80年代初期，县内有丝虫病例。经过多年的重点调查、疫区普查和全县性普查，采取以消灭丝虫病传染源为主的综合防治措施后，1986年10月30日，湖南省人民政府授予绥宁县“基本消灭丝虫病”证书。此后，通过继续查治，未发现血液微丝蚴病人和微丝蚴蚊虫，丝虫病防治效果巩固。1995年达到消灭丝虫病标准。1998年4月，湖南省卫生厅授予绥宁县“消灭丝虫病”匾牌。

麻风病防控　1978年，县内有麻风病人166例，发病率0.038‰。20世纪70年代以前，麻风病人在麻风村（设关峡高坪黑山冲）集中治疗。20世纪80年代开始转向社会防治为主，病人在家里服药，定期到县皮肤病防治站门诊拿药，或皮肤病防治站医生送药上门。1987年起，采用世界卫生组织的联合化疗方法，由日本笹川良一基金会提供全部化疗药品。1991年10月9—10日，世界卫生组织顾问、麻风病学会秘书长、日本笹川良一基金会医疗部部长汤浅洋博士在卫生部李醒英教授、申鹏章主任医师陪同下，到绥宁县皮肤病防治站、武阳医院、武阳镇六王村实地考察绥宁县麻风病联合化疗工作，未发现联合化疗后复发病人。1998年8月3日，卫生部授予县皮肤病防治站全国麻风病防治先进集体称号。2000-2005年，县内麻风病平均发病率0.024‰，达到控制标准。1978年至2005年末，全县累计收治麻风病人230例，治愈207例，尚有现症病人5例。

肺结核病防控　1978年，县卫生防疫站携带X光机在李熙桥人民公社做胸部普透11530人，胸透率83.73%；确诊肺结核178人，患病率1.54%；确诊病人中痰阳10人，痰阳患病率0.09%。是年，对可疑肺结核604人做结核菌素试验，强阳性258人，结核平均感染率42.72%。各年龄组感染率不一，儿童随年龄增长而增加，30～40岁年龄组为87.5%。1986—1992年，全县登记新发肺结核235人，平均发病率1.069‱，至2005年，结核病排列在发病率较高的前五位传染病之内；是年，结核病277例，发病率7.893‱，居传染病第一位，其中涂阳167例、患病率4.758‱，菌阳61例、患病率1.738‱。1987年起，由县卫生防疫结核病防治科建卡管理，规则治疗。1992年开始，绥宁县每年获世界银行贷款——控制结核病经费24700元（2002年增至4.5万元），县财政拨出对等经费，对活动性肺结核病人实行免费查治。1993—2005年，全县接诊可疑肺结核9572人，发现活动性肺结核2664例。其中免费治疗2097例，治愈1830例，治愈率87.3%；完成疗程520多例，治疗成功率95%。

肝炎防控　20世纪70年代末县内开展血清学检验技术后，提高了病毒性肝炎的诊断水平。

据20世纪80年代末县人民医院对20696名门诊病人检验，乙型肝炎表面抗原阳性率为13.37%。1990年11—12月，双河苗族乡（今党坪苗族乡）中学和邻近的中心小学甲型肝炎流行，发病141例，是这两所学校学生数的32.41%。20世纪90年代至2005年的大多数年份，病毒性肝炎是县内发病较高的前五位传染病之一。2005年，县内病毒性肝炎发病率1.91‰，排列传染病发病率第三位。20世纪90年代后，县内医疗单位普遍使用一次性输液管和实行一人一针一管制度，乙肝疫苗注射列入儿童计划免疫，切断血液传播和母婴传播。治疗上采用中西医结合治疗，暴发流行时组织医疗队扑灭疫情。

疟疾防控 县内疟疾以日疟为主，传播蚊种主要是中华按蚊。至20世纪80年代中期，县内疟疾基本消灭。20世纪90年代初，县内在广东沿海地区打工的疟原虫携带者增加，发病率略有回升。1994年，全县有疟疾患者138例，发病率上升到4.12‰。经对病人的根治和预防服药等措施后，1997年以来发病5例，发病率下降到0.15‰。2002年10月，湖南省基本消灭疟疾考核验收组第三小组对绥宁县疟疾病情况进行考核验收，考核结果：绥宁县7年中疟疾发病率控制在1‰以下，近10年无本地病例，近4年无疟疾病例，达到基本消灭疟疾标准。2003—2005年，县内无疟疾病例。

钩端螺旋体病防控 20世纪70年代，县内钩端螺旋体病时有发生，发病者以从事水田生产的农民为主，发病季节在夏季和秋季。1987年9—10月，县内暴发钩端螺旋体病，有17个乡镇共发病1670人，死亡27人，以李熙桥、武阳、黄土矿、盐井等乡镇最为严重，占全县钩端螺旋体病患病人数的81.3%。1988年9月14—24日，县内钩端螺旋体病再次暴发流行，发病4000多人，死亡40多人，以武阳、盐井两地为甚。县委、县政府从县人民医院、县中医院、县妇幼站、县防疫站抽调医务人员，下到疫区开展治疗防控工作。同时，在全县开展全民灭鼠活动，消灭传染源，在易感人群中注射钩端螺旋体菌苗，有效控制疫病流行。20世纪90年代初，县内钩端螺旋体病发病率降至2.6‰。90年代末，县内已无钩端螺旋体病例。

性病防控 20世纪80年代后期，在县内根绝数十年的性病又死灰复燃。1990年，全县发现淋病126例。20世纪90年代以来，性病发病率呈上升趋势。1994年，淋病排序传染病发病率的第五位。因其隐秘性，性病数据难以准确，仅据县皮肤病防治站门诊的不完全统计，2000—2005年，性接触传染疾病患者143例，其病种比例是：非淋菌性尿道炎占46.1%，尖锐湿疣占27.3%，淋病占22.4%，梅毒占4.2%。

霍乱防控 1979年后，县人民医院设有肠道门诊；乡镇卫生院也有肠道病人门诊登记册，发现疑似病人立即报告。实行疫源检索，对来自疫区的流动人口进行采样化验和病菌培养，每年检索内外环境300份左右。至1992年，留检留验4600多人次，监测腹泻病人1000余人次，采水样、物品530多份，大便病原菌培养200多次，均未发现霍乱弧菌。1998年和2000年，县内开展卫生防疫大行动，成立防治组织，制订实施方案，签订责任状，配备一定数量的预防消毒药品，做到“逢泻必检，逢疑必报”，不漏病人；同时，加强对《传染病防治法》《食品卫生法》等法律法规的宣传教育，开展夏秋季节爱国卫生运动，切断霍乱传播途径。至2005年，县内未发现霍乱输入病例。

地方性甲状腺肿防控 绥宁是湖南省地方性甲状腺肿重点病区县之一。重病区饮水含碘量均值0.84微克/升，明显低于人体正常需要量。1978年，县内对16.08万人进行普查，患病率4.02%。全县6个区27个社镇均有地方性甲状腺肿病人，患病率高山地区高于丘陵地区。在市区属重病区，查出2127人，患病率11.98%；以黄桑坪、西河（在市）、联丰、兰家等公社患病率较高，其中黄桑坪人民公社患病率高达29.62%；发病者以农村女性和儿童较多。其间，全县居民普遍采取常年性食用碘盐措施防控地方性甲状腺肿；1981年，全县采用碘剂治疗地方性甲状腺肿6000人。同年，全县普查22.43万人，地方性甲状腺肿患病率下降到3.02%，黄桑坪人民公社下降到14.52%。1986年，省、市防治地方性甲状腺肿考核验收组在绥宁随机抽样检查在市、双河（党坪）等6个乡、18个村、18所小学，居民患病率、甲状腺生理性肿大率、尿碘及盐碘均达到基本控制地方性甲状腺肿病标准。1987年4月，绥宁县获湖南省基本控制地方性甲状腺肿合格证。1990年监测结果，全县平均患病率为0.45%，甲状腺生理性肿大率为9.48%，防治效果基本巩固。1995年，根据湖南省财政厅、湖南省卫生厅《关于向贫困重度碘缺乏病区居民免费供应碘盐、碘油丸的通知》精神，县内黄桑坪、枫木团、东山、河口、联民、鹅公岭、梅坪7个乡、17个村、11223人为免费供应碘盐和碘油丸对象，首次免费发放5.6万千克碘盐、3367人份碘油丸。

非典防控 2003年春，省外一些地方发生非典型肺炎疫情（简称非典）。4月18日，绥宁县召开防治非典工作会议，成立非典防治领导小组，由县长担任组长，下设办公室、疫情报告组、输入人员管理组、医疗救治组等11个组室，各乡镇、部门成立相应防疫组织，外堵内清，实施堵、防、清、监的堵源防流措施。防控期间，共检查入境车辆6864台次、乘客51767人；接诊发热病人1145人，留观894人，排除可疑47例；检查登记从外地返乡人员3348人，其中从疫区返乡人员2333人；召开全县防非典会议7次，防非典领导小组会议18次，印发各类宣传资料30余万份，简报68期计10200份；卫生系统举办6次非典防控业务培训，参加培训的1200余人次；出动消毒人员90人次、医务人员2041人次、车辆1730台次，体检4088人（含疫区返乡人员），用去84消毒液6100瓶、次氯酸钠677.5千克、过氯乙酸2400瓶，公共场所消毒1.8万平方米。县内未发现非典病例。

人禽流感防控 2004年1月29日，红岩镇渣湾村发生疑似高致病性禽流感疫情。县委、县政府立即启动《绥宁县重大动物疫病控制应急方案》，组织相关乡镇和部门，迅速扑灭疫情。至2月初，共扑杀疫点家禽46800只；疫区内家禽免疫接种19.80万羽，县际交易地区免疫家禽46700万羽，养殖重点户免疫家禽18500羽；设立疫区检查哨卡8个，检疫车辆1670台；关闭疫区禽类交易市场4个，集贸市场消毒25个；疫点内全方位消毒面积40.50万平方米；进行医学留观监测25人。

艾滋病防控 2005年4月11日，县疾控中心接到省疾控中心寄来的绥宁县首例艾滋病诊断报告。患者系河口苗族乡杨家寨村在外打工的一沈姓村民，感染方式不明，回家后不到一个月死亡。4月12日，县疾控中心到该患者家进行流行病学调查，采集9名密切接触者血液标本进行HIV抗体初筛检查，其妻为HIV抗体阳性，其余8人皆为阴性。以后，县疾控中心在“艾滋病日”或集市日于中心街设咨询服务台，宣传“四免一关怀”（免费检查、农村病人免费治疗、艾滋病孤儿免费就学、艾滋病孕妇免费查治，艾滋病家庭困难的政府救助）的艾滋病防治政策，并在全县调查HIV人数，加强防控措施。

第二节 医疗

一、中医治疗

1978年，县内有中医、中药从业人员124人。1979年，县中医院（1975年开始筹建）正式开业应诊。20世纪80年代，用小夹板固定治疗闭合性骨折100多例，有效率98%，还能开展开放性骨折复位术和痔瘘手术；用“如意黄金散”加碱制成“烧伤散”，治疗I、II度烧伤100多例，治愈率100%；用“痔痊息”封闭注射痔核100余例，有效率90%；辨证运用“补阳还武汤”，配合针灸施治中风后遗症获得疗效；用温脾补肾法“真武汤”治疗尿毒症收到效果。县人民医院中医科运用“犀角地黄汤”“归脾汤”化裁治疗再生障碍性贫血取得较好效果；用活络法“四妙勇安汤”治疗闭塞性脉管炎效果较好；中医治疗胆道、泌尿系结石，提高了排石率；治疗病毒性肝炎效果满意，能较快地消除黄疸、降低转氨酶。1992年，县内中医、中药从业人员107人，占全县专业卫生队伍总人数的14.8%和专业卫生技术人员总数的17.7%，其中有中医师51人。2004年，全县有中医、中药从业人员112人，其中副主任中医师10人。2005年，县中医院门诊总人数17525人次。

二、西医治疗

1978年，全县有西医技术人员379人，占全县卫生系统专业技术人员总数的75.35%。改革开放后，县内西医事业不断发展，先进医疗设备和医疗检查设备不断更新，医疗水平不断提高。

20世纪80年代，县内使用纤维胃镜和心电监护仪，提高胃炎、胃溃疡、胃癌的诊断水平和心肌梗塞、心律失常等心脏急症的抢救成功率。1981年，县人民医院医师刘楚斌主刀实施全县首例肺叶切除术成功。1982年，刘楚斌、袁仕培联合施行心包膜剥离术，效果良好，获县科技进步奖。1983年，县人民医院医师石柏青等实施经肾后唇肾盂、肾窦、肾实质联合切开治疗多发性肾结石和左肝外叶切除、胆管空肠吻合技术治疗肝胆管结石，均取得良好效果。1985年，县人民医院医师杨芳尧等开始利用显微外科手术，进行断指再植，以后又相继利用显微外科手术，进行输卵管吻合、带血管蒂腓骨移植治疗长骨缺损等临床治疗，均获得成功，后者获邵阳市科技推广进步奖。1986年，县内实施联合断流治疗肝硬化门静脉高压食道静脉曲张破裂出血手术成功。其间，县人民医院五官科除常见病治疗外，还先后成功实施乳突根治、眼内异物和食道异物取出、声带息肉摘除、鼻腔乳头状瘤外切除、视网膜剥离、颈外动脉结扎治疗颌面部血管瘤、唇癌切除、喉裂开等手术；王咸熙等医生进行抗青光眼小梁切除术，患者术后眼胀、偏头痛消失，视力明显好转，获全市科技推广应用奖。

20 世纪 80 年代末到 90 年代初，县内应用 654-2（消旋山莨菪碱）佐治小儿支气管肺炎，缩短止咳和消失肺部啰音的疗程。以东莨菪碱为主的综合治疗小儿重症肺炎感染性休克，用硫酸镁静脉滴注佐治婴幼儿喘憋肺炎，均获得良好的功效。其间，县内实施的妇产科手术有剖腹取胎、子宫切除、卵巢囊肿切除、宫外孕手术、尿瘘修补术等。

20 世纪 90 年代，县内农村村级卫生室基本能担负农村小伤小病的治疗，乡镇卫生院能治疗农村常见病和多发病，农村中心卫生院能实施胆、胃等上腹部手术，全县基本形成县人民医院、农村中心卫生院、乡镇卫生院、村卫生室四级疾病治疗网络。1990 年，全县西医诊疗患者总人数 81300 余人次。年内，县人民医院为患者李某治疗颈部割伤时，气管全切断，但术后无功能障碍。同年县内可进行胃癌根治术。1991 年，县一中一名耳炎并发脑脓肿患者，经县人民医院采用耳穿刺抽脓手术治愈。1993 年，县内施行腮腺混合瘤保留面神经切除手术成功。1994 年，县人民医院医师钱秋炳等实施胰十二指肠切除、消化道重建术治疗壶腹癌成功。1995 年，县人民医院医师黎前勇等实施腰椎间盘切治疗椎间盘突出成功。

20 世纪 90 年代中期后，县内开始施行阴道前后壁修补、粪瘘修补、经阴道行子宫全切术。其间，通过 CT 机的临床应用，提高了新生儿颅内出血的诊断治愈率。1997 年，县人民医院采用腹膜代阴道成形术，治疗一例先天性无阴道患者成功，术后随访，该患者夫妻生活正常。1999 年起，县内施行下腹横切口美容缝合新式剖宫产手术成功。其间，县人民医院采用高压氧治疗脑卒中、脑外伤、婴幼儿脑病等各种缺氧和需氧病人，收到良好效果。

2001 年，县内实施首例腹腔镜胆囊切除治疗胆结石手术成功。2003 年，县内施行微创手术治疗脑出血成功。2004 年，县人民医院医师沈建辉等实施 R—F 钉内固定治疗腰椎骨折手术和先天性上眼睑下垂矫正手术均获得成功，前者获得县科技进步奖。年内，县人民医院采用血液透析治疗尿毒症病人和因肾结石引起的肾功能衰竭等危重病人，患者能得到有效治疗。

2004 年，全县有西医技术人员 746 人，其中具有高级职称者 17 人，具有中级职称者 185 人，具有初级职称者 497 人。2005 年，县人民医院门诊人数 86478 人次，住院人数 5013 人次，业务收入 1891 万元。

三、中西医结合治疗

县人民医院设有中医科，农村中心卫生院、乡镇卫生院都有中医门诊，村级卫生室和个体诊所也大都备有中草药专柜、专架。20 世纪 80 年代以后，中西医临床与理论结合不断发展。1986—1988 年，县人民医院医师王咸熙采取中西医结合治疗原发性青光眼，13 例 14 只眼的抗青光眼小梁切除术取得良好效果，患者眼胀、偏头痛消失，有8只眼功能明显好转；并从中西医理论结合上就青光眼的病因、体征和治疗原则进行分析，撰写《中西医结合治疗原发性青光眼浅议》一文发表于《湖南中西医结合研究》杂志。1987—1991年，县人民医院小儿科医师夏大胜用“参芪归莲汤”结合补液治疗小儿迁延性慢性腹泻36例，均愈。此后，县人民医院配合针灸辨证施治中风后遗症、再生障碍性贫血、闭塞性脉管炎、尿道结石等，既发挥了西医的作用，又发挥了中医的作用。中西医结合治疗重症肺炎也广泛应用，其疗效优于单纯西医治疗，以通腑调气的葶苈子、莱菔子、杏仁之类治疗小儿肺炎并心衰，可使病儿大便变稀，腹泻与气促缓解，肺啰音减少。外科以通腑逐瘀法，用大黄牡丹汤为主治疗急性阑尾炎，效果良好。

1999年，成立绥宁县中西结合医院。基层卫生院医务人员在中西医并举、中西医结合方针指导下，多数能用中西医治病，能掌握一般的中医辨证方法，在临床上有所收获。李熙桥中心卫生院用加减承气汤煎汁，从胃内注入，对胃次全手术的胃肠功能恢复有明显助进作用，患者术后腹胀减轻，排气时间比未用中药的病例要早10小时。2005年，县中西结合医院门诊人数8900余人次。

第三节　保健

一、妇女保健

新法接生　20世纪70年代后期，县内农村女赤脚医生中有89.5%的人会接生，新法接生率达96%，但产妇死亡率和新生儿破伤风发生率仍然较高。1978年，产妇死亡率和新生儿破伤风发生率分别为7.6‱和1.95‰。20世纪80年代，县、乡妇幼医生对各村接生员、女乡村医生开展常年培训，接生员和乡村医生消毒意识增强，接生四消毒（会阴、脐带、器械和接生员手消毒）上升到97.1%，接生器械也得到补充，接生质量提高。1984年后，全县无产褥热，1986年后无Ⅲ度会阴破裂。1990年，新法接生率上升到99.9%。进入21世纪后县内取缔家庭接生。

住院分娩　20世纪80年代，提倡产妇到医院住院分娩。1990年，全县住院分娩的产妇有2521人，住院分娩率39.5%；孕产妇死亡1人，死亡率下降到1.6‱；无新生儿破伤风。此后，人们对母婴健康安全越来越重视，住院分娩率逐年提高。1997年，全县产妇住院分娩1930人，住院分娩率57.63%；产妇死亡2人，死亡率5.872‱；新生儿破伤风1人，发生率0.3‰。2005年，绥宁县被确定为国家降低孕产妇死亡率和消除新生儿破伤风项目县，国家拨专项经费10万元，还给县妇幼保健所、乡卫生院配备产床、新生儿抢救台、制氧机等价值12万元的产科器械。县妇幼保健所培训县乡妇产科医生56人、村级妇幼保健员（原接生员）360人，救助贫困产妇住院分娩107人。是年，新法接生3611人，新法接生率99.45%，其中住院分娩率占80.75%；孕产妇死亡2人，死亡率5.508‱；无新生儿破伤风。

妇科病查治　20世纪70年代中期起，有重点地开展妇科病普查普治。1982年，全县实施子宫脱垂、尿瘘、子宫颈癌等妇女病检查8214人，查出妇女病患者6215人，发病率75.66%。

1990年起，定期对育龄妇女进行健康检查。1997年，全县实施妇女病检查2万余人，查出各类妇女病中慢性子宫颈炎、阴道炎分别居第一、二位。2005年，全县检查妇女16869人，为应查人数的23.16%；查出各类妇女病患者11753人，患病率69.67%，发病率以阴道炎和子宫颈炎最高，并发现子宫颈癌、乳腺癌、卵巢癌各1例。对查出的妇女病多给予治疗，癌症病人多送往上级医院治疗。

二、儿童保健

儿童体检 1979年起，把0～7岁儿童健康检查列为常年性工作，年检人数率为20%～40%。是年，受检儿童11900人，占应检人数的25%，受检儿童中健康状况属上等者占4%，属中上等者占10%，属中等者占35%，属中下等者占45%，属下等者占6%。1980年后，全县儿童计划免疫接种率均在85%以上。1984年，县妇幼保健站在儿童保健门诊中建立儿童系统管理卡，收治体弱儿。1991年，儿童健康检查13222人，体重达全国同龄儿童平均标准的占52.1%，身高达均数的占53.2%。1979—1992年，全县共检查儿童12.0457万人次，查出佝偻病患病率为32.8%，缺铁性贫血为49.8%，评选出健美儿童578名。佝偻病以0岁组和1岁组为高，其原因是突然断奶，辅食添加不够和喂养不当。城镇幼儿龋齿发病率达82%，其原因是吃零食或睡前吃水果和不注意漱口刷牙，口腔不卫生等。1997年，5岁以下儿童均值以下2个标准差的370人，占4.55%；身高小于全国同龄儿童平均值以下2个标准差的829人，占4.04%。2003年，城镇儿童检查313人，佝偻病患病率34.39%，化验检查贫血率为25.62%。2005年，7岁以下儿童保健管理13203人，管理率51.26%；其中5岁以下儿童管理8730人，管理率47.28%；体重小于全国同龄儿童平均值以下2个标准差的379人，占4.34%；新生儿体重小于2500克的168人，低出生体重儿发生率4.63‰；0～4岁儿童死亡95人，死亡率26.16‰；其中1岁内婴儿死亡76人，死亡率20.43‰。

儿童防疫 1978—1984年，全县治疗儿童营养性贫血3218人。1979—1989年，全县为儿童驱蛔虫10.73万人次，治疗佝偻病11300人次。在实施儿童保健过程中，还提倡婴儿母乳喂养、幼儿辅食添加、防止偏食，开展防治儿童营养不良性疾病的保健育儿知识宣传。持续实施计划免疫，对儿童普遍进行预防接种，预防传染性疾病；计划免疫农村由乡村医生和乡镇卫生院防疫医生按儿童计划免疫卡具体施行，城镇则在县卫生防疫站计划免疫门诊进行，按计划完成小儿麻痹糖丸、麻疹减毒活疫苗、百白破混合制剂、乙型脑炎疫苗、卡介苗的注射接种。1987年后，县内无白喉病例。1991年起无脊髓灰质炎病人。2005年，县内无百日咳，麻疹发病率0.94‰。

第四章　医政　药政

第一节　医政管理

医疗质量监控　1985年后，县人民医院、县中医院始成立院科两级质控组织，院质控科由高职称、高资历的医生、护士组成；科室质控小组由科主任和业务骨干组成；下设医务组，进行医疗质量指标的落实。中心、乡镇卫生院有相应医疗质量管理组织。各医院临床科室都建立相关医疗质量制度。20世纪90年代，对医务人员实行目标责任制管理，医疗质量定到个人，与奖金挂钩，对医疗质量低劣者，停止职称晋升，或降级降薪。1999年起，转变为全县推行医疗安全风险抵押金制度，即卫技人员每年缴纳500元医疗安全抵押金，从工资中扣除，各单位一把手的医疗安全风险抵押金由县卫生局管理。20世纪90年代至2005年，各医疗单位普遍进行“三基”（基础理论、基础知识、基本技能）训练，县卫生局聘请上级医院专家教授到县进行学术讲座，促进全体医务人员业务素质的整体提高。县人民医院经常组织专题讲课，开展医疗文件评比和护理操作竞赛活动；院长定期大查房，对环节质量、终末质量进行大检查；进行月末医疗质量讲评和以质控简讯方式通报全院；各种临床骨干医生都到省、市级医院进修过一两次。

医疗事故处理　1982年，县人民医院抽查48份病历，及格率由1979年的38.4%提高到97.8%，三测单及格率94.8%，其中优秀率分别为是33.3%和65.8%。1987—1992年，县人民医院一、二级病历和护理文件优良率均在90%以上，治愈率75%以上。连续6年无重大医疗差错事故，但医疗纠纷有40多起，大多是医方的医疗不当、责任心不强或服务不到位等引起，也有患方的利益驱使而引起。医疗纠纷的处理，大多是医患双方协商或在县卫生局调解下解决；双方发生医疗纠纷属性与赔偿有争议的，在2002年8月以前，由县医疗事故鉴定委员会作出鉴定结论，属医疗事故的原则上按国家1987年6月29日的《医疗事故处理办法》处理；2002年9月以后，则申报到邵阳医学会医疗事故鉴定委员会鉴定，属医疗事故的原则上按国家2002年9月1日的《医疗事故处理条例》处理。2002—2005年，经报市医疗事故鉴定委员会鉴定的医疗纠纷有3起，其中2起被鉴定为三级医疗事故，另1起鉴定为不属医疗事故。20世纪90年代初至2005年，因医疗事故、差错、纠纷的补偿、赔偿共计100多万元，责任人及相关个人受到本单位的相关处理。

医疗市场整顿　1988年，国家、省卫生主管部门都对个体行医作出有关规定。全县对违规个体行医人员下达“停止”“迁回”“取缔”等处理通知的49人，并不准在职、退休、退职医务人员个体行医。1992年1月，成立县医疗市场整顿领导小组。整顿小组列出无“行医执照”“营业执照”名单，分别发出“停业停办”“限期改正”等处理通知，并督促执行，对拒不执行者采取统一行动。是年，在统一行动中，没收无证个体医生陈某在长铺镇老街诊所的3100余元药品。1999—2002年，县卫生局从卫生防疫站等单位抽调3名卫生人员组成卫生执法队，专门整顿医疗市场。经执法检查，260家医疗机构中符合执业资格的有236家，对不符合执业资格的24家予以注销，对一些不规范的医疗机构提出警告、责令改正；查处非法行医52家，其中无证医疗机构5家、药店行医20家、无证医疗美容3家、使用过期证件8家、未经批准向社会开放的企事业医疗机构2家、异地行医14家；立案处理82家；处理游医药贩11人次；没收非法药械150多个品种，收缴罚款7万元。至2005年，因利益的驱动，医疗市场存在的无证行医、药店行医、游医和不具备资格的专科专病外包、租赁等不规范问题仍然存在。

医疗作风建设　1980—1983年，发生的9起医疗差错和13起医疗纠纷中，60%属于态度不良和责任心不强引起。20世纪80年代后期到90年代初期，加强对医务人员为人民服务的宗旨再教育和职业道德培养，推行佩戴胸章上岗、对与病人争吵的医务人员处以罚款等措施。1987年，县人民医院聘请医德医风社会监督员，规定不准暗示病人或家属请吃送礼，不准私自向病人出售药品，不准私自转移病人或转移处方而收取好处费；1989年，又制定10条医德医风考评记分细则，建立医德医风档案，在医务人员中进行“医德规范”学习和开展优质服务活动。1990年考核，住院病人对医生服务态度满意率上升到90%，对护士服务态度满意率上升到87%。是年，全县有27人被评为医疗卫生优秀服务个人，其中县中医院江梅心被评为湖南省卫生文明先进工作者。1991年、1992年，卫生系统拒收红包礼金67人次计2966元。

20世纪90年代中期始，医疗费用增长过快，普通病一次门诊要数十元或上百元；住院病人要二三百余元一日，总费用常需两三千元。人民群众普遍有“看病贵”与“看不起病”的反映，农民和困难群体病人尤感困难。为降低医疗费用，减轻病人负担，医疗单位开展向社会公开承诺服务活动，在院内张贴医务人员照片、医疗收费标准、药品价格，不准收受药品采购和销售利润回扣，不准乱收费和接受请吃受礼等，欢迎社会监督和举报；开展医疗质量满意、服务态度满意、医疗收费满意、后勤服务满意的“四满意”活动，实行住院病人一日清单制。1996年，全县医疗机构开展塑造“白衣战士”新形象活动。县人民医院在全院开展“无德不成医”的讨论，反对一切“向钱看”的拜金主义。是年7月，绥宁发生山洪灾害，全县卫生系统人员为灾区捐助3.5万元、衣物1360件，拒请吃156次，拒收礼金10800元，为病人捐助2.7万元，收到感谢信30封。2004年，县人民医院成立医德医风督察室。2005年，县人民医院退还“红包”8起计1000多元，有20多名医务人员为危重病人捐助2500元，病人满意度在95%以上。

第二节　药政监管

1978—1985年，县卫生局承担全县药品管理工作，由业务股负责。1985年，成立绥宁县药品检验所，1988年6月更名为县药品监督检验所，属卫生局二级机构。1991年8月，县药材公司加挂县医药管理局牌子。1999年12月，医药管理局和药材公司政企分家，成立县医药管理局。

2001年10月，由县医药管理局和卫生局的药政、药检人员合并组建邵阳市药品监督管理局绥宁县分局，下设业务股、稽查股和办公室，在编人员11人。2002年11月，重新设立县药品检验所，属二级机构。2004年6月16日，绥宁县药监分局更名为绥宁县食品药品监督管理局，增设食品安全综合监督股。2005年，全局在编人员15人。1991—2005年，袁成著、戴民安、孙解生、陈历先先后任县医药管理局、县药监分局、县食品药品监督管理局局长。

一、医药市场管理

1985年以前，医药市场的监督管理由县卫生局业务股兼管。1985年《中华人民共和国药品管理法》颁布实施以后，卫生行政部门依法对全县的医药市场进行监管，核发“药品经营（生产）许可证”10家，其中中药饮片生产企业1家、药品批发企业4家、药品零售企业5家，除1家药品零售企业为集体所有制外，其余全部为全民所有制企业。1992年，卫生行政部门对医疗机构药房核发“药品调剂许可证”232家。1994年，对药品生产经营企业进行换证，共核发“药品经营（生产）许可证”36家，其中药品生产企业1家、药品批发企业4家、药品零售企业31家，除原有的全民所有制企业9家和1家集体企业外，新增加私营药品零售企业26家。1998年，绥宁县第一家民营医疗器械生产企业——湖南绿洲惠康发展有限公司成立后，按期核发“医疗器械生产注册证”。

2000年，市药品监督管理局承担新一轮的“药品经营（生产）许可证”的核证工作，药品抽验计划亦改由市药品监督管理局下达。是年，全县共核发“药品经营（生产）许可证”35家，其中药品批发企业1家、药品配送中心1家。除8家为全民所有制企业外，其余全部属私营企业。2002年，全县对可疑品种抽样48起送市所或海岸进口药品检验所检验检定，有2个品种为假劣药品。其中依马打正红花油为假劣药品——此药同批号产品全国只进口3万瓶，数量有限，但在绥宁大批量地销售逾2年，经县药监局抽取同批号产品送原进口药品检验单位广州进口药品检验所检验确认为假药。2004年，药品监督管理部门依据《药品经营质量管理规范》（简称GSP），对全县药品经营企业进行GSP认证。经过省市认证小组认证，至2004年年底，全县通过认证合格的企业有9家，其中药品批发企业1家、药品零售企业8家，除1家批发企业属国有私营以外，其余全部为私营企业。经过认证，药品经营管理发生了变化，各个经营企业店堂面积不小于40平方米，仓库面积不小于20平方米，建立和健全了质量保证体系，涌现出像九芝堂连锁药店、绿都大药房、长安药店、益生堂大药房、中心大药房和薪店大药房等成规模的药品零售企业。

2001年后，建立药品购进记录和医疗器械购进记录以及一次性使用医疗器械销毁记录，经常开展药品质量检查，加强对霉坏变质和过期失效药品的检查，县内药品质量得到进一步保证。

二、药品医疗器械监督管理

1978—1985年，药品和医疗器械的管理工作，由卫生行政部门会同医药部门共同实施，具体对药品经营、医疗单位药品和医疗器械的质量进行监督管理，并负责对外来药品销售人员进行登记。1981 年，县卫生局配备药政专干，每年组织县药材公司的质量管理人员对全县的药品质量进行检查，发现问题及时责令改正。1985 年 7 月 1 日，《中华人民共和国药品管理法》颁布实施，县卫生局依法负责药品的监督管理工作。是年，确定药品监督员 5 名，发放由省卫生厅编制的药品监督员证书和一系列执法文书，在全县范围内实行亮证执法；同时，在全县、区、乡医疗单位配备兼职药品监督员 30 人，从而形成以卫生局为中心，药检所为技术部门的县、区、乡三级药品监督网。1989 年 1 月 7 日，国务院颁布《中华人民共和国药品管理法实施办法》。1996 年，依法查处县城沿河街周某无证批发药品案，没收其货值 41.383 万元的全部药品。

2000 年 1 月 1 日，国务院颁布《医疗器械监督管理条例》，授权给县以上药品监督管理部门对医疗器械的生产和经营进行管理。该条例规范了医疗器械的生产、经营和使用，重点是对针对人体使用的器械（第三类医疗器械）的监督管理。如对一次性注射器和一次性输液管有严格的管理办法，购进要有购进记录，销毁的要有销毁记录，不能重复使用，切断了传染病的传播途径，有效地防止了艾滋病、传染性肝炎的蔓延与传播。至 2004 年年底，全县共查处医疗器械违法案件 25 起，收缴罚没款 4.8 万元。

2001 年 12 月修订后的《中华人民共和国药品管理法》，将药品管理法执法的主体由卫生行政部门移交给药品监督管理部门。2002 年，县药监分局对全县 90%以上的药品经营单位和药品使用单位依法进行检查，共检查 654 家，立案查处假劣药品和医疗器械等违法案件 207 起，收缴罚没款 30 多万元。依法查处假依马打正红花油、立止血、人血清白蛋白等多起重大假药案。同年 6 月，在县委党校举办药品经营和使用单位人员培训班，300 多人参加培训，提高了从药人员的业务水平和法律知识。此后，对药品的滥用和违法案件较办班前有明显减少。

2005 年年底，全县有药品经营和使用单位 418 个；有执业药师 5 人，主管药师 22 人，药师 82 人，从业药师 26 人，药士 136 人。

表 21-4-1　　**1985—2005 年绥宁县部分年份药品监管情况表**

年份	检查单位（个）	检查药品（种次）	药品合格率（%）	查处违法案件		销毁假劣药品		取缔无证经营（起）
				立案查处（起）	处罚（元）	销毁种次（种）	货值（元）	
1985 年	104	813	95.8	—	—	6	200	—
1990 年	148	7956	97.5	—	—	122	4388	2
1995 年	340	12600	97.8	—	16060	82	2000	—
2000 年	365	13360	97.8	—	—	14	3200	—
2002 年	408	102458	98	207	300042	61	21000	10
2003 年	412	99286	98.5	270	260151	19	5556	5
2004 年	418	101680	99.5	239	300200	60	16410	4
2005 年	420	96900	99.3	255	280000	—	—	3

第二十二篇　民族

第一章　民族语言与文字

第一节　民族语言

县内民族语言主要有苗语、侗语和瑶语，各少数民族使用民族语言时多与汉语杂用，分3种情况：第一种是在当地本民族内部的日常交往中操比较纯净的本民族语言，如黄桑坝哪苗语、多龙侗语、小黄瑶语，但与外地人对话时则改操汉语；第二种是日常使用以汉语为基础、保留较多苗族瑶族语言成分的语言，如关峡平话，与外地人对话时则操较纯净的汉语；第三种是使用夹有少量苗族语言成分的汉语，如东山话、麻塘话，可与外地人直接对话。本志只补记前志未记载的东山话和麻塘话。

一、东山话

东山话流行于县境西部的东山、朝仪、鹅公岭、在市及党坪等民族乡的苗族群众中，约有6万人使用。东山话本属汉语方言，但有一定数量的苗语词汇和苗语语序特点。本志把东山话归属于苗族方言。

（一）声母及例词

1. 东山话声母共有19个（零声母除外）

p	帮 半 病	P’	怕 批 炮	m	忙 毛 门
f	花 飞 方	t	担 丁 弟	t’	贪 听 铁
ts	尖 杂 字	ts’	七 千 青	n	南 能 难
l	来 老 力	s	西 思 三	tç	见 鸡 斤
tç’	起 吃 出	ɳ	娘 鸟 日	ç	喜 香 十
k	古 盖 干	k’	拿 看 口	ŋ	牛 我 咬
x	红 好 后				

2. 声母特点

无浊音声母。中古浊音都并入同部位的不送气清音。舌尖后音并入舌尖前音，其中日母字一般读作零声母，也有少数读作娘母。分尖团音等。

（二）韵母及例词

1. 东山话有35个韵母

ì	思 字 助	i	批 弟 西	u	古 物 武
y	局 人 吕	A	怕 杂 我	iA	药 泻 家
uA	话 过 滑	o	桌 簸 哥	io	竹 岳 六
e	百 责 黑	ie	病 尖 力	ue	国
ye	运 血 原	Ai	害	uAi	拐 乖 快
ei	飞 来 对	uei	亏 位 闺	Ao	炮 毛 老
iAo	鸟 俏 鹞	ou	口 牛 咬	iou	树 有 就
An	半 担 贪	iAn	软 宣 选	uAn	馆 关 碗
yAn	县 院 员	en	门 能 尊	in	听 斤 阵
uen	文 滚 闻	yen	闰 永 泳	Aŋ	帮 忙 方
iAŋ	千 展 香	uAŋ	广 筐 旷	ɔŋ	红 东 盟
iɔŋ	用 荣 浓	ŋ̩	你 鱼		

2. 韵母特点

u在非唇音声母后的实际音值为v。Ai、uAi、ou、iou、iAn、in、Aŋ、uAŋ的实际音值Ae、uAe、əu、iəu、iɛn、ien、aŋ、uaŋ。ŋ̩自成音节。

（三）声调及例词

1. 声调分类

阴平 51	西	哥	关	阳平 42	穷	床	人
阴上 45	古	急	死	阳上 34	女	惜	老
阴去 15	盖	父	醉	阳去 22	大	是	饭

2. 声调特点

中古上声次浊字为阳上，调值为34。上声全浊字全部并入阳去，调值为22。中古入声的阴入并入阴上，阳入并入阳上。15调后接51调时，51调变读为22或15调变读为22。如：“顺风”çyen^{15} xɔŋ^{22}或çyen^{22} xɔŋ^{51}。51调在22调后读原调，在其他声调后面变读为22调。如大风 tA^{22} xɔŋ^{51}，小风 siAo^{45} xɔŋ^{22}。轻声不单独列出，根据音响度多标为5或3。

二、麻塘话

麻塘话流行于麻塘、河口、竹舟江、枫木团和联民等苗族聚居的民族乡，与相邻的会同县各乡的语言接近，约有5万人使用。麻塘话本属汉语方言，但有一定数量的苗语词汇和苗话语序特点，本志将其归属苗族方言。

在语音方面，麻塘话内部有差别，中古汉语知、照、章三组字，在麻塘苗族乡的麻塘村读作舌尖后的塞擦音，在该乡的长寨村和竹舟江苗族乡读作舌尖后的塞音。下面以麻塘苗族乡长寨村的话为准，介绍麻塘话语音的一般情况。

（一）声母

1. 声母表

p		t		k
p’		t’		k’
	ts		tç	
	ts’		tç’	
f	s		ç	x
m	n		n	ŋ
		l		

2. 声母例词

p	布	爬	比			p’	怕	普	拍
m	门	木	买			f	飞	胡	婚
ts	祖	尊	才			ts’	仓	醋	粗
s	声	诗	手			t	道	虫	纸
t’	夺	太	天			n	南	怒	暖
l	蓝	路	吕			tç	全	精	穷
tç’	趣	秋	处	年	女 若	k	贵	国	各
k’	跪	口	抗			x	冯	好	寒
ŋ	案	爱	我			o	有	五	日

3. 声母说明

除零声母外，麻塘话共有19个声母。l和n一般都能分。有部分字x、f不分。以i开头的零声母音节中，有部分字如“言”“延”等有接近于j的轻微擦音开头。舌面前音值接近舌叶音。

（二）韵母

1. 韵母表

ì	i	u	y
e	ie	ue	ye
ei	uei		

ə			
o	io		
ou	iou		
A	iA	uA	yA
Ai	uAi		
Ao	iAo		
en	in	uen	yen
An	iAn	uAn	yAn
Aŋ	1Aŋ	uAŋ	yAŋ
oŋ	1Aŋ	uoŋ	

2. 韵母及例词

ì	资	侍		i	地	姐	以
u	故	赌	布	y	雨	虚	出
e	色	舌	北	ie	结	接	歇
ue	国	骨		ye	缺	月	歪
ei	倍	妹	灰	uei	贵	跪	葵
ə	知	直	诗	o	河	过	落
io	药	却	削	ou	鹿	丑	收
iou	绿	流	秋	A	爬	蛇	花
iA	架	野		uA	刮	话	
yA	靴			Ai	介	帅	太
uAi	怪	快		Ao	饱	桃	到
iAo	斗	头	条	en	根	魂	沉
in	紧	林	新	uen	温	困	坤
yen	云	群	勋	An	胆	三	间
iAn	检	连	船	uAn	短	酸	干
yAn	圈	权		Aŋ	桑	党	减
iAŋ	讲	言	软	uAŋ	光	暖	望
yAŋ	篆	元	远	oŋ	动	虫	从
ioŋ	穷	胸		uoŋ	翁		

3. 韵母说明

麻塘话共有韵母 38 个。另外，一个表语气或应答的叹词“嗯”即ή，在此不作为韵母。以 u 开头的韵母，在双唇音声母后音值为 u，在其他声母之后音值为 v。

（三）声调

1. 声调表

调类	阴平	阳平	上声	阴去	阳去
调号	低降	次低平	中升	高升	次高平
调值	21	22	34	35	44

2. 声调例词

阴平　21　知　丁　天
阳平　22　穷　平　时
上声　34　古　口　出
阴去　35　盖　唱　六
阳去　44　大　饭　是

3. 声调说明

除轻声外，麻塘话共有 5 个声调。连续变调规则是：两个阴平相连时，后一个阴平的调值变为 33。古中的全浊上声并入阳去，入声大多并入阴上，部分阳入字并入阴去。具体归并情况详见下表：

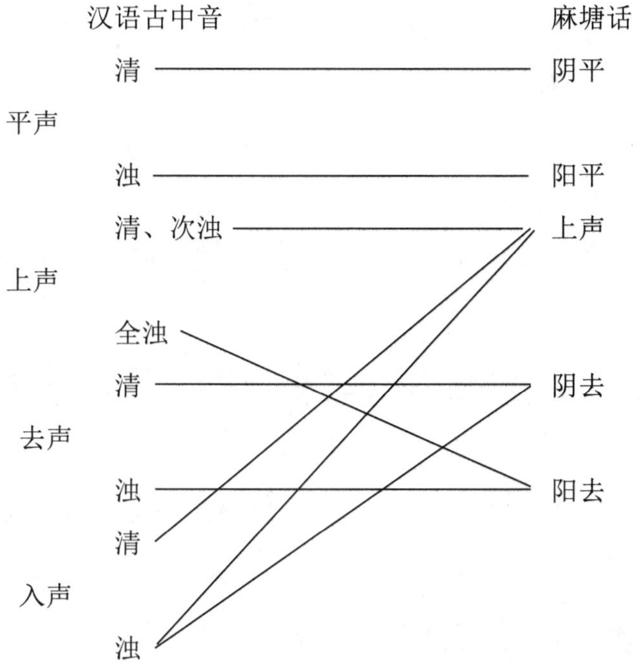

第二节 民族文字

绥宁民族文字主要以苗族文字为代表。湘桂黔边境的古苗文字近似于篆体汉字，其创造大体经历用汉字记苗音、写汉字读苗音、仿篆体创苗文字3个阶段。清乾隆六年（1741），清朝派兵镇压城步、绥宁、义宁三县苗民起义，苗文字被强行销毁。

清代陆云士所著《峒溪纤志》录有古代苗族款碑碑文，内容为告诫后裔孝顺父母、尊敬长辈、和睦乡里、教育子孙、各安本分、勿胡作非为。文章和标题共计176字，全部用古苗文字抄写，并逐字用汉字对译，剔除重复字和脱落字后实有古苗文字146个。古苗字和汉字对译如下：

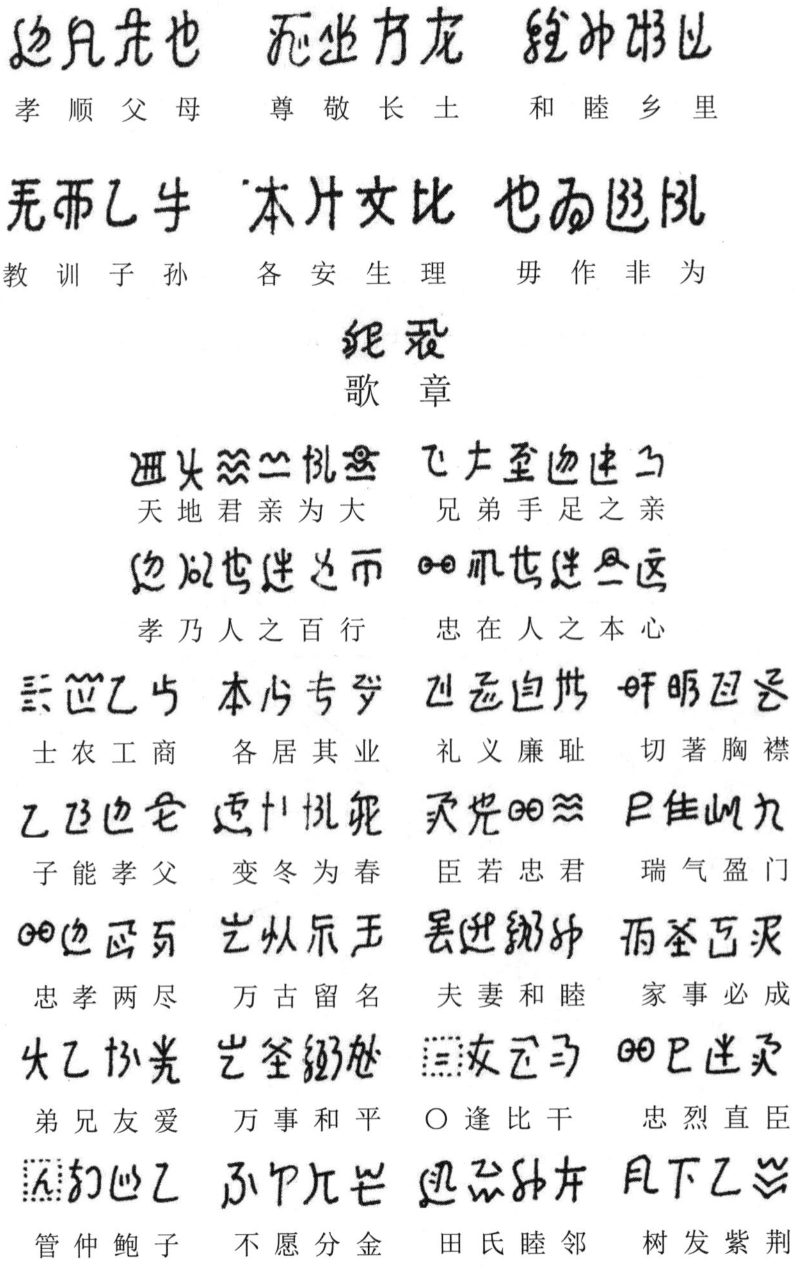

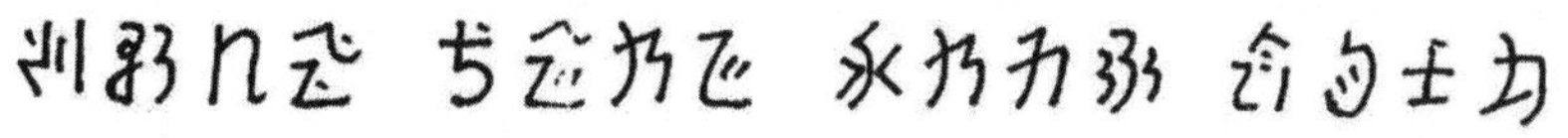

鉴古来往　是道常存　纲常以正　日月洞明

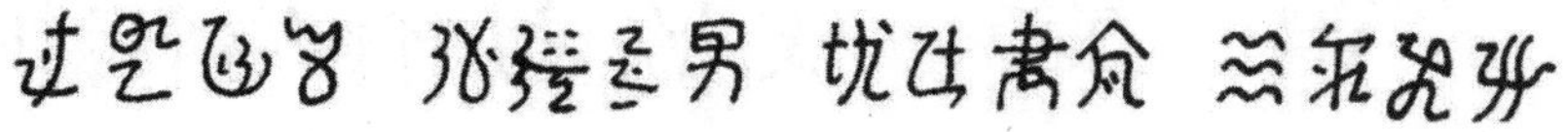

乾坤清秀　宇宙光亨　又可调羹　君臣庆会

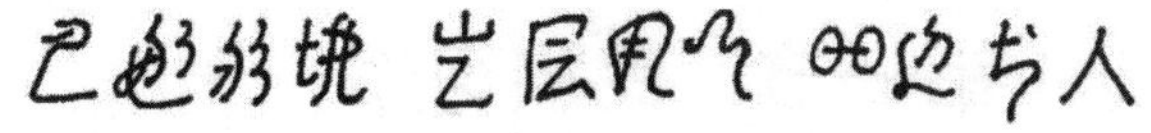

龙虎相迎　万世永赖　忠孝是存

附：清朝兵部关于城步、绥宁、义宁三县苗瑶的决议和禁令

乾隆六年（1741）兵部议：城步、绥宁二县为楚南极边，与广西义宁县相接。义宁之桑江与城步之横岭、绥宁之界溪，皆为苗寨，而八十里蓝山，大箐回环三百余里，尤为幽险。两省苗瑶错居，多能汉语识字。宜编立保甲，地方官因时制宜：寨大者宜十户立一牌头，十牌立一甲长，每寨选择小心知事者佥立寨长一二人；寨小者，就其户口多寡，酌量编定，宜必佥立一寨长。责其稽查，按户发给门牌，将大小丁口逐一备载，不许容留汉人及面生可疑之苗瑶居住。所藏军器悉令缴官，不许私行打造。其从前捏造“篆字”查出销毁，永禁学习，如有故违，同牌不行首报，一家有犯，九家连坐，寨长治以失察之罪。再，两省协营为极边重地，新设各员悉照苗疆例题补。至各官需用人夫，公事则照给官价，私事则自行雇募，不许擅派苗夫及私行役使，一切食物于附近城汛之处开立市场，公平交易，不许差遣兵役入寨强买。

（原载清代乾隆版《湖南通志·武备七·苗防四》，清代乾隆版《宝庆府志》卷六亦录，文字略有出入）

第二章　民族习俗与信仰

第一节　民族习俗

一、民族节日习俗

过苗年　过苗年又名过小年，时间为正月十五日。饭菜同除夕的年庚饭（年夜饭）一样丰盛，但随和，没有过大年的许多规矩。

大王会　县内大王会的时间为正月二十三日，系苗族龙姓为纪念宋代入绥始祖龙宗麻之父天封德胜扫峒大王龙禹官的生日而设。这天，龙姓群众抬着故事（按情节扎制的模型），踩着高跷，敲锣打鼓，欢聚庆祝。

打惊蛰　惊蛰节来临，县境南部家家户户都令小孩敲打鼎罐盖在村中转悠并大声吆喝，表示惊蛰已到，大地回暖，万物复苏；大人则在房前屋后撒上石灰，表示驱除百虫，全家安康。

二月二十八　农历二月二十八日为黄土矿乡源头刘姓的节日。这天，用水牛花（又名水棉花）、狗皮藤、糯米拌合做的黑绿色糍粑祭祖。

三月三、三月十一　农历三月初三和三月十一日分别为黄土矿乡袁姓和唐家坊镇袁姓的节日，庆祝方法与二月二十八日源头刘姓节日基本相同，罗连袁姓另加糯饭祭祖。

四月八　四月八又叫牛节。据说农历四月初八这一天是牛的生日，不管农事多忙，县境北部的农民此日都要让耕牛休息一天，用好草好饲料喂牛。所以流传一句话："四月八，牛收轭。"这一节日，反映了绥宁农民千百年来对耕牛的朴素而深厚的感情。

姑娘节　县内姑娘节的时间为农历四月初八日，又叫黑饭节、乌饭节，全县苗族除春节之外一年一度最隆重的节日（参见本志第十七篇《商贸 服务 旅游·旅游业·旅游路线和旅游活动》）。

大端午节　县内大端午节又名大十天节，是县境南部苗族李姓和苏姓的共同节日。传说古代李、苏二姓因祖训不过端午节。端午之日，他姓人家热闹非凡，唯李、苏二姓门庭冷落，于是李、苏二姓人家约定共立一个比五月初五大十天的节日，节名由此而来。但麻塘苗族乡的李姓定为五月十三日，关峡苗族乡的李姓定为五月十四日，苏姓定为五月十五日。

六月六　农历六月初六有3个节日：一为苗族社火节，家家户户晒龙袍（晒棉衣棉被）和贮藏的食品，村寨举办修补增订族谱和晒谱的社火会，每户派一名男丁赴宗庙聚餐；二为县境南部侗族节日，侗族群众汇集村外，对歌、斗牛、斗画眉鸟，用腌制的酸猪肉、酸鱼和瓜瓢盛糯饭祭祀祖先，家家户户也晾晒衣服；三为县境北部黄土矿乡和唐家坊镇的刘姓和彭姓、白玉乡的刘姓、左姓的共同节日，用桐叶包裹糯米糍粑祭祖。

六月初十 六月初十为黄土矿乡苗族李姓的节日，昔用烧黑的稻谷碾米做成的糯饭祭祖，后改用黄豆粉糍粑祭祖。

椎牛节 椎牛节为武阳黄姓苗族节日，时间为农历六月十六日，以村寨氏族为单位，聚在一起杀牛，家家户户用茄子拌牛肉炒菜祭祖，本地散居在外的黄姓人家也于这一天买牛肉祭祖。传说宋代入绥始祖黄秀鞭在六月十六日因吃了该菜后，力气顿增，才打败了敌人，于是产生椎牛祭祖的习俗。俗语云“六月一十六，茄子拌牛肉”。

六月十七 农历六月十七为唐姓节日，这一天以牛肉祭祖；红岩镇花桥唐姓为七月十七日，下坊村唐姓为十月十七日，纪念方法相同；唐家坊镇唐姓七月十三日用粽子祭祖。

祭七祖节 祭七祖节时间为农历九月二十四日，系县境南部为纪念明正统五年（1440）参加蒙能和李天保领导的湘桂黔边界少数民族起义而牺牲的黄、王、陆、马、蒋、吴、龙7位苗侗老祖宗而设置的节日。清乾隆版《绥宁县志·民俗》有“陆姓九月祭七祖风神”的记载。这一天，上述7姓人家在各自的村寨中举行集体祭祀和酒宴，席上必须有豆腐，以表哀悼。鹅公岭苗族侗族乡高品头村坚持年年过祭七祖节；朝仪侗族乡隘门村尚有七祖庙，九月二十四日，村民入庙祭祀。

十月大节 十月大节是县境南部黄、王、蒋、马、秦、吴、龙7姓苗族群众的共同节日，也称过苗年。家家户户杀猪，捕鱼，打豆腐，舂糍粑，隆重祭祀祖先。联民苗族瑶族乡江抱村的苗族群众则称十月过小年。

十二月二十八 农历十二月二十八日是刘姓的节日，为纪念金屋塘镇刘姓祖宗洪太公（刘思洪）生日而设。这一天，要祭洪太公，饭菜比大年三十更隆重、更丰盛。

二、民族礼仪习俗

跳月求偶 跳月求偶是苗族男女青年通过跳月选择配偶的一种传统习俗。清同治版《绥宁县志·诗·县署落成纪诗五十韵》有“地僻蛮烟聚，林深犵鸟通，群苗欣跳月，庶草自从风”的诗句。古代，苗族青年男子满十二岁后，便被送到青年男子群中，与女子分洞穴而居。每年春暖花开和八月秋收后，青年男女走出洞穴，聚在月光下唱歌跳舞，俗称“跳月”。苗族男女青年通过跳月，从相识到相爱，最后定下姻缘。在生苗地区，此风俗至今犹存。

对歌联姻 对歌联姻是苗族男女青年以歌为媒的恋爱习俗。苗族青年对歌很讲究，地点一般放在固定的对歌坪或风水极好的佛教圣地。黄桑坪苗族乡对歌地点在黄桑坪村潘界头组的一个山坡上，河口、长铺子一带对歌地点在神坡庵。对歌的时间一般为农历三月初三日或四月初八日，有的地方对歌不讲究地点和时间，随时随地都可进行。男女双方通过对歌达到由互相了解至互表倾慕。当对歌快结束时，男方用山歌请女方表态：“郎上界来妹进冲，二人相好路不同。有心打个‘相思裱’，无心打个‘两头空’。”“相思裱”和“两头空”是用芒冬草草叶织成。女方如果看上了男方，把“相思裱”放在路上，表示愿意来往；如果没有看上男方，即放下“两头空”，表示不同意再联系。

托媒求婚 县内苗族婚俗之一。苗族青年男女相爱或男方父母看中某家姑娘后，男方请媒人来家，以酒肉招待后，拿出两包糖和红包（内装钱若干），请媒人向女方父母求婚。无论女方父母同意与否，总会热情招待，因为提亲的越多，越显得女方高贵。媒人第一次进女家说亲，临走时，女方父母留话“下次再来，酒肉招待，大门不关，小门不闭”，便是可以继续说下去。若女家说“孔雀已经飞去，鲜花被人摘走，你要采花，另找别家”，就是婉言谢绝。姑娘爱上一个小伙子，必须先告知母亲，母亲和父亲商量同意后，才敢让男方托媒求婚。经过男方多次托媒求婚，女方父母方才正式同意。

哭嫁 县内苗族婚俗之一。苗族姑娘出嫁的头天晚上，吃过“离娘酒席”后，新娘在母亲、姐妹、嫂子的陪同下，开始唱《哭嫁歌》，陪嫁姐妹唱《迎客歌》，新娘母亲唱《训女歌》，媒人唱安慰女方母亲歌。多唱至鸡鸣方休，唱至情酣处无不遮面而泣。

踏篾格筛 踏篾格筛是县内少数民族嫁女、女儿出闺时的一种习俗。大都在哭声中进行。媒人用格筛托着出嫁衣裳、银饰、花鞋等，姑娘穿戴完毕，来到堂屋，依次拜别祖宗、爹娘、叔伯、兄嫂弟妹。爹娘哭泣着把篾格筛放在一只装满谷子的斗上，让女儿站上去，由亲兄弟（没有亲兄弟的由堂兄弟代）背出家门送上花轿。踏篾格筛表示除邪避鬼。

“分火”与“合火” 县内苗族婚俗之一。在新娘背出家门时，新娘的家族人便把特备的两支用红纸缠着的干篙火把合在一起点燃，随行于后。当行至大门口时，举火把者将一支火把交给娘家，另一支火把交给接亲人在前面照路，一直照到新郎家（现代多用灯笼代替火把），这就是“分火”，表示分家立户繁衍生息。迎亲队伍中，还有一人拿着一筒筷子随行，边走边往路边丢筷子，意即新娘快生贵子。当新娘被迎进男方村寨时，男方家也拿着火把来迎接，并将女方的火把合在一起向男方家中走去，这就叫“合火”，表示新立门户兴旺发达。

躲新娘与跳格筛 县内苗族婚俗之一。接新娘的花轿快到时，新郎家门口已烧起一堆大火，寓意新郎家像火一样旺盛。但新娘进屋时，新郎全家人须躲开，避免与新娘照面，以免日后吵嘴，同时也防止属相相冲。新郎家特请一位福寿双全的老年妇女在花轿到达后，走上前从轿子里接出新娘，然后右手拿红伞“开路驱邪”，左手提“澥桶”把新娘引进堂屋门口，从摆在那里的一只篾格筛上踏入，然后走进洞房。这里的“伞”“筛”，既是“团圆”的象征，又表示成亲后家庭幸福美满，同时有除邪避鬼之意。“澥桶”则表示六畜兴旺。新娘进洞房后，端坐不动，表示千年不动万年不移，同新郎白头到老。

装郎 县内苗族婚俗之一。即给新郎装饰新礼服。“装郎”者须是寨子里夫妻和睦、儿女双全、双福双寿的中年人。给新郎穿衣戴帽时，要放鞭炮，祷告祖宗，念《装郎颂词》《穿衣词》《戴帽词》。

拜天地 县内苗族婚俗之一。时堂屋摆供桌，桌上摆猪头、米花等供品，焚香，点喜烛，吹打鼓乐。吉辰一到，新郎新娘被引入堂屋，先拜天地，再拜高堂，夫妻对拜，然后伴娘扶新娘进洞房。绥宁风俗，新娘是不能拜男方亲戚的，因此，留下新郎一人在喜堂上拜六亲九眷和各位来宾。这时，旁边一人手托茶盘接受“拜礼金”，另一人负责喊礼，按名单请人。被请的人站在喜堂上接受新郎礼拜后，送上礼金，金额多少不定，一般以舅父和姐夫的礼金最多。拜堂仪式结束后，新郎新娘同喝“合欢酒”。

三、民族服饰习俗

苗族服饰习俗　昔县内苗族男子身穿对襟青色短衣，衣袖长而小；下身穿青色裤，裤管短而大。女人穿青色大襟右衽上衣，下着宽脚裤，袖口和裤脚口加绣花边；头扎发髻，横插银梳，喜戴银质耳环、项圈、手镯；进入中年后，头上加缠丝帕或毛巾。

侗族服饰习俗　侗族男子服饰习俗与苗族相似。妇女一般上穿青色大襟无领或有领衣，下着褶裙或管裤；头发盘髻，上插银簪。中年妇女头上常盖毛巾。

瑶族服饰习俗　瑶族服装多用萱麻织布做成，五彩绒绣花，衣服为对襟无领短衫，男子穿长裤或过膝短裤，妇女着长短不一的裙子。

四、民族饮食习俗

民族饮食习俗概况　昔县内少数民族饮食习惯一般日食两餐，在农忙季节才食午餐。主食以大米为主，苞谷、红薯、高粱、粟米等杂粮为辅。遇上荒年，粮食不够吃，还需上山挖蕨根加工成蕨粑充饥。副食有猪、牛、羊、鸡、鸭、鹅、鱼、虾等肉类和各种蔬菜。在旺季，吃不完的鲜菜被加工成干菜，以备淡季食用，如干盐菜、干蘑菇、干蕨菜、干笋子、干豆角等。苗族喜食用坛子泡制的酸菜，如酸盐菜、酸萝卜，喜熏制腊鱼、腊肉，最具特色的是“黑饭”“油茶”和“米粉肉”。侗族则喜食酸鱼、酸肉。

黑饭　黑饭是县内民族节日——“四·八”姑娘节特有的主食（详见本志第十七篇《商贸　服务　旅游·旅游业·旅游路线和旅游活动·旅游活动》）。

油茶　油茶制作须先用茶油炸炒晒干的糯米饭、花生米和黄豆，再将茶叶炒焦，冲水煮几分钟，加适量的盐和煮熟的玉米、饭豆、红薯、糍粑，再放入葱花，即成香味扑鼻的油茶。苗家吃油茶有规矩，俗有“一碗强盗，二碗贼，三碗四碗才是客”，所以一般要吃三碗以上。

米粉肉　米粉肉是苗族喜庆佳节必备的佳肴。先把猪肉切成一两左右的三角形肉块，拌上炒米粉、五香粉、食盐、味精等调味品，装在小竹笼里，再放到甑里蒸熟即可食用。酒席上，一席放一笼米粉肉。许多村寨至今仍有夹菜的习惯，来宾入席，只吃配菜，而将自己的那份米粉肉用一根竹签串上带回家。如有缺席者，主人也要为其夹上，然后送至其家中。

第二节　民族信仰

一、自然崇拜

天崇拜　县内民族传统习俗，敬畏崇拜上天，家家神龛上均写有“天”“地”“国”“亲”

“师”。重大祭祀活动要先祭天，久旱不雨要祭天，举行婚礼要拜天，称“天作之合”。遭遇不幸，则认为是得罪了天神而受到惩罚，要焚香烧纸，祈求老天宽恕；人们发生争执，要对天起誓，认为天最公道，会公正裁决。

地崇拜 县内民族传统习俗，在堂屋的祭坛上，将“地”排在仅次于“天”的位置。在祭坛下部，另设“长生兴隆土地”神位，颂扬“土能生万物，地可产黄金”，可以“人杰地灵”。在村内村外都建有土地庙，分别祭“门宅通灵土地”“牛栏土地”“猪栏土地”“桥头土地”“坳上土地”“田间土地”“四山土地”等。认为土地神是“保一方清泰，佑四季平安”的保护神。且有“土地公公”“土地婆婆”之说，认为公公十分公道，婆婆一片慈母心。春耕时，先祭土地神，做法是在山上、水田中挂纸钱、烧香、摆小圆糍粑，祈求土地神保佑农事顺利；秋收后，要谢土地神。丰年举办土地会，杀猪、烧香、鸣炮，祭土地神。生小孩须杀公鸡向土地神报喜，并献上“有求必应”匾牌。建房动工须先敬土地神，新房落成要谢土地神。土王日不得动土。春节要庆土地神。

日崇拜 县内民族习俗，认为太阳是光明之源，生灵之母，在日常生活中对太阳有很多禁忌，比如忌面对太阳大小便，忌用手指太阳，忌未满周岁婴儿的尿片在太阳下晒。发现日食，认为是不祥之兆，以为是天上有恶魔同太阳搏斗，要设案焚香，请巫师念咒祈祷，家家户户敞开门，敲锣打鼓或敲打铜铁器皿呐喊，以“驱魔救日”。祭拜太阳最热闹的活动是“太阳会”，祭品丰盛，礼仪隆重，人们敲锣打鼓，高歌太阳的功德，祈求太阳神的保佑。

月崇拜 县内少数民族，把月亮视为主男女婚姻的爱神，忌面向月亮大小便，忌用手指月亮。认为农历八月十五是月亮的生日，家家户户设香案，点蜡烛，摆月饼、生姜、瓜子、果品等祭祀月亮神。县境南部苗族聚居区，过去还有自愿集资举办“中秋会”祭拜月亮的习俗。出现月食以为是“天狗吃月”，纷纷敲打锣鼓或铜铁器皿呐喊，以驱天狗救月亮。

水崇拜 县内民族习俗，新年第一次挑水，要烧香化纸敬水神。船排经过险滩和端午节划龙舟，要祭水神。老人亡故，要“清水浴尸”，由孝子焚香烧纸祭水神。农历六月初六日，苗族民众要给水井挂纸钱，清洗井凼。土王日和戊日不准挑水，以示对水神的敬意。

火崇拜 昔县民认为农历六月二十三日是火神生日，要举行火神会，牵一头身披纸钱的公牛到火神庙宰杀，敲锣打鼓，烧香焚纸祭火神。如今，大年三十日，家家户户仍要举行简单的祭火神仪式，先把一些酒饭菜投入火塘，然后才能吃饭。姑娘出嫁，要用两个火把送出家门以避邪，并打两个灯笼送亲，一直点到婆家；冬季，娘家要提一个火桶，带着炭火送到亲家。还有死不离火之俗，人死后，尸体边要点上香油灯，日夜不熄，直到出殡。死者生前用品未烧的，须用火上抛过才能使用。房屋发生火灾，要请师公送火神，俗称“倒火塘”。

古树崇拜 县民把历经千百年的古树称为社公树，严禁砍伐，每年四时八节要烧香献祭。生了小孩，在古树上寄名，认古树为亲爷（干爹），祈求保佑长命富贵，易养成人。婴儿夜哭，在古树上贴“天皇皇，地皇皇，我家有个哭夜郎，过路君子念一遍，一觉睡到大天亮”的红贴。大年三十，老人要给古树喂年庚饭，将团圆饭与纸钱贴在敲破皮的树干上。苗族最崇拜古枫树，认为枫树是其祖先蚩尤的化身。传说蚩尤被黄帝打败阵亡后，血洒大地，化成参天枫树，每年秋天，枫树叶子定会鲜红如血，迎风飘落大地。县境至今还保留着很多以“枫”字开头的地名，如：枫香、枫木团、枫门岭、枫木界、枫木湾、枫树湾、枫水庵、枫木坳、枫木冲、枫子山等等，数不胜数。

龙崇拜 县内民族传统习俗以龙是吉祥的象征，给龙王建龙神庙。亲戚、邻居、朋友生了小孩，恭维“添龙子”。建房葬坟，请风水先生择龙脉。房屋梁柱上饰之以龙。春节舞龙灯，举行祭龙活动和安龙神仪式，祈求风调雨顺，五谷丰登，人畜兴旺。天晴久旱，人们抬龙求雨。发生病虫害，抬龙灯驱虫。重大喜庆节日，舞龙灯助兴。

狗崇拜 传说远古时期，苗家不会种稻，是神犬历经千山万水，从番国偷来了稻种，因此，人们对狗非常感激。古时，人们从不杀狗，不吃狗肉，狗死后入土为安。人们给小孩取乳名常带“狗”字尾，外婆给小外甥打三朝庆周岁，定送狗儿帽。小孩生日称为“狗过桥”“狗长尾巴”。吃饭时，开锅的第一碗饭必须喂狗，每年尝新节的第二碗新米饭也必定喂狗（第一碗饭祭祖）。猎人分配兽肉时，猎狗必须占一份。无主之狗来到家里，主人视为吉祥，给予优待。龙、吴、秦、蒙、黄等姓苗族群众过十月大节要祭槃瓠。农历十月初二凌晨，黄桑坪苗族群众全家老少穿上节日盛装齐集堂屋里，餐桌上摆着佳肴，餐桌下摆一碗饭菜，由男长者倒披蓑衣，扮成狗趴在桌下，学三声狗吠后，嘴巴伸进碗中舔吃饭菜（不能用手端碗）。

牛崇拜 县内苗族以四月八日为牛王节，把这一天作为牛的生日，俗云，“四月八，牛歇轭”，耕牛在此日不仅免役，而且要以鸡蛋、糍粑和米酒喂牛，主人家则吃糯饭，表示人牛同庆。每年尝新节，主人从稻田里割几蔸谷粒已熟的禾苗给耕牛品尝。

中华人民共和国成立后，部分充满封建色彩的信仰已被舍弃。

二、祖先崇拜

人类祖先崇拜 县内苗族认为东山老人、南山小妹是人类的祖先，为他俩雕塑金身，供奉在苗家神龛上；并且每三年还愿一次，请师公主持法事，祭以公鸡、猪头、猪爪、猪肉、猪尾、糍粑，烧香焚纸，敲锣打鼓，鸣炮祭祀。

民族祖先祭祀 县内以“犬”为图腾的苗族和瑶族，认为神犬（即槃瓠、盘瓠）是他们的祖先。传说远古时代，神犬帮助高辛氏平息了外患，从而娶得三公主，神犬不愿为官，携妻来到梅山，以打猎为生。清乾隆版《绥宁县志·瑶俗》载：“瑶种，乃槃瓠之后，始于高辛氏，即古五溪八蛮之种也。”清代文学家湖南臬司彭而述的长诗《饮绥宁城楼赠万使君》中有“枫门樟岭丛虮虱，相传乃是槃瓠宅”之句，传说枫门岭（在今关峡苗族乡）是槃瓠居住过的地方。至今，县境苗族、瑶族仍敬狗爱狗。

血缘祖先崇拜 县内每个姓氏都有一位备受崇拜的祖先，杨姓敬飞山圣公杨再思，龙姓敬扫峒大王龙禹官，苏姓敬苏昌裕，李姓敬李可进，黄姓敬黄龟年……每逢祖先诞辰或忌日，同血缘的子孙杀猪宰羊焚香化纸，举行隆重的祭祀活动，以缅怀祖先的恩德。在河口苗族乡多逸寨村庙山坳，立有一块刻于清代道光四年（1825）的祖神禁碑。立碑的目的是，凭借后裔对祖先的崇拜，假借祖神发话，告诫全村子孙保护好山林。

家庭祖先崇拜 县内习俗堂屋设神龛，供奉祖先牌位，逢年过节，焚香祭祖。家人考学校，办企业，或生病，或遭遇不测，都要祭祖先以求保佑。白天吃饭时，要给祖先摆上饭菜酒茶，请祖先与全家共餐。

中华人民共和国成立后，部分充满封建色彩的信仰已被舍弃。

三、三峒梅山

梅山神，是信奉梅山的猎手们所崇拜的神灵，由传说中道义高超的打猎师傅张五郎演化而来，用葡萄藤雕刻金身，高不盈尺，头手向下，双脚朝天。梅山教也称为“三峒梅山”。

上峒梅山 昔县内用弓弩射猎的猎手信奉上峒梅山。信奉上峒梅山者，把梅山神安放在自家的堂屋祖坛右侧，上盖红色云头布，这种坛制称坐坛。上山打猎时，先把神像请出，用云头布包好，挂在行囊担上，挑到宿营屋舍后，按原样安好神坛，以便祭祀，这种坛制称行坛。无论坐坛行坛，香火必须日夜不断。打猎出门或归来，必须站在坛前科仪。打到了老虎等猎物，必须向梅山神禀报。除夕，猎手们须实施贺坛，一来庆祝全年的坛事兴旺，二来祈祷在新的一年里打到更多猎物。然后，猎手们围聚在梅山神坛前，一人领，众人和，高唱《梅山歌》，直唱到大年初一早上，对神作揖后，各人方才离坛回家庆新年。

中峒梅山 昔县内用火枪赶山打猎的猎手信奉中峒梅山。信奉中峒梅山者，把梅山神坛安放在住宅附近的树林中，坛内供奉着代表自己师傅的瓦罐或砖头。赶山打猎之前，先到坛前问卦占卜。赶山打猎之中，如果遇到危难，立刻把火药拌上口水把脸涂黑，然后就地立天柱，即将头手着地双脚朝天，祈祷梅山神保佑。

下峒梅山 昔县内用安装套索方法擒获猎物的猎手信奉下峒梅山。信奉下峒梅山者，每人都珍藏着一幅张五郎的梅山神像，在自家屋后墙壁脚处设立梅山神坛，早晚烧香供奉，每逢上山安装套索，定把神像带往山上，安放在装套处附近并设立梅山神坛。若干天后，如果套着了猎物，便将猎物和神龛拿回家，先将神像送回墙壁脚的神坛，后将猎物放在坛前祭奠，并吹梅筒三声，拔下少许兽毛撒向空中。

中华人民共和国成立后，部分充满封建色彩的信仰已被舍弃。

第三章　民族文化与工艺

县内各少数民族都有比较丰富的文艺形式和文艺活动，特别是苗族文艺形式与活动更丰富多彩。县委、县政府非常重视民族文化工作，对民族民俗文化进行挖掘整理、保护利用和传承弘扬，民族文化事业不断繁荣发展。

第一节　民族文化

侗笛双吹　侗笛是侗族风格独特的吹管乐器，声音优美动听，既可独奏又可伴奏。夏秋之夜，侗族青年男女常在鼓楼前的场坪里约会对歌、谈情说爱，侗族男青年常吹笛表达对爱情的向往和对恋人的倾慕。东山、鹅公岭、朝仪等民族乡的侗笛与众不同，演奏者同时用两根侗笛吹奏。

跳芦笙舞　跳芦笙舞流行于乐安铺苗族侗族乡、东山侗族乡、麻塘苗族乡等地，由男青年表演。表演时，表演者围成圆圈，手持芦笙，边吹边跳，腿脚随着曲调节奏左右摆动，有起有伏，有进有退，或左或右，或前或后。

跳多耶舞　跳多耶舞流行于乐安铺苗族侗族乡、东山侗族乡、麻塘苗族乡等地，由男女青年共舞。表演时，一人在前面领舞，众人成纵队在后面跟舞，跟舞者依次将右手搭在身前者左肩上，按反时针方向走圆圈，边跳边唱，领舞者每唱完一句，众人便应唱同句的后半句。

跳傩舞　傩舞有师公傩舞和民间傩舞两种。师公傩舞属原始宗教舞蹈。巫师举行傩祭时，头戴面具，驱鬼逐疫，摆手跺脚，且舞且呼。县内傩舞分开山门、三男戏女、大祈福三部分。动作刚劲有力，充满神秘色彩。舞蹈表现苗民驱鬼敬神，逐疫驱邪，祈求五谷丰登四季平安的美好愿望。民间傩舞由男女青年集体表演，舞者下身围树叶（或树叶状短裙），打赤脚，手舞足蹈，左盘右旋，变化万千。

跳锣钹舞　锣钹舞是一种道教舞蹈，多在做道场、行法事时表演。舞前先烧香、点烛、焚纸、念经，舞时以一人打锣，二人或四人舞钹。主要动作有观圣、祀雨、反手拿鹰、释家破岳、将军托印、岩鹰展翅、释家弥陀、鹞子翻身等。神秘紧张，扣人心弦。

上刀山　在一根横安着许多把短刀（刀刃向上）的竖立木柱上，巫师双手吊握着短刀口，赤脚踩在刀口上，从地面向木柱顶端一步步攀登。

下火海　火海系铺设在地上的一堆熊熊燃烧的木炭。下火海，即巫师赤着双脚从火炭上踩过来走过去。也有的是先把若干块铁板烧红，在地面上摆成一条铁板路，巫师赤着脚从一块块火烫的铁板上踩过去。

入油锅　油锅系架设在大火上盛着滚烫食油的铁锅。入油锅，即巫师把手掌伸进翻滚着的火热的油中。

睡刺床 刺床系一堆铺设在地上的长满野刺的荆棘或树枝。睡刺床，即表演者赤裸着身体在荆棘上滚动，跳跃，翻跟斗。

放犁头火 放犁头火即巫师用牙齿咬着烧得通红、火苗直窜的铁犁头表演各种动作。

除以上外，还有鸟舞、蚌壳舞、篝火舞、牵手舞、摇彩船、踩高跷、钓团鱼、抓泥鳅、打莲花落、拍道情筒、玩木偶、扭秧歌、唱阳戏等。

第二节 民族工艺

一、民族服饰工艺

苗绣 县内苗族姑娘从小即习刺绣，先画好图样，再按图样刺绣，熟练后即可随心创作。“苗族绣花经”云：锦鸡配芙蓉，鸡美叶葱茏；黄雀配菊花，美妙人人夸；老鼠躲在葡萄下，人人不会把它打；鸳鸯配水仙，双双都灵艳；鹅鸭戏荷花，分明是幅画；虾子在水草里窜，不准捉来只准看；螃蟹蹲在石头上，美妙世无双；喜鹊梅花树上叫，令你笑颜上眉梢……

侗锦 侗锦是侗族妇女的手工技艺珍品，用多色棉线和丝线交织而成。编织侗锦的工具主要是铜钩和木梭。编织侗锦的方法多按布纹纱路的走向穿针引线，织出的图案大都是直线，常见的有“人”字形、“十”字形、“米”字形等。绣品多用作被面、头巾、遮胸、腰带、围腰、背兜等。

银饰 昔县内苗族、侗族、瑶族喜戴银制装饰品，男女皆然，以青年妇女和婴儿为最，特别是新娘的婚礼盛装，银饰非常丰盛繁杂，有银冠、项圈、项链、银角、银簪、胸排、胸链、银扣、银耳环、银戒指等，婴儿则有银菩萨、银帽花、银项圈、银锁、银手镯，甚至还有银筷子、银挖耳、银针筒等。这些银饰除少数由粗重的方条或圆条构成外，大部分由细方条、细圆条、细扁条、细张片、细丝等相互连接而成。

二、万花茶工艺

万花茶为苗侗群众待客佳品，制作方法分为四步：第一步，雕刻。先把冬瓜、柚子皮或胡萝卜、白萝卜等切成大小不同、形状各异的条块，然后采用浮雕、线雕、镂空雕等手法将其雕刻成花草、树叶或小动物形状，形态逼真，清晰传神；也有人把即将成熟的橙子或柚子的皮切条后扎制，称橙子泡。第二步，漂洗。先用稀释的石灰水浸泡雕刻好的万花茶制品（萝卜类的不用石灰水浸泡），去掉生涩苦味，再用清水冲洗干净，放入加了明矾的水中煮沸返青，使之新鲜脆嫩，然后再用清水冲洗滤干。第三步，糖浸。把滤干的万花茶放在器皿中，加入适量白糖、蜂蜜和桂花香精，反复搅拌均匀。第四步，曝晒。当万花茶制品中的白糖完全融化后，放在太阳下反复曝晒，晒干后，万花茶制品便透明如玉，可以贮藏备用。

第四章　民族教育

第一节　传统民族教育

一、苗学

创办　清雍正七年（1729），绥宁知县郧潘出资在临口（今隶通道县）建起第一座苗瑶义学。乾隆十一年（1746），知县董炎奉命由官方出资设置5处苗瑶义学，即：罗岩里义学，有校舍一栋三间；石驿里义学，有校舍二栋六间；芙蓉里义学，有校舍一栋三间；半里义学，有校舍二栋六间，厢房二间，牌楼一座；桑木冲义学，有校舍一栋三间。其中罗岩里、石驿里、芙蓉里、半里等4处用于驯苗，桑木冲义学用于驯瑶。每处义学每年向县库领取膏火银十六两。乾隆十五年至十八年（1750—1753），绥宁苗区还开办了8所私塾，即：养正书塾（在今乐安铺苗族侗族乡大冻村）、莲荷书塾（在今乐安铺苗族侗族乡联丰村）、静乐书塾（在今唐家坊镇张家冲）、道南书塾（在今黄桑坪苗族乡赤板村）、归云书塾（在今黄桑坪苗族乡界溪村）、叔度书塾（在今河口苗族乡）、青云书塾（在今联民苗族瑶族乡抱龙村）、崇正书塾（在今通道侗族自治县杉木桥乡寨脚），都由知县程际泰劝建。程际泰还批准上一里民众捐建汉章书院（在今乐安铺苗族侗族乡乐安村）。乾隆二十一年（1756），绥宁县衙奉文改苗童为新童，改苗学为新学。

招生　康熙四十五年（1706），绥宁知县吴祥生按湖广行省督学院长官潘宗洛的意见，招生时在苗族童生的考试卷子上写明“新民籍”三字，以便与汉族童生有别，录取时对苗族童生有所照顾。康熙五十四年（1715），朝廷规定湖南衡、永、宝、辰、靖等州所辖各县苗族和瑶族的学额在正额外可酌情增加1～2名。雍正三年（1725），绥宁岁试和科试各取生员15名，并奉旨额外录取苗瑶新生3名。但后来在实施时，只取了新生1名。提学郑虎文查明情况后，仍旧批准录取苗族新生2名、瑶族1名。

管理　清光绪三十三年（1907）四月，绥宁县置劝学所，设总董1人，辅助知县办理教育，综合各区学务。劝学所下分四个学区，每学区设劝学员1人。宣统二年（1910）修订劝学所章程，劝学所总董改称劝学所长或劝学员长，由地方长官派定，下设视学，有劝学员3人。

办学宗旨　苗学办学宗旨为“培养贤才，以供朝仪之用”“文教诞敷，则熟苗可化为民，而生苗可化为熟苗”，学成之后，“上报君恩，下立人品，学为忠臣清官”。通过兴办苗学，培养苗族人才。

二、其他传统民族教育

除苗学外，县内苗族、侗族和瑶族的其他民族传统教育方式还有：

“堂子”教育 主要讲授苗族武功策略、苗拳师祖、门派关系、苗拳设计、人体结构、穴道气血、生理心理、发劲化力、阴阳辩证、排列组合、跌打方剂、守中疗养等有关史学、力学、人体解剖学、经络穴道学、生理学、心理学、气功学以及辨证法、苗医苗药、教门规矩、社会道德等诸方面知识。“堂子”教育历史久远，早在唐宋时就已盛行，一般以群体为主，徒弟男女不限，人数以三十至五十为宜，授徒时间以七七四十九天为一堂。学完一堂后，自行操习一段时间，再学二堂、三堂。一般以三年五堂便可出师。

“三朝”教育 苗民好客，每遇婚丧嫁娶都要邀集亲戚朋友及村寨邻居举行请客仪式，一般满三朝后解散。苗族请客少则数百，多则数千，亲会亲，友会友，行家会里手，道贺叙礼、对歌赛艺、吹打弹唱、谈古论今等都在其中进行，久而久之成为一种习惯、一种教育形式。在散客前，还要进行一次隆重叙礼、祝酒、对歌、诵史等辞行仪式，由宾、主双方挑选最好的行家里手作为彼此的代言人，在散客前留下一两个时辰，有计划、有组织、有步骤地进行，场面最隆重，内容最丰富多彩，观看的人最多，受教育也最深刻。三朝仪式的内容根据请客内容来决定。譬如：丧葬，则以悼念亡人，缅怀先祖恩德为主；婚礼，则以亲家之间的情谊及男女双方各自氏族的发展历史为主，有的甚至言及民族历史。苗族婚礼中的诵史，是作为三朝散客前专门的礼仪来颂扬的，神圣而风趣，男女双方的家庭史、氏族史乃至整个苗族史，生动感人。三朝教育的内容还有叙礼诗、祝酒歌、对歌等。

“歌会”教育 绥宁苗民爱唱歌，通过苗歌来传递思想，抒发情感。三月三歌会，青年男女聚会对歌场所，用山歌联姻。婚礼歌会，青年人用对歌相互道情，互赠祝福；长辈则用山歌教育新婚男女如何做人。伐木、放牛、赶集都有歌会。歌会歌词没有文字记载，只靠口头传授，脑子记忆，代代相传。20 世纪 80 年代编辑出版了《中国歌谣集成湖南卷绥宁县资料本》。

“款会”教育 苗民的每一次“合款”所制定的款规，就是苗民的习惯法。其宣传与教育，主要通过款会进行。苗民在款会中受到法纪教育，形成法纪观念，培养遵纪守法的好习惯。历代款规多有流传，如长铺子苗族乡华皮坳上的保护古树碑、鹅公岭侗族苗族乡高品头村的封禁碑、河口苗族乡多逸寨村的祖神禁碑，等等。

“鼓社”教育 鼓社组织以连宗为主，每个家祠一年或几年举行一次祭祀活动，宣读祖宗功德、礼仪规矩，举行文体活动。苗民通过“鼓社”教育了解宗族历史，学习族规家法，纂修族谱，继承祖先优良传统，维护宗族团结，促进家庭兴旺。

“灯会”教育 绥宁苗民有舞狮玩灯传统，从小学习扎龙灯和舞龙灯，学习唱龙灯歌。龙灯歌成本成套，有唱民族情谊礼节的，有唱农业生产四季歌的，有唱神话故事的。通过灯会，他们学习灯歌，背诵灯歌，编新灯歌。

第二节 现代民族教育

一、现代民族教育概况

中共十一届三中全会以后，中共绥宁县委、县人民政府对发展民族教育始终坚持五个不动摇，即坚持民族教育优先发展不动摇，坚持一年三次议教制度不动摇，坚持民族教育工作“一票否决制”不动摇，坚持财政支出向民族教育倾斜的政策不动摇，坚持办农村工作联系点同办民族教育工作点同时并举不动摇。1990 年，将原来设在县城的绥宁县第三中学改为绥宁县民族中学，定向招收少数民族学生。县民族中学有建成面积 2.4 万平方米的大操坪，建有全县第一个具有 400 米标准跑道的体育运动场及教学大楼、实验大楼、教工宿舍和学生食堂。

1983—1989 年，枫木团苗族侗族乡投资 420 万元，改善教学条件，建成全市第一个乡级中学合格乡、全市第一个基础教育合格乡、全省第一批寄宿制中心小学合格乡和全省教育先进乡；鹅公岭侗族苗族乡集资 100 多万元兴办民族教育。1987—1994 年，全县民族乡投入寄宿制中心小学建设资金达 1000 万元，各部门累计支援民族教育资金 1165 万元，各民族乡群众累计集资 200 万元修建学校。

1990 年，全县考入重点大学本科者 26 人，其中少数民族 20 人；考入一般本科院校者 54 人，其中少数民族 38 人；初中升中专者 71 人，其中少数民族 37 人。

1997 年，全县有少数民族中学教师 557 人，少数民族中学教师中：具有大学本科学历者 40 人，占 7.2%；具有专科学历者 140 人，占 25%。至 2005 年，县内民族学校图书和仪器等教学设备齐备，教学质量提高。

二、绥宁县民族中学简介

1990 年 3 月 2 日，县十一届人大一次会议作出《关于创办绥宁县民族中学的决定》，将绥宁县第三中学改名为绥宁县民族中学，以招收少数民族学生为主。2005 年，学校占地面积 6 万平方米，建筑面积 2.4 万平方米，各类图书资料 6 万余册，订有报刊 200 多种，多媒体教室、计算机室、语音室、音乐舞蹈室、美术室、图书阅览室、标准的 400 米环形跑道、田径场、球类运动场等教育教学设施一应俱全。学校积极探索山区民族教育新路子，培养“合格+特长”人才。至 2005 年，累计初中毕业 8000 多人，高中毕业 5000 多人，为高等学校输送学生 1000 多名。

第五章　苗拳　苗医

第一节　苗拳

苗拳，是对苗族武术的统称。狭义苗拳，单指苗族武术中的徒手拳术；广义苗拳，除徒手拳术外，还包括苗族器械武术。绥宁苗拳既是一项传统文化遗产，又是一种地区民族体育。

一、沿革

绥宁苗拳的历史，可溯至唐末。清朝末年，绥宁县著名的苗拳师有枫乐里（今党坪、枫香一带）的杨秀清、于元炳、龙崇河及东一里（今鹅公岭、朝仪、兰家一带）的杨进铭等。民国初期，苗拳解禁，县内先后开设连升馆、武升馆、福升馆、长升馆、二升馆、新升馆、安升馆、荣升馆、高升馆、天升馆、同升馆、老武升馆、合升馆等13家苗拳武术馆。武术馆拳师名气较大者有左青山、易荣山、易善堂、刘猪老拱、田玉卿、肖大佛爷、易狗王爷、肖光荣、谢佑廷、刘开花炮、刘元洪、刘晚大爷、黄英、赖尚武、刘荣山、周继口、朱孔阳、肖享大爷、肖光郁、肖前佳等20余人，民国5年（1916）他们都参加了金屋塘独立中华大雄山的武装起义并成为骨干。

此后，刀剑棍棒的作战功能被现代兵器取代，苗拳演化为强身健体的体育项目。1961年和1969年，绥宁县两次接收柘溪水电站库区新化县移民8740人，移民带来了新化拳术。绥宁苗拳和新化拳术取长补短，共同发展。改革开放初期，长铺子苗族乡游家村苗族青年张小兵慕名赴汉寿县武术学校学习少林武功，毕业后给家乡带来了南派少林拳术，使县内拳术品种逐渐丰富。1993年，在绥宁举行的湘黔七县市（湖南绥宁、黔阳、靖州、会同、洞口、洪江，贵州天柱）第四届民族联谊会开幕式上，黄桑坪苗族乡老拳师表演了苗家猴拳，张小兵表演了单刀，还有6人表演了集体苗拳、苗棍、双刀、大刀。此后，张小兵在家里办起武术学校。苗拳武术活动在县内开始复兴。21世纪初，县内较有名望的苗拳师张仁锦、伍远汉、杨焕圭等人，立堂收徒，并将前人和自己的实践经验写成苗拳秘诀，以手抄本形式流传各地。如鹅公岭苗拳师伍远义的《伍氏武技二十四大战拳经》。

二、授艺

家庭传授　清代乾隆五年（1740），粟贤宇领导的湘粤边界少数民族起义失败后，朝廷禁学苗拳，苗拳只能在家庭世代秘传。民国，苗拳禁令取消，但有些苗拳师不愿把绝招传授外人，仍以家庭代代相传。

“十长”传授　十长制，是清代苗寨的一种行政管理制度，即十户人家选一个头人负责，实行一人犯罪十户连坐。“十长制”为十户人家集体秘密学习苗拳提供了方便，大家团结一致，对内公开，对外保密。十户的户长往往就是秘密的苗拳师，形成政拳合一的管理形式。

立堂传授　民国以后，县境出现大批武术馆，实行立堂传授，即根据一村或数寨的要求，以一个村寨为中心，开一个堂子（即武术馆），广招本村寨或外村寨习武者，不分男女，不受年龄、民族、地域限制，只要符合教门规矩要求的人都可以接纳，人数三十、五十不等。绥宁苗拳由向本民族内部传授走上向各民族传授的发展方向。

学校传授　中华人民共和国成立以后，中学体育逐年加入一些拳术内容传授学生。每年在部队服役期满后的复员退伍转业军人也给县境带来军事知识和技击技法。20 世纪 60 年代中期至 70 年代中期，学校体育课改为军事体育课，初级军事操练和徒手拳术成为必授内容。改革开放以后，拳术师公开举办短期武术学校，招收社会学生，武术活动发扬光大。

三、民族体育比赛

除苗拳外，县内还流传有打陀螺、骑高脚马、荡秋千、爬树爬藤爬竹、射弓、蹴球、下棋等多项民族体育活动。从 1994 年湖南省第三届少数民族运动会起，绥宁县连续派出运动员代表邵阳市参加陀螺、高脚马等项目比赛，取得优异成绩。

表 22-5-1　**国家少数民族运动会绥宁县参赛选手及湖南省少数民族运动会绥宁县运动员名次一览表**

姓名	性别	运动会名称	项目	成绩	名次	地点	时间
蒋丽娟	女	省第三届少数民族运动会	陀螺	—	1	怀化	1994 年
陈友凤	女	省第三届少数民族运动会	陀螺	—	3	怀化	1994 年
蒋运强	男	省第三届少数民族运动会	陀螺	—	4	怀化	1994 年
蒋丽娟、陈友凤 蒋运强等		省第三届少数民族运动会	陀螺（团体）	—	2	怀化	1994 年
杨昌云	男	省第三届少数民族运动会	高脚马 100 米竞速	17＂7	3	怀化	1994 年
龙小平	男	省第三届少数民族运动会	高脚马 100 米竞速	19＂9	6	怀化	1994 年
龙小平	男	省第三届少数民族运动会	高脚马对抗	—	5	怀化	1994 年
佘春堂	男	省第三届少数民族运动会	高脚马 100 米竞速	21＂5	8	怀化	1994 年
佘春堂	男	省第三届少数民族运动会	高脚马对抗	—	5	怀化	1994 年
曾晓玲	男	省第三届少数民族运动会	高脚马对抗	—	4	怀化	1994 年
杨昌云、龙小平 佘春堂、曾晓玲		省第三届少数民族运动会	高脚马男、女 4×100 米接力	1′26＂1	2	怀化	1994 年
陈友凤	女	省第四届少数民族运动会	陀螺	—	1	永州	1998 年
蒋丽娟	女	省第四届少数民族运动会	陀螺	—	2	永州	1998 年
苏进国	男	省第四届少数民族运动会	陀螺	—	1	永州	1998 年
杨通壁	男	省第四届少数民族运动会	陀螺	—	2	永州	1998 年

续表 22-5-1

姓名	性别	运动会名称	项目	成绩	名次	地点	时间
陈友凤、蒋丽娟 苏进国、杨通壁		省第四届少数民族运动会	陀螺（团体）	—	1	永州	1998 年
何宪云	男	省第四届少数民族运动会	高脚马 100 米竞速	15 " 4	4	永州	1998 年
苏　丽	女	省第四届少数民族运动会	高脚马 100 米竞速	17 " 7	4	永州	1998 年
			高脚马对抗	—	2		
何宪云、袁　波 苏　丽、杨喜春		省第四届少数民族运动会	高脚马男、女 4×100 米接力	1′ 3 " 3	3	永州	1998 年
杨喜春	女	省第四届少数民族运动会	高脚马对抗	—	4	永州	1998 年
袁　波	男	省第四届少数民族运动会	高脚马对抗	—	4	永州	1998 年
何宪云	男	省第四届少数民族运动会	高脚马对抗	—	6	永州	1998 年
陈友凤	女	全国比赛	高脚马	—		西藏	1999 年
蒋丽娟等		省第五届少数民族运动会	陀螺（女团）	—	1	邵阳	2002 年
苏进国等		省第五届少数民族运动会	陀螺（男团）	—	1	邵阳	2002 年
苏进国	男	省第五届少数民族运动会	陀螺	—	5	邵阳	2002 年
蒋丽娟	女	省第五届少数民族运动会	陀螺	—	3	邵阳	2002 年
段丽丹	女	省第五届少数民族运动会	高脚马对抗	—	1	邵阳	2002 年
王　静	女	省第五届少数民族运动会	高脚马对抗	—	2	邵阳	2002 年
欧阳发、黄　锋		省第五届少数民族运动会	高脚马男子 2×100 米接力		5	邵阳	2002 年
段丽丹、王　静		省第五届少数民族运动会	高脚马女子 2×100 米接力		6	邵阳	2002 年
欧阳发、黄　锋 段丽丹、王　静		省第五届少数民族运动会	高脚马男、女 4×100 米接力		6	邵阳	2002 年
苏进国	男	全国比赛	陀螺	—		宁夏	2003 年
蒋丽娟	女	全国比赛	陀螺	—		邵阳	2003 年

第二节　苗医

民国及民国以前，苗医是县民特别是县内少数民族群众治疗疾病的主要方式。清同治《绥宁县志》记载的著名苗医师有龙均济、李昌栎、李春显、李春耀、张后成、杨培俊、杨钰泉等。20 世纪末编纂出版的《湖南省卫生志》，亦记载了清同治、光绪年间（1862—1908）绥宁籍著名苗医师杨进藩和他编写的苗医专著《医学探骊》。中华人民共和国成立后，现代医学普及城乡，但苗医的一些独特疗法和神奇功效，仍为县人称道和应用。

一、苗医理论

苗族医药有一整套系统的理论和诊治方法，与一般中草医药相比较，具有以下几个特点：

病理命名　苗医有 36 症、72 疾之说，共计 108 种病例。所谓“症”，即指体内所患严重病的外部表象；所谓“疾”，即指伤感风寒的一般小病。此108种大小病例，包括人体消化系统、呼吸系统、神经系统、生殖系统、内分泌系统等十大系统方面的病例，囊括了内科、外科、妇科、儿科等各种病症。

药理命名 一般都是根据其形状或药性来命名的。

重“阴阳” 按苗医理论来说，“阴阳”是自然界事物对立统一的两个方面，在下的属阴，在上的属阳；抑制的属阴，兴奋的属阳；有形的属阴，无形的属阳；虚弱的属阴，强壮的属阳；静的属阴，动的属阳；冷的属阴，热的属阳。

重“五行” 按苗医理论来说，把内脏列为金、木、水、火、土，简称“五行”。它们之间的关系为：土生木、木生火、火生金、金生水。而水克火，金克木，火又克木，水又克土等。在五行之外，苗医又将药物统归于酸、甜、苦、辣、平，通称为“五味”。五行有相生相克之功，五味则有相辅相成之性。苗医治病，则根据“五行”的相生相克和“五味”的相辅相成，配伍出无数个验方，医治各种疾病。

重“神药两解” 苗医重“神药两解”，把精神治疗与药物治疗有机结合起来，把苗族医药与苗族武术以及苗族巫术结合起来。在苗区，苗族武术名师大都擅长苗医和苗族巫术，而苗族名医也都擅长苗族武术和苗族巫术。苗医、苗拳、苗巫是苗文化的三大支流。苗医主张“神药两解”，实际上是指巫、药结合，在治疗精神病患者或是治疗因精神受打击所致的病症时，先用巫术解脱病人精神痛苦，而后再用药物治疗。

二、苗医诊断

苗医除中医学的切诊、闻诊、问诊、望诊以外，还有本民族特有的三种诊断方法。

血诊 苗医的血诊就是从病人手面、手背、手指的血脉相通状况（简称血色）来诊断病症。通过血色、血流、血印、血道所呈现的状况来判断病情。

应诊 苗医的应诊就是苗医师根据自己的手指在病人的手心、手背、手指（男左女右）的具体部位中所感应出病人的脉象来诊断病情。

物诊 苗医的物诊就是通过一些具体物品来探测病人病情的诊断方法。“物诊”所使用的物品有蛋、鱼、树叶等。主要是用于惊吓、忧郁或所谓放“蛊”等疑难杂症。

三、苗医治疗

苗医就其治疗措施而言，有推拿、按摩、针灸、穿刺、解剖以及敷法、灸法、烧法、烫法、火罐、蒸发、洗法、捆法、擦法（俗称“刮痧”）和内服法，此处仅选介4种治疗方法。

烧法 即将药物直接放在病人肉体上焚烧，以达到治病的目的。

烫法 有“水烫”“油烫”两种。油烫效果显著，其基本方法是：用桐油二至三两，倒在铁锅里，用炭火烧开。苗医化一碗“水”，将水喷在病人患处，连喷三口，而后再往自己手上喷三口，喷罢，用手指在病人患处圈定部位。定出集中点后，苗医师将手伸入锅中捧出滚开的桐油，直敷患处集中点，连烫三至五次。此种烫法，多用于妇科病。

跌打损伤疗法 关峡苗族乡的杨鼎恒、杨晟金父子等一批苗医师以及县内汉族地区的一些水医师用中草药治疗跌打损伤取得很好疗效。这些治疗方法都是师徒相传，秘不告人，缺乏文字记载。

化“鱼卡”水 又称化“九龙水”，属神药两解疗法，用于治疗鱼刺卡喉。据说学练此水须连续练习七天，每天练习七次，不能让人看见。练习时右手（有固定手势）持杯，取清洁井水置于杯中，口念“起眼观青天，本师在眼前，物从东方起，万物化成水”。功夫到家后，每逢病人求治，给服此水，卡在喉内的“鱼卡”顿时消失，不用任何药物。

四、苗药蛤蟆豆

蛤蟆豆 即从蛤蟆嘴中长出的绿豆芽、红豆（赤小豆）芽或黄豆芽。为苗医内伤秘方中的一味君药（即主药）。其制作方法是：首先寻找一只冬眠的癞蛤蟆，在深土中掘一个小洞（土窝），窝中用水糊光滑，底部略留一点水，洞内半干半湿，再将癞蛤蟆放进土窝里，蛤蟆口中含三颗豆种（根据需要选绿豆、黄豆或赤小豆），而后用一只半新半旧的水草鞋盖住洞口。过半月或二十天后，癞蛤蟆嘴中长出豆芽。轻轻地从癞蛤蟆嘴中将豆芽拔出，焙干，碾成粉剂，“蛤蟆豆”便制成，在需要时再与其他药物相配成粉剂。“蛤蟆豆”活血行血，补气理气，是内伤方剂中的一味秘传要药。

五、其他苗医草药的应用

应用习俗 苗医师（俗称草药郎中）的特效药方多系祖传。配方时，一般不称重量，全凭经验判断各种药草用量。为了保密，如果使用干药，则碾成粉末；如果使用鲜药治疗外伤，则用淘米水把处方中的全部药物捣成药泥。1979 年，县科学技术委员会编印《中草药单方验方汇编》，辑录 74 个，向全县推广。1987 年，县中药材普查队收集单方 864 个，筛选整理成 381 个，经邵阳市中草药技术人员鉴定，认定 193 个。

应用状况 民间草药师用大蒜、雄黄治疗虫毒肿痛，用打火罐、爆打火、刮痧、煎虎杖汤治疗痧症，这些方法简便易行。长铺镇老街的苗医师杨华煊擅长用师传中草药治疗跌打损伤，特别是现代医学很难治疗、死亡率高达 40%的颅脑损伤，经他用中草药治疗后，均能收到好的疗效。县城二轻系统苗族女职工阳湘莲擅长刮痧。

第六章　民族事务与民族政策

第一节　民族事务

民族事务管理机构　1981年前，全县民族事务由县委宣传部下设的统一战线工作组管理。7月，成立中共绥宁县委统一战线工作部，兼管民族事务，配备民族工作专职干部。1984年2月，县委统战部下设民族宗教组分管民族事务。1985年1月，成立绥宁县民族事务委员会。1987年7月，县人大常务委员会设立民族工作委员会。2002年7月，县民族事务委员会与县宗教事务管理办公室合并，建立绥宁县民族宗教事务局。1985—2005年，龙宪蔚、杨章柏、杨艳玲先后任县民族事务委员会主任或县民族宗教事务局局长。

恢复民族成份　1978年始，东山、朝仪、鹅公岭、兰家、竹舟江等公社群众逐步恢复少数民族成份。1984年，经过登记审查，共恢复或改正少数民族12098户54070人，其中苗族5844户23698人、侗族6431户30270人、瑶族23户93人、其他族9人。至1989年年底，全县先后恢复和改正民族成份13.2124万人，占全县总人口的41.78%。1990年第四次人口普查时，按照党的政策对原部分汉族居民据实更改为苗族或侗族，全县少数民族人口增至194854人，占全县总人口61.23%，计有苗、侗、瑶、壮、土家、布依、回、京、彝、白、满、水、黎、仫佬、朝鲜等15个少数民族。其中世居本地的少数民族有苗、侗、瑶族，占全县总人口61.01%。2000年第五次人口普查时，县境新增藏、蒙古、傈僳、维吾尔4个少数民族，当年全县有少数民族人口201145人，占全县总人口59.29%。

建立民族乡　1981年，中共湖南省委、省人民政府联合下发《关于加强散居、杂居少数民族工作的指示》，要求在少数民族居住较多的地方建立民族公社。县委、县政府根据这一指示，对关峡、长铺子、黄桑坪3个公社已恢复为少数民族的人口进行登记审核后，呈报湖南省人民政府。1982年1月11日，湖南省人民政府下文，批准将关峡人民公社改建为关峡苗族人民公社、长铺子人民公社改建为长铺子苗族人民公社、黄桑坪人民公社改建为黄桑坪苗族人民公社。1984年5月，又分别改为苗族乡。

1984年12月，湖南省人民政府批准，将东山乡改建为东山侗族乡、朝仪乡改建为朝仪侗族乡、鹅公岭乡改建为鹅公岭侗族苗族乡、兰家乡改建为兰家侗族苗族乡、竹舟江乡改建为竹舟江苗族乡、乐安铺乡改建为乐安铺苗族侗族乡、联丰乡改建为联丰苗族侗族乡、在市乡改建为在市苗族侗族乡、双河乡改建为双河苗族乡、枫香乡改建为枫香苗族乡、麻塘乡改建为麻塘苗族乡。1985年1月20—23日，11个民族乡分4批召开成立庆祝大会。

表 22-6-1

2000 年全国第五次人口普查时绥宁县民族人口分布一览表

单位：人、%

类别	乡镇	人口合计	汉族人口	少数民族人口																				
				小计	占总人口比例	苗族	侗族	瑶族	回族	黎族	壮族	满族	白族	水族	彝族	京族	藏族	蒙古族	维吾尔族	傈僳族	土家族	仫佬族	布依族	朝鲜族
	全县总计	339235	138091	201144	59.29	184784	13973	1082	232	68	86	36	31	12	30	1	34	70	23	1	629	12	27	12
民族乡	在市乡	15589	2154	13435	86.18	11828	1589	0	0	9	1	0	0	0	0	0	0	3	2	0	2	0	0	1
	黄桑坪乡	5452	929	4523	82.96	3545	859	23	2	57	28	0	0	0	0	1	0	0	0	0	4	0	6	0
	乐安铺乡	8918	1057	7861	88.14	6197	1584	21	55	0		0	0	0	3	0	0	0	0	0	1	0	0	0
	东山乡	16076	308	15768	98.08	14027	1728	3	1	0	1	0	0	0	1	0	2	4	0	0	0	0	0	1
	朝仪乡	7505	200	7305	97.33	7283	18	0	2	0		0	0	0	1	0	0	0	0	0	0	0	0	1
	鹅公岭乡	11713	46	11667	99.61	11413	248	0	0	0	1	0	0	0	0	0	1	2	1	1	0	0	0	0
	党坪乡	10181	794	9387	92.20	8920	437	1	0	0	1	0	0	0	3	0	14	1	0	0	0	3	6	1
	长铺子乡	16176	2130	14046	86.83	13508	508	4	3	0	1	0	0	0	0	0	1	6	1	0	11	2	0	0
	竹舟江乡	8176	2288	5888	72.02	5702	175	0	4	0	1	0	0	0	1	0	1	1	0	0	0	0	1	0
	河口乡	5946	2331	3615	60.08	3436	165	7	0	0	1	0	0	0	0	0	1	3	0	0	2	0	0	0
	麻塘乡	9474	3414	6060	63.96	5867	140	42	0	0	1	0	0	0	1	0	0	2	1	0	7	0	2	2
	联民乡	5858	2629	3229	55.12	2965	98	164	0	0	2	0	0	0	0	0	0	0	0	0	0	0	0	0
	枫木团乡	6757	2508	4249	62.88	3670	567	8	0	0	0	1	0	0	1	0	0	0	1	0	0	0	1	0
	关峡乡	21304	1540	19764	92.77	19706	30	5	3	0	3	0	0	0	4	0	0	8	2	0	2	0	1	0
非民族乡镇	长铺镇	33477	19870	13607	40.64	11907	1441	81	41	1	25	24	1	0	5	0	3	7	5	0	55	7	4	0
	武阳镇	25509	3747	21762	85.31	21374	346	12	14	0	2	1	0	0	2	0	3	2	3	0	3	0	0	0
	李熙桥镇	17636	15701	1935	10.97	1691	213	4	8	1	5	0	0	0	2	0	1	6	1	0	0	0	1	2
	红岩镇	25827	17382	8445	32.69	7127	783	19	1	0	3	5	0	0	0	0	1	3	0	0	500	0	2	1
	白玉乡	8067	2320	5747	71.24	5541	187	3	0	0	1	0	0	5	0	0	1	1	0	0	8	0	0	0
	唐家坊镇	19599	14890	4709	24.03	3929	655	27	74	0	1	0	0	0	2	0	2	8	2	0	8	0	0	1
	黄土矿乡	15504	13009	2495	16.09	2369	81	7	11	0	2	2	0	0	0	0	0	5	2	0	16	0	0	0
	梅坪乡	2560	2123	437	17.07	325	89	21	0	0	0	0	0	0	0	0	1	1	0	0	0	0	0	0
	水口乡	9673	5456	4217	43.59	3101	788	319	1	0	0	0	0	0	1	0	0	0	1	0	3	0	0	0
	瓦屋塘乡	18550	9480	9070	48.89	8137	850	51	3	0	3	0	0	7	1	0	2	5	1	0	7	0	3	0
	金屋塘镇	13708	11785	1923	14.03	1221	394	260	9	0	0	3	30	0	2	0	0	2	0	0	0	0	0	2

1990年1月15日，湖南省民政厅、省民族委员会批复：撤销联民乡，建立联民苗族瑶族乡；撤销枫木团乡，建立枫木团苗族侗族乡；撤销河口乡，建立河口苗族乡。1995年2月28日，双河苗族乡改名为党坪苗族乡。6月，联丰苗族侗族乡并入乐安铺苗族侗族乡，兰家侗族苗族乡和在市苗族侗族乡并入在市镇，长铺子苗族乡并入长铺镇。1996年11月，恢复长铺子苗族乡，枫香苗族乡并入长铺子苗族乡；撤销在市镇，改建为在市苗族侗族乡。至此，全县共有14个民族乡。

申报建立民族自治县　1984年开始，绥宁县通过各种合法途径积极向上级申报请求建立绥宁苗族侗族自治县，先后行文18次（其中县政府单独行文或县委县政府联合行文合计9次、县人大常委会行文3次、邵阳市政府行文5次、湖南省政府行文1次），市、县领导到北京请示26次，向到绥宁的省部级领导汇报25次，绥宁籍全国、省、市人大代表以及省、市政协委员共计提案14次（其中全国人大代表提案6次）。

争创民族团结进步先进集体　中共十一届三中全会以后，县委、县政府广泛开展民族政策宣传教育，尊重少数民族风俗习惯，培养少数民族干部，支持发展民族经济、文化、教育和医疗卫生事业，支持少数民族开展传统节庆和民族乡庆活动，与周边7个民族自治县结成友好县，积极开展多种形式的民族联谊活动，促进民族团结和民族事业不断繁荣进步。1988年4月，黄桑坪苗族乡被授予全国民族团结进步先进集体称号。1990年，枫木团苗族侗族乡被评为全国民族团结进步先进集体。1991年，枫木团苗族侗族乡、兰家侗族苗族乡被评为湖南省民族团结进步先进集体。1994年和1999年，绥宁县先后2次被国务院授予全国民族团结进步模范单位称号。2005年，绥宁县被中共湖南省委、湖南省人民政府授予全省民族团结进步先进集体称号。

争取民族优惠政策　1997年起，县委、县政府多次赴湖南省和邵阳市，要求将绥宁县作为民族自治县对待，实行倾斜政策。2006年6月9日，湖南省人民政府第84次常务会议同意把少数民族人口过半的县视同民族自治县，在财政转移支付和扶贫开发工作等方面予以倾斜。9月21日，绥宁县委、县政府联合会同县和江永县向湖南省政府及省有关部门呈送《关于恳请落实会同、江永、绥宁三县享受民族自治县有关政策待遇的请示》，争取到比照少数民族自治县待遇、比照省贫困县待遇和纳入西部大开发政策范围3项政策待遇。

第二节　民族政策

一、培养少数民族干部

少数民族干部数量　1978年，全县有少数民族干部176人，占全县干部总数的7%。1985年，全县有少数民族干部416人，占全县干部总数的20.3%。1990年，全县有少数民族干部539人，占全县干部总数的33%。2005年，全县有少数民族干部861人，占全县干部总数的47%；其中，有处级干部19人、科级干部456人、股级和一般干部386人，分别占全县同级干部总数的43%、

50%、46%。至2005年，全县民族乡的乡长全部由本地苗族、侗族、瑶族等少数民族干部担任；书记、人大主席、政协工联委主任也大都是少数民族干部。

少数民族干部培训 1982—1990年，县内先后选送70人到中央民族学院、中南民族学院、吉首大学、湖南省委党校、邵阳师专等院校学习；选送1013人次到有关院校参加短期培训。1991—2004年，先后选送128人参加湖南省委党校、湖南省行政学院学历培训。采取换岗锻炼的形式，增强少数民族干部的实际工作能力。从县党政机关少数民族干部中选拔一些优秀中青年干部到乡镇担任领导职务，让他们在实践中增长才干；从乡镇选拔一些少数民族优秀领导干部到市、省、中央机关或沿海经济发达地区挂职锻炼。2005年，全县861名少数民族干部中，有研究生2人、大学本科学历159人、大学专科学历534人、中专和高中学历166人，其中大学专科以上学历占少数民族干部总数的80%。在全县各类专业技术人员中，有少数民族人员3270人，占全县同类人员总数的49%；其中有55人获得高级技术职称，占全县同类人员总数的39%；有364人获得中级技术职称，占全县同类人员总数的41%。

二、扶持民族经济

税收减免 1982年起，对关峡、长铺子、黄桑坪3个苗族公社实行农业税减半征收。1984年起，对上述3个苗族乡的屠宰税实行减半征收。1985年起，对麻塘、竹舟江、东山、朝仪、鹅公岭、兰家、乐安铺、联丰、在市、党坪、枫香等11个民族乡实行农业税和屠宰税减半征收。1990年起，对枫木团、联民、河口3个民族乡实行农业税和屠宰税减半征收，并对全县17个民族乡的企业免征所得税。

改善灌溉条件 1978年至20世纪80年代初，县内累计投资456万元，集体投工1200万个，新修和整修水利设施650处，完成土石方580万立方米，蓄引提水总量8000万立方米，有效灌溉面积上升到6000公顷，旱涝保收4667公顷。建成东山侗族乡四清水库、金子岭水库，乐安铺苗族侗族乡秧溪水库、羊井洞水库，关峡苗族乡格木山水库、吊水洞水库、江口塘水库，在市苗族侗族乡东风水库、文坝水库。20世纪90年代起，先后修建长铺子苗族乡大门洞水库、绿洲水库，党坪苗族乡界溪口水库，河口苗族乡河口水库。2005年，14个少数民族乡的水利问题基本得到解决，有效灌溉面积达到85%以上，平坦垅田基本做到旱涝保收。

改善交通和基础设施条件 1990年起，湖南省民委、省卫生厅每年为县内各民族乡拨款2万元，用以改善民族乡卫生院医疗卫生条件。扶持修建少数民族乡的人畜饮水工程，凡人畜饮水需要到1千米以外地方取水的困难村、组，均做出了具体规划，分步安装自来水；2002—2003年，先后解决东山、麻塘、竹舟江、长铺子、黄桑坪、在市等民族乡困难村组的自来水。1985—2005年，共争取到省、市给县民族地区的扶持资金417.5万元，扶助民族乡基础设施建设项目88个，新建和改善乡村公路450多千米，架设桥梁18座，改善 55 个村的交通条件，帮助修建饮水工程 15 个，解决了 3.5 万多人的饮用水困难。

实施农业综合开发 1995—2005 年，实施农业综合开发，先后建成枫木团苗族侗族乡宝顶山、长铺子苗族乡枫香、东山侗族乡 3 个土地项目治理区和楠竹低改、马尾松纸浆材基地建设等 3 个产业化经营项目。

扶持发展种养业 1985—1992 年，以无偿民族资金帮助民族乡发展种养业，以有偿周转金扶助民族乡发展农副产品加工业，共扶助种养加工业项目 34 个，重点扶助鹅公岭侗族苗族乡的雪峰食品厂、麻塘苗族乡湘山竹艺厂和关峡苗族乡梅口、花园角水淹区网箱养鱼等。1993—1997 年，采取联营方式，同朝仪侗族乡隘门村创办药材林示范基地，种植杜仲 4.8 公顷，带动该乡药材种植。1998—2005 年，扶助民族乡经济建设项目 52 个，重点创办关峡苗族乡农科站经济林开发基地、黄桑坪苗族乡上堡村反季节蔬菜和赤板村优良西红柿种植基地、竹舟江苗族乡食用菌生产基地、长铺子苗族乡金秋梨开发基地等，促进了民族乡经济发展。

三、发展民族教育

1988 年，湖南省民委设立民族教育补助专项资金，每年给每个民族乡下拨 1 万元民族教育补助费，用于民族乡改善办学条件。1991 年起，湖南省民委、省教委根据少数民族地区大多偏远、群众居住分散、交通十分闭塞的状况，在全省开展“创建民族乡寄宿制合格中心小学”活动，规定每创建 1 所，向该乡奖励民族教育补助费 4 万元。民族乡迅速掀起全民办学热潮，至 1994 年，全部完成任务。1996 年，湖南省民委、省教委检查验收达标，绥宁被评为全省创少数民族寄宿制中心小学先进县。1995 年，绥宁通过国家“两基”评估验收，成为湖南省第一个散居少数民族边远山区“两基”合格县。据统计，1985—2005 年，投入民族专项资金 259 万元，改善办学条件，共改造学校危房 31 栋 2.6 万平方米。1999 年起，为解决少数民族子女读书难的问题，湖南省政府每年下拨 20 万元义务教育助学金。至 2005 年，共有 1.1 万多名特困学生享受到这一待遇。1991 年起，为提高少数民族考生高考升学率，国家对少数民族考生报考普通高等院校实行加分优惠政策：民族乡的少数民族考生加 20 分，汉族考生加 10 分；非民族乡的少数民族考生加 10 分；城镇少数民族考生加 5 分。1991—2005 年，全县近 2 万名考生享受到加分优惠。

第二十三篇　社会生活

第一章　人民生活

绥宁县农民人均年纯收入由1978年的93元增至2005年的3060元，增长32.9倍。全县居民生活水平也不断提高，至2005年，全县困难职工和困难居民每月享受100～180元的低保补助，干部职工人均月工资1077.58元。

第一节　农村居民生活

1981年后，全县农村普遍实行大田联产承包制，农户“交足国家的，留下集体的，剩下都是自己的”，真正做到谁种谁做主，解放了农民思想和农业生产力。越来越多的农户发展种养业，形成产加销一条龙的经营模式；越来越多的农民走出农村，进城务工、办厂、开店，增加收入。

随着政治、经济体制改革，国家逐步开放生产资料市场，农民逐步拥有拖拉机、农用车、汽车、挖掘机、铲车等大型生产资料，提高了农村生产力水平，加快了农民致富步伐。20世纪60年代至70年代农家渴求的手表、单车、缝纫机三大件，变成80年代至90年代的彩电、冰箱、摩托车新三件，再变成21世纪初期的洋楼、电脑、汽车三大件。至2005年，国家取消农业税，为农村经济发展提供活力，广大农民逐步走向小康之路，城乡差别逐步缩小。

表23-1-1　**1978—2005年绥宁县农民人均收入统计表**　单位：元、千克

年份	人均纯收入	人均口粮	年份	人均纯收入	人均口粮
1978年	93	326	1986年	390	398
1979年	106	332	1987年	429	431
1980年	114	304	1988年	480	360
1981年	119	359	1989年	502	403
1982年	177	361	1990年	584	409
1983年	185	425	1991年	651	382
1984年	204	410	1992年	730	388
1985年	378	339	1993年	827	375

续表 23-1-1

年份	人均纯收入	人均口粮	年份	人均纯收入	人均口粮
1994 年	906	391	2000 年	1853	402
1995 年	993	393	2001 年	2010	360
1996 年	1124	395	2002 年	2251	371
1997 年	1381	386	2003 年	2440	376
1998 年	1507	411	2004 年	2708	387
1999 年	1688	413	2005 年	3060	396

表 23-1-2　　2000—2005 年绥宁县每百户农民平均耐用物品拥有量统计表

项目	单位	2000 年	2001 年	2002 年	2003 年	2004 年	2005 年
洗衣机	台	3	5	8	15	23	38
电风扇	台	36	44	56	70	85	110
电冰箱	台	1.7	2.1	2.6	3	3.4	4.1
自行车	辆	23	26	28	30	61	65
摩托车	辆	2	3	4	5	13	29
彩电	台	34	40	47	50	55	73
拖拉机	辆	5	5.5	6	6	6.2	7
农用小货车	辆	2	2.2	2.5	3	3	3.5
微型客、货车	辆	2	3	3.2	4	5	6
大货车	辆	1	1	1	1	1.2	1.5
小汽车	辆	0.1	0.1	0.2	0.3	0.4	0.5
电话	台	7	17	26	35	44	51
照相机	台	—	1	1	2	2	4
移动电话	部	—	—	—	5	17	28
人均住房面积	平方米/人	22.40	28.31	33.05	35.26	38.42	42.26
人均住房价值	元/人	2192	2537	29.6	3581	4636	5827

第二节　城市居民生活

收入　1978 年，全县干部职工人均月工资 43.19 元。1985 年，国家行政事业单位工资改革，干部职工人均月工资增至 87.68 元。1990 年，干部职工人均月工资上升到 151.36 元。1995 年后，受市场冲击，县境内大部分企业生产下降，部分企业资不抵债，不得不破产重组，实行企业改制，企业职工工资受到影响。之后，国家出台低保政策，城镇困难职工和困难居民享受人均月 100～180 元不等的低保补助。1998 年，全县在职干部职工人均月工资 508.9 元。2005

年，升至 1077.58 元。

消费 1980 年，全县城镇居民消费总额为 1234 万元，人均消费 630.9 元。1985 年，全县城镇居民消费总额为 2040 万元，人均消费 867.6 元。1992 年，全县城镇居民消费总额为 4464.1 万元，人均消费 1488 元。1998 年，全县城镇居民消费总额为 1.79 亿元，人均消费 4215 元。2005 年，全县城镇居民消费总额为 2.83 亿元，人均消费 6154.1 元。

城镇居民消费随着时代不同而各有侧重。1985 年前，城镇居民主要消费项目是生活开支；1990 年以后，城镇居民消费项目除生活开支外，主要为购置“三机”“三电”“三车”（电视机、收录机、洗衣机，电冰箱、电风扇、电脑，摩托车、汽车、铲车）；1998 年后，城镇居民消费项目发生了大的变化，人们不再停留在油盐柴米等生活开支上，而主要用于购房、保险、衣着、通信等方面。1990 年，全县城镇居民社会消费品分类零售比重为：食品类占 45.6%，衣着类占 25.7%，日用品类占 13.3%，文化娱乐类占 4.7%，书报杂志类占 2.5%，药品及医疗用品类占 3.9%，房屋及建筑材料类占 1.8%，燃料类占 2.5%。2005 年，全县城镇居民社会消费品零售比重为：食品类占 29.6%，衣着类占 15%，日用品类占 9.6%，医疗保健类占 9.8%，交通通信类占 13%，教育文化娱乐类占 9%，居住类占 9%，杂项商品和服务类占 5%。

第二章　婚姻　家庭　姓氏

第一节　婚姻　家庭

一、婚姻

中华人民共和国成立后，县内贯彻执行《中华人民共和国婚姻法》，实行恋爱自由、婚姻自主、一夫一妻、男女平等。但受封建残余思想的影响，20 世纪 80 年代，农村一些地方仍然存在包办婚姻、买卖婚姻和近亲结婚。1986 年 7 月 27 日，李熙桥镇 5 名女青年因反对封建包办婚姻等原因集体投河自杀。同时，实行家庭联产承包责任制后，农村管理较之前相对松散，各乡镇未婚同居、未婚生育的事实婚姻也不同程度地存在（参见本志第九篇《民政・其他民政事务・婚姻管理》）。

20 世纪 90 年代末期后，由于男女比例失调，大龄男青年找不到对象的逐渐增多，农村尤为突出。同时，由于夫妻关系不和、感情破裂、家庭矛盾、夫妻异地分居以及观念改变、责任感缺失等原因，离婚率逐步上升，婚外恋、婚外非法同居现象时常发生。1999 年，全县离婚 302 对，其中县民政部门登记离婚 117 对、县人民法院判决离婚 185 对，比 1982 年增长 1.7 倍。2005 年，全县离婚 457 对，其中县民政部门登记离婚 314 对、县人民法院判决离婚 143 对，为 1999 年的 1.5 倍。

二、家庭

家庭结构　1978 年，全县户均人口高达 6.04 人。20 世纪 80 年代，只生一胎的夫妻增多，加之农村实行家庭联产承办责任制，家庭规模缩小，城镇家庭 3 口之家居多。1982 年，全县户均人口下降为 4.91 人，1990 年为 4.18 人，2005 年为 4.01 人，其中城镇户均 3.12 人。家庭结构多为两代或三代同堂。

家庭成员关系　20 世纪 80 年代起，县、乡（公社）、村（大队）年年评选五好家庭。唐家坊人民公社曾家生产大队妇女主任莫楚平虽然身患心脏病，仍然竭尽全力操劳公事和家事，先后赡养 3 位老人、抚养 5 个小孩，三代同堂，家庭和睦，1983 年被评为全国五好家庭。1990 年，全县评选出五好家庭 760 户。2005 年，全县评选出五好家庭 810 户。

第二节　姓氏

一、县内姓氏实录

县内姓氏，五代前和五代见诸史册的有杨、潘、李、吴。元、明时期，因戍守、做官、避乱、经商、屯田、游览而留居绥宁的有龙、黄、袁、于、陈、明、蒙、陶、糜、谢、唐、肖、莫、尧、向、朱、秦、蒋、陆、苏、匡、侯、欧阳、刘、周、傅、蓝、彭、王、何、钱、廖、卢、石、丁、丰、葛等姓氏。据明朝天启五年（1625）上任的绥宁知县包汝辑（一说为包汝楫）所著《南中纪闻》载：绥宁苗族有“帅灵干”三字姓。清代和民国时期，人口流动加快。中华人民共和国成立以后，特别是改革开放后，随着经济文化事业的发展和婚姻圈的不断扩大，人口流动更加频繁，姓氏不断增加。至2005年，县境姓氏增至338个，其中复姓2个。以姓氏笔画为序排列如下：

丁、卜、于、万、卫、广、义、也、习、干、马、五、丰、中、乌、卞、予、书、巨、冈、介、仇、化、元、亢、云、尤、尹、孔、王、木、戈、毛、文、方、贝、邓、韦、丘、从、卢、代、印、功、左、叶、史、宁、未、术、永、甘、石、田、申、白、皮、艾、邝、冯、龙、乔、华、匡、全、伍、伏、任、伊、关、刑、刘、在、尧、吕、向、庄、庆、安、孙、朱、成、毕、曲、江、池、汤、牟、来、羊、米、艮、纪、贞、达、许、阮、齐、严、甫、佘、余、何、佐、况、冷、邵、寿、启、君、吴、应、宏、宋、张、杜、李、杨、狄、旷、求、汪、沈、抉、抗、肖、良、花、芬、芳、苏、邱、邹、谷、陆、陈、闵、麦、供、侗、单、幸、周、岩、岳、宗、屈、孟、季、奉、林、武、昌、冒、易、明、泡、波、炉、罗、苗、苑、范、郑、郎、金、庞、禹、南、厚、俞、信、荆、封、奏、带、彦、姚、姜、荣、柯、柏、柳、洪、胡、胜、胥、段、施、将、祖、祝、相、秋、科、美、荡、赵、费、贺、郝、除、钟、项、饶、原、侯、倪、真、党、凌、卿、袁、唐、席、徐、夏、容、桂、桃、敖、晏、溥、浩、海、涂、恭、殷、盐、秦、称、耿、聂、莫、荷、翁、贾、郭、谈、陶、钱、顾、高、商、常、崇、梦、康、巢、梨、梅、梁、敢、曹、犁、眼、盛、章、符、蓼、躲、谌、隆、银、阎、黄、龚、傅、储、奠、喻、彭、富、敬、普、曾、湛、湖、温、游、焦、童、覃、舒、程、粟、葛、董、蒋、超、谢、韩、鲁、甄、腾、盟、虞、简、蓝、蒲、蒙、赖、鄢、解、詹、雷、鲍、僧、廖、寥、满、熊、慕、管、裴、蔡、翟、缪、谭、樊、敷、潘、滕、黎、颜、儒、穆、薛、燕、霍、戴、糜、藤、藩、瞿、魏、欧阳、慕容。

上述姓氏中，5000人以上的有杨、刘、黄、龙、袁、李、唐、陈、周、曾、肖、张、苏、于、陶、向、莫、贺18姓，占全县总人口72%，其中杨姓人口约4.3万人，居首位；1000～5000人之间的有25姓；100～1000人之间的有72姓；100人以下的有222姓，其中65姓只有1人，多数是外地嫁来的妇女。

二、县内部分姓氏源流

根据已收集的县内 32 姓族谱考评，这些姓氏源流如下（按入绥时间先后排列）：

杨氏　县内杨姓在唐初即为徽州豪族，历唐朝、五代和宋初而不衰，史书载有近 20 名杨氏酋长先后散掌诚州、徽州及十峒。县内《杨氏族谱》溯源至五代时的杨再思及其第三子杨正修（后裔主要分布在今关峡一带和城步苗族自治县）和第六子杨正绾（后裔主要分布在今东山等地）。二支后裔今已遍布全县，成为县内最大姓氏。

李氏　县内李氏源流有三。一支为李光兴，原籍豫章（今江西，下同）泰和。后唐同光元年（923），光兴携子赴楚南戍守，偕次子可进落籍徽州梨树坊（今关峡苗族文家村），长子定居大坡头（今会同县），三子定居黄羊坪（今白玉乡）。另二支是元朝自豫章吉永迁居绥宁县城的李化主和明正德三年（1508）从南京徙入绥宁的李浚洧。李氏今分布于全县各乡镇，以长铺子、关峡、武阳、黄土矿最多。

龙氏　县内龙姓来源为北宋元丰年间（1078—1085），湖南安抚招讨使龙禹官（河南汲县人），奉诏“镇南”，元祐二年（1087）卒于任上。哲宗帝诏其子龙宗麻升任湖南宣抚处置副使，屯师渠阳军（今靖州苗族侗族自治县）草荐寨，后移营莳竹县（1103 年改名绥宁县）东山，龙偕妻儿于铁冲（今东山侗族乡境）定居安家。其后裔现居东山、鹅公岭、朝仪、在市等 10 余个乡境。

陈氏　县内陈氏源出唐末豫章泰和县人陈伯万，督兵入湖南后，其第十代孙陈享于宋绍兴四年（1134）迁居绥宁红岩，后转徙李熙桥陈家寨。后裔现居李熙桥、红岩、黄土矿等 10 余个乡镇。

秦氏　宋绍兴八年（1138），豫章泰和县人秦仁义，因戍守落籍县内东山白竹山，其十五代孙秦进英迁居冻坡（今党坪苗族乡）、秦再兴迁居双梁湾（今长铺子苗族乡李家团村）。

黄氏　南宋绍兴八年（1138），永福（今福建省永泰县）人黄龟年率师至渠阳（今靖州苗族侗族自治县）戍守，后定居。其第五子黄秀鞭游历绥宁县时，落籍武阳，后裔散居武阳、红岩、东山、瓦屋塘等 10 余个乡镇。

明氏　南宋乾道年间（1165—1173），苏州人明顺星随军征战，落籍绥宁石碑之竹林凤山团。其后裔分居于竹舟江苗族乡和党坪苗族乡。

肖氏　南宋淳熙年间（1174—1189），豫章泰和县人肖明避战乱落籍武阳。其后裔现居武阳、金屋塘、梅坪、瓦屋塘、水口、白玉、关峡、枫木团等地。

于氏　南宋淳熙三年（1176），河南汝宁府新蔡县人于仲仁，出任统领，镇守绥宁，辞官不返，择居洛口山。其后裔现居李熙桥、白玉、党坪、朝仪等地。

陆氏　南宋嘉定九年（1213），陆清浦偕妻携子由宝庆迁徙绥宁上二里（今乐安铺苗族侗族乡一带）。后裔主要居住在乐安铺、党坪、金屋塘等地。

莫氏　县内莫氏始迁祖为江西泰和县莫进溥，于南宋绍定三年（1230），偕妻儿避金乱入绥宁县三都里（今李熙桥镇一带）。定居茆坪塘花台园。后裔今居李熙桥和唐家坊一带。

游氏 县内游氏始迁祖为江西抚州府崇仁县游仲渝（一说为游仲哲），于南宋淳祐年间（1241—1252）任绥宁县教谕，卸任后定居都二里（今红岩镇一带）。传六代至游有爵，生三子，一子迁鹅公岭。后裔主要居住红岩、鹅公岭、长铺子等地。

唐氏 南宋宝祐五年（1257），唐国栋由靖州江东迁居绥宁都二里七甲（今红岩镇）。其后裔现居唐家坊、红岩、黄土矿等地。

袁氏 县内袁氏始迁祖为江西袁进现，于南宋咸淳八年（1272）任指挥入绥坐镇，后偕妻儿落籍大水白羊坪（今改隶洞口县古楼乡），其弟袁进琦落籍唐家坊。后裔主要居住在黄土矿、瓦屋塘、金屋塘、梅坪、水口、在市、唐家坊等地。

朱氏 县内朱氏始迁祖为饶州（今江西波阳县）人朱海青之子（佚名），于宋代（年份不详）迁县内阳溪、瓮溪（今东山侗族乡），后裔主要居住在东山、武阳、在市等地。

欧阳氏 县内欧阳氏始迁祖为江西吉州（今吉安市）欧阳文明，于元朝大德年间（1297—1307）任靖州太守，卸任后落籍县内。其后裔今居唐家坊、瓦屋塘、麻塘、枫木团等地。

苏氏 县内苏氏始迁祖为吴县（在今江苏省）人苏昌裕，元朝延祐七年（1320）任湖广行省武冈州主簿，任满后逢兵乱难返，遂携眷至高坪（今关峡苗族乡）定居。其后裔今居关峡、长铺子等地。

匡氏 县内匡氏始迁祖为江西泰和县三都塘人匡公良、匡公清、匡公节三兄弟，于元顺帝至元年间（1335—1340），辗转绥宁都二里渡头坪（今红岩镇）落籍求业。今后裔主要居住在红岩一带。

侯氏 元朝末年，祖籍南京的侯仲贵由辰州东郊迁绥宁县田木舟（年份不详），后裔今居鹅公岭、水口、麻塘、红岩等地。

陶氏 县内陶氏为江南当涂（今安徽当涂）陶清奇后裔。陶清奇随父从戎，流寓贵州，生三子，于明洪武年间（1368—1398）先后徙居绥宁都一里（今李熙桥镇一带）、武阳里（今白玉乡）、扶二里（今瓦屋塘、水口一带）。后裔现居李熙桥、水口、麻塘等地。

傅氏 县内傅姓为南京宿县傅友德后裔。明洪武年间（1368—1398），傅友德携子傅惟椿从征，落籍武冈岩山（在今洞口县境），后迁居绥宁武阳里（今白玉乡，迁居年份不详），后裔居白玉、李熙桥、红岩等地。

刘氏 县内刘姓来源有二：一支为明永乐元年（1403），刘化海之妻携子光荣、光华由武冈县迁居黄土矿。一支为永乐二年（1404），江西泰和县的刘文发由武冈牛栏山（在今洞口县）迁绥宁扶二里（今瓦屋塘和金屋塘一带）。二支后裔散居全县，尤以金屋塘、瓦屋塘、黄土矿、武阳、长铺等地最多。

周氏 县内周姓来源有三：一支为周提聪，由靖州迁绥宁东山定居（年份不详），后裔今居鹅公岭、东山等乡。二支为泰和县人周试英，于明永乐二年（1404）奉命率军赴绥宁县辰溪（今武阳镇一带）查勘荒田屯种，后定居于此；后裔主要居住在武阳镇。三支为周昇化、周昇云、周昇世、周昇平，原居豫章吉安府安福县清德乡二十五都；明朝成化十年（1474）因洪灾而迁徙绥宁县永宁乡，周昇化、周昇云居扶丛二图上山源（今瓦屋塘北部），后裔定居瓦屋塘、水口等地；周昇世居岳溪二图红岩寨（今红岩镇东部），后裔定水口等地；周昇平居岳溪二图桃坪（今红岩镇北部），后裔定居水口等地。

蓝氏　县内蓝氏始迁祖为豫章泰和县人蓝文思，于明景泰年间（1450—1456）迁徙绥宁县青坡里蓝家坪（今麻塘苗族乡境）。后裔主要居住在联民、麻塘一带。

彭氏　县内彭氏始迁祖为豫章莲花厅（今莲花县）人彭重八，好游山水，于明天顺年间（1457—1464）携子迁徙绥宁。后裔今居黄土矿、瓦屋塘、水口、麻塘、红岩、武阳等地。

石氏　县内石氏始迁祖为豫章泰和县人石仕明在云南为官，于明成化年间（1465—1487）卸任归里，路经绥宁，见山水秀丽，遂定居于岳二里（今红岩一带）栗木田。后裔主要居住在红岩一带。

钱氏　县内钱氏始迁祖为豫章临口府新喻县人钱玉山，于明万历年间（1573—1619）迁徙绥宁。后裔主要居住在今乐安铺、在市一带。

丰氏　县内丰氏始迁祖为豫章丰城人丰宽一、丰宽二、丰宽三，于明万历十四年（1586）由靖州西关打油街迁绥宁城西大冻翁溪落籍。后裔今居在市、长铺子、党坪一带。

葛氏　县内葛氏始迁祖为浙江杭州海宁县的葛政，于清顺治元年（1644）由靖州徙绥宁县东二里瓦窑塘（今乐安铺苗族侗族乡瓦窑村）定居。后裔今居乐安铺一带。

吴氏　县内吴氏始迁祖为靖州吴亮，明代时，其后裔有一支（佚名）由靖州贯头迁居绥宁县南部（年份不详）。清康熙四十三年（1704），其后裔吴正爵由大团徙居岳二里小坪溪（今金屋塘小坪溪）。此后，子孙分布于东山、鹅公岭、金屋塘、水口等地。

蒙氏　县内蒙氏始迁祖为山东登州府海州（今江苏连云港）人蒙万户，于南宋绍兴年间（1131—1162）领兵赴楚，落籍渠阳贯堡（今靖州苗族侗族县），后辗转迁居绥宁（年份不详）。后裔主要居住在东山、在市、鹅公岭一带。

向氏　县内向氏始迁祖为豫章新建县人向文皋，在南宋隆兴年间（1163—1164）任辰阳（今辰溪县西南）太守。传至向通江，迁至绥宁岳溪（今黄土矿一带）香山坡（年份不详）。后裔主要居住红岩、黄土矿一带。

第三章　民俗

本章只含县内一般地方民俗，各少数民族的特殊风俗见本志第二十二篇《民族》第二章《民族习俗与信仰》第一节《民族习俗》。

第一节　节日风俗

春节　县内整个春节活动包括腊八节、灶神节、除夕节、新春节、元宵节，是一年中最重要的节日。从腊八节(农历腊月初八日)开始，家家户户杀猪，杀鸡，酿酒，打糯米糍粑，准备丰盛的菜肴和糖果，彻底打扫环境卫生，尤其注重清扫厨房的炉煤灰(又名百日霜)，还要洗衣被，贴门神对联。腊月二十三日为送灶神日，须备斋粑供果送灶神回天府，然后于三十日接回家。除夕吃年庚饭，先敬祖先，然后长者上坐，合家吃团圆饭，继而烤火守岁，长辈给小孩赏赐压岁钱。新岁旧岁交接之时，家家户户抢先放开门炮，即按季放 4 个或按月放 12 个大爆竹，如果第几个不响，则认为该季或该月将不吉利，到时须谨慎避灾。放炮后，口念“开门大吉，动步生财”，打开大门朝太阳升起的方向出行；归来时，带生柴(寓意生财)一根或一把回家，天亮后，给长辈拜年；早餐后，四邻好友相互拜年；然后再赴亲戚家拜年，俗称“初一崽，初二郎(女婿)，初三初四外甥郎”。新中国建立后，城镇机关举行团拜或茶话会欢度春节。正月十五日度元宵节，又称过小年，家家户户吃元宵。入夜，龙灯狮子大集会，至深夜方止，宣告本届龙灯活动结束。有些地方元宵之夜还盛行“偷”菜心，被偷人家不但不骂，反而高兴，认为越被偷越富有。

清明节　县内清明节习俗主要有为新祖坟立碑，儿孙到老祖坟和新祖坟前，以酒、肉、米粑(白色长椭圆形，用筷子压两条印痕)祭祀，在坟顶上挂纸，焚香烧纸，鸣放鞭炮，跪拜叩头，谓之扫墓、挂青。宗族性扫墓祭祀的仪式非常隆重，一路上，敲锣打鼓，抬着用猪血抹红的灵猪和糍粑、酒等祭品赴祭；祭扫完毕，男丁(今男女一视同仁)吃挂青酒。

端午节　县内农历五月初五端午节时，人们采集艾叶、菖蒲悬挂室内外，并用艾叶、菖蒲、大蒜泡水喷洒房前屋后，以驱虫避邪，保人安泰。有的人家将菖蒲根切成小段，用线连成串，戴在小孩颈项、手腕上；或将菖蒲缝入布袋，装在小孩衣袋内，用以避邪。中午，家家户户吃粽子，喝雄黄酒。梅口、长铺等有河处开展龙舟比赛活动。晚上，用菖蒲叶、艾叶、九节风等熬水沐浴。

尝新节　县内尝新节无固定日期，一般为农历八月稻谷将熟时，从田间摘取几支稻穗，捣去谷壳，将新米同陈米一起煮熟。开餐时，盛含新米之饭先祭祖先，祈求祖先保佑风调雨顺人畜兴旺，然后装一碗给家狗吃，再按辈分和年龄大小依次品尝，边吃边说吉利话。晚上，割几蔸禾喂耕牛。

中元节　中元节在县内又称鬼节，即农历七月十五日(俗谓七月半)祭祀亡灵。从七月初十起，把家里打扫干净，堂屋摆好餐桌和椅凳，每个座位上放一张打制的冥钞。之后，户主率儿孙带雨伞斗笠赴村口迎接祖先亡灵，燃放鞭炮接回家中就座，再依次给祖先亡灵打水洗脸，敬茶，敬烟，敬酒（连敬三杯），盛饭，饭后再倒茶，装烟，打水洗脸，如此一日三餐敬奉。十四日黄昏，全家大小带着雨伞，提着装糍粑、豆腐和糖果的篮子，燃放鞭炮，引导祖先亡灵至村口，焚化装有冥钞的包封，送亡灵归阴。包封上书写收件人和寄件人姓名以及金额。

中秋节　县内习俗，中秋节晚上，在露天地上设香案敬月亮神，然后全家围坐吃月饼和糍粑赏月，寓意合家团圆；老人给小孩讲张果老在月宫桂花树下打草鞋的故事，直至深夜，若遇月食，认为是天狗食月，乡民们便一面呐喊，一面敲锣打鼓或敲铁鼎罐盖驱赶天狗，以保护月亮。

第二节　婚育寿庆习俗

一、婚俗

订婚　县内订婚仪式较隆重，男方送礼有“若要发，不离八”之俗。一般要备办一个十八斤八两重的猪头、八十八斤八两猪肉、八十八斤八两白米、八十八元八角八分喜钱，另外，还有八斤米酒、八斤喜糖、八身衣服及首饰等。这些东西用八个大抬盒装好，贴上大红纸，请担保抬送。担保一般由男方的叔伯兄弟担任。沿途吹着唢呐，到女方村边时要放鞭炮报信。如礼物不合女方标准，则由媒人马上回男方要求补齐；若礼物周到丰盛，则设卡盘歌。盘歌毕，认亲队伍唱《开路歌》：“算得好日，择得好时，带着礼品来认亲，唱首谢歌来放行。”于是，女方家鸣放鞭炮，父母叔伯兄弟出迎，将客人迎进家门，喝订婚酒要唱《入席歌》。女方父母请人将女方生辰与男方生辰对合推算，如果属相不相克，便在男方送来的鸾书中填上女方的出生年月日时。订婚仪式后，女方家须赠送未婚女婿新衣服、新鞋、绣花鞋垫、八个大红米花，和已填好男女双方生辰属相的“鸾书”，另打发男方担保每人一份喜钱。内弟内妹喊姐夫，侄男侄女喊姑丈时，男方要给“开口礼”。同样，岳父母、叔伯父母也要给未婚女婿开口礼。

报日子　县内习俗，订婚后，通过走亲，双方觉得称心如意，便准备结婚。婚前，由男方请人按男女双方的生辰属相测算出吉日，然后托媒人去女方家里“报日子”，请求结婚。女方则另请人对男方报来的日子进行复查，防止婚日与女方及女方父母兄弟的属相相克，如无问题，即通报男方同意。男方接到通知后，备齐一桌酒菜送到女方家。女方父母请家族长辈及叔伯兄弟们赴宴，告知女儿嫁日。与此同时，男方还要给自家的亲戚朋友发请柬或登门面请届时前来吃喜酒。

过礼　县内习俗，结婚前，男方要送给女方娘家一笔彩礼，叫“过礼”。同时，男子送“过礼”时，还要将装扮女方的金银首饰一并送去。女方家收到彩礼后，立即为女儿置办嫁妆，请银匠上门为女儿打制银质项圈、手镯、披肩、耳环。

迎亲 县内习俗，娶亲头一天，男方由媒人、唢呐匠和担保等组成的迎亲队伍，抬着花轿和酒、肉、米、糖果、面条和为新娘置办的衣服、鞋袜、首饰、礼钱等前往女家迎亲。迎亲队伍到达女家门前时，唢呐、鞭炮、铁铳齐鸣。女家则把大门关上，称“关亲”。男方的接亲客或随来的礼生上前念颂《开门启》，请求女家开门。男家在外，女家在内，一问一答。迎亲代表答毕，将一个红包从门缝塞入，称“开门礼”。女家放炮开门，迎入接亲客。

闹洞房 县内习俗，新娘迎至男家，待婚筵散后，乐手送新郎新娘入洞房，寨子里来闹洞房的青年男女蜂拥而至。来者都要放一串鞭炮，讲几句吉利话，唱闹洞房歌。按照苗家习俗，来闹洞房的客人在新婚夫妇完成来客所要求的所有节目以后，出洞房时必须讲好话，不然就甘心接受戴“坐鼎圈”的处罚。

三朝回门 县内习俗，结婚三日后，女方娘家打发人来接女儿回家，俗称“三朝回门”。回门时，新郎陪同前往，须带着酒肉、糖果等礼品，去拜望岳父母，一般住两天或四天，表示成双成对。回到男方家后，正常的夫妻生活从此开始。

二、生育习俗

报喜 县内习俗，新婚夫妇生子添喜后，女婿立即准备好礼物赴岳父母家报喜。提一只篮子，内装猪肉、面条、粉丝以及一只盛满酒的长嘴酒壶，上罩毛巾，一路鸣放鞭炮送到岳父母家，将篮子放在岳父母家堂屋的神龛上。如果酒壶的嘴巴露在外面，表示生的是男孩，如果毛巾盖住酒壶的全部，表示生的是女孩。也有提鸡去报喜的，若提母鸡，表示生了女孩，如提公鸡，便是生了男孩。岳父母家得到喜讯后，立即置办酒席，请家族喝报喜酒。

满月酒 县内习俗，新婚夫妻生子后，亲戚朋友以及左右邻居会派妇女带着礼品陆续前来祝贺，看望产妇，又称“看月婆子”。孩子满月时，父母办宴答谢，称“满月酒”。办满月酒当天，产妇母子先洗药水澡，给小孩剃满月头，朝拜祖先，然后与来宾见面。来宾则对着婴儿颂扬吉利话，并给予馈赠。

庆周岁 县内习俗，婴儿周岁生日称抓周、满周。主家办宴庆贺，亲戚房族馈赠衣服、布料、鞋帽、礼金等。开宴前，在桌上摆着代表行业的物品，如笔、算盘、秤、新书等，让婴儿去抓，抓着某物，预示婴儿长大会成为该行业人才。然后，男女来宾按辈分排座入席，外公最大，母舅次之，应坐上席，其余类推。

三、寿庆习俗

县内60岁以上逢十的生日为大寿，寿庆隆重，即使家境贫寒者，也要设宴拜寿。拜寿时在正堂悬挂一个大“寿”字，寿星及老伴端坐正堂，晚辈按血缘亲疏、辈分高低，随司仪的口令依次上前披红挂彩，敬献寿礼并行磕头礼。大寿贺礼一般为寿衣、寿鞋、寿面、寿酒、寿糖、鸡鸭鱼肉、钱币及寿匾等。寿宴开席前，先吃长寿面，以祝愿老人健康长寿。寿宴开始时，举行祭祖、致寿词、敬寿酒、敬鸡头等仪式。小孩和青壮年逢十的生日，亲戚朋友也前往祝贺。

第三节　丧葬习俗

县境各民族普遍采取土葬，葬礼悲伤肃穆。

守终　县内习俗，老人弥留之际，子女须在身边恭守，并用白纸把神龛上的祖先牌位蒙上，以免“秽气”玷污祖先。然后，在堂屋中间摆一把椅子，椅前放谷斗（或麻桶），斗中插一杆秤，点上油灯，装好香，由亲人把临终老人抬到椅子上端坐，双脚踏在谷斗上，全家晚辈静对老人跪着，烧化纸钱，等待老人落气，俗称烧“落气纸”。

清水浴尸　县内习俗，老人落气后，晚辈高声哭泣。孝子穿上孝衣在师公带领下，带上香烛纸钱、水桶、水勺，走到井边或河边，先焚香烧纸，然后，跪地舀水。按老人阳寿一岁舀一勺，提至家中，放入桃树叶或菖蒲，煮水浴尸。浴毕，为死者穿上寿衣（又称老衣），将死者摆上柳床，脸覆冥钞，身盖殓被，脚前点灯（俗称点“脚头灯”），供亲友邻里悼念。嗣后，孝子登门请家族邻里前来帮助治丧。然后头戴烂斗笠，手拿孝棍，前往亲家报丧。

入棺分针　县内习俗，浴尸后，择定吉时，亲属各持殓被一角，将死者抬入棺中，摆放端正。头部用死者生前衣物塞正，俗称分针，意为让老人亡灵保佑各房子孙兴旺发达。兄弟非常注重分针，避免老人头部偏向大边（左边）或小边（右边）而重点荫佑某房子孙。此时，舅爷要赠颂吉利话，如“黄金落窖，房房发达，千年兴旺，万载兴隆”。入棺后，儿孙各剪一片衣角放入棺内，死者口含少许银子或银器，身上盖几层殓被，适量放入死者生前喜爱之物，意为在阴间享用。

设灵堂　县内习俗，在堂屋正中设置灵台，供奉死者的灵牌和遗像，灵台后面摆放死者棺材。然后择吉日请师公做法事为死者开路。

昊衣昊帕　县内习俗，老人过世，孝家大人小孩都穿“昊衣”，用粗白布缝制，男的为长衫，女的为短衣。头戴“昊帕”，男的呈圆锥形，女的呈半球形，全都下齐脚后跟。腰部用麻草捆扎，脚穿草鞋。现在只流行戴“昊帕”。来客吊唁时，主孝率全家哭奠下跪，以表示对来客的敬意和对故人的孝心。

吊孝　县内习俗，家庭亲族、乡邻好友为逝者吊孝，要送祭幛布、香纸、鞭炮、黄豆、大米等物。20世纪80年代后，祭幛布逐渐改为踏花被、花圈。祭幛、花圈按吊孝者的血缘亲疏关系摆放在灵堂正面或两边。祭奠分“家祭”与“客祭”两种。家祭是孝家自己向死者祭奠，祭奠时，孝子头戴麻冠，身穿孝衣，腰系麻绳，脚穿草鞋，手执“哭丧捧”（父死用竹棍，叫直杖；母死用桐木，取其不忘根本之意），叩首，上香，举哀，献祭品，读祭文。客祭是舅家及其他亲族向死者祭奠，祭文多为哀悼和赞颂死者之词。

守灵、唱葬歌 县内习俗，老人死后，一般停柩3天，也有5天或7天的。家属亲友穿孝衣轮流守灵。早晚点灯焚香，夜晚唱葬歌（也称散鲜花歌），内容主要是赞人生道路，唱忠孝古人，追念死者生前行善积德、辛勤耕作、勤俭持家的美德，表达子孙受抚育之恩但未曾报答的后悔之意。其音调低沉悲切，深夜闻之倍觉伤感。

出殡 县内出殡是指将灵柩（即棺木）从堂屋里移至大门外空坪里，架在两根长凳上。出殡后，治丧人员开始做送葬前的准备工作。首先，对灵柩用“慈母竹片”（又叫陶竹）进行捆扎，因该竹母子成堆，四季常青，生发兴旺，寓其兴旺发达之意。然后用稻草织成的粗绳子捆扎抬杠。灵柩上面扎“棺罩”，是用竹木条及细铁丝按照棺木大小长短扎成的长方形架子，糊上白纸，左右两壁画八仙，粘上白色纸花，罩顶中部扎立一只展翅欲飞的仙鹤，取其跨鹤升仙之意。灵柩的前头（死者的脚部）贴有死者的灵位。

送葬 县内习俗，逝者安葬前，须由风水先生看山向择坟地，确定坟墓的位置朝向，然后请人挖墓穴（俗称打井）。按照择定的吉时，请和尚或道士做法事“发丧”（即灵棺起行）。打锣鼓、吹唢呐、放鞭炮、抬祭幛、举花圈的人在前面开路，女婿撒纸钱，孝男孝女手持哭丧棒在灵前拜路。孝子须堵丧（亦称堵柩），即面对灵柩一边退行一边用手堵灵柩，恳请抬柩人走慢点，让生父（母）尸体在世上多留存一段时间，表示恋恋不舍亲人离去。亲友在后面送葬。到达安葬的地方后，将棺木架在墓穴上，不能落地，再择吉时入土安葬。

落坑立坟 落坑立坟就是将灵柩放入墓穴里掩埋。县内习俗，落坑必须按选择好时辰进行，首先要杀雄鸡祭墓穴，鸣放鞭炮后将灵柩放入，按择定方位拨正棺木位置，然后封土。地仙问：“孝家要富还是要贵？”孝子答：“富也要，贵也要！”于是孝家及亲戚在悲哭声中将死者掩埋，完成丧葬大礼。这时，孝家将长昊缠在头上，不再披挂，顺原路返回，并捡几根柴进屋，表示“进财”。

祭奠 县内习俗，逝者安葬以后，孝家设灵牌于堂上，孝子朝夕祭奠。发葬后第三日，孝子备酒饭至坟前，七七四十九日内每天点灯焚香。一年内，每日用餐时，家人在首席摆热饭一碗，筷子一双，清茶一杯，祭奠老人亡灵。嗣后，每年清明，晚辈扫墓（俗称挂青）。

第四节 劳动习俗

一、农业生产习俗

耕作 县内水田耕作须三犁三耙，天水田耕作须四犁四耙。入冬，水田一般为“冬泡田”。科学种田推广后，冬泡田已不多见。

整理秧田 县内整理秧田时正值春寒，天寒水冷，当天中晚餐要吃大片腊肉，喝滚热米酒，以补体驱寒。

浸种育秧 旧时，县内妇女不许参加浸种育秧，俗称“妇女不下田，男人不进园”。播种时，在田塍上插三炷香，烧一叠冥钱，以祈天公护种保苗，在稻田中竖一草人，以驱吓鸡鸭鸟雀。现在，采用温室育秧、薄膜覆盖育秧新技术，男女都可以参加。

施肥　县内施肥以有机肥（猪牛粪肥）为主，兼积堆肥，烧火土灰，种植绿肥。今多用化学肥料，如氮肥、钾肥、磷肥、复合肥。一般在播种、插秧时，都要打底肥。嗣后，还要给禾苗追肥。

插秧　县内插秧俗称莳田。清代民国时期，首次扯秧（称开秧门）要焚香烧冥钱，祭祀田头土地，祈求保佑风调雨顺粮食丰收。插秧时，由一位插秧里手领头，掌握板凳行（行距）和耙齿行（株距）的规格，其他人跟在后面，按其规格插，边插边退。忌互递秧，传说插秧手互相递接秧苗会起秧手（即手肿发炎）。

护禾　护禾也叫赶野猪。县境为山区，过去稻谷成熟季节，野猪成群结队下山偷吃稻谷。为减少损失，村民在靠近山林的稻田边搭建草棚，每夜派人守护，用鸟铳或敲锣鸣炮等法驱赶野猪。

收割　收割又称打谷子。县内收割时，每丘田角留一蔸禾不割，意为馈赠老鼠只在野外吃，不要进屋吃。收割方法，北部区农民习惯于边割边打，南部区农民习惯于把禾割倒，晒1～2天后再打。打谷工具，过去均用“扮桶”，现已多用打谷机，少数人购买了收割机。

运输　县内为山区，昔运输全靠肩挑背负。运输工具多为竹制箩筐、竽筛、背篓之类；较平坦的地区，将箩筐系上箩索，用扁担挑运；高山地带，行走不便，常改挑扁箩，即将木杠（或竹杠）两端各穿透一只箩筐腰部挑着走。妇女用背篓装运物品，北部区习惯于单肩背，南部区习惯于双肩背。

庆丰收　昔县内秋收以后，村民们请戏班在庙堂里或院落里唱木偶戏，或请道士打醮，请巫师还愿，以示喜庆。

二、林业生产习俗

开山　县内始伐某山林木称开山。开山时第一棵树由长者砍。长者连砍4斧边砍边念：“一砍东方甲乙木，二砍南方丙丁火，三砍西方庚辛金，四砍北方壬癸水，留着中央我不砍，此乃子孙长发处。”砍下的木渣立即捡起，待整树砍倒后，摘三支树尖，连同木渣用石头压在刚砍的树蔸上。然后众人分头砍树。坳头坳尾的树和双尖树不砍，以防发生意外。

收山　县内习俗，伐木时当一山树木砍完后，开山者念咒谢神称收山，听念咒语为“收起东方甲乙木，收起南方丙丁火，收起西方庚辛金，收起北方壬癸水，收起中央戊己土”。然后，将压在首棵树蔸上的木渣和树尖撒向四方，以期满山飞籽成林，新林木速长繁茂。

扛木　县内习俗，山中扛运木材按“七上八下平一百”的要求定拨肩点（交接点），即上坡路段定70步换人，下坡路段定80步换人，平地路段定100步换人，过桥和启肩路段定50步换人，靠集体力量把笨重的树木一段路一段路地运往目的地。木材停放路边，码堆河边，或者扎排后停靠河边，都无须派人守护，不会有人偷盗，俗称“山有山规，河有河规”。

造林　县内砍伐森林时有“七砍八烧九刨蔸”的习俗，即农历七月将造林地杂草和灌木砍倒，八月烧山，九月刨去柴蔸，十二月挖穴，翌年立春至雨水节造林。

三、狩猎习俗

敬梅山神　县内传说，梅山三兄弟为猎神，猎手每年都要开山门，主祭梅山。堂屋左边设梅山神坛位，常年装香点灯，每月初一、十五，祭以酒、肉、茶等。在家或外出做客，吃任何东西都要先敬梅山神。出门回家，要吹三声用小竹做成的筒哨。每次组织人员外出狩猎，先请梅山神相助，由为首者焚香烧冥钱，口喊梅山诸神名字：“上洞梅山胡天保，中洞梅山李天荣，下洞梅山赵天华，听到弟子招呼，急蒙成命。”然后占13卦，如果全是阳卦，表示诸神到齐相助，可以出门。进山时，除在山边再敬梅山诸神外，还要敬土地神，也吹筒哨三声，表示借土地菩萨一方宝地。猎获野兽后，再吹筒哨三声，用猎物的头和内脏祭梅山，谢其暗中相助。

搜山守卡　县内狩猎时，猎人首领率一人或数人带犬搜山，循野兽踪迹而吆喝追寻，根据“羊走山峰猪走坳”的规律，分派其他猎手埋伏于野兽必经关卡。

猎物分配　县内狩猎打到猎物后，兽头分给第一个射中猎物者，以示奖赏。补枪者可比一般猎手多分1斤兽肉，称分枪口肉。其他猎手平均分配。过路人也可分得1份，谓之见者有份。猎犬也同样分1份（由主人代领）。野兽的内脏共同煮食，称为吃兽血汤，见者有份，还要抢着吃，谓之越吃越有。

四、建造习俗

建房是人生大事，亲戚邻里乐于帮忙，主人上门请帮工时，被请者决不推辞，且主动捐献义务工若干。排扇（木屋竖架）之日，无须主人邀请，村中青壮男人清早起床，自觉前往助力。

结构　县内建房，木房正屋一般为四排三间，每排有5柱，俗称五柱落地。双坡悬山顶，上盖杉皮或稻草或楠竹或青瓦。

发墨　县内农村建房，户主请人择定吉日，木匠把中柱料平放刨平，由户主牵墨线站在中柱一端，木匠拿着墨斗站在中柱另一端，右手提起墨线侧耳细听，一有响声，立即弹下，如听到的是喜鹊叫或笑声、祝贺声，则认为吉利，如听到乌鸦叫或哭声、吵架声，则认为不吉利。

上梁　县内建房时，屋架竖好后，择吉日上梁（连接堂屋左右柱之主梁）。梁木由户主邀请6名青壮年男子上山择伐，可在任何山里选择一蔸多株的笔直杉树，“盗伐”其中之最理想者，俗称“盗梁木”。梁木砍倒后不能落地，在树蔸上放些钱和1张请柬，恭请杉树主人前往喝酒。然后，在树腰上扎上红布条，抬运回家。途中，任何人碰上不但不阻拦查问，反而热情道贺。到家后，小心平放在木马上，切忌落地，立即加工，并用红布包少许银子、谷子、茶叶、针，钉在梁木正中处下方。上梁时，木匠师傅杀一只雄鸡，把鸡血涂在梁上压煞。助手用棕绳拴住梁木的两端往上拉，木匠师傅扶梯上举，口诵祝词。梁木安好后，户主用箩子装上酒肉、红糍粑和钱币（硬币）恭送屋顶。木匠师傅骑在梁上，边颂祝词边喝酒，念毕，将红糍粑和钱币按东南西北顺序抛向围观者，众人在欢呼声中争抢，显示房主人今后会兴旺发达。

第五节　饮食习俗

腌鱼、腌肉　腌鱼、腌肉是县内的特色菜肴。腌鱼：将鱼洗净剖腹，除去内脏，用盆渍盐，晾干后，以木桶腌制。腌制时在木桶底层用糯饭或炒糯米作糟，每铺一层鱼，加一层糟，然后盖一层笋壳叶或棕片，再加木盖封严，数月后即可食用。腌肉时把鲜肉砍成三四斤的长块，渍盐2～3天后，稍晾干，再用木桶腌制。

腊鱼、腊肉　县内熏烤腊鱼、腊肉先把鲜鱼、鲜肉抹上盐，放在盆中渍上2～3天，然后放在火塘上方悬挂，用烟火熏干，食时味香，可存放数月而不变质。

酸鱼、酸肉　县内制作酸鱼、酸肉时，先把鲜鱼、鲜肉抹上盐，放在坛中用酸水浸泡。

笋瓜皮　笋瓜皮即用春天的嫩笋煮熟后切片中盐晒制，越陈越好。食用时，用油发或炒。

灌辣子、暴辣子　灌辣子即将青辣椒用水煮软后灌上紫苏或米粉馅，晒干。食用时，用油炸或炒。也有将青辣椒煮软后不灌馅而剪成人字形，然后晒干腌盐，食用时用油炸或炒，称为爆辣子。

第六节　方言习俗

本章只含县内普通的地方语言特点，其他少数民族语言参见本志第二十二篇《民族》第一章《民族语言与文字》。

一、县内一般方言特点

县内的一般方言大体可分两大类：一类是南部沅水流域方言，比较接近长沙话和西南官话，属新湘语系统，当地称大河话；另一类是北部资水流域方言，语言比较复杂，更多地保留了湘语的特点，属老湘语系统，当地称山话。南部沅水流域方言以长铺子话为代表；北部资水流域方言可分黄土矿话、武阳话、金屋塘话3种，本志以黄土矿话为代表。这几种方言还可细分为若干土语，故有五里不同音之说。

长铺子话流行于长铺、枫香、在市、联丰、乐安铺、黄桑坪等乡镇和党坪的部分地区，因受西南官话和普通话的影响，文白异读比较多，老年人和青年人的读音差别较大。老年人读音仍分尖团、泥母和来母，在今细音前仍保持区别，青年人在这些方面已经混同。

黄土矿话语音分尖团，鼻音声母n和边音声母l在洪音韵母前相混。“脑”和“老”同音。在细音韵母前仍分开，“泥”和“犁”不同音。黄土矿话主要通行于黄土矿和桃坪一带，对周围地区有很大影响。

二、县内谚语选录

气象谚语

动起翻叶风，大雨往下冲。

云撑上(西)，大水涨；云撑下(东)，晒破瓦。

有雨天边亮，无雨顶上光。

东虹日头西虹雨。

立夏冇下(雨)，犁耙高挂。

雷打冬，十家牛栏九家空。

十二月南风狗进灶。

石头出汗，雨不出三(天)。

月亮生毛，大水滔滔。

星子稀，淋死鸡；星子密，晒破皮。

早晨地上雾，尽管洗衣裤。

云上高山好晒衣。

沙雪打底，快买油盐柴米。

空山回声响，天气晴又爽。

久晴鹊噪雨，久雨鹊噪晴。

太阳返照，明日像火烤。

日落乌云洞，明朝晒得背皮痛。

有雨山戴帽，无雨云缠腰。

六月落雨隔田坎。

生产谚语

早起三朝当天工，免得求人喊公公。

冬季不犁田，春上喊皇天。

莳田莫躲雨，打谷莫躲荫。

大粪肥一季，油饼肥一年。

土放三年成粪，粪放三年成土。

水是禾的命，又是禾的病。

稀三箩，密六箩，不稀不密收九萝。

庄稼冇巧，三年两蔸。

种地不养猪，总有一头输。

养猪不赚钱，肥了一丘田。

湾头地角莫放空，收了萝卜好栽葱。

山山光，年年荒；山山绿，年年富。

绿了荒山头，干溪清水流。

泡桐像把伞，三年能锯板。

栽一株活一株，深山里面出珍珠。

杀不完的猪，栽不完的树。

树苗栽得正，等于下桶粪。

天旱雨淋山，有林泉不干。

小猪要奔，肥猪要睏。

寸草切三刀，料少也上膘。

门宽一尺九，不碍脚来不碍手。

社会生活谚语

不有永宁，不成绥宁。(流行于元、明。永宁：古乡名，建于元代，其境域相当于今县境北部，即县境内资水流域)

黄鳝泥鳅，熟一节呷一节。

姐姐做鞋，妹妹学样。

人无两个理，树无两层皮。

养崽不读书，如同养头猪。

欠账犹小可，人情急如火。

捉得麻雀子，丢了老鸡婆。

起家靠鱼塘，富家养猪娘(母猪)。

多少是个礼，长短是根棍。

众人吃众人香，个人吃了沤肚肠。

结坏一门亲，害了九代人。

伸手莫攀登龄笋，开口莫骂老年人。

亲帮亲，邻帮邻，无亲无邻靠自身。

大树脚下好躲荫，能将手下好当兵。

上山擒虎易，开口求人难。

色是一把刀，不损眼睛就坏腰。

扯起瓜藤叶也动。

牛角弯弯扳不直。

你有情，我有答，你杀鸡，我杀鸭。

火要空心，人要忠心。

莫吃卯时酒，昏昏醉到酉。

泥鳅兴捧，娃娃兴哄。

丈母爱郎，糍粑滚糖。

当家要个多口婆，种田要只大牛婆。

出门不弯腰，进屋冇柴烧。

水落三丘真难转，病拖三月实难医。

过了糠筛过米筛，过了米筛过罗筛。

是哪条虫，蛀哪块木。

鸡肚不晓得鸭肚事。

蟖蝈（蛤蟆）掉了命，蛇还冇得饱。

长的是黄鳝，短的是泥鳅。

十个茄子当不得一个瓜。

树怕剥皮，人怕伤心。

捏着鼻子吃呛菜。

不图柴劈烂，只图斧头脱。

三、县内讳语选录

年轻人死了——算完饭米账了、去了、不在了

老年人死了——老了、打转身了

小孩死了——走了

裹尸衣——老衣、寿衣

棺材——千年屋、老屋、寿材

掘墓穴——挖井

下葬——上山

病了——累了(流行于东山一带)

小孩病了——做狗

小孩生日——狗过桥、长尾巴

婴幼儿长得漂亮、健康、聪明——长得丑

参加三朝宴——吃甜酒

参加丧宴——吃豆腐

妇女来月经——好路子、做好事

老鼠——地下的（谈及下种或小鸡小鸭）

鹰、鹞等猛禽——飞的（谈及鸡鸭）

抽烟——烧铜（用于野外）

野餐——开贡（用于野外）

火灾——避水

四、县内歇后语选录

狗吃牛屎——贪多

蚂蚁打哈欠——好大的口气

猪婆吃包衣——自吃自

老鼠掉进米缸里——正合其意

茅屋里挂匾——不相称

老虫(虎)吃蚊子——不分大小

蚂蟥两头叮——尽沾光

米汤水泡饭——还了原

三十夜催年猪——迟了

老虫(虎)拜在狗面前——不服气

架起饭锅（鼎罐）当钟打——无米做饭、无米下锅

尖屁股——坐不稳

六月杉木——定了相

苦李冲骂太爷——不敢当面说（苦李冲：县内大峡谷，距旧县城在市 35 千米，人烟稀少，有古驿道从中经过，今为堡子岭林场所在地）

天晴无影子，落雨无脚印——行无踪影

碓臼作帽戴——顶当不起

霜打芋头——坏了脑

叫化子被米压——自讨的

浊水凼凼——不知深浅

蛐蛔吃萤火虫——肚子里亮

三个屠户杀个猪——打的打，吹的吹

叫化子烤草火——往胯下扒

门槛下的泥——越踩越高

矮子上楼梯——步步升高

锅里炒石头——不进油盐

云南的碓臼——拿不回家

黄牛碰上了尿桶——拼命吃

黄花女做婆婆——头一回

第四章　宗教

第一节　宗教分布

一、佛教

（一）佛教活动场所

1985年，重修黄土矿朝阳寺（俗名石庵堂）。此后，东山、鹅公岭、在市、关峡、武阳、竹舟江、河口、长铺等地信徒复修寺庵20余座。2005年，全县共有正式登记的合法佛教活动场所25处。其中主要场所有以下6处：

胜力寺　原名清凉山寺，昔为湘西名刹，位于在市苗族侗族乡。隋代创建于今在市钟鼓楼街。明代迁和尚坳。清初移建虎豨山麓，赐名胜力禅寺。康熙六十一年（1722）重建。民国3年（1914）毁于兵燹，民国21年（1932）恢复，改名十方胜力寺。20世纪50年代，被改建为绥宁县第一初级中学大礼堂。20世纪90年代，在学校背后山顶重建。

石仁寺　原名石仁庵，位于长铺镇。始建于清康熙五十八年（1719）。1985年，被毁。1991年重修，改名石仁寺。2003年后，为全县佛教协会活动中心，有僧尼2人。

神坡庵　位于长铺子、竹舟江、河口、党坪4乡交界的神坡山。始建于唐武宗会昌五年（845）。明代由枫乐里、青坡里共同捐资修缮。清光绪二十三年（1897）知县蒋恩澍亦参加捐修。20世纪80年代末，重修大雄宝殿、观音殿、僧舍等（参见本志第二十篇《文化广电科技体育·文化·文物·文物保护单位》）。

中峰庵　位于在市苗族侗族乡东南云雾山山腰。始建于明嘉靖年间（1522—1566）。20世纪50年代毁。1990年重建。

朝阳寺　位于黄土矿乡唐家村下桐溪。创建于明代。“文化大革命”时期佛殿被拆，改为校舍。1985年重修。2004年，有尼僧3人。

普照寺　又名普昭寺、远照寺，坐落在联民苗族瑶族乡海拔1581.4米的高登山极顶。清代康熙中期，青坡里（今麻塘、联民、枫木团、河口一带）佛教徒黄皈依师“披荆斩棘，募化殿宇钢瓦，昼夜往来，有虎为伴，至康熙庚辰（1700）工竣”。嘉庆二十二年（1817），绥宁县青坡里“劝首杨通鉴、李元芳有志坚创此庵，犹恨力不能胜”，约请绥宁县的杨通义、蓝绍裘、黄中立和武冈县的石安鼎、李祥桂、李春茂、石安嵩共9人“总理其事，并议同心捐化，由是聚腋成裘”，共募银3000余两，开始大规模改建，第六年竣工。从此，以其全石结构、规模恢宏而驰名。有僧常住，香火旺盛。县人民政府成立后，僧徒下山回家定居，佛事活动停止。20

世纪80年代后期，始有人出家住持，不久圆寂。之后，每逢礼佛之日，大批佛徒前往寺内朝香。

（二）佛教人员

1987年全县有僧尼11人，在家念佛诵经居士41人。1990年，县内有出家僧尼16人，在家诵经居士130余人。1993年，有常住寺庵僧尼50人，其中受戒43人，年龄最大的81岁。2004年，全县有出家僧尼31人，在家诵经居士420人，信众22900人。

二、道教和基督教

道教 1986年，县内道教活动恢复。是年，全县有火居道士50余人，多以“超度亡人”“祭奠孤魂”为职业。2005年8月，经湖南省道教协会认定，县内有31位道士取得道士证。10月，经湖南省道教协会推荐，唐伯海受中国道教协会委派赴江西省鹰潭市龙虎山天师府传度授箓。是年，全县有正一派道士31人，其中授箓道士1人；另有火居道士400余人。

基督教 20世纪80年代，县内有个别基督教教徒（均为中华人民共和国成立之前入教）在家做礼拜；1994年，仅在市镇有1名基督教教徒。至2005年，县内无合法基督教教职人员、教堂和集会点，但县境北部时有非法基督教“门徒会”成员在民间秘密非法传教。

第二节 宗教管理

一、宗教事务管理机构

1978年，全县宗教事务由县委宣传部下设的统一战线工作组管理。1981年7月，中共绥宁县委统一战线工作部成立，兼管宗教事务。1984年2月，设立中共绥宁县委统战部民族宗教组，分管宗教事务。1995年，成立绥宁县宗教事务管理办公室，为县人民政府办公室内设的副科级机构，至2002年，刘孙仁、秦贵军、刘成英先后任主任。2002年7月，县宗教事务管理办公室与县民族事务委员会合并，建立绥宁县民族宗教事务局，杨艳玲任局长。

二、宗教政策与法规

1982年3月，中共中央印发《关于我国社会主义时期宗教问题的基本观点和基本政策》，系统地阐明党对宗教问题的基本观点和基本政策，阐述尊重和保护宗教信仰自由，争取、团结和教育宗教界人士，落实党的各项宗教政策等问题。

1991年2月，中共中央和国务院下发《关于进一步做好宗教工作若干问题的通知》，在重申宗教政策的同时提出要依法对宗教事务进行管理。

1994年1月，国务院颁布《宗教活动场所管理条例》。条例规定设立宗教活动场所，必须进行登记；宗教活动场所内正常的宗教活动受法律保护，任何组织和个人不得侵犯和干预；宗教活动场所应当建立管理制度，在宗教活动场所进行宗教活动应当遵守法律、法规，任何人不得利用宗教活动场所进行破坏国家统一、民族团结、社会公安、损害公民身体健康和妨碍国家教育制度的活动，宗教活动场所不受境外组织和个人的支配。

2000年9月，湖南省第九届人民代表大会常务委员会第十八次会议通过《湖南省宗教事务管理条例》（2001年1月施行）。条例对宗教团体、宗教教职人员、宗教活动场所、宗教活动、宗教教育、宗教财产的管理作了具体规定。

2002年2月，中共中央、国务院作出《关于加强宗教工作的决定》，提出加强宗教法治建设。

2004年11月，国务院颁布《宗教事务条例》，2005年3月开始实施。条例明确：宗教事务管理要坚持保护合法、制止非法、遏制极端、抵御渗透、打击犯罪的原则。公民有宗教信仰自由，任何组织或者个人不得强制公民信仰宗教或者不信仰宗教，不得歧视信仰宗教的公民或者不信仰宗教的公民。国家依法保护正常的宗教活动，积极引导宗教与社会主义社会相适应，维护宗教团体、宗教院校、宗教活动场所和信教公民的合法权益；宗教团体、宗教院校、宗教活动场所和信教公民应当遵守宪法、法律、法规和规章，践行社会主义核心价值观，维护国家统一、民族团结、宗教和睦与社会稳定；任何组织或者个人不得利用宗教进行危害国家安全、破坏社会秩序、损害公民身体健康、妨碍国家教育制度，以及其他损害国家利益、社会公共利益和公民合法权益等违法活动。县级以上人民政府宗教事务部门依法对涉及国家利益和社会公共利益的宗教事务进行行政管理，县级以上人民政府其他有关部门在各自职责范围内依法负责有关的行政管理工作。

三、宗教事务管理的实施

落实宗教政策　中共十一届三中全会后，县委、县政府全面落实党的宗教政策，赔偿佛教黄土矿朝阳寺、基督教原在市会福音堂等处房产1.1万余元。1987年，县内恢复正常宗教活动。是年3月，县委安排黄土矿乡朝阳寺比丘尼则胜任政协绥宁县第二届委员会委员。8月，县委统战部批准在佛教活动较多的黄土矿成立佛教小组，并确定活动场所，制定宗教活动和寺庵管理的有关规章制度，保护宗教活动正常开展。1988年，县财政拨款2000元维修朝阳寺，解决尼姑住房困难。黄土矿乡人民政府为11名尼姑划分责任田并确定专人耕种，帮助出家僧尼解决生产生活实际困难。

成立宗教团体　1987年8月，中共绥宁县委统战部批准在黄土矿成立县内第一个佛教小组，设组长1人。2003年9月，成立绥宁县佛教协会筹备小组。2004年7月，中共绥宁县委统战部、邵阳市民族宗教事务委员会批准成立绥宁县佛教协会。8月11—13日，绥宁县佛教协会成立大会在县城举行，选举产生绥宁县佛教协会委员17名、常务理事8名，会长宋炳梅，副会长释宽贤、唐英友、尹作良，秘书长袁月中（县佛教协会办公地点设长铺石仁寺）。2005年6月，成立绥宁县道教协会筹备小组，组长刘成英，副组长唐伯海。

设立宗教活动场所　1987年8月，中共绥宁县委统战部批准黄土矿乡朝阳寺和望阳寺为佛教正常活动场所。1993年7月，绥宁县人民政府批准瓦屋塘乡宝顶山归元寺、河口苗族乡神坡庵、在市云雾山中庵寺和鹅公岭侗族苗族乡白云庵为佛教活动点。1997年8月和9月，绥宁县人民政府先后批准设立红岩镇金华寺，武阳镇龟园寺，唐家坊镇青云寺，金屋塘镇清水寺，瓦屋塘乡松云庵，水口乡南岳殿，朝仪侗族乡文昌庵，联民苗族瑶族乡普照寺，长铺子苗族乡桂竹庵、神滩融圣寺、白龙庵，黄桑坪苗族乡仁慈庵，在市苗族侗族乡胜力寺，李熙桥镇杨公庵14处宗教活动场所。2000年10月，湖南省宗教事务管理局批准设立红岩镇龙伏寺、瓦屋塘乡紫阳寺、唐家坊镇石山寺、武阳镇西京禅堂和长铺子苗族乡神滩寺5处宗教活动场所。

整顿宗教场所　规范宗教活动　20世纪80年代至90年代初，随着宗教政策的落实，县内农村一度刮起滥修寺庵庙宇之风，一些封建迷信活动者以宗教活动之名行骗取钱财之实，有些外地人也打着宗教活动的幌子到绥宁发展“会员”“教徒”，骗取财物；部分群众盲目信奉宗教，黄土矿有些人因家庭矛盾“皈依”佛门消极超脱家庭烦恼，甚至有人为逃避劳动“出家”到寺庙过清闲日子，造成寺庵拥挤、秩序混乱。县委、县政府加强宣传教育，引导群众划清宗教与封建迷信的界限，查处假借宗教之名从事非法活动的不法之徒；整顿宗教活动点，实行定点、定人、定负责人的“三定”管理办法，并制定各项管理制度；查封和拆除部分非法修建的宗教活动场所，制止滥修庙宇24处。县委统战部到黄土矿朝阳寺先后举办6次学习班，组织盲目出家人员学习宪法、宗教政策和邵阳市佛教协会章程，结合学习做好各方面的思想工作，帮助他们正确处理家庭关系、解除烦恼，30多名“出家”人员回归家庭。

1995—1997年，县内先后开展取缔非法宗教组织、清除封建迷信活动场所、依法治理非法宗教及制止乱建庙宇、露天佛（神）像活动，拆除打着宗教旗号非法修建的寺庙、庵堂、祠堂66座，取缔非法基督教会活动堂点30余处。同时对县内宗教活动场所进行清理登记，全县71处宗教活动场所予以正式登记的20处、临时登记的6处、暂缓登记的45处。1999—2000年，全县取缔非法修建的宗教庙宇23处，县宗教事务管理办公室对5处宗教活动场所予以正式登记。

2003年，县人民政府办公室印发《关于加强宗教工作的通知》，县委、县政府召开全县宗教工作会议，落实第十九次全国宗教会议精神和中共中央、国务院《关于加强宗教工作的决定》文件精神，全面正确地贯彻宗教信仰自由政策，依法加强对宗教事务的管理，积极引导宗教与社会主义社会相适应，加强对宗教教职人员和宗教活动场所负责人的法治培训，建立健全县、乡、村三级宗教事务管理网络，完善大型宗教活动报告制度。是年起，根据国务院宗教事务局《宗教活动场所年度检查办法》和《湖南省宗教教职人员年度检查办法》，对县内宗教活动场所和宗教教职人员实行年度检查。2004年，县政府组织县民族宗教局、县公安局、县国土资源局，对非法宗教活动和乱建寺庙进行清理整顿。2005年，县民族宗教局组织县佛教协会和25个宗教活动场所负责人学习国务院《宗教事务条例》，组织开展“五好宗教活动场所”和“宗教界五好个人”评选表彰活动，表彰五好宗教活动场所6个、宗教界五好个人13人。

第二十四篇　乡镇概况

第一章　建制镇

1978年，全县仅有长铺1个建制镇。1983年3月，恢复建立在市镇。1984年和1985年，武阳乡和李熙桥乡相继改为建制镇。1996年，盐井乡、金屋塘乡、唐家坊乡分别改建为红岩、金屋塘、唐家坊3镇。同年11月，在市镇改设为在市苗族侗族乡。至此，全县共有长铺、武阳、李熙桥、红岩、唐家坊、金屋塘6镇，延至2005年未变。

第一节　长铺镇

概况　长铺镇系绥宁县城，全县第一大镇，位于县境中部偏南，长铺子苗族乡环抱四周。总面积12.573平方千米。镇政府驻长征路。2005年，全镇辖6个居委会、2个行政村，146个居民小组，15个村民小组，12399户，32602人。总人口中：非农业人口31880人，占97.79%；苗、侗、回、瑶等少数民族人口11090人，占34.02%。当年全镇有学校14所，其中县办学校5所（含普通中学2所、职业中学1所、师资培训学校1所、特殊学校1所）、镇办学校4所（含中学1所、小学3所）、民办学校5所，各类幼儿园8所；在职教师1105人、在校学生15665人，入园儿童951人；有县办医疗卫生机构6所、镇办卫生院1所、乡办卫生院1所、民办医院1所、各类诊所23所，卫生技术人员787人；有文化馆、图书馆、档案馆各1家、各类书店9家、文艺演出团体8家、各类文化娱乐和健身场所23家。当年全镇社会生产总值4.33亿元，财政收入4150万元，居民人均可支配收入8267元，居民人均居住面积23.2平方米，农民人均纯收入3260元。

沿革　长铺子原名黄石，清乾隆年间称黄石市，嘉庆年间沿巫水南岸扩建店铺，形成一条长街，遂名长铺子。民国22年（1933）始设长铺镇，民国27年并入下二乡，民国末年为长乐乡之长铺保。中华人民共和国成立后，1950年11月建立长铺农会，隶属第二区（后改名长铺区）。1952年9月，改为长铺乡（小乡）。1953年6月建长铺镇。1954年10月，县治从在市迁此。1956年6月撤区并乡后，为县直属镇。1958年9月人民公社化后，与和平乡、党坪乡合建为长铺人民公社。同年11月析出置长铺镇城市人民公社。1961年5月，长铺镇城市人民公社再次并入长铺人民公社，同年9月析出复置长铺镇。1961年11月恢复区级建制后，长铺镇为区级镇。1985年12月，撤区，为县直属镇。1995年7月，长铺子苗族乡并入。1996年11月，原长铺子苗族乡所辖15个村析出与枫香苗族乡合建为长铺子苗族乡，长铺镇建制依旧。

自然环境　长铺镇四周青山环绕，南面大王冲海拔571米，为镇内最高点。巫水自东向西再转北流贯其间，沿途有平溪、虾子溪两水从南岸汇入。境内山清水秀，气候宜人。年平均日照时数1348.9小时，多年平均气温16.7℃，无霜期286～294天，平均年降水量1336.3毫米。

城市建设　镇内城区依山而建，傍巫水和虾子溪自然分成南、北、西三片，三片又通过长铺大桥、万家坪大桥、虾子溪大桥、绿洲大桥连为一体。南片西端为长铺老街，东端为绿洲大道开发新区，长铺子苗族乡政府、长铺镇政府、县中医院、县计划生育医院、镇卫生院、长铺子苗族乡卫生院、民办仁济医院、镇第一小学、县民族中学、县委党校、县进修学校、民办世贤中学、民办育英中学、县汽车总站、县汽车南站等均建于此。北片为行政和商业中心，县委、县政府、县政协、县人武部、镇绿洲中学、镇第二小学、县职业中学、县特殊学校、县人民医院、县中西结合医院、县文化馆、县图书馆、县电影院、县新华书店、县电视台、绿洲广场及自来水公司、电力公司、电信营业部和主要商贸服务场所皆建于片内。西片原是工业区，县城内主要企业宝庆联纸有限公司、天成造纸有限公司、绥港人造板厂等皆建于此；后又开发移民街和大公坪居民区，县人大、县人民法院、县第一中学、镇第三小学、县汽车北站等也设于此。城区东西走向的主要街道有绿洲大道、长征路、长铺街、东正路、林海路等，南北走向的街道有中心南路、中心北路、沿河路、人民路、工业街、大公坪路、长河巷等。改革开放后，城区建设不断扩展，公共服务设施和基础设施不断改善。1996年后，城区所有街道逐步由沥青或砂石路面改造成水泥路面。中心路、东正路及绿洲大道部分路段实现供电、电话、电视线路全部地下管道化铺设安装。1999年2月和2000年11月，长铺镇两次被中共湖南省委、省人民政府授予湖南文明县城称号；1999年5月，被湖南省委、省人民政府评为全省百强镇；2004年9月，被建设部等6部委确定为全国小城镇建设重点镇。

镇域经济　2005年，全镇水稻播种面积12.4公顷，总产量89吨；农业总产值884.5万元。工业以造纸、化工、医药、建材、电力为主，2005年有工业企业139家，全年工业总产值3.4967亿元。其中规模企业有绥港人造板厂、天成造纸有限公司、电力有限责任公司、惠康有限责任公司、亿佳竹业有限公司、联合化工有限公司、宝庆联纸有限公司、安山板业有限公司、绿洲水电开发有限公司等，主要产品有人造板、竹胶板、机制纸、水电、医疗器具等。境内有集贸市场4处、超市13家、各种商店和服务场所2982家，全年社会消费品零售总额3.327亿元。规模较大的集贸市场有绥宁集贸市场、绿洲集贸市场、顺发农贸市场，规模较大的超市有绿都超市、大众超市、步一行超市、千佳超市、人民购物广场，规模较大的宾馆有绿洲宾馆、长城宾馆、林海公寓，规模较大的酒店有哆唻咪酒店、天虹酒店、全家园酒店、芙蓉酒家等。长铺镇系全县交通和通讯中心，S221线穿境而过，另有长流、长河、长黄、长哨公路与周边各县及县内各乡镇连接贯通。2005年，境内有客运汽车站3座，客运车辆240辆，货运汽车386辆，年汽车客流量113.15万人次，年货运量65.4万吨；有局域电话交换机1万户，移动通信信号接收发射塔4座，固定电话用户6249户，移动电话用户18210户，互联网用户722户。

表 24-1-1　　2005 年长铺镇居委会、行政村基本情况一览表

居(村)别	居民村民小组（个）	户数（户）	人口（人）		面积（公顷）			居民点或自然村庄名称（组次）
			总数	其中非农业人口	总数	其中耕地	其中山林	
朱砂塘居委会	48	3467	8706	8706	—	—	—	
长征路居委会	14	1685	4153	4153	—	—	—	
长铺居委会	14	1746	4721	4721	—	—	—	
江口园居委会	18	2793	7076	7076	—	—	—	
大公坪居委会	20	1340	4478	4478	—	—	—	
万家坪居委会	11	420	1523	1523	283	—	—	
和平村	4	248	665	654	262	1.7	260	两路口（竹子口）（1组），新街头（2组），老街背（3组），井水湾（4组）
长铺村	11	400	1280	569	615	21	593	滑塘口（1组），老街（2组），大公坪（3组），中团（4、11组），马屁股（5组），槽子冲（6组），塘冲（7组），上场坳、茶山界（8组），街背（9组），大屋背（10组）

第二节　武阳镇

概况　武阳镇为全县第二大镇，位于县境东北部，因地处武冈之阳而得名，历为县境军政要地，宋称武阳砦，清设青坡司。镇境东接李熙桥镇和白玉乡，南邻关峡苗族乡和堡子岭林场，西连枫木团苗族侗族乡，北界瓦屋塘乡、唐家坊镇，总面积 177.33 平方千米。镇政府驻六王村。2005 年，全镇辖 19 个行政村，2 个居委会，166 个村民小组，6 个居民小组，7061 户，27845 人。当年，有中学 4 所，中心小学 2 所，村小 15 所，幼儿园及学前班 5 所（个），在校学生和入园儿童 7150 人，中小学教师 560 人；有医院 1 所，防疫站 1 所，村级医疗点 22 个；电视台 1 家，卫星电视接收发射塔 5 座，电视入户率 98%；有文化站、图书馆、新华书店各 1 家，村级文化室 16 个，其他各类文化娱乐场所 6 家，各类体育运动场所 18 处。全镇社会总产值 1.61 亿元，财政收入 86 万元，农民人均纯收入 3200 元，居民储蓄余额 1553.42 万元。

沿革　民国末年，镇境属武秀乡。中华人民共和国成立后，1950 年 11 月，属第三区。1955 年属武阳区。1956 年 6 月撤区并乡，境内 12 个小乡合并为武阳乡。1958 年 9 月人民公社化后，为武阳人民公社。1961 年调整公社体制，原武阳人民公社（大公社）析为武阳、桐木、大田 3 个公社。1966 年再度合并为武阳人民公社，辖 15 个大队。1984 年 4 月撤社建乡，同年 6 月，撤乡建镇至今。

环境资源　镇境分属绥宁东部山地区和东北部丘、岗、平原区。东南及西北部边境皆高山

环绕，东北部则多小山平地，中部有一冲积平原，为县境最平坦最宽阔之处。镇内有山地面积10580公顷，丘陵3279公顷，岗地1684公顷，溪谷平原1932公顷，海拔1000米以上的山峰有雷丫界、莲花山、福个山、黄土丫、十里丫、车风坳、神仙堂、龙烟山、牛溪山、大木岩等。镇内多年平均气温15.7℃，平均降水量1444.4毫米。武阳河发源于七坡山，经老祖、茅坪、雀林、武阳、肖家、六王、道口等村流入李熙桥镇，其支流有桐木溪、绵溪和八槎水。镇内有小（1）型水库2座，小（2）型水库5座。2005年，境内有水田1434.47公顷、旱地269.40公顷；有林地14267公顷，活立木总蓄积量40.91万立方米，活立竹101.91万根，森林覆盖率73%。

镇域经济　武阳镇曾为县内第一大水稻生产基地，改革开放后逐步发展成为县内最大的杂交水稻制种基地。2005年，全镇粮食作物播种面积1623.33公顷，总产量11564吨；其中杂交水稻制种面积933.33公顷，总产量3696吨；养猪2.6万头，养牛6000头，饲养家禽16万羽，养鱼220万尾；采伐商品木材1.3万立方米，造林129.13公顷，退耕还林189.13公顷，全年农业总产值6482.07万元。是年，境内有工业企业111家，其中地板条厂68家、木材加工厂8家、筷子厂2家、修配厂6家、家具厂8家、红茶厂1家、砖厂4家、粮油加工厂7家、食品加工厂5家、预制板厂2家，工业总产值5778万元；地板条为镇内支柱产业，高峰期产销企业达188家，年产值4.42亿元，产品畅销国内外，2005年生产地板条68.4万平方米，产值3078万元。武阳自古为县内重要物资集散地，2005年，全镇有农贸市场1个，各种商店和服务场所925家，全年社会商品零售额及集市贸易成交额3400万元。省道S221线贯穿镇境东部，100%的村组通路通车，2005年运输业及各项机械总收入1550万元。2001—2004年，全镇21个村（居委会）陆续完成农网改造；2005年，有高压配电线路13千米，低压配电线路80千米，年用电量235万千瓦时。是年全镇有固定电话3500部，手提电话11400部，电话超市4家，所有村组均通电话。

表24-1-2　**2005年武阳镇行政村、居委会基本情况一览表**

村（居）别	村（居）民小组（个）	户数（户）	人口（人）	面积（公顷）			居民点或自然村庄地名（组次）
				总数	其中 耕地	其中 山林	
六王	17	613	2773	787	137	408	水口江（1组），三里田（2、3、4、5、15、16组），饭里田（6组），园田（7组），六王庙（8组），圳头（9、10、11、12、17组），罗家坊（13、14组）
道口	6	207	885	931	75	749	石家（1组），大旺水（2组），冲头（3组），道口、万福桥（4、5、6组）
大田	7	192	806	449	65	353	大田（1、2、3、5、6、7组），大禾冲（4组）
秀水	6	221	975	760	51	412	秀水（1组），陶家、烂泥湾（2组），刘家（3组），黄家（4组），陶家湾、栗山头（5组），白竹坡（6组）
双龙	5	216	813	1140	20	814	大湾里、担水冲、傅家、肖家、对门肖家（1组），刘家、茶山头、脚安坪、栗坪（2组），桂竹山、马脚湾、陈家坪（3组），穆家、梨子坪、楠木桥（4组），冷菜坪（老屋场）、塝上（壕上）、下江（5组）

续表 24-1-2

村（居）别	村（居）民小组（个）	户数（户）	人口（人）	面积（公顷）			居民点或自然村庄地名（组次）
				总数	其中		
					耕地	山林	
干坡	5	96	423	1331	9.4	1204	干坡、甲古洞（1组），金竹托（音“tuō”）、桐木树（2组），鱼洞江（3组），雷丫脚（4组），铁篱笆（5组）
双鸣	10	357	1490	1964	96	1662	下寨（1、2组），上寨（3、4组），岩当山（3组），杨家湾（5组），枞山（6组），坳上头（7、8、9组），老屋里（9组），大鸟水（沈家、大家湾、中坡界、罗虎冲、王寨坪）（10组）
连塘	8	320	1425	266	66	187	山脚里（1组），大坪头（2组），茅屋里（3组），连塘寨（4组），陈家冲（5、8组），刘家塝（6组），高桥、庄子上（7组）
三房	9	231	1046	699	69	505	中三房（1组），秀水电站（2、3组），上三房（4、5、6、8组），磨石冲（7组），下三房（9组）
大溪	11	225	975	857	84	668	刘家、李家（1、2、3组），黄鳝冲（1组），马罩子（2组），大溪头（4、5、6、7组），欧溪桥、山坡寨（8、9、10组），塘屋里（8组），干冲、古架山（11组）
桐木	9	331	1338	529	92	311	大杨家（1组），吴家（2组），俫杨家（俫杨家3组、店子上4组），桐木岭（5组），牛路头（6、7组），上周家（8组），通坪界、大畲坪、新开田、笕头坪、半边月（9组）
雀林	6	291	1389	311	84	172	竹山坪（1组），鸦雀步（2组），下枞山坪（3组），上枞山坪（4组），江口（5组），楼脚头（6组）
肖家	8	356	1550	535	86	346	肖家、回龙桥（1、2、3组），下肖（4组），朱家、丁家（5、6组），谭家（7组），寺坪里（8组）
武阳	8	384	1690	219	145	33	武阳（1、2、3、4、5、6、7、8组）
周家	13	270	1158	1191	92	746	杨家塘（1组），山脚里（2组），大周家、大团里（3组），花台里（4组），何家（5组），大冲（6组），清水塘（7、8、12组），野鸡坪（9组），湾里（10组），姚家（11组），廖家（13组）
茅坪	16	600	2677	1390	194	920	双神冲、杨柳冲（1组），连塘冲（2组），三星（3组），罗山岗、孔家冲（4、5组），店子上、院子里（6组），黄家（7组），上茅坪（8组），茅坪（9、10、11、12组），严家山（8、9、10组），杨家寨（11组），黄泥湾（13组），菜子江（14组），楠木田（15组），杉树脚（16组）
老祖	9	415	1864	1752	163	1285	新蔡家、白家园、新傅家（1组），龙家、老傅家（2组），背里山、严家（3、4组），老祖、傅家坳（5、6组），茶园坊、新屋场（7组），野鸡坪、马湾塘（8组），塘头水（9组）
大涧	8	315	1396	1080	107	783	岚溪山（1组），黄家、白地田、夏家（2组），严家、姜畬冲（姜家冲）（3组），大涧水、杨家湾（4、5组），李家（5组），店子上（6组），杨家塘（7组），干溪坪（8组）
长冲	5	154	649	1090	56	851	长冲（1、2、3、4组），大湾、多溪水（5组）
解放坪居委会	4	1077	1768	—	—	—	
老街居委会	2	190	752	—	—	—	

第三节　红岩镇

概况　红岩镇地处县境东北隅，因该地多红色砂砾岩而得名。北接洞口县，东邻武冈市，南界白玉乡和李熙桥镇，西接唐家坊镇和黄土矿乡，总面积 123.453 平方千米。镇政府驻红岩，距县城 76 千米。2005 年，全镇辖 33 个行政村，1 个居委会，215 个村民小组，7640 户，28437 人，其中苗族 2962 人、占 10.24%，侗族 3786 人、占 13.09%，土家族 4331 人、占 14.97%。是年全镇社会总产值 2.08 亿元，财政收入 77 万元，农民人均纯收入 3120 元，年底居民储蓄余额 8500 万元；全镇有中学 3 所，中心小学 3 所，村小学 10 所，幼儿园 3 所，学前班 12 个，卫生院 3 所，文化站、广播站各 1 家，其他文化娱乐场所 9 家，各类体育运动场所 14 处。

沿革　民国末年，镇境分属熙井乡和岳桃乡。中华人民共和国成立后，1950 年 11 月，分属第四区和第五区。1951 年，分属第五区和第六区。1955 年，分属李熙桥区和黄土坑区，1956 年撤区并乡，境内 10 个小乡分别合并为盐井乡和桃坪乡。1958 年 9 月，盐井乡与李熙桥乡、白玉乡合建为李熙桥人民公社，桃坪乡与黄土坑乡合建为黄土坑人民公社。1961 年 5 月，从李熙桥、黄土坑 2 个公社析出红岩人民公社，9 月改名盐井人民公社。1984 年 12 月，境内分属盐井乡和桃坪乡；1995 年 6 月，分属盐井乡和黄土矿乡。1996 年 5 月，撤销盐井乡，设立红岩镇；翌年 1 月，黄土矿乡所辖的原桃坪乡 13 个行政村划归红岩镇。

自然环境　红岩镇地势东部和北部高，多中山，群峰屹立；中部和西部低，多丘岗，良田成片。山地面积约占全镇总面积的 60.50%，丘陵占 15.21%，岗地占 13.49%，溪谷平原占 8.70%。海拔 1000 米以上的山峰有手指丫、雷星庵、楼梯方、三角洞、天明山、镜子石、天子山、黄茅岭等。武阳河从李熙桥镇入境，自南向北经清浪、稠树脚、谢家、税田、下村、太平山、柳山、上匡、下匡、红岩等村流入洞口县（入洞口县后称蓼水），境内流长 19 千米，多年平均流量 1.65 米^3/秒；岳溪从黄土矿乡入境，自西向东经肖家湾、楂湾、张家田、桃坪、楼下、柳山、上匡等村汇入武阳河，境内流长 9 千米，多年平均流量 1.70 米^3/秒。境内多年平均降水量 1537.6 毫米，平均气温 15.5℃～16.5℃，日照 1345～1375 小时，无霜期 272～286 天，≥0℃的积温 5300℃～5700℃，≥10℃的积温 4300℃～4800℃。

镇域经济　全镇有水田 1451.33 公顷，旱地 95.27 公顷，园地 330.93 公顷；林地 7983 公顷，活立木总蓄积量 30.11 万立方米，活立竹 269.59 万根，森林覆盖率 76.6%。经济以农业和林业为主。主要粮食作物有水稻、红薯、玉米，是县内第一大粮食产区和重要杂交水稻制种基地；主要经济作物有辣椒、油菜、蔬菜和水果；养殖业以养牛、养猪、养鸡、养鸭、养鱼为主。2005 年，全镇粮食作物播种面积 1796.67 公顷，总产量 14688 吨，其中水稻种植面积 1451.33 公顷，总产量 13062 吨；经济作物播种面积 953.60 公顷；养牛 8440 头，养猪 59100 头，饲养家禽 5 万羽，养鱼 10 万尾；采伐销售商品木材 7000 立方米，造林 133.33 公顷。全年农业总产值 9506 万元。

红岩是全县的竹木加工产品聚散地。2005年，全镇有竹木加工企业22家，其中规模较大的6家，年加工木材10万立方米；另有电站4座，总装机容量2950千瓦，年发电量1120万千瓦时；有粮食加工厂5家，油坊3个，花炮厂1个，造纸厂1个。固定资产总额1.2亿元，从业人员1800人，工业总产值1.12亿元。镇内有农贸市场3处，摊位720个，各种商店216家，饭馆旅店17家，美容美发店6家，个体工商户312户，从业人员3364人，2005年社会商品零售总额1260万元。境内有省道S221线纵贯南北，县道红黄公路横穿西北，过境公路总长18千米；有村级公路22条，计67.6千米。100%的村和90%的组通公路，100%的村组通电、通电话。

表24-1-3　　**2005年红岩镇行政村、居委会基本情况一览表**

村（居）别	村（居）民小组（个）	户数（户）	人口（人）	面积（公顷）			居民点或自然村庄地名（组次）
				总数	其中耕地	其中山林	
双冲	4	120	445	293	31	207	曾家（1组），冬冲（2组），新家畔（3组），双冲、银子田（4组）
吴家	3	122	482	232	30	176	吴家（下吴家1组，上吴家2、3组），大塘（2组）
陡街	3	121	467	247	32	163	陈家塘、伍拾湾（2组），谭家田（3组），陡街、傅家（1组）
清浪	5	142	646	284	35	161	清浪（范家）（1、2组），傅家（3、5组），杨滩（洋滩）（4组）
稠树脚	6	215	890	241	38	117	稠树脚（1、2组），岩头（3、4、5、6组）
谢家	16	485	1550	512	81	323	南湾（1、2、3、4、10、11、13、16组），谢家（5、6、7、12、14组），冷家（8、9、15组），高竹坡（10组），远塘（9、12组）
竹溪	9	278	1030	437	72	249	石廊支（石山头）（1、2组），竹溪（3、4、5、6、7组），岩脚（8、9组）
焦溪	3	135	427	284	22	188	廖家、大托里（1组），罗家、田凼里、报家、毛家湾（2组），庄上、唐故寨、陈家（3组）
税田	7	225	853	322	61	174	上白山（1、2、7组），张家（6组），大神庙（5组），伍家（3组），税田（黄家）（4组）
盐井	10	360	1360	900	157	460	大坪头（4、5、6、7、8组），店子上（4组），黄家塆（5组），岩寨（8组），杨家寨（1、9组），盐井（2、3、10组）
下村	6	234	805	166	39	68	坳上（1、4、5、6组），岭上（1、2、4、6组），下村（1、2、3、4、5、6组），高家山（2组）
太平山	3	138	664	177	39	79	太平山（下院子1组，上院子2、3组）
泡桐（泡洞）	9	245	1060	2023	45	1437	陈家湾（1、2、3组），马头坳（马龙坳）（4组），庄门前（5组），白马庙、马家桥（6、9组），青山庙、陈家院子（7组），瓦屋里、桐木坪（8组）
巷子	7	213	865	325	41	195	上塘（唐家）（7组），楼场、曾家（6组），巷子口（街上）（4、5组），南家田（3组），排楼口（2组），山下、老店子（1组）
石家	10	234	940	465	63	276	石桥支（1组），石家（2、3组），石家盘、廖家（4组），龙骨凼（5、9组），铺子上、下石（6、7组），下侯家（8组），栗山里（10组）

续表 24-1-3

村（居）别	村（居）民小组（个）	户数（户）	人口（人）	面积（公顷）			居民点或自然村庄地名（组次）
				总数	其中		
					耕地	山林	
上匡	6	214	920	154	37	49	上侯家（5、6组），上匡（畲上3、4组，大院子1、2组，上匡5组），斜树（1组），岩山庙（1、2组）
大田	9	280	1060	468	57	269	谭家山（1组），街上（公路边）（2、9组），坳上（3组），院子里（田凼里4组、堆上5组、塘湾里6组、杨家7组），大山、枹木冲、李家庄、唐家、水背岭（8组）
柳山	10	369	1560	396	80	165	后寨（1组），井口（井凼）、庙脚下（2组），柳山（街上）（3、10组），螃蟹溪（4组），龙家（5组），周家冲（6组），网步脚（7、8、9组）
下匡	5	276	1100	340	57	211	黄水田（1组），老屋里（2组），风头坪、新屋里、宋家（3组），大院子（4组），陈家桥、大溪头（5组），下匡（2、3、4、5组）
红岩	8	289	1100	419	35	264	阴山铺（1组），红岩（街上2、3、4、6、7组，菜畲里5组，向家院子8组）
阳田	4	186	851	162	30	87	阳田（下院子1、2组，上院子3组），罗家（4组）
楼下	4	173	640	167	36	77	楼下（大院子）（1、2、3组），栗树脚、王山冲（4组）
大山	3	130	485	285	25	217	双丫石（1组），新屋里、华家山（2组），石鱼里、星子山（3组）
雪峰	4	158	550	353	22	323	石印、龙古冲（1、2组），横烂田（黄泥田）（3、4组）
袁家	4	155	536	305	35	231	老屋里（1组），塘湾里（2、3组），庙湾里（4组）
曾家	4	168	612	305	38	246	上曾家、井边（4组），下曾家（1、2、3组），向家寨（1组）
桃坪	13	286	1060	322	42	216	桃坪（街上1、6、12、13，田凼里2、9组，砖屋里3、8组，垴上5、11、10组，花房4、7组）
江坡	12	252	933	338	42	311	李家（1、2、7、8组），江坡（上屋场5、6、11、12组，下屋场3、9、4、10组）
张家田	4	146	467	129	31	70	张家田（上门楼3、4组，躲门楼1、2组）
楂湾	2	138	412	83	35	31	楂湾(渣湾)（1、2组）
肖家湾	5	146	706	156	36	77	肖家湾（田园子1组，湾里2、5组，塘栏绳3、4组）
下坊	7	289	1071	477	66	320	袁家坊（1、2、3组），下坊（4、5组），高家（5组），花桥（6、7组）
沈家	10	276	1019	542	57	381	罗家坊（1组），沈家（2组），栗山里、民主（3组），高塘（4组），新屋里（5组），谭家冲（6组），杨家（7组），竹山里（8组），枇杷冲、塘冲（9组），古泉（10组）
居委会	11	326	1360	—	—	—	

第四节　李熙桥镇

概况　李熙桥镇位于县境东北部，因镇内昔有古桥，传为唐时李熙山所修，故名。镇境南邻白玉乡，西毗武阳镇，北接唐家坊镇，东及东北抵红岩镇。总面积 69.419 平方千米，占全县总面积的 2.37%。镇政府驻李熙桥。2005 年，全镇辖 15 个行政村，1 个居委会，2 个林场，111 个村民小组，4840 户，18227 人，其中农业户 4459 户 17419 人。当年，全镇社会总产值 1.23 亿元，财政收入 66 万元，农民人均纯收入 1860 元，居民储蓄余额 3060 万元，人均住房面积 25 平方米。全镇有中学、中心小学各 1 所，村小 8 所，幼儿园 3 所，学前班 10 个，入园儿童和在校学生 1900 人，中小学教师 120 人；有卫生院 1 所，医务人员 28 名，病床 28 张，村卫生室 21 个，医疗卫生人员 21 名。镇建有文化广播站，有线电视入户 1230 户；有各类体育运动场所 10 个，400 米跑道 1 处，篮球场 16 处。

沿革　民国末年，镇境为熙井乡的苏家洲、李熙桥、陈家、茅坪 4 保。中华人民共和国成立后，1950 年 11 月属绥宁县第四区，1951 年 6 月属第五区（后改称李熙桥区）。1952 年 9 月，含苏家洲、李熙桥、陈家寨、茅坪 4 个小乡；翌年 6 月，增加大龙乡。1956 年 6 月撤区并乡，上述 5 个小乡合并为李熙桥乡。1958 年 9 月，与盐井乡、白玉乡合建为李熙桥人民公社。1961 年，调整公社体制，李熙桥人民公社析划为李熙桥（曾简写为李西）、盐井、白玉 3 个公社。李熙桥人民公社辖塘冲、逆流水、双元、苏州、滚水、长寨、双福、李西、姜家园、石阶田、浆塘、陈家、湾头、茅坪、大龙、林家头、大竹山 17 个大队。1984 年 5 月，李熙桥人民公社改为李熙桥乡，辖 15 个村。1985 年 4 月，撤乡改建李熙桥镇。

自然环境　镇境地势东部和南部高，西部和北部低。山地面积 2081 公顷、丘陵 2839 公顷、岗地 802 公顷、溪谷平原 1051 公顷，分别占总面积的 29.98%、40.89%、11.56%和 15.14%。最高点为大水洞林场的大水洞，海拔 1351 米；最低点为逆流水村卿家段河床，海拔 390 米。境内河汊交错，年径流量 5900 万立方米。蓼水河从武阳镇万福桥流入，经林家头、大龙、梅林、湾头、陈家、李熙桥、双园、苏洲、逆流水等村流入红岩镇。其他较大的溪流还有：广竹水（又名白玉水）、扶水（又名滚水）等。境内属中亚热带山地型季风湿润气候区。多年平均降雨量 1465.2 毫米，多数集中在 3—8 月；秋季多干旱，湾头、金子里、滚水、苏洲村一线是县域的干旱区。多年平均日照 1310 小时，无霜期 276 天，气温 16℃。

镇域经济　境内有水田 968.73 公顷，旱土 26.67 公顷，园地 885.33 公顷；林地 3867 公顷，活立木蓄积量 20.3 万立方米，森林覆盖率 74.5%。系县内稻谷主产地及杂交水稻高产示范基地和杂交水稻制种基地，李熙麻鸭是县内传统优质土特产品。1999 年，长寨村种植的百亩两系超级杂交水稻，平均亩产 722.8 千克，超过部（农业部）颁标准 22.8 千克。2003 年，开始引进美国油桃、浙江乌梅等新品种，推广金秋梨套袋技术，逐步形成以大龙、梅林、湾头、陈家、浆塘、金子里村为中心的精品小水果基地。2004 年，引进延季蔬菜，当年推广延季茄子 8 公顷，逐步形成以浆塘、李熙桥两村为中心的延季蔬菜种植基地。2005 年，全镇粮食作物播种面积 1522.73 公顷，总产量 9322 吨，其中水稻播种面积 995.4 公顷，总产量 7764 吨；杂交水稻制种面积 161.33 公顷，总产 1496 吨；经济作物播种面积 409.6 公顷，其中药材 94.33 公顷；养牛 4030 头，养猪 18030 头，饲养家禽 14.5 万羽，出产水产品 150 吨；采伐销售商品木材 4650 立方米，造林 200.4 公顷，新造楠竹 20.07 公顷，全年农业总产值 4950 万元。2005 年，境内有工业企业 17 家，其中木材加工厂 4 家、电站 2 家、粮食加工厂 2 家、竹筷厂 2 家、造纸厂 1 家、人造板厂 1 家，固定资产总额 1150 万元，从业人员 810 人，工业总产值 6410 万元。规模较大的企业有胜德造纸厂、双园人造板厂、大龙电站、滚水电站等，主要产品有大米、松模板、复合板、竹胶板、竹筷、电话纸、果袋纸、油蜡纸。是年，全镇有农贸市场 1 处，摊位 496 个，各种商店 406 家，饭店、旅馆 25 家，美容美发店 8 家，小型营业网点 3 个，个体商户 612 户，从业人员 1620 人，社会商品零售总额 2160 万元，工商税收 48 万元。S221 线由东北向西南纵贯全境，县乡公路有李白公路和李唐公路，另有村道公路 40 条，公路总里程 120 千米。全镇有客运汽车 6 辆，货运汽车 30 辆，100%的村组通路、通电、通电话。2005 年，集镇建城区面积 45.18 万平方米。

表 24-1-4　　2005 年李熙桥镇行政村、居委会基本情况一览表

村（居）别	村（居）民小组（个）	户数（户）	人口（人）	面积（公顷）			居民点或自然村庄地名（组次）
				总数	其中		
					耕地	山林	
林家头	5	153	632	460	55	264	岩子头（1、2、5 组），林家头（3、4 组）
大龙	7	390	1472	691	102	416	高坡头、店子上（1 组），罗家（2 组），竹山里（3、4 组），大龙（5 组），壕头（6 组），岩头、朱家（7 组），江弦（6、7 组）
梅林	5	213	885	467	61	295	榨头（1 组），石桥湾、陈家（2 组），梅林（3、4 组），田心、塘湾里（3 组），茅坪塘、红荷丘、坡脚头（5 组）
湾头	8	294	1233	352	73	196	下团、坪上头、店子上（1、2、7 组），石界岭（3、8 组），上团（4、5 组），陶家、上铺里（6 组）
陈家	12	469	1989	976	111	613	陈家湾（9 组），大路弦（1、2 组），陈家寨（3 组），洞屋里（4、12 组），杉把公（松柏树）（5 组），甘家、干冲（6 组），夏家（7 组），回湾里（长路冲）（8 组），大竹山（10 组），石桥头、王支冲、蛇形地、砖屋里（11 组）
金子里	7	247	948	290	45	153	大湾田（1 组），半边街（2 组），大盛堂（1、2 组），汤家湾（5 组），姜家园、老屋场（3、4、6 组），半冲、火麻园（7 组）
浆塘	8	399	1570	405	75	211	于家湾（1、2 组），浆塘湾（3、4、5 组），团山、新屋里、老屋里（6、7 组），徐家（8 组）
李熙桥	8	397	1494	208	72	49	李熙桥（街上 1、5、2 组，黄道堂 3、4、6、8 组），茅炉（7 组）
滚水	7	373	1264	452	53	243	刘家头（1、2 组），滚水（3、4 组），奇头田（5 组），大脑坪（6、7 组）
石阶田	11	352	1322	548	93	287	塘基头（1、10 组），高村（10 组），拨家田（8、9 组），麻林、石窝里、黄泥田（7 组），石阶田（2、3、11 组），大石（4 组），谭家田（5 组），杨家（6 组）

续表 24-1-4

村（居）别	村（居）民小组（个）	户数（户）	人口（人）	面积（公顷）			居民点或自然村庄地名（组次）
				总数	其中		
					耕地	山林	
长寨	4	148	639	273	42	182	长寨（向家）、陶家、畔田湾（3、4组），颜家（1、2组）
双园	9	305	1097	482	55	317	双园里（街上）（3、8、7组），沙田（4组、7组），爱屋场（暗屋场）、莫家石（1、2、9组），老屋里（老屋谭家）（5组），水口山（6组）
苏洲	7	348	1389	362	66	155	县场里（1组），莳竹山（2、3、7组），湾里（4、5组），老屋里（6组）
逆流水	7	164	764	372	35	239	仁杏园（移香园）（1组），逆流水（2、4组），龙拱桥（3组），牛栏冲（5组），莫家（6组），卿家（7组）
塘冲	6	207	720	255	42	141	车水田（1、6组），神山江（2组），坳上（马蹄冲）（3组），桐古冲（4组），烟家、坳头、坪上、于家（5组）
居委会	5	381	808	—	—	—	

第五节　唐家坊镇

概况　唐家坊镇位于县境东北部，因古时唐姓人在此开过作坊而得名。东邻红岩镇，南接李熙桥镇，西毗武阳镇，北连瓦屋塘乡和黄土矿乡，总面积100.135平方千米，占全县总面积的3.42%。镇政府驻唐家坊村，距县城45千米。2005年，全镇辖17个行政村，1个居委会，169个村民小组，5548户，20159人。总人口中，农业人口占96.37%，苗、侗、瑶、回等少数民族占41.18%。全镇社会总产值1.06亿元，财政收入68万元，农民人均纯收入2592元，居民储蓄余额4600万元，人均居住面积21.5平方米。是年，境内有中学、中心小学各1所，村办小学13所，幼儿园8所，中小学教师125人，在校学生1600人；有卫生院1所，医务人员12人，各村均建有医务室。镇建有文化站和广播电视站，全镇共有电视机3800台。联兴、唐市、宝善、大团4个村建有文化活动场所。

沿革　民国末年，唐家坊为兴平乡乡治所在地。中华人民共和国成立后，1950年11月属绥宁县第四区，含唐家坊（唐市）、白沙、湖塘、梅溪、界头、罗田（罗连）、大团、下湾、赖家坊（赖梅）、曾家湾、宝善、松盐、兴平（和团）、岩头（岩湾）14个村农民协会。1952年9月，上述村农民协会改为小乡。1955年4月后，境内属唐家坊区。1956年6月撤区并乡，境内原有小乡合并为唐家坊乡和兴民乡。1958年9月，两乡合建为唐家坊人民公社；1961年5月，析置为唐家坊和兴民两个公社，各辖13个大队。1966年2月，撤销兴民人民公社，其所辖的宝善、盐井、金龙、松阳4个大队并入唐家坊人民公社，另外9个大队划入瓦屋人民公社。1984年5月，唐家坊人民公社改为唐家坊乡，辖17个村。1996年5月，撤乡建镇，相沿至今。

环境资源　镇境地势西南高东北低。西部多大山林地，东部多小山丘陵。山地面积4740公顷，占全镇总面积的47.34%；丘陵3506公顷，占35%；岗地1008公顷，占10.07%；溪谷平源

658 公顷，占 6.57%。扶水（又名滚水），从瓦屋塘乡入境，自北向东南蜿蜒流经宝善、唐家坊、唐市、梅溪、湖塘、白沙 6 村进入李熙桥镇，境内流长约 12.5 千米，流域面积 75 平方千米，年径流量 6680 万立方米。上盐井村有一温泉，常年水温 34℃。境内多年平均年降水量 1465 毫米，多数集中在 4—7 月。年均气温 15.5℃～16.5℃；最低 1 月平均气温 4.1℃，最高 7 月平均气温 25.8℃；≥0℃的积温 5300℃～5700℃，≥10℃的积温 4300℃～4800℃。无霜期 269～276 天。2005 年，境内有水田 1249 公顷，旱地 249 公顷，园地 251 公顷；林地 6665 公顷，活立木总蓄积量近 50 万立方米，活立竹 222.81 万根，森林覆盖率 67.3%。

镇域经济　唐家坊镇系全县重要粮油产区，养殖业以家禽和家畜饲养为主，林业以木材、楠竹、油茶为重，曾是县内第四大茶油生产基地。2004 年，曾家湾、湖塘、梅溪、宝善、白沙等村杂交水稻制种面积逾 200 公顷。同年，松阳村引进冬枣 80 公顷。2005 年，全镇粮食作物播种面积 1432 公顷，总产量 9782 吨，其中水稻种植 1229 公顷，总产量 9123 吨；经济作物播种面积 343 公顷，其中药材 43.33 公顷；养牛 3860 头，养猪 15200 头，养鱼 8 万尾，饲养家禽 15 万羽；生产销售商品木材 5000 立方米，造林 93.33 公顷，全年农业总产值 4728 万元。境内有工业企业 32 家，其中电站 1 座、粮油加工厂 7 个、木材加工厂 3 家、红砖厂 8 家、煤球厂 3 家、预制板厂 3 家、食品罐头厂 1 家，固定资产总额 1210 万元，从业人员 1200 人，2005 年工业总产值 5460 万元。主要产品有预制板、红砖、罐头、优质大米等。规模最大的企业宝顶罐头厂系出口创汇企业，年产罐头 1000 吨左右，主要生产清水冬笋、清水小竹笋、糖水蜜橘、糖水仙果、辣椒酱油、龙须菜等，2003 年获评邵阳市质量信得过单位。境内有农贸市场 1 处，各类商店和服务场所 300 多家，个体工商户 809 户，从业人员 1620 人。2005 年，社会商品零售总额 1955 万元。

基础设施　20 世纪 90 年代，先后建成宝善“U”形水槽、高标准水渠和平江坝水利枢纽工程，增加农田灌溉面积 134 公顷。镇境紧靠 S221 线，万江公路、李唐公路、唐黄等公路贯穿全镇，过境公路总长约 25 千米；另有村道公路 12 条计 173 千米，村村通路。年汽车客运量 72500 人次，年货运量 34880 吨。1997 年和 2002 年，先后开通程控电话和移动通信。2004 年，17 个行政村全部完成农村电网改造，唐市和湖塘村居民饮水工程竣工供水。

表 24-1-5　**2005 年唐家坊镇行政村、居委会基本情况一览表**

村（居）别	村（居）民小组（个）	户数（户）	人口（人）	面积（公顷）			居民点或自然村庄地名（组次）
				总数	其中		
					耕地	山林	
曾家湾	8	280	1142	876	89	572	曾家湾（湾里 1、7 组，店子上 2、3 组），邹家、坪里（大坪里）（5、8 组），塘屋里（4、6 组），竹山背（4 组）
赖梅	11	398	1394	842	134	495	竹子塘（1 组），杨梅树（5、6 组），坳上（10 组），大坪（4 组），赖家坊（2、3、8、9 组），梅树山（7 组），赵家（11 组）
下湾	8	254	1097	255	81	156	下湾（1、2 组），上湾（3、7 组），南鹅（4、5、8 组），盘上（6 组）

续表 24-1-5

村（居）别	村（居）民小组（个）	户数（户）	人口（人）	面积（公顷）			居民点或自然村庄地名（组次）
				总数	其中		
					耕地	山林	
唐市	8	318	1191	217	70	127	淡家（1组），淡子湾（2、8组），唐市（铁形3组，对江6、7组，老街4、5、6、7组）
湖塘	10	352	1341	477	101	267	湖塘水（1、2、3、4、5、10组），牛仔场（6组），曹家冲（老屋里、田心7组，砖屋里8、9组）
白沙	8	321	1180	501	118	288	白沙（丁家头1、2、3、4组，古楼脚5、6组，塘玄7、8组），老屋场（5、6组）
梅溪	18	542	1953	688	145	387	茅屋里（1、2组），新屋里（3、4、5组），大坪里（上寨）（6、7、8组），唐家（9、10组），李家（11组），下寨（12组），赖家（13组），杨家（14、15、16组），燕窝形、大湾里（17组），绳子冲（神溪冲）（18组）
唐家坊	11	344	1241	381	80	208	大团（1、2、3、4、10、11组），杨家坪（5、6、7组），雷公树（5组），麻塘湾（8组），洄水湾（9组）
松阳	7	189	688	816	55	660	长田形（1组），铁钉石、阳名湾、湾丘（2组），大屋里（3组），枞木山（烂木团）（4组），老庙场（5组），砖屋里（6组），瓦屋里（7组）
罗连	12	318	1120	521	84	322	罗连（李家寨1、2组，湾里3、4、5、6组，塘里7、8组，田中间9、10组，半砚头11、12组）
联兴	11	250	891	504	61	360	下冲（1、2、10组），十房冲（胜王冲）（3、4、11组），高家（9组），新屋场（6、7、8组），洪家冲（5组）
上白沙	11	343	1328	759	123	583	上白沙（3、4、5、6、7、8、11组），向家冲（1组），界头（2、9、10组）
冲峰	7	188	766	572	54	360	茶冲、井家湾（1组），小冲（冲锋）（2、6组），大福山（3组），茶叶冲、庞家田（4组），双峰寨（双丫寨）（5组），樟木界、石笕（7组）
宝善	15	403	1483	646	101	403	袁家寨、于家坊（1组），黄家（2组），黄岭（3组），凹里、张家（4组），陡山脚、滑塘、杨家、菜田（5、6组），阳沙田（7组），桐子冲（仙人岩、正冲里）（8组），大背水（大院子9、10、11、12组，店门前13组），坪里（14组），曾家坊、界脚下（15组）
金龙	7	195	782	797	54	421	禾穗田（禾丝田）、杉树脚（1组），莫家冲（2组），塘湾里（3组），坡脚树、烂泥冲（4组），山望坡（山面坡）、大屋里（5组），上牛堂界、下牛堂界（6组），庙背后、唐家、苦桃溪（7组）
上盐井	9	346	1146	689	93	504	鹧鸪田、天堂坡（1组），钟家、杨家（2组），张家（3组），曾家（下曾家）（4组），上曾家（5组），张家冲（4、5组），大冲（6组），红豆冲（7组），山阡岭（8、9组），虎坳、湾里（8组），麻岭界（9组）
崇阳	8	188	629	472	54	322	胡竹山（1组），谷皮冲（2组），本凼（3组），岩头山（4、5组），阳楼（6组），陈家（7组），豇豆冲（8组）
居委会	3	317	731	—	—	—	

第六节　金屋塘镇

概况　金屋塘镇位于县境北端，昔境内有座古桥名镇武堂，后谐音演变为金屋塘。镇境东、西、北三面分别与洞口县月溪乡、莨溪瑶族乡、江口镇交界，东南与梅坪乡和庙湾林场毗邻，南面与瓦屋塘乡和水口乡接壤，总面积133.731平方千米，占全县总面积的4.57%。镇政府驻草寨。2005年，全镇辖13个行政村，1个居委会，130个村民小组，1个居民小组，3771户，14224人。总人口中农业人口占90.70%，苗、瑶、侗、白、回等少数民族占22.68%。全镇有中学1所，中心小学1所，教学点7个，幼儿园3所，入园儿童和在校学生1351人。有镇卫生院1所、村卫生室15个。当年全镇社会总产值1.60亿元，完成财税收入66万元，农民人均纯收入3000元。

沿革　镇境民国末年属新民乡。中华人民共和国成立后，1950年11月，属绥宁县第五区，含金屋塘、大溪头、张家湾3个农会。1951年6月，属第七区（后改为瓦屋塘区）。1952年9月，含金屋塘、大溪头、张家湾3个小乡。1953年6月，含万紫、大吉头（2乡由原大溪头乡分置）、岳溪江、双凤（2乡由张家湾乡分置）、雄鱼、新华（2乡从金屋塘乡析置）、金屋塘7个小乡。1956年6月撤区并乡，上述7小乡合并为金屋塘乡。1958年9月，改为金屋塘人民公社。同年11月，与瓦屋塘人民公社、水口人民公社合并为瓦屋塘人民公社。1961年5月，从瓦屋塘人民公社析出复置金屋塘人民公社，辖长坪、草寨、新华、小坪溪、张家湾、万紫、砖屋、鱼林、主溪、岳溪江、大吉、雄鱼、金屋塘13个大队。1984年5月，金屋塘人民公社改为金屋塘乡，辖13个村。1996年7月，撤乡建镇。

环境资源　镇境地势西高东低。山地面积12627公顷，占全镇总面积的94.44%；岗地和溪谷平原分别占全镇总面积的1.60%和3.27%。海拔1000米以上的山峰，西部有白岩顶、帽子界、总顶界、背后山、和尚岩、白花山、八叶江，东部有麻子界、三角塘，其中白岩顶海拔1605米，为境内最高点。境内属中亚热带山地型季风湿润气候区。因地处迎风坡，气候较为独特，天气变化多端，年均降水量1717.5毫米，为县内多雨区。岳溪江、金屋塘江、大溪头江分别从南、西、北向东流入梅坪乡，另有26条小溪流遍布全镇，已建成13座小水电站，总装机容量6375千瓦；新华村的温泉是饮用与医疗兼用型的优质矿泉水。矿产资源有鱼鳞溪、雄鱼、砖屋、万紫等村的石煤和鱼鳞溪村的硫铁矿、雄鱼寨溪山和岳溪江等地的钨锡铜矿和分布全镇的优质花岗石（地质储量13.75万立方米）。人文景观资源有新华村大竹坪的摩崖汉瑶分界、金屋塘村的中国工农红军长征关帝庙大捷纪念碑、大吉村的清水庵、雄鱼村的七家院子古城墙和滚马洞“独立中华大雄山”起义总部遗址。林业资源有活立木总蓄积量38.26万立方米，活立竹243.51万株，森林覆盖率73.67%。

镇域经济　境内经济以农业和林业为传统产业，白毛乌骨鸡系县内特产；劳务经济和矿产业为新兴支柱产业，年均外出务工人员2000人左右，创收1250万元。2005年，全镇有水田637.13

公顷，旱土76.4公顷，园地56.8公顷，林地10413公顷。全年粮食作物播种面积818.13公顷，总产量5276吨（其中水稻播种面积619.07公顷，总产量4430吨），经济作物播种面积201.8公顷；当年全镇养猪18329头，养牛4938头，饲养家禽13.10万羽；年产商品木材12900立方米；农业总产值3069万元，林业总产值809万元。全镇有工业企业54家，2005年工业总产值1.2亿元。其中竹木加工企业10家、水电站13座；有矿泉水企业1家，生产的“水传奇”矿泉水被国家矿泉水评审委员会评定为优质矿泉水，获'95中国新技术新产品博览会暨'95湖南省新技术新产品交易会“科技创新金奖”，2005年12月，经全国少年儿童健康饮水福利工程指导委员会审核被列为邵阳市指定饮水产品；采矿企业1家，主要开采提炼铜、钨、锡矿；电解锰企业1家，年产电解锰2000吨。规模较大的企业有绥宁县水传奇有限公司、东锐电解锰业有限公司、金峰板业有限公司、绥宁县红岩金属矿业有限公司、瀑布江电站、万紫电站等。

基础设施 万江公路贯穿南北，连接上瑞高速公路江口互通；西线有从洞口至莨溪的公路经过镇境，东线有金飞公路连接梅坪至洞口；另有村级公路16条；2003年，瓦屋塘三星桥至金屋塘公路砂改油工程竣工；2005年，全镇100%的村和86%的组通路，年汽车客运量10万人次，年货运量26570吨。1995年和2004年，先后开通程控电话和移动通信，2005年全镇有程控电话1543部，移动电话1326部。2001—2004年，13个行政村先后完成农村电网改造，2005年全镇生活用电量178.30万千瓦时，工业用电量3000万千瓦时。

表24-1-6　**2005年金屋塘镇行政村、居委会基本情况一览表**

村（居）别	村（居）民小组（个）	户数（户）	人口（人）	面积（公顷）			居民点或自然村庄地名（组次）
				总数	其中		
					耕地	山林	
张家湾	12	290	1077	1773	64	1614	背阴垴（背阴坳）（1组），张家湾（2组），沙田（3组），杨家冲（4组），洞上（5组），水碓冲（6组），福竹山（7组），茶坪（8组），莫家坳（9组），车竹山（10组），社山（11组），穇子脚（12组）
小坪溪	8	198	769	1081	32	1010	赖家（1组），井水冲、金竹山（2组），小坪溪（3组），老湾（4组），龙家（5组），树立坪、孔家冲（6组），大友坪、长坪（7组），李田（8组）
岳溪江	10	254	930	1477	49	1277	连石山、枞花树、新立冲（1组），白果树（1、2组），横铺江（师塘）、岩落壳（2组），老屋场（3组），牛挨石（牛丫石）、独山（4组），枫木山、彭家田（5组），岳溪江（6组），老庄（7组），陈家湾（8组），红岩（9组），小水江、灯心凼（10组）
新华	9	275	968	1361	60	1007	黄泥湾（1组），塘里院子（店上2组、下塘3组、上塘4组），温泉溪（热水溪）、朝阳庵、庄上垴（5组），雷家院子（雷家）、二房、杨家（6组），胡家、芦薇山、洪水湾（7组），大竹坪（烂屋场、张家、大院子8组，桃树湾9组）

续表 24-1-6

村（居）别	村（居）民小组（个）	户数（户）	人口（人）	面积（公顷）			居民点或自然村庄地名（组次）
				总数	其中		
					耕地	山林	
主溪	8	209	784	1073	44	937	猪篓冲（朱里冲）、田心坡、大冲、楼脚下（1组），沿水坳、漆树坑、窑田、岩背、新开田（2组），上梅冲、丁山冲（3组），下梅冲、杉树湾、秀龙山（4组），主溪、长冲、园冲、老屋底、大秧田（5组），上干田、下干田（6组），烟竹溪、白杨坳（7组），上桑木石、下桑木石、钉山冲（8组）
草寨	14	465	1832	1904	90	1523	草寨（下街1组、中街2组、上街3组、院子4组），欧家塘（5组），栗树脚（6组），蒋家庄（7组），龙山冲（8组），新屋场、江中间（9组），荷木塘（10组），苦梨树、瀑布江（11组），茶坳、土地坳、独田、上步溪江（12组），牛塘界、月光田、陈家湾、水碓冲（13组），姚家、杉树湾（14组）
长坪	9	226	923	753	34	621	上板冲（1组），下板冲（2组），中板冲、蜡芭籽（1、2组），黄土溪（3组），长坪（下院子4组、上院子5组），长龙湾（6组），楼下（7组），白杨坳、南尾冲（8组），长兴（9组）
雄鱼	13	333	1369	1148	67	929	三渡江、绊羊路（1组），曾立坪（2组），车田（3组），大树（4组），芮草坪（5组），白果树（6组），杨家山（7组），七家院子、老塘、蒋家冲（8组），绿栗树（大塘）（9组），新屋（10组），康家湾（11组），波鸟树（12组），寨子山、平江、龙眼冲（13组）
金屋塘	9	237	902	476	40	375	涩泥溪（1组），大塘（2组），罗家田（3组），杜家坪（4组），桥头（5组），石坳（6、8组），金屋塘、陶家庄（7组），雷打树、蔡家塘（9组）
鱼鳞溪	8	217	845	770	45	537	龙井湾（1组），白花塘（2组），太平湾（3组），洋屋里、新屋里（4组），鱼鳞溪院子、塘支界、庵堂岘（5组），塘湾、立脚坡、双冲、裤裆田（6组），涩泥湾院子（7组），炉里冲（栗树湾、帽帽岭、瓦屋里、园垴上、老寨界、桃竹溪）（8组）
砖屋	8	267	961	529	46	323	曾家坳（1组），李家山（1、2组），雷子冲（2组），王殿（3组），砖屋里（4组），明子冲（5组），廖家湾（6组），营枫垴、道人坡（7组），华南山、桃山坑、牛塘、新屋里、牛栏屋（8组）
大吉	8	227	876	366	34	227	雷家岭（1组），大溪头（下街2组、中街3组、上街4组），象形坪（向阳）（5组），皂角树（6组），湾湾屋里（7组），鱼嘴冲、东冲（8组）
万紫	14	360	1412	662	91	381	荷木垴（1组），桐木湾、陈墙店（2组），汤家冲（3组），土砖屋（4组），清江洞（5组），东山下（6组），万紫冲、土田（7组），茅坪、杨李冲（8组），新立湾、青树垄（9组），黄丝田（10组），松树湾（11组），黑泥冲（12组），磨石溪、八山田（13组），泥塘湾（14组）
居委会	1	31	576	—	—	—	

第二章　民族乡

1982年3月，关峡、长铺子、黄桑坪3个公社先后改建为苗族人民公社，1984年5月改称苗族乡。1985年1月，陆续成立东山、朝仪2个侗族乡，枫香、双河（1995年改名党坪）、竹舟江、麻塘4个苗族乡，鹅公岭、兰家2个侗族苗族乡，乐安铺、联丰、在市3个苗族侗族乡。1990年3月，枫木团苗族侗族乡、河口苗族乡、联民苗族瑶族相继成立。至此，全县民族乡达17个。1992年6月，在市苗族侗族乡并入在市镇。1995年6月，联丰苗族侗族乡并入乐安铺苗族侗族乡，兰家侗族苗族乡并入在市镇，长铺子苗族乡并入长铺镇。1996年11月，在市镇改建为在市苗族侗族乡，枫香苗族乡与长铺镇析出的原长铺子苗族乡所辖15个村组建为新的长铺子苗族乡。至此，全县共有东山、鹅公岭、朝仪、在市、乐安铺、黄桑坪、长铺子、关峡、党坪、竹舟江、河口、麻塘、联民、枫木团14个民族乡，占乡镇总数的56%，为全省少数民族散居县之最。

第一节　关峡苗族乡

概况　关峡苗族乡位于县境东部边缘，东部和南部与城步苗族自治县交界，西部与长铺子苗族乡和堡子岭林场毗邻，北部与武阳镇和白玉乡接壤。总面积215.341平方千米，占全县总面积的7.36%。其中耕地面积1607公顷，森林面积15127公顷。乡治设关峡，距县城17千米。2005年，全乡共辖19个行政村，1个农科站，164个村民小组（同期县统计年报为163个），5675户，22951人。其中：农业户5545户，农业人口22343人；苗族22189人，占总人口的96.68%；侗、瑶、回族83人，占0.36%。全乡有普通中学2所、中心小学1所、村办小学15所、幼儿园2所，在校学生和入园儿童2200人，教职工172人；有乡卫生院1所、村级卫生室20所，民间草药治疗骨伤最负盛名。

境内民族风情和语言独具特色。居民以杨、苏、李三大姓为主，一个自然村大多是同一姓氏甚至同一家族居住。住房以四排三间的木结构楼房为主，两端配以干栏式仓楼，院落呈“U”形排列。关峡苗族语言独特，称“语言孤岛”。

沿革　民国末年，关峡属梅芷乡。中华人民共和国成立后，1950年11月，分属绥宁县第二区和第三区，含关峡、大元、南庙、岩背、梅口、珠玉、芷田、茶江、岩头、插柳10个农会。1952年，上述各农会分别改为小乡。1955年分属长铺区和武阳区。1956年6月撤区并乡后，原有小乡合并为梅口乡和茶江乡。1958年9月，两乡合建为关峡人民公社；1961年9月分设为关峡人民公社和茶江人民公社，1966年2月又合并为关峡人民公社。1982年3月改建为关峡苗族人民公社。1984年5月改为关峡苗族乡，辖18个村。

环境资源　乡境地势东北和东南高，西南低。山地面积占全乡总面积的61.87%，丘陵占

24.74%，岗地占4.42%，溪谷平原占6.47%。东北和东南边界上横亘着铁坑岭、大界上、天堂界、三门冲（三门岭）、大界坡等海拔1000米以上的山峰，成为县境东部的天然屏障；西部边境有雷公田、猴子形、猴子山等高峰耸立。巫水从城步苗族自治县入境，蜿蜒流经南部的花园角、梅口、石江坪、岩脚田和兰溪5个村，境内流长15千米。岚溪（又名蓝溪、关峡水）从武阳镇入境，自北向南纵贯全乡，经珠玉、芷田、茶江、岩头、插柳、关峡、兰溪7村汇入巫水。乡境西部的猴子山被岚溪水切割成南北两半，溪岸悬崖矗立，道路傍崖而行，一夫当关、万夫莫开，形成一道天然关隘，系历代兵家必争之地，关峡即由此而名。2005年，全乡有活立木蓄积量35万立方米，森林覆盖率77%。年均降水量1402.4毫米，年径流量1.738亿立方米，水能理论蕴藏量28500千瓦，已建成县属江口塘电站，乡属吊水洞电站、石脉电站和龙水电站，总装机容量13900千瓦；有小（1）型水库1座、小（2）型水库6座及部分水轮泵站、电排电灌站等水利设施，蓄水引水和提水总量892万立方米，可灌溉农田1267公顷。枫门岭是古驿道必经之处，“枫岭秋容”昔为绥宁十景之一，定远桥系县内名胜和重点文物，花园角称水上风景区。

乡域经济　境内粮食作物主要有水稻、玉米和红薯等，经济作物以油菜、蔬菜、水果、药材为主，为县内重要水果生产基地；养殖以牲畜、家禽、鱼为主，兼有蛇、蛙、甲鱼等特种养殖，系全县最大的肉食品生产基地；林产品和林副产品有原木、原竹、竹笋、生漆、五倍子、板栗等。2005年，全乡粮食作物播种面积1535.07公顷，总产量14371吨（其中水稻种植面积1270.67公顷，总产量12839吨），经济作物播种面积561.2公顷，柑橘栽培面积137.33公顷总产900吨；养牛19760头（出栏10800头），养猪59800头（出栏48600头），饲养家禽30.9万羽（出笼24万羽），畜禽肉类总产量4950吨；年产商品木材1万立方米，采伐楠竹8000根，造林200公顷，全年农业总产值1.01亿元。是年，全乡有个体工商户387户，工业企业24个，其中竹木深加工企业19个，主要生产古典式家具、新式组合家具、地板条、胶合板等；全乡社会商品零售总额1560万元，工业总产值1.36亿元，社会总产值2.57亿元，完成财税任务114万元，农民人均纯收入1496元。2005年，全乡共有各类公路53条，共196千米，有货运汽车68辆、客运汽车21辆；梅口、花园角、石江坪等村地处江口塘电站库区，水上缴通便利，有机动船32艘，人力船120条艘。16个村建有卫星电视地面接收站，3个村接通光缆电视。

表24-2-1　**2005年关峡苗族乡行政村基本情况一览表**

村别	村民小组（个）	户数（户）	人口（人）	面积（公顷）			居民点或自然村庄地名（组次）
				总数	其中		
					耕地	山林	
珠玉	14	492	2053	1627	145	1257	珠玉山（杨家1、2、12组，李家3组），店子上（4组），蔡家(5组)，大湾田(6组)，千里寨、茶畲头(7组)，枫子山(8组)，扒头形（9、13组），兰家水(10、11、14组)
芷田	8	234	969	703	133	523	马渡（1组），大吴家团（2组），小吴家团（3组），芷田（4、5组），石牛冲（石王冲）（6组），猫形（7组），巷子口（8组）

续表 24-2-1

村别	村民小组(个)	户数(户)	人口(人)	面积（公顷）总数	其中耕地	其中山林	居民点或自然村庄地名（组次）
高坪	7	186	755	2554	57	2283	锁口水(1组)，高家(2组)，肖家(3组)，高坪（街上）(4组)，呷口水(5组)，小塘（小团）(6组)，老铺场、砖屋里(7组)
茶江	13	594	2398	1724	146	1341	大竹(1组)，茶江（街上2、3组，对门江3组），田中间(4组)，高点(5组)，白鹭塘(6组)，张家山、洪桥头(7组)，苏家塝(8组)，龙家团(9、13组)，银家湾、板桥头(10组)，半冲(11组)，石头窝、吊水洞（电站）(12组)
岩头	12	365	1504	1338	119	1096	岩头(1、2组)，竹山脚（2组），山岔(3组)，丁头山(4组)，下党溪(5组)，马田(6组)，上党溪、赖水冲(7、12组)，大眉山(8、11组)，将军望(9、10组)
文家	11	321	1280	1450	114	1220	大塘、油麻冲(1组)，会哨坪(2、8组)，马鞍山(3组)，茅坳子（9组），桃子冲(4组)，文家(5、10组)，梨树(6、11组)，麻土坪(7组)
插柳	12	375	1582	1383	129	1061	空溪山、马鞍石、大林田、大树脚(1、2、11、12组)，插柳、龚家坪(3、4、9、10组)，栗坪(5组)，大安(6、7、8组)
关峡	12	408	1683	1315	93	1046	关峡（街上）(1、2、3、4、5、6组)，唐家田、蔡家田(7组)，龙头坪（1、4、7组），鹿洞(8、9、10组)，湾塘（8组），绚马坡(11、12组)
大元	8	309	1144	411	86	296	大元（黄家冲1、2、3组，凉亭里4组，石板桥5、6、7组)，肖家坪(8组)
四甲	5	156	607	618	41	470	四甲（江东湾1组、花园2组、枣子园3组)，湾里（3、4组），苏家塘(4组)，皮冲(5组)
南庙	8	215	876	880	70	675	大夷山（1组），周家寨(2组)，南庙、双江口(3组)，塔里（4组），水溪山（5组），松树头(6组)，白岩底（7组），岩屋里(8组)
凤凰	6	211	747	543	48	413	井水湾(1、2组)，凤凰冲、白背岩(3组)，杀茅坪(4组)，畲冲(5组)，黄桑坪、大黄桑坪(6组)
梅口	7	347	1371	640	52	451	背后山（1、2组），梅口（大学堂、矮子寨1、2、3组，百合山4组，分山庙5组，界头坪6组，岩井里7组)
花园角	6	240	923	502	40	271	大破头(1组)，草屋场(2组)，格木山(3组)，昌塘口(4组)，长滩(5组)，塘家(6组)
石脉	11	409	1662	2016	107	1731	岩背(1、2、3组)，石脉(4、5、6、7组)，曾家(8组)，小江(9、10组)，洞底（11组)
兰溪	3	127	527	841	27	708	丛林水、兰溪口(1、2组)，江口塘、红薯田、大塘湾(3组)
岩脚田	5	208	790	1009	35	821	桥渡(1组)，塘头冲、盛家坪(2组)，岩脚田(3、5组)，布纱洞、会龙桥、青岩头(4组)
石江坪	10	204	837	1240	36	1041	当底(1组)，野牛坪(2、3组)，大坳头(4、5、6组)，青坡冲（青山里）(7、8组)，柳塘、黄土(9、10组)
鸟塘	5	152	593	716	35	624	老屋团(1组)，冲头(2组)，双冲（山冲塘）(3、4组)，梅田(5组)，横路头（3、4、5组)
农科站	—	18	56	7.6	6.4	—	—

第二节　党坪苗族乡

概况　党坪苗族乡地处县境中部偏西南，位于北纬26°33′～26°41′，东经110°10′～110°01′。地名寓“乡党和睦，集于一坪”之意。乡境东邻长铺子苗族乡，南接在市苗族侗族乡，西毗朝仪侗族乡和鹅公岭侗族苗族乡，北连竹舟江苗族乡，东北角和河口苗族乡搭界。全乡总面积100.32平方千米，占全县总面积的3.43%。乡治设党坪，距离县城14千米。2005年，辖12个行政村，106个村民小组，2590户，10332人。其中：农业户2523户，10172人；苗族8348人，占总人口的80.8%。全乡有中学1所、中心小学1所、卫生院1所、村卫生室12所、乡自来水厂1座，并有乡文化站和乡广播站等文化活动场所，各村组及农户大多建有自来水及卫星电视地面接收设施。是年，全乡社会总产值7550万元，财政收入72万元，农民人均纯收入2545元，居民储蓄余额1050万元，人均居住面积30平方米。

沿革　民国末年，乡境属长乐乡。中华人民共和国成立后，1950年11月，隶属绥宁县第二区，含6个农会。1952年9月，含6个小乡。1955年属长铺区。1956年6月撤区并乡时，原党坪、龙家、冻坡、苏家、界溪口、大碑6个小乡合并为党坪乡。1958年9月，与和平乡、长铺镇合建为长铺人民公社。1961年5月，从长铺人民公社析置党坪人民公社。1981年11月，党坪人民公社更名双河人民公社。1984年5月，双河人民公社改为双河乡。1985年1月，改建为双河苗族乡。1995年2月，双河苗族乡更名为党坪苗族乡，所辖双河村更名为党坪村。

环境资源　乡境地势北高南低，最高点为党坪与竹舟江、河口、长铺子3乡交界处的神坡山，海拔1139.1米；最低点为界溪口村的清水塘河床，海拔255米。山地面积5117公顷，占全乡总面积的50.01%；丘陵4783公顷，占47.68%。除神坡山外，主要山峰还有牛脸山、黄土界、高山头、苦李坳、大木坳、丁字冲、大界头、横界头、茶田界、长冲、画匠界（画堂坡）、火烧山等。莳竹水（又名西河、秦公河、界溪）由在市苗族侗族乡入境，经米水、党坪、杨庄、滚水冲、界溪口等村汇入巫水，其支流遍布全乡，主要有大碑溪、文溪、苏家水、滚水、瑟琶溪、虾子溪、杨庄溪等；巫水河流经乡境东北角的芷坪村和界溪口村。全乡年径流量0.70亿立方米，水能资源可开发量6800千瓦。境内属中亚热带山地型季风湿润气候区。多年平均雨日175.4天，平均降水量1378.1毫米，多数集中在3—7月，夏秋干旱，五年三遇；平均日照1341.3小时，以7月份最多为195.9小时，2月份最少为49.7小时。多年平均无霜期305天，平均霜日9.3天，平均雪日10天，日平均气温≥10°C的生长期245天，≥5°C的生长期301天。多年平均气温16.6℃。境内有水田736.8公顷，旱地205.87公顷，园地257.73公顷；林地7873公顷，活立木总蓄积量47.86万立方米，活立竹51.86万根，森林覆盖率71.4%。

乡域经济 2005年，全乡粮食作物播种面积803.13公顷，总产量5441吨，其中水稻播种面积680公顷、总产量4838吨，经济作物播种面积280公顷；饲养生猪8520头、牛2908头、家禽25.4万羽；采伐商品木材7762立方米，造林267.53公顷。全年农业总产值2870万元。是年，全乡有工业企业和加工企业28家，其中木材加工厂2家、电站6座、冶炼厂1家、粮食加工厂6家、油坊12座，初步形成木材加工、水电、冶炼等支柱产业。规模较大的企业有界溪口水电站、界溪口冶炼厂、鸿顺电站等，全年工业总产值4680万元。年内全乡有农贸市场1处；有各种商店和服务行业50家，个体工商户145户，当年全乡集市贸易和社会商品零售总1001万元。党坪至小水的公路连接S221线，绥洪公路穿越境东北，界鹅公路横贯全乡，另有村级公路通达全乡所有村组，年客运量47500人次。

表24-2-2 **2005年党坪苗族乡行政村基本情况一览表**

村别	村民小组（个）	户数（户）	人口（人）	面积（公顷）			居民点或自然村庄地名（组次）
				总数	其中		
					耕地	山林	
芷坪	9	199	810	1270	71	989	兰家（万纸坳）、广坪、舒家（9组），大马嘴（马嘴田）（8组），小马嘴（7组），油菜冲（6组），张家（2组），梨子坪（1组），佘家（5组），老祖界（4组），芋荷冲（3组）
界溪口	10	210	900	960	83	715	清水塘（苑家）（10组），蛤蟆掌（6组），高椅背（5组），牛栏冲（4组），大盘水、倈盘水（3组），栗木坡、海角湾（2组），苏家湾（7组），界溪口〔凹（音“tuó”）地9组、界溪口8组〕，岩𡶴（音“biá”）界（长滩溪）（1组）
滚水冲	4	109	412	424	40	342	张家、周家（4组），谢家、板林头、洞脚、岩塝上（2组），川马寨（3组），楼门口（1组）
米水	5	148	641	485	47	307	鲤鱼口（双河）、桐油坪（2组），唐家团（3组），王家圳（4组），蛇冲口（5组），牯牛田、竹留田、游家坝、挖米冲（1组）
大碑	10	203	814	832	62	567	泗塘（1组），青角坪（2组），船形团、花桥头（6组），杨秀门（7组），沙片田（8组），坳背（9组），深坳口（5组），桐油坪、洞江（4组），黄腊头（10组），高圳冲、白岩头、沙牯坳、黄百冲（3组）
麻地	8	214	852	714	70	501	上冲（7组），中冲（6组），下冲（5组），园山（8组），马失冲、长地湾（4组），麻地（3组），乡党（1组），黄牯坳（2组）
动雷	13	268	1117	1016	115	764	线里冲、高坡（1组）、深山冲（2组），千年冲、青岩头（3组），动雷（茶言头、三十八田4组，王家5组，新园6组，老屋7组，高园8组），麻冲（9组），鸟塘口（10组），清江洞（11组），龙塘（12组），陈家、沙坪冲（13组）
党坪	14	315	1297	1135	93	818	豹子岩（杨家团）（8组），侯家溪（7组），于家团（9组），笕头（10组），木头田、黄木田（11组），白竹湾（12组），黄土田、石牛洞（13组），唐家（14组），尖湾塘（1组），石桥口（2组），湾头（3组），党坪（张家团4组、党坪街5组），大江坡、虾子溪、黄江洞（6组）

续表 24-2-2

村别	村民小组（个）	户数（户）	人口（人）	面积（公顷）			居民点或自然村庄地名（组次）
				总数	其中		
					耕地	山林	
龙家	12	306	1238	1045	90	759	大坪头（对门江8组、中心团9组），土溪坡（6组），牛皮冲（7组），苏家团（5组），俊沙冲、料禾冲、六星田（2组），陆家湾（1组），琵琶形（外头湾11组、内头湾12组），黄家团（10组），新屋场（4组），龙家团（3组）
冻坡	11	279	916	1188	117	951	向家、张家、龙家冲（7组），杨家湾、荣发湾（8组），冷水头（9组），瓜冲（10组），栗林头（11组），背后冲、黎家、大树脚（3组），上湾、寨背（2组），阳和冲、塘头（1组），大湾（4组），冲头（5组），新路头（6组）
杨庄	5	118	452	534	44	392	江支坳（3组），杨庄冲（2组），杨家湾、桐木冲（5组），杨庄团、宋家（4组），龙在田（1组）
苏家	5	130	537	429	53	323	大溪洞（4组），鹅公界、大坪界、棕树界（3组），苏家湾（2组），苏家团（1组），白岩冲（5组）

第三节　河口苗族乡

概况　河口苗族乡位于县境西部边缘，因地处河口溪汇入巫水之口而得名。乡境东邻枫木团苗族侗族乡和长铺子苗族乡，南毗竹舟江苗族乡，西连会同县金子岩侗族苗族乡，北接麻塘苗族乡，东南角与党坪苗族乡搭界。全乡总面积 70.005 平方千米，占全县总面积的 2.39%。乡治河口，距县城 21 千米（直线距离）。2005 年，辖 7 个行政村，50 个村民小组，1660 户，6042 人。其中：农业户 1512 户，农业人口 5636 人，占总人口的 93.28%；苗族 3625 人，占总人口的 60%。是年，全乡有中学 1 所、中心小学 1 所、村级小学 7 所，中心医院 1 所、村级卫生室和个体诊所 10 所，乡文化站和广播站各 1 家，书店 1 家，网吧 1 家，乐队及演出团体 2 家。

沿革　民国末年，乡境大部分属青坡乡，小部分属会同县丰山乡。中华人民共和国成立后，1950 年 11 月，乡境大部属绥宁县第六区（1951 年 6 月改为第八区，1955 年 4 月改为河口区）。1951 年 6 月，会同县所辖的河口农会划入。1952 年 9 月，建立河口、四甲团、杨家寨 3 个小乡。1956 年 6 月撤区并乡时，境内各小乡与竹舟江、联溪、塘湾等小乡合并为竹舟江乡。1958 年 9 月人民公社化时，成立竹舟江人民公社。同年 11 月，与联民、麻塘、枫木团 3 个公社合并为河口人民公社。1961 年 5 月调整公社体制，河口人民公社析置为竹舟江、三寨、枫木团 3 个公社。同年 9 月，从竹舟江人民公社析出河口人民公社。1984 年 5 月，改为河口乡，辖 7 个村。1990 年 3 月，改建为河口苗族乡，相沿至今。

环境资源　乡境地势东高西低。最低点为河口村赵家河床，海拔 232 米；最高点为河口与竹舟江、党坪、长铺子 3 乡交界处的神坡山，海拔 1139.1 米。全乡山地面积 6887 公顷，占总面积的 98.39%。除神坡山外，主要山峰还有丫叉岭（海拔 649 米）、深坳（652 米）、界华山（510 米）、望云山（1017 米）、茶亭界（619.7 米）、大木山（575 米）、坡峰寨（678 米）、金盆形（756 米）、八仙界（836 米）、寨背界（876.4 米）、尖峰界（892 米）等。河口溪从枫木团苗族侗族乡入境，流经岩坡、山茶坪、多逸寨、四甲团、河口等村后汇入巫水。另有溪涧 10 条遍布各村，已建有中小型水电站 5 座。境内气候温和湿润，具有低温多雨、湿差和温差大的山区气候特征，多年平均气温 16.7℃，年均降水量 1405.7 毫米，年径流量 0.525 亿立方米，年均相对湿度 82%，年均日照 1374 小时。2005 年，境内有水田 314.33 公顷，旱地 36.4 公顷，园地 65.93 公顷；林地 5904 公顷，活立木总蓄积量 25.6 万立方米，活立竹 285.95 万根，森林覆盖率 80%。

境内名胜有位于水车村的神坡山风景区，2002 年 5 月 19 日被公布为省级文物保护单位。著名景点有神坡庵、晒经台、地母洞、骆驼峰等 16 处。每年农历三月初三在这里举行赛歌会。

乡域经济 2005 年，全乡有工业企业 7 家、农贸市场 1 处、各种商业服务店 217 家、个体工商户 217 家；年发电 2608 万千瓦时，加工木材 3000 立方米，加工楠竹 5 万根。是年，全乡粮食作物播种面积 373.4 公顷，总产量 2421 吨（其中水稻种植面积 314.33 公顷，总产量 2169 吨），经济作物播种面积 364.2 公顷（其中油料作物 216.53 公顷，总产量 330 吨）；养牛 1406 头，养猪 6500 头，饲养家禽 3.5 万羽；年生产商品木材 5200 立方米，采伐楠竹 7 万根。全年社会商品零售总额 586 万元，社会总产值 5786 万元，财政收入 54 万元，农民人均纯收入 2890 元。境内有绥宁至洪江、河口至联民、河口至枫木团、长铺子至枫木团等公路与外地连接，另有村道公路 50 千米连通全乡各村组。至 2005 年，穿石至河口 35 千伏高压输电线路、河口至岩坡、界溪口电站至河口等 35 千伏输电线路先后架通运行，青坡电站和河口电站先后建成投产，全乡有 4 个村完成农网改造。

表 24-2-3 **2005 年河口苗族乡行政村基本情况一览表**

村别	村民小组（个）	户数（户）	人口（人）	面积（公顷）			居民点或自然村庄地名（组次）
				总数	其中		
					耕地	山林	
河口	12	344	1804	967	57	666	石家冲（1组），河口（老街1组，中洁街2、12组），下岩保团、芋荷冲（3组），上岩保团（4组），马子洞（麦子田）（5组），颈龙（6组），田形（7组），翁山路（翁山溪）（8组），半冲（9组），赵家（10组），龙虎冲（11组）
杨家寨	10	294	1144	1591	65	1244	白竹界（1组），小寨（2组），亭子脚（3组），双江口（4、9、10组），井石壕、正寨团（正大段）、岩坳（5组），小禾田（6组），张家、癞头坡（7组），屋堂界（陈家）（8组）
四甲团	5	121	523	530	32	418	四甲团（1、2组），芭蕉湾、少阳冲（1组），黄家界（2组），半坡田（3组），楠竹湾（4组），罗汉田（5组）
多逸寨	5	159	572	1083	38	845	和令堂（1组），木洪背（2组），多逸寨、高寺庵（3组），唐家、摆落（白乐）（4组），马洋溪、窝马湖、龙灯庵（5组）

续表 24-2-3

村别	村民小组（个）	户数（户）	人口（人）	面积（公顷）			居民点或自然村庄地名（组次）
				总数	其中		
					耕地	山林	
山茶坪	4	94	364	555	22	385	界上田（1组），林家冲（1、3组），兴宏庵、潘家、倈王家冲（2组），枣子湾、阿救（3组），姚家、姜下田、栗木冲（4组）
岩湾	8	210	792	1313	41	1144	肖家、东禾田、倈雷冲、岩屋冲（1组），刘家、堆子田（堆子上）、盘上（2组），岩坡（3、8组），罗家（4组），陈家湾（5组），田家、炳江（6组），汪家（7组）
水车	6	217	843	962	41	768	应家盘（1组），曾家、金家、盘上、老鼠窝（2组），下湾、杨家团、白蜡湾（3组），岔子冲（3、4组），店上（上湾）（4组），道堂冲、塘子坳（5组），梁家、明家冲、黄瓜冲（6组）

第四节　麻塘苗族乡

概况　麻塘苗族乡位于县境西北边陲，相传古时此地塘边习种苎麻，故名。乡境东邻枫木团苗族侗族乡，南接河口苗族乡，西界会同县王家坪乡和长寨乡，北连联民苗族瑶族乡。总面积 134.076 平方千米，占全县总面积的 4.58%。乡治设麻塘村，距离县城 30 千米（直线距离）。2005 年，全乡辖 13 个行政村，110 个村民小组，2378 户，9801 人。总人口中农业人口 9282 人，占 97.37%；苗族 5611 人、占 58.86%，瑶族 1397 人、占 14.65%。全乡有中学 1 所、中心小学 1 所、幼儿园及学前班（村办小学）14 所、农民技术学校 1 所，乡卫生院 1 所、个体诊所和村卫生室 20 所；有乡自来水厂 1 个家，图书馆、电影院、电影放映队各 1 家，乐队及演出团体 2 家，卫星电视地面接收站 1 处（有线电视机入户率 90%），各种体育运动场所 20 处。是年，全乡社会总产值 9880 万元，财政收入 63 万元，农民人均纯收入 2480 元，居民储蓄余额 4500 万元，人均居住面积 30 平方米。

沿革　民国末年，乡境大部分属青坡乡，小部分属会同县若水乡。中华人民共和国成立后，1950 年 11 月，乡境属绥宁县第六区（后先后改为第八区和河口区），含 6 个农会。1952 年 9 月，含 6 个小乡（含会同县划入的溪口等地）。1956 年撤区并乡，原有小乡合并为麻塘乡，乡治所在地溪口。1958 年 9 月，改建为麻塘人民公社。同年 11 月，与联民、枫木团、竹舟江 3 个公社合并为河口人民公社。1961 年 5 月，从河口人民公社析出三寨人民公社。同年 9 月，三寨人民公社分设为麻塘、联民 2 个公社。1982 年，麻塘人民公社驻地从溪口移至麻塘。1984 年 5 月，改麻塘人民公社为麻塘乡，辖 12 个村。1985 年 1 月，改建为麻塘苗族乡至今。

环境资源　乡境地势东北高，西南低。位于莫锄村的狗窝界（又名竹河界）海拔 1367 米，为全乡的最高点；溪口村河床海拔仅 205 米，为全乡的最低点，也是全县的最低点。

全乡山地面积13327公顷，占总面积的99.38%。除狗窝界外，主要山峰还有土地坳、杉木坳、宋头坳、深坳、大坳、打鸟坳、八角山、套套山、虎登山、恶蛇坡、大面坡、马山界、岩屋界等。乡境属中亚热带山地型季风湿润气候区。秋来较早，春来稍迟，冬少严寒，夏无酷热。多年平均气温16.7℃，无霜期286天，平均降水量1377毫米。气候条件适宜于楠竹、马尾松、杉木等植物生长。全乡有水田553公顷，旱土10公顷，园地15公顷；有林地10447公顷，其中竹林5562公顷、杉林1004公顷、松林1590公顷、阔叶林1595公顷，活立木总蓄积量38.5万立方米，楠竹蓄积量1389.36万根，森林覆盖率79%。竹林面积和楠竹蓄积量均位居全县之首，素有"林海竹乡"之誉。除松、杉、楠竹之外，还分布有银杏、樟木、楠木、金竹、佛肚竹、娃娃鱼、穿山甲、银里竹鼠、红腹锦鸡等珍稀动植物。麻塘溪是境内的主要河流，发源于乡境东北角的狗窝界，流经莫锄、高梅、洪溪、船田、桐油冲、麻塘、溪口7村后汇入巫水，流域面积103平方千米，水能理论蕴藏量8332千瓦，已建有小水电站2座。

乡域经济 麻塘主要出产稻谷、木材、楠竹、竹笋、玉兰片、竹麻、桐油、松脂、土纸等。2005年，全乡粮食作物播种面积687.53公顷，总产量4515吨（其中水稻种植面积555公顷，总产量3996吨），经济作物播种面积375.66公顷；养猪9100头，养牛5300头，饲养家禽5.4万羽，生产商品材3500立方米，采伐楠竹120万根，出产竹笋2000吨，全年农业总产值4280万元。是年，全乡有工业企业13家，年产值5300万元。其中，木材加工业1家、楠竹加工企业6家、水电站2座，规模较大的企业有光达木业、嘉发木制品厂等。全乡有集贸市场1处、各类商业服务店80家，2005年社会商品零售总额951万元。

巫水从乡境西边的溪口流过，水运直通洪江。因交通和运输便利，民国以前，溪口一直是青坡乡（里）的政治和经济中心，也是县内重要的边境物资集散地和最大的土纸专业市场。改革开放后，现乡治麻塘又发展成绥宁、会同两县的重要边贸市场。1981年，县道竹舟江至麻塘段建成，此后各村陆续修建通村公路，并连接会同公路网，公路通达所有村组；2005年，全乡共有各级公路6条，共计50.4千米。1996年和2002年，先后开通程控电话和手机；2004年，开始进行农村电网改造；2005年，100%的村组通电和开通程控电话，全乡年用电量110.2万千瓦时。

表24-2-4　　**2005年麻塘苗族乡行政村基本情况一览表**

村别	村民小组（个）	户数（户）	人口（人）	面积（公顷）			居民点或自然村庄地名（组次）
				总数	其中		
					耕地	山林	
麻塘	14	274	1169	1387	59	1013	大仁庄（望洲、颜家）（1组），长流（2组），麻塘（沈家3组、白果塘4组、田垵5组、观音阁6组），湾地（7组），李家（8组），团地（9组），洞头（10组），五里冲（胡家、铁叉、位麒）（11组），下宝山（12组），上宝山、向家（13组），排水界（14组）

续表 24-2-4

村别	村民小组（个）	户数（户）	人口（人）	面积（公顷）			居民点或自然村庄地名（组次）
				总数	其中		
					耕地	山林	
桐油冲	14	257	1083	1210	52	965	大坝塘（1组），吴家（吴家2组、吴家团3组），茶坝冲（4组），七甲嵊（音“yun”）、回晒（5组），寨背冲（6组），沈棕坳（7组），苦梨冲（8组），晚姑嵊（9组），向家（10组），桐木冲、三岔冲（11组），界塘（12组），板林（13组），半界、塘冲（14组）
岩寨	8	179	781	1331	40	1025	冲头、翁福冲（1组），黄芽岭（大竹山2组、下院子3组），塘湾（2组），上岩寨、夏家、吴家（4组），亭板桥（上田塅5组、下田塅6组），中岩寨（5、6组），下岩寨（院子）（7组），长丘、刘家坳（8组）
莫锄	11	262	956	2074	53	1748	杨家界（1组），高梅界（2组），湾江桥（3组），坨和界（团和界）（4组），下彭家（5组），莫锄团（6组），翁石（7组），杨家田（8组），青山脚（9组），汤家、板子田（10组），刘家（11组）
夏家	6	103	388	790	30	645	涂家盘（1组），向家冲（向家界）、羊古田（2组），黄家界（3组），岩屋冲（4组），蒋家、童家（5组），二家山（6组）
高梅	8	197	776	838	42	615	徐家、龙家（1组），界坪（2组），陆甲（3组），高梅（4组），何家（5组），马家、李家（6家），荷包丘、宋家庄（7组），钟家（8组）
船田	11	194	812	1381	52	1141	船田（沈家）（1组），江形（梁家2组、江形3组），茶冲（杨家4组、覃家5组），蒋家（6组），宝龙（7组），腾梅、洪溪坡（8组），塘角界（9组），落塘冲（10组），窝拢冲（阿龙）（11组）
溪口	7	163	703	693	37	444	溪口（1组），黄家团（2组），侯家团（3组），干冲（4组），寨上（5组），湖北厂（6组），坎上（7组）
双冲	10	200	864	664	43	495	沙丘（1组），大树脚（2组），双冲（3、4组），江边（4、3组），大塅（5组），大塘形（6组），毛家（7组），塘底（8组），荷木湾（9组），龚家（10家）
长寨团	4	106	418	439	35	327	长寨团（正湾1组、对江2组、桥头3组、沈家4组）
五龙寨	7	187	805	1052	47	887	踏踏田、岩箩田、道路田（1组），塅上（2组），上寨、鸡公田（3组），五龙寨、熊家（4组），形见湾（5组），光阳界、大马头（6组），兔田（7组）
于家	4	90	361	310	29	218	水车头、塘细冲（龚家）（1组），于家（下于家）（2组），架笕田（3组），林石界（4组）
洪溪	6	166	685	1250	45	925	上洪溪（1组），洪溪（下洪溪）（2组），小沈（3组），华家、新屋场、架笕丘（4组），杨家湾（5组），夏家（6组）

第五节　黄桑坪苗族乡

概况　黄桑坪苗族乡位于县境南端，东部和东南部与城步苗族自治县交界，西部和西南部与通道侗族自治县毗邻，北部与在市苗族侗族乡和长铺子苗族乡相连，西北角与乐安铺苗族侗族乡接壤。总面积240.825平方千米，占全县总面积的8.23%。乡治设黄桑坪。2005年，全乡辖11个行政村，47个村民小组，1511户，5637人。总人口中，农业人口5475人，占97.13%；苗、侗、黎、瑶、壮等少数民族4848人，占86%。

沿革 黄桑坪，相传古时此地方圆一千米皆为桑树，深秋叶黄，景色壮观，故寓意为名。民国末年，乡境大部分属在市镇，小部分属石岩乡。中华人民共和国成立后，1950年11月至1955年3月，属绥宁县第一区。1955年4月至1956年5月，属在市区。1956年6月撤区并乡，境内原有的3个小乡合并为黄桑坪乡。1958年9月，与西河乡、在市镇合建为在市人民公社。1961年5月，从在市人民公社分设黄双人民公社。1981年11月，黄双人民公社改为黄桑坪人民公社。翌年3月，改为黄桑坪苗族人民公社。1984年5月，改称黄桑坪苗族乡，辖9个村；10月，辖12个村。

环境资源 乡境地势东南高，西北低，山高岭峻，壑深谷幽。山地面积22920公顷，占全乡总面积的95.17%；丘陵974公顷，占4.04%。最高点为界溪村的牛坡头，海拔1913米，也是县内第一高峰；最低处为大湾塘村的富家庄河床，海拔371米。除牛坡头外，东部及南部边境还有乌鸡山、崩坡界、老龙塘、麒麟过界、黄竹山等高峰，海拔均在1600米以上。境内气候宜人，雨水充沛，多年平均气温15.7℃，平均降水量1421.2毫米，无霜期270天，雨日150天，有利树木生长。境内资源十分丰富。全乡活立木蓄积量128.90万立方米，楠竹蓄积量369.77万根，森林覆盖率86%，居全县之首。黄桑自然保护区素有“动植物基因库”的美称，内有物种3200余种，长苞铁杉群落享誉中外，2004年被评为百姓喜爱的湖南百景，与黄桑坪、三马饮清泉、六鹅洞、上堡古国、云雾山、九溪冲、龙宫洞等景区共同构成黄桑省级风景名胜区。莳时水（又名界溪河）发源于乌鸡山南麓，流经上堡、界溪、赤板、兰家坪、黄桑坪、大湾塘6村，支流遍布全乡，长度5千米以上的溪流多达14条，水能蕴藏量大，已建有水电站4座。

民俗风情 乡境民俗文化奇特，苗寨吊脚楼，苗族“四·八”姑娘节吃黑饭，老年妇女围头巾、戴银手镯、吊大耳环、着藏青色布扣满襟衣，姑娘出嫁时“哭嫁”及由亲兄弟背出闺房，村民们平日里爱唱山歌和对歌，节日或喜庆时耍龙灯、舞狮子和斗牛等，都极具民族特色，黄桑“四·八”姑娘节被纳入国家非物质文化遗产名录。境内苗、侗、瑶、回、汉、土家、布依等各族居民和睦相处，1988年4月，国务院授予该乡全国民族团结进步先进集体称号。

乡域经济 境内有农业用地458公顷，林业用地21400公顷，工商企业68家，农贸市场1处，个体工商户86户。农业和林业是全乡的经济支柱，农业以传统种植业和养殖业为主。2005年，全乡粮食作物播种面积675.33公顷，粮食总产量4011吨；经济作物播种面积465.2公顷，其中药材173.33公顷、蔬菜50公顷；当年饲养生猪12230头，养牛2800头，饲养家禽34860羽；年产商品木材3000立方米，采伐楠竹4.5万根；年旅游接待10300余人次；年发电1800万千瓦时，加工木材2700立方米、楠竹4.2万根；全年社会商品零售总额547万元，社会总产值 5593 万元，财政收入 53 万元，农民人均纯收入 2912 元。

2005 年，全乡公路硬化总里程逾 60 千米；有 11 个村和 45 个村民小组开通程控电话，有 11 个村和 47 个村民小组通电，黄桑坪、磨石两村率先完成农网改造，全乡有高压配电线路 90 千米，低压配电线路 150 千米，配电变压器 40 台，全年用电量 80 万千瓦时。当年全乡有中学 1 所、中心小学 1 所、村级小学 2 所、幼儿园 1 所、乡办农民技术学校 1 所，乡卫生院 1 所、个体医疗诊所和村卫生室 14 所，乡自来水厂 1 座；有乡文化站 1 家，乡广播站 1 家，图书馆 2 家，电影院 1 家，乐队及演出团体 2 家，体育运动场所 3 处、400 米跑道 1 处、篮球场 3 处。

表 24-2-5　　**2005 年黄桑坪苗族乡行政村基本情况一览表**

村别	村民小组（个）	户数（户）	人口（人）	面积（公顷）			居民点或自然村庄地名（组次）
				总数	其中		
					耕地	山林	
黄桑坪	6	254	998	3138	69	2867	上马蹄溪、下马蹄溪、鸡婆岩（1 组），上苗溪、沙子冲、中苗溪、棺材岩、下苗溪、冒塘（2 组），黄桑坪、崩岩塘（3 组），对河、麻地冲、黄家冲、干冲、刘家冲（4 组），黄泥塘、潘界头、大溪、韭菜塘、菩萨岩、鸡罩坪、沉禾田、张家界（5 组），江板溪、苏家界、陆家界、朱砂盘、楠竹界（6 组）
兰家坪	7	118	449	1281	38	1133	龙宝界、兰家坪（1 组），李家坡、黄茅坡（2 组），道湾冲（3 组），侯家溪、猴子岩、大鼓凼（大鼓托）（4 组），坳上（5 组），沉塘界（6 组），十八湾（7 组）
大湾塘	3	66	294	814	28	565	桐木田、大湾塘、太阳坪（1 组），也也冲（了了冲）（2 组），黄土寨（1、3 组），富家庄、龙家塘（3 组）
老团	5	196	797	4100	64	3813	大冲、野猪冲（1 组），古龙坪（2 组），老团（3 组），鸟溪口、夹头田（4 组），彭家团（5 组）
界溪	3	111	412	1926	38	1753	高雪林、鸬鹚形（1 组），米家、沙田、硬田冲、中堡、鸡婆冲（2 组），寨上、八联水（巴流府）、黄腊冲（3 组）
赤板	9	226	915	3409	76	3129	老团（1 组）、大田（2 组），岩坡脚（3 组），五冲（4 组），雪林口（5 组），高坡吝（6 组），来子壕（2、6 组），塘冲（2、4 组），源头山（7 组），杨家团、岩田、高坡田（8 组），枞排、垄底、大坪、大坪湾（9 组）
谭泥水	2	61	256	1456	26	1379	潭泥水、野狗冲（1 组），龚家田、半冲、水头江、大坪原（2 组）
磨石	3	80	317	1098	24	812	邓家庄、上磨石（1 组），下阳和、上阳和、下磨石（2 组），竹坪、倮竹坪（3 组）
地林	5	154	644	2142	53	1920	龙家湾、鸡公头、蛤蟆田、牛栏冲、坡头田、木头田（1 组），深田、大冲口、大团湾（2 组），地林（3 组），陶家水（4 组），高笕、冻江（5 组）
上堡	3	105	401	1391	30	1266	上堡、牛路冲（1、2、3 组）
坪溪	1	36	151	2754	13	2560	小冲、麻阳岔（麻阴岔）、坪溪、丝茅坪、蛇形

第六节　长铺子苗族乡

概况　长铺子苗族乡环抱绥宁县城，位于县境中南部。东与堡子岭林场、关峡苗族乡及城步苗族自治县接壤，南与黄桑坪苗族乡毗邻，西与在市苗族侗族乡和党坪苗族乡交界，北与河口苗族乡和枫木团苗族侗族乡相连。总面积247.382平方千米，占全县总面积的8.46%。乡政府驻县城长铺镇长征路西段。2005年，全乡辖24个村，144个村民小组，4676户，16858人。其中：农业人口15076人，占总人口的89.43%；苗族13824人，占82%；侗族、瑶族、土家族等其他少数民族674人，占4%。乡有中学2所、中心小学2所、村小9所、卫生院1所、村卫生室22所，各种文化活动场所31处、文化活动团体1家。是年，全乡社会总产值3.44亿元、财政收入315万元、农民人均纯收入2603元，居民储蓄余额3600万元，人均居住面积40平方米。

沿革　民国末年，乡境大部分属长乐乡，小部分属在市镇。中华人民共和国成立后，1950年11月，属第二区，含长铺、田心、川石冲（川石）、新水冲、中堂（游家）、枫香、小水7个农会；1952年，上述农会改为小乡。1955年，属长铺区。1956年6月，境内7个小乡合并为和平乡。1958年9月，与长铺镇、党坪乡合建为长铺人民公社。1961年，长铺人民公社分设为长铺镇、和平人民公社和寨坡人民公社。1981年11月，和平人民公社改名为长铺子人民公社（翌年3月改建为长铺子苗族人民公社），太平人民公社改名为枫香人民公社。1983年4月，枫香人民公社率先改乡；1984年，长铺子苗族人民公社改为长铺子苗族乡，枫香乡改为枫香苗族乡。1995年8月，长铺子苗族乡并入长铺镇，1996年11月又从长铺镇析出，与枫香苗族乡合建为新的长铺子苗族乡至今。

环境资源　乡境地势东北部及东南部高，中部及西部稍低。最高点为安阳山与曹子山两村交界处的黑岩顶，海拔1501.9米；最低点为杨家村莫家界河床，海拔269米。境内群山起伏，海拔500米以上的山峰有31座。全乡山地面积20233公顷，占总面积的81.8%；丘陵3039公顷，占12.85%；岗地400公顷，占1.62%；溪谷平原616公顷，占2.49%。境内年均日照数1348.9小时，无霜期294天，多年平均气温（乡治所在地）16.7℃，年均降水量1416.6毫米。巫水从乡境中部由东向西北穿过，流经李家团、田心、溶岩、穿石、大寨、新水冲、游家、杆子等8个村；北部有哨溪从枫木团苗族侗族乡入境，经象家、哨溪、袁家团3村汇入巫水；南部有虾子溪经安阳山、曹子山、枫香、沙田、濑濑水、小水等村流入长铺镇汇入巫水，另有坪溪经拱桥边、李家团、平溪村流入长铺镇汇入巫水。年径流量1.953亿立方米。水能理论蕴藏量2万千瓦，已建有水电站5座。全乡有林业用地17333公顷，森林覆盖率76%，活立木总蓄积量130万立方米，活立竹320.72万株，年产商品木材2万立方米，为县内商品材生产第一乡；安阳山村有1334公顷原始次生林，并有200公顷划入黄桑自然保护区；神坡山的穗花杉群有较高的科学研究价值。矿藏有褐铁矿、菱铁矿、辰砂矿、石煤矿等。自然景观有神滩公园的三圣公庙、轿子岩、神龟望月、实心洞吹风、棋盘岩、鸡公岩、神雕岩、老虎山、教马坪，神坡山的神坡庵、鸳鸡洞、白龙壁、千洞壁、36人洞、千僧朝佛林、摩崖“东南第一山”，大门洞电站风景区，安阳山风景区。有水田835.6公顷，旱土102公顷，园地152公顷。

乡域经济　全乡经济以农业为主，粮林并重，种养加工齐举。沙田、枫香、濑濑水、大寨、平溪、袁家团、穿石村蔬菜产量占县城蔬菜供应量的70%，枫香村和濑濑水村系县内无公害蔬菜基地；佘家村是县内主要苗木种植基地，年均种植面积13.4公顷，苗木远销广西、云南、浙江、山西等地；杆子、寨坡、游家、新水冲、袁家团、穿石、溶岩、平溪、沙田、枫香、濑濑水村是县内重要水果基地，盛产蜜橘、椪柑、枇杷、柚子、桃子、柰李、葡萄；牲畜、家禽饲养量位列全县第四，基本形成无公害蔬菜、精品水果、禽畜、食用菌、苗木五大特色产业。

2005年，全乡粮食作物播种面积1010公顷，总产量6902吨（其中水稻841公顷，总产量6112吨），经济作物播种面积1420.53公顷（其中油料作物185公顷、蔬菜835公顷、水果128公顷、食用菌14公顷）；饲养牲畜29706头、家禽43万羽，水产品总产量82吨；年产商品木材25500立方米，采伐楠竹15万根，造林650公顷；全年农业总产值8168万元。是年，全乡共有民营工商企业158家，其中有色金属冶炼厂2家、电站4座、机砖厂2家、化工厂1家、胶合板厂4家、筷子厂1家、造纸厂1家、竹木加工厂28家，固定资产总额3008万元，从业人员3060人，工业总产值2.42亿元；规模较大的企业有绥宁第一冶炼厂和第二冶炼厂，生产的“九九结晶硅”主要销往韩国、日本等国家和香港地区，第二冶炼厂曾于2002年荣获市政府授予的“明星企业”称号和县政府授予的“纳税大户”称号。有各种商店和服务行业70家，个体工商户44家。省道S221线从乡境中心地带穿过，县道长黄公路贯通乡南，长枫公路穿越乡北，长河公路连贯乡境西北；另有乡村简易公路51条，通达所有村组。年汽车客运量18.25万人次，年汽车货运量85901吨。

表24-2-6　**2005年长铺子苗族乡行政村基本情况一览表**

村别	村民小组（个）	户数（户）	人口（人）	面积（公顷）			居民点或自然村庄地名（组次）
				总数	其中耕地	其中山林	
小水	3	116	641	639	44	442	小水、黄龙降水（1组），葫芦形、黄土坪（2组），杆子坳、大冲（十塘冲）（3组），大油坪（2、3组）
寨坡	4	150	626	1137	55	949	寨坡、陈家冲（1组），枫木湾、幸家冲、夏家冲、陆家冲、大湾（2组），茨岩冲（3组），小溪山（4组）
濑濑水	5	147	587	1007	49	813	源头冲、漆树脚、荷叶塘（1组），坳背（下坳、下庄、马尾丘）（2组），东山坝（杨柳塘、马屁股、大田渡、桂花树脚、红朱岩）（3组），曾家湾（4组），兰家湾（5组）
沙田	4	163	668	474	54	303	坪上、大坪上、陈十万、铺头（铺团）（1组），俫冲子、伍家湾、陆家寨（2组），波丝寨（3组），杨家坡、李家坝、岩咀头（4组）
拱桥边	3	158	566	1092	32	932	溪头（1组），拱桥边（2组），大竹水（3组）

续表 24-2-6

村别	村民小组（个）	户数（户）	人口（人）	面积（公顷）			居民点或自然村庄地名（组次）
				总数	其中		
					耕地	山林	
枫香	5	236	886	533	62	404	香堂坡（香灯坡）（1组），张家湾（2组），上湾（3组），马蹄寨、泥鳅塘（4组），秤家湾、曹子口、棉花冲（5组）
佘家	4	142	556	1242	41	1096	胡家湾、梅子田、枫木坝、地堂界（田堂界）（1组），熊家庄、范家庄（2组），戴家湾（3组），新路团（游家团）（4组）
曹子山	3	65	243	904	14	829	陆家坳、旱地冲（1组），秦家湾（2组），塘冲（梨子冲），杨家湾（3组）
安阳山	4	72	309	1572	18	1466	游家（对门江、倒湾冲）、王家（1组），易家湾、俫冲子（2组），下茶江（3组），上茶江（周家）（4组）
平溪	4	126	503	602	31	503	月形界、杨柳冲、游家冲（1组），李家湾（2、4组），杨家团、唐家湾（3组），小溪口、沙坪（4组）
溶岩	7	161	679	1043	24	819	大泉冲（1、2组），雾冲口（2组），下溶岩、车头溪（3组），上溶岩（4组），茨溪（水泥厂）（5组），杉木坳（6组），茶溪（7组）
李家团	17	396	1388	1630	61	1292	秦家团（秦家团1组、双溪口2组、大段田17组），岩木冲（3组），中团（中团4组、水壕里5组），上团（上团6组、李家团7组、陈家冲16组），高冲（白岩头8组、蒿冲9组），罗盘湾（萝卜湾）（10组），大坡山（11组），下小马坳（12组），上小马坳（13组），茶山坳（14组），黄猴田（15组）
田心	8	239	967	2148	35	1889	秦家湾（1组），田心（2组），桥头（3组），大湾（4组），小湾（5、8组），脚岩溪、龚家、炉场里、湾屋里（大湾里）、横冲里（6组），青岩溪、下湾（7组）
穿石	7	192	731	625	19	440	穿石冲（1组），何家团（2组），沙湾（3组），王家团（4组），滕家团、正界、高子园（5组），两路口（6、7组）
哨溪	8	187	738	1432	38	1254	扣皮山、岩山头（1组），大湾田（2组），干禾畬、上雷子坡、下雷子坡（3组），张家湾（4组），罗家坡、坪头路（5组），线江冲（象家冲）（6组），哨溪口（7组），坪溪口（8组）
象家	5	151	554	2270	31	2059	马头坡、老雾冲、圳头、盘形田、大水坪（大沙坪）（1组），象家坪、罗家湾、楠木冲（2组），蔡家坪（3组），洪家团（4组），牛恋塘（5组）
托丘田（拓丘田）	6	187	674	1363	46	1201	龙家（1组），托丘田（2组），大屋田（3组），烟竹坪（4组），双龙塘（5组），阳鸟坳、李家湾（6组）
新水冲	14	290	1173	1775	44	1542	罗家冲（1组），燕子湾（2组），横水冲（3组），顺和冲（黄家）（4组），沈家冲（5组），陆家（6组），曾家大团（曾家）（6、7组），黑漆楼门（8组），姚家（9组），飞羊坳（坳上）（10组），田中间（11组），坳头（12组），陆拾坑、干冲路（13组），沙坪头、送口路（14组）

续表 24-2-6

村别	村民小组（个）	户数（户）	人口（人）	面积（公顷）			居民点或自然村庄地名（组次）
				总数	其中		
					耕地	山林	
袁家团	6	161	648	707	29	559	江口（江口园）（1、2组），下团（3组），上团（4组），王家（5组），车头江（6组）
大寨	8	229	891	622	19	428	冻水冲（李家湾1组、王家2组），大寨（游家背3组、上团4组、下团5组），茨蓬头（6组），唐家（7组），烂岔坪（8组）
洞溪	4	55	223	345	20	274	洞溪界（塝上1组、田中间2组），腊岩头（李家3组、九角田4组）
游家	7	135	557	436	30	322	打鼓岩（1组），大屋里（2组），游家湾（3组），浆水冲（4组），黄家滩（5组），乌梅洞（6组），半坡田（7组）
杆子	4	127	581	588	28	458	岩坪团（龙家）（1组），细叶寨（石家寨）（2组），杆子口（3组），张家界（4组）
杨家	4	118	464	552	31	444	莫家界（1组），陶家界（2组），龙陡促（龙德楚）、杨家塝（3组），磨形头、杨柳冲（4组）

第七节　竹舟江苗族乡

概况　竹舟江苗族乡位于县境西边，因昔日此地多以竹筏作舟渡水而得名。乡境东、南、西、北分别与河口苗族乡、党坪苗族乡、鹅公岭侗族苗族乡、会同县金子岩苗族乡交界。全乡总面积71.522平方千米，占全县总面积的2.44%。乡治设竹舟江，距县城长铺镇15千米（直线距离）。2005年，辖9个村，79个组，2402户，8480人。其中，农业户2297户，农业人口8210人；苗族等少数民族5842人。全乡有中学1所、中心小学1所、农民文化技术学校1所，卫生院1所、村卫生室9所，乡自来水厂1座，乡文化站1家；有各类体育运动场所12处，演出团体2家，各村均建有文化活动场所。是年，全乡社会总产值7858万元，财政收入74万元，农民人均纯收入2300元，居民储蓄余额1882万元，人均居住面积18平方米。

沿革　民国末年，乡境大部分属会同县丰山乡，小部分属绥宁县长乐乡和东鹅乡。中华人民共和国成立后，1950年11月，小部分属绥宁县第二区和第七区，大部分属会同县第六区竹舟江农会。1951年6月，竹舟江农会划入（含今竹舟江村和新田村各一部，联溪、彭家、新团、白洋滩村全部）。1952年，分别隶属第二区、第八区和第九区。1956年撤区并乡，原二区的塘湾小乡和八区的竹舟江、联溪、石盘、河口等小乡以及二区界溪口小乡的鸡子头和九区上白土小乡的万林湾合并建立竹舟江乡。1958年9月，改为竹舟江人民公社。同年11月，与枫木团、麻塘、联民3个公社合并为河口人民公社。1961年5月，河口人民公社析置为竹舟江、三寨、枫木团3个公社；9月，竹舟江人民公社又分设为竹舟江和河口2个公社。1984年5月，竹舟江人民公社改为竹舟江乡，辖 9 个村。1985 年 1 月，竹舟江乡改建为竹舟江苗族乡。

环境资源 乡境地势东部与西南部高，中部与北部低。多低山沟谷，与党坪、河口、长铺子 3 乡交界处的神坡山是全乡的最高点，海拔 1139.1 米，也是县内佛教圣地。全乡山地面积占 87.77%，丘陵占 11.12%。除神坡山外，主要山峰还有八仙界、杨家山、观音坡、养牛坡、三角撑、犁片形等。域内溪河交错，年径流量 5030 万立方米。巫水从南向北，流经乡境中部鸡子头、竹舟江、新田、联溪、白洋滩等村，流长 11 千米。另有 8 条溪流分布全乡。境内多年平均气温 16.7℃，平均降水量 1400 毫米。境内有水田 537.73 公顷，旱地 69.27 公顷，园地 140.47 公顷；林地 4763 公顷，活立木蓄积量 30.84 万立方米，楠竹蓄积量 22.55 万根，森林覆盖率 66.83%。

乡域经济 农业和林业是全乡的经济支柱。种植业以水稻、红薯、玉米、大豆、油菜、蔬菜为主。白洋滩、联溪等村为全县重要水果基地。1996 年始，全乡大力推广袋料食用菌栽培技术，成为全国食用菌种植先进乡，为县内最大食用菌生产基地，年产菌棒 100 万余棒，出产食用菌 1500 吨。养殖业以养牛、养猪、养鸡、养鸭、养鱼为主，林产品有杉木、松木、杂木等，林副产品有杨梅、栗子、山苍子、五倍子等。2005 年，全乡农作物播种面积 1195.33 公顷，其中粮食作物 728.73 公顷、总产量 2397 吨（其中水稻 537.73 公顷，总产量 1695 吨），经济作物 466.6 公顷；养牛 1700 头，养猪 2.1 万头，饲养家禽 14.4 万羽；年产商品木材 8985 立方米，造林 90 公顷。农业总产值 4541 万元。境内有工业企业 23 家，其中木材加工厂 3 家、电站 2 座、粮食加工厂 1 家，规模较大的企业有合昌木业、鸡子头木材加工厂等，主要产品有胶合板、规格枋、板材、精米等，2005 年全乡工业总产值 3217 万元。乡治竹舟江自古为县内重要的商埠和货物集散地，2005 年，全乡共有各种商贸服务店 96 家，个体工商户 140 家，全年社会商品零售总额 770 万元。巫水河道上连县城，下通洪江。县道长铺至河口公路为乡内主要公路，另有村道 12 条，连接乡内所有村组，全乡年汽车客运量 87600 人次，年汽车货运能力 49300 吨。全乡 100%的村组通电和开通程控电话，年用电量 120 万千瓦时。

表 24-2-7 **2005 年竹舟江苗族乡行政村基本情况一览表**

村别	村民小组（个）	户数（户）	人口（人）	面积（公顷）			居民点或自然村庄地名（组次）
				总数	其中		
					耕地	山林	
白洋滩	8	237	959	683	47	403	半边月（1、2 组），老团（洋善冲 3 组、老团 4 组），大起湾（3 组），三角丘（5 组），郑家（郑家界）（6 组），半坡田、俫冲子（7 组），白洋滩、白米丘（8 组）
联溪	6	165	592	537	44	298	栗山冲（1 组），半坡田（2 组），联溪（上石榴）（3 组），石榴头（下石榴）（4 组），大湾田（5 组），石盘（6 组）
新团	11	240	1080	776	61	469	寨脚、李子湾（1 组），岩湾（2 组），蓑衣田、岩板田、下村、红合冲（3 组），坳头（4 组），吴家、堆子田、枫木冲、上房冲、林家（5 组），老冲头（6 组），杨家田、桃子盘、老屋里（7 组），新团（火炭头）（8 组），种田冲（9 组），坳丘（10 组），箬箕洞（11 组）

续表 24-2-7

村别	村民小组（个）	户数（户）	人口（人）	面积（公顷）			居民点或自然村庄地名（组次）
				总数	其中		
					耕地	山林	
彭家	12	326	1320	1395	126	912	彭家（彭家1组、利溪2组、兴隆3组、竹尾4组），杨家团（5组），白蜡湾、恶蛇冲、匡家湾、老湾（6组），侯家、桐木冲（7组），大坳场、李家湾、老屋场（8组），韦家（9组），公会冲、苑家、寨脚（10组），赵家、岔冲（11组），小垒冲（小利冲）、王家界（12组），独岭界（2、6、12组）
竹舟江	10	295	1250	834	72	525	刘家（1组），肖家冲（2组），竹舟江（上节街3组、下节街4组、洗菜江5组），栗林口、黄家湾（6组），过水步（过水坡）（7组），长界（8组），唐家、稠木洞（9组），王泥盘、野柿冲（10组）
鸡子头	5	116	517	447	45	278	张家（1组），白岩形（2组），鸡子头（3组），七星岩、寨背冲（4组），干鱼田（5组）
塘湾	12	369	1441	1217	126	717	胡家、金家（金家界）（1组），塘湾、葫芦坪（于家畔）（2组），堆上（3组），梨子湾（4组），枫木冲、蒙家湾（5组），黎家（6组），黄氏田（王丝田）（7组），黄瓜冲（12组），庄家（8组），捧塘（9组），正团（11组），宋家（10组）
万林湾	11	184	723	901	61	619	龙家界、小栗山（1组），瓦厂界（胡家团2组、瓦厂界3组），陆家（4组），大长冲（5组），何家、兰苔冲（6组），岩冲、刘家（7组），万林湾（万林湾8组、新月盘9组），杨柳田（11组），马鞭田、白蜡湾（10组）
新田	4	87	309	362	26	222	刺门口（1组），新田（2组），翁胜洞（翁胜洞3组、新建4组）

第八节　东山侗族乡

概况　东山侗族乡地处县境西端。东山一名来历有二：一说古时该地隶属靖州，且在靖州飞山之东，为东山里，后简称东山；一说昔村西有山形似伞，村处山之东，而名东伞，方言“伞”“山”同音，日久演变为今名。乡境位于北纬26°32′30″～26°40′00″，东经109°48′45″～109°56′15″。东邻鹅公岭侗族苗族乡和朝仪侗族乡，南接在市苗族侗族乡和乐安铺苗族侗族乡，西毗靖州苗族侗族自治县寨牙乡，北连靖州苗族侗族自治县文溪乡。总面积116.82平方千米，占全县总面积的3.99%。乡治设东山村。2005年，全乡辖19个行政村，136个村民小组，4078户，16559人。总人口中：农业人口15987人，占96.49%；侗族和苗族15949人，占96.32%。当年全乡经济生产总值1.12亿元，财政收入98万元，农民人均纯收入2906元，居民储蓄余额5203万元，人均居住面积23.5平方米。

2005年，全乡有中学1所、中心小学1所、幼儿园2所、村办小学（含教学点）6所、乡农民文化技术学校1所、卫生院1所、村级卫生室19所、个体诊所14家、书店2家、图书室6

家、文化活动中心1家、民俗博物馆1家、录像厅2家、歌舞厅1家、乐队及演出团体3家，有各类体育运动场所20处。重要文物有三溪村的北宋播州知州杨正绾夫妇合葬墓、石桥村的北宋湖南宣抚处置副使龙宗麻家族墓、东山村的宋代杨氏飞山庙等。

沿革 民国末年，乡境为东鹅乡一部。中华人民共和国成立后，1950年11月，属第七区，含表华、横坡、东山、水口4个农会。1951年，乡境大部分属第九区，小部分属第十区。1955年，分属东山区和溪口区，含表华、瓮溪、横坡、东山、金子、路斯、双门、大坪8个小乡。1956年，上述8个小乡合并为东山乡。1958年9月，与鹅公岭、朝仪、乐安铺乡合建为东山人民公社。1961年调整公社体制时，原东山人民公社分设为东山、鹅公、朝仪和乐安铺4个公社。1984年5月，东山人民公社改为东山乡。1985年1月，东山乡改建为东山侗族乡。

环境资源 乡境地势西部和东南部较高，中部和西南部较低。全乡山地面积8067公顷，占总面积的69.05%；丘陵2995公顷，占25.64%；溪谷平原521公顷，占4.46%。境内山峰林立，西部有金子岭、登云山、城门头、大猴头，东部有白虎山，北部有黄栗山、马王界，南部有岩头坡、双门寨。老鸦溪发源于呼飘冲，由北向南流经横坡、东山、石桥、大坪、土溪等村后折向西南，流入靖州苗族侗族自治县境内；阳溪发源于登云山，由东向西经阳溪村流入靖州苗族侗族县；瓮溪发源于盘上田，自南向北经表华、瓮溪村流入靖州、会同。乡境属中亚热带山地型季风湿润气候区。因地处背风坡，年均降水量较全县平均降水量少，为1268.3毫米，属县内的少雨区；年平均气温16℃，日照1290小时，无霜期272～282天。境内有农业用地1086.07公顷，其中水田941.13公顷、旱地35.93公顷、园地109公顷，有林业用地9513公顷，活立木总蓄积量36万立方米，楠竹蓄积量71.04万根，森林覆盖率68.5%。

乡域经济 东山是全县重要粮油产区。辣椒在全县种植面积最大，1994年达240公顷，年产量逾3000吨，产值1000万元，加工生产的“绿洲”牌辣酱畅销省内外。养殖业以养猪和养牛最负盛名，是县内重要菜牛和生猪基地，东山花猪（又名黔邵花猪）是湖南省5个生猪良种之一。2005年，全乡粮食作物播种面积1134.47公顷，总产量8506.2吨（其中水稻941.13公顷，总产量7764吨），经济作物播种面积285.8公顷（其中油料作物186公顷）；养牛7605头、生猪21500头、家禽11.73万羽，农业总产值4316万元。林业产品和林副产品有原木、楠竹、竹笋、杨梅、香菇、木耳、五倍子、山苍子、油桐籽等，盛产茶油，与鹅公岭乡、朝仪乡共享“油海”之誉。2005年有油茶林1127公顷，为全县第二大油茶基地。2005年，全乡生产商品木材8100立方米，造林286.67公顷，幼林抚育793.33公顷，林业总产值650万元。是年，全乡有工业企业16家，工业产值1.32亿元，其中木材加工厂5家、粮食加工厂1家、油坊4家、肉牛加工厂1家、木炭加工厂1家、砖瓦厂4家；主要产品有指接板、松模板、细木工板、复合板、大米、茶油、牛肉等；规模较大的企业有兴华板业有限责任公司、华兴制板厂、华辉人造板厂、飞达木材加工厂和桥头木材加工厂。东山系绥宁、靖州、通道、会同4县边境及湘桂黔边界的重要边贸市场，尤以牛市和仔猪交易最为著名，高峰期年交易量分别达1.2万头和6.1万头，仔猪远销贵州、广西等地。2005年，全乡有农贸市场2处、商铺62家、各种商店超市97家、小型营业网点6个、个体商户70家，饭店旅社25家、美容美发店5家，社会商品零售总额3600万元。

靖洪国防公路、东文公路、东表公路贯通全境，分别通往靖州、会同、通道3县和绥宁县城，另有村级公路11条通达全乡所有村组。2005年，全乡汽车客运量14.6万人次，年货运量10.54万吨；100%的村组通电，年用电量116.29万千瓦时，有11个村完成农网改造；有乡办自来水厂1座。

表24-2-8　**2005年东山侗族乡行政村基本情况一览表**

村别	村民小组（个）	户数（户）	人口（人）	面积（公顷）			居民点或自然村庄地名（组次）
				总数	其中		
					耕地	山林	
瓮溪	11	357	1551	808	56	535	漆树脚（青树脚）、转角湾（架钩湾）（1组），暗田（2组），团底（团里）（3组），瓮溪（田坎脚4组、盘上5组、下坎6组、新屋场7组、岭头脚8组、塘头湾9组、岭上10组、大聘桥11组），煮羊冲（8组）
表华	8	261	1040	499	49	322	蒙天冲（满地冲）（1组），玉皇湾（2组），再园冲（3组），老屋湾（老屋冲）、冷水冲（4组），湾子口（5组），宁住冲、黄泥田（6组），黄家冲（黄家）（7组），青树脚、盘上田（8组）
谢庄	7	175	688	397	38	267	后寨头（1组），胡家（2组），老屋门口（3组），冲磨（4组），枞树脚（5组），老屋场、竹冲（6组），躲冲子（7组）
阳溪	7	179	734	752	44	499	水下（1组），冲口（2组），拱地冲（3组），朱嘴盘（栗木坳）、中华庵（4组），阳溪（下阳溪）（大山脚5组、桐木冲6组），上阳溪（7组）
横坡	13	263	1106	633	57	411	黄塘口（坳底1组、冲底2组、壕地3组），香炉头（1组），西塘木冲（西党冲）（4组），下水冲（5组），谢荷花（5、6组），坡冲、两头田（坡冲7组、半冲8组、塘湾9组、湾底10组），冲大园（冲大人）（11组），长塘冲、旱田冲（12、13组）
白岩冲	9	245	945	532	55	358	浮萍冲（黑塘斗）（1组），冲口（1、2组），马家湾（马家）、碑冲、双岭冲（2组），观音冲（3组），白岩冲（界脚）（4组），芒种祠、龙口头（5、6组），皮冲（7组），谢溪口（7、8、9组），曾家、杨大元（9组），过田（7、8组）
牛背岭	9	290	1233	577	65	379	黄家（1组），高寨（2组），陈家（火树寨3组、陈家8组），冲古塘（牛背岭）（4组），周家（4、5组），县干团（5、6、9组），坳场、冲巴（7组）
东山	17	884	3317	1288	142	779	上秦家（1组），白竹、谢家（2、3、16组），塘湾、冲井（4组），桥头团（桥头）（5、6、7、17组），东山（场上）（8、9组），井头冲（10组），田心（下田心11组、上田心12组），干溪头（甘溪头）（14组），洪龙坡（13组），冲巴寨、唐家、分水坳（15组）

续表 24-2-8

村别	村民小组（个）	户数（户）	人口（人）	面积（公顷）			居民点或自然村庄地名（组次）
				总数	其中		
					耕地	山林	
俊头	8	179	746	788	50	561	羊岩脚、山鳅（1组），众塘（仲塘）（2组），老庄田（3组），白蜡湾（4组），寨脚（5组），俊头田（6组），教导冲（7组），高竹（高脚）（8组）
路斯	4	124	542	467	34	297	代树脚（1组），坳背侧、枫木林（2组），大屋（大屋的）、竹山湾（3组），大田湾（4组）
洛界	2	51	218	305	14	211	洛界冲（1组），地麻山（2组）
大凼	4	101	428	569	28	394	蚂蚁塘（1组），大凼、半冲（2组），反子脚、陆家、蛤蟆洞（3组），下石头（4组）
石桥	8	190	775	356	43	226	老团（1组），杨家（2组），吴家（3组），鹅公团（4组），阴山脚（5组），水口（寨脚）（6、7组），冲洞（8组）
大坪	7	256	1114	1097	70	728	唐家坪（唐家团）（1组），大坪（大坪团）（2、3组），堆子上、岩寨（4组），塘冲（5、6组），大塘口（7组）
土溪	4	92	452	513	34	338	老屋场（1组），大楼门（2组），上牛团（3组），段家（4组）
三溪	5	88	379	313	25	185	冲梁界（冲岭界）（1组），下秦家（秦家冲）（1、2组），木林脚（2组），白腊冲、三溪口（3组），坳上、留后（流冲）（4组），芭蕉（芭蕉冲）（5组）
长界	3	80	322	627	24	493	上弓（1组），下弓（2组），长界（朝阳冲）（3组）
深坳	5	130	587	607	34	435	唐家冲（1组），深坳（上坎2组、下盘头3组、下坎4组），正头冲（2组），坳脚（5组）
乐荣	5	117	382	567	28	420	沙子田、定高冲（1组），枞树界、暗山冲（2组），黄泥田、岩湾（3组），大凼（4组），陈界头（5组）

第九节　朝仪侗族乡

概况　朝仪侗族乡位于县境西部，传古时杨朝仪最先在此定居，地以人名。乡境东与党坪苗族乡交界，南与在市苗族侗族乡毗邻，西与东山侗族乡连接，北与鹅公岭侗族苗族乡相邻。全乡总面积 46.394 平方千米，占全县总面积的 1.58%。乡治设朝仪。2005 年，辖 13 个村，65 个村民小组，1908 户，7853 人。其中：农业人口 1898 户、7655 人，占总人口的 97.48%；少数民族 7696 人，占 98%；新化柘溪水库移民 600 人，占 7.64%。全乡有中学 1 所、中心小学 1 所、幼儿园 1 所、村教学点或学前班 4 个、卫生院 1 所、村卫生室 13 所、乡文化站和广播站各 1 所、书店 1 家、乐队 4 家、体育活动场所 2 处。是年，全乡社会总产值 3903 万元，财政收入 66.9 万元，农民人均纯收入 2035 元，居民储蓄余额 1200 万元，人均居住面积 35 平方米。

沿革　民国末年，乡境为东鹅乡一部。中华人民共和国成立后，1950 年 11 月，属第七区，含朝仪农会及下白土农会一部。1951 年属第九区。1953 年，含朝仪、铁坡、翁培 3 个小乡。1955

年属东山区。1956 年撤区并乡，上述 3 个小乡与兰家等 4 个小乡合并为朝仪乡。1958 年 9 月人民公社化时，与东山、鹅公岭、乐安铺 3 乡合建为东山人民公社。1961 年 5 月调整公社体制时，从东山人民公社析置朝仪人民公社。同年 11 月，原朝仪人民公社析为朝仪、兰家 2 个公社。1984 年 5 月，朝仪人民公社改为朝仪乡，辖 13 个村。1985 年 1 月，改建为朝仪侗族乡。

环境资源　乡境地形西北高，东南低。丘陵面积 3174 公顷，占全乡总面积的 68.47%；山地 1347 公顷，占 29.06%；岗地 92 公顷，占 1.98%。有大小溪流 13 条，其中铁坡河发源于和团村丁家，经和团、铁坡、大冲 3 村流入在市境内，最后经党坪汇入莳竹水，为乡内流程最长、流量最大的河流；翁培溪发源于上翁，经翁培、田仔头村流至党坪汇入莳竹水，为境内第二大河流。乡境多年平均气温 15.8℃，日照 1280 小时，无霜期 276 天；年均降水量 1270 毫米，属少雨区，夏秋多干旱。2005 年，境内有农业用地 618.4 公顷，其中水田 426.4 公顷、旱地 58.67 公顷、园地 133.33 公顷；林业用地 2853 公顷，活立木蓄积量 11.6 万立方米，森林覆盖率 74.8%。

乡域经济　朝仪地处偏远山区，20 世纪 60 年代前，木材靠从溪河中放排输出，生产和生活物资则靠肩挑背负运进。1961 年始通汽车。2005 年，境内共有县道 1 条，长 12 千米；乡村公路 5 条，长 30 千米，100%的村和 78%的村民小组通路。全乡有 13 个村和 63 个组开通程控电话和通电，年用电量 35.5 万千瓦时，10 个村完成农网改造。

境内主要农林产品有稻谷、原木、辣椒、东山花猪、金秋梨、油茶籽、厚朴、杜仲、茯苓。2005 年，全乡有金秋梨 23.33 公顷，年产量 18 万千克；有油茶林 780 公顷，为全县第三大油茶基地；有厚朴 140 公顷，是闻名全市的“厚朴之乡”。当年全乡粮食作物播种面积 475.4 公顷，总产量 3519 吨（其中水稻 416.93 公顷，总产量 2983 吨），经济作物播种面积 282.53 公顷（其中油料作物 26.53 公顷、蔬菜 86 公顷）；采伐销售商品木材 3300 立方米，造林 73.33 公顷；养殖生猪 15312 头、家禽 27848 羽；农业总产值 2883 万元。是年，全乡有工业企业 3 家，其中木材加工厂 1 家、绞股蓝制品厂 1 家、电站 1 座，固定资产总额 200 万元，从业人员 25 人，工业总产值 820 万元。主要工业产品有杉木方、绞股蓝茶等。全乡有农贸市场 2 处、各种商店和服务行业 37 家，个体工商户 74 户，社会商品零售总额 762 万元。

表 24-2-9　**2005 年朝仪侗族乡行政村基本情况一览表**

村别	村民小组(个)	户数(户)	人口(人)	面积（公顷）			居民点或自然村庄地名（组次）
				总数	其中		
					耕地	山林	
表田	6	170	680	428	31	353	鹭鸶水（1组）、黄树脚（黄树脚2组、文冲仄3组），表田（报木塘4组、胡家5组、大屋场6组），豆地冲（4组）
老湾	3	66	256	212	18	182	两头田（下老湾）、大界头（1组），老湾（2组），肥田坳（3组）

续表 24-2-9

村别	村民小组(个)	户数(户)	人口(人)	面积（公顷）			居民点或自然村庄地名（组次）
				总数	其中		
					耕地	山林	
朝仪	7	222	928	486	60	377	大方田（1组），吴家（吴家冲）（2组），朝仪（阳火冲3组、井水冲4组、三角塘5组、高寨头6组），龙家（7组）
隘门	5	153	586	402	42	331	两江口、燕子塘（1组），大界上（梁家冲2组、邹家冲3组），寨头（4组），和平（和平塘）（5组）
茶冲	5	115	490	274	33	226	茶冲（黑冲1组、寨上2组、冲头湾3组、冒巴冲4组），内头（1组），葛麻冲（5组）
郭冲头	3	91	360	188	20	155	郭冲头（兴发湾1组、王家界2组），菜田冲（1组），荒田冲（蚂蚁堂）（3组）
大冲	5	117	505	293	33	237	桂花树脚（1组），土墙屋（杨家庄）（2组），湾底（3组），铜盆塘（4组），楠竹湾（5组）
铁坡	7	218	896	437	51	355	盘上田（1组），大路脚、桐油冲、下界冲（2组），磨石脚、老塘（3组），磨坳（4组），铁坡（5组），木江田（6组），吴家头（7组）
和团	6	213	862	483	50	393	丁家（1组），圳水冲（2组），大院（大园）（3组），何家（4组），笕界脚（5组），陈家湾（6组）
上翁	4	139	613	342	35	290	坑堵（坑头）、斋当头（1组），中间屋、黑木林、林家、甜竹冲（2组），塘坳上、蚂蟥冲、黄泥冲、大湾（3组），对门冲（4组）
翁培	7	174	813	479	58	394	龙家（1组），竹山湾（2组），三角塘（中间塘）（3组），上祠堂（4组），青岩寨（5组），园山脚、黄狗恋窝（东瓜冲）（6组），花鼓山、竹林头、枫木湾（7组）
田仔头	4	110	404	379	28	335	上冲（杨家、于家1组，龙家2组），下冲（3组），范家（4组）
大塘冲	3	61	240	232	16	204	大塘冲（塘里）、杨家湾（1组），丫叉地、下板冲（2组），盘上田（3组）

第十节　鹅公岭侗族苗族乡

概况　鹅公岭侗族苗族乡位于县境西边，因乡治附近有一山岭形似“鹅公”而名。乡境东连竹舟江苗族乡和党坪苗族乡，南接朝仪侗族乡，西邻东山侗族乡，北界靖州苗族侗族县文溪乡及会同县金子岩侗族苗族乡和沙溪乡。总面积 72.31 平方千米，占全县总面积的 2.47%，其中耕地 657.27 公顷，山地 5112.8 公顷。乡治设鹅公岭村，距县城 45 千米。2005 年，全乡辖 17 个行政村，112 个村民小组，3014 户，11953 人，侗、苗族占总人口的 99.60%，农业人口占 97.39%。全乡有中学 1 所、中心小学 1 所、村办小学（教学点）17 所、乡卫生院 1 所、医疗诊所和村卫生室共 19 所；乡建图书馆、电影院、有线电视室、文化站、广播电视站、苗乡文化活动中心各 1 个，及鹅公岭民俗戏楼 1 座；有业余文艺队 9 个，业余体育队 17 个，每年开展各种文体活动 20 余次。

沿革　民国末年，乡境为东鹅乡一部。中华人民共和国成立后，1950 年 11 月，属绥宁县第七区，含 4 个农会（1952 年农会改为小乡）。1951 年，属第九区（后改称东山区）。1953 年 6 月，含鹅公岭、寨头、上白土、佳马、下白土、高坪、老团 7 个小乡。1956 年 6 月，上述 7 个小乡合并为鹅公岭乡。1958 年 9 月，与东山乡、朝仪乡、乐安铺乡合建为东山人民公社。1961 年 5 月，从东山人民公社析置鹅公人民公社。1981 年 11 月，更名为鹅公岭人民公社。1984 年 5 月，改为鹅公岭乡，辖 17 个村。1985 年元月，改建为鹅公岭侗族苗族乡。

环境资源　乡境地势西南部较高，东部和北部较低。地貌以低山、高丘为主，山地、丘陵交错分布，分别占全乡总面积的 50.86%和 48.83%。主要山峰有宝顶界、文界上、蒿菜坪、观音坡、尖界头、大木坳、白里寨等，位于上白村宝顶界的玉台山，海拔 787 米，系境内最高峰。东部的文溪发源于上白村，从北至南经下白、拱桥形、文溪村流入党坪汇入莳竹河；乡西鹅公水（下游称大坪江）发源于高品头村，自南向北经太平冲、鹅公岭、地胡村流入靖州、会同汇入木栗溪。境内多年平均气温 16℃，年降水量不足 1300 毫米，属县内的少雨区。境内有山林 4849 公顷，活立木蓄积量 16.2 万立方米，活立竹 18.55 万株，森林覆盖率 66.5%，其中油茶林 1453 公顷，系全县最大的茶油生产基地；有水田 612.6 公顷，旱土 44.67 公顷，园地 42 公顷。

乡域经济　乡域经济以农业和林业为主，农林产品有原木、茶油、稻谷、辣椒、柑橘、杜仲、东山花猪等。20 世纪 80 年代后，全乡通过调整产业结构，发展多种经营和农林产品精深加工，突破传统经济模式。2005 年，全乡粮食作物播种面积 698.13 公顷，总产量 4756 吨（其中水稻 612.8 公顷，总产量 4412 吨），经济作物播种面积 232.67 公顷；养牛 1236 头，养猪 9700 头，饲养家禽 4.3 万羽；年产商品木材 1500 立方米，抚育幼林 553.33 公顷，造林 73.33 公顷；有工业企业 3 家，当年发电 21 万千瓦时，加工木材 1300 立方米；有各种商业服务店 160 家，乡政府所在地鹅公岭是绥宁、靖州、会同三县重要的边贸市场和农副产品传统集散地。是年，全乡社会总产值 4976 万元，其中农业总产值 3616 万元、工业总产值 1060 万元，社会商品零售总额 1159 万元，财政总收入 47 万元，农民人均纯收入 1508 元。

基础设施　1978 年，乡内仅有表田至品溪 1 条公路。改革开放后，各村陆续修建通村简易公路。1980 年，首次开通县城至鹅公岭的客运班车。1995 年和 1997 年，界鹅公路、东鹅公路先后开工。1997 年开始，各村开通程控电话；2004 年，移动电话信号覆盖全乡。2001 年，有 10 个村完成农村电网改造。2005 年，在鹅公路硬化工程启动。是年，全乡共有县、乡、村各级公路 35 条，计 117 千米；有高压配电线路 27.5 千米、低压配电线路 93.6 千米、配电变压器 28 台、自来水设施 3 处，100%的组通路、通电。

表 24-2-10　　2005 年鹅公岭侗族苗族乡行政村基本情况一览表

村别	村民小组（个）	户数（户）	人口（人）	面积（公顷）			居民点或自然村庄地名（组次）
				总数	其中		
					耕地	山林	
鹅公岭	4	142	807	199	24	107	鲤鱼脚、猪口（1组），大塘、沈家（2组），老场上（3组），场上（4组）
文溪	8	173	681	600	50	429	文岩头（1组），文溪头（2组），竹山冲（3组），油麻冲（7组），下宋家（4组），宋家（上宋家）（5组），桐木洞（6组），蒋家水（8组）
拱桥形	5	107	454	386	37	275	园坡崽（1组），拱桥形（桥上）（2组），芭蕉湾、田家（3组），牛角冲（4组），千家冲（5组）
下白	7	172	683	321	43	214	老屋场（1组），桥地坪（2组），半冲（张公田）（3组），构树湾（4组），忠马田（5组），杨家湾（6组），南京田（7组）
上白	10	280	988	689	69	483	内禾冲（1组），弄洞科（2组），沙坝头（3组），寨头田（4组），孟冲（5组），土木冲（6组），老竹湾（7组），花树堂（8组），牛背岭（9组），鹅谷田（10组）
佳田	6	175	676	523	43	402	盘路脚（1、2）组，中间团（3、4组），坳头口（5、6组）
佳马	8	186	810	356	43	248	桐木湾（1组），塘湾田（2组），高坎屋（3组），小湾子（4组），团里（5组），海名冲（6组），新田湾（7组），龙家（8组）
陈家冲	7	150	665	368	32	269	陈家冲、冲头（大水冲）、寨脚塘（1、2组），老屋冲（3组），老坝头（4组），吴家（5组），杨家湾（6组），内古冲（7组）
金坑	9	240	960	515	58	347	大盘田、无数冲（1、2组），岩头冲（3、4组），棉花塘（5组），上湾（6组），金坑塘（7、8组），晏田（9组）
高品头	5	124	487	217	35	132	黄牯冲（1组），新田头（新田冲）（2组），盘路上（3组），胡家湾（4组），下高品、大方田（5组）
俵团	7	163	671	384	43	283	井水湾（1组），俵团（2组），大柴脚、窄山头（3组），杨家湾、堆子头（4组），竹英冲（5组），简仕坳、鹅公塘（6组），龙家（荷木湾）（7组）
老塘	8	227	908	587	38	420	浪冲（1组），下塘（下团）（2组），老塘（拱桥形）（3组），海角进、油火塘（4组），龙象田（寨公田）（5组），陋冲（路冲）、铁猴冲、姚家（6组），大木口、双冲（7组），千竹冲、清水冲（8组）
地胡	4	107	472	329	16	251	路行塘、大头园（1组），牛头冲（冲头园）（2组），团里（3组），厅上圆（4组）
壕地	4	90	360	266	16	203	壕地（1、2、3组），牛丫塘（4组）
刘家	7	170	703	649	35	473	枫木坳（1组），龙珠坳（2组），大田勘头（3、6组），杨家、见凼（4、7组），晏家、李家（5组）
寨头	5	112	456	403	23	289	塘坎头（1组），老屋湾（2组），新屋湾（3组），两江口（4组），三口路、竹山湾（5组）
太坪冲	8	189	831	438	44	289	蒙家、梅子头（1组），杨家、便宜田、大湾头（2组），游家河（3组），魏家（4组），周家、龙氏田（5组），陈家、羊马塘（6、7组），糜家（8组）

第十一节　在市苗族侗族乡

概况　在市苗族侗族乡（2013 年 8 月更名为寨市苗族侗族乡）位于县境西南部，东接长铺子苗族乡，南邻黄桑坪苗族乡，西连乐安铺苗族侗族乡和东山侗族乡，北界朝仪侗族乡和党坪苗族乡。全乡总面积 133.135 平方千米，占全县总面积的 4.55%。乡治设在市。2005 年，辖 20 个行政村，2 个居委会，139 个村民小组，12 个居民小组，4230 户（其中居民户 981 户），15592 人（其中非农业人口 1720 人）。总人口中，少数民族人口 12731 人，占 81.65%，其中苗族 10721 人、占 68.76%，侗族 1992 人、占 12.78%。在市，原名石城，传为诸葛武侯所筑，清初更名在城，后更名在市，寓其地在市内之意。唐至北宋前期为州治，宋元丰四年（1081）置县起至 1954 年 10 月一直为县治所在地。民国 22 年（1933）始置在市镇。

沿革　1950 年 11 月，乡境分属第一区和第七区。1951 年分属第一区和第九区。1955 年分属在市区和东山区。1956 年 6 月，分属西河、朝仪、龙塘 3 乡和在市镇。1958 年 9 月，分属在市人民公社和东山人民公社。1961 年 5 月，分属在市人民公社和从东山人民公社析置的朝仪人民公社；9 月，分属朝仪人民公社及由在市人民公社分置的在市镇和西河人民公社；11 月，分属在市镇、西河人民公社和由朝仪人民公社析置的兰家人民公社。1966 年 2 月，在市镇并入西河人民公社。1981 年 11 月，西河人民公社改名为在市人民公社。1983 年 3 月，从在市人民公社析置在市镇，辖西河、东门、江背 3 个大队和城内、西正街 2 个居委会。1984 年 5 月，在市人民公社和兰家人民公社分别改乡；1985 年 1 月又分别改建为在市苗族侗族乡和兰家侗族苗族乡；1992 年 8 月和 1995 年 6 月，两乡先后并入在市镇。1996 年 11 月，撤销在市镇，改建在市苗族侗族乡。

环境资源　乡境地势东南部和西部高，中部和北部低。有山地面积 5544 公顷，占全乡总面积的 41.64%；丘陵 6222 公顷，占全乡总面积的 46.73%；岗地 1058 公顷，占 7.90%；溪谷平原 260.3 公顷，占 1.95%。矗立乡境东南的云雾山，主峰海拔 963.1 米，为全乡最高点。乡境年均气温 16.7℃，年均降水量 1400 毫米。全乡有农业用地 1246.33 公顷，其中水田 1096.87 公顷、旱地 55.46 公顷、园地 94 公顷；有林业用地 9160 公顷，活立木蓄积量 50.80 万立方米，楠竹 70.92 万根，森林覆盖率 72.5%。有大小溪河 21 条，年径流量 6170 万立方米；莳竹水从黄桑坪苗族乡入境，自南向北流经石门塘、西河、江背、岩塘村，境内流长 17 千米；至 2005 年，全乡已建成岩塘、东风、下寨、岩坝塘 4 座电站，总装机容量 1250 千瓦。重要名胜有云雾山和云雾寺，重要文物有古县城遗址、明代安平观铁钟、明代仰高亭碑、清代护林告示碑、清代虎溪书院章程碑、正板古民居、张家窨子屋、在市老街、高山哨所、抗日阵亡将士纪念碑、红七军征战绥宁指挥所（邓小平征战绥宁指挥所）遗址等。

乡域经济　农业和林业为全乡两大支柱产业。主要农作物有水稻、薯类、油料、蔬菜、水果和药材，并以无核椪柑、西瓜、蓝莓、反季红茄尤为著名；养殖业以家畜和家禽饲养为重；林产品以原木为主，为全县重要的商品木材生产基地。2005年，全乡粮食作物播种面积1072.2公顷，总产量7720吨（其中水稻937.67公顷，总产量6822吨）；油菜播种面积276.67公顷，蔬菜播种面积863.33公顷（其中反季节蔬菜100公顷），水果种植面积320公顷（其中柑橘140公顷、西瓜40公顷）；饲养生猪26700头、肉牛7700头、家禽18.25万羽年；生产商品材10200立方米，造林180公顷。全年农林业总产值5699万元。是年，全乡共有工业企业22家，从业人员360人，工业总产值3962万元；主要工业产品有单板、滑板、高级太阳伞、机砖等，重点企业有莳竹木业、金宁木业、红霞滑板厂、永兴木制板厂、下寨砖厂、岩塘电站等。在市自古为湘西南有名的小商品集散地和县内重要的集贸市场，素有“绥宁南部经济码头”之称；2005年，全乡有集贸市场2处，各类商业服务店276家，全年社会商品零售总额1380万元。是年，全乡社会总产值1.36亿元，财税总收入126万元，农民人均可支配收入1980元。

基础设施 在市地处湘中通往湘西南的咽喉地带，古有莳竹水连通巫水，水运可直达洪江；今有省道S221线横贯乡中，连接通道、靖州、会同等县；县道在黄公路自乡境东南部至黄桑坪，在品公路经乡境北部再经朝仪、鹅公岭达会同品溪；54条乡村公路和机耕道纵横交错，计100余千米，通达全乡所有村组。1995年，全乡先后投资360万元，安装开通程控电话；1998年后，全乡先后修建移动和联通信号发射塔5个，天线通信信号覆盖全乡。2000年，全乡投资100万元基本完成农村电网改造；同年，九龙大道完成水泥硬化，商贸街建设启动，并逐步带动新城区的开发和老城区改造。

2005年，全乡有完全小学1所、村小8所、幼儿园1所，在职老师84人，在校学生849人。有民族医院1座、村卫生室12个，医务人员36人，病床25张；在市民族医院始建于20世纪60年代，现每年接诊7000人次。乡内建有文化站和广播电视站，电视入户率95%。有书店2家，图书阅览室和电影院各1个，在建文化活动中心1座，各类体育运动场所3处。有自来水厂1座，各村组大小自来水设施85处，90%的村民用上自来水。

表24-2-11 **2005年在市苗族侗族乡行政村、居委会基本情况表**

村（居）别	村（居）民小组（个）	户数（户）	人口（人）	面积（公顷）			居民点或自然村庄地名（组次）
				总数	其中		
					耕地	山林	
利试	6	137	613	468	44	321	夏家（1、2组），利试（3组），官团（4组），冲头（5组），大界头（6组）
马田	6	123	550	410	41	270	马田口（1组），落凰田（乐皇田）（2组），塘冲（3组），鹞塘（4组），千家寨（5组），秤塘冲（6组）
正板	10	263	1082	815	79	499	湾地（老湾）（1组），老屋场（2组），元井塘（3组），大树脚（4组），正板（5组），寨坳（6组），三塅田、大陆家、盘山林（9组），轿子停（轿子田）（7组），大塘（8组），野鸡冲（7、9组），长界（10组）
竹桥	7	143	602	389	47	244	枹木冲（1组），白泥湾（2组），卿家（6组），墓库湾（磨库湾）、董家（3组），大田湾（大地湾）（4组），通宝场（5组），乌党坳（7组）

续表 24-2-11

村（居）别	村（居）民小组（个）	户数（户）	人口（人）	面积（公顷）			居民点或自然村庄地名（组次）
				总数	其中		
					耕地	山林	
朝太	2	63	245	163	17	98	朝太（1组），岩冲（2组）
大湾	3	72	286	151	21	91	下板冲（1组），上湾（2组），下湾（3组）
高仓	6	110	476	393	39	253	白腊园（1组），狮子湾（2组），竹园（3组），枫木湾、野鸡田（4组），洋红背（5组），龚家（6组）
兰家	7	190	798	518	50	335	板栗溪（1组），躲翁培（2组），龙家（3组），大冲口、盆子冲（4组），兰家（5组），紫家（祖脚）（6组），钟家（7组）
白寨	8	225	1034	865	76	531	界头（1组），上白寨（2组），布机冲（3组），沙圻（4组），清水湾（5组），新屋场（6组），翁江冲（7组），竹麻坪（8组）
下铁坡	3	46	178	168	14	102	竹牛田（1组），下铁坡（2组），江家塝、庵堂冲（湾堂冲）（3组）
鳌添	4	94	407	331	24	230	躲边江（1组），大边江（2组），狮子岩（3组），坳杆头、大炉田（4组）
下寨	12	270	1136	1061	92	760	幸家湾（1、2组），窑孔塘（2组），袁家（3组），泡子塘（4、5组），马家冲（6组），旧柴冲（7组），上冲（8组），林家（9组），高岩（高矮）（10组），养牛坡（11组），车头、蒋家界（12组）
岩塘	11	218	956	813	74	589	张家塝（1组），袁家湾、打岩寨（2组），王家（3组），小兰（4组），柳丘田（5组），苏家坝（6组），龙洞冲（7组），梓塘（8组），丰家、大井冲（9组），李家（10组），麻燕湾（麻叶湾）（11组）
石门塘	3	97	406	700	45	527	花桥头、石榴花、坳脚、枞树塘、马家田（1组），陡滩、和尚田、车塘冲、半界（2组），文坝、毛家冲、宋家冲（3组）
西河	7	176	748	450	43	263	三星塘（1、2组），大坪（5组），土地坳、半界（6组），岩坝塘（3组），对河桥（雷打岩、和尚坳、窄泥冲、两路口）（7组），矮寨、狮子界、寨脚塘、猫子冲、杉树湾、井水湾（4组）
江背	9	185	764	427	50	280	苏家巷（苏上1组、苏下2组），江背（江上3组、江下4组），龙家湾（5组），小金溪（6组），茶树脚（7组），龙家寨（8组），山门（9组）
东门	6	150	648	505	43	406	东门（小东门1、6组，老东门2、3组），磨刀水（4、5组），九龙观（3、4、5组）
十里铺	7	181	710	851	61	621	杉木桥（1组），地家田（5组），沙子盘、幸家湾（2组），桥头坪（6组），界坡头（3组），新屋场、上弓（7组），十里铺、黄花冲（4组）
长溪	12	231	1059	977	105	719	墙背后（1组），肖家团、烂田湾（2组），高宅头（4组）蒋泥湾（5组），冲口团（6组），易家团（易家内3组、易家外4组、易家团12组），叶家山（7组），上者也（8组），鹅形（9组），板岭塘（10组），钟家湾（11组）

续表 24-2-11

村（居）别	村（居）民小组（个）	户数（户）	人口（人）	面积（公顷）			居民点或自然村庄地名（组次）
				总数	其中		
					耕地	山林	
李家湾	10	274	1174	2224	124	1851	李家湾、上坳（1组），张家湾、楼梯界、古墙冲、偏岩桥、程家（2组），高塘界（3组），漏溪（4组），大界脚、板塘（5组），下龙、栗树界、洞冲、半坡田（6组），岩屋溪、枫木湾、溪口（7组），金鸡头（8组），杨冲头（9组），长冲（10组）
城内居委会	5	633	814		8.1	3.3	
西正街居委会	7	348	846		1.7	9.3	

第十二节　乐安铺苗族侗族乡

概况　乐安铺苗族侗族乡地处县境和邵阳市西南边陲，位于绥宁、靖州、通道三县交界之地。因该地民众安居乐业，昔为中南地区通往广西、贵州的驿道，且设有店铺供过往行人食宿，故名。乡境东部和北部与在市苗族侗族乡相连，南部与通道侗族自治县杉木桥乡交界，西部与靖州苗族侗族自治县寨牙乡接壤，东南角和西北隅分别与黄桑坪苗族乡和东山侗族乡毗邻。总面积 106.112 平方千米，占全县总面积的 3.63%，其中林地面积 9133 公顷、耕地面积 619.7 公顷。乡治设乐安铺。2005 年，全乡辖 11 个行政村，77 个村民小组，2564 户，9194 人，其中农业户 2257 户、8697 人。境内居民有苗、侗、汉等 7 个民族，其中：苗族 6049 人，占全乡总人口的 65.79%；侗族 1477 人，占 16.04%；汉族 1024 人，占 11.14%。是年，全乡社会总产值 3.21 亿元，财税总收入 140 万元，农民人均纯收入 3948 元，人均住居面积 38 平方米，居民储蓄余额 1678 万元。

2005 年，全乡有中学 2 所、中心小学 2 所、村级小学（教学点）9 所、卫生院 2 所、乡文化站和广播电视站各 1 个、具有民族特色的民俗古楼和中心广场各 1 个。联丰村为湖南省第一个山区电视村，中心、文江、乐安、天堂、黄佳水、大团、联丰、杨柳、大冻 9 村为全县首批小康村。乐安铺乡为邵阳市第一批小康乡镇，并先后获得全国创建文明村镇工作先进单位、全国婚育新风进万家活动先进单位、全国第一次经济普查先进单位、湖南省文明村镇等荣誉称号。

沿革　民国末年，乡境大部为杉溪乡属地，小部为在市镇、东山乡、石岩乡属地。中华人民共和国成立后，1950 年 11 月，分属绥宁县第一区和第七区。1951—1955 年，乡域大部分属第一区（在市区）和第十区（溪口区），小部属第九区（东山区）。1956 年撤区并乡后，乡境绝大部分分属西河乡和乐安铺乡，一小部属龙塘乡。1958 年 9 月，分属在市人民公社和东山人民公社。1961 年，分别从在市人民公社和东山人民公社析置联丰人民公社和乐安铺人民公社。1966 年，乐安铺人民公社并入联丰人民公社，1981 年 11 月，联丰人民公社更名乐安铺人民公社。1984 年 5 月，改乐安铺人民公社为乐安铺乡；12 月，从乐安铺乡分设联丰乡。1985 年 1 月，两乡分别改为民族乡。1995 年 6 月，两乡再度合建为乐安铺苗族侗族乡。

环境资源　乡境多山地和丘陵，森林资源丰富。山地面积占全乡总面积的67.41%，丘陵面积占30.88%。全乡活立木总蓄积量168万立方米，楠竹蓄积量97.40万株，森林覆盖率86.38%。其中松木蓄积量140万立方米，居全县第一，有“松树王国”之称；天堂界保护小区的松树林树干高达50余米，直刺云霄，蔚为壮观。乡内盛产松木、松脂、杨梅，年均产商品木材1.2万立方米，为县内三大商品木材生产基地之一。

集镇建设　乐安铺素有邵阳市“南大门”之称，S221线和S319线在此交会。1995年起，全乡以“城镇活乡”为先导，先后完成乐安铺主要街道两边100多座旧房拆迁，新建门面128个；投资151万元硬化乡民营大道1.2千米；投资11万元修建下水道2千米；投资30万元在中心广场安装高杆灯1座，开通路灯40盏；投资120万元建成日供水400吨的自来水厂1个，并改造集镇区自来水主网管道；投资14万元修建农贸市场和仔猪交易所各1个，农贸市场可容纳摊位300个；投资42万元完成6个村农村电网改造；开通程控电话1600门，开通移动通信基站2座、联通通信基站1座，网络覆盖率95%；100%完成乡内重点道路硬化，有9个村陆续建成通村公路。至2005年，小城镇建设初具规模，乐安铺逐渐成为周边地区经济文化活动中心。

经济发展　乐安铺为全县民营经济试验区。2005年，全乡有民营企业181家，其中木材加工企业11家、冶炼厂1家、砖瓦厂3家、药材加工企业13家、饮食和服务店153家；年加工木材9906立方米，主要产品有滑翔板、单板、模板等；年加工茯苓263万千克，年产“九九硅”1400吨；民营企业年总产值2.8亿元；规模企业有乐安顺泰胶合板厂、乐安虹力体育器材厂、乐安竹木制板厂、永泰制板厂、乐安合升板业公司、宏泰锰业有限公司等。农业逐步形成以文江、杨柳、联丰村为重点的精品水果基地，以中心、瓦窑、天堂、黄佳水村为重点的中药材基地，以大冻、大团村为重点的花卉苗木基地及以多龙、杨柳村为重点的山羊养殖基地；并先后组建有尖顶油栗、山羊、精品水果、中药材、苗木花卉、食用菌等6个种养技术推广协会。2005年，全乡粮食作物播种面积705.13公顷，总产量6408吨（其中水稻584.2公顷，总产量4452吨）；油料作物播种面积116公顷，油菜籽总产128吨；种植药材95公顷，其中茯苓5万窖、总产量2200吨，天麻2万窖、总产量105吨；养牛2312头，养猪19830头，养羊1768只，饲养家禽17.84万羽，农业总产值4901万元。

表24-2-12　　**2005年乐安铺苗族侗族乡行政村基本情况一览表**

村别	村民小组（个）	户数（户）	人口（人）	面积（公顷）			居民点或自然村庄地名（组次）
				总数	其中 耕地	其中 山林	
乐安	5	132	466	595	15	492	乐安铺（上街1组、下街2组），悬岩脚（贤岩脚）（3组），缺塘（4组），毛坳子（5组）
杨柳	5	154	632	628	45	527	王家、向家（1组），杨柳冲（团里）、大湾（2组），大跃、秧田冲（3组），端板岭（4组），龙家、岩树脚、白岩梁（5组）

续表 24-2-12

村别	村民小组（个）	户数（户）	人口（人）	面积（公顷）			居民点或自然村庄地名（组次）
				总数	其中		
					耕地	山林	
多龙	4	165	668	1191	56	1069	上团（1组），下店（2组），上店、水山界（3组），大路、丁塘界（4组）
黄佳水	5	155	607	871	51	739	湾里（1组），对江（2组），梨子田（3组），坳背（坳背后）（4组），扫杆岭（5组）
天堂	6	167	644	888	49	754	况家冲（1组），老屋、牙塘脚、文冲（2组），李家湾（3组），店上（4组），左家湾（5组），彭家冲（6组）
大冻	9	240	996	1508	82	1155	花马洞（花岩）（1组），肖家背、大冲、黄狗冲、半冲界（2组），大冻（团里3组、店上4组），唐坡头（3组），白竹塘（白举）（5组），尖岩界、石牛塘（6组），王家庄、庵堂冲（7组），下湾（8组），上湾（9组）
联丰	6	201	859	620	50	525	青家山（1组），伍家（2组），莲荷铺（店上）、錾字岩（3组），陈冲（詹家4组、陈家5组、台上6组）
中心	11	277	1068	942	74	663	干桥头（1组），板坡、大塘（2组），三十六冲（3组），生党（4组），板林（5组），中心塘（6组），团里（7组），寨头（8组），新荒田（新芳）（9组），莲花塘、木头田（10组），天堂铺（11组）
大团	6	222	890	817	54	553	上团（1组），大团（下团）（2组），王家（3组），俵冲头（4组），大湾（5组），躲湾（6组）
瓦窑	10	245	922	1054	71	697	瓦窑团（团里）（1组），老屋山（2组），崩当（崩塘）（3组），龙须坝（4组），燕子湾（5组），楠木湾、陈家坝（6组），新庄（7组），老屋界（8组），牛头岭（9组），平洋寨（平阳寨）（10组）
文江	10	250	928	1497	72	1170	上孟山（1组），下孟山（孟山）（2组），上团（3组），下团（4组），冲头园（5组），下坝冲（6组），下水（7组），万户塘（塘冲子）（8组），晚房冲（湾里）（9组），三口湾（10组）

第十三节　枫木团苗族侗族乡

概况　枫木团苗族侗族乡地处县境西北部，因此地古时多枫树而得名。乡境东邻武阳镇，南接长铺子苗族乡和河口苗族乡，西毗麻塘苗族乡，北连联民苗族瑶族乡和水口乡，东北角和东南角分别与瓦屋塘乡和堡子岭林场交界。全乡总面积 168.386 平方千米，占全县总面积的 5.75%。乡治设枫木团，距县城 26 千米（直线距离）。2005 年，全乡辖 10 个行政村，63 个村民小组，1704 户，6991 人。境内苗、侗、瑶、汉四族杂居，少数民族人口占全乡总人口的 63.17%。全乡有中学 1 所、低龄保育制学校 1 所、乡农民技术学校 1 所，卫生院 1 所、村卫生室和个体诊所 16 所，乡文化站和广播站各 1 所；卫星电视接收设备普及入户率达 98%，各种体育活动场所10处。是年，全乡社会总产值8121万元，财政收入231万元，农民人均纯收入3400元，居民储蓄余额1049万元，人均居住面积20平方米。

沿革　民国末年，乡境分属武秀乡和青坡乡。中华人民共和国成立后，1950年11月，分属绥宁县第三区和第六区，含印坪和枫木团2个农会。1951年6月至1955年3月，分属第三区和第八区，先后含2个小乡和4个小乡。1955年4月，分属武阳区和河口区，含5个小乡。1956年，原有5个小乡合并为枫木团乡。1958年9月，改建为枫木团人民公社；11月，与竹舟江、麻塘、联民3个公社合建为河口人民公社。1961年5月，从河口人民公社析置枫木团人民公社。1984年5月，枫木团人民公社改为枫木团乡，辖10个村。1990年3月，改建为枫木团苗族侗族乡。

自然环境　乡内地势北部高，南部低。境内群山起伏，层峦叠嶂，东、中、西部有3条北南走向的山脉并立，海拔1000米以上的山峰有银山、宝寨、黑岩山、卡竹田、套套山、炳山、福尔亭、土地堂、福个山、天生孔、张天堂、黄茅山、黄土丫、杨柳头、雷丫界、十里丫等20座。全乡山地面积1.5万公顷，占总面积的89.09%；丘陵1588公顷，占9.43%；溪谷平原157公顷，占0.93%。境内水能资源丰富，巫水河支流白岩水（下游称哨溪）发源于黄泥井村，经净溪、黄土江、印坪、白岩水村流入长铺子苗族乡汇入巫水；另一支流枫木团河（下游称河口溪）发源于秋木田村，经新屋场、枫木团、道口、界头炉村流入河口苗族乡汇入巫水。乡境属中亚热带山地型季风湿润气候区，多年平均气温14.3℃，降水量1472.6毫米，无霜期270天。

乡域经济　境内有农业用地303.4公顷，其中水田248.93公顷、旱地34.47公顷、园地20公顷。主要粮食作物有水稻、红薯、玉米、大豆等，主要经济作物有油菜、蔬菜、水果、药材等。2005年，全乡粮食作物播种面积279.87公顷，总产量2391吨（其中水稻249.27公顷，总产量1945吨），经济作物播种面积370.73公顷（其中药材167.67公顷）；全乡养牛970头，养猪4139头，饲养家禽46900羽；全年农业总产值1469万元。有林业用地15527公顷，活立木蓄积量83.79万立方米，其中松树25.67万立方米、杉树37.81万立方米、杂木20.31万立方米，楠竹蓄积量709.56万根，活立木和楠竹蓄积量分别居全县第三位和第四位；主要林产品和林副产品有原木、原竹、松脂、竹麻、竹笋、笋干、木炭、桐油籽、板栗、核桃、棕片、五倍子、山苍子、茯苓等，系全县三大商品木材生产基地之一；2005年全乡造林140.83公顷，幼林抚育304.19公顷，年产商品木材14649立方米，采伐楠竹40万根，出产冬笋360吨、茯苓13吨，林业总产值2452万元。有规模工业企业10家，其中竹木加工企业4家、电站4座、铁矿开采企业2家，另有1360户农户从事家庭竹帘加工；全乡初步形成竹木加工、铁矿开采、水电开发等支柱产业，规模较大的企业有合力铁矿公司、金鼎公司、枫木团电站等；2005年全乡工业总产值3900万元。

境内有两条主要公路，一条从长铺到黄泥井，一条从长铺经枫木团到河口，另有村级公路5条，通达全乡所有村组。全乡年汽车客运量21900人次，年汽车货运能力15万吨。100%的村组开通电话，全乡年用电量110万千瓦时，10个行政村于2001—2004年陆续完成农网改造。

表 24-2-13 **2005 年枫木团苗族侗族乡行政村基本情况一览表**

村别	村民小组（个）	户数（户）	人口（人）	面积（公顷）			居民点或自然村庄地名（组次）
				总数	其中		
					耕地	山林	
枫木团	10	169	613	1097	28	931	枫木团（田塅）（1、2、3、4、5、6 组），一甲团（一甲团 7 组、大园 8 组），江西坪(9 组)，牛路冲(10 组)
新屋场	5	143	590	1844	18	1620	兰家坪(3 组)，兰家坳(4 组)，大树脚、新屋场、白竹田(2 组)，张家团(1 组)，大灶炉（大灶屋）(5 组)
秋木田	4	119	502	2864	17	2608	岩屋冲、宝寨(3 组)，坪江、老屋场、槐花田(2 组)，朱砂洞(4 组)，江头炉、泡胀水、黄泥田、秋木田（1 组）
界头炉	3	117	493	1363	28	1083	套套山(1 组)，界头炉、岔路上(1、2 组)，实仓(3 组)
道口	12	243	906	1435	43	1171	道口（1、2、3、4、5、6、7、8、9 组），鲤鳞脚（9 组），中鼎坳、布家冲(11 组)，圳头炉(12 组)，缭缭树(10 组)
黄泥井	6	148	630	1162	16	1050	大麻石(5 组)，桥坪、三里冲(4 组)，纸焙冲（中院子 1 组、纸焙冲 2 组），黄泥井（1、2 组），老虎冲、晚房冲（2 组），姚人石(3 组)，朱家湾、塝上(6 组)
净溪	5	181	714	1429	16	1228	大黄家、倸黄家(2 组)，蔡家(5 组)，张家(4 组)，杨家、艾家(3 组)，吴家(1 组)，杨家冲（3、4 组）
黄土江	3	86	361	982	12	915	大团、刘家(1 组)，对江、桐油坪(2 组)，坪上(3 组)
印坪	7	276	1030	1851	55	1672	柳溪屋场、泥冲、长梅(5 组)，谭家(4 组)，印坪（印坪 1 组、弯里 2 组)，欧家、林家桥(3 组)，望洲(6 组)，坳脚、白菜园(7 组)
白岩水	8	221	965	2812	49	2461	唐湾(2 组)，邹炉冲(5 组)，上云寨(7 组)，下云寨（8 组），水碧圳、铁钉岩(1 组)，红竹坪(6 组)，白岩水(3、4 组)

第十四节　联民苗族瑶族乡

概况　联民苗族瑶族乡地处县境西北边陲，东临水口乡，南接枫木团苗族侗族乡和麻塘苗族乡，西毗会同县长寨乡和高椅乡，北接洪江市龙船塘瑶族乡和洞口县菲溪瑶族乡。全乡总面积 114.964 平方千米，占全县总面积的 3.93%。乡政府驻联民村。2005 年，辖 8 个行政村，68 个村民小组（同期县统计年报为 67 个村民小组，大黄村第 10 组五七林场未统计在内），1459 户，5776 人。其中，农业户 1397 户，农业人口 5641 人，占总人口的 97.66%；苗族 2945 人，占总人口的 50.99%；瑶族 410 人，占 7.10%；其他少数民族 156 人，占 2.70%。

沿革　民国末年，乡境属青坡乡。中华人民共和国成立后，1950 年 11 月，属第六区（先后改为第八区和河口区），含 3 个农会。1952 年和 1953 年，先后含 3 个小乡和 4 个小乡。1956年6月，境内4个小乡合并为联民乡，乡名寓“农民联合起来建设社会主义”之意。1958年9月，改建为联民人民公社；11月，与竹舟江、枫木团、麻塘3个公社合建为河口人民公社。1961年5月，从河口人民公社析置三寨人民公社。同年9月，三寨人民公社析为联民、麻塘2个公社；联民人民公社机关驻江抱，1980年迁至联民。1984年5月，改为联民乡。1990年3月，改建为苗族瑶族乡。

环境资源　乡境地势北、东、南三面高，中部和西部低。有山地面积10913公顷，占全乡总面积的94.93%，最高点为田螺旋村的高登山，海拔1581.4米，山上建有普照寺，为全市重点文物保护单位；地势最低点为江抱村香炉田塅河床，海拔290米。除高登山外，其他主要山峰还有北部的雪峰山、大土地坳、大撑界、独树界，东部的尖坡、大界、岩湾头、灰塘坳，南部的牛角界、土地坳、轿子亭、岩山脚等。乡内坡陡谷深，溪流湍急，水能资源丰富，已开发装机5300千瓦。江抱溪（又名古龙溪）发源于陶家村观音洞，为全乡主要河流，流经陶家、联民、马王桥、大黄、抱龙、江抱6村后入会同县长寨乡汇入巫水，境内流长28千米，流域面积92平方千米，多年平均流量1.9米^3/秒；境内东北有田螺旋溪，经田螺旋村汇入曲溪，最后流经洞口、洪江注入沅江。境内年均气温14.3℃，多年平均降水量1497毫米，年径流量1.03亿立方米。因降水大多集中在4～8月，加之山坡陡峭、河床狭窄，易形成突发性山洪暴发、河水陡涨和山体滑坡等地质灾害。境内有农业用地400.4公顷，其中水田313.8公顷、旱土50公顷；有山林7773公顷，活立木蓄积量60万立方米，活立竹725.04万根，森林覆盖率78%，活立竹蓄积量居全县第三位。

乡域经济　林业是全乡的支柱产业，林产品以红松、油杉著称。主要林副产品有松脂、冬笋、石竹笋、茯苓、桐油籽、山苍子等。2005年，全乡生产商品木材5700立方米，采伐楠竹18万根，人工造林47.5公顷，幼林抚育52公顷，“四旁”绿化12万株，楠竹丰产林培育67公顷，完成竹木税费211.5万元，林业总产值1115万元。当年全乡农作物播种总面积616.13公顷，其中粮食作物播种面积399.2公顷、总产量1974吨（其中水稻321.67公顷、总产量1785吨），经济作物播种面积216.93公顷；养牛1787头，养猪2815头，饲养家禽6.7万羽，全年农业总产值1252万元。有工业企业10家，其中木材加工厂4家、竹产品加工厂2家、梯级水电站4座，规模较大的企业有江抱建明木材加工厂、江抱采育场木材加工厂、绥宁鸿顺水电责任有限公司等；主要产品有松枕木、规格枋、包装板、竹筷、竹工艺品等，2005年全乡工业总产值2936万元。有集贸市场2处，各种商业服务店70家，个体工商户184家，社会商品零售总额560万元。是年，全乡社会总产值5610万元，全社会固定资产投资2780万元，财政收入86万元，农民人均纯收入1633元，居民储蓄余额900万元，人均居住面积35平方米。

基础设施　乡境地处偏远，20世纪80年代后，陆续建成麻塘至江抱、道口至江抱的公路，接通县城及邻近的会同、洪江、黔阳等县市，以后各村大力修建乡村道路。2005年，全乡共有县道11千米，乡道12千米，林道24千米，村道40千米，100%的村组修通简易公路；全乡有客运汽车8辆、货运汽车6辆、“爬山王”盘式拖拉机71台，年货运能力11万吨。2005年，全乡有高压配电线路36千米，配电变压器32台，100%的村、组、户通电，年用电量56万千瓦时；有程控电话1024部，手提电话236部；有中学1所、中心小学1所、学前班3个，在校中小学生447人，在职中小学教师58人；有卫生院1所、私人诊所2家、村级卫生室8个，乐队及演出团体2个，卫星电视地面接收站2个、各村组及农户自费安装的卫星电视接收机658个，各类体育场所22处。

表24-2-14　　2005年联民苗族瑶族乡行政村基本情况一览表

村别	村民小组（个）	户数（户）	人口（人）	面积（公顷）			居民点或自然村庄地名（组次）
				总数	其中		
					耕地	山林	
半冲	11	188	745	923	50	713	鹅梨大丘、牛角坝(1组)，于家(2组)，文焕门口（罗汉门口）(3组)，葛麻冲（各拉冲）(4组)，牛凼(5组)，欧州(6组)，上禾塘石（7组），下禾塘石(8组)，李家盘(9组)，雷打界(10组)，铜鼎界(11组)
江抱	7	204	789	838	53	627	江抱（上兰2、3组，下兰1组，坝塘角3组，店上4组，上黄5组，江头6组)，地盘(7组)
抱龙	8	215	808	1331	54	1069	畲里(2组)，寨背(1组)，兰家(3组)，唐家（4组），田垠(5组)，羊合冲(6组)，角庄(角庄7组、大屋8组)，老店场（7组）
大黄	10	176	667	1044	42	777	大黄(大黄3组、下福2组)，十里寨（十里寨4组、晒谷岩5组)，垄里(1组)，岩落盘(9组)，千丘田(十丘田)、半鼓垴（6组），横盘路(7组)，腊畲湾(8组)，五七林场（10组）
马王桥	9	156	604	894	65	619	大刘家(4组)，马王桥(马王桥3组、桐木冲5组、鸭禾冲1组)，栗林江(6组)，九牛塘（大岩盘5组、老王田5组、吃水冲2组、下冻冲7组)，新店（2组），颜家、杉木店（7组）*
联民	13	236	886	1734	60	1402	熊家(5组)，冷水溪(6、7组)，毛家、赵家(13组)，朱家(12组)，田垠(11组)，罗家盘、高里(10组)，架笕坳、庙冲(8组)，石板江(9组)，月亮田(2组)，大冲头(1组)，宋家（上宋3组、下宋4组)
陶家	5	164	572	1735	35	1553	陶家(1组)，洞上(2组)，林家水(3组)，翁十缸(5组)，袁家界、向家田(4组)
田螺旋	5	201	705	2998	42	2758	上兰家(1组)，下兰家、李家屋场(2组)，田螺旋（上田螺）、中田螺、下田螺(3组)，坳背、荒田（旱田）(4组)，小黄(5组)

说明：因户政管理编组有误，故马王桥村出现“桐木冲、大岩盘、老王田”3个自然村庄共用第五村民小组序号而第八、第九村民小组却无自然村庄相对应的现象

第三章　普通乡

1978年，全县辖26个公社。1982年，西河、庙湾等12个公社因地名规范更名，关峡、长铺子（和平）、黄桑坪公社改为苗族公社。1984年4—6月，公社改乡；12月，分别从乐安铺乡和黄土矿乡析置联丰乡和桃坪乡。1984—1996年，武阳和盐井等5乡先后改为建制镇。1985年和1990年，东山和枫木团等14个乡先后改建为民族乡。1995年，桃坪乡并入黄土矿乡。1996年末，全县有瓦屋塘、黄土矿、白玉、水口、梅坪5个普通乡，延至2005年未变。

第一节　瓦屋塘乡

概况　瓦屋塘乡地处县境北部，传古时多以茅草树皮盖屋，独此地以瓦盖屋者多，故名。乡境东邻庙湾林场和黄土坑乡，南接唐家坊镇和武阳镇，西毗枫木团苗族侗族乡和水口乡，北连金屋塘镇。总面积107.172平方千米，占全县总面积的3.66%。乡治设官路上。2005年，全乡辖17个行政村，148个村民小组（同年县统计报表为146个村民小组），5169户，19389人。总人口中，农业人口18891人，占97.43%；苗族6520人，占33.63%；侗族420人，占2.17%；壮族550人，占2.84%；水族210人，占1.08%；土家族240人，占1.24%。当年全乡社会总产值9961万元，财政收入64万元，农民人均纯收入2500元，居民储蓄余额1920万元，人均居住面积26平方米。是年，全乡有中学1所、中心小学1所、村级小学9所、村幼儿园8所、农民文化技术学校1所、新华书店1家、乡卫生院1所、村卫生室和私人诊所36家、录像厅2家、乐队1家、卫星电视地面接收站1个、篮球场12处，各村组有大小自来水设施1568处。重要文物有杨家堂村出土的新石器时代石斧、皮叶树村鸡公坡红军烈士纪念亭、白家坊村红军烈士纪念碑、小田村小红军“五点钟”烈士墓、瓦屋塘村紫阳山岳飞殿和岩湾村回龙寺等。

沿革　民国末年，乡境分属新民乡和兴平乡。中华人民共和国成立后，1950年11月分属绥宁县第四区和第五区，1951年6月分属第四区和第七区，含4个农会。1952年9月，含兴平、岩头、瓦屋塘、杨家塘4个小乡；1953年6月，含兴民、官路、冷水、岩头、瓦屋塘、杨家塘、新桥7个小乡。1955年分属唐家坊区和瓦屋塘区。1956年6月，分属兴民乡和瓦屋塘乡。1958年9月，分属瓦屋塘人民公社和唐家坊人民公社。1961年5月，分属瓦屋塘人民公社和兴民人民公社。1966年2月，撤销兴民人民公社，其所辖的和团、宝顶、小田、抱寨、光明、冷水、水庙、岩湾、双江9个大队并入瓦屋塘人民公社。1984年5月，瓦屋塘人民公社改为瓦屋塘乡，辖17个村。

环境资源 乡境西南有宝顶山脉向西北伸延至瓦屋塘，东北有鸡公坡山脉，故东、西、北部地势较高，南部和中间地带地势较低。山地面积占全乡总面积的70.43%，丘陵占18.53%，岗地占4.75%，溪谷平原占5.41%。最高点宝顶山，海拔1434.2米；最低点白家坊村八角亭下的大背水河床，海拔420米。境内层峦叠嶂，溪河交错，水能资源可开发量1175千瓦。龙头江发源于宝顶村的宝顶山，经双江、岩湾村流入唐家坊镇汇入扶水；观音江（扶水）发源于金竹村的金竹山，经三星桥、新桥、瓦屋塘、杨家堂、官路上、小田、白家坊村流入唐家坊镇；冷水江发源于水庙仔村的大胜山，经冷水、白家坊村汇入观音江。乡境多年平均降水量1516.7毫米，日照1310小时，无霜期284天，年平均气温15.6℃。2005年，全乡有农业用地1054.53公顷，其中水田990.33公顷、旱土57.53公顷；有林业用地5832公顷，其中楠竹林面积2401公顷，活立木蓄积量22.25万立方米，楠竹蓄积量590.25万根，森林覆盖率68%。

乡域经济 瓦屋塘乡系县内重要粮油产区、重要竹业乡和全省楠竹生产“星火计划”重点乡，白家坊村和小田村是有名的超级杂交水稻千亩示范基地。2004年9月，县农业开发办公室投资396万元，在白家坊、小田、皮叶树、杨家堂、瓦屋塘、新桥、三星桥、冷水村进行农业开发，共开发渠道工程35个，开挖渠道36千米，硬化渠道31.5千米，修筑拦河坝2座（可灌溉水田300公顷），修建机耕道5条（总长5.7千米），造林73.33公顷。2005年，全乡粮食作物播种面积1287.07公顷、总产量9171吨（其中水稻989.67公顷、总产量7738吨），经济作物播种面积426.33公顷；养牛5368头，养猪20835头，养家禽14.68万羽，养鱼25万尾；农业总产值4633万元。生产商品木材5082立方米，采伐楠竹24万根，林业总产值1428万元。境内工业以竹木及林副产品加工、粮油加工和水电产业为主，有木材加工厂1家、罐头厂1家、玉兰片加工企业3家、水电站3座、粮食加工厂2家、家庭破篾机2650台（套），2005年全乡工业总产值3600万元。有农贸市场1处，各种商业服务场所158家，2005年社会商品零售总额1360万元。东部有县道万江公路纵贯，可南接省道S221线，北接国道320线；西南部有乡道冷水至宝顶公路，西部有县道官路上至田凼公路；另有4条村道，可通达所有村组。当年全乡有程控电话1566部，移动电话480部，年用电量160万千瓦时，15个村完成农网改造。

表24-3-1 **2005年瓦屋塘乡行政村基本情况一览表**

村别	村民小组（个）	户数（户）	人口（人）	面积（公顷）			居民点或自然村庄地名（组次）
				总数	其中		
					耕地	山林	
白家坊	12	437	1678	727	97	439	白家坊（1组），下黄家（2组），枞山冲（3组），刘家湾、杨家（4组），黄家团、坳上（垴上）（5、6、11、12组），栗山背（7组），高家、田心、茅屋里（8组），陈家（9组），虎麻冲、庄上（10组）
小田	9	219	889	351	47	216	四虎寨（1、2、3组），三门冲（4组），阳家坊（5、6组），坪上（7、8、9组）

续表 24-3-1

村别	村民小组（个）	户数（户）	人口（人）	面积（公顷）			居民点或自然村庄地名（组次）
				总数	其中		
					耕地	山林	
抱寨	6	133	519	194	28	129	贺家、竹山里（1、2组），曾家（3组），游家（4组），汪家湾（5、6组）
官路上	11	321	1260	531	79	299	官路上（下街1组、上街2组），黄土院（黄土园）（3、4组），窑上（5组），石溪、梨下、大屋里、团山冲（6、7、8、9、10、11组）
皮叶树	11	446	1743	937	113	595	皮叶树（下街1组、黄泥畔2组），大塘（3组），芭蕉、对门（4、9组），石坪（5组），彭家、猫虎岩（6组），木栗树（7、10组），姚家冲（8、11组）
杨家堂	9	452	1858	652	107	373	于家湾（1组），彭家（老屋里2组、彭家7组），林家冲、山下（7组），苦竹寨（2组），丫子堂、衙场里（竹林）、杨家堂（3组），上马石（下上马石4组、上上马石5组），大树山、刘家门楼（6组），画眉山（8组），南屋冲（南屋冲5组、寿堂界上9组）
瓦屋塘	11	548	2066	657	105	376	上庄、井冲（1组），横溪（2组），瓦屋塘（下街3组，老街4、11组），岭背江（5组），园子里（6、7组），上石砾山、下石砾山、铜锣口（6组），青山（8组），白杨山（9组），芭梨树、横冲里（10组）
新桥	12	306	1221	481	68	285	周家、彭家、杨柳冲（1组），大湾口（2、3组），谭家山、四家庄（西庄）（4组），刘家（5组），邓家（6组），黄家（7组），旺家楼（8组），新桥、高冲（9组），新屋场（10组），大石（11组），白石庙（12组）
三星桥	11	380	1487	857	65	616	舒家湾（1组），祖师殿（1、2组），李家（2组），湾里（3、9组），栗山（4组），黄泥冲（黄泥冲11组，院子里5、11组，坳上6组，荒塘里7组，店上10组），鸭叉田、杨家、田凼（8组）
金竹	4	88	347	423	24	380	青竹树、人形塘（野牛凼）（1组），阳沟田（2组），金竹山、雷家、石界址（3组），布菜冲（布狗冲）（4组）
石屋	8	158	653	449	42	321	蔡家田（1、7、8组），刘家树（2组），王家、大坪里、界背后（3组），右石冲（4组），大冲（5组），油冲、杨家、柒冲（6组）
枫门岭	6	184	732	771	57	545	棕沙田、洞子坳（1组），田凼里、背石江、公竹山（2组），老枫门岭（3组），碓臼冲（4组），滑泥口（5组），小坳（6组）
冷水	8	215	815	507	49	324	黄家湾、下坳（下坳上）（1、8组），洞源水、小田岭、牛塘冲（2组），莫家（牛丫冲）、砚子窝（3组），冷水坪、肖家（4组），廖家山（5组），散水（6组），芭梨冲（7组）

续表 24-3-1

村别	村民小组（个）	户数（户）	人口（人）	面积（公顷）			居民点或自然村庄地名（组次）
				总数	其中		
					耕地	山林	
水庙仔	11	299	1080	785	52	573	水庙仔（1组），下龙头（2组），上龙头（3组），瓜果坪（瓜骨坪）（4组），石桥边（5组），高家盘（5、6组），苦菜冲（7组），拖木岭（8组），刘家湾（9组），牛塘（10组），毛竹托（毛竹凼）（11组）
岩湾	4	159	602	300	27	194	大王田[坳上、吴家、竹山脚（店子上）、新屋里、对门1组，黄家、矮脚界2组]，岩湾、大冲（3组），钟家山（4组）
双江	8	376	1406	1435	67	1126	炉里冲（蒙家、杨家、赵家、李家、高家冲、桃子冲）（1组），竹冲、祖山脚、蜈蚣庵、下尺竹冲、中尺竹冲、上尺竹冲（2组），七抱石、吊界（3组），大壕里、秧田坑、油榨屋（4组），岩头冲（岩头冲4组、庙湾里8组），双江桥（8组），高塘界、高坑（5组），大罗洞（蔡家、塘边、哨上、黄家）（6组），朝阳田（朝阳庵）、新庵（7组）
宝顶	7	143	540	660	20	514	姚家（1组），石家（2、7组），沙子坪（2组），袁家（3组），杨田（4组），深冲湾（5组），燕子湾（莫家）（6组）

第二节　黄土矿乡

概况　黄土矿乡地处县境东北部。黄土矿原名黄土坑，因该地四周高中间低且多黄土而得名，1982年依其谐音改名黄土矿。乡境东、南、西、北依次与红岩镇、唐家坊镇、瓦屋塘乡、梅坪乡及庙湾林场接壤。全乡总面积55.66平方千米，占全县总面积的1.9%。乡治设同乐村，距离县城长铺镇60千米。2005年，辖14个行政村，122个村民小组（同期县统计报表为120个），4534户，16968人。其中：农业人口16312人，占96.13%；苗、侗、回、土家族等少数民族人口4810人，占28.35%。全乡社会总产值4501万元，财政收入34万元，农民人均纯收入2020元，居民储蓄余额3480万元，人均居住面积30平方米；有乡自来水厂1座，各村组有大小自来水设施892处。黄土矿素有“文化之乡”的美称，民国时期即是县内重要办学基地。至2005年，境内有中学1所、职业学校1所、中心小学1所、幼儿园1所，乡卫生院1所、村卫生室14家；有文化站、广播站、新华书店、电影院各1家，乐队及演出团体5个，卫星电视地面接收站1个，各类体育运动场所3处。重要文物有同乐村出土的新石器时代的石斧、自然村的汉代居住遗址、同乐村的汉墓群、明代万历年间的杨家风雨桥和1987年修建的人民英雄纪念碑。

沿革　民国末年，乡境为岳桃乡一部分。中华人民共和国成立后，1950年11月，属绥宁县第五区；1951年6月，属第六区；1952年，含第六区园塘、小安、石溪、大安、油麻关5个小乡。1955年4月，属黄土坑区。1956年6月，境内原有小乡合并为黄土坑乡。1958年9月，与桃坪乡合建为黄土坑人民公社。1961年5月，同李熙桥人民公社各析一部置红岩人民公社。9月，红岩、黄土坑两个公社分设为黄土坑、盐井、桃坪3个公社。1966年，桃坪人民公社并入黄土坑人民公社。1981年11月，更名黄土矿人民公社。1984年5月，改为黄土矿乡。同年12月，黄土矿乡分设为黄土矿、桃坪2个乡，分别辖14个村和13个村。1995年6月，桃坪乡再次并入黄土矿乡。1996年11月，原桃坪乡所辖13个村析入红岩镇。

环境资源　境内北部和南部为中山，西部为高丘陵，中部、东部为岗地和平原。主要山峰有和尚岩、鸡公坡、撑架岭、风神岩、菩萨垴等，其中位于大安源村的鸡公坡，海拔1207.9米，系全乡的最高点。岳溪发源于大安源村，经石溪、半岭、同乐、自然、唐家等村流入红岩镇，境内流长10千米，流域面积55平方千米，年径流量5361万立方米。乡境四季分明，年均降水量1584.8毫米，年均日照1290小时，无霜期280天，年平均气温15.6℃。境内有农业用地970.53公顷，其中水田766.93公顷、旱地131.67公顷、园地71.93公顷，系县内重要粮油产区。有林业用地3314公顷，活立木蓄积量17.46立方米，森林覆盖率56.2%；林产品和林副产品有原木、油茶籽、杨梅、板栗、山苍子等，是县内重要茶油产区。

乡域经济　2005年，全乡粮食作物播种面积903.93公顷、总产量6752吨（其中水稻种植面积773.33公顷、总产量6060吨），经济作物播种面积544.67公顷；养牛2454头，养猪14682头，饲养家禽98900羽，养鱼8.3万尾，农业总产值3349万元。是年，全乡生产商品木材2300立方米，造林69.27公顷，出产油茶籽80吨，林业总产值315万元。有工业企业17家，其中电站1座、鞭炮厂1家、粮油加工厂5家、家私厂4家、砖瓦厂5家，2005年全乡工业总产值337万元。当年全乡有农贸市场1处，各种商店和服务场所95家、个体工商户83家，社会商品零售总额1654.3万元。境内有红唐公路横贯全乡，另有乡村公路8条通达全乡的村落，年汽车客运量11.68万人次，年汽车货运能力28480吨；全乡所有村落均开通程控电话和通电，年用电量130万千瓦时。

表24-3-2　**2005年黄土矿乡行政村基本情况一览表**

村别	村民小组（个）	户数（户）	人口（人）	面积（公顷）			居民点或自然村庄地名（组次）
				总数	其中		
					耕地	山林	
唐家	13	422	1832	633	111	363	刘家湾（1、11组），下唐家（2、3、4、13组），上唐家（5、6、7、12组），下桐溪（8组），阳家山、大冲（9、10组）
桐溪	6	171	607	202	31	131	干冲、匡家冲、小冲里（1组），新冲、桐溪（2组），竹毛凼（3、4组），烂坑里（5组），罗塘（6组）
沅头	10	313	1319	493	61	338	源头（1、10组），鸟背冲（2、3组），杨家田（4、5、6组），庙边上（7、8组），王边田（9组）

续表 24-3-2

村别	村民小组(个)	户数(户)	人口(人)	面积（公顷）			居民点或自然村庄地名（组次）
				总数	其中		
					耕地	山林	
小安	9	437	1726	452	97	251	小安（八角亭）（1、2、3、4组），干田（5、6、7、8、9组）
同乐	12	510	1889	234	87	89	黄土矿街上（1、2、11、12组），刘吉塘（3、4、5、6组），草坪里（7、8、9、10组）
半岭	1	65	241	44	13	19	半岭
石溪	6	229	866	398	62	292	石溪（方门屋）、肖家山（1组），砖屋里（2、3组），上石溪（阳门前）（4、5组），和家院（6组）
板岭	6	156	583	280	35	159	辽口田、肖家垴（1、2组），瓦屋里（2组），塝上、道圆畔（3、4组），彭家（4组），湾里、窑底下（5、6组）
大安源	9	277	996	599	47	461	下冲（苦竹山、宋家坳1组，栗山里2组，石屋冲3组，老屋里4、9组，社公畔9组），上冲（5、6、7、8组）
中沅	9	242	942	493	60	224	钟家田（1、2、7、8组），火烧田（3、6、9组），桐木冲、罗家（4组），双巴冲（5组），铲子冲（4、5组）
牛栏冲	6	150	650	389	51	235	大水龙（1、2组），于吉冲（3、6组），秀水、邓家（4组），畚箕寨（5组）
大湾	13	470	1778	477	92	326	陈家（1、2、3、4、5、6组），大湾（7、8、9、10、13组），石路、黄土岭（11、12组）
自然	10	377	1563	249	63	127	李家（1、2、3、4、5、6组），彭家（7、8组），袁家（9、10组）
团峰	12	426	1540	508	88	264	龙家（1组），匡家（2组），新家冲（11组），水落岩（3组），向家寨（4组），颜家（6组），大古塘（5组），王古冲（7组），向古冲（8、9、12组），袁家塘（10组）

第三节　白玉乡

概况　白玉乡位于县境东北边境，因境内昔有“白玉桥”而名。乡境东邻武冈市和城步苗族自治县，南接关峡苗族乡，西毗武阳镇和县林科所，北连李熙桥镇和红岩镇，总面积 110.663 平方千米。乡治设罗家铺。2005 年，全乡辖 9 个行政村，68 个村民小组，2214 户，8605 人；全乡社会总产值 7605 万元，财政收入 73 万元，农民人均纯收入 2886 元，居民储蓄余额 720 万元，人均居住面积 38 平方米；有中学 1 所、中心小学 1 所、幼儿园 1 所、乡办农民文化技术学校 9 所、敬老院 1 所、乡卫生院 1 所、村卫生室 9 所、大小自来水设施 78 处、各类体育运动场所 12 处。

沿革　民国末年，乡境为熙井乡之罗家铺保和石黄保。中华人民共和国成立后，1950年11月，属绥宁县第四区，含白玉、石黄2个农会。1951年属第五区。1952年，境内含白玉、石黄2个小乡；1953年，含白玉、罗家铺、石黄3个小乡。1955年属李熙桥区。1956年6月，上述3个小乡合并为白玉乡。1958年9月，与李熙桥乡、岩井乡并建为李熙桥人民公社。1961年9月，从李熙桥人民公社析置白玉人民公社。1984年5月，白玉人民公社改为白玉乡，辖9个村。

环境资源　乡境属中低山区。中北部地势较低，东北和东南较高，瓜婆岭、晒水岭、黄茅岭、王家山、白粉大山、状元峰、广佛山等山峰海拔均在1200米以上，成为绥宁与武冈、城步二县市的天然分界线。全乡山地面积8267公顷，占全乡总面积的74.70%；丘陵1751公顷，占15.82%；岗地352公顷，占3.18%；溪谷平原507.33公顷，占4.58%。乡境属中亚热带山地型季风湿润气候区。多年平均降水量1464毫米，年均日照1283小时，无霜期268天，年平均气温15℃。广竹水（又名白玉水）发源于石溪大山南麓，经傅家湾、曾家桥、罗家铺、坪头、塘弦湾、百家田6村流入李熙桥镇。其支流洛口溪发源于椅子湾，经石坪、檀山庙、黄羊坪、塘弦湾村汇入广竹水。位于黄羊坪村的洛口山水库既是全县唯一一座以灌溉为主的中型水库——灌溉白玉、李熙桥、红岩3个乡镇的168公顷耕地，并为洛口山水电站一、二、三级电站提供发电水源，又系全县著名风景区——著名景点有美女梳头、情人石、仙人洞、雷劈石等。

乡域经济　境内农业用地702.33公顷，其中水田569公顷、旱地90.33公顷、园地43公顷；有林业用地8740公顷，活立木总蓄积量29.10万立方米，活立竹498.13万根，森林覆盖率80.6%。主要粮食作物有水稻、红薯、玉米等，主要经济作物有生姜、辣椒、油菜、蔬菜和水果，是县内重要的延季节蔬菜基地。养殖业以牛、猪、羊、家禽、鱼为主。2005年，全乡粮食作物播种面积517公顷、总产量3773吨（其中水稻种植面积492公顷、总产量3689吨），经济作物播种面积932公顷；养牛1412头，养猪6770头，饲养家禽46065羽，养鱼82000尾；农业总产值3095万元。林业是全乡的支柱产业，尤以楠竹产业闻名，有楠竹面积2381公顷，傅家湾村为国家楠竹低改示范基地，楠竹加工是全乡农民的主要收入来源之一。2005年，全乡共生产商品木材5000立方米，采伐楠竹20万根，出产竹笋20吨，造林80公顷，实施楠竹低改133.33公顷，林业产值600万元。当年全乡有工业企业11家，另有家庭楠竹加工户260户，初步形成竹木加工和水电等支柱产业，全乡工业总产值3520万元；规模较大的企业有白玉乡木材加工厂和洛口山电站。是年，全乡有各种商店和服务场所21家，社会商品零售额810万元。有李白公路连接省道S221线，另有乡村公路13条，2005年，全乡年汽车客运量73000人次，汽车年货运能力66200吨；100%的村组通电和开通程控电话，年用电量50万千瓦时，5个村完成农网改造。

表 24-3-3　　2005 年白玉乡行政村基本情况一览表

村别	村民小组（个）	户数（户）	人口（人）	面积（公顷）			居民点或自然村庄地名（组次）
				总数	其中		
					耕地	山林	
百家田	11	410	1502	1010	121	728	高西坪（坪上1组，湾里2、10组），百家田、罗家湾、矮界（3组），高界（4组），祖亭寨（5组），毛家冲（6组），广竹水（7、8、11组），龙家树（9组）
塘弦湾	9	263	1144	1086	92	832	游冲、大院子（1、2组），塘弦湾（石板桥3组，上菜坪4、7组，刘家6、9组，下菜坪5组，下井8组）
坪头	9	207	815	916	78	568	坪头（1、2、7、8、9组），庙湾、犁底（楼底）（3组），岩背、祖山里（4组），辣禾田（5组），大桥头（6组）
罗家铺	8	254	1078	1742	96	1422	罗家铺（1、2组），山背、桃竹园（塘竹园）（1组），黄头（2、3组），庄子上、蒋家坪、板间塘（3组），白粉（鹅公山、倈湾里、六官冲）（4组），正溪（上正溪）（5组），风家冲（麻冲、栗坪里、老屋里、天花棚、高旺）（6组），邝家（7组），孝溪湾（下正溪）（8组）
曾家桥	5	196	771	1011	45	842	上湾（1组），上坪头（2组），邓家、白岩冲（3组），曾家桥、石头界、井水冲（4组），李家（5组）
傅家湾	5	162	641	1472	66	1290	白泥塘（1组），向家（2组），刘家（3组），傅家湾（4组），石溪、肖家、二界上（5组）
黄羊坪	7	214	868	1236	49	993	翁家（1组），黄羊坪（2、3、4、6、7组），凉树脚（4、7组），槲栗山（5组）
檀山庙	7	223	850	1207	56	1019	檀山庙（庙背）（1、6组），陶家湾（2组），杨家坑（杨家矿）（3组），枫木山、木柳树（4组），大湾里、五里冲（5组），上李家（7组）
石坪	7	186	721	1387	56	1157	伍家田（1组），石坪（院子里2组、石坪3组），大盘上、倈盘上、坎里头、大屋里（4组），椅子湾（5组），大麻岭（6组），肖家田（7组）

第四节　水口乡

概况　水口乡位于县境正北边陲，因地处两条溪水（菖蒲江与小金江）汇合口而名。乡境东邻瓦屋塘乡，南接枫木团苗族侗族乡，西毗联民苗族瑶族乡，北连金屋塘镇和洞口县菲溪瑶族乡，总面积 91.99 平方千米。乡治设水口。2005 年，全乡辖 10 个行政村，69 个村民小组，2737 户，9843 人，其中苗族、侗族、瑶族等少数民族 5859 人。有中学 1 所、中心小学 1 所、有卫生院 1 所、村卫生室和私人诊所 15 家。是年，全乡社会总产值 5294 万元，财政收入 58 万元，农民人均纯收入 2500 元，居民储蓄余额 1450 万元，人均居住面积 20 平方米。

沿革　民国末年，乡境为新民乡的水口保和瓦屋塘保一部分。中华人民共和国成立后，1950年11月，属绥宁县第五区，含水口农会及瓦屋塘农会的罗沙田。1951年属第七区。1952年，各农会均改为小乡；1953年，含水口、罗沙田、曲溪、茅坪、茶山5个小乡。1955年属瓦屋塘区。1956年6月撤区并乡后，上述5个小乡合并为水口乡。1958年9月，改建为水口人民公社。同年11月，与瓦屋塘人民公社、金屋塘人民公社合并为瓦屋塘人民公社。1961年9月，从瓦屋塘人民公社析置水口人民公社。1984年5月，水口人民公社改为水口乡，辖9个村。

环境资源　乡境地处雪峰山脉南部宝顶山北侧，地势西南高，东北低。山地面积7080公顷，占全乡总面积的77.01%；丘陵1928公顷，占20.97%；岗地155公顷，占1.69%。主要山峰有石竹山、七家岭、白米界、鸡公寨、猫尼垴、牛角界、银山、天平岭、茶山、南天界等，其中茶山是1945年雪峰山会战中，中国军队大败侵华日军之地。曲溪河系沅江的一级支流，发源于田凼村张家冲，由南向北经曲溪、新哨村流入联民苗族瑶族乡，其支流水口溪由小金江和菖蒲江两条溪水汇合而成，在新哨村汇入曲溪河。乡境属中亚热带山地型季风湿润气候区，受高海拔的影响，年平均气温较全县平均值低，为14.3℃，年均降水量1514.6毫米，年径流量8370万立方米。境内农业用地453.07公顷，其中水田414.53公顷、旱地29.87公顷、园地8.67公顷；林业用地7333公顷，活立木总蓄积量38万立方米，森林覆盖率81%。其中楠竹林面积3125公顷，楠竹蓄积量767.91万株，居全县第二位。

乡域经济　境内经济以农业和林业为主。主要粮食作物有水稻、红薯、马铃薯、高粱、玉米等。主要经济作物有辣椒、油菜、花生、中药材等，尤以中药材（天麻、茯苓、玉竹等）最为著名，泌水村为远近闻名的药材村。林产品和林副产品主要有原木、原竹、竹麻和竹笋、笋干、玉兰片等。2005年，全乡粮食作物播种面积500.87公顷，总产量3876吨，其中水稻种植面积414.53公顷，总产量3100吨；经济作物播种面积211.13公顷，其中药材72公顷；采伐商品木材2100立方米，采伐楠竹25万根，出产冬笋602吨、竹笋干301吨；养牛2359头，养猪7625头，饲养家禽13.75万，产鱼10.7吨，全乡农业总产值3144万元。是年，全乡有工业企业6家，工业总产值1650万元，规模较大的企业有水口乡亿佳公司和新哨竹艺厂，另有1000余户农户从事竹帘加工，年加工楠竹25万余根，主要产品有竹地板条、竹筷、竹织品等，已初步形成楠竹加工支柱产业。全乡有农贸市场1处，各种商店和服务行业74家、个体工商户82户，2005年社会商品零售总额886万元。有水口至官路上公路连接万江公路再通省道S221线，另有通村公路4条；100%的村组通路通电通电话，全乡年用电量52万千瓦时。

表 24-3-4　　2005年水口乡行政村基本情况一览表

村别	村民小组（个）	户数（户）	人口（人）	面积（公顷）			居民点或自然村庄地名（组次）
				总数	其中		
					耕地	山林	
茶山	4	188	684	375	45	261	马家庄、老屋里、楼下（1组），湾里（2组），店上、王家（3组），陆家、海子冲、肖家、窑上、雷打石、庄子上（4组）
菖蒲江	12	358	1369	768	68	512	倒车坪、枫木湾、老龙湾（1组），俫竹山、青姑冲（青家冲）、花园里（2组），大湾冲（3、4组），竹山湾（5组），立坳界（6组），社公山（桥边）（7组），溋泥湾（8组），茶子岭、天平岭（9组），黄泥畔、庙冲、牛子界（10组），新屋里、塘泥田（11组），禾叶坳（12组）
大浪江	4	136	528	484	26	369	大浪江（祠堂边、大田里、瓦屋里、庄子上、隘岭）（1组），黄牯丫、老屋上、陈家冲（2组），杨家冲、横岭（3组），游家冲、乌坳界（牛丫界）（4组）
侯家	8	257	960	443	42	311	半江、白蜡冲（1组），大畲里、檀木坳、下大凼（2组），上大凼、邓家冲（3组），王家院、侯家（4组），毛家山（5组），林家（6组），石门楼（7组），楼下冲（8组）
泌水	1	59	205	103	12	69	泌水
水口	9	382	1329	1029	48	874	和家田(1组)，店子上、庙冲(2组)，周家、牛路口、陶王坪（3组），贺家、鹅梨树、塘坎脚（4组），杨家、湾里、王家田（5组），卜阳冲（6组），胡家冲、丁家、上街（7组），中街（8组），下街（9组）
罗沙	4	191	742	955	46	739	罗沙田、任家、大坳头（1组），高坡（老屋里、塘坎上、对门、贺家）（2组），麻畲冲、下冲（3组），兰芷冲、燕子湾（4组）
新哨	11	321	1208	1810	47	1478	小枫水、双木冲（1组），唐家（2组），反子背（3组），彭家、太阳背（4组），粟界（5组），墙背（6组），青叶树、下江（7组），高冲，老芽冲（8组），大冲、苦梨树（9组），新哨（哨上）、雷公界（10组），高坎、罗家、漆树湾、易家冲（11组）
曲溪	7	327	1265	1406	44	1143	陶坪、姚家、小寨（1组），旋冲（2组），学堂冲、新屋场（3组），兰家岭、沈家坪（4组），柴屋场（5组），喻家（4、5组），蚂蟥田（6组），老龙江（7组）
田凼	9	386	1388	1825	68	1552	社公山（西社公山）、水碓冲（1组），舒家湾（2组），祠堂边、陈家湾、稼子坪（3组），许家坳（4组），拱桥上、肖家湾（5组），鹅公田、聂家（6组），刘家湾、烂泥湾、黄园团（7组），田凼里（8组），俫湾溪（俫湾仄）、塘坎头、角子冲、张家冲（9组）

第五节　梅坪乡

概况　梅坪乡位于县境东北边境，因该地多杨梅树而名。乡境东邻洞口县古楼乡，南接庙湾林场和黄土矿乡，西毗庙湾林场和金屋塘镇，北连洞口县月溪乡，总面积 47.01 平方千米。乡治设梅坪。2005 年，辖 6 个行政村，34 个村民小组，660 户，2586 人。全乡有中心小学 2 所、卫生院 1 所、村卫生室 6 所，大小自来水设施 108 处，乡文化站、乡广播站各 1 个。是年，全乡社会总产值 3800 万元，财政收入 36 万元，农民人均纯收入 2652 元，居民储蓄余额 780 万元，人均居住面积 26 平方米。

沿革　民国末年，乡境分属岳桃乡和新民乡。中华人民共和国成立后，1950 年 11 月，属绥宁县第五区，含园塘、瓦屋塘、张家湾 3 个农会各一部。1951 年，分属第六区和第七区；1952 年 9 月，含园塘、瓦屋塘、张家湾 3 个小乡各一部。1955 年分属黄土坑区和瓦屋塘区。1956 年 6 月撤区并乡后，今乡境分属黄土坑、瓦屋塘、金屋塘 3 乡。1958 年 9 月人民公社化后，为庙湾林场。1961 年 9 月，庙湾林场改为庙湾人民公社（后从庙湾人民公社划出部分林地新置庙湾林场）。1981 年 11 月，庙湾人民公社更名梅坪人民公社。1984 年 5 月，梅坪人民公社改为梅坪乡，辖 6 个村。

环境资源　境内山体高大，地势陡峻，除 49 公顷水域外，其余皆为山地。因山高谷深，云雾缭绕，适合野生云雾茶生长。凉水井、岩钵井、羊角寨系境内的主要山峰。黄泥江、驼背江（又名半江）和金屋塘溪是乡境内的三条主要河流，同属资江三级支流。因坡陡谷深，水流湍急，水能资源蕴藏丰富，已建有水电站 5 座，总装机容量 4800 千瓦。乡境属中亚热带山地型季风湿润气候区。多年平均降水量 1599.2 毫米，无霜期 255 天，年平均气温 14.8℃。境内有农业用地 170.53 公顷，其中水田 48.8 公顷、旱地 17.87 公顷、园地 103.47 公顷；有林地 4051 公顷，活立木总蓄积量 17.84 万立方米，活立竹 50.24 万根，森林覆盖率 73.4%。

乡域经济　境内经济以林业和农业为主。主要农产品有稻谷、红薯、玉米、中药材、棕片等，尤以茶叶闻名，盛产高山野生有机云雾茶。养殖业以养羊、养牛、养猪、养鸡、养鸭为主。山羊养殖在全县占有重要地位，全乡有 81%的农户养羊，黄泥江村是全县“十强”山羊养殖基地。林产品和林副产品有原木、楠竹、山苍子、五倍子等。2005 年，全乡粮食作物播种面积 168.67 公顷、总产 678 吨（其中水稻种植面积 48.8 公顷、总产量 278 吨），经济作物播种面积 58.33 公顷，高山野生茶 330 公顷（年产鲜茶叶 75 吨）；造林 87.33 公顷，生产商品木材 2800 立方米；农业总产值 1266 万元。有工业企业 10 家，2005 年工业总产值 2060 万元。其中木材加工厂 3 家，年加工木材 8800 立方米，产值 640 万元，主要产品有杉条、拼板、地板条等；电站 5 座，总装机容量 4800 千瓦，年发电量 2409 万千瓦时；有茶叶加工厂 2 个，年产茶叶 30 吨，产值 246 万元，主要产品有野生毛尖、野生银峰、野生银针、野生王、机制毛尖、绞股蓝保健茶等。规模较大的企业有飞蛾电站、龙江电站、双发木材加工厂、华兴木材加工厂、木烂田木材加工厂、聚雾野茶加工厂和飞蛾野茶加工厂。是年，全乡有商店8家，社会商品零售总额28万元。境内有梅坪至瓦屋塘三星桥、梅坪至洞口相山、梅坪至黄土矿3条主要公路，另有村级公路20条，108千米，100%的村组通路，汽车年货运能力29800吨；100%的村组通电，年用电量5万千瓦时，6个村均完成农村电网改造。

表 24-3-5

2005年梅坪乡行政村基本情况一览表

村别	村民小组（个）	户数（户）	人口（人）	面积（公顷）			居民点或自然村庄地名（组次）
				总数	其中		
					耕地	山林	
黄泥江	4	66	276	1001	13	954	老屋场、下江（1组），棕树湾、五度水（2组），槽坡（3组），牛栏场（4组）
梅坪	7	81	307	591	7.5	530	梅坪（店子1组、大凼2组），天堂界、宋家（3组），岩溪（4组），杨梅树（5组），腰家屋场（6组），天堂界(7组)
庙湾	5	115	436	711	13	583	庙湾、周家（2组），瓦子屋场（1组），长界、蜡树托（3组），蓑衣江、刘家屋场、十字路、椿菜托、百杉树（4组），椆树冲（5组）
木烂田	3	85	335	844	13	710	横冲、坪溪江、穆子坪（1组），木烂田（2组），小背、岩龙（3组）
双江口	8	136	540	810	9.3	748	大茶畲（1组），溶溪（2组），斜水塘、茅坪、香碓屋岘、龙口里（3组），双江口（小河）（4组），清茅塘（5组），黄岩（黄岩6组、大水坑7组），龙塘(8组)
飞蛾	7	176	692	744	11	665	大田塝、油麻坪（1组），网形地、店上（2组），杨家湾（3组），龙潭湾（4组），塘现（5组），九脑石(6组)，栗树湾(7组)

第二十五篇 人物

一、人物传

樊学文

樊学文，四川苍溪人，1912 年生。1933 年加入中国共产党，1934 年参加中国工农红军。1949 年任中国人民解放军第四野战军第四十六军后勤部政治委员，曾参加辽沈、平津、渡江、衡宝等战役。1950 年任第四十六军第一三六师政治委员。

1950 年 8 月，与一三六师师长曾雍雅一起接受进剿绥宁土匪的任务。10 月 13 日，与曾雍雅及中共绥宁县委书记徐敬民在武冈县城组成中共绥宁县工作委员会（亦称绥宁县剿匪工作委员会）。19 日，与曾雍雅率一三六师向绥宁进军。经过近两个月的战斗，共歼匪 4232 名，毙、俘反共救国军华南总部中将副司令蒋燮琴、中华民族自救军第三方面军第五纵队中将司令龙怀麟以下将级匪首 10 名，缴获各种武器 1047 件，提前两个月完成剿灭股匪的任务。

1951 年元月，与曾雍雅率部撤离绥宁。1978 年 9 月在沈阳逝世。

莫楚平

莫楚平，女，1939 年生，太平乡曾家湾（今唐家坊镇曾家湾村）人。从小心地善良，乐于助人，人民公社化后长期担任大队（村）妇女主任。1961 年，村中一婴儿之父病故，母亲无力抚养，眼看婴儿就要饿死。生活困难的莫楚平说服丈夫收养了婴儿，同自己的婴儿一起哺乳。几年后，发现这个婴儿竟是先天性哑巴，她仍不嫌弃。1972 年 8 月，哑巴生母黄氏重病无人护理。莫楚平把她接到家中，煎药喂饭，端屎倒尿。后黄氏双目失明，莫楚平让其长期生活在自己家。

莫楚平孝敬公婆，侍奉周到。公婆年迈体弱，莫楚平冬天为她烘被窝，早晨送热饭热菜到床头，请医生看病，熬汤煎药送开水。村里人齐声夸她是“好媳妇”。

30 年来，莫楚平虽然公事私事忙个不停，且身患心脏病，却先后赡养 3 位老人，抚养 5 个小孩，一家 10 口 5 姓，和睦相处，1983 年被评为全国五好家庭。她多次被选为县人大代表和县政协委员。1989 年 3 月，终因劳累过度去世，年仅 50 岁。6 月，莫楚平被追授为湖南省敬老好儿女金榜奖和全国敬老好儿女金榜奖。

龙道美

龙道美，侗族，1912年生，东一里驾马（今鹅公岭侗族苗族乡佳马村）人。1936年考入省立常德中学读高中，在校期间，先后赴长沙参加军事训练及“民训干部训练班”学习。1938年回县开展民训工作，宣传抗日，任民训队长。在临口（今属通道侗族自治县）组训民兵时，恰遇第四区区长黄金瓒贪赃枉法，鱼肉百姓。龙道美与一同回县参加民训工作的同学张友松领导民训队员游行示威，并派民兵将企图带赃逃跑的黄金瓒扣押，经谈判，迫使其答应取消苛捐杂税等要求。

1940年7月高中毕业后，龙道美考入国立中山大学师范学院国文系。1943年休学一年，先后到广西三江县、平乐县国民中学当国文教员。翌年春复学，1945年4月，提前毕业回县，先后任县立初级中学教务主任和县立简易乡村师范学校教务主任。1949年4月，加入中国新民主主义青年团，以教书为掩护，协助张友松发展团员，建立团组织，开展迎接解放的活动。11月，解放大军过境时，龙道美与张友松一道动员70余名在校青年学生报名参加中国人民解放军。

1950年元月张友松离开绥宁后，龙道美独自负责县内团组织的领导工作，并选送部分团员和青年学生赴桂林学习。2月，龙道美在家乡组织“人民自卫队”，抗击土匪骚扰。4月，奉中共绥宁县工委书记彭云、县人民政府县长史述的指示，选送两批进步青年赴靖县（今靖州苗族侗族自治县）学习，并亲赴靖县向彭云汇报工作。后按彭云指示继续回县工作，一面搜集情报，一面与城步剿匪部队联系，协助部队描绘了绥宁土匪活动地区图。绥宁县彻底解放后，龙道美先后被分配到县人民政府文教科工作和学校任教。1953年调通道县（今通道侗族自治县）任教。“文化大革命”中，龙道美被诬为反革命，1968年10月被捕，1970年5月判刑，送群力煤矿劳动改造。1977年10月，刑满释放回家务农。1979年2月平反，恢复公职，被安排到通道侗族自治县第三中学任教。1984年秋，调通道侗族自治县教师进修学校任教。曾先后出席县、地区先进教育工作者代表大会。1986年5月离休。同年11月，经怀化地委批准享受副县级待遇。1991年7月病逝。

张友松

张友松，侗族，1916年生，石驿里临口（今通道侗族自治县临口镇）人。1930年入县立高等小学读书，毕业后升入县立初级中学。1936年秋，考入省立常德中学读高中。在校期间，与龙道美先后赴长沙参加军事训练及“民训干部训练班”培训，并于1938年与龙道美一同回县开展民训工作，次年春复学。在临口组训民兵时，与龙道美一起揭露第四区区长黄金瓒贪赃枉法的事实，并组织民训队员游行示威，迫使黄金瓒答应取消苛捐杂税等要求。

1940年7月高中毕业后，张友松考取国立师范学院。在学校结识中共地下党员李荣福、张明生等人，开始接触马克思列宁主义。毕业后先后到辰溪国立第十一中学、麻阳简易师范学校、福建泉州石狮私立石光初级中学任教。1948年秋，调任厦门国立第一侨民师范学校训导主任。

1949年1月，响应中共华南地下组织的号召，前往香港九龙达德学院学习革命理论。2月，经张明生介绍加入中国新民主主义青年团，随即接受党组织派遣，回县“发展团员，了解敌情，迎接解放”。至绥宁解放时，共发展团员14名，并成立中国新民主主义青年团绥宁地下组织，成为绥宁地下团组织的主要负责人，为迎接绥宁解放做出了重要贡献。11月，动员70余名青年学生参加中国人民解放军。

1950年元月，赴洪江（今洪江区）向会同军分区汇报工作，后随剿匪部队和“南三县”（绥宁、靖县、通道）工作队在洪江、靖县（今靖州苗族侗族自治县）、会同等地开展工作，并为会同军分区整理出《绥宁土匪活动情况》的文字材料。1950年10月后，历任绥宁县人民政府文教科副科长、第八区人民政府区长。1951年2月，任县文教科科长。同年3—12月，任县文教科科长兼县第一中学校长。1952年至1955年3月，任县文教科科长。1955年4月至1956年11月，任县人民委员会委员、县文教科科长。1956年12月至1968年8月，任县人民委员会副县长。“文化大革命”中，被诬陷为国民党中统特务遭隔离审查，并先后下放到武阳农场和县“五七”干校劳动。1973年9月恢复工作，任县卫生局副局长。1979年彻底平反，恢复名誉。1980年12月至1983年12月，任县人大常委会副主任。1984年4月，任县政协副主席。1986年12月离休，享受副师级待遇。1992年病逝。

袁公信

袁公信，1921年生，岳一里小安（今黄土矿乡小安村）人。1943年毕业于中央陆军军官学校第二分校，先在国民革命军第七十军参谋处作战科任参谋，1944年4月调任青年军第二〇九师第六三九团战术教官。1946年与潜伏军内的中共党员陈政一起，计划策反部队投奔人民解放军，事发，8月3日被捕。1947年2月出狱，3月再次遭通缉，遂潜回绥宁，组织农民抗捐，反对抓捕壮丁。

1949年春，袁公信组织部分热血青年，夺取民国岳桃乡地方武装的武器，枪杀大恶霸唐轩荣，组建队伍参加西南联军，袁公信任独立营营长。5月，联军分裂，以贺锄非领导的军政委员会改番号为中国人民解放军江南别纵队，袁任纵队独立营营长，率部参加纵队攻打武冈城的战斗，未克。嗣后，袁公信率队在绥宁县北部及绥宁、武冈、城步3县边境坚持游击战数月，迎接解放。10月上旬，率部为人民解放军第一五二师当向导，攻克武冈城；然后率部为直插广西的人民解放军第三十九军当向导，顺利通过县境南部少数民族地区。12月5日，根据人民解放军会同军分区指示，袁公信与李子华、于光德、唐义源等人在武阳成立绥宁人民自卫大队。1950年年初，袁公信率部配合人民解放军追剿窜入绥宁的武冈县土匪邓兆瑞部和张云卿部。5月，率部从武阳撤至黄土坑，与人民解放军第一三六师第四〇七团第三营第七、八连并肩战斗，多次粉碎数千土匪的围攻。10月，率部配合人民解放军一三六师进剿绥宁股匪。1951年1月，任绥宁县人民政府副县长，1955年调任黔阳专署监察处副处长。1958年袁公信被错误打成右派分子，1963年被打成反革命分子，判刑 15 年。1979 年 9 月平反昭雪，出任洪江市人民代表大会常务委员会副主任。1984 年离休。1988 年，中共湖南省委批准为地师级干部。1994 年元月逝世，享年 73 岁。

曾雍雅

曾雍雅，江西雩都（今于都）人，1917 年生。1949 年任中国人民解放军第四野战军第四十六军第一三六师师长。1950 年 8 月，所部负责清剿绥宁县境内的土匪武装。10 月 13 日，与一三六师政治委员樊学文、中共绥宁县委书记徐敬民在武冈县城组成中共绥宁县工作委员会（亦称绥宁县剿匪工作委员会），曾任书记。19 日，率一三六师四〇六团、四〇七团、四〇八团及师直机关和警卫营，由武冈、城步分 4 路进剿绥宁股匪，歼灭中华民族自救军第五纵队、反共救国军华南总部等匪部，共歼匪 4232 名，缴获各种武装 1047 件，提前两个月完成剿匪任务。1951 年元月，奉命率部撤离绥宁。

1969 年 4 月，曾雍雅当选中国共产党第九届中央委员会候补委员。1970 年任沈阳军区副司令员。1988 年 5 月 5 日，曾携妻子、儿孙及警卫一行 6 人来到绥宁，考察其当年剿匪战斗过的地方。离绥前赋诗云：

匪兵灾祸数百载，莳竹黎民尽遭害；

春雷一声除阴霾，龙驰九州看朝晖。

并题词：“匪患数百载一朝根除，民众千秋业任重道远。”1995 年 3 月，在沈阳逝世。

莫能和

莫能和，李熙桥逆流水人，1955 年生，农民。8 岁随父学做篾匠，12 岁“一把篾刀闯天下”。1987 年 10 月，率先在村里试种天麻，两年后获得成功，成为当地有名的富裕户。1991—1995 年，他将价值 9 万多元的天麻种子低价赊销给 200 多户村民，并无偿提供场地，让村民们在他租用的山场里种天麻。1995 年，他和村民所种的天麻总收入达 200 余万元，200 多户村民全部脱贫致富。随后投资与两个特困户合伙办砖厂，所得利润平均分配，使两个特困户很快致富。1987—1995 年，为帮助村民们发展生产、解决生活困难，他共借出资金 14 万余元，从未催收本金，更不收取利息。并捐款 5000 余元为村里修路、架桥、建凉亭，为两位无钱上学的学生代交学费，帮助一户受灾村民重建住房。而他自己的生活却非常俭朴，家里存款加现金不足 1.2 万元，住房也是原来的旧房子。

莫能和见义勇为，先后 5 次舍己救人。1996 年元月 28 日下午 2 时，在省道 1805 线（今 S221）扩建工程李熙桥段工地上，他与本组村民莫能应结对在坎边打炮眼。他蹲在里边执钢钎，莫能应站在外边抡大锤。当炮眼打至 20 厘米时，上方落下的土石打在莫能和身上。当他抬头发现头顶上的土坡突然塌方时，出手将莫能应推出两米多远。莫能应得救了，而莫能和却被塌下来的土石夺去了生命。莫能和献身后，中共绥宁县委作出《关于向莫能和同志学习的决定》，并追认他为中国共产党党员。同年 7 月 4 日，中共邵阳市委、邵阳市人民政府作出《关于开展向优秀农民代表莫能和同志学习活动的决定》。

于达康

于达康，原名于大康，化名师鲁，1913 年生，都一里（今李熙桥镇）李熙桥人。1936 年毕业于湖南省长沙高中，1937 年肄业于武汉大学法律系。1938 年 2 月赴延安陕北公学学习，并加入中国共产党，同年 5 月入抗日军政大学学习，毕业后留校工作，历任干事、股长、政治指导员、政治教导员等职。1939 年被中央青年救国会授予延安模范青年奖章。1942 年，在《解放日报》发表《关于批评和自我批评的方法问题》，后被收录于《延安文萃》。1943 年在军事学院政治组织科工作。1946 年随军入东北地区工作，先后担任中共柳河县委书记、长白县委书记和西丰县委书记，领导完成长白、西丰两县的土地改革工作。

1949 年，任中国人民解放军第十四兵团政治部民运部副部长。1950 年，任空军第六航空军校政治部主任。1955 年 3 月，任哈尔滨军事工程学院空军工程系政治委员。1963 年，任国防部第六研究院第一研究所（航空工业部 601 所）政治委员。在长期的政治思想工作中，培养了一批批党政军领导干部，并参与空军现代歼击机“歼—8”研究的领导工作，先后发表《飞行员的政治思想工作》《从仿制摸透到自行设计“歼—8”飞机的政治思想工作》等文章。1978 年转业，任辽宁省石油化工所（局）副所（局）长、党组副书记。任职期间，分管从美国和荷兰引进设备和技术的辽河化肥厂，帮助该厂从全国同类大化肥厂中的最后进单位提升为最先进单位，上缴国家利税由每年 1000 余万元增加到 8000 余万元。1984 年离休后，继续为“两个文明”建设贡献余热，曾先后被中共辽宁省人民政府机关工作委员会和中共辽宁省委组织部、中共辽宁省委老干部局评为优秀共产党员和授予先进离休干部荣誉称号。1993 年 8 月，被明确为副省级干部。1999 年病逝。

李子华

李子华，男，苗族，芷田里珠玉（今隶关峡苗族乡）人，1915 年生。1936 年毕业于高沙蓼湄中学。1938 年 6 月，经在武阳宣传抗日的中共党员于益之和于刚介绍，入武冈塘田战时讲学院学习；9 月，加入中国共产党领导下的中华民族解放先锋队（简称“民先”）；10 月，加入中国共产党。1939 年元月，根据中共湖南省工委指示回绥宁开展抗日救亡宣传，在武阳县立第三小学任教。4 月，介绍于光德和李淳加入“民先”，随即成立绥宁民先组织。后根据上级党组织的指示，将于光德、李淳及唐义源介绍入党，并于 7 月 9 日成立中共湖南省委直属绥宁支部，李子华任书记。1939 年冬，绥宁支部与上级党组织失去联系，李子华仍率支部成员开展革命活动。1940 年春，发动珠玉民众请愿，迫使县长蒋家骥撤销利用职权贪污公盐、买卖壮丁、私卖公粮、欺压百姓的芷田乡队附杨振之职。1941 年下期，组织芷田乡轮训班民兵学习毛泽东的《论持久战》《抗日游击战争的战略问题》。1943 年秋，设法加入下县（即县境北部地区）兵役宣传队，宣传“反对内战，一致对外”。1944 年秋，发动群众揭露芷玉乡乡长苏华贪赃枉法、奸淫妇女的罪行，使其迅速倒台。1945 年春，组织贫苦会，开展济贫扶困、生产自救，打击高利贷剥削。李的革命行动引起国民党当局的注意，1942—1946 年间三次被捕，虽受尽酷刑，但始终坚守秘密，不暴露身份。1946 年 9 月从狱中逃脱，翌年 9 月辗转至兰州。

1949 年春，李子华返回绥宁。5 月，和于光德一同参加与共产党有联系的地方武装江南别纵队绥宁独立营，李子华任副教导员。10 月，指引中国人民解放军西进，安全通过绥宁县少数民族聚居区。12 月 5 日，根据中国人民解放军会同军分区指示，与袁公信、于光德、唐义源等人在武阳成立绥宁人民自卫大队，李子华任大队长，率部抗击国民党残余势力和土匪武装。1952 年 10 月起从事小学教学工作。1974 年退休，1984 年 7 月改为离休，享受副县级待遇。2001 年病逝。

刘兴凡

刘兴凡，1972 年生，洞口县人，大专文化。1994 年 7 月参加工作，历任绥宁县联丰苗族侗族乡人民政府秘书、中共绥宁县委组织部组织组干部和调研组副科级组长、共青团绥宁县委书记、中共黄桑坪苗族乡委员会书记。担任黄桑坪苗族乡党委书记期间，为发展苗乡经济废寝忘食、呕心沥血。2004 年 1 月 5 日，在连夜赶往洞口县考察杭百菊种植项目途中因车祸不幸殉职，时年 32 岁。2 月 7 日，中共绥宁县委追认他为优秀共产党员。4 月 18 日，刘兴凡先进事迹报告会在县影剧院举行，会上宣读了中共绥宁县委《关于开展向“立党为公、执政为民”的优秀基层党员领导干部刘兴凡学习的决定》。26 日，中共邵阳市委作出《关于全市开展向“立党为公、执政为民”的优秀基层党员干部刘兴凡同志学习的决定》，并成立刘兴凡先进事迹报告团赴各县市巡回宣讲。11 月 26 日至 12 月 25 日，《湖南日报》、《学习导报》、《三湘都市报》、《长沙晚报》、《潇湘晨报》、湖南卫视、湖南经视、湖南人民广播电台、红网等 9 家媒体近 30 名记者相继抵绥，采访和报道刘兴凡的先进事迹。

二、人物名录

表 25-2-1

人物名录一览表

姓名	性别	出生年份	籍贯	民族	主要事迹
彭长登	男	1914 年	黄土矿	汉族	1938 年在山西省抗日前线参加八路军。改革开放后，历任四川省文联副主席、省文化局顾问、省地方志编纂委员会副主任等职。1985 年离休，享受副省级医疗待遇
刘一志	男	1929 年	黄土矿	汉族	参加淮海战役、渡江战役和上海战役，先后立三等功 1 次、四等功 2 次。1951 年和 1954 年两次赴朝鲜作战；在朝 6 年半期间，先后立三等功 6 次，获朝鲜政府授予的军功章 2 枚。1958 年 8 月回国，参加 1959 年国庆十周年庆典
杨范中	男	1932 年	党坪	苗族	武汉大学历史系教授、中国古代史教研室主任。主要著作有《中国古代史》《炎帝与炎帝文化》《外戚传》《中国古代著名军事家评传》《中国封建社会经济史》《简明历史词典》《楚国历史与文化辞典》等。1985 年，被中共绥宁县委、县人民政府聘请为“绥宁籍在外专家学者顾问”
袁子成	男	1932 年	唐家坊	汉族	原县水泥厂筹建组长、厂长，县建委主任。1981 年，临危受命，重返县水泥厂任党支部书记，带领职工半年扭亏为盈；1985 年，县水泥厂获全省企业整顿改革奖杯。先后被评为邵阳地区优秀共产党员和劳动模范，并出席全省劳模大会
肖传命	男	1934 年	武阳	汉族	2004 年 10 月 22 日，作为全国先进离退休干部党支部代表，赴北京出席全国老干部先进个人和先进离退休干部党支部表彰大会，受到胡锦涛、曾庆红、贺国强等党和国家领导人的接见并合影留念。2005 年，被中国计划生育协会评为全国计划生育协会先进志愿者。
杨文汉	男	1940 年	鹅公岭	苗族	中南勘测设计研究院专业总工程师、副总工程师。参加葛洲坝、三峡等国家特大型水电站工程的设计、管理与施工，作为主要设计者之一设计的湖南省东江水电站荣获国家勘测设计金奖，作为设计总工程师主持设计的尼泊尔波迪科西水电站为中国电力行业第一个国际“BOT”工程
张克荣	男	1941 年	瓦屋塘	苗族	历任中共怀化地委副书记、中共怀化市委副书记。2002 年退休后，被评为全国“三五”普法先进个人，受到中宣部、司法部表彰

续表 25-2-1

姓名	性别	出生年份	籍贯	民族	主要事迹
龙素梅	女	1942 年	关峡	苗族	农民。第六、七届全国人大代表。1983 年，关峡苗族公社党委书记周宗诱因群众利益被诬告判刑。龙素梅赴北京向全国人大反映情况，使这一冤案得以澄清。1991 年，在全国七届人大四次会议上，领衔提出《关于制定妇女权益保障法的议案》。全国人大据此指定有关部门和专家起草拟定《妇女权益保障法（草案）》，并经全国七届人大五次会议审议通过
唐友尧	男	1943 年	唐家坊	汉族	华中科技大学环境科学与工程学院教授，兼任中国土木工程学会水工业分会理事等职。著有《城镇自来水企业管理》，被评为湖北省有突出贡献的中青年专家，建设部优秀教育工作者。其传略先后被录入《中国当代发明家辞典》《中国科技名人录》《中国教育家名典》等书
龙开秋	男	1945 年	朝仪	苗族	农民。市政协委员，县政协常委，全省科技示范户。1992 年，自费为村里修通村道 5 千米。1994 年，出资为村里修建治河工程，自费雇请民工 36 人，共修建河堤 500 米，加固河堤 200 米
陈明才	男	1946 年	党坪	苗族	农民。动雷村党支部书记。县党代会代表，县人大常委，县政协委员，市人大代表。为民兴办实事，被新闻媒体誉为“百姓心中好村官”。业余时间从事通讯报道，曾受乡政府之聘，独纂完成《党坪苗族乡志》。先后订阅收藏各种工具书 110 本、图书 5600 多册、期刊 6000 多册、报纸 80 多种 1300 多本，被评为邵阳市十大藏书家之一
龙开坤	男	1948 年	东山	苗族	1988 年，为主研制绥 I 型综合省柴灶，被确定为国家优秀灶型。1991 年，研制出 3 立方米返水草料混合沼气池。1992 年，获评湖南省能源先进工作者、全国省柴节煤工作先进工作者。45 岁时被破格招收为国家职工
李荣民	男	1948 年	关峡	苗族	县文化馆戏剧创作专干，中国少数民族戏剧家学会会员、中国戏剧家协会湖南分会会员。1979 年创作苗族山歌剧《相亲亭》，获全省戏剧创作一等奖、全国优秀节目奖、全国第一届少数民族题材创作团结奖、全国“五个一工程”提名奖
黄权国	男	1948 年	长铺子	苗族	1979 年 2 月，参加对越自卫反击战，立一等功，其事迹被《解放军报》以《新一代最可爱的人》为题头版头条进行报道。转业回县后，获全省优秀转业干部称号，并作为军队转业干部先进个人代表出席国务院军队转业干部安置工作小组和劳动人事部在京联合举行的先代会。2004 年被认定为省级劳动模范

续表 25-2-1

姓名	性别	出生年份	籍贯	民族	主要事迹
杨文久	男	1949 年	瓦屋塘	苗族	张家界市书画院院长。1996 年，赴香港举办《杨文久书画艺术展》，展品中《琼瑶诗词草书长卷》长 113 米，为中国狂草长卷之最。传略入编《湖南省市志·名人录》《世界华人艺术家名人录》
江瑞丰	男	1950 年	邵阳市	汉族	20 世纪 70 年代，在绥宁县水泥厂开展技术革新；1978 年出席全国科技大会，获全国先进科技工作者称号。1991 年，任宝庆集团公司董事长兼绥宁县宝庆联纸有限公司董事长，带领联纸公司走出困境并成为绥宁县第一纳税大户；先后获评湖南省十大杰出青年、邵阳市“十杰”企业家、湖南省优秀企业家、湖南省“十佳”企业管理专家
李万兴	男	1951 年	乐安铺	苗族	农民。县政协委员，绥宁县板栗技术研究会会长，湖南省科协板栗协会会员、全省科技示范户。成立绥宁县板栗技术研究会，吸收和发展会员 213 人，发展板栗 200 公顷，培养出一大批实用人才。2005 年，被授予湖南省优秀农村实用人才称号
刘家齐	男	1951 年	联民	苗族	高级政工师。历任县（区）委副书记，市公路管理局党委书记、局长等职。先后获评湖南省干部教育先进工作者、全省“十佳”企业政治思想工作者、邵阳市招商引资“十佳”功臣、市农村公路建设先进个人。出版论文专著《笔底微澜》。个人传记收录《邵阳市当代人物谱》《中国当代人才库》
隆振彪	男	1951 年	在市	侗族	中国作家协会会员，中国少数民族文学学会侗族文学分会常务理事。绥宁县文联主席。先后发表文艺作品 120 余篇，获奖 20 余次。代表作有中篇小说《巍巍苍山知我情》《青山无语》、短篇小说《卖厂》、长篇小说《蛊毒》、散文《回家》等。个人名录收录《中国作协会员辞典》
龙开科	男	1952 年	在市	苗族	中国人民解放军后勤工程学院政工研究室主任。编写出版《总后院校学员经常性思想政治教育读本》5 部，获奖 20 余项，其中《红岩精神育人的政治教育模式研究与实践》《红岩精神研究》分别获军队教学成果一等奖和总后勤部社会科学研究优秀成果一等奖。2001 年被中国人民解放军总后勤部评为优秀党务工作者
龙章聪	男	1953 年	东山	苗族	中学高级教师。1995—2005 年，先后担任珠海市金鼎中学校长和香洲区实验学校校长，被评为全国小公民思想道德建设实践创新活动先进个人。《光明日报》曾以《一个好校长就是一所好学校》为题，报道他将两所后进学校改变为两所优质学校的事迹

续表 25-2-1

姓名	性别	出生年份	籍贯	民族	主要事迹
张润国	男	1954年	在市	苗族	高级工程师。主持和参加多项重要科学技术研究课题，获国家科技进步一等奖1项，军队科技进步二等奖2项、三等奖6项；主编××装备计量检定方法8项国家军用标准及17项检定规程。被评为“十五”期间“全军军事计量先进个人”，受到解放军四总部通报表彰
陈历秋	男	1954年	李熙桥	汉族	湖南省书法家协会会员。县书法家协会副主席。1991年获中国首届书法大赛银奖，1993年获中国少字书法作品展银奖，1993年获湘黔七县第四届民族联谊会书法展一等奖，2003年获全国纪念毛泽东诞辰110周年书法大赛三等奖。从事书法培训教育，为县内培养不少书法人才
秦裕祥	男	1955年	在市	苗族	硕士研究生导师。湖南师范大学外国语学院英语教授、院教学委员会主任、湖南师范大学重点学科“外国语言学及应用语言学”学科带头人。先后有15项课题获国家、省、大学奖励，发表研究论文30余篇，出版专著、合著3部
黄启强	男	1956年	武阳	苗族	教授。享受国务院特殊津贴专家和贵州省第一批省管优秀专家。从事油桐和马尾松遗传育种研究，曾两次赴日本研修，在国内学术刊物发表论文30余篇，研究发明的“超临界二氧化碳提取的工艺与方法”获国家发明专利
刘文忠	男	1957年	长铺子	苗族	农民。1980年因意外事故失去右手，1995年被推选为村主任，带领村民10年造林207公顷，将自己营造即将成林受益的数百亩速生丰产林低价转让给村集体，并出资5.6万元帮助60户村民发展生产。先后被评为湖南省模范共产党员、湖南省劳动模范、全国劳动模范。中共湖南省委书记王茂林为其题词：“人残志不残，为山区开发作出了贡献，成为绥宁致富的一面旗帜。向刘文忠学习。”2005年赴北京出席劳模大会，受到党和国家领导人的接见
杨振洪	男	1957年	鹅公岭	苗族	法学教授，硕士生导师。历任广东省社会科学院法学研究所所长、华南师范大学法学院院长，兼任中国法理学研究会理事、广东省法理学研究会副理事长、广州市人大常委会立法顾问等职。曾主编和参编法学著作10余部，发表学术论文数十篇，获广东省法学会法学研究优秀成果奖
唐建宁	男	1957年	长铺	汉族	县图书馆馆员。中华全国集邮联合会会员、湖南省收藏协会终生会员。从事收藏30余年，藏品达到数百件。重要藏品有：汉代绳纹夹砂灰陶大罐、唐代长沙窑诗文执壶、宋代邵州窑青瓷釉下褐彩牡丹纹盖梅瓶、明初水坑端石瓶形砚、清代金漆木雕千工床等

续表 25-2-1

姓名	性别	出生年份	籍贯	民族	主要事迹
邹幸福	男	1958 年	关峡	苗族	加拿大西安大略大学教授、博士生导师。先后在加拿大维多利亚大学和美国佐治亚理工大学从事博士后研究。在国内外学术刊物发表论文 80 多篇，任 5 种国际学术刊物编委，获加拿大石化创新研究奖。先后在北京师范大学、上海交通大学、浙江师范大学、湖南大学、国防科技大学、中南大学等高校讲学和主持学术会议
刘卫平	男	1959 年	长铺	苗族	硕士生导师。历任湖南师范大学哲学系教授、中共上海市委党校哲学部教授；兼任中国系统科学研究会常务理事，中国系统科学研究会会刊《系统辩证学学报》编委、《思维科学研究》（香港）编委等职。长期从事马克思主义哲学的教学与研究，曾获湖南省首届社科成果优秀论文奖
杜勤德	男	1960 年	在市	汉族	实业人士，湖南德庆置业有限公司董事长兼总经理。恪守“聚一流人才，创一流品牌，办一流企业”，使德庆置业成为长沙房地产界的知名企业。先后出资近 150 万元赞助绥宁县光彩事业、帮助贫困学生完成学业和帮助家乡修复名胜古迹
于登云	男	1961 年	李熙桥	汉族	航天科学家。1993 年始享受国务院特殊津贴。先后 7 次获国家和省部级科研成果奖，并先后获中国航天工业总公司航天十杰青年奖、省部级突出贡献专家、国家跨世纪学术与技术带头人等荣誉称号，及第七届中国青年科技奖、中国空间技术研究院载人航天金质奖牌
龙开华	男	1961 年	在市	侗族	实业人士。1995 年辞职下海经商，创办珠海市吉祥隆食堂服务管理有限公司，专事承包和管理大中型企事业单位和中小学集体食堂。先后发展珠海、深圳、东莞、中山、江门和鹤山 6 个分公司，承包和管理集体食堂 50 家。热心援助家乡发展，出资为家乡修路架桥、扶贫济困
聂德荣	男	1961 年	长铺	汉族	湖南省书法家协会会员，邵阳市书协副主席。书法作品 1986 年入选全省第五届书法篆刻展，1987 年入选全国教师书法作品展，1988 年获中意杯国际书法篆刻电视大赛佳作奖，1990 年参加湖南省政协迎春书画展。摄影作品入选十四届和十五届省展，获 2000 年湖南省农业杯银奖
陶永灿	男	1961 年	水口	瑶族	湖南省作家协会会员。文学创作以儿童文学为主。出版有长篇小说《黑喜鹊白喜鹊》，长篇传记文学《毕达哥拉斯》，儿童文学集《有鸟的秋天》。作品曾获湖南省“五个一工程”奖三等奖，第四届中国优秀少儿读物奖，冰心儿童文学新作奖等。个人名录被收入《湖南少数民族文学史》

续表 25-2-1

姓名	性别	出生年份	籍贯	民族	主要事迹
刘乐权	男	1962 年	瓦屋塘	汉族	湖南省音乐家协会会员，省音乐家协会理论创作委员会理事。1988 年起，先后发表 200 余首歌曲作品和数十篇评论文章，《高高山上飘白云》《瑶家爱吹双唢呐》等歌曲先后获奖。出版《刘乐权音乐作品集》《绿色的思考》《甜甜山歌唱给你》等专著。个人名录被载入《湖南当代文艺家传略》《中国当代艺术界名人录》《中国音乐家辞典》《中国音乐家名录》
杨晓明	男	1962 年	绥宁	侗族	中国人民解放军军事医学科学院研究员。1993 年，成功克隆出人体肝细胞生成素 CDNA，获国家科技进步二等奖和军队科技进步一等奖。后从事肝脏蛋白质相互作用连锁图研究，建立国内最大的相互作用蛋白质数据库，获省部级科技进步奖 5 项。被解放军总后勤部评为“优秀留学归国人才”“科技银星”，获国家杰出青年人才基金资助
曹远华	男	1963 年	河口	苗族	实业人士，在深圳创办贝雷德物业管理有限公司，任董事长兼总经理。坚持“业主利益第一、客户满意第一、公司品质第一”的物业管理理念，使公司成为深圳市服务质量高、经济效益佳、群众口碑好的物业公司
邓湘子	男	1964 年	红岩	汉族	中国作家协会会员。出版有短篇小说集《雪魂》《一双鞋能走多远》，长篇小说《山里的阳光》《大枫树飞上天》，童话集《奶奶和我捉迷藏》，长篇童话《神秘黑森林》，散文集《书里的精灵》《牛背上的月亮》，长篇科幻小说《复活的月球飞船》，长篇传记文学《禾下乘凉梦——袁隆平传》（与谢长江合著）等
伍名光	男	1964 年	竹舟江	苗族	乡镇企业家。1996 年，被聘为竹舟江苗族乡民营经济办公室主任，引导全乡农民发展以袋料香菇为主的食用菌产业，所主持的食用菌研究开发项目获湖南省科技进步二等奖，该乡被评为全国食用菌行业先进乡和全国科普教育先进单位。先后被评为湖南省县乡村优秀实用人才、湖南省劳动模范、湖南省乡镇企业家
苏维词	男	1964 年	关峡	苗族	第十届全国青联委员，贵州省优秀青年科技人才。历任贵州科学院山地资源研究所所长，贵州省喀斯特资源环境与发展研究中心主任；兼任重庆师范大学、重庆旅游学院教授，贵州大学、贵州师范大学客座教授等职。先后获省部级科技成果奖 4 项，发表学术论文 100 多篇。享受国务院特殊津贴

续表 25-2-1

姓名	性别	出生年份	籍贯	民族	主要事迹
李友妹	女	1964 年	党坪	苗族	农民。第九届、第十届全国人大代表（后连任第十一届全国人大代表）。1995 年起任芷坪村党支部书记，带领全村群众修建和改造村内基础设施，脱贫致富，先后被评为邵阳市优秀共产党员、市优秀党务工作者、湖南省“三八红旗手”。担任全国人大代表十年，以各种方式向全国人大呈送议案和建议 20 余件
黄世远	男	1964 年	枫木团	苗族	农民。发明节能高效立式烧砖窑，先后获第三届中国长春电影节新技术、新产品展销会金奖和第十届美国爱因斯坦发明博览会金奖。被载入中国企业管理出版社与香港新华通讯社联合出版的《世界优秀专利》
杨　劭	男	1965 年	东山	苗族	博士研究生导师。从事科研和教学领域为微生物学、水生生物学和环境科学、水污染治理技术的应用基础研究和技术开发。主持完成国家十五重大科技专项课题多项
陶永喜	男	1965 年	水口	苗族	湖南省作家协会会员，县文联副主席。出版有中短篇小说集《火麻》，长篇传记文学《费米》。作品被收录《中国当代儿童文学国际性主题作品选》《当代中国少数民族著名作家经典——苗族作家丛书》。个人名录被收录《湖南当代作家小传》《湖南少数民族文学史》。获《湖南文学》第一届文学新秀选拔赛三等奖，第十四届湖南省青年自学成才奖
朱锦余	男	1967 年	关峡	苗族	硕士生导师。财政部中国审计准则组成员，云南省中青年学术和技术带头人后备人才、省重点学科会计学学科带头人、省高等学校教学与科研带头人。著有《注册会计师执业报告研究》和教材《审计学》《会计报表审计案例》等著作 10 余部。主持或参与完成省级课题 9 项，正在主持或参与的国家级和省部级课题多项
李建新	男	1967 年	麻塘	苗族	实业人士，北京金色橄榄油国际贸易有限公司董事长。与希腊开展经济贸易合作，2005 年在雅典召开的中国——希腊经贸合作论坛大会上作典型发言。多次应商务部邀请，参加中国知名企业代表团，赴欧洲进行商务考察交流，出席国际经济论坛。公司多次为家乡和灾区群众及贫困学子捐款，被湖南省妇联授予爱心捐款企业称号
赵秀琴	女	1967 年	河口	苗族	中国美术家协会会员，中国大学装帧艺术工作委员会副主任委员，中国版协装帧艺术工作委员会常务委员，中央民族大学党委宣传部副部长、教授、硕士生导师、美术编审。出版专著、编著 8 部，公开发表艺术作品近 3000 幅、专业论文 50 余篇，累计获国家级奖 8 项、省部级奖 32 项

续表 25-2-1

姓名	性别	出生年份	籍贯	民族	主要事迹
龙开平	男	1968 年	东山	侗族	绥宁县林业局营林员，林业工程师。1987 年始，18 年累计指导完成育苗 262 公顷，完成造林作业设计面积 1218 公顷，专检面积 1.5 万公顷，参与完成造林 4.8 万公顷、毛竹低改 2 万公顷。1996 年获绿化三湘贡献奖，2000 年 4 月被湖南省人民政府授予湖南省劳动模范称号，2005 年 4 月被国务院授予全国劳动模范称号
杨日芳	男	1968 年	关峡	苗族	军事医学科学院毒物药物研究所副研究员，硕士生导师，副师级干部。国家一类新药盐酸埃他卡林和国家三类新药拉呋替丁的研发主题负责人。曾立三等功 1 次，获北京市科技进步一等奖 1 项，申请国家发明专利 13 项，发表论文与专著 30 余篇（部）
刘海英	男	1972 年	金屋塘	汉族	创办中国第一海英高尔夫品牌，被誉为“中国高尔夫民族品牌第一人”
苏文星	男	1972 年	长铺子	苗族	音乐家，指挥家。历任美国南加州爱乐乐团音乐总监、首席指挥，美国迦南国际音乐基金会执行主席，《人民日报》《光明日报》、《中国日报》、《美国世界日报》、《北京音乐周报》、中央电视台等新闻媒体先后报道过他的事迹和成果。曾先后出访美国、加拿大、德国、瑞士、瑞典、丹麦、芬兰、新加坡和印尼等国家和地区，在当地指挥演出和讲学
苏文杰	男	1976 年	长铺子	苗族	实业人士，银海（北京）建筑工程有限公司总经理。先后参加国家体育馆鸟巢地下工程、国家大剧院、首都机场第三号航站、国家博物馆工程、解放军 309 医院等重点工程的施工，公司被评为北京市建筑工程 A 级施工优秀单位，苏文杰被评为优秀个人。热心为家乡经济发展出谋划策，帮助家乡引进资金

三、人物表

表 25-3-1

绥宁县先进人物一览表

姓名	性别	民族	籍贯	工作单位及职务	荣誉称号	授奖单位	授奖时间
于成强	男	汉族	红　岩	盐井乡民兵	新长征突击手	共青团中央	1984 年
马　艳	女	汉族	邵东县	县工商银行出纳	技术能手	中国工商银行总行	1998 年 12 月
马连琢	男	汉族	武冈市	县轻工业局局长	先进工作者	轻工部	1993 年 7 月
王恒松	男	苗族	城步县	县科协主席	农村科普工作先进工作者	中国科学技术协会	1990 年 4 月
尹上苑	男	苗族	长铺子	县种子公司副经理	全省农业劳动模范	湖南省人民政府	1980 年 1 月
邓少珍	男	汉族	常宁县	县林业局工程师	全国绿化劳动模范	林业部、人事部	1991 年 3 月
邓隆兴	男	汉族	武冈市	县工商银行司机	全国金融红旗手	中国人民银行	1983 年 10 月
					全国金融系统劳动模范	中国人民银行、全国金融工会	1986 年 8 月
					湖南省劳动模范	湖南省人民政府	1988 年 4 月
					全国金融系统职工生活后勤先进个人	全国金融工会	1994 年 12 月
石俊华	男	苗族	红　岩	唐家坊乡计划生育专干	湖南省计划生育先进个人	湖南省人民政府	1988 年 11 月
龙　妹	女	苗族	东　山	县妇联主席	全国“三八”绿色奖章	全国妇联	1995 年
				县文明办主任	湖南省精神文明建设创建工作先进个人	湖南省文明建设指导委员会	2001 年 6 月
龙开多	男	苗族	朝　仪	县一中教导主任	湖南省优秀教师	湖南省人民政府	1998 年 8 月
龙优秀	女	苗族	黄桑坪	县公安局办证办干警	颁发居民身份证先进工作者	公安部	1991 年 10 月
龙池光	男	苗族	李熙桥	李熙桥镇双园小学教师	推广“三算教学”先进工作者	中国珠算协会	2000 年
龙爱姨	女	苗族	东　山	县计生局副局长	全国婚育新风进万家活动先进个人	中宣部、国家计生委	2005 年 8 月
龙喜连	女	苗族	长铺子	濑濑水村农民	全国“三八”绿色奖章	全国妇联、林业部	1994 年 3 月
龙景翠	女	苗族	东　山	东山侗族乡牛背岭小学教师	推广“三算教学”先进工作者	中国珠算协会	2000 年
付秀生	男	汉族	武　阳	县公安局长铺水陆派出所所长	湖南省保护未成年人十大杰出公民	湖南省人民政府	1998 年 7 月
朱池云	女	侗族	在　市	县副食品公司职工	湖南省劳动模范	湖南省人民政府	1982 年 7 月
					全国“五好”家庭	全国妇联	1983 年 3 月
朱显金	男	汉族	黄土矿	县二职中教师	湖南省优秀教师	湖南省人民政府	1998 年 8 月
向平江	男	汉族	黄土矿	长铺镇一小教师	全国优秀体育教师	国家教委、国家体委	1992 年 9 月

续表 25-3-1

姓名	性别	民族	籍贯	工作单位及职务	荣誉称号	授奖单位	授奖时间
向绍健	男	汉族	李熙桥	县人民政府县长	全国“双拥”先进个人	民政部、解放军总政治部	1994 年 7 月
刘　企	男	汉族	武　阳	武阳镇计生协会会员	全国计划生育协会先进志愿者	中国计划生育协会	2005 年
刘心虚	男	苗族	新化县	枫木团乡中心小学教师	湖南省优秀教师	湖南省人民政府	1989 年
刘先堂	男	汉族	金屋塘	金屋塘乡联校校长	全国优秀教育工作者	国家教委	1989 年 9 月
刘仲初	男	汉族	新邵县	中共绥宁县委副书记	湖南省计划生育先进个人	湖南省人民政府	1988 年 11 月
刘芳庭	男	汉族	洞口县	哨溪口采育场	湖南省劳动模范	湖南省人民政府	1995 年 4 月
刘应胜	男	汉族	黄土矿	县一中校长	全国优秀教育工作者	国家教委	1989 年 9 月
刘学华	男	汉族	金屋塘	县水利局局长	湖南省抗洪救灾先进个人	湖南省人民政府	1996 年 9 月
刘荣生	男	侗族	黄土矿	县莳竹学校教师	湖南省优秀教师	湖南省人民政府	1998 年 8 月
刘思林	男	汉族	黄土矿	黄土矿公社武装部长	优秀武装部长	湖南省军区	1983 年
刘思禹	男	汉族	黄土矿	县一中教导主任	湖南省优秀教师	湖南省人民政府	1995 年 9 月
孙孝仕	男	汉族	武冈市	县二中副校长	湖南省优秀教师	湖南省人民政府	1995 年 9 月
阳新民	男	汉族	涟源市	县水利局副局长	湖南省抗洪救灾先进个人	湖南省人民政府	1995 年 9 月
苏进国	男	苗族	长铺子	县人大民工委主任	第五次全国人口普查先进个人	国务院第五次全国人口普查领导小组	2001 年 10 月
李日翔	男	汉族	洞口县	县政府外事办干部	第四次全国人口普查先进工作者	国务院第四次全国人口普查领导小组	1991 年
李兴茂	男	苗族	黄桑坪	黄桑坪苗族乡联校校长	湖南省优秀教师	湖南省人民政府	1985 年 9 月
李明星	男	苗族	长铺子	长铺镇一小校长	湖南省优秀教师	湖南省人民政府	2001 年
李荣友	男	苗族	黄桑坪	县社队企业局职工	农业合作经济财务先进工作者	全国农业集体经济经营管理站	1983 年 12 月
李荣光	男	苗族	黄桑坪	黄桑坪苗族乡党委副书记兼武装部部长	基层民兵建设先进个人	广州军区	1992 年
杨友松	男	苗族	长　铺	县爱卫办主任	全国农村改水先进工作者	全国爱卫会	1993 年
杨玉梅	女	苗族	在　市	西正街居委会妇女主任	全国“三八红旗手”	全国妇联	1979 年 3 月
杨正胜	男	侗族	新晃县	中共绥宁县委书记	勤政廉政县委书记	中共湖南省委	2003 年
杨再林	男	苗族	乐安铺	天堂村农民	全国优秀乡村护林员	国家林业局	1999 年
杨廷岩	男	苗族	水　口	瓦屋塘区区长	湖南省劳动模范	湖南省人民政府	1982 年 6 月
杨时兴	男	苗族	瓦屋塘	皮叶树大队民兵营营长	优秀民兵营营长	湖南省军区	1983 年
杨昌来	男	苗族	鹅公岭	县公安局户政股副股长	颁发居民身份证先进工作者	公安部	1991 年 10 月
杨昌岱	男	苗族	鹅公岭	鹅公岭公社武装部部长	优秀武装部部长	湖南省军区	1983 年
杨荣斌	男	苗族	党　坪	动雷村农民	优秀共青团员	共青团中央	1989 年
					农村青年科技示范户标兵	共青团中央	1989 年
					基层民兵建设先进个人	湖南省军区	1992 年
杨正铁	男	苗族	李熙桥	李熙桥镇成人教育专干	湖南省扫盲先进工作者	湖南省人民政府	1993 年
杨凯慧	男	苗族	鹅公岭	武阳镇中学校长	湖南省优秀教师	湖南省人民政府	2004 年 9 月
杨香梅	女	苗族	瓦屋塘	瓦屋塘公社红旗林场场长	全国新长征突击手	共青团中央	1979 年 5 月
					绿化祖国突击手	共青团中央、林业部	1981 年
杨晟映	男	苗族	东　山	县一中教导主任	湖南省优秀教师	湖南省人民政府	1991 年

续表 25-3-1

姓名	性别	民族	籍贯	工作单位及职务	荣誉称号	授奖单位	授奖时间
杨艳玲	女	苗族	在　市	县民宗局局长	全国民族团结进步模范个人	国务院	2005 年 5 月
杨辉明	男	苗族	关　峡	东山侗族乡武装部长	湖南省民兵基层建设先进个人	湖南省人民政府、湖南省军分区	1995 年 5 月
肖检清	女	苗族	白　玉	县民族中学高级教师	湖南省先进工作者	湖南省人民政府	2005 年
吴才录	男	侗族	金屋塘	县二中校长	全国优秀教师	教育部	1998 年 8 月
吴世英	男	汉族	溆浦县	李熙桥区农技站站长	湖南省农业先进工作者	湖南省人民政府	1980 年 1 月
何德奇	男	苗族	长铺子	县检察院反贪局经侦股股长	办理大要案先进个人	湖南省人民检察院	1994 年
谷春芳	男	汉族	武　阳	县畜牧水产局副局长	湖南省防治高致病性禽流感先进个人	湖南省人民政府	2005 年 2 月
沈召林	男	苗族	河　口	杨家寨大队民兵营营长	优秀民兵营营长	湖南省军区	1983 年
沈序明	男	苗族	河　口	竹舟江苗族乡联校校长	湖南省优秀教师	湖南省人民政府	1998 年 8 月
张晓艳	女	汉族	长　铺	县广宁合板有限公司	巾帼创业带头人	全国妇联	2001 年
陈　贵	男	苗族	李熙桥	县二中副校长	湖南省优秀教师	湖南省人民政府	2004 年 9 月
欧阳昭	男	汉族	新化县	县二中教师	全国农业广播学校优秀辅导员	国家教委、农业部	1987 年
屈家海	男	汉族	浏阳市	中共绥宁县委书记	湖南省优秀党务工作者	中共湖南省委	1989 年 7 月
					全国优秀党务工作者	中共中央组织部	1989 年 9 月
胡尚礼	男	苗族	竹舟江	白洋滩村农民	湖南省劳动模范	湖南省人民政府	2005 年 5 月
胡建国	男	汉族	双峰县	县林业局助理会计师	全国林业系统优秀财会人员	林业部	1997 年 12 月
钟再群	男	汉族	湘阴县	县人民政府县长	民族团结进步模范个人	国家民委、湖南省人民政府联合授予	1998 年 7 月
贺全安	男	瑶族	水　口	县林业局会计师	全国林业系统优秀财会人员	林业部	1994 年 12 月
贺剑春	男	侗族	瓦屋塘	县畜牧水产局高级兽医师	全国优秀农业科技工作者	中国农学会	2001 年 12 月
					湖南省防治高致病性禽流感先进个人	湖南省人民政府	2005 年 2 月
贺兼宏	男	瑶族	水　口	县一中高级教师	全国优秀教师	教育部	2004 年 9 月
贺喜荣	女	汉族	瓦屋塘	县农业局助理农艺师	全国“双学双比”活动先进科技服务工作者	全国妇联	2002 年
贺曙光	男	汉族	双峰县	县工商银行出纳	技术能手	中国工商银行总行	1998 年 12 月
袁小波	男	汉族	瓦屋塘	县委老干局局长	先进个人	湖南省关工委	2005 年 2 月
袁小萌	男	汉族	黄土矿	县政府办主任	第四次全国人口普查先进工作者	国务院第四次全国人口普查领导小组	1991 年
袁义元	男	汉族	长　铺	县造纸厂	第二次全国工业普查先进个人	国务院第二次全国工业普查领导小组	1988 年 1 月
袁子华	男	汉族	涟源市	县工商银行行长	优秀思想政治工作者	中国工商银行总行	1992 年
袁公宪	男	汉族	黄土矿	黄土矿乡水电管理站站长	全国优秀电工	水电部、水电部工会全委会	1987 年 9 月
袁江花	女	汉族	唐家坊	县总工会财务部部长	全国工会财会先进工作者	中华全国总工会	2000 年 11
袁军荣	女	侗族	金屋塘	县一中教师	全国优秀教师	国家教委	2001 年 9 月

续表 25-3-1

姓名	性别	民族	籍贯	工作单位及职务	荣誉称号	授奖单位	授奖时间
袁绍中	男	汉族	唐家坊	县二中高级教师	全国德育先进工作者	国家教委	1988 年 11 月
					湖南省劳动模范	湖南省人民政府	1989 年
郭世华	男	汉族	隆回县	县统计局副局长	先进工作者	湖南省人民政府	1988 年 7 月
					第四次全国人口普查先进工作者	国务院第四次全国人口普查领导小组	1991 年
唐公柱	男	汉族	红　岩	县计生协会秘书长	全国计划生育协会先进个人	中国计划生育协会	1995 年
唐仕忠	男	汉族	红　岩	黄土矿乡计划生育专干	全国计划生育工作先进个人	国家计生委	1986 年 10 月
唐立新	男	苗族	红　岩	县一中副校长	第二届全国中小学优秀外语教师	教育部	2004 年 4 月
唐光中	男	汉族	红　岩	县二中教师	全国体育优秀裁判员	国家教委、国家体委	1985 年 12 月
唐秀斌	男	汉族	怀化市	县农业银行行长	优秀工会会员	全国金融工会	1996 年 3 月
唐金良	男	汉族	黄土矿	县计委副主任	第四次全国人口普查先进工作者	国务院第四次全国人口普查领导小组	1991 年
黄文斌	男	汉族	长　铺	县公安局户政股股长	颁发居民身份证先进工作者	公安部	1991 年 10 月
黄再文	男	汉族	长铺子	志愿军 136 师炮 517 团 2 营 4 连战士	三等功	中国人民志愿军司令部、政治部	1955 年 1 月
黄竹清	女	苗族	瓦屋塘	瓦屋塘公社农民	全国“三八红旗手”	全国妇联	1983 年 3 月
黄桂华	女	汉族	邵阳市	县一中教师	全国优秀班主任	国家教委	1984 年
彭华良	男	汉族	黄土矿	河口区团委书记	全国新长征突击手	共青团中央	1979 年 5 月
彭共青	男	汉族	红　岩	县皮肤防疫站医师	第四届马海德奖	中国麻风病学术基金会	1993 年
彭松华	男	汉族	双峰县	县检察院林业检察股干警	湖南省林业检察工作先进个人	湖南省检察院	1998 年 4 月
蒋运强	男	苗族	长铺子	枫香苗族乡人民政府秘书	全国农村体育先进个人	农业部、国家体委	1988 年 10 月
喻素媛	女	汉族	宁乡县	长铺镇一小教师	湖南省优秀教师	湖南省人民政府	1981 年 1 月
程光和	男	汉族	武冈市	绥宁县人民政府顾问、原副县长	农村电气化试点建设先进工作者	国家计委、水利部，中国水利电力工会全委会	1990 年 11 月
曾召文	男	汉族	祁东县	县水利水电局原局长	农村电气化试点建设先进工作者	国家计委、水利部，中国水利电力工会全委会	1990 年 11 月
游平生	男	汉族	长　铺	县检察院反贪局副局长	湖南省十佳反贪局局长	湖南省检察院	1997 年
					湖南省优秀青年卫士	湖南省检察院等	1997 年
				县检察院党组成员、纪检组组长	湖南省检察系统先进个人	湖南省检察院	2005 年
谢定酉	男	汉族	红　岩	县农业局农艺师	全国植物检疫系统先进工作者	农业部	1992 年 6 月
廖大石	男	汉族	武　阳	长冲村农民	湖南省劳动模范	湖南省人民政府	1988 年 3 月
谭秀贞	男	汉族	武　阳	长铺子苗族乡联校校长	湖南省优秀教师	湖南省人民政府	1998 年 8 月
缪泽南	男	汉族	邵阳县	县一中副教导主任	全国优秀教育工作者	国家教委	1989 年 9 月

续表 25-3-1

姓名	性别	民族	籍贯	工作单位及职务	荣誉称号	授奖单位	授奖时间
颜学炎	男	汉族	黄土矿	黄土矿乡联校校长	湖南省优秀教师	湖南省人民政府	1990 年
					全国优秀教师	国家教委	1993 年
颜家明	男	汉族	李熙桥	李熙桥小学教师	全国优秀教育工作者	国家教委	1989 年 9 月
颜晚凤	女	苗族	李熙桥	县教研究教师	推广“三算教学”先进个人	中国珠算协会	2000 年
戴楚才	男	汉族	新化县	县水利水电局副局长	农村电气化试点建设先进工作者	国家计委、水利部，中国水利电力工会全委会	1990 年 11 月

说明：已入传、录者，此表不再收录

表 25-3-2

绥宁籍在外工作的领导人士一览表

姓名	性别	民族	籍贯	工作单位	职务或级别
丁　跃	男	苗族	武　阳	湖南省民委	副主任、巡视员
丁长春	男	苗族	武　阳	邵阳市公安局	副处级
丁祖忠	男	苗族	武　阳	邵阳市农业局	纪检书记
王玉立	男	苗族	鹅公岭	广西壮族自治区柳州市外经委	主　任
王志刚	男	汉族	绥宁县	内蒙古自治区通辽市审计局	副局长
王胜芳	男	汉族	武　阳	湖南省移民局	处　长
王德席	男	苗族	长铺子	邵阳市林业局	局　长
韦先华	男	苗族	竹舟江	山东青岛海军航空兵某部	副团级
毛昌成	男	苗族	长铺子	海南省海口市人武部	副团级
邓卫平	男	汉族	在　市	湖南省财政厅	副处长
邓春阳	男	汉族	白　玉	陕西宝鸡空军某部	处　长
龙长森	男	苗族	关　峡	陕西渭南某部队	团　长
龙开超	男	侗族	东　山	湖南省卫生厅	副厅长
龙世平	男	侗族	长　铺	海军司令部航空兵部飞行训练处	主　任
龙宪松	男	侗族	东　山	湖南省司法厅	副处长
龙宪待	男	侗族	东　山	邵阳市国税局	局　长
龙章柏	男	侗族	东　山	贵州武警总队	副军级
龙章森	男	苗族	关　峡	邵阳市交通局	正处级副局长
龙章森	男	侗族	东　山	陕西西安空军干休所	副处级
龙景刚	男	侗族	东　山	邵阳市国资委	副主任
龙满梅	女	侗族	乐安铺	湖南省民主党机关	副处长
龙毅鹏	男	侗族	鹅公岭	邵阳市北塔区	区委常委、纪委书记
冯小兵	女	汉族	长　铺	国家知识产权局专利局审查业务管理部	副部长
吕力华	男	汉族	绥宁县	广东省广州市黄埔出入境管理处	副处长
伍先芳	男	苗族	竹舟江	湖南省人大法工委	副处长
伍善兴	男	汉族	红　岩	邵阳市政协机关党委	书　记
华美姣	女	汉族	长　铺	湖南省发改委	处　级
朱常青	男	侗族	长　铺	湖南省教育管理干部培训办公室	副处长
向正生	男	汉族	黄土矿	贵州省六盘水市国土局	党委书记

续表 25-3-2

姓名	性别	民族	籍贯	工作单位	职务或级别
向先泮	男	汉族	红　岩	怀化市文化局	局　长
向志平	男	汉族	黄土矿	怀化市农业局	局　长
向祖荣	男	汉族	绥宁县	中国证监会人教部	处　长
向建生	男	汉族	李熙桥	湖南省人大	副　处
刘　厚	男	汉族	金屋塘	中共邵阳市委办公室	副主任
刘　峰	男	汉族	金屋塘	解放军二炮某部	政治部主任
刘文伟	男	汉族	梅　坪	中共邵阳市大祥区委员会	常　委
刘文政	男	汉族	白　玉	云南大理某部	副　团
刘文清	男	汉族	绥宁县	广东省深圳市城市管理局	副处长
刘正章	男	汉族	梅　坪	湖南省国税局	副局长
刘石林	男	汉族	绥宁县	北京某部队	团　级
刘永海	男	汉族	金屋塘	湖南省政府办公厅督查室	副主任
刘必兴	男	汉族	黄土矿	邵阳市交通局	纪检书记
刘先松	男	汉族	金屋塘	岳阳市物资商品检验局	党委书记、局长
刘先绪	男	汉族	金屋塘	衡东县政协	副主席
刘志良	男	汉族	金屋塘	中共怀化市洪江区工委	书　记
刘伯成	男	汉族	梅　坪	广东省珠海市香洲区人大常务委员会	副主任
刘良进	男	汉族	黄土矿	长沙市农林局	局　长
刘取力	男	汉族	金屋塘	湖南省安全生产监督局法规处	处　长
刘泽林	男	汉族	绥宁县	广东省广州市新闻出版局	处　长
刘泽湘	男	汉族	金屋塘	中共湖南省委党史研究室	处　长
刘宜江	男	苗族	麻　塘	广州军区首长服务处	副处长
刘思孝	男	汉族	黄土矿	怀化市直属机关工委	书　记
刘祖礼	男	苗族	麻　塘	湖南省技术监督局纤维局	局　长
刘家富	男	苗族	联　民	邵阳市林业局	副处级
刘继兴	男	汉族	金屋塘	解放军军事政治学院后勤部	正师级
刘智兴	男	汉族	金屋塘	解放军高级军械士官学校	副师级
阳晓华	男	苗族	唐家坊	中共邵阳市委组织部、市委老干局	副部长、局长
阳恩平	男	苗族	联　民	邵阳市北塔区	副区长
苏仁先	男	苗族	关　峡	中共北京市委宣传部新闻处	处　长
苏仁华	男	苗族	关　峡	中共湖南省委组织部、湖南省人事厅	副部长、厅长
苏仁进	男	苗族	关　峡	湖南省新闻出版局报刊处	处　长
苏进军	男	苗族	长铺子	广东省广州市越秀区公安刑警队	副　处
苏进跃	男	苗族	关　峡	中共湖南省委宣传部新闻处	处　长
苏进富	男	苗族	关　峡	邵阳市科协	党组书记
李永华	男	苗族	关　峡	湖北武汉 62101 部队财务处	处　长
李茂兴	男	苗族	枫木团	广西百色军分区	上校、团级
李忠平	男	苗族	绥宁县	广东省深圳市委办公厅接待处	处　长
李忠胜	男	苗族	在　市	广西壮族自治区融水县人大	副主任
李庚松	男	苗族	竹舟江	衡阳市建委	主　任
李宗全	男	苗族	武　阳	广东省广州市劳改局二所	副处级
李宗荣	男	苗族	武　阳	怀化市水利局	局　长
李建平	男	侗族	长　铺	邵阳市国税局	副局长
李荣卫	男	苗族	关　峡	中共城步苗族自治县委员会	常　委
李荣权	男	汉族	黄土矿	怀化市林业局	局　长
李显福	男	汉族	红　岩	湖南省民委	副主任

续表 25-3-2

姓名	性别	民族	籍贯	工作单位	职务或级别
李凯南	男	苗族	竹舟江	中共衡阳市委	副秘书长
李锡红	男	苗族	河　口	邵阳市编办	副主任
李福生	男	苗族	关　峡	邵阳市工商局	工会主席
李德青	男	汉族	黄土矿	广东省湛江市人大	副主任
李德树	男	苗族	武　阳	广东省广州市公安局审计处	副处长
杨　敏	男	苗族	瓦屋塘	邵阳市公安局政治部	副处级副主任
杨九红	女	苗族	长　铺	邵阳市妇联	副处级纪检员
杨文友	女	苗族	朝　仪	邵阳市妇联	副调研员
杨光华	男	苗族	乐安铺	湖南省高速公路管理局政法宣传处	副处长
杨华新	男	苗族	党　坪	长沙市建筑工程管理局	党委书记
杨昌福	男	苗族	在　市	邵阳市北塔区人大常务委员会	主　任
杨荣山	男	苗族	长铺子	怀化市公安局	副局长
杨荣副	男	苗族	党　坪	四川成都武警指挥学院	参谋长
杨桂蓉	女	苗族	绥宁县	北京市丰台区环卫局	处　级
杨盛海	男	苗族	关　峡	湖南省社科院文史馆	副馆长
杨维贤	男	苗族	瓦屋塘	湖南省工商联	副秘书长
杨淼芳	女	苗族	在　市	文化部	副处长
杨锦华	男	苗族	关　峡	兰州军区空军某部	团　长
肖一平	男	汉族	武　阳	邵阳市县乡公路管理处	处　长
肖玉叶	男	汉族	武　阳	邵阳市人民政府	副秘书长
肖华中	男	汉族	梅　坪	邵阳市政协	副主席
肖时辉	男	汉族	金屋塘	广东省财政厅	副处长
肖学文	男	汉族	绥宁县	湖南省计委	副处长
肖育华	男	汉族	金屋塘	中共湖南省委办公厅	副处长
肖剑林	男	汉族	武　阳	邵阳市大祥区法院	院　长
肖祝平	男	汉族	金屋塘	湘潭市市管中心	主　任
肖纪红	女	汉族	金屋塘	解放军高级军械士官学校	副师级
吴才进	男	侗族	金屋塘	成都军区空军政治部组织处	处　长
吴小明	男	侗族	金屋塘	邵阳市民宗局	副调研员
吴玉文	男	侗族	枫木团	怀化市建设局	副局长
余开平	男	苗族	河　口	张家界市武陵区	区委常委、宣传部部长
余开国	男	苗族	河　口	湖南省招标局	副局长
沈召财	男	苗族	河　口	湖北省老龄工作委员会	副厅级
沈序太	男	苗族	河　口	河南省三门峡市纪检会	办公室主任
沈群英	女	苗族	麻　塘	中共中央组织部	处　长
张千山	男	汉族	联　民	邵阳市文联	主　席
张长生	男	苗族	枫木团	解放军总政治部干部部	副师级
张正阳	男	汉族	党　坪	中共娄底市委	常委、秘书长
张克勤	男	苗族	黄桑坪	湖南省民委经济处	处　长
张秀华	男	苗族	长铺子	邵阳县人民法院	院　长
张青松	男	苗族	在　市	湖南省监狱管理处	处　长
陆　昕	男	苗族	在　市	全国工商联	秘书长助理
陈　晖	男	汉族	红　岩	洞口县人民政府	副县长
陈　健	男	汉族	黄土矿	湖南省检察院纪检监察处	正处级副处长
陈　喆	男	汉族	李熙桥	邵阳市水利局	局　长
陈历光	男	苗族	乐安铺	林业部行政司	副司长

续表 25-3-2

姓名	性别	民族	籍贯	工作单位	职务或级别
陈历贤	男	汉族	枫木团	中共隆回县委	副书记
陈代锦	男	汉族	李熙桥	邵阳市人事局	工会主席
陈兰新	男	汉族	武　阳	湖南省人大法工委	主　任
陈庆善	男	汉族	黄土矿	邵阳市政协	副主席
陈国平	男	苗族	河　口	广州军区某部	副　团
陈祖宝	男	苗族	竹舟江	湖南省参事室	参　事
陈善志	男	苗族	鹅公岭	中共厦门市委组织部	处　长
邵延万	男	苗族	在　市	广西壮族自治区桂林市税务局	局　长
林世贵	男	苗族	竹舟江	广西壮族自治区桂林市水务局	正处级副局长
林章良	男	汉族	武　阳	中共湖南省纪委	副　处
易松柏	男	苗族	长铺子	邵阳市城管局	局　长
罗家田	男	苗族	长铺子	邵阳市劳动局	副局长
周　文	男	汉族	长　铺	广东省深圳市罗湖区技术监督局	局　长
周先勇	男	苗族	东　山	张家界市中级人民法院执行局	局　长
周鹏翔	男	侗族	东　山	湖南省医保局	处　长
屈晨阳	男	汉族	长　铺	邵阳市公安局	副处级
胡宏林	男	苗族	竹舟江	中共靖州苗族侗族自治县委员会	常委、政法委书记
侯乔能	男	苗族	竹舟江	广西壮族自治区政府办第五办	主　任
侯章胜	男	苗族	水　口	北京军区审计所	所长、正师级
侯章祥	男	苗族	水　口	怀化市档案局	副局长
贺建士	男	瑶族	联　民	湖南省政府办公厅文电处	副处长
贺朝辉	男	瑶族	水　口	隆回县人民政府	副县长
秦延军	男	苗族	长铺子	广东省广州市荔湾区昌华街道办事处	处　级
秦和平	男	苗族	长铺子	长沙市教育局	副局长
秦满军	男	苗族	长铺子	广州军区军事法院	上校、庭长
袁　政	男	汉族	唐家坊	内蒙古自治区通辽市统计局	副局长
袁力志	男	汉族	唐家坊	湖南省人大财经委办公室	副主任
袁宁信	男	汉族	武　阳	邵阳市大祥区检察院	检察长
袁建国	男	苗族	长铺子	邵阳市文化局	副局长
袁成荣	男	苗族	在　市	山西长治海军某部	团　长
袁秋平	女	汉族	黄土矿	邵阳市林业局	副调研员
莫文清	男	汉族	李熙桥	邵阳市工商局	副局长
唐　凌	男	汉族	红　岩	中共邵阳市委政研室	纪检组长
唐　涛	男	苗族	唐家坊	湖南省水利厅人事处	副处长
唐仕荣	男	汉族	唐家坊	邵阳市人民银行	副行长
唐成章	男	苗族	党　坪	广西壮族自治区中共临桂县委	常　委
唐则利	男	汉族	黄土矿	邵阳市中级人民法院	副　处
唐江河	男	汉族	金屋塘	湖南省高级法院民事庭	副庭长
陶小伶	男	汉族	李熙桥	邵阳市计生委	副主任
陶永雄	男	汉族	武　阳	邵阳市公路局	副局长
陶接来	男	汉族	李熙桥	湖南省林业厅	处　长
黄　玉	男	苗族	武　阳	靖州苗族侗族自治县人民政府	县　长
黄　清	男	苗族	武　阳	邵阳市教育局	副主任督学
黄振国	男	苗族	联　民	中共邵阳市纪委执法一室	主　任
曹素华	女	苗族	长铺子	邵阳市发改局	正处级副主任
谌建平	男	汉族	长　铺	广东省广州市荔湾区禁毒办	副主任

续表 25-3-2

姓名	性别	民族	籍贯	工作单位	职务或级别
隆振刚	男	侗族	在　市	邵阳市水利局	副局长
彭　毅	男	汉族	长　铺	中共邵阳市委宣传部	副部长
焦华芳	女	苗族	李熙桥	湖南省人力资源与社会保障厅	副处长
舒瑞群	男	苗族	在　市	邵阳市劳教所	所　长
曾令秋	男	汉族	唐家坊	怀化日报社	副社长
谢代炳	男	汉族	红　岩	湖南省政协湘声报社	副社长
谢伯平	男	苗族	河　口	湖南省公路运输管理局	副局长
蔡明清	男	汉族	武　阳	洞口县人民法院	院　长
熊宏春	男	汉族	红　岩	北京军区空军通县生产基地	副师级、大校

表 25-3-3

绥宁县专业人士一览表

姓名	性别	出生年月	民族	籍贯	工作单位	职称	职称确认时间
于大学	男	1960 年 5 月	苗族	乐安铺	县一职中	中学高级教师	2003 年 9 月
于光跃	男	1953 年 1 月	苗族	党　坪	县人民医院	副主任医师	1998 年 9 月
于成基	男	1963 年 3 月	汉族	李熙桥	县一中	中学高级教师	2000 年 8 月
于真灵	男	1968 年 7 月	苗族	李熙桥	县一中	中学高级教师	2005 年 12 月
王以贵	男	1943 年 1 月	汉族	隆回县	县教研室	中学高级教师	1993 年 10 月
王京华	男	1943 年 10 月	汉族	洞口县	县林业局	高级工程师	1997 年 9 月
王前进	男	1962 年 7 月	汉族	广东省	县一中	中学高级教师	1998 年 9 月
王敏姑	女	1944 年 3 月	汉族	隆回县	县人民医院	副主任医师	1992 年 11 月
丰俊炳	男	1962 年 12 月	苗族	在　市	县一中	中学高级教师	2005 年 12 月
文凤翔	男	1939 年 12 月	汉族	宁乡县	县小水电公司	高级工程师	1988 年 11 月
尹奕峰	男	1940 年 11 月	汉族	洞口县	县二人民医院	副主任医师	1992 年 11 月
左修忠	男	1957 年 8 月	苗族	红　岩	红岩镇小学	中学高级教师	2004 年 9 月
石全富	男	1950 年 6 月	苗族	水　口	县中医院	副主任医师	1996 年 9 月
石柏清	男	1938 年 2 月	汉族	邵东县	县人民医院	副主任医师	1988 年 12 月
龙开多	男	1960 年 7 月	苗族	朝　仪	县一中	中学高级教师	1997 年 8 月
龙开道	男	1954 年 3 月	侗族	在　市	县农业局植保站	高级农艺师	2004 年 10 月
龙开程	男	1951 年 12 月	侗族	东　山	县人民医院	副主任医师	1997 年 9 月
龙长光	男	1929 年	苗族	关　峡	县教师进修学校	高级讲师	1988 年 1 月
龙世鹏	男	1940 年 2 月	侗族	洞口县	县二中	中学高级教师	1988 年 12 月
龙兴珍	女	1964 年 2 月	苗族	东　山	县三职中	中学高级教师	2004 年 9 月
龙劣云	女	1967 年 2 月	苗族	乐安铺	县一中	中学高级教师	2005 年 12 月
龙金祥	男	1945 年 11 月	汉族	隆回县	县农业广播学校	高级农艺师	1993 年 10 月
龙宪跃	男	1948 年 4 月	苗族	鹅公岭	县民族中学	中学高级教师	1997 年 8 月
龙章华	男	1960 年 6 月	苗族	鹅公岭	县委党校	高级讲师	2001 年 8 月
龙章林	男	1962 年 3 月	苗族	东　山	县人民医院	副主任医师	2003 年 9 月
龙景鹏	男	1946 年 6 月	苗族	东　山	县人民医院	高级政工师	2004 年 9 月
龙瑞征	男	1930 年月	苗族	东　山	长铺镇一小	中学高级教师	1988 年 12 月
匡文江	男	1947 年 2 月	汉族	红　岩	县二职中	中学高级教师	1999 年 9 月

续表 25-3-3

姓名	性别	出生年月	民族	籍贯	工作单位	职称	职称确认时间
匡文治	男	1964 年 4 月	苗族	红　岩	县审计局	高级审计师	2000 年 8 月
匡文辉	男	1953 年 10 月	汉族	红　岩	县二中	中学高级教师	1996 年 9 月
匡祖淼	男	1946 年 5 月	汉族	黄土矿	县二职中	中学高级教师	1997 年 8 月
匡能杰	男	1940 年 2 月	汉族	红　岩	县电视差转台	高级工程师	1988 年 11 月
匡继雄	男	1964 年 12 月	汉族	红　岩	县二中	中学高级教师	1997 年 8 月
匡樟青	男	1962 年 12 月	汉族	隆回县	县林业局	高级工程师	1997 年 9 月
成丽宁	女	1964 年 12 月	苗族	长　铺	县一中	中学高级教师	2005 年 12 月
成爱珍	女	1965 年 10 月	苗族	长　铺	县一中	中学高级教师	2000 年 8 月
成福珊	男	1945 年 2 月	汉族	新化县	县一中	中学高级教师	1993 年 10 月
朱显金	男	1949 年 8 月	汉族	黄土矿	县二职中	中学高级教师	1996 年 9 月
向志国	男	1963 年 8 月	苗族	红　岩	县一中	中学高级教师	1998 年 9 月
向定华	男	1950 年 9 月	汉族	黄土矿	县民族中学	中学高级教师	1996 年 9 月
向建进	男	1964 年 9 月	苗族	黄土矿	长铺镇绿洲中学	中学高级教师	2005 年 12 月
向树清	男	1962 年 4 月	苗族	红　岩	县二中	中学高级教师	2005 年 12 月
向祝春	男	1964 年 7 月	苗族	红　岩	县一中	中学高级教师	2001 年 8 月
刘　咏	男	1964 年 10 月	苗族	长　铺	县一中	中学高级教师	2002 年 8 月
刘天河	男	1932 年	汉族	黄土矿	县农业局科教站	高级农艺师	1988 年 11 月
刘天炳	男	1937 年	汉族	黄土矿	县一中	中学高级教师	1988 年 12 月
刘少龙	男	1967 年 11 月	苗族	金屋塘	县一中	中学高级教师	2003 年 9 月
刘叶秀	女	1954 年 5 月	汉族	金屋塘	县民族中学	中学高级教师	1997 年 8 月
刘永跃	男	1964 年 11 月	苗族	瓦屋塘	县二中	中学高级教师	2001 年 8 月
刘先海	男	1939 年 12 月	汉族	金屋塘	县二中	中学高级教师	1988 年 12 月
刘孙清	男	1940 年	汉族	洞口县	县委党校	高级讲师	1989 年 12 月
刘应胜	男	1939 年 10 月	汉族	黄土矿	县一中	中学高级教师	1988 年 12 月
刘沅江	男	1937 年	汉族	黄土矿	县一中	中学高级教师	1988 年 12 月
刘范于	男	1954 年 9 月	汉族	长　铺	县三职中	中学高级教师	1996 年 9 月
刘国华	男	1966 年 7 月	苗族	武　阳	县一中	中学高级教师	2005 年 12 月
刘明星	女	1938 年 6 月	汉族	涟源市	县农业局植保站	高级农艺师	1988 年 11 月
刘知信	男	1954 年 1 月	汉族	金屋塘	县民族中学	中学高级教师	1996 年 9 月
刘和平	男	1953 年 3 月	汉族	黄土矿	县一中	中学高级教师	2000 年 8 月
刘荣生	男	1946 年 8 月	汉族	黄土矿	莳竹学校	中学高级教师	1994 年 10 月
刘荣喜	男	1947 年 9 月	汉族	黄土矿	黄土矿中学	中学高级教师	2003 年 9 月
刘思华	男	1958 年 10 月	汉族	瓦屋塘	长铺镇一小	中学高级教师	1998 年 9 月
刘思禹	男	1955 年 6 月	汉族	黄土矿	县一中	中学高级教师	1994 年 10 月
刘美平	女	1964 年 4 月	苗族	黄土矿	县一中	中学高级教师	2005 年 12 月
刘雁南	女	1959 年 5 月	苗族	黄土矿	县农业局	高级农艺师	1999 年 9 月
刘铁砚	男	1931 年 7 月	汉族	武　阳	县一中	中学高级教师	1988 年 12 月
刘梦岩	男	1957 年 2 月	汉族	黄土矿	县畜牧水产局	高级畜牧师	2000 年 8 月
刘慧雄	男	1953 年 7 月	苗族	河　口	县民族中学	中学高级教师	1997 年 8 月
江梅心	女	1942 年 10 月	汉族	邵东县	县中医院	副主任医师	1996 年 9 月
孙昌友	男	1930 年 3 月	汉族	岳阳市	县法律顾问处	二级律师	1988 年 11 月
孙洁如	女	1938 年	汉族	宁乡县	县人民医院	副主任护士	1988 年 11 月
阳本亨	男	1940 年 6 月	汉族	隆回县	县二中	中学高级教师	1997 年 8 月
阳立功	男	1961 年 10 月	侗族	唐家坊	县一中	中学高级教师	2004 年 9 月
严金杰	男	1936 年	汉族	武　阳	县教师进修学校	高级讲师	1989 年 12 月

续表 25-3-3

姓名	性别	出生年月	民族	籍贯	工作单位	职称	职称确认时间
苏　易	男	1951 年 4 月	苗族	关　峡	县民族中学	中学高级教师	1996 年 9 月
苏仁满	男	1964 年 10 月	苗族	关　峡	县一中	中学高级教师	2000 年 8 月
苏新军	男	1960 年	苗族	关　峡	县林业职工子弟学校	中学高级教师	1993 年 10 月
苏新国	男	1965 年 2 月	苗族	关　峡	县一中	中学高级教师	2005 年 12 月
苏新谋	男	1962 年 9 月	苗族	长铺子	县教研室	中学高级教师	2005 年 12 月
范　鹏	男	1966 年 7 月	苗族	在　市	县人民医院	副主任医师	2003 年 9 月
李　政	男	1955 年 1 月	苗族	东　山	县人民医院	副主任医师	1996 年 9 月
李开妹	女	1955 年 8 月	苗族	在　市	县中医院	副主任医师	1996 年 9 月
李正明	男	1944 年	汉族	邵阳市	县一中	中学高级教师	1988 年 12 月
李叶华	男	1968 年 4 月	苗族	关　峡	县一中	中学高级教师	2005 年 12 月
李生财	男	1954 年 8 月	苗族	枫木团	县民族中学	中学高级教师	1996 年 9 月
李仕政	男	1942 年 1 月	汉族	李熙桥	县民族中学	中学高级教师	1988 年 12 月
李成心	男	1940 年 9 月	汉族	红　岩	县卫生防疫站	副主任医师	1997 年 9 月
李远泽	男	1936 年	汉族	瓦屋塘	县二中	中学高级教师	1988 年 12 月
李茂权	男	1965 年 7 月	苗族	长铺子	县一中	中学高级教师	2003 年 9 月
李卓敏	男	1937 年 3 月	汉族	北京市	县人民医院	副主任医师	1988 年 12 月
李明发	男	1956 年 2 月	苗族	长铺子	县一中	中学高级教师	1996 年 9 月
李宗堂	男	1949 年 11 月	苗族	武　阳	县二中	中学高级教师	1999 年 9 月
李移来	男	1963 年 10 月	汉族	新化县	县民族中学	中学高级教师	2003 年 9 月
李德友	男	1943 年 10 月	汉族	邵阳县	县教师进修学校	高级讲师	1992 年 11 月
杜爱秀	女	1958 年 5 月	苗族	在　市	县一职中	中学高级教师	2005 年 12 月
杨　兴	男	1968 年 2 月	苗族	鹅公岭	县一中	中学高级教师	2003 年 9 月
杨　萍	男	1960 年 6 月	苗族	东　山	县民族中学	中学高级教师	2000 年 8 月
杨文德	男	1952 年 11 月	苗族	关　峡	县一中	中学高级教师	1993 年 10 月
杨世开	男	1964 年 4 月	苗族	鹅公岭	县二中	中学高级教师	2000 年 8 月
杨仪贤	男	1929 年	汉族	洪江市	县畜牧局家畜育种站	高级畜牧畜医师	1990 年 2 月
杨光伟	男	1943 年 1 月	苗族	黄桑坪	县教研室	中学高级教师	1997 年 8 月
杨先国	男	1932 年	苗族	关　峡	长铺镇一小	中学高级教师	1988 年 12 月
杨奇清	男	1957 年 7 月	汉族	洞口县	县卫生学校	副主任医师	1993 年 10 月
杨昌林	男	1956 年 6 月	苗族	在　市	县人民医院	副主任医师	1993 年 10 月
杨屏芝	女	1941 年	汉族	新化县	县一中	中学高级教师	1988 年 12 月
杨盛荣	男	1936 年 1 月	苗族	武　阳	县一中	中学高级教师	1988 年 12 月
杨盛映	男	1953 年 3 月	苗族	东　山	县一中	中学高级教师	1992 年 11 月
杨盛钢	男	1937 年 11 月	苗族	东　山	县一中	中学高级教师	1988 年 12 月
杨章明	男	1947 年 7 月	苗族	关　峡	县一中	中学高级教师	1994 年 10 月
杨解香	女	1950 年 12 月	汉族	邵东县	县民族中学	中学高级教师	2001 年 8 月
杨新英	女	1953 年 1 月	苗族	竹舟江	县卫生防疫站	副主任医师	1995 年 9 月
肖万友	男	1952 年 1 月	汉族	武　阳	在市中心医院	副主任医师	1996 年 9 月
肖万刚	男	1957 年 8 月	汉族	武　阳	县教师进修学校	中学高级教师	2005 年 8 月
肖木生	男	1936 年	汉族	洞口县	县一中	中学高级教师	1988 年 12 月
肖化耀	男	1935 年	汉族	金屋塘	县二中	中学高级教师	1988 年 12 月
肖成吉	男	1945 年 11 月	汉族	武　阳	县教师进修学校	高级讲师	1995 年 9 月
肖华平	男	1965 年 10 月	苗族	瓦屋塘	县二中	中学高级教师	2001 年 8 月
肖实现	男	1967 年 12 月	苗族	武　阳	县一中	中学高级教师	2004 年 9 月
肖剑青	女	1962 年 9 月	苗族	白　玉	县民族中学	中学高级教师	2004 年 9 月

续表 25-3-3

姓名	性别	出生年月	民族	籍贯	工作单位	职称	职称确认时间
吴才祥	男	1948 年 7 月	侗族	金屋塘	县民族中学	中学高级教师	1997 年 8 月
吴仁举	男	1953 年 1 月	侗族	瓦屋塘	县二中	中学高级教师	1996 年 9 月
吴传校	男	1940 年	汉族	娄底市	县农机局	高级工程师	1988 年 12 月
吴怀先	男	1929 年	侗族	金屋塘	县委党校	高级讲师	1988 年 11 月
吴金云	男	1970 年 3 月	侗族	李熙桥	县二中	中学高级教师	2002 年 8 月
吴清华	男	1968 年 10 月	侗族	瓦屋塘	县二中	中学高级教师	2005 年 12 月
何笃勤	女	1940 年	汉族	重庆市	县一中	中学高级教师	1988 年 12 月
邹民绥	男	1961 年 12 月	苗族	关　峡	县民族中学	中学高级教师	2002 年 8 月
汤先礼	男	1942 年 5 月	汉族	武冈市	县联纸厂	高级工程师	1995 年 9 月
张少锋	男	1944 年 4 月	汉族	洞口县	县中医院	副主任医师	1992 年 11 月
张月东	男	1951 年 9 月	苗族	乐安铺	县一中	中学高级教师	1996 年 9 月
张术松	男	1956 年 1 月	苗族	枫木团	县一中	中学高级教师	1997 年 8 月
张家贵	男	1962 年	苗族	瓦屋塘	瓦屋塘中学	中学高级教师	2002 年 8 月
陆安辉	男	1952 年 9 月	苗族	黄桑坪	县中医院	副主任医师	1994 年 10 月
陈历文	男	1946 年 9 月	汉族	红　岩	县二中	中学高级教师	1992 年 11 月
陈历世	男	1947 年 5 月	汉族	李熙桥	县二中	中学高级教师	1993 年 10 月
陈历华	男	1958 年 12 月	汉族	李熙桥	县民族中学	中学高级教师	2000 年 8 月
陈历庆	男	1943 年 7 月	苗族	红　岩	县农业局	高级农艺师	1999 年 9 月
陈代刚	男	1955 年 4 月	苗族	长铺子	县中医院	副主任医师	1997 年 9 月
陈代寿	男	1966 年 6 月	苗族	李熙桥	县一中	中学高级教师	2003 年 9 月
陈世藻	男	1937 年	苗族	李熙桥	县二中	中学高级教师	1988 年 12 月
陈冬香	女	1965 年 9 月	苗族	红　岩	县二中	中学高级教师	2004 年 9 月
陈伯英	男	1939 年 12 月	汉族	新化县	长铺镇绿洲中学	中学高级教师	1998 年 9 月
陈和平	男	1954 年 4 月	汉族	双峰县	县人民医院	副主任医师	1993 年 10 月
陈岳庭	男	1958 年 4 月	汉族	唐家坊	县民族中学	中学高级教师	1995 年 9 月
陈命起	男	1951 年 1 月	苗族	东　山	县教师进修学校	高级讲师	1996 年 9 月
陈命清	男	1958 年 6 月	苗族	东　山	县一中	中学高级教师	1997 年 8 月
陈建华	男	1954 年 1 月	汉族	武冈市	县卫生学校	副主任医师	1998 年 9 月
陈跃进	男	1958 年 4 月	汉族	唐家坊	县民族中学	中学高级教师	1998 年 9 月
陈敏花	女	1949 年 10 月	汉族	武　阳	县人民医院	副主任医师	1993 年 10 月
林四海	男	1969 年 5 月	苗族	联　民	县二职中	中学高级教师	2002 年 8 月
林顺礼	男	1957 年 4 月	苗族	麻　塘	县民族中学	中学高级教师	1998 年 9 月
欧仲华	男	1939 年 12 月	汉族	武冈市	县民族中学	中学高级教师	1992 年 11 月
欧阳友	男	1964 年 11 月	汉族	唐家坊	县二中	中学高级教师	2004 年 9 月
欧阳承	男	1940 年 6 月	汉族	隆回县	县一中	中学高级教师	1988 年 12 月
欧阳昭	男	1926 年 1 月	汉族	新化县	县二中	中学高级教师	1988 年 11 月
罗仁霖	男	1925 年月	汉族	涟源市	县人民医院	副主任医师	1988 年 12 月
周才胜	男	1965 年 4 月	苗族	东　山	县一中	中学高级教师	2001 年 8 月
周小明	女	1965 年 5 月	汉族	新邵县	县一中	中学高级教师	2005 年 12 月
周传道	男	1937 年 6 月	汉族	石门县	县农业局粮油站	高级农艺师	1988 年 11 月
周安烈	男	1940 年 4 月	汉族	武　阳	李熙桥农技站	高级农艺师	1993 年 10 月
周德茂	男	1954 年 1 月	苗族	朝　仪	朝仪中学	中学高级教师	2004 年 9 月
屈建忠	男	1957 年 5 月	汉族	长　铺	县一中	中学高级教师	2003 年 9 月
赵学桥	男	1942 年 3 月	汉族	邵东县	县一中	中学高级教师	1988 年 12 月
信煜文	男	1937 年 12 月	汉族	邵阳市	县林业局营林站	高级工程师	1988 年 11 月

续表 25-3-3

姓名	性别	出生年月	民族	籍贯	工作单位	职称	职称确认时间
侯本聪	男	1968 年 12 月	苗族	水　口	县二中	中学高级教师	2005 年 12 月
侯朝阳	男	1945 年 6 月	侗族	鹅公岭	县三职中	中学高级教师	1999 年 9 月
姜秉栋	男	1955 年 5 月	苗族	朝　仪	东山中学	中学高级教师	2005 年 12 月
贺占宏	男	1966 年 7 月	瑶族	水　口	县一中	中学高级教师	2004 年 9 月
贺全水	男	1955 年 5 月	瑶族	水　口	县教研室	中学高级教师	1996 年 9 月
贺全堃	男	1964 年 9 月	瑶族	水　口	县民族中学	中学高级教师	2004 年 9 月
贺良圭	男	1942 年 1 月	侗族	瓦屋塘	县二中	中学高级教师	1988 年 12 月
贺良炳	男	1952 年 10 月	侗族	瓦屋塘	县民族中学	中学高级教师	1994 年 10 月
贺剑春	男	1955 年 3 月	侗族	瓦屋塘	县畜牧水产局	高级兽医师	2001 年 8 月
贺兼南	男	1949 年 12 月	瑶族	水　口	县二中	中学高级教师	1998 年 9 月
袁　继	男	1964 年 7 月	苗族	瓦屋塘	县二职中	中学高级教师	2001 年 8 月
袁万军	男	1951 年 2 月	汉族	唐家坊	县民族中学	中学高级教师	1995 年 9 月
袁小梅	女	1951 年 10 月	汉族	唐家坊	县民族中学	中学高级教师	1997 年 8 月
袁子坚	男	1958 年 12 月	苗族	唐家坊	县民族中学	中学高级教师	2002 年 8 月
袁子德	男	1968 年 1 月	侗族	瓦屋塘	县二中	中学高级教师	2003 年 9 月
袁中华	男	1964 年 9 月	侗族	瓦屋塘	县一中	中学高级教师	1999 年 9 月
袁仁达	男	1937 年 6 月	汉族	瓦屋塘	县委党校	高级讲师	1988 年 11 月
袁仕廉	男	1936 年	汉族	瓦屋塘	县一中	中学高级教师	1988 年 12 月
袁成著	男	1942 年 8 月	汉族	唐家坊	县药材公司	副主任中药师	1995 年 9 月
袁军荣	女	1969 年 11 月	侗族	金屋塘	县一中	中学高级教师	2004 年 9 月
袁均才	男	1940 年 10 月	汉族	黄土矿	县一中	中学高级教师	1988 年 12 月
袁均俊	男	1950 年 3 月	汉族	水　口	县一中	中学高级教师	1993 年 10 月
袁宏堂	男	1955 年 10 月	苗族	瓦屋塘	县民族中学	中学高级教师	2005 年 12 月
袁秉彪	男	1943 年 1 月	汉族	洞口县	县林业职工子弟学校	中学高级教师	1992 年 11 月
袁承善	男	1929 年	汉族	黄土矿	县一中	中学高级教师	1988 年 12 月
袁绍中	男	1952 年 5 月	汉族	唐家坊	县二中	中学高级教师	1994 年 10 月
袁树栋	男	1940 年 9 月	汉族	黄土矿	县民族中学	中学高级教师	1999 年 9 月
袁科升	男	1964 年 7 月	苗族	唐家坊	县莳竹中学	中学高级教师	1998 年 9 月
袁美芳	女	1965 年 4 月	苗族	在　市	县委党校	高级讲师	2004 年 9 月
袁通待	男	1952 年 3 月	汉族	唐家坊	县一职中	中学高级教师	1996 年 9 月
袁培基	男	1937 年 6 月	汉族	洞口县	县二中	中学高级教师	1988 年 12 月
袁淼春	女	1951 年 3 月	苗族	瓦屋塘	县人民医院	副主任医师	1997 年 9 月
莫仁才	男	1955 年 7 月	汉族	李熙桥	长铺镇三小	小中高	2000 年 8 月
徐善寅	男	1931 年	汉族	新宁县	县一中	中学高级教师	1988 年 12 月
唐　俊	男	1939 年 5 月	汉族	黄土矿	县莳竹学校	中学高级教师	1996 年 9 月
唐仕义	男	1962 年 4 月	苗族	黄土矿	县中医院	副主任医师	1999 年 9 月
唐仕龙	男	1958 年 10 月	苗族	红　岩	县二中	中学高级教师	2002 年 8 月
唐仕健	男	1965 年 10 月	苗族	唐家坊	县二中	中学高级教师	2001 年 8 月
唐立新	男	1966 年 8 月	苗族	红　岩	县一中	中学高级教师	2001 年 8 月
唐成华	男	1938 年	汉族	唐家坊	县民族中学	中学高级教师	1988 年 12 月
唐光中	男	1938 年	汉族	红　岩	县二中	中学高级教师	1988 年 12 月
唐志达	男	1963 年 3 月	苗族	唐家坊	县一中	中学高级教师	1999 年 9 月
唐英明	男	1966 年 8 月	苗族	瓦屋塘	县教师进修学校	中学高级教师	2004 年 9 月
唐树中	男	1938 年 6 月	汉族	武　阳	县民族中学	中学高级教师	1993 年 10 月
唐炳柱	男	1963 年 9 月	苗族	黄土矿	县一中	中学高级教师	2000 年 8 月

续表 25-3-3

姓名	性别	出生年月	民族	籍贯	工作单位	职称	职称确认时间
凌仕军	男	1954年4月	汉族	株洲市	县中医院	副主任医师	1993年10月
陶光裕	男	1928年3月	苗族	白　玉	县教研室	中学高级教师	1988年11月
陶雪舟	男	1937年2月	汉族	李熙桥	县水电勘测设计室	高级工程师	1988年11月
黄才正	男	1964年6月	苗族	武　阳	县委党校	高级讲师	2001年8月
黄小华	男	1962年5月	苗族	东　山	县一中	中学高级教师	1998年9月
黄小安	男	1963年9月	苗族	武　阳	县二中	中学高级教师	2002年8月
黄世德	男	1956年9月	苗族	红　岩	县农业局	高级农艺师	2001年8月
黄生汉	男	1939年11月	苗族	武　阳	县一中	中学高级教师	1988年12月
黄民功	男	1953年12月	苗族	武　阳	县一中	中学高级教师	1995年9月
黄民忠	男	1948年7月	苗族	武　阳	县二中	中学高级教师	1993年10月
黄民焕	男	1949年12月	苗族	武　阳	县二中	中学高级教师	1996年9月
黄民燕	男	1964年7月	苗族	武　阳	县蒔竹中学	中学高级教师	2001年8月
黄修贤	男	1953年7月	汉族	双峰县	县农业局	高级农艺师	2002年9月
黄勇武	男	1946年3月	汉族	邵阳市	县一中	中学高级教师	1992年11月
黄菊红	女	1967年6月	苗族	瓦屋塘	县一中	中学高级教师	2002年8月
黄章华	男	1939年4月	汉族	醴陵县	县林业调查设计队	高级工程师	1988年11月
黄清河	男	1958年8月	苗族	红　岩	县机关事业保险站	高级经济师	2000年8月
黄鹏万	男	1941年1月	苗族	瓦屋塘	县一中	中学高级教师	1988年12月
龚绍明	男	1971年2月	苗族	白　玉	县二中	中学高级教师	2004年9月
梁召坤	男	1954年2月	汉族	新化县	县二中	中学高级教师	2001年8月
谌建文	男	1960年10月	汉族	新化县	县民族中学	中学高级教师	2003年9月
彭训清	女	1937年	汉族	衡阳市	县一中	中学高级教师	1988年12月
彭礼林	男	1966年1月	苗族	长　铺	县一中	中学高级教师	2002年8月
彭秀中	男	1937年	汉族	黄土矿	县二中	中学高级教师	1988年12月
彭秀实	男	1931年	汉族	黄土矿	县农业广播学校	高级农艺师	1988年11月
彭秀煌	男	1938年11月	汉族	黄土矿	县农业局科教站	高级农艺师	1988年11月
彭喜生	男	1965年10月	苗族	黄土矿	县人民医院	副主任医师	2001年8月
彭福时	男	1943年8月	汉族	涟源市	县中医院	副主任医师	1995年9月
蒋汝模	男	1936年	苗族	长铺子	县一中	中学高级教师	1988年12月
蒋重君	男	1939年5月	汉族	新宁县	李熙桥农技站	高级农艺师	1995年9月
曾令红	男	1951年1月	汉族	武　阳	县二中	中学高级教师	2000年8月
曾令和	男	1953年3月	汉族	唐家坊	县一中	中学高级教师	2001年8月
曾召文	男	1938年3月	汉族	邵东县	县小水电公司	高级工程师	1988年11月
曾武保	男	1956年7月	汉族	武　阳	县二中	中学高级教师	2000年8月
曾祥海	男	1938年	汉族	红　岩	盐井中心小学	中学高级教师	1988年12月
谢文质	男	1947年10月	汉族	红　岩	县三职中	中学高级教师	1998年9月
谢世勇	男	1953年12月	汉族	红　岩	县二中	中学高级教师	1994年10月
谢代兵	男	1966年10月	苗族	红　岩	县二中	中学高级教师	2003年9月
谢和清	男	1944年6月	汉族	涟源市	县民族中学	中学高级教师	1988年12月
谢德宏	男	1941年12月	汉族	邵东县	县一中	中学高级教师	1995年9月
蔡秀容	女	1952年9月	苗族	武　阳	县二中	中学高级教师	1992年11月
廖代东	男	1959年12月	苗族	枫木团	县一中	中学高级教师	1998年9月
颜学炎	男	1946年6月	汉族	黄土矿	县二职中	中学高级教师	2000年8月
颜家振	男	1951年1月	汉族	李熙桥	县二中	中学高级教师	1994年10月
缪泽南	男	1933年	汉族	邵阳市	县一中	中学高级教师	1988年12月

续表 25-3-3

姓名	性别	出生年月	民族	籍贯	工作单位	职称	职称确认时间
黎前勇	男	1960 年 6 月	苗族	在　市	县人民医院	副主任医师	2002 年 9 月
薛四维	男	1942 年 11 月	汉族	洞口县	县民族中学	中学高级教师	1993 年 10 月
霍载润	男	1940 年 2 月	汉族	武冈市	县二中	中学高级教师	1988 年 12 月
戴仲青	男	1969 年 9 月	苗族	金屋塘	县民族中学	中学高级教师	2005 年 12 月
戴恩会	男	1956 年 5 月	汉族	新化县	长铺镇绿洲中学	中学高级教师	1998 年 9 月
戴霞新	男	1963 年 1 月	苗族	武　阳	县二中	中学高级教师	2000 年 8 月
靡贤德	男	1954 年 7 月	侗族	鹅公岭	县一中	中学高级教师	1996 年 9 月

表 25-3-4

绥宁籍在外工作的专业人士一览表

姓名	性别	民族	籍贯	工作单位	职称
于小英	女	汉族	李熙桥	湖南农业大学	教　授
于定勇	男	苗族	朝　仪	广东技术师范学院	副教授
于定跃	男	苗族	在　市	中国北方车辆研究所	副研究员
尹长海	男	苗族	红　岩	邵阳学院	副教授
龙　涛	男	苗族	乐安铺	华南理工大学音乐系	副教授
龙开仁	男	苗族	绥宁县	华南理工大学	副教授
龙开坤	男	苗族	东　山	会同县一中	校长、中学高级教师
龙怀玉	男	苗族	瓦屋塘	中国农业科学院	教　授
龙怀光	男	苗族	乐安铺	溆浦湘维有限公司	总工程师、高级工程师
龙宪坤	男	侗族	东　山	太原理工大学	教　授
龙章改	男	侗族	东　山	长沙市中心医院	副主任医师
龙章伯	男	苗族	东　山	武警部队贵州省总医院	大校、副院长、副主任医师
龙湘党	女	侗族	长　铺	湖南省人民医院	教　授
田一清	男	苗族	竹舟江	衡阳地矿医院	院长、副主任医师
付芝闻	男	汉族	白　玉	云南蒙自 23 冶	高级工程师
匡文尧	男	汉族	红　岩	湖南省劳动卫生研究所	所长、副研究员
匡继雄	男	汉族	红　岩	浙江省衢洲市一中	中学高级教师
成战鹰	男	汉族	长　铺	湖南省中医学院附属一医院	教　授
成德宁	男	汉族	竹舟江	武汉大学商学院	院长助理、副教授
朱高刚	男	汉族	金屋塘	湖南省疾病控制中心	副主任、副主任医师
朱凌群	男	汉族	绥宁县	北京大学东直门医院	主任医师
向太平	男	汉族	红　岩	湘潭市中心医院	副主任医师
向双丰	女	汉族	绥宁县	长沙航空职业技术学院	副教授
向志民	男	汉族	黄土矿	解放军 535 医院	大校、副主任医师
向志强	男	汉族	黄土矿	湖南大学新闻传播与影视艺术学院	副院长、教　授
向祖强	男	汉族	红　岩	广州大学	副教授
向娥英	女	汉族	长　铺	中南大学湘雅二医院	副教授
向雷纳	男	汉族	黄土矿	贵州省六盘水市讲师团	高级讲师
全昌和	男	汉族	李熙桥	空军后勤部机营部	高级工程师
刘　斌	男	苗族	竹舟江	湖南师大公体部	副教授
刘小艳	女	苗族	金屋塘	湖南商学院	副教授
刘天寿	男	汉族	黄土矿	蚌埠玻璃工业设计研究学院	高级工程师
刘天明	男	汉族	黄土矿	北京大学电子工程学院	纪委副书记、副教授
刘文华	男	苗族	黄土矿	广东省疾病防控中心	副研究员

续表 25-3-4

姓名	性别	民族	籍贯	工作单位	职称
刘文波	男	汉族	黄土矿	湖南师大招生处	副教授
刘玉纪	男	汉族	金屋塘	岳阳学院	教　授
刘玉求	男	汉族	金屋塘	湖南省国土资源厅经济地理研究所	所长、副研究员
刘光荣	男	汉族	金屋塘	湖南教育学院数学系	教　授
刘先交	男	汉族	金屋塘	中南大学某研究所	研究员
刘先江	男	汉族	金屋塘	湖南师大法学院	副教授
刘志义	男	汉族	长　铺	中南大学林科学院	教　授
刘应义	男	汉族	黄土矿	解放军兽医大学	教　授
刘郁武	男	汉族	水　口	北京金社律师事务所	副研究员
刘周堂	男	汉族	金屋塘	湛江学院	副院长、教　授
刘建国	男	苗族	黄土矿	北京林业大学	教　授
刘建国	男	汉族	黄土矿	四川省自贡冶炼厂	高级工程师
刘绍南	男	苗族	黄土矿	首都博物馆	教　授
刘树炳	男	汉族	黄土矿	怀化商校	党委书记、高级讲师
刘树森	男	汉族	黄土矿	新疆和田地区人民医院	主任医师
刘衔华	男	苗族	金屋塘	衡阳师范学院	副教授
刘莹春	女	苗族	绥宁县	北京航空航天大学	副教授
刘桂华	男	汉族	绥宁县	衡阳市农业局	高级农艺师
刘祥生	男	汉族	金屋塘	中共郴州市委党校	副教授
刘雪梅	女	汉族	长　铺	中南大学艺术学院	副教授
刘移民	男	汉族	绥宁县	广东省广州市第 12 医院	副院长、主任医师
刘瑞芳	女	苗族	在　市	湖南中医院皮肤免疫病理实验室	副主任医师
孙稳石	男	汉族	李熙桥	广东省东莞规划设计院	副院长、高级工程师
阳小华	男	侗族	唐家坊	福建省樟州师院	副教授
苏才广	男	苗族	黄桑坪	天津市化工局职工大学	副校长、教授
杜正平	男	汉族	长　铺	中国科学院	副研究员
李　林	女	汉族	绥宁县	中南大学外国语学院	副教授
李卫民	男	苗族	长　铺	中南大学湘雅二医院	副研究员
李永周	男	苗族	武　阳	湖北武汉科技大学城建学院	副院长、教授
李竹天	男	苗族	武　阳	广西壮族自治区防疫站	站长、主任医师
李茂碧	男	苗族	长铺子	广东省珠海市前山中学	中学高级教师
李荣光	男	苗族	白　玉	吉首大学文学院	院长、教授
李明荣	男	苗族	长铺子	广西桂林航天高等专科学院	副教授
李宗鼎	男	苗族	武　阳	航天部三院三航校	副教授
李振龙	男	苗族	武　阳	武汉大学	教　授
李继全	男	苗族	麻　塘	怀化市人民医院放射科	主任、副主任医师
李增光	男	苗族	黄土矿	湖北省宜昌人民医院	主任医师
杨　杰	男	苗族	在　市	株洲市八中	副校长、中学高级教师
杨小春	男	苗族	绥宁县	郴州市人民医院	院长、副主任医师
杨文慧	女	苗族	关　峡	军事科学院	副研究员
杨玉山	男	苗族	鹅公岭	长江航道局重庆分局	高级工程师
杨正茂	男	苗族	鹅公岭	华南师范大学	副校长、教授
杨进勋	男	苗族	在　市	解放军 424 医院	大校、副主任医师
杨甲秀	女	苗族	乐安铺	中山大学	教　授
杨沅生	男	苗族	在　市	株洲电厂	高级工程师
杨成军	男	苗族	长　铺	澳大利亚某公司	高级工程师

续表 25-3-4

姓名	性别	民族	籍贯	工作单位	职称
杨时桢	男	苗族	瓦屋塘	衡阳市农业局	科长、高级农艺师
杨昌岱	男	苗族	关　峡	陕西工学院	教授
杨保汉	男	苗族	东　山	广西壮族自治区融水县农业局	高级农艺师
杨富生	男	苗族	在　市	宁远县人民医院	副主任医师
肖元香	男	汉族	武　阳	广东省珠海市前山中学	中学高级教师
肖传美	男	汉族	武　阳	中南地质勘察院	院长、高级工程师
肖蓓玲	女	汉族	长　铺	美国北伊利诺州立大学	教　授
吴　谨	男	苗族	东　山	中国科学院	研究员
吴小平	女	侗族	金屋塘	湖南中医学院	主任医师
吴小华	男	侗族	金屋塘	湖南大学	副教授
吴克明	男	苗族	红　岩	湖南科技大学	副教授
冷爱民	男	汉族	红　岩	中南大学湘雅一医院	副主任医师
汪旭东	男	苗族	河　口	中国制造与推进公司	工会主席、副主任设计师
沈序晔	男	苗族	河　口	芷江县畜牧局	高级畜牧师
沈序德	男	苗族	麻　塘	娄底市卫校	高级讲师
宋小春	男	苗族	在　市	武汉大学 WTO 学院	副院长、教　授
张　彩	男	汉族	瓦屋塘	湖南省第二监狱医院	院长、副主任医师
张小春	女	苗族	白　玉	湖南大学医院	副主任医师
张龙江	男	苗族	长　铺	广东深圳大亚湾核电运营管理有限公司	高级工程师
张建华	男	苗族	联　民	上海石化集团	副总工程师、高级工程师
邹　文	男	苗族	麻　塘	中南大学湘雅二医院	副主任医师
邵小元	男	苗族	在　市	广东省广州览讯科技开发有限公司	总工程师、高级工程师
陆立新	男	汉族	瓦屋塘	长沙县一中	中学高级教师
陆建新	男	汉族	瓦屋塘	解放军二炮装备研究院五所	高级工程师
陈　云	男	汉族	李熙桥	湖南大学化工学院	副教授
陈世奎	男	苗族	武　阳	昆明大学	教　授
陈代跃	男	苗族	乐安铺	北京矿冶学院	教　授
陈先才	男	苗族	河　口	湘潭大学资产管理处	处长、副教授
陈维旗	男	苗族	关　峡	湖南中医学院附一医院药剂科	主任、副主任医师
罗目和	男	汉族	瓦屋塘	株洲制药厂	高级工程师
周　琳	女	汉族	长　铺	中南大学湘雅医院	副教授
周克刚	男	汉族	长　铺	湖南大学科教处	处长、副教授
周建军	男	汉族	竹舟江	湘潭大学	副教授
钟友兰	女	苗族	在　市	邵阳晚报社	高级政工师
钟廷翌	男	苗族	唐家坊	湖南省劳动汽车配件厂	高级工程师
钟显述	男	苗族	在　市	中石化北京设计院	高级工程师
侯德泉	男	苗族	麻　塘	湖南大学马克思主义学院	教　授
侯德斌	男	苗族	麻　塘	沅江市人民医院	书记、副主任医师
袁　英	男	汉族	唐家坊	北京印刷学院	副教授
袁　杰	男	汉族	唐家坊	中南林业科技大学	高级工程师
袁　泓	男	汉族	唐家坊	广州 ERP 软件	总工程师、高级工程师
袁　雄	男	汉族	唐家坊	广东大亚湾核电站计算中心	副主任、高级工程师
袁小晖	男	汉族	瓦屋塘	怀化市三中	中学高级教师
袁子修	男	汉族	黄土矿	怀化精神病医院	副主任医师
袁公寿	男	汉族	黄土矿	涟源钢铁公司矿务局	党委书记、高级工程师
袁文才	男	苗族	联　民	华南农业大学人事处	副处长、副教授

续表 25-3-4

姓名	性别	民族	籍贯	工作单位	职称
袁文发	男	苗族	联　民	邵阳二纺机械厂	高级工程师
袁文清	男	汉族	长　铺	美国 IJW 公司	高级工程师
袁仕伦	男	汉族	唐家坊	广西社会科学院	研究员
袁仕良	男	汉族	唐家坊	武汉市煤矿设计研究院	高级工程师
袁仕取	男	汉族	黄土矿	陕西师范大学	教　授
袁仕棠	男	汉族	唐家坊	兰州政法大学	教　授
袁仕善	男	汉族	唐家坊	湖南师大医院	教　授
袁仕强	男	汉族	唐家坊	武汉市煤矿设计研究院	高级工程师
袁仕福	男	汉族	唐家坊	陕西省西安市第 33 中学	中学高级教师
袁均贵	男	汉族	黄土矿	隆回县人民医院	副主任医师
袁通威	男	汉族	瓦屋塘	邵阳市中医院	院长、副主任医师
袁晓光	男	汉族	唐家坊	内蒙古自治区通辽市电力局组织部	部长、高级讲师
袁景梁	男	汉族	唐家坊	武汉邮电科学研究院	教　授
袁新辉	男	汉族	长　铺	中南大学校长办公室信息中心	高级工程师
莫子刚	男	汉族	李熙桥	贵阳大学	教　授
莫再树	男	汉族	瓦屋塘	湖南大学外国语学院	教　授
莫再雄	男	汉族	瓦屋塘	广西民族学院	副教授
莫剑峰	男	汉族	李熙桥	邵阳市中心医院	副主任医师
夏世文	男	苗族	在　市	广东省珠海市前山中学	中学高级教师
郭雅杰	女	苗族	绥宁县	内蒙古自治区通辽市第五中学	中学高级教师
唐　莉	女	汉族	绥宁县	湖南省地质中学	高级讲师
唐义高	男	汉族	黄土矿	武汉机械进出口公司	高级工程师
唐五九	男	汉族	黄土矿	怀化市电大	副校长、高级讲师
唐少文	女	汉族	唐家坊	北大口腔医院	主任医师
唐文军	男	侗族	唐家坊	湖南大学	副教授
唐成务	男	汉族	唐家坊	湖南工业大学	副校级督导员、研究员
唐成新	男	汉族	唐家坊	林业部西南林业设计院	高级工程师
唐光鼎	男	汉族	红　岩	怀化市人民医院	主任医师
唐光楚	男	汉族	红　岩	新疆林科院森林经营研究所	研究员
唐则栋	男	汉族	黄土矿	怀化师专	教　授
唐伯雁	男	汉族	唐家坊	北京建筑工程学院	副教授
唐拥军	男	汉族	唐家坊	湖南大学	教　授
唐秉全	男	汉族	黄土矿	黑龙江林业职工医院	胸外科主任、副主任医师
唐烨晖	男	汉族	黄土矿	怀化一医院	内科主任、副主任医师
唐维业	男	汉族	黄土矿	怀化师专	教　授
陶永勇	男	苗族	武　阳	广东省肇庆学院财经系	副教授
陶光石	男	苗族	白　玉	中南大学湘雅二医院	副主任医师
黄　林	男	苗族	唐家坊	湖南师大出版社	总编、副教授
黄　辉	男	苗族	瓦屋塘	岳阳市六中	中学高级教师
黄　矗	男	苗族	武　阳	邵阳工业专科学校	副教授
黄久香	女	苗族	绥宁县	华南大学林学院	副教授
黄天元	男	汉族	瓦屋塘	湖南省水利厅水利工程二团	高级工程师
黄民权	男	苗族	武　阳	广东省广州市建筑工程学校	校长、副教授
黄民成	男	苗族	武　阳	邵阳师范专科学校	党委书记、教授
黄求燕	男	苗族	武　阳	云南省经济研究院	研究员
黄昊文	男	苗族	瓦屋塘	湘潭科技大学	副教授

续表 25-3-4

姓名	性别	民族	籍贯	工作单位	职称
黄迪源	男	苗族	武　阳	机械电子工业部北方设计院第一所	高级工程师
黄明明	男	苗族	瓦屋塘	郑州大学	副教授
黄金生	男	苗族	武　阳	第二汽车厂设计院	高级工程师
曹建雄	男	汉族	长　铺	海军 421 医院	副主任医师
章诗富	男	汉族	在　市	广东医学院	副教授
彭跃飞	男	汉族	瓦屋塘	邵阳学院	教　授
彭新发	男	苗族	联　民	广铁集团怀化路桥公司	党委书记、高级工程师
蒋仲湘	男	苗族	乐安铺	航空电子研究所	高级工程师
蒋志宏	男	苗族	绥宁县	广东科技管理干部学院	总工程师、高级工程师
蒋道和	男	苗族	乐安铺	湖南农业大学	副教授
曾广跃	男	苗族	白　玉	邵阳教育学院	院长、教授
曾国庆	男	汉族	瓦屋塘	解放军 425 医院	大校、主任医师
曾宪佩	男	苗族	竹舟江	芷江县一中	中学高级教师
曾莉芳	女	苗族	竹舟江	芷江县一中	中学高级教师
曾常红	男	汉族	唐家坊	湖南师大文学院	副教授
童建民	男	汉族	长　铺	清华大学核能与新能源技术研究所	副研究员
蒙昌跃	男	苗族	鹅公岭	中国船舶研究总公司 709 所	高级工程师
赖必堂	男	汉族	唐家坊	江西省南昌市第二律师事务所	一级律师
廖太东	男	苗族	枫木团	广东省广州市第 65 中学	中学高级教师
廖灿生	男	汉族	红　岩	长沙工业专科学校	教　授
廖建坤	男	汉族	长　铺	广州武警总医院	副处长、副主任医师
戴秋菊	女	苗族	关　峡	湖南农业大学外国语学院	副教授

四、前志补遗人物

袁宝彝

袁宝彝，本名袁通荣，又名绣锦，号锦川，字宝彝，1838年生。岳二里芒溪（今红岩镇雪峰村）人。自幼聪慧，敏而好学。清同治八年（1869）中举，清光绪三年（1877）进士及第，授工部主事。在乡待任期间，被县府聘为虎豀书院（今绥宁一中前身）山长，征得知县黎承恩同意后，扩大书院规模，力促地方绅士从九龙观和胜力寺的田产中抽出二百亩捐赠书院，并亲自制订虎豀书院办学章程，镌刻成碑，用以约束以后的办学行为。此后，虎豀书院长盛不衰。1877年，袁宝彝联合岳一里举人彭天芳在黄土坑（今黄土矿）创建资源书院（今绥宁二中前身），并捐赠白银一千一百两。光绪六年（1880）秋，袁宝彝赴京上任。适逢科举会试，朝廷指定他为内帘，负责会试试卷审阅。会试结束后，回工部营缮司上任。时值国难，因忧心国事，久之成疾，1886年病逝。

杨飞腾

杨飞腾，原名杨进材，字健翎，1900年生，苗族，在市里在市（今在市苗族侗族乡城内居委会）人。少时天资聪颖，背诵长书能一字不漏，描红临帖可双手同时进行。民国5年（1916）正月，北洋军同护国军在绥宁进行拉锯战，将在县立小学读高小的杨进材抓去当挑夫。几天后，杨寻机逃回。同年5月3日，护国军湖南总司令程潜到绥宁视察并招募新兵，时年16岁的杨进材见到招兵告示，即改名杨飞腾，报名从戎。

护国战争结束后，杨飞腾在湖南省陆军第一师任班长。民国10年（1921），杨请假回家省亲，时值绥宁匪患严重，杨被推举为团防队排长，遂向原部告离，参与剿匪，历时年余。匪患肃清后，受知事向抡沅之荐，投奔驻保靖的湘西巡防军统领陈渠珍部。陈渠珍见杨飞腾相貌不凡，谈吐不俗，便让他先到保靖军官讲习所学习，继又保送他到黔军总司令袁祖铭的重庆军官教育团进修。结业后，杨飞腾在袁祖铭部任连长。民国15年（1926），杨飞腾随袁祖铭部参加北伐。路过湘西时，杨飞腾参见陈渠珍，被陈留下，任军官教导团教务主任，一年后升任教导团中校副团长。遂在保靖就职数年，并与当地一朱姓女子成婚。

抗战前夕，所部被改编为国民革命军陆军第十集团军第一二八师，杨飞腾任三八二旅七六四团中校团副。不久，杨德凤（又名杨进坤）等3名在市老乡找到他，想请他帮忙找份事做。杨飞腾说：现在局势紧张，我们将开赴抗日前线，你们要是爱国，不怕死，不怕伤，就跟我同行吧！最后留下杨德凤。“八·一三”事变后，杨飞腾与孕期的爱妻及年幼的两个儿子告别，踏上抗日征程。民国26年（1937）秋，杨飞腾随一二八师驻守浙江宁波。11月初，日本侵略军以两个师团的兵力在杭州金山卫登陆。11月8日，国民革命军第十集团军司令部急令一二八师奔赴嘉善阻击日军。集团军总司令刘建绪命令一二八师固守嘉善4天，但由于战情变化，阻击战自11月9日开始，一直延续到15日。一二八师官兵与装备精良并有坦克、飞机协同作战的两个日军师团喋血苦战7昼夜。杨飞腾身先士卒，率部与日寇进行肉搏战，壮烈殉国，时年37岁。追随他抗战的杨德凤（时任少尉司书）也在战斗中牺牲。战后，杨飞腾被追授为上校。

1990年10月，在市镇人民政府在整体移建、修缮的抗日阵亡将士纪念碑上刻上杨飞腾和杨德凤的名字。2001年3月30日，湖南省人民政府下文，追认杨飞腾为烈士。

邓维海

邓维海，又名邓案清，号晴州，侗族，祖籍靖州江东，1987年生于绥宁县石驿里（今通道侗族自治县双江镇）。少时在当地才子赵得胜辅导下学习英文。清光绪三十三年（1907），考入湖南西路师范学堂，宣统二年（1910）毕业回县，先到县城在市任教，尔后在双江办私塾。

民国6年（1917），张勋复辟，湖南省督军谭延闿与其他省督军一同通电讨逆。邓维海受朋友之荐到谭部任副官，后因厌恶军阀混战返乡。民国13年（1924），投靠湘军第五师师长杨玉泽，受命在四里（即罗岩里、石驿里、芙蓉里和半里，今属通道侗族自治县）一带组建湘军第五支队，任支队长。乘机在双江盘古庙开设兵工厂，制造单响马步枪500余支，并联合四里各山寨头人，割据称雄，成为湘桂黔边境少数民族地区的风云人物。翌年，第五支队解散后，出任绥宁县第四区自治筹备处主任。民国17年（1928），任守望队队长，因维持地方治安而势力日增，被称为“海公”“海胡子”，邻近诸县称之为“苗王”。

民国23年（1934），邓维海任绥宁县营建委员会主任，在临口、下乡、双江一线修筑碉堡，阻截红军。翌年调任第四区（上文四里各地）团防局局长，不久辞职回家，闲居10余年。民国34年（1945），湘桂黔边区大旱，次年饥荒，饿殍无数。邓维海要求县府开仓赈灾被拒，便怒令周边各保保长打开官仓、赈济灾民，并声明“如果县府追究，由我一人承担”，百姓因此渡过饥荒。

民国36年（1947），邓竞选“国大代表”不遂，仅得“边疆国大代表”礼帽一顶，乃拒不接受。次年3月，县府通知他赴南京参加“国大代表”会议，亦被其拒绝。随后，偕同《湖南日报》记者陶毅前往长沙检举报告绥宁县选举作弊。《湖南日报》和《中央日报》先后刊文予以披露，县长康文江被迫下台。

民国37年（1948）12月，邓维海出任绥宁县义务警察指挥部指挥官。翌年6月后，先后任绥宁县自卫团副团长、团长。同年9月12日，国民党湖南省主席兼湖南保安司令黄杰任命其为靖县、绥宁、通道三县清剿指挥部少将指挥官。29日，在县城在市镇杨家祠堂成立靖、绥、通三县清剿指挥部，下设1个直属大队、3个支队。

1949年10月10日，绥宁第一次解放。邓维海派人与中国人民解放军第十三兵团代表王汉昭取得联系，在临口商谈有关起义事宜。17日，率部在下乡禾场起义，所属部队被改编为中国人民解放军湘桂黔边区纵队，任司令员。随后派人当向导协助解放大军过境，进军广西，并组织人员为解放军筹集粮食50多万千克，同时负责维护地方治安。1950年2月，土匪“中华民族自救军第三方面军第五纵队”攻陷绥宁县城。邓率部收复县城。同月，保送杨光龙等20余名少数民族知识分子赴桂林军政大学学习。不久，奉命移防靖县（今靖州苗族侗族自治县）。4月，中国人民解放军第四十七军第一四〇师第四一八团撤离靖县，邓维海被送往芷江学习。6月，调任中国人民解放军湘西军分区高级参谋。1953年在芷江病逝，享年66岁。

梁炳煌

梁炳煌，浏阳人，1933年生。一岁丧母，由外婆抚养成人。自幼聪敏好学。1948年，考入南京国立中央大学附属高中部。同年12月，因参加“反饥饿、反内战”的学生运动，被国民党政府强令“疏散”回家。

1949年8月，浏阳解放。梁炳煌被吸收参加革命工作，先后担任过通讯员、文书等职。1950年4月，加入中国新民主主义青年团，曾多次立功受奖。后任中共湖南省委宣传部部长的秘书。1957年整风时，因大胆提意见被错划为“中右”，并下放零陵县劳动。1959年反右倾时再次被错整，1962年10月被调到偏远的绥宁县工作，先后担任长铺木材收购站和在市木材收购站木材收购员。他目睹大片山林被砍伐后变成一片荒山，十分痛心，多次向上级领导建议：要坚持“采育结合，砍一造三”，“砍一块，造一块，管好一块”，受到领导的重视并采纳。

1966年“文化大革命”爆发后，梁炳煌于1967年10月以真实姓名向中共中央上书，1968年3月，又写了《再谈〈为人民立新功〉》寄给《人民日报》，斗争锋芒直指林彪、江青一伙。在两年时间里，他先后13次署名上书党中央，为刘少奇和邓小平鸣冤叫屈；先后写了40多篇论文，直接批驳林彪、江青，这些文章有的张贴于大街上，有的直接寄给《人民日报》。好心的同事劝他不要再冒险了，他却坦荡地说：“生命是有限的，年龄逝去永不会再回来，真正为人民做点事，才对得住人民，才对得住苦心教育我的党。”1968年6月，梁炳煌被公安部定性为“现行反革命分子”被捕，判处20年徒刑，押送湖南省第三监狱劳动改造。在狱中，他坚持读书，并写下50万字读书笔记。1971年10月30日，病死狱中，时年38岁。

1978年5月21日，中共绥宁县委为梁炳煌平反昭雪，恢复名誉。1980年10月17日，中共绥宁县委作出《关于追认梁炳煌同志为中共党员的决定》，并派县委常委、组织部长华中强到在市木材收购站为梁炳煌举行追悼会；同时，将他的事迹整理成《檄文铸真理，刚正浩气存》一文印发全县，号召全体共产党员及广大人民群众向他学习。

附录

一、重要文件选录

绥宁县农村人民公社专业承包联产计酬生产责任制试行办法（摘录）

中共绥宁县委　绥宁县人民政府

（1981 年 8 月 31 日）

第一章　总　则

第一条　专业承包联产计酬责任制，是在生产队（或大队，下同）统一经营的前提下，实行专业分工，相互协作，联产计酬，各尽所能，按劳分配的一种责任制。

第二章　划分专业

第五条　生产队要根据本队自然资源和财力资源等情况，以及国家和市场需要，因地制宜，划分专业，宜农则农，宜林则林，宜牧则牧，一业为主，多种经营，建立适合当地特色的农业经济结构。

第六条　生产队按照不同专业项目，本着方便生产、有利经营的原则，建立专业队或专业组；适宜一家一户作业的建立专业户；需要一定技术，又适宜于一个人干的，建立专业工。

第四章　专业承包

第十二条　生产队要制定出承包方案（基本内容包括：包工、包产、包成本、超奖减赔），交群众讨论，采取民主评定或投标择优的方法，落实承包任务。有的一年一包，有的一包多年。要注意上年与下年作物与作物、项目与项目之间的连接，保持生产的连续性和稳定性。

第十三条　农业。生产队负责统一计划、统一浸种催芽、统一分配化肥农药。对承包者实行“一定、三包、一奖”，即：定地段、包工、包产、包成本、超奖减赔。

定地段：生产队应根据各农业组劳力多少，按照土地分布、距离远近、土质好坏、水利条件等，合理确定到组。

包工：生产队依照各种作物的操作规程，制定劳动定额，按面积计算出包工数，实行以产记工。

包产量（产值）：一般应以前三年的平均产量为基础，参照当年的增产措施，由社员民主讨论确定，作到积极可靠，留有余地，使承包者经过努力，有产可超。

包成本：生产队应根据生产的需要与经济能力，定出成本指标，实行费用包干，原则上节约归己，超支不补。

超奖减赔：可以比例奖罚，也可全奖全赔。可以奖工分或现金，也可奖实物。

第十四条 林场、园艺场、茶场和其他经济作物场，要根据任务大小，包给专业组、专业户管理，实行定管理任务（指面积和树势要求）、定成本、定产品产量、定收入、定报酬、定奖赔责任制。对采育场，要严格按照国家下达的任务和制定的山场，实行计划采伐，采育结合。不准超计划和超山场砍伐，并要完成造林和抚育任务，不如期如质完成造林和抚育任务者，加倍罚款。

第十五条 畜牧业。生产队实行公有私养或承包给专业组、专业户、专业人喂养，收入归队，由队记工分，付饲料，定费用、定工分、定奖赔。可以按比例奖赔，也可以全奖全赔。对专业户，可以实行定工、定产（收入）、定上缴，超额归己；也可以实行收入比例分成的办法。要鼓励社员个人饲养草食动物，生产队应酌情供给草料，加以扶持。

第十六条 渔业。可包给专业组、专业户、专业人，以一定几年为好，实行定水面、定成本、定收入、定产量（或产值），定上缴产品、定报酬、定奖赔的责任制。

第十七条 队办加工业。实行定人员、定产值、定费用、定报酬、定奖赔的责任制。副业和手工业由生产队统一安排，按有关规定开出证明，分项目确定投资任务，交钱记工，分季投资。不按时投资者扣发全家口粮。

第十八条 农机。农业机械要试行“定、包、奖”办法，或包干上缴。

第十九条 对农业、林业、工副业的报酬，包产以内大体平衡，包产以外承认差别。对某些劳动强度大或技术要求高的工种，报酬可略高于一般工种。

第二十条 专业队、组内部，要根据各业生产特点，灵活采取计酬办法，可以小段包工、定额计酬；可以按时计酬加评议；可以按件、按产量、按产值计酬；也可以联产到劳。不论实行哪种计酬办法，都要建立严格的检查验收制度，对不符合质量要求、粗制滥造或造成损失的，令其返工或扣减工分。

第五章 合同制

第二十一条 生产队和承包者要签订合同，并坚决执行，不得随便更改。违背合同造成损失者，应追究经济责任。

第二十二条 合同的内容一般包括承包者所使用的生产资料、生产费用、承包的产量、质量、产值、利润、完成时间、工分报酬、奖赔办法和其他议定的条款，承包合同由有关各方签名盖章，一式三份，生产队和承包者各持一份，上一级组织对合同负责监证。

第七章 计划、财务管理

第二十七条 生产队应根据国家计划和本队需要，充分利用本地资源，发挥优势，扬长避短，因地制宜地确定经营方针，制定三年或五年的发展规划，明确奋斗目标。

第二十八条 生产队应在总结上年经营成果的基础上，制定本年度的生产、财务、收益分配、基本建设、计划生育、农村建房等计划和措施，使社员“一年早知道”，达到增产、增收、增贡献、增积累、增储备、增口粮、增分配和生产费下降、人口增长率下降的目的。

第二十九条 生产队要根据生产计划与承包任务制订好财务收支计划，加强经济核算，讲究经济效果。要按照合同规定的要求，保证物资供应。

第三十条 生产队一定要坚持产品收入归队，不管是包产以内还是包产以外的收入都必须上账，不得瞒产少报。

第三十一条 生产队对工分账目，要做到日清月结，按时公布，按时上报。

第三十二条 生产队要建立与健全预决算、审批报销、现金管理、物资管理、钱物账分管、财务档案和财务人员交接、民主理财等制度，避免损失浪费，杜绝贪污舞弊。

第九章 文化福利事业

第三十五条 办好农村夜校和图书室，组织社员学政治、学文化、学技术。

第三十六条 办好农村幼儿园、托儿所和俱乐部，开展业余文艺体育活动，活跃社员文化生活，减轻社员家务劳动负担。搞好计划生育，控制人口增长。

第三十七条 按照经济情况，逐步改善社员居住条件。应本着有利生产、方便生活、合乎卫生、尽量不占用耕地的原则，利用荒山、荒坡和闲置宅基地，作出建房的统一规划。

第三十八条 做好优待照顾工作。对烈、军属，要补助实工分，参加分粮分钱，使他们的生活略高于同等户水平。对五保户，真正做到五保，使他（她）们愉快地度过晚年。对干部、职工亲属和困难户要安排好生活。干部、职工家属要照顾到同等户的粮食水平，实行交钱领粮。

绥宁县农村人民公社包干到户生产责任制试行办法（摘录）

中共绥宁县委　绥宁县人民政府

（1981 年 8 月 31 日）

第一章 总 则

第一条 包干到户是在坚持生产队体制不变、生产资料公有制不变的前提下，生产队把农田包干到户耕作，实行分户经营，包上缴任务，即：“保证国家的，交足集体的，剩余都是自己的。”

第三条 实行包干到户的队，生产队要加强领导，做到统一安排主要农作物的种植计划；

统一管理水利设施和灌溉；统一抓好适宜于集体经营的多种经营项目；统一管理和使用大、中型农业机械；统一组织农业基本建设集体用工；统一布置主要的农业增产技术措施；统一管理山林。

第四条 实行包干到户责任制，必须坚持因地制宜、群众自愿的原则，不能“一刀切”，要允许多种形式的责任制并存。

第二章 包干内容和土地承包

第五条 包干内容。一是完成国家的征、统、超、派购任务，包括粮、油、猪、蛋等农产品、农副产品和农业税，完成国家分配的二类农副产品和三类农副产品的大宗产品（如冬笋、柑橘等）的任务。二是上缴集体提留的公积金、公益金、管理费、集体债务等和大小队干部、民办老师、赤脚医生、看山员等人的补贴。三是根据需要，确定每户社员负担的基建工、义务工和其他用工。

公积金、公益金应根据各队具体情况，可按上年总收入分别提取百分之三和百分之二左右，合理分摊到户；也可以按田亩或按人提留，每亩或每人至少提留公积金二至三元。

第六条 社员承包土地，可以按人劳比例承包，也可以按人承包。人均水田一亩以下的，可按人口或人劳比例承包；一亩以上的可采取人七劳三或人八劳二等办法承包，也可以按人劳各半承包。划分承包土地时，尽量做到连片成块，以便于生产管理。

第三章 耕牛、农具、固定财产的管理

第九条 集体现有牲畜仍归生产队所有，可以包养到户，养用合一，实行“定、包、奖”责任制；也可以合理作价，摊平到户，保本保值，作为发展牲畜的底垫，牲口作价款由生产队分期收回，纳入公共积累，其款存入信用社，一律不许分掉。可以队户合资购买牲畜，繁殖增值比例分成。不论实行哪种办法，都不要采取轮流喂养和轮流使役的办法，以免造成牲畜死亡。

第十条 中小型农具按耕畜需要适当搭配，小件农具，分到户使用，都要合理作价，价款定期收回，存入信用社，作为公共积累。

第十一条 大队、生产队所有的大、中型农业机械，仍归集体所有，不准拆毁平分。要建立严格的保管、使用、维修制度，要实行单机核算。拖拉机为社员耕作和运输以及农产品加工等都要按国家标准，合理收费。

第十二条 生产队的公房，可以用于兴办集体工副业，储存保管集体财产；可以兴办学校或其他集体福利事业；也可以出租给社队企业或社员个人，租金归队，谁住谁维修，不准拆分。

第四章 农业基本建设和管水用水

第十三条 包干到户后，农业基本建设还要继续抓紧进行，不能放松。山、水、田、林、路、村统一规划，综合治理，统一组织施工，保证工程质量。农业基本建设占地，由队调剂，

用工按劳力摊派。

第十四条 大队、生产队单位内的库、塘、坝、渠、站等，应由大队或生产队确定专人，统一管理和维修，不准平毁。

第十五条 大队、生产队要建立管水用水制度，确定专人管水，管水员可由社员民主推选或由生产队长兼任。管水员的报酬，按用水范围由各户分摊。平时用水应按承包土地的水系，划片包干，以库、塘（坝）定田，坚持先高后低，先远后近，先急后缓的原则。过水丘要开好水圳。如遇严重干旱，在确保重点用水的前提下，应通过民主协商，调剂使用。需要统一筹资抽水灌田的，由生产队统一组织，费用由受益户分摊。跨队的水利工程，由大队、公社负责管理。

第五章 林、牧、副、渔和社队企业

第十六条 林木管理。要坚决贯彻国造国有、社造社有、队造队有、合造共有，社员在屋前屋后和生产队划定的自留山上栽树归社员所有的林业政策。

集体现有的山林和林场、采育场以及其他经济林，应坚决办好，不准砍伐分掉，今后需要砍伐时，必须经公社以上机关批准，发给采伐证，由队指定山场，凭证采伐。采伐可以根据情况分别承包给专业队、组，建立定、包、奖、赔责任制（即定山场、定数量、包砍包造包成活，完成好的奖，造成损失的赔）。

不论采取哪种办法，对现有林木一律不准乱砍滥伐；违者，应根据情节，予以经济制裁，严重的要追究刑事责任。

第十七条 大队、生产队的园艺场、木耳场、香菇场等多种经营厂、场，都必须继续办好，不断发展、扩大。不准拆散，不准砍掉。经营管理可根据生产规模和社员的技术专长，分别建立专业队、组、户、工，实行专业承包，联产计酬和定、包、奖、赔（即定面积、定产量、包成本费用、包树的长势，超奖减赔）责任制。大队、生产队原有的集体工副业项目，都要由集体统一经营，不准拆散，不准分掉，经营管理可采取比例分成或包干上缴的办法。

大队、生产队的厂、场、企业，可将原来“劳动在厂、场，分配在队”的办法，改为由厂、场、企业发给工资（也可基本工资加奖励），或包干上缴的办法，有些有发展前途的厂、场，暂时没有收入的，还应适当给予补助。

第十八条 生产队要充分利用水面，发展养鱼事业。山塘、水库可包给专业队、组、户、工经营，小塘可按承包土地的水系，用投标的办法，包给一户或几户经营。实行比例分成或包干上缴的办法。

第六章 优待照顾和各类人员的报酬

第十九条 对烈军属、残废军人，应普遍优待。承包责任田有困难的，也可以组织社员代耕，代耕费由大队统筹或分摊义务工的办法解决，也可以按一个同等劳力的全年实做工分或不少于三分之二，按常年劳动工值（按三年平均工值）计算优待钱粮，实行一次定妥，多劳不少优待，少劳不多优待。

第二十条 五保户的吃、穿、烧、用，要根据实际情况，确定照顾数量，保证供给。疾病治疗，房屋修缮，死亡殡葬，生产队要妥善安排，负责到底。

第二十一条 对大、小队干部都要本着精简的原则，根据大队、生产队规模的大小定员补贴，大队干部一般可定补三至五人，每人每年一般补贴一百二十至一百五十天；生产队干部可定补二人，每人每年一般补贴四十至六十天；其他大队、生产队干部实行误工补贴。可以补粮，可以补钱，也可以补粮补钱。

党员训练七至十天，民兵训练十五至十七天，实行误工补贴，计划生育误工适当预留。

第二十二条 民办教师没有承包土地的，可以按同等劳力的收入补助粮食和现金（国家生活补贴在内）；承包土地的，除国家生活补贴照发外，另外大队适当补助现金，不补助粮食。补助的粮、款由大队统提解决。

第二十三条 大队医务室要保留和办好，可以继续实行合作医疗。合作医疗基金和赤脚医生报酬纳入社员的上缴部分，交钱交粮都可以，不愿上缴的，则不享受合作医疗待遇。赤脚医生（赤脚兽医）也可以承包一份责任田，将原有的药品、药械、药地等作价，保本保值，作为资金底垫，交他们使用，行医药价按国家规定，自负盈亏，实行包干，适当上缴积累。

第七章 财务管理

第二十四条 生产队要设现金账、总账和各种明细账，还要设立杂务工登记簿，会计要按时记账、算账、报账，做到账据、账实、账款、账表、账账相符，坚决克服无账、无据和账目混乱现象。

第二十五条 认真清理固定财产和债权、债务。现有固定资金（产）、粮、款、物、往来账目，债权债务等要认真清理结算，登记入账，澄清集体家底，管好用好。包干到户后的集体提留和各项往来，要及时入账，公共积累要在信用社专户储存，建立必要的开支、审批制度。对各项提留包干上缴的米、款的管理和开支特别是动用公积金、公益金和较大项目的开支，必须经社员代表会或社员大会讨论通过，报经大队审查公社批准方可动用。生产队债务应根据当年国家规定的贷款数额从上缴提留中统一偿还；也可分摊到户，由户分期偿还。生产队内部社员与集体之间历年的往来账，要结算清楚，向社员公布，该还就还，该得就得，不能一风吹。已经提取的储备粮，要认真清理回收，交国库代储，做到无荒不动，不准分掉。生产队的债权，由队负责收回，及时入账，用于偿还外债或作为公共积累。

第八章 订立合同

第二十六条 凡是包干到户的队，都要认真实行合同制。其内容主要是：明确承包给社员使用的土地、产量（产值）、包干上缴任务、流动资产、固定设备、农机、耕畜、劳动报酬、时间要求、奖赔办法，以及农业基本建设用工、义务工和其他协议条款。合同要经社员民主议定，由生产队（或大队）与承包者共同签订。大队（或公社）起监督、检查和保证作用。

第九章　队、户关系

第二十八条　生产队仍然是集体经济的主体，它的作用只能加强，不能削弱。生产队有如下权利：

一、有权支配生产队的一切生产资料和维护集体财产，对损坏、破坏集体财产的，有权给予经济制裁和处罚。对责任田使用不当或者拒不完成上缴任务的，或不努力经营，生产很差的，生产队有权收回。国家建设经过批准，必须征用责任地的，生产队有权统一安排调整。

二、在国家计划的指导下，有权安排生产计划，决定增产措施，推广先进科学技术，指挥全队生产。

三、有权支配全队劳力，根据季节、忙闲等情况，进行农业基本建设和必要的水利工程建设，从事工副业生产和其他公务。

四、有权统一管理使用本队的农业机械和水利设施。

五、有权抓承包“合同”兑现，统筹本队的农业税金、公积金、公益金、储备粮基金、耕牛农具折旧费以及上缴大队干部、民办教师、赤脚医生（包括赤脚兽医）、烈军属补助等报酬和其他应提取的费用。对不完成承包上缴任务户，有权决定经济制裁和其他处理办法。

六、有权执行上级和大队、生产队规定的有关计划生育的办法及奖惩制度。

七、根据本队实际情况，大力做好政治思想工作，制定乡规民约，解决好民事纠纷。

承包生产任务的社员有如下权利：

一、在服从生产队统一计划的前提下，有权在自己承包的土地上因地制宜种植，决定增产措施。

二、在完成上缴国家农业税和统购、超购、派购任务以及完成上缴集体提留以后，有权支配自己应得的产品和现金收入。

三、在保证完成自己承包的生产任务，服从生产队统一安排集体用工的前提下，有权支配自己的劳动时间，从事农业生产和家庭副业生产。

社员应严格履行以下义务：

一、爱护集体财产，不准拆毁平分公房；不准变卖集体的耕牛和农机具；无故死亡的耕牛和损坏的集体财产，要照价赔偿；不准乱砍滥伐国家和集体的林木；不准哄抢国家和集体农场、园艺场和其他场子的果实以及山塘、水库的鱼。

二、维护生产队土地的集体所有权，对承包的土地，不准买卖、出租、转让，不准在承包土地上盖房、埋坟、植树、种竹、烧砖瓦等，不准雇工剥削，不准放高利贷。

三、维护好国家和集体兴办的各种水利设施、厂场、道路，不准破坏水系，不准乱挖和开垦，不准侵占国家机关、企事业单位的财产和土地。

四、要按合同保证按时如数完成国家和集体上缴任务，照顾好烈军属、五保户，帮助生产、生活上有困难的职工家属和困难户解决困难。

五、服从生产队统一领导，按时按质完成各项统一派工或钱、粮。

六、按照上级规定实行计划生育。

关于进一步建立和完善林业生产责任制的意见（摘录）

中共绥宁县委　绥宁县人民政府

（1982年3月4日）

（一）林业生产责任制形式。林业生产责任制主要有四种形式：一是专业场，指大队林场和大队采育场；二是专业户；三是专业组；四是专业劳。

（二）建立大队林场生产责任制。大队林场要实行以林为主，多种经营，以短养长，长短结合的方针。

生产内容：采种、育苗、炼山整地、幼林抚育、抚育间伐和其他多种经营。

经营方式：实行“七定”到场，签定合同，五年不变，独立核算，奖罚兑现。“七定”是：

（1）定领导：由大队确定一名热爱林业，有一定工作能力，有事业心的人担任领导。

（2）定劳力：根据工作难易和任务大小确定场员人数。

（3）定任务：一般每个劳动力每年造林十五至二十亩，幼林抚育二十五至三十亩，育苗一亩五分至二亩，抚育间伐五十至六十亩。新造幼林，从当年开始连续抚育四年，每年抚育一至二次。确定林粮间作面积和多种经营收入及每年林木生长量。

（4）定上缴：因场制宜确定上缴任务。

（5）定质量：育苗方面，杉苗一类苗（苗高八寸以上）应茎直而粗，顶芽饱满，针叶刚健，呈紫红色，木质化好，根系发达的苗达百分之六十以上；消灭五寸以下的三类苗。造林方面，九、十月炼山，十二月底以前，最迟春节要完成整地；立春至雨水完成造林，最迟不超过春分节。坡度在二十五度以上的采用穴垦整地。穴大二尺见方，深一尺五寸。二十五度以下的缓坡可用全垦大穴造林或大穴整地，栽植要做到穴大、根舒、深栽、压实。要造混交林和用材林。用材林以杉木为主（杉木占百分之六十以上），成活率百分之八十五以上，提倡林粮间作。幼林抚育方面，实行锄抚，培蔸三尺见方，深挖五寸，不伤根系。每年抚育一次的，在六至八月进行，抚育两次的，五至六月一次，七至八月一次。

（6）定补助：每造一亩林，在国家补助的基础上，根据社队经济情况，由公社从育林基金和大队青山价中补助到二十五元左右。抚育每亩补助到五元左右。青苗补助到二百五十元左右。

（7）定奖罚：场员工资每月提留百分之十作为奖金，年终根据完成任务情况和工作表现，民主评定到组到人。超产全奖。

（三）建立大队采育场生产责任制。 有木材生产任务的大队，一定要坚持大队统一经营，建立采育场。采育场的生产方针是以营林为基础，采育结合，造管并举，造多于伐，综合利用。

生产内容：木材采制、山陆运输、清理利用采伐剩余物、采种、育苗、迹地更新、幼林抚育、采割松脂及其他林副产品生产等。

劳力的组合和管理：采育场可分为采伐、营林、采脂、木竹产品加工和后勤五个组，各组互相协作，劳力统一管理。

采育场要实行"八定"，签定合同，单独核算，奖罚兑现。"八定"是：

（1）定山场。大队在制定山场前，先进行伐区调查。采育场必须按大队指定的山场和采伐形式、树种进行采伐。对风景林、母树林、名胜古迹林、国家重点保护的珍贵树种、水库周围的森林、水源涵养林等特种用途林，不准砍伐；石山以及坡度很陡，容易造成水土流失的山地，不准皆伐，只准择伐。

（2）定材种。小头直径八公分以上的都要制材。松、杉、杂等非规格的比例不得超过百分之十五。凡能造长材的不准造短材。

（3）定任务。要因场制宜，确定每个劳力全年生产木材的任务。

（4）定采伐要求。实行小块状皆伐，每块伐区面积一百亩左右。要在地势较高处选择优势松树作为母树，以促进天然更新。母树不准采脂。要按季节采伐松、杂、竹，实行秋冬采运，春夏到材；杉木在树液流动的五至八月采伐，以便剥皮。伐根要低，胸围三十厘米以下的树，伐根高不得超过十厘米；胸围三十厘米以上的树，伐根不超过十五厘米。要合理造材。造材规格要做到两头一崭齐，节疤打得平，全身穿白衣。制材，正品率百分之九十以上；交验，一等材百分之六十以上，三等材不超过百分之十。

（5）定交材时间。从头年十月到第二年十月为木材生产年度。每年按这个时间组织生产、交验、结账付款，计算任务。

（6）定交材地点。采育场按商定的地点交验。

（7）定劳动报酬。遵照按劳取酬、多劳多得的分配原则，根据各场森林的结构、技术水平和机械化程度等不同情况，合理确定报酬。

资金分配，可从总收入中（青山价在外）提出百分之五作为大队公积金（其中包括伤亡事故抚恤费），百分之五十至七十用作场员工资和生产费用，其余由大队分配给社员。采育场按场员不同工种实行定额记工，统一分配。

（8）定奖罚。根据出材率、正品率及其他方面情况，确定奖励标准；对采伐超过任务百分之五者，要给予处罚。采脂人员开割胸高直径三十厘米以下的中幼林和采脂面超过百分之六十的，要给予经济制裁。

（四）建立专业户生产责任制。

专业户，指一家一户的劳力承包林业生产任务。

承包项目：主要是采种、育苗、炼山、整地、造林、幼林抚育等。

承包方式：在生产队统一规划、统一组织、统一安排、统一确定上缴的基础上实行“四包”“六定”，签定合同，包干四至五年，一年一验收，一年一奖励，最后总奖评。

“四包”：包炼山整地、包造林、包抚育管理、包成活。

“六定”：定山场、定任务、定上缴、定报酬、定质量、定奖罚。具体标准可参照大队林场责任制的办法执行。

（五）建立专业劳力生产责任制。

专业劳力：指一个全劳或一个补助劳力单独承包某项林业生产任务。

承包项目和承包方式可参照专业户的办法。

（六）建立专业组生产责任制。

几户或几个劳力自愿联合起来，组成专业承包组。

承包项目：和大队林场一样。

承包方式：自愿组合，“七定”到组，组内核算，定额记工，按劳分配。

“七定”：定山场、定任务、定上缴、定质量、定时间、定报酬、定奖罚。具体标准可参照大队林场责任制的办法。

（七）建立经济林专业承包责任制。

小片分散的油桐、油茶、楠竹等经济林，在坚持林权归集体的前提下，可采取承包到户、到劳、到组或者大包干的办法。一包四至六年或八至十年。根据常年产量和林木现状，实行“五定”：定面积、定产量、定上缴、定经营措施、定奖罚。对经济林应实行“四不准”：不准乱砍滥伐、不准毁林开荒、不准毁林造房、不准在林内铲草皮烧灰。

大片的油茶林和楠竹林，可建立专业场经营。具体做法参照大队林场责任制的办法。油茶山要做到“三保”（保土、保水、保肥），楠竹山要做到每亩竹林保持一百二十根以上，当年新竹不少于四十根。挖笋、砍竹麻，要根据上级下达的生产计划，严格执行砍（挖）密留稀，砍（挖）小留大，砍（挖）劣留优，砍（挖）林中的，留林缘走鞭竹（笋），砍老留新（留六年以下的竹，存八年竹，砍十年以上的老竹）的原则。

关于加快丘岗山地综合开发的决定

中共绥宁县委　绥宁县人民政府

（1995年1月13日）

为贯彻落实全省丘岗山地开发工作会议精神，更快地发展我县经济，依据“十亩山地作文章，综合开发奔小康”的总体决策，特就加快我县丘岗山地综合开发作如下决定。

1. 根据“山外抓市场，山上建基地，山下搞加工，科技创高效”的开发思路和统一规划、多元开发、多元投资、高起点、高标准、上规模、上水平的开发方针，丘岗山地开发实行“谁投入、谁受益，谁开发、谁所有”的原则。

2. 实行丘岗山地所有权和使用权分离，允许丘岗山地使用权有偿流转，在坚持双方自愿互利的原则下，丘岗山地使用权可以依法出让、租赁、兑换、联营、入股、转让、抵押、有偿流转时间最长60年。

3. 在不放开林木经营权的前提下，经县人民政府批准，开发丘岗山地中的残次林（含零星经济林）可折价随丘岗山地使用权一并有偿流转，允许中幼林拍卖转让。年砍伐的19万立方米木材加工比例要达到60%以上。

4. 乡、村集体所有丘岗山地使用权有偿流转由乡镇人民政府办理规范的流转手续，国有丘岗山地使用权有偿流转由县人民政府委托有关单位办理流转手续，丘岗山地使用证书一律由县人民政府委托有关单位负责颁发。

5. 在统一规划开发范围内的丘岗山地，人为造成荒芜的，由乡镇人民政府按每亩每年50元收取荒芜费。获得丘岗山地使用权的开发者在2年内不进行开发的，按上述规定收取荒芜费，其使用权流转给其他有开发能力的经营者。

6. 鼓励党政机关为主体的示范性开发，专业公司为主体的集团开发，国营企业与农民为主体的联营开发，能人为主体的承包开发，乡、村、组集体为主体的统一开发，农户为主体的合作开发，大户为主体的雇工开发，引进外资开发，逐步形成开发主体多元化的格局。

7. 鼓励党政机关、团体、企事业单位利用自己的优势，自筹资金承包、租赁成片丘岗山地兴办绿色企业，或采取入股的形式与村、组、农户联营开发，成立各类集团公司从事农产品加工、销售和服务（原木楠竹除外）。以竹木、中药材为原料的厂家可与乡、村、农户签订合同，联营办原材料基地。

8. 涉及各部门，特别是林业部门，包括乡镇林业站和森工场站，在1995年要带头办100亩以上的经济林基地或100头以上的家畜养殖基地；县直副局级以上单位和各乡镇1995年要带头兴办50亩以上的经济林基地或50头以上的家畜养殖基地；县乡党政一把手都要办好自己的示范点；允许涉农部门、乡镇党政一把手兼任实体负责人。

9. 党政机关、团体、企事业单位兴办种养业，所得收入30%用于扩大再生产，其余自主分配；新开发的产品从有收入的第一年起，连续三年免征所得税，农业特产税先收上来再返回。

10. 单位派到本单位兴办的开发性实体工作的干部、职工可以不与原单位脱钩，保留编制、职务、职称，原有的福利待遇不变，工资发放由原单位确定，不影响正常的调资、定级、转干、晋级和职称评定。

11. 在职干部、职工个人上山兴办绿色企业或其他开发性实体，必须与原单位签订5年以上合同，前三年发全工资，第四年发工资的50%，第五年起停发工资，并由原单位确定上缴。合同期满，可以与原单位脱钩，也可以继续回原单位工作。

12. 鼓励科技人员参与山地开发，允许其技术入股，技术承包，开展有偿服务。

13. 干部职工、科技人员、离退休人员领办、承包原来的开发性企业特别是亏损企业，除享受原单位的一切待遇外，还可以原有利润或亏损额为基数，每年从新增纯利中提取20%的奖金。

14. 单位和个人兴办的绿色企业和养殖企业，在流转期内，可以依法转让、继承，任何人不得干预。

15. 在依靠国营金融单位投资主渠道的同时，拓宽资金来源。30个乡镇普遍建立农村合作基金会，县里继续办好合作基金联合会和营业部，合作基金允许在全县各乡镇之间余缺调节。国营金融单位要继续搞好融资，财政要大力扶持丘岗山地开发，财政周转金2/3要用于丘岗山地开发。

16. 农业综合开发、西线开发、丘岗开发、以工代赈、扶贫开发、科技兴林、高效林业开发等上级列项的各项专业开发资金和县里的农发资金、育林资金、水电建设资金、农业周转金等要专款专用，否则，追究单位主要领导的责任。

17. 鼓励引进资金，除上级正常渠道安排的资金外，从本系统争取来的无偿资金奖3%，从系统外争取来的无偿资金奖4%；从本系统和系统外争取来的有偿资金，根据利息高低、贷还时间长短奖1%～3%；从境外（大陆以外）引进资金奖5%。奖金从所引进的资金中一次性列支，但引资费必须自理。

18. 鼓励各行业兴办市场和旅游业，实行“谁办谁管谁受益”的原则，经批准兴建的市场和旅游网点，其产权可以有偿流转，并免征流转过程中的一切税费。

19. 各部门要搞好协调服务，保证各项开发措施和各项优惠政策的落实，对不服从领导，故意刁难，设关设卡，经教育不改者，要采取组织措施。

20. 符合本决定有关条款的所得收入为合法收入，县里实行财政不要、审计不审、纪检不查的政策。

关于加快个体私营经济发展的决定

中共绥宁县委　绥宁县人民政府

（1995年11月1日）

为充分调动全县广大干部群众发展个体私营经济的积极性，加速我县个体私营经济的发展，尽快富民强县，特作如下决定。

1. 解放思想，树立县域经济以个体私营经济为主体的观念。大力发展个体私营经济，对于拓宽劳动就业门路、加速富民强县、促进社会政治稳定等具有十分重要的意义。全县上下要坚决克服个体私营经济是异己力量、低人一等以及发展个体私营经济就是搞资本主义的思想，大讲发展个体私营经济的意义和远大前景，大力宣传发展个体私营经济的先进典型，大力维护个体私营企业主的合法权益。要把发展个体私营经济作为振兴县域经济的战略之举、财源建设的长远之举、农村奔小康的富民之举来抓，到21世纪末，全县个体私营经济从业人员占全县总人口的比例力争突破10%，个体私营经济占全县国民经济的比重力争突破50%。

2. 放活经营范围，实行公平竞争。个体私营企业可以从事国家明文禁止以外的任何生产经营活动（木材经营问题县里另行研究），任何部门、单位和个人不得干预，不得借各种名义垄断生产和经营。生产经营者不论贵贱、贫富、公私，一律平等竞争。

3. 简化手续，特事特办。县里成立民营经济管理局，挂靠县工商行政管理局，由一名县级干部兼任第一局长，定编 8 人。个体私营企业主从事生产经营活动所需办理的一切手续，都到民营经济管理局办理。税费收取标准一律公开。允许个体私营企业“先上车后买票”、挂大牌子。

4. 合理规划，建立小区。在有条件的地方规划建立个体私营经济发展小区，个体私营企业主携带生产要素到发展小区办厂开店，在 3 年内，税收按最低标准征收，规费全免（土地出让金除外）。经民营经济管理局与城建、城管、交警等部门协商，在不影响市容和交通的情况下，允许个体户和私营企业在城镇部分街巷设立临时摊点开展经营活动。

5. 提高个体户和私营企业主的政治地位。私营企业在企业升级、产品鉴定和评优评先及管理人员、职工的职称评定、农转非、子女入学等方面与乡镇集体企业一视同仁；要适当增加个体私营企业主在各级人大代表、政协委员中的比例；纳税大户户主可以聘任为局长助理、乡镇长助理甚至县长助理；县委、县政府召开重大经济工作会议要邀请个体户、私营企业主代表参加。县委、县政府每年召开一次个体私营经济总结表彰大会，重奖纳税大户（具体奖励办法另行制订）。

6. 保护个体户和私营企业主的合法权益。个体户、私营企业主在产、供、销和个、财、物等方面的自主权受法律保护，任何单位或个人不得侵犯。个体户、私营企业的营业执照，除工商行政管理部门有权依法按规定程序收缴吊销外，其他任何单位和个人无权收缴、吊销。对个体户、私营企业实行税赋卡制度，除税赋卡上规定的税费，任何单位和个人均不得向个体私营企业乱摊派、乱收费、乱罚款、强拉赞助，也不得强行要个体户和私营企业主订阅报刊。政法部门要坚决打击破坏个体私营经济发展的违法犯罪行为，纪检监察部门要对经营规模较大的个体户和私营企业实行挂牌保护，县里设立举报电话。

7. 建立个体私营经济发展周转金。县级个体私营经济周转金主要来源：一是从上年个体私营经济入库纳金县本级增加部分中安排 10%；二是县财政支农周转金中给予支持；三是其他渠道引进资金。乡镇也应设立相应的周转金。周转金必须专款专用。金融部门在资金投向上要向个体大户和私营企业倾斜，并逐年扩大贷款规模。农村合作基金会要大力吸聚社会闲散资金，支持个体私营经济的发展。

8. 明确责任，加强领导。各级党委、政府要把发展个体私营经济列入重要议事日程，县、乡镇党政一把手要亲自抓，明确一名副职专门抓。建立个体私营经济目标管理责任制和考核奖惩制度。乡镇每年度向县委、县政府签订目标管理责任状并交纳风险抵押金。乡镇党政一把手为目标管理第一责任人，党政专抓个体私营经济的副职为责任人。县委、县政府将全县个体私营经济发展情况，每月在《绥宁报》上通报一次，每季度组织专门队伍对发展情况集中督查一次。年终由县个体私营经济领导小组组织工商、税务、民营经济管理局等部门对各乡镇个体私营经济发展情况进行总考评。

关于企业改革若干问题的暂行规定

中共绥宁县委　绥宁县人民政府

（1997年5月1日）

为深入贯彻落实《中共中央关于建立社会主义市场经济体制改革若干问题的决定》，加快建立现代企业制度的步伐，搞活搞好我县国有、集体企业，特就我县企业改革若干问题作如下规定。

1. 企业改革以推行股份制和股份合作制为主要形式，进一步转换国有、集体企业经营机制，使之真正成为自主经营、自负盈亏、自我发展、自我约束的商品生产经营者，逐步建立起适应市场经济需要，产权清晰、权责明确、政企分开、管理科学的现代企业制度。

2. 企业改革对象为县属国有、集体企业（含部门所属企业）、乡（镇）办企业。

3. 资产评估工作由具有评估资格的评估机构承担。

4. 资产评估办法

（1）评估机构要严格按照国务院91号令颁布的《国有资产评估管理办法》和国家国资局颁布的《国有资产评估管理办法实施细则》规定的评估程序、评估方法、评估要求进行评估。

（2）评估范围包括企业的固定资产、流动资产、无形资产以及债权、债务等。

（3）报废资产、积压产品（商品）需要削价处理的，须由评估机构会同有关部门，共同鉴定后，方可按规定报损或报废。

（4）对企业应付工资、奖金、福利费、教育费余额等，评估时可参照会计制度和有关规定，视同负债处理。

5. 产权界定

按照上级规定，企业改组为股份制或股份合作制，要遵照“谁投资谁拥有产权”的原则，进行产权界定。

（1）国有企业资产全部界定为国有资产。

（2）国有企业资产评估基准日前的企业总资产减去总负债，即为净资产。凡有净资产的国有企业，在界定产权时，可视企业情况将净资产的20%留作企业盈余公积金，15%～20%用于职工养老保险，15%～20%用于退伍军人安置和大中专毕业生安排。

（3）集体企业资产，由于国家没有明确的界定政策，可全部作为待界定资产。

6. 改制的企业由内部职工购买企业的生产经营性资产，未能购买的生产经营性资产设为国家股，非生产性资产可由国资部门委托改制企业管理，并收取一定数额的占用费。企业的所有债权和债务仍由改制后的企业承担。出售价格以有关部门确认的评估结果为准。出售净资产时，对下列资产进行剥离：

（1）土地使用权暂不出售，按国家现行规定缴纳税费。

（2）职工家属宿舍出售价格与国家统一的房改政策对接。收回资金作为住房基金统一管理。

（3）改制企业的无形资产，只作资产不出售，企业终止时作为公有资产进行清算。

7. 资金回收

（1）对应该回收的生产经营性资产转让收入，县属国有企业的由国资局负责回收；县属集体企业暂由国资局代收；乡（镇）办企业的由各乡镇财政所回收；供销企业的由县联社负责回收。

（2）对出售国有企业的产权转让收入可以由县国有资产投资经营公司借给企业使用一年；使用期间按照同期银行贷款利率收取有偿使用费。

8. 资金管理

（1）专户储存。国资局设立国有资产产权转让收入专户和集体资产产权转让收入专户，设专人专账进行管理。乡镇财政所、县联社设立相应专户进行管理。国资局负责对乡镇企业、供销企业产权转让收入回收、使用进行检查监督。

（2）专款专用。对回收的产权转让收入，不准用于非生产性建设，不准作为工资基金用于平衡财政预算，必须专款专用于扶持企业生产发展。

（3）合理投向。产权转让收入重点用于扶持主导产业、骨干产业和龙头企业，保证国有（集体）资产保值增值。

9. 企业改制要严格按照现代企业制度的要求和《公司法》及《湖南省股份合作制企业试行办法》的规定进行，建立科学的领导体制和组织机构，真正做到政企分开，使之成为无主管企业。改制后的企业均实行“三会一制”，即股东大会、董事会、监事会和董事会领导下的经理（厂长）负责制。董事会和监事会由股东大会选举产生。

10. 改制企业都要建立党的组织和工会组织，保证党和国家方针、政策的贯彻执行，维护职工的合法权益。

11. 改制企业一律实行员工劳动合同制。企业用工（包括农村户口临时工）要在规定时间内签订劳动合同，并报劳动争议仲裁机构依法鉴证。

12. 改制企业有接收国家统一分配人员的义务。

13. 改制企业税后利润的分配，由股东大会决定。但必须提取10%的法定公积金和5%～10%的法定公益金，亏损企业要逐年弥补亏损。

14. 改制企业和职工（含入股的职工、不入股的职工）均应按照规定，按时足额交纳各项保险基金。经济效益好的企业可对职工实行补充养老保险和储蓄保险。

15. 企业在改制过程中办理各项申报、验证、登记等手续，有关部门必须及时办理，不得拖缓、设卡、出难题，并实行优惠收费。评估、验资、注册、换证等只收工本费，具体为换证100元，注册200元，评估、验资限在2000元以内。对困难企业的评估、验资费经企改办准可予免交。

本规定自发文之日起生效，由县企业改革办公室负责解释。

关于延长责任田承包期的通知（摘录）

中共绥宁县委　绥宁县人民政府

（1999 年 8 月 9 日）

一、延包原则

这次责任田延包是在 1984 年承包责任制基础上承包关系的进一步稳定和完善，不是推倒重来。本次调整应在保持原承包责任田大稳定的基础上进行（国家、集体建设征占用水田较多、人口增减变动较大的除外）。延包按土地所有制进行，属乡镇农民集体经济组织所有的土地由乡镇农民集体经济组织发包；村级所有的土地由村民委员会发包；组级所有的土地由村民小组发包或村委会代行发包，并分别与承包户签订承包合同书。

二、延包范围和期限

1. 延包范围，只限于集体所有的水田。

2. 延包期限，新签订的承包合同期限为 30 年，自 2000 年 1 月 1 日零时起至 2029 年 12 月 31 日止。承包合同签订后，1999 年秋收后开始履行。

三、责任田调整

原责任田承包基本合理，人地矛盾不突出，农民基本满意的，可按原承包合同直接延包。若人地矛盾突出，农民意见较大，原承包办法不合理的，可调整后再延包。责任田调整要秉着有利于生产、有利于管理的原则好差、远近合理搭配，多退少补。调整时，有关问题按下列原则处理：

1. 原承包户人为造成部分责任田荒芜 2 年以上（含 2 年）的，其延包面积要扣减荒芜面积，全部荒芜 2 年以上的（含 2 年）的，取消其延包资格。

2. 原承包户将水田建房、建厂、开店、葬坟或人为将水田变为旱土、擅自与外村组调换水田丘块、垮塌损毁堆毁能恢复而不恢复水田、造成地力地貌发生很大变化其他户不愿接包的，由原承包户坐包。

3. 原承包户投资投工将水田开挖成鱼塘、种植果树或多年生经济作物的，可优先承包。确需调出的，可从原承包户同等次责任田中划出同等面积，仍不够的，接包人应一次付清按接包面积分摊的投资或投工折币金额。

4. 为适应基础设施、村镇建设和集体经济发展，村组可按大田总面积 3%预留机动田，并发包给村民有偿耕种。

四、延包面积的核定

延包总面积的计算方法：延包总面积=上一轮发包的水田总面积+新开垦水田面积－集体预留的机动田面积。各地水田丘块、面积以本村组田亩册为基本依据。新开水田和水毁田面积应进行丈量核定。

1. 凡集体投资投劳开垦或个人开垦已享受了财政造地补偿费的水田，认定为新开垦水田，核定计入村、组延包总面积。属个人开垦未享受财政造地补偿费的，不列入这次延包面积。

2. 凡在上一轮承包期内承包人将承包的水田用于建房、葬坟、烧制砖瓦、办厂、办店、开挖鱼塘、种植多年生经济作物等的，仍计入本组延包面积，不作核减。

3. 凡乡镇、村、组集体建设占用的水田，不计入延包总面积。如原承包户单独享受占地补偿费（青苗和附着物补偿费及赔产费除外）的，应计入延包总面积和个人承包面积。

4. 凡因自然灾害毁坏、经财政部门确认是无法恢复的及国家征用的水田面积，要按实核销。如责任田被征用，承包户单独享受了征地补偿费和安置补偿费的，原承包户愿退出已享受的征地补偿费和安置补偿费（青苗和附着物补偿费及承包期内的赔产费除外），可参与调整。

5. 基础设施、村镇建设、发展集体经济预留面积，不计入延包面积。

主要用于蓄水抗旱的山塘、水库不能抵田发包，原抵田发包了的应收回用于蓄水。

五、延包人口的计算方法

延包人口的计算方法分两种，即按现有人口计算和累计人口计算，以村民小组为单位，任选一种。

（一）按现有人口延包的人口计算方法

责任田承包人口的截止时间为1999年8月31日24时。凡符合下列条件之一的，列为责任田延包人口。

1. 户口在本组且常住本组的合法人口，含未解决城镇户口的临时聘用人员，但招聘干部已转正、户口暂未迁出的除外。

2. 育龄夫妇计划外第一孩从父母办理结婚手续之日起到1999年8月31日24时年龄达到9个月的；《湖南省计划生育条例》和政策许可生育，并在截止时间内同时具备第一孩年满4周岁、生母年满28周岁两个条件的计划外第二孩；截止时间内年满14周岁的超生子女；生母年龄在1999年8月31日24时前已达20岁零9个月的非婚生育第一孩，在母亲户口所在村组承包责任田。

3. 公务员、企事业单位干部、工人、志愿兵因被开除、辞退、户口关系已迁回本组的人员。

4. 丧偶后与本组以外男子（女子）再婚，因抚养子女需要，户口仍在原居地且长期在原居地生产、生活的村民。

5. 父母无子或儿子系精神病患者、残疾、痴呆无赡养能力，女儿与本组以外的男子结婚，因赡养父母需要经父母所在地组、村、乡（镇）同意，户口仍留在原居地或迁回原居地的。

6. 农业户口女子（男子）与非农业户口男子（女子）结婚后，女方（男方）及其合法子女在现有户口所在村组承包责任田（农业户口女方及其合法子女被非法注销农业户口的，应予恢复农业户口参与分田）。

7. 部队服役义务兵，大、中专院校在校学生，1999年以前毕业尚未通过县计划委员会安排工作的原农村户口计划外大、中专院校毕业生。

8. 狱中服刑人员，被拐卖的妇女和儿童（其中被拐卖和失踪3年以上人员的责任田由发包方实行有偿流转，待其回归后再发包给本人）。

9. 购有本县城镇户口（含红印和蓝印），以及按绥发〔1997〕5号文件规定，因取得“小城镇土地使用权”或购买商品房而解决“地方城镇户口”后尚未通过县劳动、人事部门招工录干人员在其现家庭所在村组承包责任田；婚入城镇定居的，在原籍承包责任田。购买县外城镇户口人员，不论其户口是否迁出，都不再列入本组承包人口。

10. 根据市政办发〔1996〕38号和绥政办发〔1996〕88号文件精神，第二、三批恢复城镇户口尚未通过县劳动、人事部门招工、录干的移民（不含父母都解决非农业户口后出生的子女），在原迁出地承包责任田（已婚如其他村、组的，在婚入地承包责任田）。

11. 已领取了独生子女证的独生子女，此次延包中可承包二份责任田。1999年8月31日24时后出生的独生子女，可优先参与流转承包，并在小调整时按当地标准承包二份责任田。领取独生子女证后，又生育二孩的，由组里在生育二孩的当年收回原“独生子女”优惠承包的责任田。

12. 结婚5年以上（含5年），夫妻双方都年满30周岁的无儿无女户，可多计算一个承包人口。

13. 年满25周岁未婚的男村民和年满23周岁未婚独女（含纯女户只留一个女孩在家的），可以多计算一个承包人口。未婚收养子女的除外。

14. 提倡五保户每人享受二份责任田。五保户去世后其责任田由负责赡养者（不受区域限制）继续耕种到合同期满。

15. 因国家建设征用地而集体解决“非农业户口”后，未经县劳动、人事部门招工、录干人员，视同农业户口人员对待，列入村组承包人口。

（二）按累计人口延包的人口计算方法。

1. 现有承包人口计算30年累计人口。

2. 男孩达到法定结婚年龄，计算妻子累计人口，次年计算一胎累计人口。

3. 未婚女青年计算整个承包期累计人口，其出嫁后责任田由组里在小调整时抽出。

4. 纯女户允许一个女孩按男孩累计。

5. 育龄夫妇计划外生育的第一孩，从父母办理结婚手续之日起九个月后开始计算累计人口；1999年8月31日前父母未达到结婚年龄的计划外第一孩从父母均达到结婚年龄九个月后开始计算累计人口。

6. 按《湖南省计划生育条例》和政策允许生育二胎，但第一孩未满4周岁或母亲未满28周岁提前生育的，要减去提前年数再计算二胎累计人口；政策允许生育二胎，但二胎尚未出生的，第一胎按男孩累计，二胎按女孩累计。已婚尚未生育但政策允许生育二胎的，一胎按男孩，二胎按女孩累计，二胎累计人口从母亲年满28周岁开始计算；属政策允许生育二胎范围，但尚未结婚的男性其二胎累计人口从父亲年满30周岁开始计算。汉族夫妇已生育一胎男孩，二胎未出生的不能计算二胎累计人口（经县级以上医院和县计生委认定第一胎男孩系残废、畸形、呆傻儿童的除外）。

7. 已领取独生子女证的独生子女计算二份累计田。

8. 超生子女在14周岁以内不计算累计人口。

9. 被判刑、劳教人员，刑期或劳教期不计算累计人口。

10. 尚未生育的已婚夫妇只有一方是农业户口的，以农业户口一方的年龄为依据计算子女的累计人口（如子女出生后未在农村落户，由发包方在其子女出生的当年收回其累计田）。

11. 参与责任田延包的购买城镇户口人员、因购买“小城镇土地使用权”或商品房而解决“地方城镇户口”人员及第二、三批恢复城镇户口移民中的未婚男性仍计算妻子、小孩累计人口（如结婚妻子系非农业户口，由发包方在其结婚的当年收回其妻子、小孩累计田）。

12. 原属农村户口的国家机关、企事业单位未婚工作人员不能在原籍计算妻子、小孩累计人口。

关于加快工业基地建设的意见

中共绥宁县委　绥宁县人民政府

（2004年2月20日）

为进一步坚持经济发展工业主导的思想，高起点、高标准、高科技规划建设好我县工业基地，为工业发展建设聚集平台和载体，根据市委、市政府“工业兴市，园区兴工，开放兴园”的要求，结合我县实际，现就我县工业基地建设提出如下意见：

一、工作目标

抓紧西部大开发和东部产业大转移的机遇，依托现有企业抓改造，围绕资源优势抓开发，着眼外部环境建设施，本着共同发展引客商，力争近三年内把县级工业基地初步建成规划面积在1000亩以上，环境优美、秩序优良、功能齐全、设施完善的现代工业发展和经济、技术、信息交流中心。

二、工作步骤

第一阶段：基地的选址。根据城建规划和基地的特点，科学选定基地地址，认真制定有关方案，广泛进行科学论证，提交县人代会审议通过。

第二阶段：基地的规划设计。我县工业基地定位为“招商引资的窗口，项目实施的生产车间，规模企业的集聚地”。工业基地规划立足本县实际，坚持工业化与城镇化、农业产业化相结合，坚持拓宽城镇空间与完善城镇功能相结合，坚持产业集聚与基地特色相结合。编制总体规划后，再分步实施。

第三阶段：基地的基础设施建设。在完成规划、设计、论证的基础上，全面启动基地基础设施的硬件建设，确保“三通一平”。分类分步将居民区内的工业企业搬迁入基地，同时进行基地招商、项目招商，有选择地引进新的企业。

第四阶段：基地的规范运行。设立基地管委会，实行“联合办公、集中会审、分头承办、限期办结”的制度。按照“零障碍、低成本、高效率”的要求，制定相关政策，改善软件环境。重点乡镇也要加大建设、招商和管理力度，使我县工业基地逐步走向规范化、科学化运行轨道。

三、工作措施

1. 设立工业基地管理委员会（工业基地筹建领导小组），由杨正胜同志任主任（组长），陈小松同志任常务副主任（常务副组长），张能峰、糜文胜、刘明昌、黄泽贵、彭汉平同志任副主任（副组长），县发展计划、经贸、乡镇企业、轻工、公安、内贸、财政、劳动和社会保障、国土、建设、交通、水务、环保、工商、国税、地税、电信、邮政、移动、建行、工行、农行等单位主要负责人和县委办、县政府办协助分抓工业、国土城建的副主任为成员。管委会下设办公室，负责工业基地筹建管理工作。由彭汉平同志兼任办公室主任，办公室人员从有关单位抽调。

2. 广泛筹措建设资金。县财政要加大投入力度，基础设施建设要纳入开行贷款打捆项目和电力、自来水的网改规划。要通过社会捐赠、再就业和解困资金、基地建设基金等方式多渠道筹措基地建设资金。

3. 加强部门配合支持。各部门各单位要本着“少设卡、多服务”的原则，加强配合支持。交通部门要负责道路建设，水务局和自来水公司负责基地自来水管网建设，电力公司负责基地的电网架设，其他各部门根据各自职责搞好服务，用健全的服务体系、优质的服务环境、高效的行政机制共同致力于工业基地的建设。

4. 制定工业基地优惠政策。结合全县实际和外地经验，制定有关优惠政策。

5. 加大招商引资力度。要把招商引资作为加快工业基地建设与发展的重中之重，调动各方招商引资的积极性，形成领导带动招商、干部主动招商、群众参与招商的全民招商格局。要进一步健全招商引资工作的领导机制，健全招商网络，建立互动工作机制。要进一步健全招商引资奖励机制，将招商引资入基地成绩作为领导干部的政绩评价依据。

关于实施兴工强县战略的意见

中共绥宁县委　绥宁县人民政府

（2005年5月27日）

为促进全县经济又快又好地发展，县委、县政府提出了兴工强县战略。现就实施这一战略，加快我县工作发展提出如下意见。

一、明确实施兴工强县战略的重大意义和总体要求

1. 认识实施兴工强县的重要意义，增强加快工业发展的紧迫感。改革开放特别是近几年来，我县工业取得了长足发展，但工业落后的状况仍没有改变。工业是经济发展和社会进步的主要推动力、支持力，没有工业的大发展就不可能有经济的大发展。全县各级各单位必须增强紧迫感、责任感、使命感，解放思想，更新观念，充分认识到加快工业发展是形势所迫、发展所需、

人民所盼、大势所趋，是增加财力、带动农业、促进就业的必然选择，始终将工业摆到主导位置，集全县之智，举全县之力，积极推进工业跨越式发展。

2. **把握实施兴工强县战略的总体要求。**在指导思想上坚持把发展工业作为加速全面建设小康绥宁的关键举措、全县经济工作的重中之重来抓；在发展思路上坚持以民营经济为主体创新体制，以招商引资为重点增加投入，以园区建设为载体聚集产业，以优化服务为核心营造环境，努力做到盘活存量与扩增量相结合，发展本地优势资源产业与两头在外产业相结合，改造提升传统产业与发展新兴产业相结合，加快工业发展与保护自然生态环境相结合，坚持走科技含量高、经济效益好、资源消耗低、环境污染少、人力资源优势得到充分发挥的新型工业化道路。

3. **明确实施兴工强县战略的工作目标。**到 2010 年，全县工业总产值达到 40 亿元，规模工业增加值达到 7 亿元，上缴税金达到 1 亿元。第二产业占 GDP 的比重达到 45%以上。通过五年的努力，使全县工业结构明显优化，工业环境明显好转，企业实力明显增强，工业发展水平和质量明显提高。努力把我县建设成为全省最大的绿色食品加工基地、楠竹加工基地和林产品加工基地。

二、选准实施兴工强县战略的主攻方向

4. **主攻具有带动效应的优势产业。**要以国家的产业政策为依据、以优势资源为依托、以市场为导向，重点发展竹木精深加工、绿色食品加工、医疗器械和中药材生产加工、矿产的开采与冶炼和电力工业等五大支柱产业。要在巩固发展、提升传统产业的基础上，努力创造条件，积极引进、培育、发展高新技术产业，优化工业结构。

5. **主攻具有支撑效应的骨干企业。**坚持扶强扶大扶优的原则，积极引导各种生产要素向规模龙头企业聚集，支持规模龙头企业提高管理水平，提高科技含量，不断增强市场竞争力。5 年内，全县要发展产值过 500 万元、税收过 50 万元的企业 100 家以上，产值过 1000 万元、税收过 100 万元的企业 20 家以上，产值过 5000 万元，税收过 500 万元的企业 10 家以上，产值过亿元，税收过 500 万元以上企业 5 家以上。

6. **主攻具有品牌效应的拳头产品。**坚持把创立、培育、发展名牌和精品作为发展工业和促进产业升级的重要手段，着力在木模板、竹胶板、绝缘纸、拷贝纸、包装纸、卷烟纸、各种工业用纸、竹地板、大芯板、体育滑板、高档家具、工业硅铁、电解锰、甲醛、氯酸钠、水泥、输液器（管）、矿泉水、有机茶叶、有机食品饮料、食品罐头、中成药等产品上形成各自品牌。县委、县政府对在品牌创建中的单位和人员进行奖励。

三、突出实施兴工强县战略的工作重点

7. **推进工业企业改革。**坚持“企业产权多元化，企业用工市场化”的改革方向，统筹兼顾，突出重点，因地制宜，积极稳妥，坚定不移地推进国有、集体工业企业改革。要通过 1 至 2 年的努力全面完成这些企业的改制，其他条件成熟的企业的改制也要积极稳妥地推进。已完成产权制度改革的企业，要督促其建立现代企业制度，为企业做大做强构建机制保证。

8. **大力开展招商引资。**①强化招商基础。建立和完善招商引资项目库，认真做好工业项目

的筛选、论证、包装和推介工作，全县每年新增工业项目储备20个以上，每半年举行一次项目发布会。②落实招商政策。对外来投资者实行一个窗口办结手续，一个口子收费，一个费用负担卡，一个权益保护牌，一个办事优待证，一支笔批检，一个投诉中心，一把手负责制，一个国民待遇等“九个一”的服务承诺。③创新招商方式。积极探索以商招商、委托招商、中介招商等新的招商方式，每年选派10名左右干部前往江浙、广东等发达地区实行“阵地式”招商。要发挥企业招商引资的主体作用，引导企业主动出击，外引内联，投大靠强。

9. 搞好工业园区建设。坚持“政府引导，市场运作，封闭运行，滚动开发”的原则，当前，重点抓好袁家团工业园建设。①高起点规划。在产业定位上，确定为竹木精深加工科技工业园。首期开发袁家团工业小区，待条件成熟后，再开发大寨工业小区和白洋田工业小区。②高标准建设。突出产业特色，按照生产标准化的要求，搞好园区内部布局。尽快搞好园区道路、防洪堤建设和绿化、灯化、美化，完善基础设施。要拉通川石至袁家团的公路，畅通园区物流渠道。③高水平管理。成立县工业园区管理委员会，作为县委、县政府派出机构，级别为正科级，负责人可高配，并成立园区工委和开发总公司，三块牌子、一套人马，负责工业园区的建设管理和协调服务。④千方百计增加投入。县财政要加大对工业园区的投入，各金融机构要加大对园区及园区内企业信贷支持力度。要采取多种融资方式，搞好资本营运，进一步拓宽投融资渠道。⑤加大企业招商入园的力度，科学制定入园企业标准，落实好企业入园的各项优惠政策。

10. 优化工业发展环境。严格依法行政，按照《行政许可法》的有关规定，改革行政执法体制，完善行政执法机制，规范行政执法行为。深化行政审批制度改革，简化行政审批程序，减少行政审批项目。加强县政务服务中心和客商服务中心的建设，落实服务承诺制、政务公开制和行政过错责任追究制，进一步提高办事效率。坚持政企分开，尊重企业的市场主体地位，搞好对企业的引导和服务，规范和减少面向企业的检查和收费行为，切实解决重复执法、交叉执法、多头执法和“乱收费、乱集资、乱摊派、乱罚款”问题，强力整治企业周边环境。严肃查处行政机关单位和干部不履行职权、不作为、缓作为和乱作为行为，对破坏经济环境的案件，要从严从快查处。除安全生产外，凡进入规模企业进行检查的执纪执法单位，必须经该企业的挂点领导审批，并对重点规模企业实行挂牌保护。

四、强化实施兴工强县战略的工作措施

11. 建立工业发展基金。工业发展基金的来源：①县财政每年按全县工业入库税收的3%注收；②垄断国有资源，对各机关、工业单位的国有资产进行集中公开拍卖，以所得净收入的30%注收。工业发展基金的用途：①工业园区建设。②技术改造贴息。对重点技术改造项目，经过竣工验收，按投资贷款额给予适当贴息（中央、省、市已贴息的不重复），贴息期1～2年（不含已单独制定扶持政策的企业）。③高新技术产业化奖励。经认定的国家级和省级高新技术企业（产品）分别给予10万元、5万元奖励。④名牌产品奖励。对获得国家级和省级名牌产品的企业，分别给予20万元、5万元奖励。⑤质量管理创新奖励。对通过ISO9000系列质量标准体系认证

和 ISO14000 环保标准体系认证的企业，一次性给予 3 万元奖励。上述各项资金由企业提出申请，报县政府批准，主要奖给有关研发人员，项目管理人员和市场营销人员。

12. **加大金融支持力度**。各类金融机构应适应工业大发展要求，主动协调关系，争取信贷政策，千方百计扩大工业信贷投入。①将金融机构支持工业发展情况，纳入年度文明建设考评内容。各商业银行工业贷款的增长幅度必须高于贷款增长幅度，工业贷款增长幅度低于贷款增长幅度的商业银行，年度文明考核为不合格。②县政府与人民银行和各商业银行签订《金融支持工业发展目标责任书》，每年全县各行（社）给工业企业的贷款增长率在 2010 年前每年不能低于全市平均水平，各商业银行支持工业的贷款比例在年内达到或超过全市的平均水平。县政府对金融机构领导班子成员和信贷有功人员给予奖励。凡工业贷款增长率高于年度贷款增长率且达到全市平均增长水平的金融机构，给予 1 万元奖励；工业贷款增长率超过全市平均增长率，每超过一个百分点奖励 1000 元。③各金融机构要尽快建立和完善适应县域工业经济发展要求和中小企业特点的信用评级和授信制度，大力支持优势工业企业和主导产业的发展壮大。④各企业特别是规模企业新产品开发和新项目开发，要邀请金融部门参与，企业要加强与金融部门的沟通。

13. **加快工业人才建设**。要敢于打破常规，下大力气面向县内外选拔一批思想观念新、开拓能力强、懂经济会管理的优秀人才，充实到工业工作领导岗位，提高对工业工作的领导水平。要有计划、有目的、有针对性地选派一批中青年骨干到大专院校进修深造，到大型企业、发达地区挂职锻炼，培养一批用得上、留得住的经济管理人才。要加强企业家队伍的建设，要善待企业家，尊重投资者，在人大代表、政协委员中要增加企业家的比例。

14. **加快科技创新步伐**。①县财政安排的科研经费向工业倾斜，优先支持企业技术创新，对填补省内空白或在全省具有领先位置的技术、产品以及引进人才、技术和高新技术风险投入等方面进行重点扶持。②规模以上企业要全部建立科研开发机构，加强科研、技术队伍建设，加大科研经费投入。企业可以按销售收入的 1%～3%提取新产品开发基金，专门用于新产品开发，开发基金税前列入成本。③大力推进信息化进程。规模以上企业要全部开展“上网”工程，与县政府信息网络中心实现联网，把握市场竞争的主动权。县政府信息化管理办公室要大力宣传我县优势工业项目和品牌产品。

15. **鼓励干部职工参与工业经济发展**。鼓励干部职工以自然人身份，以自己的合法财产投资工业开发。鼓励机关干部职工离岗在县内兴办工业企业、到县内工业企业任职、领办现有工业企业。凡愿意在县内兴办工业企业、领办现有工业企业或到现有规模企业任中层以上骨干的国家干部，由本人出具书面申请，所在单位同意，按干部管理权限报组织、人事部门批准后，与所在单位签订合同，经公证机关公证，合同期内保留原身份、编制、职级、基本工资、养老保险、医疗保险、住房公积金等待遇。合同期满，愿回原单位工作的可按原职级安排；愿脱离单位另谋发展的，按机构改革干部分流政策规定处理，并由县财政一次性给予 24 个月工资总额的鼓励金。机关干部职工个人出资办企业，享受县里招商引资优惠政策。干部职工投资参与工业开发的所得收入属于合法收入，受法律保护，投资者按有关规定缴纳税费后，实行审计不审，纪检、监察、检察不查，财政不收的“三不”政策。

16. 优先安排工业项目用地。在严格执行土地利用总体规划、年度计划和耕地保护制度的前提下，将规模工业项目用地计划单列。加强土地储备和存量土地的调剂使用，鼓励农民以依法批准的建设用地土地使用权入股新办企业或将土地出租给企业，确保工业项目用地。

17. 实行收费减免政策。凡新办工业企业，在立项、规划、征地拆迁、报建和产权登记过程中，给予不同程度的收费减免。园区内新办工业企业生产性设施建设，建筑企业劳动保险基金按 12 元/平方米、工程质监费按 0.5 元/平方米执收， 其他行政事业性收费和政府基金全免；服务性收费按最低标准的 40%执收。非生产性设施和非园区工业企业所涉各项行政事业性收费按最低标准执收，服务性收费减半执收（服务性收费具体减免范围另行规定）。

18. 健全社会保障体系。建立完善职工各种保险制度，不断扩大工业企业职工基本养老保险、基本医疗保险、失业保险、工伤保险和生育保险的覆盖范围。完善劳动合同制度，改善劳动关系。积极支持和鼓励工业企业吸纳下岗失业人员，对招用国有企业下岗失业人员的企业，按招用实际人数，给予 3 年社会保险补贴。

19. 实行工业发展奖励政策。①对引进工业企业有功人员或单位进行经济奖励，以引进企业投产当年为计奖首年，一共奖励三年，第一年奖励额度为引资企业上缴税收净额（扣除返还金额和退税金额）的 3%，以后两年奖额为企业上缴税收净额的 2%。②对年实际入库税金达 200 万元以上，且当年实现税收增长率达到 15%以上的企业，奖励法定代表人 5 万元；对年实际入库税金达 100 万元以上、200 万元以下且当年实现税收增长率达到 20%以上的企业，奖励法定代表人 3 万元；对年实际入库税金达 50 万元以上、100 万元以下且当年实现税收增长率达到 20%以上的企业，奖励法定代表人 2 万元；对年实际入库税金达 30 万元以上、50 万元以下且当年实现税收增长率达到 20%以上的企业，奖励法定代表人 1 万元。③对全县乡镇进行工业经济发展指标考核，考核内容以工业税收增长指标为主，凡工业税收实际入库增长 10 万元以上的前三名的乡镇，分别奖励 3 万元、2 万元、1 万元。④对市属、县直涉工部门支持、服务工业的情况进行年度目标任务考核，评分排序，对取得前 3 名的部门，分别给予 3000 元、2000 元、1000 元奖励，奖励给单位主要负责人和责任领导。

五、落实实施兴工强县战略的工作责任

20. 落实企业自我发展的责任。企业要引进先进的管理理念，重点抓好人才管理、成本管理、质量管理、技术管理、营销管理和财务管理。要进一步树立品牌观念，真正把树立品牌作为企业长远发展的战略任务，对获得省以上标志性产品和名牌产品的企业予以支持和保护。要进一步加强质量体系认证和标准化工作，规模以上企业管理创新的先进经验，开展评比达标活动，推动企业管理不断上水平。要加强行业协会建设，积极发挥协会作用，促进共同发展，避免恶性竞争。各企业要认真负责地抓好安全生产工作，杜绝各类安全事故发生。资源加工型企业特别是竹木加工企业要着力加大原材料基地建设力度，其标准为每消耗 10 立方米木材需建有林木

基地 0.5 亩以上，每加工 100 根楠竹需建有竹林基地 0.3 亩或垦复竹林 1 亩以上。

21. **落实职能部门服务工业发展的责任。**各职能部门要紧紧围绕“兴工强县”发展战略，结合自身工作职能，牢固树立为工业经济服务的思想。开展好以创一流班子，创一流作风，创一流业绩，促进兴工强县战略实施为主要内容的“三创一促”活动，纪检监察机关要加大对破坏工业经济发展案件的查处力度，组织部门要加强工业人才建设和干部作风建设，宣传部门要积极营造发展工业经济的良好氛围。经济工作部门要认真研究加快工业经济发展的办法，并认真组织实施。执法部门要处理好执法与发展的关系，坚持发展高于一切，执法服务发展，杜绝利用部门职权设阻力，杜绝对企业的乱收费、乱集资、乱摊派、乱罚款，杜绝从高收取有关规费，杜绝政令不畅通。服务窗口行业要下力气提高服务水平，改进服务作风，提高服务效果，确保各项服务措施及时到位。各职能部门都要制定支持全县工业经济发展的具体措施和实施细则，对外公开承诺，并逐项落实。

22. **落实乡镇发展工业的责任。**各乡镇要加强对工业的领导，实行一把手抓工业，成立专门的工作机构。在促进工业发展侧重点上，全县乡镇原则上划分为“企业型”乡镇和“资源型”乡镇两大类。①长铺镇、长铺子乡、关峡乡、武阳镇、红岩镇、瓦屋塘乡、党坪乡、在市乡、乐安铺乡 10 个乡镇为“企业型”乡镇，着重抓好工业企业的建设和工业项目的引进，每年新发展 1 家以上规模企业。②东山乡、鹅公岭乡、朝仪乡、黄桑坪乡、竹舟江乡、河口乡、麻塘乡、联民乡、枫木团乡、李熙桥镇、白玉乡、黄土矿乡、唐家坊镇、水口乡、梅坪乡 15 个乡镇为“资源型”乡镇，着重抓好林业特别是楠竹、绿色食品、中药材等资源的培育，以基地资源规模和产值作为发展工业经济的考评依据。具体考评细则另行规定。

23. **落实县级干部发展工业的责任。**县委、县人大、县政府、县政协领导要把发展工业摆在经济工作的首要位置。全县每季度至少召开一次工业经济专题会议，采取分析、观摩、检查、指导、现场办公等方式，认真解决工业经济发展中的重大问题。要认真贯彻落实县委、县人大、县政府、县政协领导包企业责任制，务求做到责任到人、全程服务、严格考核。

六、加强实施兴工强县战略的领导和考核

24. **加强对工业发展的领导。**成立绥宁县实施兴工强县战略领导小组，由县委书记任组长，县长任副组长，县委、县人大、县政府、县政协分管和联系工业工作的领导为成员，领导小组下设办公室，办公室地点设县工业经济发展局，由县工业经济发展局局长任办公室主任。

25. **强化目标管理。**县委、县政府每年要与有关部门和乡镇签订发展工业、服务工业的目标责任状，将责任完成情况纳入全县文明建设目标管理考核内容。要把发展工业、服务工业的业绩作为选拔任用干部的重要依据，优先提拔重用对发展工业作出实实在在贡献的干部。要加强对工业工作的督查考核，实行一季一督查、一季一通报、半年一考核、年终一评比。

26. 本《意见》自下文之日起执行，以往文件与本《意见》相抵触的，按本《意见》执行。本《意见》由县实施兴工强县战略领导小组办公室负责解释。

二、艺文选录

（一）诗词

游黄桑感赋（1978年）

未央

为访明珠到黄桑，水也甜来山也香。

六鹅洞前观胜景，九溪冲里见宝藏。

铁杉古林惊海外，红腹锦鸡五色光。

自然保护千秋业，子孙万代乐无疆。

作者为诗人，原名章开明，笔名未央；本诗原名无题，此标题为录入本志时编者所加

游黄桑感赋（1986年）

熊清泉

山青水甜树更奇，珍树珍兽世间稀。

黄桑基因齐保护，苗寨血汗培增辉。

作者时任中共湖南省委副书记、省人民政府省长；本诗原名无题，此标题为录入本志时编者所加

游黄桑感赋

沈瑞庭

黄桑铁杉世间稀，挺拔入云更神奇。

祖国绿洲倍珍爱，造福人民志不移。

作者时任湖南省人大常委会副主任；本诗原名无题，此标题为录入本志时编者所加

风入松·太坳怀古

贺兼南

巍巍太坳入云天，驿岭望湘滇。军防汛哨成遗迹，破阶墀、断瓦残砖。柱础伸头如诉，桅基歪体无言。

烽烟滚滚震当年，铁骑赴关边。冰淞皓皓封绥北，顾层巅、鸟瞰群山。后路东来崎峭，前途西去绵延。

作者为绥宁二中高级教师

（二）散文

晚清老宅里的圣贤文化

——陈锡兰居屋“海瑞”画像、古代典故绘画及精品楹联试读

曹砚农

著名历史学家钱穆在游历美国三藩市时，看到当地华侨集居区，宛如“一中国社会，依然如旧。寻究根底，不出儒道两家孔孟庄老之遗风古训，规矩模样，可指可说”，感叹曰：“礼失在野。”无独有偶，笔者近日在大陆所谓“楚、粤之交”“民、瑶杂处”，古称“蛮荒”云云的湖南绥宁山区，惊奇发现一处“儒道两家孔孟庄老之遗风古训”“依然如旧”的古民居——陈锡兰宅第（以下简称“陈氏宅”）。二者异曲同工，印证了2000多年前孔子的话：礼失求诸野！

始建于清光绪初年的陈氏宅，坐落在绥宁县李熙桥镇陈家寨村。宅主陈锡兰（1827—1885），绥宁人，清咸丰元年（1851年）中举。先后出任陕西省宜君、兴平知县。据《绥宁县志》记载：陈在陕西任知县时“于咸丰二年（1852年）引进‘柳叶麻’，改品种适应性强，产量稳定，米白且有光泽，饭软且有香味，故栽培很广，以夏一里芷田团（今绥宁关峡苗族乡芷田村）两丘田的米质最佳，曾定为‘贡米’”。曾获百姓所赠“万民伞”、朝廷“敕封五品”等殊荣。光绪六年（1880年）退隐乡居，光绪十一年去世。建筑面积760平方米的陈氏宅，在当地也算是殷实人家的“大屋”，却无“显者之居”的外表。它那封闭式的四合院结构，给人“深藏不露”之感。更有趣的是：其院内方形天井与略带弧形的外墙形成“外圆内方”；居无正门，出入由侧门（仅宽83厘米），门无垂花装饰。这一切，似乎在暗示宅主的“低调”与“辟世”。然而，初入其门，却令人耳目一新：宅内狭小空间里，四壁题句涂鸦，字画琳琅，书卷气扑鼻而来。清代“湖上笠翁”李渔在《闲情偶寄》中说：“‘何年顾虎头，满壁画沧州’自是高人韵事。”眼前情景，恰似“笠翁”所言。低回其间，儒家“遗风古训”“皆自有味”，如沐孔、孟、程、朱“旧学”春光。笔者先后“三顾”其庐，悟出“赏、玩、品”三字。即：赏：欣赏中堂式壁画——海瑞画像及“希圣”对联；玩：把玩人物场景壁画——寓“孔颜之乐”的《‘吟风弄月’图》；品：品读儒学“修身、齐家、治国”格言警句名联。现依笔者的浅陋，作以简单的推介：

海瑞像及“读书志在圣贤”联语

首先，在旧宅的中轴线顶端、过堂屋前照壁上，发现一幅正正方方、呈“中堂式”的壁画，高210厘米、宽220厘米。中间为一彩色人物画像，冠冕堂皇，面微左侧，目光炯炯，长须美髯，大气洒脱。两旁有墨书对联。画幅虽严重剥落，但依然显出当日绘制精良、庄重耀目。据陈氏后人称：画面正中着衮服者为“海瑞”像。海瑞（1514—1587），字汝贤，海南琼山人，举人出身。明朝著名清官。历任知县、州判官、户部主事、南京右佥都御史，世称“南包公”。为政清廉，一生清贫，卒于官舍，宦囊如洗。“读书志在圣贤；为官心存君国”，正是海瑞的人生追求。1566年，海瑞冒死《上疏》，以儒家“圣贤”人格劝谏嘉靖皇帝抛弃“求长生”的“妄念”，将自己“置身于尧、舜、禹、汤、文、武之间”，团结“君心臣心”，实现“天下

何忧不治！万事何忧不理！”的“圣人”治世。据《明史》记载：嘉靖帝“再三”读之，“感到太息！”海瑞“致君尧舜上”的君臣佳话在民间广泛流传。时至今日，“读圣贤书，干国家事”，仍是海瑞市“海瑞墓园”的宣传主题。清一代，与海瑞“志同道合”的，要数一生“诵法圣贤，躬修实践”“膺栋梁之选”的曾国藩。所不同的是，他将“圣贤”立志，融入“治家”。他在教子书中说：“惟学作圣贤，全由自己做主，不与天命相干涉。”上世纪五十年代，伟人毛泽东，发挥王阳明“满街是圣人”的想象，赋诗云：“春风杨柳万千条，六亿神州尽舜尧。”使“圣贤”人格理想，走出旧时“读书之人”，壮大为意气风发、当家做主的新中国全体公民，赋予具有悠久历史文化渊源的传统圣人观念以崭新的内涵。有人说：“中国——自古以来就是一个崇拜圣人的国度”，陈氏宅是极好的历史见证。

“画像而俎豆于中”，历来是我国仰慕贤者的传统形式。据《明史·海瑞传》记载：海瑞生前就受到老百姓的爱戴，“小民……家绘像祀之”；陈锡兰祀“海瑞”于室中，使家人及子弟见贤思齐、改过迁善，“正己”“正人”于潜移默化之中。同时，也是学习曾国藩以“圣人”人格为榜样教育子弟，两种“家教”方式，异曲同工。根据陈家寨村流传的记忆：“退隐”后的陈锡兰，捐资在山区办了学堂，常率“穷乡晚进有志于学”者，在海瑞像前开展“思贤”活动。据考证：陈氏宅所绘海瑞像是清光绪初年，历130年风雨洗礼，经上世纪60年代以批判历史剧《海瑞罢官》为起点的“文革”十年磨难，劫后余生。为迄今国内外仅存的海瑞彩色壁画像，弥足珍贵。

寓“孔颜之乐”的《‘吟风弄月’图》壁画

用先秦典故作题材原创的《‘吟风弄月’图》壁画，世所罕见。它绘制于陈氏宅进门左侧墙壁。高250厘米、宽140厘米。画意取自“颜瓢陋巷、点瑟风雩”经典故事，掺入陈氏自己的人生体念，耐人寻味。现将该壁画分为：陈锡兰题记、两侧陈氏自撰联、图中人物画等三个部分，予以解读：

题记为两竖行从右往左读。

右行：庚辰春，余自西安茂陵卸任携眷南旋卜居山林，颇有吟风弄月

左行：之意因题之　光绪七年嘉平月归来

题记明确记载陈锡兰“辞官”并携眷归乡的时间是光绪六年（“庚辰”、1880年）春天。“卜居山林”指“退而在野”。作画年款为“光绪七年嘉平月”（1881年阴历十二月）。嘉庆皇帝《毓庆宫小除夜》诗有“嘉平小除夜，媚灶用黄羊”，可证。为了说明未到“致仕”年龄何以提前“里居”，陈锡兰写了以下自撰联：

盍归乎来只赢得两袖清风一肩明月；末之也已再休提万家忧乐四境桑麻。

上联“盍归乎来”，出自《孟子·尽心章句下》。讲孔子“在陈绝粮”故事：春秋鲁哀公时，六十余岁的孔子与随从被围困在陈国与蔡国之间的野地挨饿。这时的孔子“思归”鲁国、怀念“乡党之士”。一方面内心在呼喊：“盍归乎来！”“盍归乎”，即“何不归乎”，“来”为助语词。却又十分惶惑：按照春秋“君臣之义”：擅自离开父母国多年的臣子如同“丧家狗”，

一旦回到鲁国就将面临“致仕”，即“退休”。这与陈锡兰当时的情形不谋而合：据说陈是因在任时大力剿灭陕西地方土匪、反被土匪轮番追杀，于光绪六年（1880年）“卸任”归乡的。因此，他既不能“带官而逃”，只好“解任而退”。回到湖南已无一官半职，终日与“乡党之士”为伍的陈锡兰聊以“在陈绝粮”自旷；以“赢得两袖清风一肩明月”自慰。

下联“末之也已”，出自《论语·阳货第十七》。也是讲孔子的故事：春秋鲁定公时，掌管鲁国季氏费邑的公山弗扰以邑城为据点举行叛乱，召孔子，时年五十出头的孔子抱着“复兴周道”的理想欲往费邑一试身手。学生子路知道后，不高兴地对孔子说：“末之也已，何必公山氏之之也。”“末”即“无”；“已”即“止”。意思是说：（明知不能在那里行道）“没有理由去，就止步。何必要跟着公山氏的旨意走呢？”孔子最终没有去费邑。陈锡兰借此表白：自己不愿也不可能回任陕西了。他决心抱定子路“道既不行，无所往矣”的宗旨，可以“优优林下”“飘然事物之外”，“休提万家忧乐四境桑麻”了。

应当说，这是一副十分有趣的对联。它隐含了深刻的“天下无道而隐”“贤者辟世”的潜台词。《论语·卫灵公十五》称：“君子哉蘧伯玉！邦有道，则仕；邦无道，则可卷而怀之。”朱熹解释说：“卷，收也；怀，藏也。”他认为：“伯玉出处，合乎圣人之道”，也是贤者“免于乱世”之一法。那么，可想而知，陈锡兰一方面借此自喻；同时拟学魏晋名士“意在言外”，表达对晚清社会制度的失望而已。

为了进一步表达心境，他又有了“吟风弄月”的创意。“吟风弄月”，讲的是宋代程颢、程颐求学于周敦颐（字茂叔，号濂溪）的故事：二程兄弟早年投学周门，周敦颐教二程寻求“孔（子）、颜（子）乐处”“所乐何事？”即探究处“乱世”的颜子为何“箪食瓢饮于陋巷”而“不改其乐”。程颢后来又见周敦颐，神秘地对他人说：“自再见周茂叔后，吟风弄月以归，有‘吾与点也’之意！”“点”即孔子的学生曾点。“吾与点也”，是孔子的话，即赞许曾点的处世态度：不乐“从仕”“为政”；乐于在生物畅茂的暮春，与长少有序结伴而行，舞雩于鲁国沂水，融己于天地万物。“沐而风，咏而归”。于是，“吟风弄月”成了记录“二程”悟濂溪先生“人生真谛”的典故流传下来。围绕这个主题，设计了如下人物造型：

由于剥落严重，画幅已不完整。可喜画面正中的人物像仍可辨，较清晰的二位人物呈悠然自得、席地对饮状。天幕中劲松枝强叶茂，下有美石墁地、卮酒流香。居右者为主人翁（应系陈锡兰之化身）造型：气象似“有道者”，天庭饱满、美髯飘逸，头上戴荠插柳、醉眼恍惚，口若微吟；手作鼓瑟状，俨然魏晋人之“心神超然无累”。居左者“黄发垂髫”、仙容道貌，面对主人翁作陪笑状。因出自名手之丹青妙笔，调动“点瑟风雩”整体气氛。使人联想起焦竑笔下的意境：“铺梅花以为籍，傍松阴而代幄，壶觞迭进，笑语忘勌”（焦竑《张怀南九十寿䜩诗序》）。“解组”归乡的陈锡兰自比“曾点”“程颢”，取其意作画以自娱，也以此告诫后人：莫从政、莫做官。

钱穆先生说：“中国儒家绝无辟世意。”与其说陈锡兰是在“辟世”，倒不如说是“免于乱世”。

据笔者所知，目前，“吟风弄月”用典，在我省江永县的摩崖石刻诗中已有发现，但以此典为绘画题材见于壁画，迄今在我省尚属首次发现，在全国也应属罕见。

朱子曰：“不得志则退而乐此于已。”是谓“退而乐”；钱穆先生在《宋代理学三书随劄》中说：社会之安定于下，“惟其多退而在野之贤。”亦可谓“退而贤”。笔者认为：《‘吟风弄月’图》壁画，涉及中国古代士人的“仕隐进退”观，是对“退而乐”与“退而贤”的图解式表达。作为反映古代“保廉洁清风，心地安然”的传统道德思想和精神操守的实物资料，对于今天，仍具有现实意义。

儒道“修身、齐家、治国”名句楹联挂匾

我国楹联匾额，集语言、文学、书法于一体。因字句高雅简洁、“其文多经史语”，寓意“内隐”、需要“深思”“熟玩”，“乃庶得之”。现从陈氏宅摘录数联以飨读者：

其一，侧门联：

履中蹈和式如金玉；砺才砥德相我国家。

其二，堂屋抱柱楹联：

惜衣惜食非是惜财为惜福；求名求利总要求己莫求人。

其三，堂屋左门楹联：

松间明月当如此；身外浮云何足论。

其四，堂屋挂柱联：

施政始家庭乡党邦国无异理；推恩源孝友山林廊庙仰完人。

其五，堂屋挂柱联：

画荻义母仪馥桂香兰腾鳞阁；治岐勤内助仁浆义粟益龟龄。

以上联语，涉及儒家“修身”者：如“履中蹈和”，即“中庸之道”，按朱熹的话说，就是从“两端”中找“一个恰好处。”用在这里，有协调家人矛盾、和谐人际之意；又如“求己莫求人”一语，即孟子所谓“反求诸己”。孟子认为：凡“爱人不亲”“治人不治”“礼人不答”，都要“反求诸己”，即从自己身上找原因。是待人接物的积极态度。关系“齐家、治国”者：有“施政始家庭”一语，其“典”出自宋代理学开山祖师周子的《通书》，周敦颐在书中通过“帝尧釐降二女于沩汭，以考验‘舜可禅乎？’”的故事，讲述“治天下观于家，治家观身而已矣”的道理。孟子更是用简洁的语言表达家与国，他说：“家之本在身”，清代人解释为“以身为家、以家为国，以国为天下。”南宋袁采也说过：“居官居家本一理”（见《袁氏家范》）。钱穆先生更直截了当：“家不能齐，焉能治国，其理易知。”虽时代各异，讨论的都是儒家“家、国一体”这一文化主题。此外，如“画荻义母仪”，更有关儒教“齐家”中“训子”。“画荻”，是北宋时期故事：讲的是母亲郑氏夫人一心想让儿子欧阳修读书，却无钱供其上学。于是自己拿起荻草秆作“笔”、以大地代“纸”，写字教子，欧阳修从教于母亲，刻苦学习，后来成了宋代文学大家与贤臣。“画荻教子”也成为我国古代著名典故。此联以陈锡兰夫人比拟“欧母郑氏夫人”，赞扬其“母仪”，即为人之母的品德。正如崔学古在《幼训》

中所说：在“看一匾读一对”中，不仅教幼童懂得“字出何书，所取何义”，也是“拓充”其见闻的好方式。今天，“画获”故事已由简单的“联语”文字，转换为幼儿教育动画版“视频”，依然备受欢迎。它是我国儒家文化传统跟随时代的继承与创新。在陈氏宅中隐含的儒家思想与人文故事还有许多，有待读者与游客前往实地探秘与“体玩发明”。

单霁翔先生说：“在中国人的传统理念中，家又称为‘家庭’，人们的生活中需要一个可以与自然沟通对话的庭院空间。对传统民居院落的保护，就是对植根于炎黄子孙心灵深处的‘家庭’的保护。”指出了传统民居院落的核心价值。中华民族有着“家”与“国”密不可分的优良传统，“家是最小国，国是千万家。”陈锡兰旧宅正是一座与“国”紧密相连的“家”，一座具有重要传统价值的“文化之家”。维修、保护、复原和展示其儒家“圣贤文化主题”景观，古为今用、以史为鉴，具有服务当代和谐社会建设的现实意义。从寓教、旅游、探奇、访古来看，其开发利用价值也是多方面的。

作者为中国文物学会常务理事、专家委员会委员

天下大园

陶永喜

绥宁县，一座天然的摄影棚，许多名导把目光投向了这里，不仅是这里神奇瑰丽的茫茫绿色，更有那古老奇特的民俗文化。《那山·那人·那狗》这部获得国际大奖的电影，拍摄地就在离县城20千米的关峡苗族乡大园村。古朴的石拱桥，沧桑的窨子屋，淳朴的乡俗民风。大园——湘西南一个最具典型意义的神秘苗家窨子屋村落，撩开了神秘的面纱，走出了山门，漂洋过海，走上了世界。

从县城出发，20分钟的车程，到大园。下车步行50余米，便是电影海报上的那座石拱桥。透过晨雾，桥下有宛如丝竹的流水声，不急不躁。桥头有井，水甘洌清甜。恍惚中，几声清脆的牛铃破雾而来。淡淡的晨雾渐次散开，桥那头走来了驱牛吃露水草的牧童，肩挑桑木扁担取水的村民，“不知有汉”的模样，神态皆那般悠然。

路两旁是让秋风染出层层金黄的稻子。收获过的田垄，一垛垛草堆，一丛丛稻茬，衬着晨光，安详宁静。

大园是一个杨姓聚族而居的寨落。500余户人家，2000来口村民。全都住在玄秘的古窨子屋里。据《杨氏族谱》记载，大园杨氏一族系唐龙虎大将军、威远侯杨再思嫡派玄孙金紫光禄大夫杨光裕之后裔。《绥宁县志》载：“绥宁，古荒服也，唐时称徽州，羁縻而已。”《宋史·诸蛮传》亦载：“诚徽州，唐溪峒州，宋初，杨氏居之，号十峒首领，以其族姓，散掌州峒。”指的就是唐懿宗咸通十四年杨再思守沅州（今芷江），创建五溪十峒，众尊其为十峒长吏。绥宁也由此被封建王朝列为“苗疆要区”。大园原名大荣枣子园，古时的大园山高林茂，人烟稀少，野兽凶猛。惫于征战的杨光裕在康熙年间迁居此地，以山为骨、水为脉，

繁衍子孙，逐步形成了规模庞大、古老神奇、独具特色的苗族民居建筑群。

大园整个寨子倚山而建，伴水而筑。山是青龙山，古松挺拔，生生不息；水是玉带水，波光潋滟，亘古长流。人居其中，与自然达到了出神入化的和谐统一。

据熟知风水地理的先生讲，大园是船形。厌恶血腥厮杀的杨氏族人聚居于此，他们开始将智慧用于构筑生活起居的文化。他们所筑屋宇绵亘，鳞次栉比，错落有致，浑然一体。他们或分房支而居，或按伯仲共檩，待分门立户，居住拥挤，就往外筑新居。房屋与房屋之间既有封火墙相隔，又有铜鼓石巷道相连，各家与各户之间相对独立，而又血脉相通。长期以来，族人团结一心，患难与共，风雨同舟，显示出家族的融合，更显示出以人为本的生存理念，展现了杨氏特色的世外桃源况味。寨里长寿的人颇多，最年长的李氏婆婆，已年届94岁，仍耳聪目明，起居自理，四代同堂，其乐融融。80岁以上的老人全寨有20余人。

沿着古老的铜鼓石路往前行走，赫然出现在眼前的是一座大楼门。属寨子的主要楼门。木质结构，飞檐斗拱，粗犷宽敞。门槛经岁月磨蚀，深深地凹陷下去，门口青幽的大条石被磨得光洁透亮。沿门两侧呈“八”字形伸展开的墙垛用青砖砌成，墙垛上有彩色字画，年久破损，内容变得神秘，但仍能感觉到她的厚重。楼门旁边有土地屋，生人进去必先叩首揖拜土地菩萨。

大楼门内就是窨子屋。屋外围全是青砖高墙，也称封火墙，墙面爬满年代久远的斑驳苔藓。墙四角筑有鳌头，挺拔威武，显出阳刚之气，酷似杨氏族人先辈英勇善战的枪戟。墙内是木质结构的房屋。一座窨子屋是一个巨大的建筑群。按由外到内的顺序，依次是楼门、天井、正屋、厢房。楼门口铺有青条石。进了楼门，是中门。遇有贵客，且是有相当身份的人，或是屋内主人做大寿，或白喜，才大开中门。中门内是天井，这是整个院落的中心。地面皆用铜鼓石卵石、片石铺成，中间镶有灵动的花鸟鱼虫图案，千姿百态。天井是休憩、聚会、嬉玩的场所。天井四周是台阶，全部铺宽厚的青条石，侧面同样用青条石板镶嵌。台阶四角各有一个大石蟾蜍，每到雨季，屋四周的雨水便通过蟾蜍的嘴哗啦啦流到天井里，形成四水归堂的格局。天井有往外排水的暗道。所以，即使雨天，屋内不积不潮，穿布鞋走动也不湿鞋底。登上台阶，便达正屋。这是窨子屋的主楼。当中一间是堂屋。堂屋门当左“☷”（坤）右“☰”（乾）。堂屋门口悬挂四方天灯，四面有字，分别是“风调雨顺”“国泰民安”“杨”“四知堂”。翻开浸染岁月陈香的《杨氏家谱》，从笔墨间找出这样一段文字——“（震）公为荆州刺史，公举荆州茂材王密为昌邑令。公后迁东莱太守，道经昌邑，王密怀金十斤以遗公。公曰：‘故人知君，君不知故人何也？’密曰：‘暮夜无人知者。’公曰：‘天知，地知，子知，吾知。何谓无人知’。密愧而出。”这位震公即东汉太尉杨震，他清白自守，拒绝馈赠的事迹，《后汉书·杨震传》有记载。杨姓堂号很多，用以区分一家一房的名号，这些堂号有的表示地域关系，有的反映嗣继变化，有的是祖宗功勋和业绩的代名词。大园杨氏族先祖杨再思系杨震后裔，挂出“天知、地知、你知、我知”“四知堂”的堂号，是为纪念一身正气、清正廉洁的先辈杨震，也以其“四知”的事迹鞭策族人，并效法其清白家风。

中堂屋内供奉着神龛和列祖列宗牌位，金漆让岁月浸洇，更为肃穆凝重。左右有对联，左联是“金炉不断千年火”，右联是“玉盏常明万岁灯”。中堂是祭祖、婚嫁、议事、办白喜的场所，中堂屋内地板用三合泥铺成。即用石灰、黄泥、熟糯米，搅和匀透、捣平夯实。历经百年岁月的风霜，如今仍坚硬平整。中堂的门窗全部采用镂空、浮雕工艺，饰之以花鸟，最多的是蝙蝠、仙鹤、喜鹊和梅花，象征着“福”“寿”“喜”“禄”。

正屋两边是吊脚楼结构的厢房，昭穆相望，门窗图案以松竹梅兰居多，间以丰荷瘦菊，每间屋子也装饰，架木梯通达上下。厢房底层放置农具什物，豢养禽畜。禽笼畜舍外板壁稀落地拓上白色掌印，掌印是姜太公的掌印，驱瘟神邪气。

居住场所有讲究，长辈住正屋，晚辈住厢房。

这仅是一座窨子屋的大致构成。大园上百座大古堡一样的窨子屋，其结构形式，惊人相似。走进大园，如同走进迷宫，巷道四通八达，没有寨里人做向导，幽深的铜鼓石巷道让你走不尽，气派犹存的楼门让你穿不透。楼门外的铜鼓石路的铺建有名堂，里面住了几房人，用石块做了标识，外人是无从知晓的。

寨里的空隙之地有许多柿子树、李子树、酸梨子树，春来花开，夏至或秋到，柿子红、李子黄、梨子飘香。古樟、古楠、古柏，新枝、嫩叶，热闹着寨子。穿越深深巷道，你会迎面碰上手提菜篮体态丰盈的少妇，笑声如铃、身捷如兔的顽童，与他们攀谈，能体会大园的质朴与从容；你若碰到手持拐杖的长者在石阶上眯眼晒太阳，你可挨他坐下，眯上眼，分享大园那份惬意。如恰遇荷锄而归的汉子，他会热情地邀你到家里去，从火炕上取下薰得黑油油的苗家腊肉，切得敦厚手掌大一块，咬得嘴角直流油，倒上满满的一碗米酒，沾嘴就干，不醉倒不算朋友兄弟。让你在醉意蒙眬里领略大园的豪爽与幸福。

你若走进了中堂屋，如发现神龛旁挂有牛角，那可是神灵之物，打猎时，祭拜梅山用的，外人不能随便动它，否则无灾便有祸。我有幸见过一次晚上祭拜梅山的盛典，其时，牛角号低鸣，鼓乐齐响，少女们穿着古老的苗家服饰，绕着旺盛的篝火，或齐声歌颂，或大声吆喝，翩翩起舞。猎手们将兽头四爪供在祭盘里，点燃香烛，面对大山虔诚顶礼膜拜，嘴里念念有词。白发银须的老人，在刀山火海中纵越穿梭，猿猴般敏捷。

寨人对狗十分崇拜，每餐吃饭前打开饭锅，再穷的人都要先给狗舀饭吃。传说，苗家人没有水稻，尽吃杂粮，稻种是狗从番国偷来。寨里儿童都戴狗头帽。狗头帽是外婆给刚生的外孙必不可少的礼物。葬俗也很怪异，古有八月不葬的习俗。还有就是死者的年庚与某些年份相克者，尸体需存家中，用石灰堆埋着放在屋里摆放着，经年不葬。等到好年时再下葬。

每年农历四月初八，杨氏族人要举行各种隆重的仪式，庆祝杨姓的“姑娘节”，又叫“乌饭节”。相传，飞山峒蛮女英雄杨黎娘农历四月初八用乌饭救了关在广西柳州内罗城死牢里的哥哥。为了纪念机智勇敢的杨家妹，这一天，杨氏族人都吃乌饭（一种用杨峒树叶染成黑色的糯米饭），并要将已出嫁的姑娘都接回娘家过节——吃乌饭，跳苗舞，吹木叶，对山歌，唱傩戏。到那时节，四方八面的人如潮水般涌来，场面热闹非凡。他们酷爱唱山歌，还有劳动号子、礼仪歌、佛歌，龙灯歌、酒歌。他们苦于没有自己的文字，情绪大多借歌声来表达。最优美的数情歌，深情、婉转。如表情誓的："娘（指姑娘）要离，要等大桑树脱皮。要等白岩生白根，白岩生根才相离。"

这里民风淳朴，隆礼重义。他们遵循祖训"敦孝悌，勤耕读，务勤俭，睦宗族，息争愤"，"百年好事无非积善，一生受用莫过读书"，正是尊书重教的写照。解放以来，涌现出200多名大学生，杨氏族贤工作部门遍及京都、省府、市县。

登上大园屋后的山头鸟瞰，太阳金属般的光辉涂抹在大园重重叠叠的青色屋背上，屋角檐口徐徐升腾起蓝色炊烟。青山绿水间，沉静巍然的大园已是一座活力四射的鲜亮寨落。

抬眼是风景，手触是古典，脚踏是历史，呼吸是巫风！

此文原载《旅行》杂志2004年第5期、《中国文物》杂志2012年第4期；作者为绥宁县文联副主席、湖南省作家协会会员

佛光普照高登山

陶永灿

重阳刚过，天气晴好。某日，我与少林、先忠、永喜诸君结伴登临了高登山。

秋日登高的习俗在我国由来已久。西汉《长安志》说，长安近郊有一高台，每年重九游人登而观景，故曰"登高"。至三国、晋代，登高已发展为登山，时间也不限于九日重阳这一天了。登高也好，登山也罢，高登山是兼而有之的。然而我们去登山，不是为了秋游赏景，而是去看一处年久失修的古建筑——普照寺。

高登山位于绥宁联民乡境，山脚分别为大王、刘家、联民、田螺旋及洞口堆上等村。此山属雪峰山之一峰，远远望去，山势雄伟，崖壁陡立，其鬼斧神工，令人叹服。

车到小王，我们开始步行。破碎不整的青石板路，蛇一样在山里蜿蜒，把我们一步步领向那有三百多年历史的佛门圣地。山上景观如同一年的四季，也在一层层变化着：竹林、树山、灌木林、草山……待我们爬过山风肆掠的黄草坡，一座青黑建筑便横卧山顶，那就是声名远播的普照寺了。

普照寺又名高登庵、远照寺。修于1867年的同治版《绥宁县志》载：该寺由佛教徒黄皈依师"披荆斩棘，募化殿宇钢瓦"，于清康熙三十九（1700）年修筑而成。《绥宁县志·古迹》篇说，高登山，在青坡里，其山高插云端，上建庵宇，叫高登庵。"高插云端"是不是高登山名的由来？待考。青坡里系古地名，其域包括今天的联民、枫木团、麻塘等，却是无疑的。"黄皈依师，系青坡里人……父老传其寿愈八十八岁坐化以终。"细究起来，那个富有开拓精神的黄皈依师，当属今天联民人士。当地人说，黄皈依师共募得铜钱三王桶（一种大木桶）后，普照寺才敢动工，可见其耗资之巨。

1867年同治版《绥宁县志·寺观》又载：黄皈依师建好普照寺后，因山高风大，古寺"常被烈风所塌，嘉庆年重修，枋柱皆以石工竣。"重修者谁？据县志记载，系青坡里劝首杨通鉴、

李元芳约请兰绍裘、葵中立等，共化得银钱三千两，六年苦修而成。“枋柱皆以石工竣”，就是从柱到墙、到枋、到瓦都由石块建造而成，全寺前后五进，面积达数百平方米，上上下下里里外外没有一截木材，没有一颗钉子。那么多榫榫卯卯，那么多孔孔眼眼，一个个是那么方正，那么精确！据说，这种全石结构的寺庵，全世界也不过三座！凡到过普照寺的人，无不惊叹人类智慧的伟大。然而，那些工匠到底是什么人？那么多石块又从何而来？大的石块有数吨之重，又是如何搬上1581米高的山顶的？至今却无从知晓。

登上山顶，果然山风凛冽，寒气袭人。我们身上很快起了鸡皮疙瘩，只好把爬山时脱下的衣服重又穿上。令人遗憾的是，普照寺已经非常破败了，墙、柱、枋、瓦横七竖八倒满一地，断的断，裂的裂，像一个被人遗弃的垂暮老人，黄昏的日子过得十分颓丧而无望。

普照寺的五进前低后高，前窄后宽。第一进为山门，左右立满捐赀碑，其中一块系清道光三年所立，上刻360位慷慨解囊者，均为绥宁人士。第二进为灶王殿，里面住着助国明王，专事保乡保土。第三进是关圣殿，职责是保家卫国。第四进才是正殿，乃出家人修炼之所，过去那些身着佛袍的出家人，一天到晚便在这里哼哼唧唧、敲敲打打，可现在，这里已是寂静无声，只有中门上方书着“普照寺”的巨石匾额，方能让人感到佛门的庄严与神秘。第五进为后殿，左右两边的配殿，却早已了无踪影。

从后殿出来，正是秋阳当空，万里无云，脚下的山峦田畴尽收眼底。我忽然想起李白的诗：“九日天气晴，登高无秋云。”太白写的，不正是眼前的景致么？然而当我再次回望身后的建筑时，心里不禁生出一种沧桑感，一种沉重感。我一方面惊叹佛心的虔诚，匠技的高超，一方面又慨叹岁月的无情，人世的冷暖。残垣断壁、墙倾柱摧，裂缝处处、砾石遍地，不用几年，普照寺怕就要沦为一堆碎石了。那声声木鱼、袅袅钟声哪里去了？那缕缕香火、股股青烟哪里去了？那些来来往往的善男信女，那些被山风翻动过无数次的浩瀚经书又到哪里去了？想起这些曾经的热闹，看着眼前满目的萧条，我怅然若失。

天色向晚，我们准备下山。俗话说，上山容易下山难，但爬高登山，上去下来都很难，因为它太高、太陡了。我们下来时，脚尖都顶痛了，后悔没穿一双谢公屐来。回到小王，当地老百姓告诉我们，他们准备修一条公路上去，把普照寺重新整修起来。好啊！果真那样，我们还要谢公屐干嘛？再望高登山，此时的普照寺已沐浴在一片辉煌的晚霞之中，好似万道佛光普天而来。我不觉在心里吟道：

普照寺佛光普照；高登山慧心高登。

冬去春来，日月更替，那些倒塌的墙垣，是否已由千佛之手将它扶起？那些熄灭的香火，是否也像城里寺庙一样得到点燃，并且旺盛？

作者为绥宁县政协文教卫体文史学习委员会主任、湖南省作家协会会员

东山大庙记

龙宪智

国有史以知兴衰而谋发展，族有庙以隆祭祀而弘先绪，家有规以纯祖武而正子孙。

自虞舜命龙作纳言始，龙氏一族自此肇端。然咸阳一炬，家乘俱为灰烬，族谱家史无从稽考。

东汉伯高公零陵太守也，以巨鹿人官楚，遂家楚之武陵。存名必存浩气，伯高公孝悌如家，忠贞为国，朝廷褒功，田野颂德，宇宙间气，独君先得。伏波将军马文渊赞曰："敦厚周慎，口无择言，谦俭节约，廉公有威。"伯高公为官做人堪称千古楷模，亦为龙氏万世之始祖也。

斗转星移，历经春秋更迭；日月轮回，阅尽人间沧桑。大宋采濂公为浙江会稽县令，生禹官、禹甸二子。甸公为当朝进士，初为陕西乾州太守，复任扬州太守。官公秉性英敏，能文善武，声震朝野。元丰四年任南昌节度副使，其时内乱频仍，外侮不绝，国无宁日。为肃楚苗，官公任湖南安抚招讨使，奉命平南。官公恩威兼施，苗蛮慑服，不二年苗疆已靖。官公统兵数千，翻山越岭，涉水渡滩，风餐露宿，奔波千里，身染沉疴，卒于常德。

官公妣罗氏，乃金山县令罗公腾万之女。官公生麻、朝、灵、廷、旺五子。未几，夏人犯边，苗蛮复叛。为承父业，麻公由浙江列校擢升湖南宣抚处置副使，与母罗太君携诸弟奉召统兵，戍边安南。天寒地冻不住屋，热风酷暑未纳荫，札草荐寨，步步为营，刀不刃血，群岀感其恩，各安耕种，相夫教子，其情融融，其乐陶陶。麻公行营抵靖州路屯，靖属苗蛮感服，遂移营绥宁东山。长期征战，家严官公、胞弟灵公相继染疾而逝。麻公悲伤莫名，亦染疾营中，是年告病乞休，携家眷悉归东山铁冲，闭居半载，不幸仙逝，安寝于水口山龟形，享年三十八岁。

麻公卒后，上闻赐葬，并擢用麻公之子望霖公袭父职，由祖母罗太君辅佐军中，以成平苗之大业也。一年有余，苗乱靖尽，望霖公特召为山西列校，奉命戍守边关。朝公携家眷复归常德桃园，廷公带家人拓荒会同红花园，旺公率家人落藉芷江大龙，麻公一支肇基东山。

龙门父子居官思忠，在家思孝，帝念其功盖山河，德昭日月，一朝为官，两世忠臣。上封禹官公为南平候，谥号忠武；太母罗氏为宣诰益王；宗麻公为天威得胜扫峒大王，并赐建东山大庙，以慰德音。

一〇九四年上封赐建之大庙立于东山观音堂田丘边矮坡上，四排三进，宫廷格局，合抱之柱以擎梁，方砖之石以铺地；内供禹官、宗麻、罗太夫人三大神像；晨钟暮鼓，玉盏常明，金炉相继；恢宏庙宇，翘角飞檐，金碧辉煌。然沧海桑田，人事多错舛，"文革"妖风，肆虐祖庙，房梁屋瓦惨遭毁损，残垣断壁狼藉满地，文物古迹遗落四方，祖宗英灵无以为安。族人见之，无不扼腕太息。

古德曰："伦理道德，百善孝为先。"《礼记》云："修宗庙，敬祀事，使民追孝也。"兴复宗庙，祭祀先祖，探其本，知其源，旨在弘扬先绪，启迪后昆，教民诚、信、忠、敬，爱人如己，事死如生。惟其如此，庶民方能慎终追远，民德归厚。人心厚，方能笃人伦，醇风俗，进尔隆国运，开太平。是故，孝道乃道德教育之大根大本也。

时逢盛世，政清人和，百废俱兴。为兴复宗庙，敦宗睦族，彰显孝道，族中贤达多方奔走，上下游说。倡议既出，政府笃力支持，族人闻之，莫不欢忭雀跃。于是乎，投工献料云集响应，慷慨解囊摩肩接踵，乐助善款四十万元，众志成城共襄盛举。二〇〇一年十一月二十八日祖庙奠基，二〇〇二年八月二十四日举行落成大典，来至省、市、县政府之主要官员，湘、桂、黔、川诸省龙氏之后裔两万余人会集东山。鼓乐齐鸣闹山寨，礼花攀升耀汉霄。龙腾狮舞，台榭笙歌。千门共贺，万户相庆。诗词歌赋不可表，丹青妙手难勾画。

有庙必有像。二〇〇三年九月九日，禹官公、宗麻公、罗太夫人三大神像上座安位。为祖庭架构日臻完善，二〇〇五年十二月初四日，楼门竖柱落磉，翌年清明开门迎香。

千年东山，钟灵毓秀，人杰地灵，今非昔比。登斯楼祛私祛利祛邪恶仰圣贤广交游，望远方观山观水观白云与天地结同心。日照金子岭，绮霞满昊天；月过登云山，祥云罩大地。四围神山，九十九峰，逶迤远逝。金松银杉，杂树相间，幽幽冥冥，挤挤拥拥。瑶草野花，香送百里。卉木如濯，晨辉争皎。凭栏而望，迎朝阳而晨练，送晚霞而长啸。村内屋宇相望，红花点缀，绿树掩映。团团寨寨互交通，家家户户相勾联。东家有酒西家醉，一户悲喜众手牵；村外阡陌纵横，金鸡喊于树，银鱼嬉于水。竹溪浸润山丘，秋浦浇灌田园。宗庙大殿，屋宇俨然，先祖神像发金光，浩气长存入灵霄。孝子玄孙，善男信女，三跪九叩，孝思不断。瞻仰神像，思接千载，神通万古。敬伯高，仰宗麻，常吟无隐仁夫歌赋，恒念汝言启瑞华章。英雄俊杰，不可胜数，志士仁人，灿若星汉。千载英雄地，润物细无声。

东山大庙万顷绿茵相拥，千里碧水环抱。国防大道穿境过，高速公路临门行。国道省道县乡道，四通八达似蛛网；洋人华人故乡人，五湖四海如潮至。科学发展谋和谐，以民为本福禄长。从前蛮荒地，今朝新农村。巍巍乎东山大庙，绵绵兮龙子龙孙。

作者为中共绥宁县委宣传部干部

巫傩传说

苏新红

绥宁是巫傩文化的重要发源地、重要遗存地。作为农耕社会意识的重要表现载体，作为乡村的精神家园，巫傩有神秘的仪式，有严格的讲究，有玄妙的口诀，有人神鬼巫相通的手段，既娱神娱鬼，也娱人；既驱鬼辟邪治病救人，也给人寄托抚慰心灵；既为生者祈福，也为亡灵超度。随着城市化的推进，巫风傩俗的影响日渐式微，延续几千年的巫傩传说，也和农耕文明一起衰落，渐成背影。

人神相通的传说

已故民俗学大家、绥宁人林河先生曾说，“我从小生长在巫风鬼气弥漫的苗蛮之地”，“家乡的还傩愿也令我终身难忘”，鬼师的“一套劈胸脯、脚踩火犁、封鸡不叫、封血不流的巫术，令我惊奇不已”。根据林老先生的考证，屈原的《九歌》，是2000年前沅水流域的民俗风情画，是沅湘间巫傩文化的最先记录。位于沅水上游巫水流域的绥宁，“信巫觋、重淫祀、崇尚鬼神”，巫风更盛，傩俗更多，并且一直延续至今，流传着许多人鬼巫神相通的传说和故事。

巫师、法师是巫傩文化的主持者和传承人，他们以师承或天授的法术，实现人鬼神巫的相通。明永乐年间，绥宁有位姓李的巫师，因为巫术精通，法术高强，驱鬼驱邪驱魔驱病，莫不灵验，被尊称为“李法官”。这位李法官，平时口齿笨拙，言语不清，手脚迟缓，行动木讷，懦弱无能，似乎和傻子差不多。但只要登坛作法事，就会如有神助，见鬼杀鬼，有魔驱魔，要风有风，要雨得雨，神采飞扬。有一年，武冈州大旱，明皇子武冈藩王岷王听说李法官的大名，特请他到武冈去求雨。李法官到武冈后，设坛书符烧纸念咒请神，顷刻间，大雨如注。武冈藩王大喜，赐李法官“奇灵真人”称号，并赠以金银钱帛。李法官坚不受谢，拂袖而归，飘然回了绥宁。

绥宁多深山多密林多洞壑。这样的地方，也多有神怪。传说黄桑六鳌洞瀑布下的深潭里，有六只大乌龟，就能吞云吐雾。还有人说，绥宁深山，有一种蛇，能致云致雨。遇到天旱的年份，老百姓就邀请巫师，披发执杖，书符念咒，到深山洞壑中“请”这种蛇。蛇“请”回后，供奉在神位上，巫师就开始作法，祈祷灵蛇帮忙，往往能求得云来，求得雨落。法事作完，老百姓会集资，打造一个银项圈，赠送给蛇佩带。最后还是由巫师带队，一路敲锣打鼓奏乐，将蛇送回原处。据《墨子》记载，春秋战国时期，民间有一种晒蛇求雨的巫术。绥宁这种奇异的求雨巫术，也许就是晒蛇求雨巫术的遗存吧。

请“瞳子婆”“放瞳子”，更是匪夷所思。“瞳子婆”也叫仙娘。“放瞳子”时，“瞳子婆”能知前尘后世，能变幻男女声音，能为神仙代言，更能沟通阴阳，穿越人间和鬼神世界，甚至能为请主将已故亲人的魂魄接回，与请主进行对话。

乡村的精神家园

从内容来讲，绥宁的巫傩包括祖先崇拜、自然崇拜、人造物崇拜、行业崇拜、鬼神崇拜、图腾崇拜等。文化学者张千山在《古苗疆绥宁巫楚文化遗存初探》中指出：“祖先崇拜有中有祭蚩尤、祭傩神等民族始祖崇拜，有对龙宗麻、杨再思等血缘祖先的崇拜和对家庭或家族祖先的崇拜。自然崇拜中有对太阳的崇拜，对月亮的崇拜，对土地、山、石、水、动物、植物以及火的崇拜。人造物崇拜中有敬桥神、门神、灶神，等等。行业崇拜中，有梅山崇拜，鲁班崇拜。鬼神崇拜中，既有家鬼、野鬼之分，更有田鬼、路鬼、水浸鬼、饿死鬼、短命鬼、吊颈鬼、风流鬼、炮子鬼、迷路鬼、产难鬼等形形色色的各路鬼神之别”。图腾崇拜有对东山老人、南山小妹的崇拜，对萨母的崇拜。以上各类崇拜，表现方式多种多样，几乎涉及农民生产生活各个方面。

巫傩活动，有的是自身祭拜，更重要的是请师公法师巫婆祭神作法。这些法事有“招魂”“隔鬼”“驱魔”“跳土地”“唱师公戏”“放瞳子”“收瘟”“求雨”“请水”“求子”“占卜”“开路”“安坛”“过法”内容，基本上可分归之于“冲傩”“还傩愿”“办丧事”“成年礼”四个方面。通过作法，沟通人鬼神巫，驱除妖魔鬼怪，祈求福禄吉祥，其最终目的和核心实质是使人、鬼、神、巫各安本位，和谐相处，进而达到内心的和谐。所以，不能以所谓的迷信简单对待巫傩文化。在几千年的农耕文明过程中，巫风傩俗给人以寄托，可以抚慰心灵，极大地促进了乡村社会的和谐。

许多巫风傩俗，逐渐演化为乡村习俗，成为乡村的精神家园，显示出强大的生命力。这样的演化，在绥宁东山片很是普遍。如当地苗族侗族群众农历四月八采杨桐木煮乌饭，原是一种用以祭祀先祖的仪式，现已发展为东山片甚至整个绥宁县的民族节日，成为国家级非物质文化遗产。“还傩愿”，本是个人愿望实现后，再请法师来作法，请戏班来唱戏，酬谢傩神。现在乡民在丰收后，为感谢傩神菩萨佑护乡村风调雨顺五谷丰登，往往举行盛大的巫傩活动，唱傩戏，跳傩舞，抬菩萨，打铜钱，打钹舞等，方圆几十里的乡民都来看热闹。

戴着面具的舞蹈

巫傩，是一种人和巫对待鬼神的礼仪。既是礼仪，必有规矩要遵守，必有程序要坚持。否则就会不灵。绥宁东山片巫傩活动程序主要分三步：一是安坛阶段，包括挂像、点香、上祭、请师、请神、造圣水、差遣阴兵等；二是施展法术阶段，包括渡关、解结、造船、搭桥、招魂、上刀山、放犁头火等。三是谢神送神阶段，包括请水谢灶、诸神下马、投表勾判、送神归位、收兵回坛等。

行巫术傩事时，巫师法师要动用法器。法器主要有牌印、法印、雷令、大刀、宝剑、卦、牛角、锣、鼓等。牌印是师傅授的，也称“太上玉皇印”，是行巫术傩事的身份证。法印是巫师法师行使权力的凭证，巫术傩事中的符箓和文榜，加盖法印后才有效。雷令用来拍击神案，发号施令。有的雷令，法师还会掏个小洞，将历代师傅名字写好装进去，再封闭好，发号施令时，历代师傅们就可以帮忙，增加雷令法力。卦一般由小竹笋的根制成，用以占卜，可以沟通阴阳。

在巫术傩事活动中，巫师法师有时还要带傩面具。傩面具一般由樟木制成，大多青面獠牙、表情夸张、令人恐怖。傩面具制成后，要经开光。所以傩面具是有法力的灵物，不用时，要放在神龛上供奉，不能随便摆放，也不准外人摸取。

巫术傩事活动，还离不开各种咒语、口诀、符箓、手诀和步法。

上述的程序、法器、咒语、口诀等，是巫师法师与鬼神相通的手段和工具。通过这些手段和工具，巫师法师如同人与鬼神交流的使者，如同戴着面具的舞者，法力无边，神秘莫测。

农耕文明的背影

巫傩文化是农耕社会的意识，随农耕文明而产生、而繁盛。在东山，乡民们爱狗敬狗还祭祀狗神，每年稻谷收获后，要过尝新节，所煮的新米饭，第一碗敬先祖，第二碗就要盛给狗吃，因为传说中，这里的稻谷种子，是狗找到的。遇到天旱，就要举行祭天求雨仪式。对土地非常崇拜，在神龛下部，设“兴隆土地”神位，村内村外都设土地庙，还要祭“门楼土地”“猪栏土地”“牛栏土地”“桥头土地”等。夏天，要在稻田里舞草龙，以驱除虫害。大年三十，要给果树喂年庚饭，要敬牛。正月间，要舞龙灯、安龙神、唱龙灯歌、逗春牛，祈求风调雨顺、五谷丰登、六畜兴旺、国泰民安。春耕开始时，要举行开秧门仪式，焚香烧冥钱，祭祀田头土地。丰收后，要还傩愿、扛菩萨、唱傩戏，进行庆祝。这些巫风傩俗，都和农耕有关。繁盛时，几乎村村都有傩坛，寨寨都有土地庙，一年四季都有巫傩活动，年年都有傩戏上演。

唐老师从8岁开始，就师从父亲做法事。唐老师做的是肉道场。做肉道场的，人称为“老师”。“老师救生，道师度死”。除了做肉道场，唐老师还会草药。67年来，唐老师“救生”无数，远近闻名。没有文化，年近80岁的唐老师记忆力好，法事活动的咒语、口诀、程序等，能脱口而出。唐老师现在没有带徒弟。不是不想带，是没人学。绥宁其他地方也一样，名气大的法师巫师，大都七老八十了，很多都面临无人继承法坛尴尬。

随着城市化进程加快，在乡村，农耕社会正逐渐解体，农耕文明举步维艰，作为农耕文明的意识表现，巫傩文化所依赖和生长的土壤日益贫瘠，许多巫风傩俗已经消失，许多巫术傩技的传承人正在凋零。在那些日益荒芜的土地上，巫傩已成传说，其衰落的背影，日渐日远，依稀能见。

作者为中共绥宁县委办公室副主任

青山流韵

唐渊　罗建南

绥宁，被联合国教科文组织誉为“地球上唯一一块没有被污染的神奇绿洲”！ 诚哉，斯言。

2927平方千米的绥宁境内，不仅有引以为傲的绿色森林植被，上千种珍稀的中草药材，更有千百年来形成的旖旎自然风光。您从邵怀高速入境，一一展现在您眼前的是红岩文昌塔、古朴敦厚的于家大院、稻浪翻飞的全国最大杂交水稻制种基地——武阳万亩良田；接着是电影人无数次钟情的天下大园古村、雄关古隘定远桥……如果您从在建的包茂高速过来，修长挺拔的天堂界松林会为您奏响山林乐曲；800年县治历史的寨市古镇会为您敞开古朴温馨的怀抱。黄桑国家级自然保护区啊，那如天庭的清凉与芳香，会挽住您的双臂，凝住您的双眸，捏住您的魂灵……伴着山野的花香向您迎面扑来的这一村村的美景，这一片片生机盎然的绿色，随着《痴虎》《秋收起义》《那山・那人・那狗》《炎帝传奇》等十余部在绥宁境内拍摄的电影的播映，绥宁，这偏居湘西南一隅的绿色小县，如同一只振翅的雄鹰，已飞出湖南、走向全国、名扬世界。

其实，绥宁的神奇不仅仅为这满眼的葱绿。上千年来，汉、苗、侗等各族人民，在这块神奇的土地上勤劳耕作、繁衍生息乃至奋起抗争，谱写了一曲曲高亢雄迈的壮歌。也是在这古苗疆的大山深处，苗侗汉瑶等20个民族和谐相处，生死相依，形成并流传下来了绚丽多彩的奇特风情民俗，演绎出无数动人美艳的故事与传说。这无疑成为神奇绿洲顶上的那颗颗璀璨明珠，至今熠熠生辉。这是绥宁历史上一笔笔珍贵的文化遗产。正是这些先人创造的财富，激励着现在乃至未来的绥宁人民解放思想、改革创新、与时俱进，走经济生态化、生态产业化、建设生态经济大县的道路，打造绥宁更美好的明天！

《风情绥宁》系列书籍，从绥宁的历史、变迁、生活习俗、饮食习惯、宗教崇拜、自然景观等着手，通过深入调查与实地走访，对掌握的材料进行去伪存真，以严谨的态度、通俗的文字记录下来。对绥宁的民俗风情与自然景观进行很好的推介，这是一份很有价值的工作。绥宁不仅是一座绿色的宝库，更蕴藏了丰富的文化与历史底蕴。这种养在深山人未识的珍宝经过编者们的辛勤劳动，一一呈现在大家的面前，让人们了解绥宁、认识绥宁。

青山酿古韵，盛世著华章。我们相信，《风情绥宁》丛书的面世，能使翻阅者大开眼界，受益良多；能使研究少数民族文化者倾心翻检，大有可为。读者们也会与我们一样，深深地爱上绥宁！更爱绥宁这方神奇的热土！

作者分别为中共绥宁县委书记、绥宁县人民政府县长

三、绥宁民俗歌谣选录

对歌结情

男：公鸡出笼爱白米，猴子上树爱桃吃；

郎爱结情陪伴妹，篾穿豆腐不敢提。

女：太阳当顶正当午，三月桃花正当红，

十七八岁正当时，再不探花误了春。

男：哥妹情谊重于山，情深似海永不干，

乌云当伞遮得远，月亮做灯照得明。

女：十八哥哥真有心，你有真心妹结情，

结情情似东洋海，东洋海水万丈深。

订婚设卡盘歌

问：十八哥哥哪里人？汗爬水流到寒门，

进屋无人来接伞，堂屋无凳门边蹲。

答：堂屋无凳坐门槛，门楼花厅好歇凉，

龙头瓦屋藏春燕，窗子雕花藏凤凰。

问：十八哥哥好聪明，打个哑谜猜一轮；

我是堂中红漆凳，谅你不是坐凳人。

答：十八妹妹我的人，你打哑谜我知情，

你是堂中红漆凳，我是相公坐凳人。

迎亲歌

女方：五更金鸡鸣，忽听外呼门，车马齐来到，不知是何人？

男方：喜炮放来，鼓乐吹来，来迎玉女下瑶阶。

女方：带有何礼？带有何仪？到我舍下，有何事为？

男方：瑞气迎祥，九十春光始连理。梅花启瑞，百年姻娅十同心。

哭嫁歌

红丝线，锁鞋头，家家养女挑猪头，

猪头进屋娘欢喜，爆竹一响娘又愁。

娘愁三天不吃饭，女愁三天不梳头，

小小女子离娘家，为娘哪里不心愁？

闹新房贺喜歌

喜炮声声响，新娘好贤良，
拿起银钥匙，打开牛皮箱，
又拿香烟又拿糖，夫妻好合百年昌。

送葬歌（节选）

一送老人好伤心，好似堂前一盏灯，
老人辞去不能转，灯熄何能吹得明。
十送老人好伤心，好似园中土坎崩，
土坎崩了能修好，老人一去不回程。

唱土地歌

一劝金来二劝银，玉皇下旨劝凡人，
第一劝人敬天地，第二劝人敬双亲，
天相和来风雨顺，地相和来百草生，
君臣相和国安乐，将相和来得太平，
日月和来不相克，国家和来不动兵，
父子和来家不衰，兄弟和来家不分，
夫妻和来家百顺，妯娌和来无骂声。

酒歌

酒杯斟酒酒杯窝，阳雀飞来会雁鹅，
今日来到酒席上，愚人歌少怕歌多。
酒杯斟酒酒杯新，羊羔美酒色色新，
情深义重真难舍，笑脸相迎春风生。

踩门歌

金斧开金门，外面来的是何人？
来踩门的无别个，原是天上门光星。
金鸡叫，凤凰鸣，我今特意来踩门，
身上背着宝一袋，内装金来又装银，
大门好像金银做，门墩好似绣球形，
左脚进门生贵子，右脚进门发黄金，
迈一步，永远发达；迈两步，良田万顷；
迈三步，世代公侯；迈四步，步步高升；
迈五步，五子登科；迈六步，六寿齐登；
迈七步，前门立个堆钱库；迈八步，后门挖个积钱坑；
迈九步，如山不动；迈十步，松柏常青，

十一步上金满斗，十二步上斗量金。
恭喜主人千年发，贺喜主人万年兴。

舞龙灯歌

今夜出门南风大，顺风吹到贵府门。
顺风来到贵府地，如同跳进小南京。
三十里路马来接，四十里路轿来迎。
进寨又有锣鼓接，寨门迎接我愚人。
家家备有香案接，户户香纸接龙神。
粗言唱到这里止，几句粗话表寸心。

庆土地神歌

人生在世要公平，要敬土王六戊人；
遇着土王不挑粪，秽坏四山土地神；
遇着六戊莫舂碓，舂得地神不安宁；
吃黄土地报神恩，人人不忘土地恩。

四、异物奇闻

▲ 1962年9月，和平公社田心大队（今长铺子苗族乡田心村）社员秦华友、秦华仔兄弟俩，在河边稻田里看到一条水桶粗的蟒蛇，长约10米，秦华友当即被吓得昏死过去。翌年夏天涨洪水，稻田被淹。洪水过后，田中出现一条十几米长、半米多宽、一米多深的裂沟。

▲ 20世纪60年代，东山公社俊头大队（今东山侗族乡俊头村）一农家降生了一个“猴面”人，活了十来岁。此人面貌极像猴子，身上长有黄毛，叫喊声与行为也与猴子相似，会爬树干、竹竿等杆状物，吃饭喜用竹碗，特别怕生人，家里来了生人就会钻到火炉脚躲起来。

▲ 1982年春，枫香公社拱桥边大队（今长铺子苗族乡拱桥边村）社员王调礼家的一头母黄牛，生下一头有5只脚的小牛。王喂养一年多后卖给了李家团一农户。

▲ 1986年5月31日凌晨，县饮食服务公司杨成友饲养的母猪连生10头小猪后，又生下一头小猪却不像猪，似“象”，全身几乎无毛，两只大耳朵，鼻子长达3.3厘米，两颗“象牙”较突出，唯四脚仍与猪同，出生不久即死。

▲ 1988年春，黄桑自然保护区内赤板村一农户的母猪发情，出外与野公猪交配。嗣后，野公猪尾随家母猪来到农家，被主人发现。主人端起火枪欲射，机警的野公猪跳栏逃走。之后，家母猪产仔12只，仔猪活泼好动但生长缓慢，嘴长身瘦，外貌不扬，致使销售不畅，仅乡政府买下两头试养。长到100来斤后宰杀，发现竟是典型的瘦肉型猪。

▲ 1989年6月17日，武阳镇大干村黄培家喂养的母牛，一胎生下两头小牛，一雄一雌。牛生双胞，皆称稀奇。

▲ 20世纪80年代，梅坪乡梅坪村肖梓兵家喂养的一条狗，动作敏捷，见鼠就咬，10年中捕鼠4000余只。

▲ 1990年7月30日，关峡苗族乡一位孕妇在县人民医院引产生出一单卵双胎七肢连体畸形婴儿。婴儿五官端正，面肤红润，两个头，面对面，4只手，3只脚，腹部相连。产后不久，奇婴便死，死婴被县卫校解剖室收藏。

▲ 尹尧是湘运公司绥宁县分公司某职工之子，1990年才2岁，识字近300个，不仅照图能识，移位能识，还能识繁体字，且吐字清楚，久记不忘。

▲ 金屋塘镇新华村塘里院子的人世世代代大力士多，生病者少，姑娘皮肤白嫩，老人长寿，小孩长得快，为此，流传着一首民谣：半岁儿童会叫妈，十岁男孩做得爸，八十老翁不白头，百岁寿星啃锅巴。20世纪70年代中期，村中一棵已枯萎多年的大白蜡树竟死而复活，至今生机盎然。村民们都说本村风水好和祖宗保佑。经科学验证，村中的一泓清泉，系世间少有的优质矿泉。

▲ 县内东山、鹅公、朝仪一带，每年的二月和八月，都有岩鹰聚会。开始时，三五只，十

多只，越聚越多，聚到数百只、上千只，在高空反复盘旋，而后慢慢散去。

▲ 李熙桥镇从林家头至黄泥坳约10千米地段，耕牛耕地不用絇（即不用绳索牵引）。即使从外地买回的耕牛，也一改往日用絇的习惯，不用牵引，任主人使役。而本地耕牛一旦走出这一地段，却必须上絇牵控方能耕地。

▲ 黄桑自然保护区内海拔700米以上的溪流中有一种叫鲟华鲮的鱼，钓这种鱼时不用钩，只要在纱线上扎一条蚯蚓或小虫，往溪中一丢，便有一群鱼争先恐后抢食，游在最前者抢住鱼饵直吞肚里，后来者不甘示弱，紧紧咬住前鱼之尾。于是，垂钓者便可钓出一大串鱼来。

▲ 黄桑自然保护区内有双头蛇，长6寸左右，小手指粗，土褐色，两端各生一头，中段生排泄孔，以捕捉蚊虫为食。

▲ 黄桑自然保护区，生长着一年四季夫妻形影不离的毛冠鹿，1尺多高，2尺多长，尾巴较长，额部上方有一块马蹄似的黑色长毛，形如帽子，故名毛冠鹿。毛色随季节而变化，冬黑色，夏赤褐色，春秋褐色，性怯懦，非常机警，稍有风吹草动，便一溜烟跑得无影无踪，

▲ 黄桑自然保护区里有林麝，又名香獐，性情孤僻，不喜群居，常在险峰悬崖上行走。雄麝肚脐与睾丸之间长有芳香腺，形如荷包，故名香囊。初冬季节，雄麝在雌麝出入处的树干或岩石上摩擦香囊，撤下香丸。雌麝闻香后，痴情地急速前往交配。

▲ 1985年4月，县一中楠竹园内，生出3窝多胞笋，分别为4胞、5胞、7胞，其中7胞笋是在7天内依次长出的。

▲ 1986年5月初，县一中教师家属黄梅秀种的一株西红柿，6月中旬主干开始结果，至9月中旬止，先后摘果340个，累计重16千克。尔后，主干倒伏，分为13根分枝，每枝长2米余，粗如拇指，花繁叶茂，结出串串硕果，每串6至12个，每个重约50克，又摘得13千克。立冬后，枝叶凌风傲霜，新花争芳斗艳，再次结果297个。

▲ 1988年，枫木团苗族侗族乡林业站职工刘昆明在新屋场村的密林中发现一棵巨菌，重14.5千克，22层，菌伞直径34厘米，厚28厘米，底层和四周呈黑色，光滑如镜，顶部长紫灰色绒毛。

▲ 长铺镇万家坪居委会胡求生家有3株梨树，已栽培15年从未开花，1990年3月却突然果满枝头。

▲ 县工商银行院内有一颗40多年的柚子树，20世纪70年代枝繁叶茂，年年果实累累。后来却十几年不再挂果，树干几近枯死。1997年，这颗柚树又突然焕发新机，重新长出新叶，结出果实。巧合的是，这年县工商银行的改革和各项工作都取得了好成绩，人们都说这颗柚树有灵气。

▲ 黄桑自然保护区小溪旁有一种形似菖蒲的草，叶长40～60厘米，香气袭人，味似五香。当地群众常采撷作调味品，或盆栽家中。

▲ 黄桑自然保护区有吃虫草，夏季开数朵小黄花，结硕果，叶片呈半月形，宽3～4毫米，边缘密生腺毛，分泌透明黏液，飞虫一旦碰触，就被粘住，叶片迅速收拢将虫子包住，然后分泌酵素物质把虫溶化，植物学把该草叫茅膏菜。

▲ 东山侗族乡深坳村后山密林中有野葡萄王，主干外围 70 厘米，数百条粗蔓伸向四周，占地约亩余，一次可摘果 1000 余斤。

▲ 黄桑自然保护区有一种植物，4—5 月时，叶片中部开 2～3 朵蓝白色小花，7—8 月结 2～3 颗先绿后红的球果，人称叶上珠，植物学上叫青荚叶，山茱萸科，落叶灌木。

▲ 县政府机关院内长着一株山茶树，常绿灌木，高约 4 米，3 月开红花，花之直径约 10 厘米，状如绣球，由若干小花瓣组成，每瓣有 7～12 片对称折合的小花片，花球中央有十几枚至数十枚黄色雄蕊。

▲ 长铺子苗族乡小水村丰家坳上生长着一株百年桂花树，挺拔秀丽，四季开花，人称四季桂。鹅公岭侗族苗族乡金坑村山上的一株百年桂花树每月开一次花，人称月月桂。

▲ 黄桑自然保护区生长着许多摇钱树，植物学上叫青钱柳，其果实有水平圆盘状的翅，外围金黄色，中心蓝绿色，细长的果梗从圆盘翅中心处将几个至十几个连成一串，形如串串铜钱，金秋季节，随风摇摆。

▲ 黄桑自然保护区海拔 1200～1600 米地带生长着瓜子树，高 20 余米，胸围 1 米左右，其籽含油率很高。金秋季节，山民先在树下铺布，然后爬上树猛摇树枝，瓜子便噼里啪啦纷纷落下。贵客来了，炒熟招待。

▲ 黄桑自然保护区源头山上有一种叫野糖槭的阔叶乔木，只要在树干上纵向划一个口，便会流出白色黏稠糖汁，无毒，其含糖率高达 60%。

▲ 黄桑自然保护区有一大片罕见的“青霉素”树，提取的汁液可用来治病消炎，无副作用，不产生抗性。据化验，其树身含苦木素。

▲ 黄桑自然保护区六鹅洞有一株罕见的发油树，高 40 多米，树干通直，两人合抱，常年散发芳香。如取少量树皮浸水，水呈透明油状。用以洗发，头发乌黑发亮香气四溢。

▲ 联民苗族瑶族乡陶家村上院子生长着一株古银杏，高 18 米，胸围 5.6 米，冠幅 8×10 米。在离地 5～10 米的主干段和 5 个树枝上，向下长出无数颗“树乳”，外部为树皮包裹，里面为木质，最大的树乳长 1.5 米，基部直径 25 厘米。

▲ 鹅公岭侗族苗族乡文溪村罗汉湾有一棵数百年的大松树。树干胸径 127 厘米，高约 40 米，树干中段伸出 9 根大枝，如同 9 根法兰，撑成一把巨伞，村民尊称为“九心大松树”。为当地一胜。

▲ 党坪苗族乡动雷村三十八田有一株 460 年的麻栎树，主干胸围 5.8 米，树高 20 多米，树冠约 600 平方米。离地 6 米处，主干折断多年，树心已空，长出 3 株楠竹，树竹互依，相映成趣。古麻栎树旁 5 米处另有一株古树，树干仅存一半且腹中枯空，枯空处，地面长出十数根新竹，古树丛竹，宛如一体。

后记

根据国务院、湖南省、邵阳市统一部署安排，2004年10月，县人民政府决定续修《绥宁县志》。11月，成立第二轮《绥宁县志》编纂委员会，由县委书记、县人大常委会主任、县政协主席、县人武部部长任顾问，县长任主任，常务副县长任常务副主任，相关县领导以及县政府办主任、分管副职和县志办主任任副主任，市属县直各单位负责人和各乡镇乡镇长任委员。编委会下设编辑部，任命刘建平为主编，杨明、杨长余、唐小红为副主编，另聘任王汉雄、刘永华、唐仁昌为编辑，后又补聘刘永峰为编辑。12月，召开第二轮编修《绥宁县志》动员大会，各乡镇和市属县直各单位同县人民政府签订目标责任状。随后，举办各修志单位采编人员业务培训班，并将资料采编任务分解到各单位，第二轮修志工作全面启动。

本志篇目最初设环境资源、体制改革、党政群团、政法军事、生态经济、基础设施、商业贸易、财税金融、综合管理、社会事业、乡镇概况、人物实录12篇，共56章221节，外加综述和大事记，力求突出篇目创新及时代特征、地方特色和民族特点。编写分工：杨明负责体制改革篇和党政群团篇，杨长余负责大事记、乡镇概况篇和人物实录篇，唐小红负责综述、商业贸易篇和财税金融篇，王汉雄负责生态经济篇和基础设施篇，刘永华负责综合管理篇和社会事业篇，唐仁昌负责环境资源篇和政法军事篇，2005年11月唐仁昌因故辞职后由刘永峰接替。各编写人员一边征集资料和指导、督促各联系单位撰写资料稿，一边分节、分章编写初稿。2007年上半年，生态经济篇和大事记先后完成一稿。此后，其他各篇陆续完成一稿。编辑部采取主编点评与编写人员互评相结合的方式对稿子进行评议，编写人员根据评议意见进行反复修改。至2010年8月，《绥宁县志》初稿基本完成。

2010年10月至2012年2月，编辑部建立由刘建平、杨明、杨长余、唐小红和参加过第一轮县志编纂的隆振彪组成的县志初稿修改班子，对县志初稿进行全面修改，进一步修正谬误、消除瑕疵、精简文字、压缩篇幅，并对个别篇及少数章、节进行了调整，将环境资源篇分设为环境资源篇和人口民生篇、党政群团篇分设为政治组织篇和党务群团篇、生态经济篇分设为生态经济上篇和生态经济下篇，将商业贸易篇和综合管理篇分别改名为商务贸易篇和经济监管篇，将政法军事篇先后改名为司法军事篇和军事警务篇，还补充了部分章、节、目的内容，使志稿体系更加完整、内容更加全面和完善。在此基础上，再由刘建平统稿总纂成评议稿，并于2013年7月印刷成册，分别呈送湖南省地方志编纂委员会、邵阳市地方志办公室、各兄弟县市地方志办公室和县内副县级以上领导干部、党史联络组成员、部分参加过第一轮县志编纂工作的老同志以及相关单位审阅。

2013年10月，召开志稿市级评议会，共收到评议论文23篇、意见300多条。根据评审意见，2014年1月对县志纲目再次进行调整，共撤销3个篇目、改设或增设5个篇目、更名6个篇目，调整后设地理人口、政治综述、政党政权政协、党务群团、综合政务、军事政法、经济综述、生态产业（上）、生态产业（下）、商贸服务业、财税金融、经济监管、基础设施、社会事业、民族、社会生活、乡镇概况17篇，共80章289节（后调整为87章350节），篇前设凡例、序言、综述、大事记，篇后附人物、杂录、后记，篇前设图片资料。编修人员作了相应调整，聘请肖调建、刘先云参加修改工作。修改或编写分工如下：杨明，附录；杨长余，大事记、经济监管、乡镇概况、人物、后记；唐小红，凡例、商贸服务业、财税金融、社会事业、社会生活；刘永峰，地理人口、军事政法、民族、图片资料；肖调建，经济综述、生态产业（上）、生态产业（下）、基础设施；刘先云，政治综述、政党政权政协、党务群团、综合政务、图片资料；刘建平，综述、统稿总纂。至年底，志稿修改任务基本完成。此后，由于人事代谢、机构改革等原因，编修（总纂）工作陷入停滞。2017年，增补肖世群为副主编。

2019年机构改革后，县委党史研究室（县人民政府地方志办公室）变更为县党史和地方志研究室，肖世群、周子尧先后接任主任、副主任。新一届班子配齐后，立即重启县志编修工作。2020年1月，成立第四届编纂委员会，增补肖世群为主编、周子尧为副主编，补聘丁莉为编辑。2月，组建以肖世群牵头抓总，周子尧、杨长余、刘永峰、丁莉具体负责的专门修改班子，再次对志稿逐目、逐节、逐章、逐篇进行修改，查漏补缺、纠错除疵，校正数据、精简文字，整合交叉内容、统一行文风格，最后由杨长余统稿总纂，完成市级送审稿。修改后篇目调整为17篇、83章、340节。6月中旬，志稿呈报邵阳市人民政府办公室方志科审查。根据市里审修意见，12月中旬，编辑部建立由肖世群、周子尧、杨长余组成的修改班子，由杨长余统稿总纂，按照新订篇目，对志稿内容进行调整、补充和修改，进一步打磨文字、规范行文。修改后，志稿篇目调整为政区人口、自然环境、中共地方组织、人民代表大会、地方人民政府、人民政协、群众团体、公检法司、军事、民政劳动人事、经济综合管理、林业、种养业、水利农机乡镇企业、工业、城乡建设与环保、交通邮电、商贸服务旅游、财政税务金融、教育、文化广电科技体育、卫生、民族、社会生活、乡镇场概况、人物等26篇，共120章、414节（不含人物篇），外加概述、大事记和附录。2021年7月，增补罗向阳为编辑。同年8月，完成市级送审稿第二稿并送市审查验收；12月，志稿呈报湖南省地方志编纂院终审。

2022年1月，调整县志编纂委员会和编辑部，肖世群任编辑部主编，杨长余、罗向阳任副主编（后又增补苏文文为编辑）。2月，按照省地方志编纂院的终审意见，对照志书行文规范的新要求，由杨长余统稿，再次对志稿进行修改，规范行文，统一文风，并补充和改写了部分章节内容。同时，对志稿篇目进行适当调整，将原公检法司篇和军事篇合并为法治军事篇，原民政劳动人事篇分设为民政篇、人事劳动与社会保障篇，原种养业篇、水利农机乡镇企业篇及经济综合管理篇的农村经济管理章整合为农业与农村经济篇，原地方人民政府篇、城乡建设与环保篇、交通邮电篇、乡镇场概况篇分别改名为人民政府篇、城乡建设与环境保护篇、交通邮政通信篇、乡镇概况篇，并适当归并或增设了部分章节，调整后的篇目为25篇、

118 章、381 节（不含人物篇）。8 月，志稿送方志出版社验审后，篇目调整为 25 篇、115 章、377 节（不含人物篇）。

十年磨一剑，众手著春秋。本轮修志始终坚持“党委领导、政府主持、部门协作、专家修志”的工作体制，得到了社会各界的大力支持、县党史联络组的热心关照和帮助以及省、市方志部门领导和专家的精心指导，在此一并表示衷心的感谢。由于客观条件的制约和编者业务水平的限制，志书肯定还存在不少错误和纰漏，尤其是人物收录方面因资料缺乏或超越下限，造成一些人物遗漏或暂时未能入志，对此，我们深表歉意，不足之处也敬请各界人士和广大读者予以批评指正。

绥宁县志编纂委员会

2022 年 11 月